# SYNONYMES
## LATINS.

## ON TROUVE A LA MÊME LIBRAIRIE :

# SYNONYMES LATINS

## ET LEURS DIFFÉRENTES SIGNIFICATIONS

AVEC DES EXEMPLES TIRÉS DES MEILLEURS AUTEURS,

**PAR J. B. GARDIN DUMESNIL,**

PROFESSEUR ÉMÉRITE DE RHÉTORIQUE EN L'UNIVERSITÉ DE PARIS AU COLLÉGE D'HARCOURT,
ET ANCIEN PRINCIPAL DU COLLÉGE DE LOUIS-LE-GRAND.

NOUVELLE ÉDITION

AVEC DES CORRECTIONS ET DES AUGMENTATIONS,

**PAR J. A. AUVRAY,**

INSPECTEUR DE L'ACADÉMIE DE PARIS, ANCIEN PROVISEUR DU COLLÉGE DE HENRI IV,
AUTEUR DE PLUSIEURS LIVRES CLASSIQUES.

DEUXIÈME TIRAGE.

**Édition autorisée par l'Université.**

**PARIS.**

**IMPRIMERIE ET LIBRAIRIE CLASSIQUES**

**DE JULES DELALAIN,**

IMPRIMEUR DE L'UNIVERSITÉ ROYALE DE FRANCE,

RUE DES MATHURINS SAINT-JACQUES, 5.

M DCCC XLV.

1845

# AVANT-PROPOS.

Dans aucune langue il n'y a de synonymes parfaits. « S'il y en avait, dit Du Marsais, il y aurait deux langues dans une même langue. » Il est des mots qui ont la même signification, et qui ne peuvent néanmoins être toujours employés indifféremment les uns pour les autres. *Glaive* est synonyme d'*épée*, mais il n'est d'usage qu'en poésie ou au figuré; et ainsi de beaucoup d'autres termes. Voilà ce qui a engagé tant d'auteurs à écrire des traités sur les synonymes. Si pour les langues vivantes il a été jugé indispensable de déterminer le sens précis des mots et leurs différences distinctives et réelles, malgré leur synonymie apparente, à combien plus forte raison ne devait-on pas s'occuper d'un pareil travail pour les langues mortes? Dans aucun pays la pure langue latine n'est la langue parlée; mais on l'écrit encore, et quand on ne saura plus l'écrire, on ne la comprendra plus, ou l'on ne la comprendra que très-imparfaitement. C'est une vérité dont ne voudront pas convenir de certains critiques qui ont leurs raisons pour condamner la méthode des *thèmes latins*, la traduction du français en latin; mais, de bonne foi, sait-on une langue, si l'on ne peut pas se faire entendre des peuples qui la parlent, ni demander en termes convenables les choses les plus nécessaires à la vie, entretenir la conversation la plus ordinaire?

Reconnaissons donc la sagesse des règlements qui non-seulement ont maintenu dans nos écoles les compositions en thème latin, mais encore ont rétabli les compositions en thème grec. Ces compositions remplaceront, quoique imparfaitement, le langage parlé, le discours familier, les entretiens de vive voix, si nécessaires pour acquérir la connaissance d'une langue quelconque. C'est pour atteindre plus sûrement ce but que Gardin Dumesnil écrivit ses synonymes latins. On verra, dans la dédicace ci-jointe qu'il adressait aux hauts fonctionnaires représentants de l'Université de Paris, les raisons qui l'avaient déterminé. Ces raisons n'ont rien perdu de leur valeur; elles prouvent la nécessité de réimprimer un livre si utile à quiconque doit écrire en latin. Il est surtout indispensable pour les concurrents qui aspirent aux grades universitaires. Les concours annuels pour l'agrégation prouvent que la plupart des candidats succombent dès la première épreuve, celle du thème latin.

Les SYNONYMES LATINS avaient subi le sort de tous les livres classiques quand les classes elles-mêmes disparurent dans la tourmente révolutionnaire. Comme il n'en avait paru que deux éditions, on n'en trouvait plus d'exemplaires à la renaissance des études. C'est à cette cause seule qu'il faut attribuer l'étrange omission qui en avait été faite dans le catalogue des livres prescrits par l'Université impériale. Cet oubli a été réparé par l'Université royale, et les SYNONYMES LATINS de *Gardin Dumesnil* ont été prescrits dès la classe de troisième. Ce n'est qu'en troisième, en effet, qu'un élève est censé assez avancé dans l'étude du latin pour profiter des excellentes leçons qu'ils renferment, toutes puisées aux meilleures sources, le plus souvent paraphrasées en français, plutôt que traduites, afin de mieux donner l'intelligence du sens propre ou figuré de chaque mot. Nous n'insisterons pas sur le mérite de ce livre. L'ancienne Université de Paris en avait reconnu l'excellence dès qu'il parut en 1777. Une commission spéciale, présidée par l'illustre Ch. Le Beau, fit adopter par le Conseil supérieur une résolution unanime qui non-seulement déclarait cet ouvrage aussi utile aux maîtres qu'aux écoliers, mais encore qui rendait *des actions de grâces à l'auteur*.

On sera peut-être bien aise de connaître quelques détails de la biographie de cet auteur ; ils sont tirés d'une notice fournie par feu M. Burnouf père, dont la perte récente laisse tant de regrets à l'Université, au collége de France, à l'Institut, où son érudition et ses services ont été si longtemps et si justement appréciés.

« M. GARDIN DUMESNIL (Jean-Baptiste) naquit en 1720, à Saint-Cyr, près de Valognes, en basse Normandie. On peut juger du succès de ses premières études par son livre et par les places qu'il occupa dans l'Université de Paris. Il fut d'abord professeur au collége de Lisieux, puis au collége d'Harcourt (en 1758), où il enseigna la rhétorique. Elève du collége d'Harcourt [1], je n'ai pas eu, à la vérité, le bonheur de le connaître ; mais on conservait le souvenir de ses vertus et de ses talents dans cette maison, qui retrouvait en M. Gardin Dumesnil son neveu, l'un de nos professeurs, un remplaçant digne de lui.

« Après la suppression des jésuites, en 1765, M. Gardin fut nommé principal du collége de Louis-le-Grand ; et, par son habileté et la fermeté de son caractère, il parvint à maintenir et à perfectionner dans ce collége la discipline et le goût des bonnes études.

1. En 1792, M. Burnouf remporta le prix d'honneur et trois autres prix au concours général de l'Université. C'est par ses conseils et d'après son instance que cette nouvelle édition a été entreprise. (*Note de l'éditeur, élève du même collége d'Harcourt*)

« Il se retira de l'enseignement trop tôt pour l'Université de Paris, dont il était un des plus beaux ornements, mais assez à temps pour donner un exemple rare de générosité et de bienfaisance. Du produit de ses épargnes, il fonda à Saint-Cyr, son pays natal, une école gratuite, où les jeunes gens devaient recevoir la première instruction et les premiers principes des langues anciennes. Il avait fait bâtir à ses frais une maison commode et agréable pour le logement du maître et pour la tenue des classes; et il avait, par une dotation, assuré la subsistance et les honoraires de l'instituteur. Son établissement prospérait, lorsque la révolution vint détruire son ouvrage. Il eut la douleur de voir son école dispersée : lui-même il fut forcé de s'expatrier, et d'aller dans une terre étrangère gémir sur les malheurs de sa patrie, et sur la ruine de ses plus chères espérances. Rentré en France à la fin des troubles civils, il revint à Saint-Cyr terminer, en 1802, une carrière qu'il avait honorée par la pratique constante des vertus chrétiennes, et par les preuves les moins équivoques d'une rare sagesse et d'une profonde érudition. »

Dans cette nouvelle édition, nous avons conservé tout ce que le temps et l'expérience ont consacré comme vrai et utile; nous avons retranché quelques exemples qui faisaient double emploi ou n'avaient point de rapport direct avec l'article dont ils faisaient partie. Nous avons également omis plusieurs étymologies qui ont paru fausses ou trop hasardées; nous avons corrigé un grand nombre de *fautes d'impression*, et nous avons plus d'une fois trouvé l'occasion de rectifier des citations inexactes ou erronées. Les épreuves ont été lues par trois personnes avec le plus grand soin. L'impression sur deux colonnes, en caractères fins, mais neufs et très-nets, a permis de diminuer la grosseur du volume et d'en abaisser le prix. Nous osons donc espérer que notre travail sera accueilli comme un service rendu à l'étude d'une langue qui nous a transmis tant de chefs-d'œuvre en philosophie, en histoire et en littérature.

# AMPLISSIMO RECTORI,

ET

# ALMÆ UNIVERSITATI PARISIENSI.

AMPLISSIME RECTOR, ALMA PARENS,

Cùm tantùm mihi nunc sit otii, quantùm anteà negotii esse solebat, opus bonarum litterarum studiosis ad linguam latinam politiùs informandis, longo diuturnoque tempore elucubratum, vestris auspiciis publicare sum ausus. Est enim omninò consentaneum, ut Ciceronis aliorumque scriptorum linguæ latinæ principum locis confectus liber, illius academiæ, quæ sibi soli linguæ latinæ laudem tanquam patriam et avitam non immeritò vindicat, nomini inscriptus ac consecratus in lucem emittatur.

Quod in vernaculâ linguâ feliciter exsecutus est scriptor gallicus, id in latinâ si tentarem, operæ pretium esse me facturum existimavi. Neque me fefellit meum inter et illius incœptum quantùm interesset. Singularem enim clarissimi viri perspicaciam non parùm adjuvit nativi sermonis quotidiana et commoda tractatio, vivos appellandi copia, et crebræ cum doctissimis et acutissimis viris de verborum sensu disceptationes. Mihi verò, præterquàm quòd ab illâ sagacitate longè absum, haud ita familiaris et obvia fuit in linguâ veteri verborum proprietas, et multiplex locutionum usus. Mortuos interroganti non respondent manes : dubitanti non licuit cum Livii et Ciceronis æqualibus confabulari. At ista me non deterruit operis difficultas. Spirat adhuc in egregiis antiquorum lucubrationibus ipsorum mens, quæ penè tota in legentium et assiduè meditantium animos transfunditur. Occulta non semper fugiunt investigantem. Similia vix fallunt ab omni parte comparantem. Neque adeò pauca supersunt Latinorum scripta, ut non satis ampla suppetat conferendi inter se, et opponendi materia, nec possit obscuris quidquam alicundè lucis afferri.

Verùm qui plurimùm in hisce videat, eum non modò perspicacem, sed etiam in antiquorum lectione sic oportet esse versatum, ut optimi cujusque scriptoris ingenium penitùs quasi combiberit, et ad verborum omnium vim et collocationem attenderit. Mihi qui permultùm in docendo, in discendo minùs quàm velim, operæ posui, non licuit ita singula ostiatìm pulsare verba, ut liquidò responderent. Itaque nihil esse profiteor in hoc opusculo doctioribus addiscendum; studiosis tantùm adolescentibus, et junioribus magistris, ad minuendum laborem, meam operam accommodavi : quibus libellum de Synonymis nihil omninò profuturum si quis dixerit, idem contendat homini apud ignotos peregrinanti nihil opus esse indice aut cognitore. Quamvis enim is demùm regionem apprimè nôrit, qui urbes, agros, incolas vidit ipse, perlustravit ac diligenter inspexit, sæpè tamen hærebit incertus viator, nisi comitem habeat cujusque loci peritum, à quo sciscitetur de viarum divortiis, errorum periculis, hominum moribus, civitatum institutis ac legibus. Sic in alienâ linguâ tanquàm peregrinanti, nisi fidus affuerit interpres, permulta quid valeant non satis apparebit. Quinimò, si quid ipse loqui aut scribere aggrediatur, diversa confundet imperitè, propria barbarè detorquebit, pugnantia portentosè copulabit. Verbo dicam, locutionum proprietate, quâ totius orationis corpus, velut quodam filo, contexitur, neglectâ, orationem ipsam conturbari, incertamque et ambiguam reddi necesse est.

Tironibus autem nihil sæpiùs fucum facit, quàm verba specie et appellatione synonyma, quæ primò similes ac propè gemellos vultus offerunt, cùm tamen origine, aut ingenio, aut utroque simul longè differant. Et quanquàm inter affines ac propè cognatas ejusmodi voces alterutra possit nonnunquàm usurpari, attamen semper optimum, sæpè necessarium erit vocem illam è familiâ seligere, quæ rei et tempori nata magìs quàm accommodata videatur. Ergò ut faciliùs dignoscantur, nec altera in alterius locum temerè ac promiscuè obrepat, sed germana quæque et propria, famularum instar, statim innuenti præstò sit, singulas, quæ quidem mihi in mentem venerunt, suâ notâ signavi, illarum vim et indolem à primis, ubi licuit, elementis et radicibus, ut plurimùm ab usu, colligens.

Neque mihi novum et inopinatum illud acciderit, sicubi peccâsse videbor et aberrâsse, aut facilia tritaque nimiùm explicuisse, aut rursùs alia tenuiore filo discrevisse. Ac fortassè non pauca desiderabuntur quæ nimirùm fugerint investigantem. Sed neque meam esse confido rerum ejusmodi prudentiam, quæ nusquàm offendat, quæ nihil non exploratum habeat in tantâ latissimè patentis campi varietate. Mihi satis fuerit, si fasciculos haud inutiles ibi carpserim, undè solertiores ac diligentiores messem aliquandò possint uberiorem devehere.

Quòd si quis ex meis lucubrationibus in juvenes bonarum litterarum studiosos fructus redundârit, totum illud tibi, ALMA PARENS, acceptum refero; tuus hic fructus est, quæ me sinu tuo complexa benignè à teneris fovisti, tuæque doctrinæ cibo et lacte satiâsti. Quidquid oneris et laboris sustinui, singulari quâdam animi propensione condono tibi, quæ nominis tui amplitudine et gloriâ ad operis mei tenuitatem commendandam abuti, me non graviter passa es. Tu hanc meæ in te pietatis (quid enim dicam, benevolentiæ, cùm illud ipsum pietatis nomen meritis erga me tuis levius esse mihi videatur?) significationem et monumentum non aspernabere. Tibi si minùs ad referendam gratiam satisfacere possum, ad prædicandam et habendam certè satìs sum facturus : semper apud me integra erit, et, quoad vixero, nunquàm redditam putâro, sincero grati animi affectu, et pleno reverentiæ obsequio addictus ac devotus.

J. B. GARDIN DUMESNIL,
Emeritus rhetoricæ professor in Harcurio,
et antiquus collegii Ludovici Magni primarius.

---

*EXTRACTUM E COMMENTARIIS UNIVERSITATIS.*

Anno Domini 1777, die tertio mensis maii, habita sunt comitia ordinaria deputatorum Universitatis, in collegio Ludovici Magni.

Art. I. De opere novo, ad usum academicæ juventutis conscripto à M° Joanne-Baptistâ Gardin, antiquo collegii Ludovici Magni primario, et rhetoricæ quondam professore in Harcurio; quod pro singulari beneficio postulavit, ut sibi liceret Universitati dicare, et sub ejus auspiciis evulgare; audita est MM. Caroli Le Beau, et Antonii Maltor, emeritorum rhetoricæ professorum, relatio, cujus tenor sequitur :

*Nos, ab academiâ parisiensi delegati, ut librum à* J. B. Gardin Dumesnil, *emerito rhetoricæ professore, manu scriptum, cui titulus est,* Synonymes Latins, *examini nostro subjiceremus, testamur hunc librum omnibus linguæ latinæ studiosis perutilem futurum, ut nobis visum est.*

In cujus rei fidem subscripsimus, die 3 maii anni D. 1777.

*C. LE BEAU* et *A. MALTOR.*

Re in deliberationem missâ, audito M. F. N. Guérin, syndico, placuit unanimi consensu, gratias haberi agique D°. Joanni-Baptistæ Gardin, quòd opus studentibus et docentibus utile susceperit; ipsique fieri potestatem ut illud emittat in publicum, sub auspicio et nomine Universitatis; atque ita conclusum fuit.

DUVAL, rector.

---

# TABLE ALPHABÉTIQUE
# DES SYNONYMES.

(Le chiffre indique les articles.)

## D.

## M.

## T.

## U.

FIN DE LA TABLE.

# DICTIONNAIRE

# DES SYNONYMES LATINS.

## A.

### 1. *A primo. Primùm. Primò.*

A PRIMO, *on sous-entend* tempore, *d'abord :* Utinam id à primo tibi esset visum, *CIC.* — PRIMUM *regarde l'ordre des choses :* Primùm igitur est de honesto, tùm de utili disserendum, *CIC.* — PRIMO *regarde le temps :* Primò Gabiniâ lege, biennio post Cassiâ, *CIC.*

### 2. *Ab aliquo tempore. Intra aliquod tempus.*

AB ALIQUO TEMPORE *marque un temps révolu, au lieu que* INTRA ALIQUOD TEMPUS *marque un temps qui dure :* Ab horâ tertiâ bibebatur, *CIC.* Quæ intra decem annos gesta sunt, *Id.*

### 3. *Ab initio. Initio. A Principio. Principio.*

AB INITIO, *dès le commencement :* Quod tibi esse et antiquissimum, et ab initio fuisse omnium sermone celebratum est, *CIC.* — INITIO, *au commencement :* Cùm id mihi propositum initio non fuisset, *CIC.* — Initio *et* ab initio *ne se mettent que pour le temps, au lieu que* PRINCIPIO *et* A PRINCIPIO *se mettent bien pour désigner l'ordre des choses :* Principio cœlum et terras camposque liquentes spiritus intus alit, *VIRG.* Vellem a principio te audisse, *CIC.* Initio *ne se met guère au commencement d'une phrase ;* principio *se met partout.*

### 4. *Abdere. Condere. Abscondere. Recondere. Occulere. Occultare.*

ABDERE (dare ab), *éloigner de la vue :* Ille se in interiorem partem ædium abdidit, *CIC. Au figuré :* Abdere se totum litteris, *CIC.* — CONDERE (dare cum), *mettre ensemble à part :* Pecuniam, fructus condere, *CIC. Au figuré :* Condere historiam, *LIV.*, *parce qu'on met ensemble plusieurs événements.* Condere urbem, *poser (cacher en terre) les fondements d'une ville.* — ABSCONDERE (dare cum abs), *mettre ensemble hors de la vue :* Erant fortasse gladii, sed ii absconditi, *CIC.* — RECONDERE (de re *particule itérative, et* condere), *enfermer de nouveau, serrer avec soin :* Gladium in vaginam recondidit, *CIC. Au figuré :* Reconditæ artes, *CIC.* Naturâ tristi et reconditâ fuit, *Id.* — OCCULERE, *ne pas laisser à la vue, couvrir :* Vulnera Appii apparent, nec occuli possunt, *CIC.* Quæcumque premes virgulta, multâ memor occule terrâ, *VIRG. Au figuré :* Puncta argumentorum plerùmque occulenda sunt, *CIC.* — OCCULTARE (*fréquentatif d'*occulere), *cacher avec soin :* Marius senile corpus paludibus occultavit, *CIC. Un homme qui craint,* se in remotiorem et tutiorem ædium partem abdit; *le laboureur,* condit fruges et fructus in horrea; *le jardinier, avant les gelées, couvre ses artichauts de fumier,* occulit cinaras, ne frigore lædantur; *un avare,* occultat nummos.

### 5. *Abdicare. Exhæredare.*

ABDICARE filium (dicare ab), *priver un fils de tous ses droits de fils, le désavouer :* Mavult pater filium corrigere, quàm abdicare, *QUINT.* — EXHÆREDARE filium, *est seulement le déshériter :* Themistocles a patre exhæredatus, *C. NEP.* — Abdicare *se prend plus généralement :* Magistratu se abdicare, *CIC.* Abdicare magistratum, *SALL.*, *abdiquer la magistrature, se démettre d'une charge.*

### 6. *Abdicere. Abjudicare.*

ABDICERE (dicere ab), *rejeter, désapprouver : il est consacré aux augures :* Abdicentibus avibus, *AUR. VICT.*, *sous de mauvais augures.* — ABJUDICARE (judicare ab), *ôter par jugement :* Id ab eo contra jus abjudicavit, *CIC. Il se prend pour rejeter :* Ubi plus mali quàm boni reperio, id abjudico, *CIC.*

7. *Abducere. Abigere.*

ABDUCERE (ducere ab), *emmener avec soi ;* ABIGERE (agere ab), *chasser devant soi :* Familiam abduxit, pecus abegit, CIC. *Au figuré :* Abducere mentis aciem à consuetudine oculorum, CIC., *élever son esprit au-dessus des sens ;* Abigere curas, HOR.

8. *Abducere. Deducere.*

ABDUCERE, *synonyme de* deducere, *diffère en ce que* deducere *est conduire de haut en bas, faire descendre :* Carmina vel cœlo possunt deducere lunam, VIRG., *et* abducere *est amener d'un lieu :* Abduxit indè multa millia captivorum, TROG. — DEDUCERE *est souvent l'effet du respect :* Frequentesque eum domum deduxerunt, CIC. *Au figuré :* de animi lenitate aliquem deducere, CIC.

9. *Abedere. Adedere. Exedere.*

ABEDERE, *manger, brouter :* Exorta vis locustarum abederat quidquid herbidum, TAC. — ADEDERE, *ronger, entamer :* Nam sæpe favos ignotus adedit stellio, VIRG. *Au figuré :* Pecuniâ adesâ, CIC. Adesi lapides, HOR. — EXEDERE, *manger entièrement :* Tibi omne est exedendum, TER. *Au figuré :* Ægritudines exedunt homines, CIC. Si ædes exesæ corruerint, *Id.* *Voyez* Edere (936).

10. *Aberrare. Deerrare. Oberrare. Pererrare.*

ABERRARE (errare ab), *perdre son chemin ;* DEERRARE, *ne pas le suivre :* Aberrare à viâ, PHÆD. *Au figuré :* Deerrabat sors ad parùm idoneos, TAC., *le sort s'égarait sur des personnes peu dignes.* — OBERRARE (errare ob), *errer autour :* Oberrabant tentoriis, TAC. — PERERRARE (errare per), *errer au travers, parcourir :* Nunc hos, nunc illos aditus pererrat, VIRG. *Au figuré :* Illumque pererrat luminibus tacitis, VIRG.

11. *Abesse. Distare.*

ABESSE *se dit plus ordinairement des choses susceptibles de s'éloigner et de se rapprocher, au lieu que* DISTARE (de diversim stare) *se dit des choses éloignées, mais immobiles, ou considérées comme telles.* Abesse *ne suppose qu'un point fixe d'où l'on est éloigné ;* Distare *en présente deux respectivement :* Abesse à domo paulisper maluit, CIC. *On ne dirait pas* distare. Abesse *se dit mieux des personnes :* Absentem qui rodit amicum, HOR. *On dirait mal* distantem ; Foro nimiùm distare carinas queritur, HOR. *On dirait moins bien* abesse. *Cicéron a cependant dit :* Cùm patris domus à foro longè abesset. *On remarque la même différence au figuré.*

12. *Abire. Discedere. Decedere. Excedere. Proficisci. Facessere.*

ABIRE (ire ab), *s'en aller :* Iidem abeunt, qui venerant, CIC. — DISCEDERE, DECEDERE, EXCEDERE, *se retirer ; mais* Decedere (cedere de), *faire place à un autre ;* Excedere (cedere ex), *non-seulement faire place, mais sortir du lieu ;* Discedere (diversim cedere), *quitter pour aller ailleurs :* Eo die Capuâ discessi, et mansi Calibus, LIV. *Au figuré :* A fide discedere, CIC. De jure suo decedere, *Id.* *On dirait bien :* Non modò provinciâ sibi decedendum censuit, sed etiam excedendum ; itaque paucos post dies Romam discessit. — PROFICISCI, *faire un voyage :* Adolescentulus miles ad Capuam profectus sum, CIC. *Au figuré :* A quibus libertatis initium profectum est, CIC. — FACESSERE (*fréquentatif de* facere), *faire promptement :* Jussa facessunt, VIRG. *Il est souvent pris pour se retirer, disparaître, et alors il renferme une idée de mépris :* Facesse hinc, LIV., *dit-on à quelqu'un pour le chasser.* Facessant igitur qui nihil docere possunt, CIC.

13. *Abjectus. Demissus. Dejectus. Summissus. Humilis. Supplex.*

ABJECTUS (jacere ab), *abattu, jeté à terre :* Tùm super abjectum posito pede nixus, VIRG. *Au figuré :* Vir abjecto animo, CIC. — DEMISSUS (mittere de), *baissé, abaissé :* Purpura demissa usque ad talos, CIC. *Au figuré :* Demissum animum erigere, CIC. — DEJECTUS (jactus de), *jeté de haut en bas, abattu :* Dejectus verò qui potest esse quisquam, nisi in inferiorem locum de superiore motus? CIC. — SUMMISSUS (missus sub), *baissé dessous :* Summissas infantibus præbuisse mammas, LIV. *Au figuré :* Oportet æquo et pari jure cum civibus vivere, neque summissum et abjectum, neque se efferentem, CIC. — HUMILIS (de humus), *qui rampe à terre :* Humilesque myricæ, VIRG. Vitis et ea quæ sunt humiliora, CIC. *Au figuré :* Nihil abjectum et humile cogitare, CIC. Humili arte præditus, *Id.* — SUPPLEX (plicare sub), *suppliant, qui demande à genoux :* Quibus sæpè supplex ad pedes jacui, veniamque supplex poposci, CIC. *Au figuré :* Verbis supplicibus orare, CIC.

14. *Abjicere Projicere. Deponere.*

ABJICERE (jacere ab), *marque ordinairement de la passion ou du mépris :* E muro se in mare abjecit, lecto Platonis libro, CIC. *Au figuré :* Cum spe vincendi simul abjecisti certandi cupiditatem, CIC. — PROJICERE (porrò *ou* pro jacere), *jeter loin devant soi, jeter çà et là :* Projice tela manu, VIRG. *Au figuré :* Projicit ampullas, HOR. — DEPONERE (ponere de), *déposer sans effort :* Corpora sub ramis deponunt, VIRG. Abjiciunt *ne serait pas bien. Au figuré :* Id quod semel mihi fide impositum est, aut propter perfidiam abjicere, aut propter imbecillitatem animi deponere, CIC.

15. *Abjurare. Ejurare.*

ABJURARE (jurare ab), *assurer avec serment qu'on n'a point, ou qu'on ne doit point une chose qui nous est demandée :* Abjurare certius est, quàm dependere, CIC. Abjuravit creditum, SALL. — EJURARE, *protester contre avec serment, récuser :* Bonam copiam ejurare, CIC., *jurer qu'on n'a pas de ressource;* Judicem ejurare, *Id.*, *récuser un juge;* Ejurare militiam, PLAUT., *quitter le service.* Ejurare magistratum, TAC., *abdiquer la magistrature.*

16. *Abnuere. Renuere. Recusare. Negare. Abnegare. Pernegare. Denegare.*

ABNUERE (de nutus), *faire connaître par un signe qu'on n'accorde pas :* Vos imperium auspiciumque abnuistis, LIV. *Au figuré :* Nihil unquam abnuit meo studio voluntas tua, CIC. — RENUERE, *faire connaître par un signe qu'une chose déplait :* Oculo renuente negavi, OVID. — RECUSARE, *refuser ce qui est offert :* Recusare munus legationis, CIC. — NEGARE, *refuser de donner, refuser ce qui est demandé :* Oranti negavit ista, STAT. Alimenta miseris negare, OVID. Negare *signifie aussi dire que non :* Negant quemquam virum bonum esse, nisi sapientem, CIC. — ABNEGARE, *refuser constamment de donner :* Rex tibi conjugium abnegat, VIRG. Negat *dirait moins.* — PERNEGARE, *nier absolument :* Pernegabo, perjurabo denique, PLAUT. — DENEGARE, *refuser de donner :* Denegare auxilium, CÆS. *Au figuré :* Occupatio opus impositum denegat, CIC. *Il ajoute à l'idée de* Negare.

17. *Absolvere. Perficere. Exigere.*

ABSOLVERE (solvere ab), *proprement délier, détacher :* Ibo ad forum, ut hunc absolvam, TER., *j'irai au forum pour le dépêcher, c'est-à-dire pour me débarrasser de lui. Au figuré :* 1° *absoudre :* Non tu absolutus improbitatis, sed ille damnatus est cædis, CIC. 2° *achever :* Nemo pictor Veneris eam partem, quam Apelles inchoatam reliquerat, absolvit, CIC. Absolvere, *dans ce sens, est finir de quelque manière que ce soit, au lieu que* Perficere *est finir de manière qu'il ne manque rien :* In omni naturâ necesse est aliquid absolvi ac perfici, CIC. — EXIGERE (agere ex *initio ad finem*), *conduire à sa fin, terminer :* Exegi monumentum ære perennius, HOR. (*Voir les dictionnaires, pour les autres significations d'*EXIGERE.)

18. *Absonus. Dissonus. Absurdus.*

ABSONUS (quasi ab sono), *qui a un son qui ne s'accorde pas avec un autre :* Vox extrà modum absona et absurda, CIC. *Au figuré :* Absoni à voce motus, LIV. — DISSONUS (diversus sonus), *dissonant :* Dissoni clamores, LIV. Dissonum quiddam audientibus canere videtur chorus, CIC. *Au figuré :* Gentes moribus dissonæ, CIC. — ABSURDUS, *qui choque les oreilles :* Si absurdè canat is qui se haberi velit musicum, CIC. *Au figuré :* Est hoc auribus animisque hominum absurdum, CIC., *cela choque l'esprit et les oreilles.* Ingenium absurdum, SALL. — Absonus *est la cause, et* absurdus, *l'effet.*

19. *Absterrere. Deterrere.*

ABSTERRERE *et* DETERRERE (de terror), *éloigner par la crainte, avec la différence qu'on dit mieux* deterrere ab aliquâ re, *que* ab aliquo : Ab impugnandâ patriâ deterreri, CIC., *au lieu qu'on dit également* absterrere ab aliquo *et* ab aliquâ re : Supplicem à se absterrere, CIC. *On ne dirait pas si bien* deterrere; *mais on dira également* absterreri *et* deterreri à pecuniis capiendis.

20. *Abstinens. Continens. Temperans. Temperatus. Modestus. Moderatus.*

ABSTINENS (tenere abs), *qui s'abstient en se tenant éloigné, se dit des choses qui sont hors de nous, et principalement du bien d'autrui :* Abstinens ducentis ad se cuncta pecuniæ, HOR. — CONTINENS (tenere cum), *proprement qui se tient :* Longum agmen nec continens, LIV. *Au figuré, il se dit de nos appétits et de nos facultés naturelles :* Continentia in omni victu cernitur, CIC. Esse abstinentem, continere omnes cupiditates præclarum est, *Id.* Vix prorsùs abstinens erit qui satis continens non fuerit. Abstinentia *se dit bien de la diète :* Abstinentiâ mitigare febrem, QUINT.

— Temperans, *pris activement, signifie proprement qui calme la force par le mélange de la douceur :* Vinum aquâ temperans, *Hor. Au figuré :* Vim consilii temperans, *Cic.* Temperans, *adjectif, signifie qui gouverne sagement ses appétits, éloigné de tout excès :* Temperantia in prætermittendis voluptatibus cernitur, *Cic.* Temperans *se dit de tous les désirs, et* continens *particulièrement des plaisirs.* — Temperatus, *réglé, tempéré :* Vim temperatam dii quoque provehunt in majus, *Hor.* — Modestus (in modo stans), *modéré, honnête, raisonnable par habitude ou par caractère :* Modestia est in animo continens moderatio cupiditatum, *Cic.* Negare cupidis, modestis etiam offerre quod non petierint, *Phæd.*—Moderatus, *modéré, réglé par quelque considération :* Contumeliis impetitus moderatum se præbuit, *Cic.* Moderatus et temperans homo, *Id. On peut opposer* abstinens *à* rapax; continens *à* luxuriosus; modestus *à* petulans; moderatus *à* effrenatus; *et* temperans *à* libidinosus.

21. *Abstrahere. Detrahere. Abripere.*

Abstrahere (trahere abs), *entraîner, marque de la violence :* De complexu amicorum abstrahi, *Cic. Au figuré :* A corpore abstractus animus, *Cic.* — Detrahere (trahere de), *enlever, retrancher :* Detrahere vestem alicui, *Ter.* Detrahere de pondere, *Cic. Au figuré :* De suis commodis viri boni multa detrahunt, ut amici fruantur, *Cic.* Detrahere alicui *ou* de aliquo, *Id., médire de quelqu'un, lui faire tort.* — Abripere (rapere ab), *enlever de force :* A liberis suis abstractum, à conjuge abreptum, ab aris focisque projectum, *Cic.*

22. *Absumere. Consumere. Absorbere.*

Absumere (sumere ab), *consumer une chose en la détournant d'une destination naturelle :* Dicendo tempus absumere, *Cic.* Rebus maternis atque paternis absumptis, *Hor.* Quos pestilentia absumpsit, *Liv.* — Consumere (sumere cum), *consumer plusieurs choses à la fois, ou toutes, ou plusieurs parties d'une même chose :* Ædes consumitur incendio, *Liv.* Pecuniam consumere, *Cic.* Consumi senio et mœrore, *Id. Un dissipateur* absumit res suas per luxuriam tempus consumendo. — Absorbere, *absorber, engloutir, se dit proprement des liquides :* Humorem absorbere, *Plin. Au figuré :* Hunc absorbuit æstus quidam non insolitæ adolescentibus gloriæ, *Cic.*

23. *Abundans. Copiosus.*

Abundans (*d'*ab *et de* unda), *proprement qui coule à flots :* Lactis abundans, *Virg. Au figuré, qui abonde, bien fourni :* Vita abundans bonis, *Cic.* Ingenio et doctrinâ abundantes, *Id.* — Copiosus (*de* copia), *riche, copieux :* Copiosum patrimonium, *Cic.* Copiosum ingenium, *Id.* Abundans *est opposé à* egens, *et* copiosus *à* tenuis.

24. *Abundare. Redundare.*

Abundare, *proprement sortir à flots :* Rursùs abundabat fluidus liquor, *Virg. Au figuré, abonder :* Abundare divitiis, *Cic.* Abundare *ne marque que de l'abondance, au lieu que* redundare *marque du superflu ; déborder, regorger :* Si lacus Albanus redundasset, Romam perituram, *Cic. Au figuré :* Asiatici oratores pressi et nimis redundantes, *Cic. Une source qui jette beaucoup d'eau,* abundat; *si elle en donne trop,* redundat.

25. *Abundè. Abundanter.*

*Quoique ces deux mots paraissent avoir été employés indifféremment, on peut observer qu'*abundè *dit souvent moins, et signifie assez, suffisamment :* Parentes abundè habemus, amicos quærimus, *Sall., nous avons assez de gens qui nous obéissent, nous cherchons des amis.* Abundanter *dit plus :* Satis abundanter demonstratum est, *Cic.*

26. *Accedere. Propinquare. Appropinquare.*

Accedere (cedere ad), *aller vers, suppose un but vers lequel on s'avance :* Accedere ad fores, *Ter.* Accedere mœnibus, *Liv.* — Propinquare (*de* propè) *exprime une proximité qui s'établit :* Fuge, nate, hostes propinquant, *Virg.* — Appropinquare (propinquare ad), *approcher d'un terme :* Appropinquare finibus, *Cæs., approcher des frontières ;* accedere finibus *est seulement s'avancer vers les frontières.* Libertas nobis appropinquat, illis pœna, *Cic.* Accedit *dirait moins.* Specioso periculo propinquat quisquis ad reipublicæ gubernacula accedit. (*Voyez n°* 27.)

27. *Accedere ad aliquem. Accedere alicui.*

Accedere ad aliquem, *approcher de quelqu'un :* Cùm ad Cæsarem supplex accederet, *Cic.*—Accedere alicui, *ressembler à quelqu'un :* Antonio Philippus accedebat, sed longo intervallo, *Cic.* Deo propiùs accedit humana virtus, quàm figura, *Id.*

28. *Accendere. Incendere. Inflammare. Succendere. Cremare. Urere. Amburere. Comburere.*

ACCENDERE, *mettre le feu à quelque chose, l'allumer :* Deus ipse solem, quasi lumen, accendit, *CIC. Au figuré :* Accensus furiis, *VIRG.* — INCENDERE, *mettre une une chose en feu :* Urbem incendere, *CIC. Au figuré :* Nulla mens potest incendi, nisi inflammatus ipse accesseris, *CIC.* — INFLAMMARE, *faire paraître la flamme :* Classem inflammari, incendique jussit, *CIC. Au figuré :* Populum inflammare in improbos, *CIC.* Accendere cupiditatem, *faire naître la passion ;* incendere, *l'animer ;* inflammare, *la faire éclater.* — SUCCENDERE (accendere sub), *mettre le feu dessous :* In succensum rogum corpora injecerunt, *LIV. Au figuré :* Succensus amore, *OVID.* — CREMARE, *réduire en cendres :* Nùm incensa cremavit Troja viros? *VIRG.* — URERE, *brûler :* Cedrum urere, *VIRG.* — *On ne dirait pas* facem urere. *Au figuré :* Calceus angustior urit pedem, *HOR.* — AMBURERE (urere ἀμφί, circùm, *autour*), *brûler autour :* Oblitus cruore et luto.... amburitur etiam abjectus, *CIC., parlant de Clodius, dont le corps ne fut brûlé qu'à moitié. Au figuré :* Ambustæ fortunarum reliquiæ, *CIC.* — COMBURERE, *brûler en entier :* Comburere aliquem vivum, *CIC.*

29. *Acceptum referre. Expensum ferre.*

ACCEPTUM REFERRE, *porter en recette, tenir compte à quelqu'un de ce qu'on a a reçu.* — EXPENSUM FERRE, *porter en dépense :* Se habere tabulas, in quibus sibi expensa pecunia lata sit, acceptaque relata, *CIC. Au figuré :* Quòd vivo, tibi acceptum refero, *CIC., je vous suis redevable de la vie.* Creditores suæ negligentiæ expensum ferre debent, *disent les jurisconsultes.*

30. *Accessus. Accessio. Incrementum.*

ACCESSUS (cedere ad), *accès, approche :* Illi accessus ad urbem nocturnus metuendus est, *CIC.* Accessum dare, *PHÆD., laisser approcher.* — ACCESSIO, *l'action d'approcher :* Quæ tibi accessio est ad ædes? *PLAUT. Au figuré :* 1° *Accroissement, surcroît :* Accessionem addere ædibus, *CIC.* 2° *accessoire :* Perseus caput belli erat, Gentius accessio, *LIV., Persée était le principal acteur en cette guerre, et Gentius en était l'accessoire.* — INCREMENTUM (de crescere), *accroissement :* Incrementa vineæ, *CIC., les bourgeons de la vigne.* Incrementum urbis, *LIV.*

31. *Accidit. Contingit. Evenit. Obvenit Obtingit.*

ACCIDIT, *lorsque la chose arrive contre notre attente, ordinairement en mauvaise part :* Si quid adversi acciderit, *CIC.* — CONTINGERE, *lorsque la chose arrive contre notre espérance, en bien :* Si mihi vita contigerit, *CIC.* Scies plura mala contingere nobis, quàm accidere ; quoties enim felicitatis causa fuit quod calamitatis vocabatur ? *SEN.* — EVENIRE *se dit du bien et du mal :* His malè evenit, illis optimè, *CIC.* — OBTINGERE, *échoir, est l'effet du sort :* Illi aquarum provincia obtingit, *CIC.* — OBVENIRE (venire ob), *proprement venir au-devant :* Qui primus mihi obvenisset, *CIC.* Obvenit, *synonyme des autres, est l'effet du hasard :* Auspicia secunda obvenerunt, *CIC.* Contingunt bona optanti ; accidunt mala imprudenti ; his malè, illis benè evenit ; obtingit sorte ducente ; obvenit causas naturales aut legitimas spectanti.

32. *Accingere. Præcingere. Succingere.*

ACCINGERE (cingere ad), *ceindre à :* Lateri ensem accingere, *VIRG. Au figuré :* Accinctus studio populorum, *TAC. Les Latins disaient :* Se accingere ad aliquid, *se préparer à faire quelque chose, parce qu'alors ils relevaient et ceignaient leur robe pour être plus libres d'agir. Virgile a dit de même :* Accingar dicere pugnas Cæsaris. — PRÆCINGERE (cingere præ), *ceindre devant, autour :* Pinu caput præcinctus, *OVID. On ne dirait pas* accinctus. — SUCCINGERE (cingere sub), *ceindre par-dessous :* Vestem ritu succincta Dianæ, *VIRG. Au figuré :* Carthago succincta portubus, *CIC., Carthage environnée de ports.*

33. *Accipere. Excipere. Arripere.*

ACCIPERE (capere ab), *recevoir ce qui est offert :* Quod datur accipimus, *CIC.* Cùm diù recusans nihil profecisset, provinciam accepit invitus, *CIC.* — EXCIPERE, *recevoir promptement. Ce mot est plus expressif que* accipere, *et moins que* arripere. — ARRIPERE, *recevoir avec empressement, se saisir de :* Atque ille non mediocri cupiditate arripuit imperium, *CIC.* Arripere occasionem, *LIV., saisir l'occasion.*

34. *Accire. Arcessere. Adsciscere. Excire.*

ACCIRE (cire, *ou* ciere ad), *mander, faire venir :* Si acciverit, ego accurram, *CIC.* — EXCIRE, *faire sortir :* Extremos cubilibus suis excitos in fugam impulit, *LIV.* — ARCESSERE, *faire approcher, mander en vertu de quelque droit :* Verres P. Vectium ad se arcessiit, *CIC. Au figuré :* Arcessere splendorem orationi, *CIC. On ne dit point* accersere, *ni* arcessire, *c'est toujours* arcessere, *quoiqu'il ait* arcessivi, arcessitum ; *c'est la remarque de Vossius.* — ADSCISCERE *ou* ASCISCERE : Remotum aliquid quasi scitè vocatum capere, *disent les grammairiens*, *faire venir, admettre, associer :* Sacra majores nostri ab exteris nationibus ascita atque arcessita coluerunt, *CIC.* Asciscere sibi nomen regium, *LIV.*, *prendre le titre de roi.*

35. *Acclamare. Conclamare. Inclamare. Exclamare.*

ACCLAMARE (clamare ad), *faire des acclamations, ordinairement en mauvaise part :* Populus cum risu acclamavit, *CIC.* Non metuo ne mihi acclametis, *Id.*, *je ne crains pas que vous désapprouviez ma conduite par vos clameurs.* — CONCLAMARE (clamare cum *ou* simul), *crier ensemble, ou en même temps. Il marque l'approbation :* Cùm vos universi, unâ mente et unâ voce iterum à me conservatam esse rempublicam conclamâstis, *CIC.* — INCLAMARE (clamare in), *appeler à haute voix :* Sed ita te para, ut, si inclamavero, advoles, *PLAUT.* Inclamare alicui, *crier à quelqu'un ;* Dum albanus exercitus inclamat Curiatiis, ut opem ferant fratri, *LIV.* — EXCLAMARE, *nommer, citer à haute voix :* Hic Brutus nominatim Ciceronem exclamavit, *CIC.* Exclamare, *sans complément, signifie pousser un grand cri de joie ou d'indignation :* Qui volunt exclamare majus, toto corpore contentioni vocis asserviunt, *CIC.*

36. *Acclamatio. Conclamatio. Plausus.*

ACCLAMATIO, *acclamations s'exprimant avec la voix ; il se prend en bonne ou en mauvaise part :* Cato contradixit maximâ acclamatione senatûs, *CIC.* Vitanda est acclamatio adversa populi, *Id.* — CONCLAMATIO, *cris en commun, principalement dans les cérémonies funèbres, où l'on appelait trois fois le mort.* — PLAUSUS (de plaudere, *battre des mains*), *applaudir :* Datus in theatro tibi plausus, *HOR.*

37. *Acclinare. Inclinare. Reclinare. Vergere.*

ACCLINARE, *courber, pencher vers :* Circumspexit Atyn, seque acclinavit ad illum, *OVID. Au figuré :* Acclinare se ad causam senatûs, *CIC.* — INCLINARE, *pencher sur :* Genua inclinaverat armis, *OVID.* Inclinantem erigere, stantem inclinare, *CIC. Au figuré :* Hæc ut sequar inclinat animus, *CIC.* Inclinata onera à pauperibus in divites, *LIV.* Inclinat acies, *Id.*, *l'armée plie.* — RECLINARE, *coucher, étendre :* Defigunt tellure hastas, et scuta reclinant, *VIRG. Au figuré :* Nullum à labore me reclinat otium, *HOR.*, *je ne trouve aucun soulagement à mes peines.* — VERGERE (versùs agere), *être tourné vers, pencher :* Id tectum vergit in tectum inferioris porticûs, *CIC. Au figuré :* Prospice quò ista vergant, *CIC.*

38. *Acclinis. Acclivis.*

ACCLINIS, *penché, qui va en pente :* Corpusque levabat arboris acclinis trunco, *Virg.* Aditus leniter acclinis, *CÆS. Au figuré :* Acclinis falsis animus meliora recusat, *HOR.* — ACCLIVIS, *qui va en montant :* Carpitur acclivis trames, *VIRG.*

39. *Accola. Incola.*

ACCOLA (colere ad), *qui habite auprès :* Nullos alios accolas, nec finitimos habere, quàm vos, volo, *LIV.* — INCOLA (colere in), *qui habite dedans :* Socrates totius mundi se incolam et civem arbitrabatur, *CIC. Il en est de même d'*Accolere *et d'*Incolere : Vos qui accolitis Istrum fluvium, *CIC.* Illam urbem Græci incolebant, *Id.*

40. *Accommodare. Aptare.*

ACCOMMODARE (de commodus), *ajuster, rendre commode :* Accommodare coronam capiti, *CIC.* Lateri accommodat ensem, *VIRG. Cicéron a dit :* Accommodare ædes ad nuptias, *rendre sa maison commode, la prêter pour y faire des noces. Au figuré :* Accommodare se ad alicujus arbitrium, *CIC.* — APTARE (ἅπτω, necto), *attacher, arranger :* Aptare enses dextris, *HOR. Au figuré :* Aptari virtutibus, *CIC.* Res aptantur ut congruant ; accommodantur ad tempus, ad voluntatem alicujus.

41. *Accommodatè. Commodè. Commodum.*

ACCOMMODATÈ, *d'une manière propre et convenable ; il est souvent accompagné de* ad : Oratoris officium est dicere ad persuadendum accommodatè, *CIC.* — COMMODÈ, *commodément, bien :* Quod commodè facere possis, *CIC.* Commodè cadit, *Id.*, *cela va bien ;* Minùs commodè audire, *Id.*, *n'avoir pas une bonne réputation.* — COMMODUM, *à temps, à point nommé :* Commodùm hùc advenerat, *TER.* Commodùm *suivi de* cùm, *signifie à peine :* Commodùm discesseras heri, cùm Trebatius venit, *CIC.*

42. *Accommodatus. Appositus. Compositus.*

ACCOMMODATUS, *ajusté, arrangé, disposé :* Accommodatus ad flagitia, *CIC.* Hæc lex vobis accommodata, *Id.* Accommodata metendis frugibus tempora, *Id.* — APPOSITUS (positus ad), *placé, posé à, pour :* Gladium propè appositum è vaginâ eduxit, *CIC. Au figuré :* Appositum tempus ad aliquid agendum. — COMPOSITUS, *préparé, disposé avec art :* Nemo unquam paratior, compositior in judicium venit, *CIC.*

43. *Accumbere. Discumbere. Recumbere.*

ACCUMBERE (cubare ad), *se coucher, se mettre à table à la manière des anciens, qui mangeaient couchés sur des lits :* Tùm ille negavit moris esse Græcorum, ut in convivio virorum mulieres accumberent, *CIC.* — DISCUMBERE (diversim cubare), *se dit toujours de plusieurs :* Discubuimus omnes præter illam, *CIC.* — RECUMBERE (cubare retrò *ou* retrorsùm), *être couché sur le dos :* Cæteris in campo se exercentibus, ipse in herbâ recumbebat, *CIC.*

44. *Accusare. Incusare. Arguere. Insimulare.*

ACCUSARE (de causa), *accuser, imputer une faute, soit juridiquement, soit autrement :* Is apud C. Sacerdotem rei capitalis accusatus est, *CIC.* Ego et librarios tuos culpâ libero, neque te accuso, *Id. Au figuré :* Naturæ infirmitas accusatur, *SALL.* — INCUSARE, *s'en prendre à quelqu'un, mettre la faute sur lui :* Quem non incusavi amens hominumque deorumque! *VIRG. Au figuré :* Græcorum vana promissa incusare, *LIV. Il ne se dit point d'une accusation juridique :* Familiaris familiarem incusat, quòd nihil scribat; inimicus inimicum accusat — ARGUERE, 1° *manifester, déceler :* Degeneres animos timor arguit, *VIRG.* 2° *Convaincre :* Nullum erat crimen apertum, quo argui posset, *CIC.* — INSIMULARE (de similis), *proprement faire semblant :* Fugere insimulavi, *CIC. Plus ordinairement accuser, faire entendre que quelqu'un est coupable :* Marcellum insimulabat sinistros de Tiberio habuisse sermones, *TAC.* Probri insimulasti pudicissimam fœminam, *CIC. On sous-entend* crimine. Arguere rationis et subtilitatis est; insimulare, improbitatis.

45. *Accusator. Delator. Mandator.*

ACCUSATOR, *l'accusateur poursuit le criminel devant le tribunal de la justice :* Judicium accusatoris in reum pro aliquo præjudicio valere non oportet, *CIC.* — DELATOR (de deferre), *le délateur ennemi des particuliers rapporte tout ce qu'ils disent, ou ce qu'ils font de non conforme à l'esprit du ministère public :* Princeps qui delatores non castigat, irritat, *PLIN. JUN.* — MANDATOR *est celui qui aposte un témoin :* Inter adversa temporum et delatores, mandatoresque erant ex liçentiâ veteri, *SUET.*

46. *Acer* ou *Acris. Asper.*

ACRIS, *âcre*, et ASPER, *âpre, s'appliquent aux fruits ainsi qu'à d'autres aliments.* — Acris (d'ἀκή, pointe) *fait une impression piquante, qui peut provenir de la quantité excessive des sels :* Acre potet acetum, *HOR. Au figuré :* Bellum acre ac magnum, *CIC.* Defensor acerrimus, *Id., ardent défenseur.* Quia videor acer, alligant me interdiù, *PHÆD.* — ASPER *dit quelque chose de rude dans sa composition :* Sensus judicat dulce, amarum; læve, asperum. *Au figuré :* Monitoribus asper, *HOR.* In silvis asperam vitam trahens, *PHÆD.*

47. *Acerbitas. Acrimonia.*

ACERBITAS *se dit proprement des fruits qui ne sont pas mûrs :* Fructus acerbitate permixti, *CIC. Au figuré, aigreur, peine, tourment :* Si implacabiles iracundiæ sint, summa est acerbitas; sin autem exorabiles, summa lenitas; quæ acerbitati anteponenda est, *CIC.* — ACRIMONIA (d'acris), *âcreté, pointe, comme dans la moutarde. Au figuré, le vif, le piquant :* Convenit in vultu pudorem et acrimoniam esse, *CIC.* Exornatio hæc cùm multùm venustatis habet, tùm gravitatis et acrimoniæ, *Id.*

48. *Acerbus. Crudus.*

ACERBUS, *qui n'est pas mûr, aigre :* Nondùm matura est uva, nolo acerbam sumere, *PHÆD. Au figuré :* Acerbum funus, *VIRG., une mort prématurée. Il signifie aussi dur, fâcheux :* Quod nisi concedas, habeare insuavis, acerbus, *HOR.* Acerbum incendium, *CIC.* — CRUDUS, *crû, qui n'est pas digéré, et qui n'a pas digéré :* Cruda caro, *JUV.* Poma, si cruda sunt, vi avelluntur; si matura, decidunt, *CIC.* Crudique postridiè se rursùs ingurgitant, *CIC. Au figuré :* Viridis et cruda senectus, *VIRG.* Vulnera cruda, *OVID., des blessures récentes et saignantes.*

49. *Acervatim. Cumulatè. Cumulatim.*

ACERVATIM, *en un tas, par monceaux :* Plerique acervatim se de vallo præcipitaverunt, *Cæs. Au figuré :* Acervatim jam reliqua dicam, *Cic., je dirai le reste en gros.* — Cumulatè *ne se trouve qu'au figuré :* Cumulatissimè mihi gratiam reddiderunt, *Id.* — Cumulatim, *par monceaux :* Cumulatim aggesta redundant fercula, *Prud.*

50. *Acervus. Congeries. Strues. Cumulus.*

Acervus (ἀγείρω, congrego), *amas de choses de même espèce :* Ut acervus ex sui generis granis, sic beata vita ex suî similibus partibus effici debet, *Cic.* Acervus scutorum, *Virg. Au figuré :* Acervus facinorum, *Cic., une multitude de crimes.* — Congeries (gerere cum), *amas de choses apportées ensemble :* Silvæ congeries, *Ovid., amas de bois ;* Copiarum congeries, *Tac.* Congeries *est le mot générique.* — Strues, *un tas, un amas en tas :* Strues lignorum, *Liv.* — Cumulus, *comble, amas considérable :* Consulis corpus, quia obrutum super stratis Gallorum cumulis erat, inveniri non potuit, *Liv. Au figuré :* Cumulus ad lætitiam ejus accedit, *Cic., il est au comble de sa joie.* — Strues *et* cumulus *sont un assemblage de plusieurs choses placées les unes sur les autres, avec cette différence que* strues *peut être rangé avec symétrie, et que* cumulus *n'a d'autre arrangement que celui que le hasard lui donne. On dirait bien :* Cùm obsessione premerentur oppidani, collatis in medium quotquot erant apud ditiores non modò frumenti, sed etiam pecuniæ acervis, facta congeries in cumulum excrevit ingentem.

51. *Acheron. Avernus. Erebus. Tænarus. Orcus.*

Acheron (*d'ἀ privatif et de* χαίρω, lætor), l'*Achéron, fleuve des enfers :* Hinc via Tartarei quæ fert Acherontis ad undas, *Virg. Il se prend pour l'Enfer même :* Qui solus honos Acheronte sub imo est, *Virg.* — Avernus, l'*Averne, lac d'Italie* (*d'ἀ privatif, et de* ὄρνις, avis, *parce que les oiseaux qui volaient au-dessus, tombaient morts*). *Les anciens ont feint qu'on descendait aux enfers par ce lac :* Grave olens Avernus, *Virg. Il se prend souvent pour l'Enfer même :* Facilis descensus Averni, *Virg.* — Erebus (ἔρεβος, *noirceur, obscurité*), l'*Erèbe, un dieu des enfers, fils du Chaos et des Ténèbres. Il épousa la Nuit :* Amor, Dolus, Parcæ, Hesperides.... quos omnes Erebo et Nocte natos ferunt, *Cic. Il est pris dans les poëtes pour l'Enfer même :* Imas Erebi descendit ad umbras, *Virg.* — Tænarus, *le Ténare, antre profond, par lequel on descendait aux enfers :* Tænarias etiam fauces ingressus adiit, *Virg. Il se prend pour l'Enfer même.* — Orcus, *Pluton, le dieu des enfers. Il se prend pour l'Enfer même :* Multos Danaûm dimittimus Orco, *Virg.*

52. *Acies. Acumen. Cuspis. Mucro.*

Acies (*d'ἀκή, pointe*), *ne se dit guère que du tranchant, au lieu qu'*Acumen *se dit de la pointe :* Acies securium, *Cic.* Acumen styli, *Id. Cette distinction est moins marquée au figuré. Cicéron a dit :* acies ingenii, *et* acumen ingenii. Acies *est toujours déterminé :* Acies oculorum, acies ingenii, *Cic. ; au lieu qu'*acumen *ne l'est pas toujours :* Sine acumine ullo, *Cic. On ne dirait pas* sine acie ullâ. — Cuspis, *la pointe d'une flèche et de tous les instruments dont le bout est armé de fer :* Acutâ cuspide telum, *Ovid.* Acutâ cuspide contus, *Virg.* — Mucro *ne se dit que de la pointe d'un glaive, d'une épée :* Ferreus ad costas alto stat vulnere mucro, *Virg. Au figuré :* Hic est mucro defensionis meæ, *Cic.*

53. *Acies. Exercitus. Agmen.*

Acies, *synonyme des deux autres, se prend pour le front de l'armée :* Aciem instruere, *Cic.* Neutra acies læta ex eo certamine abiit, *Liv. Il se prend pour le combat même :* Non sentiunt viri fortes in acie vulnera, *Cic.* — Exercitus (*d'*exercere), *est proprement une troupe de soldats formée par l'exercice :* Fortissimorum militum exercitus, *Cic.* — Agmen (*d'*agere), *est une troupe quelconque en marche, soit armée, ou autrement :* Nunciatumque Coriolano adesse ingens mulierum agmen, *Liv.* Cum æstu magno ducebat agmen, *Cic.*

54. *Acta. Facta. Gesta. Gestæ res.*

Acta (*d'*agere), *se dit particulièrement du civil, et des actions moins éclatantes :* Ut acta præclari tui tribunatûs hominis dignitate honestes, *Cic.* Armorumque decus præcede forensibus actis, *Ovid. Il se prend pour des registres :* In acta referre, *Tac., enregistrer.* — Facta, *actions quelconques, faits, gestes :* Illorum aut in me maledicta, aut in vos sceleratè facta, *Cic.* — Gesta (*de* gerere), *se dit de la guerre et des actions éclatantes :* Nec Agricola unquam in suam famam gestis exultavit, *Tac. les bons auteurs disent* res gestæ *au lieu de* gesta : Thucydides res gestas et bella narrat, *Cic.*

55. *Actio. Gestio.*

Actio, 1° *action, opération :* Virtutis laus omnis in actione consistit, *Cic.*

Æquabilitas universæ vitæ, tùm singularum actionum, *Id.* 2° *le geste, la manière de parler en public :* Actio in dicendo una dominatur; est enim quasi sermo corporis, CIC. 3° *action, le droit que nous avons de poursuivre en justice ce qui nous est dû, ou autrement :* Civibus cùm sint ereptæ pecuniæ, civili ferè actione, et privato jure repetuntur, CIC. — GESTIO *est proprement l'action de porter ; au figuré, la manière de conduire, d'administrer :* Negotii gestio, CIC. Fabulæ actio, *Id.*, *la représentation d'une pièce de théâtre.*

56. *Actionem dare. Actionem intendere.*

ACTIONEM DARE *convient au juge qui permet d'intenter action :* Si quis eum pulsasset, edixit ipsi nullius rei actionem sese daturum, CIC. — ACTIONEM INTENDERE, *intenter action, accuser juridiquement :* Intendere actionem perduellionis, CIC., *accuser d'un crime d'Etat.*

57. *Activus. Actuosus.*

ACTIVUS (d'agere), *qui consiste dans l'action ; il est opposé à* contemplativus : Philosophia et contemplativa est, et activa, SEN. — ACTUOSUS, 1° *qui a la vertu d'agir ; dans ce sens, il est opposé à* nihil agens : Virtus autem actuosa, et deus vester nihil agens, CIC. 2° *qui demande de l'action :* Comœdia actuosa, TER.

58. *Actor. Causidicus.*

ACTOR, 1° *qui agit :* Ut eum efficeret oratorem verborum, actoremque rerum, CIC. 2° *acteur :* In theatro malos actores perpeti, CIC. 3° *celui qui plaide :* Causarum actor mediocris, HOR. *Les jurisconsultes disent* Actor *pour le demandeur dans un procès.* — CAUSIDICUS (causam dicens), *qui fait profession de plaider, avocat :* Causidicum quemdam sequuntur, qui in forensibus causis possit præclarè consistere, CIC.

59. *Actuarius. Agilis.*

ACTUARIUS, *léger, qui se remue aisément :* Actuariæ naves, CÆS., *des navires qui vont à rames et à voiles.* — AGILIS, *qui aime à agir :* Oderunt hilarem tristes..... agilemque, HOR. Agilis industria, COL.

60. *Actus. Gestus.*

ACTUS, 1° *action :* Quòd si de vitâ meâ atque actibus huic conviciatori respondero, CIC. 2° *acte d'une pièce de théâtre :* Neque enim histrioni, ut placeat, peragenda est fabula, modò in quocumque fuerit actu probetur, CIC. — GESTUS, *le geste :* Gestus distortus, CIC. Histrionum gestus, *Id.*

61. *Acuere. Pungere. Stimulare. Exacuere.*

ACUERE (*d'ἀκή, pointe*), *rendre aigu :* Acuere ferrum, HOR. Acuere serram, CIC. *Au figuré, exciter, animer :* Acuere aliquem ad crudelitatem, CIC. — PUNGERE, *piquer, percer :* Acu pungere, CIC. Gladio pungere, *Id.* *Au figuré :* Pungit ignominia, CIC. — STIMULARE (de stimulus), *aiguillonner, tant au propre qu'au figuré :* Stimulare equum, OVID. Hunc mihi ex animo scrupulum evelle, qui me dies noctesque stimulat ac pungit, CIC. — EXACUERE, *rendre très-aigu :* Spicula exacuunt rostris, VIRG., *parlant des abeilles. Au figuré :* Sollicitudinesque meas quotidiè magis tua merita exacuunt. CIC.

62. *Acus. Aculeus.*

ACUS (*d'ἀκή, pointe*), *aiguille à coudre :* Seu pingebat acu, OVID. — ACULEUS, *le dard, l'aiguillon des animaux :* Apis aculeus, CIC. Cornibus uti boves, vespas aculeis, *Id. Tite-Live a dit :* Aculeus sagittæ. *Au figuré :* Contumeliarum aculei, CIC.

63. *Acutus. Subtilis. Solers. Ingeniosus. Perspicax. Sagax. Argutus.*

ACUTUS (*d'acuere*), *pointu, aiguisé.* Acutæ cuspidis hasta, VIRG. *Au figuré, fin, aigu, perçant :* Ingenium acutum, CIC. Si latus aut renes morbo tentantur acuto, HOR. — SUBTILIS (quasi sub telâ), *délié, délicat :* Subtile filum, LUCR. *Au figuré :* Subtile judicium, CIC. Subtile palatum, HOR. Subtile dicendi genus, CIC., *le style simple.* — SOLERS (quasi solus in arte), *adroit :* Quid hoc homine solertius ? CIC. *Au figuré :* Solers subtilisque descriptio partium corporis, CIC. — INGENIOSUS (de gignere), *propre à produire, inventif :* Docilitas, memoria, appellantur uno ingenii nomine; easque virtutes qui habent, ingeniosi vocantur, CIC. Ingeniosus vir, CIC., *homme propre aux arts ;* Furtum ingeniosus ad omne, OVID. — PERSPICAX (*de per et de l'inusité* spicere), *clairvoyant :* Id quod acutum et perspicax naturâ est, CIC. Palamedis perspicax prudentia, *Id.* — SAGAX, *qui a le nez fin :* Sagire enim sentire est, ex quo sagæ anus, quæ multa scire volunt, et sagaces dicti canes, CIC. Sagax ad pericula prospicienda, *Id.* — ARGUTUS (*d'arguere*), *a une signification fort étendue ;* 1° *ingénieux :* Quis in sententiis argutior ? in docendo edisserendoque subtilior? *Cic.* 2° *sonore :* Argutum nemus, *Virg.* Arguti olores, *Id.* 3° *mince, délié :* Illi (equo) ardua cervix, argutumque caput, *Virg.* *Cicéron a dit* arguta exta, *des entrailles qui déclarent clairement l'avenir ;* Argutus dolor, *une douleur aiguë ;* Oculi nimis arguti, quemadmodùm animo affecti sumus, loquuntur. *Id.*

64. *Ad annum. In annum.*

**Ad annum**, *dans un an, au bout d'un an :* Utrùm illùc nunc veniam, an ad annum, *Cic.*, *maintenant, ou dans un an.* — **In annum**, *pour l'espace d'un an :* Magistratibus in annum creatis, *Liv.*

65. *Ad diem. In diem. In dies. De die.*

**Ad diem**, *au jour marqué :* Quando ille frumentum quod deberet, non ad diem dedit, *Cic.* — **In diem**, *au jour la journée, de jour en jour :* In diem rapto vivere, *Cic.* Cùm servitute premeremur, et in diem malum cresceret, *Id.* Fundum emere in diem, *C. Nep.*, *est dans un autre sens ; c'est acheter une terre à condition de payer à un certain jour.* — **In dies** *marque toujours progression :* Ingravescit in dies intestinum malum, *Cic.* — **De die**, *pendant le jour, en plein jour :* Jam minimè miror te cum perditissimis latronibus non solùm de die, sed etiam in diem vivere, *Cic.*

66. *Ad summum. Ad summam.*

**Ad summum**, *pour le plus, tout au plus :* Ex primis, aut ad summum secundis litteris, *Cic.* — **Ad summam**, *on sous-entend* rem ; *en total, en un mot, pour abréger :* Ad summam ne agam de singulis, *Cic.*

67. *Ad tempus. In tempus. Per tempus. Ex tempore. In tempore.*

**Ad tempus**, 1° *pour un temps :* Coluntur simulatione amicitiæ duntaxat ad tempus, *Cic.* 2° *au temps marqué :* Ad tempus redire, *Cic.* 3° *selon la circonstance :* Ad tempus consilium capiam, *Cic.* — **In tempus**, *dans le temps, dans la circonstance :* Ejusmodi sunt ii versus, ut in tempus ab inimico Pompeii scripti esse videantur, *Cic.* Pleraque differat et præsens in tempus omittat, *Hor.*, *pour ce moment.* — **In tempore**, *dans le temps propre, à propos :* Opportunè te in ipso tempore ostendis, *Ter.* — **Ex tempore**, 1° *suivant la circonstance :* Consilium ex tempore capere, *Cic.* 2° *sur-le-champ :* Dicere ex tempore, *Cic.* — **Per tempus**, *à propos :* Per tempus subvenistis mihi, *Plaut.*

68. *Addicere. Adjudicare.*

**Addicere** (dicere ad), *adjuger au plus offrant et dernier enchérisseur :* Licetur Æbutius : perterrentur emptores : fundus addicitur Æbutio, *Cic.* *Au figuré :* Senatus, cui me semper addixi, *Cic.* — **Adjudicare** (judicare ad), *adjuger par un jugement :* Agri quos P. Africanus populo romano adjudicavit, *Cic.* *Il se dit aussi hors jugement :* Pompeius sæpè multisque verbis suis mihi salutem imperii adjudicavit, *Cic.*

69. *Addictus. Mancipatus. Deditus. Obnoxius. Subjectus et Subditus.*

**Addictus**, *synonyme des deux suivants, convient à un débiteur que le préteur avait déjà adjugé à son créancier qui en pouvait disposer à sa volonté :* Iste cùm judicatum non faceret, addictus Hermippo, et ab hoc ductus est, *Cic.* *On appelait* addictus *un soldat qui prêtait le serment entre les mains de son capitaine. C'est en ce sens qu'Horace a dit :* Nullius addictus jurare in verba magistri. — **Mancipatus** (quasi manu captus), *qui est en la puissance d'un autre :* Senectus honesta est, si nemini mancipata est, *Cic.* — **Deditus**, *rendu comme une ville se rend aux assiégeants, livré :* Hunc addictum, deditum vobis habetis, *Cic.* *Il se dit en bien et en mal :* Animus libidini deditus, *Cic.* Homo gravitati deditus, *Id.* — **Obnoxius** (*d'ob et de* noxa), *dépendant, exposé au mal qu'on peut lui faire :* Vestra obnoxia capita Q. Fabio objicite, *Liv.* Pars hominum pravis obnoxia, *Hor.* Obnoxiam carnificis arbitrio animam ducere, *Liv.*, *être à la merci du bourreau.* — **Subjectus** (jactus sub), *au propre, placé dessous, abattu :* Tectis subjectos ignes restinximus, *Cic.* *Au figuré, sous la puissance d'un autre, sujet :* Omnibus legibus subjecti esse debemus, *Cic.* *Il en est de même de* subditus.

70. *Addubitare. Subdubitare.*

**Addubitare**, *avoir quelque doute, quelque incertitude :* Quòd sine prænomine familiariter ad me epistolam misisti, primùm addubitavi nùm à Volumnio Senatore esset, *Cic.* — **Subdubitare**, *n'avoir qu'un léger doute, un faible soupçon :* Jam enim dico meum, anteà subdubitabam, *Cic.*

71. *Adeps. Pinguedo. Pinguitudo. Sagina. Omasum. Omentum. Arvina. Sebum.*

**Adeps** *et* **Pinguedo** *diffèrent en ce que* adeps crassior est, neque facilè liquescit;

pinguedo autem celeriter liquescit. Adeps *tient aux membranes ;* pinguedo *est entre la chair et la peau :* Adipem tenuare, *QUINT.*, *rendre maigre;* Adeps Cassii, *CIC.*, *le gros et gras Cassius ;* Nuces avellanæ pinguedini conferunt, *PLIN.* — PINGUITUDO, *embonpoint ; il ne se dit qu'au figuré :* Litterarum nimia pinguitudo, *QUINT.*, *une prononciation grasse.* — SAGINA, *l'embonpoint qui est plutôt l'effet de l'art que de la nature :* In segnitiem lapsus saginam corporis nimià luxurià contraxit, *TAC.* *aliments qui donnent l'embonpoint :* Multitudinem illam saginà tenebat, *CIC.* *Au figuré :* Sagina dicendi, *QUINT.*, *abondance de discours.* — OMASUM, *ce qu'il y a de plus gras dans les intestins :* Pingui tentus omaso, *HOR.* — OMENTUM *est le gras-double :* Ventriculus atque intestina pingui ac tenui omento integuntur, *PLIN.* — ARVINA, *le gras du lard :* Et spicula tergunt arvinà pingui. *VIRG.* — SEBUM *et* SEVUM, *le suif :* Sevum ex omento pecudis, *PLIN.*

72. *Adequitare. Obequitare.*

ADEQUITARE (equitare ad), *approcher, avancer à cheval :* Numida adequitare, deindè refugere, *LIV.* — OBEQUITARE, *aller à cheval autour :* Obequitare mœnibus, *Q. CURT.*

73. *Adesse. Interesse.*

ADESSE, *être auprès, être présent :* Coràm quem quæritis, adsum, *VIRG.*—INTERESSE, *être entre :* Id morari victoriam rati, quòd amnis interesset, *LIV.* Publicis consiliis interesse, *CIC.*, *être présent et prendre part aux délibérations publiques.* Adesse *marque seulement qu'on y est présent.*

74. *Adesse. Præstò esse.*

ADESSE, *synonyme de l'autre, signifie aider de sa présence :* Pueri fœminæque adsunt pugnantibus, tela ministrant, *LIV.* — PRÆSTÒ ESSE, *secourir dans le besoin :* Mihi molestissimis temporibus fideliter præstò fuit, *CIC.* *Il se prend pour être présent :* Præstò est ante oculos, *OVID.*, *il est devant mes yeux.*

75. *Adhærere. Adhærescere. Inhærere. Inhærescere.*

ADHÆRERE (hærere ad), *être attaché :* Tela in tuis visceribus adhærebant, *CIC.* *Au figuré :* Adhæret mihi ad infimum ventrem fames, *PLAUT.* — ADHÆRESCERE, *s'attacher :* Ad eam tanquam ad saxum adhærescunt, *CIC.* *Au figuré :* Justitiæ honestatique adhærescere, *CIC.* *Même distinction à faire entre* inhærere *et* inhærescere. — INHÆRERE (hærere in), *être attaché sur, ou dans l'intérieur :* Sidera quæ suis sedibus inhærent, *CIC.* *Au figuré :* Inhæret in mentibus sæculorum quoddam augurium futurorum, *CIC.* — INHÆRESCERE, *s'attacher sur, ou dans l'intérieur :* Bestiolæ in sordibus aurium tanquam in visco inhærescunt, *CIC.* *Au figuré :* Poetæ ediscuntur et inhærescunt in mentibus, *CIC.*

76. *Adhibere. Addere. Adjicere.*

ADHIBERE (habere ad), *proprement, avoir auprès, faire usage :* Adhibere vestes ad ornatum, *CIC.* Adhibere audaciam, *CÆS.* Addere *et* adjicere *feraient un autre sens.* — ADDERE (dare ad), *donner ou mettre de plus :* Addere acervo, *HOR.* — ADJICERE (jacere ad), *jeter vers :* Ut ex inferiore loco tela adjici possent, *CÆS.* *Au figuré :* Animum ad consilium adjicere, *LIV.* Addere *serait différent. On peut dire :* Consul tribunis paulùm dignitatis addit; Sæpè difficiliùs intelligitur quid patronus dicat, quàm si ille ipse, qui patronum adhibet, de re suà dicat; Ædes fano adjectæ sunt

77. *Adhibere fidem. Habere fidem.*

ADHIBERE FIDEM, *mettre de la fidélité, de la bonne foi :* Adhibere fidem in amicorum periculis, *CIC.*, *donner des preuves de sa fidélité à nos amis dans le danger. Dans une autre acception qui se rencontre souvent,* Adhibere fidem *ne signifie point ajouter foi, croire ; il signifie donner créance, inspirer la croyance :* Epistola tua servo fidem adhibuit, *CIC.*, *ta lettre a donné créance à ton valet, a fait croire ce qu'il disait.* — *Pour exprimer avoir foi, croire, Cicéron dit toujours* fidem habere : Insanorum visis fides non est habenda, *CIC.* Considerandum est quanta Cæsari fides sit habenda, *Id.* *Enfin* Habere fidem *signifie aussi mériter croyance, être cru :* Res habuit fidem, *OVID.* Quæ fidem nullam habebunt, sublatà veri et falsi notà, *CIC.*

78. *Adhuc. Etiam. Quoque.*

ADHUC (ad hoc tempus), *jusqu'ici, jusqu'à présent :* Me adhuc non legisse turpe est, *CIC.* Unam adhuc à te epistolam acceperam, *je n'avais encore reçu qu'une lettre de vous. Il se met pour* prætereà : Nisi quid adhuc vultis, *CIC.* — ETIAM, *aussi, de plus, encore :* Auctoritate tuà nobis opus est, et etiam gratià, *CIC.* — QUOQUE, *aussi, de même :* Patriæ quis exul se quoque fugit ? *HOR.*

79. *Adire. Convenire.*

ADIRE (ire ad), *aller vers ; il se dit des choses et des personnes :* Tribunum aliquem censeo adeant, *Cic.* Adire periculum, *Id.* — CONVENIRE (venire cum), *aller trouver :* Eamque, si opus esse videbitur, conveniam, *Cic.* Convenire *signifie aussi s'assembler, se réunir; enfin, être convenable :* Multæ causæ convenisse in unum locum videntur, *Cic.* Ut convenire debet inter nos, *Id.*

80. *Aditus. Introitus.*

ADITUS, *accès, approche :* Duo sunt aditus in Ciliciam ex Syriâ, *Cic. Au figuré :* Difficiles aditus primos habet, *Hor., il a le premier abord difficile.* — INTROITUS (ire intrò), *entrée :* Non solum introitu, sed omninò aditu prohiberi, *Cic. Au figuré :* Introitus defensionis, *Cic.*

81. *Adjungere. Agglutinare. Alligare. Annectere. Attexere.*

ADJUNGERE (jungere ad), *joindre une chose à une autre :* Ulmis adjungere vites, *Virg. Au figuré :* Juris scientiam eloquentiæ adjungere, *Cic.* — AGGLUTINARE (*de* gluten), *coller ensemble :* Agglutinare chartas, *Col. Au figuré :* Ad malum malæ res se agglutinant, *Plaut.* — ALLIGARE (ligare ad), *lier une chose à une autre :* Alligare ad palum, *Cic. Au figuré :* Alligari beneficio, *Cic.* — ANNECTERE (nectere ad), *nouer une chose à une autre :* Aurea coccineas annectit fibula vestes, *Ovid. Au figuré :* Quod orationi annexum est, *Cic.*— ATTEXERE (texere ad), *joindre en formant un tissu :* Attexuntur loricæ ex cratibus, *Cæs., on joint un parapet de claies.*

82. *Administer. Administrator.*

ADMINISTER *est un inférieur qui sert :* Unus puer quotidiani victûs administer non est relictus, *Cic. Au figuré :* Administer cupiditatum, *Cic.* — ADMINISTRATOR *est un administrateur qui gouverne :* Cùm esset constitutus administrator belli gerendi, *Cic. On dira* regni administrator *mieux qu'*administer.

83. *Admiratio. Admirabilitas.*

ADMIRATIO, *surprise, admiration :* Hoc certè quod mihi maximam admirationem movet, non tacebo, *Cic.* — ADMIRABILITAS *est le merveilleux, qui cause l'admiration :* Quanta sit admirabilitas cœlestium rerum atque terrestrium! *Cic.*

84. *Admiscere. Commiscere. Immiscere. Permiscere.*

ADMISCERE (miscere ad), *mêler, en ajoutant accessoirement :* Aquæ etiam admistus est calor, *Cic. Au figuré :* Tunc admiscere huic generi orationis illud alterum cœpi, *Cic.* — COMMISCERE (miscere cum), *mêler, confondre deux ou plusieurs objets, en les mêlant ensemble :* Cujus animum ita cum suo commisceat, ut efficiat penè unum ex duobus, *Cic.* — IMMISCERE, *mêler dedans :* Immisti turbæ militum togati, *Liv. Au figuré :* Immiscere se colloquiis, *Cic.* — PERMISCERE, *mêler entièrement, confondre :* Corpora viva permista sepultis, *Lucan. Au figuré :* Omnia potiùs permiscuerunt, quàm ei legi parerent, *Cic.* Immiscuerunt *dirait moins.*

85. *Admittere. Immittere.*

ADMITTERE (mittere ad), *proprement, envoyer vers :* Signum equitibus datum est, ut in hostem admitterent equos, *Cic. Plus ordinairement, laisser entrer, recevoir où l'on est :* Turpiùs ejicitur quàm non admittitur hospes, *Ovid.* Salutatum veniebant, admissus est nemo, *Cic. Au figuré :* Nec ad consilium casus admittitur, *Cic.* Admittere scelus, *Id.* — IMMITTERE, *envoyer dedans, pour ou contre :* Immittere in forum sicarios, *Cic. Au figuré :* Immittere se in voluptates, *Cic.*

86. *Admovere. Applicare.*

ADMOVERE (movere ad), *mouvoir vers, approcher :* Fasciculum ad nares admovebis, *Cic.* Admovere exercitum ad urbem, *Liv. Au figuré :* Admovere terrorem, minas, etc., *Cic.* — APPLICARE (plicare ad), *plaquer contre, appliquer :* Applicare se ad arborem, *Cæs.* Applicare scalas muris, *Liv., planter les échelles contre les murailles.* Admovere *est seulement les approcher. Au figuré :* Se ad doctorem applicare, *Cic., prendre les leçons d'un maître.* Se ad philosophiam applicare, *Cic.*

87. *Admurmurare. Obmurmurare. Obstrepere.*

ADMURMURARE, *approuver ou désapprouver par un murmure :* Admurmurante senatu, neque non invito, factum est, *Cic.* — OBMURMURARE *est toujours l'effet de l'indignation :* Vana peto, precibusque meis obmurmurat ipse pontus, *Ovid.* — OBSTREPERE, *murmurer contre :* Quæ res fecit, ut tibi obstrepere non auderem, *Cic.*

88. *Adnatare. Enatare. Innatare et Supernatare.*

ADNATARE (natare ad), *aller en nageant vers quelque lieu :* Illæ (ranæ), timore posito, certatim adnatant, *PHÆD.* — ENATARE, *sortir de l'eau en nageant :* Tum pauci enatant, *PHÆD. Au figuré :* Reliqui habere se videntur angustiùs, enatat tamen Epicurus, *CIC.* — INNATARE *et* SUPERNATARE, *surnager, flotter.*

89. *Adniti. Inniti.*

ADNITI (niti ad), *s'appuyer contre :* Adnixa columnæ hasta, *VIRG.* Adniti *marque de la tendance :* Natura solitarium nihil amat, semperque aliquid, tanquam adminiculum, adnititur, *CIC. Il signifie aussi joindre ses efforts :* Nullo circùm adnitente, *SALL.* — INNITI, *s'appuyer sur :* Scutis innixi, *LIV. Au figuré :* Secreta ejus innituntur illi, *TAC.*, *il est le confident de ses secrets.*

90. *Adolescens. Juvenis. Adultus.*

ADOLESCENS (*d'*olescere, *croître*), *est depuis douze ans jusqu'à vingt et un :* Officium adolescentis est majores natu vereri, *CIC. Cependant* Adolescens *peut se dire depuis l'âge puéril jusqu'à la vieillesse :* Quì enim citiùs adolescentiæ senectus, quàm pueritiæ adolescentia obrepit? *CIC. Tite-Live appelle les Tarquins* adolescentes, *quoiqu'ils eussent au moins trente ans.* Adolescens *se dit des deux sexes.* — JUVENIS (*de* juvare), *parce que cet âge est plus propre à soutenir les fatigues :* Res quæ juventute geruntur et viribus, *CIC. C'est de là qu'il est pris dans Virgile pour* Miles. *Les anciens désignaient par* Juvenis *celui qui n'avait pas encore quarante ans. Virgile appelle* juvenis *un jeune cheval :* Juvenemque magistri exquirunt, calidumque animis, et cursibus acrem, *un jeune cheval plein d'ardeur et léger à la course.* — ADULTUS, *adulte, parvenu à l'âge de raison :* In gremio anûs aviæ jacebant adultæ virgines, *Q. CURT. Il se dit des choses inanimées :* Adulta pestis, *CIC.*, *une peste qui a déjà fait de grands ravages.*

91. *Adoptio. Adrogatio. Adoptatio.*

*On distinguait deux sortes d'adoptions :* Cùm in alienam familiam inque liberorum locum extranei sumuntur, aut per prætorem fit, aut per populum; quod per populum fit, Adrogatio dicitur; quod per prætorem, Adoptio, *GELL.* Adoptantur filii familiâs; adrogantur qui sui juris sunt, *disent les jurisconsultes.* — ADOPTIO *était un acte légitime, par lequel un fils passait en la puissance d'un autre père, qui était sans enfants.* — ADROGATIO *signifie proprement Prière, parce qu'alors il fallait demander la permission au peuple.* — ADOPTATIO *ne se trouve point dans les auteurs anciens.*

92. *Adorare. Colere. Observare. Venerari. Revereri.*

ADORARE (ad os), 1° *adorer, saluer profondément, en portant la main à la bouche :* Hâc prece adoravi superos, *OVID.* 2° *prier, demander humblement :* Romanus dictator cùm hostiâ cæsâ pacem deûm adorasset, *LIV.* — COLERE, *synonyme des autres, signifie honorer, rendre un culte :* Deum maximè Mercurium colunt, *CIC.* Colere loco parentis, *Id.*, *respecter quelqu'un comme son père.* — OBSERVARE (servare ob), *comme nous le considérons ici, signifie faire sa cour, être assidu auprès de quelqu'un ;* Regem non sic Ægyptus observat, *VIRG.* — VENERARI (quasi veniam), *invoquer :* Venerari aliquem ut deum, *CIC.* Dii quos colere, venerari solemus, *Id. Il se prend pour respecter :* Venerari memoriam alicujus, *CIC.* — REVERERI *est l'effet d'une crainte respectueuse :* Deum solum adoramus; colimus Deum et parentes; Deum veneramur, patrem observat filius officii et honoris causâ; viros dignitate præstantes revereri subditorum est.

93. *Adoriri. Aggredi. Impugnare.*

ADORIRI (oriri ad), *sortir vers, attaquer de près. :* Adoriri à tergo, ex insidiis, *CIC. Au figuré, entreprendre :* Occasio idonea ad rem adoriendam, *CIC.* — AGGREDI (gradior ad), *aller sus :* Quis audeat benè comitatum aggredi? *CIC.* Adoriri *présenterait une autre idée. Au figuré, entreprendre :* Aggredi historiam, ad historiam, *LIV.* — IMPUGNARE (pugnare in), *combattre contre :* Impugnare terga hostium, *LIV.*

94. *Adrepere ou Arrepere. Irrepere. Obrepere.*

ADREPERE (repere ad), *se traîner vers, en rampant :* Ne mus, aut lacerta quà adrepere ad columbaria possit, *VAR. Au figuré, tâcher de s'insinuer :* Leniter in spem adrepe officiosus, ut et scribare secundus hæres, *HOR.* — IRREPERE (repere in), *non-seulement approcher en rampant, mais entrer, se couler dedans :* Salamandra si arbori irrepsit, omnia poma inficit veneno, *PLIN. Au figuré :* Irrepit in hominum mentes dissimulatio, *CIC.* — OBRE-

PERE (repere ob), *se traîner devant en rampant, arriver insensiblement :* Quàm levibus vestigiis feles obrepunt avibus! *PLIN. Au figuré :* Mors obrepit, *PLAUT.* Adolescentiæ senectus obrepit, *CIC., la vieillesse succède insensiblement à la jeunesse.*

95. *Adstare. Assistere.*

ADSTARE (stare ad), *être debout auprès, être présent :* Dixit, et adversi contrà stetit ora juvenci, *VIRG.* — ASSISTERE (sistere ad), *veut dire,* 1° *comme* adstare, *être debout, se tenir debout auprès :* At se attollere contrà rectoque assistere trunco, *OVID.* 2° *être favorable :* Assistas operi tuaque omina firmes, *STAT.* 3° *Cicéron le fait synonyme d'*obstare : Ut contrà omnes hostium copias, in ponte unus Cocles assisteret.

96. *Adulari. Assentari. Blandiri. Eblandiri.*

ADULARI *et anciennement* ADULARE, *caresser, convient proprement aux chiens.* Canum amans dominorum adulatio, *CIC. il se prend ordinairement pour flatter bassement :* Cavendum est ne assentatoribus patefaciamus aures, nec adulari nos sinamus, *CIC.* — Adulari *consiste dans les paroles et les actions ; et* ASSENTARI, *dans les paroles ; c'est applaudir, consentir à tout :* Semper auget assentatio id quod is, cujus ad voluntatem dicitur, vult esse magnum, *CIC.* — BLANDIRI (*de* blandus), *flatter par des paroles doucereuses :* Quippe qui adversando sæpè assentetur, et litigare se simulans blandiatur, *CIC* Sic habendum est nullam in amicitiis pestem esse majorem quàm adulationem, blanditias, assentationem, *Id. Au figuré :* Umbrâ blanditur populus, *OVID., le peuplier caresse de son ombre ;* Blandiebatur cœptis fortuna, *TAC.* — EBLANDIRI, *obtenir par des caresses :* Suffragia eblandiri, *CIC.* Assentamur voce ; gestu adulamur ; tactu blandimur, *disent les grammairiens.*

97. *Adulator. Assentator.*

ADULATOR, *celui qui flatte, qui n'a toujours que des paroles flatteuses à dire. Il se prend toujours en mauvaise part :* Cæcus adulator, dirusque à ponte satelles, *JUVEN.* — ASSENTATOR, *pire encore qu'*adulator : Assentator, qui ad alterius non modò sensum ac voluntatem, sed etiam vultum atque nutum convertitur, *CIC.*

98. *Adulterare. Adulterari.*

ADULTERARE *se dit au propre et au figuré :* Adulterare matronas, *SUET.* Adulterare tabulas, *CIC., falsifier des registres.* — ADULTERARI *serait aussi déponent, si* adulterari, *qui se lit au ch.* 33 *du liv.* I *des Off. était la vraie leçon ; mais de bons critiques lisent* adulterare, *comme au liv.* I *des Lois et ailleurs. Horace a dit :* Adulteretur columba milvo, *pour* à milivo, *au passif.*

99. *Adulterium. Incestum ou Incestus, ûs. Stuprum.*

ADULTERIUM, *commerce illégitime avec une personne mariée :* Adulterium cum alienâ uxore committere, *QUINT.* — INCESTUM *se dit du péché de la chair en général, mais notamment entre proches parents.* Incestum *est encore plus criminel qu'*adulterium : Omnibus ex animi perturbationibus est profectò nulla vehementior, stupra dico, et corruptelas, et adulteria, incesta denique, *CIC.* — INCESTUS *est le même ; mais il se prend aussi pour profanation des mystères sacrés. L'adjectif* incestus *est ordinairement pris en ce sens :* Non solùm aspectu, sed etiam incesto flagitio et stupro polluit cæremonias, *CIC.* — STUPRUM *est le crime commis avec une personne qui n'est point mariée :* Inferre stuprum virgini, *CIC. Il se prend aussi plus généralement :* Ad stuprum rapi matres campanas, virginesque, *LIV.*

100. *Advehere. Convehere. Evehere. Invehere. Circumvehere. Provehere.*

ADVEHERE (vehere ad), *porter vers :* Cùm Piræeum navi advectus essem, *CIC.* — CONVEHERE (vehere cum), *porter ensemble :* Plaustris æs et ærarium convehunt, *LIV.* — EVEHERE (vehere è), *porter d'un lieu :* Omnia palàm plaustris evecta, *CIC. Au figuré :* Ut semel Piræeo eloquentia evecta est, omnes peragravit insulas, *CIC.* — INVEHERE (vehere in), *porter dedans :* Invehi ex alto in portum, *CIC. Au figuré :* Invehi in aliquem acerbiùs, *CIC., s'emporter avec aigreur contre quelqu'un ;* Invehere avaritiam, *LIV., introduire l'avarice.* — PROVEHERE (vehere pro), *pousser, porter en avant :* Navis in portum provehitur, *CIC. Au figuré, pousser quelqu'un, l'avancer :* Sulpicium popularis aura provexit, *Id.*

101. *Advena. Convena. Hospes. Peregrinus. Peregrinator. Exterus. Extrarius. Externus. Extraneus. Alienus. Alienigena.*

ADVENA (venire ad), *celui qui quitte son pays pour aller en habiter un autre :* Advena classem cùm primùm ausoniis appulit oris, *VIRG.* — CONVENA (venire cum), *se dit de ceux qui se réunissent pour habiter un pays :* Romulus pastores et convenas consilio et sapientiâ conjugavit, *Cic.* — **Hospes** *synonyme des autres, est celui qui habite dans une maison ou une ville étrangère :* Tu hospes in hâc urbe versaris, *Cic.* — **Peregrinus** (*de* peragrare) *celui qui parcourt un pays étranger :* Jam non hospites, sed peregrini et advenæ nominabamur, *Cic.* — **Peregrinator**, *voyageur de profession.* — **Exterus**, *étranger, qui est ou peut être au dehors :* Extera quærere regna, *Virg.* — **Extrarius** (quasi extrà rem) : Sine ullâ assumptione extrariæ defensionis, *Cic.* — **Externus**, *du dehors, qui vient du dehors :* Animos externâ et adventitiâ religione pulsari, *Cic.* — **Extraneus**, *qui est et demeure au dehors :* Pax et concordia extraneis gignetur, cùm jàm domesticis non insideat, *Cic. De même :* Extranea bona sunt corporis et animi, honos, pecunia, potentia, etc., *Cic.* — **Alienus** *est opposé,* 1° *à* proprius : Alienæ domi esse, *Cic.* 2° *à* propinquus, consanguineus : Apud me cœnant alieni novem, *Plaut.* 3° *à* conjunctus, amicus : Ut tuum factum alieni hominis, meum verò conjunctissimi esse videatur, *Cic.* — **Alienigena** (quasi alibi genitus), *né dans un autre pays :* Alienigenæ hostes, *Cic.*

102. *Advenire. Adventare.*

**Advenire** (venire ad), *arriver, venir :* Hora proficiscendi advenit, *Tac.*—**Adventare** (*son fréquentatif*), *être sur le point d'arriver :* Adventare, et propè jam esse debes, *Cic.* Reipublicæ excidium adventat, *Tac.*

103. *Adventitius. Adventorius.*

**Adventitius**, *adventif, qui vient d'ailleurs :* Adventitium auxilium, *Cic.* — **Adventorius**, *qui concerne l'arrivée :* Adventoria epistola, *Cic., lettre qui annonce l'arrivée de quelqu'un.*

104. *Adversari. Repugnare. Resistere. Obsistere. Refragari.*

**Adversari**, *être contraire, être opposé :* Ejus libidini adversari non poterat, *Cic.* — **Repugnare**, *faire face, être opposé :* Cede repugnanti, cedendo victor abibis, *Ovid. Au figuré :* Hæc repugnant inter se, *Cic., ces choses répugnent les unes aux autres.* — **Resistere**, *résister, ne pas céder :* Legiones hostibus resistunt, *Cæs. Au figuré :* Fortiter resistere dolori, *Cic.* —**Obsistere** (stare ob), *s'opposer :* Audacìter alicui obsistere, *Cic.* Resistere *dirait moins.* — **Refragari**, *proprement refuser son suffrage ; il est opposé à* suffragari : Ne refragari homini amicissimo videar, *Cic. Au figuré, être contraire :* Tota illa lex petitioni tuæ refragata est, *Cic.* Philosophi adversari solent omnibus in disputando ; obsistimus accedenti ; persequenti resistimus ; repugnamus vim inferenti ; injusta petenti refragamur.

105. *Adversaria. Tabulæ. Commentaria. Diarium. Diurnum. Ephemeris.*

**Adversaria**, *brouillon, sur lequel on écrivait à la hâte ce qu'on voulait porter ensuite sur un registre à demeure, appelé* **Tabulæ** : Quid est quòd negligenter scribamus adversaria ? Quid est quòd diligenter conficiamus tabulas ? Quia hæc delentur statim, illæ servantur sanctè..... *Cic. On les appelait* Adversaria, *parce qu'on écrivait de tous les côtés.*—**Commentaria** *et* **Commentarii** (*de* cum *et de* mens), *mémoires, commentaires, où l'on écrivait les principales choses :* Pontificum commentaria, *Cic.* Commentaria Cæsaris, *Id.* Conficiam commentarios rerum mearum, *Id.* — **Diarium** (de dies), *la pitance, l'entretien d'un soldat, ou d'un esclave pour chaque jour :* Cum servis diaria rodere mavis, *Hor., tu aimes mieux être réduit à la pitance des esclaves. Les bons auteurs n'ont point dit* diarium *pour un journal.* — **Diurnum**, *journal, registre où l'on écrivait jour par jour ce qui se passait dans une maison :* Longi relegit transversa diurni, *Juv.* — **Ephemeris** (ἐπί, ἡμέρα, dies), *journal :* Ad ephemeridem revertitur, invenitur dies profectionis, *Cic.*

106. *Adversarius. Contrarius.*

**Adversarius** (adj.), *qui est opposé :* Adversarii duces, *Cic.* Tribunus seditiosis adversarius, *Id.* — **Contrarius**, *en contradiction, en contrariété :* Nihil magis officio contrarium esse potest, *Cic.* Verba rebus contraria. *Phèdre et Varron admettent* Contrarius *comme synonyme d'*Adversarius : Sæpè quos alueris, tibi invenies contrarios, *Phæd.* Contrariis diis, *Varr.*

107. *Adversarius. Inimicus. Hostis. Perduellis.*

**Adversarius** (subst.), *est proprement celui qui intente un procès :* Nemo horum ita te refutandum ut gravem adversarium arbitrabatur, *Cic. Il se prend pour adversaire, ennemi qui résiste :* Acceptis à forti adversario vulneribus, *Cic.* — **Inimicus** (non amicus), *ennemi particulier :* Qui mihi tam crudeliter inimici sunt, *Cic. Il se dit bien d'un ennemi de la patrie :* Omnibus inimicis reipublicæ esse me acerrimum hostem præ me fero, *Cic. Les enne-*

mis, inimici, *cherchent à se nuire; les adversaires*, adversarii, *font valoir leurs prétentions l'un contre l'autre.* — HOSTIS *était anciennement le même que* peregrinus : Hostis apud majores nostros is dicebatur, quem nunc peregrinum dicimus. Nunc hostis inimicitias denunciat; nec solùm hostis dicitur qui bellum infert, sed hostis est quisquis nobiscum inimicitias gerit, CIC. *Il est ordinairement pris pour un ennemi de guerre.* — PERDUELLIS *est un ennemi de guerre, mais plus acharné qu'*hostis : Qui proprio nomine perduellis esset, is hostis vocabatur, lenitate verbi tristitiam rei mitigante, CIC.

108. *Adversitas. Adversa.*

ADVERSITAS, *opposition, antipathie :* Magna putatur esse scorpionibus adversitas cum stellionibus, PLIN. *Il ne se prend jamais pour adversité.* — ADVERSA *est proprement un adjectif, on sous-entend* negotia, tempora. *Adversité, fortune contraire :* Tot premor adversis, OVID.

109. *Adversus. Aversus.*

ADVERSUS, *qui est vis-à-vis, par devant :* Intueri solem nequitis adversum, CIC. Vulnera adverso corpore accepta, *Id. Au figuré :* Res adversæ, CIC. — AVERSUS, *qui tourne le dos, qui est par derrière :* Ne aversos nostros equites aggrederentur, CIC. *Au figuré :* Aversus à vero, CIC. — Intueri aliquem adversum, *regarder quelqu'un en face;* aversum intueri, *est le regarder par derrière.*

110. *Adversùs. Adversùm. Versùs. Erga.*

ADVERSUS *et* ADVERSUM, *envers, contre, soit en bonne, soit en mauvaise part :* Pecuniæ conciliatæ adversùs leges, CIC. Pietas adversùs deos, *Id.* Adversùs viam, LIV., *vis-à-vis du chemin.* — VERSUS, *vers, devers; il se met après son cas :* Brundusium versùs, CIC., *vers Brindes.* — ERGA, *envers, à l'égard (toujours en bonne part) :* Tua voluntas erga me, meaque erga te par atque mutua, CIC.

111. *Advertere. Obvertere.*

ADVERTERE (vertere ad), *tourner vers :* Terræque advertere proras imperat, VIRG. *Au figuré, tourner son attention, remarquer :* Advertebatur Pompeii familiares assentire Volcanio, CIC. — OBVERTERE (vertere ob), *tourner en face :* Quem spectabant, cujus ob os Graii ora obvertebant, CIC.

112. *Advigilare. Evigilare. Invigilare.*

ADVIGILARE (vigilare ad), *veiller à, prendre garde à une chose :* Vestales præsint, ut advigiletur faciliùs ad custodiam ignis, CIC. — EVIGILARE (vigilare è), *proprement éveiller :* Stant acies evigilante sono, CATUL. *Au figuré :* Quos studium cunctos evigilavit idem, OVID. *Il est souvent pris pour veiller avec soin :* Tanta industria est, tantùmque evigilat in studio, ut, etc., CIC. — INVIGILARE (vigilare in), *veiller sur une chose :* Aliæ (apes) victu invigilant, VIRG.

113. *Advocare. Convocare.*

ADVOCARE, *appeler à soi :* Advocare ad concionem, CIC. Advocare *est un terme de droit :* Quos tibi advocasti ad consultandum, CIC. *Au figuré :* Advocare artem, CIC., *user d'artifice.* Advocare animum ad se ipsum, *Id.* — CONVOCARE (vocare cum), *appeler ensemble, convoquer :* Convocare concilium, CÆS. *Au figuré :* Convocare in animum consilia, PLAUT., *prendre conseil en soi-même.*

114. *Advolare. Involare.*

ADVOLARE (volare ad), *voler vers :* Avis Platalea (*le pélican*) sibi cibum quærit advolans ad eas aves quæ se in mari mergerent, CIC. *Au figuré :* Sed certior auctor advolat Æneæ, VIRG. — INVOLARE, *voler dedans, se jeter sur ou contre avec précipitation :* In villam involant columbæ, VAR. In possessionem alterius involare, CIC. *Au figuré :* Animum cupido involat, TAC.

115. *Advolvere. Involvere. Provolvere.*

ADVOLVERE (volvere ad), *rouler vers :* Totas advolvêre focis ulmos, VIRG. *Au figuré :* Clamor advolvitur astris, STAT. — INVOLVERE, *rouler dedans, dessus, envelopper :* Fœno aliquem involvere, OVID. Involvit se farinâ, PHÆD. *Au figuré :* Sævum ingenium variis involvens modis, PHÆD. Virtute meâ me involvo, HOR. — PROVOLVERE, *rouler en avant :* Jam ego hunc in mediam viam provolvam, TER.

116. *Adytum. Penetrale.*

ADYTUM (*d'à privatif et de* δύειν, *entrer*), *le lieu le plus secret du temple, où il n'est permis qu'aux prêtres d'entrer.* — PENETRALE, *le lieu le plus retiré d'une maison ou d'un temple :* Penetralia regum, VIRG. Contaminare penetralia, LIV. Adytum *ne* convient qu'aux lieux saints ; au lieu que penetrale se dit d'un lieu sacré ou profane.

### 117. *Ædes. Ædificium.*

ÆDES (pluriel), *se dit d'une maison, qu'elle soit habitée ou qu'elle ne le soit pas* : Ædes venales, TER. *Il ne se prend pour un temple que quand il est déterminé par quelque chose, comme* : Ædes sacræ, CIC. Deorum ædes, *Id.* — ÆDIFICIUM *se dit d'un édifice, d'une habitation, d'un portique, d'une forteresse, etc.* : Quæ ædes ædificiaque intra fines regni Antiochi sunt, LIV.

### 118. *Ædes. Templum. Delubrum. Fanum.*

ÆDES (singul.), *se prend ordinairement pour un lieu saint, élevé en l'honneur d'une divinité, comme* : Ædes Vestæ, CIC. Ædes Minervæ, *Id.* — TEMPLUM *signifia d'abord tout espace que l'on pouvait et d'où l'on pouvait apercevoir* : Lucida cœli templa, LUCR. Templa Neptuni, PLAUT., *les espaces de la mer.* Templum, *synonyme des autres, est un lieu profane, consacré par les augures et d'où l'on pouvait voir et consulter le vol des oiseaux.* Templum, *pris pour un temple, était plus vaste que* Delubrum, *qui n'était qu'un petit temple. Le Capitole était un temple*, templum, *dans lequel il y avait trois petits temples*, delubra, *renfermés dans la même enceinte* : Delubrum Junonis, Jovis et Minervæ, CIC. *Aussi les auteurs ne les confondent pas* : Templorum et delubrorum religiones, CIC. Deorum delubris ac templis, *Id.* — DELUBRUM *était un endroit où l'on plaçait la statue de la divinité.* — FANUM (de fari), *était proprement un lieu consacré pour la construction d'un temple* : Sed fanum tantùm, id est locus templo effatus jam sacratus fuerat, LIV. *On appela* Fana *les maisons consacrées aux dieux Lares par les pontifes* : Pro fanis atque delubris propugnare, CIC., *combattre pour ses pénates.*

### 119. *Ædicula. Ædiculæ.*

ÆDICULA (*diminutif d'*ædes), *est un petit temple consacré à une divinité* : Iisdem diebus ædiculam Victoriæ Virginis Cato dedicavit, LIV. — ÆDICULÆ (*plur.*), *est une petite maison* : Pauper fuit, habuit enim ædiculas in Labicano, CIC.

### 120. *Ædificare. Exædificare. Struere. Construere. Fundare.*

ÆDIFICARE (ædem facere), *faire un édifice quelconque* : Ædificare domum, porticum, navem, hortos, etc., CIC. *Au figuré* : Ædificare rempublicam, CIC. Ædificare caput, JUV., *bâtir de ses cheveux l'élégant édifice*, BOIL. — EXÆDIFICARE, *achever l'édifice* : Ne gravere exædificari id opus quod instituisti, CIC. — STRUERE (de strues), 1° *entasser* : Moles struere, TAC. Opes struere, LIV. 2° *arranger* : Aciem struere, CIC. *Au figuré* : Mendacium struere, CIC. Componere et struere verba, *Id.*— CONSTRUERE (struere cum), *entasser ensemble, construire* : Acervi nummorum apud istum construuntur, CIC. Ædificium construere, *Id. Au figuré* : Copia ornamentorum uno in loco constructa, CIC. — FUNDARE (de fundus), *jeter les fondements* : Arces fundare, VIRG. *Au figuré* : Fundata respublica, CIC.

### 121. *Ædificator. Architectus.*

ÆDIFICATOR, *le maçon qui bâtit l'édifice* : Cur mundi ædificatores repentè exstiterint? CIC. — ARCHITECTUS (*d'*ἀρχή *et de* τεύχω, *fabriquer*), *celui qui préside à l'édifice, qui en donne le plan* : Mali ædificii dominus gloriabatur se architectum non habuisse, CIC. *Au figuré* : Architectus legis faciendæ, CIC.

### 122. *Ægritudo. Ægrotatio. Morbus.*

ÆGRITUDO *se dit ordinairement des chagrins, des peines ; et* ÆGROTATIO *des maladies du corps* : Sed propriè ut ægrotatio in corpore, sic ægritudo in animo nomen habet, CIC. *Lorsque Cicéron dit* quòd minùs noceant animi ægrotationes quàm corporis, *il parle des passions qui ont une certaine durée. Nous disons de même, les maladies de l'âme.* Morbum appellant totius corporis corruptionem ; ægrotationem, morbum cum imbecillitate, CIC. *Quinte-Curce a dit* Ægritudo, *en parlant des maladies du corps* : Animum ægritudo corporis urgebat.

### 123. *Ægritudo. Ægrimonia. Ærumna. Molestia. Angor. Anxietas. Cura. Sollicitudo. Dolor. Mœror. Mœstitia. Tristitia. Afflictatio.*

ÆGRITUDO, *synonyme des autres, signifie, en général, peine d'esprit* : Ægritudo est perturbatio animi : itaque præclarè nostri molestiam, sollicitudinem, angorem, propter similitudinem ægrorum, ægritudinem nominavère, CIC. — ÆRUMNA, *crochet au bout duquel les voyageurs portent leurs paquets ; au figuré, c'est un chagrin qui ronge* : Ærumna est ægritudo laboriosa, CIC. — MOLESTIA (*de* μόλος, *travail*), *embarras qui chagrine, qui suit partout* : Molestia est ægritudo permanens, *Cic.* — ANGOR (*d'ἄγχω, serrer*), *angoisse, détresse* : Angor est ægritudo premens, *Id.* — ANXIETAS *convient à un esprit inquiet; c'est comme un fonds d'inquiétude* : Anxietas prona ad luctum, et mœrens, semper ipsa se sollicitans, *Cic.* Estque aliud iracundum esse, aliud iratum, ut differt anxietas ab angore, *Id.* — CURA *est une grande peine d'esprit* : At regina gravi jam dudùm saucia curâ, *Virg.* — SOLLICITUDO, *peine d'esprit, agitation* : Sollicitudo est ægritudo cum cogitatione, *Cic.* Sollicitudo conscientiæ vexat impios, *Id. On dira bien* : Adverso casu perculsum premit angor; superstitiosum aut animi suspensum discruciat anxietas; patremfamiliâs obsident sollicitudines et curæ. — DOLOR, *douleur* : Dolor est ægritudo crucians, *Cic. Il se dit du corps et de l'âme* : Dolor asper motus in corpore, *Cic.* Summus animi dolor, *Id.* — MOEROR, *douleur profonde et silencieuse* : Mœror, ægritudo flebilis, *Cic.* Mœrorem minui, dolorem non potui, *Id.* Dolor levis et exterior est; mœror gravis et interior. — MOESTITIA, *tristesse actuelle* : Sapientia est una quæ mœstitiam pellat ex animis, *Cic.* — TRISTITIA, *tristesse qui se manifeste au dehors* : Lacrymis et tristitiæ te tradidisti, *Cic.* — AFFLICTATIO, *peine, tourment* : Afflictatio, ægritudo cum vexatione corporis, *Cic.* — AFFLICTIO *est d'une latinité suspecte.*

124. *Ægrotare. Ægrescere.*

ÆGROTARE, *être malade* : Medici leviter ægrotantes leviter curant, *Cic. Il se dit bien des maladies de l'âme* : Ægrotationes animi, qualis est avaritia, *Cic.* Vitio animi ægrotare, *Hor.*—ÆGRESCERE, *devenir plus malade* : Ægrescunt corvi, *Plin. Il se dit aussi de l'âme* : In corde sedens ægrescit cura, *Stat.*

125. *Ægrotus. Æger. Morbidus.*

ÆGROTUS, *malade, ne se dit guère que du corps* : Ægroto, dùm anima est, spes esse dicitur, *Cic. Térence a dit* : Animum decuit ægrotum tractare. —ÆGER, *affligé, souffrant, se dit du corps et de l'âme* : Æger ex vulnere, *Liv.* Consolatur ægram animi, *Id. Les bons auteurs disent Æger, et non Ægrotus, en parlant des animaux* : Et quatit ægros tussis anhela sues, *Virg.*

126. *Æmulari aliquem, alicui, cum aliquo.*

ÆMULARI ALIQUEM, *imiter quelqu'un* : Pindarum quisquis studet æmulari, *Hor.* Urbis instituta æmulari, *Cic.* — ÆMULARI ALICUI, *porter envie à quelqu'un* : His æmulamur qui ea habent quæ nos habere cupimus, *Cic. Il signifie aussi aller de pair* : Consummati jam patroni veteribus æmulantur, *Quint.* — ÆMULARI CUM ALIQUO, *le disputer à quelqu'un* : Nec mecum æmuletur, *Liv.*

127. *Æmulatio. Imitatio. Rivalitas.*

ÆMULATIO, *envie d'égaler, de surpasser; il se dit du bien et du mal* : Imitatio virtutis æmulatio dicitur; et est æmulatio, ægritudo, si eo quod concupieris, alius potiatur, ipse careas, *Cic.* — IMITATIO, *imitation, se dit du vice et de la vertu* : Excellentium hominum virtus imitatione digna est, *Cic.* Vitium imitatione ex aliquo expressum, *Id.* — ÆMULATIO *est ordinairement la cause, et* imitatio, *l'effet.* — RIVALITAS, *se met toujours en mauvaise part, rivalité* : Illa vitiosa æmulatio, quæ rivalitati similis est, *Cic.* Rivales à rivo dicuntur, et sunt propriè qui per eumdem rivum aquam ducunt, inter quos sæpè contentio est de aquæ usu. Translatè verò rivales dicuntur qui eamdem rem amant.

128. *Æqualitas. Æquabilitas. Æquatio.*

ÆQUALITAS, *égalité, niveau* : Carnes excrescentes ad æqualitatem reducunt, *Plin. Au figuré, similitude* : Æqualitas fraterna, *Cic.* — ÆQUABILITAS, *égalité d'âme, uniformité* : Præclara est æquabilitas in omni vitâ, *Cic. On ne dirait pas* æqualitas. — ÆQUATIO, *partage égal* : Æquatio bonorum, *Cic.* Æqualitas *et* Æquabilitas *feraient un autre sens.*

129. *Æquare. Adæquare. Exæquare. Æquiparare.*

ÆQUARE, *au propre, rendre uni* : Area æquanda cylindro, *Virg. Au figuré, égaler, rendre égal* : Tenuiores cum principibus æquari se putârunt, *Liv.* — ADÆQUARE, *mettre de niveau* : Ut propè summam muri altitudinem acervi armorum adæquarent, *Cæs.* Adæquare solo, *Liv.*, *mettre au niveau du sol. Au figuré* : Cum virtute fortunam adæquavit, *Cic.* Urna suffragiorum æquavit, *les suffrages furent également partagés.*— EXÆQUARE, *égaler parfaitement; il ne se dit guère qu'au figuré* : Omnia jura pretio exæquavit, *Cic.*, *il mesura le bon droit sur la finance.* — ÆQUIPARARE, *atteindre à l'égalité* : Æquiparas magistrum, *Virg.*, *vous égalez votre maître.*

130. *Æquè. Æqualiter. Pariter. Similiter.*

ÆQUE, *également, avec équité* : Benevolentiâ civium non æquè omnes egent, *Cic.* Æquè statuere, *Sen.*, *juger, or-*

*donner avec équité.* — ÆQUALITER, *de niveau, et en parties égales :* Æqualiter perpolire, *Cic.* Æqualiter agros legionibus assignare, *Id.* — PARITER, *pareillement :* Lætamur amicorum lætitiâ æquè ac nostrâ, et pariter dolemus angoribus, *Cic.* — SIMILITER, *semblablement, tout de même :* Similiter facis ac si roges, *Cic.* Verba quæ similiter desinunt, *Id.*

131. *Æquus. Æqualis. Æquabilis. Par. Parilis. Similis.*

ÆQUUS, *au propre, uni :* Æquus et planus locus, *Cic.* *Au figuré, qui est le même :* Animus æquus, *Cic.* Cùm Athenæ florerent æquis legibus, *Phæd.*, *lorsqu'Athènes florissait sous des lois égales pour tous; sous les lois de l'égalité.* — ÆQUALIS, 1° *égal, pareil :* Æqualia peccata, *Cic.*; 2° *de même temps :* Demosthenes maximos oratores habuit æquales, *Cic.* — ÆQUABILIS, *égal, qui ne se dément pas :* Æquabilis prædæ partitio, *Cic.* Famâ æquabili et inviolatâ, *Sall.* — PAR, *pair, égal, pareil :* Ut stellarum numerus par an impar sit nesciatur, *Cic.* Par est quod inter omnes æquabile est. — PARILIS, *à peu près même signification que* par : Arte parili reviviscere, *Ovid.* — SIMILIS, *semblable, ressemblant :* Aqua aquæ similis, *Plaut.* Similis tùm formâ tùm moribus, *Cic.* Pauci cùm viverent inter æquales, constanti et æquabili jure regi se animo semper æquo ferebant; neque enim erant omnes opibus ac dignitate pares, aut moribus similes.

132. *Æquus. Justus.*

ÆQUUS, *synonyme de* justus, *signifie égal, équitable :* Æqua conditio, æquumque certamen proponitur, *Cic.* Jura æqua describere, *Id.* — JUSTUS, *qui est dans la règle, conforme aux lois, aux usages :* Justa uxor, *Cic.* Justa causa, *Id.* Justus exercitus, justus consul, *Liv.*, *une armée, un consul dans toutes les règles. Il se prend pour juste, équitable :* Justus homo, isque, quem bonum virum, dicimus, *Cic.*

133. *Aer. Æther. Dium.*

AER *est proprement cet air épais que nous respirons :* Aer quem spiritu ducimus, *Cic.* — ÆTHER, *est le haut des airs :* Æther immensus aerem complectitur, *Cic.* — DIUM, *n'est guère usité qu'à l'abl. :* Sub dio, *au grand air.*

134. *Ærarium. Fiscus.*

ÆRARIUM (*d'*æs), *trésor public :* Meam domum senatus ex ærario ædificandam putavit, *Cic.* — FISCUS *était un grand sac qui contenait une forte somme d'argent :* Mulus ferebat fiscos cum pecuniâ, *Phæd.* Fiscus *a été pris pour le trésor de l'empereur :* Quantum fisco pendebant in quinquennium remisit, *Tac.* Fiscus, *avant Cicéron, était l'argent de l'Etat; et* ærarium, *celui des particuliers.*

135. *Ærugo. Rubigo. Ferrugo.*

ÆRUGO (*d'*æs), *est le vert-de-gris, la rouille de l'airain qui est un poison :* Æs corinthium in æruginem incidit, *Cic.* *Au figuré :* At hæc animos ærugo cùm semel imbuerit, *Hor.* — RUBIGO *est ce que nous appelons la nielle, lorsque les épis s'en vont en poudre :* Nec sterilem seges sentiet rubiginem, *Hor.* *Il se dit aussi des métaux :* Non lædet rubigine ferrum, *Virg.* — FERRUGO (ferri ærugo), *la rouille du fer. Il se dit aussi des couleurs :* Ferrugine tinctus, *Virg.*, *teint en pourpre. Au figuré :* Animus ferrugine purus, *Ovid.*, *c'est-à-dire sans tache.*

136. *Æstimare. Existimare.*

ÆSTIMARE (*d'*æs), *examiner, apprécier :* Vulgus ex veritate pauca, ex opinione multa æstimat, *Cic.* *C'est dans ce sens qu'on dit* Æstimare litem, *Cic.*, *taxer les dépenses d'un procès.* Æstimare aliquem, *dans les bons auteurs, ne signifie pas estimer quelqu'un, mais l'apprécier; c'est ainsi qu'on dit :* Magni, pro nihilo, pluris, etc., æstimare aliquem. — EXISTIMARE, *juger, décider :* Regali nomine dignum aliquem existimare, *Cic.* *Il se dit dans le sens d'*æstimare : Orationes, ex quibus existimari de ingeniis oratorum potest, *Cic.*

137. *Æstimatio. Existimatio.*

ÆSTIMATIO, *appréciation, et les choses mêmes dont on fait l'estimation :* Non æstimatione censûs, verùm victu atque cultu terminatur pecuniæ modus, *Cic.* Militibus æquâ factâ æstimatione pecuniam pro his rebus solvit, *Id.* In æstimationem accipere, *Id.*, *prendre sur l'estimation.* — EXISTIMATIO *par lui-même ne signifie qu'opinion :* Homo sine existimatione, *Cic.*, *un homme dont on ne dit rien.* Existimationi consulere, *Id.* *travailler à faire parler de soi.* Existimationem assequi, *pour dire acquérir de l'estime, serait un contre-sens; il ne se prend pour estime, réputation, que quand il est déterminé par une épithète :* Fructus bonæ existimationis, *Cic.*

138. *Ætas. Tempus. Ævum. Seculum. Hora. Dies.*

ÆTAS *comprend les différents âges :* Philosophiæ qui paret, omne tempus ætatis sine molestiâ potest degere, *Cic.* Ætas media, ætas ingravescens, etc. *Il se prend pour le temps :* Volat ætas, *CIC. Pour l'année :* Altera jam teritur bellis civilibus ætas, *HOR. Pour l'espace de cent ans :* Vixi annos bis centum ; jam tertia vivitur ætas, *OVID.* — TEMPUS, *le temps, la durée, la révolution :* Tempus est pars quædam æternitatis cum alicujus annui, menstrui, diurni, nocturnive spatii certâ significatione, *CIC. Il se prend pour l'occasion, le temps à propos, le* καίρος *des Grecs :* Tempore et in tempore advenis, *TER., vous venez à propos.* Reddas amicis tempora, *PHÆD., rendez visite.* — ÆVUM, *un long espace de temps :* Hic est definitus in cœlo locus, ubi beati ævo sempiterno fruuntur, *CIC.*—SECULUM, *et par contraction* SECLUM, *siècle, se dit d'un long espace de temps.* Quorum ætates non annis, sed seculis scimus esse disjunctas, *CIC. Il est pris dans les poëtes pour* ætas, tempus : Fœcunda culpæ secula, *HOR. Il se prend, selon Servius, pour l'espace de trente ans, de cent dix ans, et quelquefois pour mille :* Multis seculis ante ejus ætatem id acciderat, *CIC.* — HORA (*d'*ὥρα), *temps, âge, heure :* Mobilis hora, *HOR. Il se prend pour les saisons :* Qui variis mundum temperat horis, *HOR. Il se prend pour ce que nous appelons heure :* Cùm hora diei ferè decima esset, *CIC.* — DIES, *dans les poëtes surtout, se prend pour le temps. Il est indéterminé :* Quid non longa dies, quid non consumitis anni ? *MART.*

139. *Ætas affecta. Ætas ingravescens.*

ÆTAS AFFECTA *est l'épuisement des forces :* Q. Mutii janua in ejus infirmâ valetudine, affectâque jam ætate maximâ quotidie civium frequentiâ celebratur, *CIC.* — ÆTAS INGRAVESCENS, *le poids des années l'âge qui devient à charge :* Didicimus quibus rationibus facillimè ingravescentem ætatem ferre possimus, *CIC.*

140. *Ætas firmata. Ætas constans. Ætas matura.*

ÆTAS FIRMATA, *la force de l'âge :* Multi cives fuerunt, quorum cùm adolescentiæ cupiditates deferbuissent, eximiæ virtutes firmatâ jam ætate, exstiterunt, *CIC.* — ÆTAS CONSTANS, *l'âge fait :* Infirmitas puerorum est, ferocia juvenum, gravitas jam constantis ætatis, *CIC.* — ÆTAS MATURA, *l'âge mûr, l'âge de la prudence.* Ætas firmata *est trente ans ;* ætas constans, *quarante ;* matura, *cinquante.*

141. *Ætas exacta. Ætas provecta. Ætas decrepita. Ætas præcipitata. Ætas extrema. Ætas caduca.*

ÆTAS EXACTA *est le déclin de l'âge, la fin de la vie :* Ætatis exactæ jam Camillus erat, *LIV.* — ÆTAS PROVECTA, *l'âge avancé.*—ÆTAS DECREPITA, *l'âge décrépit, a rapport à la figure, à l'état de vieillard :* Ex iis bestiolis horâ octavâ quæ mortua est, provectâ ætate mortua est ; quæ verò occidente sole, decrepitâ, *CIC.* — ÆTAS PRÆCIPITATA *se dit de la vieillesse, le déclin de la vie.*— ÆTAS EXTREMA *a rapport à la fin prochaine :* Non tot habet titillationes ætas extrema, *CIC. On peut dire aussi* ÆTAS CADUCA, *âge caduc, qui tombe :* Flos fuit ille caducus, *OVID.*

142. *Ætatem degere. Ætatem terere. Ætatem consumere.*

ÆTATEM DEGERE, *passer la vie :* Id sibi quisque genus ætatis degendæ constituit, quod maximè adamavit, *CIC.* — ÆTATEM TERERE, *perdre le temps, tuer le temps :* Terere omnem ætatem in nugis, *CIC.* — ÆTATEM CONSUMERE, *employer toute sa vie :* Quoniam in eo studio ætatem consumpsi, *CIC.*

143. *Ætatis cursus. Ætatis progressus.*

ÆTATIS CURSUS *est le cours de l'âge ; au lieu qu'* ÆTATIS PROGRESSUS *est l'avancement de l'âge :* Cursus est certus ætatis, *CIC.* C. Cæsar ineunte ætate docuit progressum ætatis exspectari non oportere, *Id.*

144. *Æternus. Sempiternus. Immortalis. Perpetuus. Perennis. Jugis.*

ÆTERNUS, *éternel, qui est sans commencement, et qui n'a point de fin :* Deus beatus, æternus, *CIC. Il se dit aussi des choses qui ont eu commencement, et qui durent autant que le monde :* Urbs condita in æternum, *LIV.* — SEMPITERNUS (semper æternus), *ajoute à l'idée d'*æternus : In cœlo beati sempiterno ævo fruuntur, *CIC.* — IMMORTALIS, *qui n'est point sujet à la mort :* Optimi cujusque animus ad immortalem gloriam nititur, *CIC.* Immortalis *se dit seulement des choses animées ou personnifiées.* Æternus *se dit de tout être.* — PERPETUUS, *perpétuel, qui forme une longue file :* Illum ignem Vestæ perpetuum ac sempiternum, *CIC.* — PERENNIS (quasi per annum), *qui dure toujours :* Perennes et perpetui cursus stellarum, *CIC.* Aquæ perennes, *Id.* — JUGIS (de jungere), *qui coule toujours, inépuisable :* Putei perennes jugis aquæ, *HOR.* Jugis thesaurus, *PLAUT.*

145. *Affatim. Satis. Satis superque.*

AFFATIM, *abondamment :* Affatim materiæ, *LIV.* Affatim satisfacere, *CIC.* — SATIS, *et* SAT, *assez :* Libri satis multi, *CIC.*

Satis tempore, *Id.*, *assez à propos.* Tantùm quantùm sat est, *Id.* — SATIS SUPERQUE, *assez et trop, de reste :* Sed id satis superque, CIC. Affatim *dit plus que* satis : Satis est et affatim prorsùs, CIC.

146. *Affectio. Affectus. Motus. Perturbatio.*

*Cicéron nous apprend ce qu'on doit entendre par* AFFECTIO : Affectio est animi et corporis aliquâ de causâ commutatio, ut lætitia, cupiditas. — AFFECTUS *est la disposition du cœur, le sentiment :* Qualis cujusque animi affectus est, talis est homo, CIC. — MOTUS, *le mouvement :* Deus motum dedit cœlo, CIC. *Au figuré :* Videndum est ne animi motus à naturâ recedant, CIC. — PERTURBATIO, *l'action de troubler, trouble, confusion :* Cœli perturbatio, CIC., *orage, tempête :* Videtis in quo motu temporum, quantâ in conversione rerum, et perturbatione versemur, *Id. Au figuré : mouvements déréglés :* Perturbationes fugiamus, id est, motus animi nimios, CIC.

147. *Afferre. Inferre.*

AFFERRE (ferre ad), *et* INFERRE (ferre in), *renferment l'idée d'une chose qu'on porte, et du lieu où on la porte.* Afferre *est simplement apporter la chose ; et* inferre *est la porter dedans :* Afferre epistolam, CIC. In urbem inferre, *Id. Au figuré :* Inferre mentionem, LIV., *faire mention.* Inferre crimen alicui, CIC., *accuser quelqu'un.*

148. *Affigere. Infigere.*

AFFIGERE (figere ad), *ficher, attacher à, sur :* Prometheus affixus Caucaso, CIC. Affigere cruci, LIV. *Au figuré :* Ea animis affigi dicebat, quæ essent à sensu impressa, CIC. — INFIGERE, *ficher dedans, faire entrer avec force :* Sagitta infigitur arbore, VIRG. *Au figuré :* Infixus animo hæret dolor, CIC.

149. *Affinis. Propinquus. Agnatus. Cognatus. Consanguineus. Gentilis.*

AFFINIS, *allié, parent des parents :* Marius affinis noster, CIC. *Il se prend pour voisin :* Ut quisque potentiori affinis erat, sedibus pellebantur, SALL. *Au figuré :* Affinis sceleri, culpæ, CIC. — PROPINQUUS (de propè) *est à peu près synonyme de tous les autres :* Cives propiores quàm peregrini, et propinqui quàm alieni, CIC. — AGNATUS *se dit proprement de celui qui naît après le testament :* Cui filius agnatus sit, ejus testamentum non esse ruptum judica, CIC. *Il se dit des parents du côté paternel :* Jupiter, Juno, agnatos appellare solemus, CIC., *Jupiter, Junon, sont parents (par Saturne).* — COGNATUS (cum, natus), *parent, cousin :* Pro reditu Pompeii multi cognati et affines deprecati sunt, CIC. *Les* agnati *sont* cognati ; *mais tous les* cognati *ne sont pas* agnati. *L'oncle paternel est* agnatus *et* cognatus ; *l'oncle maternel est* cognatus *et non* agnatus, *parce que la mère ne propage pas la race, et qu'elle passe dans la famille de son mari.* — CONSANGUINEUS (sanguine junctus, *uni par le sang*), *parent en général du côté du père.* — GENTILIS (de gens), *de même race ou famille.* Gentilis (gens, nation), *dans les auteurs sacrés, désigne les gentils, les peuples non chrétiens.*

150. *Affinitas. Propinquitas. Agnatio. Cognatio. Consanguinitas. Gentilitas.*

AFFINITAS, *alliance, degré de proximité que le mariage acquiert à un homme avec les parents de sa femme, et à la femme avec ceux de son mari.* — PROPINQUITAS *est le lien du sang quelconque :* Cum illo maximis vinculis et propinquitatis et affinitatis conjunctus, CIC. — AGNATIO, COGNATIO, CONSANGUINITAS, GENTILITAS. *Même distinction à faire entre ces degrés de parenté, qu'entre les parents. (Voyez l'article précédent.)*

151. *Afflictus. Ærumnosus. Calamitosus.*

AFFLICTUS (fligere ad), *jeté par terre, renversé, poussé contre :* Statua deturbata et afflicta, CIC. Navis ad scopulos afflicta, *Id. Au figuré :* Afflicta virtus maximè luctuosa, CIC. Mœrore afflictus, *Id.* — ÆRUMNOSUS (d'ærumna, *fourche, crochet, au bout duquel les voyageurs portent leurs paquets*). *Il n'est usité qu'au figuré ; accablé de maux :* Ærumnosus et miseriarum compos, CIC. — CALAMITOSUS (de calamus, *chaume*). Calamitas *est proprement la grêle qui tombe sur les chaumes des blés ; c'est dans ce sens que Térence a dit :* Nostri fundi calamitas, *parlant d'une courtisane qui ruinait un jeune homme.* Calamitosus *se prend activement et passivement :* Tempestas calamitosa, CIC. Ager cœlo calamitosus, *Id. Au figuré :* Calamitosa prætura Verris, CIC. Eos qui se ægritudini dederunt, miseros, afflictos, ærumnosos, calamitosos putamus, *Id.* Afflictos excitamus ; sustentamus ærumnosos ; calamitosis subvenimus.

152. *Affligere. Afflictare. Effligere.*

AFFLIGERE (*d'*ad *et de l'inusité* fligere), *terrasser, renverser :* Leonis affliguntur horrendo impetu, PHÆD. *Au figuré,* con-

*sterner, abattre :* Ut me levârat tuus adventus, sic discessus afflixit, CIC. — AFFLICTARE, *son fréquentatif, ne se dit qu'au figuré, désoler, ruiner :* De domesticis nostris rebus acerbissimè afflictor, CIC. — EFFLIGERE *ajoute à l'idée des deux autres; c'est accabler, perdre entièrement :* Effligere lapide, PLAUT., *assommer à coups de pierres.*

153. *Affluere. Circumfluere. Illabi.*

AFFLUERE (fluere ad), *couler vers :* Ad ripam gallicam placidior affluens, TAC. *Au figuré :* Affluit ad eos voluptas, CIC. Vestitu affluens, PHÆD., *ayant une robe traînante.* Omnium rerum copiâ affluentes, CIC. — CIRCUMFLUERE, *couler autour :* Cocytusque sinu labens circumfluit atro, VIRG. *Au figuré :* Circumfluere et abundare omnibus rebus, CIC. — ILLABI (labi in, *couler dedans*) : Tiberino illabitur amni, VIRG. *Au figuré, s'insinuer :* Animis illabere, *Id.*

154. *Age. Age dùm. Agite dùm. Agesis. Cedo. Amabo te. Eia.*

AGE, AGE DUM, AGITE DUM, *sont proprement des impératifs, et conviennent à celui qui exhorte :* Age nunc, refer animum, CIC. Age *se met bien avec un pluriel :* Age verò, nunc considerate, CIC. Agite *veut toujours le pluriel :* Agite dùm, ite mecum, LIV. — AGESIS, *même signification :* Nunc agesis, quoniam docui nil posse creari, LUCR. — CEDO *convient à celui qui demande ; dites, donnez :* Cedo qui amisisti, CIC., *dites-moi comment vous avez perdu.* Cedo tabulas, *Id., donnez les registres.* — AMABO TE (*futur d'*amare), *convient à un homme qui veut s'insinuer :* Vide, amabo, num sit domi, TER. — EIA (*terme d'encouragement*), *se joint très-bien avec* age : Eia age, rumpe moras, VIRG.

155. *Ager. Agellus. Campus. Arvum. Rus. Juger et Jugerum.*

AGER, *champ susceptible de culture :* Ager quamvis fertilis, sine culturâ fructuosus esse non potest, CIC. *Il se prend pour* Rus : Neque agri, neque urbis odium me percepit, TER. — AGELLUS, *diminutif de* ager, *un petit champ.* — CAMPUS *est une vaste plaine, une grande place, soit à la ville, soit à la campagne :* Si pinguis agro metabere campi, VIRG. Ægyptii camporum patentium æquoribus habitantes, CIC. Camposque liquentes, VIRG., *les plaines liquides, la mer :* Campus Martius, CIC. *Au figuré :* Me ex hoc campo æquitatis ad istas verborum angustias revocas, CIC. — ARVUM (*d'*arare), *terre labourable, ou labourée :* Nec semper credenda Ceres fallacibus arvis, VIRG. Neptunia arva, *Id., la mer.* — RUS *comprend toute la campagne, les bois, les terres, les fontaines :* Evolare rus ex urbe, tanquam ex vinculis. — JUGER *et* JUGERUM, *mesure de terre,* 3,200 *mètres carrés.*

156. *Ager pascuus. Ager compascuus.*

AGER PASCUUS (*de* pascere), *est un champ propre à nourrir le bétail :* Non arvus hic qui arari soleat, sed pascuus est ager, PLAUT. — AGER COMPASCUUS *se dit d'un champ où tous les habitants ont droit de pâturage :* Si compascuus ager est, jus est compascere, CIC.

157. *Agere cum populo. Agere ad populum.*

AGERE CUM POPULO, *dit Gellius,* est rogare populum aliquid quod suffragiis suis aut jubeat, aut vetet. AGERE AD POPULUM est concionem habere sine ullâ rogatione. *On pouvait haranguer le peuple tous les jours,* agere ad populum ; *mais il n'y avait que le magistrat qui pût l'assembler pour lui proposer des lois :* Cum populo patribusque agendi jus esto consuli, CIC.

158. *Agere fabulam. Facere fabulam.*

AGERE FABULAM *se dit d'un acteur qui représente une pièce :* Nunc acturi sumus Menandri Eunuchum, TER. — FACERE FABULAM *se dit de l'auteur qui la compose :* Populo ut placerent quas fecisset fabulas, TER.

159. *Agere gratiam. Gratias referre, habere. Gratiam reddere, facere.*

AGERE GRATIAM, *ou* gratias, *témoigner sa reconnaissance par des actions de grâces :* Cui senatus singularibus verbis gratias egit, CIC. — REFERRE GRATIAS, *marquer sa reconnaissance par des bienfaits ; et* GRATIAS HABERE, *conserver de la reconnaissance :* Inops si referre gratiam non potest, habere certè potest, CIC. — GRATIAM REDDERE, *rendre service pour service, bienfait pour bienfait :* Beneficio magno gratiam reddam parem, PHÆD. — GRATIAM FACERE, *faire grâce, dispenser :* Jurisjurandi gratiam facere, PLAUT., *faire grâce du serment.*

160. *Aggerare. Exaggerare. Cumulare. Accumulare. Coacervare.*

AGGERARE (gerere ad), *entasser, mettre en un tas :* Atque aggerat ipsis in stabulis turpi dilapsa cadavera tabo, *VIRG.* *Au figuré :* Incendit atque aggerat iras, *VIRG.*— EXAGGERARE, *exhausser en tas :* Qui magnas opes exaggerare omni quærit vigilià, *PHÆD.* *Au figuré :* Verbis exaggerare beneficium, *CIC.* — CUMULARE, *mettre un comble, combler :* Altaria donis cumulant, *VIRG.* *Au figuré :* Cumulare benefacta, *CIC.* Cumulari gaudio, *Id.*—ACCUMULARE, *mettre un nouveau comble :* Auget, addit, accumulat aurum ex prædà, *CIC.* — COACERVARE (*de* cum *et d'*acervare), *entasser :* Ilis adjectis et coacervatis cadaveribus, *CIC.*

161. *Aggregare. Congregare.*

AGGREGARE (*d'*ad *et de* grex), *est proprement joindre à un troupeau. Il ne se trouve qu'au figuré, agréger, associer :* Ego te semper in nostrum collegium aggregare soleo, *CIC.* — CONGREGARE, *assembler en un troupeau :* Congregare cum leonibus vulpes, *MART.* *Au figuré :* Homines dispersos et dissipatos unum in locum congregare, *CIC.*

162. *Agitare. Ciere. Vibrare.*

AGITARE (*fréquentatif d'*agere), *agiter, pousser :* Sæpiùs ventis agitatur ingens pinus, *HOR.* Aves insectatur et agitat aquila, *Id.* *Au figuré :* Infidos agitans discordia fratres, *VIRG.* Agitare gaudium atque lætitiam, *SALL.*, *témoigner sa joie par des transports.* — CIERE, *exciter :* Ciere motus, *CIC.* Naturæ ista sunt omnia cientis et agitantis motibus suis, *Id.* Ciere *se dit bien de la douleur et des larmes :* Fletus ciere, *VIRG.* Ciere patrem *de Tite-Live, est dans un autre sens : c'est déclarer quel est son père.* — VIBRARE, *remuer par des vibrations, comme la corde d'un instrument :* Sicas vibrare, *CIC.*, *brandir un poignard.* Vibrat mare, *CIC.* Demosthenis non tam vibrarent fulmina illa, nisi numeris contorta ferrentur, *Id.* *Au figuré :* Oratio vibrans, *CIC.*, *un discours véhément.*

163. *Agricola. Ruricola. Arator. Villicus. Colonus.*

AGRICOLA (agrum colens), *est celui qui cultive la terre :* O fortunatos nimiùm, sua si bona norint, agricolas! *VIRG.* — RURICOLA (rus colens), *celui qui habite la campagne :* Hæcne ruricolæ paterentur monstra? *COL.* *Il se dit des animaux mêmes :* Ruriscolasque boves letho dedit, *OVID.* — ARATOR *se dit de celui qui cultive un champ, soit comme propriétaire, soit comme fermier :* Stivæ innixus arator, *OVID.* *Cicéron le distingue du propriétaire :* Incolumis numerus manebat, dominorum et aratorum. — COLONUS (*de* colere), *un fermier :* Qui colonus habuit conductum de Cæsennià fundum, *CIC.* — VILLICUS (villam colens), *un régisseur soumis à un intendant :* Si mandandum aliquid procuratori de agriculturà, aut imperandum villico sit, *CIC.* *Catulle a dit figurément,* villicus ærarii; *et Juvénal,* villicus urbis, *par une plaisanterie satirique.*

164. *Ala. Penna. Pluma.*

ALA, *aile :* Galli cantu plausuque premunt alas, *CIC.* *Il se prend pour les aisselles :* Cubat hircus in alis, *HOR.* *Au figuré :* Alæ velorum, *les voiles.* — PENNA *signifie proprement les grosses plumes des ailes, et par extension, les ailes mêmes :* Pennas pavoni quæ deciderant sustulit, *PHÆD.* Gallinæ pullos pennis fovent, ne frigore lædantur, *CIC.* — PLUMA, *la plume molle et légère, qui couvre le corps des oiseaux :* Versicolores plumæ columbis ad ornatum datæ sunt, *CIC.* Dixi te pennam tenere; mentitus sum, tantùm plumam tenebas, *SENEC.*

165. *Ala. Cornu.*

ALA, *comme terme de guerre, signifie cavalerie, parce qu'on la place à droite et à gauche de l'infanterie, comme les ailes sont placées au corps des oiseaux :* Alæ sinistræ equites, *SALL.* — CORNU *se prend de même pour l'aile d'une armée :* Dextrum et sinistrum cornu, *CIC.*, *l'aile droite et l'aile gauche d'une armée.* Alæ *se dit de la cavalerie, et* cornu *de l'infanterie.*

166. *Albere. Albescere. Exalbescere.*

ALBERE, *être blanc :* Canis capillis albet caput, *OVID.*—ALBESCERE, *devenir blanc :* Lenit albescens animos capillus, *HOR.* — EXALBESCERE, *pâlir, devenir très-blanc :* Exalbescere metu, *CIC.* Si qui fremerent et exalbescerent, *Id.*

167. *Albus. Candidus. Canus.*

ALBUS *se dit plus communément d'une blancheur naturelle :* Alba avis, *CIC.* Alba nix, *HOR.* — CANDIDUS *se dit d'une blancheur éclatante :* Lilia candida, *VIRG.* *Au figuré :* Animæ candidiores, *HOR.* Purum et candidum dicendi genus, *CIC.* Candida hora, *OVID.*, *heure favorable.* Candidus lector, *Id.*, *un lecteur sincère.* Aliud est, *dit Servius,* candidum esse, id est, nitenti luce perfusum esse; aliud album, quod pallori constat esse vicinum. *On appelait* Candidati *chez les Romains ceux qui briguaient les charges, parce qu'ils por-*

taient des habits blancs, ou blanchis avec de la craie. — CANUS, blanc de vieillesse : Cani capilli, HOR. Au figuré : Cana fides, VIRG. Les auteurs ont quelquefois confondu albus et candidus.

168. *Alere. Nutrire.*

ALERE, *au propre, comprend la nourriture et l'entretien :* Cùm agellus eum non satis aleret, *CIC. Au figuré :* Alere bellum, *LIV.* Dicendi assiduitas aluit audaciam, *CIC.* — NUTRIRE, *nourrir, choyer :* Balænæ mammis fœtus nutriunt, *PLIN. Au figuré, fomenter :* Privatorum nutrire audacias, *CIC.* Amorem nutrire, *OVID.* Infantem nutrit sedula mulier; deinde alunt parentes.

169. *Alga. Ulva.*

ALGA, *mousse de mer :* Vestiunt algâ littus inutili, *HOR. Il se prend pour herbe de marais :* Virides in algas miserè fugientes ranæ, *PHÆD.* — ULVA *ne se dit que de l'herbe de marais :* Limosoque lacu in ulvâ delitui, *VIRG.*

170. *Alicubi. Aliquò.*

ALICUBI, *dans quelque endroit, sans mouvement :* Si salvus sit Pompeius, et constiterit alicubi, *CIC.* — ALIQUO, *en quelque endroit, avec mouvement :* Aliquò profugiet militatum, *TER. Il en est de même d'*Alibi *et d'*Aliò.

171. *Alienare. Abalienare. Inimicare.*

ALIENARE, *et* ABALIENARE (*d'*alius), *sont les mêmes, tant au propre qu'au figuré :* Abalienare agros, *CIC.* Alienare quempiam à se, *Id., se brouiller avec quelqu'un.* Alienatas civitates ad officium redire coegit, *LIV. Il se prend dans un sens plus éloigné :* Alienantur momento intestina evoluta, *CIC., les intestins mis à l'air se corrompent dans l'instant.* — INIMICARE, *rendre ennemi ; ce mot paraît avoir été fait par Horace :* Et miseras inimicat urbes. *On le trouve cependant dans quelques éditions de Cicéron.*

172. *Alii. Cæteri. Reliqui.*

ALII, *d'autres, différentes personnes :* Nos autem quantùm in utroque profuerimus, aliorum sit judicium, *CIC. Lorsque* cunctus *ou* omnis *se trouve avec* alii, *il se prend pour* cæteri : Scelere ante alios immanior omnes, *VIRG.* — CÆTERI, *tous les autres :* Omnes homines qui sese student præstare cæteris animantibus, *SALL.* — RELIQUI, *les autres, quand on en a déjà nommé :* Deinceps gradatim reliqua reliquis debentur, *CIC.*

173. *Aliò. Alibi.*

ALIO, *ailleurs, lorsqu'il y a changement de lieu :* Si manere hìc sese maluit, quàm aliò nubere, *PLAUT.* — ALIBI, *ailleurs, sans changer de lieu :* Quæ nusquam alibi vidimus, *CIC.*

174. *Aliorsùm. Alioversùm.*

ALIORSUM, *et* ALIOVERSUM, *d'un autre côté, avec cette différence qu'*aliorsùm *se dit au propre et au figuré, et qu'*alioversùm *ne se dit qu'au figuré :* Ancillas jubet.... aliam aliorsùm ire, *PLAUT.* Vereor ne illud aliorsùm acceperit, *TER.* Atque ego istuc alioversùm dixeram, *PLAUT.*

175. *Aliquantùm. Aliquantulùm. Aliquantisper. Aliquandiù.*

ALIQUANTUM, *un peu :* Lectis tuis litteris, aliquantùm acquievi, *CIC.* — ALIQUANTULUM, *un tant soit peu :* Aliquantulùm deflectere de spatio, *CIC.* — ALIQUANTISPER, *un peu de temps :* Aliquantisper concedere hinc intrò mihi libet, *PLAUT.* — ALIQUANDIU, *assez longtemps, pendant quelque temps :* Aristum Athenis audivit aliquandiù, *CIC., c'est-à-dire* aliquantùm diù, *passablement longtemps.*

176. *Aliquoties. Aliquandò.*

ALIQUOTIES, *se dit du nombre, et* ALIQUANDO, *du temps :* Aliquotiès jàm iste locus à te tactus est, *CIC.* Spes est hunc infelicem aliquandò tandem posse consistere, *Id.*

177. *Aliundè. Alicundè.*

ALIUNDÈ, *d'ailleurs, d'autre part :* An aliundè pretiosiora opera afferuntur, *PLIN.* — ALICUNDÈ, *de quelque autre part, de quelque endroit :* Venit meditatus alicundè, *TER.*

178. *Alius. Alter.*

ALIUS, *autre, un autre :* Virtus habet plures partes, quarum alia est ad laudationem aptior, *CIC.* Alius *signifie aussi différent :* Lux longè alia est solis et lychnorum, *CIC.* Alius *se dit de trois, de quatre, de plusieurs ; au lieu qu'*ALTER *se dit de deux seulement :* Unus ait, negat alter. *Quand Cicéron a dit :* Joves tres numerant theologi, ex quibus primum et secundum natos in Arcadiâ, alterum patre Æthere, *il divisait en deux le nombre* *des Jupiters reconnus par les théologiens. On dirait de même de huit, de dix, de cent personnes dont on ferait deux parts :* Alteri flent, alteri lugent : *les uns pleurent, les autres rient.* Alter *signifie bien le second :* Qui tùm regnabat alter post Alexandriam conditam, *CIC.* Alter *marque encore ressemblance :* Ad omnia me alterum se fore dixit, *CIC.* (*Voy.* Alii, n° 172.)

179. *Allevatio. Allevamentum.*

ALLEVATIO, *l'action d'élever :* Humerorum rarò decens allevatio, *QUINT. Au figuré, l'action de soulager, le soulagement donné :* Ut doloris diuturnitatem allevatio consoletur, *CIC.* — ALLEVAMENTUM, *le soulagement reçu :* In adversis sine ullo allevamento permanere, *CIC.*

180. *Allicere. Allectare. Delinire. Attrahere. Compellere. Pellicere.*

ALLICERE (*de l'inusité* lacere, *séduire*), *gagner, attirer :* Allicit homines ad diligendum virtus, *CIC. Au figuré :* Magnes lapis ferrum ad se allicit, et attrahit, *CIC.* — ALLECTARE (*son fréquentatif*), *amorcer, engager, ajoute à l'idée d'*allicere : Ad agrum fruendum invitat atque allectat senectus, *CIC.* — DELINIRE (*de* lenis, *doux au toucher*), *flatter doucement ; il ne se dit qu'au figuré :* Delinire animos sermone, *CIC.* Allicere *ne serait pas la même chose.* — ATTRAHERE (trahere ad), *marque une sorte de violence, entraîner :* Bis ad subsellia attractus. *Au figuré :* Ad amicitiam nihil tam allicit et attrahit, quàm similitudo morum, *CIC.* — COMPELLERE (pellere cum), *pousser ensemble, rassembler :* Compellere greges in unum, *VIRG. Au figuré :* Allici beneficiis, et compelli injuriis, *CIC. Cet exemple marque bien la différence d'*allicere *et de* compellere. — PELLICERE (*de* lacere per), *séduire, attirer avec adresse :* Subdola pellicere in fraudem, *LUCR.* Ea animum adolescentis pellexit omnibus rebus quibus illa ætas capi et deliniri potest, *CIC.*

181. *Allidere. Collidere. Illidere.*

ALLIDERE (lædere ad), *froisser sur, ou contre :* Navem ad scopulum allisit, *CIC.* — COLLIDERE (lædere cum), *froisser avec, frotter ensemble :* Humor ita mollis est, ut facilè comprimi collidique possit, *CIC.* Manus collidere, *QUINT. Au figuré :* Græcia barbariæ lento collisa duello, *HOR.* — ILLIDERE (lædere in), *froisser, blesser dedans :* Illisit duros cestus in ossa, *VIRG.*

182. *Alloqui aliquem, cum aliquo.*

ALLOQUI ALIQUEM, *parler à quelqu'un :* Te nunc alloquor, Africane, *CIC.* — ALLOQUI CUM ALIQUO, *s'entretenir avec quelqu'un :* Alloquebatur familiariter cum illis, *Q. CURT.*

183. *Alloquium. Colloquium.*

ALLOQUIUM (loqui ad), *se dit ordinairement d'un discours consolant, obligeant :* Allocutum, *dit Varron,* mulieres ire aiunt, cùm eunt ad aliquem locutum consolandi causâ : Firmatos alloquio adolescentes, *TAC.* — COLLOQUIUM (loqui cum), *entretien, entrevue :* Serere colloquia cum aliquo, *LIV., s'entretenir avec quelqu'un.* Amicorum absentium colloquia, epistolæ, *CIC.* Colloquium *renferme l'idée de deux personnes qui parlent ;* alloquium *n'en suppose qu'une.*

184. *Allucinari. Alludere. Abludere.*

ALLUCINARI (*de* lux), *ne pouvoir arriver à la lumière, en être ébloui :* Ne fur aut bestia allucinantem pastorem decipiat, *COL. Au figuré, se tromper, divaguer :* Ista quæ Epicurus oscitans allucinatus est, *CIC. Il se dit des choses inanimées :* Epistolæ nostræ debent interdùm allucinari, *CIC.* — ALLUDERE (ludere ad), *jouer, badiner autour, auprès :* Intempestivè qui occupato alluserit, *PHÆD. Au figuré, faire allusion :* Alludens variè, *CIC., faisant différentes allusions.* — ABLUDERE (ludere ab), *jouer au loin, différer de ; il ne se trouve qu'au figuré :* Hæc à te non multùm abludit imago, *HOR.*

185. *Alluvies. Alluvio. Circumluvio. Eluvies. Eluvio. Diluvies. Diluvium. Illuvies. Colluvies. Colluvio. Proluvies. Proluvium.*

ALLUVIO, *dit Dolet,* immoderata aquarum violentia, vel fluvialium vel pluvialium, vel similium, quæ agros nonnunquam fùnditùs destruit. CIRCUMLUVIO est, cùm partem alicujus agri rapidus amnis in alveum suum impulerit, et in modum insulæ circumvolvitur. ALLUVIES pro sordidâ aquâ poni volunt, quæ alluit, ubi lutum cum aquâ non multâ : In proximâ alluvie pueros exponunt, *LIV.* PROLUVIES, immunditiies, abundantia cujusque rei sordidæ : Romæ, et maximè Appiâ viâ mira proluvies, magna vis aquæ usque ad piscinam publicam, *CIC. Au figuré :* Fœdissima ventris proluvies, *VIRG.* Quæ res tam repentè mores immutavit tuos ? Quod proluvium ? Quæ est ista subita largitas, *TER.* ILLUVIES est immunditia in homine, aut veste, aut re quâvis aliâ insita : Infuscat pectus illuvie scabrum, *Cic.* Dira illuvies immissaque barba, *Virg.* Colluvies, sordes cœni, aut cujusvis rei coactæ : Tunc etiam nantium serpentumque pestes, cœno et fermentatâ colluvie venenatas mittit, *Col.* Ille nefarius omnium scelerum colluvione natus, *Cic.* Elluvio magis delet, quàm expurgat: Collectis cæteris causis eluvionis, *Cic.* Eluviones exustionesque terrarum, *Id.* Ab alterâ parte voragines, eluviesque præruptæ sunt, *Liv.* *Au figuré :* Tu ad illam labem atque eluviem civitatis pervenire potuisti, *Cic.* Diluvies, quando immodicis imbribus terra obruitur : Horrendam cultis diluviem meditatur agris, *Hor.* Fera diluvies irritat amnes, *Id.* Diluvium, inundatio : Non si tellurem effundat in undas diluvio miscens, *Virg.* *Virgile appelle aussi* diluvium *la ruine de Troie.*

186. *Alternus. Mutuus. Reciprocus.*

Alternus (*d'*alter), *alternatif, de deux l'un :* Alterno pede terram quatere, *Hor.* Alternis annis ægrotat, *Cæs.*, *il est malade tous les deux ans.* Alternus sermo, *Hor.*, *entretien, où l'on parle chacun à son tour.* — Mutuus, *mutuel, réciproque :* Mutuum in amicitiâ est, cùm voluntas accipitur et redditur, *Cic.*—Reciprocus, *qui retourne d'où il vient :* Æstus maris paribus intervallis reciproci, *Plin.* Concavi vallium sinus voces reciprocas faciunt, *produisent les échos.* Reciproci versus, *Diomed.*, *vers qui, lus à rebours, présentent la même mesure et les mêmes lettres. Tel est celui-ci :* Roma tibi subito motibus ibit amor. *Cicéron n'a pas employé cet adjectif; mais il s'est servi du verbe* reciprocare : Quid Euripo in motu identidem reciprocando putas fieri posse constantius ?

187. *Altus. Profundus.*

Altus *se dit de la hauteur et de la profondeur :* Cœlum altum, *Cic.* Mare altum, *la mer profonde.* Altum mare, *la haute, la pleine mer. Au figuré :* Homo sapiens et altâ mente præditus, *Cic.* Altus dolor, *Virg.* — Profundus, *creux, concave :* Profunda altitudo, *Liv.* Cœlumque profundum, *Virg.* Mare profundum, *Id. Au figuré :* Cupido profunda divitiarum, *Sall.* (*Voy.* 188.)

188. *Altus. Arduus. Celsus. Excelsus. Præcelsus. Editus. Sublimis. Procerus.*

Altus, *synonyme des autres, haut, élevé :* Via alta atque ardua, *Cic.* — Arduus, *escarpé :* Ascensu difficili et arduo erat oppidum, *Cic. Au figuré :* Ardua moliri, *Ovid.* — Celsus (*de l'inusité* cello, *excéder*), *élevé, grand :* Celsæ turres, *Hor. Au figuré :* Vir celsus et omnia quæ accidere possunt, despiciens, *Cic.* — Excelsus, *au-dessus du grand :* Ostendebat Carthaginem de excelso quodam loco, *Cic. Au figuré :* Altus et excelsus et humana despiciens, *Cic.*—Præcelsus *ajoute encore à l'idée d'*excelsus.—Editus (datus è), *élevé au-dessus du niveau :* Enna est loco præcelso atque edito, *Cic.*, *Enna est située sur une hauteur et dans l'endroit le plus élevé.* — Sublimis (supra limum), *élevé de terre :* Hæc locutus sublimis abit, *Liv. Au figuré :* Versus sublimes, *Hor.*— Procerus, *fort grand, fort long :* Proceræ arbores, *Hor.* Procerus habitu, *Tac.*, *d'une taille gigantesque.*

189. *Amandare. Ablegare. Relegare. Aquâ et igni Interdicere.*

Amandare (mandare à), *éloigner, écarter; sans fixer ni temps ni lieu :* Me expulso, Catone amandato, *Cic. Au figuré :* Sic natura res similes procul amandavit à sensibus, *Cic.* — Ablegare (legare ab), *éloigner quelqu'un qui déplaît, ou qui nuit :* Honestos homines, qui causam nôrant, ablegârat, *Cic.* — Relegare, *envoyer en exil, reléguer :* Cato Cyprum relegatur, *Cic. On reléguait pour un temps, dans un lieu déterminé, d'où il était défendu de sortir :* In quinquennium relegat, *Cic. Au figuré :* Ambitione relegatâ, *Hor.*, *sans vouloir vous faire ma cour.* — Aqua et igni interdicere, *est à peu près ce que nous appelons bannissement perpétuel. Il était défendu d'assister d'eau et de feu les exilés :* Ut Tullio aquâ et igni interdicatur, *Cic.*, *qu'on interdise l'eau et le feu à Tullius.*

190. *Amare. Adamare. Deamare. Redamare. Diligere. Deperire.*

Amare, *est un amour qui vient du cœur :* Quid autem est amare, nisi velle bonis aliquem affici quàm maximis, etiamsi ad se ex iis nihil redeat? *Cic.* — Adamare, *aimer fort, avec passion :* Hæc si persuaseris tibi, et virtutem adamaveris; amare enim parum est, *Cic.* — Deamare, *aimer à la folie :* Næ ego sum fortunatus; deamo te, Syre, *Ter.* — Redamare, *rendre amour pour amour. Cicéron ne l'emploie qu'avec correction :* Animus qui vel amare, vel, ut ita dicam, redamare possit, *Cic.* Ut redameris, ama, *Vida.* Amare *signifie aussi savoir gré :* Te multùm amamus, quòd ea abs te diligenter curata sunt, *Cic.*—Diligere *est l'effet de la vertu, de l'estime :* Ego illum, admiratione quâdam virtutis ejus, dilexi, *Cic.* Amare *dit plus que* diligere:

Tantùm accessit ad amorem, ut mihi nunc amare videar, anteà dilexisse, *CIC.* — **DEPERIRE.** *Au figuré, aimer éperdument, mourir d'amour :* Cujus deperibat amore, *LIV.*

191. *Ambiguus. Anceps. Dubius.*

**AMBIGUUS** (*d'*ambo *et d'*agere), *ambigu, équivoque :* Ambiguum cùm duæ differentes sententiæ accipi possunt, *CIC.* — **ANCEPS**, *à deux côtés, double :* Anceps securis, *OVID.*, *une hache à deux tranchants. Au figuré:* Ancipites bestiæ, *CIC.*, *animaux amphibies.* Anceps belli fortuna, *Id.*, *l'événement de la guerre est douteux.* In ambiguis ancipitem verborum potestatem esse, *Id.* — **DUBIUS** (quasi duæ viæ), *douteux, incertain, indécis :* Cùm equites procul visi ab dubiis quinam essent cogniti, *LIV.* Perspicuis dubia aperiuntur; dubiis perspicua tolluntur, *CIC. Un repas, où les mets sont si multipliés qu'on ne sait lequel choisir, est* dubia cœna; *au lieu qu'*ambigua cœna *est un ambigu, un repas moitié viande, moitié poisson. On ne dirait pas* ambigua securis. *De même dans Horace* ambiguam tellure novâ Salamina futuram. *On ne dirait pas* ancipitem, *ou* dubiam, *parce que c'est le nom de Salamine qui sera équivoque.*

192. *Ambire. Cingere. Redimire. Coronare. Circumdare. Circumducere.*

**AMBIRE** (ἀμφί, circum, ἔω, ire), *entourer de plusieurs côtés, en tous sens :* Terram ambit aer, *CIC.* — **CINGERE**, *ceindre:* Comam lauro cingere, *CIC.* Cingitur et concluditur urbe portus, *Id. Au figuré :* Cingi periculis, *CIC.* — **REDIMIRE**, *attacher autour, se dit proprement des bandelettes, des rubans, etc.* : Sertis redimiri, *CIC.* Redimibat tempora infula, *VIRG.* — **CORONARE**, *entourer d'une couronne:* Sæpè coronatis stillant unguenta capillis, *CLAUD.* Sequebantur epulæ, quas inibant parentes coronati, *CIC.* — **CIRCUMDARE**, *mettre autour, environner horizontalement :* Nova mœnia circumdedit oppido, *CIC.* Terra quasi quibusdam redimita et circumdata cingulis, *Id. Au figuré :* Finibus exiguis munus oratoris circumdare, *CIC.*, *renfermer l'orateur dans des bornes étroites.* — **CIRCUMDUCERE**, *conduire autour :* Aratrum circumducere, *CIC. Au figuré :* Circumducere aliquem per dolos, *PLAUT.*, *circonvenir par artifice.*

193. *Ambire. Affectare. Captare.*

**AMBIRE**, *au figuré, comme synonyme d'*affectare, *signifie se donner des mouvements pour obtenir; on entoure ceux dont on brigue la faveur :* Sollicitis precibus ambire aliquem, *HOR.* Neu connubiis ambire Latinum Æneadæ possint, *VIRG.*, *afin d'empêcher les Troyens de gagner Latinus par un mariage.* — **AFFECTARE**, *s'étudier à quelque chose, la poursuivre :* Noli affectare quod tibi non est datum, *PHÆD.* Affectare regnum, *LIV.* — **CAPTARE** (*fréquentatif de* capere), *tâcher de prendre, rechercher avec soin :* Captare frigora, *VIRG.*, *chercher le frais.* Captare plausus, *CIC.* Si me mendaciii captas, non potes me capere, *PLAUT.*, *si vous avez envie de me surprendre en mensonge, vous ne m'y prendrez pas.*

194. *Ambitio. Ambitus.*

**AMBITIO**, *l'action d'aller autour; au figuré, désir de s'élever :* Ambitio nihil aliud est, quàm immoderata cupiditas honorum aut gloriæ, *CIC.* Ambitio *signifie aussi envie de plaire, faste, vanité, ostentation.* Ambitione relegatâ dicere possum, *HOR.*, *je puis le dire sans vouloir vous faire ma cour.* Ambitiosus *est souvent pris dans ce dernier sens.* — **AMBITUS**, *au propre, détour, circuit :* Et properantis aquæ per amœnos ambitus agros, *HOR. Au figuré: brigue, démarches que l'on fait pour s'élever :* Per ambitum irrepere ad honores, *TAC.* Ambitio *est la cause, et* ambitus, *l'effet.*

195. *Ambrosia. Nectar.*

**AMBROSIA** (*d'*α *privatif, et de* βροτός, *mortel*), *ambroisie, la nourriture des immortels.* — **NECTAR** (*qu'on dit formé de* νή *privatif et de* κτέω, *je tue*), *leur boisson :* Juventa nectar et ambrosiam, latices epulasque deorum dat, *OVID.*

196. *Ambulare. Deambulare. Inambulare. Obambulare. Spatiari.*

**AMBULARE**, *marcher, aller çà et là, se promener :* Si rectè ambulavit is qui hanc epistolam tulit, in ipsum tuum diem incidit, *CIC.* Ambulare in sole, *Id.* — **DEAMBULARE** *ne se dit que de la promenade :* Ubi satis erit deambulatum, quiescemus, *CIC.* — **INAMBULARE**, *marcher, se promener dedans :* Ante solem inambulabam domi, *CIC.* — **OBAMBULARE**, *aller autour, devant :* Obambulantes ante vallum portasque, *LIV.* — **SPATIARI** (*de* spatium), *aller et venir sur une place :* Et sola in siccâ secum spatiatur arenâ, *VIRG.* In Xysto spatiari, *CIC.* Deambulamus ad voluptatem, ad sanitatem; sæpe cogitabundi spatiamur.

### 197. *Ambulatio. Ambulacrum.*

**Ambulatio** *se dit de l'exercice et du lieu de la promenade :* Ambulationem pomeridianam conficere. Nostram ambulationem velim, cùm poteris, invisas, *Cic.* — **Ambulacrum** *ne se dit que du lieu :* Ædificare vult ambulacrum et porticus, *Plaut.*

### 198. *Amens. Demens. Excors. Vecors. Insanus. Vesanus. Delirus.*

**Amens** *est un homme troublé par une passion trop violente pour avoir son jugement et sa tête :* Amens, exterrita monstris, *Virg.* An me tam amentem putas, ut isto modo loquar? *Cic.* — **Demens** *est un homme qui paraît manquer de tête et de jugement dans certaines choses :* In tranquillo tempestatem optare dementis est, *Cic.* *On les confond quelquefois :* Animi affectionem lumine mentis carentem nominaverunt amentiam, eamdemque dementiam, *Cic.* — **Excors**, *qui ne sent pas ce que tout le monde sent, soit utile, soit honnête :* Neque tu eras tam excors tamque demens, ut nescires, etc., *Cic.* — **Vecors**, *un téméraire, un extravagant :* O vecors, et amens! *Cic.* Audacia vecors, *Liv.* — **Insanus** (non sanus), *est celui qui ne peut suivre la raison :* Homines prorsùs ex stultis insanos facit, *Ter.* Insanitas animi, quam vocamus insaniam, *Cic.* — **Vesanus** *est un homme qui est dans une espèce de délire :* Homo vesanus et furiosus, *Cic.* Demens est qui, pennis non homini datis, in cœlum evolare contendit. Amens est qui filium amissum dolens, Deum ipsum incusat. Vecordem eum dixerim, qui, muliereculæ causâ, amicum perdat aut etiam juguIet. Excors videatur qui comparandæ laudis opportunitati jocum futilem anteponat. Quis neget insanum esse eum qui virtutis ostentandæ cupidus periculum arcessat? Vesani carminum recitatores molesti sunt. — **Delirus** *est un homme dans le délire, soit de la fièvre, soit de la passion. Cicéron paraît l'appliquer à la vieillesse qui radote :* Tum Annibal respondisse fertur multos se deliros senes sæpè vidisse, sed qui magis quàm Phormio deliraret, vidisse neminem.

### 199. *Amicè. Amanter. Amatoriè.*

**Amicè**, *en ami, avec l'amitié habituelle et ordinaire :* Amicissimè vivere, *Cic.* — **Amanter** *se dit d'un homme qui met de l'affection dans son procédé actuel :* Amanter rogitare, *Cic.* — **Amatoriè** *est l'effet de la passion :* Erat amatoriè scripta epistola, *Cic.*

### 200. *Amicitia. Amor. Benevolentia. Charitas. Pietas. Dilectio.*

**Amicitia**, *amitié, attachement :* Amicitia est voluntas erga aliquem rerum bonarum, *Cic.* Amicitia nihil aliud est, nisi omnium divinarum humanarumque rerum cum benevolentiâ et charitate summa consensio, *Id.* — **Amor** *est comme le lien de l'amitié, le sentiment même :* Amor ex quo amicitia est nominata, est principium ad benevolentiam conjungendam, *Cic.* Amicitiæ autem charitate et amore cernuntur, *Id.* Amor *agit avec plus de vivacité; et* amicitia, *avec plus de fermeté et de constance.* — **Benevolentia** (quasi bona voluntas): Amicitia est amantis; benevolentia, diligentis, *Cic.* — **Charitas**, *tendresse :* Benevolentiæ charitas, *Cic.* Charitas *ne convient qu'aux êtres raisonnables : elle est dans le cœur; au lieu qu'*amor *se prouve par des effets.* — **Pietas**, *amour de devoir :* Pietas erga parentes, *Cic.* Pietas et summus amor in patriam, *Id.* Mea in te pietas, *Id.* — **Dilectio**, *affection, sentiment plus doux et souvent plus pur que l'amour :* Tantus amor terræ, tanta est dilectio nostri, *Prop.*

### 201. *Amictus. Amiculum. Vestis. Vestitus. Vestimentum.*

**Amictus** (d'amicire), *se dit de tout ce qui sert à envelopper :* Purpureos moritura manu discindit amictus, *Virg.* Mihi amictui est scythicum tegmen, *Cic.* — **Amiculum**, *mante, manteau, soit pour les hommes, soit pour les femmes :* Summa quæque amicula exuunt, *Q. Curt.* — **Vestis**, *ce qui sert à vêtir, à couvrir, soit le corps, soit les meubles :* Auratis vestes mutavit vestibus atras, *Ovid.* Stragula vestis, *Cic.*, *couverture de nuit.* Vestis *se dit de tout ce qui couvre :* Aurea cæsaries ollis, atque aurea vestis, *Virg.*, *parlant des cheveux et de la barbe.* Vestiebantur tabulis, *Cic.*, *étaient couverts de tableaux.* — **Vestitus**, *habillement, manière de s'habiller :* Pulcherrimo vestitu et ornatu regali, *Cic.* *Il se prend aussi pour ce qui couvre :* Montium vestitu densissimi, *Cic.* *Au figuré :* Vestitus orationis, *Cic.* — **Vestimentum**, *vêtement pour le corps seulement :* Calceos et vestimenta mutavit, *Cic.* Vestimentum *se dit particulièrement des vêtements des hommes; et* vestis, *de ceux des femmes.*

### 202. *Amicus. Amator. Familiaris.*

**Amicus**, *ami, qui aime constamment :* Amici maximâ amoris conspiratione consentientes, *Cic.* — **Amator**, *qui aime*

Ruris amatores, *Hor.* Sapientiæ amator, *Cic.* *Il se prend souvent pour celui qui aime par passion :* Non solùm amicus, verùm etiam amator, *Cic.* Longè aliter est amicus atque amator, *Plaut.* — Familiaris (*de* familia), *lié d'une étroite amitié :* An ego non venirem contra alienum pro familiari meo? *Cic.* *Au figuré :* Habere amicos quibuscum possis familiares conferre sermones, *Cic.* Quosdam familiares (*des affidés*) habent scelesti; amicum verò nullum.

203. *Amita. Matertera.*

Amita, *tante du côté du père, la sœur du père.* — Matertera (quasi mater altera), *tante du côté maternel, la sœur de la mère.*

204. *Amittere. Perdere. Deperdere.*

Amittere, (mittere à), *laisser tomber ou échapper, tant au propre qu'au figuré:* Rem de manibus amittere, *Cic.* Amittere occasionem, *Id.* — Perdere *se dit d'une perte réelle :* Zonam perdere, *Hor.* Amittere *est moins que* perdere : Classes optimæ amissæ et perditæ, *Cic.* *Cicéron a bien marqué cette différence lorsqu'il parle de Décius, qui se dévoua pour sa patrie :* Amisit vitam, non perdidit; re enim vilissimâ et parvâ maximam redemit; accepit patriam, amisit animam. — Deperdere (perdere de) *perdre une partie de quelque chose que l'on avait :* Ne quid apud vos de existimatione suâ deperderet, *Cic.* (*Voy.* 205).

205. *Amittere tempus. Perdere tempus.*

Amittere tempus, *perdre l'occasion, ne pas profiter du temps :* Cujus gloriæ cave tempus amittas, *Cic.* — Perdere tempus, *perdre le temps, le passer à des choses inutiles :* Adolescens qui tempus perdit in nugis, scientiæ comparandæ tempus opportunum amittit.

206. *Amoliri. Amovere. Repellere. Promovere.*

Amoliri (*de* moles), *écarter avec effort :* Amoliri saxum, *Plaut.* *Au figuré :* Si omnia amoliri non poteram, tamen plura amoliebar, *Quint.* — Amovere (movere à), *reculer en remuant. Il marque moins d'efforts qu'*amoliri : Sive procul amoveris, sive vehementer propè admoveris, *Cic.* *Au figuré :* Amovere à se culpam, *Liv.*, *se justifier.* — Repellere (*de* re *adversatif, et de* pellere), *repousser de quelque manière que ce soit :* Cùm obsistere conarentur, malè mulctati fustibus repelluntur, *Cic.* Vim vi repellere, *Id.* *Au figuré :* Clodii furorem à vestris cervicibus repuli, *Cic.* — Promovere (movere pro), *mouvoir en avant; c'est l'opposé d'*amovere : Remis navem promovet, *Virg.* *Au figuré, avancer :* Quid sedulò movens sese, nihil promovet, *Cic.*

207. *Amphora. Cadus. Urceus. Testa. Œnophorum.*

Amphora (*de* ἀμφί *et* φέρω), *vase à deux anses, destiné à mesurer les choses sèches ou liquides :* Amphora mellis, *Cic.* In singulas vini amphoras, *Id.* — Cadus *était un vase destiné à mettre le vin, et contenait deux amphores et demie :* Diffugiunt cadis cum fæce siccatis amici, *Hor.* — Urceus, *petit pot à l'eau, qui n'avait qu'une anse :* Amphora cœpit institui, currente rotâ cur urceus exit? *Hor.* — Testa, 1° *brique, tuile cuite au four :* Mensæ sed erat pes tertius impar, testa facit parem, *Ovid.* 2° *Vase de terre cuite* (*il servait à mettre le vin*) : Apta mero testa, *Ovid.* 3° *Poisson à coquille :* Sed non omne mare est generosæ fertile testæ, *Hor.* 4° *Lampe de terre :* testâ cùm ardente viderent scintillare oleum, *Virg.* 5° *La coquille du poisson :* Testarum suffragiis absolutus est, *Corn. Nep.* *On écrivait son suffrage sur de petites coquilles.* Œnophorum (οἶνον, vinum, *et* φέρω, porto), *un broc, vase à mettre du vin.*

208. *Amplecti. Amplexari. Complecti.*

Amplecti (*de* ἀμφί, circum, *et* πλέκω, *je plie*), *plier autour, embrasser :* Divûm amplexæ simulacra tenebant, *Virg.* Amplectimur tibi genua, *Plaut.* *Au figuré :* Amplecti jus civile, *Cic.*, *embrasser l'étude du droit civil.* Quod ego pluribus verbis amplecterer, si, etc., *Cic.*, *je m'étendrais plus au long là-dessus, si, etc.* — Amplexari (*son fréquentatif*), *serrer, embrasser tendrement :* Inimicum meum sic amplexabantur, sic fovebant, etc., *Cic.* *Au figuré :* Amplexari otium, *Cic.* — Complecti, *embrasser, serrer ensemble :* Lacertis complecti membra alicujus, *Ovid.* Complectitur vitis suis claviculis quidquid est nacta, *Cic.* *Au figuré :* Omnes omnium charitates patria una complexa est, *Cic.* Uno verbo omnia complecti, *Id.* Philosophiam complecti, *Id.* Amplecti *dirait moins. Il se prend bien pour protéger, défendre :* Ego vos in omni fortunâ complectar, *Cic.*

209. *Amplexus. Osculum. Osculatio. Basium. Suavium.*

AMPLEXUS, *embrassement :* Amplexibus avidis inhærere, *OVID.* — OSCULUM (*diminutif d'os, parce qu'en baisant on rétrécit la bouche*), *baiser :* Amplexæque tenent postes atque oscula figunt, *VIRG.* Osculum *est un baiser de politesse :* Dividere oscula sodalibus, *HOR.* —OSCULATIO *est l'action même :* Non libertate sermonis, sed etiam osculatione, *CIC.* — BASIUM, *baiser de tendresse :* Da basia mille, *CATUL.* — SUAVIUM *et* SUAVIOLUM, *son diminutif, est un baiser de passion :* Suaviolum dulci dulcius ambrosiâ, *CATUL.*

210. *Ampliare. Amplificare. Augere. Adaugere. Multiplicare.*

AMPLIARE (*d'*amplus), *augmenter :* Annibalis bellis laudibus ampliatur virtus Scipionis, *QUINT.* — AMPLIFICARE (amplius facere), *amplifier, donner plus d'étendue :* Amplificare ædem, urbem, *LIV.* *Donner aux choses que l'on traite plus d'importance, en faire voir la grandeur :* Ea quæ pro nobis essent amplificanda et augenda; quæque essent pro adversariis, infirmanda atque frangenda, *CIC.* — AUGERE, *grossir, fortifier :* Benevolentiam auxit consuetudo, *CIC.* Beneficium magnum magno cumulo augere, *Id.* Amplificare beneficium, *est amplifier un bienfait, le faire plus grand qu'il n'est.* — AUGERE beneficium, *est y mettre le comble, l'augmenter.* — ADAUGERE *ajoute à l'idée d'*augere : Hæc aliis nefariis cumulant, adaugent, *CIC.* — MULTIPLICARE (*de* multùm *et de* plica, *pli*), *c'est multiplier une chose à peu près comme une étoffe qui a beaucoup de plis.*

211. *Ampliare. Comperendinare.*

AMPIARE, *en terme du barreau, est remettre à un plus amplement informé, parce que la conviction du juge n'est pas complète, etc. :* Ut etiamsi lex ampliandi faciat potestatem, tamen isti sibi turpe existiment non primò judicare, *CIC.* — COMPERENDINARE, *remettre le jugement :* Comperendinati rei in causis criminalibus, *dit Dolet,* quos curia fide suâ dimissos esse voluit, *auxquels elle accorde la liberté sous caution :* Illorum venire in mentem comperendinatum Verrem, id est, qui in secundam actionem impetraverunt judicium differri, *CIC.*

212. *Ampullæ. Sesquipedalia verba.*

AMPULLA *était proprement un vase de verre, dont le ventre était fort large. Au figuré, il signifie l'enflure.* — SESQUIPEDALIS *est proprement la mesure d'un pied et demi. L'on a dit* sesquipedalia verba *pour de longs mots :* Projicit ampullas et sesquipedalia verba, *HOR. Quelques-uns pensent qu'*ampullas, *dans ce vers, regarde l'enflure des sentiments, et* sesquipedalia verba, *l'enflure des mots.*

213. *Amputare. Circumcidere. Tondere. Mutilare. Truncare.*

AMPUTARE, *couper, tailler, suppose qu'on détache la partie coupée :* Pestiferum aliquid in corpore amputare, *CIC.* *Au figuré :* Amputare ramos miseriarum, *CIC.* — CIRCUMCIDERE (cædere circum), *couper autour :* Ars agricolarum, quæ circumcidat, amputet, erigat, *CIC.* *Au figuré :* Qui circumcidis omnem impensam funeris, *PHÆD.* Multitudinem sententiarum circumcidere et amputare, *CIC.* — TONDERE, *tondre, couper court :* Barbam tondere, *CIC.* Oves tondere. Brachia arborum tondere, *VIRG.* *Au figuré :* Tondere aliquem auro, *PLAUT.* — MUTILARE. *Mutiler. C'est couper une partie d'un corps, comme le nez, les oreilles :* Bessum, mutilatis auribus naribusque, cruci affigi jussit Alexander Magnus, *QUINT. CURT.* — TRUNCARE (*de* truncus), *proprement, c'est abattre les extrémités, de manière qu'il ne reste plus que le tronc. Cependant il se prend aussi pour la mutilation de quelque partie que ce soit :* Truncat inhonesto vulnere nares, *VIRG.*

214. *An. Num. Ne. An non. Nonne.*

AN *et* NUM, *considérés comme adverbes interrogatifs, diffèrent en ce que* an *demande toujours un second membre exprimé ou sous-entendu.* Erravit? an potiùs insanivit? *CIC.* *Est-il dans l'erreur? Ou bien est-il fou?* An *demande aussi quelquefois une réponse :* Postulo qui sit ille Verrutius, mercator, an arator, an pecuarius? *CIC.* Scire velim quomodò dicat spopondisse; pro patre, an pro filio? Nùm *ne suppose pas de second membre, ni de réponse, à moins qu'elle ne fût négative :* Nùm quod eloquentiæ vestigium apparet? *CIC., il ne reste donc plus la moindre trace de la véritable éloquence? Est-ce qu'il en reste encore quelque trace? Non.* — NE, *interroge simplement, et se met après un mot :* Vidistine regem? — NONNE *attend une réponse affirmative :* Hæc nonne est dubitare philosophos, quæ ne rustici quidem dubitent? — AN NON *s'emploie pour* Nonne *dans les mêmes circonstances que* An *pour* Ne. Haud scio An, Nescio An, *pour exprimer son opinion sous la forme de doute, présente une opposition complète pour le sens entre le latin et le français :* Nescio an modum excesserint, *ne signifie pas : Je ne sais s'ils ont dépassé la mesure ; il signifie : Je ne sais s'ils n'ont pas dépassé, je croirais presque qu'ils ont dépassé la mesure.* Excesserintne nescio, *serait le contraire : Je ne sais pas s'ils ont dépassé, oui ou non.*

215. *Anfractus. Ambages. Circuitus. Circuitio.*

ANFRACTUS (*d'*ἀμφί, circum, *et de* φράσσω, cingo), *détour, courbure :* In rupis anfractu, JUSTIN., *dans la cavité d'un rocher.* Anfractus longior, CORN. NEP., *un circuit plus long. Au figuré :* Anfractus judiciorum, CIC., *les détours de la chicane.*—AMBAGES (ἀμφί *et* ἄγω, *je conduis autour*), *détour, embarras :* Labyrinthi ambages. *Au figuré :* Vix pueris dignas ambages exquirere, LIV. — CIRCUITUS (ire circum), *tour, circuit, enceinte :* Circuitus orbis, CIC. *Au figuré :* Circuitus verborum, CIC. — CIRCUITIO, *l'action d'aller autour, de faire la ronde :* Circuitio ac cura ædilium plebis erat, LIV. *Au figuré :* Apertè locutus, nihil circuitione usus es, TER.

216. *Anguis. Serpens. Draco. Vipera. Hydrus. Coluber. Aspis. Anguilla.*

ANGUIS (*d'*ἐγχός, *trait*), *reptile qui ressemble à un trait, et qui vit dans l'eau :* Immensis orbibus angues incumbunt pelago, VIRG. — SERPENS (*de* serpere), *serpent, reptile, parait être le nom général :* Qualis sæpe viæ deprensus in aggere serpens, VIRG. — DRACO, *dragon, espèce de monstre, à qui la Fable donne des griffes, des ailes et une queue de serpent :* Insomnis draco, VIRG. — VIPERA (quasi vivipara), *la vipère, espèce de serpent qui fait des petits vivants, à la différence de la plupart des autres, qui font des œufs.* — HYDRUS *et* HYDRA (*d'*ὕδωρ, *eau*), *hydre, sorte de serpent qui vit dans les rivières et les étangs. Il se dit plus ordinairement d'un serpent fabuleux qui avait sept têtes, et à qui il en renaissait plusieurs dès qu'on lui en avait coupé une :* Immanis hydrus, VIRG. — COLUBER, *se dit proprement de la couleuvre, espèce de reptile qui vit à l'ombre des forêts et dans les maisons :* Aut tecto assuetus coluber succedere et umbræ, VIRG. *C'est aux naturalistes à nous expliquer les différences essentielles des serpents. Les poëtes les ont souvent confondues.* — ASPIS (græc. ἀσπίς), *aspic, serpent très-venimeux.*—ANGUILLA (*de* anguis), *serpent d'eau, anguille, couleuvre d'eau.*

217. *Angustiæ. Fauces.*

ANGUSTIÆ (*d'*angustus), *passage étroit, défilé :* Angustiæ viarum, CÆS. *Au figuré, détresse :* Ex angustiis meis sustento illius tenuitatem, CIC. — FAUCES, *la gorge, le gosier :* A faucibus bolum eripere, TER. *Au figuré, l'entrée étroite de quelque lieu :* Corinthus erat posita in angustiis atque in faucibus Græciæ, CIC. Portûs fauces, *Id.*

218. *Angustus. Arctus. Contractus.*

ANGUSTUS (*d'*ἄγχω, *serrer*), *étroit, en parlant d'un lieu :* Angusta domus, CIC. *Au figuré :* Angusta pauperies, HOR., *une étroite pauvreté.* — ARCTUS (*d'*arcere), *qui tient resserré :* Arctioribus laqueis coerceri, CIC. *On ne dirait pas* angustioribus. Arcta convivia, HOR., *repas où les convives sont très-serrés. Au figuré :* Arctior somnus, CIC., *un profond sommeil.* Arctis in rebus opem ferre, OVID. — CONTRACTUS (trahere cum), *retiré :* Spatio brevi contractus, OVID. Frons contracta, HOR., *un front ridé. Au figuré :* Contracta cupiditas, HOR., *passion modérée. On peut opposer* angustus *à* latus ; arctus *à* laxus ; contractus *à* porrectus.

219. *Anhelans. Anhelus. Anhelatus.*

ANHELANS, *soufflant, respirant à peine :* Acer, anhelanti similis, VIRG.— ANHELUS, *qui est hors d'haleine :* Certamine anhelus, VIRG. Anhela tussis, *Id., qui empêche la respiration.* — ANHELATUS, *jeté en respirant, en soufflant :* Isset anhelatos non præmeditatus ad ignes, OVID. *Au figuré :* Anhelata verba graviùs, CIC., *des mots prononcés avec trop d'efforts.*

220. *Anhelare. Exhalare.*

ANHELARE, *haleter, respirer avec palpitation :* Principio clivi noster anhelat equus, OVID. Gratis anhelans, multa agendo nihil agens, PHÆD., *il se prend pour exhaler :* Amnis anhelat vapores, PLIN, *Au figuré :* Scelus anhelare, CIC. *respirer le crime,* — EXHALARE, *exhaler, faire sortir un souffle :* Vinum exhalare, CIC. Animam exhalare, OVID., *rendre le dernier soupir.*

221. *Animadvertere. Attendere*

ANIMADVERTERE (vertere animum ad), *tourner son esprit vers une chose qui frappe les sens, apercevoir :* Nutrix animadvertit puerum dormientem, CIC. — ATTENDERE (tendere ad), *faire attention : on sous-entend* animum, oculos : Ecquid attendis, ecquid animadvertis horum silentium? *Cic.* *Quelquefois* animum *est exprimé :* Aurem admovi, ita animum cœpi attendere, *Ter.* *On dirait bien :* Cùm admonitus esset, animadvertit, attendit.

222. *Animalia, Animantia.*

Animalia *se dit des hommes et des bêtes :* Pronaque cùm spectent animalia cætera terram, os homini sublime dedit, *Ovid.*—Animantium, *dit Cicéron,* genera quatuor, quorum unum divinum atque cœleste, alterum pennigerum et aerium, aquatile tertium, terrestre quartum. *Il se dit des végétaux :* Proxima animalibus sunt ea (animantia) quæ vivere dicuntur, neque habere animam, ut virgulta, herbæ, etc., *Var.*

223. *Animalis. Animabilis. Animatus.*

Animalis (*d'*anima), *qui a vie, et qu'on peut respirer :* Animalia corpora, *Lucret.* Sive illæ sint animales, id est, spirabiles, *Cic.* — Animabilis, *vivifiant :* Animabilis spirabilisque natura, cui nomen est aer, *Cic.* — Animatus, *animé :* Animatum est quod motu cietur interiore et suo, *Cic.* *Au figuré, disposé, intentionné :* Ut quemadmodum in se quisque, sic in amicum sit animatus, *Cic.*

224. *Animus. Anima. Mens. Spiritus.*

Animus (d'ἄνεμος), *l'âme en général, en tant qu'elle reçoit les impressions sensibles, et qu'elle est agitée par les passions :* Animus est qui viget, qui sentit, qui meminit, qui prævidet, et moderatur, et movet id corpus, cui præpositus est, *Cic.* — Anima, *vent, souffle, vie, l'air que nous respirons :* Agere animam et efflare dicimus, *Cic.* Difficile est animum perducere ad contemptum animæ, *Id.* *Il se prend pour* animus: Anima consilii est rationisque particeps, *Cic.* — Mens *se dit de l'esprit, de la partie intelligente :* Mens cui regnum totius animi à naturâ tributum est, *Cic.* Magnam cui mentem animumque Delius inspirat vates, *Virg.*, *le dieu de Délos lui communique son esprit, et élève son âme. Il se prend pour disposition :* Cæsar est eâ mente quâ optare debemus, *Cic.* — Spiritus (*de* spirare), *air, souffle, haleine, respiration :* Aer, quem spiritu ducimus, *Cic.* Demosthenes cùm spiritus ejus esset angustior, tantùm continendâ animâ in dicendo est assecutus, ut, etc., *Id.* *Au figuré, fierté, arrogance :* Ipse autem Ariovistus tantos sibi spiritus sumpserat, ut ferendus non videretur, *Cæs.*

225. *Annona. Commeatus.*

Annona (*d'*annus), *les provisions pour un an ; il se prend pour provisions en général :* Vilitas annonæ, *Cic.* Annona cara, *Ter.* *Il se prend pour le prix, l'estimation des denrées :* Annona crevit, *Cæs.*, *le prix des vivres augmenta.* Laxat annona, *Liv.*, *les vivres deviennent à meilleur marché. Au figuré :* Vilis amicorum est annona, bonis ubi quid deest, *Hor.* — Commeatus (*de* cum, *et de* meare), 1° *allée et venue :* In stativis, satis liberi commeatus erant, *Liv.* 2° *congé, passeport :* Si quis vestrûm suos invisere vult, commeatum do, *Id.* 3° *troupes qu'on fait passer :* Secundum commeatum in Africam mittit ad Cæsarem, *Cæs.* 4° *vivres, convoi, provisions de bouche :* Abundare commeatu, *Cæs.* Commeatum subvehere, *Liv.*

226. *Annuere. Innuere.*

Annuere, *consentir par un mouvement de tête :* Annuere toto capite aliquid, *Cic.* — Innuere, *faire entendre quelque chose par un signe de tête :* Abiens innuit mihi, *Ter.*

227. *Annumerare. Dinumerare. Enumerare.*

Annumerare (numerare ad), *compter à, ajouter au nombre :* Annumeravit illi pecuniam, *Cic.* His duobus annumerabitur nemo tertius, *Id.* — Dinumerare (diversim numerare), *compter par partie, compter des choses éparses :* Stellas dinumerare, *Cic.* Dinumerare pecuniam, *Id.*, *doit s'entendre d'une grosse somme que l'on compte à plusieurs.* Annumerare pecuniam *se dit d'une somme quelconque.*— Enumerare, *entrer dans le détail, compter exactement :* Quæ ne singula enumerem, totam tibi domum commendo, *Cic.*

228. *Annunciare. Obnunciare.*

Annunciare (nunciare ad), *porter une nouvelle à quelqu'un, ordinairement en bonne part :* Eique salutem annunciabis, *Cic.*—Obnunciare, *porter une mauvaise nouvelle :* Primus sentio mala nostra, primus rescio omnia, primus porrò obnuncio, *Ter.* *Les augures se servaient de ce mot pour pronostiquer les malheurs :* Legem tribunus plebis tulit, ne obnunciare comitiis liceret, *Cic.*, *le tribun fit une loi qui défendait de pronostiquer des malheurs, pour rompre les comices.*

229. *Annuus. Annalis. Anniversarius. Solemnis.*

ANNUUS, *d'un an, de l'année :* Annua cultura, *HOR.* Aer annuas frigorum et calorum facit varietates, *CIC.* — ANNALIS, *qui a rapport à l'année, qui regarde l'année :* Annalis lex, *CIC., la loi qui prescrivait l'âge requis pour les charges.* — ANNIVERSARIUS (*d'*annus *et de* vertere), *qui revient tous les ans :* Anniversaria sacra, *CIC.*—SOLEMNIS (solùm *ou* solet in anno), 1° *qui se fait un certain jour de l'année :* Sacra solemnia, *SALL.* 2° *célèbre, solennel :* Dies solemnes, *CIC.* Funus solemne, *TER.* Solemne bellum, *LIV.*

230. *Anquirere. Inquirere.*

ANQUIRERE, *faire des informations exactes, rechercher :* Anquiritur quid valeat id quod fieri possit, *CIC.*—INQUIRERE (quærere-in), *examiner :* Is nimiùm inquirens in sese, atque ipse sese observans, *CIC. Ces verbes sont d'usage au barreau, avec cette différence que* anquirere *est accuser, faire le procès ; et* inquirere *est faire des informations contre quelqu'un :* Cùm tribunus bis pecuniæ anquisivisset, tertiò capitis se anquirere dixisset, *LIV.* Capite anquisitum est ob rem malè gestam, *Id., on fit un procès criminel.* Inquirere in competitores, *CIC.*

231. *Anteà. Suprà.*

ANTEA, *parlant du temps :* Quod ad te anteà, atque adeò priùs scripsi, *CIC.* — SUPRA, *parlant du lieu :* Quæ suprà dixi, *CIC., ce que j'ai dit ci-dessus, plus haut.*

232. *Antecedere. Prævenire. Præcedere. Antevertere. Prævertere. Anteire. Antevenire.*

ANTECEDERE, *aller, marcher devant, devancer :* Pompeius expeditus antecesserat legiones, *CIC. Au figuré :* Antecedere aliquem ætate, *CIC.* — PRÆVENIRE, *arriver devant :* Prævenerat non solùm fama, sed nuncius, *LIV.* — PRÆCEDERE, *aller devant :* Nec tardum opperior, nec præcedentibus insto, *HOR.* — ANTEVERTERE, *partir devant :* Vidit necesse esse Miloni proficisci Lanuvium illo ipso quo profectus est die ; itaque antevertit, *CIC.* Expeditus facilè antecedit impeditum ; vicit æmulus qui æmulum ad metam prævenit ; profecturum antevertimus ; sequentem militem præcedit signifer. — PRÆVERTERE, *aller, ou faire aller devant :* Cursuque pedum prævertere ventos, *VIRG. Au figuré :* Nihil bello præverti debere, *LIV.* — ANTEIRE, *aller devant, de même que* præcedere : Nunc præcedentem sequitur, nunc prævius anteit, *OVID.* — ANTEVENIRE, *venir devant, avant :* Antevenit tempus non exspectantibus ultrò, *VIRG.*

233. *Antecellere. Excellere. Præcellere.*

ANTECELLERE (*de* ante, *et de l'inusité* cellere, *excéder, sortir*), *surpasser :* Participes rationis præstantiæque ejus quâ antecellimus bestiis, *CIC.* — EXCELLERE, *exceller, se distinguer, dit plus que* antecellere : Excellere super omnes alios, *LIV.* Excellere opibus, *LIV.* Antecellere *marque seulement comparaison ; au lieu que* excellere *marque qu'on excelle.* — PRÆCELLERE *dit encore plus :* Præcellere robore mentis, *SIL. D'où Cicéron a dit :* Sapio, vir omnibus rebus præcellentissimus.

234. *Anteferre. Anteponere.*

ANTEFERRRE, *porter devant, en avant :* Dixit et antetulit gressum, *VIRG., il dit, et marcha devant eux.* — ANTEPONERE, *mettre devant :* Nullis antepositis vigiliis, *TAC., sans mettre de sentinelles devant. Au figuré, ils paraissent avoir été employés indifféremment :* Tenuem victùm antefert copioso, *CIC.* Pompeium omnibus antepono, *Id.*

235. *Antesignanus. Primipilus.*

ANTESIGNANUS (ante signa), *soldat qui marche devant le drapeau :* Unius legionis antesignanos præcurrere atque occupare eum tumulum jubet, *CÆS.* — PRIMIPILUS, *le centurion de la première centurie d'une légion :* Primus centurio quem nunc primipilum appellant, *LIV. Il se prend pour la centurie même :* Primipilum ducere, *CÆS.*

236. *Anticipare. Præoccupare.*

ANTICIPARE (capere ante), *anticiper, prendre devant :* Quid igitur proficis, qui anticipes ejus diei molestiam, quam triduo sciturus sis? *CIC.*—PRÆOCCUPARE, *se saisir auparavant, devancer ses rivaux :* Quas partes antè ipse mihi sumpseram, eas præoccupavit Antonius, *CIC.* Molestias anticipat anxius, gratiam præoccupat ambitiosus.

237. *Antiquè. Antiquitùs.*

ANTIQUÈ, *à la manière antique :* Si quædam nimis antiquè dicere credat, *HOR., s'il reconnaît quelques expressions surannées.* — ANTIQUITUS, *anciennement, au temps éloigné :* Qui in eorum fide antiquitùs erant, *CÆS.*

238. *Apex. Culmen. Fastigium. Cacumen.*

**Apex** (*de l'inusité* apere, id est alligare), *bonnet terminé en pointe, à l'usage des prêtres saliens : il ressemblait, à peu près, à la mitre de nos évêques. On appelait aussi* apex *la pointe du casque, à laquelle l'aigrette était attachée :* Ab aquilâ Tarquinio apicem impositum putant, *Cic., ils croient qu'un aigle plaça un diadème sur la tête de Tarquin. Tite-Live nomme ce diadème, cet* apex, pileus, *bonnet pointu.* Flammeus apex exarsit comis, *Ovid. Au figuré, le comble, le plus haut degré d'une chose :* Apex senectutis est auctoritas, *Cic.* — **Culmen** *est proprement le tuyau du blé, la paille :* Duræ culmen inane fabæ, *Ovid. Dans la suite, comme on a couvert les maisons de paille, on a dit* culmen *pour le toit même :* Ædis culmen Jovis fulmine ictum, *Liv.* Culmen Alpium, *Cæs., le sommet, la cime des Alpes. Claudien a dit :* Regale culmen, *la majesté royale.* — **Fastigium**, *le faîte d'un édifice :* Summi fastigia tecti, *Virg. Au figuré :* Sed summa sequar fastigia rerum, *Virg., j'en rapporterai les principaux traits.*—**Cacumen**, *haut, cime :* Fracta cacumina fagi, *Virg. Au figuré :* Venire ad summum cacumen, *Lucr., arriver à la perfection.*

239. *Apollineus. Apollinaris.*

*Quoique* **Apollineus** *et* **Apollinaris** *puissent se mettre quelquefois l'un pour l'autre,* Apollineus *se dit de ce qui est propre, de ce qui appartient à Apollon :* Apollineâ clarus in arte senex, *Ovid.* — **Apollinaris** *se dit de ce qui a un rapport moins direct à Apollon :* Apollinares ludi, *Cic., jeux en l'honneur d'Apollon.*

240. *Apotheca. Taberna. Officina.*

**Apotheca** (*d'*ἀπό *et de* τίθημι, pono), *lieu où l'on emmagasine quelque chose :* Apotheca vinaria, *Plin., un cellier.* Cùm domos et apothecas scrutarere, *Cic.* — **Taberna**, *boutique où l'on expose les marchandises :* Ille se sub scalas librariæ tabernæ conjecit, *Cic.* — **Officina** (*d'*ob *et de* facere), *la boutique où l'on fabrique les marchandises, l'atelier :* Cyclopum graves officinæ, *Hor. Au figuré :* Nequitiæ officina, *Liv.*

241. *Apparatio. Apparatus.*

**Apparatio**, *l'action d'apprêter :* Est multus in laudandâ apparatione ludorum, *Cic.* — **Apparatus**, *l'appareil même :* Apparatus belli, *Cic., armement de guerre.*

242. *Apparere. Comparere.*

**Apparere**, *paraître, se montrer :* Apparent rari nantes in gurgite vasto, *Virg.* Res apparet, *Ter., cela se voit.* — **Comparere**, *paraître ensemble, comparaître :* Omnis suspicio in eos qui non comparebant, movebatur, *Cic.* Iis redderet res quæ comparerent, *Liv., les choses qui étaient encore en nature.* Auctor non comparet, *Id., on n'en connaît pas l'auteur.*

243. *Appendere. Suspendere.*

**Appendere** (pendere ad), *peser, pendre à :* L. Piso aurifici palàm appendit aurum, *Cic.* Gladium è lacunari setâ equinâ appensum demitti jussit, *Id.* — **Suspendere** (sursùm pendere), *suspendre :* Tignis nidum suspendit hirundo, *Ovid.* Suspendere se de ficu, *Cic., se pendre.*

244. *Appendix. Appendicula. Additamentum. Corollarium.*

**Appendix** (*de* pendere ad), *est proprement un petit bâtiment appuyé contre un autre. Au figuré, accessoire, dépendance d'une chose :* Appendix animi corpus, *Cic. C'est dans ce sens qu'il signifie recrue :* Centum millia Carpetanorum cum appendicibus fuère, *Liv.* — **Appendicula**, *son diminutif, petit incident, petit accessoire :* Est enim hæc causa quasi quædam appendicula causæ, *Cic.* — **Additamentum** (*d'*addere), *addition, surcroît :* Intercessit Ligus iste nescio quis, additamentum inimicorum meorum, *Cic.* — **Corollarium** (*de* corolla), *diminutif de* corona, *le par-dessus :* De vivo igitur erat aliquid resecandum, ut esset undè Apronio ad illos fructus arationum hoc corollarium nummorum adderetur, *Cic. Il se prend pour le petit présent que l'on donnait aux acteurs, ou aux convives, au lieu de couronne :* Festivum acroama, ne sine corollario de convivio discederet, emblemata avellenda curavit, *Cic.* Nummulis corrogatis de scenicorum corollariis, *Id.*

245. *Appetere. Expetere.*

**Appetere** (petere ad), *désirer, faire des efforts pour obtenir :* Cupidè appetere agros alienos, *Cic.* Melius incidit in suspicionem regni appetendi, *Id. Au figuré, dans un sens plus éloigné :* Comitiorum dies appetebat, *Liv., le jour des comices approchait.* — **Expetere** *dit encore plus, rechercher avec empressement :* Expetuntur divitiæ ad perfruendas voluptates, *Cic.* Quod optabile, id esse expetendum, *Id. Au figuré :* Pœnas ab aliquo expetere, *Cic., punir quelqu'un.* Vitam alicujus expetere, *Id.*, *attenter à la vie de quelqu'un.* Adolescens voluptates appetit; necessaria expetit sapiens.

246. *Appetitio. Appetentia. Appetitus.*

APPETITIO, *l'action de désirer, de tendre vers un objet :* Huic cupiditati adjuncta est appetitio quædam principatûs, *CIC.* Appetitio alieni turpis, *Id.* —APPETENTIA, *le désir d'une chose, les efforts que l'on fait pour l'obtenir :* Libido effrenatam appetentiam efficit, *CIC.* Artium liberalium appetentia, *Id.* —APPETITUS, *appétit, sentiment de besoin; il se dit des sens :* Voluptatis appetitus, *CIC. Au figuré:* Animi appetitus reguntur, remittuntur, continentur, *CIC.* Artium liberalium appetentia laudanda est, si præsertim adjuncta est appetitio salutis æternæ; sed contrahendi appetitus omnes vehementiores.

247. *Apportare. Asportare. Importare. Comportare. Transportare.*

APPORTARE (portare ad), *porter dans un lieu :* Quæ tabula picta, quæ non ab hostibus victis capta atque apportata sit? *CIC.* — ASPORTARE (portare à), *emporter d'un lieu dans un autre lieu :* Asportari Alexandriam juberent ad virum uxorem, ad patrem filios, *LIV.* Asportare multa de suis rebus secum, *CIC.* — IMPORTARE (portare in), *porter dedans :* Frumentum importare in oppidum instituit, *CÆS. Au figuré :* Detrimenta rebus publicis importata, *CIC.* — COMPORTARE (portare cum), *porter avec, ensemble :* Cùm arma in ædem Castoris comportabas, *CIC.*—TRANSPORTARE (portare trans), *transporter, porter au delà :* De pueris in Græciam transportandis cogitabam, *CIC. Ce mot ne se prend qu'au propre.*

248. *Aptus. Idoneus.*

APTUS, *joint, attaché à quelque chose :* Aptum ex tribus, *CIC.*, *composé de trois choses jointes ensemble.* Cœlum stellis ardentibus aptum, *VIRG. Inversion pour* cœlum, cui aptæ sunt stellæ, *c.-à-d. sont attachées. Le ciel parsemé d'étoiles. Au figuré :* 1° *juste, qui cadre :* Apta compositio membrorum, *CIC. une juste proportion des membres.* 2° *propre, convenable :* Amicis aptus, *HOR.*, *commode pour ses amis.* Apta verba, *CIC.*, *des mots propres au sujet.* Aptus regi, *OVID.*, *qui peut être aisément conduit.*—IDONEUS, *propre à, convenable :* Pugnæ non sat idoneus, *HOR.* Idonea tempestas, *CIC.* Idoneus locus, *Id.* Idoneus auctor, *LIV.*, *un auteur digne de foi.* Hæc res non est idonea dignitati tuæ, *CIC.* Aptus *est l'effet de l'art ou de la nature.* Idoneus (quasi ad id natus) *est toujours l'effet de la nature.*

249. *Apud. Ad. In.*

APUD, *synonyme de* AD, *diffère en ce qu'il ne marque pas de mouvement :* Apud Platonem id legitur, *CIC. On ne dirait pas* ad Platonem. Eo ad patrem, *TER. On dirait mal* apud patrem. Intrò nos vocat ad sese, tenet intùs apud se, *LUCIL. Lorsque Cicéron dit*, fuit ad me sanè diù; *et Tite-Live*, qui ad regem remansit, ad *ne marque que la proximité.* — IN, *dedans. On dit* ire ad flumen, *et non* in flumen, *parce qu'on n'entre pas dans le fleuve : de même* ad tribunal litigator venit, *parce que le plaideur ne fait qu'approcher du tribunal; au lieu qu'on dit* in tribunal venit prætor, *parce que le préteur y entre. César a cependant dit*, ea quæ ad eos geruntur (*exemple qui n'est pas à imiter*).

250. *Apud. Penès.*

APUD, *synonyme de* PENÈS, *marque simplement qu'on a la chose; et* penès, *qu'on l'a à sa disposition, en son pouvoir:* Apud se rem habet, *TER.*, *il est dépositaire de la chose, il l'a chez lui.* Alexander deposuit apud solem in delubro pecuniam, *CIC.* Servi centum dies penès accusatorem fuerunt. *Id. Il en était le maître :* apud *signifierait seulement qu'ils étaient chez lui.*

251. *Aqua. Unda. Lympha.*

AQUA, *l'eau en général, ce que nous appelons le liquide élément :* Aqua ex terrâ oritur, *CIC.* — UNDA *est un amas d'eau, de l'eau agitée, les flots :* Rapere currus suspensos per undas, *CIC.* Unda *marque une abondance, d'où l'on dit au figuré :* Comitiorum undæ, *CIC. Les poëtes ont dit* unda *pour* aqua : Fons sonat à dextrâ tenui pellucidus undâ, *OVID.* — LYMPHA *est une eau transparente, qui coule de source :* Lympharum in speculo vidit simulacrum suum, *Phæd.*

252. *Aquam arcere. Aquam coercere.*

AQUAM ARCERE, *arrêter l'eau, l'empêcher de nuire.* — COERCERE AQUAM, *l'empêcher de se perdre :* Ille tenet et scit, ut hostium copiæ, tu ut aquæ pluviæ arceantur, *CIC.* Fluvium extra ripas diffluentem coercere, *Id.*

253. *Aquam perdo. Aqua mihi hæret.*

Aquam perdo, *je perds mon temps. On marquait aux orateurs un temps fixe, au delà duquel il ne leur était pas permis de parler ; ce qui se faisait par le moyen des clepsydres, horloges à eau.* — Aqua mihi hæret, *l'eau s'arrête, ne coule plus pour moi ; je demeure court ; il ne m'est plus permis de parler.*

254. *Aquari. Adaquari.*

Aquari, *faire provision d'eau; en terme de marine : faire de l'eau :* Cùm miles aquatum profectus esset, *Q. Curt.*— Adaquari, *abreuver, faire boire :* Ita decrevit ut ad lacum, ubi adaquari solebat jumentum, duceretur, *Suet. Au figuré, arroser :* Adaquari arbores, *Plin.*

255. *Aquarius. Aquatilis. Aquaticus. Aquosus.*

Aquarius, *qui concerne l'eau :* Aquaria provincia, *Cic.*, *l'intendance des eaux.* — Aquatilis, *qui vit dans l'eau :* Bestiæ terrenæ, aquatiles, volatiles, *Cic.* — Aquaticus, *qui se plaît dans l'eau :* Haud procul à stagno vivebat aquatica lotos, *Ovid. Qui amène l'eau :* Aquaticus auster, *Id.* — Aquosus, *aqueux, qui tient beaucoup d'eau :* Aquosus campus, *Liv.* Languor aquosus, *Hor.*, *l'hydropisie.*

256. *Ara. Altare.*

Ara (*de ἄρα, vœu*), *l'autel où l'on faisait les libations :* Aræ calent thure, *Virg. Ceux qui faisaient quelque serment tenaient les cornes de l'autel :* Is si aram tenens juraret, nemo crederet, *Cic. C'est de là que quelques auteurs ont donné une autre origine au mot* ara. *Les anciens disaient* ara *pour* asa, *et* asa *pour* ansa. *Les cornes de l'autel étaient comme les anses d'un vase.* — Altare (quasi alta ara), *était une élévation sur laquelle on faisait brûler les victimes :* Impositis ardent altaria fibris, *Virg. Selon Servius,* altare *était pour les dieux du ciel, et* ara *pour les dieux de la terre. Les poëtes confondent* ara *et* altare : Ecce duas tibi, Daphni, duoque altaria Phœbo, *Virg.*

257. *Arare. Colere terram.*

Arare *se dit proprement du labour de la charrue :* Terram arare, et sulcum altiùs imprimere, *Cic.* Bos enectus arando, *Virg. Au figuré :* Nullum maris æquor arandum, *Virg.*—Colere, *parlant de la terre, se dit de toute culture :* Hortos colere, *Virg.* Vitem colere, *Cic.* Arare aut colere agrum, *Id. On dit figurément :* Colere amicitiam, *cultiver l'amitié.*

258. *Aratrum. Vomer. Stiva.*

Aratrum (*d'ἀρόω, labourer*), *charrue:* Terram centum vertebat aratris, *Virg.* — Vomer *et* Vomis, *le soc de la charrue:* Nullo sulcantur vomere campi, *Ovid.* — Stiva, *le manche de la charrue :* Stivæ innixus arator, *Ovid.*

259. *Arbiter. Judex. Recuperator.*

Arbiter, *arbitre, juge d'un différend, soit nommé en justice, soit choisi par les parties :* Simus et Crito, vicini nostri, hîc ambigunt de finibus; me cepêre arbitrum, *Ter.* Q. Fabius Labeo arbiter à senatu datus, *Cic.* — Judex, *juge établi par la loi. Quelquefois les parties choisissaient leurs juges :* Flavius noster de controversiâ quam habet, te sumpsit judicem, *Cic. L'arbitre juge* ex æquo et bono; *le juge, suivant la loi :* Melior videtur conditio causæ bonæ, si ad judicem, quàm si ad arbitrum mittitur, quia illum formula includit, et certos, quos non excedat, terminos imponit; hunc libera et nullis adstricta legibus religio : et detrahere aliquid potest et adjicere, et sententiam suam non prout lex et justitia suadet, sed prout humanitas et misericordia impellit, regere, *Sen.* — Recuperator *était un commissaire qui jugeait des usurpations entre le peuple romain et les villes voisines. Ce nom fut ensuite donné à un juge délégué par le préteur pour les différends des particuliers :* Postquàm prætor recuperatores dedit, *Plaut.* Arbiter *se prend encore pour témoin :* Loca abdita et ab arbitris remota, *Cic.*

260. *Arbitrari. Opinari. Reri. Credere. Putare.*

Arbitrari, *juger sur des raisons d'équité ou de convenance :* Quod tibi notum esse arbitror, *Cic.* Arbitror, verbum quo nos utimur, cùm ea dicimus jurati, quæ comperta habemus, quæ ipsi vidimus, *Cic.* Arbitrari *se prenait dans le sens d'*observare, *observer, être témoin :* Hùc et illùc potero quid agant arbitrarier, *Plaut. C'est dans ce sens que Tite-Live a dit :* Per deos fœderum arbitros. — Opinari, *croire sur des probabilités, ou sur des préjugés :* Falsò multa in viâ homines opinantur, *Cic.* Opinor, narras? non rectè accipis : certa sunt, *Ter.*—Reri, *regarder comme réel un fait:* Illos in quibus virtutes esse remur, à naturâ ipsâ diligere cogimur, *Cic.* — Credere, *considéré comme synonyme des* *autres, signifie penser, croire :* Credo te credere, *TER.* Satis credo, *Id.*, *je le crois bien.*—**PUTARE** *signifie proprement émonder, tailler :* Rusticus vitem fingit putando, *VIRG. De là les latins ont dit* putare *pour compter que, juger en distinguant les objets, parce que par la pensée on retranche le superflu :* Non committendum est ut aliquandò dicendum sit : non putâram, *CIC.* Neminem præ se putare, *CIC. C'est encore de là qu'on dit* putare rationes cum aliquo, *CIC., régler ses comptes avec quelqu'un.* Sapiens raró opinatur quod nesciat; nihil sine certâ ratione retur; nec tenacem propositi virum esse arbitratur, si quis privatam gratiam communi utilitati posthabendam putet.

### 261. *Arbitrium. Judicium.*

**AD ARBITRIUM,** *dit Popma,* hoc modo adimus, ut neque nihil, neque tantum quantum postulavimus, consequamur; ad judicium, ut aut totam litem obtineamus, aut amittamus. — **JUDICIUM** est certæ pecuniæ; arbitrium, incertæ, *CIC.* Ut penès unum hominem judicium arbitriumque de famâ ac moribus senatoribus fuerit, *LIV.*

### 262. *Arbor. Arbustum. Virgultum. Frutex. Arbuscula. Arboretum.*

**ARBOR** *se dit de tout arbre grand, ou petit, à fruit, ou non à fruit :* Truncus, râmi, folia arborum, *CIC.* — **ARBUSTUM** *est proprement un plant d'arbres :* Pratis, vineis, arbustis res rusticæ lætæ sunt, *CIC.* Resonant arbusta cicadis, *VIRG. Il se dit aussi des arbrisseaux :* Non omnes arbusta juvant humilesque myricæ, *VIRG.* —**VIRGULTUM** (*de* virga), *arbrisseau qui ne produit que des branches légères :* Via deserta et inculta atque interclusa jam frondibus et virgultis, *CIC.* — **FRUTEX** *se dit de tout arbrisseau à fruit et non à fruit :* Genus omne fruticum, *VIRG.* Frutex buxeus, *COL.* —**ARBUSCULA**, *arbrisseau, petit arbre; diminutif d'*arbor. *Il y a cette différence entre* Arbuscula *et* virgultum, *que celui-ci ne produit que des branches légères, comme l'osier; et l'autre, un petit arbre de quelque nature qu'il soit, comme les pommiers nains.* — **ARBORETUM**, *une pépinière.*

### 263. *Arbor insita. Arbor adsita.*

**ARBOR INSITA** *est un arbre greffé :* Si in pirum silvaticam inseveris pirum quamvis bonam, *VAR.* **ARBOR ADSITA**, *un arbre planté auprès d'un autre :* Quà populus adsita surgit, *HOR. On mariait la vigne avec le peuplier :* Lenta qui velut adsitas vitis implicat arbores, *CATUL.*

### 264. *Arbutus. Arbutum.*

**ARBUTUS** *est l'arboisier :* Et quæ vos rarà viridis tegit arbutus umbrâ, *VIRG.* — **ARBUTUM** *en est le fruit :* Dant arbuta silvæ, *VIRG.*

### 265. *Arca. Capsa. Scrinium.*

**ARCA,** *ce qui sert à renfermer, coffre, cachot :* Dives arca veram laudem intercipit, *PHÆD.* Argentum in arcâ positum, *CIC.* Servi in arcas conjiciuntur, ne quis cum eis colloqui possit, *Id.* — **CAPSA** (*du grec* κάψα), *cassette :* Si te ad meas capsas admisero, *CIC.*—**SCRINIUM** (*de* secernere, *parce qu'il y avait des séparations*), *portefeuille :* Et priùs orto sole vigil calamum, et chartas, et scrinia posco, *HOR.*

### 266. *Arcere. Prohibere.*

**ARCERE** (*d'*ἀρκέω, removere), *empêcher de passer outre, d'avancer :* Brutus Antonium in Galliam invadentem arcuit, *CIC.* Odi profanum vulgus et arceo, *HOR.* — **PROHIBERE** (porro habere), *tenir éloigné :* Quod prædones ab urbe prohibuisset, *CIC. Au figuré, empêcher de faire quelque chose, préserver :* Prohibuit, ne, etc., *CIC.* A periculo rempublicam prohibere, *Id.* Injuriâ tenuiores prohibere, *Id.* Arcemus quos prohibemus ne accedant.

### 267. *Archimagirus. Coquus.*

**ARCHIMAGIRUS**, *le chef de cuisine.* — — **COQUUS**, *un simple cuisinier.*

### 268. *Ardere. Flagrare. Deflagrare. Æstuare. Exæstuare.*

**ARDERE**, *être en feu :* Largior arserit ignis, *HOR. Au figuré :* Ardebant oculi, *CIC* Podagræ doloribus ardere, *Id.* Omnia in illum odia ardebant, *Id. Virgile a dit* ardere *activement :* Formosum pastor Corydon ardebat Alexin.—**FLAGRARE** (*de* φλέγω), *brûler :* Naves flagrantes videbatis, *CIC.* Ignes flagrabant ignibus, *Id. Au figuré :* Flagrat bello Italia, *CIC.* Flagrabant apud illum vitia libidinis, *Id.* Consules flagrant infamiâ, *Id.*—**DEFLAGRARE**, *brûler entièrement, être consumé :* Phaeton ictu fulminis deflagravit, *CIC. Au figuré, cesser de brûler :* Spes subibat animum deflagrare iras vestras posse, *LIV.*—**ÆSTUARE**, *bouillonner :* Æstuat fretum, *Q. CURT.* Sitiendo, algendo, æstuando, *CIC. Au figuré :* Æstuabat dubitatione animus, *CIC.* — **EXÆSTUARE**, *se répandre en bouillonnant :* Fundo exæstuat imo, *VIRG. Au figuré :* Tacitâ exæstuat irâ, *OVID.*

269. *Ardescere. Ignescere. Inardescere. Exardescere.*

ARDESCERE, *prendre feu, s'échauffer. Il est plus usité au figuré :* Ardescere mucronem jussit, TAC., *il fit aiguiser son épée.* Ardescere in iras, OVID., *s'enflammer de colère.* — IGNESCERE *dit plus, c'est devenir tout en feu :* Ut ad extremum omnis mundus ignesceret, CIC. *Au figuré :* Ignescunt iræ, VIRG. Ardescunt *serait faible; le feu est plus que la chaleur.* — INARDESCERE (ardescere in), *prendre feu, s'échauffer dedans :* Qualis cùm cærula nubes solis inardescit radiis, VIRG. — EXARDESCERE *est plus fort que* ardescere.

270. *Ardor. Calor. Fervor. Æstus.*

ARDOR, *chaleur excessive :* Solis ardore torreri, CIC. Ardore terra dehiscit, VIRG. — CALOR, *chaleur modérée, naturelle :* Omne quod vivit, id vivit propter inclusum in eo calorem, CIC. Calidior est, vel potiùs ardentior animus, quàm hic aer, *Id.* — FERVOR, *chaleur violente et brûlante :* Siccis aer fervoribus ustus, OVID. *Au figuré :* Ætatis fervor, CIC. Pectoris fervor, HOR. Calor *dit moins que* fervor, *et moins que* ardor. — ÆSTUS, *l'agitation des flots; il se prend pour une chaleur étouffante :* Æstus maritimos ortu aut obitu lunæ commoveri, CIC. *Au figuré :* Sed hunc quoque absorbuit æstus gloriæ, CIC.

271. *Area. Platea. Planities.*

AREA (*d'*arere, *être sec*), *lieu vide, et qui ne produit rien, comme ces places que nous voyons devant nos temples, etc. :* Area Capitolii, LIV. *Il se prend pour une aire à battre le grain :* Quidquid de libycis verritur areis, HOR. — PLATEA (*de* πλατύς) *se dit d'une place publique : la place des Victoires, à Paris, est* platea : In hàc habitasse plateà dictum est Chrysidem, TER. — PLANITIES (*de* planus) *est une plaine :* Duûm millium planities castra romana ab Hernicis dividebat, LIV.

272. *Arena. Saburra.*

ARENA, *sable :* Numeroque carentis arenæ, HOR. *Une terre sablonneuse :* Arenam aliquam aut paludes emere, CIC. — SABURRA, *gros sable dont on leste un vaisseau :* Onerarias ducere saburra oneratas, LIV.

273. *Arere, Arescere.*

ARERE, *être sec :* Aret succis ademptis tellus, VIRG. — ARESCERE, *se sécher, devenir sec :* Da mihi vestimenti aliquid, dùm mea arescant, PLAUT. Lacryma citiùs arescit, præsertim in alienis malis, CIC.

274. *Argentarius. Argenteus. Argentatus. Nummarius.*

ARGENTARIUS, *qui concerne l'argent :* Argentariæ tabernæ, LIV., *comptoirs des banquiers.* — ARGENTEUS, *d'argent :* Aquila argentea, CIC. — ARGENTATUS, *argenté :* Argentati milites, LIV., *soldats brillants d'argent.* — NUMMARIUS, *qui concerne la monnaie :* Res nummaria, CIC. Judex nummarius, *Id.*, *juge corrompu par argent.*

275. *Argentarius. Mensarius.*

ARGENTARIUS (*substantif*), *banquier, agent de change :* Quod argentario obtuleris expensum, à socio ejus repetere possis, CIC. — Argentarius *était pour les particuliers, et* MENSARIUS *pour l'État. On les confondit sous les Césars.*

276. *Argentum factum. Argentum signatum.*

ARGENTUM FACTUM, *de l'argenterie, de l'argent en vaisselle, des boucles, un plat d'argent.* — ARGENTUM SIGNATUM, *de l'argent monnayé; des écus :* Cautum erat, quo ne plus auri et argenti facti, quo ne plus signati argenti et æris domi haberemus, CIC. *Il en est de même d'*aurum *et d'*æs factum, signatum.

277. *Argentum infectum. Argentum grave.*

ARGENTUM INFECTUM, *de l'argent en barre, en lingot :* Argenti infecti tulit in ærarium quatuordecim millia pondo, LIV. — ARGENTUM GRAVE, *argent en poids :* Decem millibus æris gravis damnatus, LIV.

278. *Argumentum. Argumentatio. Ratiocinatio.*

ARGUMENTUM (*d'*arguere), *argument, preuve :* Argumentum est ratio quæ dubiæ rei fidem faciat, CIC. *Il se prend pour sujet :* Argumentum epistolæ, CIC. Non ità dissimili sunt argumento fabulæ, TER., *le sujet est presque le même.* — ARGUMENTATIO (quasi argumenti ratio), *l'explication de la preuve :* Argumentatio est argumenti explicatio, CIC. Argumentatio constat ex argumento et argumenti conformatione, *Id.* — RATIOCINATIO, *raisonnement :* Ratiocinatio est diligens et considerata faciendi aliquid aut non faciendi excogitatio, CIC.

279. *Aridus. Siccus.*

ARIDUS (*d'arere*), *aride :* Atque arida circum nutrimenta dedit, *VIRG. Au figuré :* Vitam aridam cordi fuisse, *CIC.* Aridus sermo. *Id., un discours sec.* — SICCUS, *sec, qui a peu ou qui n'a point d'humidité :* Siccâque in rupe resedit. *VIRG.* Pedibus siccis super æquora currit, *OVID. On ne dirait pas* aridis pedibus. Siccus *dit moins que* aridus : Arida sint potiùs quàm sicca folia, *PLIN.* Atqui corpora sicciora cornu, aut si quid magis aridum est, habetis, *CATUL.* Siccus *signifie aussi sobre :* Meum virum fui rata siccum, frugi, continentem, *PLAUT. Qui n'a point bu :* Accedes siccus ad unctum, *HOR.*

280. *Ariolus. Conjector. Fatidicus. Fatiloquus. Faticanus. Sortilegus. Divinus.*

ARIOLUS *et* HARIOLUS (quasi fariolus, *de* fari), *celui qui annonce l'avenir par un esprit prophétique :* Hariolorum furibundæ prædictiones, *CIC.* — CONJECTOR (*de* conjicere), *celui qui interprète les songes, les présages :* Somniorum atque omnium interpretes, conjectores vocamus, *QUINT.* — FATIDICUS (fata dicens); FATILOQUUS (fata loquens); FATICANUS (fata canens), *ceux qui annoncent les décrets des dieux :* Fatidicorum effata, *CIC.* Carmenta fatiloqua, *LIV.* — SORTILEGUS (sortes legens), *celui qui prédit l'avenir par le moyen des sorts :* Nunc illa testabor non me sortilegos, nec eos qui quæstûs causâ ariolentur, agnoscere, *CIC.* — DIVINUS, *devin, celui qui fait profession de découvrir les choses cachées, et de prédire les choses à venir :* Non sum divinus, sed scio quid facias, *MART.* Avis divina imbrium, *HOR., la corneille.*

281. *Arista. Spica.*

ARISTA *est la barbe du blé :* Seges contra avium minorum morsus munitur vallo aristarum, *CIC.* — SPICA, *l'épi :* Seges cùm è vaginis emerserit, fundit frugem spicæ ordine structam, *CIC. Les poëtes les confondent souvent.*

282. *Armarium. Armamentarium. Abacus.*

ARMARIUM, *armoire, lieu destiné à retirer des livres, des outils, de l'argent, etc. :* Aurum ex armario tuo promere ausus es? *CIC.* Cellas refregit omnes, reclusitque armarium, *PLAUT.* — ARMAMENTARIUM, *arsenal :* Ex armamentariis publicis arma populo dantur, *CIC.* — ABACUS, ABAX, *comptoir, damier, buffet.*

283. *Armentum. Grex. Jumentum.*

ARMENTUM *se dit du gros bétail, comme bœufs, chameaux, etc. :* Armenta boum, *VIRG.* Pecudes dispulsæ sui generis sequuntur greges, ut bos armenta, *CIC.* — GREX *signifie proprement troupe, bande :* Grex amicorum, *TER.* Grex oratorum, *CIC., lorsqu'il n'est pas déterminé, il se prend pour le menu bétail :* Mille greges illi, totidemque armenta per herbas pascebant, *VIRG.* Hæc satis armentis, pars altera curæ lanigeros agitare greges, *Id.* — JUMENTUM (*de* juvare), *se dit proprement de tout animal qui aide, soit à traîner, soit à porter, soit à labourer la terre :* Eò missa plaustra jumentaque alia excepêre, *LIV.* Sarmenta in cornibus jumentorum alligata incendit, *Id.*

284. *Armifer. Armiger. Armatus.*

ARMIFER (arma ferens), *qui porte des armes :* Armifera dea, *OVID., Pallas.* — ARMIGER (arma gerens), *écuyer qui porte les armes d'un autre, ou de son maître :* Quid est Sergius? armiger Catilinæ, *CIC.* — ARMATUS, *qui est armé :* Armatos, si latinè loqui volumus, quos appellare verè possumus? Opinor, eos qui telis scutisque parati ornatique sunt, *CIC. Au figuré :* Armatus animis, *CIC.* Armata muris urbs, *Id.*

285. *Armus. Humerus.*

ARMUS (*d'*ἄρω, ἁρμόζω, apto), *est proprement la partie du corps où s'ajuste le bras, ou la jambe de devant chez les animaux :* Latos huic hasta per armos acta tremit, *VIRG.* Seu spumantis equi foderet calcaribus armos, *Id.* — HUMERUS *est l'épaule entière, dont l'omoplate fait partie :* Cùm humeris bovem sustineret vivum, *CIC.*

286. *Arrha. Pignus.*

ARRHA *et* ARRHABO, *en grec* ἀῤῥαβών, *arrhes, argent qu'on donne pour assurance de l'exécution d'un marché.* — PIGNUS, *gage, ce que l'on met entre les mains de quelqu'un pour sûreté d'une dette. On rend un gage, on ne rend point les arrhes :* Minis triginta sibi puellam destinat, datque arrhabonem, *PLAUT. Il se prend pour gage :* Et relicta huic arrhaboni est pro illo argento, *TER.* Ager appositus est pignori, *Id. Au figuré :* Affinitatis conjunctionem pignori fore ad confirmandas inimicitias putavit, *CIC.*

287. *Arrogans. Superbus. Gloriosus. Insolens. Vanus. Fastidiosus. Imperiosus.*

ARROGANS (rogare ad), *arrogant, qui s'en fait accroire, présomptueux :* Arroganter de se sentire, *CIC.* Arrogans beneficiorum prædicatio, *Id.* — SUPERBUS majore fastu tumet quàm arrogans, dit *Popma. Fier, celui qui a une haute estime de lui-même :* Præbere se superbum in fortunâ, *CIC.* In rebus prosperis superbiam magnoperè, fastidium, arrogantiamque fugiamus, *Id. Il se prend pour magnifique :* Superbos vertere funeribus triumphos, *HOR. Il se dit aussi d'un homme violent et tyrannique. C'est en ce sens qu'on a dit Tarquin le Superbe.*—GLORIOSUS, 1° *glorieux :* Mors gloriosa, *CIC.* 2° *un homme qui étale l'excès de la bonne opinion qu'il a de lui-même :* Deforme est cum irrisione audientium imitari militem gloriosum, *CIC.* — INSOLENS (non solens), *qui n'est pas dans l'habitude :* Quid tu Athenas insolens? *TER.* Insolens hostis, *CÆS., un nouvel ennemi.* Lætitia insolens, *une joie extraordinaire.* Insolens, *synonyme des autres, dit Donat,* qui præter legem humanam et naturalem agit. *C'est un homme qui en use avec hauteur et dureté.* In victoriâ quæ naturâ insolens et superba est, *CIC.* Insolenter gloriari, *Id.* — VANUS, *vain, qui n'a que l'apparence :* Exspectata seges vanis elusit aristis, *VIRG.* Vanus metus, *HOR.* Vanus, *synonyme des autres, est un homme vain qui veut se faire honneur d'avantages qu'il n'a pas :* Uti prosperitate rerum in vanitatem, *TAC.* Ubi vanus animus aurâ captus frivolâ, *PHÆD.*—FASTIDIOSUS, *dédaigneux, qui fait peu de cas des autres :* In æquos et pares fastidiosus, *CIC.* Aurium sensus fastidiosus, *CIC.* —IMPERIOSUS, *puissant, qui a le pouvoir :* Quisnam igitur liber? sapiens, sibique imperiosus, *HOR. Il veut dire aussi impérieux, qui commande avec hauteur :* Imperiosa me trahit Proserpina, *HOR.*

288. *Ars. Scientia. Artificium.*

ARS definitur ex rebus penitùs perspectis, planèque cognitis, atque ab opinionis arbitrio sejunctis, scientiâque comprehensis, *CIC. Et dans un autre endroit :* Ars est perceptio quæ dat certam viam rationemque faciendi.—Ars *est l'art, la pratique; et* SCIENTIA, *la connaissance :* Ars sine scientiâ esse non potest, *CIC.* Habere scientiam magnarum artium, *Id.* Ars *se prend pour ruse, artifice :* Nam si in te ægrotant artes antiquæ tuæ, *PLAUT.* — ARTIFICIUM (*d'*ars *et de* facere), *l'art de faire, d'agir :* Non acie vicisse Romanos, sed artificio quodam et scientiâ oppugnationis, *CÆS.* Simulachrum singulari artificio perfectum, *CIC. Il est souvent pris en mauvaise part :* Vicinitas non fallax, non erudita artificio simulationis, *CIC.*

289. *Arteria. Vena. Aspera arteria.*

ARTERIA *et* VENA, *selon Pline, sont ainsi distingués :* Ubi sunt nervi, interiores conducunt membra, superiores revocant: inter hos latent arteriæ, id, est, spiritûs semitæ, bis innatant venæ, id est sanguinis rivi. *Pline a suivi le sentiment de Cicéron, qui dit :* Sanguis per venas in omne corpus diffunditur, et spiritus per arterias. *Nos médecins ont une connaissance plus exacte du corps humain. Les artères portent le sang du cœur dans les différentes parties du corps, et les veines le rapportent au cœur. On dit les veines de la terre, les veines d'un caillou, etc. :* Seu durat magis (calor) et venas astringit hiantes, *VIRG., soit que la chaleur durcisse la terre, et en resserre les veines trop ouvertes.* Silicis venis abstrusus ignis, *Id.* Venæ auri et argenti, *CIC. Au figuré :* Vena benigna ingenii, *HOR.* Pejoris venæ ævum, *OVID.* Teneat orator oportet venas cujusque generis, ætatis, ordinis, *CIC.*—ASPERA ARTERIA, *la trachée artère, le canal qui porte l'air aux poumons ; la trachée artère est placée devant l'œsophage :* Aspera arteria ostium habet adjunctum linguæ radicibus, *CIC.*

290. *Artes. Dotes.*

ARTES, *synonyme de* dotes, *se dit des qualités acquises :* Instructus artibus ingenuis, *CIC.*—DOTES *sont les qualités naturelles :* Ingenii dotes, *OVID.* Raras dotes quas natura dedit, *Id.*

291. *Articulatè. Articulatim.*

ARTICULATÈ (*d'*articulus, *qui vient d'*artus), *ne se trouve qu'au figuré; il signifie nommément, en particulier :* Valebis igitur, et puellæ salutem articulatè dices, *CIC.*—ARTICULATIM, *par morceaux, par pièces :* Puerum obtruncat, membraque articulatim dividit, *CIC. Au figuré, par articles :* Quæ fusè olim disputabantur, ea nunc articulatim dicuntur, *CIC.*

292. *Artifex. Faber. Opifex. Operarius. Operæ. Opera. Mercenarius.*

ARTIFEX (*d'*ars *et de* facere), *artiste, qui suit les principes de son art :* Qui distingues artificem ab inscio? *CIC.* Artifex corporum, *Id., un peintre, un statuaire. Au figuré :* Artifex ad corrumpendum judicium, *habile à corrompre les juges.*—FABER, *tout ouvrier en matière dure; il se* *dit particulièrement des ouvriers à marteau :* Faber tignarius, *Cic.*, *un charpentier.* Marmoris aut eboris fabros aut æris amavit, *Hor.*—Opifex (opus faciens), *un ouvrier qui fait des ouvrages des mains :* Opus opificem probat, *Phæd. Au figuré :* Verborum opifex ignobilis, *Cic.*—Operarius, *manœuvre, homme de journée :* Utrùm de bonis quærendum quid bajuli atque operarii, an quid homines doctissimi senserint? *Cic.*—Opera *et* Operæ *se prennent dans le même sens :* Accedes opera agro nona, *Hor.*, *tu iras, neuvième esclave, travailler à la terre.* Erat mihi contentio non cum victore exercitu, sed cum operis conductis, *Cic.*—Mercenarius (de merces), *mercenaire, qui travaille pour de l'argent :* Illiberales et sordidi quæstus mercenariorum sunt omnium, *Cic. Il est opposé à* gratuitus : Mercenarii gratuitis, impii religiosis non sunt anteferendi, *Cic.*

293. *Artificialis. Artificiosus.*

Artificialis, *artificiel; qui est l'effet de l'art :* Artificiales probationes, *Quint.*—Artificiosus, *qui est fait avec art, et qui a l'art de :* Artificiosum opus et divinum, *Cic.* Artificiosus ignis ad gignendum, *Id. Il ne signifie jamais artificieux, rusé.*

294. *Artocopus. Pistor.*

Artocopus, *et selon d'autres,* Artopta, *boulanger ou esclave préposé à la distribution du pain, ou le pain même.*—Pistor, *celui qui pilait le blé, boulanger :* Pistori toties cùm sit et apta coquo, *Mart. Evitez d'employer le mot* Artocopus.

295. *Arx. Castrum. Castellum. Turris.*

Arx (d'arcere), *lieu élevé, fortifié par l'art ou par la nature :* Tarento amisso, arcem tamen Salinator retinuit, *Cic. Au figuré :* Communis arx bonorum, *Cic.*, *l'asile des gens de bien.* Arx causæ, *Id.*, *le fond d'une affaire.* In arce legis præsidia, *Id.*—Castrum, *un fort, un lieu entouré de murailles :* Cæsar firmo progressu in castrum Truentinum venit, *Cæs. Au pluriel,* Castra *se prend pour un camp, ou petits forts entourés d'un fossé ou d'une palissade :* Cùm Cæsar ad oppidum castra haberet, *Cic.*—Castellum *(son diminutif), petit fort.*—Turris, *simple tour qui sert de défense, de fanal ou d'ornement :* Celsæ graviore casu decidunt turres, *Hor.*

296. *Ascribere. Attribuere. Assignare. Subscribere.*

Ascribere (scribere ad), *ajouter en écrivant :* Non ascripsi id quod tuà nihil referebat, *Cic. Tite-Live a dit* ascribere novos colonos, *parce qu'on ajoutait leurs noms à ceux des anciens.* —Attribuere (tribuere ad), *imputer, donner :* Attribuere causam calamitatis alicui, *Cic.* Pudor quem mihi natura attribuit, *Id.* Bonos exitus habent boni, eos quidem ascribimus, attribuimusque diis immortalibus, *Id.*—Assignare, *assigner, déterminer :* Agros assignare, *Liv.* Munus humanum à Deo assignatum defugere, *Cic.* Quæ attribuuntur, assignari puto oportere, ne jurgia gignantur. — Subscribere, *souscrire, ajouter à un écrit, à une lettre, etc. :* Cæsar mihi litteras misit, quarum exemplum subscripsi, *Cic.* I, puer, atque meo citus hæc suscribe libello. *Ainsi, chez les modernes,* Adscribere litteras *sera pour l'adresse, et* subscribere *pour la signature.*

297. *Ascriptus. Ascriptitius.*

Ascriptus, *écrit pour, sur, marqué :* Fœderatis civitatibus ascripti, *Cic.*, *inscrits au nombre des citoyens dans les villes alliées.* Cùm venerit ascriptus pœnæ dies, *Phæd.*—Ascriptitius, *mis au nombre, enrôlé :* Quos quasi novos et ascriptitios cives in cœlum receptos putaret, *Cic.* Ascriptitii milites, *Var.*

298. *Asinus. Onager.*

Asinus, *âne :* Longum est mulorum persequi utilitates, et asinorum, *Cic.*—Onager (ὄνος ἄγριος, asinus silvestris), *âne sauvage :* Horum (asinorum) genera duo, unum ferum, quos vocant onagros, in Phrygià et Lycaonià sunt greges multi; alterum mansuetum, ut sunt in Italià omnes, *Var.*

299. *Asinus. Ignarus.*

Asinus, *au figuré, synonyme d'*ignarus, *est âne par disposition d'esprit ; et* Ignarus *est ignorant par défaut d'instruction. L'âne ne peut apprendre ; l'ignorant n'a point appris :* Quid nunc te, asine, litteras doceam? *Cic.* Ignarus philosophiæ, *Id.*

300. *Asper. Salebrosus.*

Asper, *synonyme de* salebrosus, *rude, raboteux :* Asper locus, *Cic.* Jugum asperum, *Cæs. Au figuré :* Asper animus, *Liv.* Aspera vita, *Phæd.*—Salebrosus (de saltus), *proprement qu'on ne peut passer qu'en sautant, où il y a un mauvais pas :* Non tam salebrosus, ut ante (locus), *Virg. Au figuré* : Salebrosa et exsiliens oratio, *Sen.*, *un style rocailleux.*

301. *Asperare. Exasperare. Acerbare. Exacerbare.*

**Asperare**, *rendre rude et raboteux:* Asperare asserem (*un parquet*), ne sit euntibus lubricus, *Col.* Asperat undas hiems, *Virg.* *Au figuré:* Ità moderans, ne lenire, neve asperare crimina videretur, *Tac.* Asperare iram, *Id.*—**Exasperare** *ajoute à l'idée du simple, tant au propre qu'au figuré:* Concussas Triton exasperat undas, *Ovid.* Exasperati animi, *Liv.*—**Acerbare**, *proprement rendre aigre; il n'est usité qu'au figuré.* Et crimen acerbat, *Virg.*, *il aggrave l'accusation.* — **Exacerbare** *ajoute à l'idée du simple:* Exacerbata superbia, *Liv.*

302. *Aspergere. Rigare. Irrigare. Irrorare. Humectare.*

**Aspergere**, *arroser par des aspersions:* Aram sanguine aspergere, *Cic.* *Au figuré:* Si illius comitatem tuæ gravitati asperseris. *Cic.*, *si vous assaisonnez votre gravité de sa douceur.* Sales orationi aspergere, *Id.* — **Rigare**, *mouiller, baigner:* Fons circumjectos irrigat agros. Rore rigare, *Cic.* *Au figuré:* Rigare ingenia, *Cic.*, *répandre la lumière dans les esprits.* — **Irrigare** (rigare in), *arroser entièrement:* Ægyptum Nilus irrigat, *Cic.*—**Irrorare**, *arroser légèrement, couvrir d'une simple rosée:* Aut cum sole novo terras irrorat Eous, *Virg.*—**Humectare**, *humecter:* Quà niger humectat flaventia culta Galesus, *Virg.*

303. *Aspersio. Aspergo.*

**Aspersio**, *l'action d'arroser, aspersion:* Aspersio aquæ, *Cic.*—**Aspergo**, *l'arrosement même:* Salsâ spumant aspergine cautes, *Virg.*

304. *Aspirare. Inspirare.*

**Aspirare** (spirare ad), *souffler vers:* Ventos aspirat eunti (Juno), *Virg.* Aspirant auræ in noctem, *Id.* *Au figuré:* Primo aspirat fortuna labori, *Virg.* Omnesque aditus tuos interclusi, ut ad me aspirare non posses, *Cic.* — **Inspirare**, *souffler dedans, faire entrer en soufflant:* Inspirantes ramis arborum auræ, *Quint.* *Au figuré:* Venenum inspirans morsibus, *Virg.*

305. *Assecla. Assectator. Cliens. Deductor. Salutator. Parasitus.*

**Assecla** (de sequi), *qui suit un grand, qui est à ses ordres:* Asseclæ patriciorum, *Cic.* *Et dans un autre sens:* Assecla mensarum, *Cic.*, *un parasite.*—**Assectator**, *un peu plus distingué, qui fait cortége:* Quidam assectator ex numero amicorum, *Cic.*—**Cliens**, *client, vassal:* Populi Gallorum clientes, *Cæs.*, *les peuples vassaux des Gaulois, ou qui sont sous leur protection.* Cliens *est opposé à* patronus. Assecla officiosus est; cliens, submissus.—**Deductor**, *chez les Romains, était distingué de* **Salutator**, *en ce que* Salutator *allait faire sa cour à différentes personnes, et que* Deductor *n'était attaché qu'à un seul patron, à la porte duquel il se rendait dès la pointe du jour, pour accompagner à pied sa litière:* Deductorum officium quod majus est quàm salutatorum, *Cic.* Ejus autem rei tres sunt partes, una salutatorum, cùm domum veniunt; altera deductorum, tertia assectatorum, *Id.* — **Parasitus**, *qui fréquente la table des riches, parasite, se prend en mauvaise part:* Assentatio parasitorum in comœdiis faceta videtur, *Cic.*

306. *Assensus. Consensus. Approbatio.*

**Assensus** (d'assentiri), *consentement, approbation que l'on donne:* Assensu suo comprobare aliquid, *Cic.* Sustinere se ab omni assensu, *Id.*—**Consensus**, *consentement de plusieurs, accord:* Vulgi voluntas, vel potiùs consensus omnium, *Cic.* *Au figuré:* Convenientia consensusque naturæ, *Cic.* Assensus *est plutôt un mouvement de l'esprit; et* consensus, *de la volonté.* —**Approbatio**; *Cicéron emploie ce mot avec* assensus, *mais en mettant* approbatio *en dernier:* Id vulgi assensu, et populari approbatione judicari solet, *Cic.* Nunc de assentatione, atque approbatione pauca dicamus, *Id.*

307. *Assentiri. Consentire. Permittere. Sinere.*

**Assentiri** *et* **Assentire**, *être du sentiment d'un autre, penser comme lui:* De quibus habeo ipse quid sentiam, non habeo autem quid tibi assentiar, *Cic.* Cavendum est ne his rebus temerè assentiamus, *Id.* —**Consentire**, *être d'accord, consentir, vouloir la même chose:* Consenserant inflammare urbem, *Liv.* Neque se cum cæteris Belgis consensisse, *Cæs.*, *qu'ils n'avaient point conspiré avec le reste des Belges.* *Au figuré:* Inter se omnes partes cum quodam lepore consentiunt, *Cic.* — **Permittere** (mittere per), *proprement envoyer à travers:* Concitant equos, permittuntque in hostem, *Liv.* *Il se met ordinairement pour permettre, accorder, abandonner, laisser à la disposition:* Lex jubet, aut permittit, aut vetat, *Cic.* Totum tibi negotium permisi, *Id.* Consulibus permissa est respublica, *Id.*—**Sinere**, *laisser* *faire, ne point mettre d'obstacles :* Sine ut veniat, TER. Sine nunc meo me vivere modo, *Id.*

### 308. *Assequi. Consequi.*

ASSEQUIMUR, *dit Popma,* quem in viâ sequimur; consequimur propriè, cùm eum, qui nos in itinere præcedit, sequentes, ubi ille est pervenimus. Si es in viâ, cùm eris me assecutus, coràm agemus, CIC. Nunc tu propera, ut nos consequare, CIC. *Au figuré :* Assequi *se met pour les choses relevées et difficiles :* Eosdem sumus honorum gradus, quos illi, assecuti, CIC. — CONSEQUI, *au figuré, signifie obtenir plusieurs choses :* Dignitatem et gloriam consequi, CIC. Omnia per senatum consecuti sunt, *Id.* Consequi *a aussi une signification particulière que n'a pas* assequi : Libertatem pax consecuta est, CIC. *On ne dirait pas* assecuta. Crassus cùm dixisset, silentium est consecutum, *Id. On ne dirait pas* assecutum.

### 309. *Assessor. Consessor. Collega.*

ASSESSOR (sedere ad), *qui est auprès de quelqu'un, conseiller :* Lacedæmonii regibus suis assessorem augurem dederunt, CIC. — CONSESSOR (sedere cum), *qui est assis avec quelqu'un, collègue :* Cur dives pauperem consessorem fastidiret? CIC. Testes accusatoris, consessores, convivæ, CIC.—COLLEGA, *un collègue chargé des mêmes fonctions que celui avec lequel on le compare. On peut être* consessor, *c'est-à-dire siéger dans la même assemblée, et n'être pas* collega : *un sénateur était* consessor *avec les consuls, mais il n'était pas leur collègue :* At Novius collega gradu post me sedet uno, HOR.

### 310. *Asseverare. Asserere. Affirmare. Confirmare.*

ASSEVERARE (*de* severus), *assurer, dire sérieusement :* Asseverabat firmissimè, CIC. Bella ironia, si jocaremur, sin asseveremus, vide, etc., *Id.*—ASSERERE (*de* serere, serui, sertum), *approcher, mettre auprès, attribuer, soutenir :* Asserere aliquem cœlo, OVID. Nihil igitur asserunt qui in re gerendâ senectutem versari negant, CIC. Asserere in servitutem, LIV. Asserere se, OVID., *se mettre en liberté.* Asserere aliquem manu in libertatem, CIC., *assurer la liberté de quelqu'un, en mettant la main sur lui.* —AFFIRMARE (*de* firmus), *affirmer, certifier :* Affirmare jurejurando, LIV. Omni tibi asseveratione affirmo, quod mihi credas velim, CIC. Non soleo temerè affirmare de aliquo, *Id.*—CONFIRMARE, *synonyme des autres, signifie confirmer, assurer :* Confirmare aliquid rationibus et argumentis, CIC. Asseveramus nos aliquid fecisse; quæ certa sunt, affirmamus; rem argumentis confirmamus. *On emploie le serment pour affirmer, et on a recours à de nouvelles preuves pour confirmer.*

### 311. *Assidēre. Assidĕre.*

ASSIDERE (sedere ad), *être assis auprès :* Sthenius est is qui nobis assidet, CIC. *Au figuré :* Parcus assidet insano, HOR., *l'avare diffère peu d'un insensé.*—ASSIDERE *marque l'action, s'asseoir, aller s'asseoir auprès :* Et simul assidamus, si videtur, CIC. *Il se trouve avec l'accusatif :* Adherbalem dextrâ assidit, SALL., *il s'asseoit à la droite d'Adherbal.*

### 312. *Assiduè. Continenter.*

ASSIDUÈ, *souvent, assidûment :* Assiduè veniebat, VIRG. Assiduissimè mecum fuit Dionysius, CIC. — CONTINENTER (tenere cum), 1° *sans interruption :* Belgæ cum Germanis continenter bellum gerunt, CÆS. 2° *avec retenue :* Honestum est parcè, continenter, severè, sobriè vivere, CIC.

### 313. *Assiduus. Continuus.*

ASSIDUUS (sedere ad), *assidu :* Cassides fuit assiduus mecum, CIC. Fletu amici assiduo augetur amici molestia, *Id.*—CONTINUUS (*de* cum *et de* tenere), *de suite, qui se tient, sans interruption :* Dies continuos complures in littore conviviisque jacuisti, CIC. Tanaquil tantùm moliri potuit animo, ut duo continua regna viro dederit, LIV *On ne dirait pas* assiduos, *ni* assidua.

### 314. *Assimulare. Assimilare.*

ASSIMULARE, *contrefaire :* Ulysses furentem assimulavit, CIC.—ASSIMILARE, *comparer, assimiler :* Grandia si parvis assimilare licet, OVID.

### 315. *Astrologia. Astronomia.*

ASTROLOGIA (*d'*ἄστρον *et de* λέγω), *astrologie, art chimérique, suivant lequel on croit pouvoir connaître l'avenir par l'inspection des astres :* Eudoxus, in astrologiâ facilè princeps, scribit Chaldæis in prædictione et notatione cujusque vitæ ex natali die, minimè esse credendum, CIC.—ASTRONOMIA (*d'*ἄστρον *et de* νόμος), *astronomie : lois des astres. L'astronome connait le cours et le mouvement des astres; l'astrologue raisonne sur leur influence.*

316. *Astruere. Exstruere. Substruere.*

ASTRUERE (struere ad, *de* strues), *entasser et bâtir auprès :* Novum cùm veteri astruitur, rimosoque recens ædificium quasi surgenti reluctans oneri cedit, COL. *Au figuré :* Dignitati alicujus aliquid astruere, PLIN. JUN.—EXSTRUERE, *élever en tas :* Ad cœlum villam exstruere, CIC. *Au figuré :* Altitudinem excellentiamque virtutum animo exstruere, CIC. Fundare et exstruere disciplinam, *Id.*—SUBSTRUERE, *entasser par-dessous, bâtir en dessous :* Capitolium saxo quadrato substructum est, LIV. *On posa les fondements du Capitole en pierres de taille.*

317. *Astrum. Sidus. Stella. Planeta.*

ASTRUM (ἄστρον), *astre, se dit en général de tous les corps célestes :* Astra oriuntur in ardore cœlesti, CIC. — SIDUS (*de* σὺν ἰδεῖν, *voir ensemble*), *constellation, l'assemblage d'un certain nombre d'étoiles :* Illi sempiterni ignes, quos vos sidera stellasque vocatis, CIC.—STELLA (*de* stare), *étoile, corps lumineux, qui paraissent comme attachés au firmament, toujours à la même distance les uns des autres :* Stellæ inerrantes, CIC. *Ce mot s'entend quelquefois des planètes :* Stellæ errantes, CIC. — PLANETA (*de* πλανᾶσθαι, *errer çà et là*), *planète, astre errant qui ne reluit qu'en réfléchissant la lumière du soleil, et qui a son mouvement propre et périodique :* Planetarum motus tarditate et celeritate dissimili, CIC. *Les anciens en comptaient sept. On en compte maintenant onze qui sont, en suivant l'ordre de leur distance au soleil : Mercure, Vénus, la Terre, Mars, Vesta, Junon, Cérès, Pallas, Jupiter, Saturne et Uranus. La lune n'est plus considérée que comme satellite de la terre.*

318. *Astutia. Astus. Calliditas. Dolus. Fraus. Fallacia. Techna.*

ASTUTIA *et* ASTUS (*d'*ἄστυ, *ville, finesse*), *finesse, adresse :* Nunc opus est tuâ mihi ad hanc rem expromptâ memoriâ atque astutiâ, TER. Intelligendi astutiâ, CIC. Versare dolos astu, VIRG. — CALLIDITAS (*de* callus, *le cal qui vient sous les pieds à force de marcher*), *ruse consommée :* O mirâ calliditate virum! CIC. Scientia quæ est remota à justitiâ, calliditas potiùs quàm sapientia est appellanda, *Id.*—DOLUS (δόλος), *dol, mauvaise foi ; il se prend toujours à mauvais dessein :* Dolus malus est, cùm aliud simulatur, aliud agitur, CIC. Ne qua fraus, ne quis dolus adhibeatur, *Id.*— FRAUS, 1° *dommage :* Id mihi fraudem tulit, CIC. 2° *fraude, déguisement :* Fraus quasi vulpeculæ videtur, CIC. Fraus *n'est pas toujours à mauvais dessein :* Fraude piâ, OVID.—FALLACIA, *tromperie, imposture :* Hic ex fraude, fallaciis, mendaciis constare totus videtur, CIC. Perditissimi est hominis fallere eum qui læsus non esset, nisi credidisset, *Id.* Fraus *se dit particulièrement des actions, et* fallacia, *des discours.*—TECHNA (τέχνη). *C'est le mot grec qui répond à* ars; *on ne l'emploie guère qu'au pluriel, et alors il signifie* artes malæ : Falli te sinas technis per servulum, TER.

319. *Asylum. Perfugium. Profugium. Refugium.*

ASYLUM (*d'*ἀ *privatif, et de* σύλη *ou* σῦλον, *dépouille*), *asyle ou asile, lieu qu'il n'est pas permis de violer :* E fano Dianæ servum suum, qui in illud asylum confugisset, abduxit, CIC. — PERFUGIUM, *lieu de sûreté :* Commune perfugium domus, CIC. — PROFUGIUM, *lieu de sûreté éloigné, moyen d'échapper à quelque mal :* Exsilium, non supplicium est, sed profugium, portusque salutis, CIC. *Cicéron appelle la mort* paratum profugium. — REFUGIUM, *refuge, retraite.* Regum, populorum, nationum portus erat et refugium senatus, CIC. Proxima domus refugium est *pour un homme poursuivi par les voleurs*, sed non perfugium, nisi benè clausa sit. *Un homme obligé d'abandonner sa patrie*, profugium quærit apud exteras nationes.

320. *Ater. Niger. Pullus. Fuscus.*

ATER *se dit d'un noir, comme celui du charbon :* Tam excoctam reddam, tam atram, quàm carbo est, TER.—NIGER *se dit d'un noir sombre et obscur :* Noctis nigræ umbræ, LUCR. Nemus nigrum, VIRG. Nigris oculis, nigroque capillo, HOR. *Au figuré :* Hic niger est, hunc tu, Romane, caveto, HOR.—PULLUS, *de couleur grise, d'un gris foncé :* Agna pulla, HOR., *une brebis noire, tirant sur le gris ;* agna nigra, *une brebis toute noire.* Ficus pulla, HOR. Pullus *était la couleur que portait le peuple à Rome, et celle des habits de deuil :* Pullata turba, QUINT., *le petit peuple.* Pulla toga, CIC., *habit de deuil.* — FUSCUS, *brun, noirâtre :* Alba decent fuscas, albis, Cephei, placebas, OVID.

321. *Athleta. Gladiator. Pugil. Lanista. Mirmillo. Retiarius. Secutor. Bestiarius. Luctator.*

ATHLETA (*d'*ἆθλος, *combat*). *L'athlète était chez les anciens Grecs celui qui combattait dans les jeux solennels ; c'est le mot général :* Cùm Milo jam senex esset, athletasque se in curriculo exercentes videret, aspexisse lacertos suos dicitur, illacrymansque dixisse : Et hi quidem jam mortui sunt, *CIC.* — **GLADIATOR** (*de* gladius), *gladiateur, celui qui, pour le plaisir du peuple, combattait sur l'arène volontairement ou de force, contre un autre, ou contre une bête féroce, avec une arme meurtrière :* Athletæ et gladiatores nihil nec vitando faciunt cautè, nec petendo vehementer, *CIC.* — **LANISTA** (*de* lanius, *boucher*), *laniste : nom de celui qui formait des gladiateurs; qui leur apprenait à s'écharper; qui en vendait :* Hic nuper se ad lanistam contulit, *CIC. Au figuré :* Lanistis Ætolis dimicavit, *LIV.*, *Il combattit à l'instigation des Etoliens.* — **MIRMILLO**, *gladiateur armé à la gauloise, qui avait sur son casque la figure d'un poisson :* Quem gladiatorem non ita appellavit, ut interdùm etiam M. Antonius appellari solet; sed ut appellant ii qui planè latinè loquuntur, mirmillo, in Asiâ depugnavit, *CIC. Il se battait contre le gladiateur appelé* **RETIARIUS**. *Celui-ci se battait avec un filet, qu'il jetait sur son adversaire, pour l'envelopper et l'enchaîner de façon à lui ôter l'usage de ses membres, et les moyens de se défendre :* Retiario pugnante adversùs mirmillonem cantatur : Non te peto ; piscem peto : quid me fugis, Galle? *FEST.* — **SECUTOR** (*de* sequi), *était ainsi appelé, parce qu'il combattait en fuyant :* Ergo ignominiam graviorem pertulit omni vulnere cum Gracc͏ho jussus pugnare secutor, *JUV.* — **BESTIARIUS** (*de* bestia). *Le bestiaire était destiné à combattre dans le cirque contre les bêtes féroces :* Gladiatoribus et bestiariis rempublicam obsidere, *CIC.* — **PUGIL** (*de* pugnus), *était celui qui se battait à coups de poing :* Pugiles, etiam cùm feriunt adversarium, in jactandis cæstibus ingemiscunt, *CIC. Ils étaient armés de cestes.* — **LUCTATOR**, *lutteur. Ce mot est général et synonyme d'*Athleta.

### 322. *Atrium. Porticus. Vestibulum.*

**ATRIUM** (*d'*ater, *parce que l'on y faisait la cuisine*). *Chez les premiers Romains c'était une grande salle qui était à l'entrée de la maison : c'était là qu'ils faisaient la cuisine, qu'ils mangeaient, et qu'ils plaçaient les images de leurs ancêtres, afin que leurs descendants les eussent sous les yeux et les imitassent; c'était dans ces salles que se tenaient les clients et ceux qui allaient faire la cour aux grands :* Atria servantem postico falle clientem, *HOR. Il y avait aussi de ces salles à l'entrée des temples :* Quæstiones urgent Milonem quæ sunt habitæ in atrio Libertatis, *CIC.* — **PORTICUS** (*de* porta), *lieu couvert par une voûte, une galerie, une promenade couverte :* In porticibus deambulantes disputabant philosophi, *CIC.* — **VESTIBULUM** (*de* Vesta), *parce qu'on y plaçait ordinairement un autel en son honneur), avant-cour, vestibule :* Primo aditu vestibuloque prohibere aliquem, *CIC. Au figuré :* Vestibulum et aditus ad rem aliquam, *CIC.*

### 323. *Atellanæ fabulæ. Mimi.*

*Les Atellanes étaient des pièces de théâtre mêlées de comique et de tragique. L'action roulait sur quelque aventure considérable d'un héros, et le chœur était formé par des Satyres qui chantaient les louanges de Bacchus, et disaient mille plaisanteries pour réjouir les spectateurs. On les nommait Atellanes, d'Atella, ville des Osques, où elles avaient commencé chez les Latins :* Quod genus ludorum (Atellanæ) ab Oscis acceptum tenuit juventus, nec ab histrionibus pollui passa est, *LIV.* — **MIMI**, *comme nous le considérons ici, étaient des pièces bouffonnes et licencieuses, où les danses, les gestes et les chansons répondaient à l'obscénité des sujets :* Scribere, si fas est, imitantes turpia mimos, *OVID.*

### 324. *Attenuare. Extenuare.*

*Quoique ces deux verbes paraissent être employés indifféremment, on peut cependant les distinguer.* **ATTENUARE** *dit moins que* **EXTENUARE** : *il signifie rendre maigre, mince; et* extenuare, *rendre très-mince, très-maigre :* Attenuant juvenum vigilatæ corpora noctes, *OVID.* Aer extenuatus in sublime fertur, *CIC. Au figuré :* Attenuare curas, *OVID.* Extenuatur spes, et evanescit, *CIC.*

### 325. *Auctionari. Venundare. Vendere. Venditare. Mancipare.*

**AUCTIONARI** (*d'*augere), *vendre au plus offrant, vendre à l'encan :* Dejotarus auctionatus est, seseque exspoliari maluit, quàm tibi non pecuniam subministrare, *CIC.* — **VENUNDARE** (quasi dare ad venum), *mettre en vente :* Se venum à primoribus datos, *LIV.*, *que les grands les avaient exposés en vente.* — **VENDERE**, *vendre :* Vendo meum non pluris, quàm cæteri, *CIC.* — **VENDITARE**, *son fréquentatif, vendre souvent, vendre avec empressement :* Istius omnia decreta, imperia, litteras peritissimè et callidissimè venditabat, *CIC. Comme on vante ordinairement sa marchandise, on a dit* venditare *pour vanter :* Per illos se plebi venditare, *LIV.* — **MANCIPARE**, *assurer la* vente, aliéner avec certaines solennités prescrites : il fallait cinq témoins, tous citoyens romains, en âge de puberté : Venditis hortis statuam Augusti simul mancipavit, *Tac*. *Au figuré :* Quædam mancipat usus, *Hor.*, *possession vaut titre.*

326. *Auctor. Scriptor.*

Auctor *et* Scriptor, *appliqués aux gens de lettres, diffèrent en ce que* scriptor *ne se dit que de ceux qui ont donné des ouvrages de belles-lettres, ou du moins il ne se dit guère que par rapport au style.* Auctor *s'applique à tout genre d'écrire indifféremment; il a plus de rapport au fond de l'ouvrage qu'à la forme :* Nonnulli ex iis quos lectito auctores, *Cic.* Omnes bonarum artium scriptores legendi et pervolutandi, *Id.* Scriptor politissimus, *Id. Racine est* scriptor politissimus; *et Corneille*, auctor egregius.

327. *Auctor. Consiliarius. Suasor. Hortator. Impulsor. Monitor. Admonitor.*

Auctor (*d'*augere), *synonyme des autres, est 1° celui qui ouvre un avis, et qui l'appuie :* Donec labantes consilio patres firmaret auctor nunquam aliàs dato, *Hor.* 2° *celui qui interpose son autorité :* Decreverunt ut, cùm populus regem jussisset, id sic ratum esset, si patres auctores fierent, *Liv.* 3° *celui qui a pouvoir, droit :* Tùm illi intellexerunt, se id quod à malo auctore emissent, diutiùs obtinere non posse, *Cic.* 4° *celui qui exécute :* Haudquaquàm par gloria sequitur scriptorem et auctorem rerum, *Sall.* — Consiliarius *est un terme de fonction :* Non invito rege consiliariisque ejus, *Cic. Il se prend pour celui qui conseille :* Sed certè et ego te auctore amicissimo ac sapientissimo, et tu me consiliario fortassè non imperfectissimo, fideli quidem et benevolo certè usus esses, *Cic.* — Suasor, *celui qui porte à faire une chose par la persuasion :* Quanquam hæc epistola non suasoris est, sed rogatoris, *Cic.* — Hortator, *celui qui exhorte, qui encourage :* Non supplex venit orator, sed hortator atque auctor, *Cic.* —Impulsor (pellere in), *celui qui pousse :* Auctor et impulsor et socius sceleris, *Cic.* — Monitor, *celui qui avertit :* Cereus in vitium flecti, monitoribus asper, *Hor.* — Admonitor *dit plus ; c'est celui qui parle avec plus d'autorité :* Misi ad te quatuor admonitores non nimis verecundos, *Cic.*

328. *Auctoritas. Auctoramentum.*

Auctoritas, *synonyme d'*auctoramentum, *signifie garantie, caution, sûreté :* Si ea prædia dividuntur, quæ ipse Cæsar vendidit, quæ tandem in ejus esse venditionibus poterit auctoritas? *Cic. Quelle sûreté pourra-t-on trouver dans ces ventes?* Domus jure auctoritatis, *Id.* — Auctoramentum, *ce qui nous lie, nous oblige :* Est in mercenariis ipsa merces auctoramentum servitutis, *Cic.*

329. *Auctoritas. Gratia. Favor.*

Auctoritas, *synonyme des autres, signifie poids, considération qu'un homme s'est acquise, et qui fait qu'on respecte ses conseils, dans le sens de* auctor tibi sum, ut hoc facias. Propter magna in rempublicam merita mediocris auctoritas, *Cic.* — Gratia, 1° *reconnaissance :* Gratia est in quâ amicitiarum et officiorum alterius memoria, et alterius remunerandi voluntas continetur, *Cic.* 2° *crédit acquis par quelque service rendu.*; Propter officiosos labores meos nonnulla apud bonos gratia, *Cic.* 3° *qualité qui rend agréable :* Quæ gratia vultûs? *Virg.* 4° *amitié, bonnes grâces :* Nam mihi cum hominibus his et gratia et necessitudo est, *Cic.* Quos meis inimicitiis, nullâ senatûs malâ gratiâ, comitiorum ratione privavi, *Cic.*, *je les ai éloignés des charges, sans exposer le sénat à leur ressentiment, prenant sur moi leur inimitié;* 5° *Faveur :* Animus obnoxius gratiæ, *Quint.*, *un homme qui donne à la faveur.* — Favor (*de* favere), *faveur, estime, protection :* Favor non respondet meritis, *Hor.* Tutus favore alicujus, *Ovid.* Favor *se trouve peu dans Cicéron, et toujours avec un correctif :* Cùm amorem, et eum, ut hoc verbo utar, favorem in consilium advocabo, *Cic.*

330. *Aucupari. Venari.*

Aucupari (aves capere), *chasser aux oiseaux :* Laqueis aucupari, *Plin. Au figuré :* Aucupari gratiam, *Cic.*, *chercher à s'insinuer dans les bonnes grâces.* Aucupari tempus, *Id.*, *épier les moments favorables.*—Venari *se dit particulièrement de la chasse à la bête :* Apros venari, *Cic. On ne dirait pas* aucupari apros. *Au figuré :* Sunt qui pomis et crustis viduas venentur avaras, *Hor.*, *il y en a qui par de petits présents tâchent de surprendre des veuves avares. Phèdre a dit, parlant d'une coquette :* Oculis venantem viros.

331. *Audacia. Audentia.*

Audacia, *audace, hardiesse. Il se prend ordinairement en mauvaise part :* Audaciæ expertæ homo, *Liv.* Audacia non contrarium est fidentiæ, sed appositum ac propinquum, et tamen vitium est, *Cic.*

*Il se trouve en bonne part :* Quòd si deficiant vires, audacia certè laus erit, PROPERT.—AUDENTIA, *assurance, se prend en bonne part :* Rara et privata cujusque audentia, TAC. Audentia *marque du courage et de l'assurance ;* Audacia *marque de la hauteur et de la témérité.*

332. *Audax. Audens. Temerarius. Inconsultus.*

AUDAX, *audacieux :* Audax ad facinus, CIC. Homo petulans et audax, *Id.* Audax omnia perpeti, HOR.—AUDENS, *hardi, résolu :* Audentes fortuna juvat, VIRG. — TEMERARIUS, *qui croit ou agit légèrement, et au hasard :* Homo temerarius et audax, CIC. Temerarium magis quàm audax consilium, LIV. Temeraria fama popularis, CIC. Audacter hoc dico, non temerè confirmo, *Id.* Audax nihil timet ; temerarius non attendit. — INCONSULTUS, *inconsidéré, qui agit sans calcul :* Turba ruit inconsulta, LUCAN. Hæc homo et inconsultus et temerarius non vidit, CIC.

333. *Audientia. Auditio. Auditus.*

AUDIENTIA, *audience, attention à écouter :* Illi præco faciebat audientiam, CIC. Maximam audientiam orationi meæ improbitas illius factura est, *Id.*—AUDITIO, *l'action d'ouïr, ouï-dire :* Fabellarum auditione duci, CIC. His rumoribus atque auditionibus permoti, *Id.* — AUDITUS, *l'ouïe, l'un des cinq sens :* Aspectu, auditu, tactu, odoratu, gustatu, CIC. Auditiones fictæ, quibus auditus sæpiùs patet, audientiam facere solent.

334. *Audire. Exaudire. Inaudire. Auscultare.*

AUDIRE (d'auris, *les anciens disaient* audes, *pour* aures), *écouter, entendre :* Attentè audire verba alicujus, CIC.—EXAUDIRE, *entendre parfaitement :* Maximâ voce, ut omnes exaudire possint, dico, CIC. Audire *et* exaudire *signifient souvent écouter favorablement :* In quo dii immortales meas preces audierunt, CIC. Nulli exaudita deorum vota precesque meæ, VIRG. —INAUDIRE, *écouter secrètement :* Consilia sunt inita de me, quæ te video inaudisse, CIC. *Le participe se prend dans un sens contraire :* Nihil dicam aut inauditum vobis, aut cuiquam novum, CIC. Crudelitas inaudita, *Id., cruauté inouïe.*—AUSCULTARE (quasi aure occultare), *prêter l'oreille :* Auscultare ab ostio, PLAUT. Ausculta paucis, TER. Te auscultabo lubens, TER. Auscultare alicui *est différent d'*auscultare aliquem ; *c'est non-seulement prêter une oreille attentive, mais encore faire ce qu'on nous dit, obéir :* Mihi ausculta, vide ne tibi desis, CIC.

335. *Audire aliquem. Audientem esse alicui.*

AUDIRE ALIQUEM, *comme nous le considérons ici, est prendre les leçons de quelqu'un, ajouter foi à quelqu'un :* Veniunt etiam qui me audiant, quasi doctum hominem, CIC. Non audiendi sunt isti qui, etc., *il ne faut pas écouter ces gens qui, etc.* —AUDIENTEM ESSE ALICUI, *obéir à quelqu'un :* Ità nobis dicto audientes sunt, ut simul atque velimus, accurrant, CIC.

336. *Auferre. Adimere. Eripere. Diripere. Subripere.*

AUFERRE (ferre à), *emporter d'un lieu :* Quod custodire non poterunt, id auferre, et abducere licebit, CIC. *Au figuré :* Hi ludi quindecim dies auferent, CIC., *ces jeux prendront quinze jours.* Ne te auferant aliorum consilia, *Id., ne vous laissez pas séduire par les conseils des autres.*—ADIMERE, *ôter, retrancher :* Pecuniam si cui fortuna ademit, aut alicujus eripuit injuria, CIC. Primùm ut Cæsari aliquid adimat, indè ut Pompeio aliquid tribuat, *Id.* — ERIPERE (rapere è), *ôter de force, ravir :* Quod beneficio populi romani habebam, tu mihi eripuisti, atque abstulisti, CIC. — DIRIPERE (diversìm rapere), *enlever, ravir de différents côtés :* Diripere fortunas, CIC. Diripere socios et provincias, *Id.* — SUBRIPERE (rapere sub), *enlever furtivement :* Captivum è custodiâ subripere, CIC. Virtus nec eripi, nec subripi potest, *Id.*

337. *Aufugere. Effugere. Diffugere. Subterfugere.*

AUFUGERE (fugere ab), *fuir d'un lieu :* Jam aliquantùm spatii ex eo loco, ubi pugnatum est, aufugerant, LIV. — EFFUGERE, *non-seulement fuir d'un lieu, mais encore échapper :* Effugit rex è manibus, CIC.—DIFFUGERE (diversìm fugere), *fuir de différents côtés :* In proximas dilapsi silvas, indè domos diffugerunt, LIV. — SUBTERFUGERE, *se dérober :* Subterfugere militiam simulatione insaniæ, CIC.

338. *Augur. Auspex. Aruspex. Vaticinans.*

AUGUR (d'avis *et de* gero, *ou* garrio). *Les augures étaient ainsi nommés, parce qu'ils prédisaient l'avenir par le vol et le chant des oiseaux :* Est augurum antè dicere ea quæ vitari possunt, CIC. *Les augures étaient des magistrats, dont l'office était de prédire l'avenir par l'inspection du vol, du chant et de l'appétit des oiseaux, et de répondre sur les songes, les oracles et les prodiges. Ils étaient de race patricienne. Romulus en créa trois, et Servius Tullius en ajouta un quatrième. Dans la suite, les tribuns du peuple exigèrent qu'on en créât cinq autres plébéiens. Sylla en ajouta quinze; ainsi le collége des augures était composé de vingt-quatre. La dignité d'augure était un ministère, un état permanent.*—AUSPEX (*d'avis, et de l'inusité* spicere, *voir*), *n'exprime qu'une action passagère. Les consuls prenaient eux-mêmes les auspices :* Quòd si illa precatio solemnis consularibus auspiciis consecrata, *CIC.* Auspex *se prend pour protecteur :* Teucro duce, et auspice Teucro, *HOR.*—ARUSPEX *ou* Haruspex (*d'ara, et de* spicere). *La fonction des aruspices était de prédire l'avenir en considérant les mouvements de la victime avant le sacrifice, et après l'inspection des entrailles, en examinant la flamme, la fumée et tout ce qui arrivait pendant le sacrifice. Ils étaient aussi chargés d'expliquer les prodiges, et de faire des expiations, pour détourner ce qu'il y avait de fâcheux :* Cùm Haruspices ex totâ Etruriâ convenissent, totius urbis ac imperii occasum appropinquare dixerunt, *CIC.*—VATICINANS (*de* vates *et de* canere), *qui prédit l'avenir.* Vaticinans *est l'effet de la fureur et de l'enthousiasme; et* Haruspex, *l'effet de l'art :* Omnis divinandi peritia in duas partes dividitur; nam aut furor est, ut in vaticinante; aut ars, ut in Haruspicibus, *CIC.*

339. *Augescere. Crescere. Accrescere. Concrescere. Excrescere. Increscere.*

AUGESCERE, *s'augmenter, grossir :* Uva succo terræ et calore solis augescit, *CIC.* —CRESCERE, *croître, devenir plus grand :* Hæc villa inter manus meas crevit, *CIC.* Crescentem sequitur cura pecuniam, *HOR.* Uva succo terræ augescit; crescunt vites.—ACCRESCERE, *croître par l'agrégation de plusieurs parties :* Flumen enim subitò accrevit, *SALL.*—CONCRESCERE, *s'épaissir, croître en même temps, se former :* Ipse tener concreverit orbis, *VIRG.*—EXCRESCERE, *croître à l'extérieur ; de là notre mot excroissance :* Lenique excrevit in altum pingue solum tumulo, *LUC.*—INCRESCERE (crescere in), *venir dessus ou en dedans :* Barba genis increscit, *LUC.*

340. *Augurari. Ominari. Auspicari. Portendere.*

AUGURARI *et* AUGURARE, *prédire par le moyen des augures :* Calchas ex passerum numero belli trojani annos auguratus est, *CIC. Il se prend plus généralement :* Mortem suam augurari, *CIC.* Benè augurari de aliquo, *Id.*—OMINARI, *pronostiquer, tirer de bons ou de mauvais augures :* Meliùs, quæso, ominare, *CIC.*—AUSPICARI, *prendre les auspices, consulter le vol ou le chant des oiseaux :* Flaminius cùm tripudio auspicaretur, pullarius diem prælii committendi differebat, *CIC. Comme les Romains ne faisaient rien sans consulter les augures,* auspicari *est souvent pris pour commencer :* A suppliciis vitam auspicatur homo, *PLIN.*—PORTENDERE, *annoncer, marquer l'avenir :* Principibus periculum, cædemque portendunt, *CIC.*

341. *Aula. Regia. Basilica. Palatium.*

AULA (αὐλή), *proprement une salle bien aérée. Il se prend pour la cour, le palais d'un prince :* Perfeci ut rex..... omni auctoritate aulæ communitâ regnum cum dignitate obtineret, *CIC.* Si quis mihi parvulus aulâ luderet Æneas, *VIRG.* — REGIA (*de* rex), *le palais d'un roi ; c'est un adjectif, on sous-entend* domus : In regiâ reges ipsi quasi producti ad dignitatem, *CIC.*—BASILICA (*de* βασιλεύς), *est un portique magnifique :* Plenum forum et basilicas videmus, *CIC. Dans la suite les temples et les belles églises furent appelées basiliques, à cause des colonnades dont elles étaient ornées.*—PALATIUM, *palais, parce qu'Auguste avait son palais sur le mont Palatin :* Quare ab Augusto quoque nepotibus ejus præceptor electus transiit in palatium cum totâ scholâ, *SUET.*

342. *Aura. Ventus. Flatus. Flamen. Flabrum. Flabellum.*

AURA (αὖρα), *vent doux, petit souffle :* Et levis impulsos retrò dabat aura capillos, *OVID. Au figuré :* Aura rumoris, *CIC.* Auræ popularis homo, *LIV.*, *un homme qui cherche la faveur du peuple.*—VENTUS, *le vent en général :* Affluens aer hùc et illùc ventos efficit, *CIC. Au figuré :* Omnes rumorum ventos colligere, *CIC.*—FLATUS (*de* flare), *souffle, médiocre agitation de l'air, se dit ordinairement d'un vent favorable :* Prospero flatu uti, *CIC.*—FLAMEN *est poétique, vent impétueux :* Fugant inductas flamina nubes, *OVID.*—FLABRUM, *et mieux* FLABRA, *le souffle des vents :* Boreæ flabra, *PROP. Il ne se trouve qu'en poésie.*—FLABELLUM (*son diminutif*), *est un éventail :* Tenui ventos movisse flabello, *OVID. Au figuré :* Cujus linguâ, quasi flabello seditionis, concio est ventilata, *CIC.*

343. *Aureus. Aureolus. Auratus. Aurifer. Auricolor. Auriger.*

AUREUS, *qui est d'or :* Aureus ramus, *VIRG.*—AUREOLUS (*son diminutif*) *:* Aureolum malum, *Col.*, *une orange. Il se dit plus ordinairement au figuré: rare, excellent:* Aureolus libellus, *Cic.* Oratiuncula aureola, *Id.*—Auratus, *doré:* Currus auratus, *Cic.*—Aurifer (aurum ferens), *qui produit l'or:* Aurifera arbor, *Cic.*—Auricolor, *de couleur d'or:* Scinditur auricolor cœli septemplicis Æthra, *Jouv.*—Auriger (aurum gerens), *qui porte de l'or, doré:* Aurigeris divûm placantes numina tauris, *Cic.*

344. *Auriga. Agitator. Agaso.*

Auriga (*d'*aurea, *têtière de cheval, et d'*agere), *celui qui conduit un char:* Hìc situs est Phaeton currûs auriga paterni, *Ovid. Au figuré:* Aurigam video vela dedisse rati, *Ovid.*—Agitator, *celui qui conduit, soit char, soit bêtes de somme:* Nec est melius quicquam, quàm ut Lucullus sustineat currum equosque, ut bonus sæpè agitator, *Cic.* —Agaso, *ânier, muletier, valet d'écurie, palefrenier:* Acceptos ab agasonibus equos, *Q. Curt.*

345. *Auris. Auricula. Auricilla.*

Auris, *l'oreille, l'organe de l'ouïe:* Aures cùm sonum recipere debeant, qui naturâ in sublime fertur, rectè in altis corporum partibus collocatæ sunt, *Cic.*—Auricula, *le bout et le cartilage de l'oreille.* Auriculam fortassè mordicùs abstulisset, *Cic. On ne dirait pas bien* aurem. —Auricilla, *Catul.*, *petite oreille.*

346. *Auritus. Auritulus.*

Auritus, *qui a de grandes oreilles, qui a de bonnes oreilles:* Auritosque sequi lepores, *Virg. Au figuré:* Doctum et auritas fidibus canoris ducere quercus, *Hor.* Auritus testis, *Plaut.*, *est dans un autre sens: c'est un témoin qui dépose* ab auditu, *pour avoir entendu.* — Auritulus (*son diminutif*), *qui a de petites oreilles. C'est par ironie que Phèdre a dit de l'âne* auritulus.

347. *Austerus. Severus. Rigidus. Tetricus.*

Austerus, *austère, dur, sérieux, se dit des choses et des personnes:* Austera poemata, *Hor.*, *poésie trop sérieuse.* Suavitas austera et solida, non dulcis atque decora, *Cic.* Fortassè austerior esse potuisset, *Id.*, *peut-être aurait-il pu être plus sérieux.* Labor austerus, *Hor.*, *un travail dur et fatigant.*—Severus (valdè verus), *sévère, exact:* Non potest severus esse in judicando, qui alios in se severos esse judices non vult, *Cic.* Vultus severus et tristis, *Id.* Austerus *est opposé à* dulcis, affabilis; *et* Severus, *à* dissolutus, indulgens.—Rigidus (de rigere), *proprement roide de froid:* Tellurem Boreâ rigidam spirante moveri, *Virg.* Nec potuit rigidas scindere remus aquas, *Ovid. Au figuré, rigide, rigoureux, qui ne plie point:* Mores rigidi, *Ovid.* Jus rigidum, *Id. On est austère par manière de vivre; sévère par manière de penser et de juger; la rigidité n'adoucit pas la peine, et ne pardonne rien.*—Tetricus, *qui a l'air sombre, de mauvaise humeur:* At quàm non tetricus, quàm nullâ nubilus irâ! *Mart.*

348. *Auxiliari. Adjuvare. Opitulari. Subvenire. Succurrere.*

Auxiliari (*d'*augere), *augmenter les forces:* Nihil Numantinis auxiliatæ sunt corporis vires, *Cic.*—Juvare *et* Adjuvare, *aider à porter le fardeau, seconder:* Tu pueris curre obviàm, atque his onera adjuta, *Ter.* Multùm in eo nos tua humanitas juvabit, *Cic.*—Opitulari (*d'*opis *et de* ferre, tuli), *aider de son crédit ou de ses richesses:* Ut quisque maximè opis indiget, ità ei potissimùm opitulari, *Cic.* Sontibus opitulari poteram, *Id.*—Subvenire, *aller au secours:* Subvenisti homini jam collum in laqueum inserenti, *Cic.*—Succurrere, *courir, voler au secours:* Incensæ succurritis urbi, *Virg.* Subveni patriæ, opitulare collegæ, omnium gentium conspirationem adjuva, *Cic.* Liberales sunt qui... aut in filiarum collocatione adjuvant, aut opitulantur, vel in re quærendâ, vel augendâ, *Id.* Sociis dimicantibus auxiliari solebant Romani; amicum consiliis et manu juvare fidelitatis est; destitutis, debilioribus, lapsuris subvenire, humanitatis; deprehensis et periclitantibus celerando succurrimus; indigenti opibus, minùs gratioso gratiâ opitulamur.

349. *Auxiliaris. Auxiliarius.*

Auxiliaris *se dit généralement de celui qui donne du secours:* Auxiliaris dea, *Ovid.* Auxiliares equites, *Cæs.*—Auxiliarius *ne se dit que des troupes auxiliaires:* Pedites auxiliarii, *Cæs.* Miles auxiliarius, *Cic.*, *soldat de troupes auxiliaires, de celles que fournissaient les alliés.* Auxiliaris amicus in adversis rebus utilis est; auxiliarius miles, in bello.

350. *Auxilium. Adjumentum. Adjutorium. Suppetiæ. Præsidium. Subsidium. Tutamen. Tutamentum.*

Auxilium, *proprement augmentation de forces:* Deos immortales nobis contra tantam vim auxilium esse laturos, *Cic. Au pluriel, il se prend pour troupes auxi-*

*liaires, des soldats étrangers qui se joignent à une armée pour augmenter ses forces.* Magna equitum et peditum auxilia, CIC.—ADJUMENTUM, *aide, support, appui :* Qui habent à naturâ adjumenta rerum gerendarum, CIC. Præsidia periculis, et adjumenta honoribus quærenda sunt, *Id.* —ADJUTORIUM, *assistance, soutien :* Adjutorio legis elabi ex crimine, QUINT. — SUPPETIÆ (*de* sub *et de* petere), *renfort :* Suis suppetias mittit, CÆS. Suisque rebus timens, suis finibus suppetias profectus est, *Id. On sous-entend* ad.—PRÆSIDIUM (sedere præ), *corps de troupes destiné à défendre une place :* Consules præsidia omnia deducturi sunt, CIC. Præsidia portis imposuit, LIV. *Il se dit de la place, du poste même :* Armatos in præsidiis collocare, CIC. *Au figuré :* Insigne mœstis præsidium reis, HOR.—SUBSIDIUM (sedere sub), *secours dans le danger; au lieu que* præsidium *est pour le prévenir :* Ad eum mittit, nisi subsidium sibi submittatur, sese diutiùs sustinere non posse, CIC. Sociorum invocem subsidium, cùm à civibus interclusum sit præsidium? *Id.* Subsidium *est un corps de réserve, l'arrière-garde :* Jaculatores in fronte locat, Romanos, sociorumque quod roboris fuit, in subsidiis, firmatos equites in medium accipit, LIV. *Au figuré :* Præsidia, imò subsidia reipublicæ, consilia, auxilia, CIC. Auxilium dimicantibus mittitur; præparatur præsidium; subsidium servatur; feruntur suppetiæ periclitantibus; adjumenta reficiunt; sustentant adjutoria.—TUTAMEN *et* TUTAMENTUM (*de* tueri), *défense, protection.*

### 351. *Avaritia. Aviditas.*

AVARITIA (*d'*avere), *convient à celui qui épargne trop :* Est autem avaritia opinatio vehemens pecuniâ, quasi valdè expetenda sit, inhærens ac penitùs insita, CIC.—AVIDITAS *se dit de celui qui désire trop, qui n'a jamais assez :* Hujus mendicitas aviditati conjuncta in fortunas nostras imminebat, CIC. *Horace a dit* avarus *pour* avidus : Præter laudem nullius avaris. Avarus *aime la possession, et se prive de tout ce qui coûte.* Avidus *aime le gain, et ne s'arrête guère à ce qui ne produit rien.*

### 352. *Ave. Salve. Vale.*

AVE (*impératif d'*avere), *je vous souhaite beaucoup de prospérité, soyez heureux.* — SALVE (*impératif de* salvere), *portez-vous bien :* Aveto, SALL., *à la fin de la lettre de Catilina à Catulus.* Ave, atque salve, AUSON.—VALE (*impératif de* valere), *ayez soin de votre santé :* Vale, mi Tiro, vale, vale, et salve, CIC. Salve *et* vale *se disaient aux morts mêmes :* Salve æternùm mihi, maxime Pallas, æternùmque vale, VIRG.

### 353. *Avellere. Eximere.*

AVELLERE (vellere à), *arracher, marque quelque effort :* Poma, si cruda sunt, vi avelluntur, si matura et cocta, decidunt, CIC.—EXIMERE (emere ex), *ôter de :* Eximere aliquem è vinculis, CIC. *Au figuré :* Diem dicendo eximere, CIC. Eximere curam, PLAUT.

### 354. *Aversari. Deprecari.*

AVERSARI (*d'*avertere), *détourner le visage ou par horreur ou par mépris :* Aversari advocati, etiam vix ferre posse, CIC. *Au figuré :* Aversari preces, LIV., *rejeter les prières.*—DEPRECARI (precari de), *demander en grâce qu'une chose ne soit point :* Deprecari sanguinem, et mortem innocentissimi civis, CIC. *Il est souvent opposé à* precari : Sæpè precor mortem, mortem quoque deprecor idem, OVID. *Il se prend aussi pour demander avec instance :* Vitam alicujus ab aliquo deprecari, CIC.

### 355. *Avertere. Averruncare. Avocare.*

AVERTERE (vertere à), *détourner :* Fuisse neminem, quin removeret oculos, et se totum averteret, CIC. Avertere hostem à portis, CÆS. *Au figuré :* Avertere ab infamiâ, CIC.—AVERRUNCARE, *détourner un malheur, quelque chose de funeste :* Placuit averruncandæ deûm iræ victimas cædi, LIV. *Il est pris dans Caton pour émonder.*—AVOCARE (vocare à), *rappeler de :* Metus à fœdissimis factis potest avocare, CIC. A fœdo spectaculo caput avertimus; vitæ cupiditas avocat à pernicioso consilio; Dei iram precibus averruncamus.

### 356. *Avius. Invius. Devius. Inaccessus. Impervius.*

AVIUS (non via), *où il n'y a point de chemin, quoiqu'on puisse y passer :* Avii montes, HOR. Avia cursu dùm sequor, VIRG.—INVIUS, *où l'on ne peut passer :* Saltus invii, LIV. Regna invia vivis, VIRG. —DEVIUS (quasi de viâ), *écarté du chemin :* Devia et silvestris gens, LIV. Devium oppidum, CIC. — INACCESSUS (non accedere), *inaccessible :* Vertex inaccessus, TAC.—IMPERVIUS (non via per), *qu'on ne peut traverser :* Amnis impervius, OVID.

**357.** *Avolare. Revolare. Devolare. Evolare.*

**Avolare** (volare à), *s'envoler d'un lieu.* —**Revolare**, *y retourner en volant :* Pavones et columbæ avolare et revolare solent, *Col. Au figuré :* Fluit voluptas corporis et prima quæque avolat, *Cic.* —**Devolare**, *voler de haut en bas :* Devolare de cœlo, *Liv. Au figuré :* Devolant de tribunali, ut lictori auxilio essent, *Liv.* —**Evolare**, *voler de bas en haut :* Ex arbore evolat ales nuncia Jovis, *Cic. Au figuré :* Tantus cursus verborum fuit, et sic evolavit oratio, *Cic.*

**358.** *Avus. Proavus. Abavus. Atavus.*

**Avus**, *l'aïeul, le grand-père :* Vir avo, patre majoribusque dignissimus, *Cic.* —**Proavus**, *le bisaïeul, le père du grand-père.* —**Abavus**, *le père du bisaïeul, le trisaïeul.*—**Atavus**, *le père du trisaïeul :* Pater, avus, proavus, abavus, atavus, *Cic. Les poëtes ont dit l'aïeul, le bisaïeul, le trisaïeul pour les ancêtres.* Mæcenas atavis edite regibus, *Hor.*

# B.

**359.** *Bacchanalia. Orgia. Dionysia.*

**Bacchanalia**, *fêtes de Bacchus, qui se célébraient tous les deux ans, et selon d'autres, tous les trois ans. Ces fêtes, dans leur institution, se passaient en réjouissances honnêtes; mais dans la suite elles dégénérèrent en débauches affreuses, et on fut obligé de les abolir.* Severitatem majorum senatûs vetus auctoritas de Bacchanalibus declarat, *Cic.* —*On les appela aussi* **Orgia** (*d'*ὀργή, furor). *Elles se célébraient tous les trois ans, d'où on les appela Triétériques :* Ubi audito stimulant trieterica Baccho Orgia, nocturnusque vocat clamore Cithæron, *Virg. Alors les prêtresses, nommées Bacchantes, Thyades, Ménades ou Bassarides, les cheveux épars, armées de thyrses, et poussant des hurlements affreux, couraient sur les montagnes comme des folles.*—**Dionysia** (*de* Διὸς υἱός, *fils de Jupiter*). *Ces fêtes se célébraient à Athènes, le douzième jour de chaque mois. Les poëtes confondent souvent ces trois mots.*

**360.** *Bacchari. Debacchari.*

**Bacchari** (*de* Bacchus), *agir, courir comme les Bacchantes :* Virginibus bacchata lacænis Taygeta, *Virg., le mont Taygète, où les filles de Sparte célébraient en courant les fêtes de Bacchus.* Totamque incensa per urbem bacchatur, *Virg. Au figuré :* Fama bacchatur, *Virg.*, *le bruit se répand.* Quantâ in voluptate bacchabere! *Cic.*—**Debacchari** *n'est usité qu'au figuré : s'emporter, tempêter :* Egone debacchatus sum in te, an tu in me? *Ter.*, *et poétiquement :* Quâ parte debacchentur ignes, *Hor.*

**361.** *Baculus. Bacillum. Scipio.*

**Baculus** *et* **Baculum**, *un bâton :* Baculus tortus, *Ovid.*—**Bacillum** (*son diminutif*), *baguette, petit bâton :* Leviter inflexum à summo bacillum lituus est, *Cic.* —**Scipio** (*de* σκήπτομαι, *s'appuyer*), *canne à s'appuyer :* Scipione eburneo in caput incusso, *Liv.*

**362.** *Balatro. Nequam.*

**Balatro** (*de* blaterare), *un bélître, coquin, gueux, homme de néant :* Mendici, mimæ, balatrones, *Hor.*—**Nequam** (*de* non quicquam), *vaurien :* Nequam et improbus homo, *Cic.*

**363.** *Balneum. Balneæ. Thermæ. Lavatio.*

**Balneum** *et* **Balineum** (*de* βαλανεῖον), *bain. On désignait ordinairement par le mot de* balneum *le bain que chaque particulier avait dans sa maison; et par* **Balneæ** *ou* **Balineæ**, *les bains publics :* Quod plures essent qui balneis uterentur, multitudinis potiùs, quàm singulari vocabulo; balneum verò ubi domi suæ quisque lavaretur, veteres appellârunt, *Var.* —**Thermæ** (*de* θέρμαι), *des étuves, bains chauds :* In thermis tantùm calefacimur, in balneis etiam lavamur, *Valla.* Neronianas is refrigerat thermas, *Mart.* Thermæ *étaient des bains d'eau chaude naturellement ; au lieu que* balnea *étaient des bains qu'on faisait chauffer.*—**Lavatio** *se prend pour la baignoire, et pour l'action de laver :* Faciam ut lavatio parata sit, *Cic.* Argentea lavatio, *Phæd.* Vasa quæ ad lavationem pertinent exponebantur, *Cic.*

**364.** *Balteus. Pharetra.*

**Balteus** *et* **Balteum**, *baudrier, bandoulière où sont suspendues les armes, écharpe :* Auratæ vaginæ, aurata baltea illis erant, *Liv.* — **Pharetra**, *carquois, fourreau dans lequel on mettait des flèches :* Alter Amazoniam pharetram, plenamque sagittis threïciis, lato quam circùm amplectitur auro balteus..... habeto, *VIRG.*

365. *Barbarismus. Solœcismus.*

BARBARISMUS, *barbarisme, faute contre la pureté de la langue, en se servant de mauvais mots ou de mauvaises phrases :* Barbarismus est, cùm verbum aliquod vitiosè effertur, *CIC.*—SOLOECISMUS, *solécisme, faute grossière contre la syntaxe :* Solœcismus est, cùm verbis pluribus consequens verbum superiori non accommodatur, *CIC.*

366. *Barbarus. Atrox. Immitis. Immanis. Inhumanus. Trux. Dirus. Durus. Ferox. Ferus. Crudelis. Sævus. Teter. Truculentus.*

BARBARUS, *proprement étranger :* Mare barbarum, *HOR.*, *la mer étrangère, la mer des Indes.* Tam barbari linguâ et natione illi, quàm tu naturâ et moribus, *CIC. Les Grecs appelaient barbares ceux qui parlaient mal.* Barbarus hìc ego sum, quia non intelligor ulli, *OVID. Cicéron oppose* barbarus *à* doctus : Gens immanis ac barbara, cui opponitur humana atque docta, *CIC.*—ATROX, *redoutable, terrible :* Præter atrocem animum Catonis, *HOR.* Inimicus atrox, *TER.* Atrocissimæ litteræ, *CIC.* — IMMITIS (non mitis), *qui n'est pas doux :* Uva immitis, *HOR. Au figuré :* Immite minaxque edictum, *CIC.*—IMMANIS (*de* non *et de l'antique* manis *ou* manus, *doux*), *sans bonté :* Immanis natura, *CIC.* Immanis ac fera bellua, *Id.*—INHUMANUS, *sans humanité :* Inhumana crudelitas, *LIV.* — TRUX, *farouche :* Truces oculi, *CIC.* Truces inimicitiæ, *HOR.*—DIRUS, *funeste, fatal :* Dira exsecratio, *LIV.* Grando dira, *HOR.*— DURUS, *dur, se dit au propre, du marbre, des pierres, etc. :* Duris genuit te cautibus horrens Caucasus, *VIRG. Au figuré :* Corda dura, *OVID.* Dura domina cupiditas, *CIC.* Dura fames, *HOR.*—FEROX, *fier, ne se dit que des choses animées, soit en bonne, soit en mauvaise part :* Reddit hominem ferociorem victoria, *CIC.* Sceleribus suis ferox atque præclarus, *SALL.*—FERUS *se dit des choses animées et inanimées.* Ferus *est toujours cruel ; et* ferox *est souvent brave :* Ex feris et immanibus mites reddidit et mansuetos, *CIC.* Feri cultus, *HOR.*, *des manières grossières.*—CRUDELIS, *un homme sans pitié :* In alicujus calamitate crudelem esse, *CIC.*—SÆVUS *est ordinairement l'effet de la colère :* Sævæ memorem Junonis ob iram, *VIRG. Il se prend pour brave, redoutable :* Maternis sævus in armis, *VIRG.* —TETER, *sale, puant :* Aqua teterrima, *HOR. Au figuré :* Libido tetra, *HOR. Cicéron oppose* teter *à* clarus : Vir clarissimus ab homine teterrimo acerbissimâ morte est affectus, *CIC. Il se prend pour cruel :* In alios teter, *CIC.* Bellum teterrimum, *Id.*— TRUCULENTUS (trux oculis), *dont les regards sont farouches :* Truculentus aspectu, *CIC.* Barbarus erudiri potest ; atrociter minamur ; adeò Syllæ victoris immite fuit ingenium, ut barbaros immanitate superaret ; calamitosis illudere inhumanum est ; trucem aspectum contorquemus ; vulneratum Philoctetem saxo durior Ulysses in insulâ destituit ; feros magis quàm feroces viros alit Africa ; etsi naturâ crudelis foret Alexander Phereus, non tamen semper et in omnes et ubique sævus ; tetrum averseris, et horreas ; hostis truculentus et terribilis aspectu.

367. *Bardus. Stupidus. Hebes. Ineptus. Insulsus. Stultus. Fatuus. Insipiens. Stolidus. Brutus.*

BARDUS (*de* βραδύς, *lourd*), *niais, pesant :* Bardum se facere, *PLAUT.*—STUPIDUS (*de* stupere), *stupide, à qui la frayeur, ou quelque passion ôte l'usage des sens :* Omnes stupidi timore obmutuerunt, *CIC.* — HEBES, *proprement émoussé :* Gladii hebetes, *OVID. Au figuré : hébété, qui ne sent rien :* Hebes æquè ac pecus, *CIC.*—INEPTUS (non aptus), *inepte, qui n'est pas propre à :* Quem ineptum vocamus, is mihi videtur ab hoc nomen habere, quòd non sit aptus, *CIC.* Qui aut tempus quid postulet non videt, aut plura loquitur, aut se ostentat, aut eorum quibuscum est, vel dignitatis vel commodi rationem non habet, aut denique in aliquo genere aut inconcinnus aut multus est, is ineptus dicitur, *Id.* Inepta via, *Id.*, *un chemin peu commode.* — INSULSUS (non salsus), *sans sel, insipide : il n'est usité qu'au figuré :* Sic insulsi exstiterunt, ut nihil aliud eorum nisi insulsitas rideatur, *CIC.* — STULTUS, *sot, sans jugement, qui agit et parle sans réflexion :* Credulitas stulta, *OVID.* Stulta loquacitas, *CIC.*—FATUUS, *sans goût, fade :* Cibi fatui, *COL. Au figuré : impertinent, qui ne sent pas :* Stultum me existimo, fatuum me non existimo, *CIC.*—INSIPIENS (non sapiens) *est un homme qui ne sent pas ce qu'il faut, ou ce qui est décent :* Insipienter sperare, *CIC.* Nec quicquam fortunato insipiente intolerabilius, *Id.*—STOLIDUS, *bouché et étourdi, qui approche de la nature des bêtes :* Id non promissum magis stolidè, quàm stultè creditum, *LIV.* Fiducia stolida, *CIC.* Insipiens fuit Roboam, qui, spretis seniorum consiliis, juniorum sententiam secutus est ; stultus habeatur, qui Thersitem Achilli comparat ; imò et stolidus et fatuus, si præsertim ineptè dictum tueri velit. — BRUTUS, *brut, sans sentiment, qui n'a ni esprit ni raison :* Bruta fortuna, *Cic., parce qu'elle est aveugle.* Bruta tellus, *Hor., la masse brute de la terre.*

368. *Basis. Fundamentum.*

BASIS (*de βαίνω, avoir une ferme assiette*), *soutien, base :* Basis statuæ, *Cic.* Basis trianguli, *Id.* — FUNDAMENTUM (*de* fundus), *fondement :* Operis fundamenta jacere, *Cic. Au figuré :* Virtutum omnium fundamentum pietas, *Cic.*

369. *Beatus. Felix. Fortunatus.*

BEATUS *exprime l'état de l'imagination pleinement satisfaite ; celui qui a ce qu'il désire :* Is beatissimus est, qui in se uno sua ponit omnia, *Cic.* Qui beatus est, non intelligo quid requirat ut sit beatior; si est enim quod desit, ne beatus quidem est, *Cic.* Beata vox, *dans Quintilien, est* plena et perfecta vox. — FELIX *exprime l'état du cœur disposé à goûter le plaisir; heureux, qui a du succès :* Ab omni laude felix, *Cic.* Cæsar Alexandriam se recepit, felix, ut sibi quidem videbatur; meâ autem sententiâ, si quis reipublicæ sit infelix, felix esse non potest, *Cic.* Felix *se prend aussi activement.* Sis bonus ô felixque tuis, *Virg.* — FORTUNATUS, *qui est favorisé de la fortune :* Quis me vivit hodiè fortunatior? *Ter.* Fortunatus et ille deos qui novit agrestes, *Virg.* Felix vulgò ità natus est; fortunatus cum opibus nomen accipit.

370. *Bellare. Præliari. Militare. Belligerare.*

BELLARE *et* BELLARI, *faire la guerre :* Bellare cum diis, *Cic., s'attaquer aux dieux.* Pictis bellantur Amazones armis, *Virg.* — PRÆLIARI, *combattre :* Eudemus prælians ad Syracusas, occidit, *Cic.* — MILITARE, *s'exercer, suivre la profession des armes, porter les armes :* Qui in eâdem legione militabat, *Cic. Au figuré :* Catulus militat in silvis, *Hor.* Dii mecum militant, *Plaut., j'ai les dieux pour moi.* — BELLIGERARE (bellum gerere) *s'emploie au propre et au figuré :* Belligerare cum hostibus, *Cic.* Quoniam nobis cum fortunâ belligerandum fuit, *Id.*

371. *Bellator. Bellicosus. Bellipotens.*

BELLATOR, *homme de guerre :* Bellator Turnus, *Virg.* Nec verò de bellatoribus solùm disputant, *Cic. Virgile a dit :* Bellator equus. — BELLICOSUS, *qui aime la guerre, qui excelle dans la guerre, belliqueux :* Bellicosus rex, *Cic.* — BELLIPOTENS (*est poétique*) : Bellipotens aptat rorantes sanguine cristas, *Virg.*

372. *Bellicus. Militaris.*

BELLICUS, *de guerre, qui concerne la guerre :* bellica laus, *Cic.* Bellicæ res, *Id.* — MILITARIS, *qui concerne les soldats, ou l'art militaire :* opera militaris, *Liv., le métier de la guerre.* Res militaris, *Id., l'art militaire.* Militaris ætas, *Tac.* Tribuni militares, *Liv.*

373. *Bellona. Pallas.*

BELLONA, *Bellone, sœur ou femme et même fille de Mars, déesse de la guerre :* Gaudens bellona cruentis, *Hor.* Quam cum sanguineo sequitur Bellona flagello, *Virg.* — PALLAS (*de* πάλλειν, *lancer*), *sortit tout armée de la tête de Jupiter ; elle était la déesse de la guerre :* Hanc et Pallas amat, patrio quæ vertice nata est, *Lucan. Cicéron parlant de Pallas, dit* belli inventricem et principem. *Les poëtes l'ont souvent confondue avec Bellone. On la nommait aussi Minerve, et sous ce nom elle était la déesse de la sagesse, des sciences et des beaux-arts.*

374. *Bellua. Bestia. Fera. Pecus.*

BELLUA *est une bête énorme :* Bellua vasta et immanis, *Cic.* Boves et equi, aliæque belluæ, *Id.* — BESTIA *en général se dit d'un animal dépourvu de raison :* Alias bestias nantes aquarum incolas esse voluit; alias volucres frui cœlo libero; serpentes quasdam esse gradientes, *Cic.* — FERA, *une bête sauvage :* Vitam degere more feræ, *Virg.* Fera *est opposé à* cicur, *apprivoisé. Un éléphant, un bœuf sont* belluæ ; *un lion, un tigre, sont* feræ. — PECUS, ORIS, *se dit de tous les animaux qu'on nourrit, qu'on fait paître :* Tùm multitudo pecorum, partìm ad vescendum, partìm ad cultus agrorum, partìm ad vehendum, partìm ad corpora vestienda, *Cic.* Pecus *est commun à toutes les bêtes.* Lanigerum pecus, *Virg.* Aligerum pecus, *Id.* Squammiferum pecus, *Plaut.*

375. *Belluatus. Belluosus. Belluinus. Ferinus.*

BELLUATUS, *qui représente des bêtes :* Belluata tapetia, *Plaut.* — BELLUOSUS, *rempli de bêtes :* Belluosus oceanus, *Hor.* — BELLUINUS, *de bête :* Belluino more, *Gell.* — FERINUS, *de bête sauvage :* Lacte ferino nutritus. *Ovid.*

376. *Bellum. Duellum. Militia.*

BELLUM, *la guerre en général :* Bellum trojanum, *Hor.* Bellum punicum, *Cic. Il* se prend dans les poëtes pour combat : Hic verò ingentem pugnam, ceu cætera nusquàm bella forent, *Virg.* — Duellum, *dans l'origine, était le mot propre pour signifier la guerre. Les anciens mettaient* Du *pour* B, *et disaient :* Duonum *pour* Bonum ; Duis *pour* Bis, *comme nous l'apprend Cicéron, dans ce passage du chap. 45 de l'Orateur :* Hominum etiam nomina contrahebant, quò essent aptiora; nam ut duellum, bellum ; et duis, bis ; sic Duellium cum qui Pœnos classe devicit, Bellium nominaverunt, quùm superiores appellati essent semper Duellii. Duellum *est employé par les poëtes :* Græcia barbariæ lento collisa duello, *Hor.* — Militia, *le métier de la guerre :* Dare nomen militiæ, *Liv.*, *s'engager.*

377. *Bellum. Tumultus.*

Bellum *peut aussi être considéré comme synonyme de* tumultus : Quid est tumultus, *dit Cicéron,* nisi perturbatio tanta, ut major timor oriatur, unde etiam nomen ductum est tumultûs? — Tumultus, (timor multus) *se dit de quelque chose plus fâcheux que* bellum : Potest esse bellum sine tumultu, tumultus sine bello esse non potest, *Cic.* Gravius autem tumultum esse quàm bellum hinc intelligi licet, quòd bello vacationes valent, tumultu non valent, *Id. On se servait de* tumultus *pour désigner la guerre contre les Gaulois et la guerre italique, qui furent très-funestes à la république :* Itaque majores nostri tumultum italicum, quòd erat domesticus; tumultum gallicum, quòd erat Italiæ finitimus, præterea nullum tumultum nominabant, *Cic.*

378. *Bellum administrare. Bellum ducere.*

Bellum administrare, *conduire la guerre :* Non commemorabo nuper ità vobis esse visum ut in uno C. Mario spes imperii poneretur, et idem cum Jugurthâ, idem cum Cimbris bellum administraret, *Cic.* — Bellum ducere, *tirer la guerre en longueur :* Desperans victoriam, suadere institui ut bellum duceret, *Cic.*

379. *Bellum comparare, suscipere.*

Bellum comparare, *faire les préparatifs de la guerre :* Bellum terrà et mari comparat, *Cic.* Mithridates reliquum tempus ad comparationem novi belli contulit, *Id.* — Bellum suscipere, *entreprendre la guerre :* Bella suscipienda sunt ob eam causam, ut sine injuriâ in pace vivatur, *Cic.*

380. *Bellum conficere, componere.*

Bellum conficere et componere, *terminer la guerre; mais* conficere *est la terminer par le combat ; et* componere, *la terminer par un traité :* Si tanta bella legisset, quanta gessit et confecit, *Cic* Componi fœdere bellum, *Virg.*

381. *Bellum decernere, indicere, denunciare, inferre.*

Bellum decernere, *décider la guerre :* Senatus bellum decrevit, *Cic.* — Bellum indicere, *faire connaître qu'elle est déclarée, la déclarer* — Denunciare, *en envoyer le manifeste :* Ex quo intelligi potest nullum bellum esse justum, nisi quod aut rebus repetitis geratur, aut denunciatum ante sit et indictum, *Cic.* — Bellum inferre, *porter la guerre :* Nisi publicè satisfactum sit, ei civitati bellum indici atque inferri, *Cic.* Primò decernebat bellum senatus, deindè indicebat; tùm denunciabat per legatos, post inferebat per duces.

382. *Bellum facere, gerere, patrare.*

Bellum facere, *faire la guerre :* Si fugitivi in Italiâ bellum facerent, *Cic.* — Bellum gerere, *conduire la guerre :* Tùm enim nostri duces bella gerere incipiunt, *Cic.* — Bellum patrare, *finir, terminer la guerre :* Uno die inter duos reges cœptum atque patratum bellum, *Sall.* Bellum faciebat populus romanus, gerebant duces.

383. *Beneficium. Officium.*

Beneficium (de benefacere), *est un bienfait qui exige de la reconnaissance :* Beneficium qui recipit obstrictus manet. — Officium *est un service, un devoir d'amitié qui exige la réciprocité :* Ego omni officio, ac potiùs pietate erga te cæteris satisfactio, *Cic.*

384. *Benignè. Comiter. Civiliter. Urbanè.*

Benignè, *avec bonté, avec douceur :* Benignè negare, *Ter.* Benignè audire, *Cic.* *Il se dit pour refuser honnêtement une chose offerte :* Benignè respondet, *Hor.*, *il répond : je vous remercie.* — Comiter, *avec honnêteté :* Salutare benignè, comiter appellare unumquemque, *Cic.* Erranti comiter monstrare viam, *Id.* — Civiliter, *en bon citoyen, selon le droit civil :* Contendere civiliter, *Cic.* — Urbanè, *avec grâce et urbanité, comme font ceux qui habitent les villes :* Facetè et urbanè irridere, *Cic.*

385. *Benignus. Beneficus. Liberalis. Largus. Largitor. Prodigus. Munificus. Profusus.*

BENIGNUS, *qui fait du bien :* Qui benignotiores esse volunt, quàm res patitur, peccant, *CIC.* — BENEFICUS, *qui aime à donner :* Beneficus est qui non sui, sed alterius causâ, benignè facit, *CIC.* — LIBERALIS *est un homme qui donne noblement :* Liberalis dicitur qui officium, non fructum sequitur, *CIC.* — LARGUS *est celui qui donne abondamment :* Largum, beneficum, liberalem esse, hæ sunt regiæ laudes, *CIC.* — LARGITOR *qui fait des largesses :* Existunt in republicâ plerumque largitores et factiosi, qui, etc. *CIC.* — PRODIGUS, *celui qui donne avec profusion :* Omninò duo sunt genera largorum, quorum alteri prodigi, alteri liberales, *CIC. Au figuré :* Fides arcani prodiga, *HOR.* — MUNIFICUS (munus faciens), *qui fait des présents, généreux :* Convenit in dando munificum esse, *CIC.* — PROFUSUS, *qui aime à répandre :* Profusi dicuntur, qui epulis, gladiatorum muneribus, ludorum, venationumque apparatu profundunt pecunias, *CIC. Au figuré :* Profusa hilaritas, *CIC.*, *une joie excessive.* Sumptus profusi, *Id.*

386. *Bibere. Ebibere. Potare. Epotare.*

BIBERE, *boire pour étancher sa soif :* Darius cùm aquam turbidam bibisset, negavit unquam se bibisse jucundiùs, *CIC.* — EBIBERE *dit plus :* Quid comedent, quid ebibent? *TER. Au figuré :* Cum vino simul ebibi imperium, *PLAUT.*, *j'ai oublié en buvant les ordres de mon maître.* — POTARE, *boire largement :* Totos dies potare, *CIC.* — EPOTARE, *boire tout, avaler :* Epotare medicamentum, *LIV.* Anus jacere vidit epotam amphoram, *PHÆD.* Bibunt sobrii, potant ebriosi.

387. *Bibulus. Potor. Potator. Combibo. Bibax.*

BIBULUS, *parlant des personnes, est ce que nous appelons un bon biberon. Horace s'appelle lui-même* bibulus Falerni. *Parlant des choses, qui boit :* Bibula arena, *VIRG.* Lanæ bibulæ, *OVID.* — POTOR *est un homme qui boit pour étancher sa soif :* Aquæ potores, *HOR. C'est l'épithète qui le détermine :* Potor acer, *HOR.* Potores bibuli, *Id.* — POTATOR (*son fréquentatif*), *buveur de profession :* Voluptarii atque potatores maximi, *PLAUT.* — COMBIBO (bibere cum), *compagnon de bouteille :* Controversias habeo cum tuis combibonibus Epicureis, *CIC.* — BIBAX, *un buveur perpétuel* (*peu usité*).

388. *Bimensis. Bimestris.*

BIMENSIS (bis, mensis), *est un substantif; l'espace de deux mois :* Ut ad opera quæ locassent probanda, anni et bimensis tempus prorogaretur, *LIV.* — BIMESTRIS *est un adjectif; de deux mois, qui dure deux mois :* Bimestris consulatus, *LIV.*

389. *Bini. Duo. Ambo. Uterque.*

BINI *ne se met qu'avec un nom au pluriel :* Bina castra, *CIC. Cicéron blâme son fils d'avoir dit* duas litteras, *parce que* littera *pris pour* epistola *se dit toujours au pluriel. On dit* binas litteras, *et* duas epistolas. Bini *se dit aussi distributivement :* Bini oratores vix singulis annis exstiterunt, *CIC.* Bini, terni, quaterni, etc. *signifient deux à deux, trois à trois, quatre à quatre, ou chacun d'eux, ou deux à chacun, etc. :* Bini ambulabant, *CIC.*, *ils marchaient deux à deux.* Binos gladiatores singulis patribus familiarum distribuit, *Id.*, *deux à chacun. Virgile a cependant dit :* Duo quisque alpina coruscant gæsa manu. — DUO, *deux, se dit des choses séparées :* Video sepulchra duo duorum corporum, *CIC.* — AMBO *se dit de deux qui font quelque chose en même temps, ou ensemble :* Unà ambo abierunt foràs, *TER.* — UTERQUE *se dit de deux qui font quelque chose séparément :* Domus utriusque nostrûm ædificatur strenuè, *CIC.* Eteocles et Polynices ambo perierunt, *c'est-à-dire*, unà. Romulus et Africanus uterque triumphârunt, diverso tempore.

390. *Bipes. Bipedalis.*

BIPES (bis *et* pes), *qui a deux pieds pour marcher :* Omnium non bipedum solùm, sed etiam quadrupedum impurissimus, *CIC.* — BIPEDALIS, *qui a deux pieds de long :* Trabs bipedalis, *CÆS.*

391. *Blanditiæ. Blandimentum. Lenocinium.*

BLANDITIÆ, *des paroles doucereuses :* Benevolentiam civium blanditiis colligere turpe est, *CIC.* — BLANDIMENTUM, *douceur, la chose même qui flatte :* Blandimenta multa plebi à senatu data; annonæ imprimis habita cura, *LIV.* — LENOCINIUM, *au propre, est un commerce infâme, et au figuré, il signifie attrait, charme :* Et lenocinium vitæ præsensque voluptas, *MANIL.*

392. *Blandus. Dulcis. Lenis. Suavis. Mansuetus. Mitis.*

BLANDUS *se dit du toucher, flattant, caressant de la main :* Lacertis blandis tenere colla, *OVID*. Canes blandi. *VIRG*. *Au figuré, insinuant :* Blandâ oratione falli, *CIC*. Blandæ mendacia linguæ, *OVID*. Ut pueris olim dant crustula blandi doctores, *HOR*. — DULCIS, *doux au goût :* Mustum dulce, *VIRG*. Dulcior melle, *OVID*. *Au figuré :* Dulcissima epistola, *CIC*. — LENIS, *doux au toucher :* Lene et asperum, *CIC*. *Au figuré :* Non lenis dominus, *HOR*. Nunc lenitate dulces sumus, *CIC*. — SUAVIS *convient à l'odorat :* Odor suavis et jucundus, *CIC*. *Au figuré :* Suavis homo, *TER*. Suavis consuetudo, *CIC*. — MANSUETUS (quasi manui assuetus), *doux, traitable :* Quæro cur tam subitò mansuetus in senatu fuerit, cùm in edictis tam fuisset ferus, *CIC*. Ex feris et immanibus mites reddidit et mansuetos, *Id*. — MITIS *se dit du fruit mûr :* Sunt nobis mitia poma, *VIRG*. *Au figuré :* Patientia mitiorem dolorem facit, *CIC*. *On peut opposer* lenis *à* asper; *au figuré, à* crudelis : suavis *à* graveolens; *au figuré, à* tetricus: *à* blandus, molestus, contumeliosus : *à* dulcis, amarus; *au figuré, à* jucundus, invisus : *à* mitis, acerbus.

393. *Bonum. Bonitas.*

BONUM, *bien, avantage:* Bonum formæ, *OVID*., *les avantages de la beauté.* Patria bona alicui eripere, *CIC*. Paucis temeritas est bono, multis malo, *PHÆD*. Bonum, quod est naturà appetendum aut quod prodest, aut quod juvat, *CIC*. — BONITAS, *bonté :* Quid præclarius bonitate et beneficentiâ, *CIC*. Divina bonitas, *Id*. Causæ bonitas, *Id*. Prædiorum bonitas, *Id*. Ingenii bonitas, *Id*.

394. *Bonus. Probus.*

BONUS, *parlant des hommes, se prend 1° pour vertueux, homme de bien, qui aime à faire le bien :* Boni viri omnes æquitatem ipsam amant; nec est viri boni diligere quod per se non diligendum, *CIC*. Bonis inter bonos quasi necessaria est benevolentia, *Id*. 2° *pour excellent :* Bonus poeta, *CIC*. Vir bonus militiâ, *TAC*. 3° *pour favorable, bienfaisant :* Sis bonus ô felixque tuis, *VIRG*. Bonus, *parlant des choses, signifie bon, désirable, avantageux :* Bonas in partes aliquid accipere, *PHÆD*. Bona causa. Bona fides, *TER*. *CIC*. Bona memoria, *Id*. Quidquid est quod bonum sit, id expetendum est, *Id*. Bona bello cornus, *VIRG*., *le cornouiller utile à la guerre.* Bono animo esse *dans Térence, avoir bon courage; et dans César, avoir de bonnes intentions.* Bonâ conditione emere, *CIC*. Bona pars, *HOR*., *un grand nombre.* — PROBUS, *parlant des hommes, se dit de la probité, d'un homme fidèle aux lois, aux mœurs et à l'économie :* Neque hoc probior quisquam, *CIC*. *On dit ordinairement* probus homo, *et* bonus vir. Homo probus, benè moratus, et bonus vir, *CIC*. Probus, *parlant des choses, signifie excellent, honnête :* Probum navigium, *CIC*. Probum argentum, *LIV*., *de bon argent.* Poeta peccat, cùm probam orationem affingit improbo, *CIC*. Probum ingenium, *un esprit droit; et dans Salluste, un bon cœur.*

395. *Brachium. Lacertus. Ulnæ.*

BRACHIUM (*en grec* βραχίων), *le bras, la partie qui est depuis l'épaule jusqu'au coude :* Et evinctis attollit brachia palmis, *VIRG*. *Il se dit d'un fleuve, d'un arbre, etc. :* Brachio fluminis objecto, *LIV*. Tùm fortes latè ramos et brachia tendens, *VIRG*. — LACERTUS, *la partie du bras depuis le coude jusqu'au poignet :* Subjuncta lacertis brachia, *OVID*. *Au figuré :* Oratoris lacerti, *CIC*., *nerfs de l'orateur. Il se prend pour* lacerta, *un lézard :* Occultant spineta lacertos, *VIRG*. — ULNÆ. *C'est l'os du bras. Il se prend pour le bras même :* Blandisque virum complectitur ulnis, *VIRG*.

396. *Bractea. Lamina.*

BRACTEA, *feuille, petite lame de métal :* Inspice quàm tenuis bractea ligna tegat, *OVID*. — LAMINA, *et par contraction* Lamna, *lame de fer et autres métaux :* Laminis et clavis religare, *CÆS*. Cùm ignes candentesque laminæ, cæterique cruciatus admovebantur, *CIC*.

397. *Brevi. Breviter. Propediem.*

BREVI, *on sous-entend* tempore *ou* sermone, *en peu de temps, en peu de mots :* Brevi adero, *CIC*. Faciendum mihi putavi, ut tuis litteris brevi responderem, *Id*. — BREVITER, *en peu de mots :* Breviter dicere, vel exponere, *CIC*. *Il ne se dit pas du temps.* — PROPEDIEM, *au premier jour :* Propediem te videbo, *CIC*.

398. *Brevis. Exiguus. Parvus. Pusus. Pusillus. Minutus. Parvulus.*

BREVIS (*de* βραχύς), *court, bref :* Aliquid contractione brevius fieri, aut productione longius, *CIC*. Breve et irreparabile tempus, *VIRG*. — EXIGUUS, *mince, peu considérable :* Exiguus mus, *HOR*. Laudato ingentia rura; exiguum colito, *VIRG*. Ab exiguis initiis proficisci, *LIV*. Exigua fortuna, *CIC*. Brevis *est opposé à* longus; *et* exiguus *à* ingens, crassus, multus. — PARVUS, *petit, se dit généralement de toutes les choses physiques ou morales, qui sont moindres que d'autres dans leur espèce :* Corpus parvum, *HOR*.

Magnus aut parvus, *Id.* Non parvum beneficium, *CIC.*—PUSUS, *fort petit.*—PUSILLUS, *infiniment petit :* Pusum aut pusillum appellat, *HOR.* Pusillus animus, *CIC.* Pusilla epistola, *Id.*—MINUTUS (*de* minuere), *menu, qui a peu de volume, qui a peu de circonférence :* Minutorum opusculorum fabricator, *CIC. Au figuré :* Minutum animum pro parvo dicimus, *CIC.* Minutus capite, *CIC., qui a perdu le droit de citoyen, ou des fils de famille.*—PARVULUS, *diminutif de* PARVUS.

399. *Bruma. Solstitium. Hyems.*

BRUMA (quasi brevissima, *dit Varron, sous-entendu* dies), *est proprement le solstice d'hiver, et* SOLSTITIUM, *le solstice d'été : c'est dans ce sens que Cicéron dit* Brumalis dies; *et ailleurs,* Solis accessum discessumque brumis solstitiisque cognosci. Bruma, *dans les poëtes, est souvent pris pour l'hiver :* Frigida sub terrâ tumidum quem bruma tegebat, *VIRG.*—HYEMS (*de* ὕειν, *pleuvoir*), *l'hiver :* Solvitur acris hyems gratâ vice veris et Favoni, *HOR.*

400. *Bucca. Os. Maxilla*

BUCCA, *le creux des joues :* Buccas inflare, *HOR.* Buccis fluentibus, *CIC., avec des joues pendantes. Il se prend pour bouchée :* Oret caninas panis improbi buccas, *MART., qu'il soit réduit à demander quelques bouchées de mauvais pain destiné aux chiens.* — Os, oris, *la bouche, la partie du visage par où sort la voix :* Inferre cibum in os alicui, *CIC. Il se prend pour le visage :* Ora omnium atque oculos intuemur, *CIC. C'est de là qu'il se prend pour impudence, comme nous disons front :* Nosti profectò os adolescentioris academiæ, *CIC.* Os *se dit bien au figuré pour embouchure :* In aditu oreque portûs, *CIC.* — MAXILLA, *la mâchoire, l'os dans lequel les dents sont emboîtées :* Ordo maxillarum, *PLIN.*

# C.

401. *Caballus. Mannus. Equus.*

CABALLUS *est un petit cheval :* Aut olitoris aget mercede caballum, *HOR.* — MANNUS, *un bidet, cheval facile au montoir :* Aut Appiam mannis terit, *HOR.* — EQUUS *est le nom simple de l'espèce; l'épithète le détermine :* Advectus equo, *CIC.* Jungere equos, *VIRG.* Acer equus, *OVID.*

402. *Cadere. Ruere. Procumbere.*

CADERE, *tomber, faire une chute :* Si semel constiterit, nunquam cadet, *CIC. Au figuré :* Cadere animis, *CIC., perdre courage.* Cadere causâ, *Id., perdre sa cause.* Verba meliùs in longiores syllabas cadunt. *Id., les mots finissent mieux par des syllabes longues.* — RUERE, *tomber avec violence :* Ruit alto à culmine Troja, *VIRG. Au figuré :* Quis ruit tantus clamor ab urbe? *VIRG. Il se prend aussi activement, pousser avec violence :* Spumas salis ære ruebant, *VIRG.* — PROCUMBERE, *marque une chute lourde, et accompagnée de fracas :* Sternitur exanimisque tremens procumbit humi bos, *VIRG.*

403. *Cæcare. Excæcare. Obcæcare.* ou *Occæcare.*

CÆCARE, *rendre aveugle :* Potitios Herculis sacerdotes pretio corrupit, undè cæcatus est, *PLIN. Au figuré :* Cæcari erroribus, *CIC.* Cæcata celeritate oratio, *Id., discours obscur par sa rapidité.* —EXCÆCARE *ajoute à l'idée de* cæcare, *aveugler entièrement, arracher les yeux :* Quidam tunc excæcant eum supinâ falce auferendo oculos, *PLIN. Au figuré :* Mentem excæcare, *PLAUT.* — OBCÆCARE (cæcare ob), *aveugler en mettant quelque chose sur ou devant les yeux :* Respersu pinnarum hostem occæcantes, *PLIN. Au figuré :* Caligo obcæcaverat diem, *LIV.* Obcæcat orationem totam narratio obscura, *CIC.*

404. *Cæcus. Lusciosus.*

CÆCUS, *aveugle, qui ne voit point :* Ut si cæcus iter monstrare velit, *HOR. Au figuré :* Cæcus animo, *CIC.* Cæco carpitur igni, *VIRG.* Cæca sors, *HOR. Plaute a dit :* Eme cæcâ die olivum; id vendito oculatâ die, *achetez à jour aveugle (à jour de payement incertain, à crédit), et vendez à jour clairvoyant (argent comptant).* — LUSCIOSUS, *qui a les yeux faibles :* Lusciosi oculi lucem reformidant; cæci non vident, *SEN.*

405. *Cædere. Secare. Resecare.*

CÆDERE, *frapper, couper, mettre en pièces :* Virgis ad necem cædi, *CIC.* Januam cædere saxis, *Id.* Cædere, *parlant des pierres, signifie les tirer des carrières; au lieu que* secare *est les scier pour les mettre en œuvre :* Marmora secanda locas, *HOR.* — SECARE *se prend pour cou-*

*per* : Secare varices alicui, *Cic. Au figuré:* Quo multæ magnæque secantur judice lites, *Hor.* — Resecare, *retrancher en sciant, en coupant* : Resecare linguam, palpebras, *Cic. Au figuré :* Resecare libidines, *Cic.*

406. *Cædes. Occidio. Occisio.*

Cædes, *massacre, meurtre :* Qui in cæde atque ex cæde vivunt, *Cic.* — *Quoique* Occidio *et* Occisio *paraissent avoir été employés indifféremment, on peut observer que* Occidio *venant d'*occidere, *est l'action de tuer, et* Occisio *venant d'*occisum, *signifie être tué, tuerie.* Omnes occidione occīdit, *Liv.* Tu vim negabis esse factam, si cædes et occisio facta non erit, *Cic.* Occisione occisus est, *Id.*

407. *Cœlare. Sculpere. Scalpere. Incīdere.*

Cælare, *graver, parlant des métaux :* Hanc speciem Praxiteles cælavit argento, *Cic.* — Sculpere, *tailler, graver sur le marbre, l'ivoire, faire des figures en relief:* Ebur sculpsit mirâ arte, *Ovid.* Sculptus è saxo, *Cic.* — Scalpere, *gratter :* Terram scalpere unguibus, *Hor.* Digito caput scalpere, *Juv. Graver en creux :* Scalpens gemmas, *Plin.* — Incidere (cædere in), *dans le sens ordinaire, couper, tailler :* Atque malâ vites incīdere falce novellas, *Virg. Il veut dire aussi graver :* Tenerisque meos incīdere amores arboribus, *Virg.*

408. *Cæremoniæ. Ritus.*

Cæremoniæ (*de* Cære, *ville de l'ancienne Tuscie, Toscane*) : Albinus quidam virgines, sacraque Cære plaustro advexit, *Liv.* Cæremoniæ *regarde particulièrement le culte des dieux :* Quorum sacra occultissimis cæremoniis continentur, *Cic.* Cæremoniæ sepulchrorum, *Id.* — Ritus, *rit, coutume, se dit du sacré et du profane :* Quo ritu ejus domum consecrares, *Cic.* Erat ei vivendum latronum ritu, *Id.* Qui pecudum ritu, ad voluptatem omnia referunt, *Id.*

409. *Cœrulus. Cæruleus. Cæsius. Glaucus.*

Cærulus, *bleu, azuré :* Ad cœli cærula templa, *Cic.* — Cæruleus, *qui imite le bleu :* Sol cæruleus pluviam denunciat, *Virg.* Cærulus *est l'effet de la nature;* Cæruleus *imite la nature.* — Cæsius *se dit proprement du bleu des yeux :* Cæsios oculos Minervæ, cæruleos esse Neptuni, *Cic.* —Glaucus, *de couleur d'eau :* Glaucâ canentia fronde salicta, *Virg.*

410. *Cœterùm. Cætero. Cæteroqui.*

Cæterum, *au reste :* Ego me in Cumano, præterquàm quòd sine te, cæterùm satis commodè oblectabar, *Cic.* — Cætero, *le reste du temps :* Palumbes fœmina incubat post meridiana in matutinum, cæterò mas, *Plin.*—Cæteroqui *et* Cæteroquin, *d'ailleurs, du reste :* Non enim poeta suavis, verùm etiam cæteroqui doctus, *Cic.*

411. *Calamistrum. Calamistri.*

Calamistrum, *fer à friser :* Non te unguentorum odor, non frons calamistri notata vestigiis in eam cogitationem adducebat, *Cic.*—Calamistri, *cheveux frisés. Il n'est usité qu'au figuré, ornements affectés :* Removebitur omnis insignis ornatus : ne calamistri quidem adhibebuntur, *Cic.*

412. *Calcar. Stimulus.*

Calcar (*de* calx, *talon, parce qu'on attache l'éperon au talon*), *éperon :* Concitare calcaribus equum, *Liv. Au figuré :* Immensum calcar habet gloria, *Cic.*—Stimulus, *pointe, aiguillon :* Stimulo tardos increpuisse boves, *Tib. Au figuré :* Doloris stimulos contemnere, *Cic.*

413. *Calcare. Terere. Proculcare. Proterere.*

Calcare (*de* calx, *talon*), *marcher dessus, fouler aux pieds :* Imposito pede calcare, *Ovid. Au figuré :* Honores calcare, *Ovid.*—Terere, *broyer, user en frottant:* Lapis lapidem terit, *Plaut.* Area terit fruges, *Virg.* Terere iter, *Id., frayer un chemin ; au lieu que* calcare iter, *est seulement y marcher. Au figuré :* Verbum hoc trivit consuetudo, *Cic., l'usage a rendu ce mot commun, l'a frayé.* Terere otium conviviis, *Liv., broyer, perdre son temps en festins. Il y a entre ces deux composés,* Proculcare *et* Proterere, *la même différence qu'entre les simples* calcare *et* terere. *L'un signifie fouler aux pieds plusieurs choses à la fois :* Proculcatas obteret duro pede, *dit Phèdre, en parlant du bœuf et des grenouilles; et l'autre, écraser également au loin ou en masse :* Quacumque ingreditur florentia proterit arva, *Ovid. Horace a employé ce mot d'une manière très-adroite au figuré :* Ver proterit æstas.

414. *Calceamentum. Calceus. Gallicæ.*

Calceamentum (*de* calx, *talon*), *chaussure quelconque :* Mihi amictus est scythicum tegmen ; calceamentum, solorum callum, *Cic., le cal de la plante des pieds pour chaussure.* Calceamenta utrique sexui convenientia seponebantur, *Id.*—CALCEUS, *soulier :* Calceus, si pede major erit, subvertet ; si minor, uret, *HOR.* — GALLICÆ, *chaussure des Gaulois, sabots, galoches.*

### 415. *Calcitrare. Recalcitrare.*

CALCITRARE (*de* calx, *talon*), *regimber, se dit proprement des bêtes de monture :* Mulas non calcitrare, cùm vinum biberent, *PLIN.* *Au figuré :* Calcitrat, respuit, non putat tua dona esse tanti, *CIC.*—RECALCITRARE (rursùs calcitrare), *ruer, regimber en plusieurs fois. Il ne se trouve qu'au figuré :* Cui malè si palpère, recalcitrat undiquè tutus, *HOR.*

### 416. *Calere. Calescere.*

CALERE, *être chaud :* Calet ignis, nix est alba, *CIC.* *Au figuré:* Judicia calent, *CIC.*, *on rend la justice fort exactement.* Caluit crimen re recenti, nunc autem refrixit, *Id.*, *il eût été bon qu'il eût poursuivi l'accusation à l'heure, mais maintenant c'est battre à froid.*—CALESCERE , *s'échauffer :* Accede ad ignem ; jam calesces plus satis, *TER.* *Au figuré :* Illi rumores caluerunt, *CIC.*, *ces bruits se répandirent.*

### 417. *Caliga. Ocrea.*

CALIGA *était proprement la semelle de la bottine des soldats : il se prend pour la chaussure militaire, d'où Caïus, quatrième empereur romain, prit le surnom de Caligula, donné par les soldats parmi lesquels il fut élevé dès son enfance :* Caligulæ cognomen castrensi joco traxit, *SUET.*—OCREA (quasi ob crus), *bottine d'abord d'airain ou de fer, ensuite, de cuir : chaussure des gens de guerre, qui couvrait la jambe :* Sinistrum crus ocreâ tutum, *LIV.*

### 418. *Caligare. Cæcutire.*

CALIGARE (*de* caligo), *être couvert de brouillards :* Caligant oculi ex somno, *CELS.* Caligat in sole, *QUINT.*, *il ne voit goutte en plein midi.* Caligantem nigrà formidine lucum, *VIRG.*, *forêt où règnent la nuit et l'horreur.*—CÆCUTIRE (*de* cæcus), *ne voir presque plus clair, perdre la vue :* Cæcutientes dicuntur quasi semicæci, *VAL.*

### 419. *Caligo. Tenebræ. Obscuritas. Obscuratio. Nox.*

CALIGO, *brouillard :* Tres adeò incertos cæcâ caligine soles erramus pelago, *VIRG.* *Au figuré :* Mentis cæca caligo, *LUCR.* — TENEBRÆ, *ténèbres, privation de lumière :* Fugatis tenebris dies pulcher, *HOR.* *Au figuré :* Offundere tenebras alicui rei, *CIC.* —OBSCURITAS, *obscurité, noirceur :* Obscuritas oculorum, *PLIN.* *Au figuré :* Rejecit te à libris obscuritas, *CIC.*, *l'obscurité des livres vous a dégoûté.* Generis obscuritas, *Id.*, *naissance obscure. Le mot* tenebræ *semble signifier quelque chose de réel et d'opposé à la lumière; et* obscuritas *est une pure privation de clarté.* — OBSCURATIO, *obscurcissement, l'action d'obscurcir:* Interitus Romuli in obscuratione solis factus est, *CIC.* *Au figuré :* In quibus propter earum exiguitatem obscuratio sequitur, *CIC.*—NOX, *la nuit, la cessation du jour; il se prend plus généralement, tant au propre qu'au figuré :* Atra nox incubat ponto , *VIRG.* Tantaque nox animi est , *OVID.*

### 420. *Callere. Scire. Noscere.*

CALLERE (*de* callus, *cal, durillon*), *proprement avoir des durillons :* Asini costæ plagis callent, *PLAUT.* *Comme les durillons se forment par contact réitéré, de même les connaissances s'acquièrent par le travail et l'expérience.* Callere *signifie savoir parfaitement :* In illis rebus animus exercitatus callere jam debet, *CIC.* Callere jura, *Id.* Qui duram callet pauperiem pati, *HOR.* — SCIRE , *savoir :* Non sciunt ipsi viam, *TER.* Omnes qui latinè sciunt, *CIC.* Cùm is qui de omnibus scierit, de Syllâ se scire negavit, *Id.* Callere *ne serait pas bien.* Scire *se dit mieux des choses.* — NOSCERE *et* NOVISSE, *connaître, se dit des choses et des personnes :* Undè tam benè me nosti ? *HOR.* Novi animum tuum, *TER.* Noscere *est avoir l'idée d'une chose ou d'une personne; et* scire *est en avoir la connaissance.*

### 421. *Callidus. Vafer. Veterator. Astutus. Versutus.*

CALLIDUS (*de* callus, *cal, durillon*), *parfaitement versé dans quelque art :* Callidos eos appello, quorum tanquam manus opere, sic animus usu concalluit, *CIC.* Callidus rerum judex, *Id.*—VAFER, *subtil, fin :* In disputando vafer, *CIC.* Jus vafrum, *HOR.* —VETERATOR (*de* vetus), *est proprement un vieil esclave :* Præcipiunt ædiles ut veterator pro novitio veneat, *ULP.* *Il se dit d'un homme qui a de l'usage, de l'expérience :* In causis publicis nihil, in privatis satis veterator, *CIC.* *Il se dit bien d'un fourbe achevé :* Veterator magnus, *CIC.*— ASTUTUS (*d'*ἄστυ, *finesse*), *fin, rusé :* Astuta vulpes, *HOR.* Certò non aperti, non simplicis, non ingenui, non justi, non viri boni ; sed versuti potiùs, obscuri, astuti, fallacis, ambitiosi, callidi, veteratoris, vafri, *Cic.*, *parlant d'un vendeur de mauvaise foi.* — VERSUTUS (*de* vertere), *dont l'esprit est tourné à la malice, habile à prendre toutes sortes de formes :* Versutos eos appello, quorum celeriter mens versatur, *Cic.*

422. *Calo. Lixa.*

CALO (*de* κᾶλον, *bois*), *valet d'armée, goujat qui portait le bois, etc.* — LIXÆ, *valets qui, sans être enrôlés, rendent aux soldats différents services, comme de faire cuire la viande, d'aller leur chercher de l'eau, etc. :* Lixarum proprietas, hæc est, *dit Nonnius,* quòd officium sustineant militibus aquæ vehendæ; lixam namque aquam veteres vocavêre. Impedimenta subsequi jussit; calones lixasque et invalidos milites ferre vallum, *Liv.*

423. *Calumniam ferre. Calumniam jurare.*

CALUMNIA, *moyen de tromper avec mauvais dessein.* — CALUMNIAM FERRE *est accuser quelqu'un par fraude.*—CALUMNIAM JURARE, *déclarer avec serment qu'on intente action contre quelqu'un, non pour lui faire de la peine, mais par justice :* Sempronius Rufus calumniam maximo plausu tulit, *Cic.* De divinatione Appius cùm calumniam jurasset, contendere ausus non est, *Id.*

424. *Calumniator. Obtrectator. Conviciator. Maledicus.*

CALUMNIATOR, *calomniateur, chicaneur :* Calumniator ab ove cùm peteret canis quem commodasse panem se contenderet, *Phæd.*—OBTRECTATOR, *jaloux, médisant :* Obtrectatio et ægritudo ex eo quod alter quoque potiatur eo quod ille ipse concupierit, *Cic.*—CONVICIATOR, *qui fait de faux reproches :* Si verè objicitur, vehementis accusatoris; sin falsò, maledici conviciatoris, *Cic.*—MALEDICUS, *médisant. Le médisant dit d'un autre du mal vrai ou qu'il croit tel; le calomniateur avance des choses qu'il sait être fausses.*

425. *Caminus. Fornax. Focus.*

CAMINUS (κάμινος, *fourneau, flamme*) *se prend pour la cheminée, et le feu même :* Ruptis flammam exspirare caminis, *Virg.* — FORNAX, *fournaise :* Sulphureis ardet fornacibus Ætna, *Virg.* — FOCUS, *foyer, l'âtre :* Et focus à flammis, et quòd fovet omnia, dictus, *Ovid.* Exstruere focum lignis, *Hor.*

426. *Candere. Candescere. Excandescere.*

CANDERE, *être embrasé jusqu'à devenir blanc :* Vixque suis humeris candentem sustinet axem, *Ovid. C'est de là qu'on a dit* candere *pour être blanc.* Candenti corpore Cycnus, *Virg.* — CANDESCERE, *devenir embrasé jusqu'à être blanc :* Currusque suos candescere sentit, *Ovid.* Aer candescit, *Id.* — EXCANDESCERE, *proprement devenir tout blanc, en parlant d'un fer chaud :* Cùm bitumen et sulphur additum est, excandescit, *Cat. Au figuré :* Irâ excandescere, *Cic.*

427. *Canēre. Canescere.*

CANERE, *être blanc :* Æmula necdùm temporibus geminis canebat sparsa senectus, *Virg.* — CANESCERE, *devenir blanc :* Situ canescunt tecta, *Ovid. Au figuré :* Cùm ipsa oratio jam nostra canesceret, haberetque suam quasi senectutem, *Cic.*

428. *Canĕre. Cantare. Modulari. Psallere.*

CANERE, *chanter, soit avec la voix, soit avec les instruments :* Si canere velim vel voce vel fidibus, *Cic. On dit* intùs canere, *pour dire tourner tout à son avantage :* Atque hoc carmen iste non vobis, sed sibi intùs canit, *Cic.* — CANTARE, (*fréquentatif de* canere), *chanter souvent :* Absentem cantat amicam nauta, *Hor.* Canit *ne serait pas si bien.* — MODULARI (*de* modus), *conduire par mesure, suivre l'étendue du mode :* Carmina pastoris siculi modulabor avenâ, *Virg.* Aves hominum vocem naturâ modulantur ipsâ, *Cic.* — PSALLERE (*de* ψάλλω), *jouer d'un instrument à cordes :* Qui canerent voce, et qui psallerent, *Gell.* Pueri qui cantare et psallere didicerunt, *Cic.*

429. *Cani. Canities.*

CANI, *les cheveux blancs; on sous-entend* capilli. Non cani, non rugæ repentè auctoritatem afferre possunt, *Cic.* Cani *ne se dit que relativement aux hommes.*— CANITIES *convient aux hommes et aux chevaux :* Canities homini tantùm et equis, *Plin.* — Canities *est la blancheur :* Donec virenti canities abest morosa, *Hor. Les poëtes ont dit* canities *pour* cani : Canitiem immundo deformat pulvere, *Virg.*

430. *Cantor. Cantator.*

CANTOR *se dit de la profession de chantre :* Omnibus hoc vitium est cantoribus, inter amicos ut nunquam inducant animum cantare rogati, *Hor. Au figuré :*

Cantor formularum, *Cic.*, *celui qui enseigne les formules de droit.* — CANTATOR (*fréquentatif de* cantor) : Cantator cycnus funeris ipse sui, *Mart.*

431. *Cantus. Canticum. Cantilena. Cantamen. Cantio. Cantiuncula. Canor. Melos.*

CANTUS, *chant, élévation et inflexion de voix avec modulation :* Musicorum cantus, *Cic. Il se dit des oiseaux et des instruments :* Citharæ cantus, *Hor.* Avium cantus, *Cic.* — CANTICUM, *récit en musique, un air :* Canticum agere, *Liv.*, *chanter un récit :* Notum canticum imposuit, *Phæd.* — CANTILENA, *chanson :* Ut crebrò mihi insusurret Epicharmus cantilenam illam suam, *Cic. Au figuré :* Cantilenam eamdem canis, *Ter.*, *vous nous chantez la même chanson.* — CANTAMEN, *enchantement, l'effet des paroles magiques :* Tragicæ cantamina musæ, *Propert.* — CANTIO *se prend pour chant et pour enchantement:* Id veneficiis et cantionibus Ticiniæ factum esse dicebat, *Cic.* Lusciniolæ cantio, *Plaut.* — CANTIUNCULA, *chansonnette :* Vidit Homerus probari fabulam non posse, si cantiunculis tantus vir irretitus videretur, *Cic.* — CANOR, *son musical :* Nec tamen ille canor mulcendas natus ad aures, *Hor.* — MELOS (μέλος), *mot emprunté du grec, qui correspond à* cantus : Cantare credas pegaseium melos, *Pers.*

432. *Capere. Sumere. Rapere.*

CAPERE, *prendre, se saisir d'une chose:* Probabo Verrem contra leges pecuniam cepisse, *Cic. Au figuré :* Capere consilium, *Cic.* Pœnam de aliquo capere, *Liv. Il signifie aussi contenir :* Nec te Troja capit, *Virg.*, *Troie n'est pas assez grande pour vous.* Moram non capit ira, *Ovid. Il faut observer qu'on dit bien* capere voluptatem, *et* capi voluptate; *et qu'on ne dirait pas bien* voluptas cepit me; *au lieu que quand on parle de choses désagréables, on dit bien* cepi dolorem, molestiam, etc., *et* cepit me tædium, oblivio; *mais on dirait mal* dolore, molestiâ captus sum. — SUMERE, *prendre une chose toute prête, une chose qui nous appartient :* Epistolam super caput in pulvino temerè positam sumit ac perlegit, *Sall. On dirait mal* sumpsit me tædium, sumere voluptatem, consilium. — RAPERE *marque de la vitesse ou de la violence :* Distat sumasne pudenter, an rapias, *Hor. Cicéron, après avoir cité ce passage d'Ennius :* Vive, Ulysses, dùm licet, oculis postremum lumen radiatum rape, *ajoute,* non dixit CAPE, non PETE; haberet enim moram sperantis diutiùs se victurum ; sed RAPE : hoc verbum ad id aptatum est quod ante dixerat, DUM LICET.

433. *Capi. Decipi.*

CAPI, *être pris, séduit :* Capi assentatione, *Cic.* Capi errore, *Id.* — DECIPI, *être trompé :* Decipimur specie recti, *Hor. Un enfant a de la répugnance pour prendre une médecine qui lui est nécessaire, le médecin use d'artifice; alors le malade* decipitur, non capitur ; *c'est ce que Lucrèce exprime ainsi :* Ut puerorum ætas improvida ludificetur labrorum tenùs, intereà perpotet amarum absinthi laticem, deceptaque non capiatur.

434. *Capra. Caprea. Capella.*

CAPRA, *chèvre domestique :* Capras et oves quot quisque habeat, dicere posse ; quot amicos habeat, dicere non posse, *Cic.* — CAPREA, *chèvre sauvage :* Fugaces capreæ, *Ovid.* Capreæ priùs jungentur lupis, *Virg.* — CAPELLA (*diminutif de* capra), *jeune ou petite chèvre :* Dùm tenera attondent simæ virgulta capellæ, *Virg.*

435. *Captare. Capessere.*

CAPTARE (*fréquentatif de* capere), *tâcher de prendre ; il se dit bien au figuré :* Captare risus, *Cic.* Captare occasionem, *Id.* — CAPESSERE, (*autre fréquentatif*), *se saisir, prendre avec empressement :* Capessere cibum hiatu oris et dentibus ipsis, *Cic. Au figuré :* Fugam capessere, *Liv.*

436. *Captatio. Captus. Captura.*

CAPTATIO (*de* captare), *recherche affectée :* Captatio testamenti, *Plin.* Captatio verborum, *Cic.* — CAPTUS, *pincée :* Flos cujuscumque generis trium digitorum captu dyssentericos emendat, *Plin.*, *une pincée de ces fleurs guérit la dyssenterie. Au figuré : capacité, portée de l'esprit :* Ut est captus hominum, *Cic.* — CAPTURA, *capture, prise :* Capturæ interesse, *Plin.* Cùm captura incidit, quàm vigilans et paratus ad cursum! *Id.*, *parlant de l'araignée.*

437. *Captio. Præstigiæ. Captiuncula.*

CAPTIO, *proprement, l'action de prendre. Au figuré, piége, surprise :* Cur igitur vos inducitis in eas captiones, quas nunquam explicetis? *Cic.* Captiones dialecticæ, *Id.*, *sophismes.* — PRÆSTIGIÆ (*de* præ *et de* stringere), *prestige, illusion :* Non per præstigias, sed palàm, *Cic.* Majore quàdam opus est, vel arte, vel diligentiâ, ne ab iis quæ clara sunt ipsa per se, quasi præstigiis quibusdam et captionibus depellamur, *Id.* — CAPTIUNCULA (*diminutif de* captio), *petite finesse, petite surprise :* Omnes captiunculas pertimescere, *CIC.*

438. *Captiosus. Dolosus. Subdolus.*

CAPTIOSUS (*de* capere), *captieux, qui tend à induire en erreur :* Captiosa probabilitas te fallit, *CIC.* Captiosa interrogatio, *Id.* — DOLOSUS (*de* dolus), *artificieux, plein de finesse :* Mulier dolosa, *HOR.* Consilia dolosa, *Id.* — SUBDOLUS, *où il y a de l'artifice, de la finesse cachée :* Lingua subdola, *OVID.* Subdolum rete turdis tendere, *MART.*

439. *Captivitas. Servitus. Servitudo. Servitium. Servitia.*

CAPTIVITAS, *captivité, privation de liberté, parlant d'un prisonnier de guerre :* Quocunquè oculos romanus intenderet, captivitatem, clademque et dira omnia observari, *TAC.* — SERVITUS, *servitude, la condition des esclaves :* Cùm omnibus gentibus finem diuturnæ captivitatis, turpitudinis et servitutis afferet, *CIC.* Diuptiùs servitutem perpessi sumus, quàm cativi frugi ac diligentes solent, *Id.* — SERVITUDO, *état habituel de servitude, d'esclavage :* Servitudinis homines expertes adversùs notum malum irritatos esse, *LIV.* — SERVITIUM, *le travail, les fonctions des esclaves :* Ego, Pamphile, hoc tibi pro servitio debeo, *TER.* Levare aliquem longo servitio, *HOR.* Servitus est sub domino; servi patientia facit servitium. *On dirait bien aussi :* Servitutem ægrè ferebant omnes, licèt apud humanum et clementem herum minimè durum esset illis servitium. — SERVITIA (*au pluriel*), *des esclaves, troupe d'esclaves :* Incitare ad cædem servitia, *CIC.* Servitium *se prend aussi dans ce sens:* Et tamen cœptum esse in Siciliâ moveri aliquot locis servitium suspicor, *CIC.*

440. *Captivus. Dedititius.*

CAPTIVUS (*de* capere), *captif, prisonnier de guerre pris malgré lui :* Pyrrhi sententiâ de captivis redimendis, *CIC.* — DEDITITIUS (*de* dedere), *celui qui s'est rendu de lui-même :* Quidquid deindè patiemur, dedititii tui patiemur, *LIV.* Ad tuos sive captivos, sive dedititios pertinet, *CIC.*

441. *Capulus. Manubrium.*

CAPULUS (*de* capere) *la poignée :* Capulo tenùs abdidit ensem, *VIRG.* — MANUBRIUM (*de* manu habere), *le manche :* Factumque aptans manubrium cœpit securi magnâ excidere robora, *PHÆD.* *Au figuré :* Eximere è manu manubrium, *PLAUT.*, *faire perdre l'occasion. Nous disons la poignée d'une épée, le manche d'une hache. Dans un autre sens,* capulus *est un cercueil.*

442. *Caput. Vertex. Tempora.*

CAPUT, *la tête :* Quòd indè, *dit Varron,* initium capiant sensus et nervi. Dolores capitis, *HOR.* *Au figuré : 1° chapitre :* Prima duo capita, *CIC.* *2° source :* Caput Rheni, *HOR.* *3° commencement :* Sed cedo caput cœnæ, *CIC.* *4° le capital :* Caput rerum *CIC.* Caput est ad bènè vivendum securitas, *Id.* — VERTEX (*de* vertere), *le haut de la tête, le sommet :* Ab imis unguiculis ad verticem summum, *CIC.* Ignes qui ex Ætnæ vertice erumpunt, *Id.* Celso vertice quercus, *VIRG.* — TEMPORA, *les tempes :* Temporibus geminis canebat sparsa senectus, *VIRG.* *Cicéron a dit au singulier :* At iste Gracchо percutit tempus.

443. *Carere. Egere. Indigere. Vacare.*

CARERE, *proprement, être privé d'une chose agréable :* Carere hoc significat, egere eo quod habere velis; inest enim velle in carendo, *CIC.* Non caret is qui non desiderat, *Id.* *Il se dit cependant aussi d'une chose désagréable :* Febri carere, *CIC.* Expetuntur voluptates, ut dolore careas, *CIC.* Carere *suppose du sentiment :* Dicitur etiam carere, cùm aliquid non habeas, et non habere te sentias, *Id.* — EGERE, *manquer, ne point avoir :* Egere consilii, *CIC.* Æris egere, *HOR.* Egens æquè est is qui non satis habet, et is cui nihil satis potest esse, *CIC.* — INDIGERE *est le même.* Indigeo consilii, *CIC.* *Il y a cette différence qu'*indigere *se dit bien des choses inanimées :* Bellum indiget celeritatis, *CIC.* *On peut opposer à* carere, habere, non desiderare; *à* egere, abundare; *et à* indigere, non opus habere. — VACARE, *proprement, être vide :* Tota domus superior vacat, *CIC.*, *tout l'appartement d'en haut est vide. Au figuré, ne point avoir, être exempt :* Vacare pecuniâ, *LIV.*, *n'avoir point d'argent.* Vacare culpâ, *CIC.*, *exempt de défauts.* Vacare à metu, *LIV.* Vacare *se prend aussi pour vaquer, s'appliquer, et alors il demande le datif, ou l'accusatif avec* in. Philosophiæ vacare, *CIC.* In nullum opus grande vacavit mens mea, *OVID.*, *je ne me suis occupé à aucun ouvrage considérable. Il se prend impersonnellement :* Non vacat Jovi, *OVID.*, *Jupiter n'a point le temps. Il se prend personnellement dans le même sens :* Scribes aliquid, si vacabis, *CIC.*

444. *Caritas. Penuria.*

CARITAS (de carere), *cherté. Il ne se dit que des vivres :* In summâ annonæ caritate, *CIC.* — PENURIA (*de* πεῖνα, fames), *disette, manque de choses nécessaires :* Vertere morsus exiguam in Cererem penuria adegit edendi, *VIRG.* Penuria amicorum, *CIC.* Caritas *est opposé à* vilitas; *et* penuria *à* copia. Caritas *ou* charitas, *pris dans un autre sens : amour, tendre affection.*

445. *Carmen. Versus. Versiculus.*

CARMEN, *chant, poëme :* Ille ego qui quondam gracili modulatus avenâ carmen, *VIRG. Le même a dit,* rem carmine signo, *quoiqu'il n'y ait qu'un vers.* Carmen *se dit de la prose, lorsqu'il s'agit d'une formule prescrite, de maximes, d'expressions consacrées par l'usage. Pline appelle* carmen *la prière par laquelle les Décius se dévouèrent à la mort pour leur patrie :* Durat immenso exemplo Deciorum patris filiique, quo se devovêre, carmen. *Il signifie aussi des paroles magiques, des enchantements :* Carminibus Circe socios mutavit Ulyssis, *VIRG.* — VERSUS (*de* vertere), *signifie proprement une ligne, parce que cette ligne finie, on retourne au commencement de l'autre :* Non paginas tantùm epistolæ, sed etiam versus syllabasque numerabo, *PLIN. Il se prend plus ordinairement pour ce que nous appelons vers : comme quand nous disons un vers, deux vers, trois vers, etc.* Componere versus, *HOR.* Malus versus, *CIC.* Versus *se prend aussi pour rang, rangée :* Ille etiam seras in versum distulit ulmos, *VIRG.* Triplici pubes quam dardana versu impellunt, *Id., parlant d'un vaisseau à trois rangs de rameurs.* — VERSICULUS (*diminutif de* versus), *petite ligne, verset, petit vers :* Scribere versiculos, *HOR.*

446. *Carnifex. Tortor.*

CARNIFEX (*de* caro *et de* facere), *bourreau, celui qui met à mort les condamnés :* Dare aliquem ad carnificem. *Au figuré :* Fortuna gloriæ carnifex, *PLIN.* — TORTOR (*de* torquere), *qui donne la torture :* Ponite ante oculos carnificem tortoremque Samarium, *CIC.*

447. *Carpentum. Pilentum. Thensæ. Essedum. Carrus. Petorritum. Cisium.*

CARPENTUM (quasi carmentum, *croit Ovide, de* Carmentis, *mère d'Evandre*), *voiture découverte à l'usage des dames :* Nam priùs ausonias matres carpenta vehebant; hæc quoque ab Evandri dicta parente reor, *OVID.* — PILENTUM, *espèce de chariot couvert à l'usage des dames romaines :* Castæ ducebant sacra per urbem pilentis matres in mollibus, *VIRG.* Matronæ pilento ad sacra ludosque, carpentis festo profestoque utebantur, *LIV.* — THENSÆ (*de* Θεός), *brancard destiné à porter les choses sacrées :* Te appello, Lentule, cujus sacerdotii sunt thensæ, *CIC.* — ESSEDUM, *chariot pour le combat :* Belgica vel molli meliùs feret esseda collo, *VIRG.* — CARRUS, *voiture à quatre roues, destinée au service de l'armée :* Alteri ad impedimenta et carros suos se contulerunt, *CÆS.* — PETORRITUM, *chariot à quatre roues, qui portait les esclaves et les bagages :* Esseda festinant, pilenta, petorrita, naves, *HOR.* — CISIUM, *chaise roulante à deux roues, chaise de poste :* Decem horis nocturnis quinquaginta sex millia passuum cisiis pervolavit, *CIC.*

448. *Carpere. Legere. Metere.*

CARPERE, *tirer, cueillir, arracher :* Vere rosam atque autumno carpere poma, *VIRG.* Carpere lanam, *HOR., filer la laine, la tirer de la quenouille.* Carpere gramina, *Id., brouter l'herbe. Au figuré :* Carpere somnos, *HOR.* — LEGERE, *cueillir avec choix :* Qui legitis flores et humi nascentia fraga, *VIRG.* Capillos homini legere cœpêre invicem, *PHÆD.* — METERE, *moissonner, récolter, se dit du blé et des fruits :* Ut sementem feceris, ita et metes, *CIC.* Metere fructus, *Id. Au figuré :* Orcus metit grandia cum parvis, *HOR.*

449. *Carpere. Rodere. Vellicare.*

CARPERE, *synonyme des autres, signifie mordre, censurer :* In Pompeio defendendo, nam is carpebatur à Bibulo, *CIC.* Carpere aliorum facta, *Id. Et dans un sens plus éloigné :* Et cæco carpitur igni, *VIRG.* Carpere orationem membris minutioribus, *CIC., diviser un discours en petites parties C'est dans le même sens que Tite-Live a dit:* Carpere exercitum in multas partes, *attaquer une armée par parties.* — RODERE, *proprement ronger, comme font les souris :* Mures noctem et diem aliquid rodunt, *CIC* Vivos et roderet ungues, *HOR. Au figuré :* Absentem qui rodit amicum, *HOR.* — VELLICARE (*fréquentatif de* vellere), *arracher, tirer, pincer :* Cornix vulturios vellicat, *PLAUT.* Ex pædagogo se vellicari respondit, *QUINT., parlant d'un enfant qui se plaignait d'avoir été pincé par son maître d'école. Au figuré, déchirer :* Vellicare scripta alicujus, *VAR.* More hominum invident, in conviviis rodunt, in circulis vellicant, maledico dente carpunt, *CIC.*

450. *Carptor. Chironomon. Scissor. Structor.*

*Tous ces mots désignent des officiers de bouche.* CARPTOR, *celui qui distribuait les viandes aux convives, à chacun suivant son rang ou sa dignité.*—CHIRONOMON, *esclave chargé de découper les viandes, en cadence, avec des gestes mesurés; aussi ce mot s'applique-t-il également aux histrions.* — SCISSOR (*de* scindere), *remplissait à peu près le même office:* Scissor ad symphoniam gesticulans lacerat opsonium, *PETRON.*—STRUCTOR, *celui qui arrangeait les plats sur la table. Les Romains attachaient beaucoup d'importance à ces cérémonies.* Nec minimo sanè discrimine refert, quo gestu lepores, et quo gallina secetur, *JUV.*

451. *Casa. Casula. Tugurium. Mapalia.*

CASA, *petit logement peu solide:* Sub Jove pars durat: pauci tentoria ponunt: sunt quibus è ramis frondea facta casa est, *CIC.*—*Son diminutif est* CASULA: Et casulam et notos tristis desiderat hædos, *JUV.* —TUGURIUM (*de* tegere), *chaumière, petite maison de paysan:* Pauperis et tuguri congestum cespite culmen, *VIRG.* In casis et tuguriis habitabant, *VAR.*—MAPALIA, *et* Magalia, *mot punique, qui répond à* casa: Tecum ego vel sicci gætula mapalia Pœni, et poteram scythicas hospes amare casas, *MART.* Miratur molem Æneas, magalia quondam, *VIRG.*

452. *Cassis, idis. Galea. Galerus. Ægis. Cassis.*

CASSIS, IDIS (*de* cassus, *creux, vide*), *le casque proprement dit, armure de tête, ordinairement de métal:* Abdere caput casside, *OVID. Virgile a dit* cassida.—GALEA, *le casque était ordinairement fait de peau; dans la suite on le fit de métal:* Ærea galea, *VIRG. Ovide les a confondus:* Seu caput abdiderat cristatâ casside pennis, in galeâ formosus erat.—GALERUS, *bonnet de peau en forme de casque:* Fulvosque lupi de pelle galeros, tegmen habent capiti, *VIRG.*—ÆGIS, *égide, le bouclier ou la cuirasse de Jupiter ou de Pallas. Elle tire son nom du grec* αἴξ. αἰγός, *chèvre, parce que Jupiter, après la mort de la chèvre Amalthée, prit sa peau pour en couvrir son bouclier:* Arcades ipsum credunt se vidisse Jovem, cùm sæpè nigrantem ægida concuteret dextrâ nimbosque cieret, *VIRG. Il le donna ensuite à Pallas, qui y attacha la tête de Méduse, en lui donnant la vertu de pétrifier ceux qui la regardaient:* Contrà sonantem Palladis ægida, *HOR.* — CASSIS, IS, *et* CASSES, IS, *rets, filets.*

453. *Cassus. Irritus.*

CASSUS (*de* carere), *au propre, privé, dépourvu, qui n'est pas plein:* Cassâ dote virgo, *PLAUT.* Nunc cassum lumine lugent, *VIRG.* Cassa nux, *HOR. Au figuré, vain, sans effet:* Cassus labor, *JUV.* Cassa vota, *VIRG.*—IRRITUS (non ratus), *rendu nul:* Quod modò erat ratum, irritum est, *TER.* Labor irritus anni, *VIRG.* Irritæ preces, *TAC.* Irritus spei, *Q. CURT.*, *frustré de son espérance.*

454. *Castigare. Punire. Animadvertere. Plectere. Mulctare. Mulcare.*

CASTIGARE (castum agere), *rendre bon, chaste, irréprochable; châtier:* Castigare aliquem verbis, dictis, litteris, *CIC.* Castigare inertiam, *CIC. C'est dans ce sens qu'Horace a dit,* Castigare carmen, *corriger, polir un poëme.*—PUNIRE (*de* pœna), *punir; il se dit d'une punition corporelle:* Qui punit aut verbis castigat, *CIC.* Punire supplicio, *Id. On dit* puniri (*déponent*): Punitus est inimicum, *CIC. On châtie celui qui a fait une faute pour l'empêcher d'y retomber. On punit celui qui a fait un crime, pour le lui faire expier. Dieu nous châtie en père pendant le cours de cette vie mortelle, pour ne pas nous punir en juge pendant toute une éternité.*—ANIMADVERTERE in aliquem, *punir quelqu'un, avec cette différence qu'il ne se dit que des juges et de ceux qui ont autorité:* Qui in alios animadvertisset indictâ causâ, *CIC. Un maître* animadvertit in discipulos mendaces; *au lieu que* punire *se dit de toutes personnes:* Punire sontes, *CIC.* Punire inimicum, *CIC.*, *se venger de son ennemi.*—PLECTERE (*de* πλέκω, *plier*): Plectere de vimine calathos, *VIRG. Au figuré, battre, punir:* Plecti tergo, *CIC.* Quidquid delirant reges, plectuntur Achivi, *HOR.* — MULCTARE (*de* mulcta), *condamner à une amende pécuniaire:* Mulctari bonis, *CIC. Il se prend plus généralement:* Vitia hominum atque fraudes damnis, ignominiis, vinculis, verberibus, exsiliis, morte mulctantur, *CIC.*—MULCARE, *frapper à coups de pied, de poing, mettre en pièces:* Omnem familiam mulcavit usque ad mortem, *TER.*

455. *Castitas. Castimonia. Pudor. Pudicitia.*

CASTITAS, *chasteté, ne regarde que les femmes:* Metuens alterius viri certo fœdere castitas, *HOR.* — Castitas *ne se dit guère que de l'âme; au lieu que* CASTIMONIA *se dit de l'âme et du corps, soit des hommes, soit des femmes:* Castè lex jubet adire deos, animo scilicet, nec tollit castimoniam corporis, *Cic.* Quæ sacra per summam castimoniam virorum ac mulierum erant, eadem per istius stuprum esse violata, *Id.* — PUDOR, *honte, pudeur, modestie, sentiment d'honneur :* Ex quo fit ut pudorem rubor consequatur, *Cic.* Homo in quo aliquis, si non famæ pudor, at supplicii timor est, *Id.* Amicitia quæ impetrata gloriæ sibi, non pudori sit, *Liv.* Pudor *regarde l'âme, et* pudicitia *le corps.* Adeòne pudorem cum pudicitiâ amisisti ? *Cic.* Non ego illam mihi dotem duco esse, quæ dos dicitur; sed pudicitiam, pudorem, etc., *Plaut.*, *pour moi, j'estime que la véritable dot d'une femme n'est pas l'argent qu'elle apporte en se mariant; mais c'est l'honneur, c'est la pudicité, etc.* Quid salvi possit esse mulieri, pudicitiâ amissâ? *Liv.* — PUDICITIA *est opposé à* stuprum ; *et* pudor *à* petulantia. Ex hâc parte pudor pugnat, illinc petulantia ; hinc pudicitia, illinc stuprum, *Cic.*

456. *Castra Æstiva, Hyberna, Stativa, Navalia.*

CASTRA ÆSTIVA, *campement d'été, quartier de rafraîchissement :* Cicerones nostros Dejotarus filius secum in regnum, dùm in æstivis nos essemus, duxit, *Cic.* — CASTRA HYBERNA, *quartier d'hiver, lorsque les soldats sont en garnison :* Quò ille cohortes in hyberna misit, *Cic.* — CASTRA STATIVA *se dit d'un campement durable :* Stativa sibi castra facere, *Cic.* — NAVALIA CASTRA, *lieu où campe une flotte, rade, havre :* Castra navalia de improviso aggrediuntur, *Cæs.*

457. *Castus. Pudicus. Pudens. Pudibundus. Verecundus.*

CASTUS (*de* κάζω, orno), *chaste, pur, intègre :* Casta pudicitiam servat domus, *Virg.* Præmia virtutis et officii sancta et casta esse oportet, *Cic.* Hoc vestræ mentes tàm castæ, tàm integræ suscipient, *Id.* Ebur haud satis castum donum Deo, *Id.* Castus à culpâ, *Plaut.* Castus *est plus général que* chaste *en français :* Casti sacerdotes, *Cic.*, *des prêtres vertueux.* Judex castus et integer, *Id.*, *un juge intègre, incapable de corruption.* — PUDICUS *ne regarde que les mœurs :* Pudica domus, *Cic.* Audiet C. Marius impudico homini servire nos, qui ne militem quidem habere voluit nisi pudicum, *Id.* — PUDENS, *qui a de l'honneur, des sentiments, de la modestie :* Grave est pudenti homini petere aliquid magnum ab eo de quo se benè meritum putet, *Cic.* Pudens impudentem, perjurum castus fraudasse dicitur, *Id.* Pudens *se dit bien des choses :* Nihil apparet in eo ingenuum, nihil moderatum nihil pudens, nihil pudicum, *Cic.* Risus pudens et liberalis, *Id.* — PUDIBUNDUS, *qui rougit actuellement, et qui est tout honteux :* Matrona pudibunda, *Hor.* Ora pudibunda, *Ovid.* — VERECUNDUS, *réservé dans ses discours et ses actions :* Nimis verecunda es, *Plaut.*, *vous êtes trop délicate.* Verecundus est qui ut benè audiat, erubescit, et pudet impudica loqui, *Cic.* *Au figuré :* Verecunda translàtio, *Cic.*, *metaphore qui n'est point outrée.*

458. *Casus. Eventus. Eventum. Exitus.*

CASUS (*de* cadere), *chute, aventure :* Ille miser ignarus casûs sui, *Cic.*, *parlant de Phaéton.* Mirificus casus intervenit, *Id.* — EVENTUS, *événement, ce qui arrive :* Eventus est alicujus rei exitus, *Cic.* Consilia primùm, deindè acta, posteà eventus, *Id.* Quid casus, quid eventus, nisi cùm sic aliquid cecidit, sic evenit, ut vel non cadere atque evenire, vel aliter cadere atque evenire potuerit, *Id.* *Le hasard a moins de part dans l'idée d'événement, que dans celle de* casus, *aventure.* — EVENTUM, *ce qui est arrivé :* Causæ eventorum magis movent quàm ipsa eventa, *Cic.* — EXITUS, *proprement sortie : considéré comme synonyme des autres, il signifie issue, succès d'une affaire :* Contigit exitus quem sperabamus, *Cic.* Si mihi alterutrùm de eventu atque exitu rerum promittendum esset, *Id.* Eventus, *dit Popma*, successus rerum nondum ad finem perductarum; exitus, finis rei, qui sequitur eventum et absolvit.

459. *Catena. Vinculum. Laqueus.*

CATENA, *chaîne de fer ou de métal :* Stridor ferri tractæque catenæ, *Virg.* Graciles ex ære catenæ, *Ovid.* *Au figuré :* Plena catenarum quæstio, *Cic.*, *question pleine de difficultés.* — VINCULUM (*de* vincire), *ce qui lie, lien :* Linea vincula, *Virg.* Teneras arcebant vincula palmas, *Id.* *Au figuré :* Vincula propinquitatis et amoris, *Cic.* Vincula legum, *Id.* — LAQUEUS, *lacs, corde à nœud coulant :* Laqueis feras captare, *Virg.* Collum in laqueum inserere, *Cic.* *Au figuré :* Laquei disputationum, *Cic.*, *des subtilités captieuses.* Laquei judiciorum, *Id*

460. *Catulus. Pullus. Catellus.*

CATULUS (*de* canis), *est proprement un jeune chien :* Sic canibus catulos similes, sic matribus hædos, *Virg.* *Les poëtes ont dit* catulus, *parlant des petits des autres animaux :* Leæna catulorum oblita, *Virg.* — PULLUS *se dit du petit de tout animal :* Pulli generosi pecoris, *Virg.* Pullus colum binus, *Cic.* Pullus equi, *Virg.* *C'est de pullus que viennent nos mots poulet et poulain.*— Catellus *est le diminutif de* catulus, *un petit chien encore sous la mère :* Pectora pullorum rimatur et exta catelli, *Juv.*

461. *Caudex. Caulis.*

Caudex, *tronc d'arbre, tige d'arbrisseau :* Quin et caudicibus sectis, mirabile dictu, truditur è sicco radix oleagina ligno, *Virg.* *Au figuré, bête, stupide :* Caudex, stipes, asinus plumbeus, *Ter.* — Caulis, *tige des plantes, etc.:* Caulis pennarum avium, *Plin.* *Chou, légumes :* Unge caules oleo, *Hor.*

462. *Caula. Ovile.*

Caula *est l'entrée, la porte de la bergerie; et* Ovile, *la bergerie même, le lieu où sont renfermées les brebis :* Ac veluti pleno lupus insidiatus ovili cùm fremit ad caulas, *Virg.*

463. *Causa. Ratio.*

*Il y a cette différence entre* causa *et* ratio, *que* Causa *est ce qui produit un effet :* Semen et causa bellorum, *Cic.* — Ratio *est l'ordre des choses qui résultent de la cause :* Nulla est ratio amittere ejusmodi occasionem, *Cic.* Nùm parva causa, aut parva ratio est? Traditus sum mulieri, *Ter.* *Ces deux mots ont différentes significations :* Ratio *signifie* 1° *égard :* Habere rationem officii, *Cic.* 2° *la raison :* Cujus rationis ratio non exstat, ei rationi ratio non est fidem facere, *Cic.* 3° *compte :* Rationem exactam habere, *Cic.* 4° *rapport, commerce :* Quæ ratio tibi cum eo intercesserat? *Cic.* Similium inter se ratio, *Id.* Causâ videndi, *pour voir.* Contumeliæ causâ, *Ter.*, *dans la vue d'offenser.* Temporis causâ, *Cic.*, *eu égard aux circonstances, au temps.* Verbi causâ, *Id.*, *par exemple.* Pro causâ faciendi, *Cæs.*, *sous prétexte de faire. Les bons auteurs ont plutôt dit* causâ meâ, tuâ, vestrâ, suâ, etc., *que* causâ meî, tuî, vestrî, etc. : Quis est qui facit nihil, nisi suâ causâ? *Cic.* Te abesse meâ causâ molestè fero; tuâ gaudeo, *Id.*

464. *Causa. Lis.*

Causa, *synonyme de* lis, *se prend pour cause, affaire, parti :* Indictâ causâ damnari, *Cic.* In causam descendere, *Id.*, *entrer en matière.* Tradere causam adversariis, *Ter.*, *donner gain de cause à ses adversaires.* Indormire causæ, *Cic.*, *s'endormir dans une affaire, la négliger.* Qui in eâdem causâ, in quâ ego, fuisset, *Id.*, *qui avait suivi le même parti que moi.* — Lis, *procès, contestation :* Componere lites, *Virg.* Atris litibus implicitus, *Hor.* Adhuc sub judice lis est, *Id.* Lites sunt inter illos, *Plaut.*, *ils ont des contestations entre eux.*

465. *Causam componere. Causam judicare.*

Causam componere, *arranger une affaire :* Cùm domesticum tempus in cognoscendis componendisque causis, forense in agendis consumeret, *Cic.* — Causam judicare, *juger une affaire, prononcer juridiquement :* Est hæc causa quasi quædam appendicula causæ judicatæ atque damnatæ, *Cic.* Causam componit amicus; judicat magistratus.

466. *Causam dicere. Causam perorare.*

Causam dicere, *plaider une cause;* Causam perorare, *achever de la plaider :* Dicta est à me causa, judices, et perorata, *Cic.*

467. *Causam sustinere, defendere.*

Causam sustinere, 1° *soutenir une cause, s'en charger :* Non putat se sustinere causas posse multorum, *Cic.* 2° *porter l'odieux d'une chose :* In quem ne, si insidiis quidem ille interfectus esset, caderet ulla suspicio; nunc verò cùm de Magio constet, nonne furor ejus omnem causam sustinet? *Cic.*—Defendere causam, *défendre une cause :* Jus anceps novi, causas defendere possum, *Hor.*

468. *Causari. Prætexere.*

Causari (*de* causa), *apporter, alléguer pour cause :* Morbum causari, *Cic.* *Il se prend pour intenter un procès :* Nec causanti pupillo sic tutor irascatur, ut non remaneant amoris vestigia, *Quint.*—Prætexere (texere præ), *proprement, faire un tissu devant, couvrir :* Prætexens pictâ ferrugine cœlum, *Tibul.* Quid referam Baias, prætextaque littora velis? *Ovid.* *Au figuré, pallier une chose, prétexter :* Non tamen Anna novis prætexere funera sacris germanam credit, *Virg.*, *Anne ne soupçonne point que sa sœur déguise les apprêts de sa mort sous cette apparence de sacrifice.* Hoc prætexit nomine culpam, *Id.*

469. *Cautio. Satisdatio. Satisdatum.*

Cautio (de cavere), *précaution, prévoyance :* A malis naturâ declinamus; quæ declinatio, si cum ratione fit, cautio appellatur, *Cic.* *Il se prend pour sûreté, moyen de sûreté :* Tua cautio, nostra cautio est, *Cic.* Est ex conditione juris, cautionis firmissimum testimonium, *Id.*, *c'est une forte preuve selon le droit, de prendre des sûretés.* Cautiones fiebant pecuniarum, *Id.*, *on donnait des sûretés de l'argent reçu.* — SATISDATIO, *présentation de caution, l'action de donner caution :* Præstare satisdationem, *Ulp.* — SATISDATUM, *le cautionnement même, la garantie :* Illi turpe arbitror, eo nomine quod satisdato debeat, procuratores ejus non dissolvere, *Cic.*

470. *Cautionem habere, adhibere.*

CAUTIONEM HABERE, *avoir lieu à prévoyance, demander de la prévoyance :* Quæ provideri poterunt, non fallar in iis; quæ cautionem non habebunt, de iis non ità valdè laboro, *Cic.* Beneficentia habet multas cautiones, *Id.*—CAUTIONEM ADHIBERE, *user de prévoyance :* Ut adhibeam quamdum cautionem, *Cic.* In rebus quæ cautionem habent, cautionem non adhibere, temeritatis est.

471. *Cautus. Consideratus. Providus.*

CAUTUS (*de* cavere), *qui use de précaution, qui est sur ses gardes :* Nemo minùs timidus, nemo cautior : res declarat, *Cic.* *Au figuré :* Consiliis cautioribus uti, *Cic.* Quò res mulieri esset cautior, *Id.*, *afin que le bien de la femme fût plus en sûreté.* Cautos nominibus certis expendere nummos, *Hor.*, *prendre toutes les sûretés pour bien placer son argent.* Cauti nummi, *des deniers placés avec précaution.*—CONSIDERATUS, *circonspect, qui réfléchit :* Quintus unà in re paulò minùs consideratus, *Cic.* *Il se prend passivement, parlant des choses :* Considerata tarditas, *Cic.* Dare consilium consideratum, *Id.* — PROVIDUS (videre pro), *qui voit de loin, prévoyant :* Cautus et providus homo, *Cic.* Mens provida rerum futurarum, *Id.* Cautus periculum vitat; consideratus nihil temerè suscipit; futura prospicit providus.

472. *Cavea. Cavus.*

CAVEA, *synonyme de* cavus, *une cage, un lieu où l'on renferme les oiseaux et les bêtes féroces :* Avis inclusa caveâ, *Cic.* E caveâ leo missus, *Id.* — CAVUS, *trou :* Macra cavum repetes arctum, quem macra subisti, *Hor.*

473. *Cavea. Circus. Consessus.*

CAVEA (*de* cavus), *amphithéâtre, grand édifice bâti en rond, dont l'intérieur était distribué en degrés qui entouraient l'arène, et d'où l'on voyait les combats des gladiateurs et des bêtes ; c'est aussi un lieu élevé par degrés vis-à-vis de la scène, d'où les spectateurs voient plus commodément :* Qui clamores totâ caveâ in hospitiis et amici mei Pacuvii fuerunt novâ fabulâ, *Cic.* — CIRCUS, *cirque, lieu destiné, chez les anciens Romains, pour les jeux publics, et particulièrement pour les courses de chevaux et de chariots. Les cirques étaient de figure ovale.* Capax populi circus, *Ovid.* Nescis herì quartum in circo diem ludorum romanorum fuisse, *Cic.*—CONSESSUS (sedere cum), *se dit de personnes quelconques assises dans le même lieu :* Consessus curiæ, *Cic.* Consessum caveæ clamoribus implet, *Virg.*

474. *Cavere. Declinare.*

CAVERE, *prendre garde :* Nihil credam et omnia cavebo, *Cic.* Cavere *est l'effet de la prévoyance.* — DECLINARE, *se détourner pour éviter :* Declinare ictum, *Liv.*, *esquiver, éviter le coup par un mouvement. Au figuré :* A religione officii declinare, *Cic.*, *s'écarter de son devoir.* Hùc declinabam non invitus, *Id.*, *c'était par là que je me détournais assez volontiers.* Cavemus quæ provideri possunt; furiosi hominis impetum declinare prudentius est quàm sustinere.

475. *Cavere aliquem. Cavere ab aliquo.*

CAVERE ALIQUEM, *se donner de garde de quelqu'un :* Ut considerares quibus crederes, et quos caveres, *Cic.* — CAVERE AB ALIQUO *est quelquefois pris dans le même sens :* Qui ab homine nefario non caverit, *Cic.* *Quelquefois* cavere ab aliquo *signifie demander caution à quelqu'un :* At tibi ego, Brute, non solvam, nisi priùs à te cavero, *Cic.*, *Brutus, je ne vous payerai point que vous ne m'ayez donné des assurances.*

476. *Caverna. Antrum. Specus. Spelunca. Spelæum.*

CAVERNA (*de* cavus, *cavité, creux :* Elicere ferrum ex cavernis terræ. *Cic.* Cavernas ingentes milite complent, *Virg.*, *parlant du cheval de bois.* — ANTRUM, *antre, ne se trouve qu'en poésie :* Abdita antra, *Ovid.* Exesæque arboris antro, *Virg.* — SPECUS, *trou profond :* Ex infimo specu, *Liv.* Est specus in medio silvis et vimine densus, *Ovid.* — SPELUNCA (*et* SPELÆUM *en poésie*), *antre, caverne, retraite des bêtes fauves :* Spelunca alta fuit, vastoque immanis hiatu, *Virg.* Ex speluncâ saxum in crura ejus incidit, *Cic.* Certum est in silvis inter spelæa ferarum malle pati, *Virg.*

477. *Cavillatio. Dicacitas.*

CAVILLATIO, *dit Cicéron,* genus facetiæ, quod fit mentiendo. — DICACITAS, *selon Quintilien,* est sermo cum risu aliquos incessens. *Cicéron lui donne l'épithète de* scurrilis : Scurrilis oratori dicacitas magnoperè fugienda est. *Le même auteur distingue ainsi ces deux mots :* Cùm duo genera sint facetiarum, alterum æqualiter fusum in omni sermone, alterum peracutum et breve : illa à veteribus superior, cavillatio ; hæc altera dicacitas nominata est. Cavillatio frivola est ; dicacitas, salsa.

478. *Celare. Silere. Tacere. Obticere. Reticere. Conticere. Obmutescere.*

CELARE, *céler, ne pas donner à connaître :* Non celavi te sermonem, CIC. De armis, de insidiis celare te voluit, *Id.* Celare hamos cibis, OVID.—SILERE, *ne rien dire, être en silence :* Muta silet virgo, OVID. *Au figuré :* Inter arma silent leges, CIC. — TACERE, *se taire lorsqu'on pourrait ou devrait parler :* Si cùm cæteri de nobis silent, non etiam nos taceamus, grave est, CIC. Silete, atque tacete, atque animum advertite, TER. *Au figuré :* Cùm tacet omnis ager, VIRG. — OBTICERE, *se taire, n'oser continuer de parler, se laisser fermer la bouche :* Virgo conscissâ veste lacrymans obticet, TER. Turpiter obticuit sublato jure nocendi, HOR. — RETICERE, *cacher quelque chose par son silence :* Neque enim id est celare quidquid reticeas ; sed cùm quod tu scias, id ignorare emolumenti tui causâ velis eos, quorum intersit scire, CIC. Dolorem reticere, PROPERT. — CONTICERE (tacere cum), *garder un profond silence, se taire tous ensemble :* Conticuêre omnes, VIRG. *Au figuré :* Cùm obmutuisset senatus, judicia conticuissent, CIC. Celare *est opposé à* publicare ; tacet qui loqui desinit ; qui silet, nondùm cœpit ; conticent qui undiquè silentium præstant ; dolorem reticemus ; quorum nos pudet obticemus. — OBMUTESCERE, *devenir muet, ne savoir que dire :* Aspectu obmutuit amens, VIRG. *Au figuré, n'être plus en usage :* Lydius lapis Sardibus emebatur, qui nunc obmutuit, PLIN., *on n'en parle plus.*

479. *Celebrare. Frequentare.*

CELEBRARE, *publier, célébrer :* Res clara atque omnium sermone celebrata, CIC. Natales celebrare, HOR. — FREQUENTARE, *fréquenter, rendre fréquent, donner de la célébrité :* Frequentare commercium epistolarum, SEN., *entretenir un commerce fréquent de lettres.* Frequentari domus dicitur, quæ à multis aditur, CIC. Quem tamen populum nisi tabernis clausis frequentare non poteras, *Id.*, *vous ne pouviez faire assembler ce peuple en grand nombre, qu'en faisant fermer les boutiques.* Ad triumphum frequentandum, CIC., *pour donner plus de pompe au triomphe.*

480. *Celebratio. Celebritas.*

CELEBRATIO, *célébration, fréquentation, l'action de rendre célèbre :* Celebratio ludorum, CIC., *la célébration, la représentation des jeux.* Celebrationem habere, PLIN., *être fréquenté, visité.* — CELEBRITAS, *célébrité, affluence :* In maximâ celebritate vivere, CIC. Celebritatem ludis addere, LIV., *donner de la célébrité aux jeux ; on ne dirait pas* celebrationem. Celebritas virorum ac mulierum, CIC., *concours, affluence d'hommes et de femmes. Dans ce sens il est opposé à* solitudo. Me hæc solitudo minùs stimulat, quàm ista celebritas, CIC. Suâ celebritate aliquem honestare, *Id.*, *faire cortége à quelqu'un, par honneur.* Celebratio ludorum *est la célébration des jeux,* celebritas *est leur célébrité.*

481. *Celerare. Festinare. Maturare. Properare. Accelerare.*

CELERARE, *faire diligence, avancer :* Agere et celerare statuit, TAC. — FESTINARE, *faire avec diligence et précipitation :* Quæ causa, cur Romam festinaret ? CIC. Quid hæc tanta festinatio, celeritasque ? *Id.* Mea autem festinatio non solùm victoriæ avida est, sed etiam celeritatis, *Id.* — MATURARE, *proprement, donner la maturité :* Uva primò est peracerba gustatu, deindè maturata dulcescit, CIC. *Au figuré : faire de bonne heure par précaution :* Quod ut faceres, idque maturares, magnoperè desiderabat respublica, CIC. — PROPERARE, *se presser, terminer promptement et à la hâte :* Rem properavi deducere in judicium, CIC. Indè ventis remisque in patriam omni festinatione properavit, *Id.* Multa forent quæ mox cœlo properanda sereno maturare datur, VIRG., *il peut travailler par avance à plusieurs ouvrages qu'il faudrait faire avec précipitation dans les beaux jours.* Festinat quem urget necessitas, aut cupiditas ; celerat qui moræ periculum sentit ; properat qui citiùs, quàm diligentiùs conficit, ut aliud agat ; maturat, qui rem tempestivè perfectam cupit. — ACCELERARE (celerare ad), *se hâter d'atteindre un but :* Si accelerare volent, ad vesperam consequentur, CIC.

482. *Cella. Sacrarium. Sacellum.*

CELLA, *pris pour un lieu saint, est comme un sanctuaire :* Armatos in cellâ Concordiæ inclusit, *CIC.* In cellâ Jovis exsul habitabat, *LIV.* — SACRARIUM, *lieu où l'on met les choses saintes :* Sacrarium Bonæ Deæ, *CIC. Il se prend pour un lieu consacré, une chapelle domestique :* Sacrarium erat apud Heium cum magnâ dignitate in ædibus à majoribus traditum, *CIC.* — SACELLUM, *un lieu consacré et environné d'un mur sans toit :* Exiit in quoddam sacellum ominis capiendi causâ, *CIC. Il se dit d'un petit temple :* Modicum sacellum Jovi conservatori aramque posuit, *CIC.*

483. *Censere. Sentire.*

CENSERE, *être d'avis sur un exposé :* De re istâ censeo ut C. Pansa, *CIC.* Censere *signifie aussi faire l'état, la déclaration de son bien :* In quâ tribu ista prædia censuisti? *CIC., en quelle tribu avez-vous donné la déclaration de ces héritages?* — SENTIRE, *être convaincu intérieurement :* De cæteris rebus quid senserim, quidve censuerim audisse te arbitror, *CIC.* Sentire *se dit du corps et de l'âme :* Quidam sensûs stupore suavitatem cibi non sentiunt, *CIC.* Animos hominum post mortem vigere et sentire, *Id.* Sentiat quos attentârit, *PHÆD., je lui ferai connaître à qui il se joue.* Multi inter deliberandum, quod alii censuerint, suffragio comprobant magis, quàm quid ipsi sentiant, operiunt. Sentire *ne se dit jamais de l'odorat ; on dit* olfacere, odorari. *Voyez ces mots.*

484. *Cento. Centunculus.*

CENTO, *pièces rapportées :* Centones super injecerunt, ne tela contabulationem perfringerent, *CÆS. Au figuré :* Quin in alium quæras, cui centones sarcias? *PLAUT. C'est aussi un poëme composé de vers pillés de côté et d'autre.* — CENTUNCULUS (*diminutif de* cento), *guenillon :* Mulis strata detrahi jubet, binisque tantùm centunculis relictis, *LIV.*

485. *Centuria. Decuria.*

CENTURIA (*de* centum), *centurie, compagnie de cent hommes. Le peuple romain était divisé par centuries; chaque centurie donnait son suffrage séparément :* Ei paucæ centuriæ ad consulatum defuerunt, *CIC.* — DECURIA (*de* decem), *bande de dix hommes, classe de juges :* Lex promulgata est de tertiâ decuriâ judicum, *CIC.*

486. *Centuriata Lex. Curiata Lex.*

CENTURIATA LEX, *loi établie par le peuple romain assemblé par centuries.* — CURIATA LEX, *loi approuvée dans les assemblées par curies :* Centuriata lex censoribus ferebatur, cùm curiata cæteris patriciis magistratibus, *CIC.* Centuriata lex *était regardée comme la plus authentique. Cicéron se glorifie d'avoir été rappelé de son exil* lege centuriatâ.

487. *Cerebrosus. Ceritus.*

CEREBROSUS (*de* cerebrum), *homme dont la cervelle s'échauffe aisément :* Senex hic cerebrosus est certè, *PLAUT.* — CERITUS *ou* CERRITUS *pour* Cereritus (*de* Ceres), *tourmenté de la colère et de l'indignation de Cérès :* Ceritus fuit, an commotæ crimine mentis? *HOR.*

488. *Cereus. Cerinus. Ceratus.*

CEREUS, *de cire :* Imago cerea, *HOR.* Effigies cerea, *Id. Au figuré, facile à recevoir diverses impressions :* Cereus in vitium flecti, *HOR.* — CERINUS, *de couleur de cire :* Cerinum vestimentum, *PLAUT.* — CERATUS, *enduit de cire :* Rates ceratæ, *OVID.* Ceratæ tædæ, *Id.*

489. *Certè. Certò. Sanè.*

CERTÈ, *sans doute, du moins :* Certè aliquid boni attulimus juventuti, *CIC., certainement nous avons procuré quelque avantage aux jeunes gens.* Homines mortem optare incipiant, vel certè timere desistant, *Id., ou au moins qu'ils cessent de l'appréhender.* — CERTO, *certainement, à n'en pouvoir douter :* De quo etiam nihil scribente me, te non dubitare certò scio, *CIC.* Certè scio illud, *il est certain que je sais cela ; au lieu que* certò scio illud *veut dire, je le sais de science certaine.* — SANÈ, 1° *affirme :* Sanè vellem obsequi voluntati tuæ, *CIC.* Sanè molestè Pompeium id ferre constabat, *Id.* 2° *il sert pour la figure de rhétorique appelée concession :* Quid habet commodi, quid non potiùs laboris? sed habeat sanè, *CIC.*

490. *Certus. Compertus. Ratus. Exploratus.*

CERTUS, *certain, sûr :* Incerta hæc si tu postulas ratione certa facere, nihilò plus agas, *TER.* Per littora certos dimittam, *VIRG.* Dein portat onus ignotum certis mensibus, *PHÆD., ce qui est un autre sens : un certain nombre de mois. De même,* In certa verba jurant, *LIV., ils font serment selon certaines formules.* — COMPERTUS, connu par des preuves: Manifestò compertum facinus, CIC. — RATUS, 1° *fixé:* Astrorum rati et immutabiles cursus, CIC. Aliquid ab omni æternitate certum fuisse, esse venturum rato tempore, *Id:* 2° *approuvé, ratifié:* Ista ipsa quæ te emisse scribis, non solùm mihi rata erunt, sed etiam grata, CIC. Testamentum ruptum aut ratum *Id.* — EXPLORATUS, *connu par des recherches et un examen :* Benè provisa et explorata principia, CIC.

491. *Cessare. Desinere. Desistere.*

CESSARE, *ne rien faire, être sans activité:* Nunquam in studio suo cessavit, CIC. Cessare in præliis, LIV. Quid ità cessârunt pedes? PHÆD. At pueri etiam cùm cessant, exercitatione aliquâ delectantur, CIC. — DESINERE (sinere de), *discontinuer :* Desine ei succensere, CIC. Artem desinere, *Id.* Desine mollium tandem querelarum, HOR., *ce qui est un tour grec.*—DESISTERE (stare de), *se départir :* Desistere bello, LIV. A sententiâ desistere, CIC. Mene incœpto desistere victam, VIRG.

492. *Cessatio. Intermissio. Intercapedo.*

CESSATIO, *cessation, défaut d'activité:* Cessatione torpere, CIC. — INTERMISSIO (intermittere), *cessation pour un temps, interruption :* Ut nulla intermissio fiat officii, CIC. — INTERCAPEDO (capere inter), *proprement, espace de temps qui est entre deux :* Me non jam pœnitebat intercapedinem scribendi fecisse, CIC. Nulla est intercapedo molestiæ, *Id.* Cessatio pigrum arguit; intermissio est operis, ut quiescas; intercapedo esse potuit operis jam absoluti, aut continuatæ rei cujuslibet.

493. *Cestus. Zona. Cæstus.*

CESTUS, *ceste, ceinture de Vénus et de Junon; corset que le mari donne à sa femme le jour de ses noces :* Spirans blando numine certus, CLAUD.—ZONA (*de* ζωννύω, *ceindre*), *ceinture :* Brevis zona constringit sinus, SEN. Zonam solvere, CATUL., *détacher sa ceinture, signifie aussi payer. Les anciens y mettaient leur argent.* Zonas quas plenas argenti extuli, eas ex provinciâ inanes retuli, GEL. *Il y a cinq parties du ciel qu'on appelle zones :* Quinque tenent cœlum zonæ, VIRG.—CÆSTUS *est un gantelet.* (*Voyez* Cingulum.)

494. *Ceu. Sivè. Seu.*

CEU (*adverbe de comparaison*), *comme :* Adversi rupto ceu quondam turbine venti, VIRG. Animalia quæ semper defossa vivunt, ceu talpæ, PLIN. *Il signifie aussi, comme si :* Ceu verò nesciam! PLIN., *comme si je ne savais pas!*—SIVÈ *et* SEU, *soit, ou:* Sivè uxor, sivè soror, TER., *qu'elle soit ou sa femme, ou sa sœur.* Sive dolo, seu jam Trojæ sic fata ferebant, VIRG.

495. *Chiragra. Podagra.*

CHIRAGRA (χεὶρ, *main, et* ἄγρα, *douleur*), *est la goutte aux mains :* Postquàm illi justa chiragra contudit articulos, HOR.— PODAGRA (*de* ποῦς, *pied, et* ἄγρα, *douleur*), *la goutte aux pieds:* Ardere podagræ doloribus, CIC. *Les poëtes emploient l'un et l'autre indifféremment.*

496. *Chirographum. Syngrapha.*

CHIROGRAPHUM (*de* χεὶρ, *main, et* γράφω, *j'écris*), *seing, signature:* Quo me teste convinces? an chirographo? At litteræ sunt librarii manu, CIC. Mittere chirographo suo litteras, *Id.*—SYNGRAPHA (*de* σύν *et de* γράφω, scribo), *promesse par écrit, obligation:* Ex syngraphâ agere, *Id., poursuivre quelqu'un en justice, en vertu de son obligation.* Chirographa, *dit Asconius,* ab unâ parte servari solent; syngraphæ signatæ utriusque manu, utrique parti servandæ traduntur. *On dit aussi* syngraphus *et* chirographus.

497. *Chorographia. Topographia.*

CHOROGRAPHIA (*de* χῶρος, *région, pays, et* γράφω, describo), *la description générale d'une région, d'une province, d'un royaume.* — TOPOGRAPHIA (*de* τόπος, *et* γράφω), *la description particulière d'un lieu.* (*Voyez aussi* Cosmographia *et* Geographia.)

498. *Cibaria. Cibus. Alimentum. Esca.*

CIBARIA (*de* cibus, *vivres, victuailles:* Facta sunt uberiora cibaria caritate, CIC. —CIBUS, *viande, nourriture :* Tantùm cibi et potionis adhibendum, ut reficiantur vires, non opprimantur, CIC. *Au figuré:* Omnia cibus invidiæ, OVID.—ALIMENTUM (*d'*alere), *ce qui nourrit, ce qui soutient:* Fruges et cætera alimenta, CIC. Alimenta lactis dare puero, OVID. *Au figuré :* Vitiorum alimenta, OVID.—ESCA (*d'*edere), *le manger, mets :* Quæ prima iratum ventrem placaverit esca, HOR. Nux erat esca tibi, OVID. *Au figuré :* Voluptates escæ malorum, CIC. Esca ignis, LIV. Ex collectis ante cibariis suppetit cibus; cibaria verò dicimus ea quibus vesci consueverunt homines, aut animalia; non autem escas omnes, quarum nonnullæ vix quidpiam habent alimenti.

499. *Ciborium. Poculum. Cyathus. Cantharus. Scyphus. Cupa. Trulla.*

CIBORIUM, *la gousse de la fève, qui servait de coupe aux Egyptiens. On a appelé* ciboria *les coupes qui avaient à peu près la même forme :* Oblivioso levia Massico ciboria exple, *HOR. L'Eglise a retenu ce nom, les ciboires.*—POCULUM, *coupe pour boire :* Poscere majoribus poculis, *HOR., demander à boire dans de plus grands verres; il se dit de la liqueur même :* Infundere poculum alicui, *CIC.* —CYATHUS (κύαθος), *gobelet à mesurer le vin que l'on versait dans les tasses :* Tribus aut novem miscentur cyathis pocula commodis, *HOR. Il se dit d'un verre à boire :* Qui musas amat impares ternos ter cyathos attonitus petet vates, *HOR.*—CANTHARUS (κάνθαρος) *était une coupe un peu plus grande, en forme d'escargot; c'était la coupe de Bacchus :* Marius post victoriam cimbricam cantharis potasse Liberi patris exemplo traditur, *PLIN. Cette coupe avait une anse.* — SCYPHUS (σκυφός), *gobelet, godet, qui n'a ni pied ni anse :* Natis in usum lætitiæ scyphis pugnare Thracum est, *HOR.* — CUPA (*de* caupo), *vase à boire dont on se servait dans les cabarets :* Post hoc ludus erat cupâ potare magistrâ, *HOR.*—TRULLA *était, proprement, une cuiller de cuisine à long manche :* Trulla excavata cum manubrio,—*CIC. Il se prend pour un vase à anse, dont se servait le peuple :* Veientanum festis potare diebus campanâ solitus trullâ, *HOR.*

500. *Cidaris. Tiara.*

CIDARIS, *était l'ornement de tête des rois de Perse :* Cidarim regium capitis vocant insigne, *Q. CURT.* — TIARA *et* TIARAS, *la tiare, ornement de tête à l'usage des prêtres et des rois phrygiens :* Phrygiâ vestitur bucca tiarâ, *JUV.* Sceptrumque sacerque tiaras, *VIRG.*

501. *Cingulum. Cingula. Redimiculum.*

CINGULUM (*de* cingere), *ceinture, ceinturon :* Aurea subnectens exsertæ cingula mammæ, *VIRG.*—CINGULA, *féminin, ne se dit que de la sangle d'un cheval :* Et nova velocem cingula lædat equum, *OVID.* — REDIMICULUM (*de* redimire), *ornement de tête ou de cou à l'usage des femmes :* Aure leves baccæ, redimicula pectore pendent, *OVID.* Hæc civitas mulieri redimiculum præbeat, hæc in collum, hæc in crines, *CIC.*

502. *Cinis. Favilla. Scintilla.*

CINIS, *cendre, la poudre qui reste des matières combustibles consumées par le feu :* Postquam collapsi cineres, et flamma quievit, *VIRG.* — FAVILLA, *braise, cendre rouge :* Calens favilla, *HOR.* Et neque jam cineres ejectatamque favillam ferre potest, *OVID. Au figuré :* Venturi prima favilla mali, *PROPERT.* — SCINTILLA, *étincelle :* Cùm saxis pastores saxa feribant, scintillam subitò prosiluisse ferunt, *OVID. Au figuré :* Scintilla belli, *CIC.* Favilla *présenterait une autre idée.*

503. *Circà. Circùm. Circumcircà. Circiter.*

CIRCA *et* CIRCUM *paraissent être les mêmes; il est bon cependant d'observer que* circà *signifie mieux aux environs, et* circùm, *auprès, autour :* Cùm Rullus Capuam et urbes circà Capuam occupârit, *CIC.* Circùm *serait peut-être moins juste. De même,* templa quæ circùm forum sunt, *Id.* Circà *marquerait peut-être plus d'éloignement.*—CIRCUMCIRCA, *tout autour, de tous côtés :* Cùm ab Æginâ Megaram versùs navigarem, cœpi regiones circumcircà prospicere, *CIC.*—CIRCITER, *environ, à peu près :* Circiter meridiem, *CÆS., on sous-entend* ad. Loca hæc circiter excidit mihi, *PLAUT., sous-entendu* per; *je l'ai perdu aux environs d'ici.* In media circiter urbe, *CÆS.*

504. *Circinare. Circulare.*

CIRCINARE (*de* circinus, *compas*), *proprement, tracer un rond avec le compas :* Circinata rotunditas, *PLIN. Il se prend plus généralement :* Inclinat cursus, et easdem circinat auras, *OVID.*—CIRCULARE (*de* circulus), *faire un rond, aller en formant un cercle :* Videt oscitantem judicem, colloquentem cum altero, nonnunquam etiam circulantem, *CIC., faisant des ronds avec sa tête endormie.*

505. *Circulator. Institor.*

CIRCULATOR (*de* circum, *et de* fero, tuli, latum), *charlatan qui débite des drogues dans les places publiques, qui va de ville en ville, de village en village :* Quod per quædam medicamenta circulatores faciunt, *CELS. Au figuré :* Circulator auctionum notissimus, *CIC., huissier-priseur très-connu.* — INSTITOR (stare in), *colporteur, qui se tient là pour vendre, qui étale :* Urbi frequentandæ multitudo institorum retenta, *LIV. Au figuré :* Institor eloquentiæ, *QUINT., qui fait trafic d'éloquence.*

506. *Circulus. Orbis. Orbita. Rota. Globus. Gyrus. Spira.*

CIRCULUS, *cercle :* Circulos suos et orbes conficiunt celeritate mirabili stellæ,

CIC. *Au figuré : se dit des réunions en soirées, etc.* : In circulis et in conviviis sermo liberior, CIC. — ORBIS, *rond* : In orbem volvi, LIV., *se mettre en rond.* Orbis, *le monde, l'univers, parce qu'il est rond. Au figuré* : In Thucydide orbem orationis desidero, CIC., *le style de Thucydide n'est point assez périodique.* — ORBITA (*d'*orbis), *ornière, orbite, route que décrit une planète* : Ut vix impressam orbitam videre possis, CIC. Orbita lunæ, VIRG., *l'orbite de la lune.* — ROTA, *roue* : Orbis rotarum, PLIN., *la circonférence des roues.* — GLOBUS, *globe* : Globus terræ, CIC. Ex solidis globus, ex planis autem circulus, aut orbis, *Id.* — GYRUS (*de* γυρός), *tour en rond* : In gyrum equum cogere, CIC. *Au figuré* : Homines secundis rebus effrænatos tanquam in gyrum rationis duci oportet, CIC., *il faut ramener dans le cercle de la raison ceux que la prospérité a rendus insolents.* — SPIRA, *tour, entortillement en ligne spirale.* Spira *convient bien aux serpents* : Anguis se colligit in spiram, VIRG. Ut signarent astrorum orbes, varios in cœlo circulos astronomi finxerunt, atque etiam orbitas, quamvis sol et luna non prorsùs in eosdem quotidiè gyros revolvi, sed in spiram ferri videantur.

507. *Circumstare. Circumsistere.*

CIRCUMSTARE, *proprement, être debout autour* : Desinant circumstare tribunal prætoris urbani, CIC. Ad circumstantes vertit sua brachia silvas, OVID. *Au figuré* : Circumstant te summæ auctoritates, CIC. In tot circumstantibus malis mansit aliquandiù immota acies, LIV. — CIRCUMSISTERE, *se mettre autour, investir* : Hæc cùm maximè loqueretur, sex lictores circumsistunt valentissimi, CIC.

508. *Circumvenire. Circuire. Circumire. Circumvadere.*

CIRCUMVENIRE, *venir autour, entourer* : Nostros circumvenerunt latere aperto, CÆS. *Au figuré* : Multa senem circumveniunt incommoda, HOR. — CIRCUIRE, *aller autour* : Cæcina cùm circuiret prædium, venit in istum fundum, CIC. Cùm equites nostrum cornu circuire vellent, recipere me cœpi, *Id.* — CIRCUMIRE *est le même* : Circumiri tentoria jussit, TAC. Circumire saucios, *Id., visiter les blessés. Au figuré* : Circumire aliquem, TER., *abuser quelqu'un.* — CIRCUMVADERE, *fondre autour, se jeter sur, de tous côtés : il se dit mieux au figuré* : Circumvasit urbem terror, LIV.

509. *Circumvenire. Circumscribere.*

CIRCUMVENIRE, *au figuré, est encore synonyme de* CIRCUMSCRIBERE. *Il signifie circonvenir, surprendre, abuser* : Acerbum est ab aliquo circumveniri, acerbius à propinquo, CIC. — CIRCUMSCRIBERE *est proprement circonscrire, décrire un cercle* : Circumscribere orbem, CIC. Curriculum vitæ circumscripsit nobis natura, CIC. Prætorem circumscribere, *Id., arrêter les entreprises du préteur. Au figuré, faire tomber dans le piége* : Adolescentulos circumscribunt, *Id.*

510. *Cis. Citrà.*

CIS *et* CITRA, *en deçà, avec cette différence que* cis *se met particulièrement avec les noms de fleuves ou de montagnes* : Cis Rhodanum, cis Ligerim, cis Alpes, CIC. *Au lieu que* citrà *se dit de tout lieu* : Qui sunt citrà Rhenum, CÆS. Citrà forum, citrà templum, CIC. Natus citrà mare, HOR. *Au figuré, sans* : Citrà æmulum aliquid facere, QUINT. Citrà senatûs populique auctoritatem, SUET.

511. *Citus. Properus. Præproperus. Festinus. Rapidus. Velox. Celer. Levis. Pernix. Præpes. Alacer. Promptus.*

CITUS (*de* ciere), *poussé vite* : Incessus modò citus, modò tardus, SALL. — PROPERUS, *qui se hâte et qui est hâté* : Properam ancillam video venientem, PLAUT. Cursus properus, OVID. — PRÆPROPERUS *ajoute à l'idée de* properus : Ex tuis litteris cognovi præproperam quamdam festinationem, CIC. — FESTINUS, *qui s'empresse de faire une chose* : Cursu festinus anhelo, OVID. — RAPIDUS (*de* rapere), *rapide, véhément* : Venti rapidi, VIRG. Rapidus amnis, *Id. Au figuré* : Nunquam rapidam orationem coerceas, CIC. — VELOX, *vif, qui va vite, tant au physique qu'au moral* : Veloi animus, HOR. Pedites velocissimi, CÆS. Nihil est annis velocius, OVID. — CELER, *qui fait diligence, qui ne perd pas de temps* : Evaditque celer ripam irremeabilis undæ, VIRG. Oderunt sedatum celeres, HOR. Animus celer, VIRG. — LEVIS, *léger, qui n'est point pesant* : Levis exsilit, HOR. Pondus leve, OVID. *Au figuré* : Homo levis, CIC., *un homme léger, inconstant.* Spes levis, HOR. — PERNIX (nili per), *qui tâche d'avancer* : Pedibus celerem et pernicibus alis, VIRG. *Au figuré* : Et amata relinquere pernix, HOR. — PRÆPES (*de* præpeto, *devancer*), *prompt dans son vol* : Avis præpes, CIC. Præpetibus pennis ausus se credere cœlo, VIRG. — ALACER, *gai, vif* : Equus alacer, CIC. Ille enim verò adsilit donationis alacer certæ gaudio, *PHÆD.* — PROMPTUS (*de* promere), *tiré, mis dehors :* Aliud clausum in pectore, aliud in linguâ promptum habere, *SALL. Au figuré, tout prêt, disposé :* Gallorum ad bella suscipienda alacer et promptus animus, *CÆS.* Facilis et prompta responsio, *Id. La promptitude fait commencer aussitôt*, promptus ; *la célérité fait agir tout de suite*, celer ; *la vitesse emploie tous les moments avec activité*, citus. *La promptitude exclut les délais; la célérité ne souffre point d'interruption ; la vitesse est ennemie de la lenteur.*

### 512. *Civicus. Civilis.*

*Ces deux mots sont souvent employés indifféremment :* Civica jura, *CIC.* Civilia jura, *Id.* Furor civilis. Rabies civica, *Id. On peut cependant observer que* civicus *se dit plus particulièrement de ce qui concerne les citoyens; et* civilis, *de ce qui regarde la ville, l'état.* Scientia civilis, *QUINT., la science de gouverner un état.* Civica corona, *CIC., couronne accordée à un citoyen pour en avoir sauvé un autre.* Civilis *se prend aussi pour civil, honnête :* Agere se civilem, *SUET., se montrer civil.*

### 513. *Civis. Concivis. Popularis.*

CIVIS (*de* coire, quasi coivis), *celui qui habite la même ville.* Colebatur à civibus, et ab omnibus advenis visebatur, *CIC.* — CONCIVIS *est un mot barbare : les bons auteurs ne disent point* concives mei, *mais* cives mei. — POPULARIS, 1° *du peuple :* Cœtus populares, *CIC.* 2° *populaire :* Nec quisquam malis artibus posteà tam popularis esset, *LIV.* 3° *de la même nation :* Et hoc Anaximandro populari et sodali suo non persuasit, *CIC. Salluste a dit* popularis *pour complice :* Popularis conjurationis.

### 514. *Civis. Incola.*

CIVIS, *synonyme d'*INCOLA, *a un rapport particulier à la société politique, et désigne un membre de l'état.* Incola, *l'habitant, se dit uniquement par rapport au lieu de la résidence ordinaire, quel qu'il soit, ville ou campagne :* Eques romanus ex hâc urbe, civis hujus reipublicæ, *CIC.* Civis boni summa ratio et æquitas est, commoda civium defendere, *Id.* Coloneus ille locus, cujus incola Sophocles fuit, *CIC.* Socrates totius mundi se incolam et civem arbitrabatur, *Id.*

### 515. *Civitas. Urbs. Oppidum.*

CIVITAS (*de* coire) *désigne une totalité de citoyens, qui fait un corps politique :* Cœtus hominum jure sociati, quæ civitates appellantur, *CIC. Il se prend, dans Jules César, pour une petite nation :* Hoc idem fit, urbes incenduntur in reliquis civitatibus. — URBS *est la ville et ses édifices :* Domicilia conjuncta, quas urbes dicimus, mœnibus sepserunt, *CIC.* Liberasti urbem periculo, et civitatem metu, *Id.* — OPPIDUM (*d'*ops, is), *place forte :* Oppidorum appellationem usurpatione appellatam esse existimo, quòd opem darent, *CIC.* Oppidum *se disait de toutes les villes, excepté de Rome, qui fut appelée la première* urbs, *d'où on lit, dans les historiens latins :* Ab urbe conditâ, *pour dire : depuis la fondation de Rome. Ce n'a été que dans la suite qu'on a appelé* urbes *les autres villes.* Ejus modi conjunctionem tectorum oppidum vel urbem appellârunt, *CIC.* Oppidum *se dit mieux des petites villes. On a confondu* urbs *et* oppidum : Pharæ, urbs Thessaliæ, in quo oppido, etc., *CIC., parlant de la même ville.*

### 516. *Clades. Strages.*

CLADES (*de* κλάδος, ramus), *se dit proprement d'une branche rompue par le vent, ou autrement ; au figuré, perte, défaite :* Mutium, cui posteà Scævolæ à clade dextræ manûs cognomentum inditum, *LIV.* Afferre magnam cladem populo, *CIC.* Clades exercituum, *TAC., la défaite des armées.* — STRAGES (*de* sternere), *abatis :* Strages arborum, *LIV. Au figuré, renversement, ravage :* Quas ego pugnas, et quantas strages edidi ? *CIC.*

### 517. *Clàm. Clanculùm. Occultè. Furtìm. Furtivè. Obscurè. Secretò. Tacitè.*

CLAM, *à l'insu :* Multa palàm domum suam auferebat ; plura clàm de medio removebat, *CIC.* Clam (*préposition, se met avec l'accusatif ou l'ablatif*) : Timens ne ejus facinora clam vos essent, *SALL.* Clam præceptore, *CIC.*—CLANCULUM (*son diminutif*), *à la sourdine :* Consecutus est me clanculùm ad fores, *PLAUT.* Clanculum (*préposition, ne se met qu'avec l'accusatif*) : Clanculum patrem, *TER.* — OCCULTÈ (quasi ab oculo), *en cachette, loin de la vue :* Per istos, quæ volebat, in navem clàm imponenda, occultè exportanda curabat, *CIC.* — FURTIM (*de* fur), *à la dérobée :* Furtìm tota Ægyptus decemviris traditur, *CIC.* — FURTIVÈ, *à la dérobée, parlant d'une chose faite :* Certiorem esse te volui, ne quid furtivè accepisse censeas, *PLAUT.* — OBSCURÈ, *dans les ténèbres :* Serpit obscurè hoc malum, *CIC.* Non agam obscurè, *Id.*—SECRETO (seorsim cernere), *à part :* Secretò colloqui, *CIC.* Secretò ambulare, *Sen.* — Tacitè *et* Tacito, *sans bruit :* Fugam tacitò molitur, *Cic.* Clàm aut clanculùm agit, qui palàm non audet ; occultè serpit, qui detegi non vult ; furtìm adrepit, aufert, elabitur, qui reprehendi non vult ; obscurè agit, qui lucem metuit ; secretò peragit, parat aut colloquitur, qui testes aut conscios fugit ; tacitè quidpiam agit aut meditatur, cui strepitus aut verba noceant.

518. *Clamare. Vociferari.*

Clamare : *il se prend ordinairement pour parler à haute voix :* Ego quod facio, me omnium vestrûm causà facere clamo atque testor, *Cic. On oppose élégamment* clamare *à* dicere : Quid in dicendo possit, nunquam satis attendi ; in clamando quidem video illum esse benè robustum atque exercitatum, *Cic.* — Vociferari (vocem ferre), *pousser de grands cris dans la douleur ou l'indignation :* Vociferari palàm, lacrymas interdùm vix tenere, *Cic.* Talia vociferans, gemitu tectum omne replebat, *Virg.*

519. *Clamator. Declamator. Rabula.*

Clamator, *crieur, criailleur :* Ut intelligi possit quem existimem clamatorem, quem oratorem fuisse, *Cic.*—Declamator, *déclamateur : on appelait ainsi les rhéteurs qui faisaient des exercices d'éloquence dans leurs écoles :* Non eum declamator aliquis ad clepsydram latrare docuerat, *Cic.*—Rabula (*de* rabies), *un avocat qui crie comme un enragé :* Rabulæ qui et indocti planè, aut inurbani, aut rustici fuerunt, *Cic.* Non declamatorem aliquem de ludo, aut rabulam de foro quærimus, *Id.*

520. *Clamosus. Clamatorius.*

Clamosus, *qui crie en parlant :* Clamosi ferè sunt qui litteras nesciunt, *Quint.* Altercator clamosus et turbidus, *Id.* Clamosus circus, *Juven.*— Clamatorius, *qui regarde la déclamation :* Clamatorium genus, *Cic.*

521. *Claritas. Claritudo.*

Claritas *et* Claritudo, *selon Festus et Nonnius, sont les mêmes ; on doit cependant observer,* 1° *que* claritas *se dit au propre et au figuré :* Claritas solis, *Plin.* Claritas vocis, *Cic., netteté de la voix.* Claritas vitæ, *Tac., éclat de la vie.* Claritudo *ne se dit qu'au figuré :* Ad omnem claritudinem sublatus, *Tac.* Familiæ claritudo, *Id.* 2° Claritudo *désigne mieux quelque chose d'habituel et de subsistant. On dirait bien :* Egregiè factorum claritate claritudinem adeptus est Turennius.

522. *Clarus. Manifestus.*

Clarus, *clair, qui répand de la lumière :* Clarus dies, *Cic.* Clara lucerna, *Hor. Au figuré :* Res clara, *Cic.* Vox clara, *Id.* — Manifestus (quasi manu factus), *palpable, visible :* Cædes manifesta, *Cic. On peut opposer* clarus *à* obscurus, *et* manifestus *à* latens.

523. *Clarus. Illustris. Insignis. Nobilis. Celebris. Inclytus. Conspicuus.*

Clarus, *synonyme des autres, signifie remarquable :* Genere et factis clarus, *Cic.* — Illustris (*de* lux), *éclairé, qui a du jour :* Via illustris et lata, *Sall. Au figuré, illustre, célèbre par quelque chose de louable :* Homo illustris honore et nomine, *Cic.* Factum illustre notumque omnibus, *Id.*—Insignis (*de* signum), *qui a quelque signe :* Maculis insignis et auro, *Virg. Au figuré :* Insignis genere, *Cic.* Notis omnibus turpitudinis insignis homo, *Id.* Insignior contumelia, *Liv.* — Nobilis (*de* nosse), *connu :* Tibi nunquam nobilis fui, *Plaut.* Vir nobilis et clarus ex doctrinà, *Cic.* Locus nobilis, *Id. Il se dit aussi en mauvaise part :* Qui nunquam sunt tàm genere insignes, quàm vitiis nobiles, *Cic.* —Celebris *ou* Celeber, *célèbre, fréquenté :* Celebris homo, *dit Valla,* qui celebratur, qui frequentatur ab honoratis personis. Locus celebris, *Cic., lieu fréquenté.* Vicini furis celebres vidit nuptias Æsopus, *Phæd., noces où il y avait beaucoup de monde.*—Inclytus (*de* κλύω, audio), *dont on parle beaucoup :* Armis inclytus, *Virg.* Inclytum divitiis templum, *Liv.* Illustris *suppose un mérite qui fait connaître et estimer.* Celebris *est fondé sur un mérite de talent qui fait honneur au sujet.* — Conspicuus, *regardé avec attention, distingué :* Insignis clarà, conspicuusque domo.

524. *Classiarii. Classici.*

Classiarii, *soldats de marine :* Classiarios convocat, *C. Nep.*—Classici, *les matelots :* Tandem remis pertinaciùs everberatum mare, veluti eripientibus navigia classicis, cessit, *Q. Curt.*

525. *Classis. Tribus.*

Classis, *classe. Servius Tullius distribua le peuple romain en cinq classes ; cet ordre de classe était relatif aux revenus :* Pro modo censûs, ità ut prima classis primùm octoginta centuriarum fuerit, ex iis constans, qui in censu centum millia æris, aut eo ampliùs habebant, permixtìm ex senioribus et junioribus, reliquæ ex minoribus deinceps censibus usque ad quintam classem, *Liv.* — TRIBUS, *tribu. Tite-Live dit que Rome fut partagée en quatre parties, qu'on appela tribus*, à tributo. *Il y avait, selon le même auteur,* tribus urbanæ *et* tribus rusticæ. *Le nombre des tribus s'éleva jusqu'à trente-cinq :* Aliæ atque aliæ initio urbis fuerunt ; sed Ciceronis ætate trigenta quinque, *Plin.*

### 526. *Classis. Schola.*

CLASSIS, *synonyme de* Schola, *signifie classe, ordre dans lequel on met les écoliers selon leur capacité :* In classes distribuere pueros, *Quint.*, *distribuer les enfants en diverses classes.* Classem ducere, *Id.*, *avoir la première place de sa classe.* Classis *signifie souvent flotte ; c'est par analogie, parce que les vaisseaux étaient disposés par ordre ou rang.* — SCHOLA (*de* σχολή, *loisir*) *:* Schola dicta est, justa laboriferis tribuantur ut otia Musis, *Auson.* *Il se prend pour école, lieu public où l'on enseigne les sciences :* Exercitationes scholarum, *Quint.* Frequentia scholarum, *Id.* *Il se prend encore pour les disputes, les questions qu'on y agite :* Dierum quinque scholas in totidem libros contuli, *Cic.*

### 527. *Claudere. Obscrare. Obturare. Obstruere. Oppilare. Obsepire.*

CLAUDERE (*de* clavis), *fermer :* Fores cubiculi claudere, *Cic.* Transitum claudere, *Liv.* *Au figuré :* Claudere verba pedibus, *Hor.*, *faire des vers.* Ætas claudit octavum lustrum, *Id.*, *âgé de huit lustres, de quarante ans.* — OBSERARE (*d'ob et de* sera), *fermer avec une serrure :* Abi, atque ostium obsera intùs, *Ter.* *Au figuré :* Obseratis auribus preces fundere, *Hor.* — OBTURARE, *boucher, bondonner :* Obturem patulas impunè legentibus aures, *Hor.* Os alicui obturare, *Cic.* — OBSTRUERE (*d'ob, et de* strues, *monceau*), *élever une hauteur devant :* Luminibus alicujus obstruere, *Cic.*, *élever un bâtiment devant la maison d'un autre, lui ôter la vue.* Qui iter Pœnis vel corporibus suis obstruere voluerunt, *Cic.* — OPPILARE (*d'ob, et de* pila), *opposer une digue :* Nisi ille se sub scalas tabernæ librariæ conjecisset, hisque oppilatis impetum tuum compressisset, *Cic.* *Au figuré :* Jam mihi oppilabit suâ vaniloquentiâ aures, *Ter.*, *il va me remplir les oreilles de ses discours inutiles.* — OBSEPIRE (*d'ob, et de* sepes, *haie*), *mettre une haie devant, fermer :* Obsepire viam alicui, *Cic.* Obsepire iter, *Liv.*

### 528. *Claudicare. Titubare. Vacillare.*

CLAUDICARE (*de* claudus), *boiter, clocher :* Carvilio graviter claudicanti ex vulnere, *Cic.* *Au figuré :* Si quid in oratione claudicet, *Cic.* — TITUBARE, *chanceler, pencher de côté et d'autre, comme si on allait tomber :* Ille mero somnoque gravis titubare videtur, *Ovid.* *Au figuré :* Testes, si verbo titubarent, quò vertantur non habebunt, *Cic.* — VACILLARE (quasi bacillare, *de* baculus), *vaciller, n'être pas bien ferme :* Curio in utramque partem toto corpore vacillans, *Cic.* *Au figuré :* Res tota vacillat et claudicat, *Cic.* Epistola scripta vacillantibus litterulis, *Id.* *Cicéron relevait de maladie.* Claudicare *convient à un homme qui a une jambe plus courte que l'autre ;* Titubans *se dit particulièrement des pieds, du pas ;* Vacillare *se dit de tous les membres, de tout le corps.*

### 529. *Clavis. Claustrum. Pessulus. Repagulum. Sera.*

CLAVIS, *clef pour ouvrir ou fermer une porte :* Cæcuba centum servata clavibus, *Cic.* — CLAUSTRUM, *barrière, ce qui ferme :* Infringi fores, revelli claustra jussit, *Cic.* — PESSULUS (*de* πάσσαλος, *pieu*), *verrou :* Anus foribus obdit pessulum, *Ter.* — REPAGULUM (retrò pangere), *barre derrière une porte pour la tenir fermée :* Portæ repagula ceciderunt, *Ovid.* Occludit ædes pessulis, repagulis, *Plaut.* *Au figuré :* Repagula juris perfringere, *Cic.*, *violer les lois.* Recludere iram repagulis, *Id.*, *faire éclater sa colère, rompre ce qui la retenait.* — SERA *signifie non une serrure à la manière des nôtres, mais une espèce de levier qu'on ôtait de la porte, quand on voulait l'ouvrir :* Excutere seram portæ, *Ovid.* Abi, atque ostium obsera intùs, *Ter.*

### 530. *Clemens. Misericors. Indulgens. Placidus.*

CLEMENS *est un homme qui ne se fâche point, qui possède son âme en paix :* Clementia est per quam animi temerè in odium alicujus concitati comitate retinentur, *Cic.* Castigatio clemens, *Id.* — MISERICORS *est un homme qui prend part à la misère des autres :* Misericordia est ægritudo ex alterius rebus adversis, *Cic.* Cùm hi, quibus ignovisti, nolint te in alios esse misericordem, *Id.* — INDULGENS, *indulgent, qui ne refuse rien :* Obsequium multò molestius, quòd peccatis indulgens præcipitem amicum ferri sinit, *Cic.* Pater nimis indulgens, *Id.* — PLACIDUS, *paisible, tant au physique qu'au moral :* In morem stagni placidæque paludis, *Virg.* Aliquem iratum, placidum ac mollem reddere, *Cic.* Placida senectus, *Id.* Placidus *signifie aussi favorable* · Adsis ô, placidusque juves, *Virg.* Clemens *est opposé à* iracundus, ultionis cupidus; indulgens *à* severus; placidus *à* procellosus, agitatus, iratus, infestus; misericors *à* durus. Clemens animo, placidus vultu.

531. *Clibanus. Furnus.*

Clibanus (κλίβανος, *four*), *petit four portatif où l'on cuit des friandises, une tourtière.* — Furnus, *un four à cuire le pain :* Cortices quoque decussi ligni clibanis et furnis præbent usum, *Plin.*

532. *Clientela. Tutela.*

Clientela (*de* cliens), *clientèle, protection qu'un patron accorde à ses clients :* Se in Chrysogoni fidem et clientelam contulerunt, *Cic. Il se dit des clients mêmes :* Si te fautore usus erit, amplissimas clientelas acceptas à majoribus confirmare poterit, *Cic.*—Tutela (*de* tueri), *tutèle, l'autorité donnée par la loi pour avoir soin de la personne et des biens d'un mineur :* Ut enim tutela, sic procuratio reipublicæ, ad utilitatem eorum qui commissi sunt, non ad eorum quibus commissa est, gerenda est, *Cic. Il se prend pour protection, soutien, défense :* Salutem hominum in Dei tutelà esse, *Cic.* In clientelà alicujus esse, *Cic., être sous la clientèle de quelqu'un.* In tutelà alicujus esse, *Id., être sous la tutèle de quelqu'un, sous sa protection.*

533. *Clitellæ. Ephippia.*

Clitellæ, *bât de bête de somme :* Hinc muli Capuæ clitellas tempore ponunt, *Hor.* Clitellæ bovi sunt impositæ : planè non est nostrum onus, sed feremus, *Cic., c'est un bât sur un bœuf : ce fardeau ne va pas très-bien à mon dos, mais je le porterai.* — Ephippia (*d'*ἐπί *et d'*ἵππος, *cheval*), *selle, harnais de cheval :* Optat ephippia bos piger, optat arare caballus, *Hor.*

534. *Clypeus. Parma. Scutum. Umbo. Pelta. Ancile. Cetra.*

Clypeus (*de* γλύφω, *je grave en bosse*): Scutis continebantur imagines, undè et nomen habuêre clypeorum, *Plin.* Clypeus *était le bouclier rond et bombé : il couvrait toute la poitrine.*—Parma *était aussi le bouclier rond, mais plus petit:* Cuspide parmâque innixus, *Liv.*—Scutum (*de* σκυτός, *peau, cuir*), *était le bouclier long :* Scutis protecti corpora longis, *Virg.* Scutum pro clypeo secundæ classi datum est, quòd sine loricâ essent, ut scutum et clypei et loricæ loco esset, et totum corpus protegeret, *Liv. C'est sans fondement que Servius dit que* clypeus *était pour l'infanterie, et* scutum *pour la cavalerie.* — Umbo *est proprement la bosse du bouclier:* Et summo clypei nequicquàm umbone pependit telum, *Virg.*—Pelta (*de* πέλτη), *petit bouclier en croissant :* Ducit Amazonidum lunatis agmina peltis, *Virg.* Pelta *était plus petit que* parma.—Ancile (*d'*amcidere, am-cisum, (*pour* circumcidere), *parce qu'il était échancré des deux côtés*). *On prétendait que ce bouclier était tombé du ciel, sous Numa, comme un gage de la protection des dieux ; et pour empêcher qu'on ne le reconnût, et qu'on ne l'enlevât, on en fit faire onze autres tout semblables, qu'on gardait avec grand soin dans le temple de Mars :* Ecce levi scutum versatum leniter aurâ decidit; à populo clamor ad astra venit : idque ancile vocat, quod ab omni parte recisum est, *Ovid.*—Cetra. *C'était un bouclier de cuir :* Lævas cetra tegit, *Virg.*

535. *Coagmentare. Conglutinare. Compingere.*

Coagmentare *se dit proprement des pièces d'une charpente, qu'on unit ensemble; assembler, joindre en un corps:* Opus ipsa suum eadem quæ coagmentavit, natura dissolvit, *Cic. Au figuré :* Verba verbis quasi coagmentare, *Cic.*—Conglutinare (*de* cum *et de* gluten), *coller ensemble :* Vulnus conglutinant folia vitium, *Plin., les feuilles de vigne font rejoindre les lèvres d'une plaie. Au figuré :* Si utilitas amicitias conglutinaret, eadem mutata dissolveret, *Cic.* — Compingere (*de* cum *et de* pangere, *ficher*), *serrer, joindre ensemble avec effort, enfermer avec rudesse:* Septem compacta cicutis fistula, *Virg.* Quid in operibus manu factis tàm compositum, tàmque compactum, et coagmentatum inveniri potest? *Cic. Au figuré:* In Apuliam se compegerat, *Cic., parlant de Pompée qui s'était maladroitement confiné dans la Pouille.* Apta conglutinamus, ut in unum coalescant; varia coagmentamus, ut in formam aliquam conveniant; laxiora compingimus, ut arctiùs cohæreant.

536. *Coarguere. Redarguere.*

Coarguere, *faire voir, convaincre:* Fuga laboris desidiam coarguit, *Cic.* Coarguere reum testibus, *Id.* Alicujus coarguere mendacium, *Id.*—Redarguere (retrò arguere), *convaincre de faux, réfuter :* Redargue me, si mentior, *Cic.* Hæc ego non eo consilio disputo, ut homines eruditos redarguam, *Id.* Inconstantiam alicujus redarguere, *Id., reprendre quelqu'un de son inconstance.* Advenit qui vestra dies muliebribus armis verba redargueret, VIRG., *il est venu le jour où les armes d'une femme devaient abattre ton orgueilleux langage!*

537. *Cochlea. Concha.*

COCHLEA, *testacé dont la coquille est d'une pièce :* Iste, tanquam cochlea, abscondens et retentans sese, quò sit tutus, comeditur, *CIC.*—CONCHA, *dont la coquille est de deux moitiés* : Ostreaque in conchis tuta fuère suis, *OVID. Ces mots se disent même de la coquille vide.*

538. *Cocles. Luscus. Strabo. Pætus.*

COCLES, *borgne de naissance :* Qui altero lumine orbi nascerentur, coclites vocabantur, *PLIN.* — LUSCUS, *borgne par accident :* Cùm gætula ducem portaret bellua luscum, *JUV. Annibal n'était pas né borgne.* — STRABO, *louche, qui a les yeux tournés.*—PÆTUS, *dont la vue n'est pas fixe, ou, selon d'autres, qui a un œil plus petit :* Strabonem appellat pætum pater, *HOR., mon fils regarde un peu de côté, dit le père d'un louche.*

539. *Codex. Codicillus.*

CODEX, *tablette, livre fait de tablettes enduites de cire :* Codicis extrema cera, CIC. Codex accepti et expensi, *Id., livre de recette et de dépense.*—CODICILLUS (*diminutif de* codex), 1° *petite tablette enduite de cire :* Exarare in codicillis exemplum epistolæ, *CIC.* 2° *brevet :* Datorum officiorum codicilli, *SUET., des brevets de charges que le prince accordait.* 3° *ordres particuliers du prince, lettres de cachet :* Lectis codicillis, *SUET., ayant lu la lettre de cachet qui l'ordonnait.* 4° Codicilli *dénote aussi un écrit postérieur par lequel un testateur ajoute ou change quelque chose à son testament :* Sic in Digest. et alibi passim.

540. *Cœlestis. Divinus.*

COELESTIS, *qui est du ciel, qui vient du ciel :* Cœlestis ira, *LIV.* Cœlestia prodigia, VIRG.—DIVINUS, *qui est de Dieu, qui regarde Dieu :* Ludit in humanis divina potentia rebus, *OVID.* Animos hominum esse divinos, *CIC.* Rem divinam facere, *TER.* Divinus *se prend aussi pour admirable :* Senatus frequens divinus fuit in supplicatione Gabinio denegandà, *CIC. Nous disons : c'est un homme divin, au lieu de dire, c'est un homme admirable.*

541. *Cœlum. Polus. Olympus.*

COELUM (*de* κοῖλος, *concave, se prend pour l'hémisphère supérieur qui paraît concave :* Forma cœli undiquè sideribus ornata, *CIC.* Cœlum hoc, in quo nubes, imbres, ventique coguntur, *Id. Il se prend pour l'air :* Athenis tenue est cœlum, *CIC.* —POLUS (*de* πολεῖν, *tourner*), *le pôle, l'un des points fixes sur lesquels roule le globe : il y a le pôle arctique et le pôle antarctique :* Quoniam terra à verticibus duobus, quos appellaverunt polos, centrum cœli est obliquè inter eos siti, *PLIN. Il se prend dans les poëtes pour le ciel même :* Humentemque aurora polo dimoverat umbram, VIRG. — OLYMPUS, *Olympe, montagne de Macédoine très-élevée, et qui paraît toucher aux nues ; c'est de là que les poëtes ont dit Olympe pour le ciel :* Viàm affectat olympo, VIRG. Vasti rector olympi, *OVID.*

542. *Cœna. Prandium. Comessatio. Jentaculum.*

COENA (*de* κοινός, *commun*), *était le repas du soir, qu'on prenait en commun :* Cœnato mihi et jam dormitanti, *CIC.*—PRANDIUM (de παρὰ ἔνδιον, meridianum), *est ce que nous appelons le diner :* Quid ego istius prandia et cœnas commemorem ? *CIC.*—COMESSATIO *est ce que les Grecs appelaient* κωμάζειν, *aller visiter Comus, une débauche, lorsqu'après avoir soupé chez soi, on allait ailleurs recommencer à boire :* Ad mediam noctem comessationem cum aliis extendere, *SUET.* Epulas trifariàm semper, interdùm quadrifariàm dispertiebat Vitellius, in jentacula, in prandia, et cœnas comessationesque, *Id.* —JENTACULUM, *déjeuner :* Surgite, jam vendit pueris jentacula pistor, *MART.*

543. *Cœna munda. Cœna lauta.*

COENA MUNDA *est un repas simple et propre :* Plerùmque gratæ divitibus vices, mundæque parvo sub lare pauperum cœnæ, *HOR.*—COENA LAUTA *est un repas splendide, élégant :* Cœna magnifica et lauta, *CIC.*

544. *Cœnaculum. Cœnatio. Triclinium.*

COENACULUM *se prend ordinairement pour les chambres hautes d'un logis :* Roma cœnaculis sublata atque suspensa, *CIC. C'était la demeure des pauvres : c'est dans ce sens que Juvénal a dit :* Rarus venit in cœnacula miles.—COENATIO, *salle à manger dans le bas, où les riches prenaient leurs repas :* Algentem rapiat cœnatio solem, *JUV*.—TRICLINIUM (*de* τρεῖς, *trois et de* κλίνη, *lit*), *lit pour trois personnes ; les anciens se couchaient à table :* Rogatus est à Maximo, ut triclinium sterneret, *CIC*. *Il se prend pour la salle même :* Triclinium capax quindecim convivarum, *PLIN*.

545. *Cœnum. Lutum. Limus.*

CŒNUM (*de* κοινός, *impur*), *bourbier, lieu plein de fange :* Cœno cupiens evellere plantam, *HOR*.—LUTUM (*de* λύω, solvo), *de la terre détrempée :* Fictus ex argillâ et luto homunculus, *CIC*.—LIMUS, *limon, boue claire au fond de l'eau :* Sive gravis veteri crateræ limus adhæsit, *HOR*.

546. *Cogere. Colligere.*

COGERE (cum agere), *se dit des choses qu'on rassemble, ou qu'on épaissit :* Tityre, coge pecus, *VIRG*. Cogere senatum, cogere milites, *CIC*. Frigore mella cogit hyems, eademque calor liquefacta remittit, *VIRG*. *Au figuré :* In semihoræ curriculum cogere, *CIC*., *restreindre en une demi-heure. Il se prend pour forcer, contraindre :* Nùm te coegit, qui ne hortatus quidem est ? *CIC*. —COLLIGERE (legere cum), *cueillir, ramasser :* Fructus colligere, *HOR*. Colligere exercitum ex desperatis senibus, *CIC*. Capillos colligere in nodum, *OVID*. *Au figuré :* Colligere animos, *LIV*., *reprendre ses esprits*. Colligere ventos omnes rumorum, *CIC*., *prêter l'oreille à tous les bruits qui courent*. Colligere iram, *HOR*., *se mettre en colère*. Ex eo colligere potes quantâ occupatione distinear, *CIC*., *vous pouvez conclure de là quelles sont mes occupations*. Colligere rationes, *PLAUT*., *dresser ses comptes; et dans Cicéron, ramasser beaucoup de raisons*.

547. *Cogitare. Excogitare.*

COGITARE (*d'*agitare cum, *ou*, *selon Varron, de* cogere) : Mens plura in unum cogit, undè deligere possit : *penser, agiter dans son esprit, VAR*. De te dies noctesque cogitans, *CIC*. *C'est en ce sens que Cicéron dit :* In Ciliciam cogitabam, *sous-entendu* ire. Malè de aliquo cogitare, *Id*., *avoir mauvaise idée de quelqu'un*.—EXCOGITARE, *penser beaucoup, trouver par la pensée :* Excogitare quæ tua ratio sit non possum, *CIC*. Ad hæc igitur cogita, vel potiùs excogita, *Id*.

548. *Cogitatè. Cogitatò.*

COGITATÈ, *avec méditation et préparation :* Cogitatè verba facere. *PLAUT*., *parler après s'être préparé*. Accuratè cogitatèque scribere, *CIC*., *écrire avec beaucoup de soin et de réflexion*. —COGITATÒ, *à dessein, exprès :* Permultùm interest, utrùm perturbatione aliquâ animi, an consultò et cogitatò fiat injuria, *CIC*. Cogitatè verba facere prudentis est oratoris ; cogitatò injuriam facere, improbi hominis.

549. *Cogitatio. Cogitatum.*

COGITATIO, *l'action de penser, de réfléchir :* Liberæ sunt cogitationes nostræ, *CIC*. — COGITATUM *est proprement adjectif, ce qui est pensé, la pensée même :* Hæc per deos immortales utrùm esse vobis cogitata sapientum, an optata furiosorum videntur ? *CIC*. Homo cogitatione cæteris animantibus præstat ; solus cogitata eloqui potest.

550. *Cogitationem figere in aliqud re. Cogitationem abjicere in rem aliquam.*

COGITATIONEM FIGERE IN ALIQUÂ RE, *appliquer sa pensée à une chose sérieuse:* Cogitationem tuam figas in omnium laude consequendâ, *CIC*. — COGITATIONEM IN ALIQUAM REM ABJICERE *est toujours en mauvaise part ; ravaler sa pensée à des choses basses :* Nihil altum, nihil magnificum ac divinum suspicere possunt, qui suas omnes cogitationes abjecerunt in rem tàm humilem, atque abjectam, *CIC*.

551. *In cogitationem cadere. In cogitationem venire.*

IN COGITATIONEM CADERE *se dit des choses :* Quod ne in cogitationem quidem cadit, *CIC*. — IN COGITATIONEM VENIRE *se dit des personnes :* Illius vicem, credo, doles, quotiès in eam cogitationem necesse est ut tu veneris, *CIC*.

552. *Cognitor. Quæsitor.*

COGNITOR, *celui qui prend connaissance d'une affaire, qui l'examine, comme un rapporteur :* Sthenius invenire neminem siculum potuit, qui pro se cognitor fieret, *CIC*. Sis cognitor ipse, *HOR*. *Cicéron a dit dans un autre sens :* Civem romanum qui cognitores homines honestos daret, sublatum esse in crucem! *un citoyen romain, qui présentait des répondants honorables, a été attaché à la croix!* —QUÆSITOR (*de* quærere), *est celui qui informe :* Sapiens judex, æquus quæsitor, *CIC*. Vitasque et crimina discit quæsitor Minos, *VIRG*.

553. *Cognoscere. Agnoscere. Dignoscere. Recognoscere.*

COGNOSCERE, *connaître, reconnaître plusieurs choses à la fois :* Potestas dominis res suas cognoscendi facta, *Liv.* — AGNOSCERE, *reconnaître ce que l'on a connu autrefois :* Et veterem Anchisen agnovit amicum, *Virg.* — DIGNOSCERE, *distinguer par la connaissance :* Curvo dignoscere rectum, *Hor.* — RECOGNOSCERE (rursùs cognoscere), *rappeler, passer en revue dans son esprit :* Se non tàm illa discere, quàm reminiscendo recognoscere, *Cic.*

554. *Cognoscere de re aliquâ. Cognoscere ex aliquâ re.*

COGNOSCERE DE RE ALIQUA, *prendre connaissance d'une chose.* — COGNOSCERE EX ALIQUA RE, *connaître par une chose. Voici un exemple où cette différence est bien marquée :* De meo studio ergà salutem tuam credo te cognoscere ex amicorum litteris, *Cic.*

555. *Cohærere. Congruere.*

COHÆRERE (hærere cum), *être attaché ensemble, tenir ensemble :* Neque enim materiam cohærere potuisse, si nullâ vi contineatur, *Cic.* Ad cohærendum omnia duo tertium anquirunt, *Id. Au figuré :* Vix cohæret oratio, *Cic., ce discours manque d'ensemble.* — CONGRUERE, *s'accorder :* Lex quæ congruit cum judicio senatûs, *Cic.* Congruunt dicta factis, *Id., les actions répondent aux paroles.* Congruunt et cohærent cum causâ, *Id.* Ea congruere videntur quæ ad unum et idem magis accedunt : res nexu quolibet aut glutine cohærent.

556. *Cohibere. Continere. Coercere. Comprimere. Frænare. Compescere. Inhibere.*

COHIBERE (habere cum), *retenir :* Crinem cohibere nodo, *Hor.* Cohibere lapsu, *Cic. Au figuré :* Assensionem cohibere à rebus incertis, *Cic.* — CONTINERE (tenere cum), *contenir, renfermer :* Exercitum castris continuit, *Cæs. Au figuré :* Tacitum continere gaudium, *Liv.* — COERCERE (arcere cum), *arrêter :* Mundus omnia complexu suo coercet et continet, *Cic. Au figuré :* Temeritatem coercere, *Cic.* — COMPRIMERE (premere cum), *serrer ensemble, avec :* Aliquid comprimere morsu, *Cic.* Comprimere dentes, *Plaut. Au figuré :* Comprimere seditionem, turbas, *Cic.* — FRÆNARE, *mettre un frein à un cheval, brider :* Instructus frænatusque equus, *Liv. Au figuré :* Cùm ejus animum conscientia sceleris frænaret, *Cic.* — COMPESCERE (de cum et de pascua), *proprement retenir dans les mêmes pâturages; il n'est usité qu'au figuré, modérer :* Hunc frænis, hunc tu compesce catenâ, *Hor.* Mappâ compescere risum, *Id.* Qui dissolutos mores vi compesceret, *Phæd.* — INHIBERE, *retenir, soutenir :* Sponte suâ properant; labor est inhibere volantes, *Ovid.* Inhibere remos, *Cic., est dans un autre sens : Cicéron avoue à son ami Atticus qu'il n'en connaissait la force que depuis un jour ; il avait cru que* inhibere remos, *était* sustinere; *au lieu que c'est* alio modo remigare, *ramer d'une autre manière, dans un autre sens. Tite-Live a dit :* Retrò navim remis inhibere. Inhibere *se prend pour menacer :* Supplicia alicui inhibere, *Cic.* Imperia inhibita ultrò citròque, *Liv., ils menaçaient chacun d'user de leur autorité.* Cupiditates vel mediocres cohibe; erupturas contine; erumpentes coerce; liberiores comprime; indociles fræna; excurrentes compesce.

557. *Colaphus. Alapa.*

COLAPHUS (*en grec* κόλαφος), *ne diffère, selon Valla, d'*ALAPA, *que parce que* colaphus *est grec, et* alapa, *latin. On peut les distinguer en ce que* colaphus *est un coup de la main, soit ouverte, soit fermée; et* alapa, *un coup soit du plat, soit du revers de la main sur la joue :* Homini misero plus quingentos colaphos infregit mihi, *Ter.* Infligere alapam, *Phæd.*

558. *Collegium. Gymnasium. Palæstra. Academia. Athenæum. Lycæum. Porticus. Schola.*

COLLEGIUM (legere cum), *assemblée de collègues, société, compagnie, collége :* Pontificum collegium, *Cic.* Collegium decemvirale, *Id.* Per collegium consulatûs, *Tac., par notre commun consulat.* Ambubajarum collegia, *Hor.* — GYMNASIUM (de γυμνάζω, exerceo), *lieu d'exercice :* Is Laodiceæ in gymnasio interfectus est, *Cic.* Cùm omnia gymnasia philosophi teneant, *Id.* — PALÆSTRA (*de* πάλη, *lutte, combat*), *lieu destiné chez les Grecs à toute sorte d'exercices :* Illi statim hominem duxerunt in palæstram, atque ei pueros ostenderunt multos magnâ præditos dignitate, *Cic. Il se prend pour l'exercice même :* Exercent patrias oleo labente palæstras, *Virg. Il ne se dit guère que des exercices du corps.* — ACADEMIA (*d'*Academus, *qui donna aux savants un parc orné de statues et environné de portiques*). *Platon y tint son école : c'est de là que les philosophes de la secte furent appelés académiciens. L'Académie était un lieu bâti à Athènes pour les exercices de l'esprit : c'était là que s'assemblaient les gens de lettres. Auguste, voulant que l'Italie ne cédât en rien à la Grèce, établit à Rome une aca-*

*démie composée des plus savants hommes, pour examiner les ouvrages d'esprit, et donna le temple et la bibliothèque d'Apollon pour y faire les conférences :* Constituimus inter nos ut ambulationem post meridianam conficeremus in academiâ, *CIC. Il se prend pour la société même, la secte :* Nobis autem nostra academia magnam licentiam dat, ut quodcumque maximè probabile occurrat, id nostro jure liceat defendere, *CIC.* — ATHENÆUM, *temple de Minerve à Athènes, auprès duquel il y avait une école publique. Se prend pour tout lieu où l'on enseigne les lettres, les sciences et les arts.* — LYCÆUM, *endroit où Aristote donnait, en se promenant, des leçons à ses disciples, appelés de là Péripatéticiens ou promeneurs.* Gaudet Aristotelis sine te vicisse Lycæum, *HOR.* —PORTICUS (*en grec* στόα), *le portique, lieu où Zénon donnait des leçons à ses disciples, appelés de là Stoïciens. Il se prend pour la secte même :* Clamat Zeno et tota illa porticus tumultuatur hominem natum esse, etc., *CIC.* — SCHOLA, *école, tout lieu où l'on enseigne.* (*Voy. n° 526.*) *Il n'est pas indifférent d'employer l'un pour l'autre.* Collegium *ne se trouve pas employé dans les bons auteurs pour ce que nous appelons un collége.* Gymnasium *et* Palæstra *ne conviennent qu'à des exercices corporels.* Academia, Lycæum *et* Porticus *ne conviennent qu'à des sectes particulières, qui n'existent plus. Le seul mot* Schola *convient pour désigner un lieu d'enseignement. Cependant l'usage a consacré les mots,* Collegium *pour les réunions d'élèves,* Academia *pour les réunions de savants ; on peut y joindre le mot* Athenæum, *pour le même objet.*

559. *Collis. Clivus. Mons. Jugum. Tumulus. Agger.*

COLLIS, *colline, éminence :* Exercent vomere colles. *VIRG.* — CLIVUS (*de* κλίνω, *pencher*), *est la pente d'une colline :* Descendere per clivum, *OVID.* Quà se subducere colles incipiunt, mollique jugum demittere clivo, *VIRG.*—MONS, *montagne, grand amas :* Altitudo montium, *CIC. Au figuré :* Præruptus aquæ mons, *VIRG.* Montes auri, *TER.* — JUGUM (*de* jungere), 1° *joug :* Demere juga fatigatis bobus, *HOR. Au figuré :* Grave servitutis jugum, *CIC.* 2° *comme* jugum *se met sur la tête des bœufs, il a signifié figurément le haut d'une montagne :* Summum jugum montis ascendere, *CÆS.* 3° *couple :* Jugum boum, *COL. C'est dans ce sens que Cicéron dit :* Jugum hominum impiorum. 4° *banc dans un vaisseau :* Inde alias animas, quæ per juga longa sedebant, deturbat, *VIRG.* 5° *le rouleau sur lequel les tisserands roulent leur toile à mesure qu'ils la font :* Tela jugo est juncta, *OVID.*—TUMULUS (*de* tumere), *hauteur :* Tumulus terreus, *CÆS. Il se prend pour un tombeau :* Achillis tumulus, *CIC.*—AGGER (*de* gerere ad), *se dit d'un amas de terre, d'une terrasse :* Fossas aggere complent, *VIRG.* Tepidoque onerabant aggere terræ (ossa), *Id., et les couvraient d'une terre encore fumante.*

560. *Collum. Cervix.*

COLLUM (*de* κολλάω, jungo), *le cou, la partie du corps qui joint la tête aux épaules :* Collum secuit hominis, *CIC.* Procerum et tenue collum, *Id.* — CERVIX, *la nuque, le creux qui est entre la tête et le chignon :* Impendet cervici gladius, *CIC. Il se dit aussi des animaux :* Natæ ad jugum boum cervices, *CIC. Au figuré :* In cervicibus bellum est, *LIV., nous sommes menacés de la guerre.* Sustinere collo et cervicibus pœnam avaritiæ, *CIC., porter la folle enchère de l'avarice de quelqu'un. Au pluriel il se prend encore pour fierté, fermeté :* Qui erant tantis cervicibus, *CIC., qui avaient assez de fermeté.* Frangere cervices, *Id., abattre l'orgueil.*

561. *Coloniæ romanæ. Coloniæ latinæ.*

COLONIA (*de* colere), *colonie, nombre de personnes de l'un et de l'autre sexe, que l'on envoie d'un pays pour en habiter un autre :* Deducere novas colonias, renovare veteres, *CIC. On en distinguait de deux sortes :* romanæ et latinæ. *Elles étaient l'une et l'autre composées de citoyens romains, avec cette différence que* ROMANÆ COLONIÆ *conservaient leurs droits de citoyens romains, et avaient droit de suffrages :* Videtur in suffragiis multùm posse Gallia, *CIC., parlant des colonies romaines.* — COLONIÆ LATINÆ *jouissaient des droits du Latium, qui étaient moindres que ceux des citoyens romains ; aussi Cicéron dans son discours pour Balbus, dit :* Multos ex coloniis latinis cives esse factos.

562. *Colonus. Colonicus.*

COLONUS, *adjectif* (*de* colere), *propre à être cultivé :* Uti consules agnoscerent, qui ager colonus esset, *CIC.* — COLONICUS, *de colonie :* Cohortes colonicæ, *CÆS. Voyez* 163, colonus, *substantif.*

563. *Color. Pigmentum. Fucus.*

COLOR, *couleur en général :* Crebra coloris mutatio, *CIC. Au figuré :* Urbanitatis color, *CIC.* Descriptas servare vices operumque colores, *HOR., donner à chaque pièce les traits et les couleurs qui lui sont* propres. — PIGMENTUM (de pingere), *couleur à peindre :* Aspersa temerè pigmenta in tabulâ oris lineamenta efficere possunt, *CIC. Au figuré :* Orationis pigmenta, *CIC.*, *les ornements du discours.*— FUCUS, *sorte de plante, dont on se servait pour teindre en pourpre; du fard :* Color non sanguine diffusus, sed fuco illitus, *CIC.* Vetulæ vitia corporis fuco occultant, *PLAUT. Au figuré:* Sine fuco et fallaciis, *CIC.*

564. *Colorare. Tingere. Intingere.*

COLORARE, *colorer, donner de la couleur :* Cùm in sole ambulem, fit naturâ ut colorer, *CIC. Au figuré :* Colorata oratio, *CIC.*, *un discours fleuri, orné.* — TINGERE, *teindre, tremper :* Tunica sanguine centauri tincta, *CIC. Au figuré :* Tinctus arte, elegantiâ, litteris, *CIC.* Poculis tingere aliquem, *HOR.*, *faire boire largement quelqu'un.*— INTINGERE, *teindre, tremper dedans :* Intingere calamum, *QUINT. Au figuré :* Arte intinctus, *CIC.*

565. *Columen. Fultura. Fulcrum.*

COLUMEN, *une pièce de bois qui soutient l'édifice d'une maison. Au figuré : appui, soutien :* Columen reipublicæ, *CIC.* Columen actionis, *CIC.*, *la force ou le fort d'une accusation.* — FULTURA (de fulcire), *étai, étançon :* Fulturæ ac substructiones non tam firmæ mihi, quàm sumptuosæ videntur, *PLIN. J. Au figuré :* Ingens accedet stomacho fultura ruenti, *HOR.*— FULCRUM *est proprement ce qui soutient une chose : il se dit ordinairement du dossier d'un bois de lit :* Adhibebant omni cœnæ liberos suos cum pueris puellisque nobilibus, qui more veteri ad fulcra tororum sedentes vescerentur, *SUET.*

566. *Columna. Pila.*

COLUMNA, *colonne, pilier pour soutenir ou pour orner un bâtiment :* Marmoreæ columnæ, *CIC.* Vastis innixa columnis templa, *OVID.* — PILA, *pilastre, sorte de pilier carré, qui ordinairement entre dans le mur :* Nulla columna meos habeat neque pila libellos, *HOR. Il se prend pour môle, jetée de pierres à l'entrée d'un port :* Qualis in cuboico Bajarum littore quondam saxea pila cadit, *VIRG. Il y a encore cette différence, selon Budée, que la colonne est ordinairement d'un seul jet, tandis que le pilastre est de maçonnerie.*

567. *Coma. Capillus. Crinis. Cæsaries. Cincinnus.*

COMA (de χομή), *la chevelure plus ou moins ajustée :* Calamistrata coma, *CIC.*— CAPILLUS (quasi capitis pilus), *les cheveux en général :* Lenit albescens animos capillus, *HOR.* Promissus capillus, *LIV.* — CRINIS (de χρίνω, discerno), *se dit des cheveux arrangés, tressés :* Serus adulteros crines pulvere collines, *HOR.* Majores natu capite aperto erant, capillo pexo, vittisque innexis crinibus, *VAR.* — CÆSARIES (de cædere), *se dit particulièrement de la chevelure des hommes, parce qu'on ne taillait pas celle des femmes :* Pectere cæsariem, *HOR.* Promissa cæsaries, *LIV.* — CINCINNUS (de χίχιννος), *boucle de cheveux :* Erant illi compti capilli, et madentes cincinnorum fimbriæ, *CIC. Au figuré :* Cincinni oratorii, *CIC.*, *ornements recherchés.*

568. *Comes. Socius. Sodalis.*

COMES (ire cum), *est proprement un compagnon de voyage :* Comes quieto sequitur et placido gradu, *PHÆD.* Ipse comes Niso graditur, *VIRG.* — SOCIUS, *compagnon de fortune :* Periculorum socius, *CIC.* Cùm se victoriæ Pompeii comitem esse mallet, quàm socium Cæsaris in rebus adversis, *Id. Au figuré :* Tùm enim vitæ socia virtus, inertis comes gloriæ fuisset, *CIC.* — SODALIS, *compagnon de plaisir, au lieu que* socius *est pour les choses sérieuses :* Epulabar cum sodalibus omninò modicè, *CIC.* Socius agentem adjuvat; comes sequitur euntem.

569. *Comes. Satelles. Socius. Sodalis.*

COMES *s'applique proprement à celui qui volontairement est à la suite d'un autre, son supérieur.* — SATELLES *diffère de* comes, *en ce qu'il indique que la différence de rang est plus grande encore entre le supérieur et ceux qui le suivent:* Janitores ducentos stipatores corporis constituit, eosdem ministros et satellites potestatis, *CIC.* — SOCIUS *diffère des deux mots précédents en ce qu'il signifie qu'il y a égalité de rang entre les parties, et que chacun est également obligé de prendre part aux charges de la société :* Nam socii putandi quos inter res communicata est, *CIC.* — SODALIS *s'accorde et a du rapport avec* socius, *en ce que ces deux mots supposent des personnes qui sont sur un pied égal, mais dont l'alliance est formée pour leur agrément mutuel; et on peut toujours y renoncer sans violer un pacte.*

570. *Comessator. Comessabundus.*

COMESSATOR, *qui mange et qui boit hors les heures du repas :* Alia subselliorum ratio, alia lectorum; non idem judicum comessatorumque conspectus, *CIC. Au figuré :* Comessatores conjurationis,

*Cic.*, *par allusion à ceux qui viennent après le repas.* Comessator *se dit de l'habitude ; et* COMESSABUNDUS, *de l'acte même :* Temulento agmine comessabundus incessit, *Liv.* Item in vehiculis comessabundus exercitus, *Q. Curt.*, *toute l'armée venait ensuite sur des chariots, mangeant et buvant d'une manière dissolue.*

571. *Cominùs. Propè.*

COMINUS (cum manu), *de près, avec la main :* Cum hoste cominùs ense pugnare, *Cic. Au figuré :* Nunc cominùs agamus; experiamurque, etc., *Cic.*—PROPÈ, *près :* Intueri propè, *Id.* Bellum tam propè à Siciliâ, *Id.*, *on ne dirait pas* cominùs. *Au figuré :* Propè factum est, ut exirent, *Liv.*, *peu s'en est fallu que.* Propè urbis muros adolescentes quidam petulantes circulatorem cominùs incessebant baculis.

572. *Comis. Humanus. Urbanus.*

COMIS, *complaisant, honnête, poli :* Comis in uxorem, *Hor.* Comes esse dicuntur, qui erranti comiter monstrant viam, *Cic.*—HUMANUS, *qui a de l'humanité :* Comis et humanus erga alios, *Cic.* —URBANUS, *de la ville :* Urbanus mus, *Hor.* Vir urbanus, *chez les Romains, signifiait un homme poli, comme chez les Grecs* ἀστεῖος ; *parce qu'on suppose que l'habitant d'une ville est plus policé que l'habitant des champs. De là, le substantif* urbanitas, *politesse, urbanité :* Comis et urbanus, *Hor.* Comis *est opposé à* injuriosus; humanus, *à* ferus; urbanus, *à* rusticus.

573. *Comitari. Stipare.*

COMITARI (comes ire), *accompagner : c'est ordinairement l'inférieur qui accompagne :* Pastorem comitantur oves, *Virg.* Palæmon herilem filium dum comitatur in scholas, litteras didicit, *Suet. Au figuré :* Cætera quæ comitantur huic vitæ, *Cic.* — STIPARE (*de* στυπή, *étoupe*), *boucher avec de l'étoupe :* Stipare per tabulata, *Col. Il se prend pour épaissir, entasser :* Aut cùm liquentia mella stipant (apes), *Virg. Au figuré, environner, faire cortége :* Antonius senatum stipavit armis, *Cic.* Non usitatâ frequentiâ stipati sumus, *Id. Un laquais accompagne son maître,* comitatur; *les gardes qui accompagnent un prince,* stipant.

574. *Comitia. Concilium. Concio. Cœtus. Conventus. Chorus.*

COMITIA (de coire), *les comices, l'assemblée pour l'élection des magistrats, ou pour établir des lois :* Venio ad comitia, sive magistratuum, sive legum, *Cic.* — CONCILIUM (*de* concalare, vocare), *l'assemblée d'un peuple pour délibérer :* Concilium populi datur à magistratibus, *Liv. Il se dit particulièrement de l'assemblée des dieux, des grands :* Concilium deorum, *Cic.* Concilium ducum, *Id.*—CONCIO (*de* ciere cum), *assemblée du peuple, ou de soldats. La différence de* concio *et de* concilium *est bien marquée dans Tite-Live. Après avoir parlé d'une assemblée de soldats qui fut suivie d'un conseil de guerre, il s'exprime ainsi :* Dimissâ concione, concilium habitum. *Il se dit cependant d'une assemblée distinguée :* Principum conciones, *Cic.* Concilium *se dit de même d'une assemblée du peuple :* Hunc pater senex concilium plebis habentem de templo deduxit, *Cic.*—CŒTUS (*de* coire), *assemblée quelconque :* Cœtus matronarum, *Cic.* Cœtus nefarii, *Id.* — CONVENTUS *se dit des personnes assemblées en un même lieu :* Syracusani festos dies agunt celeberrimo virorum et mulierum conventu, *Cic.* Comitia sunt liberorum civium, ut magistratus eligantur, aut lex aliqua sanciatur; concilium est principum, ut aliquid decernatur; concio plebis aut militum, ut audiatur oratio; cœtus est paucorum aut plurium ad negotium quodlibet, aut etiam ad oblectationem; conventus fit aut statis, aut indictis diebus, sive ad festum celebrandum, sive ad mercaturam, sive ad audiendum prætorem jus in suâ provinciâ dicentem. — CHORUS, *au propre, un chœur de danseurs ou de chanteurs :* Femineos thyrso concitat ille choros, *Ovid.* Hic juvenum chorus, ille senum qui carmine laudes Herculeas et facta canunt, *Virg. Au figuré, une troupe quelconque :* Catilina stipatus choro juventutis, *Cic.*

575. *Comitialis. Comitiarius.*

COMITIALIS, *des comices, des assemblées :* Consecuti sunt dies comitiales, per quos senatus haberi non poterat, *Cic.* Mensis comitialis, *Id.* Comitiales homines, *Plaut.*, *des chicaneurs, qui savent toutes les ruses du palais.* Comitiale vitium, *Sen.*, *est dans un autre sens, le mal caduc, l'épilepsie ; les Romains rompaient leurs assemblées, quand quelqu'un tombait du haut mal.*—COMITIARIUS, *en forme de comices, ou d'assemblée du peuple :* In hâc comitiariâ duorum exercituum statione, *lit-on dans Tite-Live ; mais de bonnes éditions donnent* quotidianâ *au lieu de* comitiariâ, *adjectif qu'on ne trouve point ailleurs.*

576. *Comitium. Curia. Forum. Senatus.*

COMITIUM, *le comice, le lieu de l'assemblée du peuple :* Ad comitium veniant, ad stantem judicem dicant, *Cic. Le comice faisait un des côtés de la place de Rome: c'était là qu'on avait placé la tribune aux harangues.*—Curia, *le palais où le sénat s'assemblait :* Venit in curiam frequens senatus, *Cic. Il se prend pour le sénat même :* Jubet curia, *Cic. Il se prend encore pour un temple, une chapelle :* Saliorum curia erat in palatio, *Cic.* Pompeiana curia, in quâ Pompeii simulacrum erat, *Id.* —Forum, *synonyme des autres, se prend pour le barreau, où l'on jugeait les procès, parce que c'était sous les portiques du* Forum *que les causes se plaidaient ; on s'y promenait, on s'y rendait pour les affaires :* Forum litibus orbum, *Hor.* Cùm forum, comitium, curiam multâ de nocte armatis hominibus ac servis plerisque occupassent, *Cic.* — Senatus, *le sénat, soit le corps des sénateurs, soit le lieu où ils s'assemblaient :* In senatum venit, *Cic.* Senatus est convocatus, frequensque convenit, *Id.*

577. *Commeare. Migrare. Immigrare. Remigrare.*

Commeare (meare cum), *aller, venir, voyager :* Ultrò citròque commeant, *Liv. Au figuré :* Cujus in hortos jure suo libidines omnium commearent, *Cic.* — Migrare, *changer de demeure :* Migrare domo, *Cic.* Migratum est Romam. *Liv. Au figuré :* Voluptas migravit ab aure, *Hor.* —Immigrare (migrare in), *se dit relativement au lieu où l'on va :* In suas ædes immigrare, *Cic.*—Remigrare (rursùs migrare), *retourner dans sa première demeure :* Remigrare in domum veterem è novâ, *Cic. Au figuré :* Ei ne integrum quidem erat, ut ad justitiam remigraret, *Cic.*

578. *Commemoratio. Mentio.*

Commemoratio, *l'action de parler d'une chose passée, ou connue :* Antiquitatis commemoratio, *Cic.* Verres in assiduâ commemoratione omnibus omnium vitiorum fuit, *Id., tout le monde parlait continuellement de Verrès, comme d'un homme déshonoré par toutes sortes de vices.* — Mentio (*de* mentum, *supin de l'inusité* meno, *ou, selon Valla, de* memini), *mention, mémoire :* Facere mentionem de pecuniâ, *Cic.* Casu in eorum mentionem incidi, *Id.* Multos rerum à se gestarum itâ commemoratio delectat, ut vix alienæ virtutis mentionem ullam fieri patiantur.

579. *Commendare. Committere. Credere.*

Commendare, *recommander;* Committere, *confier :* Ego me tuæ commendo et committo fidei, *Ter.* Omne vobis erga meam dignitatem studium et judicium non modò commissum, verùm etiam commendatum esse arbitrabantur, *Cic.*—Credere *s'emploie aussi dans le sens de* committere ; *il est même plus fort :* Committere consilia et credere omnes res alicui, *Cic.* (*Voyez* 713.)

580. *Commendare aliquem alicui, apud aliquem.*

*La différence de signification entre ces deux locutions est bien marquée dans les deux exemples suivants :* Commendo te regi, *je vous recommande au roi, je vous mets sous sa protection.* Commendo te apud regem, *je fais votre éloge au roi, je lui dis du bien de vous. C'est dans ce sens que Cicéron a dit :* Multis monumentis ad omnem memoriam commendari.

581. *Commentari. Meditari.*

Commentari, *travailler d'esprit à faire quelque chose, faire un plan, un ouvrage :* Orationem commentari, *Cic.* Cum litteratis commentari, *Id. Il se prend aussi pour réfléchir :* Commentari secum futuras miserias, *Cic.* Commentari aliquem, *Plaut., est dans un autre sens: contrefaire quelqu'un.* — Meditari (*de* μεδέω, μέδω, curam gero), *méditer, faire une attention détaillée et réfléchie :* Meditabar quomodò cum illo loquerer, *Cic.* Meditor esse affabilis, *Ter. Au figuré :* Meditaris arundine carmen, *Virg., jouer du chalumeau.*

582. *Commentatio. Commentum.*

Commentatio, *méditation, réflexion :* Subitam orationem commentatio et cogitatio facilè vincit, *Cic.* Tota philosophorum vita commentatio mortis est, *Id.* — Commentum, *fiction, chose controuvée, méditée :* Opinionum commenta delet dies, *Cic.* Idem sua et commenta et scripta, et, nullo referente, omnia adversariorum dicta meminerat, *Id.*

583. *Commissio. Commissum.*

Commissio (mittere cum), *proprement l'action d'envoyer ensemble. Il se prend ordinairement pour l'action de livrer un combat, d'ouvrir des jeux, de mettre aux prises :* Ab ipsâ commissione ludorum, *Cic.*—Commissum, *faute commise :* Post mihi non simili pœnâ commissa luetis, *Virg.* Turpe commissum, *Hor. Il se prend pour secret, chose confiée :* Commissa tacere, prodere, *Hor. C'est proprement un adjectif.*

584. *Commissura. Compages.*

COMMISSURA, *jointure, emboîtement:* Digitorum commissuræ, CIC. Quid dicam de ossibus, quæ mirabiles commissuras habent? *Id. Au figuré:* Commissura verborum, CIC., *la liaison, l'assemblage des mots.* — COMPAGES (*de* cum, *et de* pangere), *assemblage de plusieurs parties en un tout:* Efficiens humilem lapidum compagibus arcum, VIRG. Dùm sumus in his inclusi compagibus, CIC.

585. *Commodare. Mutuum dare.*

COMMODARE, *proprement rendre commode:* Omnibus in rebus se alicui commodare, CIC. *C'est dans ce sens qu'on dit:* Commodare aurum, argentum, frumentum, ædes, CIC., *prêter de l'or, de l'argent, du blé, sa maison.*—MUTUUM DARE, *prêter:* Huic dedi magnam pecuniam mutuam, CIC. *Il faut remarquer qu'on ne dit point* mutuò dare, sumere, accipere, etc.; *mais* mutuum dare, sumere, etc. *Cicéron a dit* mutuò facere, *mais dans un autre sens:* Te ut diligas me, si mutuò me facturum putas, rogo. *C'est rendre le réciproque.* Commodare *est plus général que* mutuum dare; *c'est* utendum dare. *On dit bien* commodare equum, ædes; *on ne dirait pas de même* mutuas dare ædes, mutuum dare equum.

586. *Commoditas. Commodum. Utilitas.*

COMMODITAS, *commodité, aisance, facilité:* Vitæ commoditas jucunditasque, CIC. Externæ commoditates, *Id.* Commoda *ferait un autre sens.*—COMMODUM, *avantage:* Valetudinis commodum, CIC. Ex incommodis alterius sua comparare commoda, CIC. — UTILITAS (*d'*uti), *utilité:* Natura provida utilitatum omnium, CIC.

587. *Commodus. Opportunus. Utilis.*

COMMODUS, *commode, propre à:* Commodum anni tempus, CIC. Non commoda terra Baccho, VIRG. Commoda oratio, *joli discours, comme on dit* commodè dicere, *parler assez bien.*—OPPORTUNUS (*d'*ob, *et de* portus), *favorable, propre:* Urbs portu opportunissima, CIC. Tempus opportunum, *Id.* Opportunus injuriæ, LIV., *à qui l'on peut faire aisément une injustice.* Ad omnia hæc magis opportunus nemo est, TER., *personne n'est plus propre que lui pour toutes ces choses.* — UTILIS, *utile, avantageux:* Cibus utilis ægro, OVID. Nunquam est utile peccare, quia semper est turpe, CIC.

588. *Commodus. Facilis.*

COMMODUS, *synonyme de* facilis, *est un homme commode, qui se plie à l'humeur des autres:* Commodis moribus, CIC. Sibi commodus uni, HOR., *qui n'est bon que pour soi.* — FACILIS, *facile, qui accorde aisément:* Si faciles nos habuerint ad concedendum, CIC. Faciles deos habere, OVID. Facilis aditus ad eum privatorum, CIC. Volens facilisque sequetur, VIRG., *parlant du rameau d'or qui se laissera arracher facilement.*

589. *Commotio. Commotiuncula.*

COMMOTIO (movere cum), *émotion, agitation:* Commotio animi, CIC. Commotionem quidam accipi volunt temporarium animi motum, sicut iram, pavorem, QUINT. — COMMOTIUNCULA (*diminutif de* commotio), *légère commotion:* Tentationes et commotiunculæ non morbi sunt, sed morborum initia, CIC.

590. *Communicare. Partiri. Participare. Impertiri.*

COMMUNICARE (*de* communis), *communiquer, faire part:* Ego provinciam cum Antonio communicavi, CIC. Causa doloris sui cum aliquo communicare, *Id.* — PARTICIPARE (*de* pars), *faire part, et participer:* Suas laudes cum aliquo participare, LIV. Qui alteri exitium parat, eum scire oportet sibi paratam pestem, ut participet, parem, CIC.—PARTIRI, *partager, diviser:* Bona sua partiri, CIC. Neque hoc partiendæ invidiæ, sed communicandæ laudis causâ loquor, *Id.* — IMPERTIRE *et* IMPERTIRI, *donner une part, faire part:* Fortunas aliis impertiri, CIC. Terentia impertit tibi multam salutem, *Id. Ce verbe varie dans sa syntaxe.* Aliquem malis impertiri, TER. Plurimâ salute Parmenionem impertit Gnatho, TER. Ut si quam præstantiam virtutis consecuti sunt, impertiant eam suis, communicentque cum proximis, CIC. *On dirait bien:* Fortunas cum fratre meo partitus, tibi non modò libenter impertior aliquid, ut participes; sed ultrò tecum omnia communicabo.

591. *Communicatio. Communio. Communitas.*

COMMUNICATIO, *communication, l'action de communiquer:* Nunquam à majoribus nostris intermissa est largitio et communicatio civitatis, CIC. Communicatio utilitatum, *Id.* Suavissima sermonis communicatio, *Id.* — COMMUNIO, *union, communauté:* Communio parietis, TAC., *muraille commune.* Communio sanguinis,

*Cic.*, *parenté*. Communio beneficiorum, *Id.*, *bienfaits réciproques*.—**Communitas**, *société*, *communauté* : Communitas cum improbis, *Cic*. Naturalis communitas, *Id.*, *société naturelle*. Communitas vitæ atque victûs, *Id*. Vitæ communitas et utilitatum communicatio non rarò arctiùs jungunt homines, quàm communio sanguinis.

592. *Comœdus. Comicus. Histrio. Mimus. Ludius. Ludio.*

**Comœdus** (*de* κώμη, *village, et d'*ᾠδή, *chant*), *comédien, acteur qui représente dans une comédie. Ces pièces se représentaient dans les villages, en chantant* : Sed comœdum in tragœdiis, et tragœdum in comœdiis admodùm placuisse videmus, *Cic*. — **Comicus**, *comique, de comédie* : Poeta comicus, *Cic*. Versibus exponi tragicis res comica non vult, *Hor*.—**Histrio** (*mot toscan*), *baladin, bateleur* : Qui ne in novissimis quidem erat histrionibus, ad primos pervenerat comœdos, *Cic*. — **Mimus** (*de* μιμεῖσθαι, *contrefaire, imiter*), *est un farceur qui contrefait tout* : Mimi Isidori filia, *Cic*.—**Ludius** *et* **Ludio** *étaient des jeunes gens qui, aux jeux publics, dansaient avant les autres dans le cirque* : Ludiones ex Etrurià acciti ad tibicinis modos saltantes, *Liv*.

593. *Comparabilis. Comparandus. Comparativus.*

**Comparabilis**, *qu'on peut comparer, qui a du rapport* : Comparabile est quod in rebus diversis similem aliquam rationem obtinet, *Cic*.— **Comparandus**, *qu'il faut comparer* : Minimè cum his qui sedeant comparandus, *Cic*. — **Comparativus**, *qui fait comparaison, qui sert à comparer* : Judicatio comparativa, *Cic*. Comparativus gradus, *Quint*., *le comparatif, terme de grammaire, par lequel on exprime le degré qui est entre le positif et le superlatif.*

594. *Compendiarius. Compendiosus.*

**Compendiarius** (*de* cum, *et de* pendere), *abrégé* (*quand on pèse tout ensemble, on va plus vite*) : Socrates hanc viam ad gloriam proximam, et quasi compendiariam esse dicebat, si quis id ageret, ut qualis haberi vellet, talis esset, *Cic*. — **Compendiosus**, *utile, avantageux* : Quod per partes nonnunquam damnosum est, in summà tamen fit compendiosum, *Col*.

595. *Compes. Manicæ. Pedicæ. Nervus.*

**Compes** (*de* pes), *entraves, lien de fer ou de bois, que l'on mettait aux pieds des criminels et des esclaves* : Durà compede perustus crura, *Hor*.—**Manicæ, arum** (*de* manus), *menottes, fers à serrer les mains* : In manicis et compedibus sævo te sub custode tenebo, *Hor*. Manicæ *signifie proprement une manche et même des gants. C'était un vêtement pour les mains et pour les bras, comme* **Pedicæ**, *pour les pieds*. —**Nervus** (*de* νεῦρον, *nerf*) : Nervi in fidibus ita sonant, ut à digitis pulsi sunt, *Cic*. *On employait des nerfs durs et desséchés, à faire des entraves; on les mettait aux pieds, aux mains et au cou* : Corpus in nervum et supplicia dare, *Liv*. In nervum ire, *Ter*. Nervus, *au sing., veut dire nerf; et* nervi, *au pl., des cordes d'instruments de musique.*

596. *Compilare. Expilare.*

**Compilare** (*du vieux verbe* pilare, *de* πιλεῖν, *entasser*), *diffère de* expilare, *en ce qu'il donne l'idée de plusieurs personnes qui pillent ensemble, ou de plusieurs choses pillées ensemble* : Alii omnia quæ possunt fana compilant, *Cic*. Uno impetu totum oppidum compilavit, *Id*. — **Expilare**, *non-seulement piller, mais encore enlever* : Dionysius fanum Proserpinæ Locris expilavit, *Cic*. Expilare thesauros, *Liv*., *enlever les trésors. Au figuré* : Expilatque genis oculos : facit ira valentem, *Ovid*.

597. *Compita. Trivium.*

**Compita** (*de* cum, *et de* petere), *lieu où plusieurs chemins aboutissent* : Manat per compita rumor, *Hor*.—**Trivium** (tres viæ), *lieu où aboutissent trois chemins* : Ut in atriis auctionariis potiùs quàm in triviis aut in compitis auctionentur, *Cic*.

598. *Complementum. Supplementum.*

**Complementum** (*de* cum, *et de* plenus), *remplissage* : Inculcata reperias inania quædam verba, quasi complementa numerorum, *Cic*. — **Supplementum**, *supplément, recrue de gens de guerre* : Decem millia novorum militum scripta in supplementum, *Liv*. Complementum rem perficit; supplementum id quod deerat adjicit.

599. *Complexio. Complexus. Comprehensio.*

**Complexio** (*de* cum *et de* plectere), *l'action d'entrelacer ensemble, d'assembler* : Unà complexione devincire omnia, *Cic*. Mira verborum complexio, *Id*., *un bel enchaînement d'expressions, une merveilleuse période*. — **Complexus**, *embrassement, l'assemblage même* : Accipere complexum, *Liv*. Continet omnia complexu suo mundus, *Cic., le monde renferme toutes choses dans son enceinte.* Complexus gentis humanæ, *Id., l'assemblage du genre humain.* — Comprehensio (*de* cum *et de* prehendere), *l'action de saisir :* Comprehensio sontium, mea; animadversio, senatûs fuit, *Cic. Au figuré, l'action de comprendre :* Cogitationes comprehensionesque rerum, *Cic.* Comprehensio verborum, *Id., une période.*

600. *Complures. Plures. Plurimi. Complusculi. Multi. Permulti.*

Complures, *un grand nombre (sans comparaison) :* Dies complures cum Pompeio versatus sum, *Cic. Au neutre,* complura *et* compluria : Ambiguorum complura sunt, *Cic.* Scyphorum paria compluria, *Id.* — Plures *admet ordinairement comparaison:* Plures discent quemadmodùm hæc fiant, quàm quemadmodùm his resistatur, *Cic. Quelquefois il est sans comparaison :* Summus dolor plures dies manere non potest, *Cic.* Complures *marquerait un plus grand nombre de jours.* — Plurimi *est le superlatif ; il indique le plus grand nombre :* Equites numero plurimi è Galliâ, *Cic.* — Complusculi, *quelques-uns, un certain nombre :* Dies complusculos benè conveniebat sanè inter eas, *Ter.*—Multi, *beaucoup de personnes :* Unus è multis orator non fuit Callidius, potiùs inter multos propè singularis fuit, *Cic.* Multi fortissimi atque optimi viri, *Id.* Multi *est opposé à* pauci, *et* plures *à* unus ; complures *à* pauciores; complusculi *à* nulli. — Permulti, *un très-grand nombre, mais sans comparaison ; au lieu que* plurimi *suppose comparaison avec d'autres nombres :* Permulti imitatores principum existunt, *Cic. En général, la préposition* per, *liée à un adjectif, indique un superlatif absolu.*

601. *Componere. Scribere. Scriptitare.*

Componere (ponere cum), *mettre ensemble :* Componens manibusque manus, atque oribus ora, *Virg. Au figuré :* 1° *composer :* Componere librum ex alienis orationibus, *Cic.* Res gestas componere, *Hor., écrire l'histoire. On met ensemble plusieurs événements.* 2° *régler, apaiser :* Animos nostros ratio componat, *Cic., que la raison soit notre règle.* — Scribere *se dit de la main et de l'esprit :* Erat scriptum ipsius manu, *Cic.* Orationes, poemata scribere, *Id.*—Scriptitare (*fréquentatif de* scribere), *écrire souvent :* Ad me scribas velim, vel potiùs scriptites, *Cic.*

602. *Componere. Conferre. Comparare.*

Componere, *synonyme des autres, comparer : on met ensemble les objets de comparaison, pour examiner le rapport qu'ils ont entre eux :* Magna cum parvis componere, *Virg.*—Conferre (ferre cum), *proprement porter ensemble :* Signa conferre, *Liv. C'est dans ce sens qu'il signifie comparer; on met ensemble les objets comparés :* Conferre novissima primis, *Cic.* Conferre *a une signification plus étendue :* Conferre sermonem, *Cic., conférer avec quelqu'un.* Consules veluti deliberabundi capita conferunt, *Liv., les consuls s'abouchent pour délibérer.*—Comparare (*de* cum *et de* par), *comparer, marquer le rapport de ressemblance :* Similitudines comparare, *Cic.* Comparare hominem cum homine, et tempus cum tempore, et rem cum re, *Id.* Comparare, *venant de* parare, *signifie amasser.*

603. *Compos. Potens.*

Compos (potiri cum), *qui jouit, qui a obtenu :* Compotem patriæ facere aliquem, *Liv.* Compos libertatis, *Plaut.* Compos sui, *Liv., maître de soi.* Compos prædâ exercitus, *Id.* Compos miseriarum, *Plaut.* —Potens, *synonyme de* compos, *puissant, maître :* Diva potens Cypri, *Hor.* Potens regni, *Liv.* Horum adventu consules imperii potentes fecit, *Id., leur arrivée rendit aux consuls toute leur autorité.* Sui potens, *Cic.* Voti aliquem potentem facere, *Ovid. On dirait bien* compos *et* compotem *dans ces deux exemples; mais* potens *marque plutôt l'habitude, et* compos *l'acte.*

604. *Compos voti. Reus voti. Damnatus voti.*

Compos voti, *est celui qui a obtenu ce qu'il désirait :* Aliquem voti compotem facere, *Liv.* — Reus voti, *qui est engagé, lié par un vœu :* Taurum constituam ante aras voti reus, *Virg.* — Damnatus voti, *obligé d'accomplir son vœu :* Tibi vota quotannis agricolæ facient; damnabis tu quoque votis, *Virg., les laboureurs vous adresseront leurs vœux tous les ans, vous les exaucerez, et les obligerez par là à s'acquitter de leurs promesses.*

605. *Compositè. Compositò.*

Compositè, *en ordre, avec ordre :* Oratoris est compositè, ornatè, copiosè eloqui, *Cic.* Agere aliquid compositiùs, quàm festinantiùs, *Tac.* — Compositò, *de concert, d'intelligence :* Compositò rumpit vocem, et me destinat aræ, *Virg., de concert avec Ulysse, il rompt le silence, et me destine à l'autel.*

606. *Compromissum. Repromissio.*

COMPROMISSUM, *compromis, acte par lequel deux personnes promettent de se rapporter de leurs différends au jugement d'un ou de plusieurs arbitres :* Compromisso et jurejurando impediri, CIC., *être lié par un compromis et par le serment.* Compromissum facere, *Id.*, *passer un compromis.* — REPROMISSIO, *promesse réciproque, engagement mutuel :* Cautione et repromissione id Fannius Roscio debebat, CIC. Quæro à te quid ita de hac pecuniâ compromissum feceris, arbitrum sumpseris; quantò æquiùs et meliùs sit dari repromittique ? *Id.*

607. *Conari. Niti. Moliri.*

CONARI, *faire des efforts :* Conari manibus pedibusque, TER. Conari *signifie aussi faire de grands projets, méditer de grandes choses :* Magnum opus, et arduum conari, CIC. — NITI, *s'appuyer, se soutenir :* Nituntur radicibus suis arbores, CIC. Alis niti, VIRG. *Au figuré :* Niti præsidio alicujus, CIC. Divinatio nititur in conjecturâ, *Id.* — MOLIRI (de moles), *remuer avec difficulté :* Nùm montes moliri suâ sede paramus ? LIV. *Au figuré, travailler à un ouvrage difficile, faire de grands préparatifs :* Discordiam optimatum moliri, CIC. Moliri arcem, VIRG. Dùm moliuntur, dùm comuntur, annus est, TER., *parlant de la toilette des femmes coquettes.*

608. *Concavus. Convexus.*

CONCAVUS, *concave, une surface ou une circonférence courbe, du côté qu'elle est capable de contenir quelque chose :* Ventus concava vela tenet, OVID. Speluncarum concavæ altitudines, CIC. — CONVEXUS, *convexe : pour nous c'est la surface extérieure de tout ce qui est courbé; mais les anciens entendaient par* convexus *la courbure de la surface même intérieure*. Aspice convexo nutantem pondere mundum, VIRG. Tædet cœli convexa tueri, *Id.*

609. *Concedere. Tribuere. Cedere.*

CONCEDERE, *accorder par grâce :* Multa multis de jure suo concedere, CIC. Concedere amicis quidquid velint, *Id. Il signifie aussi céder :* A me sic diligitur, ut tibi uni concedam, prætereà nemini, CIC. — TRIBUERE, *donner une chose qui est due ou qui paraît juste :* Suum cuique tribuere, CIC. Tribuenda est opera reipublicæ, *Id.* — CEDERE, *céder, laisser :* Cedere fortunæ, CIC. *Et dans un sens plus général :* Cedere domo, vitâ, etc., CIC. Horæ quidem cedunt et menses et dies, *Id.* Pœna in vicem fidei cessit, LIV., *il le paye en corvées au lieu de le payer en argent.*

610. *Concentus. Harmonia.*

CONCENTUS (canere cum) *concert, harmonie composée de plusieurs voix ou de plusieurs instruments, ou des deux ensemble :* Avium concentus, CIC. Stellarum concentus, ex dissimilibus motibus, *Id. Au figuré :* Nunc age, quid nostrum concentum dividat, audi, HOR. — HARMONIA (ἁρμονία), *harmonie, accord de plusieurs sons :* Harmoniam ex intervallis sonorum nosse possumus, quorum varia compositio etiam harmonias efficit plures. *Il ne se dit point au figuré dans les bons auteurs.* Concentu difficilia peragimus; harmoniâ demulcentur aures.

611. *Concertare. Controversari.*

CONCERTARE (certare cum), *contester, disputer ensemble, être en débat :* Concertare cum aliquo verbis, CIC. — CONTROVERSARI (versare contra), *être d'un sentiment différent, n'être pas d'accord :* Nunc à vobis postulo, ut de isto concedatis alteri, et inter vos de hujusmodi rebus controversemini, non concertetis, CIC., *vous pouvez avoir sur cela des différends ; mais n'ayez point de dispute.*

612. *Concertatorius. Concertativus.*

CONCERTATORIUS, *qui regarde les disputes, les différends :* Genus dicendi forense concertatorium, CIC., *le genre judiciaire en usage au barreau.* — CONCERTATIVUS, *sujet à dispute de part et d'autre :* Mutua accusatio, quam nostri vocant concertativam, QUINT.

613. *Concidere. Corruere.*

CONCIDERE (cadere cum), *tomber ensemble, s'affaisser :* Venti concidunt, HOR., *les vents se calment.* Tota domus concidit, CIC. Sub onere concidere, LIV., *succomber sous le faix. Au figuré :* Concidere animis, CÆS., *perdre courage.* Artes concidunt, CIC., *les arts tombent.* — CORRUERE (ruere cum), *tomber ensemble d'une chute violente, s'écrouler :* Tabernæ mihi duæ corruerunt, CIC. *Au figuré :* Uno meo fato et tu et omnes mei corruistis, CIC. Et penè ille timore, ego risu corrui, *Id.*

614. *Conciliare. Reconciliare.*

CONCILIARE, *concilier, unir :* Ipsius virtus debet te conciliare illi, CIC. Hoc statuo esse virtutis conciliare animos hominum, *Id.* Conciliare *ne suppose pas de rupture antérieure, au lieu que* RECONCILIARE *en suppose* (rursùs conciliare) : Quod scribis de reconciliandâ nostrâ gratiâ, non intelligo cur reconciliatam esse dicis, quæ nunquam immutata est, *CIC.*

615. *Concinere. Occinere. Præcinere.*

CONCINERE (canere cum), *chanter avec, ensemble* : Omnia tristia concinuerunt aves, *TIBUL.* Ubi certis numeris ac pedibus velut factâ conspiratione consensit, atque concinuit chorus, *CIC. Au figuré, s'accorder :* Stoici cum peripateticis re concinere videntur, verbis discrepare, *CIC.* — OCCINERE (canere ob), *chanter contre, parlant d'un oiseau de mauvais augure :* Si pulli non pascentur, si tardiùs ex caveâ exierint, si occinuerit avis, *LIV.* — PRÆCINERE (canere præ), *préluder, chanter le premier :* Carmine cùm magico præcinuisset anus, *TIB. Il signifie aussi prédire:* Novo aliquo motu magnum aliquid deos hominibus præmonstrare et præcinere, *CIC.*

616. *Concinnitas. Elegantia.*

CONCINNITAS (*de* cum *et de* cinnus, *boucle de cheveux*), *agrément, justesse :* Sententiarum concinnitas, *CIC.* Verborum concinnitas, *Id.* Collocata verba habent ornatum, si aliquid concinnitatis habent, *Id.* — ELEGANTIA (legere è), *bon goût, propreté, élégance. L'élégance consiste à donner à la pensée un tour noble et poli, et à la rendre par de belles expressions :* Elegantia sermonis, *CIC.* Agricultura abhorret ab omni politiore elegantiâ, *Id.* Annos celans elegantiâ, *PHÆD.*

617. *Concio. Oratio.*

CONCIO, *synonyme d'*oratio, *harangue : elle est ordinairement faite au peuple ou aux soldats :* Dux concionem habuit ad milites, *LIV. Il se dit du lieu d'où l'on harangue :* Ascendi in concionem, concursus est populi factus, *CIC.* — ORATIO, *le discours, est ordinairement préparé pour des occasions publiques :* Isocrates orationis faciendæ ac ornandæ auctor locupletissimus, *CIC. Un capitaine fait à ses soldats une harangue pour les animer au combat; l'académicien prononce un discours.*

618. *Concionalis. Concionarius.*

CONCIONALIS, *des assemblées, qui appartient aux assemblées :* Clamor concionalis, *CIC.* Concionalis senex, *Id., un vieillard qui aime à parler dans les assemblées.* Concionale genus causarum, *QUINT., le genre délibératif, dont on traite dans les assemblées.* — CONCIONARIUS, *qui forme, qui compose les assemblées :* Concionarius populus, *CIC.*

619. *Concitare. Excitare. Incitare. Instigare. Exstimulare.*

CONCITARE (*de* ciere), *émouvoir, tant au propre qu'au figuré :* Eurus aquas concitat, *OVID.* Equum concitare, *LIV., pousser un cheval.* Divino instinctu concitatur animus à corpore abstractus, *CIC.* — EXCITARE, *faire sortir :* Excitare mortuos ab inferis, *CIC.* Homines qui sequi possent, sedibus excitabat, *LIV.* Concitabat *ferait un autre sens.* Excitare vapores, *CIC., élever des vapeurs.* — INCITARE, *pousser dans, vers :* Dormientem excitare, currentem incitare, *CIC. Au figuré :* Exercitatio eloquendi celeritatem incitat, *CIC.* — INSTIGARE (*de* στίζω, pungo), *aiguillonner, dit plus qu'*incitare; *il est plus usité au figuré :* Infensi et irati Romanos in Annibalem instigabant, *LIV.* Variis instigant clamoribus alas, *VIRG.* — EXSTIMULARE (*de* stimulus), *pousser à l'action déjà commencée, en empêcher le ralentissement :* Dictis exstimulare aliquem, *OVID.* Fame exstimulata tigris, *Id.*

620. *Conclave. Cubiculum.*

CONCLAVE (*de* cum *et de* clavis), *est proprement un appartement fermé, un cabinet :* Cùm pater cœnatus cubitum in idem conclave cum duobus filiis isset, *CIC.* Est mihi ultimis conclave in ædibus quoddam retrò, *TER.* — CUBICULUM (*de* cubare), *chambre à coucher :* Is, cùm iste etiam cubaret, in cubiculum introductus est, *CIC. Plaute a dit* conclavium.

621. *Conclusio. Consequens. Consequentia. Consecutio.*

CONCLUSIO, *conclusion, conséquence que l'on tire d'un raisonnement :* Conclusio autem rationis ea probatur, in quâ ex rebus non dubiis, id quod dubitatur, efficitur, *CIC.* Conclusio *se prend pour l'action de finir, de terminer :* In extremâ parte et conclusione muneris ac negotii tui diligentissimus sis, *CIC.* — CONSEQUENS, *qui suit, qui est lié :* Homo rationis particeps, per quam consequentia cernit, causas rerum videt, *CIC. On appelle* consequens, *en terme de logique, la proposition déduite des prémisses, dont elle est comme suite nécessaire.* — CONSEQUENTIA, *la suite :* Qui cursum rerum eventorumque consequentiam diuturnitate notaverunt, *CIC.* Consequentia, *en logique, est la liaison de la conclusion avec les prémisses.* — CONSECUTIO, *ce qui vient ensuite :* Detractio molestiæ consecutionem affert voluptatis, *Cic.*

622. *Concordare. Quadrare.*

CONCORDARE (*de* cum *et de* chorda), *être d'accord :* Tentavit pollice chordas, et sensit varios, quamvis diversa sonarent, concordare modos, *Ovid. Au figuré :* Animi sanitas dicitur, cùm ejus judicia opinionesque concordant, *Cic.* —QUADRARE (*de* quatuor), *proprement rendre carré :* Capitolium saxo quadrato substructum, *Liv.* Agmen quadratum, *Cic. Au figuré :* Omnia in istum quadrare aptè videntur, *Cic.*, *tout paraît lui convenir.* Visum est mihi hoc ad multa quadrare, *Id.*

623. *Concordia. Unanimitas.*

CONCORDIA, *accord, concorde :* Concordia et conspiratio omnium ordinum ad defendendam libertatem, *Cic.* Si ad concordiam res adduci posset, *Id.*—UNANIMITAS (unus animus), *union de cœur :* Fraterna unanimitas, *Liv.* Concordiâ jucundè vivimus; unanimitate semper eadem amplectimur aut aversamur.

624. *Concrescere. Glaciare. Rigere.*

CONCRESCERE (crescere cum), *s'épaissir :* Aqua concrescit nive pruinâque, *Cic.* Concrevit frigore sanguis, *Virg.* — GLACIARE, *glacer, faire glacer :* Cùm glaciantur aquæ, *Ovid. Au figuré :* Curioni tribunatus glaciat, *Cic.*, *Curion ne fait rien pendant son tribunat.* — RIGERE, *roidir, devenir roide :* Rigere gelu, *Liv.* Vestes ostro auroque rigentes, *Virg.* Rigent frigore partes mundi incultæ, *Cic.*

625. *Concubia nox. Intempesta nox.*

NOX CONCUBIA (cubare cum), *le temps où l'on est couché; lorsque tout le monde est dans le sommeil :* Qui ut cœnati quiescerent, concubiâ nocte, etc., *Cic.*— NOX INTEMPESTA (non tempus, *temps qui n'est point employé au travail*), *la nuit à heure indue:* Nocte intempestâ nostram devenit domum, *Liv.* Repentè nocte intempestâ servorum armatorum fit concursus, *Cic.*

626. *Concurrere. Concursare.*

CONCURRERE (currere cum), *courir ensemble :* Concurrit ad me maxima multitudo, *Cic. Au figuré :* Concurrunt multæ opiniones, *Cic.* Tot concurrunt veri similia, *Ter.*, *tant de choses rendent le soupçon vraisemblable.* Concurrunt nomina, *Cic.*, *on me doit autant que je dois.* — CONCURSARE (*fréquentatif de* concurrere), *aller et venir ensemble avec empressement :* Qui armati noctes diesque concursabant, *Cic.*

627. *Concursus. Concursio. Concursatio.*

CONCURSUS, *concours de personnes :* Concursus est ad eum factus, *Cic. Au figuré :* Litterarum asper concursus, *Cic.* Calamitatum concursus, *Id.*—CONCURSIO, *l'action de se rencontrer, de se choquer :* Fortuita atomorum concursio, *Cic.* Vocalium concursio, *Id.* — CONCURSATIO (*fréquentatif de* concursio), *l'action d'aller et venir :* Quid puerorum illa concursatio? *Cic. Au figuré :* Perturbationum concursatio, *Id.*

628. *Concutere. Discutere. Excutere.*

CONCUTERE (quatere cum), *secouer, ébranler :* Concutit arces balista, *Ovid.* Et acres concussit equos, *Virg. Au figuré :* Te ipsum concute, *Hor.*, *examinez-vous vous-même.* Fœcundum concute pectus, *Virg.*, *rappelle ici ce que tu as de talents.* Quæ totam luctu concussit funditùs urbem, *Id.*, *cet événement frappa de consternation toute la ville.* — DISCUTERE, (diversìm quatere), *agiter, secouer de différents côtés :* Discutere lateritium murum, *Cæs. Au figuré :* Caligo discussa est, *Liv.* Periculum discutere, *Cic.* — EXCUTERE (quatere ex), *faire tomber en secouant :* Illum excussit equus, *Liv.* Et excuti juberent pallium, *Phæd. Au figuré :* Hanc excutere opinionem mihimet volui radicitùs, *Cic.* Excute intelligentiam tuam, ut videas, *Id.*

629. *Condĭtio. Condimentum.*

CONDITIO (*de* condire), *l'action, la manière d'assaisonner :* Compositiones unguentorum, ciborum conditiones, *Cic.* — CONDIMENTUM, *l'assaisonnement même :* Coquos equidem minùs demiror, qui tot utuntur condimentis, *Plaut. Au figuré :* Sapientiæ ætas condimentum est, sapiens ætati cibus est, *Plaut.* Condimentum amicitiæ suavitas morum et sermonum, *Cic.* Condimento humanitatis mitigare severitatem, *Id.*

630. *Condĭtio. Status.*

CONDITIO, *condition, a plus de rapport au rang qu'on tient dans les divers ordres qui forment l'économie civile.* — STATUS, *l'état, en a davantage à l'occupation, ou au genre de vie dont on fait profession :* Conditio atque fortuna hominum infimi generis, *Cic.* Conditio regia, *Id.* Me de vitæ meæ statu lacrymis suis deduxerunt, *Id.* Conditio omnium nostrûm, locus quo quisque natus est..... hunc vitæ statum usque ad senectutem obtinere, *Id.* De statu nostræ dignitatis nobis non est recedendum, *Id.*

631. *Conditionem offerre, proponere, ferre.*

CONDITIONEM OFFERRE, *offrir une condition :* Illis conditionem pacis obtulit, *CIC.* — CONDITIONEM PROPONERE, *la mettre sous les yeux :* Hanc conditionem supplicii majores in bello timiditati militis propositam esse voluerunt, *CIC.* — CONDITIONEM FERRE, *mettre pour condition :* Hanc conditionem misero ferunt, ut optet utrum malit, *CIC.* Conditionem offerimus non petenti; proponimus inferiori; victo ferimus.

632. *Confertim. Conglobatim.*

CONFERTIM (*de* cum *et de* farcire), *d'une manière serrée, de très-près :* Quò acriùs et confertìm magis utrimque pugnabatur, *LIV.* — CONGLOBATIM (*de* cum *et de* globus), *par pelotons :* Conglobatìm pugnam ineunt, *LIV.*

633. *Confertus. Refertus. Differtus. Plenus. Repletus.*

CONFERTUS (*de* cum *et de* farcire), *au propre, signifie farci :* Confertus cibo, *CIC. Au figuré :* Vita conferta voluptatum omnium varietate, *CIC.* Turba conferta iter clausit, *LIV., troupe serrée en masse.* Ut nunquam conferti, sed rari magnisque intervallis præliarentur, *CÆS.*—REFERTUS (*de* re *et de* farcire), *plein :* Insula Delos referta divitiis, *CIC.* Ærarium refertum, *Id.* Refertus, *dit Ker,* plenum significat, confertus verò densum.—DIFFERTUS (diversìm farcire), *plein de différents côtés :* Inde forum Appî differtum nautis, cauponibus atque malignis, *HOR.* Confertum *et* refertum *ne seraient pas si justes. Tacite a cependant dit* odoribus differtum corpus conditur : *on enterre le corps après l'avoir embaumé.*—PLENUS (*de* πλέος, *plein*) : Cadus à summo plenus, *PLAUT. Au figuré :* Grave et plenum carmen, *CIC.* Plenus ingenii, *Id.* Plenior vox, *Id., voix pleine.*—REPLETUS, *rempli :* Referto foro repletisque omnibus templis, *CIC.* Plenus *a un rapport particulier à la capacité d'un vaisseau, et* repletus *à ce qui doit être reçu dans cette capacité. Aux noces de Cana les pots furent remplis d'eau, et ils se trouvèrent pleins de vin.*

634. *Conficere. Efficere. Patrare. Perpetrare.*

CONFICERE, *finir, terminer :* Bellum conficere, *CIC.* Cursus annuos sol conficit, *Id.* —EFFICERE, *faire en sorte, et dans ce sens il est synonyme d'*eniti : Efficiam posthac ne quemquam voce lacessas, *VIRG. Plus souvent il signifie effectuer, produire, et il est synonyme de* conficere. Hoc ille in nostros mores induxit, solus auxit, solus effecit, *CIC.* — PATRARE, *faire, exécuter :* Incœpta patrare, *SALL.* Facinus patrare, *CIC.* Decreta patrare, *Id.*—PERPETRARE, *exécuter entièrement :* Perpetratis omnibus quæ ad pacem divûm pertinent, *LIV.*

635. *Configere. Defigere. Refigere. Transfigere.*

CONFIGERE (figere cum), *percer, attacher ensemble :* Pereunt confixi à sociis, *VIRG.* Confixus clavis, *CÆS., attaché avec des clous. Au figuré :* Confixus est ducentis senatûs consultis, *CIC.* Cogitationes in reipublicæ salute configere, *Id.* — DEFIGERE (figere de), *ficher, enfoncer :* Terræ defigitur arbos, *VIRG.* Gladios jugulo defigere, *LIV.* Crucem defigere, *CIC., planter une croix. Au figuré :* Posita et defixa spes omnium in te, *CIC.* Furta alicujus in oculis populi defigere, *Id., mettre les vols de quelqu'un sous les yeux du peuple.* Tacita mœstitia ita defixit omnium animos, ut, etc., *LIV.*—REFIGERE (*de* re, *particule adversative ou itérative, et de* figere), *arracher ce qui était attaché :* Quamvis clypeo trojana refixo tempora testatus, *HOR., quoiqu'il apportât pour preuve de son existence, au temps de Troie, le bouclier arraché du temple de Junon. Il se prend aussi pour ficher une seconde fois :* Nam sive propè truncum defigitur palus, pedali tamen spatio refigendus est, *COL.*—TRANSFIGERE (*de* figere *et de* trans), *enfoncer au delà, percer d'outre en outre. Cicéron et beaucoup d'auteurs ont dit* transfixus hastà, *et Martial* stricto medium transfigere ferro.

636. *Confingere. Effingere.*

CONFINGERE (fingere cum), *façonner ensemble :* Apes favos confingunt, et ceras, *PLIN. Au figuré, controuver, feindre :* Confinxerunt dolum, *PLAUT.* Confingunt de industrià hunc rumorem, *CIC.*—EFFINGERE (fingere è), *représenter d'après un original :* Effingere casus in auro, *VIRG. Au figuré :* Tullius effinxit vim Demosthenis, *QUINT.* Formas et mores, et plerosque status et motus effingunt à parentibus liberi, *CIC. C'est sans fondement que des dictionnaires prétendent qu'*effingere *signifie laver : les exemples qu'ils citent sont fautifs.*

637. *Confirmare. Corroborare.*

CONFIRMARE (*de* firmus), *synonyme de* corroborare, *affermir, fortifier. Ces deux verbes diffèrent par la manière dont chacun exprime l'augmentation de forces.* Confirmare *convient à un convalescent :* Cura igitur te, et confirma. *Cicéron écrivait à son ami convalescent. Au figuré :* Erige te ; et confirma, si quæ subeunda dimicatio erit, *CIC.* — CORROBORARE (*de* robur), *rendre robuste :* Veteranum ac tironem militem opere assiduo corroboravit, *SUET. Au figuré :* Se corroborare, et virum inter viros esse, *CIC.* Conjurationem nascentem non credendo corroborare, *Id.* Milites corroborantur exercitatione ; corpora alimentis ; animi dictis confirmantur.

638. *Conflictio. Conflictus.*

CONFLICTIO (*de* cum *et de l'inusité* fligere), *l'action de se heurter :* Duorum inter se corporum conflictio, *QUINT. Au figuré :* Contrariorum et dissimilium et inter se pugnantium conflictio, *CIC.* — CONFLICTUS, *le choc même, le frottement :* Lapidum conflictu atque tritu elici ignem videmus, *CIC.* Nubium conflictus, *Id.*

639. *Confluere. Influere. Profluere. Refluere.*

CONFLUERE (fluere cum), *couler ensemble :* Fibrenus æqualiter latera hæc alluit, rapidèque dilapsus citò in unum confluit, *CIC. Au figuré :* Ad hæc studia plures confluxerunt, *CIC.*—INFLUERE, *couler dedans :* Ligeris influit Oceanum, *CÆS., la Loire se décharge dans l'Océan. Au figuré :* Influere in animos, *CIC., s'insinuer dans les cœurs.*—PROFLUERE (fluere pro, porrò), *couler vers, couler abondamment :* Lacus emissus lapsu et cursu suo ad mare profluxit, *CIC. Au figuré :* Ego ab his fontibus profluxi ad hominum famam, *CIC., je me suis mis en réputation par ces voies-là.* Ad libidines profluere, *TAC., s'abandonner à ses passions.* Cujus ore sermo melle dulcior profluebat, *CIC.* — REFLUERE (retro fluere), *couler en arrière, refluer, remonter vers sa source :* Cùm refluit campis et jam se condidit alveo, *VIRG.*

640. *Confugere. Perfugere.*

CONFUGERE (fugere cum), *proprement, fuir ensemble. Il se prend ordinairement pour se réfugier, avoir recours :* Priamum, cùm ad aram confugisset, hostilis manus interemit, *CIC.* Ad te confugimus, à te opem petimus, *Id. Au figuré :* Confugit ad stultitiam, adolescentiam, *CIC.* — PERFUGERE, *proprement, fuir entièrement. Il se prend pour fuir dans un lieu de sûreté :* Jam Tarquinii ad Porsenam perfugerant, *LIV.* Hic locus est unus, quò perfugiant, *CIC.*

641. *Confundere. Miscere. Turbare. Perturbare.*

CONFUNDERE (fundere cum), *proprement, couler, verser ensemble :* Arethusa siculis confunditur undis, *VIRG. Au figuré :* Confundere sermones in unum, *LIV., parler plusieurs ensemble, à la fois.* Confundere vera falsis, *CIC.* Vultus confusus, *OVID., un visage confus et troublé.* — MISCERE, *mêler, mélanger :* Qui alteri miscet mulsum ipse non sitiens, *CIC. Au figuré :* Totam quia vitam miscet dolor et gaudium, *PHÆD.* Procax libertas civitatem miscuit, *Id.* — TURBARE (*de* turba), *troubler, brouiller :* Eversæ turbant convivia mensæ, *OVID.* Zephyro turbantur arenæ, *VIRG. Au figuré :* Turbare pacem, *LIV.* Omnia infima summis paria fecit, turbavit, miscuit, *CIC.*—PERTURBARE, *troubler entièrement, jeter la confusion, tant au propre qu'au figuré :* Perturbata et confusa onusti cibo et vino cernimus, *CIC.* Seditionibus perturbata civitas, *Id.* Si aquam et oleum confuderis, vix ea nisi turbata et agitata misceri possunt.

642. *Confutare. Refutare. Refellere.*

CONFUTARE (*de* cum *et de* futare, *fréquentatif de* fundere, *qui signifiait verser souvent, ou goutte à goutte, de l'eau froide sur de l'eau bouillante : de là* futum, *vase destiné à cet usage*) : Coquus, magnum ahenum, quandò fervit, paullà confutat truà, *NONN.* Confutare *se prend ordinairement pour calmer, arrêter :* Confutavi verbis admodùm iratum patrem, *TER.* Dolores maximos alicujus rei recordatione confutare, *CIC.* Audaciam confutare, *Id.* — REFUTARE *dit plus ; c'est repousser, réprimer, réfuter :* Refutare bello, *LIV.* Refutare conatum alicujus, *Id.* Refutare testes, *CIC., rejeter les témoins.* Refutatio orationis dicitur in quà est depulsio criminis ; confutatio est locorum contrariorum dissolutio, *Id.* — REFELLERE (*de* re, *adversatif, ou réciproque, et de* fallere), *contredire, combattre les sentiments de quelqu'un :* Cùm tu horum nihil refelles, vincam scilicet, *CIC. Au figuré :* Eorum vità refellitur oratio, *Id., leur vie contredit leurs discours.* Iratum confutare moderati hominis est ; incurrentem refutare, fortis ; vana fingentem refellere, prudentis et acuti.

643. *Congiarium. Donativum.*

CONGIARIUM (*de* congius, *mesure romaine*), *présent fait au peuple :* Multitudinem imperitam congiariis lenire, *CIC.* — DONATIVUM (*de* donum), *présent fait aux soldats :* Congiario donabatur populus, sic donativo milites donabantur, *Sen*. Congiarium *consistait en blé, vin, huile, etc. Il se dit d'un présent fait à un particulier par le prince.* Plancus magno congiario donatus à Cæsare, *Cic*.

644. *Conglobare. Conglomerare.*

CONGLOBARE (*de* cum *et de* globus), *amasser en rond :* Terra undique in se nutibus suis conglobata, *Cic*. Conglobatur undique mare, *Id. Au figuré :* Definitiones conglobatæ, *Cic., des définitions entassées les unes sur les autres.* Ubi nusquam conglobari hostes compertum est, *Tac., comme on vit que les ennemis ne se ralliaient nulle part.*—CONGLOMERARE (*de* cum *et de* glomus), *former un peloton :* Lanam glomerabat in orbes, *Ovid*. *Au figuré :* Glomeratæ clades, *Cic*. Ventus incendia glomerat, *Virg., le vent pousse des tourbillons de flammes.*

645. *Congressio. Congressus.*

CONGRESSIO (gradior cum), *l'action de s'aborder, d'avoir une entrevue :* His de causis hoc malum, quòd te non vidi, minùs acerbum fuit, quàm fuisset tùm congressio, tùm verò digressio nostra, *Cic*.—CONGRESSUS, *l'abord, l'entrevue même:* Aut scribam ad te aliàs, aut in congressum nostrum reservabo, *Cic. Il se prend pour choc :* Multi in eo congressu perierunt, *Sall*. Adolescentes ab improborum congressione prohibent magistri, ne eorum congressu corrumpantur.

646. *Conjugare. Copulare. Conjungere. Colligare. Connectere. Constringere.*

CONJUGARE (*de* cum *et de* jugum), *proprement, mettre sous le joug :* Conjugare boves, *Col. Au figuré :* Jucundissima amicitia est, quam similitudo morum conjugavit, *Cic*. Conjugata verba, *Id., des mots de même origine, comme* sapiens, sapientia, sapienter. — COPULARE (*de* copula), *accoupler :* Copulant hominem cum belluà, *Cic. Au figuré :* Copulare concordiam, *Cic., cimenter la concorde.* Honestatem cum voluptate copulare, *Id.* — CONJUNGERE (jungere cum), *joindre ensemble :* Calamos cerà conjungere, *Virg. Au figuré :* Summa miseria summo dedecore conjuncta, *Cic*. — COLLIGARE (ligare cum), *lier ensemble :* I, lictor, colliga manus, *Cic. Au figuré :* Colligare uno libro omnia, *Cic*. Verbis sententias colligare, *Id.* — CONNECTERE (nectere cum), *nouer ensemble :* Nodi connexi, *Ovid. Au figuré :* Amicitia cum voluptate connectitur, *Cic*. —CONSTRINGERE (stringere cum), *serrer ensemble :* Quæ dissipata sunt aut divulsa constringere, *Cic. Au figuré :* Ut se virtuti tradat constringendam voluptatem, *Cic*. Paria conjugamus, ut similiter moveantur, agant et sentiant; convenientia copulamus, ut se mutuò juvent; conjungimus separata, ut unà consistant; propiora connectimus, ne soluta divagentur; simul posita colligamus, ut firmiter constent; conjuncta constringimus, ne divellantur.

647. *Conjunctè. Conjunctìm.*

CONJUNCTÈ, *conjointement :* Conjunctissimè versati sumus, *Cic*. Conjunctissimè cum aliquo vivere, *Id.*—CONJUNCTIM, *ensemble; il est opposé à* separatìm : Hujus omnis pecuniæ conjunctìm ratio habetur, fructusque servantur, *Cæs*.

648. *Conjuratio. Conspiratio. Coitio.*

CONJURATIO (jurare cum), *conjuration, ligue :* Conjuratio quæ jurejurando firmatur, *Sall*. Conjuratio nobilitatis, *Cæs. Il se prend ordinairement en mauvaise part:* Nefanda in omne facinus ac libidinem conjuratio.—CONSPIRATIO (spirare cum), *conspiration, union, ordinairement en bonne part :* Conspiratio omnium ordinum ad defendendam rempublicam, *Cic. Le même a cependant dit:* sceleratissima conspiratio. *Au figuré :* Conspiratio virtutum, *Cic*. —COITIO (ire cum), *entrevue :* Senex adest; vide quid agas : prima coitio est acerrima, *Ter. Il se prend ordinairement pour cabale, complot, attroupement, et toujours en mauvaise part :* Dubitatis quin coitio facta sit, cùm , etc., *Cic*. Cùm per coitiones potentiorum hominum injuria fieret, *Liv*.

649. *Conjux. Sponsus.*

CONJUX (jungere cum), *au propre, marié; on sous-entend* vir *pour le mari, et* uxor *pour dire la femme :* Quis te casus dejectam conjuge tanto excipit? *Virg*. Egregia conjux, *Cic. Cicéron ne l'a employé que pour la femme.* — SPONSUS (*de* spondere), *fiancé, promis : on sous-entend* vir, adolescens ; *comme dans* Sponsa, *on sous-entend* virgo : Cognito super humeros paludamento sponsi, *Liv*. Hùc venisti sponsam præreptum meam, *Plaut*.

650. *Conniti. Eniti.*

CONNITI, *réunir ses efforts :* Toto corpore connixus, *Virg. Virgile a dit* conniti *pour mettre au monde deux jumeaux:* Namque gemellos, spem gregis, ah ! silice in nudà connixa reliquit.—ENITI, *faire les plus grands efforts :* Sic velim enitare quasi in eo sint omnia, *Cic*. Quantùm viribus eniti potero, *Id. Il se prend pour monter avec effort :* Aggerem, et in aggerem eniti, *TAC.*

**651. *Connubium. Conjugium. Matrimonium. Nuptiæ. Hymen.***

CONNUBIUM (nubere cum, *à cause du voile dont les filles qui se mariaient avaient la tête couverte), alliance par le mariage :* Connubia patrum et plebis, *LIV.* Sequuntur connubia et affinitates, *CIC.*—CONJUGIUM (jungere cum), *l'union du mari et de la femme :* Conjugia virorum et uxorum, *CIC. Il se dit des animaux :* Sæpè sine ullis conjugiis vento gravidæ, *VIRG., parlant des cavales.*—MATRIMONIUM (matris munus), *l'état du mariage, le mariage même :* Matrimonii jus castum et legitimum, *CIC.* — NUPTIÆ, *les noces, la célébration du mariage :* Cœnare apud aliquem in nuptiis, *CIC.* Matrimonia copulant nuptiarum solemnibus, *ARNOB.* Nuptiæ sunt matrimonii celebratio, quæ legitimum esse conjugium testificatur; connubium verò jus legitimi matrimonii. — HYMEN *et* HYMENÆUS, *proprement dit Hyménée, le dieu qui préside aux noces. Il se prend pour le chant nuptial, et enfin, en poésie, pour le mariage même :* Quin potiùs pacem æternam pactosque hymenæos exercemus, *VIRG.*

652. *Conscientia. Memoria.*

CONSCIENTIA (*de* cum *et de* scire), *connaissance, témoignage intérieur :* Magna vis est conscientiæ in utramque partem, ut neque timeant qui nihil commiserint, et pœnam semper ante oculos versari putent qui peccàrint, *CIC.* Maleficiorum conscientiæ stimulant, *Id.*—MEMORIA, *la mémoire, le souvenir de ce que l'on a vu ou entendu, et que l'on n'a point oublié :* Memoria est per quam mens repetit illa quæ fuerunt, *CIC.* Omnia bella quæ nostrâ memoriâ fuerunt, *Id.*

653. ***Conscius. Testis. Index.***

CONSCIUS (scire cum), *qui sait en lui-même, confident, complice :* Mens sibi conscia recti. *VIRG.* Qui si alicujus injuriæ sibi conscius fuisset, *CIC.* Meorum omnium consiliorum conscius, *Id.* — TESTIS, *témoin :* Testis et spectator, *CIC.* Testis et conscius alicujus rei, *Id.* — INDEX, *celui qui indique, révélateur :* Hæc omnia indices detulerunt, rei confessi sunt, *CIC.* Imago animi vultus, indices oculi, *Id. Il se prend pour index, table d'un livre :* Librorum indicibus decipi, *CIC.*

**654. *Conscribere. Inscribere. Perscribere. Rescribere.***

CONSCRIBERE (scribere cum), *écrire plusieurs choses ensemble :* Conscribere volumen, *CIC.* Conscribere milites, *Id., enrôler des soldats : on écrivait leurs noms sur un registre.*—INSCRIBERE, *écrire sur, dans, mettre une inscription :* Qui vestris monumentis nomen suum inscripsit, *CIC.* Inscribi jussit in fastis, *Id.* Liber qui Œconomicus inscribitur, *Id. Au figuré :* Inscribere in animo orationem, *CIC.*—PERSCRIBERE, *écrire au long, en entier :* Dicta omnia judicum perscribere, *CIC.* Pleniora atque uberiora Romam ad suos perscribebant, *Id., ils écrivaient fort au long à leurs amis à Rome ce qui se passait. Et dans un autre sens :* Pecuniam in ædem sacram reficiendam se perscripsisse dicunt, *CIC., ils disent qu'ils ont ordonné cet argent pour rebâtir leur temple.* — RESCRIBERE (rursus scribere), *écrire de nouveau, ou plutôt répondre à une lettre ou à une demande :* Rescribam tibi ad omnia quæ quæris, *CIC.* Ad eam epistolam rescribam, *Id.*

655. *Consecrare. Dedicare. Inaugurari.*

CONSECRARE, *consacrer, dédier à Dieu avec certaines cérémonies :* Consecrare, *disent les grammairiens,* è profano sacrum facere, non verbis modò solemnibus, sed etiam manu. Aram Deo consecrare, *CIC.*—DEDICARE, *dédier, consacrer au culte divin :* Smyrnæi delubrum Homero dedicàrunt. Consecrare *a quelque chose de plus religieux que* dedicare. An consecratio nullum habet jus, dedicatio est religiosa? *CIC.* Dedicare *se dit des choses profanes :* Librum exarabo tertium Æsopi stylo, honori et meritis dedicans illum tuis, *PHÆD.* — INAUGURARI *et* INAUGURARE, *proprement, consulter les augures :* Palatium Romulus, Remus Aventinum ad inaugurandum templa capiunt, *LIV. Il se prend pour sacrer après avoir pris les augures :* Locum inaugurari, *LIV.* Cur non inaugurare? Sume diem : vide qui te inauguret, *CIC.*

656. *Consignare. Obsignare.*

CONSIGNARE, *disent les grammairiens,* signo impresso occludere; obsignare testificandi gratiâ signum imprimere : consignantur litteræ : obsignatur pecunia, quòd in sacculo, signis ceræ impressis, olim deponebatur. Has tabulas obsignatas, consignatas quas fero, *PLAUT. On les a confondus.* Lagenas etiam inanes obsignabat, ne dicerentur inanes aliquæ, *CIC.* Tabulæ signis hominum nobilium consignantur, *Id.*

Consignare *signifie aussi consigner :* Iisdem litteris illius prætura, et tua quæstura consignatæ sunt, *Cic.* Hanc commendationem, quam his litteris consignare volui, scito omnium esse gratissimam, *Id. Au figuré :* Consignatæ in animis notiones, *Cic.*

### 657. *Consilium. Sententia.*

Consilium, 1° *conseil, avis sur une chose :* In consilio capiendo prudentia, in dando fides requiritur et religio, *Cic.* Ire in consilium, *Id., aller aux opinions.* 2° *dessein, projet :* Consilium est aliquid faciendi, non faciendive excogitata ratio, *Cic.* Optimus est portus pœnitenti, mutatio consilii, *Id.*—Sententia *se dit* 1° *d'un avis prononcé :* De quibus tres video ferri sententias, quarum nullam probo, *Cic.* 2° *il se dit d'un avis extrajudiciaire :* Facere non potuit, quin tibi et sententiam, et voluntatem declararem meam, *Cic.* Amicus dat consilium de animi sententiâ.

### 658. *Consobrinus. Sobrinus.*

Consobrinus, *cousin germain ; les enfants de frères et de sœurs sont* consobrini : Ne cum Tito Broccho avunculo suo, ne cum ejus filio consobrino suo vivat, *Cic.* —Sobrinus, *cousin issu de germain :* Sequuntur fratrum conjunctiones, post consobrinorum sobrinorumque, *Cic.*

### 659. *Consolabilis. Consolatorius.*

Consolabilis, *qu'on peut consoler :* Est omninò vix consolabilis dolor: tanta est rerum omnium amissio, et desperatio recuperandi, *Cic.* — Consolatorius, *de consolation, qui donne de la consolation :* A Cæsare litteras accepi consolatorias de urbe augendâ, *Cic.*

### 660. *Consolari. Solari.*

*Ces deux verbes paraissent être les mêmes; cependant* Solari *se dit plutôt en poésie, et* Consolari *en prose :* Dictis solatur amicis, *Virg. Au figuré :* Famem metumque solari, *Virg.* Longum cantu solata laborem, *Id.* Consolari afflictos, *Cic. Au figuré :* Brevitatem vitæ posteritatis memoria consolatur, *Cic. Ovide a dit* consolantia verba.

### 661. *Consolatio. Solatium. Solamen.*

Consolatio, *l'action de consoler, les motifs qu'on emploie pour consoler :* Levat dolorem consolatio, *Cic. Il se prend passivement :* Magna est consolatio, cùm recordare te rectè verèque sensisse, *Cic.* — Solatium, *est la consolation qu'on ressent :* Vacare culpâ magnum est solatium, *Cic.* — Solamen *est le même que* solatium ; *il ne se dit qu'en poésie :* Mali solamen, *Virg.* Cicero scripsit librum de Consolatione ad Tulliam; ex cujus lectione non leve solatium illa reportavit.

### 662. *Consors. Particeps.*

Consors (*de* cum *et de* sors), *qui partage le même sort :* Fratres consortes mendicitatis, *Cic.* Quid tibi consorti mecum temporum illorum respondebo? *Id.*—Particeps (partem capiens), *participant, qui partage avec :* Feci omnes participes meæ voluptatis, *Cic.* Conjurationis participes, *Id.* Prædæ participes esse non debent, qui periculorum consortes non fuerunt.

### 663. *Conspicere. Circumspicere.*

Conspicere (*de* cum *et de l'inusité* spicere), *regarder ensemble ou plusieurs objets à la fois :* Cùm omnia diligentissimè conspexerit, *Cic.* Infestis oculis omnium conspici, *Id.* — Circumspicere, *regarder autour de soi :* Constitit, atque oculis phrygia agmina circumspexit, *Virg.*

### 664. *Constans. Firmus. Stabilis. Solidus. Durabilis.*

Constans (stare cum), *constant, qui ne change point, tant au figuré qu'au propre :* Constantissimus motus lunæ, *Cic.* Constans et perpetua vitæ ratio, *Id.* Vir constans et gravis, *Id.* Constantes rumores, *Id.* — Firmus, *ferme :* Poplite nondum firmo constitit, *Ovid. Au figuré :* Firma et perpetua amicitia, *Cic.* Accusator firmus et verus, *Id.* — Stabilis (*de* stare), *stable :* Terminus stabilis, *Cic. Au figuré, qui ne varie point :* Firmus et stabilis, et constans amicus, *Cic.* Stabilis opinio, *Id.* — Solidus, *solide, qui résiste au choc des corps et à l'injure des temps :* Solida columna, *Cic. Au figuré :* Solidum gaudium, *Cic.* Solidam veramque laudem quærere, *Id.* —Durabilis, *durable, qui ne cesse point :* Quod caret alternâ requie, durabile non est, *Ovid.* Eum constantem arbitror, qui solâ ratione potest à statu suo aut à proposito dimoveri; illud firmum est quod æquabili quodam vigore semper agit aut consistit ; solidum est cujus partes inter se firmiter cohærent. *Au figuré :* Quod verum et permansurum est, stabile, quod ita constitutum, ut non possit everti.

665. *Constantia. Firmitas. Firmitudo. Perseverantia.*

CONSTANTIA, *constance, conduite conséquente :* Nihil est quod tam deceat, quàm in omni re gerendâ consilioque capiendo servare constantiam, CIC. — FIRMITAS, *fermeté, solidité :* Firmitas materiæ sustinebat ictum, CÆS. Corporis firmitas, CIC. *Au figuré, fermeté qui empêche de céder, qui donne du cœur contre les attaques :* Sapientis firmitas, CIC. Animi firmitas, *Id.* —FIRMITUDO *marque quelque chose d'habituel et de permanent; au lieu que* firmitas *marque quelque chose d'actuel :* Firmitudo gravitasque animi, CIC. Firmitudo vocis, *Id.*—PERSEVERANTIA, *persévérance:* Perseverantia est in re benè consideratâ stabilis et perpetua permansio, CIC. Inter dubios et temerè agentes eminet viri sapientis constantia; inter factiosos et obluctantes plurimùm valet animi firmitas; multos commendavit in incœpto laudabili perseverantia.

666. *Consternare. Consternere.*

CONSTERNARE, *consterner, abattre :* Consternare animos, LIV. Pavida et consternata multitudo, *Id.* In fugam consternari, *Id.*, *être mis en déroute.* — CONSTERNERE, *joncher, répandre dessus :* Consternunt terram concusso stipite frondes, VIRG. Forum corporibus civium romanorum constratum, CIC. Consternere contabulationem lapidibus lutoque, CÆS.

667. *Constitutum. Constituta. Constitutio.*

CONSTITUTUM, *on sous-entend* tempus, *terme de droit civil ; il signifie jour dont les parties sont convenues pour comparaître en justice :* Ad constitutum venire, CIC. *Au figuré :* Si quod constitutum habes cum podagrâ, in alium diem differas, CIC. — CONSTITUTA, *règlements, établissements :* Constituta et acta alicujus tollere, CIC. — CONSTITUTIO, *l'action d'établir une chose, institution, constitution :* Constitutio religionum, CIC. Firma constitutio corporis, *Id.*

668. *Consuetudo. Mos. Mores. Usus.*

CONSUETUDO (suescere cum), *fréquentation, habitude :* In consuetudinem alicujus venire, CIC., *fréquenter quelqu'un.* Consuetudo naturæ vim obtinet, quasi altera natura, *Id.* Familiaritas quotidianâ consuetudine augetur, *Id.* — MOS, *mode, coutume :* Sed quia mos est ita faciendi, CIC. Meo more, *Id.* In morem fluminis, VIRG. Mos *et* consuetudo *se prennent encore dans un autre sens.* Consuetudo, *disent les grammairiens,* jus quoddam non scriptum, tacito populi consensu et voluntate utentium introductum; mos est ipse actus et usus inveteratus ex quo consuetudo induci solet. Contra morem consuetudinemque civilem, CIC. Non mos consuetudoque servata, *Id.*—MORES *se dit ordinairement des mœurs :* Labuntur ad mollitiem mores, CIC. Morum doctus imitator, HOR. *Il se prend pour coutumes établies :* In patriis est moribus multorum causas gratuitò defendere, CIC. — USUS, *usage :* Adjungatur usus frequens qui omnium magistrorum præcepta superat, CIC. *Il se prend pour utilité :* Ex usu meo est, TER., *c'est mon avantage.* Alio loco dicemus, si usus fuerit, CIC. *Ce que le grand nombre pratique,* consuetudo est; *ce qui se pratique depuis longtemps,* mos est.

669. *Consulere. Consultare. Consiliare.*

CONSULERE, *consulter, demander avis :* Per litteras consulere aliquem, CIC. Jam vos consulo quid mihi faciendum putetis, *Id.* — CONSULTARE, *délibérer :* Omnes ferè Galliæ civitates de bello consultabant, CÆS. — CONSILIARE *et* CONSILIARI, *selon quelques-uns, signifie donner conseil. Ils s'appuient sur ce vers d'Horace :* Ille bonis faveatque et consilietur amicis; *mais d'autres lisent* concilietur, *ce qui change le sens. D'autres adoptent* consilietur amicis, *et l'expliquent par se consulter avec, délibérer. Ils s'autorisent de cet autre exemple d'Horace :* Gratum elocutâ consiliantibus Junone divis, *ce qui signifie : les dieux étant assemblés pour délibérer.* Ad consiliandum, *qui se lit une seule fois dans Cicéron, est évidemment pris dans le sens de* consultandum.

670. *Consulere alicui. Consulere in aliquem.*

CONSULERE ALICUI, *avoir soin, avoir égard à quelqu'un :* Deligant quem maximè populo romano consulturum putent, CIC. Consulere saluti suæ, *Id.* Tempori, paci consulere, *Id.* — CONSULERE IN ALIQUEM *est dans le sens contraire :* Pessimè in te atque in illum consulis, TER., *vous prenez là un fort mauvais parti et pour vous et pour lui.* In humiliores libidinosè crudeliterque consulebatur, LIV., *on traitait les petits avec passion et cruauté.* In medium, in commune consulere, *dans Tite-Live et dans Cicéron, signifie consulter pour le bien public, travailler pour le bien commun :* Sed oro te ut in medium consulas ; *et dans Térence, il signifie : je vous prie d'examiner les choses en commun, tant pour l'un que pour l'autre.*

*Pline le jeune a dit :* Intermissum tandiù morem in publicum consulendi reducere ; *dans un autre sens : rétablir la coutume, si longtemps interrompue, de proposer au sénat ce que l'on pense. Les anciens disaient* boni consulere, *trouver bon : c'est l'interprétation de Quintilien.*

671. *Consultatio. Deliberatio.*

CONSULTATIO, *consultation :* Respondere consultationi, *CIC.* — DELIBERATIO (*de* liber, a, um), *délibération, examen :* Inciditur omnis deliberatio, si intelligitur non posse fieri, *CIC.* Sapientem et bonum virum quærimus ; de ejus deliberatione et consultatione quærimus, *Id.* Habet res deliberationem, *Id.*, *la chose mérite délibération.*

672. *Consultè. Consultò.*

CONSULTÈ, *avec examen et maturité :* Consultè, doctè atque astutè cavere, *PLAUT.* — CONSULTO, *de propos délibéré :* Philosophia multitudinem consultò fugiens, *CIC.* Consultè agere prudentiæ est ; consultò agere, nonnunquam temeritatis.

673. *Consultor. Consultus.*

CONSULTOR (*de* consulere), *se prend* 1° *pour celui qui consulte, qui demande conseil :* Consultoribus respondere, *CIC.* 2° *pour celui qui donne conseil :* Simul ab eo petit, ut fautor consultorque sibi adsit, *SALL.* — CONSULTUS, 1° *celui qui est consulté :* Consulti medici responderunt nihil esse periculi, *CIC.* 2° *savant, habile, éclairé :* Naturâ, non disciplinâ consultus, *CIC.* Vir consultissimus omnis divini humanique juris, *LIV.*

674. *Contagio. Contactum. Contactus.*

CONTAGIO (tangere cum), *communication :* Quæ potest igitur contagio ex infinito penè intervallo pertinere ad lunam ? *CIC.* Societas et contagio corporis et animi, *Id.* *Au figuré :* Latiùs patet illius sceleris contagio, quàm quisquam putat, *CIC.* Contagio belli, *Id.* — CONTAGIUM *est le même ; il ne se dit qu'en poésie :* Nec mala vicini pecoris contagia lædent, *VIRG.* *Au figuré :* Contagia lucri, *HOR.* — CONTACTUS, *attouchement :* Contactuque omnia fœdant immundo, *VIRG.* Infecti quasi valetudine et contactu, *TAC.*

675. *Contaminare. Inquinare. Polluere.*

CONTAMINARE, *tacher, gâter, salir ; il n'est usité qu'au figuré :* Veritatem mendacio contaminare, *CIC.* Contaminare se vitiis, *Id.* — INQUINARE (*de* cunæ, *selon les grammairiens*), *se dit des choses puantes et infectes qui s'attachent à la superficie :* Aurum tempus inquinavit ære, *HOR.* Merdis caput inquiner albis, *Id.* Inquinari nolo ignavo sanguine, *PHÆD.* *Au figuré :* Famam alicujus inquinare, *CIC.* — POLLUERE *se dit de tout ce qui gâte et souille honteusement :* Lues impura ludos polluit, *HOR.* Jura nefario scelere polluere, *CIC.* Polluere consulatum, *SALL.*, *avilir le consulat.*

676. *Contendere. Certare. Decertare.*

CONTENDERE (tendere cum), *proprement, tendre avec effort :* Contendere arcum, *VIRG.*, *bander un arc.* Contendere tormenta, *CIC.* *Au figuré :* Contendere vocem, *CIC.* Contendere Romam, *SALL.* ; *on sous-entend* iter. Contendere aliquid cum re aliquâ, *Id.*, *comparer une chose avec une autre.* Contendere, *synonyme des autres, signifie tâcher de l'emporter par ses efforts, lutter, se disputer quelque chose :* Contendunt inter se verbis, non pugnis, *CIC.* Civiliter contendere, *Id.* Jurgio contendere, *Id.* — CERTARE, *combattre, tant au propre qu'au figuré :* Certare armis, *LIV.* Certare benedictis, maledictis, *TER.* Certare mulctam, *LIV.*, *contester devant un juge sur une amende.* — DECERTARE, *décider par la force, tant au propre qu'au figuré :* Decertare manu, *CIC.* Demosthenes et Æschines inter se decertare soliti sunt, *Id.*

677. *Contentiosus. Litigiosus.*

CONTENTIOSUS (*de* contendere), *véhément, opiniâtre :* Oratio de quâ loquor, pugnax et contentiosa est, *PLIN. J.* — LITIGIOSUS (*de* lis *et d'*agere), *qui aime à plaider, et qui est sujet à litige :* Quid huic tam loquaciter litigioso responderet ille non habebat, *CIC.* Ager litigiosus, *Id.*

678. *Contestatio. Contentio. Disputatio. Concertatio.*

CONTESTATIO (*de* cum *et de* testis), *instance, forte prière :* Petivit à me maximâ contestatione, ut, etc. *CIC.* *Il n'est jamais pris pour contestation dans les bons auteurs.* — CONTENTIO (tendere cum), *effort :* Vehementissima contentio animi, ingenii, virium, *CIC.* *Il se prend pour contestation :* Contentio disceptationibus tribuatur judiciorum, *CIC.* *Il signifie aussi parallèle :* Sed si contentio quædam et comparatio fiat, *CIC.* — DISPUTATIO (diversìm putare), *dispute, discussion sur quelque matière. Il se dit ordinairement d'une conversation entre deux personnes qui diffèrent d'avis :*

Disputationem de re aliquâ instituere, *Cic.* — Concertatio (certare cum), *combat, chicane :* Nunquam vidi iniquiùs concertationem comparatam, *Ter.*, *je n'ai jamais vu de combat plus inégal.* Disputationes plenæ concertationum, *Cic.* Disputandi prudentiam imitatur concertatio, *Id.*

679. *Contiguus. Vicinus. Vicinalis. Confinis. Finitimus. Conterminus.*

Contiguus (*de* cum *et de* tangere), *qui se touche, contigu :* Contiguas habuêre domos, *Ovid.* — Vicinus (*de* vicus), *voisin :* Vicini homines, *Cic.* Vicinæ ædes, *Id.* *Deux maisons peuvent être* vicinæ, *sans être* contiguæ. *Au figuré :* Mala sunt vicina bonis, *Ovid.* Latona ad pariendum vicina, *Cic.*, *Latone sur le point d'accoucher.* — Vicinalis, *du voisin, du voisinage :* Lintres ad vicinalem usum paratæ, *Liv.* Vicinalibus bellis assiduè vexati, *Just.* — Confinis (*de* cum *et de* finis), *qui confine, qui est frontière :* Quæ gens confinis Cappadociæ est, *C. Nep.* — Finitimus (*de* finis), *limitrophe :* Finitimæ civitates, *Liv.* *Au figuré :* Pertinacia perseverantiæ finitima est, *Cic.* *Deux champs séparés par les mêmes bornes sont* confines; *s'ils sont sur la frontière, ils sont* finitimi. — Conterminus (*de* cum *et de* terminus), *est synonyme de* confinis *et de* finitimus : Stabula contermina ripæ, *Ovid.* Conterminæ Indis gentes, *Plin.*

680. *Continuatio. Continuitas.*

Continuatio, *continuation, l'action par laquelle on continue, et la durée de la chose continuée :* Quasi fatalis et immutabilis continuatio ordinis sempiterni, *Cic.* Continuatio et series rerum, *Id.* — Continuitas, *continuité, liaison des parties du continu ; il se dit de l'étendue :* Collum et juba continuitate spinæ porrigitur, *Plin.*

681. *Continuò. Statìm. Confestìm. Actutùm. Ilicet. Illicò. Protinùs. Repentè. Derepentè. Subitò. Extemplò. Oppidò.*

Continuo (cum tenore), *sans intervalle :* Haud mora, continuò perfectis sanguine votis, etc., *Virg.* — Statim (*de* stare), *sans quitter place :* Nec recedit de loco, quin statìm rem gerat, *Plaut.* — Confestim (cum festinatione), *avec empressement et célérité :* Mulier confestìm hùc advolavit, *Cic.* — Actutum (*d'*agere), *avec activité :* Aperite aliquis actutùm ostium, *Plaut.* — Ilicet (ire licet), *on peut s'en aller :* Hoc nihil est, Phædria, ilicet ; quid hìc conterimus operam frustrà ? *Ter.* *Il signifie d'abord :* Ilicet obruimur numero, *Virg.* — Illico (in loco) : Otiosè nunc jam illicò hìc consiste, *Ter.* *Il se dit du temps, sur-le-champ :* Simul atque increpuit suspicio tumultûs, artes illicò nostræ conticescunt, *Cic.* — Protinus (porrò tenùs), *de suite, sans tarder :* Rogo te ut Romam protinùs pergas, *Cic.* — Repentè (*de* repens, *subit*), *tout à coup ; il est opposé à* sensìm *:* Amicitiam magis decet sensìm dissuere, quàm repentè præcidere, *Cic.* — Derepentè *ajoute à l'idée de* repentè : Si cùm hoc domi faceremus, tu derepentè erupisses, etc., *Cic.* — Subito (ire sub), *subitement ; il marque moins de surprise que* repentè : Mihi scriptum est te in febrim subitò incidisse, *Cic.* — Extemplo, *dans son origine, a rapport aux augures que l'on consultait dans un lieu découvert, appelé* Templum ; *et l'on prenait sa résolution au sortir même de ce lieu, à l'instant, aussitôt :* Extemplò convocato concilio, *Liv.* — Oppido, *selon Festus et Donat, vient de ce qu'autrefois, quand on demandait à quelqu'un s'il avait fait une grande récolte, il répondait qu'il avait de quoi fournir toute une ville,* quantùm vel oppido satis est, *pour marquer que sa récolte avait été abondante.* Oppidò *signifie fort, grandement :* Mimus oppidò ridiculus, *Cic.* Præterquàm oppidò paucí, *Id.*, *excepté fort peu de gens.* Omne argentum oppidò reddidi, *Id.*, *j'ai rendu l'argent jusqu'au dernier centime.* Oppidò *ne signifie point aussitôt.*

682. *Contrà. E contrario. Contrariè.*

Contra (*adverbe*), *au contraire :* Non is sum qui obtrectem libenter, sed contrà qui laudem omnia, *Cic.* Si hæc contrà ac dico essent omnia, *Id.* Illi contrà beati, *Id.* Contrà, *préposition, signifie vis-à-vis, contre :* Italiam contrà, *Virg.*, *vis-à-vis de l'Italie.* Aspice contrà me, *Plaut.*, *regardez-moi.* Contrà officium, *Cic.* Contrà spem, *Id.* Hæc res contrà me est, *Id.*, *cette chose est contre moi, affaiblit ma cause.* E contrà *n'est pas latin ; on dit bien* è contrario : E contrario tibi sum amicus, *Cic.* — Contrariè, *d'une manière opposée :* Contrariè scriptum aut ambiguè, *Cic.* Alio se eàdem de re contrariè scripto defendere, *Id.*

683. *Controversia. Disceptatio. Altercatio. Rixa. Lis. Jurgium.*

Controversia (vertere contrà), *différend, démêlé :* Controversia mihi cum illo est rei familiaris, *Cic.* Est inter auctores de numero annorum controversia, *Id.* — Disceptatio (*de* δίς *et de* σκέπτομαι, considero), *examen, discussion :* Disceptatio et cognitio veritatis, *Cic.* Juris disceptatio, *Id.* — Altercatio (*d'*alter), *altercation,* *contestation entre deux ou plusieurs personnes :* E disceptatione altercationem fecerunt, *Liv*. Altercantur inter se mulierum ritu, *Id*.—Rixa, *querelle :* Consulum intercursu rixa sedata est, *Liv*.—Lis, *procès ;* Jurgium, *contestation entre amis :* Jurgare lex putat inter se vicinos, non litigare, *Cic*. Si jurgant, benevolorum concertatio, non lis inimicorum, jurgium dicitur, *Id*.

684. *Controversiam facere, intendere.*

Controversiam facere, *donner sujet, matière à contestation :* Nihil ambigi potest, in quo non aut res controversiam faciat, aut verba, *Cic*. — Controversiam intendere, *exciter une contestation, contester :* Vitiosum est intendere controversiam propter nominum differentiam, *Cic*. Qui controversiam intendit de rebus iis quæ controversiam non faciunt, pestis est societatis.

685. *Controversiosus. Controversus.*

Controversiosus, *qui est le sujet d'une contestation :* Quem enim hoc privatæ rei judicem fecisse, ut sibi controversiosam adjudicaret rem? *Liv*. — Controversus, *parlant des personnes, qui aime à contester :* Sicula, acuta gens et controversa naturâ, *Cic*. Controversum jus, *Id*., *droit contentieux, litigieux.*

686. *Contumacia. Pertinacia. Pervicacia. Obstinatio.*

Contumacia (*de* tumere), *résistance injurieuse ou méprisante :* Itaque illi fastidio ferè, et contumaciâ efferuntur, *Cic*. Potentissimorum hominum contumaciam nunquam tuli, *Id*. Contumacia *n'est cependant pas toujours en mauvaise part :* Eam contumaciam non à superbiâ, sed magnitudine animi ductam, *Cic*. — Pertinacia (*de* per *et de* tenere), *est l'effet d'une constance mal entendue, qui ne nous permet pas de nous rétracter; opiniâtreté à soutenir ce qu'on a fait, dit ou entrepris :* Quæ pertinacia quibusdam, eadem aliis constantia videri potest, *Cic*. *Il se prend en bonne part :* Vicit tamen omnium pertinax virtus, *Liv*. Pertinax recti, *Tac*. — Pervicacia (*de* per *et de* vincere), *paraît provenir d'une espèce de mutinerie, qui fait qu'on ne veut jamais céder; obstination à vouloir l'emporter :* Perdurandi pervicacia, *Plin*. Pervicacem dici me esse, et vincere facilè patior; pertinacem nil moror, *Sen*. — Obstinatio (*d'*ob *et de* tenere), *entêtement à penser ou à faire quelque chose :* Obstinatio sententiæ, *Cic*. Obstinatio fidei, *Tac*. Pluribus nocuit in opinione tuendâ, pertinacia; sed tùm id quidam tulêre pervicaciâ, quod nunquam ipsorum modestiæ concessum fuisset; neminem offendit contumaciâ vir sapiens; obstinatum à proposito non abducas; pertinacem ab incœpto non retrahas; pervicacem à contentione non deterreas.

687. *Convalescere. Consanescere.*

Convalescere, *revenir en santé, parlant d'un malade :* Ex morbo convalescere, *Cic*. Ne ægri quidem omnes convalescunt, *Id*. *Au figuré :* Convaluit civitas, *Cic*.—Consanescere, *se guérir, parlant d'une blessure :* Nunc autem hoc tam gravi vulnere etiam illa quæ consanuisse videbantur, recrudescunt, *Cic*.

688. *Conveniens. Consentaneus.*

Conveniens (venire cum), *qui convient, qui s'accorde :* Aptum et inter se conveniens, *Cic*. Benè convenientes amici, *Cic*. —Consentaneus (sentire cum), *conforme :* Mors consentanea vitæ sanctissimè actæ, *Cic*. Consentaneum cum iis litteris, *Id*.

689. *Convertere. Invertere. Contorquere.*

Convertere (vertere cum), *tourner avec, ensemble :* Convertere ora et oculos in aliquem, *Cic*. *Au figuré :* Se totum ad otium pacemque convertere, *Cic*. Convertere græca in latinum, *Id*., *tourner, traduire du grec en latin.*—Invertere (vertere in), *retourner, renverser :* Campum fractis glebis invertere, *Virg*. Cum annulum ad palmam converteret, à nullo videbatur; ipse autem omnia videbat; idemque rursùs videbatur, cùm in locum annulum inverteret, *Cic*. *Au figuré :* Negotium invertere, *Cic*., *renverser une affaire, lui faire changer de face.* Nos virtutes ipsas invertimus, *Hor*., *nous donnons une mauvaise tournure aux vertus mêmes.* Ordinem invertere, *Id*., *renverser l'ordre.* — Contorquere (*de* cum *et de* torquere, *tourner, tordre*), *tourner en rond, lancer :* Proram contorsit in undas, *Virg*. *Au figuré, donner une tournure pressée à une affaire ou à une expression :* Quas sententias colligit? Quæ verba contorquet, *Cic*.

690. *Convincere. Revincere.*

Convincere, *prouver par des preuves juridiques à un homme qu'il a fait ce dont on l'accuse :* Quo me teste convinces, si negem? an chirographo? *Cic*. Testimoniis convinci, *Id*.—Revincere, *vaincre à son* tour : Vires revictæ, *LUCRET*. *Au figuré, réfuter, confondre :* Revincere crimen aut verbis aut rebus, *LIV*. Quære argumenta, si potes : nunquam enim hic neque suo, neque amicorum judicio revincetur, *CIC*.

691. *Convincere. Persuadere.*

CONVINCERE, *synonyme de* persuadere, *convaincre, faire connaître la vérité :* Convincere facta alicujus turpia, *CIC*. Convincere errores, *Id*. — PERSUADERE, *persuader, faire suivre un conseil :* Suasi tibi, sed persuadere non potui, *CIC*., *je vous ai conseillé; je n'ai pu vous persuader*. Persuadere *est un acquiescement fondé sur des preuves propres à déterminer en intéressant le cœur*. Convincere *n'est pas exactement ce que nous entendons par le mot convaincre*.

692. *Conviva. Convictor. Convivator.*

CONVIVA (vivere cum), *est celui qui est invité à un repas, qui mange chez un autre :* Hilares et benè accepti convivæ, *CIC*. — CONVICTOR, *commensal, qui vit avec un autre habituellement :* Me convictore usus amicoque à puero est, *HOR*. Familiares et quotidiani convictores, *CIC*.— CONVIVATOR, *celui qui donne à manger :* Est homo bonus et scitus convivator, *LIV*.

693. *Convivere. Convivari.*

CONVIVERE (vivere cum), *boire et manger ensemble :* Convivere cum adolescentibus, *QUINT*. Misisti ad navim Sosiam, ut hodiè tecum conviveret, *PLAUT*.—CONVIVARI, *faire festin ensemble :* Quotidiè solitum esse non solùm in publico, sed etiam de publico convivari, *CIC*.

694. *Convivia tempestiva, intempestiva.*

*On appelait* CONVIVIA TEMPESTIVA *des repas de confrérie qui se donnaient à certains jours; c'étaient des repas de plaisir et de divertissement :* Ego propter delectationem sermonis tempestivis conviviis delector, *CIC*. — INTEMPESTIVA CONVIVIA *étaient les soupers qui étaient prolongés bien avant dans la nuit :* Intempestivi convivii, amœni loci, multarum deliciarum comes est extrema saltatio, *CIC*. *Quelques-uns croient qu'on les commençait plus tôt qu'à l'ordinaire.*

695. *Convivium. Epulum. Epulæ.*

CONVIVIUM (vivere cum), *repas en compagnie :* Benè majores accubationem epularum amicorum, quia vitæ conjunctionem haberet, convivium nominârunt, *CIC*. —EPULUM, *repas public donné au peuple :* Is cùm epulum populo romano daret, *CIC*. —EPULÆ, *régal, festin préparé :* Regum epulæ, *HOR*. Ita enim illud epulum est funebre, ut munus sit funeris, epulæ quidem ipsæ dignitatis, *CIC*. *Il se prend pour mets :* Mensæ conquisitissimis epulis extruebantur, *CIC*. *Au figuré :* Mens saturata bonarum cogitationum epulis, *CIC*.

696. *Copia. Abundantia. Ubertas.*

*Ces trois mots désignent l'abondance; mais ils diffèrent en ce que* UBERTAS *dénote une absence de tout besoin et une sorte de profusion :* Omnis ubertas et quasi silva dicendi ducta ab academiâ est, *CIC*. Orationis ubertas, varietas, copia, *Id*. *Il se prend pour la fertilité des campagnes :* Maxima ubertas et varietas pomorum, *CIC*. —COPIA, *marque un assemblage de moyens et de richesses propres à faire parvenir au but désiré. Il est l'opposé d'*inopia. Nec in summâ inopiâ levis esse senectus potest ne sapienti quidem; nec in summâ copiâ insipienti non gravis, *CIC*.—ABUNDANTIA *indique une plus grande abondance. Ce mot vient de* ab *et de* unda, *comme une rivière qui déborde :* Præsertìm incertis si mensibus amnis abundans exit et obducto latè tenet omnia limo, *VIRG*. Circumfluere omnibus copiis atque in omni rerum abundantiâ vivere.

697. *Coquere. Torrere.*

COQUERE, *cuire :* Coquere cœnam, *PLAUT*. Coquere lateres, *CATUL*. Coquere rastra, *JUV*., *forger des râteaux*. Coquere cibum, *CIC*., *faire la digestion*. Glebas coquat solibus æstas, *VIRG*. Poma cocta, *CIC*., *des fruits mûrs*. *Au figuré :* Coquere bellum, *LIV*. Consilia, *Id*., *machiner la guerre, couver des desseins*. Coquit me cura, *CIC*., *le chagrin me consume*. Benè coctus et conditus sermo, *CIC*.—TORRERE, *rôtir :* Solis ardore torreri, *CIC*. Fruges torrere igni, *VIRG*. Caro tosta, *OVID*. *Au figuré :* Me torret face mutuâ, *HOR*., *je brûle pour lui, comme il brûle pour moi*. Artus torrentur febribus, *OVID*.

698. *Coràm. Antè.*

CORAM, *en présence, de vive voix :* Coràm Publio Caspio tecum locutus sum, *CIC*. Mihi promiserunt coràm, *Id*.—ANTÈ, *devant, avant ; il se dit du lieu, du temps et des personnes :* Ante focum, si frigus erit, *VIRG*. Ante lucem, *CIC*. Causam interea ante eum diceret, *Id*.

699. *Cordi mihi est. In animo mihi est.*

ILLUD CORDI MIHI EST, *cela me fait plaisir, j'ai cela à cœur :* Idque mihi eò

*7

magis cordi est, quòd, etc., *Cic*. Forma virginibus cordi est, *Ovid*. — ILLUD IN ANIMO EST MIHI, *j'ai dessein :* Erat mihi in animo proficisci, *Cic*.

700 *Cornus. Cornum.*

CORNUS *est le cornouiller, l'arbre :* Et bona bello cornus, *Virg.*, *parce que le bois est propre à faire des lances.* — CORNUM *est le fruit :* Autumnalia corna, *Ovid*. Lapidosa corna, *Virg*.

701. *Corona. Sertum.*

CORONA, *couronne, ornement de fleurs, de branches, ou choses semblables, pour marque d'honneur, ou en signe de joie :* Verno fecit de flore coronam, *Ovid*. Corona laurea illi à senatu decreta, *Cic*, Coronas victoribus imposuerunt, *Id. Il se prend pour un cercle de personnes assemblées :* Tibi ipsi pro te erit maximâ coronâ causa dicenda, *Cic*. Sub coronâ vendere, *Cæs.*, *vendre à l'encan : on mettait une couronne sur la tête des captifs que l'on vendait.* — SERTA (de serere, serui, sertum, *former une suite, un enchaînement, lier*), *des guirlandes, des festons, chapeau de fleurs :* Sertis redimiti, *Cic*. Si coronas, serta, unguenta jusserit ancillam ferre Veneri aut Cupidini, *Plaut*. Textilia serta, *Mart*.

702. *Corona classica, rostrata, navalis.*

CORONA CLASSICA *ou* ROSTRATA, *de* rostrum, *parce qu'elle représentait des éperons de vaisseau. C'était la couronne dont on faisait présent à un général qui avait remporté une grande victoire sur mer :* Insigne coronæ classicæ, quo nemo unquam Romanorum donatus erat, hoc bello Agrippa singulari virtute meruit, *Suet*. — CORONA NAVALIS *était la couronne donnée à celui qui avait sauté le premier, les armes à la main, dans le vaisseau ennemi :* Tempora navali fulgent rostrata coronâ, *Virg*.

703. *Corona obsidionalis, vallaris, castrensis, muralis, civica.*

CORONA OBSIDIONALIS, *couronne accordée à celui qui avait fait lever un siége :* Secundùm consulis donationem, legiones gramineam coronam obsidionalem Decio ponunt, *Liv*. — CORONA VALLARIS *ou* CASTRENSIS, *donnée à celui qui avait pénétré le premier dans le camp ennemi :* Vallari insignes coronâ, *Liv*. — MURALIS CORONA, *accordée à celui qui avait monté le premier à l'assaut :* Cedunt iis (obsidionalibus) murales vallaresque coronæ, *Plin*. — CORONA CIVICA, *accordée à un citoyen qui avait sauvé la vie à un autre citoyen :* Civica corona appellatur, quam civis civi, à quo servatus est in prælio, testem vitæ salutisque perceptæ dat, *Gell*.

704. *Corporeus. Corporalis.*

CORPOREUS, *qui a un corps, corporel, matériel :* Corporeum et aspectabile, itemque tractabile, *Cic*. Ignis corporeus, *Id.* Deus quod erat corporeum subtraxit animo, *Id.* — CORPORALIS, *du corps, qui appartient au corps :* Corporalia bona, *Gell*. *Senèque a dit* corporalis *pour* corporeus. Lapis est res corporea ; pulchritudo, divitiæ, bona sunt corporalia.

705. *Corrigere. Emendare.*

CORRIGERE (regere cum), *proprement, rendre droit ce qui est courbé :* Miloni athletæ malum tenenti nemo digitum corrigebat, *Plin.*, *quand Milon tenait une pomme, personne ne pouvait lui dresser le doigt.* Martulum de sinu proferens, vitrum correxit bellè, *Petr.*, *il redressa le verre fort adroitement. Au figuré :* Et quæ corrigere vult, mihi quidem depravare videtur, *Cic*. Corrigere alicujus sententiam, *Id.* — EMENDARE (quasi extra mendam ponere), *réformer, ôter le défectueux :* Scripta emendare, *Cic*. *Au figuré :* Ut cupiditatibus principum et vitiis infici solet tota civitas, sic corrigi et emendari continentiâ, *Cic*. Fortunam arte emendare, *Hor*. Emendare publicos mores, *Cic*. Corriguntur quæ prava sunt; vitiosa emendantur.

706. *Corrumpere. Vitiare. Depravare.*

CORRUMPERE (rumpere cum), *rompre ensemble :* Mihi corrupit dentes, *Plaut*. *Au figuré, corrompre :* Aqua conclusa facilè corrumpitur, *Cic*. Corrumpere animum, *Id.* Corrumpere opportunitates, *Sall.*, *perdre les occasions favorables.* Rem familiarem corrumpere, *Id.*, *dépenser follement son bien.* — VITIARE (de vitium), *gâter :* Auræ vitiantur cadaveribus, *Ovid*. Res vitiata et corrupta, *Cic*. — DEPRAVARE (de pravus), *rendre tortu :* Depraves licet, dùm monstruoso et distorto aliquid supersit, *Sen*. *Au figuré :* Corrupti mores sunt depravatique admiratione divitiarum, *Cic*. Quid pretio corruptum, quid spe aut metu depravatum ? *Id.* Mores integros malis artibus corrumpit improbus; puros et castos afflatu vitiat libidinosus ; rectos ac simplices depravat fraudulentus.

707. *Corruptela. Corruptio.*

CORRUPTELA, *ce qui corrompt:* Largitionem corruptelam dixit esse, CIC. Adolescentulum corruptelarum illecebris irretire, *Id.* Corruptelam judicii moliri, *Id.* Corruptela nostrorum adolescentum, *le corrupteur de nos jeunes gens.* — CORRUPTIO, *la corruption, l'action de corrompre:* Morbum appellant totius corporis corruptionem, CIC. Opinionum corruptio, *Id.*, *fausseté d'opinion.* Tanta est corruptela malæ consuetudinis, ut sæpissimè morum corruptionem inferat.

708. *Cosmographia. Geographia.*

COSMOGRAPHIA (*de* κόσμος, mundus, *et de* γράφω, scribo), *la description du monde.* — GEOGRAPHIA (*de* γῆ, terra, *et de* γράφω, scribo), *la description de la terre.* Cosmographia differt à geographiâ tanquam totum à parte ; geographi enim solius terræ situm describunt, præcipuasque ejus regiones fluminibus et montibus distinguunt: cosmographi autem mundi totius tàm elementaris, quàm ætherei cognitionem inquirunt, terræque situm non fluviis aut montibus, sed cœlestibus circulis discriminant. *Robert Etienne.*

709. *Cràs. Postridiè. Perendiè.*

CRAS, *demain:* Cràs manè, CIC. Dic mihi cràs, Posthume, quandò venit, MART. — POSTRIDIÈ (postero die) *est proprement un ablatif; le lendemain, le jour d'après:* Postridiè pugnæ, CIC. Postridiè hujus diei, *Id.* — PERENDIÈ, *après demain:* Scies igitur fortasse cràs, summum perendiè, CIC. Jam illud quidem mirum videri solet tot homines tam ingeniosos per tot annos etiam nunc statuere non potuisse, utrùm diem tertium, an perendinum dici oporteret, *Id.*

710. *Crassus. Densus. Spissus.*

CRASSUS, *gros, épais:* Crassum filum, CIC. *du gros fil.* Crassi parietes, CÆS., *des murs épais.* Aer crassus, CIC. Crassus homo, TER. Toga crassa, HOR. *Au figuré:* Crassâ et pingui Minervâ, HOR. — DENSUS, *condensé, serré:* Et quæ densa relaxat, VIRG. Densus aer, CIC., *dit moins que* crassus aer. Apud alios id densius est, apud alios fortasse rarius, CIC. Acie densi milites, LIV. *On ne dirait pas* crassi. *Au figuré:* Densus labor, VAL. MAX., *un travail continuel.* — SPISSUS *se dit proprement d'une forêt, d'un buisson, dru:* Umbræ spissæ, VIRG. Caligo spissa, OVID. *Au figuré, long, tardif:* Spissum opus et operosum, CIC., *ouvrage long et pénible.* Spissum istud amanti est verbum, veniet, PLAUT. Crassus *est opposé à* tenuis, densus *à* rarus, spissus *à* pervius. Quò densius est aurum, eò graviùs; quò fœcundior terra, eò spissiores aristæ; quò crassior paries, eò tutior. Crassus ager, *terre forte et grasse;* densus ager, *terre compacte; et* spissus ager, *terre dans laquelle la charrue entre difficilement.*

711. *Creare. Gignere. Generare.*

CREARE, *créer, donner l'être, faire sortir du néant:* Omnes res quas natura creat, CIC. *Au figuré:* Creare magistratum, periculum, calamitatem, CIC. — GIGNERE, *produire:* Ova gignunt pisces, CIC. Quæ in terris gignuntur, ad usum hominum omnia creantur, *Id. Au figuré:* Artis maximè proprium est creare et gignere, CIC. — GENERARE (*de* genus), *engendrer:* Hominum causâ generati sunt, CIC. A Marte populum romanum generatum accipimus, *Id. Au figuré:* Cùm puer ipse generabit aliquid et componet, QUINT. *Quoique ces verbes se trouvent souvent employés indifféremment, on peut les distinguer ainsi:* Deus universum orbem creavit; gignuntur è terrâ fruges; pater filios generat.

712. *Creber. Frequens.*

CREBER, *dru, réitéré:* Crebri cœlo cecidêre lapides. LIV. Crebri hostes cadunt, PLAUT. Litteræ crebriores, CIC. Scitis per hos dies creberrimum fuisse sermonem, *Id., vous savez que ces jours-ci il a été dit et répété partout.* — FREQUENS, *parlant des personnes, nombreux, fréquent, assidu:* Refert qui audiant, frequentes an pauci, CIC. Frequens senatus convenit, *Id.* Auditor Platonis frequens fuit Demosthenes, *Id. Parlant des choses, peuplé, fréquenté:* Municipium frequens, CIC. *Plaute a dit:* Mihi frequentem operam dedistis.

713. *Credere. Confidere. Committere.*

CREDERE *comme nous le considérons ici, est l'effet de l'estime; et* CONFIDERE, *l'effet de la confiance. Un passage de Tite-Live fait bien sentir cette différence:* Et consules magis non confidere, quàm non credere militibus suis, *les consuls n'avaient point de confiance aux soldats, (qui étaient mal disposés), mais ils ne doutaient pas de leur force.* — COMMITTERE, *commettre, abandonner:* Arbitrio alicujus aliquid committere, HOR. Committere se fluctibus, CIC. Omnia illi et credi rectissimè, et committi possunt, *Id. Un pilote dans une tempête* committit navem fluctibus et ventis; vix tamen credit. Credere pecuniam *est prêter de l'argent sur la bonne foi de quelqu'un ; au lieu que* committere pecuniam *donne l'idée d'un homme qui prend ses sûretés; aussi Cicéron a dit :* Per syngrapham pecuniam alicui committere, *c'est-à-dire, sur son obligation.* Committere consilium *signifie communiquer son dessein à son ami, lui en faire part, au lieu que* credere consilium *est le lui confier, lui ouvrir son cœur avec confiance.*

714. *Credibilis. Verisimilis. Probabilis.*

**Credibilis**, *croyable* : Credibile est id quod sine ullo teste auditoris opinione firmatur, *Cic* — **Verisimilis**, *vraisemblable* : Narratio credibilis et verisimilis, *Cic.* — **Probabilis**, *probable* : Probabile est id quod verè fieri solet; aut quod in opinione positum est, aut quod habet in se ad hoc quamdam similitudinem, sive id falsum est, sive verum, *Cic.* Probabilis *signifie aussi louable, qu'on peut approuver ;* Sicinius probabilis orator, jàm verò etiam probatus, *Cic.* Discipulus probabilis, *Id.*

715. *Crepida. Solea.*

**Crepida** (*de* κρηπίς, *base*), *chaussure attachée sur le pied avec des courroies, et qui n'a qu'une semelle :* Graiorum crepidæ, *Pers.* — **Solea** (*de* solum, *sol*), *pantoufle, chaussure qui se mettait dans la maison. Cicéron reproche à Verrès de paraître en public avec des pantoufles :* Stetit soleatus prætor populi romani. *Il se prend pour des entraves de bois que l'on mettait aux pieds des criminels :* Et statim ei ligneæ soleæ in pedes inductæ sunt, *Cic.*

716. *Crepitus. Fremitus. Fremor. Strepitus. Stridor. Murmur. Susurrus. Clamor.*

**Crepitus** (*de* crepere, *craquer*), *craquement, bruit :* Crepitus dentium, *Cic.* Forium crepitus, *Plaut.* — **Fremitus** (*de* fremere), *frémissement, bruit effrayant :* Horribilis fremitus armorum, *Cic. Il se prend en bonne part :* Fremitu secundo, *Virg., applaudissement, acclamation.* — **Fremor** *est le même; il ne se dit qu'en poésie :* Varius cucurrit per ora turbata fremor, *Virg.* — **Strepitus**, *bruit rude et confus :* Strepitus, fremitus tonitruum, *Cic.* Ingens valvarum strepitus, *Hor. Horace a dit* dulcis strepitus aureæ testudinis. — **Stridor**, *bruit aigu :* Stridor serræ, *Cic.* Stridorque rudentum, *Virg., sifflement des cordages.* Ferus stridor, *sifflement d'un serpent.* — **Murmur**, *bruit, gazouillement, murmure :* Maris murmur, *Cic.* Vocis parvæ murmur, *Ovid.* Horrendo labitur amnis murmure, *Ovid.* Jucundo labentes murmure rivi, *Id.* Tacito venerantur murmure numen, *Id.* Magno miscetur murmure cœlum, *Virg.* — **Susurrus**, *petit bruit, en parlant tout bas :* Lenes sub noctem susurri, *Hor. Gazouillement des eaux :* Lympharum susurrus, *Hor.* — **Clamor**, *c'est le cri naturel, modifié selon les circonstances de la joie, de la peur, de la colère, etc. :* Magnisque vocant clamoribus hostem, *Virg.*

717. *Crimen. Culpa. Delictum. Peccatum. Maleficium. Maleficentia.*

**Crimen** (*de* χρίμα, judicium), *proprement, accusation, reproche :* Crimen diluere, *Cic.* Syllæ persona non suscipit crimen tantorum facinorum, *Id. Il se prend quelquefois pour crime en poésie.* — **Culpa**, *faute légère, ou de faiblesse :* Si aliquà culpâ tenemur erroris humani, à scelere certè liberati sumus, *Cic.* — **Delictum** (linquere de), *omission, négligence, quand on ne fait pas ce qu'il faut faire, au lieu que* **Peccatum** *est une transgression, quand on fait ce qu'il ne faut pas faire :* Necesse est eum qui velit peccare, aliquandò primùm delinquere, *Cic.* Peccare est tanquam transire lineas, *Id.* Tibi persuade præter culpam et peccatum homini accidere nihil posse quod sit horribile aut pertimescendum, *Id.* Crimen fatetur, peccatum imprudentiæ, *Phæd.* — **Maleficium** (malè facere) *se dit de toute mauvaise action :* Contaminare se maleficio, *Cic.* Culpa est inscientis; peccatum potest esse ejus qui vel consilii inopiâ, vel rerum rudis, rem prudenter sapienterque non gerit. — **Maleficentia**, *délit commis :* Sibi in animo esse iter facere per provinciam sine ullâ maleficentiâ, *Cæs.* (*Voy.* Scelus, Facinus, n° 1055.)

718. *Criminari. Culpare. Vituperare. Improbare.*

**Criminari** (*de* crimen), *faire un crime, accuser :* Hanc metui ne me criminaretur tibi, *Ter.* Invidiosè potentiam alicujus criminari, *Cic.* — **Culpare** (*de* culpa), *rejeter la faute sur quelqu'un, censurer :* Arbor aquas culpat, *Hor., les accuse de sa stérilité.* — **Vituperare** (quasi vitium aperire), *blâmer :* Ego tuum consilium vituperare non audeo, *Cic.* Cœlum vituperat ipsum, *Phæd.* — **Improbare** (non probare), *désapprouver :* Negas te posse nec approbare, nec improbare, *Cic.* Improbantur ii quæstus qui in odia hominum incurrunt, *Id.* Ubi subest aliqua fraus, minùs probos culpare pronum est; vituperare factum aut rem, adversantis est; criminari, simultatis aut cupiditatis; improbare, existimationis aut judicii.

719. *Crimini dare. Vitio dare.*

**Crimini dare** aliquid aliqui, *faire un reproche à quelqu'un, l'accuser de quelque chose :* Scio mihi crimini datum iri pecuniam accepisse, *Cic.*—**Vitio dare**, *imputer à crime, faire un crime :* Summam laudem alicui vitio et culpæ dare, *Cic.* Crimini dare, accusatoris est; vitio dare, invidi, aut iniqui hominis.

720. *Crinalis. Crinitus.*

**Crinalis**, *de cheveux, qui appartient aux cheveux :* Solvite crinales vittas, *Virg.* — **Crinitus**, *chevelu :* Mulier malè crinita, *Ovid. Au figuré :* Gorgonis os pulcherrimum, crinitum anguibus, *Cic.*

721. *Cruciatus. Cruciamentum. Supplicium. Tormentum. Carnificina.*

**Cruciatus** (*de* crux), *au propre, l'état d'un homme attaché à une croix :* Qui cives romanos cruciatu et morte affecerit, *Cic. Il se dit du corps et de l'âme :* Animi cruciatus et corporis, *Cic.* — **Cruciamentum**, *les différents aiguillons de la douleur :* Nec graviora verè sunt tormenta carnificum, quàm interdùm cruciamenta morborum, *Cic.* — **Supplicium** (*de* supplex), *le châtiment que les lois font subir au coupable :* Supplicium est pœna peccati, *Cic.* Rapi ad supplicium ob facinus, *Id. Il se prend pour prière, supplication :* Diis immortalibus supplicia decernere, *Sall.* Nihil Jovi acceptum est à perjuris supplicii, *Plaut.*, *Jupiter ne reçoit point les prières des parjures.* — **Tormentum** (*de* torquere), *les tortures qu'on endure à la question :* Quod tormentis invenire vis, fatemur, *Cic.* Mortem naturæ pœnam putat esse; iracundiæ, tormentum atque cruciatum, *Id. Il se prend pour machine de guerre :* Antonius ante oculos legatorum tormentis Mutinam verberavit, *Cic.* — **Carnificina** (carnem facere), 1° *le lieu où l'on punissait les coupables :* Ductum se à creditore non in servitium, sed in ergastulum et carnificinam esse, *Cic.* 2° *le supplice même :* Non est ea medicina, sed carnificina et crudelitas, *Cic.* 3° *la profession de bourreau :* Carnificinam facere, *Plaut.*

722. *Crudescere. Recrudescere.*

**Crudescere** (*de* crudus), *s'aigrir :* Crudescit pugna, *Virg*, *le combat s'échauffe.* Crudescit morbus, *Id.*, *la maladie fait des progrès.* — **Recrudescere**, *s'aigrir de nouveau :* Pugna recruduit, *Liv.*, *le combat se ralluma.* Recrudescit seditio, *Id.*, *la sédition recommence.* Recruduit soporatus dolor, *Q. Curt.*

723. *Cruor. Sanguis.*

**Cruor**, *le sang qui coule d'une blessure, le sang caillé :* Cadaveribus, cruore atque luctu omnia compleri, *Sall.* Liberos vestros ad cædem et cruorem non sum passus extrahi, *Cic.*—**Sanguis**, *le sang qui coule dans les veines :* Sanguis per venas in omne corpus diffunditur, *Cic.*

724. *Crustum. Crusta. Emblema.*

**Crustum**, *croûte de choses qui se mangent :* Violare manu malisque audacibus orbem fatalis crusti, *Virg.* — **Crusta**, *croûte, enveloppe solide :* Concrescunt subitæ currenti in flumine crustæ, *Virg. Il se prend pour lames d'or ou d'argent, qu'on a peine à enlever :* Crustæ argenti cælati, *Cic. Au figuré :* Non est ista solida et sincera felicitas; crusta est, *Sen.* — **Emblema** (*d'*ἐν, *et de* βάλλω, jacio), *se dit des lames ou figures en relief appliquées sur un ouvrage :* Cùm inspiciendum poposcisses, avulso emblemate, remisisti, *Cic.* Vasis crustæ et emblemata detrahebantur, *Id.*

725. *Crux. Furca. Patibulum.*

**Crux**, *croix; la croix avait la forme d'un* T : Tollere in crucem, *Cic. Au figuré :* Et illis crucibus quæ nos nostramque adolescentiam habent despicatam, *Plaut.*, *parlant des femmes de mauvaise vie.* — **Furca**, *fourche :* Bicornes furcæ, *Virg.* Furca *était un genre de supplice. La fourche, dans ce sens, avait la forme d'un* V; *c'était le supplice des esclaves :* Circumduci solebant, *dit Popma*, collo furcæ inserto; *c'est de là qu'on les appelait* furciferi. *L'angle de la fourche prenait derrière la nuque, et les deux branches tombaient sur la poitrine :* Cùm compresisset nudi hominis cervicem inseri furcæ, corpus virgis ad necem cædi, *Suet.* — **Patibulum** (*de* patere), *bois fourchu où l'on engageait le cou des esclaves criminels, et qu'on leur attachait aux deux mains :* Patibulum feram per urbem, deindè affigar cruci, *Plaut. Il se prend pour une potence :* Patibulo eminens affigebatur, *Sall.*

726. *Cubare. Jacere.*

**Cubare**, *être couché dans un lit, passer la nuit :* Cùm iste etiam cubaret, in cubiculum introductus, *Cic.* Cubare in carcere, *Plaut.*—**Jacere**, *être étendu, soit sur un lit, soit par terre :* Cùm pater Curio mœrens jaceret in lecto, *Cic.* Patres hi, quos videtis, jacebant in limine, *Id. Au figuré :* Jacent virtutes, *Cic.* In pace jacere, quàm in bello vigere maluit, *Id.*

727. *Cubicularis. Cubicularius.*

CUBICULARIS, *à coucher, où l'on couche:* Lectus cubicularis, *CIC.*—CUBICULARIUS, *de la chambre:* Lucerna cubicularia, *MART.*, *une veilleuse.*

728. *Cudere. Fabricari.*

CUDERE, *battre, frapper:* Cudere nummos, argentum, *TER.*, *battre monnaie.* Cudere frumenta, *COL.*, *battre le blé. Au figuré:* Cudere alicui tenebras, *PLAUT.*, *en donner à garder à quelqu'un.*. In me cudetur hæc faba, *TER.*, *ce mal retombera sur moi.*—FABRICARE *et* FABRICARI, *forger, fabriquer, parlant surtout des ouvrages à marteau:* Gladium fabricare, *QUINT.* Crateram fabricare, *OVID.* Fabricari naves, *TAC. Il se prend plus généralement:* Quæ terra gignit talia sunt, ut ea ipsa Deus immortalis ad usum hominum fabricatus penè videatur, *CIC. Au figuré:* Fabricare verba, *CIC.*, *forger des mots.*

729. *Cujatis. Cujus.*

CUJATIS, *de quel pays:* Socrates quidem cùm rogaretur cujatem se ipse diceret, mundanum inquit; totius enim mundi se incolam et civem arbitrabatur, *CIC.* Cujates estis, aut quo ex oppido? *PLAUT. On ne trouve que* cujatis, cujatem, cujates: *il n'y a point d'exemple de* cujas. —CUJUS, A, UM, *de qui, à qui?* Cujum pecus? an Melibœi? *VIRG.* Quid virgo, cuja est? *TER.*, *de qui est cette fille?* Cujus, *dit un grammairien,* ad personam refertur hominis; cujatis, undè significat.

730. *Culcitra. Pulvinus. Pulvinar.*

CULCITA *et* CULCITRA, *lit, matelas; oreiller:* Culcitra lanea, *PLAUT.* Culcitra plumea, *CIC.* — PULVINUS, *oreiller, coussin pour s'asseoir, parlant des particuliers:* Tùm Crassum pulvinum poposcisse, et omnes consedisse, *CIC.* — PULVINAR *et* PULVINARIUM, *était un lit sur lequel on mettait les statues des dieux:* Corvum in ædem Junonis devolasse, atque in ipso pulvinario consedisse, *CIC. Ovide a dit:* Incolumis conjux sua pulvinaria servat.

731. *Culeus. Uter. Saccus.*

CULEUS, *sac de cuir:* Insutus in culeo vitam amisit, *CIC. C'était le supplice des parricides: on les enfermait dans un sac de cuir avec un coq, un serpent et un chien, et on les précipitait au fond de la mer ou d'une rivière.* — UTER, *outre, peau qui servait à mettre des liqueurs:* Aquam utribus cameli devexerant, *Q. CURT.* Caput Cyri in utrem humano sanguine repletum conjicitur, *JUST.* — SACCUS, *sac, pour renfermer du blé, de l'argent, etc.:* Saccus frumentarius, *CIC.* Jubet effundi saccos nummorum, *HOR.*

732. *Culmus. Stipula.*

CULMUS, *le tuyau du blé:* Geniculato culmo erecta herba, *CIC.* Ne gravidis procumbat culmus aristis, *VIRG.* — STIPULA (*de* stipare), *les feuilles qui entourent le tuyau du blé, la fane:* Culmusque levis, stipulæque volantes, *VIRG.*

733. *Cultus. Cultura. Cultio.*

CULTUS *se dit du labour:* Aratores cultu agrorum defessi, *CIC. Au figuré, manière d'honorer:* Tribuere diligentem cultum alicui, *CIC.* Religio deorum cultu pio continetur, *Id.* — CULTURA, *culture:* Ager, quamvis fertilis, sine culturâ fructuosus esse non potest, *CIC. Au figuré:* Dulcis inexpertis cultura potentis amici; expertus metuit, *HOR.* Si modò culturæ patientem commodet aurem, *Id.*—CULTIO, *l'action de cultiver, de labourer:* Qui se agri cultione oblectabant, *CIC.*

734. *Cultus. Ornatus. Munditiæ. Ornamentum.*

CULTUS, *synonyme d'*ornatus, *consiste dans les habits, l'or, les pierreries, etc., et se règle par l'éclat et la magnificence.* —ORNATUS *consiste dans le soin des cheveux et de la peau, et se règle par la mode et la décence.* —MUNDITIÆ (*de* mundus), *se dit de la propreté:* Munditiæ, et ornatus, et cultus, hæc fœminarum insignia sunt, his gaudent, et gloriantur; hunc mundum muliebrem appellârunt majores nostri, *LIV.* Mundior justo cultus, *Id.*, *une parure trop affectée. Au figuré:* Munditia orationis, *CIC.*, *un discours poli.* Ornatus oratorius, *Id.*, *fleurs de rhétorique.* —ORNAMENTUM *se dit de tout ce qui orne en général:* Hæc domus erat ornamento civitati, *CIC.* Ornamenta orationis, *Id.*, *les ornements du discours.* Virtutis et industriæ ornamenta, *Id.* Ornatus *est relatif à celui qui le donne; et* ornamentum, *à celui qui le reçoit.*

735. *Cum imperio esse. Cum potestate esse.*

CUM IMPERIO ESSE *se disait de celui à qui la république donnait nommément le commandement.* — CUM POTESTATE ESSE, *de celui que le peuple chargeait d'une affaire, d'une commission:* In provinciis intelligebant, si is qui esset cum imperio ac potestate, quod apud quemque esset, emere vellet, idque ei liceret, fore uti quod quisque vellet, sive esset venale, sive non esset, quanti vellet, auferret, CIC.

736. *Cunæ. Cunabula. Incunabula.*

CUNÆ, *le berceau des enfants:* Et si mihi largiatur, ut ex hâc ætate repuerascam, et in cunis vagiam, CIC.— CUNABULA *et* INCUNABULA *ne se mettent guère que pour le temps et le lieu de l'enfance :* In cunabulis creatus consul, CIC. A primis cunabulis, *Id.* Gentis cunabula nostræ, VIRG. Jovis incunabula Crete, *Id. Au figuré, les commencements :* Rudimenta et incunabula virtutis, SALL. Oratoris quasi incunabula, CIC.

737. *Cunctari. Hæsitare.*

CUNCTARI, *balancer, comme fait un homme qui interroge, qui consulte :* Quibus rebus cognitis, cunctatus non sum in incursu bonorum consiliorum, CIC. *S'arrêter :* Alii dùm cunctantur in ripâ, LIV. — HÆSITARE (*fréquentatif de* hærere), *proprement, demeurer attaché :* In vadis hæsitabant frumenti acervi, LIV. *Au figuré, hésiter :* Non multùm hæsitans respondebo, CIC. Cùm hæsitaret, cùm cunctaretur, quæsivi quid dubitaret proficisci, *Id.* Cunctatur plerùmque prudens; hæsitat incertus.

738. *Cunctatio. Tarditas. Mora.*

CUNCTATIO, *des longueurs, l'action de temporiser :* Abjectâ omni cunctatione, CIC. Cunctatione fictâ, TAC., *par des longueurs affectées.* — TARDITAS, *lenteur, pesanteur :* Celeritati tarditas contraria est, CIC. Tarditas ingenii, *Id.* — MORA, *retardement :* Afferre moram, HOR. Facere moram, CIC. Trahere moras, VIRG. Tenuit mora nulla vocatos, OVID. Cunctatio sæpè etiam prudentis est; tarditas, corporis aut ingenii pinguioris; mora ejus, quem obices, negotia, aut voluptates detinent.

739. *Cunctator. Cunctabundus. Dilator.*

CUNCTATOR *est un homme qui ne précipite rien :* Pro cunctatore segnem, pro cauto timidum, affingens vicina virtutibus vitia, compellabat, LIV. Cunctatorem ex acerrimo bellatore factum, *Id.*, *est dans cet exemple un défaut; c'est un reproche que lui fait Minutius.* Cunctator *se dit de l'habitude, et* CUNCTABUNDUS *de l'acte même :* Nusquam cunctabundus, nisi cùm in senatu loqueretur, TAC. — DILATOR (*de* differre, distuli, dilatum), *qui ne fait rien, qui remet toujours :* Dilator, spe longus, iners, HOR.

740. *Cupere. Concupiscere. Optare. Avere. Desiderare. Velle. Exoptare.*

CUPERE, *souhaiter, se dit des choses éloignées :* Tuâ virtute frui cupimus, CIC. — CONCUPISCERE (*fréquentatif de* cupere), *convoiter, marque plus d'empressement :* Quod concupiveris certè habebis, CIC. Divitias infinitè concupiscere, *Id.*— OPTARE *marque du choix, du discernement :* Quodvis donum et præmium à me optato, id optatum feres, TER. Cùm semel ad eum quem cupimus optamusque vestitum redierimus, CIC. — AVERE, *avoir envie, marque du sentiment et du goût :* Valdè aveo scire quid agas, CIC. Aveo audire de divinatione, *Id.* — DESIDERARE, *désirer ce qu'on a eu, et qu'on n'a plus, trouver de manque ; regretter, attendre :* Neque enim vires desidero adolescentis, CIC. Desiderârunt te oculi mei, cùm esses Cyrenis, *Id.* Qui pretium meriti ab improbis desiderat, bis peccat, PHÆD. — VELLE, *vouloir, marque de la connaissance et de la réflexion :* Cupio omnia quæ vis, HOR. Non gravarer, Læli, nisi et hos velle putarem, et ipse cuperem quoque aliquam partem hujus nostri sermonis attingere, CIC. — EXOPTARE, *désirer ardemment :* Multis de causis te exopto quàm primùm videre, CIC.

741. *Cupido. Cupiditas. Desiderium.*

CUPIDO, *désir excessif, passion violente d'une chose :* Creverunt et opes, et opum furiosa cupido, OVID. Cupido atque ira pessimi sunt consultores, SALL. — CUPIDITAS, *désir plus modéré, mais toujours vif :* Cupiditas et studium defendendæ libertatis, CIC. — DESIDERIUM, *désir d'une chose qu'on a eue et qu'on n'a plus, regret :* Desiderium suî nobis reliquit, *Id.* Erat in desiderio civitatis, *Id.*

742. *Cur? Quare?*

CUR *est une simple interrogation qui ne demande pas toujours une réponse :* Sed quid ego? Cur me excrucio? Cur me macero? PLAUT. Cur ego id curem? *Id.* — QUARE *demande la cause, la raison, et attend une réponse :* Namque illud quare, Scævola, negâsti? CIC. Quæritur Ægisthus quare sit factus adulter; in promptu causa est, desidiosus erat, OVID.

743. *Cura. Curatio.*

CURA, *soin :* Curâ et sumptu absumitur, TER. De Tirone mihi curæ est, CIC.— Cu-

RATIO, *dit Dolet*, est in quâ versatur munus ad quod exsequendum curæ nostræ conferuntur. De curatione aliquâ munerum regiorum cum Oppio locutus sum, *CIC*. Omnes potestates, imperia, curationes ab universo populo romano proficisci convenit, *Id*. Curatio *convient aussi à la médecine:* Medici gravioribus morbis periculosas curationes et ancipites adhibere coguntur, *CIC*. Aliquot menses transeunt, ad sanitatem dùm venit curatio, *PHÆD.*, *quelques mois se passent jusqu'à ce que la blessure soit guérie*. (*Voyez* Cura, n° 123.)

744. *Curator. Procurator.*

**CURATOR** *est un homme chargé d'un emploi public, où même des intérêts de l'Etat :* Quod ad rempublicam vestram spectat, cujus curator hùc missus es, *SALL.* — **PROCURATOR** (*de* pro *et de* cura): Qui legitimè procurator dicitur, *dit Cicéron*, qui alieni negotii aliquid gerit, penè dominus, et alieni juris vicarius. Nihil interest utrùm per procuratores agas, an per te ipsum, *CIC*.

745. *Curator. Tutor.*

**CURATOR**, *synonyme de* tutor, *signifie curateur. Les majeurs avaient un curateur nommé par le juge :* Insanire putas solemnia me, nec medici credis, nec curatoris egere à prætore dati, *HOR.*—**TUTOR** (*de* tueri), *tuteur. Les mineurs avaient un tuteur :* Amo illum mortuum, tutor sum liberis, totam domum diligo, *CIC*. Galba populum romanum tutorem instituere se dixit filiorum suorum orbitati, *Id. Au figuré :* Orbæ eloquentiæ quasi tutores relicti, *CIC*.

746. *Curiosus. Diligens. Attentus. Sedulus. Studiosus. Officiosus. Obsequens* et *Obsequiosus.*

**CURIOSUS**, *trop soigneux, qui veut tout savoir :* Ad investigandum curiosior, *CIC*. Curiosi oculi, *Id*. In alienâ republicâ curiosum minimè esse, officium est peregrini, *Id*. Ut à diligente curiosus, et à religione superstitio distat, *QUINT.* — **DILIGENS** (*de* diligere), *exact avec jugement et discernement : on est exact à faire ce que l'on aime :* In omni genere diligens, *CIC*. Homo frugi et diligens, qui sua servare nosset, *Id*. — **ATTENTUS** (tendere ad), *attentif :* Attentiores ad rem senes omnes quàm decet, *TER*. Durus nimis attentusque videris esse mihi, *HOR*. Attenta vita et rusticana, *CIC* — **SEDULUS**, *soigneux :* Assideat custos sedula semper anus, *TIBUL*. Sedulus *marque de l'affectation, une assiduité fatigante :* Eloquentes enim videbare, non sedulos velle conquirere, *CIC*. Et sedulitatem mali poetæ duxit aliquo tamen præmio dignam, *Id*. — **STUDIOSUS**, 1° *qui aime l'étude :* Suscepi laborem utilem studiosis, *CIC*. 2° *attaché, zélé :* Democritus studiosus nobilitatis, *CIC*. Ille restituendi mei, quàm retinendi studiosior, *Id*. — **OFFICIOSUS**, *officieux, obligeant :* Officiosus et liberalis homo, *CIC*. Natio candidatorum officiosissima, *Id. Au figuré :* Officiosus dolor, *Id*. Officiosi labores, *Id*. — **OBSEQUENS** *et* **OBSEQUIOSUS**, *synonymes de* officiosus, *signifient à peu près la même chose :* Filius obsequens patri. Multos sibi parit obsequiosus amicos.

747. *Currere. Accurrere. Ruere. Volare.*

**CURRERE**, *courir, aller vite :* Qui stadium currit, niti et contendere debet, ut vincat, *CIC. Au figuré :* Ætas currit, *CIC*. Sententia currat, *HOR.*, *qu'une sentence soit dite en peu de mots*. Currit oratio procliviùs, *CIC.*, *le discours est plus coulant*. — **ACCURRERE** (currere ad), *marque un but vers lequel on tend*. Currere, *c'est courir simplement; et* accurrere, *accourir, courir vers :* Hic igitur si acciderit, accurram, *CIC*. — **RUERE**, *synonyme des autres, se précipiter :* Ruere ad interitum, *CIC.*, *courir à sa perte*. At Nisus ruit in medios, *VIRG. Au figuré :* In quem manca ruit semper fortuna, *HOR.*, *contre lequel la fortune manque toujours son coup*. — **VOLARE** *se dit proprement des animaux qui ont des ailes, voler :* Sine pennis volare haud facile est, *PLAUT*. Volare *marque une grande vitesse :* Volàsse eum, non iter fecisse diceres, *CIC*. Si ingrederis, curre; si curris, advola, *Id*. Volat vi fervidus axis, *VIRG. Au figuré :* Volat ætas, *CIC*.

748. *Curriculum. Stadium.*

**CURRICULUM** (*de* currere), *char, et le lieu où l'on court, le cours :* In quadrigarum curriculum incurrere, *CIC*. Athletæ se in curriculo exercent, *Id*. Curriculum solis, *Id*. Curriculum industriæ meæ, *Id*. — **STADIUM**, *stade, longueur de chemin de cent vingt pas :* Cùm à Leucopetrâ profectus stadia circiter trecenta processissem, rejectus sum austro, *CIC. Il se prend pour la lice où les Grecs s'exerçaient :* Olympicum stadium, *SEN*. Qui stadium currit, *CIC*.

749. *Currus. Plaustrum. Lectica. Rheda. Tensa.*

**CURRUS**, *le char dont les anciens se servaient à la course :* Effusi carcere currus, *VIRG*. Domitant in pulvere currus, *Id. Il se* *prend plus généralement :* Curru quadrigarum vehi, *Cic.* — PLAUSTRUM, *chariot, charrette :* Se interfectum in plaustrum à caupone conjectum esse, *Cic.* Omnia ex fanis, plaustris evecta, asportataque esse, *Id.* Vehere poemata plaustris, *Hor.* — LECTICA (*de* lectus), *litière, chaise portée par des esclaves :* Verres lecticâ octophoro vehebatur, *Cic.* Coactus sum in eâdem lecticâ, quâ ipse delatus eram, meisque lecticariis in urbem eum referre, *Id. Il y avait deux sortes de litières, l'une ouverte et l'autre couverte et garnie de rideaux ; Pline l'appelle* cubiculum viatorum. *D'autres l'appellent* sella, *Juvénal* cathedra. — RHEDA, *voiture légère qui servait pour aller à la guerre, ou à la campagne :* Hanc epistolam dictavi sedens in rhedâ, cùm in castra proficiscerer, *Cic.* Quem tollere rhedâ vellet iter faciens, *Hor.* (*Voyez le n°* 447). — TENSA *était un chariot qui servait à porter les statues des dieux.*

750. *Cursim. Obiter.*

CURSIM (*de* currere), *en courant précipitamment :* Alter in Asiam irrupit cursim, *Cic. Au figuré :* Pergere cursim ad dignitates, *Cic.* Ille sensim dicebat quod causæ prodesset ; tu cursim dicis aliena, *Id.* — OBITER, *en passant, en chemin faisant, légèrement ; il ne se dit qu'au figuré :* Aut obiter leget, aut scribet, aut dormiet intùs, *Juv.* Ut obiter istos caveam Homeromastigas, *Plin.*, *pour me mettre en passant en garde contre ces critiques. Un certain Zoïle s'était avisé de critiquer Homère.*

751. *Curtus. Mutilus. Truncus. Mancus.*

CURTUS, *court, écourté :* Nunc mihi curto ire licet mulo, *Hor. Au figuré :* Nil curtum, nil redundans, *Cic.* Curta sententia, *Id.*, *un avis qui n'est pas assez développé.* — MUTILUS, *mutilé :* Mutilus cornibus, *Cæs. Au figuré :* Mutila oratio, *Cic.*, *un discours tronqué.* — TRUNCUS, *rogné, tronqué :* Trunca manum pinus regit, et vestigia firmat, *Virg. Au figuré :* Urbs trunca, sine senatu, sine plebe, *Liv.* — MANCUS (quasi manu carens), *manchot :* Præpeditus morbo, mancus, et membris omnibus captus, ac debilis, *Cic. Au figuré :* Illo consule manca foret illius prætura, *Cic.*

752. *Custodia. Carcer. Carceres. Ergastulum.*

CUSTODIA, *garde, sentinelle :* Fida canum custodia, *Cic.* Noctem custodia ducit insomnem ludo, *Virg. Il se prend pour le lieu où l'on est gardé :* Emitti è custodiâ, et levari vinculis, *Cic.* — CARCER, *lieu où l'on renferme les criminels :* Ancus Marcius carcerem ad terrorem crescentis audaciæ mediâ urbe imminentem foro ædificavit, *Liv.* Carcer scelerum vindex, *Cic.* — CARCERES *était la partie du cirque où, au signal donné, les barrières s'ouvraient, et d'où les chevaux, et les chars partaient tous ensemble pour courir dans l'arène :* In circo primo, unde mittuntur equi, dicuntur carceres, *Var.* Ut cùm carceribus sese effudêre quadrigæ, *Virg.* Carcer *a été employé dans le même sens :* Ruuntque effusi carcere currus, *Virg. Au figuré :* Nec velim quasi decurso spatio ad carceres à calce revocari, *Cic.*, *du but revenir au point du départ.* — ERGASTULUM (*d'*ἔργον, *ouvrage*), *prison où l'on renfermait les esclaves qui étaient à la chaîne :* Quàcumque iit, tota ergastula solvit, *Cic.* Ergastula *se prend pour les esclaves mêmes :* Misit quoque eò nuncium, qui tota ergastula donaret libertate, *Var.*

753. *Cutis. Pellis. Corium. Cortex.*

CUTIS, *est la peau lorsqu'elle est sur le corps :* Rursùs intendit cutem, *Phæd.* Si quid intra cutem subest vulneris, *Cic.* — PELLIS, *la peau quand l'animal en a été dépouillé :* Erepta juvenco pellis operit humeros, *Virg.* — CORIUM, *cuir, peau apprêtée :* Ut canis à corio nunquam absterrebitur uncto, *Hor. Il ne se dit que d'une peau forte, comme de celle d'un bœuf :* De pecore coria recens detracta, *Phæd.* — CORTEX *est proprement l'écorce des arbres :* Obducuntur cortice trunci, quò sint à frigoribus et caloribus tutiores, *Cic. Il se dit d'une coquille :* Cortex ovi, *Vitr.* Dura cortex testudinis, *Phæd. Il se dit des fruits, de la noix, etc. Il est plus souvent masculin que féminin.*

# D.

754. *Dæmon. Dæmonium. Cacodæmon. Diabolus.*

DÆMON, *mot grec* (δαίμων), *génie, esprit bon ou mauvais :* Dii quos Græci δαίμονας appellant, nostri, ut opinor, Lares, *Cic.* — DÆMONIUM, *génie ; il s'applique au sage :* Hoc nimirùm est illud quod de Socrate accepimus, esse divinum quiddam, quod dæmonium appellat, cui semper ipse paruerit, *Cic.* — CACODÆMON, *un génie malfaisant. Dans les auteurs de la basse latinité, c'est le démon :* Videas cacodæmona nigris horrentem tenebris. *Text.* — DIABOLUS, *terme de basse latinité, le diable :* Furvum diaboli nomen est in amoribus, *Prud.*

755. *Damnosus. Perniciosus. Exitiosus. Exitialis. Capitalis.*

DAMNOSUS (*de* demere), *dommageable, qui apporte du dommage:* Damnosus pecori curris, damnosior agris, *dit Ovide parlant d'un torrent. Il se dit bien d'un homme qui fait trop de dépense :* Non in aliâ re damnosior quàm in ædificando, *Suet.* — PERNICIOSUS (*de* per *et de* nex), *pernicieux, qui cause la ruine ou la mort:* Assentatio perniciosa, *Cic.* Obsequium ventris mihi perniciosius est, *Hor.* — EXITIOSUS *et* EXITIALIS, *désastreux. Il se dit par rapport aux villes, aux états, etc., avec cette différence qu'*exitiosus *signifie proprement* exitium ferens, exitii plenus; *et* exitialis, ad exitium inferendum aptus. Exitiosa conjuratio, *Cic.* Exitialis eventus, *Liv.* Donum exitiale Minervæ, *Virg. Quoique ces trois mots puissent souvent s'employer indifféremment, on dirait bien:* Perniciosa fuit Henrico secundo regi cum hastatis ultima decursio; exitiosa fuit Gallis omnibus Siculorum conjuratio; exitialis omnium gentium libertati surgebat Romanorum potentia. — CAPITALIS (*de* caput), 1° *mortel :* Capitalis adversarius, *Cic.* Nulla capitalior pestis quàm voluptas. 2° *criminel :* Fraudem capitalem admittere, *Cic.* 3° *meurtrier :* Ut Treviros vites censeo; audio capitales esse, *Cic.* 4° *qui prend connaissance des causes capitales :* Triumviris capitalibus mandatum, ut vigilias disponerent, *Cic.* 5° *qui ne dit que le principal des choses :* Thucydides scriptor capitalis, *Cic. Il se dit de l'esprit :* Capitale vocamus ingenium solers, *Ovid. Un esprit subtil :* Capitalis oratio est ad æquationem bonorum pertinens, *Cic., elle est criminelle la harangue qui tend au nivellement des fortunes, au partage égal des biens.*

756. *Damnum. Detrimentum. Intertrimentum. Dispendium. Jactura. Incommodum.*

DAMNUM, *perte, tort, dommage que l'on souffre :* Damnum Gracchi immaturo interitu litteræ latinæ fecerunt, *Cic.* Quòd declamationibus nostris cares, damni nihil facis, *Id. Il se prend pour dépense :* Postquàm alium reperit qui plus daret damno, *Plaut.* — DETRIMENTUM (*de* deterere), *perte occasionnée par l'usure :* Sarcire detrimentum, *Cic.* — INTERTRIMENTUM, *perte de part et d'autre :* Cum eo sine ullo intertrimento convenerat, *Cic. Il se prend pour déchet :* Intertrimentum argenti, *Liv.* — DISPENDIUM (*de* dis *et de* pendere), *frais, coût :* Sine sumptu, sine dispendio, *Ter.* — JACTURA (*de* jacere), *est proprement la perte d'une chose qu'on jette à la mer pour alléger un navire en péril :* Si quid adversi navigantibus coortum est, de rebus potissimùm jactura fit, quæ pretii minimi sunt, *Sall. Il se dit plus généralement :* Facere jacturam rei familiaris, *Cic.* Non quæro flagitium hujus jacturæ atque damni, *Id.* — INCOMMODUM, *inconvénient, ce qui résulte de fâcheux, échec peu considérable :* Leniunt incommoda vitæ commodorum compensatione sapientes, *Cic.*

757. *Dapes. Ferculum. Esculentum. Obsonium. Laganum.*

DAPES, *mets recherchés :* Non siculæ dapes dulcem elaborabunt saporem, *Hor.* — FERCULUM (*de* ferre), *est proprement une machine qui servait à porter en pompe:* Spolia ducis hostium cæsi ferculo gerens, in Capitolium ascendit, *Liv.* Cavendum est ne tarditatibus utamur in ingressu mollioribus, ut pomparum ferculis similes esse videamur, *Cic. Il se prend pour les mets :* Multaque de magnâ superessent fercula cœnâ, *Hor.* — ESCULENTUM (*d'*edere), *se dit de tout ce qui est bon à manger:* Ea pars oris, quâ esculentis et poculentis iter natura patefecit, *Cic.* — OBSONIUM *se dit des viandes et de toutes les provisions de bouche, excepté le pain et le vin :* Omnia conductis coemens obsonia nummis, *Hor.* Obsonii scindendi magister, *Sen.*, *écuyer tranchant, qui coupe les viandes à table.* — LAGANUM (*en grec* λάγανον), *certains gâteaux creux :* Laganique catinum, *Hor.*

758. *Dare. Dedere. Tradere.*

DARE, *donner, faire don, accorder.* Dare *a une signification aussi étendue que notre mot donner :* Dare aliquid alicui in manus, *Ter.* Nemo dat largiùs, *Id.* Dare beneficium, *Cic.* Dolorem alicui dare, *Id.* Dare animum suum alicui, *Id.* Hoc mihi da, ut Curium conserves, *Id.* Dare diem, *Id.* Se dare quieti, *Id.* Vela dare ventis, *Liv.*, *mettre les voiles au vent.* — DEDERE (*de* dare), *livrer, abandonner :* Constrictum aliquem dedere hostibus, *Cic.* Se dedere ad scribendum, *Id.* Tibi, pater, me dedo; quidvis oneris impone, impera, *Ter.* — TRADERE (trans dare), *faire passer :* De manu in manum tradere, *Cic.* Tradere aliquid memoriæ, *Id.* In custodiam tradere, *Id.* Tradere arma, *CÆS.*, *rendre les armes.*

759. *Dare manus. Tendere manus.*

DARE MANUS, *se rendre, s'avouer vaincu:* Tandem dat Cotta manus, permotus superiore sententiâ, *CÆS.* Jamjam efficaci do manus scientiæ, *HOR.* — TENDERE MANUS, *tendre les mains, être suppliant:* Omnes manus ad consulem tendentes, pleni lacrymarum, *LIV.*

760. *Debilis. Imbecillus. Imbellis.*

DEBILIS *est un homme à qui il manque quelque chose, qui est privé de quelque faculté naturelle, ou de quelque membre:* Debilis senex, *CIC.* Debilis aliquâ parte animi, *Id.* Mustela annis et senectâ debilis, *PHÆD.* Membra debilia, *TER.*—IMBECILLUS *et* IMBECILLIS (sine baculo), *est un homme qui manque de nerf ou de vigueur:* Homo et valetudine est, et naturâ imbecillior, *CIC.* Imbecilli consilii mulier, *Id.* Imbecilla medicina, *Id.*, *une médecine de peu de vertu.* — IMBELLIS (sine bello), *est un homme lâche, mou, qui n'est pas propre à la guerre:* Imbelles hostes, *LIV.* Imbellis columba, *HOR.* Annum imbellem agere, *LIV.*, *être un an sans guerre. Au figuré:* Telumque imbelle sine ictu conjicit, *VIRG.*, *lance un trait sans portée.*

761. *Debilitare. Delumbare. Enervare. Infirmare.*

DEBILITARE, *affaiblir:* Debilitatus vulnere, *Q. CURT.* Me dolor debilitat, *CIC.* *Au figuré:* Veritas debilitata, *CIC.* — DELUMBARE (de lumbus), *proprement, rompre les reins:* Quadrupede delumbatâ, *PLIN.* *Au figuré:* Delumbare sententias, *CIC.*— ENERVARE (de nervus), *proprement, ôter les nerfs:* Non planè me enervavit senectus, *CIC.* *Au figuré:* Elumbis et enervata oratio.—INFIRMARE, *rendre sans force. Il ne se dit guère qu'au figuré:* Infirmare fidem testis ad judicem, *CIC.* Infirmatus conscientiâ scelerum, *Id.*

762. *Debilitatio. Debilitas. Imbecillitas.*

DEBILITATIO, *affaiblissement, ne se dit guère que de l'âme:* Quid debilitatio, atque abjectio animi? *CIC.* — DEBILITAS, *faiblesse, l'état d'un homme faible; il se dit du corps et de l'âme:* Debilitas linguæ, *CIC.* Bonum, integritas corporis; misera debilitas, *Id.* Debilitas animi, *Id.*—IMBECILLITAS *s'applique au corps et à l'âme. Debilitas peut être momentané; imbecillitas est un état habituel de faiblesse et d'imbécillité:* Tulliæ meæ morbus et imbecillitas corporis me exanimat, *CIC.* Infirmitas laterum et virium imbecillitas, *Id.*

763. *Debitio. Debitum.*

DEBITIO, *obligation de payer, redevance:* Dissimilis est pecuniæ debitio et gratiæ, *CIC.* Quintius de emendo nihil curat, satis enim torquetur debitione dotis, *Id.*—DEBITUM, *le dû:* Priusquàm Fundanio debitum solutum esset, *CIC.* Ne existimes eos, qui non debita consectari soleant, quod debeatur remissuros, *Id.* Debitum *est proprement un adjectif:* Mihi quidem ita debitio molesta est, ut debitum oppidò exsolvam.

764. *Decantare. Excantare.*

DECANTARE, *proprement, chanter sans cesse; il se prend pour répéter, dire sans cesse:* Pervulgata præcepta decantare, *CIC.* Iisdem de rebus semper quasi dictata decantare, *Id.* — EXCANTARE, *enchanter, charmer par des opérations magiques:* Quæ sidera excantata lunamque de cœlo deripit, *HOR.*

765. *Decemviri. Decem primi.*

DECEMVIRI, *les décemvirs, étaient des magistrats qui avaient la souveraine autorité. Ce gouvernement ne dura guère que deux ans; ils avaient succédé aux consuls:* Anno trecentesimo altero, quàm condita Roma erat, iterùm mutatur forma civitatis; ab consulibus ad decemviros, quemadmodùm ab regibus anteà ad consules venerat, *LIV.* *Ils composèrent la loi des douze tables:* Præscripserunt duodecim tabulas decemviri, *CIC.* *Toutes les fois que dix personnes étaient juridiquement préposées à quelque fonction, on les nommait* decemviri; *quand ils étaient deux,* duumviri; *quand ils étaient trois,* triumviri, etc.—DECEM PRIMI *étaient les dix premiers inscrits sur les livres des décurions:* Itaque decurionum statim decretum fit, ut decem primi proficiscantur ad Syllam, *CIC.*

766. *Decentia. Decus. Decor. Decorum.*

DECENTIA (de decet), *décence, bienséance:* Colorum et figurarum venustatem atque ordinem, et, ut ita dicam, decentiam oculi vident, *CIC.* — DECUS (de decet), 1° *l'honneur qui revient d'une belle action:* Verum decus in virtute positum est, *CIC.* Adeunda sunt pericula decoris honestatisque causâ, *Id.* 2° *ornement:* Decus et laus civitatis, *CIC.* Per hoc inane purpuræ decus, *HOR.*—DECOR, *beauté, bonne mine :* Inest proprius quibusdam decor in habitu atque vultu, *Quint.* — Decorum, *bonne grâce, bienséance pour ce qui regarde la manière d'agir, la chose convenable et décente :* Id decorum esse volunt, quod ita naturæ consentaneum sit, ut in eo moderatio appareat cum specie quâdam liberali, *Cic.* Honestatem quod appellamus decorum, *Id.* Decus honoris, decor formæ, decorum actionis est.

767. *Decet. Convenit.*

Decere, *dit Cicéron,* aliquid dicimus ex honestate, aut ex habitu quodam naturali; Convenire ex anteactis, ex decretis, et promissis : decere declarat quasi aptum esse consentaneumque personæ et tempori, quod in omnibus valet. Ista decent humeros gestamina nostros, *Ovid.* Lacrymæ decuêre pudicam, *Id.* Decet chariorem esse patriam nobis, quàm nosmet ipsos, *Cic.* Quo ex senatûs consulto confestim interfectum te esse, Catilina, convenit, *Id.* *On dira bien:* Nemo nescit quis mulierem, quis virum ornatus deceat : quid obstrictum sacramento militem facere conveniat.

768. *Decerpere. Excerpere.*

Decerpere (carpere de), *tirer, cueillir:* Adducto ramo pomum decerpere, *Ovid.* *Au figuré :* Nihil sibi ex istâ laude centurio decerpit, *Cic., le centurion n'a aucune part à cette gloire.* Ne quid jocus de gravitate decerperet, *Id., de peur que la plaisanterie ne fît perdre la gravité.*— Excerpere, *extraire :* Quid cum picenis excerpens semina pomis gaudes, *Hor.* *Au figuré :* Excerpsimus quod quisque commodissimè præcipere videbatur, *Cic.* Tu id quod boni est excerpis ; dicis quod mali est, *Ter., vous sarclez le bon, vous gardez le mauvais.*

769. *Decĭdere. Excidere. Elabi. Prolabi. Collabi.*

Decidere (cadere de), *et* Excidere (cadere è), *se trouvent employés assez indifféremment :* Decidere equo, *Cic.* Excidere equo, *Ovid.* *Cependant* decidere *signifie tomber de haut en bas :* Poma ex arboribus, si matura sint, decidunt, *Cic., et* excidere, *s'échapper en tombant :* Excident gladii, fluent arma de manibus, *Id.* *De même au figuré :* Hoc verbum mihi excidit, *Cic.* Hæc res excidit è memoriâ, *Liv.* Ficta omnia celeriter decidunt, *Cic.* *On ne dirait pas bien* excidunt. E spe decidere, *Liv.* Spes excidit, *Id.* — Elabi (labi è), *s'échapper, se glisser de, marque une chute plus douce :* Quotiès tibi sica excidit casu aliquo, et elapsa est? *Cic.* *Au figuré:* Elabi omni suspicione, *Cic.* Ex isto ore religionis verbum excidere, aut elabi potest ? *Cic.* — Prolabi, *s'écouler comme l'eau d'un fleuve :* Prolabitur æquoris unda, *Avien.* *Au figuré :* Libenter ad istam orationem tecum prolaberer, *Cic., je me laisserais entraîner.*—Collabi, *au propre, signifie tomber avec; deux corps choqués ensemble,* collabuntur. *Au figuré, tomber en défaillance :* Dixit et exsanguis collabitur, *Prop.*

770. *Decĭdere. Decernere. Statuere. Constituere. Transigere.*

Decidere (cædere de), *couper, retrancher :* Decisis pennis, *Hor.* *Au figuré, décider, couper la difficulté :* Res ad istum defertur, et istius more deciditur, *Cic.* — Decernere (cernere de), *déclarer, décerner, ordonner:* Decernere bellum, *Liv.* Imperium decernere alicui, *Id.* Uno judicio de omnibus fortunis decernere, *Cic.* — Statuere, *proprement, fixer à une place :* Tabernacula statuere in foro, *Liv.* *Au figuré, statuer :* Decidis statuisque quid iis ad denarium solveretur, *Cic.* Stipendium alicui statuere de publico, *Liv., assigner une pension à quelqu'un sur les deniers publics.*—Constituere (statuere cum). 1° *C'est statuer,* secum, *avec soi, se résoudre :* Quamobrem cùm constituisses ad me venire, miror quid causæ fuerit, cur consilium mutâris, *Cic.* 2° *placer, établir, décider :* Cùm cæteros tui cupidos constitueris, *Cic.* Constituere jus, leges, etc.—Transigere (trans agere), *proprement, percer d'outre en outre :* Gladio pectus transigit, *Phæd.* *Au figuré, terminer, régler :* Multitudinem rerum uno tempore transigere, *Cic.* Qui cum reo transigat, post cum accusatore decidat, *Id.* Pro sociis transigere, *Id.* Decidit vir gravis ac peritior, ut in rebus indefinitis aliquid determinatum sit ; decernit qui post deliberationem aliquid statuit ; statuit qui aliquid ratum et fixum permanere vult; transigit qui omni curâ et molestiâ defungi cupit.

771. *Decipere. Deludere. Inescare. Fraudare. Fallere. Frustrari.*

Decipere (capere de), *attraper, duper:* Quæ deceptus dolo quis promiserit, *Cic.* —Deludere (ludere de), *jouer, se jouer de :* Deludi vosmet ipsos diutiùs à tribuno plebis patiemini? *Cic.* Aut quæ sopitos deludunt somnia sensus, *Virg.*—Inescare (d'esca), *amorcer :* Sicut multa animalia cibo inescantur, sic homines non caperentur, nisi aliquid morderent, *Plin* *Au figuré :* Nescis inescare homines, *Ter.*

Inescata temeritas consulis, *Liv.*—FRAUDARE, *faire quelque chose qui blesse la probité ou la fidélité, ne pas payer ce qui est dû ; au lieu que* decipere *a pour objet les choses où il est question d'intérêt et de profit :* Creditores fraudare, *Cic.* Stipendia fraudare, *Cæs.* Debito fraudari, *Cic.* Genium suum defraudare, *Ter.*, *se refuser le nécessaire.*—FALLERE, *induire l'esprit en erreur :* Perditissimi est hominis fallere eum qui læsus non esset, nisi credidisset, *Cic.* Illa amphibologia quæ Crœsum decepit, vel Chrysippum potuisset fallere, *Id.* —FRUSTRARI (*de* frustra), *frustrer, abuser :* Dehinc ne frustretur ipse se, *Cic.* O bone, ne te frustrere; insanis et tu, *Hor.* Mentiendo credulos fallimus; dolo decipimus incautos; imagine deludimus imperitos; objectâ prædâ inescamus avidos; debito fraudamus creditores; exspectantes frustramur.

772. *Declamare. Declamitare. Pronunciare.*

DECLAMARE, *déclamer, s'exercer sur des sujets feints :* Ad fluctum aiunt Demosthenem declamare solitum, ut fremitum assuesceret voce vincere, *Cic. Il se prend pour invectiver contre quelqu'un :* Ne in quemvis impunè declamare liceret, *Cic.*—DECLAMITARE (*fréquentatif de* declamare), *était nouveau du temps de Cicéron :* Commentor, *dit-il*, declamitans, sic enim nunc loquuntur, sæpè cum Marco Pisone. *Il se prend pour s'exercer à la déclamation :* Acuendi ingenii causâ declamitas, *Cic. Il signifie aussi invectiver souvent :* Ipse intereà de me decem et septem dies declamitavit, *Cic.*—PRONUNCIARE (nunciare pro), *prononcer :* Uno spiritu multos versus pronunciare, *Cic.* *Annoncer publiquement :* Pronunciare nomina victorum, *Cic.* Pronunciare pugnam in posterum diem, *Liv.* Pronunciare *convient à un historien :* Thucydides rerum gestarum pronunciator sincerus, *Cic.*

773. *Declivis. Devexus.*

DECLIVIS (*de* de *et de* clivus), *qui va en pente :* Collis à summo æqualiter declivis, *Cæs.* — DEVEXUS (vehere de), *qui va en pente, qui coule en pente :* Devexus ab Indis amnis, *Virg.* Devexus in viam lacus, *Cic.* E colle declivi fons devexus subjectos campos irrigat.

774. *Decolor. Discolor.*

DECOLOR, *qui a perdu sa couleur :* Et quascunque bibit decolor Indus aquas, *Ovid.* Sanguis decolor, *Cic. Au figuré :* Fama pervenit ad aures decolor, *Ovid.* Ætas decolor, *Virg.*—DISCOLOR, *d'une couleur différente :* Ut discoloribus signis juratorum hominum sententiæ notarentur, *Cic.* Discolor undè auri per ramos aura refulsit, *Virg. Au figuré :* Ut matrona meretrici dispar erit atque discolor, infido scurræ distabit amicus, *Hor.*

775. *Decoquere. Helluari. Abligurire. Obligurire.*

DECOQUERE, *cuire jusqu'à consommation :* Neronis principis inventum est decoquere aquam, *Plin.* Argenti pars quarta decocta, *Liv.*, *il y eut un quart de déchet. Au figuré :* Decoquere creditoribus, *Cic.*, *faire banqueroute à ses créanciers.* Tenesne memoriâ prætextatum te decoxisse? *Id.*, *vous souvenez-vous que n'ayant encore que quatorze ans, vous avez mangé votre bien?* Hunc alea decoquet, *Pers.*, *les jeux de hasard le perdront. Il se dit des ouvrages d'esprit, qu'on perfectionne avec le temps :* Materiam esse primùm volo abundantiorem, multùm indè decoquent anni, *Quint.*, *le temps en retranchera toujours assez.* — HELLUARI, *dévorer, absorber. Consumer son bien en bonne chère:* Quid tu meo periculo gurges ac vorago patrimonii helluabare? *Cic.* — ABLIGURIRE, *proprement, enlever en léchant. Au figuré, dépenser son bien en friandises :* Patria qui abligurierat bona, *Ter.* Fortunas suas abligurierunt, *Cic.*— OBLIGURIRE, *proprement, lécher autour; il se prend figurément pour dissiper, dépenser tout en bonne chère et en débauches:* Patrimonia sua profuderunt, fortunas suas obligurierunt : res eos jampridem, fides deficere nuper cœpit, *Cic.*

776. *Decreta. Consulta.*

DECRETA, *synonyme de* CONSULTA, *un décret, une décision portée par celui qui en a le pouvoir; au lieu que* consulta *est une décision rendue de l'avis d'un conseil :* Oportere quinquennii consulta et decreta rescindi, *Sall.*

777. *Decreta. Jussa.*

DECRETA, *parlant des arrêts du sénat; et* JUSSA, *parlant de l'approbation, du consentement du peuple :* Nutus ejus pro decretis patrum, pro populi jussis esse, *Liv.* Decernit senatus, populus jubet, *Cic.*

778. *Decretum senatûs. Senatûs consultum. Senatûs auctoritas.*

DECRETUM SENATUS, *dit Popma*, est species; *et* SENATUS CONSULTUM est genus :

Senatûs-consultum, quodcumque senatus de singulis pluribusve rebus aut hominibus censuit; decretum senatûs quod de singulis rebus hominibusve senatus constituit, ut cùm alicui honos, pecunia, supplicatio decernitur. — SENATUS CONSULTUM *était une loi, un règlement qui devait être observé, à moins que le peuple ne l'eût rejeté. Le décret du sénat n'était qu'une partie du sénatus-consulte. Pour donner le nom de sénatus-consulte, il fallait qu'il n'y eût point d'opposition, que le sénat eût été convoqué selon les lois, en temps et lieu, et qu'il y eût un nombre de sénateurs suffisant, c'est-à-dire, au moins deux cents, autrement la décision s'appelait* SENATUS AUCTORITAS; *on l'écrivait néanmoins dans les registres publics :* Senatûs auctoritas, cui cùm Cato et Caninius intercessissent, tamen est perscripta, *CIC.*

779. *Decretum. Edictum. Plebiscitum.*

DECRETUM, *synonyme d'*EDICTUM, *était une résolution prise dans le sénat, un arrêté :* Senatus à quo sæpè munificentissimis decretis honestati sumus, *CIC.* — EDICTUM, *édit, loi, ordonnance portée par le prince, ou par un magistrat souverain:* Flaccus sanxit edicto, ne frumentum ex Asiâ exportari liceret, *CIC.* Pecuniam neque ex edicto neque ex decreto depositam habui, *Id.* Decretum *en ce sens se prend aussi pour la décision d'un particulier :* Decretis edictisque tuis in te concitati sunt, *CIC.* — PLEBISCITUM (à plebe sancitum), *ordonnance du peuple. Le plébiscite n'avait point force de loi, s'il n'était ratifié par le sénat.*

780. *Decurrere. Discurrere.*

DECURRERE, *courir de haut en bas:* Metius Curtius ab arce decurrerat, *LIV.* A te decurrit ad meos haustus liquor, *PHÆD.* *Au figuré :* Decurrere incœptum laborem, *VIRG.*, *continuer son travail.* Ad miseras decurrere preces, *HOR.* — DISCURRERE (diversìm currere), *courir de côté et d'autre :* Undiquè discurritur, *TIBUL.* *Au figuré :* Fama, ut solet, strenuè totas urbes discurrit, *Q. CURT.*

781. *Decursio. Decursus.*

DECURSIO, *course d'un lieu élevé, faite sur l'ennemi :* Aut Apennino, Alpibusque se teneat, et decursionibus per equites vastet ea loca in quæ incurrerit, *CIC.* *Il se prend pour course de bague, ou représentation de combat qu'on faisait faire aux soldats. La course se faisait à cheval ; on en voit une représentation sur quelques médailles de Néron, avec l'exergue,* decursio. Indictâ decursione prætorianis, *SUET.* — DECURSUS, *écoulement, descente :* Aut ubi decursu rapido de montibus altis dant sonitum spumosi amnes, *VIRG.* Subitus ex collibus Albanorum decursus, *LIV.* *Au figuré, cours, suite, carrière :* Decursus honorum, *CIC.* Decursus mei temporis, *Id.*

782. *Dedecere Indecere.*

DEDECERE, *n'être pas séant, n'être pas décent :* Nec dedecuêre comæ, *OVID.* Errare tàm dedecet, quàm delirare, *CIC.* — INDECERE *paraît dire moins que* dedecere: Nam juvenes adhùc confusa quædam et quasi turbata non indecent, *PLIN. JUN.*

783. *Dedecorare. Turpare. Maculare.*

DEDECORARE, *déshonorer :* Et me, et te, et familiam dedecoras, *TER.* — TURPARE, *proprement, rendre laid :* Rugæ turpant te, *HOR.* Dedecoratur quod honestum in animo est, turpatur quod honestum est in corpore. — MACULARE, *faire des taches:* Terram tabo maculant, *VIRG.* Viden' tu illi maculari corpus totum maculis luridis? *PLAUT.* *Au figuré :* Maculare partus suos parricidio, *LIV.*, *se souiller du meurtre de ses enfants.* Scelere maculari, *CIC.*

784. *Dediscere. Oblivisci.*

DEDISCERE, *désapprendre ce qu'on avait appris :* Dedidicit loqui, *OVID.* *Au figuré:* Naturam dediscere, *Q. CURT.* — OBLIVISCI, *oublier, perdre le souvenir d'une chose:* Veteris contumeliæ oblivisci, *CÆS.* Dignitatis suæ oblivisci, *CIC.* Amissos jam hinc obliviscere Graios, *VIRG.* Dediscere *est opposé à* addiscere, *et* oblivisci *à* meminisse.

785. *Deditio. Subjectio.*

DEDITIO, *reddition, l'action de se rendre :* Legatos de deditione ad eum miserunt, *CÆS.* — SUBJECTIO (jacere sub), 1° *exposition claire d'une chose :* Rerum, quasi gerantur, sub aspectum penè subjectio, *CIC.* 2° *supposition :* Subjectione testamentorum, fraudibus aliis contaminati, *LIV.* *Il ne se trouve point dans les bons auteurs pour signifier soumission.*

786. *Defectio. Defectus.*

DEFECTIO, *l'action de manquer, de faillir :* Defectio virium, *CIC.* Defectio animi, *Id.* Defectio lunæ, *Id.* *Il se prend aussi pour l'action d'abandonner, de quitter un parti :* Circumspectare defectionis tempus, *LIV.* Defectio à rectâ ratione, *Cic.* — **Defectus**, *l'état même de défaillance, d'abandon, de manque.* Defectus solis *est l'état du soleil éclipsé; au lieu que* defectio solis *marque l'action du soleil qui s'éclipse.* Copiarum defectus, *Q. Curt.*, *la révolte des troupes.* Defectus aquarum, *Liv.*

787. *Defervescere. Refrigescere.*

**Defervescere** (*de* fervor), *cesser de bouillir :* Defervescit aqua, *Var. Au figuré :* Dùm defervescat ira, *Cic.* Cùm adolescentiæ cupiditates deferbuissent, *Id.* — **Refrigescere** (*de* frigus), *se refroidir :* Concretus adeps refrixit, *Plin. Au figuré :* Belli apparatus refrigescunt, *Cic.*

788. *Deficere. Deesse.*

**Deficere**, *synonyme de* **Deesse**, *suppose qu'on avait une chose auparavant, et qu'elle est venue à manquer ; au lieu que* deesse *exprime seulement l'absence, le besoin d'une chose :* Paulò antè vacua turbam deficiunt loca, *Phæd.* Ne oratio deesset, ne vox, viresque deficerent, *Cic.* Non ratio, verùm argentum deerat, *Ter.* Discentes vita deficit, *Cic. On ne dit point* id mihi deficit; *on met toujours l'accusatif.*

789. *Deficere. Desciscere. Rebellare.*

**Deficere**, *synonyme des deux autres, abandonner :* Veritus ne civitas eorum impulsu deficeret, *Sall. Au figuré :* A virtute deficere, *Cic.* A se ipso deficere, *Id.*, *dégénérer.* — **Desciscere** (*de* de *et de* sciscere, *savoir, ordonner, établir*), *se soustraire à quelque autorité, quitter le parti où l'on était :* Cùm à republicà pestiferi cives desciverint, *Cic.* Præneste ab Latinis ad Romanos descivit, *Liv. Au figuré :* A veritate desciscere, *Cic.*—**Rebellare** (rursùs bellare), *recommencer la guerre :* Volsci, ferocior ad rebellandum, quàm ad bellandum gens, *Liv. Il signifie aussi se révolter, n'être pas fidèle :* Quia cum Latinis rebellare noluissent, *Liv.* Multa Cæsarem ad id bellum incitabant, rebellio facta post deditionem, defectio, datis obsidibus, tot civitatum conjuratio, *Cæs. Au figuré :* Rebellant vulnera, *Plin.*, *les plaies se rouvrent.*

790. *Deflectere. Inflectere.*

**Deflectere** (flectere de), *plier en abaissant :* Ramum deflectere, et ad crus arboris religare, *Col. Au figuré :* Deflectere se de curriculo petitionis, *Cic.*, *ne plus briguer les charges.* Ut declinet à proposito, deflectatque sententiam, *Cic.* Inflectat *serait le contraire.* Deflectere *se dit au neutre :* Deflectere de vià, *Cic.* A veritate deflectere, *Cic.* — **Inflectere** (flectere in), *fléchir, ployer :* Cùm ferrum se inflexisset, *Cæs. Au figuré :* Oculos aliorum inflectere, *Cic.*, *attirer les regards.* Deflectere lumina, *Ovid.*, *les détourner.* Ut leviter inflectendus, potiùs quàm corrigendus esse videaris, *Cic.*

791. *Deflorare. Deflorescere.*

**Deflorare**, *ôter la fleur :* Deflorati fructus, *Quint. Au figuré :* Casu illo gloria victoriæ deflorata est, *Liv.* — **Deflorescere**, *perdre sa fleur :* Flos tenui carptus defloruit ungui, *Tib. Au figuré :* Cum corporibus vigent, et deflorescunt animi, *Liv.*

792. *Defluere. Effluere.*

**Defluere** (fluere de), *couler de haut en bas :* Ex arboribus defluit mel, *Plin.* Aqua secundo defluit amni, *Virg. Au figuré :* Ubi salutatio defluxit, litteris me involvo, *Cic.*, *le temps des visites écoulé, je m'enfonce dans l'étude.* Ubi per socordiam vires, tempus, ætas, ingenium defluxit, naturæ infirmitas accusatur, *Sall.* — **Effluere** (fluere è), *découler :* È vasis vinum effluit, *Cat. Au figuré :* Hæc effluunt ex animo, *Cic.* Illi dicenti mens solet effluere, *Id.*, *lorsqu'il parle, ce qu'il veut dire lui échappe de l'esprit.* Effluet ætas, *Ter.*

793. *Defodere. Effodere.*

**Defodere**, *enterrer :* Defodere in terram, *Liv.* — **Effodere**, *déterrer :* Argentum effodere penitùs abditum, *Cic.* Humana effodiens ossa thesaurum canis invenit, *Phæd. Au figuré :* Effodit illius memoria pectus meum, *Cic.*, *le souvenir de cet homme m'arrache l'âme.*

794. *Deformatio. Deformitas. Turpitudo.*

**Deformatio**, *Vitruve et Firmicus ont employé ce mot pour exprimer l'action de former, d'ébaucher ; mais les auteurs de la bonne latinité le prennent pour l'action de défigurer, laideur :* Deformatio corporis, *Cic. Au figuré, flétrissure :* Ut suæ quisque conditionis oblitus, ab illà deformatione tantæ majestatis, velut à nefando spectaculo averteret oculos, *Liv.*, *parlant de la défaite de l'armée romaine aux fourches Caudines.* — **Deformitas**, *l'état de difformité :* Insignis ad deformitatem puer, *Cic. Au figuré :* Deformitas fugæ, *Cic.*, *le déshonneur de la fuite.* Deformitas animi, *Id.* — **Turpitudo**, *laideur. Il se dit du corps et de l'âme :* Nullum est majus malum turpitudine, quæ, si in deformitate corporis habeat aliquid offensionis, quanta illa depravatio et fœditas turpificati animi debet videri? *Cic.* Verborum turpitudinem, et rerum obscœnitatem vitare, *Id.* Deformitas *est un défaut remarquable dans les proportions; et* turpitudo, *un défaut dans la superficie du visage :* Rugæ turpant faciem, *Ter.*

795. *Degravare. Prægravare. Aggravare.*

**Degravare** (de gravis), *affaisser, faire ployer:* Vitis degravat ulmum, *Ovid.* Alios in aquam, etiam peritos, nandi lassitudo et vulnera degravant, *Liv.*—**Prægravare** (gravare præ), *appesantir, rendre pesant:* Onerata et prægravata corpora, *Liv.* Corpus onustum hesternis vitiis animum quoque prægravat unà, *Hor. Au figuré :* Prægravare artes infra se positas, *Hor.* — **Aggravare**, *c'est ajouter au poids, aggraver :* Illa meos casus aggravat, illa levat, *Ovid.*

796. *Degredi. Digredi.*

**Degredi** (gradior de), *descendre:* Ubi degressos tumulis montanos videt, *Liv.* Degredi ad pedes ex equo, *Id.* — **Digredi** (diversìm gradior), *se retirer d'un autre côté :* Cùm ab eo digressus essem, *Cic. Au figuré :* De causâ digredi, *Cic.* Undè digressa est oratio, *Id.*

797. *Deindè. Tùm. Post. Posteà.*

**Deindè**, *en second lieu.* — **Tum**, *en troisième lieu.* — **Post** *ou* **Postea**, *en quatrième lieu :* Præcipitur primùm ut purè loquamur ; deindè, ut dilucidè ; tùm, ut ornatè ; post, ad rerum dignitatem aptè, *Cic.* Ut deberet reperire primùm quid diceret ; deindè inventa ordine disponere ; tùm ea vestire oratione ; post memoriâ sepire ; ad extremum agere cum dignitate, *Id.*

798. *Deindè. Deinceps. Exindè.*

**Deindè** *et* **Dein**, *synonymes des autres, ensuite :* An ego tibi obviàm non prodirem ? Primùm Appio Clodio? deindè imperatori ? deindè, quod caput est, amico? *Cic.* Priùs, dein, extremò, *Id.* — **Deinceps**, *de suite, successivement, après :* Cotta qui tribunatum petebat, et Sulpitius qui deinceps eum magistratum petiturus videbatur, *Cic.* — **Exindè** *et* **Exin**, *après cela, dans la suite :* Quisque suos patimur manes, exindè per amplum mittimur Elysium, *Virg.*

799. *Dejicere. Deturbare.*

**Dejicere** (jacere de), *jeter de haut en bas, abattre :* De ponte aliquem dejicere, *Cic. Au figuré :* Præturâ dejectus est, *Cic.*—**Deturbare** (turbare de), *renverser avec violence et confusion :* Puppi deturbat ab altâ, *Virg.* Deturbare aliquem de tribunali, *Cic.* Dejicere *marquerait moins de violence. Au figuré :* Sua quemque fraus, suum scelus, suum facinus de sanitate ac mente deturbat, *Cic.*

800. *Delabi. Dilabi.*

**Delabi** (labi de), *tomber, couler de haut en bas :* Signum de cœlo delapsum, *Cic.* Suffosso equo delabitur, *Tac. Au figuré :* Delabi in morbum, *Cic.* Delabi in aliquod vitium, *Id.* — **Dilabi** (diversìm labi), *couler de différents côtés, se disperser :* Fluvius in duas partes divisus, rapidèque dilapsus citò in unum confluit, *Cic.* Dilabitur vetustate navis putris, *Liv. Au figuré :* Malè parta malè dilabuntur, *Sall.* Res maximæ discordiâ dilabuntur, *Id.* Delabuntur *ferait un autre sens.*

801. *Delectamentum. Delectatio. Oblectamentum. Oblectatio.*

**Delectamentum** (*de l'inusité* lacere, *attirer*), *ce qui cause le plaisir :* Possum persequi multa delectamenta rerum rusticarum, *Cic.*—**Delectatio** *est le plaisir même, la sensation du plaisir :* Mira quædam in cognoscendo suavitas et delectatio, *Cic.* — **Oblectamentum**, *ce qui cause le divertissement :* Erat ei in oblectamentis serpens, *Suet.* — **Oblectatio**, *le divertissement même :* Oblectatio otii, *Cic.* Oblectamenta quærit otiosus ludendo, spectando, ambulando ; delectamenta reperit occupatus studendo, legendo, operando. Oblectatione tædium fallimus ; delectatione ducitur animus.

802. *Delectare. Oblectare.*

**Delectare** (*de l'inusité* lacere, *attirer*), *délecter, causer du plaisir :* Refero me ad mansuetiores musas, quæ me maximè delectarunt, *Cic.* —**Oblectare**, *amuser, réjouir :* Habebis quæ tuam senectutem oblectent, *Ter.* Oblectare vitam, *Plaut.*, *passer la vie agréablement.*

803. *Delectus. Lectio. Electio. Selectio.*

**Delectus** (legere de), *choix, triage :* Omnium rerum delectum atque discrimen pecunia sustulit, *Cic.* Delectus verborum origo est eloquentiæ, *Id.* — **Lectio**, *lec-*

*ture :* Lucullus mirificè delectabatur lectione librorum, de quibus audiebat, *Cic.* *Il se prend pour élection :* Ut vos judices legere auderet, quorum lectione duplex imprimeretur reipublicæ dedecus, *Cic.* — ELECTIO, *l'action de choisir :* Initia quorum ex electione virtus posset exsistere, *Cic.* Electio fit inter paucos, aut contendentes; lectio inter multos, aut promiscuè oblatos. *Lorsqu'il s'agit des fonctions importantes, si ceux qui les confèrent en ont le droit par la loi, on dit alors* creare; *si l'élection est faite par d'autres hors de Rome, et sans les formes ordinaires, on dit* legere : Marius militari suffragio lectus ad tempus, *Liv.* — SELECTIO (seorsìm legere), *l'action de choisir pour mettre au rebut. En ce sens il est opposé à* electio : Malorum enumeratio vitiorumque selectio, *Cic.*

804. *Delere. Obliterare. Abolere.*

DELERE, *effacer un enduit :* Jam scripseram; delere nolui, *Cic.* Cùm tabulas prendisset, digito legata delevit, *Id. Au figuré:* Maculam bello susceptam delere, *Cic.* Delere urbem, *Cæs.*—OBLITERARE (quasi obliturare, *de* litura), *effacer en grattant :* Æris obliteratio, *Plin. Au figuré, faire perdre le souvenir :* Res obliteratæ vetustate, *Liv.* Nondùm obliteratâ memoriâ superioris belli, *Id.* — ABOLERE (*d'ab et de* olere), *ôter jusqu'à l'odeur :* Donec omnis odor aboleatur, *Plin. Au figuré:* Da, pater, hoc nostris aboleri dedecus armis, *Virg. Quand Tite-Live dit :* Cladis Caudinæ memoria nondùm aboleverat, *aboleverat vient d'*abolescere, *s'éteindre, s'effacer.*

805. *Deliberare. Deliberationem habere.*

DELIBERARE, (*de* libra, *balance*), *peser, délibérer :* Noctem sibi ad deliberandum postulavit, *Cic. Il se prend pour arrêter d'après l'examen :* Iste statuerat et deliberaverat non adesse, *Cic.* Deliberatâ morte ferocior, *Hor.* — DELIBERATIONEM HABERE *se dit des choses et des personnes. Parlant des choses, il signifie demander examen, délibération :* Id coràm considerabimus quale sit, habet enim res deliberationem, *Cic., l'affaire mérite réflexion. Parlant des personnes, consulter, délibérer sur quelque chose :* Ad deliberationes principes civitatis adhibebat, *Cic.* Deliberare *est exposer la question et discuter les raisons pour et contre.*

806. *Delibutus. Unctus. Oblitus.*

DELIBUTUS, *teint, frotté :* Cruore Nessi delibutus Hercules, *Hor.* Delibuta veneno dona, *Id.* Unguento delibutus, *Phæd. Au figuré :* Perjuriis delibutus, *Cic., couvert de parjures.* Delibutus gaudio, *Ter., qui nage dans la joie.* — UNCTUS, *oint, parfumé avec quelque chose de gluant :* Uncti capilli, *Hor. Au figuré :* Unctior loquendi consuetudo, *Cic., manière de parler plus polie.* — OBLITUS (linere ob), *enduit autour :* Non cerâ, sed cœno obliti, *Cic. Au figuré :* Libidine flagitiosâ oblita vita, *Cic., vie souillée de crimes honteux.* Oblitus parricidio, *Id.*

807. *Delicatus. Voluptuarius. Amœnus.*

DELICATUS (de deliciæ, *de l'inusité* lacere, *attirer*), *se dit des choses et des personnes ; parlant des personnes, il signifie mou, livré aux délices :* Muliebris et delicatus ancillarum puerorumque comitatus, *Cic.* Adolescens delicatus, *Id. Il se prend pour fin connaisseur :* Nostrûm unusquisque, qui tam beati, quàm iste est, non sumus, tàm delicati esse non possumus, *Cic. C'est dans ce sens que le même auteur a dit :* Homo delicati fastidii, *un homme d'un goût délicat.* Delicatus, *parlant des choses, signifie plein de délices, qui annonce les délices, plein d'enjouement :* Delicatum convivium, *Cic.* Delicata vita, *Id.* Turpe est in re severâ delicatum aliquem inferre sermonem, *Id.* — VOLUPTUARIUS *et* VOLUPTARIUS, *adonné aux plaisirs :* Epicurus homo voluptarius nimis fuit, *Cic.* Disciplina ea voluptaria, delicata, mollis, *Id. Il signifie aussi qui sent le plaisir, qui regarde le plaisir :* Gustatus qui est sensus ex omnibus maximè voluptarius, *Cic.* — AMOENUS, *charmant, agréable, se dit particulièrement de la campagne :* Amœnum rus, *Hor.* Prædiola nostra satis amœna, *Cic.* Amœnus fluvius, *Virg.* Amœna voluptas, *Cic., parlant des plaisirs de la campagne.*

808. *Deliciæ. Voluptas.*

DELICIÆ, *délices, charmes; il se dit de l'objet, il exprime les charmes qu'on y trouve:* Sempronius mel et deliciæ tuæ, *Cic.* In deliciis esse alicui, *Id.* — VOLUPTAS (*de* volupe, *qui se trouve dans Plaute, et qui vient de* velle), *plaisir; il se dit de l'âme, ou de l'âme et du corps en même temps; il exprime l'agréable sensation qu'ils éprouvent:* Verbo voluptatis omnes qui latinè sciunt, duas res subjiciunt, lætitiam in animo, commotionem suavem in corpore, *Cic.* Deliciarum et voluptatis causâ, *Id.* Cogitatio supellectilis ad delicias epularum, ad voluptates refertur, *Id.* Voluptas *se prend souvent en mauvaise part, surtout au pluriel :* In voluptatis regno virtus non potest consistere, *Cic.* Sperne voluptates; nocet empta dolore voluptas, *Hor.*

**809.** *Deligere. Eligere. Seligere.*

DELIGERE (legere de), *prendre entre plusieurs celui qui est le plus propre à telle ou telle chose :* Deligere generum, *LIV*. Unum ex cunctis deligere, *CIC*. In deligendo vitæ genere, *Id*. — ELIGERE (legere è), *choisir entre plusieurs choses dont on a le choix :* Optionem alicui facere, ut eligat utrum velit, *CIC*. E duobus malis, cùm majus fugiendum sit, levius est eligendum, *Id*. — SELIGERE (seorsìm legere), *non-seulement choisir, mais encore mettre à part :* Selecti è conventu judices, *CIC*. *Un père a une fille à marier,* deligit generum ; *il s'en présente plusieurs,* eligit præstantiorem ; *un boucher achète douze moutons à choisir dans un troupeau,* seligit pinguiores.

**810.** *Delinitio. Delinimentum.*

DELINITIO (*de* lenis), *l'action d'adoucir :* Ipsaque illa delinitio multitudinis ad breve tempus duratura sit, *CIC*. — DELINIMENTUM, *l'adoucissement même :* Vitæ delinimenta monstraveram tibi, *TAC*., *je vous avais fait voir les adoucissements, les consolations de cette vie. Il se prend pour attrait :* Vitiorum delinimenta, *TAC*., *les attraits du vice.*

**811.** *Delirare. Desipere. Insanire. Furere. Somniare.*

DELIRARE (*de* de, *et de* lira, *sillon*), *proprement, sortir du sillon :* Delirat arator, *COL*. *Au figuré, extravaguer, s'écarter de la droite raison :* Delirare et mente captum esse, *CIC*. Multos se deliros senes sæpè vidisse, sed qui magis quàm Phormio deliraret, vidisse neminem, *Id*. Quicquid delirant reges, plectuntur Achivi, *HOR*.— DESIPERE (sapere de), *s'écarter de la sagesse, se livrer à quelque folie :* Licet me desipere dicatis, *CIC*. Dulce est desipere in loco, *HOR*. Nimio gaudio penè desipere, *CIC*.—INSANIRE (non sanus), *devenir fou, être fou :* Incerta hæc si tu postules ratione certa facere, nihilo plus agas, quàm si operam des, ut cum ratione insanias, *TER*. — FURERE, *être en fureur :* Quid est aliud furere, nisi non cognoscere homines, non cognoscere leges, non senatum, non civitatem ? *CIC*. Usque eò commotus est, ut insanire omnibus, ac furere videretur ? *CIC*. *Au figuré :* Furit æstus, *VIRG*. Venti, flammæ furentes, *Id*.—SOMNIARE, *songer, voir en songe, rêver :* Mater somniavit se peperisse satyriscum, *CIC*. *Et au figuré, rêver, avoir des idées bizarres :* Miracula non disserentium philosophorum, sed somniantium, *CIC*.

**812.** *Deliratio. Deliramentum.*

DELIRATIO, *l'action d'extravaguer :* O delirationem incredibilem ! *CIC*. Ista senilis stultitia, quæ deliratio appellari solet, senum levium est, non omnium, *Id*. — DELIRAMENTUM *est l'extravagance, le délire même :* Deliramenta loquitur, *PLAUT*., *elle dit des extravagances. On ne dirait pas* delirationem.

**813.** *Demittere. Emittere. Dimittere.*

DEMITTERE (mittere de), *envoyer de haut en bas :* Cœlo demittitur alto, *VIRG*. Demittere oculos, *CIC*., *baisser les yeux. Au figuré :* Animos demittere, *Id*., *perdre courage*. — EMITTERE (mittere è), *faire sortir, lâcher :* Emitti è custodiâ, *CIC*. *Au figuré :* Maledicto nihil faciliùs emittitur, nisi citiùs excipitur, *CIC*. — DIMITTERE (diversìm mittere), *envoyer de différents côtés :* Dimisit litteras in alias urbes, *LIV*. Dimittere comitia, *CIC*., *congédier l'assemblée*. Aliquem à se dimittere, *Id*. *Au figuré :* Dimittere occasionem, *CÆS*. Libertatem meam neque dimisi unquam, neque dimittam, *CIC*.

**814.** *Demovere. Dimovere. Removere. Submovere.*

DEMOVERE (movere de), *déplacer en remuant :* Nomen et effigies privatis ac publicis locis demovendas censebat, *TAC*. *Au figuré :* Aliquem de certâ sententiâ demovere, *CIC*.—DIMOVERE (diversìm movere), *écarter de différents côtés en remuant :* Obstantes propinquos dimovet, *HOR*. *Au figuré :* Ita bonis malisque dimotis patenti viâ ad verum perges, *SALL*. — REMOVERE (movere retrò), *mouvoir en arrière, éloigner de la vue :* Removere præsidia, *CIC*. Multa palàm domum suam auferebat, plura clàm de medio removebat, *Id*. *Au figuré :* Tu novum morbum removisti, *CIC*. Removere à suspicione, *Id*.—SUBMOVERE (movere sub), *mouvoir en dessous :* Audiit, et si quem tellus extrema refusum submovet Oceano, *VIRG*. *Au figuré, écarter, bannir, supplanter :* Cùm te submoveant, qui testamenta merentur, *JUV*.

**815.** *Demùm. Deniquè. Tandem.*

DEMUM, *enfin, après bien du temps :* Nunc demùm litteris tuis rescribo, *CIC*. Demùm *a aussi une signification analogue à* solùm, tantùm : Idem velle, et idem nolle, ea demùm firma amicitia est, *SALL*. — DENIQUE *se met à la fin d'une longue énumération :* Non avaritia, non libido, non amœnitas, non nobilitas urbis, non deniquè labor, etc., *CIC*. — TANDEM, *lorsque la chose a été longtemps désirée :* Tandem progreditur magnâ stipante catervâ, *Virg.* Tandem liber equus præsepia fugit, *Id.*

816. *Denunciare. Renunciare.*

Denunciare, *dénoncer, déclarer :* Denunciare periculum, pestem, *Cic.* Denunciavit, ut adesset, *Id.* Domum denunciare, *Id., assigner à domicile.* Testimonium alicui denunciare, *Id., assigner quelqu'un en témoignage.* — Renunciare, 1° *faire savoir :* Fremebat tota provincia ; nemo id tibi renunciabat, *Cic.* Postquàm mihi renunciatum est de obitu Tulliæ filiæ, *Id.* Renunciare aliquem consulem, *Id.* 2° *contremander, renoncer à :* Renunciari extemplò amicis quos in consilium rogaverat, imperat, *Sen. C'est dans le même sens qu'on dit* amicitiam alicui renunciare, *Liv.* Societatem alicui renunciare, *Tac.* Renunciare emptionem, pactionem, *se dédire d'un marché, rompre un contrat.*

817. *Denuò. De integro.*

Denuo (quasi de novo), *de nouveau, encore une fois :* Sicilia te prætore censa denuò est, *Cic.* Recita denuò, *Id.* Denuò rebellare, *Liv.*—De integro, *tout de nouveau, comme s'il n'y avait rien de fait :* Censores de integro creari, *Cic.* Denuò *ferait un autre sens :* Qui in morbum de integro inciderunt, *Id.* Ferre leges de integro, *Id., rétablir des lois.*

818. *Depeculari. Spoliare. Prædari.*

Depeculari (de peculium), *proprement, prendre l'argent de quelqu'un :* Eum omni argento spoliâsti et depeculatus es, *Cic.* Depeculator ærarii. *Il se prend plus généralement :* Peccatum est patriam prodere, parentes violare, fana depeculari, *Cic. Au figuré :* Laudem honoremque alicujus depeculari, *Cic.*—Spoliare, *dépouiller, se dit de tout :* Omnium rerum spoliatio, *Cic.* Spoliare vestitu, opibus, *Id. Au figuré :* Pudicitiam alienam spoliare, *Cic.* Omni dignitate spoliari, *Id.* Spoliare vitâ, *Virg.* —Prædari (de præda), *faire du butin, voler, piller :* Verres omnibus in rebus apertissimè prædatus est, *Cic.* Tuus apparitor aratorum bonis prædabitur, *Id. Au figuré :* Singula de nobis anni prædantur euntes, *Hor.*

819. *Depopulari. Populari. Vastare.*

Depopulari *dit plus que le simple* Populari. *Il signifie proprement dépeupler, dégarnir un pays d'habitants, piller de tous côtés :* Agros et urbem depopulatus est, *Liv.* Depopulari civitates, *Cic.* Aves depopulantur dona cerealia, *Ovid.* — Populari, *faire de grands dégâts, notamment par la guerre :* Ille noctu populabatur agros, *Cic.* — Vastare (*de* vastus), *rendre désert :* Omnia ferro et incendiis vastare, *Liv.* Latos vastant cultoribus agros, *Virg.* Siciliam C. Verres per triennium depopulatus est, Siculorum civitates vastavit, *Cic.*

820. *Depravatè. Corruptè.*

Depravatè (*de* pravus, *tortu*), *sans droiture, contre la droiture.*—Corruptè, *faussement, sans sincérité :* De quibus neque depravatè indicant, neque corruptè, *Cic.*

821. *Depravatio. Pravitas.*

Depravatio (*de* pravus), *contorsion, grimace :* Depravatio oris, *grimace volontaire, Cic. Au figuré :* Depravatio verbi, *Id., corruption d'un mot, lorsqu'on lui donne un autre sens.* Depravatio *est l'action, et* Pravitas *est l'état même, le vice de conformation :* Vitium, cùm partes corporis inter se dissident, ex quo pravitas membrorum, *Cic.* Pravitas oris, *Id., la difformité naturelle de la bouche, au lieu que* depravatio oris *est l'action. Au figuré, méchanceté, déréglement :* Animi pravitates rectè vitia dicuntur, *Cic.*

822. *Depulsio. Expulsio. Propulsatio.*

Depulsio (pellere de), *proprement, l'action de chasser, de repousser et de réfuter. Il n'est usité qu'au figuré :* Depulsio mali, *Cic.* Depulsio doloris, *Id.* Depulsio servitutis, *Id.* Depulsio criminis, *réfutation d'une accusation.* — Expulsio (pellere ex), *expulsion, l'action de chasser, bannissement :* Expulsio vicinorum, *Cic.* Benè meritorum civium expulsiones, *Id. Il ne se trouve point au figuré.* — Propulsatio, *l'action de repousser, mais au loin, en avant* (porrò pulsare) *:* Cum hujus periculi propulsatione conjungam defensionem officii mei, *Cic.*

823. *Deputare. Imputare.*

Deputare (putare de), *proprement, ôter en coupant :* Falx deputat umbras, *Ovid., la faux coupe les branches qui font ombrage. Au figuré, estimer, juger :* Deputare alicujus operam parvi pretii, *Ter.* Quidquid præter spem eveniet, omne id deputabo esse in lucro, *Id.* — Imputare (non putare), *au propre, ne pas tailler :* Imputata vitis, *Plin. Au figuré* (putare in), *imputer, mettre en compte :* Imputare in solutum, *Sen., compter pour payé.* Imputare vanum beneficium, *Phæd., faire valoir un bienfait imaginaire.* Cædem alicui imputare, *QUINT.*, *charger quelqu'un d'un meurtre.* Imputare civitati terna millia, *PLIN.*, *taxer une ville à trois mille sesterces.* Villici rationes deputat dominùs; quod in solutum imputat, detrahit de summâ.

824. *Descendere. Exscendere. Desilire.*

DESCENDERE (scandere de), *descendre :* Equo descendere, *LIV.* Descendere in forum, *CIC.* *Les grands de Rome demeuraient sur des collines. Ce verbe a une signification assez étendue au figuré:* Descendere ad extrema, *CIC.* Ad omnem animi remissionem descendebant, *Id.* Ad preces descendere, *SEN.* Descendit pestis, *VIRG.* Descendere in certamen, *CIC.* Descendere ad conditiones oblatas, *Id.*, *condescendre aux conditions proposées.* — EXSCENDERE (scandere ex), *est un terme de marine, débarquer, mettre pied à terre :* Legati Asiam petentes cùm exscendissent, *LIV.* Exscensu è navibus in terram facto, *Id.* — DESILIRE (salire de), *marque plus de vitesse que* descendere, *sauter en bas :* Ex equo desiluit, *LIV.* Ex equo descendit senex; desilit juvenis.

825. *Describere. Exscribere. Transcribere.*

DESCRIBERE, 1° *copier :* Scripsit Balbus ad me, se à te quintum de Finibus librum descripsisse, *CIC.* 2° *faire la description, la peinture :* Hominum mores sermonesque describere, *CIC.* Aut flumen Rhenum, aut pluvius describitur arcus, *HOR.* 3° *distribuer, marquer :* Urbis partes ad incendia describere, *CIC.* Jura populis describere, *Id.*—EXSCRIBERE, *faire des extraits:* Exscribere aliquid ex libris, *VAR.* — TRANSCRIBERE, *transcrire :* Testamentum in alias tabulas transcribere, *CIC.* *Au figuré, écrire dans une autre classe, dans un autre ordre, aliéner en faveur de quelqu'un :* Transcribere fœminam in viros, *SEN.*, *mettre une femme dans la classe des hommes.* Cùm multis legibus constricta avaritia esset, via fraudis inita erat, ut in socios, qui non tenerentur his legibus, nomina transcriberent, *LIV.*, *l'avarice des usuriers ayant été réprimée par plusieurs lois, on trouva moyen de les éluder, en transportant sa dette aux alliés qui n'étaient point soumis à ces lois.*

826. *Desecare. Exsecare. Præcidere.*

DESECARE (secare ab), *abattre en coupant :* Auribus desectis, et singulis effossis oculis, *CÆS.* Desecto erat cum stramento seges, *LIV.* *Au figuré :* Tu illud desecabis, et hoc agglutinabis, *CIC.* — EXSECARE (secare ex), *faire sortir en coupant :* Exsectâ linguâ, *CIC.* Non minùs est probanda medicina quæ sanaret vitiosas partes, quàm quæ exsecaret, *Id.* *Au figuré :* Hi medentur civitati, qui exsecant partem aliquam tanquàm strumam civitatis, *CIC.* — PRÆCIDERE (cædere præ), *proprement, couper ce qui est en avant :* Illi manum gladio præciderat, *CIC.* Præcidere os, *SEN.*, *balafrer, couper le visage. Au figuré :* Præcidere spem, *CIC.*, *ôter l'espérance.* Planè præcidere, *Id.*, *est dans un autre sens : nier tout net, trancher net.*

827. *Desertor. Proditor.*

DESERTOR (de deserere), *qui abandonne :* Desertor amicorum, *CIC.* Desertor miles, *CÆS.*, *soldat déserteur.* — PRODITOR (de prodere), *proprement, qui décèle :* Proditor arcani, *HOR.* *Il se prend pour traître, qui viole la foi, qui livre :* Proditor patriæ, *CIC.* Cùm viderem homines aut proditores esse aut desertores salutis meæ, *Id.* Qui ex iis secuti non sunt, in desertorum ac proditorum numero ducuntur, *CÆS.*

828. *Deses. Desidiosus. Piger.*

DESES, *qui est dans une inaction actuelle :* Sedemus desides domi, mulierum ritu inter nos altercantes, *LIV.* — DESIDIOSUS, *qui demeure dans une inaction habituelle :* Desidiosam artem dicimus, quia desidiosos facit, *CIC.* — PIGER, *paresseux, qui craint la peine et le travail, négligent dans les choses qui sont de devoir :* Militiæ piger, *HOR.* Piger scribendi ferre laborem, *Id.* *Au figuré :* Annus piger, *HOR.*, *année qui s'écoule lentement.* Bellum pigrum, *OVID.* Senectus pigra, *Id.*

829. *Desīdēre. Desīdĕre.*

DESIDERE (de sedeo), *rester oisif :* Frustrà ubi totum desedi diem, etc. *TER.* — DESIDERE (de sido), *s'enfoncer :* Terra trium jugerum spatio cavernâ ingenti desederat, *LIV.* *Au figuré :* Desidunt mores, *TAC.*, *les bonnes mœurs s'altèrent.*

830. *Desidia. Socordia. Segnitia. Segnities. Inertia. Ignavia. Otium. Pigritia. Mollitia. Mollities.*

DESIDIA (de sedere), *l'état d'un homme qui reste les bras croisés, inaction, fainéantise :* Desidiam puer ille sequi solet, odit agentes, *OVID.* Ab industriâ plebem ad desidiam avocare, *CIC.* — SOCORDIA (sine corde), *nonchalance, l'état d'un homme sans âme :* Pœnus advena nostrâ cunctatione et socordiâ jam hùc progressus, *LIV.* — SEGNITIA *et* SEGNITIES (sine igne), *défaut d'ardeur, indolence :* Enim verò, Dave, nihil loci est segnitiæ et socordiæ, TER. *C'est-à-dire, selon Donat*, segnitiæ ad agendum, socordiæ ad considerandum. Segnities *pourrait être un état habituel, et* Segnitia *l'état actuel.* — **INERTIA** (sine arte), *manque d'habileté :* Artibus qui carebant, inertes à majoribus appellabantur, CIC. *Il se prend pour inaction :* Qui propter desidiam in otio vivunt, tamen in turpi inertià capiunt voluptatem, CIC. Strenua nos exercet inertia, HOR. — **IGNAVIA** (non navus), *lâcheté. Cicéron l'oppose à* fortitudo : Ignaviam fortitudo odit et aspernatur. Nec tua ignavia etiam inertiam afferat, CIC. — **OTIUM**, *loisir, ne se prend pas toujours en mauvaise part :* Nostrum otium negotii inopià, non requiescendi studio constitutum est, CIC. Deus nobis hæc otia fecit, VIRG. Tabescere otio, CIC. Diffluere otio, *Id.* — **PIGRITIA**, *paresse, crainte du travail, négligence des choses qui sont de devoir :* Definiunt pigritiam metum consequentis laboris, CIC. Ne aut pigritia, aut ignavia, aut tale quid appareat, *Id.* — **MOLLITIA** *et* **MOLLITIES**, *mollesse, manque de vigueur à soutenir ses entreprises :* Qui officio deserunt mollitià animi, CIC. Civitatum mores lapsi ad mollitiem, *Id.* Mollitia *peut être l'état actuel de la mollesse, et* mollities, *l'état habituel.* Desidiosus cessat; ignavus nihil exsequitur; laborem metuit piger; imperitè agit iners; segnis non agit; non considerat socors; secum est otiosus, secumque, ut dicitur, vivit; mollis officia deserit.

### 831. *Desperare. Diffidere.*

**DESPERARE**, *n'avoir point d'espérance :* Desperatio est ægritudo sine ullâ rerum exspectatione meliorum, CIC. Vitam domini desperantes, *Id. Il est quelquefois opposé à* confidere : In quo considerandum est, ne aut temerè desperet propter ignaviam, aut nimis confidat propter cupiditatem, CIC. — **DIFFIDERE**, *se défier, n'avoir point de confiance :* Sententiæ alicui diffidere, CIC. Diffidens et desperans rebus suis, *Id. Il se prend pour désespérer :* Eudemus graviter æger fuit, ut omnes medici diffiderent, CIC.

### 832. *Despicere. Dispicere.*

**DESPICERE** (*de l'inusité* spicere), *regarder de haut en bas :* Tollam altiùs tectum, non ego ut te despiciam, sed ut, etc. CIC. — **DISPICERE** (diversìm spicere), *regarder de différents côtés, regarder pour distinguer un objet entre les autres :* Ut primum dispexit, quæsivit salvusne esset clypeus, CIC. Acie mentis dispicere cupiebant, *Id.*

### 833. *Despicere. Spernere. Fastidire. Temnere. Contemnere. Aspernari. Negligere. Posthabere.*

**DESPICERE**, *synonyme des autres, regarder au-dessous de soi :* Omnes despicere, præ se neminem putare, CIC. — **SPERNERE**, *proprement, rejeter :* Sperne voluptates, HOR. Veritas auspiciorum spreta est, species tantùm retenta, CIC. — **FASTIDIRE**, *dédaigner, mépriser avec hauteur :* Fastidire preces alicujus, LIV. Qui non modò improbitati irascuntur candidatorum, sed etiam in rectè factis sæpè fastidiunt, CIC. — **TEMNERE** (*de* τέμνω, *couper*), *faire peu de cas :* Si genus humanum et mortalia temnitis arma, VIRG. Jejunus stomachus rarò vulgaria temnit, HOR. — **CONTEMNERE** *paraît ajouter à l'idée de* temnere : Despiciunt autem eos et contemnunt, CIC. Rempublicam despexit atque contempsit, CIC. Abs te solo ita contemptus, ita despectus, ut etiam cum cæteris Siculis dispoliaretur, *Id.* — **ASPERNARI**, *rejeter avec mépris :* Gustus quod valdè dulce est aspernatur et respuit, CIC. (*Voyez* Respuere, n° 2145.) Dicere aliquid quod omnium mentes aspernentur ac respuant, *Id.* — **NEGLIGERE** (non legere), *faire peu de cas, négliger :* Imperium alicujus negligere, CÆS. Injurias negligere, CIC. — **POSTHABERE** (habere post), *ne suppose pas le mépris, il indique seulement une moindre estime :* Posthabui tamen illorum mea seria ludo, VIRG.

### 834. *Destruere. Demoliri. Evertere. Perdere.*

**DESTRUERE** (*de* strues, *tas*), *proprement, renverser ce qui est entassé :* Ædificium idem destruit facillimè, qui construit, CIC. *Au figuré :* Fortunam suam destrui Cæsar rebatur, TAC. Destruere testes, QUINT., *réfuter des témoins.* — **DEMOLIRI** (moliri de, de moles), *démolir ; au propre, il se dit des bâtiments :* Demoliri ea, quorum altitudo officeret auspiciis, CIC. *Au figuré :* Jus destruet ac demolietur, LIV., *il détruira et renversera la justice.* — **EVERTERE** (vertere è), *saper, renverser :* Vertere ab imo mœnia, VIRG. *Au figuré :* Aliquem fortunis evertere, CIC. Evertere leges, testamenta, voluntates mortuorum, *Id.* Demoliri *marque plus d'effort que* destruere ; evertere *présente l'idée de fondements.* — **PERDERE**, *synonyme des autres, perdre entièrement :* Jupiter urbes delevit, fruges perdidit, CIC. Ubi illic scelus est, qui me perdidit ? TER. Se ipsum perdere, CIC.

### 835. *Deterius. Pejus. Nequius.*

**DETERIUS** (*de* terere), *moins bon :* Quidquid detraxeris, deterius futurum est, CIC.

Ego valeo, sicut soleo, paulò tamen etiam deteriùs, quàm soleo, *Id.* Corrigere, et deterius facere, *Id.* Mutatus in deterius principatus, *TAC.*, *le gouvernement changé en pis.*—PEJUS, *plus mauvais :* Quod aliud alio melius esset aut pejus, *CIC.* Turpitudo pejus est, quàm dolor, *Id. Il se prend pour plus, mais en mauvaise part:* Spe pejus, *HOR.* Quo neminem pejus odi, *CIC.*—NEQUIUS, *comparatif de* nequam, *vaurien, inutile* (quasi non quicquam)*:* Nihil nequius aut turpius effœminato viro, *CIC.*

836. *Detexere. Retexere. Contexere.*

DETEXERE, *faire un tissu parfait, le continuer :* Neque exordiri primùm undè occipias habes, neque ad detexundam telam certos terminos, *PLAUT.* Quin tu aliquid saltem potiùs, quorum indiget usus, viminibus mollique paras detexere junco? *VIRG. Au figuré:* Multa quærendo reperiunt, quibus ante exorsa vel potiùs detexta propè retexantur, *CIC.* — RETEXERE (rursùs texere), *faire un nouveau tissu. Il est plus usité au figuré :* Fata retexere, *OVID.* Scriptorum quæque retexens, *HOR.* Quinque orbes explent cursu, totidemque retexunt hùc, illùc, *VIRG.*, *ainsi tous deux, venant, revenant sur leur trace, cinq fois du même cercle ont parcouru l'espace, DEL.*—CONTEXERE. *C'est simplement former le tissu, joindre ensemble :* Puppes tenui contexere cannâ, *VIRG.* Memoriam rerum veterum cum superiorum ætate contexere, *CIC.*

837. *Detinere. Retinere.*

DETINERE, *détenir :* Detinere aliquem compede, *HOR. Au figuré :* Detines me suspensum, *CIC.* Animum studiis detineo, *Id.*, *je m'occupe à l'étude.* — RETINERE (rursùs *ou* retrò tenere), *retenir, arrêter :* Sinistrâ manu retinebat arcum, *CIC.* Labebar, nisi me retinuissem, *Id. Au figuré :* Fidem in amicitiâ retinere, *CIC.* Infidos retinere animos sociorum, *LIV.* Qui amicum apud se retinere vult, aut sermone aut per ambulationem detinet; servus fugax compede detinetur.

838. *Detractio. Detrectatio.*

DETRACTIO (trahere de), *l'action d'ôter, enlèvement :* Detractio alieni, *CIC. Au figuré :* Detractio molestiæ, *CIC.* — DETRECTATIO, *refus :* Detrectatio militiæ, *LIV.* Juniores ad edictum sine detrectatione convenêre, *CIC.*

839. *Deus. Divus. Numen.*

DEUS, *Dieu, l'être souverain :* Nec Deus qui intelligitur à nobis, alio modo intelligi potest, nisi mens solùta quædam et libera, segregata ab omni concretione mortali, omnia sentiens et movens, ipsaque prædita motu sempiterno, *CIC.* Deum placatum pietas efficiet et sanctitas, *Id.* Deus *est un nom commun aux deux genres ; Virgile, parlant de Vénus, dit :* Ducente deo; *et ailleurs, parlant de la furie Alecton:* Nec dextræ erranti deus affuit.—DIVUS *se dit de la divinité éternelle, des héros et des empereurs romains à qui on rendait les honneurs divins:* Ad divos adeunto castè, *CIC.* Diva potens Cypri, *HOR.* Divus Cæsar, *VIRG. Les héros et les empereurs n'étaient* DIVI *qu'après leur mort. Nous disons* divus Paulus, divus Augustinus, *saint Pierre, saint Augustin : peut-être serait-il mieux de dire* divinus. *Cicéron a dit* divinus Plato. — NUMEN (*de* nuere), *est la puissance, la volonté de Dieu :* Non hæc sine numine divûm eveniunt, *VIRG. Les poëtes ont dit* numen *pour la Divinité même :* Aquarum numen Neptunus, *OVID.* Rustica numina, Fauni, *Id.*

840. *Devenire. Pervenire.*

DEVENIRE (venire de), *venir en un lieu après être sorti d'un autre :* Devenêre locos lætos et amœna vireta, *VIRG.*—PERVENIRE, *arriver en un lieu après être passé par d'autres :* Si potuissemus, quò contendimus, pervenire, *CIC.*

841. *Devocare. Evocare.*

DEVOCARE (vocare de), *appeler de haut en bas :* Refixa cœlo devocare sidera, *HOR. Au figuré:* Devocare in dubium fortunas suas, *CÆS.*, *mettre sa fortune en danger.* — EVOCARE, *appeler dehors :* Evocare foràs, *TER.* Explorato rege, cunctas evocat, *PHÆD.* Evocare legionem ex hibernis, *CÆS. Au figuré :* Evocare animum à negotio, *CIC.*

842. *Devolvere. Evolvere. Revolvere.*

DEVOLVERE (volvere de), *rouler de haut en bas, précipiter :* Devolutus monte præcipiti torrens, *LIV. Au figuré:* Devolvi ad otium et inertiam, *CIC.* Devoluta eò res, ut, etc., *Id.* — EVOLVERE, *dérouler, développer :* Involutum evolvere, *CIC. Au figuré:* Evolvere naturam rerum, *CIC.* —REVOLVERE (rursùs volvere), *rouler de nouveau ou en arrière :* Perplexum iter omne revolvens, *VIRG.*, *faisant allusion au fil qui conduisait Ariane. Au figuré:* Revolvi ad sententiam alicujus, *CIC.*, *revenir au sentiment d'autrui.* Revolvere casus, *VIRG.*, *éprouver les mêmes malheurs.*

843. *Diadema. Infula. Mitra.*

DIADEMA (*de* διά *et de* δέω, *lier*), *diadème, bandeau blanc, dont on ceignait la tête les rois :* Jus erat novo regi primum diadema imponere, *Tac.* — INFULA, *le bandeau qui ceignait le front du grand prêtre :* Præstò mihi sacerdotes Cereris cum infulis et verbenis fuerunt, *Cic.*—MITRA (*en grec* μίτρα), *ceinture, ruban, ornement de tête, en usage d'abord chez les Méoniens, et ensuite chez les Egyptiens; dans la suite, les femmes en ornèrent leurs têtes :* Mitra mæonia, *Virg. Rémulus reproche aux Troyens de porter des mitres, comme des femmes :* Et tunicæ manicas et habent redimicula mitræ, *Virg.*

### 844. *Dicare. Vovere. Devovere. Sacrare.*

DICARE, *donner, abandonner, parlant des choses profanes :* Civitati, et in civitatem se dicare, *Cic., se faire citoyen, ou habitant d'une ville.* Alicui se dicare, *Id., se consacrer au service de quelqu'un.* Se alicui in clientelam dicare, *Id., se mettre sous la protection de quelqu'un, devenir son client.* Totum hunc tibi dicamus diem, *Id., nous vous consacrons tout ce jour. Il se dit des choses sacrées :* Templa dicata diis, *Ovid.* Dicati Apollini cycni, *Cic.* — VOVERE, *faire un vœu, vouer :* Templa nympharum publicè vota ac dedicata sunt, *Cic. Au figuré, dévouer :* Pro patriæ salute suum caput vovere, *Cic.* — DEVOVERE, *offrir en sacrifice :* Agamemnon cùm devovisset Dianæ quod in suo regno pulcherrimum natum esset illo anno, immolavit Iphigeniam, *Cic. Au figuré :* Se amicitiæ alicujus devovere, *Cic.* Vovere *dirait moins.* — SACRARE, *consacrer, dédier* (sacrum facere) : Sylvano fama est veteres sacrâsse penates, *Virg. Rendre immortel :* Ævum carmina sacrârunt, *Ovid.*

### 845. *Dictare. Dictitare.*

DICTARE (*fréquentatif de* dicere), *dicter:* Parvulâ lippitudine adductus sum, ut dictarem hanc epistolam. *Il se prend pour dire souvent :* Hæc recinunt juvenes dictata senesque, *Hor. Au figuré :* Hoc ratio dictare videtur, *Quint.* — DICTITARE (*fréquentatif de* dictare), *répéter souvent :* Appius in sermonibus anteà dictitabat, posteà dixit etiam in senatu palàm, *Cic.*

### 846. *Dictio. Dictum. Stylus. Dicterium.*

DICTIO, *diction, l'action, la manière de dire :* Dictio sententiæ, *Cic.* Totam causæ meæ dictionem in certas partes dividam, *Id. Il est pris dans Tite-Live pour la réponse de l'oracle :* Data dictio erat, caveret acherusiam aquam. — DICTUM, *mot, parole :* Nullum est dictum, quod non dictum sit priùs, *Cic.* Absona dicta fortunis, *Hor.* Dictio popularis, *Cic., est la façon de parler du peuple; et* Dictum populare, *une parole, un discours du peuple.* — STYLUS *est proprement une aiguille de tablette, espèce de poinçon avec lequel on écrivait sur un enduit de cire :* Vertit stylum in tabulis suis, *Cic.* Styli acumen, *Id. Au figuré, style :* Unus enim sonus est totius orationis, et idem stylus, *Cic. Le style a rapport à l'auteur.*—DICTERIUM, *un bon mot, une plaisanterie :* Quæ facetè et breviter et acutè locuti essemus, ea proprio nomine appellari dicteria voluerunt, *Cic.*

### 847. *Diducere. Derivare.*

DIDUCERE (diversìm ducere), *conduire en divers lieux, partager :* Dimittendæ plures manus, diducendique erant plures milites, *Cic.* In contrarias partes diducere, *Liv.* — DERIVARE (de rivus), *détourner l'eau :* Ab aliquo aquam derivare, *Plaut. Au figuré :* Dicam non derivandi criminis causâ, *Cic.* Aliò responsionem suam non derivavit, *Id.*

### 848. *Dies hic. Dies hæc.*

DIES, *masculin, se dit ordinairement d'un jour déterminé; on trouve rarement dans Cicéron* dies prima, secunda, etc., *c'est ordinairement* dies tertius, quartus, etc. *Il est toujours masculin au pluriel.* Dies meus, dies tuus, *ont une signification particulière, et qui mérite attention : le jour où ma fièvre, votre fièvre revient :* Cura ut valeas; puto enim diem tuum heri fuisse, *Cic.* Dies, *féminin, se dit du temps, d'un jour indéterminé :* Dies longa videtur opus debentibus, *Hor. Cependant Cicéron a dit :* Ex eâ die ad hanc diem.

### 849. *Dies fasti. Dies festi. Festivitas.*

DIES FASTI, *jours de plaidoirie, auxquels il était permis au préteur d'entendre les parties, et de rendre la justice :* Fastus erit per quem lege licebit uti, *Ovid.*—DIES FESTI, *jours consacrés au culte de la religion :* Acti et instituti dies festi, *Cic.* —FESTIVITAS *ne se prend point dans les bons auteurs pour un jour de fête; il signifie enjouement, manière agréable de dire :* Cum festivitate et venustate conjuncta vis dicendi, *Cic.* Festivitatem sermonis debet habere narratio, *Id.*

### 850. *Differre. Deferre. Efferre. Perferre. Referre.*

DIFFERRE (diversìm ferre), *porter de différents côtés :* Insepulta membra different lupi, *Hor. Au figuré :* Differri lætitiâ et doloribus, *Ter.* — DEFERRE (ferre de), *porter d'un lieu dans un autre :* Natos ad flumina primùm deferimus, *VIRG. Au figuré :* Deferri in errorem, *CIC.* Honorem alicui deferre, *Id.* Majestatis delatus est, *TAC.*, *il fut accusé du crime de lèse-majesté.* — EFFERRE (ferre è), *emporter, enlever :* Efferre ex acie saucios ; *CIC. Au figuré :* Verecundiam secum efferre, *CIC. Il se prend pour élever de bas en haut :* Ut belli signum Laurenti Turnus ab arce extulit, *VIRG. C'est dans ce sens que Cicéron a dit :* Ager qui multos annos quievit, uberiores efferre fruges solet. *Au figuré :* Patriam demersam efferre, *CIC.* Verbis aliquem efferre, *Id.* Efferri iracundiâ, odio, dolore, *Id.* — PERFERRE, *porter entièrement :* Cùm has ad te quamprimùm litteras perferri magnoperè vellemus, *CIC. Au figuré :* Quia noluistis vestrum ferre bonum, malum perferte, *PHÆD.* — REFERRE (rursùs, *ou* retrò ferre), *rapporter :* Cùm ex agris segetes domum referrent, *TAC. Au figuré :* Ore aliquem referre, *VIRG.*, *ressembler de visage.* Alicui fructum diligentiæ referre, *CIC.* In commentarium referre, *Id.*

851. *Differre. Proferre.*

DIFFERRE, *comme nous le considérons ici, et* PROFERRE, *signifient remettre, différer ; avec cette différence que* differre *est remettre à un autre temps, soit que le temps ait été fixé, soit qu'il ne l'ait pas été ; au lieu que* proferre *est remettre au-delà d'un terme fixé :* Quare omnem hanc disputationem in adventum tuum differo, *CIC.* Quod si latiùs volent proferre diem, poterunt vel biduum vel triduum, *Id.*

852. *Difficilis. Laboriosus. Operosus.*

DIFFICILIS, *difficile, malaisé :* Contortæ res et difficiles, *CIC.* Nihil tam difficile, quin quærendo investigari possit, *TER.* Parens in liberos difficilis, *CIC.* — LABORIOSUS *se dit d'un homme qui fatigue, et d'une chose pénible :* Qui magnos dolores perferunt, hos non miseros, sed laboriosos solemus dicere, *CIC.* Nihil laboriosius molestiusque provinciâ, *Id.* — OPEROSUS, *agissant, et qui demande du travail :* Senectus operosa, et semper agens aliquid, *CIC.* Sed res operosa est, *Id.* Divitiæ operosiores, *HOR.*, *richesses embarrassantes.*

853. *Diffringere. Dirumpere.*

DIFFRINGERE (diversìm frangere), *casser, briser :* Crura herculè diffringentur, *PLAUT.* — DIRUMPERE (diversìm rumpere), *séparer en rompant, mettre en morceaux :* Rupes diruptæ, *LIV.* Is diruptis tabellis, de circulo se subduxit, *CIC.* *Au figuré :* Dirumpi dolore, *CIC.*, *mourir de douleur.* Dirumpere societatem, amicitias, *Id.*

854. *Digladiari. Confligere. Dimicare. Pugnare.*

DIGLADIARI (*de* gladius), *proprement, ferrailler ; au figuré, en venir aux prises :* Digladiari cum aliquo voluminibus, *CIC.* De aliquâ re digladiari, *Id.* — CONFLIGERE (*de l'inusité* fligere, *et de* cum), *se heurter, se choquer, en venir aux mains :* Venti confligunt, *VIRG.* Confligere acie, *CIC. Au figuré :* Ipsæ causæ inter se confligunt, *CIC.*, *les causes sont opposées.* — DIMICARE (diversìm micare), *proprement, faire briller les épées, combattre :* Dimicare gladiis. *VIRG.* Dimicare *dit moins que* confligere : Speravit iisdem se copiis cum illo posse confligere, quibuscum ego noluissem dimicare, *CIC. Au figuré :* Dimicanti de famâ deesse, *C. NEP.*, *abandonner celui dont la réputation est attaquée.* Digladiari obstinati animi est, et pervicacis ; confligere, fervidi et impavidi ; dimicare, fortis et animosi. — PUGNARE, *dans l'origine, signifiait se battre à coups de poings, de* pugnus (πύξ), *poing. Depuis, il a signifié combattre, livrer une bataille. Ce mot est plus général que les précédents :* Qui cum hoste nostro comminùs in acie pugnavit, *CIC.* Pugnare rostro, pugnis, unguibus, arte, etc. *On l'emploie également au figuré pour toute espèce de dispute :* Quod palàm jàm isti defensores judiciorum pugnaverunt, *CIC.*

855. *Dignitas. Dignatio.*

DIGNITAS, *ce qui fait que l'on est digne de quelque chose, mérite, noblesse, majesté :* Tueri suam dignitatem, *CIC.*, *soutenir son rang.* Amplissimos dignitatis gradus adipisci, *Id.* Dignitas consularis, *Id.*, *le mérite de consul. On dirait bien :* Cato repulsam consulatûs passus, habuit dignitatem consularem. Honores non petiit, cùm ei paterent propter vel gratiam, vel dignitatem, *C. NEP.* Dignitas oris, *CIC.*, *la noblesse de la figure.* — DIGNATIO, *l'opinion qu'on donne de son mérite, de sa considération :* In dignationem principis pervenire, *LIV.*, *acquérir une grande considération auprès du prince.* Dignatio conciliavit ei hanc uxorem, *TER.* Dignatio auxit invidiam, *Id.*

856. *Dignitas. Existimatio.*

DIGNITAS, *synonyme d'*EXISTIMATIO, *est la cause, et* existimatio, *l'effet :* In dignitate, *dit Popma*, inest splendor ; in existimatione laus virtutis nota et testata

Quod sentiebam et dignitati et existimationi tuæ conducere, *Cic.*

**857.** *Digressus. Discessus.*

DIGRESSUS (*de* diversìm gradior), *départ, séparation ; il est opposé à* congressus : Congressûs nostri lamentationem pertimui, digressum verò non tulissem, *Cic.* Ut primùm à tuo digressu Romam veni, *Id.* — DISCESSUS (diversìm cedere), *éloignement ; il est opposé à* adventus, accessus : Ut me levârat tuus adventus, ita discessus afflixit, *Cic.* Existimans non longinquum inter nos digressum, et discessum fore, *Id.*

**858.** *Dilacerare. Dilaniare. Discerpere.*

DILACERARE (diversìm lacerare), *déchirer, lacérer de différents côtés :* Dilaceranda feris dabor, alitibusque, *Catul. Au figuré :* Dilacerare rempublicam, *Cic.* Dilacerantur opes, *Id.* — DILANIARE (*de* lanius), *couper en morceaux, comme font les bouchers :* Tu, P. Clodii cadaver cruentum nocturnis canibus dilaniandum reliquisti, *Cic. Au figuré :* Dilaniare comas, *Ovid.* — DISCERPERE (diversìm carpere), *démembrer, déchiqueter :* Discerptum latos juvenem sparsêre per agros, *Virg.* Fuisse tùm aliquos qui discerptum Romulum patrum manibus tacitè arguerent, *Liv. Au figuré :* Pythagoras qui censuit animum esse per naturam rerum omnem intentum et commeantem, non vidit distractione humanorum animorum discerpi et dilaniari Deum, *Cic.*

**859.** *Dilapidare. Dissipare.*

DILAPIDARE (*de* lapis), *proprement, disperser les pierres. Ainsi, d'un homme qui a dissipé son bien, on peut dire qu'il a dispersé, vendu, détruit jusqu'aux pierres Donat pense que* bona dilapidare *signifie jeter son bien au hasard, comme on jette des pierres. Columelle a dit :* Grando dilapidat hominum boumque labores. Dilapidare *peut venir aussi de ce que les biens du dissipateur sont vendus à l'encan : le crieur public était assis sur une pierre. D'où vient le proverbe* de lapide emptus, *Cic. Il n'est usité qu'au figuré :* Publicam dilapidabat pecuniam, ærarium exhauriebat, *Cic.* — DISSIPARE (*de* diversìm, *et de l'inusité* sipare, *jeter*), *épandre, éparpiller :* Illi statuam istius disturbant, affligunt, comminuunt, dissipant, *Cic. Au figuré :* Dissipare patrimonium, fortunas, *Cic. Ces deux verbes peuvent s'employer presque toujours indifféremment.*

**860.** *Dilatare. Distendere.*

DILATARE (diversìm fero, tuli, latum), *dilater, élargir, ouvrir :* Dilatare imperii fines, *Cic.* Dilatare aciem, *Id. Au figuré :* Dilatare orationem, *Cic., étendre son discours.* — DISTENDERE (diversìm tendere), *étendre de différents côtés :* Distendite hominem diversum, *Plaut.* Distendere hostium copias, *Liv. Au figuré :* Distendit ea res Samnitum animos, *Liv. On peut opposer* dilatare *à* coarctare ; *et* distendere *à* colligere. Rictus dilatantur ; distenduntur brachia.

**861.** *Dilatio. Prolatio. Procrastinatio.*

DILATIO, *remise, délai :* Dilatio temporis, *Cic.* Per dilationem bella gerere, *Liv.* — PROLATIO, *l'action d'étendre plus loin, surséance, citation :* Finium prolatio, *Liv.* Cùm alteri ad prolationem judicii biduum quæreretur, *Cic.* Exemplorum prolatio, *Id.* — PROCRASTINATIO (*de* pro *et de* cras), *remise au lendemain :* In rebus gerendis tarditas et procrastinatio odiosa est, *Cic.* Dilatio est rei gerendæ ; prolatio, jàm cœptæ ; procrastinatio est hominis pigri.

**862.** *Dimetiri. Emetiri.*

DIMETIRI (diversìm metiri), *mesurer les différents côtés, toiser :* Mori videbamus in studio dimetiendi penè cœli atque terræ C. Gallum, *Cic. Au figuré :* Dimetiuntur digitis peccata, *Cic.* — EMETIRI, *mesurer jusqu'au bout. Il est plus usité au figuré :* Emetiri longum iter, *Liv., parcourir un long chemin.* Oculis spatium emensus, *Virg.* Ego voluntatem tibi emetiar, *Cic., je vous offrirai toute ma bonne volonté.*

**863.** *Diminuere. Imminuere. Comminuere.*

DIMINUERE (minuere de, *ou* diversìm), *rendre plus petit en mettant en miettes :* Diminuam ego caput tuum hodiè, nisi absis, *Ter. Au figuré, retrancher :* De bonis alicujus diminuere, *Cic.* Quòd diminutum quicquam sit ex regià potestate, *Liv.* — IMMINUERE (minuere in), *affaiblir, rendre plus petit :* Imminuere summam, *Cic., diminuer une somme, en rabattre.* Violare atque imminuere jus et officium, *Id.* — COMMINUERE, *mettre en petits morceaux, en miettes :* Da comminuenda molis, *Ovid., faites-les broyer sous la meule.* Statuam comminuere, *Cic. Au figuré :* Re familiari comminuti sumus, *Cic.* Lacrymis comminuêre meis, *Ovid., vous serez attendri par mes larmes. On peut opposer* imminuere *à* augere, amplificare; diminuere *à* addere; comminuere *à* coagmentare.

864. *Dirigere. Digerere. Ordinare. Disponere. Dispensare.*

**Dirigere** (diversìm regere), *rendre droit de plusieurs côtés :* In quincuncem dirigere ordines arborum, *Cic.* Acies diriguntur pari utrinque spe, *Tac. Au figuré :* Hæc omnia ad civitatis rationem si dirigas, recta sunt, *Cic.* — **Digerere** (diversìm gerere), *porter de différents côtés, arranger :* Quæcunque in foliis descripsit carmina virgo digerit in numerum, *Virg. C'est ainsi qu'on dit* digerere cibum, *parce que l'estomac distribue des aliments dans toutes les parties. Au figuré :* Digerere mandata, *Cic.*, *accomplir de point en point les ordres de quelqu'un.* Digerere rempublicam, *Id.*, *mettre l'ordre dans la république, la discipliner.* — **Ordinare**, *mettre en ordre :* Ordinare milites, *Liv. Au figuré :* Ordinare publicas res, *Hor.* Litem ordinare, *Cic.*, *instruire un procès.* — **Disponere** (diversìm ponere), *placer de différents côtés, disposer :* Vigilias per urbem disponere, *Liv.* Libros confusos disponere, *Cic. Au figuré :* Consilia in omnem fortunam jam disposita habebat, *Liv.* — **Dispensare** (*de* diversìm, *et de* pensare, *fréquentatif de* pendere), *proprement, distribuer par poids ;* Dispensare succum æquâ proportione, *Col. Au figuré, régler, dispenser :* Tùm quæ dispensant mortalia fata sorores, *Virg.* Dispensare res domesticas, *Cic.* Dispensare atque disponere invento momento quodam atque judicio, *Id.*

865. *Diruere. Eruere. Proruere.*

**Diruere** (diversìm ruere), *faire tomber de différents côtés :* Jàm fragor tectorum, quæ diruebantur, ultimis urbis partibus audiebatur, *Liv.* Diruit, ædificat, mutat quadrata rotundis, *Hor.*—**Eruere** (ruere è), *tirer en fouillant, en renversant :* Sus rostro semina eruit, *Ovid.* Eruere quercum, *Virg. Au figuré :* Aliquid ex tenebris eruere, *Cic.* Undè hoc argumentum eruisti ? *Id.* — **Proruere** (ruere pro), *jeter en avant, renverser :* Violento turbine molem proruere, *Lucr. Tomber rudement :* In caput inque humeros ipsâ vi molis et iræ proruit, *Val. Fl.*

866. *Discere. Addiscere. Ediscere. Perdiscere.*

**Discere**, *apprendre ce qu'on ne savait pas :* Tamdiù discendum est quandiù nescias, *Sen.* — **Addiscere**, *acquérir de nouvelles connaissances :* Solon gloriari solebat se quotidiè aliquid addiscentem senem fieri, *Cic.* — **Ediscere**, *apprendre par mémoire :* Exercenda est memoria ediscendis ad verbum quàm plurimis, *Cic.* — **Perdiscere**, *apprendre parfaitement :* Voluntatem discendi simul cum spe perdiscendi amisisti, *Cic.*

867. *Discernere. Distinguere. Secernere.*

**Discernere** (diversìm cernere), *discerner, démêler, ne pas confondre une chose avec une autre :* Alba ab atris discernere, *Cic.* Discernere utra pars justiorem habeat causam, *Id.* — **Distinguere** (*de* diversìm *et de l'inusité* stingo, *marquer*), *diversifier, distinguer, tant au propre qu'au figuré :* Distinguere gemmis pocula, *Cic.* Distinguere historiam varietate locorum, *Id.* Vera à falsis distinguere, *Id.* — **Secernere** (seorsìm cernere), *séparer :* E grege secernere, *Liv.* Publica privatis secernere, *Hor.* Voluptatem à bono secernere. *Cic.* Conjunctas res aut simul positas ita discernit aliquis, ut singulas videat; distinguit, ut propriis notis aut definitionibus insignitas agnoscat, aut aliis ostendat; secernit, ut quidpiam à cæteris divisum maneat.

868. *Discessio. Secessio.*

**Discessio** (diversìm cedere), *division, l'action de se séparer :* Si eveniat, quod dii prohibeant, discessio, *Ter.*, *s'il survenait un divorce, ce qu'à dieu ne plaise.* Discessio facta in ejus sententiam, *Cic.*, *chacun se rangea de son avis.* — **Secessio** (seorsìm cedere), *retraite, l'action de se retirer à part :* Secessionem tu illam existimâsti, Cæsar, non bellum, *Cic.* Seductiones testium, secessiones subscriptorum animadverti, *Id.* Secessionem facere, *Liv.*, *faire bande à part :* Discessionem facere, *Cic.*, *se séparer pour aller aux voix, et se ranger du côté de celui dont on adoptait l'avis.*

869. *Disciplina. Doctrina. Documentum.*

**Disciplina** (*de* discere), *l'instruction que le disciple reçoit du maître :* Anaxagoras accepit ab Anaximene disciplinam, *Cic.* O disciplinam quam à majoribus accepimus ! *Id.* — **Doctrina** (*de* docere), *l'instruction relativement à celui qui la donne :* Doctrinæ pretium triste magister habet, *Ovid.* Illud adjungo sæpiùs ad laudem atque virtutem naturam sine doctrinâ, quàm sine naturâ doctrinam valuisse, *Cic. Il se prend aussi pour science, érudition :* In maximis occupationibus nunquàm intermittere studia doctrinæ,

CIC. Omni doctrinâ et virtute ornatissimus homo, *Id.* — DOCUMENTUM, *leçon, enseignement, preuve :* Et in posterum documentum statuerem, ne quis talem amentiam vellet imitari, CIC. Documentum virtutis et prudentiæ, *Id.* Quarum ego rerum maximè hæc documenta habeo, SALL. Magistri doctrinâ moribusque prælucentes, traditos in disciplinam pueros utilibus semper documentis informant.

### 870. *Discors. Discordiosus.*

DISCORS, *discordant, qui n'est point d'accord, tant au propre qu'au figuré :* Non ambitione, non contentione discordes, CIC. Concordia discors, HOR., *l'accord discordant des éléments.* Arma discordia, VIRG. Venti discordes, OVID. Discors *se dit de l'acte même, et* DISCORDIOSUS *de l'habitude, porté à la discorde :* Nam vulgus, uti plerùmque solet, et maximè Numidarum, ingenio mobili, seditiosum, atque discordiosum erat, SALL.

### 871. *Discrimen. Dissimilitudo. Differentia. Discrepantia. Diversitas.*

DISCRIMEN (*de* diversìm cernere), *ce qui sépare, ou distingue les objets :* Duo maria pertenui discrimine separata, CIC. Lethi discrimine parvo, VIRG. *Dans un vaisseau, l'on n'est séparé de la mort que par des planches.* Iste omnium rerum discrimen pecuniâ sustulit, CIC. Tros Rutulusve fuat nullo discrimine habebo, VIRG. — DISSIMILITUDO *est la différence qu'on remarque entre les individus, ou les êtres moraux de même espèce, et susceptibles de comparaison entre eux :* Ut in corporibus magnæ dissimilitudines sunt, sic in animis existunt majores varietates, CIC. — DIFFERENTIA (*de* diversìm ferre), *la différence qui se trouve entre les essences des choses de genres ou d'espèces diverses.* Differentia *suppose une comparaison de choses, qui empêche la confusion; et* Dissimilitudo *en suppose une de choses non ressemblantes :* Differentia honesti et decori, CIC. Ita fit, ut quanta differentia est in principiis naturalibus, tanta sit in finibus bonorum malorumque dissimilitudo, *Id.* — DISCREPANTIA (diversìm crepare), *proprement, bruit, son différent, défaut d'accord :* Ut in fidibus aut in tibiis, quamvis paululùm discrepent, tamen à sciente id animadverti solet, CIC. *Au figuré, contradiction, contrariété :* Discrepantia scripti et voluntatis, CIC. Rerum et verborum discrepantia, *Id.* Magna est inter corpus et animum differentia; mira est ingeniorum dissimilitudo; apud Romanos nobilium et plebeiorum in gentibus ac nominibus, finium autem et possessionum erat in lapidibus discrimen. — DIVERSITAS (diversìm vertere), *diversité :* Diversitas ingeniorum, PLIN. Oculi in homine numerosissimæ diversitatis et differentiæ, *Id.*

### 872. *Discrimen. Periculum.*

DISCRIMEN, *synonyme de* Periculum, *signifie danger décisif, crise :* Ad extrema reipublicæ discrimina delectus, CIC. Adduci in discrimen vitæ, *Id.* — PERICULUM (*de* πεῖρα, *essai, épreuve*), *péril, risque, essai, épreuve :* In periculum ac discrimen vocari, CIC. Allatum est periculum discrimenque patriæ, *Id.* Publicum periculum erat à vi tempestatis, LIV., *la république avait pris à ses risques le dommage qui pourrait être causé par la tempête.* Periculo suo, CIC., *à ses périls et risques.* Facere periculum, *Id.* Fac periculum in litteris, in palæstrâ; solertem dabo, TER.

### 873. *Disertus. Eloquens. Facundus. Doctiloquus.*

*Cicéron nous apprend la différence de* DISERTUS, *et d'*ELOQUENS : Disertos me cognôsse nonnullos scripsi, eloquentem adhùc neminem, quòd eum statuebam disertum, qui posset satis acutè atque dilucidè apud mediocres homines, ex communi quâdam hominum opinione dicere; eloquentem verò, qui mirabiliùs et magnificentiùs augere posset, atque ornare quæ vellet, omnesque omnium rerum, quæ ad dicendum pertinerent, fontes animo ac memoriâ contineret. — FACUNDUS (*de* fari), *est un homme qui s'énonce en beaux termes, et avec agrément :* In exemplum benè dicendi facundissimum quemque proponet sibi ad imitandum, QUINT. — DOCTILOQUUS, *non-seulement éloquent, mais encore profondément savant. Ce qui a fait dire à Auguste :* Ergone doctiloqui morietur Musa Maronis.

### 874. *Disjicere. Disturbare. Obturbare.*

DISJICERE (diversìm jacere), *jeter çà et là :* Disjectam Æneæ toto videt æquore classem, VIRG. Res sparsæ, et vagè disjectæ, CIC. *Au figuré :* Disjicere rem, LIV., *renverser une affaire.* — DISTURBARE (diversìm turbare), *renverser de différents côtés, déranger :* Pontes disturbat, CIC. Disturbare domum, *Id.* Simia omnia quæ erant ad sortem parata disturbavit, et aliud aliò dissipavit, *Id. Au figuré :* Vitæ societatem disturbare, CIC. Vi et armis disturbare judicia, *Id.* — OBTURBARE (turbare ob), *troubler, renverser ce qui est devant soi :* Quosdam obturbavit, TAC. *Au figuré :* Solitudinem meam non obturbavit Philippus, *Cic.* Conjuncta disjicimus; disturbamus composita; opposita obturbamus.

875. *Dispar. Impar. Disparilis. Dissimilis.*

**Dispar** (*de* dis *et de* par), *inégal, qui n'est point le même :* Disparibus ætatibus non eadem officia tribuuntur, *Cic.* Mores dispares disparia studia sequuntur, *Id.* Est mihi disparibus septem compacta cicutis fistula, *Virg.* — **Impar** (non par), *impair :* Stellarum numerus par, an impar sit, nescitur, *Cic. Qui n'est point pareil :* Quos quidem ego ambo unicè diligo; sed in Marco benevolentia impar, *Cic.* Fortuna est impar animo, *Ovid.* Fratres dispares viribus, nulli tamen fortitudine et bellicis artibus impares. — **Disparilis**, *qui varie :* Cœli varietas et disparilis aspiratio terrarum, *Cic.* Disparilis siderum motus, *Plin.* Dispar *ferait un autre sens.* Disparilis *ne se dit que des choses.* — **Dissimilis**, *qui n'est point semblable.* Dissimilis *n'indique qu'une diversité de modes ou de manière d'être entre deux objets, qui d'ailleurs peuvent être égaux entre eux :* P. Crassus dissimilis cæterorum Crassorum, *Cic.*

876. *Displodere. Explodere. Supplodere.*

**Displodere** (*de* diversìm plodere), *frapper de différents côtés. Crever de différents côtés :* Displosa sonat quantùm vesica, pepedi, *Hor.*—**Explodere** (plodere ex), *chasser en battant des mains, ou des pieds :* Ita nos raucos sæpè attentissimè audiri video; at Æsopum, si paululùm irraucuerit, explodi, *Cic. Au figuré, siffler, réfuter :* Explosa sententia, *Cic.* — **Supplodere** (plodere sub), *frapper, battre dessous, frapper du pied contre terre :* Pedem nemo in illo judicio supplosit, *Cic.*

877. *Dispositio. Ordo. Series.*

**Dispositio** (diversìm ponere), *disposition, arrangement :* Dispositio est distributio ordinum, *Cic.* Dispositio est ordo et distributio rerum, quæ demonstrat quid quibus in locis collocandum, *Id.* — **Ordo**, *ordre, rang, compagnie :* Ordinem sic definiunt, compositionem rerum aptis et accommodatis locis, *Cic.* Affert maximè lumen memoriæ ordo, *Id.* Terno consurgunt ordine remi, *Virg.* Ordo publicanorum, *Cic.* — **Series** (*de* serere), *suite, enchaînement de choses :* Immensa series laborum, *Ovid.* Est admirabilis quædam continuatio seriesque rerum, ut alia ex aliâ annexa, et omnes inter se aptæ colligatæque videantur, *Cic. On dit bien* innumerabilis annorum series; *on ne dit pas* annorum ordo. *On dit* ordo equestris; *on dirait mal* equestris series.

878. *Dispungere. Discriminare.*

**Dispungere** (*de* punctum), *séparer par des points :* Dispunge, et recense vitæ tuæ dies, *Sen.* Neque quisquam elegantiùs intervalla negotiorum otio dispunxit, *Vell.* —**Discriminare**, *mettre une séparation :* Etruriam discriminat Appia via, *Cic.* Discriminamus res unà positas aut conjunctas, ut in re continuâ diversæ partes aut regiones appareant; dispungimus rationes, ut conferamus accepta et expensa.

879. *Dispungere rationes. Expungere rationes.*

**Dispungere rationes**, *faire un compte, comparer la dépense avec la recette :* Apud me istæ acceptorum expensorumque rationes dispunguntur, *Sen.* — **Expungere rationes**, *clore un compte, l'arrêter :* Rationes subscriptæ et expunctæ, *comptes faits et arrêtés.*

880. *Disputare. Disserere. Disceptare.*

**Disputare** (diversìm putare), *raisonner, discuter pour ou contre sur divers objets, comme font les philosophes :* Disputare de omni re in contrarias partes, *Cic.* — **Disserere** (diversìm serere), *traiter une matière avec quelque étendue :* Quæ Socrates de immortalitate animorum disseruit, *Cic.* Quæ disputavi, disserere malui, quàm judicare, *Id.* Disputabant; ego contrà disserebam, *Id.* — **Disceptare** (*de* δίς *et de* σκέπτομαι, *examiner*), *discuter les raisons dans une affaire litigieuse, pour en venir à la décision :* Disceptare controversias, *Cic.* De fœderum jure verbis disceptare, *Liv. Au figuré :* In uno prælio omnis fortuna reipublicæ disceptat, *Cic., ce combat décidera seul du sort de la république.*

881. *Disseminare. Dispergere.*

**Disseminare** (diversìm seminare, *de* semen), *semer çà et là; il est plus usité au figuré :* Latiùs opinione disseminatum est malum, *Cic.*—**Dispergere** (diversìm spargere), *répandre de différents côtés :* Cur mortifera tam multa terrâ marique Deus disperserit, *Cic.* Membra particulatìm dividit me, perque agros passìm dispergit corpus, *Id. Au figuré :* Dispergere vitam in auras, *Virg.* Longè latequè dispersum bellum, *Cic.* Ne disseminato dispersoque sermoni creditis, *Id.*

882. *Dissensio. Dissidium. Discordia. Divisio. Abruptio.*

DISSENSIO (diversìm sentire), *proprement, différence de sentiment :* Fuit inter peritissimos homines summa de jure dissensio, CIC. *Il se prend pour dissension, brouillerie :* Non potestatum dissimilitudo, sed animorum disjunctio dissensionem fecit, CIC. — DISSIDIUM (*de* dis *et de* sedere), *séparation, désunion :* Valeant qui inter nos dissidium volunt, TER. Ut hoc, dissidio ac dissensione factâ, oppidum in potestate posset habere, CIC. — DISCORDIA (diversìm cor), *discorde, contrariété de sentiments et d'affections :* Discordia est ira acerbior intimo odio et corde concepta, CIC. Odia, dissidia, discordia, *Id.* Si inter nos esset fortassè aliqua dissensio, maximas in republicâ discordias versari necesse est, *Id.*—DIVISIO (*de* dis, *et du mot étrusque* iduere, *partager*), *distribution :* Scrupulosè in partes facta divisio, QUINT. Divisio *n'est point latin dans le sens de* discordia. Ex dissensionibus plerùmque nascuntur discordiæ, tùm existunt dissidia, et nonnunquam bella exardescunt. — ABRUPTIO (rumpere ab), *rupture, l'action de rompre :* Corrigiæ abruptio, CIC., *rupture d'une courroie. Au figuré :* Ista quam scribis abruptio, CIC. *Il s'agissait de répudier Térentia.*

883. *Dissociare. Disjungere.*

DISSOCIARE (diversìm socius), *rompre la société :* Dissociare tironem à veterano, TAC. *Au figuré :* Dissimilitudo morum dissociat amicitias, CIC. Dissociatis animis civium, *Id.* — DISJUNGERE (diversìm jungere), *désunir, séparer :* Bos disjunctus, HOR. *Au figuré :* Mores longissimè à scelere disjuncti, CIC. Copulata et conjuncta disjungimus ; propinquos et mercatores dissociant privata commoda.

884. *Dissuere. Discindere. Dissolvere. Resolvere.*

DISSUERE (diversìm suere), *découdre :* Dissuto pectus aperta sinu, OVID. *Au figuré :* Dissuere amicitias, CIC. —DISCINDERE (diversìm scindere), *déchirer :* Discindit amictus, OVID. *Au figuré :* Tales amicitiæ dissuendæ magis, quàm discindendæ, CIC.—DISSOLVERE (diversìm solvere), *délier, dissoudre :* Facilius est apta dissolvere, quàm dissipata connectere, CIC. Navem vetustas medio dissolvit mari, PHÆD. *Au figuré :* Dissolvere amicitias, CIC. Fraus distringit, non dissolvit perjurium, *Id. On dit* dissolvere æs alienum, pœnam, etc., *parce que les dettes et une amende sont un lien.*—RESOLVERE, *synonyme de* dissolvere, *est moins fort. Il veut dire,* 1° *délier, dénouer :* Triplicesque deæ tua fila resolvent, OVID. 2° *absoudre, renvoyer :* Teque piacula nulla resolvent, HOR. 3° *au figuré, découvrir :* Fas mihi Graiorum sacrata resolvere jura, VIRG.

885. *Distantia. Intervallum. Spatium.*

DISTANTIA (diversìm stare), *distance :* Longissimi distantiæ fines, CIC. *Au figuré :* Tanta est inter eos, quanta maxima esse potest, morum studiorumque distantia, CIC.—INTERVALLUM, *l'espace qui est entre deux :* In geometriâ intervalla et magnitudines, CIC. *Au figuré :* Quantum intervallum sit interjectum inter majorum nostrorum consilia, et istorum dementiam, LIV.—SPATIUM, *espace, étendue :* Silvestria spatia, CIC. Emetiri spatium oculis, VIRG. *Il se dit du temps au figuré :* Spatium vitæ, CIC. Spatium quinque dierum, LIV.

886. *Distribuere. Dispertire.*

DISTRIBUERE (diversìm tribuere), *distribuer :* Distribuere imperia, CIC. Distribuere exercitum in plures civitates, CÆS. — DISPERTIRE (diversìm partiri), *partager, diviser :* Æquabiliter prædam dispertire, CIC. Dispertire exercitum per oppida, LIV. Tempora voluptatis laborisque dispertire, CIC. *Au figuré :* Tot in curas dispertiti eorum animi erant, LIV.

887. *Diurnus. Quotidianus.*

DIURNUS (*de* dies), *qui revient chaque jour, et qui en occupe toute la durée :* Diurni nocturnique labores, CIC. Diurnum nocturnumque spatium, *Id.* Acta urbis diurna, TAC., *l'histoire de ce qui se passe chaque jour, le journal d'une ville.* — QUOTIDIANUS, *quotidien, qui revient chaque jour, mais sans en occuper toute la durée :* Sermo quotidianus et familiaris, CIC. Victus quotidianus, *Id.*

888. *Diutinus. Diuturnus.*

DIUTINUS (*de* diù), *continuel :* Tædium diutinæ servitutis, CIC. Diutinus labor, CÆS.—DIUTURNUS, *de longue durée :* Nec simulatum quicquam potest esse diuturnum, CIC.

889. *Divellere. Distrahere.*

DIVELLERE (diversìm vellere), *séparer en arrachant :* Artus divellere morsu, OVID. Divellere conglutinationes, CIC. *Au figuré :* Divellere commoda civium, CIC. —DISTRAHERE (diversìm trahere), *tirer de différents côtés :* Turbatis distractus equis, *VIRG.* Nemo eum à me divellat aut distrahat, *CIC.* Ut ab his membra divelli citiùs et distrahi posse diceres, *Id. Au figuré :* Nec divelli nec distrahi possunt à voluptate, *CIC.* Distrahere controversias, *Id., terminer des contestations.* Distrahi negotiis, *Id.* In deliberando distrahitur animus, *Id.* Distrahere *marque plus d'effort que* divellere.

### 890. *Diversorium. Hospitium. Hospitalitas. Diverticulum.*

DIVERSORIUM (diversìm vertere), *lieu où l'on s'arrête en voyage, où l'on fait séjour :* Multò libentiùs emeris diversorium Terracinæ, nec semper hospiti molestus sis, *CIC.* Mutandus locus est, et diversoria nota præteragendus equus, *HOR. Au figuré :* Diversorium flagitiorum et nequitiæ, *CIC.* — HOSPITIUM, *hospice, maison où les étrangers sont reçus. Comme il n'y avait point d'hôtelleries publiques chez les anciens, ils allaient loger chez leurs amis, qui, à leur tour, étaient bien reçus chez eux :* Tota familia occurret, hospitio invitabit, *CIC.* Hospitium *exprime aussi l'espèce d'amitié par laquelle on contractait le droit réciproque d'aller loger chez quelqu'un, le droit de* hospes. Cum Lycone est quidem mihi hospitium, quam ego necessitudinem sanctè colendam puto, *CIC.* — HOSPITALITAS, *l'hospitalité, l'action de bien recevoir les étrangers :* Rectè à Theophrasto laudata est hospitalitas; est enim valdè decorum patere domos hominum illustrium illustribus hospitibus, *CIC.* — DIVERTICULUM (diversìm vertere), *détour, faux-fuyant :* Diverticula, et anfractus et suffugia quærere, *QUINT. Au figuré :* Ne diverticula peccatis darentur, *CIC.* Fraudis et insidiarum diverticulum, *Id. Il se prend pour* diversorium : Cùm gladii abditi et omnibus locis diverticuli protraherentur, *LIV.*

### 891. *Diversus. Varius.*

DIVERSUS (diversìm vertere), *proprement, qui s'écarte du droit chemin, qui va de différents côtés :* Cùm Numidas diversos, dissipatosque in omnès partes fugere vidisset, *CÆS.* Duo loca disjunctissima maximèque diversa, *CIC. Au figuré, divers, différent :* Difficile est ea, quæ utilitate, et propè naturâ diversa sunt, voluntate conjungere, *CIC.* Varia et diversa studia, *Id.* —VARIUS, *varié, diversifié :* Varietas latinum verbum est, idque propriè quidem in disparibus coloribus dicitur, sed transfertur in multa disparia; varium poema, varia oratio, varii mores, varia fortuna, voluptas etiam varia dici solet, cùm percipitur è multis dissimilibus rebus, dissimiliter efficientibus voluptates, *CIC.* Varios mentitur lana colores, *VIRG.* Varia et diversa genera bellorum, *CIC.*

### 892. *Divertere. Diversari.*

DIVERTERE *et* DIVERTI (diversìm vertere), *du chemin où l'on était se rendre à quelque endroit :* Divertere in villam, *Cic.* Diverterat ad Terentiam salutatum, *Id. Au figuré :* Inferior virtute meas divertor ad artes, *OVID. Il se prend aussi pour aller de différents côtés. C'est dans ce sens que Plaute a dit au figuré :* Divertunt mores virgini longè ac lupæ. — DIVERSARI, *se rendre à quelque endroit et y séjourner plus ou moins :* Domus in quâ iste diversabatur, *CIC.* Nuper cùm Athenis imperator apud Aristonem diversarer, *Id.*

### 893. *Dives. Locuples. Opulentus.*

DIVES (quasi divus), *celui qui, comme la divinité, ne manque de rien :* Quem intelligimus divitem? Opinor in eo cui tanta possessio est, ut ad liberaliter vivendum facilè contentus sit, *CIC. On entendait par* dives *un homme qui avait beaucoup d'argent :* Balbus mihi confirmavit te divitem futurum; id utrùm romano more locutus sit, benè nummatum te futurum.... posteà videro, *CIC.* Dives agris, dives positis in fœnore nummis, *HOR.* — LOCUPLES (quasi locis plenus), *riche en fonds de terre :* A possessionibus locorum locupletes appellati, *CIC. Il se dit des richesses en général :* Locuples copiis rei familiaris, *CIC. Au figuré :* Testis locuples, *CIC.*, *un témoin qui n'a pas été corrompu. Il est opposé à* testis mercenarius. Auctor locuples, *Cic.*, *un auteur digne de foi.* Locuples oratio, *Id.*, *un discours orné.* — OPULENTUS (d'opes), *qui est dans l'opulence, qui, outre le bien, a du crédit, des ressources :* Thesauris Arabum opulentior, *HOR.* Templum donis opulentum, *VIRG.* Pars provinciæ agro virisque opulentissima, *CIC.*

### 894. *Dividere. Separare. Dirimere.*

DIVIDERE (*di* diversìm, *et du mot étrusque* iduere, *partager*), *diviser, en parlant des choses et des objets, et non pas des esprits et des cœurs.* Dividere *marque la désunion du tout pour former de simples parties :* Dividere æqualiter in duas partes, *CIC.* — SEPARARE, *séparer ; on sépare ce qu'on veut éloigner :* Ista verò quæ tu contexi vis, aliud quoddam separatum volumen exspectant, *CIC.* Quoniam vera à falsis nullo discrimine separantur, *Id.* — DIRIMERE (*de* diversìm, *et de* emere, *qui signifie ôter*), *au propre, mettre une séparation :*

Hispaniam à Galliâ Pyrenæi montes dirimunt, *CÆS*. *Au figuré, rompre une union, ou terminer par une décision :* Connubium dirimere, *LIV*. Pacem dirimere, *CIC*. Controversiam dirimere, *Id.*

### 895. *Divinare. Vaticinari. Augurari. Ariolari. Præsagire.*

**DIVINARI**, *deviner, juger par voie de conjecture, prévoir :* Non equidem hoc divinavi, sed aliquid tale putavi fore, *CIC*. Divinare de belli diuturnitate, *Id., prévoir la durée de la guerre.* — **VATICINARI** (quasi faticinari, fata canere), *prophétiser, prédire l'avenir :* Empedoclem carminibus græcis vaticinatum ferunt, *CIC*. *Il se prend pour prédire des choses fausses :* Sed ego fortassis vaticinor, et hæc omnia meliores habebunt exitus, *CIC*. Eos autem qui dicerent dignitati esse servientes, reipublicæ consulendum, vaticinari atque insanire dicebat, *Id.* — **AUGURARI** (ab avium garritu), *tirer un augure d'après le chant ou le vol des oiseaux :* Calchas ex passerum numero belli trojani annos auguratus est, *CIC*. — **ARIOLARI**, *deviner. Ce mot s'applique aux devins, devineresses, tireurs de cartes. Il se prend en mauvaise part :* Nec eos qui quæstûs causâ ariolantur agnosco, *CIC*. — **PRÆSAGIRE** (sagire præ), *sentir d'avance, présager :* Is igitur qui antè sagit quàm oblata res est, dicitur res præsagire, *CIC*.

### 896. *Divinè. Divinitùs.*

**DIVINÈ**, *divinement, merveilleusement :* Quæ Tullius in oratore divinè, ut omnia, exsequitur, *QUINT*. — **DIVINITUS**, *par une inspiration divine, par un don de Dieu :* Quæ divinitùs accidunt, *CIC*. Non partum per nos, sed divinitùs ad nos oblatum, *Id.* *Cicéron les a quelquefois confondus.*

### 897. *Divinus. Propheta.*

**DIVINUS**, *devin ; le devin découvre ce qui est caché.* — **PROPHETA** (de πρό et de φημί). *Le prophète prédit ce qui doit arriver. La divination regarde le présent et le passé; le prophète a pour objet l'avenir :* Veteres antistites fanorum oraculorumque interpretes prophetas dicebant, *FEST*.

### 898. *Divortium. Repudium.*

**DIVORTIUM** (diversim vertere), *proprement, séparation de choses qui tournent de différents côtés :* Propè ipsis jugis ad divortia aquarum castra posuit, *LIV*. *Au figuré :* Hæc autem ut ex Apennino fluminum, sic ex communi sapientium jugo sunt facta doctrinarum divortia, *CIC*. Divortium *pris pour divorce, se dit du mari et de la femme :* Nihil est honestius quàm quòd cum mimâ fecit divortium, *CIC*. Valeria divortium sine causâ fecit, *Id.* *Il se prend pour rupture, séparation en général :* Sæpè fieri divortia atque affinitatum dissidia, *CIC*. — **REPUDIUM**, *répudiation, lorsque le mari répudie sa femme :* Repudium renunciare, *TER*. Repudium est, cùm sponsus à sponsâ dirimitur; divortium verò, ubi vir et uxor matrimonio solvuntur, *disent les jurisconsultes.*

### 899. *Docere. Edocere, Perdocere. Erudire.*

**DOCERE**, *enseigner, montrer :* Rem quæritis præclaram juventuti ad discendum, nec mihi difficilem ad docendum, *CIC*. Docere litteras, *Id.* — **EDOCERE**, *non-seulement enseigner, montrer, mais faire apprendre, faire connaître :* Qui meam causam prudentibus commendârit, imperitos edocuerit, *CIC*. Senatum edocet de itinere, *SALL*. — **PERDOCERE**, *enseigner parfaitement :* Res difficiles ad perdocendum, *CIC*. Pierides perdocuêre te, *OVID*. — **ERUDIRE** (*de* è *et de* rudis), *tirer de l'ignorance, initier au savoir :* Studiosos discendi erudiunt atque docent, *CIC*. Oratorem erudire in jure civili, *Id.* Docere atque erudire juventutem, *Id.*

### 900. *Docilis. Tractabilis.*

**DOCILIS** (*de* docere), *docile, qu'on peut instruire :* O medicum suavem, meque docilem ad hanc disciplinam ! *CIC., ô le doux médecin! et que je suis docile à ses ordonnances!* Facere judicem docilem, *Id., rendre le juge attentif et favorable.* Docilis est qui attentè vult audire, *Id.* — **TRACTABILIS** (*de* tractare), *maniable :* Corporeum et tractabile, *CIC*. *Au figuré, doux, commode :* Tractabile cœlum, *VIRG*. Mare tractabile nautis, *OVID*.

### 901. *Doctor. Magister. Præceptor. Pædagogus.*

**DOCTOR** (*de* docere), *est un maître qui enseigne un art ou une science :* Panætius Possidonii doctor, discipulus Antipatri, *CIC*. Summus ille doctor istius disciplinæ Apollonius, *Id.* — **MAGISTER**, *celui qui avait quelque autorité, et qui joignait l'exemple aux leçons :* Magister virtutis, *CIC*. Magister societatis, *Id.* Dux et magister ad faciendum aliquid, *Id.* — **PRÆCEPTOR** (*de* præcipere), *celui qui donnait des préceptes de conduite :* Artium liberalium magistri, et vivendi præceptores, *CIC*. *Originairement on confondait* doctor *et* præceptor. Neque disjuncti doctores, sed iidem erant vivendi præceptores atque dicendi, *Cic.* — PÆDAGOGUS (*de* παῖς, *enfant, et d'*ἄγειν *conduire*), *celui qui est chargé de conduire des enfants :* Diligendi sunt pædagogi, ut nutrices, *Cic.*

### 902. *Doctus. Eruditus. Peritus. Gnarus.*

DOCTUS, *docte, éclairé sur quelques principes ou dans quelque science, qui sait la raison des choses :* In quo nunquam fuit populo cum doctis intelligentibusque dissensio, *Cic.* Hæc apud doctos semidoctus ipse percurro, *Id.* — ERUDITUS, *versé dans les connaissances, et spécialement dans la littérature. L'érudit sait beaucoup de choses, et le docte les sait bien :* Eruditus est qui omnibus bonis artibus politus est, *Cic.* Doctus vir, et græcis litteris eruditus, *Id.* — PERITUS, *savant qui joint l'expérience aux connaissances :* Homo doctus, vel etiam usu peritus, *Cic.* Itaque cùm sunt docti à peritis, desistunt facilè à sententiâ, *Id.* — GNARUS, *intelligent, qui sait :* Non arator gnarus est, *Stat.*

### 903. *Domare. Subigere.*

DOMARE (*de* δαμάω, *dompter*), *se rendre maître, dompter :* Servitia virtute victoriâque domuit, *Cic. Au figuré :* Latiùs regnes avidum domando spiritum, *Hor.* — SUBIGERE (agere sub), *presser, faire avancer :* Ratem conto subigere, *Virg. Au figuré, forcer, assujettir :* Subigit fateri, *Virg.* Quos armis subegimus, *Cic.* Nulla gens est, quæ aut ita subacta sit, ut vix exstet, aut ita domita, ut quiescat, *Id.* Subacti et bello domiti, *Id.*

### 904. *Domare. Condocefacere.*

DOMARE, *synonyme de* condocefacere, *signifie apprivoiser, rendre docile :* Obsequium tigres domat, *Ovid.* Domare equos, *Virg.* — CONDOCEFACERE, *instruire, dresser :* Belluæ domitæ et condocefactæ, *Cic.*

### 905. *Dominus. Herus.*

DOMINUS (*de* domus), *maître, celui qui commande dans la maison, soit par rapport aux esclaves, soit par rapport aux autres choses dont on a la propriété :* Apparet hunc servum domini esse, *Ter.* Epuli dominus, *Cic.* In discordiâ dominorum domus beata esse non potest, *Id. Il se prend plus généralement :* Populus romanus, victor dominusque gentium omnium, *Cic.* — HERUS, *maître relativement aux esclaves :* Sed iis qui vi oppressos imperio coercent, sit sanè adhibenda sævitia, ut heris in famulos, si aliter teneri non possunt, *Cic.* Nec victoris heri tetigit captiva cubile, *Virg. Il se dit plus généralement :* Propriæ telluris natura herum neminem statuit, *Hor.*

### 906. *Domus. Familia.*

DOMUS, *synonyme de* familia, *se dit d'une maison de qualité; et* FAMILIA, *famille, se dit de la bourgeoisie :* Is duas magnas et nobiles domos conjungere voluit, *Cic.* Familiæ plebeiæ, *Id.* Qui primus in eam familiam, quæ posteà viris fortissimis floruit, attulit consulatum, *Id.* Familia *signifie aussi tout le domestique, tout le train d'une maison :* Æsopus domino solus erat familia, *Phæd.*

### 907. *Domus, ûs. Domus, i.*

*Il faut bien distinguer* domus, ûs *et* domus, i. DOMUS, I *est relatif à l'usage, et se dit de la maison qu'on habite, le logis :* Me domo meâ expulistis, *Cic.* Non domo dominus, sed domino domus honestanda est, *Id.* Clodius deprehensus domi Cæsaris, *Id.* DOMUS, US *est l'édifice, une maison en général :* Domûs finis est usus, ad quem accommodanda est ædificandi descriptio, *Cic.*

### 908. *Domus. Domicilium. Sedes. Tectum. Habitatio. Mansio.*

DOMUS, US (*de* δέμω, *bâtir*), *maison, tout l'édifice :* Octavius præclaram ædificavit in palatio domum, *Cic.* — DOMICILIUM *se dit d'une demeure fixe :* Cùm hic domicilium Romæ multos jam annos haberet, *Cic. Au figuré :* Gloriæ domicilium, *Cic.* Domus *n'est pas toujours habitée; au lieu que* domicilium *l'est nécessairement.* — SEDES, *proprement, siége, un lieu pour s'asseoir. Il se prend pour la demeure même :* Sedem aliquam incolere, *Cic. Il se dit bien d'un lieu qu'on habite depuis longtemps :* Urbs hæc sedes omnium nostrûm, *Cic.* Sedes, domicilium, vestigia summorum hominum, *Id.* Sedes *n'est pas toujours une maison :* Ostium hoc mihi sedes est, Athenis domus, *Cic.* — TECTUM (*de* tegere), *proprement, toit :* Porticus quæ ad tectum jam penè pervenerat, *Cic. Il se dit de la maison même :* Vos in tecta vestra discedite, *Cic.* — HABITATIO, *habitation, lieu qu'on habite quand on veut; l'usage qu'on fait d'une maison :* Sumptus objectus est habitationis : triginta millibus dixisti eum habitare, *Cic. Le domicile ajoute à l'idée d'habitation celle d'un rapport à la société civile.* — MANSIO, *demeure, se dit du lieu où l'on se propose d'être longtemps :* Hæccine erant itiones crebræ, et mansiones diutinæ Lemni? TER. Excessus è vitâ, et in vitâ mansio, CIC.

909. *Donare. Largiri.*

DONARE (quasi dono dare), *faire un présent, gratifier :* Vir nemo bonus ab improbis se donari vult, CIC. Laureâ donandus Apollinari, HOR. — LARGIRI, *donner largement :* Quidam eripiunt aliis, quod aliis largiantur, CIC.

910. *Donatio. Donaria.*

DONATIO, *donation, l'action de donner :* Ut coronâ aureâ donarentur, eaque donatio fieret in theatro, populo convocato, CIC. Quos non bonorum donatio, non agrorum assignatio satiavit, *Id.* — DONARIA *se dit* 1° *des présents, la chose donnée :* Donaria militaria, TAC. 2° *du lieu où l'on gardait les offrandes que l'on offrait aux dieux :* Ductos alta ad donaria currus, VIRG.

911. *Donum. Munus. Præmium.*

DONUM *est un pur don, indépendamment de toute espèce d'obligation ou de convenance :* Philosophia donum deorum est, CIC. Donum regale, *Id.* Dona ampla data, quæ ferrent regi, vasa aurea, argenteaque, LIV. — MUNUS *se prend ordinairement pour un présent que l'usage, les circonstances, ou quelques vues particulières engagent à faire :* Munera, crede mihi, placant hominesque deosque, OVID. Munus *est une espèce d'hommage.* Donum *ne se dit que de celui qui veut faire du bien ;* Munus *se dit de celui qui veut reconnaître un bienfait.* L. Cincius legem tulit de donis et muneribus, CIC. Tantùm donis datis muneribusque perfecerat, ut, etc., *Id.* Quod munus reipublicæ afferre majus meliusve possumus, quàm si docemus atque erudimus juventutem? *Id.* Inter donum et munus, *dit Ulpien,* hoc interest quod inter genus et speciem : genus est donum à donando dictum ; munus, species; nam munus est donum cum causâ, utpotè natalitium, nuptalitium.—PRÆMIUM *est une récompense honorable de la supériorité, de la victoire :* Amplissimum præmium ex omnibus præmiis virtutis, si est habenda ratio præmiorum, gloria est, CIC. Sunt hic etiam sua præmia laudi, VIRG. Donum et munus *sont ou avant, ou après; au lieu que* præmium *est toujours après :* donum et munus *sont libres; au lieu que* præmium *est en quelque sorte une chose due :* Præmio et pœnâ respublica continetur, CIC.

912. *Dormire. Stertere.*

DORMIRE, *dormir :* Contrahi animum Zeno, et quasi labi putat atque concidere, id ipsum esse dormire, CIC. Jacet corpus dormientis, ut mortui, *Id. Au figuré :* Non omnibus dormio, CIC., *je ne dors pas pour tout le monde; je fais semblant de dormir.* —STERTERE, *ronfler :* Marcellus ità stertebat, ut ego vicinus audirem, CIC.

913. *Dormitare. Oscitare.*

DORMITARE (*fréquentatif de* dormire), *sommeiller :* Cœnato mihi et jam dormitanti epistola illa est reddita, CIC. *Au figuré :* Quandoque bonus dormitat Homerus, HOR.— OSCITARE (os ciere), *bâiller :* Tristem atque oscitantem leviter impellit, CIC. *Au figuré :* Oscitans et dormitans sapientia, CIC.

914. *Dubiè. Dubitanter.*

DUBIÈ, *d'une manière douteuse et incertaine :* Potest accidere ut aliquod signum dubiè datum pro certo sit acceptum, CIC. Nec dubiè ludibrio esse suas miserias, LIV.—DUBITANTER, *en balançant, en hésitant :* Pericula non dubitanter adire, CIC. Sine ullâ affirmatione, dubitanter unum quodque dicemus, *Id.*

915. *Dubitare. Ambigere. Animi, Animis pendere.*

DUBITARE, *douter, être irrésolu :* Vinolenti dubitant, hæsitant, revocant se interdùm, CIC. Ne dubita; nam vera vides, VIRG.—AMBIGERE (d'am, *autour, et* d'agere), *proprement, aller autour :* Deviis itineribus ambigens patriam, TAC. *Au figuré, être incertain, contester :* Non ambigitur, quin, etc., CIC. Ambigitur jus aliquod inter peritos, *Id.* Regni certamine ambigebant fratres, LIV.—ANIMI, *et* ANIMIS PENDERE, *être en suspens :* Quod si exspectando et desiderando pendemus animis, cruciamur, angimur, CIC. Pendebat animi, exspectatione corfiniensi, *Id.*

916. *Dubitare de aliquâ re. Dubitare aliquid.*

DUBITARE DE ALIQUA RE, *et* DUBITARE ALIQUAM REM *ne sont pas la même chose.* Dubitare de aliquâ re *signifie révoquer en doute :* Dubitare de fide alicujus, CIC. De tuâ erga me voluntate non dubitant, *Id.*— DUBITARE ALIQUID *signifie réfléchir, penser :* Percipe porrò quid dubitem, et quæ nunc animo sententia surgat, VIRG. Hæc dùm dubitas, menses abierunt decem, TER.

917. *Dubium. Dubitatio.*

DUBIUM *est proprement un adjectif :* Quod nemini dubium fuit, CIC. *Dans* res vocatur in dubium; in dubio est animus; *et semblables, il faut sous-entendre un substantif.* Nullum dubium, *pour signifier sans doute, ne serait pas latin. Cela ne fait aucun doute, se tourne en latin par : cela n'est pas douteux.*—DUBITATIO, *irrésolution, l'action de douter :* Posteà cognitum est inductam dubitationem ad, etc., *TAC., on reconnut que l'irrésolution qu'il avait fait paraître, n'était que pour, etc.*

918. *Dubius. Incertus.*

DUBIUS, *synonyme d'*incertus, *douteux. Le doute vient de l'insuffisance des preuves, ou de l'égalité de vraisemblance entre les preuves pour ou contre :* Animi dubius, *VIRG.*—INCERTUS (non certus), *incertain. L'incertitude vient du défaut de lumières pour se décider.* Dubius *hésite sur ce qu'il fera ;* incertus, *sur ce qu'il doit faire :* Quia de uxore incertus sum etiam quid sim facturus, *TER.* Incertus veri, *LIV.* Omnia in dubium incertumque revocari, *CIC.*

919. *Ducere. Ductare.*

DUCERE, *emmener, conduire, se prend ordinairement en bonne part ; et* DUCTARE, *son fréquentatif, en mauvaise part :* Ducitur uxor, ductatur meretrix. *De même* ducere exercitum *se dit d'un général qui conduit son armée en bon ordre ; au lieu que* ductare exercitum *est la conduire en désordre :* Quòd L. Sylla exercitum, quem in Asià ductaverat, quò sibi fidum faceret, contrà morem majorum, luxuriosè, nimisque liberaliter habuerat, *SALL.* Ipse quasi vitabundus per saltuosa loca et tramites exercitum ductare, *Id. Virgile dit,* ducente deo ; *on ne dirait pas* ductante deo. *Quintilien se plaint que, de son temps, on blamât le mot* ductare.

920. *Duci. Trahi.*

DUCI *se dit de celui qui se laisse conduire sans résistance; au lieu que* TRAHI *marque de la violence :* Ducor libo fumante, *HOR.* Duci præmio et mercede, *CIC.* Servi qui ad supplicium trahuntur, *Id.* Ducunt volentem fata, nolentem trahunt, *SEN.*

921. *Dudùm. Jam dudùm. Diù. Jam diù. Perdiù. Pridem. Jam pridem. Jam olim.*

DUDUM *se dit bien d'une heure, de deux, de trois :* Non dudùm ante lucem, *PLAUT., peu avant le jour.* Dudùm venit, *CIC., il est arrivé depuis peu.*—JAM DUDUM *marque un plus long temps :* Jam dudùm exspectant, *CIC.*—DIU *se dit d'un long temps, et marque une continuité de temps que* dudùm *ne marque pas :* Cùm multùm diùque vixeris, *CIC.* Quid enim est hoc ipsum diù, in quo est aliquid extremum? *Id.*—JAM DIU *se dit d'un plus long temps :* Jam diù exspectans Varro, *CIC.*—PERDIU, *pendant fort longtemps :* Perdiù nihil de te audivi, *CIC.*—PRIDEM, *se dit d'un temps éloigné :* Ego hoc mali non pridem inveni, *TER.*—JAM PRIDEM *marque un temps encore plus éloigné :* Cupio equidem, et jam pridem cupio Alexandriam visere, *CIC.* — JAM OLIM, *il y a longtemps :* Jam pridem *marque une continuité, que* jam olim *ne marque pas :* Et quia consimilem luserat jam olim ille ludum, *TER.*

922. *Dulcedo. Dulcitudo.*

DULCEDO *et* DULCITUDO, *douceur; avec cette différence que* dulcedo *ne se dit guère qu'au figuré ; et* dulcitudo, *au propre :* Milites dulcedine quàdam commoti, *CIC.* Neque pecuniæ dulcedine captus sum, *Id.* Dulcedo orationis, *Id.* Gustatus præter cæteros sensus dulcitudine commovetur, *Id. Quelques éditions de Cicéron* (de Orat.), *portent* dulcitudo orationis, *mais à tort.*

923. *Dumus. Dumetum. Vepres. Sentes. Rubus. Rubetum. Spinetum.*

DUMUS, *buisson quelconque :* Silva dumis horrida, *VIRG.* — DUMETUM *est un assemblage de buissons, de broussailles :* Nivei tondent dumeta juvenci, *VIRG.*—VEPRES, *buisson épineux :* Septum undique et vestitum vepribus et dumetis indagavi sepulchrum, *CIC.*—SENTES (*de* σίντης, noxius), *buisson piquant :* Sentes crura notant, *OVID.* — RUBUS, *ronce :* At rubus et sentes tantummodò lædere natæ, *OVID.* — RUBETUM, *lieu rempli de ronces :* Cornaque et in duris hærentia mora rubetis, *OVID.* — SPINETUM, *lieu planté d'épines :* Nunc etiam occultant spineta lacertos, *VIRG.*

924. *Duntaxat. Solùm.*

DUNTAXAT *et* SOLUM, *seulement; avec cette différence que* duntaxat *se met ordinairement avec les noms, soit adjectifs, soit substantifs :* Consules duos bonos amisimus, sed duntaxat bonos, *CIC.* Quod ipsum etsi non iniquum est, in tuo duntaxat periculo, *Id.* Solùm *ne se met qu'avec les noms substantifs et les verbes :* Nos nunciationem solùm habemus, *CIC.* Non solùm oratione, sed multò etiam magis vi et dolore, *Id.*

925. *Duplex. Duplus.*

DUPLEX (*de plicare*), *double, deux :* Duplex amictus, *HOR*. Panno duplici velatus, *Id.* Duplices tendens ad sidera palmas, *VIRG. Au figuré :* Duplex fama, *LIV.* Duplex stipendium, *Id. Il se dit pour trompeur :* Duplex Ulysses. — DUPLUS, *deux fois autant, le double :* Duplam pecuniam reponere, *LIV.*, *mettre deux fois autant d'argent.* Dupla pars primæ partis, *CIC.*

926. *Duplicare. Geminare.*

DUPLICARE, *plier en deux :* Duplicato poplite Turnus concidit, *VIRG. Au figuré, augmenter de moitié, doubler :* Duplicare numerum, *CIC.* Duplicare vires suas, *LIV.* — GEMINARE, *doubler :* Jamque decem vitæ frater geminaverat annos, *OVID.* Non ut geminentur tigribus agni, *HOR.*, *non pour accoupler le tigre et l'agneau. On ne dirait pas* duplicentur. *Au figuré :* Geminatus honos, *LIV.*, *un double honneur.*

927. *Durare. Durescere.*

DURARE, *durcir, rendre dur :* Duratus frigore pontus, *OVID.* Rectiùs albanam fumo duraveris uvam, *HOR. Au figuré :* Labore durare adolescentes, *CÆS. S'endurcir, endurer :* Patiar quemvis durare laborem, *VIRG. Durer :* Sensus moriendi, si quis esse potest, is ad exiguum tempus durat, præsertim in sene, *CIC.* — DURESCERE, *s'endurcir, devenir dur :* Limus durescit igni, *VIRG. Au figuré :* In Gracchorum et Catonis lectione durescere, *QUINT.*

928. *Durè. Duriter.*

DURÈ, *avec dureté, avec cruauté :* Equidem nihil disserui duriùs, cùm nominatìm de C. Antonio decernerem, *CIC.* — DURITER, *avec austérité :* Vitam parcè ac duriter agebat, lanâ et telâ victum quæritans, *TER. Il se prend dans le sens de* durè : Factum à vobis duriter, *TER.*, *vous avez agi avec bien de la cruauté.*

929. *Duritia. Durities. Duritas. Rigor. Severitas.*

DURITIA *et* DURITIES, *dureté :* In duritiem lapidescere, *OVID. Au figuré :* Animi duritia, sicut corporis, quod cùm uritur, non sentit, stupor potiùs est quàm virtus, *CIC.* Patientiam imitatur duritia immanis, *Id.* — DURITAS, *rudesse, ne se dit qu'au figuré :* Duritas et severitas, et quasi mœstitia orationis, *CIC.* Quanta in altero duritas ! in altero comitas ! *Id.* — RIGOR, *roideur, inflexibilité :* Rigor ferri, *VIRG.* Ponere duritiem cœpêre suumque rigorem, *OVID. Au figuré :* Exit hic animi tenor aliquandò in rigorem quemdam, affectusque humanos adimit, *PLIN.* — SEVERITAS, *sévérité :* Severitas animadversionis, *CIC.* Imperii severitas, *Id.* Mitigare severitatem, *Id.* Rigor *ne fléchit pas ;* severitas *est exacte régularité.*

930. *Dux. Ductor. Imperator.*

DUX (*de* ducere), 1° *guide :* Dux armenti, *OVID.*, *le taureau.* Magistrâ et duce naturâ, *CIC.* 2° *chef :* Duces et signiferi, *CIC.* Dux superûm Jupiter, *OVID.* Magni duces, *HOR.*, *les grands généraux.* — DUCTOR, *celui qui conduit :* Classis ductor, *VIRG.* Ductor ducum, *SEN.*, *celui qui conduit les chefs, c'est-à-dire, celui qui commande toute l'armée.* Quoties ductores nostri ad non dubiam mortem concurrerunt? *CIC.* — IMPERATOR, *celui qui commande en chef. Avant le règne d'Auguste,* imperator *n'était qu'un titre d'honneur que les soldats donnaient dans le camp à leur général, quand il avait fait quelque bel exploit :* Curio universi exercitûs conclamatione imperator appellatur, *CÆS. Il y en avait souvent plusieurs :* Erantque plures simul imperatores, nec super cæterorum æqualitatem, *TAC. Peu après, il ajoute que Blæsus fut le dernier à qui l'on accorda cet honneur. Selon Appien, cette coutume subsistait encore sous Adrien. Quand ce titre se donnait à un général, on le mettait après son nom :* M. Tullius Cicero imperator; *mais quand il s'agissait des Césars, on le mettait le premier :* Imperator Cl. Nero.

# E.

931. *È re natâ. È vestigio. È regione.*

È RE NATA, *selon l'occurrence, selon la circonstance :* È re natâ meliùs fieri haud potuit, quàm factum est, *TER.* — È VESTIGIO, *sur-le-champ :* Profectum è vestigio subsecutus est, *CIC.* Sed repentè è vestigio, *Id* — È REGIONE, *en face, à l'opposite, vis-à-vis :* È regione nobis, *CIC.*, *vis-à-vis de nous.*

932. *Ebrietas. Ebriositas. Vinolentia. Crapula.*

EBRIETAS *est l'ivresse du moment.* — EBRIOSITAS, *l'habitude de l'ivresse :* Inter ebrietatem et ebriositatem interest ; aliudque est esse amatorem et amantem, *Cic.* —Vinolentia, *la passion du vin* : Ægrotationi talia quædam subjecta sunt ; avaritia, ambitio, liguritio, vinolentia, *Cic.* *On distingue de même* ebrius *et* ebriosus : Servos Milonis apud se ebrios factos dixit, *Cic.* Stilponem ferunt ebriosum fuisse, *Id.* — Crapula, *pesanteur de tête pour avoir trop bu* : Plenos crapulæ eos lux oppressit, *Liv.* Edormi crapulam et exhala, *Cic.*

### 933. *Ecce. En.*

Ecce *annonce quelque chose de subit et d'inopiné, un événement surprenant* : Ecce autem nova turba, atque rixa, *Cic.* Ecce autem repentè, *Id.*—En *annonce ordinairement de l'indignation, et vient après quelque récit frappant* : En cui liberos vestros committitis! *Cic.* En fœderum interpretes! *Id.* En *est quelquefois adverbe démonstratif* : En Priamus : sunt hic etiam sua præmia laudi, *Virg.*

### 934. *Edacitas. Fames.*

Edacitas, *appétit dévorant, faim canine* : Sine matre pueri edacitatem pertimesco, *Cic.* Morbus edacitatis, *Id.* — Fames, *famine, faim* : In fame frumentum exportare est ausus, *Cic.* Est etiam illud verendum, ne brevi tempore fames in urbe sit, *Id.* Condimentum cibi fames, *Id.* *Au figuré, désir, passion* : Fames honorum, *Cic.* Auri sacra fames, *Virg.*

### 935. *Edax. Gulosus. Vorax.*

Edax, *qui mange beaucoup, qu'on a peine à rassasier* : Edax parasitus, *Ter.* *Au figuré* : Curæ edaces, *Hor.*, *soucis rongeurs.* Ignis edax, *Ovid.* Tempus edax rerum, *Id.* — Gulosus (de gula), *goulu, qui mange avec avidité* : Esse tibi videor sævus, nimiùmque gulosus, *Mart.* *Au figuré* : Gulosus lector, *Mart.*, *un homme qui dévore les livres.*—Vorax, *qui dévore, qui mange avec avidité et excès* : Ventris voracis placare jejunia, *Ovid.* Quæ Charybdis tam vorax? *Cic.* *Au figuré* : Usura vorax, *Lucan.*

### 936. *Edere. Comedere. Mandere. Manducare.*

Edere, *manger pour apaiser sa faim* : Itaque edit et bibit, *Cic.* Nunquam sitiens biberat Darius, nec esuriens ederat, *Id.*— Comedere (edere cum), *manger avec, manger tout* : Scævola, tu comedis apud omnes, nullus apud te, *Mart.* *Au figuré, consumer* : Patrimonium comedere, *Cic.* Beneficia Cæsaris comedere, *Id.*, *oublier les bienfaits de César.* — Mandere, *mâcher* : Dentibus in ore constructis manditur, atque ab his extenuatur et molitur cibus, *Cic.* Animalia alia sugunt, alia vorant, alia mandunt, *Id.*—Manducare *exprime l'action d'un homme qui mange* : Qui in balneo duas buccas manducavi, priusquàm ungi inciperem, *Suet.*

### 937. *Edicere. Effari.*

Edicere (dicere è), *annoncer* : Dictator prædam omnem militibus edixerat, *Liv.* Edicere *convient aux magistrats et à ceux qui ont le pouvoir en main* : Cùm tribuni plebis edixissent ut senatus adesset, *Cic.* — Effari (fari è), *proférer, articuler* : Sic effata, *Virg.* Non ipsi effata sorori, *Id.* Ordinem alicujus rei gestæ effari, *Sen.* Effari *paraît aussi consacré à la religion* : Fœdus multis verbis, quæ longo effata carmine non operæ est referre, peregit, *Liv.* *Il exprime, sur un lieu qu'on désignait pour y élever un temple, les dernières prières que faisaient les devins, après avoir pris les augures* : Locus templo effatus jam sacratus fuerat, *Liv.* Ad templum effandum, *Cic.*

### 938. *Edormire. Indormire.*

Edormire, *cesser de dormir* : Cùmque edormiverunt, illa visa quàm levia fuerint, intellexerunt, *Cic.* *Au figuré* : Edormi crapulam et exhala, *Cic.*, *cuvez votre vin.* —Indormire, *dormir dessus* : Congestis undique saccis indormis inhians, *Hor.* *Au figuré* : Sibi indormire, *Sen.*, *s'oublier, oublier la dignité de sa nature.*

### 939. *Educere. Educare. Tollere.*

Educere (ducere è), *proprement, faire sortir* : Educere è custodiâ, *Cic.* Educere naves è portu, *Cæs.* *C'est dans ce sens que Varron dit,* educit obstetrix, educat nutrix. *Il signifie aussi tirer de l'enfance, élever* : Neque enim boni est, neque liberalis parentis, quem procreârit et eduxerit, eum non vestire et ornare, *Cic.* Jam infans in castris genitus Caligula, in contubernio legionum eductus, *Tac.* — Educare, *prendre soin de l'éducation, tant au physique qu'au moral* : Pauperes satis stipendii pendere, si liberos educant, *Liv.* —Tollere (*lever*), *comme nous le considérons ici, est pris de la coutume des anciens, qui mettaient les enfants à terre dès qu'ils étaient nés, et ne relevaient que ceux qu'ils voulaient conserver* : Verùm quod erit natum tollito, *Plaut.* Primò tollitur natus puer ; deindè pædagogis traditur educandus ; posteà eductum jam ac puberem edocendum curant parentes.

### 940. *Effectio. Effectus.*

EFFECTIO, *l'action de faire, la pratique :* Effectio artis, *CIC.*—EFFECTUS, *l'effet produit par la cause :* In libidine peccatum est etiam sine effectu, *CIC.* Effectus eloquentiæ est audientium approbatio, *CIC.*

### 941. *Efficacitas. Efficientia.*

EFFICACITAS, *efficacité, aptitude à produire :* Quid tantum habet in libidine artis et efficacitatis, ut, etc.? *CIC.* — EFFICENTIA, *vertu actuellement productive de quelque effet :* Cùm aspexissent solem, ejusque efficientiam cognovissent, quòd is diem efficeret toto cœlo luce diffusâ, *CIC.*

### 942. *Efficax. Efficiens. Effector.*

EFFICAX, *efficace, qui peut opérer :* Efficaces preces, *LIV.* Nosti Marcellum, quàm tardus et parùm efficax sit, *CIC.* — EFFICIENS, *produisant, qui produit :* Virtus efficiens est utilitatis et voluptatis, *CIC.* Philosophi virtutem dividebant in res duas, ut altera esset efficiens; altera autem quasi huic se præbens, *Id.* Causæ efficientes, *Id.* — EFFECTOR, *auteur, créateur :* Effector mundi Deus, *CIC.* Possumus dubitare, quin his præsit aliquis effector? *Id.* Amicitiæ effectrices sunt voluptatum tàm amicis quàm sibi, *Id.* Efficientes *ne marquerait que l'action.*

### 943. *Effœtus. Exhaustus.*

EFFOETUS, *épuisé à force de produire, ou qui a passé l'âge de produire :* Effœta mulier, *SALL.* Effœta gallina, *PLIN. Au figuré :* Frigentque effœto in corpore vires, *VIRG.* — EXHAUSTUS, *épuisé à force d'y avoir puisé, tari :* Exhaustus fons, *CÆS.* Ubere exhausto mulctra spumant, *VIRG. Au figuré :* Plebs impensis exhausta, *LIV.* Exhaustæ bonis civitates, *CIC.*

### 944. *Effrœnus. Effrœnatus. Impotens.*

EFFRÆNUS (è fræno), *sans frein :* Effræno equo in medios ignes infertur, *LIV. Au figuré :* Effræno captus amore, *OVID.* — EFFRÆNATUS *ne se dit qu'au figuré, emporté, déréglé :* Homines secundis rebus effrænati, *CIC.* Quò impunitior libido, eò effrænatior est, *LIV.*—IMPOTENS (non potens), 1° *faible, impuissant :* Impotentes et calamitosi, *CIC.* 2° *emporté, qui ne se possède pas :* Impotenti esse animo, *CIC.* Impotens iræ, *LIV., qui ne peut modérer sa colère.* Dominatio impotens, *LIV., une domination qui s'exerce avec fureur.* Aquilo impotens, *HOR.*

### 945. *Effutire. Crepare.*

EFFUTIRE (*de* futum, *pot à l'eau*), *proprement, répandre; il ne se trouve qu'au figuré; parler inconsidérément, au hasard :* Certè ita temerè de mundo effutiunt, *CIC.* Effutire leves indigna tragœdia versus, *HOR.* — CREPARE, *faire du bruit :* Sed quidnam foris crepuit? *TER. Au figuré, redire, répéter avec bruit :* Sulcos et vineta crepat mera, *HOR.* Quis post vina gravem militiam crepet? *Id.*

### 946. *Egregius. Eximius.*

EGREGIUS (quasi è grege electus), *choisi du troupeau :* Egregias oves mactare, *COL. Au figuré, distingué :* Gens egregia, *VIRG.* In bellicâ laude egregius, *CIC.* Corpus egregium, *HOR.* Egregium facinus audere, *LIV.* — EXIMIUS (*d'ex et d'*emere), *mis à part :* Quatuor eximios præstanti corpore tauros, *VIRG.* Neque enim esset verisimile, cùm omnibus Siculis faceret injurias, te illi unum eximium, cui consuleret, fuisse, *CIC. Au figuré :* Hanc vos in rege tam eximiam injuriam, tam acerbam neglexisse, *CIC.* Eximiâ spe adolescens, *Id.* Eximium ingenium, *Id.*

### 947. *Ehem. Eheu. Eho.*

EHEM, *interjection qui marque la surprise :* Ehem, Demea, haud aspexeram te! quid agitur? *TER.* — EHEU, *interjection qui marque la plainte :* Eheu conditionem hujus temporis! *CIC.* — EHO, EHODUM, *interjection tantôt appellative, tantôt admirative :* Ehodum, ad me! *TER., holà, à moi!* Eho, bone vir! *ô mon brave!*

### 948. *Ejulatus. Vagitus. Ululatus.*

EJULATUS, *cris immodérés et lugubres :* Ingemiscere nonnunquàm viro concessum est, ejulatus verò ne mulieri quidem, *CIC.* — VAGITUS, *cri des enfants :* Vagire in cunis, *CIC.* — ULULATUS (*d'*ulula, *oiseau nocturne dont les cris sont effrayants*), *hurlements, cris qui imitent ceux des loups, où les cris des chiens lorsqu'ils se désolent :* Canes ululant, *VIRG.* Fœmineus ululatus, *VIRG. Lucain a dit :* Lætis ululare triumphis; *et Ovide :* Liber adest, festisque fremunt ululatibus agri. *César même :* Victoriam conclamant atque ululatum tollunt, *parlant des cris sauvages des Gaulois.* Cantus ineuntium prælium, ululatusque et tripudia, *LIV.*

### 949. *Elegans. Ornatus. Politus.*

ELEGANS (legere è), *proprement, choisi, qui a du goût, où l'on voit du goût :* Elegans in omni judicio, *Cic*. Elegans oratio, *Id.*,*un discours élégant, où les mots sont bien choisis*. Elegans spectator, *Ter.*, *un spectateur qui a du goût*. Elegans in cibo, *Cic*. — Ornatus, *orné, équipé* : Splendidissimus, atque ornatissimus vir, *Cic*. Agro benè culto nihil potest esse nec usu uberius, nec specie ornatius, *Id*. Composita et ornata oratio, *Id*. Provincia exercitu, pecuniâ instructa et ornata, *Id*. *C'est dans ce sens que Cicéron a dit* : Scelere ornatus. — Politus (*de* polire), *poli, achevé. La politesse est de sentiment, et l'élégance est de forme* : Vita humanitate perpolita, *Cic*. Apelles Veneris caput politissimâ arte perfecit, *Id*. Homo ad persuadendum concinnus, perfectus, politus è scholà, *Id*.

950. *Elidere. Suffocare. Strangulare.*

Elidere (lædere è), *proprement, faire sortir en blessant, froisser* : Angit inhærens elisos oculos, *Virg*. Caput pecudis saxo elidit, *Liv*. Matri denarrat ut ingens bellua cognatos eliserit, *Hor.*, *la jeune grenouille raconte à sa mère comment un animal d'une grosseur épouvantable venait d'écraser ses sœurs. Au figuré* : Poetæ nervos omnes virtutis elidunt, *Cic*. Elidi ægritudine, *Id*. — Suffocare (sub fauces), *suffoquer, étouffer* : Gallum gallinaceum suffocare, *Cic*. *Au figuré* : Fame suffocare urbem, *Cic*. — Strangulare (stringere gulam), *étrangler* : Is patrem strangulavit, *Cic*. *Au figuré* : Strangulat segetes nimia terræ lætitia, *Cic.*, *la trop grande fertilité de la terre étouffe les blés.*

951. *Elixus. Assus.*

Elixus (*de* lixa, *eau*), *cuit dans l'eau* : Candidus elixæ miscetur caseus herbæ, *Ovid*. — Assus (quasi arsus, *d'*ardere), *rôti* : At simul assis miscueris elixa, *Hor*. Assus sol, *Cic*.; *un soleil qui rôtit tout*. Assus *se prend dans le sens de* solus : Assa vox, *Var.*, *chant sans instruments*. Assæ tibiæ, *Id.*, *flûtes qui ne sont point accompagnées de voix*. Assus, a, um. *Cet adjectif a plusieurs autres significations, selon qu'on le dérive d'*ardeo *ou d'*assisto. (*Voy. les grands dictionn.*)

952. *Eloquentia. Eloquium. Elocutio. Facundia.*

Eloquentia (*de* loqui), *talent de bien parler et de persuader. L'éloquence est un tour vif et persuasif, rendu par des expressions hardies, brillantes et figurées* : Nihil aliud est eloquentia, quàm copiosè loquens sapientia, *Cic*. — Eloquium, *discours, langage* : Dulci ac blando eloquio amicum solatus, *Plaut*. Insolitum tulit eloquium facundia præceps, *Hor*. — Elocutio, *élocution, manière de s'énoncer, de s'exprimer* : Elocutio est idoneorum verborum et sententiarum ad rem inventam accommodatio, *Cic*. Oratio, nisi subest res ab oratore percepta et cognita, inanem quamdam habet elocutionem, *Id*. Elocutio perfecta et commoda tres res in se habere debet, elegantiam, compositionem, dignitatem, *Id*. — Facundia, *grâce et abondance dans le discours* : Facundiæ parens Cicero, *Quint*. Eloquentiâ probamus, placemus, persuademus; dulci ac blando eloquio amicum solamur; elocutione idonea verba, et sententias ad rem inventam accommodamus; facundiâ auditorum animos conciliamus.

953. *Eludere. Eluctari.*

Eludere (ludere è), *éluder, donner le change, se tirer finement d'une affaire* : Elusit calumniam jocis, *Phæd*. Canes elusit, *Id.*, *il mit les chiens en défaut*. Oraculi sortem vel elusit vel implevit, *Q. Curt*. — Eluctari, *se débarrasser avec effort* : Locorum difficultates eluctatus, *Tac*. Eluctari per multa impedimenta, *Sen*.

954. *Eluere. Diluere.*

Eluere (luere è), *ôter en lavant* : Sanguinem perfusum eluere, *Cic*. Corpus eluere, *Ovid*. *Au figuré* : Eluere vitæ sordes et animi labes, *Cic*. Maculas furtorum et flagitiorum suorum innocentium sanguine eluere, *Cic*. — Diluere, *dissoudre avec du liquide, délayer* : Lacte favos et miti dilue baccho, *Virg*. *Au figuré, dissiper* : Cura fugit multo diluiturque mero, *Ovid*. Diluere molestias, *Cic*.

955. *Emancipare. Manumittere. Rude donare.*

Emancipare (*de* mancipium, *droit de propriété*), *se dit des enfants, émanciper, les mettre hors de tutelle* : Nam adoptatum emancipari, ne sit ejus filius qui adoptârit, *Cic*. *Il se prend pour assujettir* : Emancipatus fœminæ, *Hor*. *Aliéner* : Emancipare agrum, *Cic*. — Manumittere, *mettre un esclave en liberté ; les maîtres donnaient la liberté à leurs esclaves en les frappant avec la main* : Milo servos manumisit, *Cic*. Emancipare de liberis, sicut manumittere de servis, dicitur, *disent les grammairiens*. — Rude donare, *accorder le congé* : Rudis *était un fleuret de bois, qu'on donnait aux gladiateurs pour marque de leur congé* : Tam bonus gladiator rudem tam citò accepisti, *Cic*. *Au figuré* : Spectatum satis et donatum jam rude quæris, Mecœnas, me iterùm includere, *Hor.*

956. *Emax. Emptor.*

Emax, *qui aime à acheter :* Non esse emacem, vectigal est, *Cic.* Institor ad dominam veniet discinctus emacem, *Ovid.* *Au figuré :* Non tu prece poscis emaci, *Juv.*, *vous ne mettez point de condition à vos prières.* — Emptor, *qui achète :* Ne quid omninò quod venditor nôrit, emptor ignoret, *Cic.*

957. *Emere. Coemere. Mercari. Nundinari.*

Emere, *acheter :* Emere dimidio cariùs, *Cic.* Emere aliquem donis, *Liv.*—Coemere (emere cum), *acheter plusieurs choses :* Omnia bona coemit, *Cic.* — Mercari (*de merx*), *acheter des marchandises, trafiquer :* Sordidi etiam putandi qui mercantur à mercatoribus, quod statim vendant, *Cic.* Præsenti pecuniâ mercari, *Plaut.*, *acheter argent comptant.* Mercari græcâ fide, *Id.*, *est le même sens : Plaute représente ici la bonne foi des Grecs qui payaient bien* — Nundinari (*de* nundinæ, *foire qui se tenait tous les neuf jours*), *faire le commerce. Il se dit proprement des foires ; il se prend plus généralement :* Unâ in domo omnes, quorum intererat, totum imperium reipublicæ nundinabantur, *Cic.* Ab isto et præco, qui voluit, senatorium ordinem pretio mercatus est ; et pueri senatorium nomen nundinati sunt, *Id.*

958. *Emergere. Enare.*

Emergere (mergere è), *sortir de l'eau :* Aves se in mare mergunt et emergunt, *Cic.* *Au figuré :* Emergere ex mendicitate, *Cic.* Multorum improbitate depressa veritas emergit, *Id.* — Enare (nare è), *se sauver à la nage :* Multæ naves ejectæ, multæ ita haustæ mari, ut nemo in terram enaverit, *Liv.* *Au figuré :* Insuetum per iter gelidas enavit ad Arctos, *Virg.*

959. *Emigrare. Demigrare. Commigrare.*

Emigrare (migrare è), *déloger, quitter sa demeure :* Domo ejus emigrat atque adeò exit ; nam jam antè migrârat, *Cic.* (*Voy.* Migrare, *n°* 577.) *Au figuré :* Emigrare è vitâ, *Cic.*—Demigrare, *déloger pour aller ailleurs :* Demigrandum potiùs aliquò est, quàm habitandum in eâ urbe, *Cic.* Ad sodalem tuum demigrâsti, *Id.* Emigrâsti *ne serait pas si propre. Au figuré :* Demigrandum est ab improbis, *Cic.*, *il faut se séparer des méchants.*— Commigrare, *même signification :* Domus tibi conducta est, sed brevi in tuam commigrabis, *Cic.*

960. *Eminere. Prominere.*

Eminere (*de* è, *et de l'inusité* minere, *paraître*), *paraître au-dessus :* Eminens è mari globus terræ, *Cic.* *Au figuré :* Eminet illius audacia, *Cic.* Eminet animus maximè in contemnendis doloribus, *Id.* — Prominere (minere pro), *s'avancer :* Prominere è cæterâ acie, *Liv.* Collis prominet in pontum, *Ovid.* *Au figuré :* Prominere in posteritatem, *Liv.*

961. *Emissarius. Excursor. Præcursor.*

Emissarius (mittere è), *émissaire, celui qui est envoyé pour découvrir ce qui se passe, espion, surveillant :* Persuaserat que nonnullis invidis meis se in me emissarium semper fore, *Cic.* — Excursor (currere ex), *coureur, batteur d'estrade, qui fait des courses :* Est igitur victori omnium gentium omne certamen cum excursore, cum latrone, *Cic.* Turpio quidam istius excursor et emissarius, homo omnium ex illo conventu quadruplatorum deterrimus, *Id.* — Præcursor (currere præ), *avant-coureur :* Hunc præcursorem habere solebat et emissarium, *Cic.*

962. *Emori. Demori.*

Emori, *mourir longuement, entièrement :* Cogitque miseras aridâ sede emori, *Phæd.* Aut vincere, aut emori, *Cic.* *Au figuré :* Quorum laus emori non potest, *Cic.* — Demori (mori de), *convient bien à un membre d'une société quelconque, qui meurt :* Cùm esset ex veterum numero quidam senator demortuus, *Cic.* Augurem in demortui locum nominare, *Id.* *Au figuré :* Demoritur ea te, *Plaut.*, *elle meurt d'amour pour vous.*

963. *Enodare. Enucleare.*

Enodare, *ôter les nœuds :* Ulmi summæ virgæ debent enodari, *Col.* *Au figuré, expliquer, ôter toutes les obscurités :* Aristoteles nominatìm cujusque præcepta enodata diligenter exposuit, *Cic.*— Enucleare (*de* nucleus), *ôter le noyau. Au figuré, développer :* Nec quicquam in amplificationibus nimis enucleandum est : minuta est enim omnis diligentia, *Cic.* Rem enodamus, ut clarior fiat ; enucleamus, ut tota cernatur.

964. *Enubere. Innubere.*

Enubere (nubere è), *se marier hors de son ordre ou de son rang, se mésallier, parlant de la femme :* Virginiam, Auli filiam, plebeio nuptam, matronæ, quòd è patribus enupsisset, sacris arcuerunt, *Liv.* — **Innubere** (nubere in), *entrer par le mariage dans une autre famille :* Iis in quibus nata esset, humiliora non sinebat ea quæ innupsisset, *Liv.*, *parlant d'une femme ambitieuse, qui ne veut pas que son mari soit au-dessous de son père.* Innuptus *se dit dans un autre sens,* non nuptus: Innupta puella, *Virg.*, *une fille qui n'a point été mariée.* Innuptæ nuptiæ, *Cic.*, *mariage qui n'a point été fait dans les formes.*

965. *Eous. Lucifer. Hesperus.*

**Eous** (*de* ἠώς, aurora), *proprement, oriental :* Eoasque acies, *Virg.*, *les troupes orientales. Il devient substantif pour signifier, tantôt un des chevaux du soleil, en sous-entendant* equus, *tantôt le point du jour :* Aut cùm sole novo terras irrorat eous, *Virg.* — *Les Latins l'ont appelé* **Lucifer** (lucem ferens) *:* Stella Veneris, quæ latinè lucifer dicitur, cùm antegreditur solem, *Cic.* — *La même étoile est appelée* **Hesperus**, *ou* **Vesper**, *lorsqu'elle suit le coucher du soleil :* Cùm subsequitur autem, hesperus, *Cic.*

966. *Ephebus. Pubes.*

**Ephebus** (*de* ἐπί *et de* ἥβη, *jeunesse*), *jeune homme, éphèbe. Selon Censorin, on mettait les enfants au rang des éphèbes, à l'âge de quinze ans, et ils en sortaient à dix-sept :* Nam is postquàm excessit ex ephebis, *Ter.* Greges epheborum, *Cic.* — **Pubes** *ou* **Puber**, *qui est en âge de puberté ; c'était quatorze ans pour les garçons, et douze pour les filles :* Puber ætas, *Liv.* Pubes *signifie proprement, couvert de poils.*

967. *Epistola. Littera. Litteræ. Epistolium.*

**Epistola** (*d'*ἐπιστέλλω, *envoyer*), *lettre, épître :* Hoc est epistolæ proprium, ut is ad quem scribitur, de iis rebus, quas ignorat, certior fiat, *Cic.* Ei epistolæ, his litteris respondeo, *Id.* — **Littera**, *lettre, caractère de l'alphabet :* Demosthenes rhetoricæ artis, cui studebat, primam litteram non poterat dicere, *Cic. Il n'est synonyme de* epistola *qu'au pluriel, avec cette différence qu'il veut le nombre distributif, et* epistola *le nombre cardinal. On dit* duæ epistolæ, *et non* binæ epistolæ ; *au lieu qu'on dit* binæ litteræ, *et non* duæ litteræ, *à moins qu'il ne soit question des lettres de l'alphabet :* Binæ continuæ litteræ, *Cic.* Litteræ facetæ et elegantes, *Id. On trouve cependant dans Cicéron :* Ut Romam venit, nullam litteram pupillo, nullam tutoribus reddidit. — **Epistolium**, *est un simple billet :* Conscriptum lacrymis mittit epistolium, *Cat.*

968. *Epistolam scribere, inscribere.*

**Epistolam scribere**, *écrire une lettre :* Noli putare me ad quemquam longiores epistolas scribere, *Cic.* — **Epistolam inscribere**, *mettre l'adresse à une lettre :* Q. Cicero puer legit, ut opinor, epistolam inscriptam patri suo ; solet enim aperire, *Cic.*

969. *Epistolis lacessere, provocare, obtundere.*

**Epistolis lacessere**, *faire un défi de lettres.* — **Epistolis provocare**, *provoquer par des lettres, écrire le premier :* Non te epistolis, sed voluminibus lacesserem, quibus quidem me à te provocari oportebat, *Cic.* — **Epistolis obtundere**, *fatiguer par des lettres :* Ego si somnum capere possem, tam longis te epistolis non obtunderem, *Cic.*

970. *Equester. Equinus.*

**Equester**, *de cavalerie, de chevalerie :* Equestre prælium, *Cæs.* Copiæ equestres, *Cic.* Splendor equestris, *Id.* Equester ordo, *Id.* — **Equinus**, *de cheval :* Cervix equina, *Hor.* Crista equina, *Virg.*

971. *Equi jugales. Equi funales.*

*On appelait* **Jugales equi**, *les chevaux attelés le plus près du timon ; ceux qui étaient attelés à côté s'appelaient* **Equi funales** ; *celui qui était à droite s'appelait* Dexterior funalis ; *et celui qui était à gauche,* Sinisterior funalis : *cela s'entend lorsque quatre chevaux sont attelés de front :* Sinisteriore funali equo Tiberius, dexteriore Marcellus, *Suet.*

972. *Equitare. Abequitare.*

**Equitare** (*d'*equus), *aller à cheval :* Cùm is equitaret cum suis delectis equitibus, *Cic. Horace a dit :* Equitare in arundine longâ ; *et Pline :* Equitare in camelis. *Au figuré :* Jactabit se, et in his equitabit equuleis, *Cic.* — **Abequitare** (equitare ab), *se retirer à cheval :* Ut prætores pavidi inter tumultum abequitarent, *Liv.*

973. *Eradicare. Extirpare.*

**Eradicare** (*de* radix), *déraciner ; il est plus usité au figuré :* Dii te eradicent,

*Ter.* Eradicare aures, *Plaut.*, *rompre les oreilles.* — Extirpare (*de* stirps), *arracher la plante avec la tige ; il est plus usité au figuré :* Extirpare humanitatem ex animo, *Cic.* Extirpare perturbationes, *Id.*

### 974. *Errabundus. Erraticus. Vagus. Profugus.*

Errabundus (*d'*errare), *errant çà et là, marque l'action :* Nunc errabundi domos suas, ultimùm illas visuri, pervagarentur, *Liv.*—Erraticus, *marque l'habitude, qui court :* Vitem serpentem multiplici lapsu et erratico, ferro amputans coercet ars agricolarum, *Cic.* Erratica Delos, *Ovid.*, *Délos flottante.*—Vagus, *vagabond, qui court le pays sans cause, errant :* Vagus esse cogitabam, *Cic. Au figuré :* Vaga volubilisque fortuna, *Cic.* Vagi rumores, *Ovid.* De Deo immortali non errans et vaga, sed stabilis certaque sententia, *Cic.*—Profugus (quasi porrò fugatus), *qui fuit loin de son pays :* Trojani qui Æneâ duce profugi sedibus incertis vagabantur, *Sall. Il se dit d'un homme qui change souvent de demeure :* Scythæ profugi, *Hor.*

### 975. *Errare. Vagari. Palari.*

Errare *signifie proprement aller çà et là, ou dévier d'un certain point qu'on s'est proposé d'atteindre :* Quæ tot vestigiis impressa ut in his errari non possit, *Cic.* Passibus ambiguis fortuna volubilis errat, *Ovid.* Procul avius erras, *Lucret.* Maximè verò mirabiles sunt motus earum quinque stellarum, quæ falsò vocantur errantes, *Cic.*—Vagari *diffère d'*errare, *en ce qu'il dénote celui qui marche sans intention de diriger sa course vers aucun endroit particulier :* Non sumus ii quorum vagetur animus errore, nec habeat unquàm quid sequatur, *Cic.* Nam fuit quoddam tempus quùm in agris homines passim bestiarum more vagabantur, *Id.*—Palari *a de l'analogie avec* vagari, *en ce qu'il signifie l'acte de courir ou rôder sans direction fixe ; mais il en diffère, en ce qu'il suppose la dispersion d'une multitude.* Fœmina palantes agit, atque hæc agmina vertit, *Virg.* Trevirorum auxilia, fœdâ fugâ dispersa, totis campis palantur, *Tac.*

### 976. *Erratio. Error. Erratum.*

Erratio, *l'action de s'égarer, de se détourner de son chemin :* Sanè hàc multò propiùs ibit, minor est erratio, *Ter.* Motum cœli ab omni erratione liberavit, *Cic. Au figuré :* In cœlo, nec fortuna, nec temeritas, nec erratio, nec vanitas inest, *Cic.* — Error, *l'égarement considéré en lui-même, mouvements incertains, hasardés :* Errores Ulyssis, *Cic.* Indeprensus et irremeabilis error labyrinthi, *Virg. Au figuré, erreur, incertitude d'opinion :* In re tam clarâ nominum error manet, utrius populi Horatii, utrius Curiatii fuerint, *Liv.* Erroribus cæcari, *Cic.* Errorem cum lacte nutricis suximus, *Id.* — Erratum, *faute commise par erreur :* Cui errato nulla venia, *Cic.* Non meum erratum, sed tuum, *Id.* Commune erratum, *Id.* Erratio agentis est; error, patientis; erratum, delinquentis.

### 977. *Erumpere. Evadere.*

Erumpere (rumpere è), *sortir avec impétuosité :* Si paratiores essent ad insequendum omnes, sive noctu, sive interdiù erumperent, *Cæs.* Occasione rursùs erumpam datâ, *Phæd. Au figuré :* Erumpit furor et indignatio, *Liv.* Risus repentè erupit, *Cic.* — Evadere (vadere è), *échapper au milieu des obstacles :* E manibus hostium evadere, *Cic.* Casus evaserat omnes, *Virg.* Abiit, excessit, evasit, erupit, *Cic. Au figuré :* Hoc quorsùm evadat ? *Cic.*

### 978. *Eruptio. Irruptio.*

Eruptio (*d'*erumpere), *éruption, effort pour sortir de :* Eruptio amnis, *Sen.* Repentè ex oppido eruptionem fecerunt, *Cæs.* — Irruptio, *irruption, sortie sur, sortie dans :* Cùm hostium copiæ non longè absunt, etiamsi irruptio facta nulla sit, tamen pecora relinquuntur, *Cic.* Irruptionem facere in aliquem locum, *Plaut.* E loco fit eruptio ; in locum fit irruptio

### 979. *Evanescere. Exarescere.*

Evanescere (*de* vanus), *s'évanouir, disparaître :* In tenues oculis evanuit auras, *Ovid.* Extenuatur et evanescit spes, *Cic.* — Exarescere (*d'*arere), *devenir sec :* Evanuerunt et exaruerunt amnes, *Cic. Au figuré :* Vetus urbanitas exaruit, *Cic.* Exaruit vetustate opinio, *Id.*

### 980. *Evidens. Perspicuus.*

Evidens (de videre), *évident, visible, frappant :* Evidens est de quo inter nos conveniat, *Cic.* Quod in homine multò est evidentius, *Id.*—Perspicuus (*de* per, *et de l'inusité* spicere), *transparent :* Liquor perspicuus, *Ovid. Au figuré :* Quod perspicuam omnibus veritatem continet, nihil indiget approbationis, *Cic.* Evidentes et perspicuæ res, *Id.* Plus est evidentia quàm perspicuitas, *Quint.*

981. *Evincere. Pervincere.*

EVINCERE, *convaincre, venir à bout:* Multis testibus evictus, *CIC.* Evincuntque instando, ut litteræ sibi ad Tarquinios darentur, *LIV.* *Il se prend pour chasser, déplacer:* Evincere somnos, *OVID.* Platanus evincit ulmos, *HOR.* — PERVINCERE, *vaincre entièrement, l'emporter :* Cato restitit et pervicit, *CIC.* Hoc tibi pervincendum est, *CATUL.*, *il faut en venir à bout à quelque prix que ce soit.*

982. *Evitabilis. Evitandus.*

EVITABILIS, *qu'on peut éviter :* Evitabile telum, *OVID.* — EVITANDUS, *qu'on doit éviter, qu'il faut éviter :* Ut versum fugimus in oratione, sic ii sunt evitandi continuati pedes, *CIC.*

983. *Evitare. Devitare.*

EVITARE (vitare è), *éviter en s'éloignant :* Pugnam evitare, *OVID.* — DEVITARE, *éviter en se détournant :* Si nec hic, nec illic eum videro, devitatum se à me putet, *CIC.* Incommodum devitare, *Id.*

984. *Ex sententiâ. De sententiâ. In sententiam. In sententiâ.*

Tres sunt loquendi modi, *dit Dolet*, tam inter se diversi atque discrepantes, quàm elegantes et venusti. Est autem ex sententiâ, idem quod ex voto, vel ex spe, atque ut optabamus : Ex sententiâ navigare, *CIC.* Omnia ex sententiâ succedunt, *Id.* De sententiâ verò est de nutu et consilio, ut : Nihil facturus sum, nisi de tuâ sententiâ, *CIC.* De consilii sententiâ judicâras, *Id.* Sed in sententiam eamdem loqui dicitur, qui in eamdem rationem verba facit, vel eòdem spectantia : Pluraque in eam sententiam ab eisdem contra verecundiam disputantur, *CIC.* In eamdem sententiam loquitur Scipio, *Id.* Dicitur quoque senatusconsultum in sententiam nostram fieri, quod fit secundùm nos : id est, in commodum nostrum. Ex animi sententiâ *se prend encore dans un autre sens, suivant sa pensée :* Non falsum jurare pejerare est ; sed quod ex animi tui sententiâ juraveris, sicut verbis concipitur more nostro, id non facere, perjurium est, *CIC.* Nam me quidem ex animi sententiâ nulla oratio lædere potest, *SALL.* *Cicéron a dit* in sententiâ *dans le sens d'*ex sententiâ : Me miserum ! quàm omnia essent in sententiâ, si nobis animus, si consilium, si fides eorum, quibus credidimus, non defuisset, *CIC.*

985. *Examinare. Ponderare. Librare.*

EXAMINARE (d'examen, *la languette de la balance*), *peser, rendre égal :* Et advertens pensas examinat herbas, *OVID.* *Au figuré :* Malè verum examinat omnis corruptus judex, *HOR.* Sed ea probanda, quæ non aurificis staterâ, sed quâdam populari trutinâ examinantur, *CIC.* — PONDERARE (de pondus), *voir si le poids y est :* Dùm nummularius ponderat argentum, *PLAUT.* *Au figuré :* Rem examinare, momentoque suo ponderare, *CIC.* Judex non solùm quid possit, sed etiam quid deceat, ponderare debet, *Id.* — LIBRARE (de libra), *tenir en équilibre, balancer :* Terra librata suis ponderibus, *CIC.* Ipse suum corpus geminas libravit in alas, *OVID.* *Au figuré :* Omnia priusquàm aliquid statuas, libranda sunt, *APUL.*

986. *Exanimare. Exterminare.*

EXANIMARE (d'anima), *ôter le souffle, ce qui peut n'être que momentané, ou durer longtemps, être mortel, ou ne l'être pas :* Quem tulit ad scenam ventoso gloria curru, exanimat lentus spectator, sedulus inflat, *HOR.* Inflat *ici fait bien sentir la force d'*exanimat ; *de même dans Cicéron :* Nolo verba exiliter exanimata exire, nolo inflata et anhelata graviùs. *Il se prend ordinairement pour, faire mourir, consterner :* Gravi vulnere exanimari, *CIC.* Te metus exanimat judiciorum et legum, *Id.* —EXTERMINARE (quasi è terminis ejicere), *bannir :* Exterminare urbe, agro, *CIC.* *Au figuré :* Exterminare quæstiones, *CIC.* Exterminare aliquorum auctoritatem. *Il ne se prend jamais pour exterminer, détruire.*

987. *Exanimis. Inanimus. Exanimalis.*

EXANIMIS *et* EXANIMUS, *privé de la vie :* Ut uno ictu exanimem equo præcipitaret, *LIV.* Exanimumque auro corpus vendebat Achilles, *VIRG.* *Au figuré, hors de lui-même :* Pavidus et exanimis, *HOR.* — INANIMUS, *inanimé, qui n'a jamais eu de vie :* Partìm sunt inanima, ut aurum, argentum, *CIC.* Inanimum nihil agit, animal agit aliquid, *Id.* — EXANIMALIS, *qui fait mourir, ou qui n'a plus le souffle :* Curæ exanimales, *PLAUT.* Ni illum exanimalem faxo ! *Id.*, *si je ne lui coupe le sifflet !*

988. *Exauctoratus. Ære dirutus.*

EXAUCTORATUS miles *est un soldat dégagé, dispensé de servir :* Postero die concione advocatâ de rebus à se gestis cùm disseruisset, milites exauctoratos dimisit, *CÆS.* *On appelait* ÆRE DIRUTUS *un solda à qui, par ignominie, on ne donnait plus la paye. Cicéron dit plaisamment de Verrès,* aleatoris placentini castra commemorabuntur, in quibus cùm frequens fuisset, tamen ære dirutus est.

989. *Excidere. Succidere.*

EXCIDERE (cædere ex), *couper par les racines, arracher en coupant :* Arborem excidere, *CIC.* Lapides excidere ex terrâ, *Id.* — SUCCIDERE (cædere sub), *couper par-dessous, par le pied :* Segetes succidere, *VIRG.* Frumentis succisis, *CÆS.*

990. *Excudere. Extundere.*

EXCUDERE (cudere ex), *faire sortir en frappant :* Et primùm silici scintillam excudit Achates, *VIRG. Au figuré :* Tibi de gloriâ excudam aliquid, *CIC., je composerai pour vous un ouvrage sur la gloire.* — EXTUNDERE (tundere ex), *faire sortir en broyant. Il est plus usité au figuré :* Cùm labor extuderit fastidia, *HOR.*

991. *Excursio. Incursio.*

EXCURSIO (currere ex), *excursion, course d'un lieu, course au dehors :* Via illa excursionibus barbarorum est infesta, *CIC.* Cùm una excursio equitatûs perbrevi tempore totius anni vectigal auferre possit, *Id.* — INCURSIO, *incursion, l'action de courir sur :* Incursiones militum in agros hostium, *CIC.* Annibal cum exercitu hostiliter in fines romanos incursionem facit, *LIV.* Incursio atque impetus hostium, *CÆS.*

992. *Excusare. Purgare.*

EXCUSARE, *excuser, suppose qu'on a manqué à quelque chose, mais qu'on l'a fait involontairement, ou qu'on a eu des empêchements, ou de fortes raisons :* Varroni memineris excusare tarditatem mearum litterarum, *CIC.* Quidam excusari se arbitrantur, quia non sine magnâ causâ peccaverint, *Id.* Antequàm sententiam diceret, propinquitatem excusavit, *Id. On ne dirait pas* purgavit. — PURGARE (purum facere), *proprement, purifier :* Omnia purgat ignis edax, *OVID.* Immissi cum falcibus multi locum purgârunt, *CIC. Au figuré, justifier, disculper :* Et me de eâ re purgavi, *CIC.* Servos ipsos neque arguo, neque purgo, *Id.* Purgare se per litteras, *Id.* Crimen purgamus negando; delictum excusamus prætexendo.

993. *Execrari. Detestari. Abominari. Horrere. Abhorrere. Odisse. Exhorrescere.*

EXECRARI (d'ex *et de* sacer), *avoir en exécration, maudire :* Tullia domo profugit, execrantibus quàcunque incedebat, *LIV.* Omnes te oderunt, tibi pestem exoptant, te execrantur, *CIC.* — DETESTARI (de testes), *prendre à témoin ce qu'il y a de plus sacré, qu'une chose n'est point :* Summum Jovem deosque detestor, me neque huic mala fecisse, *PLAUT. Il se prend ordinairement pour détester, rejeter avec indignation :* Cùm viderunt, tanquam auspicium malum detestantur, *CIC.* Dii immortales avertite et detestamini, quæso, hoc omen, *Id. Horace a dit* detestata *passivement :* Bellaque matribus detestata. — ABOMINARI (*d'ab et d'*omen), *avoir en abomination :* Ante omnia abominati sunt semimares, *LIV.* Quod ego abominor, *PLIN., à Dieu ne plaise. Il se prend dans une signification passive au participe :* Parentibusque abominatus Annibal, *HOR.* — HORRERE, *au propre, se hérisser :* Comæ horruerunt, *OVID. Au figuré, avoir une frayeur qui empêche d'approcher :* Te negligit, aut horret, *HOR.* Minas illius horreo, *CIC.* Divinum numen horrere, *Id.* — ABHORRERE (horrere ab), *avoir de l'éloignement :* Se à nuptiis abhorrere respondit, *TER.* Parùm abhorrens famam, *LIV., se souciant peu de ce qu'on pouvait dire de lui. Au figuré :* Abhorret voluntas ejus à me, *CIC.* Illud abhorret à fide, *LIV., cela n'est pas croyable.* — ODISSE, *avoir de la haine :* Acerbè et penitùs aliquem odisse, *CIC.* — EXHORRESCERE, *frissonner de peur :* Quæ nos exhorrescere metu non sinat, *CIC.* Adveniat, vultus neve exhorrescat amicos, *VIRG.*

994. *Exedra. Exedrium.*

EXEDRA (*de* ἐξ *et de* ἕδρα, *siége*), *un banc à asseoir six personnes; peut-être faudrait-il écrire* exhedra; *cabinet où il y a six siéges; c'était là que s'assemblaient les savants :* Cotta in eam exedram venit, in quâ Crassus lectulo posito recubuisset, *CIC.* Etsi multa in omni parte Athenarum sunt in ipsis locis indicia summorum virorum, tamen ego illâ moveor exedrâ, *Id.* — EXEDRIUM (*diminutif d'*exedra), *petit cabinet de conversation :* Exedria quædam mihi nova sunt instituta in porticulâ Tusculani; ea volebam tabellis ornare, *CIC.*

995. *Exemplum. Exemplar.*

EXEMPLAR *est proprement l'original qui sert de modèle dont on tire des copies, exemplaire, patron :* Exemplaria græca nocturnâ versate manu, versate diurnâ, *HOR.* Respicere exemplar vitæ morumque jubebo doctum imitatorem, *Id.* — EXEMPLUM, *exemple, ce qui peut être imité :* Præbere exemplum aliis, *LIV.* Exemplum *se dit aussi d'une chose qui est pareille à celle dont il s'agit, et qui sert pour l'autoriser, la confirmer :* His ego rebus exempla adjungerem, nisi cernerem, etc., *Cic.* Exemplum est, quod rem auctoritate confirmat aut infirmat, *Id. Il se prend encore pour copie :* Cæsaris litterarum exemplum tibi misi, *Cic.*

996. *Exequiæ. Funus. Justa. Feralia. Inferiæ. Sepultura. Humatio.*

Exequiæ (*d'ex et de* sequi, *parce qu'on accompagnait le corps du mort*), *obsèques, funérailles accompagnées de pompes et de cérémonies :* Mater exequias illius funeris prosecuta est, *Cic.* — Funus (*de* funis, *parce qu'on accompagnait le corps du mort au bûcher avec des torches*), *funérailles, les cérémonies qui se font aux enterrements :* Si funus id habendum sit, quò non amici conveniunt ad exequias cohonestandas, *Cic.* — Justa, *les derniers devoirs qu'on rend aux morts, qui étaient ordonnés, ou d'usage ; c'est le* τὰ νομιζόμενα *des Grecs :* Justis exequiarum carere, *Liv.* Justa funeri paterno solvere, *Cic.* — Feralia (*de* ferre), *jours consacrés à la mémoire des morts :* Hanc, quia justa ferunt, dixère feralia lucem ; ultima placandis manibus ista dies, *Ovid.* — Inferiæ (*d'*inferre), *sacrifices que les païens faisaient pour les morts sur leurs tombeaux :* Mittere inferias exstincto, *Ovid.* — Sepultura (*de* sepelire), *la sépulture, les cérémonies de la sépulture :* Honore sepulturæ carere, *Cic.* — Humatio (*de* humus), *inhumation, l'action de mettre en terre, de couvrir de terre :* Aliquid etiam de humatione et sepulturâ dicendum existimo, *Cic.*

997. *Exercitatio. Exercitium.*

Exercitatio, *exercice, l'action de s'exercer, tant au physique qu'au moral :* Color exercitationibus corporis tuendus est, *Cic.* Hæ sunt exercitationes ingenii, *Id.* Exercitatio est assiduus usus consuetudoque, *Id.* — Exercitium, *l'exercice en lui-même, ce qui exerce :* Exercitium dicendi, *Gell.* Animo pro exercitio uti, *Sall.*

998. *Exercitus. Exercitatus.*

Exercitus, *exercé, mis à des épreuves :* Exercitus in re militari longo bellorum usu, *Cic.* Scilicet adversis probitas exercita rebus, *Ovid.* — Exercitatus (*fréquentatif d'*exercitus), *ajoute à l'idée du simple ; exercé souvent :* Homo in hominibus necandis exercitatus, *Cic.* Exercitatus in dicendo, *Id. dit plus qu'*exercitus in dicendo.

999. *Exerere. Prodere. Edere. Proferre. Promere.*

Exerere (*d'ex et de* sero, serui), *faire sortir :* Manuque subter togam ad mentum exertâ, *Liv. Au figuré :* Mentis secreta exerere, *Sen.* Hæc exerit fabula, *Phæd.*, *cette fable fait voir.* — Prodere (porrò dare), *faire paraître, donner à connaître :* Prodere conscios, *Cic.* Prodere interregem, *Liv.*, *nommer un interroi.* Memoriam alicujus rei prodere, *Cic. Il signifie aussi livrer, différer :* Classem prædonibus prodere, *Cic.* Nuptiis prodere diem, *Ter.* — Edere (dare è), *mettre au jour :* Partu novissimo edidit Juliam, *Ter.* Edere librum, *Cic.* Edere legem, *Id. Au figuré :* Edere cædem, *Liv.*, *commettre un meurtre.* — Proferre (ferre pro), 1° *porter en avant :* Proferre pedem, *Hor.* Proferrem libros, si negares, *Cic.* 2° *prolonger :* Saltem aliquot dies profer, dùm proficiscar aliquò, *Ter.* 3° *étendre :* Proferre imperium ultrà, *Virg.* — Promere (*d'*emere, *qui signifiait ôter, et de* pro), *tirer, faire sortir :* Vina promere dolio, *Hor.* Pecuniam tu ex arcâ proferebas; disciplinâ et artificio Roscius promebat, *Cic. Un chat tire ses griffes,* promit ; *une souris avance la tête hors de son trou,* profert ; *un auteur donne un ouvrage,* edit ; *un épi sort du tuyau,* caput exerit ; *un criminel révèle ses complices,* prodit conscios.

1000. *Exhaurire. Exinanire. Exsiccare.*

Exhaurire (haurire ex), *mettre à sec, il se dit proprement des liquides :* Exhaurire poculum, fontem, *Cic. Au figuré :* Bonis civitates exhaurire, *Cic.* Mandata exhaurire, *Id.*, *exécuter ponctuellement les ordres.* Sibi vitam exhausit, *Id.*, *il s'est donné la mort.* Omnibus exhausti casibus, *Virg. Cicéron l'a employé dans le sens de* haurire, *puiser :* Libentiùs omnes meas laudes ad te transfuderim, quàm aliquam partem exhauserim è tuis. — Exinanire (*d'*inanis), *vider, ôter de quelque lieu que ce soit ce qui y était contenu :* Domos exinanire, *Cic. Au figuré :* Regibus atque gentibus exinanitis, *Cic.* Exinanire aciem, *Cæs.*, *dégarnir le corps de bataille. Un ivrogne* exhaurit pocula ; *un voleur* exinanit crumenas. — Exsiccare, *mettre à sec :* Ne lagenæ dicerentur inanes fuisse quæ furtìm essent exsiccatæ, *Cic.* Exsiccatum genus orationis, *Id.*

1001. *Exhibere. Ostendere. Ostentare. Monstrare. Demonstrare.*

Exhibere (habere ex), *produire :* Vires exhibere, *Ovid.* Omnia integra exhibere,

CIC. Exhibe vocis fidem, PHÆD.—OSTENDERE (quasi ob tendere), *étendre en avant, devant, montrer, faire voir :* Os suum populo romano ostendere, CIC. Jamque ostendisti signa nutrici, TER. *Au figuré :* Mores alicujus ostendere, CIC. — OSTENTARE (*fréquentatif d'*ostendere), *montrer souvent, faire parade, montrer avec soin :* Opes sidonias ostentat Dido, VIRG. Ut potiùs amorem tibi ostenderem meum, quàm ostentarem prudentiam, CIC.—MONSTRARE, *donner à connaître, désigner* : Erranti comiter monstrans viam, CIC. Indice monstrare digito, HOR. — DEMONSTRARE, *démontrer, faire voir en évidence:* Demonstravi hæc Cælio, CIC. Exhibemus quod in nobis est, ut juvet aut prosit ; ostendimus quod circà nos est, ut animadvertatur; ostentamus ne inobservatum prætermittatur; demonstramus, ut nullus dubitandi locus sit ; monstramus, ut cognitum sit.

1002. *Exigere. Expellere. Ejicere. Depellere.*

EXIGERE (agere ex), *faire sortir, chasser d'un lieu :* Exigere è civitate reges, CIC. Exegit omnes foràs, PLAUT. *Au figuré:* Exigere opus, OVID., *achever un ouvrage.* —EXPELLERE (pellere ex), *semble marquer l'emploi des forces pour chasser :* Non expulsi, sed evocati è patriâ, CIC. *Au figuré :* Naturam expellas furcâ, tamen usque recurret, HOR. — EJICERE (jacere è), *jeter dehors :* Ejicere nos magnum fuit, excludere facile est, CIC., *il était difficile de nous chasser, il est aisé de nous empêcher d'entrer.* Turpiùs ejicitur quàm non admittitur hospes, OVID. Exigimus ingressos, aut ejicimus; nolentes expellimus. — DEPELLERE, *chasser, pousser d'un lieu élevé :* Depelli ac deduci de loco, CIC. Simulacra deorum immortalium depulsa sunt, *Id. Au figuré :* Suspicionem à se depellere, CIC. De spe depelli, LIV.

1003. *Exilis. Tenuis. Gracilis. Macer.*

EXILIS, *menu, mince:* Exile jecur, CIC. Exiles artus, OVID. *Au figuré :* Exile sermonis genus, CIC. Exilia dicere, *Id.*—TENUIS, *délié, fin, délicat :* Aer purus et tenuis, CIC. Natura oculos membranis tenuissimis vestivit, *Id. Au figuré:* Injuriâ prohibere tenuiores, CIC. Tenuissimâ valetudine esse, CÆS.—GRACILIS, *grêle, effilé :* Haud similis virgo est virginum nostrarum, quas matres student demissis humeris esse, vincto corpore, ut graciles sint, TER. — MACER (*peut-être de* μακρός, *long*), *maigre :* Macra cavum repetes, quem macra subisti, HOR. Agello macro pauper, *Id.*

1004. *Exire. Egredi.*

EXIRE, *changer de lieu, sortir :* Ex Italiâ ad civile bellum exiit, CIC. Exire in solitudinem, *Id. Au figuré :* Exire è patriciis, CIC. —EGREDI (gradior è), *sortir en marchant ; il ne se dit que des choses qui marchent :* Egredi obviàm, LIV. Extra aliquem locum egredi, CIC. Egredi è navi, *Id. Au figuré :* Egredi à proposito, CIC. Egredi suo officio, *Id.*

1005. *Existere. Exstare.*

EXISTERE *et* EXSTARE (*d'*ex *et de* stare), *diffèrent en ce que* existere *marque changement de lieu :* Existere ab inferis, LIV. *Cicéron, parlant de la pointe des herbes, qui sort au printemps, dit :* Gramina existunt. *Au figuré :* E virtutibus beata vita existit, CIC. Ex familiâ existere, *Id., naître, sortir d'une famille.* Exstare *ne marque aucun mouvement :* Exstare ex aquâ, CIC., *paraître au-dessus de l'eau.* Existere ex aquâ *est sortir de l'eau*: *Au figuré :* Senatusconsultum exstat nullum, CIC.

1006. *Existere. Esse.*

EXISTERE, *synonyme de* ESSE, *exprime l'existence actuelle;* Esse *marque ordinairement la propriété dans le sujet :* Res quæ in præsentiâ existunt, CIC. Nunc honor est pietati, CIC. Est et tuæ, et nostri imperii dignitatis, *Id.*

1007. *Exolescere. Inolescere. Obsolescere.*

EXOLESCERE (*d'*ex *et d'*olor, odor), *proprement, ne sentir plus, perdre sa force; il n'est usité qu'au figuré; défaillir, se passer :* Ætas tua jam ad ea patienda exoleverat, CIC., *vous n'étiez plus en âge de souffrir ces choses.* Exolevit favor, LIV., *son crédit est perdu.* Nondùm ea clades exoleverat, TAC., *on n'avait point encore perdu le souvenir de cette perte.* Exoletus puer, CIC., *un enfant perdu, épuisé de débauche.*—INOLESCERE, *croître et se fortifier :* Hùc alienâ ex arbore germen includunt, udoque docent inolescere libro, VIRG.—OBSOLESCERE, *n'être plus de mode, perdre son éclat :* Obsolevit jam ista oratio, CIC. In homine turpissimo obsolescunt dignitatis insignia, *Id.*

1008. *Exonerare. Deonerare.*

EXONERARE (*d'*ex *et d'*onus), *décharger :* Lanam mollire puellæ discant, et plenas exonerare colos, OVID. *Au figuré :* Fidem exonerare, LIV., *s'acquitter de sa parole.* Exonerare aliquem metu, *Id.* — DEONERARE, *ôter du fardeau ; il ne se trouve* *qu'au figuré :* Deonerare aliquid ex invidiâ alterius, et in se trajicere, *CIC. Celui qui exécute tout ce qu'il a promis,* fidem exonerat; *celui qui n'en exécute qu'une partie,* fidem deonerat.

1009. *Exoptare. Præoptare. Cooptare.*

**EXOPTARE**, *souhaiter avec ardeur et discernement :* Sed quem ego potissimùm exoptem nunc mihi, cui hæc narrem? *TER.* — **PRÆOPTARE** (optare præ), *souhaiter par préférence :* Punicam romanæ societatem atque amicitiam præoptandam esse, *LIV.* Adolescens perditus laudi voluptatem præoptat; benè institutus, quæ honesta sunt exoptat. — **COOPTARE**, *choisir, élire, mettre au nombre de, etc. :* Quem absentem in amplissimum collegium cooptârunt, *CIC.*

1010. *Exorabilis. Placabilis.*

**EXORABILIS** (*d'*ex *et de* orare), *de qui on obtient ce qu'on demande :* Non exorabilis auro, *HOR.* Exorabilis et facilis homo, *CIC.* — **PLACABILIS**, *facile à apaiser :* Præbere se placabilem atque exorabilem, *CIC.* Placabilem facilè mitiges ; exorabilem facilè flectas.

1011. *Exorare. Perorare.*

**EXORARE**, *obtenir par ses prières :* Ille ea exorabat quæ volebat auferre, tu extorques, *CIC.* Cùm facilè exorari, Cæsar, tùm semel exorari soles, *Id.*—**PERORARE**, *finir son discours, pérorer :* Uterque causam cùm perorâsset suam, *PHÆD.* Et quoniam satis multa dixi, et mihi perorandum, *CIC.*

1012. *Exoriri. Exsurgere.*

**EXORIRI** (oriri ex), *naître de, sortir de, paraître :* Exoriare aliquis nostris ex ossibus ultor, *VIRG.* Sol exoriens, *Id. Au figuré :* Repentè est exorta mulieris importunæ nefaria libido, *CIC.* Ego nunc paulùm exorior, *Id., je commence à renaître, à respirer, etc.*—**EXSURGERE** (surgere è), *se lever, parlant d'une personne assise ou couchée :* Scævola cùm exsurgeret, *CIC.* Exsurgere à genibus, *PLAUT. Au figuré, se relever, reprendre ses forces, s'accroître :* Exsurget respublica, *CIC.* Si esset jugulata Pompeianorum causa, nunquàm exsurgeret, *Id.* Exsurgit dolor, *SEN., il y a redoublement de douleur.*

1013. *Expectare* ou *Exspectare. Præstolari. Opperiri.*

**EXPECTARE** *ou* **EXSPECTARE** (spectare ex), *être dans l'attente; quand on attend quelqu'un, on regarde souvent s'il vient :* Sto exspectans si quid mihi imperent, *TER.* Exspectare auxilia, *CÆS.* — **PRÆSTOLARI** (stare præ), *rester debout pour recevoir quelqu'un :* Quem præstolare, Parmenio, hìc ante ostium ? — **OPPERIRI** (*d'*ob *et de l'inusité* perior, *apprendre, éprouver*), *demeurer exprès à l'endroit où quelqu'un doit venir :* Opperiar hominem hìc, ut salutem et colloquar, *TER.* Hostem magnanimum opperiens, *VIRG.* Venturos intra paucos dies nuncios exspectamus ; amicum domi opperimur; virum principem horâ condictâ præstolamur.

1014. *Expedire. Extricare.*

**EXPEDIRE** (quasi extra pedes dare), *dépêtrer :* Laqueo se expedire, *CIC.* Expedire nodum, *Id. Au figuré :* Se curâ expedire, *CIC.* Heus, inquit, sapiens, expedi quid fecerim, *PHÆD., vous, dit-il, qui faites tant l'entendu, devinez ce que je viens de faire.* Expedire negotium, *CIC., débrouiller une affaire.* Expedire salutem, *Id., mettre sa vie en sûreté.* Expedire nomina, *Id., payer ses dettes.* — **EXTRICARE** (*d'*ex *et de* tricæ, *filets qui s'entortillent aux pattes*), *débarrasser :* Cerva extricata densis plagis, *HOR. Au figuré :* Magna cùm minaris, extricas nihil, *PHÆD., vous annoncez des merveilles, et vous n'expédiez rien.* De Dionysio tuo nihil adhuc extrico, *CIC., je n'apprends encore rien de certain de Denys votre lecteur.* Nummos undè undè extricare, *HOR., tirer de l'argent de côté et d'autre.* E luto se expediunt viatores ; plagis sese extricant cervi.

1015. *Expendere. Perpendere.*

**EXPENDERE** (pendere ex), *peser exactement :* Aurum auro expendetur, argentum argento exæquabimus, *PLAUT. Au figuré :* Cautos nominibus certis expendere nummos, *HOR., chercher toutes ses sûretés pour bien placer son argent. Il se prend ordinairement pour considérer, examiner avec soin :* Expendere argumenta, *CIC.* Expendere testem, *Id. Et dans un autre sens :* Expendere pœnas, *CIC.* Expendere supplicia, *VIRG., porter la peine, être puni.* — **PERPENDERE**, *peser entièrement, peser tout. Il ne se trouve qu'au figuré, et signifie peser, examiner tout avec la plus grande attention :* In iis omnibus perpendito quantùm quisque possit, *CIC.* Diligentissimè perpendere momenta officiorum omnium, *Id.*

1016. *Expergefacere. Suscitare.*

**EXPERGEFACERE**, *éveiller celui qui dort :* Te expergefacias, *CIC. Au figuré :* Terror subito expergefacit Italiam tumultus, *CIC.* — SUSCITARE (*de* sursùm ciere), *remuer en soulevant :* Ignes exstinctos suscitare, *OVID.* E somno suscitare, *CIC.* *Au figuré :* Bellum civile suscitare, *CIC.* Testem suscitare, *Id.*, *susciter un témoin.* Qui novam rationem suscitant, *Id.*

1017. *Expergefactus. Experrectus.*

EXPERGEFACTUS, *qui est réveillé par un autre, ou par quelque cause :* Unus ex iis (muribus) super cubantem casu quodam transiit; et expergefactus miserum leo celeri impetu arripuit, *PHÆD.* — EXPERRECTUS, *celui qui se réveille de lui-même :* Deindè cùm somno repetito simul cum sole experrectus essem, *CIC.* *Au figuré :* Experrecta veritas, *CIC.* Experrecta nobilitas, *Id.*

1018. *Experiens. Expertus.*

EXPERIENS (*de l'inusité* perior, *apprendre, éprouver*) *est celui qui éprouve, qui fait l'expérience :* Et decus et pretium rectè petit experiens vir, *HOR.* Experientissimus arator, *CIC.* — EXPERTUS, *expert, expérimenté :* Non tàm doctus, quàm, quod majus est, expertus, *CIC.* Certaminum expertus, *LIV.* Homo expertæ audaciæ, *Id.* Experiens *marque une expérience actuelle, et* expertus, *une expérience habituelle :* Vir experiens nihil temerè suscipit; vir expertus monere potest alios.

1019. *Experientia. Experimentum.*

EXPERIENTIA, *expérience, science acquise par l'usage :* Atque apibus quanta experientia parcis, *VIRG.* Princeps longâ experientiâ, *TAC.*, *un prince plein d'expérience.* — EXPERIMENTUM, *preuve, épreuve :* Maximum est experimentum, cùm constet, etc., *CIC.*, *ce qui est une grande preuve, puisqu'il est constant.* Deprehendere experimentis, *QUINT.*, *découvrir par des épreuves.* Experimentis experientiam comparamus.

1020. *Experiri. Tentare. Periclitari.*

EXPERIRI, *expérimenter, faire l'expérience.* Experiri alicujus perfidiam, *CIC.* De injuriis experiri, *CIC.*, *demander satisfaction d'une injustice.* Judicio gravi experiri nolebas, *Id.*, *vous ne vouliez pas agir à la rigueur, lui intenter un procès.* — TENTARE, *tâter, sonder avec les pieds ou les mains :* Iter tentare negatâ viâ, *HOR.* Impulsas tentavit pollice chordas, *OVID.* *Au figuré, tenter, sonder, attaquer :* Tentare et periclitari belli fortunam, *CIC.* Tentare babylonios numeros, *HOR.*, *consulter les calculs des Babyloniens.* Tentari morbo, *CIC.*, *être attaqué de maladie.* Vinum tentat pedes, *PLIN.*, *le vin fait trébucher.* Tentare alicujus sententiam, *CIC.*, *sonder l'avis de quelqu'un.* Tentare aliquem donis, *CÆS.*, *tâcher de gagner quelqu'un par des présents.* — PERICLITARI, *hasarder, risquer, essayer :* Non est sæpiùs in uno homine salus summa periclitanda, *CIC.* Periclitandæ vires ingenii, *Id.* Periclitari, et experiri pueros, *Id.* Extrema periclitari, *Id.*, *risquer le tout pour le tout.* Extrema experiri, *SALL.*, *employer les derniers moyens.*

1021. *Expers. Exsors. Immunis.*

EXPERS (non pars), *qui n'a point de part à quelque chose, qui manque :* Præmiorum expertem facere, *CIC.* Expers humanitatis, *Id.* — EXSORS (sine sorte), *qui n'a point été tiré au sort, et qui est mis hors de rang :* Ducunt exsortem Æneæ equum, *VIRG.* Nam te voluit rex magnus Olympi talibus auspiciis exsortem ducere honorem, *Id.* *Il signifie aussi, qui n'a point de part :* Exsors culpæ, *LIV.* — IMMUNIS (sine muniis), *sans emploi :* Operum immunes famulæ, *OVID.* Immunis militiâ, *LIV.*, *exempt d'aller à la guerre. Il se dit de toute exemption :* Immunes agri, *CIC.*, *des terres franches d'impôts.* Immunis manus, *HOR.*, *une main innocente.*

1022. *Expiatio. Piaculum. Piamen.*

EXPIATIO (*de* piare, pius), *l'action d'expier, satisfaction :* Diis violatis expiatio debetur, *CIC.* Scelerum atque impietatum nulla expiatio est, *Id.* — PIACULUM, *sacrifice expiatoire, ce qui expie :* Inferre piacula Manibus, *OVID.* *On ne dirait pas* expiationem. Distulit in seram commissa piacula mortem, *VIRG.*, *qui a différé jusqu'à la mort l'expiation de son crime.* Pœnam commissam persequi, *CIC.*, *est dans le sens de* commissa piacula, *poursuivre le payement d'une amende à laquelle la loi a condamné.* — PIAMEN *est le même que* piaculum; *il ne se dit qu'en poésie :* Februa romani dixêre piamina patres, *OVID.*

1023. *Explanare. Interpretari.*

EXPLANARE (*de* planus), *aplanir, développer, tant au propre qu'au figuré :* Explanatus in denos pedes cortex, *PLIN.* Ille tibi omnia explanavit, *CIC.* — INTERPRETARI, *interpréter, donner un sens :* Interpretari legem, *CIC.* Rem obscuram explanare interpretando, *CIC.*

1024. *Explanatè. Exploratè.*

EXPLANATÈ (*de* planus), *avec étendue et développement :* Definire rem non pressè, sed explanatè, *Cic.* — Exploratè, *à fond, avec examen :* Hæc ità sentio, judico, et ad te exploratè scribo, *Cic.* Exploratè percipere et cognoscere, *Id.*

1025. *Explicare. Exponere.*

Explicare (plicare ex), *se dit proprement des choses qui ont des plis, déplier :* Vestem explicare, *Cic.* Explicare epistolam, *Id., ouvrir une lettre.* Frontem sollicitam explicare, *Hor., se dérider. Au figuré :* Explicare negotium, *Cic., débrouiller une affaire.* — Exponere (ponere ex), *exposer. On expose les marchandises en vente sans les déplier,* exponuntur ; *on les déplie quand les acheteurs se présentent,* explicantur. Atque ille stravit lectulos, et exposuit vasa samia, *Cic.* Exponere frumentum, *Id., mettre le blé en vente. Au figuré :* Quod ex quibusdam capitibus expositis, nec explicatis, intelligi potest, *Cic.* Non ut quæreremus exposuimus, sed ut explicaremus, *Id.*

1026. *Explorare. Exquirere. Conquirere. Requirere.*

Explorare, *sonder, examiner :* Reliquum est ut quid agatur, quoad poteris, explores, *Cic.* Hostium copias explorare, *Cæs., reconnaître les forces de l'ennemi.* Explorare iter, *Liv.* Explorandi sunt militum animi, *Tac.* Explorare portas, *Virg., faire le guet aux portes.* — Exquirere, *s'enquérir avec soin, faire une recherche exacte :* Exquire sitne ità, ut ego prædico, *Plaut.* Facta alicujus ad antiquæ religionis rationem exquirere, *Cic.* In vero exquirendo cogitatio maximè versatur, *Id.* Consilium alicujus exquirere, *Id., demander conseil à quelqu'un.* Consilium alicujus explorare, *Cæs., sonder les desseins de quelqu'un.* — Conquirere (quærere cum), *chercher ensemble, chercher plusieurs choses :* Pecunia conquiritur undique, *Cic.* Ut aliorum facta et eventa conquiram, *Id.* — Requirere (rursùs quærere). *rechercher, redemander :* Te requisivi sæpiùs, ut viderem, *Cic.*

1027. *Explorator. Speculator. Excubitor.*

Explorator, *selon Popma, est un espion qui se mêle parmi les ennemis pour connaître ce qui se passe.* — Speculator (de speculari), *est celui qui va devant l'armée pour examiner les forces de l'ennemi ; le premier est puni de mort, le second fait un office honorable :* Hâc re Cæsar statim per speculatores cognitâ, *Cæs. Ils se prennent plus généralement :* Pelagi exploratores, *Claud.* Quem procul ut vidit tumulo speculator ab alto, *Ovid.* Oculi, tanquam speculatores, altum locum obtinent, *Cic.* — Excubitor (de cubare) *est une sentinelle ou factionnaire :* Excubitorque diem cantu prædixerat ales, *Virg.*

1028. *Exportare. Deportare. Reportare.*

Exportare, *porter de chez soi ailleurs :* Qui in fame frumentum exportare ausus est, *Cic.* Exportandum in ultimas terras monstrum, *Id.* — Deportare, *porter d'ailleurs chez soi :* Tertia illa quam tecum deportabas, *Cic.* Nihil ex istâ provinciâ potes, quod jucundius sit, deportare, *Id. Au figuré :* Deportare triumphum ex provinciâ, *Cic.* Teque non cognomen solùm Athenis deportâsse, sed humanitatem, *Id.* — Reportare, *rapporter dans son premier lieu :* Non solùm reducti sumus in patriam, sed equis insignibus et curru aurato reportati, *Cic. Au figuré :* Reportare solatium, benevolentiam, *Cic.*

1029. *Expostulare ab aliquo, cum aliquo.*

Expostulare ab aliquo, *demander avec instance, et comme une chose due :* Vix medius fidius tu, Fanni, à Balione hoc expostulare auderes, et impetrare posses, *Cic.* — Expostulare cum aliquo, *se plaindre de quelqu'un :* Sed locus videtur esse tecum expostulandi, *Cic.*

1030. *Exprobrare. Opprobrare.*

Exprobrare (*de* probrum), *faire des reproches :* Odiosum sanè genus hominum est officia exprobrantium, *Cic.* — Opprobrare, *non-seulement reprocher, mais encore faire des invectives :* Ut vel hâc ipsâ re, quòd ità licebat, opprobraret adversariis, *Gell.* Egone id exprobrem, quod mihimet cupio opprobrarier? *Plaut.* Exprobrat qui commemorat quæ præstitit; opprobrat qui opprobrium dicit.

1031. *Expromere. Depromere.*

Expromere, *tirer dehors, produire :* Expromere nummos, *Var. Au figuré :* Deindè suum exprompsit odium, *Cic.* Conferre causas et quid in quamque sententiam dici possit expromere, *Id.* Expromere supplicia in cives, *Id.* — Depromere, *tirer d'un lieu :* Vinum cellis depromere, *Hor. Au figuré :* Argumenta alicundè depromere, *Cic.*

1032. *Expugnare. Debellare. Vincere. Superare.*

Expugnare, *prendre de force une ville; il ne se dit que des choses :* Castella expugnavit, *Cic.* Domos expugnare, *Hor.* *Au figuré :* Pertinaciam alicujus expugnare, *Liv.*—DEBELLARE, *terminer la guerre, affaiblir tellement un ennemi qu'il ne puisse plus tenir la campagne :* Debellatum est cum Græcis, *Liv.* Debellatus vi hostis, *Id.* Parcere subjectis et debellare superbos, *Virg.* — VINCERE, *vaincre. Une armée est vaincue quand elle perd le champ de bataille :* Vincere ac vinci vultu eodem, *Liv.* Funditùs hostes vincere, *Cic.* *Il se prend plus généralement :* Vinci à voluptate, *Cic.* Labor improbus omnia vincit, *Virg.* — SUPERARE (super ire), *passer, franchir :* Superant montes, et flumina tranant, *Virg.* Ascensu supero fastigia tecti, *Id.* Superare, *synonyme des autres, signifie surmonter. Il faut du courage et de la valeur pour vaincre : de la patience et de la force pour surmonter:* Constantiâ et gravitate aliquem superare, *Cic.* Dolores superare virtute, *Ovid.* Contendere et superare, *Cic.* Si subitam orationem commentatio facilè vincit, hanc ipsam profectò diligens scriptura superabit, *Id.* Superare *paraît dire plus que* vincere. Vincere *suppose un combat ; superare suppose des efforts qui surmontent un obstacle.*

### 1033. *Exsatiare. Exsaturare.*

EXSATIARE, *rassasier tout à fait ; il n'est usité qu'au figuré :* Clade domûs exsatiata, *Ovid.* Ne morte quidem P. Scipionis exsatiari, nisi et ipsius fama sepulti laceraretur, *Liv.* — EXSATURARE *dit plus, c'est assouvir, soûler entièrement :* Sed quæ visceribus veniebat bellua ponti exsaturanda meis, *Ovid.* *Au figuré :* Exsaturata libido, *Cic.*

### 1034. *Exstinguere. Opprimere Restinguere.*

EXSTINGUERE, *éteindre :* Exstinguere ignem, *Cic.* *Au figuré :* Causam dissensionis nascentem exstinguere, *Cic.* — OPPRIMERE, (premere ob), *presser autour, étouffer :* Opprimere ignem, *Cic.* *Au figuré :* Danda opera est, ne qua amicorum dissidia fiant ; sin tale aliquid evenerit, ut exstinctæ potiùs amicitiæ, quàm oppressæ videantur, *Cic.* Adolescentes mori sic videntur, ut cùm aquæ multitudine vis flammæ opprimitur ; senes autem sic, ut suâ sponte, nullâ adhibitâ vi, consumptus ignis exstinguitur, *Id.* — RESTINGUERE, *même signification que* exstinguere, *tant au propre qu'au figuré :* Restinctus ignis, restinctis animorum incendiis, *Cic.*

### 1035. *Extorquere. Exprimere. Elicere. Emungere.*

EXTORQUERE (de torquere), *extorquer :* Ille ea exorabat quæ volebat auferre, tu extorques, *Cic.* — EXPRIMERE (premere ex), *proprement, faire sortir en pressant :* Exprimere oleum, *Plin.* *Au figuré :* Ab invitis pecuniam exprimere, *Cic.* Sensus atque animos voce exprimere, *Id.* — ELICERE (*de l'inusité* lacere, in fraudem inducere), *tirer subtilement par quelque raison, ou passion :* Elicere præmio, *Cic.* Arcana alicujus elicere, *Liv.*—EMUNGERE, *faire sortir en mouchant :* Cujus pater cubito se emungere solebat, *Cic.* *Au figuré :* Emunxi argento senem, *Ter.*, *j'ai soutiré les écus du bonhomme.*

### 1036. *Extrà. Extrinsecùs.*

EXTRA, *au dehors, extérieurement, pour la question* ubi : Sensibus et animo ea quæ extra sunt percipimus, *Cic.* Extra *est aussi préposition :* Extra ostium, *Ter.* Extra culpam esse, *Cic.* — EXTRINSECUS, *du dehors, extérieurement, pour la question* undè : Accipere aliquid extrinsecùs, *Cic.*

### 1037. *Extrahere. Evellere.*

EXTRAHERE (trahere è), *tirer hors, faire sortir, traîner d'un lieu :* Extrahitur domo latitans Oppianicus, *Cic.* Telum è corpore extrahere, *Id.* *Au figuré :* Extrahere se ex aliquo negotio, *Ter.* Cupiditates radicitùs extrahere, *Cic.* *Il signifie aussi tirer en longueur :* Bellum extrahere, *Liv.* — EVELLERE (vellere è), *tirer, arracher :* Plantam cœno evellere, *Hor.* Excisa est arbor, non evulsa, *Cic.* *Au figuré :* Inserere novas opiniones, insitas evellere, *Cic.* Evellere sibi scrupulum ex animo, *Id.*

### 1038. *Extremus. Extimus. Ultimus. Postremus.*

EXTREMUS (d'extrà, ou exterus, exterior, quasi exterimus), *le plus extérieur, le plus près du dehors, le dernier à quelque bout que ce soit. Il est opposé littéralement à* interior, intimus : Habet extremum quod finitum est, *Cic.* Litteræ quibus in extremis erat scriptum, *Id.* *Au figuré :* Extremum ingenium, *Liv.*, *un esprit du dernier rang.* Manus extrema non accessit operibus ejus, *Cic.* Extremus *a un autre superlatif qui enchérit encore :* EXTIMUS : Orbis cœlestis extimus, *Cic.* Extimum promontorium, *Plin.* — ULTIMUS, *superlatif d'*ultrà, ulterior, *le plus reculé au commencement ou à la fin ; il est opposé à* citerior, citimus : Cœlum extremum atque ultimum mundi est, *Cic.* Mors ultima linea rerum est, *Hor.* Si non ab ultimo principio repetere volumus, *Cic.*—POSTREMUS (*de* posterus, posterior, *de* post), *celui qui vient après tous les autres; il est opposé à* primus, princeps: Ut quisque in fugâ postremus, ità in periculo princeps erat, *Cic.* Hæc denique ejus fuit postrema oratio, *Ter.* Ultima terrarum ad orientem pariter et ad occidentem alluit Oceanus. Non pungit acriùs in extremis artubus, quàm in medio corpore vulneris dolor. Nusquàm erit commendabilis, qui in officio quolibet exsolvendo solet esse postremus.

1039. *Exturbare. Præcipitare.*

EXTURBARE (turbare è), *chasser, pousser avec violence d'un lieu:* Exturbare civem innocentem è civitate, *Cic.* *Au figuré:* Ægritudinem ex animo exturbare, *Cic.* — PRÆCIPITARE (*de* præ *et de* caput), *précipiter la tête la première:* Præcipitare sese de turri, *Liv.* *Au neutre:* Nilus præcipitat ex altis montibus, *Cic.* *Au figuré:* Me certè ad exitium præcipitantem retinuisses, *Cic.* Ex altissimo dignitatis gradu præcipitari, *Id.* Præcipitate moras, *Virg.*, *hâtez-vous! point de retards!*

1040. *Exuberare. Luxuriare.*

EXUBERARE (*d'*ex *et d'*uber), *être fertile, produire en abondance:* Pomis exuberat annus, *Virg.* — LUXURIARE (*de* luxus), *s'abandonner au luxe:* Ne luxuriarent otio animi, *Liv.* Luxuriant animi rebus plerùmque secundis, *Ovid.* *Au figuré:* Pecus luxuriat in pratis, *Ovid.* *Il se prend pour produire trop abondamment:* Compescere luxuriantia, *Hor.* Arrectisque fremit cervicibus altè luxurians, *Virg.*, *parlant de l'épaisse crinière que le lion secoue avec fierté; ce qu'il explique ensuite:* luduntque jubæ per colla, per armos. *C'est le* κυδιόων *d'Homère, d'où la comparaison est tirée.*

1041. *Exul. Extorris.*

EXUL (*et mieux* EXSUL, quasi è solo), *n'est autre chose qu'un homme chassé de sa patrie; l'exil était moins une peine, qu'un moyen de s'y dérober:* Quid est enim exul? Ipsum per se nomen calamitatis, non turpitudinis. Quandò igitur est turpe? Reverà quandò est pœna peccati, opinione autem hominum, si est pœna damnati, *Cic.* Exilium non supplicium est, sed perfugium portusque supplicii, *Id.* *Dans la suite l'exil fut ce que nous appelons bannissement perpétuel:* Patriæ exul, *Cic.*—EXTORRIS (quasi è terrâ), *est un homme qui n'a ni feu ni lieu, qui est privé de sa patrie pour quelque cause que ce soit:* Extorrem patriâ, domo, inopem, coopertum miseriis effecit, *Sall.*

# F.

1042. *Fabrica. Fabricatio.*

FABRICA (de faber), *se dit proprement des ouvrages à marteau. Il se prend pour l'art même, et pour l'atelier où l'on travaille:* Materia quid juvaret, nisi confectionis ejus fabricam haberemus, *Cic.* Vulcanus qui Lemni fabricæ præfuisse dicitur, *Id.* Fabrica ferrea, *Plin.* *Au figuré:* Fabricam ad aliquem fingere, *Ter.*, *dresser une intrigue.* — FABRICATIO, *l'action de fabriquer, fabrication:* Hominis fabricatio, *Cic.* Immutatio in verbo fabricationem non habet, sed in oratione, *Id.*

1043. *Fabricator. Machinator.*

FABRICATOR (*de* faber), *se dit proprement d'un ouvrier à marteau; il se prend plus généralement:* Fabricator imitatus exemplar, *Cic.* Minutorum opusculorum fabricator Myrmecides, *Id.* *Au figuré:* Doli fabricator, *Virg.* — MACHINATOR (*de* μηχανή, *machine*), *celui qui fait des instruments, ou qui les invente:* Bellicorum instrumentorum machinator, *Liv.* *Au figuré:* Machinator scelerum, *Cic.*

1044. *Fabula. Fabella. Apologus.*

FABULA (*de* fari), *est proprement une suite de paroles; de là vient* fabulari, confabulari. Lupus in fabulâ, *Cic.* *Il se dit d'une histoire fausse:* Fabula est in qua nec veræ, nec verisimiles res continentur, cujusmodi est, angues ingentes alites juncti jugo, *Cic.* *Il se dit d'une pièce de théâtre:* Populo ut placerent quas fecisset fabulas, *Ter.*—FABELLA (*diminutif de* fabula), *petit conte, petite pièce de théâtre:* Vera fabella, *Phæd.* Fabellæ Euripidis, *Cic.* Si nec fabellæ te juvant, nec fabulæ, *Phæd.* — APOLOGUS (*d'*ἀπό *et de* λόγος, sermo), *un apologue, une fable morale et instructive:* Si auditoris studium defatigatio abalienavit à causâ, non inutile est ab aliquâ re novâ, aut ridiculâ incipere, quæ vel apologum, vel fabulam, vel aliquam contineat irrisionem, *Cic.*

1045. *Fabularis. Fabulosus.*

FABULARIS, *de la fable, qui concerne la fable :* Fabularis historiæ notitia, *SUET.*— FABULOSUS, *fabuleux, renommé :* Fabulosa antiquitas, *PLIN.* Fabulosus Hydaspes, *HOR. Pline appelle le mont Atlas* fabulosissimum Africæ montem, *la plus célèbre montagne de l'Afrique.*

1046. *Facere. Agere. Gerere. Operari.*

FACERE, *faire, être l'auteur, produire; il se dit des choses individuelles, ou précises et déterminées :* Cædem facere, *CIC.* Bellum patriæ facere, *Id.* Iter facere, *Id.* Fossam, classem facere, *CÆS.* — AGERE, *être en action, jouer le personnage de, avancer, traiter; il exprime non le principe, l'auteur, ni un seul acte de production, comme* facerè, *mais une suite de soins ou d'activité :* Agere negotium, cuniculos, diem, vocem, animam, finem, etc., *CIC. Pousser devant soi :* Jumenta agere, *LIV.*, navem, *HOR.* Ruri vitam agere, *CIC.* Agere magistratum, *Id.*, *faire le personnage d'un magistrat.* Permissum à senatu consulibus, agerent, facerent, ut è republicâ ducerent, *LIV. On dirait mal* agere fidem, sumptus, mutationem, injuriam, fœdus, aliquid irritum, *c'est* facere fidem, sumptus, etc. *On dit cependant* agere iter : Ambo propositum peragunt iter, *HOR.*—GERERE, *au propre, porter un fardeau :* Galeam gerere in capite, *C. NEP.* Bella manu lethumque gero, *VIRG. Au figuré, faire les choses dont on est chargé; il emporte l'idée de conduite, d'administration bonne ou mauvaise :* Gerere magistratum, rempublicam, negotium, bellum, res egregias, *CIC.* Rem malè gerere, *Id.* Poëta facit fabulam, et non agit; *au lieu que* Actor agit fabulam, et non facit. *De même* Imperator qui dicitur res gerere, in eo neque agit, neque facit, sed gerit; *c'est-à-dire,* sustinet. Patronus agit causam, non gerit. Agere, *dit Popma,* et corporis, et vocis, et mentis agitatum comprehendit; facere tantùm refertur ad opera, quæ corpore efficimus; gerere est muneris et oneris. Ita agit is, cujus post actionem opus non exstat, ut actor, saltator, cantor; facit is cujus opus remanet, ut scriptor, statuarius, pictor; gerit dux, et magistratus, aut curator.—OPERARI (*de* opera), *travailler :* Arvis operata juventus, *VIRG. Il veut dire aussi sacrifier :* Omnia sint operata Deo.

1047. *Facere fidem. Dare fidem.*

FACERE FIDEM, *faire croire, donner de la croyance :* Natus tuus non facit fidem, *CIC.* Hujus nunquàm mihi fidem feceris, *Id.* — DARE FIDEM, *donner, engager sa parole :* Accipe, daque fidem, *VIRG.* Fidem publicam dare, *SALL.*

1048. *Facere finem. Habere finem.*

FACERE FINEM, *mettre fin :* Finem faciam scribendi, *CIC.* — FINEM HABERE, *avoir une fin :* Quandò finem habet motus, vivendi finem habeat necesse est, *CIC.*

1049. *Facere fugam. Vertere terga. Vertere solum.*

FACERE FUGAM *se dit de celui qui fuit, et de celui qui fait fuir :* Ut si nostri fugam facerent, illùc me, puto, reciperem, *PLAUT.* Quas iste tùm cædes, quas fugas fecerit, vidistis, *CIC.* — TERGA VERTERE, *tourner le dos :* Factum est opportunitate loci, hostium inscitiâ, virtute militum, ut statìm terga verterent, *CÆS.* — SOLUM VERTERE, *changer de pays :* Qui erant rerum capitalium damnati, non priùs civitatem amittebant, quàm erant in eam recepti, quò vertendi, id est, mutandi soli causâ venerant, *CIC.*

1050. *Facere sermonem. Habere sermonem.*

FACERE SERMONEM, *écrire, rédiger une conversation;* HABERE SERMONEM, *avoir, tenir une conversation :* Feci sermonem habitum in Cumano inter nos, *CIC.* Cyrus in sermone quem moriens habuit, *Id.* Habere sermonem *se dit encore dans un autre sens :* Habetis sermonem benè longum, *CIC., vous venez d'entendre un long discours.*

1051. *Facere orationem. Habere orationem.*

FACERE ORATIONEM, *composer un discours :* Ignarus faciendæ ac poliendæ orationis, *CIC.*—HABERE ORATIONEM, *parler, prononcer un discours, soit en public, soit en particulier :* Mitissimam in senatu orationem habuit, *CIC.* Tu quam orationem Pompeius habuerit tecum, fac mihi perscribas, *Id.*

1052. *Facere verba. Habere verba.*

FACERE VERBA, *prononcer un discours en public :* Verba facere in senatu, apud senatum, *CIC. Il se dit d'une conversation particulière :* Neque verbum de te facio, *CIC.*—VERBA HABERE *ne se trouve qu'une fois dans Cicéron; dans cet endroit il n'est point question de discours public; il ne s'agit que d'un homme qui parle :* Si unusquisque velit verba spectare, et non ad voluntatem ejus qui verba habuerit, accedere, *CIC.*

1053. *Facies. Vultus. Frons.*

FACIES, *dit Popma*, naturalis oris species, quæ eadem semper manet; vultus, habitus faciei adscititius, qui pro motu animi et voluntatis mutatur. Facies *comprend le nez, la bouche, les yeux, les joues :* Faciem non possumus nobis fingere, *CIC.* Decora facies, *HOR. Au figuré :* Armorum civilium facies, *TAC.* Tam multæ scelerum facies, *VIRG.* — VULTUS, *mine, extérieur, qui dénote les sentiments de l'âme :* Vultus qui sensus animi plerùmque indicant, *CIC.* Recordamini faciem, atque illos ejus fictos simulatosque vultus, *Id.* Prorsùs in facie vultuque vecordia inerat, *SALL.* Vultus, *au propre, ne se dit guère que des hommes; cependant Phèdre a dit du corbeau :* Quantùm decoris corpore et vultu geris ! *Au figuré :* Unus erat toto naturæ vultus in orbe, *OVID.* — FRONS, *le front :* Niveà pendebant fronte capilli, *OVID. Il se prend pour le visage :* Frons hominis sæpè mentitur, *CIC.* Frons tranquilla et serena, *Id. Au figuré :* Frons causæ, *QUINT., l'entrée de la cause.* Octo cohortes in fronte constituit, *SALL.* Frons illi periit, *PERS., il a perdu toute honte.*

1054. *Facilitas. Lenitas. Comitas. Affabilitas.*

FACILITAS, *facilité à pardonner, à accorder quelque chose, complaisance :* Malè docet te mea facilitas multa, *TER.* Meam facilitatem laudate, cùm vobis non meo judicio, sed studio vestro inductus respondero, *CIC.* Dignitate principibus excellit, facilitate par infimis esse videtur, *Id.*—LENITAS, *douceur :* Lenitas est justitia in moderatione animadvertendi, *CIC.* Inepta lenitas patris et facilitas prava, *TER., une bonté de père déplacée, et une facilité pernicieuse.* Facilitas in audiendo, lenitas in decernendo, *CIC.* Lenitas *convient à celui qui adoucit la punition ; et* facilitas, *à celui qui pardonne les fautes, ou qui accorde ce qu'on lui demande.* — COMITAS, *politesse :* Idque comitate magis fit quàm vanitate, *CIC.*—AFFABILITAS (*de* fabulari), *affabilité, douceur dans le langage et dans les propos :* Difficile dictu est quantoperè conciliet animos hominum comitas affabilitasque sermonis, *CIC.* Affabilitas *diffère de* comitas, *en ce que l'une est douceur dans le langage, et l'autre dans toutes les manières.*

1055. *Facinus. Flagitium. Scelus. Nefas.*

FACINUS (*de* facere), *est une action hardie; lorsqu'il n'est pas déterminé par une épithète, il se prend en mauvaise part :* Homines ad vim, ad facinus, cædemque delecti, *CIC. Il se prend en bonne part lorsqu'il est déterminé par une épithète :* Aliquo negotio intentus præclari facinoris, *SALL.* — FLAGITIUM (*de* flagitare), *est pris dans Plaute pour une demande pressante et importune :* Flagitio cum majore post reddes tamen, *PLAUT. Il se dit de tout crime honteux :* Quod facinus à manibus unquàm tuis, quod flagitium à toto corpore abfuit ? *CIC.* Flagitiis atque facinoribus coopertus, *SALL. Cicéron a employé* flagitium *pour erreur, en parlant des atomes de Démocrite :* Tantamne fuisse oblivionem in scripto præsertìm, ut ne legens quidem senserit quantùm flagitii admisisset. *Il est pris dans Horace pour lâcheté :* Damno flagitium additis. — SCELUS, *crime énorme, action de cruauté et d'impiété :* Et si quà culpà tenemur erroris humani, à scelere certè liberati sumus, *CIC.* Pygmalion scelere ante alios immanior omnes, *VIRG.* Posteà quod scelus, quod facinus parricida non edidit? *CIC.*—NEFAS (non fas), *action défendue par les lois divines :* Dirum nefas, *VIRG.* Grande nefas et morte piandum, *HOR.* Is cui nihil unquàm nefas fuit nec in facinore nec in libidine, *CIC.* Audentis est quodcunque facinus; flagitium, corruptoris, aut ignavi ac timidi; scelus, atrocis ac jamdudùm perversi; nefas, impii et sacrilegi.

1056. *Factio. Seditio.*

FACTIO (*de* facere), *proprement l'action de faire :* Cui testamenti factio nulla esset, *CIC., celui qui n'avait pas droit de tester. Il se prend plus ordinairement pour faction, parti, cabale :* Factio, *dit Valla*, discessio hominum in diversas partes; seditio repens et tumultuaria dissensio multitudinis, quà alii in alios hostili animo feruntur; illa ferè ab optimatibus, quibus populus catervatìm adhæret; hæc à vulgo. Factio nobilium, *CIC.* Omnes eadem cupere, eadem odisse, eadem metuere, inter bonos amicitia est; inter malos factio est, *SALL.* Dissensio civium, quòd seorsùm eunt alii ad alios, seditio dicitur, *CIC.*

1057. *Facultas. Facultates. Ops. Opes. Divitiæ. Copia.*

FACULTAS (*de* facere), *faculté, puissance :* Facultas est aut quà faciliùs fit, aut sine quà aliquid confici non potest, *CIC.* Facultas dicendi et copia, *Id.* — FACULTATES *se prend pour les biens, la fortune de chaque particulier :* Modicus facultatibus, *TAC.* Effectum est ut dando et accipiendo, et permutandis facultatibus et commodis nullà re egeremus, *CIC. Au figuré :* Facultates ingenii, *CIC.* — OPS.

*secours, aide; au singulier, il n'est usité qu'à trois cas :* Opis, opem, ope. Nec opis spes ulla dabatur, *VIRG.* Ad te confugimus, à te opem petimus, *CIC.*—OPES *se prend ordinairement pour richesses, pouvoir :* Magnas inter opes inops, *HOR.* Ab eo mihi litteræ redditæ sunt, quibus jam opes meas, non ut in superioribus litteris opem, exspectat, *CIC.* Nam sæpè in civitate ii quibus opes nullæ sunt, bonis invident, malos extollunt, *Id.* Trojanas ut opes et lamentabile regnum eruerint Danai, *VIRG.* — DIVITIÆ, *grande fortune, biens, richesses :* Quod si assequar, supero Crœsum divitiis, *CIC.* Divitiæ apud sapientem virum in servitio sunt, apud stultum in imperio, *SEN.*, *le sage commande aux richesses, l'insensé en est esclave.*—COPIA *et* COPIÆ, *synonyme des autres, abondance, fortune :* Divitiarum fructus est in copiâ ; copiam autem declarat satietas rerum, *CIC.* Si te adducamus ut hoc suscipias, erit materia digna facultate et copiâ tuâ, *Id.* Singulorum copiæ parvæ sunt ; eorum autem, qui egeant, infinita multitudo, *Id. Au figuré :* Rerum copia verborum copiam gignit, *CIC.*

### 1058. *Fama. Rumor.*

FAMA (*de* φήμη, *bruit*) *et* rumor *diffèrent en ce que* fama *se prend pour la renommée, la réputation, et suppose plus d'importance et de solidité :* Famâ super æthera notus, *VIRG.* Inservire famæ, *CIC.*—RUMOR *est simplement un bruit qui court :* Quotidiè quæ volumus audimus, sed adhuc sine auctore, rumore nuncio, *CIC.* Nihil perfertur ad nos præter rumores, *Id.* Rumor est sermo quidam sine ullo certo auctore dispersus, cui malignitas initium dedit, incrementum credulitas, *QUINT.*

### 1059. *Famosus. Infamis.*

FAMOSUS, *fameux, dont on parle beaucoup :* Urbs famosa, *TAC.*, *parlant de Rome.* Ponet famosæ mortis amorem, *HOR. Il est souvent pris en mauvaise part :* Nam me ad famosas mater vetuit accedere, *CIC.* Carmen famosum, *HOR.*, *un poëme diffamatoire.* — INFAMIS (sine famâ) *est toujours en mauvaise part ; c'est un homme qui a perdu tout honneur, et s'est attiré la haine des gens de bien :* Homines vitiis atque omni dedecore infames, *CIC. Il se dit aussi des choses :* Annus infamis pestilentiâ, *LIV.* Infames scopuli, *HOR.*

### 1060. *Famula. Ancilla.*

FAMULA (de familia), *celle qui est au service d'un maître sans perdre sa liberté; c'était une femme de confiance :* Quinquaginta intùs famulæ, quibus ordine longo cura penum struere, et flammis adolere Penates, *VIRG.* — ANCILLA (*d'anclare, ou mieux* antlare, *administrer, du grec* ἀντλῶ), *une servante, dont les fonctions étaient moins relevées; elle perdait sa liberté :* An partus ancillæ in fructu sit habendus, *CIC.* Ancillam dominæ jussu aliquid facere, *Id.*

### 1061. *Famulus. Servus. Verna. Minister.*

FAMULUS, *un serviteur, un domestique :* Parare pecuniam, equos, famulos, *CIC.* Famuli ideæ matris, *Id.*, *les prêtres de Cybèle.* Famulus *conservait sa liberté.* — SERVUS, *substantif*, (de servare, *parce qu'on gardait les prisonniers faits sur l'ennemi, dit Donat, au lieu de les faire mourir*). Servus *appartenait à son maître, qui pouvait le vendre ou l'échanger :* Servi quorum fortunæ conditio infima est, *CIC.* Servos de republicâ benè meritos persæpè libertate donari vidimus, *Id.* — VERNA *est un esclave né dans la maison :* Quid, nutrici non missurus quicquam, quæ vernas alit ? *PLAUT.* Verna ministeriis ad nutus aptus beriles, *HOR.* — MINISTER (de ministrare, *fournir*), *n'est point un esclave ; c'est un familier qui rend des services obligés, ou un homme qui sert d'instrument pour faire une chose :* Itaque illi disertissimi homines ministros habent in causis jurisperitos, *CIC. Au figuré :* Minister ac satelles cupiditatum, *CIC.*

### 1062. *Falsus. Fallax. Pellax.*

FALSUS (de fallere), *qui trompe, et qui est trompé :* Falsus sodalibus, *CIC.*, *perfide à ses compagnons.* Tace, false Philocrates, *PLAUT.*, *tais-toi, déguisé Philocrate.* Falsus es, *TER.*, *vous vous trompez.* Litteræ falsæ et corruptæ, *CIC.* — FALLAX *trompeur, qui est dans l'habitude de tromper :* Fallaces astrologi, *CIC.* Servus fallax, *OVID.* Spes falsa et fallax, *Id.* — PELLAX, *trompeur, se dit d'un homme qui cache sa fourberie :* Invidiâ sed enim postquàm pellacis Ulyssei... superis concessit ab oris, *VIRG.*

### 1063. *Fanaticus. Lymphatus. Lymphaticus.*

FANATICUS (*de fanum*), *agité d'une fureur divine :* Fanatici philosophi, *CIC.* Carmine fanatico vaticinari, *LIV.* Fanaticus error, *HOR.* — LYMPHATUS (quasi nymphatus), *troublé, visionnaire. Les anciens croyaient qu'on devenait fou quand on avait vu dans une fontaine une espèce de nymphe :* Et tunc quidem velut lymphati et attoniti munimentis suis trepido agmine inciderunt, *Liv*. Lymphati milites, *Tac*.— LYMPHATICUS, *propre à troubler l'esprit:* Lymphatica somnia, *Plin*. Lymphaticus pavor, *Liv*.

1064. *Fari. Loqui. Dicere. Perhibere.*

FARI (*de* φάω, φημί, *parler*), *est proprement user de la faculté de montrer ou de produire ses idées, ne fût-ce que par un mot; de là* infans : non fans. Puer nescius fari, *Hor*. Fari *a, pour ainsi dire, l'air antique; il est de cérémonie; il a quelque chose de plus noble que* loqui *et* dicere : Tùm ad eos is Deus qui omnia genuit, fatur : hæc vos, etc., *Cic*. — LOQUI (*de* λόγος, sermo), *parler en être intelligent, ce qui ne peut naturellement convenir aux bêtes; aussi Virgile dit-il :* Pecudesque locutæ, infandum! Apertè loqui, *Cic*. Loqui *se dit bien d'une lettre:* Accepi tuas epistolas : purè loquuntur humanitatis sale sparsæ, *Cic*. — DICERE (*peut-être de* δείκω, δεικνύω, *montrer*), *expliquer de suite ses pensées:* Desinant dicere malè aliquem locutum esse, si quis verè ac liberè locutus sit, *Cic*. Loqui *convient aux dialecticiens, et* dicere, *aux orateurs :* Aliud videtur oratio esse, aliud disputatio, nec idem loqui esse, quod dicere, *Cic*. Ut hoc videlicet differant inter se, quòd hæc ratio dicendi latior sit, illa loquendi contractior, *Id. On dirait bien :* Nonnullos videre est, qui graviter fari incipientes cùm permulta locuti sunt, pauca tamen dixisse visi sunt. — PERHIBERE, *dire, assurer :* Cœlum nostri Graii perhibent æthera, *Cic*.

1065. *Fascia. Vitta. Tænia.*

FASCIA, *écharpe, large bande servant à divers usages :* Fascia lecti, *Cic*. Fascia pectoralis, *Mart*. Devinctus erat fasciis, *Cic*. — VITTA, *bandelette, petite bande avec laquelle on lie, on entoure quelque chose :* Solvite crinales vittas, *Virg*. *On en attachait à la coiffure des prêtres :* Redimitus tempora vittis, *Virg*. *On en ornait les victimes :* Velatus auro vittisque juvencus, *Virg*. — TÆNIA (ταινία *de* τείνω, tendo), *ligature, ruban long et étroit :* Puniceis evincti tempora tæniis, *Virg*. Fit longæ tænia vittæ, *Id*.

1066. *Fascis. Fasces. Fasciculus.*

FASCIS (*de* φακέλλος, *paquet*), *proprement, des choses liées ensemble pour les porter :* Injusto sub fasce viam dùm carpit, *Virg*. Fasces stramentorum ac virgultorum, *Cæs*. *Au pluriel, il se prend aussi pour ces faisceaux de baguettes, surmontés d'une hache, qu'on portait devant les premiers magistrats* : Prætoribus præferre fasces, *Cic*. — FASCICULUS (*diminutif de* fascis), *petit paquet :* Epistolarum fasciculus, *Cic*.

1067. *Fateri. Confiteri. Profiteri.*

FATERI, *avouer, reconnaître :* Cùm tutè fassus esses te id crimen tantò antè metuisse, *Cic*. *Il suppose ordinairement l'interrogation :* Hæc sum rogaturus, navem debeantne; fatebuntur, *Cic*. — CONFITERI, *avouer de soi-même, confesser:* Vir sapiens peccatum suum, quod celari posset, maluit confiteri, *Cic*. Cùm id posset inficiari, repentè confessus est, *Id*.— PROFITERI, *déclarer, avouer publiquement :* Fateor atque etiam profiteor et præ me fero perduellionis judicium à me fuisse sublatum, *Cic*. *Voici un exemple où cette différence est bien marquée :* Confitetur atque ità confitetur, ut non solùm fateri, sed etiam profiteri videatur, *Cic*.

1068. *Fatiscere. Dehiscere.*

FATISCERE (fatim hiscere), *s'ouvrir, se dissoudre :* Accipiunt inimicum imbrem, rimisque fatiscunt (naves), *Virg*. Pinguis tellus haud unquàm manibus jactata fatiscit, *Virg*., *une terre grasse, quoique pétrie à la main, ne s'émie jamais. Au figuré :* Mens expugnata fatiscit, *Stat*.— DEHISCERE (hiscere de), *se fendre, s'entr'ouvrir :* Sed mihi vel tellus optem priùs ima dehiscat, *Virg*. Æquor dehiscit, *Id*. *On ne dirait pas* æquor fatiscit. Fatiscit tellus *signifie la terre se résout en poussière;* Dehiscit tellus, *la terre s'entr'ouvre.*

1069. *Fatum. Providentia.*

FATUM (*de* fari, fatus), *destin; les philosophes païens appelaient ainsi un enchaînement nécessaire de causes subordonnées les unes aux autres, qui produisait nécessairement son effet. Le destin était une divinité allégorique. On le représentait tenant en ses mains l'urne qui renfermait le sort de tous les hommes. Ses arrêts étaient irrévocables, et son pouvoir si grand, que tous les autres dieux lui étaient soumis :* Fati necessitas, quod à Deo constitutum et designatum est, ut eveniat causarum series sempiterna, causæ æternæ rerum futurarum, causæ inclusæ in rerum naturâ, *Cic*. *Au fond, les païens mêmes n'avaient pas une haute idée du destin :* Anile sanè et plenum superstitionis fati nomen ipsum, *Cic*. Fatum *emporte avec soi une idée de nécessité; et* providentia, *une idée de sagesse.* — PROVIDENTIA (*de* videre pro), *la providence, la suprême sagesse, par laquelle Dieu conduit toutes choses :* Divina providentia efficere potest quidquid velit, CIC. Dei providentiâ mundum administrari, *Id. Il se prend pour prévoyance :* Providentia est per quam futurum aliquid videtur, antequàm eveniat, CIC.

### 1070. *Favere. Secundare.*

FAVERE, *être favorable :* Favere sententiæ alicujus, CIC. Ventis faventibus navigare, OVID. Favete linguis, TER., *écoutez favorablement. On se servait aussi de cette expression dans les sacrifices, dans le sens de* bona verba fari, *dire des paroles favorables; car les hérauts commandaient au peuple de favoriser les sacrifices :* Idcircò omnibus rebus agendis... rebusque divinis, quæ publicè fierent, ut faverent linguis imperabatur, CIC. — SECUNDARE, *rendre heureux, faire réussir. Il ne se dit qu'en poésie :* Dii nostra incœpta secundent, VIRG. Aura blanda secundat aquas, OVID.

### 1071. *Favorabilis. Faustus. Prosper. Propitius.*

FAVORABILIS, *favorable, qui favorise, parlant des personnes :* Auram favorabilis populi ex dictatoriâ invidiâ petiit, LIV. *Parlant des choses, bien reçu, agréable :* Oratio favorabilis, QUINT. — FAUSTUS, *heureux, ne se dit que des choses :* Faustus dies, TER. Nox fausta, CIC. — PROSPER, *qui réussit, qui va bien :* Prospera fortuna, HOR. Si quid ex progenie suà parum prosperum sit, mutæ etiam fovent bestiæ, CIC. *Parlant des personnes, il signifie bon, favorable :* Dii prosperi, CIC. — PROPITIUS, *propice ; il est opposé à* iratus, infestus : Hunc propitium sperant, illum iratum putant, CIC. Fortuna quæ nobis infesta est, fuit aliquandò propitia, *Id.*

### 1072. *Fautor. Adjutor.*

FAUTOR, *qui favorise, qui protége :* Hic nobilitatis fautor fuit, CIC. — ADJUTOR, *qui aide, qui donne du secours :* Se ad eam rem profitetur adjutorem, CÆS. Cujus ego ab adolescentiâ fautor et adjutor exstiti, CIC.

### 1073. *Faux. Gula. Guttur. Jugulum.*

FAUX, *le conduit de la gorge considéré dans la longueur ; l'espace qui est entre* gula *et* guttur, *ou la partie supérieure de* gula, *la plus près du menton, mais intérieure, où la bouche se resserre :* Summum gulæ fauces vocantur, PLIN. Os devoratum fauce cùm hæreret lupi, PHÆD. *Au figuré :* Eripere Italiam è faucibus Annibalis, LIV. — GULA, *l'œsophage, canal membraneux qui s'étend depuis le fond de la bouche jusqu'à l'orifice supérieur de l'estomac, dans lequel il conduit les aliments :* Laqueo gulam frangere, SALL. Apponunt oculis plurima, pauca gulæ, MART. Gulæ parens, HOR., *un gourmand.* — GUTTUR, *gosier, la partie intérieure de la gorge par où les aliments passent de la bouche à l'estomac :* Ille fame rabidâ tria guttura pandens, VIRG. *Il se dit du canal par où sort la voix :* Et liquidum tenui gutture cantat avis, OVID. — JUGULUM, *gorge, la partie de devant le cou :* Dare jugulum cultris, OVID. Jugula sua pro meo capite Clodio ostentârunt, CIC.

### 1074. *Fax, Tæda. Funale. Candela. Cereus.*

FAX, *flambeau, soit de bois, soit de métal ; ceux de bois étaient enduits, et ceux de métal remplis de quelque matière grasse propre à s'enflammer :* Multifidæ faces, OVID., *morceaux de bois fendus en plusieurs quartiers pour faire des flambeaux. Au figuré :* Invidiæ faces, CIC. Faces dolorum, *Id., les atteintes de la douleur.* Inflammari corporis facibus, *Id., être enflammé du feu de la concupiscence.* Addere alicui faces, TAC., *pousser, animer quelqu'un.* — TÆDA, *morceau de bois de pin, ou d'autre bois résineux, qu'on allumait pour servir de flambeau :* Pinea tæda, OVID. Sic effata facem juveni conjecit, et atro lumine fumantes fixit sub pectore tædas, VIRG. *Au figuré :* Felices tædæ, CATUL., *heureux mariage.* — FUNALE (de funis), *flambeau fait de corde enduite d'une matière inflammable :* Vincunt funalia noctem, VIRG. *Il se prend pour corde :* Funda media duo funalia imparia habebat, CIC. — CANDELA, *sorte de cierge à l'usage des pauvres :* Me quem luna solet deducere, vel breve lumen candelæ cujus dispenso et tempero filum, JUV. *Lorsque ce cierge était de cire, il s'appelait* CEREUS : Hic tibi nocturnos præstabit cereus ignes, MART.

### 1075. *Fecialis. Caduceator.*

FECIALIS, *un héraut d'armes, orateur que les Romains envoyaient pour demander réparation du tort que leurs voisins leur avaient fait ; ou pour leur déclarer la guerre :* Priusquàm indicerent bellum, iis, à quibus injurias factas sciebant, feciales legatos mittebant quatuor, quos oratores vocabant, VAR. *Les féciaux composaient un collége de prêtres, dont la principale fonction était d'intervenir dans les déclarations de guerre et les traités de paix ou d'alliance, et de consacrer ces actes par des formalités religieuses. C'est dans ce sens que Cicéron dit, parlant de Verrès :* Habemus hominem in fecialium manibus educatum, unum præter cæteros in publicis religionibus fœderum sanctum ac diligentem. — CADUCEATOR (*de caduceus*). *Le caducée était une verge accolée de deux serpents, que les poëtes attribuent à Mercure : le caducée était un des symboles de la paix. Le héraut qu'on envoyait aux ennemis pour leur faire quelque proposition, portait un caducée :* Ipsos se in deditionem consulis caduceum præferentes permisisse, *LIV.*

1076. *Ferax. Fertilis. Fœcundus. Uber.*

FERAX (*de* ferre), *proprement, qui se plaît à produire :* Venenorum ferax Iberia, *HOR.* Terra ferax Cereri, multòque feracior uvis, *OVID.* — FERTILIS, *qui peut produire :* Ager, quamvis fertilis, sine culturà fructuosus esse non potest, *CIC.* — FOECUNDUS, *fécond, qui a en soi le germe ou le principe de beaucoup de productions, parlant des animaux, de la terre, des esprits, et non des arbres :* Sue nihil genuit natura fœcundius, *CIC.* Fossionibus fit terra fœcundior, *Id.* — UBER *se dit d'un fonds excellent, abondant :* Rivi uberes lactis, *HOR.* Terris uberibus fertilis Umbria, *PROPERT. Au figuré :* Ingenium uberius, *OVID.* Vir ornatus uberrimis artibus, *CIC.*

1077. *Feriæ. Justitium.*

FERIÆ, *jours de repos, où le travail était défendu :* Feriarum ratio in liberis requietem habet litium et jurgiorum; in servis, operum et laborum, *CIC. On ne fêtait pas toujours les féries.*—JUSTITIUM (*de* jus *et de* stare), *les vacations, les vacances du palais :* Justitium per aliquot dies servatum, *LIV.* Justitium remittere, *Id., ouvrir le barreau, recommencer à plaider.* Justitium, *dans Tacite, est pris pour une trêve des exercices militaires.*

1078. *Feritas. Ferocia. Ferocitas. Barbaries.*

FERITAS, *cruauté, naturel féroce :* Ex feritate ad mansuetudinem traducere, *CIC.* — FEROCIA, *fierté, présomption :* Impetum gladiatoris ferociamque comprimere, *CIC.* Ferocia *se dit de l'état actuel, et* FEROCITAS *de l'état habituel; il est souvent pris pour caractère bouillant, vif :* Infirmitas puerorum, ferocitas juvenum, et gravitas jam constantis ætatis, *CIC. Il se prend pour férocité, cruauté :* Ferocitatem victoriæ extimescere, *CIC.* — BARBARIA *et* BARBARIES, *dans les bons auteurs, ne signifie pas férocité, mais grossièreté, mœurs sauvages d'un peuple non civilisé :* Ægypti et Syri, et cuncta barbaries, *CIC.* Cæsar inveteratam quamdam barbariam ex Gaditanorum moribus disciplinâque delevit, *Id.* — *Locution vicieuse et étrangère à la langue, synonyme de* barbarismus : Omnes tùm ferè qui nec extra urbem hanc vixerant, nec eos aliqua barbaries domestica infuscaverat, rectè loquebantur, *CIC.*

1079. *Ferre. Portare. Vehere.*

FERRE, *soutenir, supporter, soit qu'on demeure en place, soit qu'on passe d'un lieu dans un autre. Il se dit des choses physiques et morales :* Ferre jugum, *HOR.* Lecticâ per oppidum ferri, *CIC.* Ferre dolorem, *Id.* Ità ferunt rationes meæ, *Id.* Ferre sententiam, *Id.* Rex te in oculis ferebat, *TER.* Ferre tribum, *CIC., avoir le suffrage d'une tribu.* — PORTARE, *porter d'un lieu dans un autre. Il ne se dit que des choses matérielles ou considérées comme telles poétiquement :* Naves portabant legatos Romam, *LIV.* Portare bellum, *VIRG.* Fallaciam portare alicui, *TER. On peut encore observer que* portare *ne se dit guère d'un fardeau léger; on ne dirait pas* portare annulum, *c'est* ferre. — VEHERE, *voiturer de quelque manière que ce soit :* Curru vehi, *CIC.* Equus in quo vehebar, *Id.* Vehere fructus ex agris, *LIV.* Cibum ore vehit formica, *OVID. Au figuré:* Tanquam ratis in mari immenso nostra vehitur oratio, *CIC.*

1080. *Ferre ad populum. Referre ad populum.*

FERRE AD POPULUM, *proposer au peuple une loi, ou autre chose, pour qu'il approuve ou qu'il rejette :* Cùm primùm magistratum iniisset, ad populum ferret, ut Fabium decemvirum esse juberent, *LIV.* — REFERRE AD POPULUM, *rapporter une chose au peuple pour le consulter :* Postulabatur ut consules eam rem ad populum referrent, *LIV.*

1081. *Ferre fructum. Capere fructum.*

FERRE FRUCTUM, *recueillir du fruit, et produire du fruit :* Quarum rerum fructum satis magnum me tulisse putabo, *CIC.* Sedulitas mea et mihi et reipublicæ tulit fructum, *Id.* — CAPERE FRUCTUM, *recueillir du fruit :* Magnum fructum studiorum optimorum capis, *CIC.*

1082. *Ferre pedem. Efferre pedem. Inferre pedem.*

**Ferre pedem**, *porter ses pas :* Quem nec ferre pedem dedecuit choris, *Hor.* Hùc intrò tulisti pedem, *Plaut.* — **Efferre pedem**, *sortir :* Qui pedem portà non extulerit, *Cic.*—**Inferre pedem**, *s'avancer vers :* Ultrò inferens pedem ad unum omnes occidit, *Liv.* Clamore renovato intulerunt pedem, *Id.*

1083. *Ferreus. Ferratus.*

**Ferreus**, *de fer :* Annulus ferreus, *Ovid. Au figuré :* Ferreus essem, si te non amarem, *Cic.* Somnus ferreus, *Virg.*, *un sommeil insurmontable.* — **Ferratus**, *garni de fer :* Ferrata hasta, *Liv.* Ferrati orbes, *Virg.*, *des roues garnies de fer.*

1084. *Fervere. Effervescere. Ebullire.*

**Fervere**, *bouillir, être vivement agité :* Fervet æstu pelagus, *Cic. Au figuré :* Fervet opus, *Virg.* Pectus avaritià, miseroque cupidine fervet, *Hor.* — **Effervescere**, *répandre en bouillant, bouillir avec force :* In his aquis quæ effervescunt subditis ignibus, *Cic. Au figuré, s'échauffer, s'agiter :* Effervescere in dicendo, *Cic.*—**Ebullire**, *jeter des bouillons :* Ubi ebullibit vinum, ignem subducito, *Cat. Au figuré :* Quod solet ebullire, *Cic.*, *ce qui lui échappe souvent.* Ebullire *marque le mouvement que prend un liquide qui bout sur le feu ;* effervescere *est le mouvement qui s'excite dans une liqueur dans laquelle il se fait combinaison de substances. L'eau qui bout,* ebullit; *le fer dans l'eau forte,* effervescit.

1085. *Fessus. Defessus. Fatigatus. Defatigatus. Lassus.*

**Fessus** (*de* fatiscere), *épuisé, affaibli, rebuté, languissant :* Fessus vulnere, cursu, *Liv.* Fessus inedià fluctibusque, *Cic.* Ætate fessus, *Id.* — **Defessus**, *qui est si épuisé, qu'il se rend.* Fessus *et* defessus *se disent de l'âme et du corps :* Cùm jam tortor atque essent tormenta ipsa defessa, *Cic.* Defessus labore disputationis, *Id.* Defessa ac refrigerata accusatio, *Id.* — **Fatigatus**, *harcelé, harassé, fatigué :* Ludo et somno fatigatus, *Hor.* Longo itinere fatigatum et onere fessum, *Liv.* — **Defatigatus** *ajoute à l'idée de* fatigatus : Defatigati cursu et spatio pugnæ, *Cæs.* Litterarum studio fatigari quidem licet, sed non defatigari.—**Lassus**, *las, abattu. Si un homme a eu longtemps les bras ou le corps dans une position gênante, on dira qu'il est* lassus, *et non pas* fessus *ou* fatigatus ; *il se dit de l'esprit et du corps :* Lassus opere faciundo, *Plaut.* Lassus animus et curà confectus, *Ter.* Lassus stomachus, *Hor. On dirait mal* lassus inedià, vulnere, ætate. *La continuation d'une même chose lasse, le travail fatigue : être las, c'est ne pouvoir plus agir ; être fatigué, c'est avoir trop agi. Quand on est las du travail, il faut le suspendre ou le changer ; quand on est fatigué, il faut se reposer ; quand on est* defatigatus, *harassé, on doit se rétablir.*

1086. *Festinè. Festinanter.*

**Festinè**, *de bonne heure, promptement :* Si quid fortè de comitiis (soles enim tu hæc festinè odorari), scribas ad me, *Cic.* —**Festinanter**, *à la hâte, avec précipitation :* Illud mihi à te nimiùm festinanter dictum videtur, sapientes omnes esse beatos, *Cic.*

1087. *Festus. Festivus.*

**Festus**, *de fête, de réjouissance :* Dies illi pro festis penè funesti exstiterunt, *Cic.* Dapes festæ, *Hor. Le même auteur a dit* festus pagus, *le village qui est en fête.*— **Festivus**, *enjoué, gracieux :* Homo festivus, *Cic.* Sermo festivus, *Id.* Locus festivus, *Plaut.*

1088. *Fex. Sentina.*

**Fex**, *la lie, le sédiment qui se dépose au fond d'une liqueur, et qui a fermenté :* Peruncti fecibus ora, *Hor.* Diffugiunt cadis cum fece siccatis amici, *Id. Au figuré :* Fex urbis, *Cic.*, *la lie du peuple.* — **Sentina**, *sentine, la partie la plus basse du navire, dans laquelle s'écoulent toutes les ordures ; le fond du vaisseau, où l'eau qui y entre se rassemble et se corrompt :* Cùm alii malos scandant, alii per foros cursent, alii sentinam exhauriant, *Cic. Au figuré :* Sentina reipublicæ, *Cic.*, *l'égout de la république, la vile canaille.*

1089. *Fictio. Figmentum. Confictio.*

**Fictio** (*de* fingere), *l'action de former :* In avium fœtibus fictio à capite sumit exordium, *Lact. Au figuré :* Fictio nominis, *Quint.*, *l'action de faire un mot. Le même auteur l'a employé pour feinte, fiction.*— **Figmentum**, *figure, statue de terre :* Animalis figmentum, *Gell. Au figuré, chose feinte :* Integræ sententiæ, veræ, novæ, sine figmentis fucoque puerili, *Cic.*—**Confictio**, *l'action de controuver, de feindre :* Criminis confictionem accusator Erucius suscepit, *Cic.*

1090. *Fictor. Pictor.*

FICTOR (*de* fingere), *celui qui fait des statues, des figures :* Ut faber non ipse facit materiam, sed eà utitur quæ sit parata, fictorque item cerâ, sic., etc., *CIC. Au figuré :* Fictor legum, *PLAUT.*—PICTOR (*de* pingere), *peintre, celui qui fait des tableaux :* Nicomachus et Protogenes, perfecti pictores fuerunt, *CIC.* Deos à facie novimus, quâ pictores fictoresque voluerunt, *Id.*

1091. *Fictus. Commentitius.*

FICTUS (*de* fingere), *proprement, formé :* Ex argillâ et luto fictus homulus, *CIC. Au figuré, feint, déguisé :* Fictus et astutus homo, *HOR.* Ficto pectore fatur, *VIRG.* — COMMENTITIUS, *controuvé, inventé à plaisir :* Crimen commentitium confirmare, *CIC.* Ficta et commentitia fabula, *Id.* Commentitii et ficti dii, *Id.*

1092. *Fidelis. Fidus.*

FIDELIS. Huic verbo, *dit Cicéron,* domicilium proprium est in officio, migrationes in alienum multæ; nam et doctrina, et domus, et ars, et ager etiam fidelis dici potest, *ce mot, au propre, a rapport au devoir; mais il se prend souvent au figuré, car on dit une doctrine, un art et même un champ fidèle.* Fidelis *signifie fidèle, exact à garder sa foi, qui est de bonne foi :* Servus egregiè fidelis, *CIC.* Conjux fidelissima, *Id. Au figuré :* Amicitia fidelis, *CIC.* Fidele consilium dare, *Id.* — FIDUS, *sûr, à qui l'on peut se fier, attaché :* Fida pax Romanis fuit cum Porsenâ, *LIV.* Fidissimus cultor imperii romani, *Id.* Fidus interpres, *HOR.* Qualive amico mea commendavi bona, probo, et fideli, et fido, et cum magnâ fide, *PLAUT.*

1093. *Fidelitas. Fides.*

FIDELITAS, *fidélité, exactitude à remplir ses engagements, ses devoirs :* Vita mea quæ amicorum fidelitate conservata est, *CIC.* Erga patriam fidelitas, *Id.* — FIDES, 1° *foi, bonne foi dans ses promesses :* Fundamentum justitiæ est fides, id est, dictorum conventorumque constantia et veritas, *CIC.* Credamusque, quia fiat, appellatam fidem, *Id.* 2° *créance, confiance :* Habenda fides non est somniantium visis, *CIC.* Res habuit fidem, *OVID., on crut la chose.* Ad fidem earum rerum, *LIV., pour preuve de cela.* Non ideò faciebat fidem civilis animi, *TAC., avec cela il ne persuadait pas les Romains qu'il fût citoyen dans l'âme.* Fides animo, fidelitas re declaratur.

1094. *Fidens. Confidens. Præfidens. Diffidens.*

FIDENS, *plein de confiance; il se prend ordinairement en bonne part :* Animus prudentiâ, consilioque fidens, *CIC.* Fidens animi, *VIRG.*—CONFIDENS, *présomptueux :* Nec minùs niger, nec minùs confidens quàm ille Terentianus Phormio, *CIC. Cicéron blâme l'usage de n'employer* confidens *qu'en mauvaise part :* Qui fortis est, idem est fidens; nam confidens malâ consuetudine loquendi in vitio ponitur. — PRÆFIDENS, *qui a trop de confiance :* Homines rebus secundis effrænatos, sibique præfidentes tanquam in gyrum rationis et doctrinæ duci oportere, *CIC.* — DIFFIDENS *est l'opposé des précédents. Il désigne celui qui n'a aucune confiance :* Nihil affirmabo, quæram omnia, dubitans plerùmque, et mihi ipse diffidens, *CIC.* Diffidens et desperans de rebus suis, *Id.*

1095. *Fidentia. Fiducia. Confidentia.*

FIDENTIA, *hardiesse, assurance, fermeté d'âme :* Fidentia est per quam magnis et honestis in rebus multùm ipse animus in se fiduciæ certâ cum spe collocavit, *CIC.* Fidentia, scientia quædam est et opinio gravis, non temerè assentiens, *Id.* — FIDUCIA, *confiance :* Quæ facio, tuâ fiduciâ facio, *CIC.* Arripuit insolentem sibi fiduciam, *PHÆD.* At plerique suam ipsi vitam narrare, fiduciam potiùs morum, quàm arrogantiam arbitrati sunt, *TAC., la plupart ont cru que d'écrire eux-mêmes leur vie, c'était plutôt un effet d'honnête confiance en leur vertu, que d'arrogance et de vanité.* Fiducia *se prend aussi pour un accord entre le créancier et le débiteur pour sûreté de son dû, d'après lequel le gage lui demeurera pour la dette, s'il n'est pas payé dans un certain temps :* Pecuniam adolescentulo grandi fœnore, fiduciâ tamen acceptâ, occupâsti, *CIC., vous avez prêté à ce jeune homme de l'argent à un gros intérêt, en prenant cependant une terre qui lui appartenait, pour plus grande assurance. Il se prend encore pour vente feinte et simulée, par confidence, à condition de réméré :* Qui fiduciam accepit, debet præstare fidem, *CIC., celui qui a acheté quelque chose à condition qu'on le pourra racheter, doit garder fidélité au vendeur.* Fiduciam committere, *Id., vendre à condition de rachat ou de réméré.* — CONFIDENTIA *est ordinairement une confiance mal fondée, une témérité :* Tantâ confidentiâ estis; auferte enim istam superbiam, *CIC.* Confidentia et temeritas, *Id.* Quæ signa confidentiæ sunt, non innocentiæ, *Id.*

1096. *Figularis. Fictilis.*

FIGULARIS (*de* fingere), *de potier, de poterie :* Rota figularis, *PLAUT.*, *une roue de potier.* Figularis creta, *COL.*, *terre à pots.* — FICTILIS, *d'argile, fait d'argile :* Fictilia vasa, *CIC.* Figuræ fictiles, *Id.*

1097. *Figura. Forma.*

FIGURA, *dit Popma*, est qualitas et dispositio totius corporis : ut hominis figura recta est, prona animantium. Forma, facies cujusque rei, et convenientia partium expleta atque perfecta ; ut in homine forma liberalis, mediocris. Fictor, *dit Varron*, cùm dicit fingo, figuram imponit, cùm dicit informo, formam. Figura, *la figure naît du dessin, et résulte du contour de la chose :* Figura totius oris et corporis, *CIC. Au figuré :* Negotii figura, *CIC.*, *la tournure d'une affaire.* Vocis figura, *Id.* — FORMA, *la forme, ce qui détermine la matière à telle ou telle chose. La forme naît de la construction, et résulte de l'arrangement des parties :* Principio corporis nostri magnam natura ipsa videtur habuisse rationem, quæ formam nostram, reliquamque figuram, in quâ esset species honesta, eam posuit in promptu, *CIC.* Formæ figura, *Id.* Figura *distingue les individus; et* forma *caractérise les espèces. On ne donne guère en architecture la* figure *ronde qu'aux pièces uniques et isolées; le paganisme a peint la Divinité sous toutes sortes de* formes.

1098. *Figurare. Formare. Efformare. Conformare.*

FIGURARE, *donner une figure :* Terga ad onus ferendum figurata, *CIC.* Deus mundum eâ formâ figuravit, quâ unâ omnes reliquæ formæ concluduntur, *Id. Au figuré :* Os tenerum pueri balbumque poëta figurat, torquet ab obscœnis jam tùm sermonibus aurem, mox etiam pectus præceptis format amicis, *HOR.* — FORMARE, *donner une forme :* In muliebrem figuram habitumque formari, *CIC.* Materia quam fingit formatque effectio, *Id. Au figuré :* Orationem formare, *CIC.* Formare classem, *VIRG.* Formare se in alicujus mores, *LIV.*, *prendre les mœurs de quelqu'un.* — EFFORMARE *ne se trouve point dans les bons auteurs; ils disent* formare, informare. — CONFORMARE, *disposer, régler, ajuster :* Mundum non ædificatum, sed à naturâ conformatum, *CIC.* Ad majora quædam nos natura genuit et conformavit, *Id.*

1099. *Findere. Scindere. Exscindere. Rescindere. Abscindere.*

FINDERE, *fendre, ne marque aucune violence :* Paries fissus tenui rimâ, *OVID.* Via se findit in ambas partes, *VIRG.* — SCINDERE (*de* σχίζω, *fendre*), *marque des efforts :* Nam primi cuneis scindebant fissile lignum, *VIRG. Au figuré :* Dolorem suum scindere, *CIC.* Scinditur incertum studia in contraria vulgus, *VIRG.*—EXSCINDERE (scindere ex), *couper, arracher l'un de l'autre :* Exscindere linguam, *CIC.*, *arracher la langue.* Scindere linguam *serait seulement la fendre. Au figuré :* Causas bellorum exscindere, *TAC.* — RESCINDERE (rursùs scindere), *déchirer, dissoudre, abolir :* Acta Antonii rescidistis, leges refixistis, *CIC.* Rescindere constituta ab alio, *Id.*—ABSCINDERE, *trancher, séparer, couper en deux :* Orationes duas à me postulas, quarum alteram non libebat mihi scribere, qui abscideram, alteram, etc., *CIC.*

1100. *Fingere. Conflare.*

FINGERE *se dit proprement d'un statuaire, d'un potier ; façonner, jeter au moule, pétrir une matière molle, comme l'argile, la cire, pour en faire des vases, des statues, etc.:* In ceris fingere, *CIC. Au figuré :* Fingere carmina, *HOR.* Se totum ad aliorum arbitrium nutumque fingere, *CIC.* — CONFLARE (flare cum), *souffler avec; il se dit des métaux qu'on fait fondre :* Statuas argenteas conflare, *SUET.* Conflare metallum, *PLIN. Au figuré :* Conflare æs alienum, *CIC.*, *contracter des dettes.* Conflare pecuniam, *Id.*, *amasser de l'argent.* Conflare alicui negotium, invidiam, *Id.* Conflare bellum, *Id.*, *allumer la guerre.*

1101. *Fingere. Comminisci.*

FINGERE, *au figuré, peut être considéré comme synonyme de* comminisci ; *il signifie feindre, controuver, affecter :* Fingit causas, ne det; *TER.*, *il feint des raisons pour ne rien donner.* Fingit falsas causas ad discordiam, *Id.* Jocum fingere tristi vultu, *TIBUL.*, *affecter la joie avec un visage triste.* — COMMINISCI, *controuver, inventer :* Nihil adversùs tale machinationis genus parare, aut comminisci oppidani conabantur, *LIV.* Verisimile non est tantum scelus Marcum Cottam esse commentum, *CIC.*

1102. *Finire. Terminare. Definire. Determinare.*

FINIRE, *finir, borner, tant au physique qu'au moral :* Lingua dentibus finita, *CIC.*

Prandia finire moris, *Hor.* Finire dolores morte, *Cic.* — Terminare (*de termes*), *planter des bornes, assigner des limites :* Imperium terminare Oceano, *Virg.* Subjectos campos terminare oculis haud queas, *Liv.*, *champs qui s'étendent à perte de vue. Au figuré :* Ut undè orsa est in eodem terminetur oratio, *Cic.* — Definire, *fixer :* Imperium populi romani orbis terrarum terminis definivit, *Cic.* Definire numerum, *Id.*, *fixer le nombre.* Mala dolore, bona voluptate definiunt, *Id.* *C'est dans ce sens qu'il se prend pour définir, parce qu'on fixe un point :* Definire artem, *Cic.* — Determinare, *fixer les bornes, déterminer :* Regiones ab oriente ad occasum determinavit, *Liv.* *Au figuré :* Id quod dicit, spiritu, non arte determinat, *Cic.*, *il détermine la longueur de ses périodes par la force de son haleine, et non par les règles de l'art. Quoique ces trois verbes paraissent avoir été employés indifféremment, on peut les distinguer ainsi :* Horizon nostrum aspectum definit; subjectos campos oculis terminamus; augures determinabant regiones, limites, confinia.

### 1103. *Finis. Modus. Terminus. Limes. Meta. Extremitas.*

Finis, *fin, frontières :* Operum longorum finis, *Hor.* Ad extremum finem Galliæ, *Liv.* *Il se prend pour but :* In judiciali genere finis est æquitas, *Cic.* Finis ædificatæ domûs, usus, *Id.* *Au figuré :* Intra fines naturæ vivere, *Hor.* — Modus; 1° *manière :* Modus vivendi, *Cic.* 2° *Règle, mesure :* Finivit modum novis sepulcris, *Cic.*, *il régla la dépense pour la construction des nouveaux sépulcres.* 3° *Fin, borne :* Non facere modum legendi, *Cic.* 4° *Mode, air de musique :* In musicis numeri et voces et modi, *Cic.* 5° *Mode ou mœuf dans la grammaire :* Modus fatendi, *Quint.*, *l'indicatif.* — Terminus (*de termes, parce qu'anciennement on plantait une branche pour servir de borne*), *borne qui sépare un champ :* Est enim inter nos non de terminis, sed de totâ possessione contentio, *Cic.* *Au figuré :* Certos mihi fines terminosque constituam, *Cic.* Angustus ævi terminus, *Virg.* — Limes (*de* λεῖμμα, reliquiæ, locus divisionis), *chemin de traverse, pierre qui sert de borne :* Lato te limite ducam, *Virg.* Limes agro positus, *Hor.* — Meta, *borne en forme de pyramide, autour de laquelle devaient tourner les chariots sans y toucher :* Meta fervidis evitata rotis, *Hor.* *Et plus généralement :* Sol ex æquo metâ distabat utrâque, *Ovid.* *Au figuré :* Fama adolescentis paululùm hæsit ad metas infelici vicinitate et insolentiâ voluptatum, *Cic.* — Extremitas, *extrémité, la dernière des parties qui constituent la chose. L'extrémité répond au centre :* Cujus omnis extremitas paribus à medio radiis attingitur, *Cic.*

### 1104. *Finitor. Decempedator. Metator.*

Finitor (*de* finis), *celui qui assigne et détermine les bornes :* Finitorem mittant, ratum sit quod finitor uni illi à quo missus erit, renunciaverit, *Cic.* — Decempedator (*de* decem *et de* pes), *celui qui mesurait l'étendue avec une règle de dix pieds, arpenteur :* Antonius æquissimus agri privati et publici decempedator, *Cic.* — Metator (*de* meta), *celui qui prend des alignements :* Castrorum et urbis metator, *Cic.* Saxa, parietes metator callidus, urbem jam decempedâ suâ diviserat, *Id.*

### 1105. *Fiscina. Fiscella. Qualus. Canistrum. Calathus.*

Fiscina, *corbeille d'osier, ou de jonc, destinée à mettre du fruit :* Et facilis rubeâ texatur fiscina virgâ, *Virg.* Fiscina ficorum, *Cic.* — Fiscella (*diminutif de* fiscina), *petite corbeille :* Et gracili fiscellam texit hibisco, *Virg.* — Qualus, *panier d'osier fort serré à l'usage des vignerons :* Vendemiatorii quali, *Ulp.* *Horace appelle* qualus, *les corbeilles dans lesquelles les femmes mettent leurs ouvrages.* — Canistrum, *corbeille d'osier, destinée à mettre du pain et des fleurs :* Cereremque canistris expediunt, *Virg.* Cumulata flore canistra, *Ovid.* — Calathus (κάλαθος), *corbeille à ouvrage :* Vos lanam trahitis, calathisque peracta refertis, *Juv.* *Et plus généralement :* Lilia plenis ecce ferunt nymphæ calathis, *Virg.*

### 1106. *Fixus. Immotus. Immobilis.*

Fixus (*de* figere), *fiché, enfoncé :* Ad parietem fixæ clavis ferreis, *Plaut.* Arma parietibus fixa, *Virg.* *Au figuré :* Si cui quid ille promisit, id erit fixum, *Cic.* Si hæc mala fixa sunt, *Id.*, *si ces maux sont certains.* — Immotus (non motus), *sans mouvement, qui ne remue point :* Lumina immota tenere, *Virg.* *Au figuré :* Mens immota manet, *Virg.* Immotum adversùs eos sermones fixumque Tiberio fuit, *Tac.*, *Tibère demeurait fixe et inébranlable à tous ces discours.* Fixum est quod aut lege aliquâ, aut necessitate, ubi positum est, ibi tenetur et manet; immotum, cujus firmata stabilitas conatus omnes ac impetus irritos facit. — Immobilis, *immobile, qu'on ne peut remuer :* Immobiles oculi, *Plin.* *Au figuré :* Scopulis immobilior, *Ovid.*

1107. *Flaccescere. Tabescere.*

FLACCESCERE, *se faner, se flétrir :* Dùm flaccescat fœnum, COL. *Au figuré :* Flaccescebat oratio, CIC., *le discours devenait languissant.* — TABESCERE (de tabes), *se fondre en pus :* Morbo tabescere, CIC. *Au figuré :* Desiderio tabescere, CIC., *mourir de regret.*

1108. *Flaccidus. Marcidus.*

FLACCIDUS, *fané, flétri; et au figuré, mou, lâche :* Flaccida folia, PLIN. — MARCIDUS, *même signification :* Marcida demittunt subitò caput lilia, OVID.; *et au figuré :* Otia luxu marcida, CLAUD.

1109. *Flare. Spirare. Halare.*

FLARE, *souffler :* Tùm cùm Favonius flaret, CIC. *Au figuré :* Belli nobis flavit lenissimus auster et mitis, CIC.—SPIRARE *avoir le souffle, la respiration :* Dùm animâ spirabo meâ, CIC. *Ce n'est que par analogie qu'il se prend pour* flare, halare : Cœpit spirare valentiùs Eurus, OVID. Ambrosiæque comæ divinum vertice odorem spiravêre, VIRG. *Au figuré :* Spirare tribunatum, LIV., *aspirer au tribunat.* Spirat tragicum, et satis feliciter audet, HOR.— HALARE, *répandre des odeurs, des vapeurs, etc. :* Halantes floribus horti, VIRG. De gelidis halabat vallibus aura, OVID.

1110. *Flectere. Plicare. Curvare.*

FLECTERE, *plier, fléchir :* Arcus flexos incurvans, VIRG. Flexum genu submittere, OVID. *Au figuré :* Flectere promontorium, CIC., *doubler un cap.* — PLICARE (*de* πλέκω), *former des plis :* Charta plicetur, MART. Serpens sese in sua membra plicans, VIRG. — CURVARE (de curvus), *courber, former un arc :* Curvata cuspis, OVID. Flectitur obsequio curvatus ab arbore ramus, *Id.* Flectimus genua; plicamus chartam, telam; arcum curvamus.

1111. *Flectere. Movere. Afficere.*

FLECTERE, *synonyme des autres, signifie fléchir :* Precibus si flecteris ullis, VIRG. Flectere animos, CIC. *Il se prend quelquefois au neutre :* Arguebatur in ambitionem flexisse, TAC. — MOVERE, *au propre, mouvoir, remuer :* Movere lapides. *Au figuré, émouvoir, exciter :* Risum movere, CIC. Moveri auctoritate alicujus, C. NEP. Movere animos, CIC., *émouvoir les cœurs, toucher.* Flectere animos *est fléchir les cœurs, les gagner.* — AFFICERE, *faire impression, se dit de l'âme et du corps :* Afficiunt corpora fames et sitis, LIV. Affectæ res, *Id.*, *affaires ruinées.* Affectus animus virtutibus, CIC., *un esprit porté à la vertu.* Ut qui audirent sic afficerentur, ut eos affici vellet orator, *Id.*

1112. *Flexibilis* et *Flexilis. Flexuosus.*

FLEXIBILIS *et* FLEXILIS (*de* flectere), *qu'on peut aisément plier :* Arcus flexibilis, OVID. Cornu flexile, *Id.* *Au figuré :* Nihil non flexibile ad bonitatem, CIC., *tout se tournait du côté de la bonté.* Flexibilis ætas, *Id.* Flexibile vocis genus, *Id.* — FLEXUOSUS, *qui a des plis, des détours :* Iter flexuosum, CIC. Flexuosus volatus hirundinis, PLIN.

1113. *Flexio. Flexus.*

FLEXIO, *l'action de plier, de courber :* Virilis laterum flexio, CIC., *parlant du geste de l'orateur. Au figuré :* Vocis flexio, CIC. — FLEXUS, *courbure, le ploiement même :* Membrorum flexus, QUINT. Itinerum flexus, CIC., *les détours des chemins, Au figuré, il signifie le déclin :* Flexus ætatis, CIC. Flexus vocis, QUINT. Flexus autumni, TAC.

1114. *Florere. Florescere.*

FLORERE (*de* flos), *être en fleur :* Arbor floret, CIC. Ager floret, VIRG. *Au figuré:* Florere in foro, CIC. Florere ætate et formâ, *Id.* — FLORESCERE, *entrer en fleur :* Pulegium aridum dicitur florescere brumali ipso die, CIC. *Au figuré :* Hæc tua justitia et lenitas animi florescet quotidiè magis, CIC.

1115. *Floridus. Floreus. Florens.*

FLORIDUS, *fleuri, orné de fleurs :* Prato floridior, OVID. Puella florida, CATUL. *Au figuré :* Floridus orator, CIC. Genus orationis floridum, QUINT. — FLOREUS, *de fleurs :* Corona florea, PLAUT. *C'est poétiquement que Virgile dit* Florea rura, *pour* florida rura. — FLORENS, *fleurissant, qui fleurit :* Arva florentia, OVID. *Au figuré :* Florentissima armis civitas, CIC. Florente juventâ fervidus, HOR.

1116. *Fluctuare. Fluitare.*

FLUCTUARE, *être agité par les flots :* Atque ut nunc valdè fluctuat mare, nulla nobis spes est, PLAUT. Quadriremem que in salo fluctuantem reliquerat, CIC. *Au figuré :* Fluctuare animo, LIV., *être incertain, irrésolu :* Tota res etiam nunc fluctuat, CIC. *On dit aussi* fluctuari : Fluctuantur incerti animi, LIV. — FLUI-

TARE, *flotter, surnager* : Cùm fluitantem alveum tenuis in sicco aqua destituisset, *LIV*. *Au figuré* : Spe fluitare, *HOR.*, *être flottant dans ses espérances*. Fides fluitat, *TAC.*, *la fidélité chancelle*.

### 1117. *Fluctus. Fluctuatio.*

FLUCTUS, *flot, vague* : Motus et agitatio fluctuum, *CIC*. Insani fluctus feriunt littora, *VIRG*. *Au figuré* : Concionum fluctus, *CIC*. — FLUCTUATIO, *l'agitation des flots; il n'est usité qu'au figuré* : In eâ fluctuatione animorum opprimi incautos posse, *LIV*.

### 1118. *Fluvialis. Fluviatilis.*

FLUVIALIS, *qui est du fleuve, qui appartient au fleuve* : Lympha fluvialis, *VIRG*. Ripa fluvialis, *OVID*. — FLUVIATILIS, *qui se nourrit, qui se tient dans les fleuves* : Testudines fluviatiles, *CIC*. Naves fluviatiles, *LIV*. *Ovide a dit* fluvialis *dans le sens de* fluviatilis : Fluvialis anas.

### 1119. *Fluvius. Flumen. Fluentum. Amnis. Torrens. Rivus. Rivulus.*

*Quoique* FLUVIUS *et* FLUMEN *s'emploient assez souvent indifféremment, on doit cependant les distinguer* : Fluvius *est le mot propre pour signifier un fleuve, une masse d'eaux coulantes, renfermées habituellement dans leur canal* : Fluvius Eurotas, *CIC*. — FLUMEN *ne signifie proprement qu'un flux très-abondant, soit d'eaux, soit de toute autre chose* : Flumen Nilus, *CIC*. *C'est pourquoi l'on dit bien* flumen ingenii, orationis, verborum, *CIC*. — FLUENTUM *est un courant d'eau* : Xanthi fluenta, *VIRG*. *Il ne se trouve qu'en poésie*. — AMNIS *donne l'idée d'un grand fleuve* : Spumosus amnis, *VIRG*. Vorticoso amni delatus in hostes, *LIV*. — TORRENS (*de* torrere), *un torrent, une rivière formée par les pluies, et qui tarit dans l'été* : Ecce velut torrens undis pluvialibus auctus, aut nive, quæ zephyro victa tepente fluit, per sata perque vias fertur, *OVID*. — RIVUS *est un simple ruisseau, et* RIVULUS, *son diminutif, un petit ruisseau, le dernier degré des courants d'eau* : Tenuis fugiens per gramina rivus, *VIRG*. Tardi ingenii est rivulos consectari, fontes non videre, *CIC*.

### 1120. *Fluxus. Fragilis. Caducus.*

FLUXUS (*de* fluere), *qui coule* : Fluxum pertusumque vas, *LUCRET*. *Au figuré* : Fortuna belli fluxa, *CIC*. Fluxa fides, *PLAUT*. — FRAGILIS (*de* frangere), *fragile, aisé à rompre* : Glacies fragilis, *OVID*. *Au figuré* : Divitiarum et formæ gloria fluxa et fragilis est, *SALL*. — CADUCUS (*de* cadere), *qui tombe* : Folia caduca, *CIC*. *Au figuré* : Omnia caduca præter virtutem, *CIC*. Res humanæ fragiles et caducæ, *Id*.

### 1121. *Fodere. Fodicare.*

FODERE, *fouir, creuser* : Vulpes cubile fodiens, *PHÆD*. Humum fodere, *VIRG*. Puteos fodere, *CÆS*. *Au figuré* : Fodit dolor, *CIC*. — FODICARE (*fréquentatif de* fodere), *ne se dit qu'au figuré, piquer, aiguillonner* : Non est in nostrâ potestate, fodicantibus his rebus, quas malas esse opinamur, dissimulatio, *CIC*.

### 1122. *Fœdare. Deformare.*

FOEDARE, *mettre dans un état affreux. Il a plus de rapport à la cruauté, à l'indignité, qu'à la souillure* : Quæ causa indigna serenos fœdavit vultus? *VIRG*. *Au figuré* : Romam ipsam fœdavit adventus tuus, *CIC*. — DEFORMARE, *ôter la beauté* : Canitiem immundo deformat pulvere, *VIRG*. *Au figuré* : Deformare genus et fortunam honestam, *LIV*. *Il se prend pour ébaucher* : Quem suprà deformavi, *CIC*.

### 1123. *Fœmina*, et mieux *Femina. Mulier. Uxor. Matrona.*

FEMINA, *femme, femelle* : Mors in claris viris et feminis, dux in cœlum solet esse, *CIC*. Aliæ bestiæ mares, aliæ feminæ sunt, *Id*. *Il se dit d'une fille et d'une femme mariée* : Femina decennis, *PLIN*. Præstantissima omnium feminarum uxor tua, *CIC*. — MULIER *est une femme mariée* : Cicero objurganti quòd sexagenarius Popiliam virginem duxisset, cras mulier erit, inquit, *QUINT*. — UXOR (quasi unxor, *d'*ungere, *disent Donat et Servius, parce qu'on frottait de graisse la porte en entrant dans la maison de son mari*), *est l'épouse de tel ou tel* : Uxor sine dote veniet, *TER*. A ducendâ uxore abhorret, *CIC*. — MATRONA *est un terme de dignité* : Matrona, *disent les grammairiens*, spectatæ auctoritatis et pudicitiæ femina, nupta aut vidua. Si torus in pretio est; dicor matrona Tonantis, *OVID*. Et matronarum casta delibo oscula, *PHÆD*.

### 1124. *Fœnebris. Fœneratorius.*

FOENEBRIS (*de* fœnus), *qui concerne les usures* : Novi consules fœnebrem quoque rem levare aggressi, solutionem alieni æris in publicam curam verterunt, *LIV*. Fœnebres leges, *Id*. — FOENERATORIUS, *d'usure, d'usurier* : Avara et fœneratoria Gallorum philosophia, *VAL. MAX*.

1125. *Fœneratio. Fœneralia.*

Fœneratio, *l'action de prêter à usure :* Néc enim, si tuam ob causam cuiquam commodes, beneficium illud habendum est; sed fœneratio, *Cic.* — Fœneralia, *le temps du payement des usures, ou des rentes, qui était aux ides de juillet.*

1126. *Fœnus,* et plus communément *Fenus* et ses dérivés. *Usura.*

Fœnus (quasi fœtus) *est proprement ce que la terre rend de ce qui lui est confié :* Terra nunquàm sine usurâ reddit quod accepit, sed aliàs minore, aliàs majore cum fœnore, hoc est, cum fœtu ac fructu, *Cic. Il se prend le plus souvent pour le profit qu'on retire de l'argent prêté :* Dives positis in fœnore nummis, *Hor.* — Usura, *chez les Romains, était le dédommagement de la perte que fait le créancier pour n'avoir pas l'argent qu'il avait prêté; au lieu que* fœnus *était pour le gain et le profit :* Usuras pendere reliquæ pecuniæ, *Cic.* Usura, *pour dire usure, profit illégitime, ne serait pas latin.*

1127. *Fœtidus. Putidus.*

Fœtidus, *fétide, qui a une odeur forte et très désagréable.* Os fœtidum, *Cic.* Qui præbent populo pisces fœtidos, *Plaut.* — Putidus, *puant, qui sent mauvais, infect :* Fungus putidus, *Plaut.* Palus putida, *Cat. Au figuré :* Putidius multò cerebrum est, *Hor. Il signifie aussi trop affecté, trop étudié :* Ne aut obscurum esset, aut nimis putidum, id est, exquisitum, *Cic.*

1128. *Folium. Frons, dis.*

Folium, *feuille des arbres et des herbes potagères :* In arboribus trunci, rami, folia, *Cic.* Amaris vesci foliis, *Hor.* — Frons, dis, *ne se dit que des arbres :* Fœcundæ frondibus ulmi, *Virg.*

1129. *Follis. Folliculus.*

Follis, *un soufflet :* Follis fabrilis, *Liv.* Alii ventosis follibus auras accipiunt redduntque, *Virg., les uns gouvernent les soufflets pour y introduire l'air, et l'en faire sortir.* — Folliculus (*diminutif de* follis), *petit sac de cuir :* Adeò exiguè commeatus suppeditabantur, ut eques folliculis in castra ab Arpis frumentum veheret, *Liv.* Os autem obvolutum est folliculo, *Cic., parlant du supplice du parricide. Il se prend pour la petite peau qui enveloppe les semences :* Cùm folliculo se exerit spica mollis, *Plin.*

1130. *Fons. Scatebra. Puteus.*

Fons, *fontaine, eau vive qui sort de terre :* Aquæ dulcis fons Syracusis est, plenissimus piscium, *Cic.* Fontes obstrepunt manantibus lymphis, *Hor. Au figuré :* Caput et fons rerum, *Hor.* Fons et caput philosophorum Socrates, *Cic.* Fons mœroris, *Id.* — Scatebra (*de* scatere, *sourdre*), *jaillissement d'eau, source :* Fontium scatebræ, *Plin.* Scatebrisque arentia temperat arva, *Virg.* — Puteus, *puits, trou profond, creusé de main d'homme, pour en tirer de l'eau :* Haurire aquam de puteo, *Cic.* Puteus *ne serait pas latin pour dire, par exemple, un puits de science; il faudrait dire* fons.

1131. *Forare. Perforare. Terebrare. Cavare.*

Forare, *faire un trou :* Amygdalæ, si parùm ferax erit, foratâ arbore, lapidem adjicito, et ita librum arboris inolescere sinito, *Col.* — Perforare, *trouer de part en part :* Latus ense perforat, *Ovid.* — Terebrare (*de* terebra, *tarière*), *percer avec une tarière :* Buxum terebratum per rara foramina, *Ovid. Et plus généralement :* Telo lumen terebramus acuto, *Virg. d'un fer aigu nous crevons l'œil du monstre Polyphème.* — Cavare, *creuser, caver :* Cavat arbore lintres, *Virg.* Saxa cavantur aquâ, *Ovid.*

1132. *Forfex. Forceps.*

Forfex, *des ciseaux, un davier :* Alii cùm legerent uvam, si quæ sunt in eâ vitiosa grana, forficibus amputant, *Col.* Dens forfice excipiendus est, *Cels.* — Forceps, *des tenailles :* Versantque tenaci forcipe massam, *Virg., parlant des Cyclopes.*

1133. *Fori. Transtra.*

Fori, *les ponts, les étages d'un navire :* Cùm alii malos scandant, alii per foros cursitent, alii sentinam exhauriant, *Cic. Il se prend pour les lieux marqués pour chaque classe du peuple romain :* Tùm primùm circo designatus est locus : divisa loca à patribus equitibusque, ubi sibi spectacula quisque faceret, fori appellati, *Liv. C'est dans ce sens que Virgile a dit, parlant des abeilles :* Complebuntque foros, et floribus horrea texent. — Transtra, *les bancs des rameurs :* Considere transtris, *Virg.*

1134. *Foris. Forâs.*

Foris, *dehors, lorsqu'on y est, lorsqu'il n'y a point de mouvement pour y aller :*

Parva sunt foris arma, nisi est consilium domi, *Cic.* — **Foras**, *lorsqu'il y a du mouvement pour sortir :* Ire foràs, *Hor. Cicéron a dit* eminere foràs, *parce que, dans cet endroit, il parle de l'âme qui, quoique enfermée dans le corps, se manifeste au dehors.*

1135. *Formidabilis. Formidolosus.*

**Formidabilis**, *formidable, qui est à craindre ; c'est l'effet d'un danger que l'on voit de près et que l'on connaît :* Formidabilis serpens, *Ovid.* — **Formidolosus** *est l'effet d'un danger plus éloigné :* Bellum formidolosissimum, *Cic.* Formidolosus *signifie aussi qui craint :* Formidolosus hostium miles, *Tac. On dirait bien :* Formidolosa nubes tempestatem prænuncians; formidabile tonitru cum fulguribus terram concutiens.

1136. *Formula. Norma. Regula. Præscriptum. Præscriptio.*

**Formula** (*diminutif de* forma), *formule, modèle qui contient les termes formels et exprès, dans lesquels un acte est conçu :* Testamentorum formulæ, *Cic. Il se prend plus généralement :* In sociorum formulam referre, *Liv., recevoir au nombre des alliés.* Jurisconsultorum formulæ, *Cic.* — **Norma**, *équerre, instrument à tracer un angle droit.* — **Regula**, (*de* regere), *instrument à tracer des lignes droites, règle :* Longitudines ad regulam, anguli ad normam respondentes, *Vitruv. Au figuré :* Vitam ad certam rationis normam dirigere, *Cic.* Servatà illà regulà, ad quam omnia judicia rerum dirigantur, *Id.* Habere regulam quà vera et falsà judicentur, *Id.* — **Præscriptum** (scribere præ) *est une règle précédemment établie :* Ex præscripto civitatis, *Cic.* — **Præscriptio** *est une règle que dicte actuellement la raison, la nature ou toute autre autorité, d'après l'examen des circonstances présentes :* Hæc norma, hæc regula, hæc præscriptio naturæ, *Cic.* Præscriptio rationis, *Id. Il se prend pour prétexte :* Ut honestà præscriptione rem turpissimam tegerent, *Cæs.*

1137. *Fornix. Camera. Testudo. Laquear. Lacunar. Tholus.*

**Fornix**, *voûte en berceau :* Non debebit præstare quod fornix vitii fecerit, *Cic. C'est de là que vient* fornicari, *parce que les femmes débauchées se tenaient ordinairement dans des bouges voûtés.* — **Camera** (καμάρα, *voûte*), *chambre voûtée, toit fait en voûte :* Camaras quasdam non probavi, mutari jussi, *Cic.* Camera frumenti, *Hor. un silo voûté pour mettre du blé.* — **Testudo**, *tortue ; l'écaille de tortue était une magnificence à Rome ; on en ornait les portes en marqueterie :* Nec varios inhiant pulchrà testitudine postes, *Virg.* — **Laquear**, *plancher, plafond, lambris :* Summi laquearia tecti, *Virg.* Dependent lychni laquearibus aureis, *Id.* — **Lacunar**, *soliveau, poutre :* Non ebur, neque aureum meà renidet in domo lacunar, *Hor.* — **Tholus** (*en grec* θόλος), *clef de voûte, une voûte, un dôme :* Suspendive tholo aut sacra ad fastigia figi, *Virg.*

1138. *Fors. Fortuna. Fors-fortuna. Sors.*

**Fors**, *dit Donat,* fatorum lex ; fortuna, res incerta ; fors-fortuna, eventus fortunæ bonus. Fors, *signifie rencontre, occurrence ; il est opposé à* ratio : Seu ratio dederit, seu fors objecerit, *Hor.* Fors in aliquibus rebus plusquàm ratio potest, *Cic. Il se prend pour* fortuna : Audaces forsque deusque juvant, *Ovid.* — **Fortuna**, *fortune, cas fortuit, hasard ; on attribue à la fortune une volonté sans discernement :* Sejungi non potest fortuna à temeritate, *Cic. Il se prend pour bonheur :* Inferiorem alio fortunà esse, *Cic. Au pluriel, il signifie biens, richesses :* Imminebat omnium fortunis tuus furor, *Cic.* — **Fors-fortuna**, *rencontre heureuse :* O forsfortuna, quantis commoditatibus hunc onerâsti diem ! *Ter.* Forte-fortunà adfuit hic meus amicus, *Cic.* — **Sors**, *synonyme des autres, le sort ; on attribue au sort une détermination cachée :* Quæstorem habes non tuo judicio delectum, sed eum quem sors dedit, *Cic.* Telum quod cuique sors offerebat, arripuit, *Id.* Multi laboris est fortunæ vim facere; insani est hominis vitam sorti committere.

1139. *Fortè. Fortuitò. Fortuitu. Fortassè. Forsan. Forsitan. Fortassis. Forsit.*

**Fortè** (*ablatif de* fors), *exprime ce qui arrive par l'effet des conjonctures :* Fortè evenit, *Liv.* Fortè consederamus in Albano, *Cic.* Fortuitò *présenterait une autre idée.* — **Fortuito** *et* **Fortuitu**, *par l'effet du hasard, sans y avoir pensé :* Fortuitò, aut sine consilio, *Cæs.* Ut ne quid temerè aut fortuitu agamus, *Cic.* — **Fortassè, Forsan, Forsitan, Fortassis, Forsit,** *peut-être :* Forsitan quispiam dixerit, *Cic.* Fortassis vaticinor, *Id.* Græculus otiosus et loquax, fortassè doctus, *Id.* Forsan et hæc olim meminisse juvabit, *Virg.* Ut forsit honorem jure mihi invideat quivis, *Hor.*

1140. *Fossa. Fovea. Scrobs. Lacuna.*

FOSSA (*de* fodere), *fossé, fosse creusée en long pour clore, pour enfermer quelque espace de terre, ou pour la défense d'une place, ou pour faire couler des eaux :* Transitum fossæ ponticulo jungere, *CIC.* Fossam, cui Drusianæ nomen, ingressus, *TAC.*, *descendu dans le canal de Drusus.* Fossa Rheni gurgitibus abundans, *CIC.* — FOVEA, *fosse, creux large et profond dans la terre, fait par la nature ou par l'art :* Anates in foveas, quibus feras venamur, delapsæ, solæ evadunt, *PLIN.* — SCROBS (*de* scabere, *gratter*), *creux fait pour planter un arbre, de la vigne, etc. :* Si quis inserat, aut scrobibus mandet mutata subactis, *VIRG.* — LACUNA (*de* lacus), *fosse, mare, amas d'eau dormante :* Unde cavæ tepido sudant humore lacunæ, *VIRG. Au figuré, lacune, vide qui se trouve dans la matière :* Lacuna in auro, *CIC.* Lacunam rei familiaris explere, *Id.*

1141. *Fossio. Repastinatio.*

FOSSIO, *l'action de fouir, la fouille de la terre*, Fossionibus terra fit fœcundior, *CIC.* — REPASTINATIO (*de* rursùs *et de* pastinum, *binette, houe*), *binement, second labour :* Quid agri fossiones, repastinationesque proferam? *CIC.*

1142. *Fovere. Calefacere. Calefactare.*

FOVERE, *tenir chaud :* Laridum atque epulas fovere foculis ardentibus, *PLAUT.* Aves cùm ovis pullos excluserunt, pennis eos fovent, ne frigore lædantur, *CIC. Au figuré, entretenir, caresser, ménager :* Quasi fovebam dolores meos, *CIC.* Inimicum meum sic in manibus habebant, sic fovebant, sic osculabantur, *Id.* — CALEFACERE (calorem facere), *donner de la chaleur :* Igne focum calefacere, *OVID. Au figuré :* Eodem die Gabinium ad populum luculentè calefecerat, *CIC.*, *le même jour il avait rudement chauffé Gabinius devant le peuple assemblé.* — CALEFACTARE *fréquentatif de* calefacere), *échauffer avec soin :* Sub noctem gelidam lignis calefactat ahenum, *HOR.*

1143. *Fragmentum. Frustum. Segmentum.*

FRAGMENTUM (*de* frangere), *fragment, éclat :* Fragmentum lapidis, *CIC.* Ramea fragmenta, *VIRG.* — FRUSTUM, *morceau de quelque chose :* Semesa lardi frusta, *HOR.* Pars in frusta secant, *VIRG. On ne dirait pas* fragmenta. — SEGMENTUM (quasi secamentum, *de* secare), *pièce, rognure :* Quid de veste loquar? Non jam segmenta requiro, *OVID.*

1144. *Frangere. Rumpere.*

FRANGERE, *briser, mettre en pièces :* Cervices frangebantur in carcere civium romanorum, *CIC.* Patinam frangere, *HOR.* Rumpere *dirait moins. Au figuré :* Frangere mandata, *HOR.*, *enfreindre les ordonnances.* Frangere seipsum, *CIC. se faire violence.* Frangere furorem, *Id.*, *réprimer la fureur.* Frangere fidem, *violer sa foi.* Frangere dignitatem, *Id.*, *avilir sa dignité.* Frangere consilia, *Id.*, *déconcerter les desseins.* — RUMPERE, *rompre :* Rumpere vincula, *VIRG.* Horrea rumpunt immensæ messes, *Id.* Frangere *ne serait pas la même chose. Au figuré :* Fidem rumpere, *LIV.*, Rumpere fœdus, *Id.* Frangere *serait plus fort. De même* rumpere imperium, *TAC.*, *dit moins que* frangere imperium.

1145. *Frater patruelis. Frater germanus.*

FRATER PATRUELIS, *enfants sortis de deux frères :* Quod si hic adesset, non minùs ille declararet, quàm hic illius frater patruelis, *CIC.* — FRATER GERMANUS, *frère de père et de mère :* C. Fannius frater germanus Q. Ticinii, *CIC.* L. Cicero frater noster cognatione patruelis, amore germanus, *Id. Il en est de même de* soror patruelis *et de* soror germana.

1146. *Fraudator. Fraudulentus.*

FRAUDATOR, *qui use de fraude :* Creditorum fraudator, *CIC.* Fraudator et interceptor prædæ, *LIV.* — FRAUDULENTUS, *rempli de fraude :* Venditiones fraudulentæ, *CIC.* Fraudulenti et mendaces Carthaginienses, *Id.* Fraudulentus *se dit de l'habitude*, *et* fraudator, *de l'acte.*

1147. *Frendere. Fremere. Stridere. Strepere.*

FRENDERE, *grincer les dents, soit dans la douleur, soit dans la colère :* Ita frendebat dentibus, *PLAUT.* Frendens leo, *CIC.* — FREMERE, *frémir, faire un bruit sourd et confus :* Venti fremunt immani murmure, *OVID.* Cuncti simul ore fremebant, *VIRG.* Fremunt gaudio erecti de pace, *LIV.* Fremit ereptum sibi consulatum, *CIC.* — STRIDERE de στρίξ, *oiseau dont les cris sont aigres*), *faire un bruit aigre et perçant :* Cardo foribus stridebat ahenis, *VIRG.* — STREPERE, *faire du bruit, retentir :* Cornua strepuerunt rauco cantu, *VIRG.* Strepunt aures clamoribus plorantium, *LIV.* — Fremere, *dit Nonnius*, est magnum sonare; frendere verò, alicubi cum gemitu vel iracundiâ miserum aut minax sonare.

1148. *Frenum. Capistrum. Lupus. Lupata.*

FRENUM, *frein, mors ; au pluriel* freni *et* frena : Coegit equum frenos invitum pati, PHÆD. Frenum non depulit ore, *Hor. Au figuré :* Injecit frena vaganti licentiæ, HOR. — CAPISTRUM (*de* caput), *licol, muselière :* Ferratis capistris ora præfigere, VIRG. Frenare ora capistris, OVID. *Au figuré :* Capistrum maritale, JUV., *le lien du mariage.* — LUPUS, *sorte d'embouchure fort rude pour les chevaux :* Et placido tutos accipit ore lupos, OVID. — LUPATA, *mors pour les chevaux rétifs :* Asper equus duris contunditur ore lupatis, VIRG.

1149. *Frequentia. Frequentatio. Frequentamentum.*

FREQUENTIA, *multitude, foule :* Quotidiana amicorum assiduitas et frequentia, CIC. Epistolarum frequentia, *Id.* — FREQUENTATIO, *l'action de réunir ou de serrer :* Frequentatio est cùm res dispersæ coguntur in unum, CIC. Argumentorum frequentatio, *Id.* — FREQUENTAMENTUM *est un terme de musique, fredon :* Numeros et modos et frequentamenta quædam vix tibicen incineret, GELL.

1150. *Frigere. Algere.*

FRIGERE (de φρίσσω, *avoir le frisson*), *trembler de froid :* Planè nunc frigeo, CIC. *Au figuré :* Cùm omnia judicia frigerent, CIC., *le barreau n'étant plus échauffé, comme on plaidait peu.* Ubi friget, hùc evasit, quàm pridem pater mihi et mater mortui essent, TER., *lorsque la conversation commença à languir, elle me demanda combien il y avait de temps que mon père et ma mère étaient morts.* Vires effœtæ frigent, VIRG. — ALGERE (d'ἄλγος, *dit* FESTUS, *parce que le froid cause de la douleur*), *geler de froid :* Itemque Lycurgi laboribus erudiunt juventutem, venando, currendo, sitiendo, algendo, æstuando, CIC. *Au figuré :* Probitas laudatur et alget, JUV. *La même différence se trouve entre* frigus *et* algor.

1151. *Frigidus. Gelidus. Egelidus. Glacialis. Algidus.*

FRIGIDUS, *froid :* Aer frigidus, OVID. Fons frigidior, HOR. *Au figuré : sans feu, languissant :* Frigidissimi accusatores, CIC. Lentus in dicendo et penè frigidus, *Id.* Verba frigidiora vitanda sunt, *Id., il faut éviter les mots faibles et languissants.* Fomenta frigida curarum, HOR. — GELIDUS, *gelé :* Gelidus æther, VIRG. Aqua gelida, CIC. *Au figuré, qui glace :* Mors gelida, VIRG. Gelidus tremor, *Id.* — EGELIDUS, *tiède, qui fait dégeler :* Perfundebatur egelidâ aquâ vel sole multo tepefactâ, SUET. Tepores egelidi, CATUL. *Virgile a dit* egelidum flumen *dans le sens de fraîcheur, et Suétone,* egelidum Istrum. — GLACIALIS, *qui glace, glacial.* — Frigus glaciale, OVID. Glacialis hyems, HOR. — ALGIDUS, *très-froid :* Algida nix, CATUL.

1152. *Frondere. Frondescere.*

FRONDERE, *être en feuilles, avoir des feuilles :* Nunc frondent silvæ, VIRG. Ramo frondenti tempora implicat, *Id.* — FRONDESCERE, *pousser des feuilles :* Alia verno tempore tepefacta frondescunt, CIC. Et simili frondescit virga metallo, VIRG.

1153. *Frondeus. Frondosus.*

FRONDEUS, *de feuilles :* Corona frondea, PLIN. Frondea tecta, VIRG. *Il se prend poétiquement pour* frondosus : Nemora inter frondea, VIRG. — FRONDOSUS, *abondant en feuilles :* Frondosus ramus, LIV., Lucus frondosus, VIRG. *Poétiquement :* Æstas frondosa, *Id., le printemps.*

1154. *Fruges. Fructus. Fœtus.*

FRUGES *se dit du blé et de tout ce que la terre produit pour notre subsistance :* Fruges cùm ad spicam pervenerunt, CIC. Eam gentem traditur famâ dulcedine frugum, maximè vini novâ tùm voluptate captam, LIV. *Au figuré :* Quantæ fruges industriæ futuræ sint, CIC. — FRUCTUS (*de* frui) *se dit non-seulement de ce que la terre produit, mais encore de tous les avantages que l'on retire de quelque chose :* Frugum fructuumque reliquorum perceptio et conservatio, CIC. Fructus prædiorum, *Id.* Fructus apum, PHÆD. Fructus magnâ acerbitate permixti, CIC. Oves nullum fructum edere ex se sine hominum cultu possunt, *Id.* Gloria est fructus virtutis, *Id.* Percipitur ex litteris fructus, *Id.* — FOETUS *se dit proprement de ce qui a vie :* Quæ multiplices fœtus procreant, ut sues, canes, etc., PLIN. *Il se dit aussi des productions des arbres, de la terre, de l'esprit :* Edit fœtus meliores ager non semel aratus, CIC. Pubescit vinea fœtu, VIRG. Ex quo triplex ille animi fœtus existit, CIC. — FRUCTUS *se dit spécialement des fruits des arbres ; on ne dirait pas* Fruges.

1155. *Frugi. Frugalis.*

FRUGI (*datif de* frux, *de* frui), *on sous entend* idoneus, *utile, modeste, ménager :*

Qui sit frugi, vel si mavis, moderatus et temperans, *CIC.* Græci frugi homines χρησίμους appellant, id est, tantummodò utiles; at frugalitas patet latiùs, *Id.* Homo frugi omnia rectè facit, *Id.* Alteram lanificam, et frugi, et rusticam, *PHÆD.* *Il est opposé à* nequam. Tantâ virtute atque integritate fuit L. Piso, ut etiam illis optimis temporibus, cùm hominem invenire nequam neminem posses, solus tamen frugi nominaretur, *Id.* Cœnula frugi, *JUV.* — FRUGALIS, *frugal, tempérant* : Optimus colonus, parcissimus, frugalissimus, *CIC.* Ut frugalior sim, quàm volt, *TER.* Frugalis villa, *VAR.*, *une maison sans magnificence.*

1156. *Frugifer. Fructuosus. Fructuarius.*

FRUGIFER (frugem ferens), *qui produit du blé, du fruit* : Arva frugifera, *CIC.* Arbor frugifera, *PLIN.* *Au figuré :* Cùm tota philosophia frugifera et fructuosa sit, *CIC.* — FRUCTUOSUS, *fructueux, qui porte beaucoup de profit :* Aratio fructuosa, *CIC.* Putatisne vos illis rebus frui posse, nisi eos qui vobis fructuosi sunt, conservaveritis? *Id.* — FRUCTUARIUS, *à fruit, qui porte du profit, pour le fruit :* Agri quos fructuarios habent, *CIC.* Cella fructuaria, *COL.*, *la fruiterie.*

1157. *Frumentator. Frumentarius.*

FRUMENTATOR, *celui qui fait des provisions de blé :* Improviso impetu Gallorum cum frumentatoribus est circumventus, *LIV.* — FRUMENTARIUS (*substantif*), *marchand de blé :* Non videtur nec frumentarius ille rhodius, nec hic ædium venditor celare emptores debuisse, *CIC.*

1158. *Frumentum. Triticum. Far. Ador. Adorea.*

FRUMENTUM, *le blé en général :* Abundare copiâ frumenti, *CIC.* Frumentum triticeum, *MART.* *Pline a dit* : frumentum et hordeum. — TRITICUM, *le froment :* Midæ dormienti formicæ tritici grana in os congesserunt, *CIC.* — FAR, *toute sorte de grain propre à faire de la farine :* Quorum animas et farre suo custodit et ære, *JUV.* *Il se prend pour la farine :* Far erat et puri lucida mica salis, *TIB.*; *et pour les gâteaux de farine :* Quos thure minuto, aut farre, et tenui soleo exorare coronâ, *JUV.* — ADOR *est la fleur de farine :* Mox ador, atque adoris de polline pultilicum far, *AUS.* — ADOREA, *tout produit farineux, grains, etc., dont, dans l'antiquité, on faisait présent aux vainqueurs :* Hæc omnes veterum revocavit adorea lauros, *CLAUD.* Far *et* ador *s'emploient plus volontiers dans la poésie que* frumentum *et* triticum.

1159. *Frustrà. Incassùm. Nequicquàm.*

*Quoique souvent ces trois adverbes paraissent employés indifféremment, on doit cependant les distinguer.* — FRUSTRA, *lorsqu'on n'est pas récompensé de son travail :* Suscipere frustrà laborem, *CIC.* — INCASSUM, *lorsqu'on ne vient pas à bout de ce qu'on voulait faire :* Tune tot incassùm fusos patiere labores? *VIRG.* Incassùm tela jactare, *LIV.* — NEQUICQUAM, *inutilement :* Utrinque injuriæ factæ, ac res nequicquàm erant repetitæ, *LIV.* Nequicquàm sapere sapientem, qui ipse sibi prodesse nequiret, *CIC.*

1160. *Frustrà est aliquid, frustrà est aliquis.*

*Une chose* FRUSTRA EST, *quand elle est sans avantage, sans succès :* Ea res frustrà fuit, *SALL.* *Une personne* FRUSTRA EST, *quand elle est frustrée dans ses espérances :* Quò mihi magis adnitendum est, ut neque vos decipiamini, et illi frustrà sint, *SALL.* Servus et hera frustrà sunt duo, *PLAUT.*, *le valet et la maîtresse sont dupes.*

1161. *Fuga. Effugium.*

FUGA, *fuite, évasion :* Mitto illam fugam ab urbe turpissimam, *CIC.* Spem fugæ tollere, *CÆS.* *Au figuré :* Laboris fuga desidiam coarguit, *CIC.* — EFFUGIUM, *échappatoire, le moyen d'échapper :* Perpaucis effugium patuit, *LIV.* Alias esse cornibus armatas, alias habere effugia pennarum, *CIC.* Qui effugia insederant, *TAC.*, *qui s'étaient mis dans les endroits par où ils pouvaient échapper.* Effugium mortis, *CIC.*, *moyen d'échapper à la mort; au lieu que* fuga mortis *est la fuite de la mort.*

1162. *Fugax. Fugitivus. Erro.*

FUGAX, *porté à fuir :* Cervi fugaces, *VIRG.* Mors et fugacem persequitur virum, *HOR.* *Au figuré :* Fugaces labuntur anni, *HOR.* Brevia et fugacia et caduca existima, *CIC.* — FUGITIVUS *se dit de l'acte, qui fuit; il se dit bien d'un esclave qui quitte son maître :* Servus fugitivus, *CIC.* Neque tam fugitivi illi à dominis, quàm tu à jure et legibus, *Id.* *Au figuré :* Fugitivum argentum, *TER.*, *de l'argent qui semble nous fuir.* — ERRO (d'errare), *est un vagabond, un coureur :* Teque ipsum vitas fugitivus et erro, *HOR.* Fugitivus *est un esclave qui fuit dans le dessein de ne plus revenir;* Erro *est un libertin qui s'échappe, mais qui revient quand il est las de courir.*

1163. *Fugere. Vitare.*

FUGERE, *fuir, s'éloigner avec vitesse :* Nunc et oves ultrò fugiet lupus, *VIRG. Au figuré :* Fugere laborem, *TER.* — VITARE, *éviter, se détourner du danger :* Columbæ sæpè cùm fugissent milvium, et celeritate pennæ vitâssent necem, PHÆD. *On fuit le danger en ne s'y exposant pas ; on l'évite en n'y tombant pas.*

1164. *Fugit me illud. Illud me latet.*

FUGIT ME ILLUD, *cela m'échappe :* Non fugisset hoc Græcos homines, *CIC.* Nulla res est in usu militari, quæ hujus viri scientiam fugerit, *Id.* — ID ME LATET, *cela m'est caché. Cicéron dit* id me latet, *et* id mihi latet. Non Pompeium latuit, *CIC.* Nihil agis, nihil moliris quod mihi latere valeat in tempore, *Id. Il paraît que* latet *avec l'accusatif est une imitation des Grecs.*

1165. *Fulcire. Sustinere. Sustentare. Munire.*

FULCIRE, *étayer, a rapport à la chose qui soutient:* Ædificium fulcire columnis, PROPERT. *Au figuré :* Subsidiis magnis fulcire rempublicam, *CIC.* — SUSTINERE (sursùm tenere), *soutenir :* Ferulâ titubantes sustinet artus, *OVID. Au figuré :* Ab omni assensu se sustinere, *CIC., s'abstenir de donner son consentement :* Sustinere exspectationem suî, *Id., répondre à l'attente qu'on a de soi.* Eum labantem excepit, corruere non sivit, fulsit, sustinuit re, fortunâ, fide, *Id.* Hoc sustinete, majus ne veniat malum, *PHÆD., supportez cela, etc.* — SUSTENTARE (*fréquentatif de* sustinere), *supporter ; il ne se dit qu'au figuré:* Laborem spe otii sustentare, *SALL.* Sustentare mœrorem, *CIC.* Valetudo sui corporis notitiâ et observatione sustentatur, *Id.* — MUNIRE (quasi mœnire, *de* mœnia), *munir, fortifier :* Munire castra, *CÆS.* Mirificis molibus munire aditus insulæ, *CIC.* Iter munire, *LIV., accommoder un chemin, le paver. Au figuré :* Ad hoc nefarium facinus aditum sibi aliis sceleribus munivit, *CIC.* Misericordiâ et liberalitate se munire, *Id.*

1166. *Fulgere. Splendere. Lucere. Nitere. Coruscare. Radiare. Rutilare. Micare.*

FULGERE, *briller d'un éclat vif, ou effrayant :* Fulgent auro, purpurâ, *CIC.* Fulgent gladii, *LIV. Au figuré :* Virtus intaminatis fulget honoribus, *HOR.* — SPLENDERE, *briller d'un éclat pur :* Puriùs marmore splendens, *HOR. Au figuré :* Virtus lucet in tenebris, splendetque per sese semper, *CIC. On peut encore observer que* fulgere *est plutôt l'effet de l'art ; et* splendere, *l'effet de la nature.* — LUCERE, *luire, rendre de la lumière :* Luna quæ lucet alienâ luce, *CIC.* Qui lumen de suo lumine accendit, facit ut nihilominùs ipsi luceat, cùm illi accenderit, *Id. Au figuré :* Æquitas lucet ipsa per se, *Id.* — NITERE, *briller d'un éclat doux, comme ce qui est poli, nettoyé, en embonpoint, lustré :* Galea nitens, *VIRG.* Qui nitent unguentis, qui fulgent purpurâ, *CIC.* Taurus nitens, *VIRG. Au figuré :* Eorum vides quàm niteat oratio, *CIC.* Vectigal quod in pace niteat, in bello non obsolescat, *Id.*—CORUSCARE, *reluire avec éclat :* Flamma inter nubes coruscat, *CIC. Il se prend activement :* Hastamque coruscat, *VIRG.* — RADIARE, *rayonner, jeter des rayons :* Lunæ radiantis imago, *VIRG.* Scuta sed et galeæ gemmis radientur et auro, *OVID.* — RUTILARE, *avoir l'éclat de l'or :* Aurum rutilat, *PLIN.* Comæ promissæ et rutilatæ, *LIV., cheveux longs et d'un blond ardent.* — MICARE (*de* mica, *petits grains qui brillent dans le sable*), Crebris micat ignibus æther, *VIRG. Il se prend pour sauter, pétiller :* Jam verò venæ et arteriæ micare non desinunt, *CIC.* Semianimesque micant digiti, *VIRG. Cicéron a dit* micare digitis, *pour jouer à la mourre. Au figuré :* Micat animus, *LIV., mon cœur tressaille.*

1167. *Fulguralis. Fulmineus.*

FULGURALIS (*de* fulgur), *des éclairs, concernant les éclairs :* Aruspicini et fulgurales libri, *CIC.* — FULMINEUS (*de* fulmen, *de la foudre*), Ignis fulmineus, *OVID.* Potentiùs ictu fulmineo, *HOR. Au figuré :* Mnestheus fulmineus, *VIRG.*

1168. *Fulmen. Fulgur. Fulgor. Tonitru. Fulgetrum. Fulguratio.*

FULMEN (*de* fulgere) *la foudre, exhalaison enflammée qui sort de la nue avec éclat et violence :* Vis corusca fulminis, *CIC. Au figuré :* Fulmina verborum, *CIC.* Fulmina fortunæ, *Id.* Duo fulmina belli, Scipiadas, *HOR.* — FULGUR, *éclair, éclat de lumière subit et de peu de durée, qui accompagne ordinairement le tonnerre:* Rapidum fulgur, *OVID.* Cœli fulgura. *CIC.* — FULGOR, *éclat, lueur brillante :* Armorum fulgor, *HOR. Il se prend pour l'éclair:* Fulgores et tonitrua, *CIC.* — TONITRU (*de* tonare) *tonnerre, bruit éclatant et terrible causé par l'explosion des vapeurs électriques :* Homines tonitrua jactusque fulminum extimescunt, *CIC.* Si fulserit, si tonuerit, si tactum aliquid erit de cœlo, *Id.* Si fulserit, *c'est l'éclair ;* si tonuerit, *c'est le bruit du tonnerre ;* si tactum aliquid rit de cœlo, *c'est la foudre.* — FULGETRA *ou* FULGETRUM, *lueur qui sort d'une nuée pendant les grandes chaleurs* : Si in nube micetur flatus, aut vapor aut tonitrua edi; si erumpat ardens, fulmina ; si longiore tractu nitatur, fulgetra ; his findi nubem, illis perrumpi, PLIN. Pinxit et quæ pingi non possunt, tonitrua, fulgetra, fulgura, *Id.* Fulgura, *dans cet endroit est pris pour la foudre.* — FULGURATIO, *la production des éclairs, ou l'éclair même* : Nubes mediocriter collisæ fulgurationes efficiunt; majore impetu pulsæ, fulmina, SEN.

1169. *Fultus. Fretus. Nixus.*

FULTUS (*de* fulcire), *soutenu, étayé* : Pravis fultum malè talis, HOR. Vitis nisi fulta sit, ad terram fertur, CIC. *Au figuré* : Fultum gloriâ imperium, CIC. — FRETUS (*de* ferre), *porté; appuyé sur ; il ne se trouve qu'au figuré, se confiant* : Fretus conscientiâ officii mei, CIC. Malitiâ fretus suâ, TER. Fretus intelligentiâ vestrâ dissero breviùs, quàm causa desiderat, CIC. — NIXUS (*de* niti), *au propre, appuyé* : Hastili nixus, CIC. Nixus in cubitum, *Id.* *Au figuré* : Nixus æquitate vestrâ, *Id.* Innocentiâ freti, nobilitate nixi, potentiâ fulti, *Id. Cet exemple est bien remarquable.*

1170. *Fumosus. Fumidus.*

FUMOSUS, *qui a été exposé à la fumée, noirci par la fumée* : Fumosæ imagines, CIC. Perna fumosa, HOR. — FUMIDUS, *qui jette de la fumée* : Tæda fumida, VIRG. Fumida altaria, OVID.

1171. *Fundere. Effundere. Diffundere. Profundere.*

FUNDERE, *proprement, fondre, couler en fonte* : Fundere ex ære imaginem, PLIN. Neque enim, quanquam fusis omnibus membris, statua fit, nisi collocetur, QUINT. *Il se prend pour répandre* : Fundere sanguinem, CIC. *Au figuré* : Fusa per gentes superstitio, *Id.* Fundere exercitum, *Id.*, *dissiper une armée.* Funditur in omnes partes vitis, *Id.* Fundere preces, VIRG. fundere, *dit Popma,* sensim in omnes partes spargere. — EFFUNDERE, uno impetu, sine modo projicere : Multi patrimonia effuderunt inconsultè largiendo, CIC. Fabianus mihi non effundere videtur orationem, sed fundere; adeò larga est, et sine perturbatione, non sine cursu tamen veniens, SEN. — DIFFUNDERE (diversim fundere), *épancher, répandre de différents côtés ; il se dit des liquides* : Sanguis per venas in omne corpus diffusus, CIC. Glacies calore liquefacta diffunditur, *Id. Au figuré* : Diffusus error, CIC. Crimen paucorum diffundere in omnes, OVID. — PROFUNDERE (fundere pro), *répandre en avant, répandre avec abondance* : Equidem vim lacrymarum profudi, CIC. *Au figuré* : Omne odium inclusum nefariis sensibus impiorum in me profudistis. *Id.*

1172. *Funditùs. Radicitùs. Eradicitùs.*

FUNDITUS (*de* fundus), *jusqu'aux fondements* : Urbes pereunt funditùs, HOR. *Au figuré* : Funditùs tollere fidem, CIC. — RADICITUS (*de* radix), *jusqu'à la racine* : Atque ille tulit radicitùs altas fagos, CATUL. *Au figuré* : Excutere opinionem radicitùs. CIC. — ERADICITUS, *jusqu'à la dernière racine* : Non radicitùs quidem herclè, verùm etiam eradicitùs, PLAUT.

1173. *Fundus. Territorium.*

FUNDUS, *fond, l'endroit le plus bas d'une chose creuse* : Fundus armarii, CIC. *Au figuré* : Largitio fundum non habet, CIC. *Il se prend pour le sol d'une terre, d'un champ* : Cultus fundus, HOR. Obire fundos nostros cui non licet, aut res rusticas, vel fructûs causâ, vel delectationis? CIC. *En ce sens, un vignoble est* fundus, *un plan d'oliviers est* fundus. Fundus *se prend aussi pour celui qui ratifie et autorise une chose* : Negat ex fœderato populo quemquam potuisse, nisi is populus fundus factus esset, in hanc civitatem venire, CIC. — TERRITORIUM (*de* terra), *territoire, étendue de terre* : Ut florentis coloniæ territorium minueretur, CIC. Territorium, *selon Varron, serait ce que nous appelons une commune.*

1174. *Funebris. Funereus. Feralis.*

FUNEBRIS (*de* funus), *funèbre, qui concerne les funérailles* : Funebris laudatio, QUINT. Vestimentum funebre, CIC. Epulum funebre, *Id. Horace a dit poétiquement* funebre bellum, *une guerre funeste.* — FUNEREUS, *de funérailles, qui annonce des funérailles* : Funereus bubo, OVID., *le hibou, dont le cri passe pour un présage de mort. Horace a dit* frons funerea *dans le même sens.* — FERALIS (à ferendis ad sepulcra epulis), *qui concerne les morts* : Dona feralia, OVID. Et ferales ante cupressos, VIRG.

1175. *Funestus. Fatalis. Fatifer.*

FUNESTUS (*de* funus), *proprement, souillé par un mort* : Funesta familia, LIV., *famille en deuil.* Funesta dies alliensis pugnæ, CIC. *Il se prend pour fâcheux, funeste* : Funestum est à forti atque honesto viro jugulari, funestius ab eo cujus vox in præconio quæstu prostitit, CIC. *Des édi-*

*tions portent :* vox in præconio quæstum præstitit. — FATALIS (*de* fari, fatum), *marqué par le destin, fatal :* Hæc provideri possunt, quia certa sunt et fatalia, CIC. — FATIFER (fatum ferens), *qui donne la mort :* Fatifer ensis, VIRG.

### 1176. *Fungi. Defungi. Perfungi.*

FUNGI, *exercer une charge :* Fungi munere, CÆS. Fungi alienam vicem, LIV. *Et dans un autre sens :* Q. Arrius omni jam fortunâ prosperè functus est, CIC. — DEFUNGI, *être quitte, s'acquitter :* Illi quorum animus est religionis pietate defunctus, CIC. *Il se dit plus souvent des choses désagréables :* Defunctus sum, TER., *je suis délivré du danger.* Defuncta morbo corpora, LIV. Defunctus laboribus, HOR. Utinam hoc modo sit defunctum, TER. *Dieu veuille que nous en soyons quittes pour cela.* — PERFUNGI, *être quitte entièrement, soit du bien, soit du mal :* Senex perfunctus honoribus, CIC. Respublica perfuncta est hoc misero fatalique bello, CIC.

### 1177. *Fur. Latro.*

FUR (*de* φώρ, *espion, voleur*) *est un voleur de nuit et de jour, qui prend sans violence :* Nocturnum furem quoquo modo; diurnum autem, si se telo defenderit, interfici impunè voluerunt, CIC. — LATRO (quasi latero, *de* latus *ou de* λάτρις, *serviteur*) *était originairement un soldat mercenaire de la garde du roi :* Nam rex Seleucus me opere oravit maximo, ut sibi latrones cogerem et conscriberem, PLAUT. *Il se prend pour voleur de grand chemin, parce que,* à latere aggrediuntur : Ut jugulent homines, surgunt de nocte latrones, HOR. Subitò latrones ex insidiis advolant, PHÆD. Latro, *dit Valla,* qui in belli speciem ferro grassatur.

### 1178. *Furari. Latrocinari.*

FURARI, *détourner secrètement, prendre le bien d'autrui :* Tùm primùm intellexi ad eam rem istos fratres cybiratas fuisse, ut iste in furando manibus suis, oculis illorum uteretur, CIC. *Au figuré :* Non furatus est civitatem, CIC., *il n'a point dérobé le droit de citoyen.* — LATROCINARI *signifiait anciennement servir à l'armée :* Latrocinatus annos decem, mercedem accipio, PLAUT. *Il se prend ordinairement pour exercer des brigandages, voler :* Qui eorum cuipiam, qui unà latrocinantur, furatur aliquid, aut clam eripit, is ne sibi in latrocinio quidem relinquit locum, CIC.

### 1179. *Furax. Furunculus.*

FURAX, *porté à voler :* Ridiculum est illud Neronianum vetus in furace servo, solum esse cui domi nihil sit obsignatum et occlusum, CIC. — FURUNCULUS, *petit larron :* Olim furunculus, nunc etiam rapax, CIC.

### 1180. *Furens. Furiosus. Furibundus. Furiatus. Furialis.*

FURENS *est un homme emporté par la fureur :* Audaciâ furens Catilina, CIC. Inflammatus et furens libidinibus, *Id. Au figuré :* Venti furentes, VIRG. — FURIOSUS *est un homme habituellement en fureur :* Aliquem furiosum judicare, CIC. Furiosus, *dit Valla,* qui ita jactatur agitaturque, ut neque corpore neque animo consistere possit. *Au figuré :* Furiosa cupiditas, CIC. — FURIBUNDUS, *furieux, forcené :* Annibalis furibundam mentem à vestris repulit templis, CIC. Furibundæ prædictiones, *Id. On ne dirait pas* furentes *ni* furiosæ. — FURIATUS, *qui est excité à la fureur :* Furiatâ mente ferebar, VIRG. — FURIALIS, *de furies, de furieux :* Furialis vestis, CIC., *la chemise qui rendit Hercule furieux.* Incessus furialis, LIV., *la démarche d'un furieux.* Furialis vox. CIC.

### 1181. *Furiæ. Diræ. Eumenides.*

FURIÆ, *Furies, filles de l'Erèbe et de la Nuit, et vengeresses des crimes :* Eos qui aliquid impiè sceleratèque commiserint, agitari et perterreri Furiarum tædis ardentibus, CIC. *On les appelait aussi* DIRÆ : Crasso quid acciderit Dirarum obnunciatione neglectâ, CIC. *On les appelait encore* EUMENIDES (d'Εὐμενής, benevolus). *Voici l'origine de ce dernier nom : Oreste était accusé dans l'Aréopage d'avoir tué sa mère Clytemnestre ; les dieux, au nombre de douze, furent, dit-on, ses juges ; mais les suffrages s'étant trouvés partagés également, il fut renvoyé absous. Les Furies cessèrent alors de le persécuter, et, par reconnaissance de cette faveur, il les appela Euménides, c'est-à-dire propices, bienfaisantes. D'autres prétendent, avec plus de raison, qu'on les appelait Euménides par antiphrase.* Tunc primùm lacrymis victarum carmine fama est Eumenidum maduisse genas, OVID.

### 1182. *Furiosè. Furialiter.*

FURIOSÈ, *avec fureur :* Etsi solet eum, cùm aliquid furiosè fecit, pœnitere, CIC. — FURIALITER, *à la manière des Furies :*

Non habet exactum quid agat, furialiter odit, *OVID.*

1183. *Furor. Insania. Rabies.*

FUROR, *fureur, folie:* Furor, mentis ad omnia cæcitas, *CIC.* Cæcus furor, *HOR.* — INSANIA (non sanus), *extravagance:* Insania, id est, inconstantia sanitate vacans, *CIC.* Insania *est moins que* furor. — RABIES, *rage, se dit proprement des chiens:* Statque canum rabies, *OVID.* *Il se dit des hommes:* Archilochum proprio rabies armavit iambo, *HOR.* *Au figuré:* Belli rabies, *VIRG.* Rabies cœlique marisque, *Id.*

1184. *Futilis. Frivolus.*

FUTILIS (*de* futire, *répandre*), *au propre, qui répand:* Futiles canes, *PHÆD.*, *des chiens qui ne peuvent tenir leur ventre.* *Au figuré:* Homo futilis, *TER.*, *un indiscret.* Nunc conde ferrum et linguam pariter futilem, *PHÆD.* Lætitiæ futiles, *CIC.*, *une vaine joie.* Futiles commentitiæque sententiæ, *Id.* — FRIVOLUS (*de* frio, *broyer*); *au propre, frêle, fragile:* Jam poscit aquam, jam frivola transfert Ucalego. *JUV.* *Au figuré, frivole, de peu de conséquence:* Frivolus sermo, *CIC.*

# G.

1185. *Gallus. Gallicus. Gallicanus.*

GALLUS, *né en Gaule, en France:* Robore valent Galli, *CIC.* — GALLICUS, *qui habite la Gaule, la France, quoiqu'il n'y soit pas né:* Copiæ gallicæ, *CIC.* *Il se dit de la terre:* Ager gallicus, *CIC.* — GALLICANUS, *qui concerne la Gaule, la France:* Gallicanæ res, *CIC.*

1186. *Ganeo. Nepos. Asotus. Scortator. Mœchus.*

GANEO (*de* ganea, *lieu de débauche*), *est un homme qui fréquente les mauvais lieux:* Ganeo egentissimus, *CIC.* — NEPOS, *proprement, petit-fils; fils du fils ou de la fille:* Nepos avum in capitis discrimen adduxit, *CIC.* *Comme les petits-fils sont quelquefois gâtés par les grands-pères, ils deviennent fripons et débauchés; c'est pour cela que* Nepos *est souvent pris pour un dissipateur, un homme sans conduite:* Perditus ac profusus nepos, *CIC.* — ASOTUS (d'ἄσωτος, *perdu, vicieux*) *est un homme perdu de débauche:* Posse asotos ex Aristippi, acerbos è Zenonis scholâ exire, *CIC.* — SCORTATOR (*de* scortum, *femme débauchée*) *est un homme qui fréquente ces sortes de femmes:* Scortator erit? Cave te roget, *HOR.* — MOECHUS (μοιχός), *adultère:* Ocella nemini persuasisset se mœchum esse, nisi triduo bis deprehensus esset, *CIC.*

1187. *Garrire. Blaterare. Crocire.*

GARRIRE, *coasser, gazouiller:* Ranæ garriunt, *MART.* Lusciniæ garriunt, *APUL.* *Au figuré, babiller, causer:* Garrimus quidquid in buccam venit, *CIC.* Cùm quidlibet ille garriret, *HOR.* — BLATERARE, *criailler, dire à haute voix des choses frivoles:* Stulta et immodica blaterant, quorum lingua tam cupida infrenisque sit, ut fluat semper, *A. GELL.* Cum magno blateras clamore, fugisque, *HOR.* — CROCIRE, *croasser, se dit du corbeau:* Corvus voce crociebat suà, *A. GELL.*

1188. *Gaudere. Lætari.*

GAUDERE *marque une joie intérieure et modérée:* In sinu gaudere, *CIC.* — LÆTARI *marque une joie qui éclate au dehors d'une manière plus vive:* Lætaris tu omnium gemitu et triumphas, *CIC.* Atque ut confidere decet, timere non decet; sic quidem gaudere decet, lætari non decet; quoniam à gaudio lætitiam distinguimus, *Id.* Cùm ratione animus movetur placidè atque constanter, tùm illud gaudium dicitur; cùm autem inaniter et effusè animus exsultat, tùm illa lætitia gestiens vel nimia dici potest, *Id.*

1189. *Gaza. Thesaurus.*

GAZA *est un mot persan qui signifie richesses, argent, meubles:* Pecuniam regiam (gazam Persæ vocant) cum pretiosissimis rerum efferri jubet, *Q. CURT.* Macedonum gaza, *LIV.* Beatæ Arabum gazæ, *HOR.* — THESAURUS *est proprement un amas de choses mises à part pour les conserver; il se prend ordinairement pour de l'argent caché:* Respondit conjector thesaurum esse defossum sub lecto, *CIC.* *Il se dit d'un lieu souterrain.* Admonent quidam esse thesaurum publicum sub terrâ saxo quadrato septum; eò vinctus Philopœmen demittitur, *T. LIV.* *Au figuré:* Thesaurus rerum omnium memoria, *CIC.* Thesaurus mali, *PLAUT.*, *une source de maux.*

1190. *Gelu. Glacies. Pruina.*

GELU, *gelée, grand froid qui glace l'eau:* Astricto gelu coit unda, *OVID.* Acutum gelu; *Hor. Au figuré:* Tarda gelu, sæclisque effœta senectus, *Virg.* — Glacies, *glace, eau congelée et durcie par le froid :* Saucia sole incerto glacies, *Ovid.* — Pruina (quasi perurina, *d'urere, parce que la gelée brûle en quelque sorte*), *gelée blanche, frimas :* Arvaque riphæis nunquam viduata pruinis, *Virg.* Corpora circumfusa pruinis, *Virg.*

### 1191. *Geminus. Gemellus.*

Geminus, *jumeau, double, égal :* Sorores geminæ, *Hor.* Geminum partum edere, *Liv.* Geminæ voragines, *Cic.* Maximè gemina societas hæreditatis, *Id., la société est parfaitement égale à une succession.* — Gemellus, *qui est par couple :* Proles gemella, *Ovid.*

### 1192. *Gemma. Margarita. Unio. Smaragdus. Adamas.*

Gemma *est le nom général de toutes les pierres précieuses, soit opaques, soit transparentes :* Cyri ornatus persicus multo auro, multisque gemmis, *Cic.* Lucida gemma, *Ovid. Il se prend pour l'œil, le bourgeon de la vigne :* Turgent in palmite gemmæ, *Virg.* — Margarita *et* Margaritum *se dit des perles qu'on tire des coquillages :* Oceanus gignit margarita, sed suffusca et liventia, *Tac.* — Unio (*d'*unus), *Pline nous en donne l'idée :* Dos omnis in candore, magnitudine, orbe, lævore, pondere, haud promptis rebus, in tantùm ut nulli duo reperiantur indiscreti, undè nomen unionum romanæ scilicet imposuêre deliciæ. Unio, *pour dire union, concorde, n'est point du bon usage.* — Smaragdus, *émeraude, pierre précieuse de couleur verte :* Virides smaragdi, *Ovid.* Grandes viridi cum luce smaragdi, *Lucret.* — Adamas (græcè Ἀδάμας, ab α privat. et δαμάω, ῶ, subigo, ità dictus lapis à duritie indomità), *diamant. C'est la plus riche et la première des pierres précieuses. On sous-entend* lapis, *pierre indomptable. Par analogie, il se dit de toute matière extrêmement dure, indestructible :* Solidoque adamante columnæ, *Virg. Voici les noms des autres pierres précieuses :* Amethystus, Beryllus, Chrysolithus, Cyanus, Hyacinthus, Jaspis, Onyx, Sardonyx, Sapphirus, Topazus, Pyropus.

### 1193. *Gemmatus. Gemmeus.*

Gemmatus, *enrichi de pierreries :* Gemmati magnâ specie annuli, *Liv.* — Gemmeus, *de pierres précieuses :* Mittit etiam trullam gemmeam rogatum, *Cic. Au figuré, qui imite les pierres précieuses :* Gemmeam caudam explicat pavo, *Phæd.*

### 1194. *Genæ. Mala.*

Genæ *est proprement le dessous de la paupière :* Genæ ab inferiore parte tutantur oculos subjectæ, leviterque eminentes, *Cic.* — Mala, *la joue, la partie ronde et vermeille :* Infrà oculos malæ homini tantùm, quas prisci genas vocabant, pudoris hæc sedes; ibi maximè ostenditur rubor, *Plin.* Flaventes primâ lanugine malas, *Virg. Il se prend pour la mâchoire, le dedans de la bouche :* Ambesas subigat malis consumere mensas, *Virg.* Ambabus malis expletis vorem, *Plaut.* Horribilis mala leonis, *Hor.*

### 1195. *Generalis. Universalis.*

Generalis (*de* genus), *exprime une qualité qui convient aux espèces contenues sous le genre : il ne se dit que des idées abstraites en style de logique :* Generale quoddam decorum intelligimus, quod in omni honestate versatur, *Cic.* Cùm de genere negotii controversia est, constitutio generalis vocatur, *Id.* — Universalis, *universel, comprend toutes les espèces en détail :* Nam hujusmodi in rationibus, non universali atque absolutà, sed extenuatà ratione expositio confirmatur, *Cic.*

### 1196. *Generatìm. Generaliter. Universè.*

Generatim (*de* genus), 1° *par nations :* Generatìm distributi sunt per civitates, *Cæs.* 2° *En général, en gros :* Non nominatìm, sed generatìm proscriptio est informata, *Cic.* Generatìm ea quæ maximè nota sunt dicam, *Id.* — Generaliter, *d'une manière générale :* Tempus quidem generaliter definire difficile est, *Cic.* — Universè, *en totalité :* Nam quid ego de cæteris civium romanorum suppliciis sigillatìm potiùs, quàm generatìm atque universè loquar? *Cic.*

### 1197. *Generosus. Animosus. Fortis. Strenuus.*

Generosus (*de* genus), *regarde la naissance :* Stirpe generosâ profectus, *Cic.* Humilem sanè relinquunt et minimè generosum, ut ita dicam, amicitiæ ortum, *Id. C'est dans ce sens qu'Horace a dit :* vinum generosum. *Il se prend pour généreux, magnanime, parce qu'on suppose que ceux qui sont de naissance, ont l'âme plus élevée :* Cùm de imperio certamen esset cum rege generoso ac potenti, *Cic.* — Animosus (*d'*animus) *marque la disposition vigoureuse de l'âme :* Animosus rebus angustis, *Hor., inébranlable dans l'adversité.* Ex quo fit ut animosior etiam senectus sit, quàm adolescentia, *Cic.* — Fortis *marque les actions qui naissent de cette disposition vigoureuse de l'âme.* Animosus *est la cause, et* fortis *l'effet.* Animosus, *qui ose ; et* fortis, *qui exécute.* Animi fortis et constantis est non perturbari in rebus asperis, *CIC.* — STRENUUS, *actif, brave :* Ut cognoscerent te si minùs fortem, attamen strenuum, *CIC.* Aderat faciendis strenua jussis, *OVID.* Strenua nos exercet inertia, *HOR.*

## 1198. *Genialis. Genitalis. Genitivus.*

GENIALIS (de genius), *de génie, qui concerne le Génie, c'est-à-dire principalement le dieu de la joie, des fêtes :* Lectus genialis in aulà est, *HOR., pour dire, vous mariez votre fille.* Invitat genialis hyems, curasque resolvit. *Virgile représente en cet endroit l'hiver comme une saison de repos et de délassement pour les laboureurs.* — GENITALIS (de gignere), 1° *qui a la vertu de produire :* Vere tument terræ, et genitalia semina poscunt, *VIRG.* Corpora quatuor genitalia, *OVID., les quatre éléments.* 2° *De la naissance, natal :* Genitale solum, *OVID.* Genitalis dies, *TAC.* — GENITIVUS, *de naissance, qui vient de la naissance, qu'on apporte en naissant :* Adjectique probent genitiva agnomina Cottæ, *OVID.* Genitivus casus, *CIC., le génitif, parce que c'est du génitif que sont formés les autres cas.*

## 1199. *Geniculatus. Nodosus.*

GENICULATUS (de genu), *ne se dit que des nœuds des plantes ; qui a des nœuds :* Geniculatus culmus, *CIC.* — NODOSUS (de nodus) *se dit de tout ce qui a des nœuds :* Stipes nodosus, *OVID.* Lina nodosa, *Id.* Nodosa chiragra, *HOR., la goutte qui cause des nodosités aux articulations des doigts. Au figuré :* Adde Cicutæ nodosi tabulas centum, *HOR., ajoutez les cent tablettes de Cicuta, qui sait si bien enlacer ses débiteurs.*

## 1200. *Gens. Familia.*

GENS *était comme le tronc, la souche qui contenait souvent plusieurs familles.* — FAMILIA *était comme les branches, et comprenait le père, la mère, les enfants, les esclaves, etc. Par exemple, dans la race des Cornélius,* gens Cornelia, *il y avait la famille des* Cornelius Maluginensis, *des* Cornelius Scipio, *des* Cornelius Lentulus, *des* Cornelius Dolabella, *des* Cornelius Rufinus, etc. Cornelius Scipio orationem habuit plenam veris decoribus, non communiter Corneliæ gentis, sed propriè familiæ suæ, *CIC.* Ex gente Domitià duæ familiæ claruerunt, Calvinorum, et Ahenobarborum, *SUET.* Familia *se prend souvent pour l'assemblage des valets d'une maison.* Quem convocatà jùbet occidi familià, *PHÆD.,* Æsopus domino solus cùm esset familia, *Id. Térence a dit* familia *pour des provisions :* Decem dierum mihi vix est familia. *Les auteurs les confondent quelquefois ; Tite-Live, parlant des Fabius, dit :* Omnes unius gentis, *et ensuite,* ibant unius familiæ duces.

## 1201. *Gens. Natio.*

GENS, *synonyme de* natio, *comprend la race entière, comme* gens trojana, gens romana. — NATIO, *un peuple particulier sorti de la race dont on parle. Les mêmes peuvent être* natio *dans un certain rapport, et* gens *dans un autre. Les Saxons sont* natio *par rapport aux Allemands en général ; ils sont* gens *par rapport aux différents états qui composent la Saxe ; ou d'une autre manière, par rapport aux différents peuples qui sont de race saxonne. Les Allemands eux-mêmes seront* natio *par rapport aux Européens, et ceux-ci* gens *par rapport aux peuples qui habitent l'Allemagne.* Nunc de Suevis dicendum est, quorum non una Cattorum Tencterorumque gens : majorem enim Germaniæ partem obtinent, propriis nationibus nominibusque distincti, *TAC.* Societas propior est ejusdem gentis, nationis, linguæ, *CIC.* Natio *se dit aussi d'une troupe de gens du même rang :* Natio optimatum, *CIC.* Candidatorum natio, *Id.*

## 1202. *Gentilis. Gentilitius. Genticus.*

*Cicéron nous apprend ce que l'on doit entendre par* GENTILIS *:* Gentiles, qui inter se eodem sunt nomine, ab ingenuis oriundi, quorum majorum nemo servitutem servivit, qui capite non sunt diminuti. *Il appelle le roi Tullius* gentilem suum, *parce qu'il avait le même nom.* — GENTILITIUS, *commun à une race, propre aux familles de la même race :* Gentilitia nota, *LIV., une marque commune à toute la famille. De même :* Sacrificia gentilitia, *CIC.* — GENTICUS, *propre à une nation :* Adduntur è servitiis gladiaturæ destinati, quibus more gentico continuum ferri tegimen, *TAC.*

## 1203. *Genus. Stirps. Prosapia.*

GENUS, *origine :* Clarum genus, *HOR.* Regium genus, *Id. Il se prend pour genre, espèce :* Genus humanum, *CIC.* — STIRPS, *proprement, racine :* Imo de stirpe recisum, *VIRG. Au figuré :* Generatum ex ipsius sapientiæ stirpe genus, *CIC.* Stirps, *pris pour race, souche, comme nous le considérons ici, est toujours féminin.* Egregiâ de Priami stirpe, *VIRG.* Feminea stirps, *OVID.* — PROSAPIA *se dit d'une race fort ancienne et fort étendue :* Veteris prosapiæ et multarum imaginum homo, *SALL.* De cœlitum prosapiâ te esse arbitror, *PLAUT. Cicéron ne l'emploie que comme un vieux mot :* Et eorum, ut veteri utamur verbo, prosapiam, etc. *Quintilien dit qu'il n'est pas du bel usage.*

1204. *Gestire. Exsilire. Exsultare.*

GESTIRE, *faire connaître par quelque mouvement du corps ce que l'on sent :* Evolare gestiunt, *CIC., parlant des petits oiseaux qui remuent les ailes, brûlant d'envie de sortir de leur nid.* Gestit paribus colludere, *HOR. Au figuré :* Gestit animus, *CIC.*—EXSILIRE (*d'*ex *et de* salire), *sortir en sautant :* Domo levis exsilit, *HOR. Au figuré, tressaillir :* Exsilire gaudio, *CIC.* — EXSULTARE (saltare ex), *bondir :* In herbis exsultat vacca, *OVID.* Ludit exsultìm, *HOR., parlant d'une génisse qui bondit dans la prairie. Au figuré :* Alacris improbitas exsultat in victoriâ, *CIC.* Annibalem juveniliter exsultantem patientiâ suâ molliebat, *LIV.*

1205. *Gigantes. Titanes.*

GIGANTES (*de* γῆ, terra); *la Terre indignée de ce que Jupiter avait foudroyé les Titans, enfanta les Géants : ils avaient une taille énorme avec des pieds de dragons ; ils entassèrent montagnes sur montagnes pour escalader le ciel, Jupiter les foudroya.* Gigantes illi quos poetæ ferunt bellum diis immortalibus intulisse, *CIC.* More Gigantum bellare diis, quid aliud est, nisi naturæ repugnare? *Id.* — TITANES, *les Titans étaient fils de Titan et de la Terre. Ayant pris les armes contre Saturne leur oncle, ils le firent prisonnier ; mais Jupiter les foudroya.* Cum Titanis et Gigantibus bella gesserunt dii, *CIC.* Plato è Titanum genere statuit eos, qui, ut illi cœlestibus, sic hi adversentur magistratibus, *CIC. Les auteurs confondent souvent ces héros de la fable.*

1206. *Gladius. Ensis. Sica. Acinaces. Pugio.*

GLADIUS, *glaive, coutelas, épée tranchante :* Recondere gladium in vaginam, *CIC.* — ENSIS, *épée, arme offensive et défensive que l'on porte à son côté ; il ne se trouve guère qu'en poésie :* Ensis vaginâ tectus, *HOR.* Ensem in pectus adigere, *OVID. Tite-Live s'en est servi une fois ; il l'a confondu avec* gladius. — SICA (*de* secare), *dague, espèce de poignard, une courte épée :* Pueri qui sicas vibrare, et venena spargere didicerunt, *CIC.* Jam tibi extorta est sica ista de manibus, *Id.* — ACINACES *était l'épée des Mèdes :* Medus acinaces, *HOR.* — PUGIO (*de* pungere), *poignard, sorte d'arme pour frapper de la pointe, stylet :* Veste tectum pugionem expedire conatus est, *SALL.*

1207. *Gliscere. Crebrescere.*

GLISCERE (*de* γλισχρός, lentus, lubricus), *s'étendre, gagner insensiblement :* Discordia gliscit, *LIV.* Gliscunt animis discordibus iræ, *VIRG.* — CREBRESCERE (*de* creber), *devenir plus fréquent, se répandre :* Optatæ auræ crebrescunt, *VIRG.* Fama crebrescit, *TAC.* Res percrebuit, in ore atque sermone omnium cœpit esse, *CIC.*

1208. *Gloria. Gloriatio. Laus. Laudatio. Præconium. Prædicatio. Elogium.*

GLORIA, *la gloire, le fruit de l'estime des gens de bien :* Gloria est consentiens laus bonorum, incorrupta vox benè judicantium de excellente virtute, *CIC.* Gloria est illustris et pervagata multorum et magnorum vel in suos cives, vel in patriam, vel in omne genus hominum fama meritorum, *Id.* — GLORIATIO, *l'action de se glorifier, ostentation :* Ex quo efficitur gloriatione, ut ita dicam, dignam esse beatam vitam, *CIC.* — LAUS, *louange, l'estime des gens de bien :* Trahimur omnes laudis studio, et optimus quisque maximè gloriâ ducitur, *CIC.* Dives arca veram laudem intercipit, *PHÆD.* — LAUDATIO, *éloge, discours en l'honneur de quelqu'un :* Cadaver P. Clodii spoliatum exsequiis, pompâ, laudatione, *CIC. Il se disait de la députation que faisait une ville pour aller à Rome rendre un témoignage favorable de quelqu'un, du décret fait en conséquence, et du discours des députés :* Recordare quibus laudationem ex ultimis terris miseris, *CIC.* Idem laudationem quam nos ab Atheniensibus Flacco datam proferebamus, falsam esse dicebat, *Id.* — PRÆCONIUM (canere præ), 1° *criée, la profession de crieur public :* Præconium facere, *CIC.* 2° *Eloge ;* Omnes mandari versibus æternum laborum suorum præconium facilè patiuntur, *CIC.* — PRÆDICATIO (dicere præ), *l'action de publier :* Beneficiorum prædicatio, *CIC.* Quæ prædicatio præconi acerba futura est, *Id.* Plurimorum prædicatione, *Id. sur le témoignage de plusieurs* — ELOGIUM (*de* λόγος, sermo), 1° *titre :* Quod elogium recitâsti de testamento Cneii Egnatii, *CIC.* 2° *Témoignage :* Solonis quidem sapientis elogium est, quo se negat velle, etc. *CIC., c'est un témoi-*

gnage du sentiment du sage Solon, etc. 3° *Inscription :* Elogium insculpere. *Suet.* Non elogia monumentorum id significant, *Cic.*

1209. *Gramen. Cespes. Gleba.*

**Gramen**, *gazon, terre couverte d'herbe courte et menue :* Graminis herba, *Liv.* Injussa virescunt gramina, *Virg.* — **Cespes**, *terre avec l'herbe, lieu couvert d'herbe :* Fortuitus cespes, *Hor.* — **Gleba**, *motte de terre :* Inertes glebas rastris frangere, *Virg.* Non esse arma, cespites, neque glebas, *Cic.*

1210. *Grammaticus. Grammatista.*

**Grammaticus** *est un habile grammairien; et* **Grammatista**, *un faible grammairien :* Sunt qui litteratum à litteratore ita distinguant, ut Græci grammaticum à grammatistâ, et illum quidem absolutè, hunc mediocriter doctum existiment, *Suet.* At si grammaticum se professus quispiam barbarè loquatur, turpe sit, *Cic.*

1211. *Gratari. Gratulari. Congratulari.*

**Gratari** (de gratus), *féliciter, marquer sa reconnaissance :* Inveni, germana, viam; gratare sorori, *Virg.* *Il ne se dit guère qu'en poésie.* — **Gratulari** *est le même, mais la syntaxe en est différente :* Gratulor tibi affinitatem viri optimi, *Cic.* Quòd mihi de filio gratularis, agnosco humanitatem tuam, *Id.* Quâ in re tibi gratulor, *Id.* Salutant, ad cœnam vocant, adventum gratulantur, *Ter.* *Il se prend aussi pour rendre des actions de grâces :* Ohe, jam desine deos, uxor, gratulando obtundere esse inventam gnatam, *Ter.* — **Congratulari** (gratulari cum), *se dit ordinairement de plusieurs :* Mihi homines præcipuè congratulabantur, quòd, etc. *Cic.*

1212. *Gratè. Gratanter.*

**Gratè**, *avec plaisir, avec reconnaissance, soit que l'on donne, ou que l'on reçoive :* Ut confiteare aliquandò quid faciam, me gratè et piè facere, *Cic.* — **Gratanter**, *en se réjouissant, en se félicitant. Ce mot est de la basse latinité.*

1213. *Gratificari. Condonare.*

**Gratificari** (gratum facere), *abandonner par complaisance, gratifier, favoriser quelqu'un en lui faisant quelque don :* Gratificari libertatem suam alicujus potentiæ, *Sall.* Qui gratificantur cuipiam quod obsit illi, cui prodesse velle videantur, non benefici neque liberales, sed perniciosi assentatores judicandi sunt, *Cic.* — **Condonare**, *remettre, abandonner par grâce :* Condonare pecunias creditoribus, *Cic.* Supplicium, et animadversionem remittere et condonare, *Id.*

1214. *Gratuitò. Gratis.*

**Gratuitò**, *sans rien recevoir, de pure grâce :* Multis gratuitò civitatem impertiebantur, *Cic.* Multorum causas gratuitò defendere, *Id.* — **Gratis**, *sans rien recevoir, sans rien donner :* Servire alicui gratis. *Cic.* Habitare gratis in alieno, *Id.*

1215. *Gratus. Jucundus. Gratiosus.*

**Gratus** *se dit d'une chose qui nous fait plaisir et dont on sait gré.* — **Jucundus** *se dit d'une chose qui nous cause de la joie. Une chose peut être* grata, *sans être* jucunda; *comme d'être instruit d'une nouvelle triste et fâcheuse, mais qu'il nous importe de savoir :* Ista veritas etiamsi jucunda non est, mihi tamen grata est, *Cic.* Cujus officia jucundiora scilicet sæpè mihi fuerunt, nunquàm gratiora, *Id.* **Gratiosus**, 1° *qui est en faveur :* Apud omnes ordines gratiosus, *Cic.* 2° *qui ambitionne la faveur :* Juventutis et gratiosorum in suffragiis studia, *Cic.* 3° *Qui est l'effet de la faveur :* Suffragatio gratiosa, *Cic.* Gratiosi scribæ in dando et cedendo loco, *Id.*

1216. *Gratus. Memor.*

**Gratus**, *synonyme de* memor, *est celui qui marque sa reconnaissance ; et* **Memor**, *celui qui se souvient d'un bienfait :* Spondeo te socios Bithyniæ, si hîs commodaveris, memores esse et gratos cogniturum, *Cic.* Memorem me dices et gratum, *Ter.*

1217. *Gravare. Gravari. Gravescere.*

**Gravare** (de gravis), *charger, appesantir :* Poma gravantia ramos, *Ovid.* Muli gravati sarcinis ibant duo, *Phæd.* *Au figuré :* Nec me labor iste gravabit, *Virg.* At tu fortunam parce gravare meam, *Ovid.* — **Gravari**, *se faire une peine de quelque chose, refuser de la faire :* Ego verò non gravarer, si mihi ipse confiderem, *Cic.* Quid si, quæ voce gravaris, mente dares? *Virg.*, *si ce que vous avez peine de m'accorder tout haut, vous me l'accordiez tacitement :* — **Gravescere**, *être chargé :* Nec minùs intereà fœtu nemus omne gravescit, *Virg.*

1218. *Gravatè. Gravatìm.*

**Gravatè** (de gravis), *de mauvaise grâce, d'une manière désobligeante ; il est opposé à* benignè : Qui erranti comiter monstrant viam, benignè non gravatè, *Cic.* —

**Gravatim**, *avec peine, avec répugnance:* Haut gravatim socia arma Rutulis junxit, *Liv.*

1219. *Gravidus. Fœtus.*

**Gravidus** (*de* gravis), *chargé, plein:* Ad fores auscultato, atque asserva has ædes, ne quis adventor, qui manus attulerit steriles intrò ad nos, gravidas foràs exportet, *Plaut.* Gravida tellus, *Ovid.* — **Foeta** *se dit de la femelle pleine qui doit mettre bas, et de celle qui vient de mettre bas :* Non insueta graves tentabunt pabula fœtas, *Virg.* Fecerat et viridi fœtam Mavortis in antro procubuisse lupam, *Id.* Fœtus, *au figuré, est toujours pris pour plein :* Loca fœta furentibus austris, *Virg.* Terra fœta frugibus, *Cic.*

1220. *Gravida mulier. Prægnans mulier.*

**Gravida mulier** *est une femme enceinte, soit qu'elle approche de son terme, soit qu'elle en soit éloignée :* Latona gravida et jam ad partum vicina, *Cic.* — **Prægnans** (gignere præ), *se dit d'une femme qui approche de son terme:* Prægnantes, sed non parientes, *Plin. Il se prend aussi pour une femme enceinte :* Is uxorem suam interrogavit essetne prægnans? ea se esse respondit, *Cic.*

1221. *Gravis. Onerosus. Onerarius.*

**Gravis**, *lourd, pesant:* Grave omninò insuetis onus, *Phæd. Au figuré :* Gravis vino et somno, *Liv. Et dans un autre sens :* Gravis testis, *Cic., un témoin digne de foi.* Vereor ne tibi sim gravis, *Id.* Fletus edentem graves, *Phæd.*—**Onerosus**, *qui charge, qui accable :* Onerosa præda, *Virg.* Hasta onerosa et gravis imbellibus lacertis, *Ovid. Au figuré:* Sors onerosior, *Ovid.* — **Onerarius**, *de charge, propre à porter des fardeaux :* Navis oneraria, *Cæs.*

1222. *Gregarius. Gregalis.*

**Gregarius** (*de* grex), *du troupeau, qui concerne le troupeau :* Gregarius pastor, *Col. Au figuré :* Gregarius miles, *Cic. un simple soldat.* — **Gregalis**, *du même troupeau :* Equi boni futuri signa sunt, si cum gregalibus in pabulo contendit in currendo, *Var. Au figuré:* Gregales Catilinæ, *Cic.* Gregales tui, *Id., ceux de votre bande.* Gregali habitu, *Tac., en habit de simple soldat.*

1223. *Gressus. Gradus. Passus. Incessus. Ingressus.*

**Gressus** (*de* gradior), *le pas, la démarche:* Veniebat gressu delicato et languido, *Phæd.* — **Gradus** (*de* gradior), *degré, marche d'un escalier :* Scalarum gradus, *Cic. Il se prend pour le pas :* Accelerare gradum, *Liv.* Revocare gradum, *Virg. Au figuré :* Honoris gradus, *Cic.* Tenere gradum consularis dignitatis, *Id.* — **Passus** (*de* pandere, passum), *un pas, l'espace de cinq pieds:* Ut ab urbe abesset mille passus, *Cic. Il se prend pour le pas :* Sequiturque patrem non passibus æquis, *Virg.* Tenero ac molli passu suspendimus gradum, nec ambulamus, sed incedimus, *Sen.* — **Incessus**, *exprime une marche fière et noble:* Fingere sibi vultum et incessum, ut gravior videatur, *Cic.* Et vera incessu patuit dea, *Virg.* — **Ingressus** (gradior in), *l'action d'entrer dans un endroit :* Vestigiis odorari ingressus cujuspiam, *Cic. Et au figuré: l'introduction;* Orationis vestigia ingressumque non vidi, *Cic.*

1224. *Gubernaculum. Clavus. Temo.*

**Gubernaculum** (*de* κυβερνάω, *gouverner*), *gouvernail, pièce de bois attachée à l'arrière du vaisseau, et qui sert à le gouverner, et à le diriger du côté qu'on veut :* Hic ille naufragus ad gubernacula accessit, *Cic.* — **Clavus** *est proprement, un clou, une cheville:* Clavus trabalis, *Cic. Il se prend pour la bande de pourpre taillée en forme de tête de clou, qui bordait la robe prétexte :* Clavum ut mutaret in horas, *Hor.* Clavus, *comme nous le considérons ici, est une longue pièce de bois attachée au gouvernail, et qui sert à le mouvoir par la force du levier, ce que les marins appellent le timon ou la barre du gouvernail ; il se prend pour le gouvernail même :* Ille autem clavum tenens sedeat in puppi, *Cic. Au figuré:* Clavum imperii tenere, et gubernacula reipublicæ tractare, *Cic.* — **Temo**, *timon, flèche d'un char :* Temone plaustrum flectere, *Ovid. Il ne se dit point du timon d'un navire.*

1225. *Gurges. Vorago. Barathrum. Præcipitium. Abyssus.*

**Gurges**, *gouffre, endroit profond d'un fleuve, où l'eau se rassemble et tournoie:* Gurges curvos sinuatus in arcus, *Ovid. Au figuré :* Ille gurges natus abdomini suo, *Cic.* — **Vorago**, *ouverture de terre, tournant d'eau :* Submersus equus voraginibus non exstitit, *Cic.* Turbidus hic cœno vastâque voragine gurges æstuat, atque omnem Cocyto eructat arenam, *Virg. Au figuré:* Vorago et gurges patrimonii, *Cic.* — **Barathrum** (*en grec* βάραθρον), *profondeur :* Atque imo barathri ter gurgite vastos sorbet in abruptum fluctus, *Virg. Au figuré :* Illuvies et tempestas, barathrumque macelli, *Hor.* — **Præcipitium** (*de* præ, et de caput), *précipice, lieu escarpé de toutes parts :* Deferri per præcipitia, *QUINT.* — ABYSSUS, *abîme sans fond* (d'α priv. et de βυσσός). *Il n'est usité que dans l'Ecriture sainte.*

1226. *Gustus. Gustatus. Sapor.*

GUSTUS, *le goût, le sentiment que cause ce que l'on mange :* Una primò est peracerba gustui, *CIC. Au figuré :* Veræ laudis gustum habere, *CIC.* — GUSTATUS, *le sens, ou la faculté de goûter :* Gustatus, qui sentire eorum, quibus vescimur genera debet, habitat in eâ parte oris quâ esculentis et poculentis iter natura patefecit, *CIC.* — SAPOR, *la saveur, le goût qu'a une chose ;* Pira acidulo sapore jucunda, *PLIN.* Asper sapor maris, *VIRG.*

1227. *Gutta. Stilla. Stiria.*

GUTTA, *goutte, petite portion de liquide arrondie, soit qu'elle tombe, ou non :* Numerum in cadentibus guttis, quod intervallis distinguuntur, notare possumus, *CIC.* Guttisque humectat grandibus ora, *VIRG.* Vini gutta, *PLAUT.* — STILLA *emporte l'idée de la chute, et présente moins celle de rondeur que* gutta : Stilla muriæ, *CIC.* — STIRIA, *goutte épaissie ou gelée :* Stiriaque impexis induruit horrida barbis, *VIRG.* Turpis ab inviso pendebat stiria naso, *MART.*

# H.

1228. *Habena. Lorum. Corrigia.*

HABENA, *rênes :* Liber habenis equus, *VIRG. Au figuré :* Classique immittit habenas, *VIRG.* Laxissimæ habenæ amicitiæ, *CIC.* Irarum omnes effundit habenas, *VIRG. Il se prend encore pour les bras d'une fronde, pour une lanière :* Ipse ter adductâ circum caput egit habenâ, *VIRG.* — LORUM, *courroie :* Cædere loris. *CIC. Comme les rênes étaient de cuir, on a dit* lora *pour les rênes mêmes :* Fertur equis, curruque hæret resupinus inani, lora tenens tamen, *VIRG.* Lora frænis continet spumantibus, *PHÆD.* — CORRIGIA (*de* corium), *longe de cuir :* Corrigia calceamenti, *CIC.*

1229. *Habilis. Capax. Idoneus.*

HABILIS, *qui va bien à la personne, ou à la chose, qui est fait exprès :* Calcei habiles et apti ad pedem, *CIC.* Habilis gladius ad propiorem pugnam, *LIV.* Sunt quidam ita naturæ muneribus in iisdem rebus habiles, ita ornati, ut non nati, sed ab aliquo deo facti esse videantur, *CIC.* — CAPAX (*de* capere), *spacieux, qui peut contenir :* Domus capax, *OVID. Au figuré :* Ad præcepta capax animus, *OVID.* Capacissima omnis secreti mulier, *PLIN. JUN.* — IDONEUS (*d'*ἴδιος) *ne diffère pas beaucoup de* habilis, *ni de* aptus. *Il est plus usité que* habilis, *autant que* aptus. Si facis ut patriæ sit idoneus, utilis agris, *JUV.* ( *Voy.* n° 248. )

1230. *Habitus. Habitudo.*

HABITUS (*de* habere), *façon d'être :* Habitus in aliquâ perfectâ et constanti animi aut corporis absolutione consistit, *CIC.* Idem habitus oris, eadem contumacia in vultu, *LIV.* Gentes quàm variæ linguis, habitu tam vestis et armis, *VIRG.* Suoque potiùs habitu vitam degere, *PHÆD.* Habitus locorum, *VIRG., la situation des lieux.* — HABITUDO, *la constitution :* Corporis bonam habitudinem imitatur tumor, *CIC.*

1231. *Habitus. Vestitus.*

HABITUS, *synonyme de* vestitus, *comprend tout ce qui sert à orner et à couvrir le corps :* Habitus militaris, *SUET.* In illo suo scenico habitu, *Id.* — VESTITUS *ne comprend que le vêtement :* Vestitu calceatuque et cætero habitu neque patrio neque civili, *SUET.*

1232. *Hactenùs. Eatenùs.*

HACTENUS, *jusqu'ici :* Hactenùs mihi videor dixisse, *CIC.* Hæc hactenùs ; redeo ad urbana, *Id.* — EATENUS, *jusque-là, tant que :* Jus civile eatenùs exercuerunt, quoad populo præstare voluerunt, *CIC.* Feres eatenùs, quoad per se negligeret eas leges, quibus est astrictus, *Id.*

1233. *Hæreditas. Patrimonium.*

HÆREDITAS, *succession, héritage :* Hæreditas est pecunia quæ morte alicujus ad quempiam pervenit, nec ea ut legata testamento aut possessione retenta, *CIC.* In partem hæreditatis vocari, *Id. Au figuré :* Ad quem hæreditas hujus gloriæ pervenit, *CIC.* — PATRIMONIUM (*de* pater), *patrimoine, biens de ses pères :* Dissipare patrimonium suum conviviis, *CIC.* Optima hæreditas à patribus traditur liberis, omnique patrimonio præstantior, gloria virtutis, rerumque gestarum, *Id. Au figuré :* Liberis autem nostris satis amplum patrimonium paterni nominis ac gloriæ relinquemus, *CIC.*

**1234.** ***Hæreditatem adire, cernere.***

HÆREDITATEM ADIRE, *dit Popma*, est suscipere et occupare hæreditatem; *et* CERNERE, constituere et quasi decernere se hæredem esse velle. Hæres intra certum tempus à testatore præfinitum, testibus præsentibus, primùm cernebat hæreditatem, deindè adibat, cretio prior erat aditione. Cretio, *dit Ulpien*, est certorum dierum spatium quod datur instituto hæredi ad deliberandum utrùm expediat ei adire hæreditatem necne. Hodiè ex testamento crevi hæreditatem, *CIC.* Et adiit hæreditates civium romanorum, *Id.*

**1235.** ***Hæresis. Secta.***

HÆRESIS (*d'*αἵρεσις, *choix*), *opinion, sentiment :* Cato in eâ est hæresi, quæ nullum sequitur florem orationis, *CIC.* — SECTA (*de* sequi), *secte, manière de vivre :* Qui hanc sectam rationemque vitæ secuti sumus, *CIC.* Philosophorum sectæ, *Id.* Secta Cæsaris, *Id., ceux qui suivent le parti de César.*

**1236.** ***Haurire. Sorbere.***

HAURIRE, *puiser, se dit proprement des liquides :* Hausta aqua de jugi puteo, *CIC. Au figuré :* Flamma multos hausit, *LIV.* Hanc legem à naturâ hausimus, *CIC.* Haurire oculis dolorem, *Id.* — SORBERE, *avaler, parlant des liquides :* Lac sorbere, *PLIN. Au figuré :* Sorbere animo, *CIC., dévorer une chose.* Ejus odia non sorbeo solùm, sed etiam concoquo, *Id.*

**1237.** ***Hebere. Hebescere.***

HEBERE, *être émoussé :* Nùm ferrum hebet, aut dextræ torpent? *LIV. Au figuré :* Sanguis gelidus hebet, *VIRG.* — HEBESCERE, *s'émousser :* Gladiorum acies hebescit, *COL. Au figuré :* Hebescit acies auctoritatis, *CIC.*, *l'autorité s'affaiblit.* Hebescere et languere in otio, *Id.*

**1238.** ***Helluo. Decoctor. Lurco. Comedo. Venter.***

HELLUO, *gourmand, qui dévore :* Ille gurges atque helluo natus abdomini suo, *CIC. Au figuré :* Hèlluo patriæ, *CIC.* Helluo librorum, *Id.*— DECOCTOR (*de* decoquere), *banqueroutier ; ils avaient une place marquée aux spectacles :* Illud audaciæ tuæ fuit, quòd sedisti in quatuordecim ordinibus, cùm esset lege Rosciâ decoctoribus certus locus constitutus, *CIC.* — LURCO. *Les anciens se servaient de ce mot, ainsi que de* COMEDO *et de* VENTER, *par métaphore, pour signifier un grand mangeur, un glouton :* Vivite lurcones, comedones, vivite ventres ! *LUCIL.*

**1239.** ***Herba. Fœnum.***

HERBA, *l'herbe en général, toute plante qui n'a point de tige, qui fait feuille, et que la terre produit :* Immemor herbæ victor equus, *VIRG.* Et sulcis frumenti quæreret herbam, *Id.* Graminis herba, *LIV.* — FOENUM, *foin, herbe de pré, coupée et fauchée, qu'on donne à certains animaux :* Fœnum cordum, *PLIN.*, *regain.* Fœnum habet in cornu, *HOR.*, *parlant d'un furieux. On mettait du foin aux cornes des taureaux dangereux, pour avertir de s'en garantir. Au figuré, chose sans valeur :* Crassum cùm Catulus nuper audisset, fœnum alios aiebat oportere esse, *CIC.*

**1240.** ***Herbidus. Herbosus. Herbeus. Herbarius.***

HERBIDUS, *plein, ou couvert d'herbes :* Herbidus locus, *LIV.* — HERBOSUS, *fertile en herbes, qui produit de l'herbe :* Agger herbosus, *OVID.* — HERBEUS, *d'herbe, de couleur d'herbe :* Herbei oculi, *PLAUT.* — HERBARIUS, *qui concerne l'herbe :* Ars herbaria, *PLIN.*, *la botanique, la connaissance des simples.*

**1241.** ***Heus. Heu.***

HEUS, *lorsqu'on appelle quelqu'un :* Heus Geta ! *TER.* Heus, ubi Ruscio, ubi Casca ? *CIC.* —HEU, *hélas ! ne se met que dans la douleur :* Heu pietas, heu prisca fides ! *VIRG.* Heu me miserum ! qui tuum animum ex animo spectavi meo, *CIC.*

**1242.** ***Hiare. Hiscere.***

HIARE, *s'entr'ouvrir, se fendre :* Hiavit humus multa vasta et profunda, *SALL. C'est dans ce sens qu'il signifie avoir la bouche béante :* Emptorem inducere hiantem, *HOR. Au figuré :* Mutila et hiantia loqui, *CIC.*, *parler à bâtons rompus.* Hiante avaritiâ Verres, *Id.*, *Verrès d'une avarice insatiable.* — HISCERE (*inchoatif de* hiare), *commencer à s'entr'ouvrir, commencer à ouvrir la bouche :* Vix pauca furenti subjicio, et raris vocibus hisco, *VIRG.* Respondebisne ad hæc, aut omninò hiscere audebis ? *CIC.*

**1243.** ***Hic. Iste. Ille. Is.***

HIC, *celui-ci, celui qui est présent, ou celui qui est à moi :* Puer hic undè est?

TER. Tu si hic sis, aliter sentias, *Id.*, *si vous étiez moi, c'est-à-dire en ma place, vous changeriez de sentiment.* — ISTE (quasi is tuus), *se rapporte à la seconde personne :* Istos rastros depone, TER. Cur non aut ista mihi ætas, aut tibi hæc sententia, *Id.*, *que n'ai-je ton âge, ou que n'as-tu mes sentiments !* Hoccine agis, annon ? Ego verò istud, *Id.*, *penses-tu bien à ce que je te dis, ou non? Assurément je pense à ce que vous me dites.* Iste *est quelquefois l'effet du mépris :* Non erit ista modò amicitia, sed mercatura, CIC.—ILLE *se rapporte à la troisième personne, et aux choses dont on n'a point encore parlé :* Hæc de rhetoricâ dicta sint, illa verò de philosophiâ, CIC. Dùm illum video, penè sum factus ille, *Id.* Ille *se met aussi pour déterminer plus fortement :* Ipsa illa rerum humanarum domina fortuna, CIC. *Il en est de même des adverbes qui dérivent de ces pronoms.* — Is *se dit de celui qui est absent :* Is est, annon? TER. Fuit olim quidam senex mercator : navem is fregit apud Andrum insulam, *Id.* *Les auteurs confondent quelquefois ces mots.*

1244. *Hirsutus. Pilosus. Hispidus. Setosus. Villosus.*

HIRSUTUS, *qui a le poil hérissé :* Hirsutumque supercilium, promissaque barba, VIRG. *On dit aussi* hirsutæ capellæ. *Ce mot s'applique à tout ce qui a le poil hérissé et rude au toucher.* — PILOSUS, *qui est velu, qui a du poil doux ou rude, n'importe :* Sed quod et hircosis serum est et turpe pilosis, MART. — HISPIDUS, *comme* hirsutus, *hérissé :* Cui laterum tenùs hispida mento frons hominem præfert, VIRG. — SETOSUS, *velu, qui a des poils rudes :* Fœda cicatrix setosam lævi frontem turpaverat oris, HOR. *Ce mot convient plutôt aux porcs, aux sangliers et autres animaux sauvages.* —VILLOSUS, *convenable à tout animal qui porte du poil :* Præcipuumque toro et villosi pelle leonis, HOR. *Ainsi,* hirsutus *et* hispidus *se ressemblent ;* pilosus *et* villosus *aussi ;* setosus *a quelque différence.*

1245. *Hispanus. Hispaniensis.*

HISPANUS, *Espagnol, né en Espagne :* Nec numero Hispanos, nec robore Gallos, nec calliditate Pœnos, nec artibus Græcos superavimus, CIC. — HISPANIENSIS, *qui habite l'Espagne, quoiqu'il n'y soit pas né :* Hispaniensis exercitus, TAC., *parlant de l'armée romaine qui était en Espagne. Martial a bien marqué cette différence dans une de ses préfaces :* Non hispaniensem librum mittamus, sed hispanum. Liber hispaniensis *est un ouvrage latin composé en Espagne ; et* liber hispanus *est un livre qui ne ressent point l'élégance romaine, mais le mauvais style espagnol.*

1246. *Historia. Annales. Fasti.*

HISTORIA ( *d'*ἱστορέω, *faire des recherches pour savoir* ), *l'histoire :* Historia est testis temporum, lux veritatis, CIC. Historia ne quid falsi dicere audeat, ne quid veri dicere non audeat, *Id.* Historia, *outre la narration des faits, renferme la cause et les événements avec la description des lieux, des hommes et des temps.* — ANNALES (*d'*annus), *est proprement le récit des choses par années ; lorsqu'il est opposé à* historia, *il signifie une narration, où l'auteur racontant des faits anciens, n'entre pas dans les détails.* Res memoranda novis annalibus atque recenti historiâ, JUV. Erat enim historia nihil aliud nisi annalium confectio, CIC. *Les auteurs les ont confondus ; Tite-Live appelle* annales *son histoire romaine.* — FASTI, *les fastes, le catalogue des jours, pendant lesquels on peut faire des actes juridiques :* Posset agi necne pauci quondam sciebant ; fastos enim vulgò non habebant, CIC. Fastorum notare dies, *Id.* *Ce mot se prend souvent pour annales.*

1247. *Hœdus. Caper. Hircus.*

HOEDUS, *un chevreau :* Sic canibus catulos, sic matribus hœdos, VIRG.—CAPER, *le bouc, qu'il soit coupé, ou qu'il ne le soit pas :* Caper tibi salvus et hœdi, VIRG. Vir gregis ipse caper deerraverat, *Id.* *Il se prend pour l'odeur infecte des aisselles :* Tibi fertur valle sub alarum trux habitare caper, CATUL. — HIRCUS, *le bouc, le mâle, qui n'est point coupé :* Immundus et libidinosus hircus, PLAUT. *Il se prend pour une odeur infecte :* Gravis hirsutis cubat hircus in alis, HOR. Pastillos Rufillus olet, Gorgonius hircum, *Id.*

1248. *Homo. Vir.*

HOMO *comprend les deux sexes :* Durus homo, CIC. Paucis post annis ei moriendum, quoniam homo nata fuerat, *Id.* Hominem probiorem esse neminem, *Id.* — VIR, *l'homme, se dit par rapport au sexe masculin :* Matura viro filia, CIC. *Il se prend souvent pour un homme de cœur, un homme de mérite :* Propositâ morte qui nihilò segniùs rempublicam defendit, is vir verè putandus est, CIC. *Il se trouve rarement en mauvaise part ; cependant Horace a dit* molles viri, *et Cicéron lui-même* obscurus vir et humilis. Vir bonus *se trouve souvent dans Cicéron, et* bonus homo *très-rarement.*

1249. *Honestas. Honestamentum.*

HONESTAS, *honnêteté, honneur :* Nihil est in vitâ magnoperè expetendum, nisi laus et honestas, *CIC*. Ubi est dignitas, nisi ubi honestas? *Id. Il est opposé à* turpitudo : In officio colendo sita est honestas omnis, et in negligendo, turpitudo, *CIC*.— HONESTAMENTUM, *ornement :* Nullo honestamento eget virtus ipsa, et magnum sui decus est, *SEN*.

1250. *Honestare. Honorare.*

HONESTARE, *rendre honorable, faire honneur :* Auxit nomen populi romani, imperiumque honestavit, *CIC*. Non domo dominus, sed domino domus honestanda est, *Id*. Imagine mortem alicujus honestare, *Id*. — HONORARE, *rendre des honneurs :* Amphiaraum sic honoravit fama Græciæ, deus ut haberetur, *CIC*. Nemo tùm virtutem non honorabat, *Id*.

1251. *Honestus. Honoratus.*

HONESTUS, *honorable, qui mérite les honneurs ;* HONORATUS, *qui les a reçus :* Qui honorem et sententiis et suffragiis adeptus est, is mihi et honestus et honoratus videtur, *CIC*. *On dirait bien de Caton,* repulsam passus, honestus erat, licet non honoratus. Honestus *signifie aussi qui fait honneur:* Quos ille dies sustinuerit, quàm acerbos sibi, quàm mihi ipsi non honestos, *CIC*. Honoratus *signifie aussi honoré :* Militia honoratior, *LIV*. Honestus *a été pris dans ce sens :* Qui nos salvos et honestos velit, *CIC*.

1252. *Honor. Honores.*

HONOR *et* HONOS, 1° *honneur, respect qu'on rend à quelqu'un :* Honor est præmium virtutis judicio studioque civium delatum ad aliquem, *CIC*. Honos alit artes, *Id*. Habere, facere honorem alicui, *Id*. 2° *Récompense honorable :* Exsortem ducere honorem, *VIRG*. — HONORES *se prend ordinairement pour charges, dignités :* Perfuncti honoribus, *CIC*. Obrepere ad honores, *Id*.

1253. *Honor. Munus.*

HONOR, *synonyme de* MUNUS, *est, disent les jurisconsultes*, administratio reipublicæ cum dignitatis gradu, eaque vel cum sumptu vel sine erogatione contingens; munus quodam cum sumptu sine dignitate in republicâ subimus. Dare alicui immunitatem munerum, *CIC*. Honore abire, *C. NEP*. Eum ad summum honorem senatûs devocant, *CIC*. *Un septuagénaire,* munera subire non cogitur, honores gerere potest.

1254. *Honorabilis. Honorandus.*

HONORABILIS, 1° *digne d'honneur :* Quinque consulatus eodem tenore gesti, vitaque omnis consulariter acta verendum penè ipsum magis quàm honorabilem faciebant, *LIV*. 2° *Qui fait honneur :* Hæc enim ipsa sunt honorabilia, quæ videntur levia, salutari, appeti, deduci, *CIC*.— HONORANDUS, *qu'on doit honorer, qu'il faut honorer :* Mors non monumentis, sed luctu publico honoranda, *CIC*.

1255. *Honorarius. Honorificus.*

HONORARIUS, *qui se fait pour honorer quelqu'un :* Honoraria opera amici, *CIC*., *service que rend un ami par honneur.* Honorarius tumulus, *SUET*. Honorarius arbiter, *CIC*., *arbitre que deux parties prennent pour juge de leur contestation par honneur, par respect pour lui*.— HONORIFICUS (honorem faciens), *qui fait honneur :* Honorifica mentio hominis, *CIC*. Honorificum senatusconsultum, *Id*.

1256. *Horreum. Granarium. Cumera.*

HORREUM, *grenier, lieu destiné à mettre du blé :* Illius immensæ ruperunt horrea messes, *VIRG*. *Il se prend plus généralement :* Parcis deripere horreo amphoram, *HOR*. Conflagrârunt et horrea regia et armamentarium, *LIV*. — GRANARIUM, *lieu vaste où les riches serraient leurs blés :* Triticum condi oportet in granaria sublimia, *VARR*. — CUMERA, *vaisseau de terre ou de jonc, où les pauvres mettaient leurs petites provisions :* Cur tua plus laudes cumeris granaria nostris? *HOR*.

1257. *Horribilis. Horrendus. Horridus. Horrificus. Horrifer.*

HORRIBILIS (de horrere), *horrible, qui fait horreur, effrayant :* Mars rutilus et horribilis terris, *CIC*. Horribilis formido, *Id*. Horribilis et inculta vita, *Id*. — HORRENDUS, *dont on doit avoir horreur et une frayeur mortelle :* Rabies horrenda, *HOR*. Horrendæque procul secreta sibyllæ, *VIRG*., *la retraite d'une redoutable sibylle*. Concilium horrendum deorum, *Id*. *est dans le même sens.* — HORRIDUS, *hérissé, inculte :* Glacie riget horrida barba, *VIRG*. *Id*. *Au figuré :* Deformis atque horridus homo, *CIC*. Horribilis *et* horrendus *présenteraient une autre idée*. Nihil tam horridum quod non excolatur, *CIC*. *Il est pris dans les poëtes pour* horribilis : Bella horrida, *VIRG*. Horridus in jaculis, *Id*.—

HORRIFICUS (horrorem faciens), *qui inspire l'horreur, qui jette l'épouvante :* Horrificum bellum, *CIC.* — HORRIFER (horrorem ferens), *qui porte l'horreur :* Horrifer Boreas, *OVID.*

1258. *Hortari. Suadere.*

HORTARI, *exhorter, tâcher de porter à quelque chose, exciter :* Ad pacem hortari non desino, *CIC.* Sin, quod te jam diù hortor, exieris, *Id.* — SUADERE, *conseiller en apportant des raisons pour persuader :* Pacem suadere, *CIC.* Hæc quæ suprà scripta sunt, eò spectant ut te horter et suadeam; reliqua sunt quæ pertinent ad rogandum, *Id.* Suasi tibi multis argumentis, sed persuadere non potui, *Id.*

1259. *Hortus. Horti. Villa.*

HORTUS, *un jardin, un potager :* Irriguus hortus, *HOR.* Pauperis horti custos, *VIRG.* Epicuri horti, *CIC.* *Epicure dissertait dans ses jardins. Le pluriel est souvent pris pour un lieu de plaisance, une maison de campagne, une habitation avec les accessoires, comme avenues, bosquets, parcs même :* In hortos ad cœnam aliquem invitare, *CIC.* Habes hortos ad Tyberim, ac diligenter eo loco præparâsti, quò omnis juventus natandi causâ venit, *Id.* — VILLA, *maison des champs, habitation avec les accessoires nécessaires aux vues économiques :* Frumenta aut in agris, aut in villis sunt, *CIC.* Qui ager villam non habuit, *Id.*

1260. *Hortus. Pomarium. Viretum et Viridarium.*

HORTUS *est un jardin en général :* Hortus ubi et tecto vicinus jugis aquæ fons, *HOR.* — POMARIUM (*de* pomum, *fruit*), *un verger, jardin destiné à récolter des fruits:* Est aliquid plenis pomaria carpere ramis, *OVID.* — VIRETUM *est une prairie ou un marais pour les légumes :* Devenêre locos lætos et amœna vireta, *VIRG.* — VIRIDARIUM (*de* viridis), *un verger, mais comme le précédent, entremêlé de plantes potagères et d'agrément :* Quid longinqua juvant viridaria ? *MART.*

1261. *Hospes. Caupo. Diversor.*

HOSPES *est un ami qui reçoit son ami ; il se dit de celui qui reçoit et de celui qui est reçu.* — CAUPO *est celui qui tient hôtellerie, qui loge pour de l'argent :* Cùm duo quidam Arcades iter unà facerent, alterum ad cauponem divertisse, ad hospitem alterum, etc. *CIC.* Non hospes ab hospite tutus, *OVID.* — DIVERSOR (diversim vertens) *celui qui va loger chez quelqu'un, chez son ami, sur son chemin :* Caupo non multò post conclamavit hominem esse occisum, et cum quibusdam diversoribus illum qui antè exierat, consequitur, *CIC.*

1262. *Hospitalis. Hospitus.*

HOSPITALIS, *qui reçoit bien ses hôtes, et où les hôtes sont bien reçus :* Hospitalis in suos, *CIC.* Hospitalis sedes, *Id.* — HOSPITUS *paraît être le même ; il ne se trouve qu'en poésie :* Conjux hospita Teucris, *VIRG.* Hospita terra, *Id.* *Au figuré :* Hospita æquora, *Id.*

1263. *Hostia. Victima.*

Hostibus à domitis HOSTIA nomen habet, *OVID.* — VICTIMA quæ cecidit dextrâ victrice vocatur, *Id.* *La victime n'était immolée qu'après la victoire, et par celui qui avait vaincu l'ennemi.* Ego enim te arbitror, cæsis apud Amalthæam tuam victimis, statim esse ad Sicyonem oppugnandam profectum, *CIC.* *Toutes sortes de personnes pouvaient immoler l'hostie :* Multa tibi ante aras nostrâ cadet hostia dextrâ, *VIRG.* *La victime se dit ordinairement des bêtes à cornes ; et l'hostie, des brebis et des agneaux :* Nolo victimas, agninis me extis placari volo, *PLAUT.* *Cette différence est bien marquée dans Horace :* Reddere victimas, ædemque votivam memento ; nos humilem feriemus agnam. — Victima *n'est jamais pris dans le sens figuré, comme nous disons en français : J'ai été la victime de ma bonne foi :* Victima *en ce sens serait un mot barbare.*

1264. *Humanè. Humaniter. Humanitùs.*

HUMANE, *humainement :* Humanè fecisti, *CIC.* Morbos toleranter atque humanè ferunt, *Id.* Intervalla vides humanè commoda, *HOR.*, *vous voyez une distance assez raisonnable.* — HUMANITER, *avec politesse, comme il convient à l'homme :* Facit humaniter Licinius qui ad me venit, *CIC.* Sin aliter acciderit, humaniter feramus, *Id.* — HUMANITUS, *par une suite de l'humanité :* Si quid mihi humanitùs accidisset, multa autem impendere videbantur præter naturam, præterque fatum, *CIC.* *C'est-à-dire, si j'étais mort, etc.* Adversa humanè feramus, utpotè quæ humanitùs accidunt ; hospites humaniter excipiamus.

1265. *Humare. Sepelire. Tumulare.*

HUMARE (*de* humus), *proprement, couvrir de terre :* Corporibus in terram cadentibus, iisque humo tectis, ex quo dictum est humari, *CIC.* — SEPELIRE, *ensevelir, mettre dans le tombeau :* Non qui uritur, sepelitur; sed qui humatur, *Cic.* *Au figuré :* Sepelire dolorem, *Cic.* Sepultum bellum, *Id.* Sepulta virtus, *Hor.* Invadunt urbem somno vinoque sepultam, *Virg.* — TUMULARE (*de* tumulus), *proprement, amonceler la terre sur l'endroit où est le corps :* Injecta tumulabor terrâ, *Catul.* Nec conjugis unquàm busta meæ videam, neu sim tumulandus ab illâ, *Ovid.*

1266. *Humidus. Madidus. Udus. Uvidus.*

HUMIDUS, *humide, moite, qui est imprégné de quelque vapeur aqueuse :* Ignem ex lignis viridibus atque humidis fieri jussit, *Cic.* Nubila humida, *Virg.* —MADIDUS, *trempé, mouillé :* Madidâque fluens in veste Menœtes, *Virg.* Ille fasciculus totus aquâ madidus mihi redditus est, *Cic.* — UDUS (*d'*ὕειν, *pleuvoir*), *humecté, rendu humide :* Terra uda viret gramine, *Ovid.* Pomaria uda mobilibus rivis, *Hor.* Ver udum, *Virg.* — UVIDUS *se dit de l'humidité propre à distiller :* Gemma uvida in palmite turget, *Ovid.*

1267. *Humidus. Uvidus. Madidus.*

HUMIDUS *est ce qui contient de l'humidité, et qui en peut communiquer, en reproduire.* — UVIDUS *contient de l'humidité, mais ne l'entretient pas.* — MADIDUS *est ce qui a été mouillé, trempé, qui dégoutte. Ainsi l'on dira :* Humida prata; uvida poma; madida vestimenta.

1268. *Humor. Sudor. Mador. Uligo.*

HUMOR, *humeur, substance aqueuse, qui tient de la nature de l'eau :* Humor Bacchi, *Virg.*, *le vin.* Bibit humorem tellus, *Id.* Humor et calor qui est infusus in corpore, *Cic.* Nares habent humorem, *Id.* — SUDOR, *sueur, sérosité qui sort par les pores, quand on sue :* Herculis simulacrum multo sudore manavit, *Cic.* Nec enim sanguis, nec sudor nisi in corpore est, *Id.* *Au figuré :* Stylus ille tuus multi sudoris est, *Cic.* — MADOR, *moiteur, humidité semblable à la sueur. Ce mot est peu usité.* — ULIGO, *humidité naturelle de la terre :* At quæ pinguis humus dulcique uligine læta, *Virg.*

1269. *Humus. Terra. Tellus. Solum.*

HUMUS, *terre :* Humi jacebat, *Phæd.* Serpit humi, *Hor.* — TERRA, *la terre, et tout ce qu'elle contient :* Terra locata in mediâ mundi sede, *Cic.* *Il se prend pour une partie de la terre.* Dubitas : si hic morari æquo animo non potes, abire in aliquas terras, *Cic.* Domesticus nativusque alicujus gentis ac terræ sensus, *Id.* — TELLUS, *la déesse de la terre :* Ædes Telluris, *Cic.* *Il se prend pour la terre même :* Aret tellus succis ademptis, *Virg.* — SOLUM *est proprement une base qui soutient :* Subtrahiturque solum, *Virg*, *parlant de la mer qui paraît se dérober de dessous les galères.* Calceamentum solorum callum est, *Cic.* Astra tenent cœleste solum, *Ovid.* Et cereale solum pomis agrestibus augent, *Virg.* Vos, mutæ regiones, imploro et sola terrarum ultimarum, *Cic.* *Il se prend pour la terre même, le sol, dans les poëtes :* Ferax et fecundum solum, *Virg.*

1270. *Hyberna. Hybernacula.*

HYBERNA (*de* hyems), *lieu où les soldats passent l'hiver ; on sous-entend* castra : Milites mense januario ex hybernis in expeditionem evocat, *Sall.*—HYBERNACULA, *les tentes où les soldats habitent pendant l'hiver :* Hybernacula etiam, res nova, militi romano ædificari cœpta, *Liv.*

# I.

1271. *Ibi. Inibi. Ibidem.*

IBI, *là, en cet endroit, dans ce lieu-là :* Ibi perpotavit usque ad vesperam, *Cic.* — INIBI, *dans ce lieu-là même :* Luxuries Annibalem Capuæ corrupit, et superbia nata inibi esse ex Campanorum fastidio videtur, *Cic.* — IBIDEM, *dans le même endroit :* Ibidem me opperiare velim, *Cic.* *Ces trois adverbes marquent repos.*

1272. *Icere. Ferire. Percutere. Verberare. Pulsare.*

Icere, Ferire, Percutere *approchent tellement de l'identité de signification, qu'il est difficile d'imaginer les cas où ils ne pourraient être employés indifféremment. Si cependant on les examine de près, on y trouvera cette différence délicate et curieuse :* ICERE *signifie propre-*

*ment atteindre du coup :* Telis icere caput, *CATUL.* Laurus fulmine non icitur, *PLIN.* —FERIRE, *porter un coup :* Ferire securi, *CÆS.* Cornu ferit ille, caveto, *VIRG.* — PERCUTERE (*de* per, *et de* quatere), *ébranler du coup :* Fulmine percuti, *CIC.*, *être ébranlé de la foudre ; au lieu que* fulmine ictus *signifie seulement atteint, frappé de la foudre.* Percutere *est plus fort que les deux autres : on dirait mieux* leviter ictus, *que* leviter percussus. *Il me semble qu'on dirait aussi avec assez de justesse :* Quanquam ictus est à me sodalis, hunc tamen ferire nolui. *La même différence se trouve dans le sens figuré :* Desideriis icta fidelibus quærit patria Cæsarem, *HOR.* Minus multa patent in eorum vitâ, quæ fortuna feriat, *CIC.* Calamitate aliquâ percuti, *Id.* — VERBERARE (*de* verber), *proprement, frapper avec une verge :* Quæ cùm apud te diceret, virgis oculi verberabantur, *CIC. Il se prend plus généralement :* Verberare urbem tormentis, *CIC.* Ungulâ sonante urbem verberat equus, *HOR.* Ictibus auras verberat, *VIRG. Au figuré :* Verberare injuriâ, *CIC.* Aures sermonibus verberatæ, *TAC.* — PULSARE (*fréquentatif de* pellere), *frapper, pousser avec violence :* Pulsare terram pedibus, *HOR.* Videtis pendere alios ex arbore, pulsari autem alios et verberari, *CIC.* Sex lictores circumstant valentissimi, ad pulsandos verberandosque homines exercitatissimi, *Id. Au figuré :* Corda pavor pulsans, *VIRG.* Pulsare, *dit Popma*, vehementi et crebro ictu tundere, ut fit, calcibus, pugnis, saxis : verberare, cædere verberibus, aut infligere plagas, quod fit manu, virgâ, fuste, flagello.

1273. *Id temporis. Per id tempus.*

ID TEMPORIS, *dans une circonstance :* Venit ad me, et quidem id temporis, ut retinendus esset, *CIC.* Ut purgaret se quòd id temporis venisset, *LIV.* — PER ID TEMPUS, *dans ce temps-là :* Per id tempus ferè Cæsaris exercitui res accidit mirabilis auditu, *CIC.*

1274. *Idiotes. Rudis.*

IDIOTES *et* IDIOTA (*d'*ἴδιος, *propre*), *idiot, simple, qui n'a que les lumières de la nature. On est* idiotes *par défaut de connaissances :* Tu eruditior quàm Piso, ea contemnis quæ illi idiotæ, ut tu appellas, præclara duxerunt, *CIC.* — RUDIS, *brut, sans façon ; de là vient notre mot rude :* Rudis indigestaque moles, *OVID.* Ille rudem nodis et cortice duro intorquet hastam, *VIRG.* Rudis campus, *Id.*, *une terre inculte.* Lanæ rudes, *OVID.*, *de la laine qui n'a point été préparée. Au figuré, inexpérimenté, grossier :* Ad bella rudis, *LIV.* Belli rudis, *HOR.* Ingenium rude, *un esprit grossier, qui n'a point été cultivé.*

1275. *Ignis. Flamma.*

IGNIS, *le feu, fluide formé de lumière et de chaleur :* Ignis omnibus rebus vitalem impertit calorem, *CIC.* — FLAMMA (*de* φλέγω, *brûler*), *la flamme, la partie la plus lumineuse, et la plus subtile du feu, celle qui s'élève au-dessus de la matière qui brûle :* Quod astrorum ignis et ætheris flamma consumat, *CIC. Tout feu ne produit pas la flamme. Il y a la même différence au figuré :* Et cæco carpitur igni, *VIRG.* Cùm odium non restingueretis, huic ordini ignem novum subjici non sivistis, *CIC.* Flamma invidiæ, *Id.* Amoris turpissimi flammâ flagrare, *Id.* Ignis *est la cause, et* flamma, *l'effet.*

1276. *Ignominia. Infamia. Dedecus. Opprobrium. Probrum.*

IGNOMINIA (sine nomine), *ignominie, grand déshonneur :* Ignominiâ notare aliquem, *CIC.* — INFAMIA (sine famâ), *infamie, mauvaise réputation :* Effugere infamiam crudelitatis, *CIC.* Ignominia, *disent les grammairiens*, imponitur ab eo qui potest animadversione notare; infamia ex multorum sermone nascitur.—DEDECUS (sine decore), *déshonneur :* Quod privatarum rerum dedecus non hæret infamiæ? *CIC.* Cum ignominiâ et dedecore mori, *Id.* —OPPROBRIUM (*d'*ob *et de* probrum), *reproche, opprobre :* Fugere opprobria culpæ, *HOR.* Magnum pauperies opprobrium, *Id.* — PROBRUM, *action déshonnête, reproche :* Arguere aliquem probri, *CIC. Dans ce sens, il est la cause, et* opprobrium, *l'effet.* Ingerere probra alicui, *LIV.* Tuum scelus meum probrum esse oportere, *CIC.*

1277. *Ignoratio. Ignorantia.*

IGNORATIO (non nosse), *l'action d'ignorer ; il se prend toujours activement :* Qui aliquandiù propter ignorationem stirpis et generis in famulatu fuerunt, *CIC.* — IGNORANTIA *se prend activement et passivement :* Res frumentaria ad M. Scaurum per ignorantiam translata, *CIC.* Ignorantia veri, *OVID.* Ignoratio, *selon les grammairiens, se dit d'une chose qu'on ne sait pas, et qu'on ne peut savoir par soi-même ;* ignorantia *se dit d'une chose qu'on peut, ou doit savoir, mais qu'on ignore par erreur ou par négligence. On peut prétexter* ignoratio ; *mais on ne peut prétexter* ignorantia : Ignorantia prætendi non potest,

*Quint. Les auteurs paraissent les avoir quelquefois confondus.*

1278. *Ignotus. Incognitus.*

**Ignotus** (non notus), *qui n'est point connu, et qui ne connaît pas :* Ignotus in vulgus, *Cic.* Ignotus homo, *Plaut.* Ignotos fallit, notis est derisui, *Phæd.* Ignotis nota faciebant, *Cic., ils les faisaient connaître à ceux qui ne les connaissaient pas.* — **Incognitus**, *qui n'est pas connu :* Ne incognita pro cognitis habeamus, *Cic.*

1279. *Illaboratus. Inelaboratus.*

**Illaboratus** (non laboratus), *qui n'a coûté aucun travail :* Hæc omnia fluunt illaborata, et illa oratio præ se fert tamen felicissimam facilitatem, *Quint., parlant de Cicéron.* Ciceronis sermone cùm nihil sit cultius, fluit tamen illaboratus, *Id.* Illaborata terra, *Sen., une terre qui n'est pas cultivée.* — **Inelaboratus** (non elaboratus), *négligé, qui n'est point travaillé avec soin, qui n'est point limé :* Simplex et inelaborata oratio, *Quint.* Illaboratus *n'est pas toujours un défaut ; au lieu qu'*inelaboratus *en est un.*

1280. *Illacrymabilis. Immisericors. Immiserabilis.*

**Illacrymabilis** (sine lacrymis), *qui est insensible aux larmes ; et qui n'est point pleuré :* Pluto illacrymabilis, *Hor.* Sed omnes illacrymabiles urgentur, *Id.* — **Immisericors** (sine misericordiâ), *sans compassion :* Ipsum immisericordem, superbum fuisse. *Cic.* — **Immiserabilis**, *indigne de compassion :* Si non periret immiserabilis captiva pubes, *Hor.*

1281. *Illaqueare. Illigare. Irretire. Implicare. Impedire. Præpedire.*

**Illaqueare** (*de* laqueus), *proprement, prendre dans un lacet : il est plus usité au figuré :* Munera navium sævos illaqueant duces, *Hor.* Illaqueatus jam omnium legum periculis, *Cic.* — **Illigare** (ligare in), *lier :* Illigare manus, *Cic. Au figuré :* Illigare sententiam verbis, *Cic.* Illigare bello gentem, *Liv., engager une nation dans une guerre.* — **Irretire** (*d'*in, *et de* rete), *envelopper dans un filet ; il se dit bien au figuré :* Corruptelarum illecebris irretitus, *Cic.* — **Implicare** (plicare in), *entrelacer :* Quod malè implicuisti, solvas potiùs quàm abrumpas, *Sen.* Crinem auro implicare, *Virg. Au figuré :* Negotiis implicari, *Cic.* — **Impedire** (in pedes), *embarrasser, retenir par les pieds :* Impedire se in plagas, *Plaut. Il se dit de tout empêchement :* Tot me impediunt curæ, *Cic.* Sapientis est, cùm suâ stultitiâ impeditus sit, quoquo modo possit, sese eripere, *Id.* Mentem dolor impedit, *Id.* — **Præpedire** (impedire præ), *arrêter, embarrasser :* Præpedire se sine modo prædâ, *Liv.* Confectus senectute, præpeditus morbo, *Cic.*

1282. *Illudere. Colludere.*

**Illudere** (ludere in), *se jouer, se railler :* Gaudent illudere capto, *Phæd.* Carneades rhetorum præcepta illudere solebat, *Cic.* Ne impunè in nos illuseris, *Tac.* Vari corpus illusisse dicebatur, *Tac., on l'accusait d'avoir insulté au corps de Varus. Au figuré :* Vestes illusas auro, *Virg., des étoffes brochées d'or.* Homo facetiis illusus, *Tac.* — **Colludere** (ludere cum), *jouer ensemble :* Summâ nantes in aquâ colludere plumas (videbis), *Virg. Au figuré, user de collusion, être d'intelligence avec quelqu'un pour tromper un autre :* Qui tibi inimicus esset tantâ contumeliâ acceptâ, nisi tecum collusisset, *Cic.*

1283. *Illustrare. Illuminare. Clarare.*

**Illustrare** (lux in), *proprement, donner du jour à un objet :* Quà sol habitabiles illustrat oras, *Hor.* — **Illuminare** (*de* lumen in), *donner de l'éclat :* A sole luna illuminata, *Cic. Au figuré :* Illustrare dubia perspicuis, *Cic.* Illustrabit tuam amplitudinem hominum injuria, *Cic., l'injustice des hommes à votre égard ne servira qu'à mettre au jour votre dignité.* Illuminavit ille dies virtutem Catonis, *Cic.* Illustravit *dirait moins ; comme* illustrare orationem *dit moins qu'*illuminare. Illustrare *est seulement donner de la clarté à un discours, au lieu qu'*illuminare *est l'embellir :* Illustranda est oratio, ne obscura sit ; illuminanda verbis et sententiis, ut fulgeat. — **Clarare** (*de* clarus), *faire luire, faire briller :* Jupiter excelsâ clarabat sceptra columnâ, *Cic. Au figuré :* Victoria clarat pugilem, *Hor.*

1284. *Imber. Pluvia.*

**Imber**, *pluie violente et qui dure peu.* — **Pluvia** *est un adjectif :* Aqua pluvia ; *il se prend comme substantif :* Tenues pluviæ, *Virg. C'est une pluie douce et qui dure longtemps.* Sed vehemens imber fit, ubi vehementer utrinque nubila vi cumulata premuntur, et impete venti ; at retinere diù pluviæ, longùmque morari consuerunt, *Lucr.*

1285. *Imbuere. Inficere. Infuscare.*

IMBUERE, *imbiber de quelque liqueur, en sorte que ce qui est mouillé en soit pénétré :* Quo semel est imbuta recens, servabit odorem testa diù, *HOR.* Imbuta Appia via sanguine latronis, *CIC. Au figuré :* Imbuere gladium scelere, *CIC.* Parentum præceptis imbuti, *Id.*—INFICERE, *teindre, frotter de quelque couleur :* Gladios inficere sanguine, *HOR.* Cortex nucis inficit manus, *PLIN. Au figuré :* Luxu et peregrinis infecti moribus, *LIV.* Deliciis, otio, languore, desidiâ animum inficere, *CIC. Il est toujours pris en mauvaise part. On ne dirait pas* inficere præceptis. *Il est aussi pris pour* non factus *au participe :* Quod factum est, infectum esse nequit, *HOR.* Re infectâ abierunt, *LIV.* — INFUSCARE (d'in *et de* fuscus, *noir*), *noircir, tacher :* Maculis infuscet vellera pullis, *VIRG. Au figuré :* Quos aliqua barbaries domestica infuscaverat, *CIC.*, *dont la barbarie de leur pays avait corrompu le langage.*

1286. *Immensus. Infinitus. Interminatus.*

IMMENSUS (non mensus), *immense, vaste, se dit de l'étendue en tout sens :* Immensus campus, *CIC.* Immensa scuta, *TAC.*, *d'énormes boucliers :* Vorago vitiorum immensa, *CIC.* — INFINITUS (non finis), *infini, se dit de la longueur et de la durée :* Infinitâ altitudine spelunca, *CIC.* Immensa *ferait un autre sens.* Infinitum tempus ætatis, *Id.* Labor rerum forensium infinitus, *Id.* Infinitæ quæstiones, *Id.*, *questions générales ou indéfinies, indéterminées quant à l'application.* — INTERMINATUS (non terminus), *qui n'a point de bornes :* Immensa et interminata in omnes partes magnitudo regionum, *CIC.* Interminatus *se prend aussi pour défendu; mais alors il vient de* minari : Cibus interminatus, *HOR.*, *mets défendu avec menaces.*

1287. *Imminere. Impendere.*

IMMINERE (d'in *et de l'inusité* minere), *pencher dessus,* IMPENDERE (pendere in), *être pendu dessus. Pour sentir la différence, il suffit d'observer que* impendeo *ne s'emploie que pour ce qui est suspendu ou considéré comme tel ; et qu'on se sert d'*imminere *pour exprimer la pente, et au figuré, le penchant à tomber sur quelque chose, ou à s'en emparer :* Saxum Tantalo impendet, *CIC.* Impendet tibi malum, *Id.* Impendet belli timor, *Id.* Imminet his aer, *OVID.* Imminebant in fortunas nostras, *CIC.* Duo reges imminent Asiæ, *Id. On ne dirait pas* impendent. Impendebat direptio, imminebat tuus furor omnium fortunis, *Id.* Mors propter incertos casus quotidiè imminet, *Id.* Imminebat in occasionem opprimendi ducis, *LIV.*

1288. *Immundus. Spurcus. Obscœnus. Impurus.*

IMMUNDUS (non mundus), *malpropre naturellement, en soi-même :* Humus erat immunda, *CIC.* Sues immundi, *FEST. Au figuré :* Immunda pauperies, *HOR.* — SPURCUS (*de* spuere), *dégoûtant, affreux, rebutant :* Samnis spurcus homo, vitâ illâ dignus locoque, *CIC. Au figuré :* Jactati tempestate spurcissimâ, *CIC.*—OBSCOENUS (*d'*ob *et de* cœnum, *ou, selon d'autres, de* canere), *obscène ou de mauvais augure :* Cantare obscœna, *OVID.* Obscœni sermones, *HOR.* Obscœnæ volucres, *VIRG.*, *les harpies.* Immundi contagionem semper fugiam ; spurci vel aspectum ægrè feram ; obscœni gestus et voces abominer. *D'autres écrivent* obscenus, *et le dérivent d'*ob *et de* scena, quia, *dit Varron*, quæ turpia sunt, nisi palam in scenâ dici non debent. — IMPURUS (non purus), *souillé, taché, se dit de toute souillure, surtout intérieure :* Adolescens omni libidine impurus, *CIC.* Historia impura, *OVID.*

1289. *Immutabilis. Immutatus.*

IMMUTABILIS (non mutare), *immuable, qui ne peut changer :* Immutabilis æternitas, *CIC.* — IMMUTATUS, *qui ne change point, qui n'est point changé :* Chremes id mutavit, quoniam me immutatum videt, *TER. Il signifie aussi changé :* Conversis rebus, ac bonorum voluntatibus immutatis, *CIC.*

1290. *Immutatio. Immutabilitas.*

IMMUTATIO (*l'action de changer, changement :* Plato negat mutari posse musicas leges sine immutatione legum publicarum, *CIC.* Immutatio ordinis, *Id.* — IMMUTABILITAS, *immutabilité, état immuable :* In factis immutabilitas apparet, in futuris non item, *CIC.*

1291. *Impatiens. Intolerans.*

IMPATIENS (non patiens), *qui ne peut souffrir.* — INTOLERANS, *qui ne peut supporter.* Impatiens *est l'effet de la volonté, et* intolerans, *l'effet du peu de courage :* Mollis et impatiens laboris, *OVID.*, *un homme mou, ennemi du travail.* Intolerantissima laboris corpora, *LIV.*, *incapables de supporter le travail.* Impatiens frigoris *est un homme qui craint, qui évite le froid.* Intolerans frigoris *est un homme que le froid incommode.* Impatiens *est d'un usage fort étendu :* Drusus impatiens æmuli, *TAC.* Iræ impatiens, *OVID.*, *qui n'est pas maître de sa colère :* Vinum impatiens vetustatis, *PLIN.*, *du vin qui n'est pas de garde. Tacite a dit* intolerans *dans un sens passif :* Intolerantior victis servitus.

1292. *Impavidus. Intrepidus. Interritus.*

*Ces trois expressions semblent signifier la même chose. Il y a pourtant quelque différence.* IMPAVIDUS (qui non pavet), *marque un homme qui voit un grand désastre sans en être troublé. Horace nous a donné la vraie signification de ce mot dans ces beaux vers :* Justum et tenacem propositi virum... si totus illabatur orbis, impavidum ferient ruinæ. — INTREPIDUS *est celui qui, au milieu d'un grand danger, conserve son sang-froid et agit sans émotion :* Atque adeò intrepidi altaria tangunt, *JUVEN.* — INTERRITUS *est vraiment l'homme intrépide, l'homme que rien n'épouvante :* Brachiaque ad superas interritus extulit auras, *VIRG.*

1293. *Impedimentum. Obstaculum. Difficultas.*

IMPEDIMENTUM (d'impedire), *empêchement :* Inferre moram et impedimentum alicui, *CIC.* Naturæ impedimenta superavit Demosthenes, *Id.* — OBSTACULUM (*d'*ob, *et de* stare), *obstacle, ce qui arrête et se rencontre sur nos pas :* Commeatum volui argentarium proficisci, ibi oppidò opposita obstacula, *PLAUT.* — DIFFICULTAS, *difficulté, surtout dans les affaires :* Ea res habet multùm difficultatis, *CIC.* Impedimenta superantur; obstacula dimoventur; solvuntur difficultates.

1294. *Impedimenta. Sarcina.*

IMPEDIMENTUM, *au pluriel, synonyme de* sarcina, *se dit de ce qu'on mène ou porte avec soi dans une expédition militaire :* Ibi Q. Metellus prædam, captivos et impedimenta locaverat, *SALL.* — SARCINA (*de* sarcire), *est proprement un paquet cousu.* Sarcina, *dit Dolet,* utensilium est, et eorum quæ ad cultum, ad ornatum pertinent, fascis, ut ita dicam, quem quis in itinere faciendo comportare possit. Relictæ sine hærede sarcinæ, *QUINT. Il se dit particulièrement des paquets qui faisaient la charge des soldats :* Sub sarcinis adoriri milites, *CÆS.*, *attaquer les soldats chargés de bagages.* Ut cùm romana acies egressa è portis iret, impedimenta eorum, ac sarcinas diriperent, *LIV. Au figuré :* Sarcina hæc animo non sedet apta meo, *OVID.*

1295. *Imperatorius. Imperiosus.*

IMPERATORIUS, *de général, qui appartient au général :* Imperatoria laus, *CIC.* Imperatorium jus, *Id.* — IMPERIOSUS, *qui a un grand empire, une grande autorité, qui commande, impérieux :* Imperiosi populi, et reges illustres, *CIC.* Imperiosa dictatura, *LIV.*, *la dictature qui donne une grande autorité?* Quisnam igitur liber? sapiens sibique imperiosus, *HOR.* Dura domina, imperiosa, vehemens, cupiditas, *CIC. Au figuré :* Æquor imperiosius, *HOR.*, *une mer plus violente, plus orageuse.*

1296. *Imperium. Regnum.*

IMPERIUM *donne l'idée d'un état vaste et composé de plusieurs peuples :* Imperium romanum, *CIC.* Imperium Assyriorum, *JUST.* — REGNUM, *royaume, fait sentir l'unité de la nation dont il est formé:* Regnum Bithyniæ, *CIC. Nous disons* regnum Galliæ, regnum Hispaniæ, *parce que la division en provinces n'empêche pas que ce ne soit toujours un même peuple; au lieu que nous disons* imperium Germaniæ, imperium Russiæ, *dont on connaît la diversité des peuples et des nations qui les composent.*

1297. *Imperium. Principatus. Dominatus. Dominatio. Regnum.*

IMPERIUM, *comme nous le considérons ici, se prend pour la souveraine puissance :* Appius tenebat non modò auctoritatem, sed etiam imperium in suos, *CIC. Il signifie aussi ordre, commandement:* Perculsæ civitates imperium acceperunt, *LIV.* Lenia imperia, *HOR.* — PRINCIPATUS (primum caput), *la première place, principauté :* In eâ civitate de principatu inter se contendebant, *CÆS.* — DOMINATUS, *souverain pouvoir, gouvernement :* Cùm dominatu unius omnia tenerentur, *CIC.* — DOMINATIO, *l'action de dominer, se prend toujours en mauvaise part :* Vita sub dominatione misera est, *CIC.* Crudelis et superba dominatio, *Id.* — REGNUM, *royauté :* Qui regnum occupare voluerunt, *CIC. Il était pris en mauvaise part chez les Romains :* Regnumne, Æschine, hic tu possides? *TER.*, *dit un homme battu par ordre d'Eschine. Au figuré :* Linguâ criminibusque regnabant, *LIV.*, *parlant des tribuns.* Sublatis judiciis amissoque regno forensi, *CIC.*

1298. *Impetrare. Obtinere. Adipisci.*

IMPETRARE (*d'*in *et de* patrare), *proprement, exécuter :* Incipere multò est quàm impetrare facilius, *PLAUT. Il signifie ordi-*

nairement obtenir : Ut quod me oravisti impetres, *Cic.* — Obtinere (tenere ob), *avoir, posséder :* Suam quisque domum obtinebat, *Cic.* Jus suum obtinere, *Id.* Hispaniam cum imperio obtinuit, *Id.* — Adipisci, *dit Valla*, de itinere propriè dicitur : Medio itinere eum adeptus, amplexus sum, *Cic. Il signifie parvenir à, acquérir :* Summos honores à populo romano adeptus est, *Cic.* Obtinere *est les avoir. Au participe il est souvent pris passivement :* Senectutem ut adipiscantur omnes optant ; eam accusant adeptam, *Cic. Dans le siècle qui précéda celui de Cicéron, on disait* apisci ; *on le trouve dans Lucrèce, dans Plaute, dans Catulle même :* Animus gestit apisci. *Tacite s'en est servi.*

1299. *Impius. Nefarius. Sacrilegus.*

Impius (non pius) *se dit de celui qui pèche contre Dieu, contre la patrie, contre ses proches :* Impiè facit, si deos esse neget, *Cic.* Deos piorum et impiorum habere rationem, *Id.* Si pietate propinquitas colitur, qui affinitatem prodit, impius sit necesse est, *Id.* Arma impia, *Virg.* — Nefarius *est celui qui viole les lois naturelles ou divines :* Nefarius Atreus, *Hor.* Habendum est religioni nefarium et impium defendere. *Cic.* — Sacrilegus (sacra legere), *un sacrilége, celui qui profane les choses saintes :* Sacrilego pœna est, neque ei soli qui sacrum abstulerit, sed etiam ei qui sacro commendatum, *Cic. Au figuré :* Sacrilegum bellum, *Cic.*

1300. *Implacidus. Implacatus. Implacabilis. Inexorabilis.*

Implacidus (non placidus), *farouche, peu traitable :* Drusus Germanos, implacidum genus, dejecit, *Hor. Il ne se dit qu'en poésie.* — Implacatus (non placatus), *qui n'est pas rassasié, qui n'est pas assouvi :* Tunc quoque dira fames, implacatæque vigebat flamma gulæ, *Ovid. Il se dit bien dans le sens d'*implacabilis. — Implacabilis, *implacable, qu'on ne peut calmer :* Implacabilis timor, *Cic.* Si implacabiles iracundiæ sint, summa est crudelitas, *Id.* — Inexorabilis, (non exorabilis), *inexorable, qu'on ne peut fléchir :* Inexorabilis judex, *Cic.* Leges, rem surdam, inexorabilem esse, *Id.*

1301. *Implere. Explere. Replere. Complere. Opplere.*

*Quoique ces verbes paraissent souvent employés indifféremment, on doit cependant les distinguer.* — Implere *est emplir un vide :* Implevitque mero pateram, *Virg.* *Au figuré :* Implere animos superstitione, *Liv.* — Explere, *achever de remplir, compléter :* Sperabat iis militibus explere se numerum nautarum et remigum posse, *Cic. Au figuré :* Cupiditates multâ operâ et impensâ explere, *Cic.* Explere consilium, *Cæs.*, *exécuter un dessein.* Explere, *selon Servius, se prendrait aussi pour désemplir ; mais les exemples qu'il allègue sont contestés.* — Complere, *emplir entièrement, ou de plusieurs choses :* Hæc decantata erat fabula, sed complere paginam volui, *Cic. Au figuré :* Complere omnia fletu, *Cæs.* Complere cuncta sono, *Liv.* — Replere, *emplir de nouveau :* Ut vix exhaustas domos replere possent, *Cic.* Consumpta replere, *Id. Au figuré :* Littora voce replet, *Ovid.* — Opplere, *remplir une surface :* Nilus Ægyptum totâ ætate obrutam et oppletam tenet, *Cic. Au figuré :* Vetus hæc opinio opplevit Græciam, *Cic.* Inane dolium implemus ; complemus usque ad summum ; quæ desunt explemus ; replemus quod consumptum est et exhaustum ; diluvium opplevit terram.

1302. *Importunus. Molestus. Incommodus.*

Importunus (sine portu), *proprement, sans port : il ne se dit qu'au figuré, fâcheux, incommode :* Importunus et amens tyrannus, *Cic.* Vultus importunus, *Id.* importunæ volucres, *Virg.* — Molestus (de moles), *accablant :* Onus molestum, *Hor. Au figuré :* Molesta vita otiosorum, *Cic.* Operosus et molestus labor, *Id.* — Incommodus (non commodus) *incommode, qui arrive à contre-temps :* Munere te parvo beet aut incommodus angat, *Hor.*

1303. *Imprimere. Inurere.*

Imprimere (premere in) *presser dessus, imprimer, marquer :* Imprimere sigilla annulo, *Cic.* Vestigium in aliquo loco imprimere, *Id. Au figuré :* Imprimere dedecus reipublicæ, *Cic.* In omnium animis Dei notitiam impressit natura, *Id.* — Inurere (urere in), *brûler dedans, marquer avec un fer chaud :* Notas et nomina inurunt vitulis, *Virg. On leur imprimait la marque et le nom avec un fer chaud pour distinguer la race. Au figuré :* Famam superbiæ inurere, *Cic.* Proprium est irati cupere, à quo læsus videatur, ei quàm maximum dolorem inurere, *Id.*

1304. *Improbus. Malus. Pravus. Depravatus*

Improbus (non probus), *sans probité :* Improborum facta suspicio insequitur,

*Cic. Au figuré :* Fortuna improba, *Cic.*, *une fortune cruelle.* Divitiæ improbæ, *Hor.*, *des richesses mal acquises.* Improbum testamentum, *Cic.*, *un testament mal fait.* Labor improbus, *Virg.*, *un travail opiniâtre.* Mons improbus, *Id.*, *une montagne écrasante. C'est la traduction de* λᾶας ἀναιδής *d'Homère.* — Malus, *méchant, mauvais par nature :* Philosophi quidam minimè mali illi quidem, sed non satis acuti, *Cic.* Mala mens, malus animus, *Ter.*, *Au figuré :* Mala ambitio, *Hor.*, *une ambition condamnable.* Malum pondus, *Plaut.*, *un faux poids*, Mala consuetudo, *Hor.* — Pravus, *au propre, tortu, contrefait :* Interesse oportet, ut inter rectum et pravum, sic inter verum et falsum, *Cic.* Pravis fultum malè talis, *Hor. Au figuré, vicieux :* Prava ambitio, *Hor.* Pravissima consuetudinis regula, *Cic.* — Depravatus (*de* pravus), *rendu tortu :* Depravata crura, *Var.* — *Cicéron ne l'emploie qu'au figuré :* Bestiæ enim quamvis depravatæ non sint, pravæ tamen esse possunt; depravatus est enim tantùm animi, quo bestiæ carent; pravus autem et corporis et animi est, *Cic.* Depravatæ opiniones, *Id.* Depravati mores, *Id.*

1305. *Improvisus. Inopinatus. Insperatus. Inexspectatus.*

Improvisus (non visus pro), *imprévu :* Nova res atque improvisa nunciatur, *Cic.* — Inopinatus (non opinatus), *inopiné, qui arrive lorsqu'on y pense le moins :* Repentina et inopinata graviora sunt, *Cic.* Improvisum et inopinatum hoc illi accidit, *Id. On dira bien :* Sæpè bonis et sapientibus viris accidit inopinata mors, non tamen improvisa. — Insperatus, *contre l'espérance :* Insperatæ pecuniæ, *Cic. Il se dit aussi du mal :* Insperatum nec opinatum malum, *Cic.* Spes *et* sperare *se trouvent dans le même sens :* Tantum potui sperare dolorem, *Virg.* — Inexspectatus (non exspectatus), *inattendu, sur lequel on ne comptait pas :* Quæ fuit illa, quanta vis, quàm inexspectata, quàm repentina, *Cic.*

1306. *Impudens. Inverecundus.*

Impudens (non pudere), *impudent, effronté :* Ut cùm impudens fuisset in facto, tùm impudentior videretur, si negaret, *Cic.* Qui verecundiæ finés semel transierit, eum oportet esse impudentem, *Id.* Impudens mendacium, *Id.* — Inverecundus (non vereri), *sans respect, qui ne respecte rien :* Inverecunda frons, *Quint.* Impudens, impurus, inverecundissimus, *Plaut. Horace appelle Bacchus* inverecundus deus, *parce qu'un homme qui est dans le vin ne respecte rien.* Impudens sine pudore agit, loquitur; inverecundus, nihil decenter agit aut loquitur.

1307. *Impudicus. Incestus.*

Impudicus, *impudique :* Mulieres impudicæ, *Cic.* Impudicus *regarde les mœurs.* — Incestus (non castus) *se disait particulièrement de la religion ; c'est en ce sens que Virgile dit* casti sacerdotes; *et Tite-Live*, castè sacrificium Dianæ facere. An triste bidental moverit incestus, *Hor. Il se dit bien des mœurs :* Primò pellicere adolescentem sermone incesto conatus est, *Cic.*

1308. *Impulsio. Impulsus.*

Impulsio (pellere in), *impulsion, l'action de pousser. Il ne se trouve qu'au figuré :* Impulsio est quæ sine cogitatione per quamdam affectionem animi facere aliquid hortatur, ut amor, iracundia, ægritudo, etc., *Cic.* — Impulsus, *le choc même :* Etsi non solùm impulsu scutorum, neque conflictu corporum, etc., *Cic.* Impulsu aquilonis, *Cæs. Au figuré, instigation :* Impulsu tuo fecit, *Cic.*

1309. *Imus. Inferus. Infimus.*

Imus *est une terminaison superlative, le plus bas :* Fundo volvuntur in imo, *Virg.* A vertice ad imos talos, *Hor.* — Inferus (*d'*infra), *d'en-bas, qui est au-dessous :* Ut omnia supera, infera videremus, *Cic.* Inferum mare, *Id., parce qu'elle était vers le midi de l'Italie ; comme la mer Adriatique était appelée* Superum mare, *parce qu'elle était plus vers le septentrion.* — Infimus, *superlatif d'*inferus, inferior, *au-dessous du plus bas :* Infima, summa, *Cic. Au figuré :* Infima fex populi, *Cic.* Infimis precibus auxilium impetrare, *Liv.*

1310. *In integro. In integrum.*

In integro, *en son entier, lorsqu'il n'y a point de mouvement :* Tibi in integro tota res est, *Cic.*, *toute l'affaire est en son entier pour vous, vous en êtes le maître.* — In integrum, *en son entier, lorsqu'il y a mouvement :* In integrum restituere, *Cic.*

1311. *In manu. Præ manu.*

In manu, *dans la main, lorsqu'il n'y a point de mouvement :* Cùm pyxidem teneret in manu, *Cic. Au figuré, au pouvoir, à la disposition :* Tibi in manu est ne fiat, *Ter., il est en votre pouvoir de l'empêcher.* — Præ manu, *à la main, dans la main, soit qu'il y ait mouvement, soit qu'il n'y en ait pas :* Huic paululùm aliquid præ manibus dederis, undè utatur, *TER.* Reddidi patri omne aurum, quod mihi fuit præ manibus, *PLAUT.*

1312. *In occulto. Ex occulto.*

IN OCCULTO, *pour la question* ubi : Latebat in occulto, *CIC.* Propè in occulto stabant, *Id.* — EX OCCULTO, *pour la question* undè : Cùm multi boni viri ex occulto intervenissent, *CIC.*

1313. *In præsenti. In præsentiâ.*

IN PRÆSENTI ( tempore *sous-entendu* ), *pour le présent :* Hæc ad te in præsenti scripsi, *CIC.* — IN PRÆSENTIA, 1° *présentement :* Spero etiam in præsentiâ pacem nos habere, *CIC.* 2° *En présence :* Periculum in præsentiâ et ante oculos positum est, *CIC.*

1314. *In præsenti re. In præsentem rem.*

IN PRÆSENTI RE, *et* IN PRÆSENTEM REM, *sur l'objet, avec cette différence que* in præsenti re *est pour la question* ubi, *et* in præsentem rem, *pour la question* quò : In re præsenti ex copiâ piscariâ consulere licebit quid emam, *PLAUT.* In re præsenti constitues, *PLIN. JUN.* In rem præsentem venire, *CIC.*, *aller voir l'état des choses.*

1315. *Inanis. Vacuus.*

INANIS, *vide :* Nuda et inanis domus, *CIC.* Vas inane cùm dicimus, non ita loquimur, ut physici, quibus inane nihil placet, sed ita ut, verbi gratiâ, sine aquâ, sine vino, sine oleo vas esse dicamus, *CIC.* *Au figuré :* Inanis elocutio ac penè puerilis, *CIC.* — VACUUS, *qui n'est point occupé, ou rempli :* Date mihi vacuas aures, *PLAUT.* *On ne dirait pas* inanes. Vacuus equus, *LIV.*, *un cheval qui n'est point chargé. De même* vacua domus *est une maison qui n'est point occupée; et* inanis domus, *une maison vide. Au figuré :* Cùm vacui temporis nihil haberem, *CIC.* Si es animo vacuo, *Id.* *Si vous êtes de loisir.*

1316. *Inauditus. Inaudibilis.*

INAUDITUS (non auditus), *inouï, qui n'a point été entendu :* Nihil dicam aut inauditum vobis, aut cuiquam novum, *CIC.* Inauditi atque indefensi tanquam innocentes perierunt, *Id.*—INAUDIBILIS, *qu'il ne faut point écouter :* An fidem infirmet Silio inaudibili? *CIC.*; *mais cet exemple est très-suspect : les bonnes éditions de Cicéron portent :* An fidem infirmet Silio. Inaudivi L. Pisonem, etc.

1317. *Incautus. Improvidus. Imprudens. Inconsultus. Inconsideratus.*

INCAUTUS (non cavens), *qui ne se précautionne pas, qui n'est pas sur ses gardes :* Incautos invadunt, *LIV.* Incautus futuri, *HOR.* Ab juventâ incautior, *LIV.*, *que la jeunesse rend moins sur ses gardes.* — IMPROVIDUS, *qui est sans prévoyance :* Necessitas quædam fatalis improvidas hominum mentes occupavit, *CIC.* *Il se dit dans un sens passif :* Improvida tela, *PLIN. JUN.*, *des traits que l'on n'a pas prévus* — IMPRUDENS, *qui ne connaît pas, sans réflexion :* Imprudens religionis, *LIV.* Imprudens feci, *TER.* — INCONSULTUS ( sine consilio, non consultus ), *qui agit sans conseil, qui n'a pas été conseillé, malhabile :* Inconsulta turba, *LIV.* Inconsultum certamen, *Id.* Inconsulti abeunt, sedemque odêre sibyllæ, *VIRG.* — INCONSIDERATUS, *inconsidéré, qui n'examine pas les choses :* Inconsideratus homo, *CIC.* O cupiditatem inconsideratam! *Id.*

1318. *Incensio. Incendium.*

INCENSIO, *l'action de brûler :* Incensione urbem liberavit, *CIC.*— INCENDIUM, *l'incendie même, l'embrasement :* Incendium exstinguere, *SALL.* *On ne dirait pas* incensionem. *Au figuré :* Belli incendia, *VIRG.* Animórum incendia restincta, *CIC.* Conflagrare invidiæ incendio, *Id.* *On ne dirait pas* incensione.

1319. *Incipere. Cœpisse. Inchoare. Ordiri.*

INCIPERE *et* COEPISSE, *commencer :* Ut incipiendi ratio fuerit, ita sit desinendi modus, *CIC.*— INCHOARE, *ébaucher :* Præclarè multa inchoare, sed non perficere, *CIC.* Inchoare et informare oratorem perfectum, *Id.* Neve indè navis inchoandæ cœpisset exordium, *Id.* — ORDIRI, *proprement, faire une trame, ourdir :* Ordiri telam, *PLIN.* *Au figuré, commencer un ouvrage de longue haleine :* Prætexe modò quod orsus es, *CIC.* Tùm sic orsa vates, *VIRG.* Ut ordiar ab initio, et perducam ad finem, *Id.*

1320. *Incipiens annus. Iniens annus.*

INCIPIENS ANNUS, *l'année qui commence.* Incipiente vere, *CIC.* — INIENS ANNUS, *l'année qui court.* Januario ineunte cura ut Romæ sis, *CIC.* *Il faut aussi observer que* incipiens *se dit de tout ce qui commence :* Incipiente febriculâ, *Cic. Au lieu que* iniens *ne se dit que du temps :* Ineuntis ætatis inscitia senum constituenda et regenda prudentiâ est, *Cic. On ne dirait pas* ineunte febriculâ.

1321. *Incitatio. Incitamentum.*

INCITATIO (ciere in), *incitation, l'action d'émouvoir :* Languentis populi incitatio, et effrenati moderatio, *Cic.*— INCITAMENTUM, *ce qui émeut, ce qui pousse :* Hoc maximum et periculorum incitamentum et laborum, *Cic.* Incitamentum ad vincendum, *Liv.* Incitatio *ferait un autre sens.*

1322. *Incœptio. Incœptum.*

INCOEPTIO, *le commencement, l'action de commencer :* Præclari operis incœptio, *Cic.* — INCOEPTUM, *la chose commencée, l'entreprise même :* Si cujus non modò factum, sed incœptum, conatumve contra rempublicam deprehendero, senties, *Cic.* Incœptionem *ferait un autre sens.*

1323. *Incogitans. Incogitatus. Incogitabilis.*

INCOGITANS (non cogitans), *qui agit sans réflexion :* Adeòne te incogitantem atque impudentem, Phædria, ut, etc., *Ter.* — INCOGITATUS, *qui agit sans réflexion, et ce à quoi l'on n'a pas pensé :* Petulans, iracundo animo, indomito, incogitato, sine modo et modestiâ sum, *Plaut.* Alacritas incogitata atque injussa, *Sen.* — INCOGITABILIS, *incapable de réfléchir :* Excors, cæcus, incogitabilis, *Plaut.*

1324. *Incolumis. Salvus. Sanus. Sospes. Illæsus.*

INCOLUMIS (quasi in columine), *sans atteinte, qui a conservé tous ses avantages :* Incolumes genæ, *Hor., un visage qui a conservé sa fraîcheur. Au figuré :* Virtutem incolumem odimus, sublatam ex oculis quærimus invidi, *Hor.* — SALVUS, *sans accident dangereux pour la vie :* Salvum te advenisse gaudeo, *Cic.* Salvæ et incolumes civitates, *Id. Au figuré :* Salvâ fide, *Cic.* — SANUS, *sain de corps et d'esprit :* Medicamento sanum fieri, *Cic.* Homo sanæ mentis, *Id. Au figuré :* Sana et salva respublica, *Cic.* Sanum genus dicendi, *Id.* Sanus *est opposé à* æger; salvus, *à* morti proximus.— SOSPES, *échappé aux périls :* Navis sospes ab ignibus, *Hor.* Sospites omnes Romam ad propinquos restituit, *Liv.* Cursu sospite mutare Lares, *Hor., changer de pays par une heureuse navigation. On dirait bien :* Salvus erat plerùmque romanus miles ab hostibus captus; non tamen incolumis, utpotè qui capite diminutus esset; nec sanus omninò, si leviter vulneratus decumberet; at demùm sospes in patriam redibat, si receptus à suis, aut redemptus esset. — ILLÆSUS (non læsus), *qui n'a point été blessé, sain et entier :* Illæsum timidis unguibus hæsit onus, *Mart.*

1325. *Inconcinnus. Incomptus. Incultus.*

INCONCINNUS (*de* non *et de* cinnus, *soudure, liaison naturelle et facile*), *sans ordre, sans grâce :* Asperitas agrestis et inconcinna, *Cic.* Qui in aliquo genere inconcinnus aut mutus est, is ineptus dicitur, *Id.* — INCOMPTUS (non comptus), *proprement, mal peigné, mal arrangé :* Caput incomptum, *Hor.* Incompti capilli, *Id. Au figuré, sans ornement :* Oratio incompta, *Cic.*—INCULTUS (non cultus). *Au propre, non cultivé, inculte ; il se dit de la terre, d'un pays, d'un champ :* Ager incultus. Terræ regio inhabitabilis atque inculta, *Cic. Au figuré, négligé, sans politesse, sans instruction :* Vir, ut vitâ sic oratione durus, incultus, horridus, *Cic.* Vade sed incultus, qualem decet exulis esse, *Ovid.*

1326. *Inconditus. Incompositus.*

INCONDITUS, *qui n'est point rangé, qui est épars :* Inconditi milites, *Liv.* Incondita corpora, *Id., des corps qui n'ont point été enterrés.*—INCOMPOSITUS (non positus cum), *qui n'a point d'ensemble, en désordre :* Incompositum agmen, *Liv. Au figuré :* Pede incomposito dixi currere versus, *Hor.* Motus incompositi, *Virg., parlant de la danse.* Tempanii oratio incomposita fuisse dicitur, *Liv.*

1327. *Inconstantia. Levitas. Mutatio. Mutabilitas. Mobilitas.*

INCONSTANTIA (non stare cum), *inconstance :* In maximâ inconstantiâ versantur vulgi opiniones, *Cic.* — LEVITAS, *légèreté, tant au physique qu'au moral :* Volucri levitate ferri, *Lucret.* Levitas temerè assentientium, *Cic.* Constans in levitate fortuna, *Id* —MUTATIO, *changement, l'action de changer :* Optimus est portus pœnitenti mutatio consilii, *Cic.* Loci mutatio, *Id.* Mutationes temporum, *Id.* — MUTABILITAS, *facilité à changer :* Inconstantia mutabilitasque mentis, *Cic.*—MOBILITAS, *facilité à mouvoir :* Linguæ mobilitas, *Cic. Au figuré :* Quid est inconstantiâ ac mobilitate turpius? *Cic.* Mobilitas fortunæ, *C. Nep.* Homo inconstans *ne s'attache pas longtemps à un objet ;* homo levis *ne s'y attache pas fortement;* homo mutabilis *ne s'y attache pas du tout.*

1328. *Incorruptus. Sincerus.*

INCORRUPTUS, *qui n'est point corrompu, tant au propre qu'au figuré :* Spina incorrupta etiam in aquis durat, *PLIN*. Sanitas incorrupta, *CIC*. Incorruptus testis, *Id.*— SINCERUS, *pur, net, sans tache, sans fard :* Sincerum est nisi vas, quodcunque infundis acescit, *HOR*. Sinceræ genæ, *OVID*. *Au figuré :* Nihil simplex in illo, nihil sincerum, *CIC*. Sincerà fide agere, *Id.* Sincera voluptas, *OVID*. Prudens sincerumque judicium, *CIC*.

1329. *Increpare. Increpitare. Reprehendere. Objurgare.*

INCREPARE, *proprement, faire du bruit :* Increpuêre arma, *LIV*. *Au figuré : gourmander vivement :* Cùm illius in me perfidiam increparet, *CIC*. Increpare probris, *LIV*.— INCREPITARE (*fréquentatif d'*increpare) *marque plus d'action, gourmander très-vivement :* Hostis amare, quid increpitas, mortemque minaris? *VIRG*. Æstatem increpitans seram, *VIRG*. — REPREHENDERE (prehendere retrò), *proprement, tirer en arrière :* Quosdam manu ipse reprehendit vertitque in hostem, *CIC*. *Au figuré, trouver à redire, reprendre, indiquer, relever la faute :* Studia aliena reprehendere, *HOR*. Discessum alicujus reprehendere, *CIC*.— OBJURGARE (*de* jurgium), *réprimander, faire une querelle ou un reproche par intérêt ou par amitié :* Et monendi sæpè amici sunt, et objurgandi, *CIC*. Increpare severitatis et vehementiæ est; objurgare, auctoritatis et amicitiæ; reprehendere prudentioris est.

1330. *Incurrere. Incursare.*

INCURRERE (currere in), *courir sus :* Cæco impetu in aliquem incurrere, *CIC*. In unam navim multæ classes armatæ incurrerunt, *Id.* *Au figuré :* In famam alicujus incurrere, *CIC.*, *attaquer la réputation d'une personne.* Incurrit in voces malevolorum laurus nostra, *Id.*, *notre triomphe est exposé à la censure des envieux.* Ager in agrum incurrit, *Id.*, *un champ est enclavé dans un autre.* — INCURSARE (*fréquentatif d'*incurrere), *courir souvent sus :* Incursare agros hostium, *LIV*. *Au figuré :* Incursare in fortunas omnium, *CIC*. Incursabit in te dolor meus, *CIC.*, *vous prendrez vivement part à ma douleur.*

1331. *Incutere. Infligere. Impingere.*

INCUTERE (quatere in), *imprimer, ou enfoncer avec secousse :* Incutere scipionem in caput, *LIV*. *Au figuré, jeter dans l'âme en la troublant :* Desiderium urbis incutere, *HOR*. Id metum pigritiamque incussit, *LIV*. Incutere religionem, *Id.*, *faire naître un scrupule.*— INFLIGERE (*d'*in *et de l'inusité* fligere, *coller*), *appliquer en frappant :* Infligere vulnus, *CIC*. Manibus tollit cratera duabus, infligitque viro, *OVID*. *Au figuré :* Infligere turpitudinem alicui, *CIC*. — IMPINGERE (pangere in), *ficher contre, appliquer :* Huic calix mulsi impingendus est, ut plorare desinat, *CIC*. Æsopo quidam petulans lapidem impegerat, *PHÆD*. *Au figuré :* Epistolam alicui impingere, *CIC.*, *présenter à quelqu'un une lettre qui lui soit désagréable.* Securim ligno, prudenti metum incutimus; servo infligimus alapam; caput parieti impingit temulentus.

1332. *Indagare. Quærere. Scrutari. Rimari. Vestigare. Investigare. Expiscari.*

INDAGARE, *chercher çà et là :* Aliquid indagare, invenire, è tenebris eruere, *CIC*. Omnibus vestigiis indagare aliquid, *Id.* — QUÆRERE, *chercher en demandant :* Te quærebam ipsum, *TER*. Remedium quærere ab aliquo, *CIC* — SCRUTARI, *chercher en fouillant :* Non te excutio, non scrutor, *CIC*. Scrutatis omnibus latebris, *AUREL. VICT*. *Au figuré :* Arcanum ne tu scrutaberis ullius unquam, *HOR*. — RIMARI (*de* rima) *chercher dans les fentes :* In stagnis rimantur prata Caistri, *VIRG*. *C'est-à-dire, selon Servius*, pascuntur in pratis cibum per terræ rimas requirentes; nam rimari hùc tractum est de porcis qui glandes rimantur de rimis terræ —VESTIGARE (*de* vestigium), *suivre à la trace :* Vestigatque virum, *VIRG*. *Au figuré :* Causas rerum vestigabimus, *CIC*. — INVESTIGARE, *non-seulement suivre à la trace, mais suivre jusqu'à ce que l'on trouve :* Illud molestum est me adhùc investigare non posse, ubi Lentulus sit, *CIC*. *Au figuré :* Nihil est tam difficile, quin quærendo investigari possit, *TER*. Ubi quæram? ubi investigem? *Id.* — EXPISCARI (*de* piscis), *proprement, chercher du poisson dans une rivière. Au figuré, chercher avec soin, épier :* Perindè expiscare, quasi non nosses, *PLAUT*. Expiscari aliquid ab aliquo, *CIC*.

1333. *Indigena. Inquilinus.*

INDIGENA (quasi indè genitus), *né dans le lieu qu'il habite, ou dont il s'agit :* Nec majores eorum indigenas, sed advenas Italiæ cultores, *LIV*. — INQUILINUS (quasi incolens aliena), *locataire :* At verò te inquilino, non enim domino, personabant omnia vocibus ebriorum, *Cic.* Inquilini privatarum ædium atque insularum, *Id.* Indigena *est opposé à* advena; *et* inquilinus *à* ædium dominus.

1334. *Indignatio. Indignitas.*

INDIGNATIO, *indignation, colère :* Si natura negat, facit indignatio versum, *Juv.* — INDIGNITAS, *indignité :* Egone has indignitates diutiùs patiar, quàm necesse est? *Cic.* Satis severè pro rei indignitate decernere, *Id. Comme l'indignité de la conduite excite l'indignation,* indignitas *se prend quelquefois pour indignation:* Gliscit indignitas, *Tac.,l'indignation augmente. Tite-Live a dit, dans le même sens:* Primùm miseratio, deindè indignitas, mox ira animos cepit.

1335. *Indignus. Immerens.*

INDIGNUS, *indigne, qui ne mérite pas, ou qui n'est pas mérité, soit en bien, soit en mal :* Calamitatem hominum indignorum sublevare, *Cic.* Qui te indignum ædilitate judicàrunt, *Id.* Vident indignà morte peremptum, *Virg.* — IMMERENS, *qui ne mérite pas le mal qu'on lui fait :* Immerentes, ut sceleratos, occidunt, *C. Nep.*

1336. *Individuus. Indivisus. Indiscretus.*

INDIVIDUUS, *indivisible :* Individuum corpus, quod dirimi distrahique non potest, *Cic.* Atomi, id est, individua corpora, *Id.* — INDIVISUS, *qui n'est pas divisé, qui n'est pas séparé :* Indivisæ ungulæ, *Sil. Var. Au figuré :* Indivisus honos, *Ital.* — INDISCRETUS (*de* non cernere diversim), *qui n'est point distinct :* Simillima proles indiscreta suis parentibus, *Virg.* Indiscretis vocibus, *Tac.*

1337. *Indoles. Ingenium. Natura.*

INDOLES *regarde les qualités de l'âme :* Annibal cum hâc indole virtutum ac vitiorum sub Asdrubale meruit, *Liv.* Horum in quolibet indoles eadem, quæ in Alexandro erat animi ingeniique, *Id.* — INGENIUM, *pénétration, esprit :* Ingenium sæpè, etiamsi industriâ non alitur, valet tamen ipsum suis viribus, *Cic.* Ingenii acies, *Id. Il se prend pour caractère :* Ingenium meum ita est, *Plaut. Pour nature :* Ingenium soli, *Plin. C'est dans ce sens qu'Ovide a dit :* Ingeniosus ager ad fruges. — NATURA. *Par ce mot nature, les anciens entendaient la force fécondante répandue dans l'univers,* rerum fecunda creatrix natura. *Ici, comme synonyme d'*indoles, natura *se prend pour le naturel, l'inclination :* Naturam expellas furcâ, tamen usque recurret. *Hor. Il diffère des deux autres, en ce que* indoles *marque les qualités de l'âme,* ingenium *celles de l'esprit.* Natura *s'étend à tous les êtres animés ou inanimés : c'est leur manière d'être. Ainsi on dit :* Natura lapidum, arborum, animalium, *et on ne dirait pas* indoles lapidum, *encore moins* ingenium.

1338. *Indomitus. Intractatus. Intractabilis.*

INDOMITUS, *qui n'a point été dompté:* — INTRACTATUS, *qui n'a point été dressé:* Equus indomitus, *Cic. un cheval indompté.* Intractatus equus, *Id., un cheval qui n'a point été formé au manége. Au figuré :* Indomitæ cupiditates, *Cic.* — INTRACTABILIS, *intraitable, qu'on ne peut adoucir :* Genus intractabile bello, *Virg. Au figuré :* Bruma intractabilis, *Virg., un hiver très-rude :* Animus intractabilis, *Sen.*

1339. *Induciæ. Pax. Pacificatio.*

INDUCIÆ, *trève, suspension d'armes:* Inducias annorum octo impetraverunt, *Liv.* — PAX, *paix :* Nomen pacis dulce, et res ipsa salutaris, *Cic.* Facere pacem, *Id. Il se prend pour pardon, permission:* Ab Jove pacem et veniam pete, *Cic.* Pace tuâ dixerim, *Id.* — PACIFICATIO, *l'action de pacifier, accommodement :* Nulla spes pacificationis est, *Cic.* Sapientiùs feceris, si te in istam pacificationem non interponas, *Id.*

1340. *Induere. Vestire.*

INDUERE (*de* ἐνδύειν) *vêtir, se mettre dedans, ou mettre sur soi :* Tunicam induere, *Cic.* Soccis se induere, *Id.* Induere se veste, *Ter.* Sibi vestem induere, *Plaut. Au figuré :* Induit se nux in florem, *Virg.* Induit frondes arbos, *Ovid.* Personam judicis induere, *Cic,* Habes somnum imaginem mortis, eam quotidiè induis, *Id.* Suâ confessione induatur necesse est, *Id., il faut qu'il soit pris par son propre aveu.* Mihi cura mea et fides nomen induit patroni plebis, *Liv.* Sibi novum ingenium induere, *Id.*— VESTIRE, *habiller, fournir des habits :* Ali ab aliquo et vestiri, *Cic. Il se prend pour couvrir en général :* Parietes tabulis vestire, *Cic.* Montes vestiti silvis, *Liv.* Terra vestita floribus, arboribus, frugibus, *Cic. Au figuré :* Exquisitas sententias mollis et pellucens vestiebat oratio, *Cic.*

1341. *Indulgentia. Obsequium.*

INDULGENTIA, *indulgence, bonté et facilité à excuser et à pardonner les fautes:*

Indulgentia patrum in liberos, *Cic.* Eâ fuit indulgentiâ in suos, ut quos amare debuerat, irasci eis nefas duceret, *C. Nep.* — Obsequium (*d'ob et de sequi*), *facilité à céder, tant au physique qu'au moral :* Flectitur obsequio curvatus ab arbore ramus, *Ovid.* Obsequium erga imperatorem exuit, *Tac.*, *il refusa d'obéir à l'empereur :* Obsequio grassare, *Hor.* Obsequium et indulgentia corporis, *Cic.* Obsequium *cède, ne résiste point ;* indulgentia *excuse tout.*

### 1342. *Industria. Labor.*

Industria, *activité, application :* Mihi in labore perferendo industria non decrit, *Cic.* Industria in agendo, celeritas in perficiendo, *Id.* — Labor, *travail, peine, fatigue :* Annales nostrorum audire laborum, *Virg.* Ferre laborem, *Cic.*

### 1343. *Industrius. Navus. Laboriosus.*

Industrius, *actif au travail :* Industrios homines illi studiosos, vel potiùs amantes doloris appellant; nos commodiùs laboriosos, *Cic.* — Navus, *exact, qui se livre avec affection à une chose :* Imperata navi fecerunt, *Sall.* Homines navi et industrii partìm in Asiâ negotiantur, partìm, etc., *Id.* — Laboriosus, *synonyme des autres, est un homme qui se livre au travail :* Vos laboriosos existimet, quibus otiosis ne in communi quidem otio liceat esse, *Cic.* Industrius semper aliquid agit ; navus strenuè negotia exequitur.

### 1344. *Inedia. Jejunium. Jejunitas.*

Inedia (non edere), *défaut de nourriture :* Inediâ et purgationibus consumi, *Cic.* — Jejunium, *jeûne, abstinence d'aliments :* Jejunium instituere, *Liv.* Placare ventris jejunia, *Ovid.* — Jejunitas *ne se dit qu'au figuré, maigreur, stérilité :* Cavenda est oratori jejunitas et inopia, *Cic.*

### 1345. *Ineptiæ. Nugæ. Næniæ.*

Ineptiæ (non aptus), *choses déplacées, impertinences :* Omnium ineptiarum haud scio an ulla sit major quàm quocunque loco, quoscunque inter homines visum est, de rebus difficillimis aut non necessariis argutissimè disputare, *Cic.* Ineptiæ penè aniles, *Id.* — Nugæ, *proprement, chant en l'honneur des morts :* Hæc sunt non nugæ, non enim mortualia, *Plaut.* *Dans l'usage ordinaire, il signifie des riens, des bagatelles :* Delectari nugis, *Cic.* Nescio quid meditans nugarum, *Hor.* — Nænia, *et plus souvent* Næniæ, *chants lugubres :* Honoratorum virorum laudes in concione memorentur, easque etiam ad cantus, et ad tibiam prosequantur, cui nomen næniæ, *Cic.* *Il se prend pour les jeux des enfants, des niaiseries :* Puerorum nænia, quæ regnum rectè facientibus offert, *Hor.* Legesne, quæso, potiùs viles nænias ? *Phæd.*

### 1346. *Infamare. Diffamare.*

Infamare (non fama), *rendre infâme, décrier, faire connaître en mauvaise part :* Ut tua moderatio et gravitas aliorum infamet injuriam, *Cic.* Infamare aliquem parricidii, *Quint.* Infamandæ rei causâ januam obserari jubet, *Liv.* — Diffamare (diversìm fama), *diffamer, décrier de tous côtés :* Diffamatum adulterium, *Ovid.* A Nerone probroso carmine diffamatus, contumelias ultum ibat, *Tac.*

### 1347. *Infandus. Nefandus.*

Infandus, *si étrange, si terrible qu'on ne peut ou qu'on n'ose le dire :* Infandum renovare dolorem, *Virg.* Res infanda et crudelis, *Cic.* — Nefandus, *si coupable qu'on n'en parle qu'avec horreur.* Nefandus *renferme l'idée du crime, qu'*infandus *ne suppose pas nécessairement :* Arma nefanda, *Cic.* Domus nefanda, *Ovid.*

### 1348. *Infans. Puer.*

Infans (non fans) *se dit du premier âge ; c'est proprement un adjectif :* Infantium puerorum incunabula, *Cic.* Iste infanti pupillæ fortunas patrias ademit, *Id.* *Il se dit même des bêtes :* Quadrupedes infantes suos cognoscunt, *Plin.* — Puer, *un enfant jusqu'à douze ans :* Ut primùm excessit ex pueris, *Cic.* Pueri regii, *Liv.*, *les jeunes princes. Il se prend pour un valet, un page, un laquais :* Eunti mihi Antium venit obviàm puer tuus, *Cic.*

### 1349. *Infans. Mutus. Elinguis. Infacundus.*

Infans (non fans), *qui ne sait, ou n'ose s'exprimer :* Si infantes pueri, si mutæ etiam bestiæ loquuntur, *Cic.* Omnium infantissimus viderer, *Id.* *Au figuré :* Pudor infans, *Hor.* Infans historia, *Cic.* — Mutus, *muet :* Mutum esse satius est, quàm quod nemo intelligat dicere, *Cic.* Mutum pecus, *Virg.* *Au figuré :* Muta historia, *Cic.* Mutæ artes picturæ dicuntur, *Id.* Mutum à litteris tempus, *Id.* — Elinguis, *proprement, qui n'a point de langue, et figurément, qui n'ose parler :* Convicit et elinguem reddidit, *Cic.* Mutus *ne peut parler, au lieu que* elinguis *peut parler.* — INFACUNDUS (non facundus), *qui n'est pas éloquent, qui ne s'énonce pas bien :* Vir acer, nec infacundus, *LIV.*

1350. *Infensus. Infestus.*

INFENSUS, *se dit d'un homme animé par la colère et la haine contre quelqu'un :* Infensus servat, *TER.* Inimicus infensusque, *CIC. Au figuré :* Infensa valetudo, *TAC.* — INFESTUS (non festus), *qui incommode, qui harcèle, qui est toujours prêt à faire du mal :* Latrones infesti, *CIC.* Vir acer et infestus potentiæ nobilitatis, *SALL.* Bellum infestissimum, *LIV.* Mare infestum, *CIC.*

1351. *Inferi. Tartarus. Elysii campi. Orcus.*

INFERI (d'infra), *selon la fable, étaient des lieux souterrains où allaient les âmes des morts, et dont Pluton était le roi et le dieu:* Inferorum animas elicere, *CIC.* Impiis apud inferos pœnas esse præparatas, *Id. C'est proprement un adjectif, on sous-entend* loci, dii, Manes. Inferi *comprenait le Tartare, le séjour des criminels et des malheureux* (*de* ταράσσω, *effrayer*), *et les Champs-Elysées, séjour de ceux qui avaient bien vécu :* Sed amœna piorum concilia, Elysiumque colo, *VIRG.* Hoc iter Elysium nobis : at læva malorum exercet pœnas, et ad impia Tartara mittit, *Id.* — TARTARUS. *Il est neutre au pluriel.* — ORCUS *est pris pour Pluton dans Cicéron :* Jupiter, Neptunus, etiam Orcus frater. *Il est pris dans les poëtes pour l'enfer :* Arbiter orci Minos, *PROPERT. Festus prétend qu'*Orcus *était un fleuve de l'enfer.*

1352. *Inficiari. Inficias ire. Diffiteri.*

*Ces verbes se disent des actions et des faits relatifs à celui qui nie, avec cette différence que* DIFFITERI *signifie désavouer, se défendre de ;* INFICIARI *ou* INFICIAS IRE, *nier nettement le fait qu'on objecte :* Itaque nunquam diffitebor multa me et simulâsse invitum, et dissimulâsse cum dolore, *CIC. Au figuré :* Et pudor obscœnum diffiteatur opus, *OVID.* Cùm id posset inficiari, repentè confessus est, *CIC.* Si inficias ibit, mecum est annulus, quem amiserat, *TER. Dans* inficias ire, *on sous-entend* ad, ire ad inficias.

1353. *Infinitas. Infinitudo. Perpetuitas.*

INFINITAS (non finis), *infinité, qualité de ce qui est infini :* Infinitas rerum atque naturæ, *CIC.* Infinitas locorum, *Id.* — INFINITUDO *ne se trouve point dans les bons auteurs.* — PERPETUITAS, *perpétuité, durée sans interruption :* Perpetuitas laudis, *CIC.* Perpetuitas sermonis, *Id., discours qui n'est point interrompu.* Perpetuitas vitæ, *Id.*

1354. *Infirmus. Invalidus. Enervis.*

INFIRMUS (non firmus) *est un homme mal constitué, qui ne peut agir, ou supporter ce qui lui arrive :* Assidamus, si placet; sum enim infirmus, *CIC.* Caput infirmum, *HOR.* Valetudo infirma, *CIC.* Infirmi ad resistendum, *CÆS.* Infirmus animus, *TER.* — INVALIDUS (non validus), *est un homme à qui les forces manquent :* Ad munia corporis senectâ invalidus, *LIV.* Invalidi milites, *Id.* Invalidique patrum referant jejunia nati, *VIRG. Au figuré :* Invalidi ignes, *TAC.* — ENERVIS (*de* nervus), *qui n'a plus de nerf, énervé, mou, lâche, efféminé. Il se prend toujours en mauvaise part ; les bons auteurs disent* Enervatus.

1355. *Inflatio. Inflatus.*

INFLATIO (flare in), *l'action de souffler dedans, de gonfler :* Inflatio tubæ, *PLIN.* Habet inflationem is cibus (faba), *CIC., cette nourriture cause des vents.* — INFLATUS *est l'effet d'*inflatio. Inflatus tibiarum, *CIC. Au figuré :* Aliquo instinctu inflatuque divino futura prænuntiare, *CIC.*

1356. *Informare. Instituere. Instruere.*

INFORMARE (*de* forma), *ébaucher, donner une forme :* His informatum manibus, jam parte politâ, fulmen erat, *VIRG. Au figuré :* Deum ne conjecturà quidem informare possumus, *CIC.* Quibus artibus ætas puerilis ad humanitatem informari solet, *Id.* — INSTITUERE (statuere in), *proprement, établir :* Civitates instituere, *CIC. Au figuré, mettre en état, mettre au fait :* Rudem ad dicendum instituere, *CIC.* Græcis litteris instituere, *Id.* Sibi instituere amicos, *Id., se faire des amis.* — INSTRUERE (*de* strues), *garnir, fournir, équiper :* Emit hortos, et emit instructos, *CIC.* Instruere agrum, *LIV., fournir un champ de ce qui lui est nécessaire :* Instruere *ne signifie point instruire, il faut ajouter* doctrinâ, documentis, etc. : Instruere artibus ingenuis, *CIC.* Instruere consiliis idoneis ad agendum, *Id. Lorsque Cicéron a dit :* Senectus adolescentulos docet, instituit, ad omne officii munus instruit, *il voulait dire non pas qu'elle les instruit, mais qu'elle les dresse, qu'elle les façonne.*

1357. *Informatio. Conformatio.*

INFORMATIO, *proprement, ébauche ; il ne se dit qu'au figuré ; idée, représentation que l'esprit se forme d'une chose :* Unius verbi imagine totius sententiæ sæpè fit informatio, *CIC.* Habemus in animo insitam informationem Dei, *Id.* — CONFORMATIO, *conformation, la manière dont une chose est formée :* Conformatio quædam et figura totius oris et corporis, *CIC.* Compositio membrorum et conformatio lineamentorum, *Id. Au figuré :* Altera pars honestatis cernitur in conformatione et moderatione continentiæ et temperantiæ; *CIC.*

1358. *Infundere. Invergere.*

INFUNDERE (fundere in), *verser dedans, ou dessus :* Infundere in vas, *CIC.* Largos humeris infundere rores, *VIRG.* — INVERGERE (vergere in), *pencher vers.* Invergere *exprime l'action d'un homme qui penche son vase pour verser sur quelque chose :* Frontique invergit vina sacerdos, *VIRG.* Tùm super invergens tepidi carchesia lactis. *HOR.*

1359. *Ingenuus. Liber. Liberalis.*

INGENUUS *est un homme bien né, qui jouit d'une liberté de naissance :* An Romæ unquàm fando audistis, patricios primò factos, non de cœlo demissos, sed qui patrem ciere possent, id est, nihil ultrà quàm ingenuos? *LIV. Au figuré :* Ingenuæ et humanæ artes? *CIC.* — LIBER, *qui est libre, qui n'est point esclave :* Omnes profectò liberi lubentiùs sumus, quàm servimus, *PLAUT. Dans un autre sens :* Liber à delictis, *CIC.* Adolescentia liberior, *CIC.* Ranæ vagantes liberis paludibus, *PHÆD.* — LIBERALIS, *synonyme des deux autres, signifie digne d'un homme libre :* Liberalis facies, liberale ingenium, *TER.* Liberalis et digna homine nobili doctrina, *CIC.* Liberales doctrinæ atque ingenuæ, *Id.* Homo ingenuus liberaliterque educatus, *Id.*

1360. *Ingredi. Intrare. Introire.*

*Quoique ces trois verbes paraissent souvent employés indifféremment, on peut cependant les distinguer.* INGREDI (gradior in), *avancer pour entrer.* — INTRARE, *passer le seuil.* — INTROIRE, *pénétrer dedans :* Cùm jam pontem ingredi inciperent, *CIC. On ne dirait pas* intrare, *ni* introire. Portus intramus amicos, *VIRG.* Tu illam domum ingredi ausus es? Tu illud limen intrare? *CIC., tu as osé te presenter devant cette porte? franchir ce seuil?* Introire in urbem, *CIC.* Ingredi *se prend pour marcher, aller :* Si stas, ingredere; si ingrederis, curre, *CIC. La même différence se remarque au figuré :* In spem reipublicæ recuperandæ ingredi, *CIC.* Intrandum est in rerum naturam, *Id.* Introire in vitam, *Id.*

1361. *Ingruere. Incumbere.*

INGRUERE (de ἐγχρούω, pulso, intùs pello), *fondre avec impétuosité :* Ingruit Æneas Italis et prælia miscet, *VIRG.* In agrestes morbi ingruerant, *LIV.* Ingruens periculum, *Id.* — INCUMBERE (cubare in), *s'étendre ou s'appuyer sur, être couché sur :* In gladium incumbere, *HOR.* Incubuitque toro, *VIRG. Au figuré :* Incumbit in ejus perniciem, *CIC., il cherche l'occasion de le perdre.* Volunt idem omnes ordines, eòdem incumbunt municipia, *Id., les villes municipales tendent à la même fin. On ne dit pas* illud mihi incumbit faciendum, *mais* incumbo illi rei faciendæ, *ou* in illam rem.

1362. *Inhospitalis. Inhospitus.*

INHOSPITALIS (non hospes), *inhabitable :* Inhospitalis Caucasus, *HOR.* — INHOSPITUS, *qui n'est point habité, contraire aux hôtes :* Inhospita Syrtis, *VIRG.* Inhospita tecta tyranni ingredior, *OVID.*

1363. *Inhumanè. Inhumaniter.*

INHUMANÈ, *sans humanité :* Si quid ab homine ad nullam partem utili, utilitatis tuæ causâ detraxeris, inhumanè feceris, contraque naturæ legem, *CIC.* — INHUMANITER, *contre la politesse :* Non possum scribere me miratum esse illum tam humaniter fecisse, ut sine meis litteris ad te proficisceretur, *CIC.*

1364. *Initium. Initia. Principium. Principia. Exordium. Primordium. Proœmium.*

INITIUM (ire in), *commencement, entrée :* Narrationis initium, *TER.* Initium belli, *CIC.* Initium cum hostibus confligendi facere, *Id.* — INITIA *se dit des sacrifices en l'honneur de Cérès*, tanquàm ea sint vitæ principia, *dit Cicéron : Cérès était la déesse des blés.* Duo juvenes per initiorum dies, non initiati, templum Cereris, imprudentes religionis, cum cæterâ turbâ ingressi sunt, *LIV.* — PRINCIPIUM (quasi primum caput), *le principe :* Principium dare alicui motionis, *CIC.* Magnarum rerum à diis immortalibus principia ducuntur, *Id.* — PRINCIPIA, *dans la tactique, se prend pour l'avant-garde :* Itaque nullus in acie locus tutior erat, quàm post principia, *Liv.* Hosce instrue : hic ego ero post principia; indè omnibus signum dabo, *Ter.*, *faisant parler le lâche Gnaton.* Principium *ne se trouve point dans les bons auteurs pour dire un principe dans le sens de précepte ou maxime.* — Exordium (*d'*ex, *et d'*ordiri, *ourdir*), *commencement, exorde ; il n'est usité qu'au figuré :* Exordium mali explicare, *Id.* — Primordium (quasi primum ordium), *le premier commencement :* A diis immortalibus sunt nobis agendi capienda primordia, *Cic. Tacite a dit* primordia *pour les sacrifices que l'on célébrait en l'honneur de l'origine d'un peuple :* Stato tempore omnes ejusdem sanguinis populi legationibus coeunt, cæsoque publicè homine celebrant barbari ritûs horrenda primordia. — Prooemium (*de* πρό, præ, *et d'*οἶμη, via, iter) *prélude, début :* Procœmia philosophiæ, *Cic.* Procœmium legis, *Id.* In singulis libris utor procœmiis, *Id.* Procœmium *peut être séparé de l'ouvrage, au lieu qu'*exordium *en fait partie.*

1365. *Injuria. Maledictio. Maledictum. Contumelia. Convicium.*

Injuria, *dit Cicéron*, est quæ aut pulsatione corpus, aut convicio aures, aut aliquâ turpitudine vitam cujuspiam violat. *Il se dit de tout ce qui est contraire à la justice, au droit :* Facere injurias omnibus, *Cic. Il ne signifie pas proprement injure, mais tort, injustice.*—Maledictio (malè dicere), *l'action de mal parler, de médire de quelqu'un : Cicéron s'en sert pour l'usage où étaient les orateurs de faire à leurs adversaires des reproches étrangers à la cause ; il ne signifie pas exactement médisance :* Maledictio nihil habet propositi præter contumeliam : quæ si petulantiùs jactetur, convicium; si facetiùs, urbanitas nominatur, *Cic.* — Maledictum *est l'injure même, parole outrageante :* Aliquem maledictis insectari, *Cic.* Nihil est tam volucre quàm maledictum, nihil faciliùs emittitur, nihil citiùs excipitur, nihil latiùs dissipatur, *Id.* — Contumelia (*de* contemnere), *reproche, censure accompagnée de mépris :* Quibus tu privatim injurias plurimas contumeliasque imposuisti, *Cic.* Injuriæ qui addideris contumeliam, *Phæd. Les Latins n'avaient point de mot plus fort ; de là ces expressions :* Servire est contumelias pati, *Cic.* Verborum contumeliis aliquem lacessere, *Id.* — Convicium (*de* cum *et de* vox), *proprement, bruit de gens qui parlent ensemble :* Erant autem illa convivia non illo silentio prætorum atque imperatorum... sed cum maximo clamore atque convicio, *Cic.* Permotus convicio quærit Jupiter causam querelæ, *Phæd.*, *parlant des grenouilles. Il se prend pour reproche amer :* Conviciis os alicujus verberare, *Cic.* Convicium alicui facere, *Ter.*

1366. *Injuriâ. Injuriosè.*

Injuriâ, *sans cause, sans raison :* Hoc horret Milo, nec injuriâ, *Cic.* Ego tibi injuriâ suspectus sum, *Id.* — Injuriosè, *injustement, avec injustice : il dit plus que* injuriâ : Temerè atque injuriosè aliquid de aliquo suspicari, *Cic.*

1367. *Injuriâ prohibere. Ab injuriâ detrahere.*

Injuriâ prohibere, *mettre à couvert de l'injustice :* Prohibere injuriâ tenuiores, *Cic.* — Ab injuria detrahere, *détourner de faire une injustice :* Quem cùm compressissem omnem sui tribunatûs conatum in meam perniciem parare atque meditari, egi cum Clodiâ, uxore tuâ, ut eum ab injuriâ detraheret, *Cic. C'est-à-dire, j'ai engagé Clodia, votre épouse, à l'empêcher de commettre une injustice à mon égard.*

1368. *Injuriam facere. Nocere. Obesse.*

Injuriam facere, *commettre une injustice envers quelqu'un :* Alienum est à sapiente non modò injuriam alicui facere, verùm etiam nocere, *Cic.* — Nocere, *nuire, causer du tort :* Eodem modo constitutum est, ut non liceat sui commodi causâ nocere alteri, *Cic.* Nocet empta dolore voluptas, *Hor.* — Obesse (esse ob), *proprement, être devant; au figuré, mettre obstacle :* Gloria multis obfuit, *Ovid.* Fuit mirificus quidam in Crasso pudor, qui tamen non modò non obesset ejus orationi, sed etiam probitatis commendatione prodesset, *Cic.* Noceret *ne serait pas la même chose ; on ne dirait pas* injuriam faceret.

1369. *Injurius. Injuriosus. Injustus. Iniquus.*

Injurius, *contraire au droit :* Si tabulam de naufragio stultus arripuerit, extorquebitne eam sapiens, si poterit ? Negat, quia injurium sit, *Cic.* Injurius *marque une action contre le droit, et* Injuriosus, *une habitude contre le droit ; il en est de même de tous les adjectifs en* osus : Quòd si pœna, si metus supplicii, non ipsa turpitudo deterreret ab injuriosâ facinorosâve vitâ, nemo est injustus, *Cic.* In socios ipsos injuriosum et contumeliosum, *Id. Au figuré :* Venti injuriosi, *Hor. Un passage de Cicéron pourrait faire croire qu'*injuriosus *se prend pour dommageable :* Quasi verò non intelligamus ab invito emere injuriosum esse; ab non invito, quæstuosum. *C'est le sentiment de Dolet.* — INJUSTUS, *injuste, déraisonnable:* Bellum injustum, OVID. Injusta noverca, VIRG. — INIQUUS (non æquus), *au propre, qui n'est pas égal. Métaphore tirée d'une balance, dont un des bassins penche plus que l'autre. Il ne s'emploie guère qu'au figuré:* Pugnâ congressus iniquâ, VIRG. Legem sancimus iniquam, HOR. *Cicéron l'emploie toujours pour signifier injuste, ennemi, et lui donne plus de force qu'à* injustus: Homo naturâ asper atque omnibus iniquus, CIC. Multi iniqui atque infideles regno, pauci sunt boni, *Id.* Servilius Jovi ipsi iniquus (pour infensus), etc., *Id.*

1370. *Innocens. Innocuus. Innoxius. Insons.*

INNOCENS, *dit Cicéron*, non qui leviter nocet, sed qui nihil nocet. *Il se dit de celui qui n'est point coupable:* Innocens si accusatus sit, absolvi potest, CIC. — INNOCUUS, *qui ne fait tort à personne, ou qui n'a reçu aucun dommage:* Genus innocuum, OVID. Innocuique sales, HOR. Sedêre carinæ omnes innocuæ, VIRG. — INNOXIUS, *qui ne nuit à personne:* Innoxius serpens, VIRG. *Il se prend aussi passivement:* Faba à curculionibus innoxia, COL. Virum innocentem damnari, injustum; innocuo civi fortunas adimi, injurium; innoxium opprimere, inhumanum est. — INSONS. *Il n'y a point de différence sensible entre* insons *et* innocens. *Cicéron, qui se sert de* sons, *n'emploie pas le mot* insons. Et mecum insontis casum indignabar amici, VIRG.

1371. *Innocentia. Integritas.*

INNOCENTIA, *innocence, état exempt de crime, bonté d'âme:* Vir summâ integritate et innocentiâ, CIC. Innocentiâ est affectio talis animi, quæ noceat nemini, *Id.* — INTEGRITAS *se dit d'une chose qui n'est point entamée:* Integritas valetudinis, CIC., *une santé qui n'est point altérée. Au moral, intégrité, exemption de tout reproche:* Integritas sermonis latini, CIC., *la pureté de la langue latine.* Vitæ gravitas et integritas, *Id.* Integritatem atque innocentiam singularem oportet esse in eo qui alterum accusat, *Id.*

1372. *Innumerus. Innumerabilis.*

INNUMERUS (non numerus), *nombreux, sans nombre:* Gentes innumeræ, VIRG. Hoste innumero cinctus, OVID. — INNUMERABILIS, *innombrable, qu'on ne saurait compter:* Series annorum innumerabilis, HOR. Innumerabilis pecunia, CIC. Multitudo innumerabilis, *Id.*

1373. *Innuptus. Innubus. Cœlebs.*

INNUPTUS (non nuptus), *et poétiquement* INNUBUS, *qui n'a point été marié:* Innuptæ puellæ, VIRG. Innuba permaneo, OVID. Innuba laurus, *Id., parlant de Daphné changée en laurier.* Qua tempestate Paris Helenam innuptis junxit nuptiis, CIC. *C'est-à-dire,* contra jus factis. — CŒLEBS, *qui vit dans le célibat, soit qu'il n'ait point été marié, soit qu'il ait perdu sa femme:* Sine conjuge cœlebs vivebat. OVID. Dedit et matrimonio operam, verum amissâ uxore remansit in cœlibatu, SUET. *Au figuré:* Cœlebs platanus, HOR.

1374. *Inquies. Inquietus. Irrequietus. Anxius. Sollicitus.*

INQUIES *et* INQUIETUS (sine quiete), *sans repos:* Lux deindè inquietam noctem insecuta est, LIV. *Au figuré, ennemi du repos:* Humanum genus inquies et indomitum, SALL. Inquieta ingenia et in novas res avida, *Id.* Inquietus homo et ad tribunatum spirans, *Id.* — IRREQUIETUS, *qui ne repose jamais:* Siderum semper irrequieta agitatio, SEN. *Au figuré:* Bella irrequieta, OVID. — ANXIUS (d'angere), *qui est dans l'inquiétude, chagrin:* Anxio animo esse, CIC. Anxius gloriæ alterius, LIV. *Au figuré:* Anxiæ ægritudines et acerbæ, CIC. — SOLLICITUS (è solo citare), *agité, en mouvement, tant au propre qu'au figuré:* Mare sollicitum, VIRG. Solliciti eramus de tuâ valetudine, CIC. Amor sollicitus atque anxius, *Id.* Sollicitus suspicione, *Id.* Velim scire utrùm ista sollicito animo, an soluto legas, *Id.*

1375. *Inquit. Ait.*

INQUIT *se met dans les dialogues et les narrations:* Ipsos introduxi loquentes, ne inquit et inquam sæpius interponeretur, CIC. — AIT *est opposé à* negat: Quasi ego id curem, quid ille aiat aut neget, CIC. Diogenes ait, Antipater negat, *Id., Diogène dit oui, Antipater dit non.*

1376. *Inscius. Nescius. Insciens.*

*Quoique* INSCIUS *et* NESCIUS *puissent quelquefois se mettre indifféremment, on peut cependant observer que* nescius *marque une ignorance plus générale:* Nescia mens hominum fati sortisque futuræ, VIRG. Inscia *dirait moins.* Nescia mansuescere corda, *Id.* Quoniam nos ad mortem inscii misistis, CIC. Nescius *se prend passive-*

*ment :* Nescia tributa aliis gentibus, *TAC.*, *des impôts inconnus aux autres nations.* — INSCIENS *marque une ignorance actuelle :* Ea quæ me insciente facta sunt, *CIC*

1377. *Insequi. Insectari.*

INSEQUI, *suivre, aller après :* Insequi fugientem, *CIC.* Stricto gladio aliquem insequi, *Id. Au figuré :* Insequi aliquem contumeliâ, *CIC.* — INSECTARI (*fréquentatif d'*insequi), *marque plus d'action, et se prend toujours en mauvaise part :* Aquila insectatur et agitat alias aves, *CIC.* Furiæ agitant et insectantur impios, *Id. Au figuré :* Insectari aliquem maledictis, *CIC.* Insectari injuriam, *Id.*, *venger un outrage. C'est dans ce sens que Virgile a dit :* Quòd nisi et assiduis terram insectabere rastris, *si vous ne faites la guerre aux mauvaises herbes, le râteau continuellement à la main.* Fugientem et imbellem insequi non viri fortis est; tenuiores insectari, crudelis et impii.

1378. *Inserere. Insinuare. Insertare.*

INSERERE, inserui (serere in), *mettre dedans, insérer :* Inserere caput in tentorium, *LIV.* Inserere collum in laqueum, *CIC.* Lagenæ collum inserens ciconia, *PHÆD. Au figuré :* Inseritur huic loco fabula, *LIV.* Veris inseruit falsa, *CIC.*—INSINUARE (de sinus), *proprement, mettre dans le sein. Au figuré, insinuer :* Insinuare se in equitum turmas. *CÆS.*, *se mêler parmi la cavalerie.* Se in causam insinuare, *Id.*, *entrer dans le fond d'une affaire.* Insinuat se suspicio in animis, *LIV.*—INSERTARE *est le fréquentatif d'*inserere ; *il suppose l'habitude :* Clypeoque sinistram insertabam adstans, *VIRG.*

1379. *Insidiator. Insidiosus.*

INSIDIATOR, *qui tend des embûches :* Insidiator viæ, *CIC.* Insidiatori et latroni quæ potest afferri injusta nex? *Id. Au figuré :* Insidiator libertatis, *CIC.* — INSIDIOSUS, *insidieux, où il y a des embûches :* Apertis inimicis obsistere, insidiosis amicis non credere, *CIC.* In tanto ac tam insidioso bello, *Id.* Insidiosæ simulationes, *Id.* Facies insidiosa oculis, *OVID.*

1380. *Insilire. Adsilire. Insultare.*

INSILIRE (salire in), *sauter dans, sur :* E navi in scapham insiluimus, *PLAUT.* Insilire in equum, *LIV.* Tignumque supra turba petulans insilit, *PHÆD.* — ADSILIRE (salire ad), *sauter vers :* Mus escam putans adsiluit, *PHÆD. Au figuré :* Adsilire ad aliud genus orationis, *CIC.*, *sauter, passer à un autre discours.* — INSULTARE (*fréquentatif d'*insilire), *sauter, bondir dessus :* Insultant floribus hædi, *VIRG.* Insultare solo, *Id. Au figuré, insulter :* Minimè tolerandâ audaciâ insultat, *LIV.* Insultare in omnes, *CIC.* Multos à pueritiâ bonos insultaverat, *SALL.*

1381. *Insistere. Consistere.*

INSISTERE (stare in), *se soutenir sur, s'appuyer :* Insistere singulis gradibus, *CIC.* Insistebat in manu Cereris dextrâ simulacrum pulcherrimè factum Victoriæ, *Id. Au figuré :* Insistere vestigiis laudum suarum, *CIC.*, *ne pas démentir la gloire qu'on s'est acquise.* Insistere mente et animo in rem aliquam, *Id.*, *être tout entier à une chose.* Verùm vide, ne impulsus irâ pravè insistas, *TER.*, *prenez garde que la colère ne vous fasse faire quelque faux pas.*— CONSISTERE (stare cum), *s'arrêter, demeurer, se maintenir dans son état naturel :* Consistere in anchoris, *CÆS.* Consistit triduum Romæ, *CIC.* Nec mente, nec linguâ consistit, *CIC.* Fides utrinque consistit, *LIV.*, *l'un et l'autre parti tiennent leur parole.* In sententiâ aliquâ consistere, *CIC.*

1382. *Insolentia. Intolerantia.*

INSOLENTIA (non solere), *proprement, le peu d'habitude, la qualité d'extraordinaire :* Offendit aures insolentia sermonis, *LIV.* Disputationis insolentia, *CIC.*, *manière de disputer extraordinaire et nouvelle.* Moveor etiam ipsius loci insolentiâ, *Id. Il se prend pour insolence, hauteur :* Ex arrogantiâ odium, ex insolentiâ arrogantia, *CIC.* — INTOLERANTIA, *impatience à ne pouvoir rien souffrir, ni endurer :* Quis eum cum illâ superbiâ atque intolerantiâ ferre potuisset? *CIC.* Non privatorum insaniam, sed intolerantiam regis esse diceetis, *Id.*

1383. *Insomnis. Exsomnis. Vigil.*

INSOMNIS, *qui ne dort point, sans sommeil :* Oberrant insomnes magis quàm pervigiles, *TAC.* Noctem insomnem ducere, *VIRG.* — EXSOMNIS (è sommo), *qui ne dort plus :* Non secùs in jugis exsomnis stupet Evias, *HOR.* — VIGIL, *qui veille :* Vigiles oculi, *VIRG.* Canum vigilum excubiæ, *HOR.* Vigil diffère d'insomnis, 1° *en ce qu'il suppose de l'application, une sorte d'activité, lorsqu'il est appliqué aux êtres animés ; 2° en ce qu'il s'applique aux choses qui ne sont pas naturellement susceptibles de sommeil :* Lucernæ vigiles, *HOR.* Vigil ignis, *VIRG. On ne dirait pas* insomnes lucernæ, *ni* ignis insomnis.

1384. *Inspicere. Introspicere.*

**Inspicere**, *regarder dessus, de près, pour examiner :* Inspicere in speculo, *Ter.* Hortos, cùm venero, inspiciam, *Cic.* Visne te inspiciamus à puero? *Id.* — **Introspicere**, *regarder dedans :* Introspice in mentem tuam, *Cic.* Introspice penitùs in omnes reipublicæ partes, *Id.*

1385. *Instabilis. Lubricus. Præceps.*

**Instabilis** (non stare), *qui n'est pas stable, qui a peine à se tenir debout :* Quippe ubi pedes instabilis, ac vix vado fidens perverti posset, *Liv.* Locus ad gradum instabilis, *Tac. Au figuré :* Instabilis homo, *Liv., un homme qui tourne à tout vent.* Animi instabiles, *Virg.* — **Lubricus**, *glissant :* Viæ lubricæ, quibus insistere aut ingredi sine casu aliquo aut prolapsione vix possumus, *Cic. Au figuré :* Ætas puerilis maximè lubrica et incerta, *Cic.* Perdifficilis et lubrica defensionis ratio, *Id.* Vultus lubricus aspici, *Hor., un visage qu'on ne saurait regarder sans danger.* — **Præceps** (de præ et de caput), *qui est en pente, qui se précipite :* Via præceps et lubrica, *Cic.* Dedit se præcipitem tecto, *Hor. Au figuré :* Præceps profectio, *Cic., un départ précipité.* Dominandi cupiditas præceps et lubrica, *Id.* Præceps senectus, *Id., une vieillesse qui approche du tombeau.* Præcipiti jam die, *Liv., sur la fin du jour.*

1386. *Instare. Urgere.*

**Instare** (stare in), *être dessus, suivre de près :* Vestigiis alicujus instare, *Liv. Au figuré :* Dies instabat, *Cæs.* Bellum instat, *Cic.* Mihi instat iter longum, *Id.* — **Urgere**, *presser :* Urgere jacentem, aut præcipitantem, certè inhumanum est, *Cic. Au figuré :* Quin tu occasionem urges? *Cic.* Malis omnibus urgeri, *Id.* Instat et urget Cato, *Id.* Urgere aliquem flebilibus modis, *Hor.* Urget præsentia Turni, *Virg., la présence de Turnus le presse de faire les derniers efforts.* Urge, insta, perfice, *Cic.* Urget senectus, aut certè adventat, *Id.*

1387. *Instaurare. Renovare. Integrare. Sarcire. Redintegrare.*

**Instaurare** (quasi instar alterius facere), *rétablir, faire de nouveau :* Instaurare epulas, *Virg.* Instaurare ludos, *Liv.* — **Renovare**, *renouveler :* Vetera renovare, *Cic.* Renovare bellum, *Cæs.* Renovare memoriam, *Cic., rafraîchir la mémoire.* Renovare à fatigatione, *Quint., rétablir de la fatigue.* — **Integrare** (d'integer), *mettre dans son premier état, recommencer :* Animus defessus audiendo, aut admiratione integratur, aut risu renovatur, *Cic.* Ut renovetur, non redintegretur oratio, *Id.* Integrant seditionem tribuni plebis, *Liv.* — **Sarcire**, *réparer :* Discidit vestem; resarcietur, *Ter.* Sarcire detrimentum, *Cæs.* Instauratur id cujus simile jam existit; renovatur, quod jam obsolevit aut elanguit; integratur quod imminutum fuerat, ut totum reponatur; sarcitur quod casu, aut usu deterius factum est. — **Redintegrare** (de integer), *réintégrer, remettre dans son premier état :* Positasque redintegrat iras, *Juv.* Interpretatio est quæ non iterans idem redintegrat verbum, sed commutat, *Cic.*

1388. *Instillare. Inculcare.*

**Instillare** (de stilla), *proprement, verser dedans goutte à goutte, et tomber goutte à goutte dedans :* Instillare oleum lumini, *Cic.* Guttæ quæ assiduè saxa instillant Caucasi, *Id. Au figuré :* Præceptum auriculis hoc instillare memento, *Hor., souvenez-vous de lui donner à l'oreille cette leçon.* Tuæ litteræ mihi quiddam, quo starem, instillârunt, *Id., vos lettres ont répandu dans moi insensiblement de quoi me soutenir.* — **Inculcare** (calcare in), *enfoncer avec les pieds, pousser à force :* Inculcati lapides, *Col. Au figuré, inculquer, faire entrer à force de répéter :* Id quod inculcatur, si quis sit tardior, posse percipere, *Cic., les préceptes que l'on fait entrer comme par force peuvent être saisis par un esprit tardif.* Qui se inculcant auribus nostris, *Id., qui nous battent continuellement les oreilles.*

1389. *Institutio. Institutum.*

**Institutio** (statuere in), *proprement, l'action d'établir; il n'est usité qu'au figuré :* Operis institutio, *Cic., l'entreprise d'un ouvrage.* Officiorum præcepta ad institutionem vitæ communis spectare videntur, *Id.* Ad discipulorum naturam institutio doctoris accommodanda, *Id.* Institutiones oratoriæ, *Id.* — **Institutum**, *plan, méthode, établissement :* Instituta philosophiæ, *Cic.* Meo instituto usus sum, *Id.* Ad instituta redeamus, *revenons à notre sujet. Il se dit aussi en mauvaise part :* Institutum meretricium, *Cic., métier de courtisane.*

1390. *Instrumentum. Supellex.*

**Instrumentum** (d'instruere), *instrument, fourniture :* Instrumenta aut ornamenta villæ, *Cic.* Abjecto instrumento artis, clausâque tabernâ, *Hor.* Instrumenta belli, *Cic., équipages de guerre*

*Au figuré :* Instrumenta multa habet homo ad adipiscendam sapientiam, *Cic.* Instrumenta virtutis, *Id.* — SUPELLEX, *meubles, ameublements, mobilier :* Multa et lauta et magnifica supellex, *Cic.* Vilis cum paterà guttus, campana supellex, *Hor. Au figuré :* Verborum supellex, *Cic.* Amici, optima et pulcherrima vitæ, ut ita dicam, supellex, *Id.*

1391. *Insumere. Impendere. Erogare.*

INSUMERE (sumere in), *employer à quelque chose :* Insumere operam frustrà, *Liv.* — IMPENDERE (pendere in), *dépenser à quelque chose :* Certum sumptum impendere ad incertum casum, *Cic. Au figuré :* Impendere laborem in opere faciendo, *Cic. Un homme charitable* impendit de suo ad calamitosos sublevandos; *un paresseux* in res inutiles tempus insumit. — EROGARE, *dit Alciatus,* dicebatur qui rogatione à populo impetrabat largiendum aliquid ex ærario; *il signifie donner, distribuer :* Erogàsti pecunias ex ærario, *Cic.* Pecuniam in classem erogare, *Id.*

1392. *Integer. Inviolatus. Intactus.*

INTEGER, *entier, qui n'a point été entamé :* Cùm crebrò integri defessis succederent, *Cæs.* Integer miles, *Liv., un soldat frais.* Integer judex, *Cic., un juge impartial.* Integer laudo, *Hor., je loue sans prévention, sans intérêt.* Integer discipulus, *Cic., un disciple à qui on n'a encore rien appris.* Integra causa, *une cause dont on n'a pas encore pris connaissance.* Re integrà, *Id. On ne dit pas* integer orbis *dans le sens de* totus orbis. — INVIOLATUS (non violatus, de vis), *qui n'a reçu aucune atteinte, aucun dommage :* Inviolatum corpus omnium civium, integrum jus libertatis defendo, *Cic.* Id inviolatà vestrà amicitià, integro officio faciebant, *Id.* — INTACTUS (qui non tangitur), *qui n'a point été touché, intact :* Intactâ cervice juvenca, *Virg.* Intactus à sibilo pervenerat Hortensius ad senectutem, *Cic.*

1393. *Integer dies. Solidus dies.*

INTEGER DIES, *un jour que l'on n'a pas entamé, dont on n'a pas employé un seul moment :* Dicimus integro sicci mane die; dicimus uvidi, cùm sol oceano subest, *Hor., nous le disons, à jeûn, au lever du jour ; nous le disons, le verre en main, au coucher du soleil.* — SOLIDUS DIES *est un jour entier, plein :* Nec partem solido demere de die spernit, *Hor.*

1394. *Intelligere. Percipere. Concipere*

INTELLIGERE (legere intùs, *ou* inter), *voir par conception :* Intelligentia est per quam animus perspicit quæ sunt, *Cic.* Rara mens intelligit quod interiore condidit cura angulo, *Phæd.* Intelligere *désigne un esprit net.* — PERCIPERE (capere per), *proprement, cueillir :* Fructus percipere. *Au figuré, saisir, comprendre :* Diligenter quæ dicuntur percipere, *Cic.* Id si minùs intelligitur quanta vis amicitiæ sit, ex discordiis percipi potest, *Id.* Percipere *désigne un esprit pénétrant.* — CONCIPERE (capere cum), *concevoir, tant au propre qu'au figuré :* Omnia quæ terra concipit semina, *Cic.* Ipsa senectus concipit dedecus. Concipere scelus, *Id.*

1395. *Intemperiæ. Intemperies.*

INTEMPERIÆ, *furies, divinités malfaisantes :* Dî, vostram fidem, quæ Intemperiæ nostram agunt familiam? *Plaut. Caton prend ce mot dans le sens d'intempérie de l'air, et Aul. Gelle dans le sens de désordre ou déréglement moral.* — INTEMPERIES, 1° *Intempérie de l'air :* Noxia frugibus intemperies cœli, *Col.* 2° *Humeur emportée :* Sed mehercule incipiendo refugi, ne cui videar non stultè illius amici intemperiem tulisse, *Cic.*

1396. *Intempestus. Intempestivus.*

INTEMPESTUS (non tempus), *dont l'air, la température est mauvaise :* Intempestæque Graviscæ, *Virg. Il signifie aussi incommode pour agir :* Et lunam in nimbo nox intempesta tenebat, *Virg.* — INTEMPESTIVUS (non tempestivus), *qui est à contre-temps :* Intempestiva epistola, *Cic.* Nunquàm intempestiva, nunquàm molesta est amicitia, *Id.*

1397. *Intendere. Extendere.*

INTENDERE, *tendre vers :* Intendere dextram ad statuam, *Cic. Au figuré :* Animum intendere studiis, *Hor.* Litem alicui intendere, *Cic., intenter procès à quelqu'un. Il se prend pour augmenter la force :* Quid si intendatur certamen, *Tac., que fera-t-on, si la rivalité s'anime? Il se prend encore pour aller, en sous-entendant* iter, gressum : Ut eò quò intendit, maturè cum exercitu perveniat, *Liv.* — EXTENDERE, *étendre, donner de l'étendue :* Extendere agros, *Hor.* Extendere imperii vires, *Liv. Au figuré :* Famam extendere factis, hoc virtutis opus, *Virg.* In Africam quoque spem extenderunt, *Liv.*

1398. *Inter cœnam. Super cœnam.*

INTER COENAM, *entre le service du repas :* Si vellent inter cœnam vel talis, vel par impar ludere, SUET.—SUPER COENAM, *pendant le repas :* Cùm soleret et lectione quotidianâ quæstionem super cœnam proponere, SUET.

1399. *Inter manus. Per manus.*

INTER MANUS, *entre les mains, entre les bras :* Erant exitus ejusmodi, ut alius inter manus è convivio, tanquam è prælio auferretur; alius, etc., CIC. — PER MANUS, *de main en main :* Per manus tractus servetur, CÆS. Nonnullæ per manus demissæ, Id. *Au figuré, par le moyen, par les mains :* P. Clodius per manus servulæ servatus fuit et educatus, CIC.

1400. *Inter se. Inter ipsos.*

INTER SE *et* INTER IPSOS *ne sont point différents pour la signification ; mais ils ne se mettent pas indifféremment pour la construction. Lorsqu'il y a un génitif, un datif, ou un ablatif, on met* inter ipsos : Nec mihi cæterorum judicio videtur solùm, sed etiam ipsorum inter ipsos consensu, CIC. Circà quem inexplicabilis et grammaticis inter ipsos et philosophis pugna est, QUINT. In magnis quoque auctoribus incidunt vitiosa aliqua, et à doctis inter ipsos etiam mutuò reprehensa, Id. *Lorsqu'il y a un nominatif ou un accusatif, on met* inter se : Quòd inter se omnes partes quodam lepore consentiunt, CIC. *On dirait mal* inter ipsas. Damonem et Pythiam Pythagoreos ferunt hoc inter se fuisse animo, etc. Id., *et non* inter ipsos.

1401. *Intercalare. Interponere. Interjicere.*

INTERCALARE, *intercaler, insérer, se dit proprement d'un jour qu'on ajoute de quatre ans en quatre ans au mois de février, afin que la manière de compter cadre plus exactement avec le cours du soleil.* Triumphavit mense intercalario pridiè calendas martias, LIV. *On disait deux fois le six des calendes ; c'est de là que vient notre mot bissextile.* Intercalare *se prend plus généralement :* Præmuni, quæso, ut simus annui, et ne intercaletur quid, CIC. — INTERPONERE, *mettre entre :* Quasi enim ipsos induxi loquentes, ne inquam et inquit sæpiùs interponeretur, CIC. *Au figuré :* Auctoritatem suam interponere, CIC. Interponere se audaciæ alicujus, Id. Causam interponens, CORN. NEP., *alléguant pour raison que, etc.*— INTERJICERE, *jeter entre deux, entremêler.* Galli inter equites sagittarios interjecerunt, CÆS. Saxis interjectis, Id. Nasus quasi murus oculis interjectus est, CIC. *Au figuré :* Inter horum ætates interjectus Cato, CIC.

1402. *Intercedere. Intervenire.*

INTERCEDERE (cedere inter), *être entre, se mettre entre, s'opposer :* Longiùs prosequi veritus, quòd silvæ paludesque intercedebant. CÆS. Dies non decem intercesserant, cùm, etc., CIC. Si nulla ægritudo huic gaudio intercesserit, TER. Senatûs auctoritas gravissima intercesserat, CIC. — INTERVENIRE, *survenir, venir à la traverse :* Quam orationem cùm ingressus essem, Cassius intervenit, CIC., Plures cecidissent, ni nox prælio intervenisset, LIV. Intervenit cœptis bellum sabinum, Id.

1403. *Intercessio. Intercessus.*

INTERCESSIO, *opposition, empêchement :* Refertur statim de intercessione tribunorum, CIC. Cùm intercessio stultitiam intercessoris significatura sit, non rem impeditura, Id. — INTERCESSUS, *entremise ; on ne trouve que l'ablatif :* Consulum intercessu, LIV., *par l'entremise des consuls. Il se prend pour arrivée :* Consulem saucium intercessu suo sanavit, VAL. MAX.

1404. *Intercludere. Excludere. Intersepire.*

INTERCLUDERE (claudere inter), *fermer l'entrée, couper le passage :* Intercludere aditum ad aliquem locum, CIC. Hostes ab oppido intercludere, CÆS. *Au figuré :* Seditionum vias intercludere, CIC. — EXCLUDERE (claudere ex), *mettre dehors :* Ego excludor, ille recipitur, TER. Excludere mœnibus, CIC. *C'est dans ce sens que Cicéron dit* gallinæ pullos excludunt, *parce qu'elles les font sortir de la coquille. Au figuré :* Excludere aliquem à negotio, CIC., *empêcher quelqu'un de se mêler d'une affaire.* Excludite eorum cupiditatem, Id., *arrêtez leur cupidité.* Exclusus suffragio, Id. Intercludere *est empêcher d'avancer, et* excludere, *empêcher d'entrer, faire sortir.* — INTERSEPIRE (sepire inter), *mettre une haie entre ; il se dit plus généralement :* Intersepire urbem vallo, LIV, *élever un rempart autour d'une ville.* Intersepire iter, CIC. *Au figuré :* Intersepsit conspectum abeuntis exercitûs, LIV., *il empêcha de voir l'armée qui se retirait.*

1405. *Interdictum. Interdictio.*

INTERDICTUM, *sentence provisionnelle ; une sentence du préteur, qui défendait ou ordonnait quelque chose, principalement quand il s'agissait du possessoire :* Ergò hâc lege prætorum interdicta tollentur, *Cic.* Possessionem per interdictum repetere, *Id.* — INTERDICTIO, *interdiction :* Tecti et aquæ et ignis interdictio, *Cic.; formule du bannissement dans l'ancienne Rome.*

1406. *Interequitare. Perequitare.*

INTEREQUITARE, *aller à cheval au milieu :* In conspectu omnium duces interequitans alloquebatur, *Liv.* — PEREQUITARE, *traverser un lieu à cheval :* Primò per omnes partes perequitant, et tela conjiciunt, *Cæs.*

1407. *Interesse. Differre. Distare.*

*Ces trois verbes, au figuré, peuvent être considérés comme synonymes.* INTERESSE *se dit de ce qui distingue deux choses :* Quanquàm multùm intersit inter eorum causas qui dimicant, tamen inter victorias non multùm interfuturum puto, *Cic.* Inter hominem et belluam hoc maximè interest, quòd, etc., *Ter.*—DIFFERRE *signifie marquer la différence, en mettant les deux objets comme de deux côtés :* Vide quid differat inter meam opinionem et tuam, *Cic.* Intersit *dirait moins.* Tenere virtutes nemo poterit, nisi statuerit nihil esse quod intersit aut differat aliud ab alio præter honesta et turpia, *Cic.* — DISTARE *marque le peu de rapport, l'éloignement des choses :* Quid tam distat, quàm à severitate comitas? *Cic.* Multùm inter se distant istæ facultates, *Id.* Differunt *dirait moins.*

1408. *Internuncius. Interpres.*

INTERNUNCIUS, *un entremetteur qui porte la parole à l'un et à l'autre :* Internunciis ultrò citròque missis, *Cæs.* — INTERPRES, *un médiateur, celui qui traite une affaire et l'arrange entre des tiers :* Per amicos et interpretes agere aliquid, *Cic.* Tuque harum interpres curarum et conscia Juno, *Virg.; Junon, qui se mêlait des mariages, et qui accordait sa protection spéciale à Carthage, patrie de Didon.* Interpres *se prend aussi pour un interprète :* Interpretes poetarum grammatici, *Cic.* Interpres portentorum, *Id.* Nec verbum verbo curabis reddere fidus interpres, *Hor.*

1409. *Interpellare. Obloqui.*

INTERPELLARE (*d'*inter, *et de l'inusité* pellare) *interrompre quelqu'un qui parle :* Sed nihil te interpellabo, continentem orationem audire malo, *Cic. Au figuré :* Sed hæc tota res interpellata bello refrixerat *Cic.* Interpellare aliquem in suo jure, *Cæs.*, *troubler quelqu'un dans son droit.* Partam victoriam interpellare, *Id.*, *retarder la victoire gagnée.* — OBLOQUI (loqui ob), *troubler quelqu'un qui parle, en parlant en même temps que lui, contredire :* Tu verò ut me appelles et interpelles, et obloquare, et colloquare velim, *Cic.* Ferocissimè oblocuti erant, *Q. Curt. Au figuré :* Obloquitur numeris septem discrimina vocum, *Virg.*, *Orphée répond au son de sa lyre par sept différents tons de sa voix, marie sa voix avec les sept cordes de sa lyre.*

1410. *Interrogatio. Percontatio.*

INTERROGATIO, *interrogation, demande :* opportuna interrogatio, *Quint.* — PERCONTATIO, *enquête, information :* Quærere percontatione aliquid, *Cic.* Percontatio *ne demande jamais oui, non; au lieu qu'*interrogatio *le demande. Si je vous demande, avez-vous acheté telle chose? c'est* interrogatio. Interrogo, an audierit, viderit, *Plin. Jun. Mais si je demande le prix, c'est* percontatio : Percontor quanti olus et far, *Hor.*

1411. *Intimus. Interior.*

INTIMUS, *superlatif d'*intra, *intime, le plus intérieur :* Intima pars urbis, *Cic.* Intimæ ædes, *Id.* Ira acerbior intimo corde concepta, *Id.* — INTERIOR, *comparatif formé d'*intrà, *intérieur, qui est au dedans :* Interior ædium pars, *Cic. Au figuré :* Interior eorum societas qui ejusdem gentis sunt, *Cic.* Interior epistola, *Id.*, *le milieu de la lettre.* Interiores litteræ, *Id.*, *une érudition peu commune.*

1412. *Intimus. Necessarius.*

INTIMUS, *synonyme de* necessarius, *intime, lié étroitement par l'amitié, ou autrement :* In intimis est meis, cùm anteà notus non esset, *Cic.* Intimus erat in tribunatu Clodio, *Id.* —NECESSARIUS (*de* nectere), *lié par le sang, ou par l'amitié :* Curius consobrinus tuus, mihi, ut scis, maximè necessarius homo, *Id.* Necessarius et propinquus meus, *Id.*

1413. *Intrà. Introrsùm.*

INTRA *est une préposition qui gouverne l'accusatif, dans, dedans, soit qu'il y ait du mouvement, soit qu'il n'y en ait pas :* Intrà tecta vocare aliquem, *Virg.* Carthaginienses jure finium causam tuebantur, quòd ager intrà eos terminos esset, *Liv.* Utinam Philotas intrà verba peccâsset, (*c'est-à-dire* non ultrà), *Q. Curt.* Hortensii scripta intrà famam sunt, *Quint.*, *les ouvrages d'Hortensius sont au-dessus de la réputation qu'ils ont. Il se prend pour* inter : Hæc est nobilis ad Trasimenum pugna, atque intrà paucas memorata populi romani clades, *Liv.* — Introrsum *et* Introrsus *sont adverbes, et signifient en dedans, soit qu'il y ait mouvement, soit qu'il n'y en ait pas :* Clamantibus tribunis nihil introrsus roboris, ac virium esse, *Liv.* Hostem introrsùm in media castra recipiunt, *Id.*

1414. *Intrò. Intùs.*

Intro, *dedans, lorsqu'il y a du mouvement :* I nunc intrò jam, *Ter.* — Intus, *lorsqu'il n'y a point de mouvement :* Ibo intrò, atque intùs subducam ratiunculam, *Plaut.* Intùs sibi canere, *Cic. est une façon de parler proverbiale ; rapporter tout à soi : littéralement, chanter tout bas pour soi.*

1415. *Intromittere. Introducere. Inducere.*

Intromittere, *faire ou laisser entrer, sans entrer soi-même :* Comessatum intromittere aliquem, *Cic.* — Introducere, *faire entrer où l'on entre soi-même :* Introducere præsidium in oppidum, *Cæs. Au figuré :* Introduxit ambitionem in senatum, *Cic.* — Inducere, *mener à, ou dans :* Inducere in prælium cohortes, *Liv. Au figuré :* Seditionem in civitatem inducere, *Cic.* In errorem inducere, *Id., induire en erreur :* Quem ego ut mentiatur inducere non possum, *Id. Il signifie aussi faire paraître sur la scène :* Hinc ille Giges inducitur à Platone, *Cic. Il se prend encore pour effacer, annuler :* Questi sunt in senatu se cupiditate prolapsos nimiùm magno conduxisse ; ut induceretur locatio postulaverunt, *Cic.* Intromittere *et* introducere *diffèrent encore d'*inducere, *en ce qu'ils ne se disent proprement que des maisons, trous, cavernes, lieux couverts et fermés ; au lieu qu'on dit bien* inducere in agrum *: et l'on ne dirait pas :* intromittere, *ni* introducere in agrum.

1416. *Invenire. Reperire. Nancisci. Comperire.*

Invenire (venire in), *rencontrer, se dit proprement des choses qui sont en notre chemin, ou qui se présentent à nous, soit en cherchant, soit par hasard :* Quod quæritabam, filiam inveni meam, *Ter.* In agro populabundum hostem invenit, *Liv.* Auri venas invenire, *Cic.* Invenire, *au figuré, marque la fécondité de l'esprit :* Nihil acuti inveniri potest, *Cic.* — Reperire (rursùs, *ou* retrò parere), *découvrir, se dit des choses inconnues, ou que nous cherchons :* Zeno nihil novi reperiens, sed emendans superiores, *Cic.* Æsopus auctor quam materiam repperit, hanc ego polivi versibus senariis, *Phæd.* Reperire, *au figuré, marque la pénétration de l'esprit. Les auteurs ont souvent confondu* invenire *et* reperire. Nequaquàm satis est reperire quod dicas, nisi id inventum tractare possis, *Cic.* Ut medici causâ morbi inventâ curationem esse inventam putant, sic nos causâ ægritudinis repertâ medendi facilitatem reperiamus, *Id.* — Nancisci, *trouver, convient bien aux chasseurs :* Belluas immanes venando nanciscimur, *Cic.* Pisces ex sententiâ nactus sum, *Ter. Il se dit plus généralement :* Nactus turbidam tempestatem. *Cæs.* Boni aliquid fortuitò nancisci, *Cic.* Aliquid mali nancisci, *Ter.* Nancisci occasionem, *Cic. trouver une occasion ; au lieu que* reperire *est la retrouver.* Non facilè occasionem posteà reperiemus, *Cic. Il paraît que* nancisci *est toujours l'effet du hasard.* — Comperire (parere cum, *ou* perior, *inusité, qui signifiait découvrir*), *découvrir certainement, s'assurer :* Manifestò comperire, et manu tenere. *Cic.* Ex multis audivi, nam comperisse me non audeo dicere, *Id.* Compertum oculis id habeo, *Liv. On dit* comperior *déponent, mais seulement au présent :* Metellum magnum et sapientem virum fuisse comperior, *Sall.*

1417. *Inventio. Inventum.*

Inventio, *l'action de découvrir, invention :* Illa vis quæ investigat occulta, inventio dicitur, *Cic.* — Inventum *est proprement un adjectif, la chose découverte :* Philosophorum inventa, *Cic.* Tot artes tantæ scientiæ, tot inventa naturam, quæ eas res continet, non esse mortalem comprobant, *Cic.*

1418. *Investigatio. Inquisitio. Indagatio.*

Investigatio (*de* vestigium) *l'action de rechercher, aller sur les traces d'une chose ou d'une personne :* Hominis est propria inquisitio et investigatio veri, *Cic.* — Inquisitio (*de* quærere in) *information, recherche dans le fond, dans l'intérieur :* Inquisitio candidati, prænuntia repulsæ. *Cic.* — Indagatio (*de* indago, inis, *filets, toiles, rêts*) *; c'est un terme de chasse. On s'en sert au figuré pour indiquer une poursuite ou recherche exacte :* Indagatio atque inventio veri, *Cic.*

1419. *Inveterascere. Senescere.*

Inveterascere (*de* vetus), *vieillir, se fortifier :* In his locis miles inveteraverit, *Cæs. Au figuré :* Memoriâ vestrâ nostræ res alentur, sermonibus crescent, litterarum monumentis inveterascent, et corroborabuntur, *Cic.*—SENESCERE, *devenir vieux, se passer :* Tacitis senescimus annis, *Ovid. Au figuré, languir, s'affaiblir :* Civitas otio senescit, *Liv.* Ne cunctando senescerent consilia, *Id.* Quæ senescunt, deteriora fiunt; quæ inveterascunt, meliora.

1420. *Invidia. Invidentia. Livor.*

INVIDIA *se dit de celui qui porte envie, et de celui qui est l'objet de l'envie :* Digna imitatione, non invidiâ, virtus est, *Cic.* Invidiæ verbum ductum est à nimis intuendo fortunam alterius, *Id. Il se prend pour haine :* Mortis illius invidiam in L. Flaccum Lælius conferebat, *Cic.* — INVIDENTIA *ne se dit que de celui qui porte envie :* Invidentia ægritudo est ex alterius rebus secundis, *Cic.* Invidentia in eo qui invidet tantùm est, *Id.* — LIVOR, *marque livide qui paraît sur la peau, meurtrissure :* Livore decoloratum corpus, *Cic.* Pressos in artus venit livor, *Ovid. Au figuré, envie acharnée :* Pascitur in vivis livor, post fata quiescit, *Ovid.*

1421. *Invidia. Invidentia.*

*Cicéron établit, dans les termes les plus précis, la différence entre* INVIDIA *et* INVIDENTIA : Ægritudini subjicitur invidentia; utendum est enim docendi causâ verbo minùs usitato; quoniàm invidia non in eo qui invidet solùm dicitur, sed etiam in eo cui invidetur, *Cic. Le philosophe ajoute une définition de l'*invidentia, *qui détermine sa signification :* Invidentiam esse dicunt ægritudinem susceptam propter alterius res secundas, quæ nihil noceant invidenti. *Ces deux substantifs dérivent d'*invidere *:* Ab invidendo invidentia verè dici potest, ut effugiamus ambiguum nomen invidiæ, quod verbum ductum est à nimis intuendo fortunam alterius, *Cic.*

1422. *Invidus. Invidiosus. Æmulus. Zelotypus.*

INVIDUS *est celui qui porte envie :* Invidus alterius macrescit rebus opimis, *Hor.* — INVIDIOSUS, *celui qui est l'objet de l'envie ou de la haine :* Possessiones invidiosas tenere, *Cic.* Sunt enim illi apud bonos invidiosi, *Id. Il est aussi pris dans le sens d'*invidus : Tempus edax rerum, tuque invidiosa vetustas, omnia destruitis, *Ovid.* — ÆMULUS, *émule, rival d'industrie, de force ou de talents. Il se prend en bonne part :* Ille æmulus atque imitator studiorum meorum, *Cic.*— ZELOTYPUS (ζηλότυπος, ὁ ζήλῳ τυπείς), *jaloux par amour. Juvénal et Quintilien se sont servis de ce mot :* Ponere zelotypo juvenis prælatus Iarbæ.

1423. *Invitare. Illicere.*

INVITARE, *inviter, prier de se trouver :* Benignè salutare, alloqui, domum invitare, *Liv.* Tu invita mulieres; ego accivero pueros, *Cic. Au figuré, exciter :* Gloriâ invitantur præclara ingenia, *Cic.* — ILLICERE (*d'in, et de l'inusité* lacire, *gagner, séduire*), *engager à faire quelque chose par des caresses, des promesses, etc.* Cœpit singulos illicere pretio, *Phæd. Au figuré :* Libido ad id quod videtur bonum illecta et inflammata rapitur, *Cic.*

1424. *Invitatio. Invitamentum. Illecebra.*

INVITATIO, *invitation, l'action d'inviter :* Tua verò invitatio quàm suavis, quàm liberalis, quàm fraterna? *Cic.* Invitatio ad dolendum, *Id.* — INVITAMENTUM, *ce qui invite :* Largitiones, temeritatisque invitamenta horrebant, *Cic.* — ILLECEBRA, *amorce, appas :* Maxima illecebra est peccandi impunitatis spes, *Cic.* Illecebris voluptatis deliniri, *Id.*

1425. *Invitus. Coactus.*

INVITUS (non volens), *a rapport à la volonté de celui qui exécute.* — COACTUS (*de* cogere, *rassembler ; le pâtre emploie la force pour rassembler ses troupeaux*) *a rapport à l'autorité de celui qui contraint. Ce qu'on fait* invitus *est fait de mauvais gré ; ce qu'on fait* coactus *n'est pas fait librement. On peut agir* invitus, *quoique* non coactus, *parce qu'on peut se forcer soi-même à faire une chose pour laquelle on a de la répugnance ; peut-être même serait-il possible d'agir* coactus, *et* non invitus, *parce que l'on peut faire sans répugnance actuelle une chose qu'on ne ferait pourtant pas, si une autorité supérieure ne nous y forçait.* Inviti per vim atque imperium statuas dederunt, *Cic.* Sapiens nihil facit invitus, nihil dolens, nihil coactus, *Id.* Invitus *ne se dit guère que des choses animées ou considérées comme telles. Phèdre a cependant dit,* laude invitâ; *et Ovide,* invitis lecta oculis; *mais cela n'est pas à imiter.*

1426. *Inultus. Impunitus.*

INULTUS (non ultus), *qui n'a point été vengé :* Mors inulta, *Cic.* Vos legatum populi romani omni supplicio interfectum inultum relinquetis? *Id.* Inultus *se prend aussi pour impuni :* Inultus ut tu riseris Cotyttia vulgata! *Hor. Il se prend dans le* sens actif, qui ne s'est pas vengé : Moriemur inulti, VIRG. — IMPUNITUS, qui n'a point été puni. Les hommes se vengent, l'autorité seule a droit de punir. Quò impunitior libido, eò effrenatior est, LIV. Une autre différence, c'est qu'inultus a rapport au ressentiment de celui qui devrait infliger la peine ; et impunitus, à l'état ou au sentiment de celui qui devrait la recevoir : Un cæterorum quoque injuriæ sint impunitæ atque inultæ, CIC. Inultus se prend encore pour celui qui ne reçoit aucun dommage, qui est sans danger : Undè inultus subeuntem aut prohibere aut opprimere hostem potuisset, Q. CURT.

1427. *Invocare. Implorare.*

INVOCARE (vocare in), *appeler à son secours, invoquer :* Deos invocare, OVID. Sociorum invocem subsidium, cùm à civibus interclusum sit præsidium? CIC. — IMPLORARE (plorare in), *demander avec larmes :* Cujus hominis fides imploranda est? CIC. Imploro te, ut misero feras auxilium, TER.

1428. *Involucrum. Integumentum.*

INVOLUCRUM (d'involvere), *enveloppe, tout ce qui sert à envelopper :* Candelabrum involutum quàm occultissimè delatum, involucris rejectis ostenderunt, CIC. *Au figuré :* Involucris simulationum tegi, CIC., *être caché, dissimulé.* — INTEGUMENTUM (tegere in), *couverture, ce qui sert à couvrir :* Lana cum integumentis, quæ Jovi apposita fuit, decidit, LIV. *Au figuré :* Integumenta flagitiorum, CIC. Sic modò in oratione Crassi divitias ac ornamenta ejus ingenii per quædam involucra atque integumenta perspexi, *Id.*

1429. *Ira. Iracundia. Excandescentia. Bilis.*

IRA, *emportement, mouvement de colère, désir de se venger :* Ira libido puniendi ejus, qui videatur læsisse, injuriam, CIC. Ira furor brevis est, HOR. Iræ, *au pluriel, a beaucoup de force :* Iræ factæ sunt ampliores, TER. Dignas Jove concipit iras, OVID. Tantæne animis cœlestibus iræ, VIRG. — IRACUNDIA, *penchant à la colère, l'habitude, l'effet de la colère :* Ira quo distet ab iracundiâ apparet, quo ebrius ab ebrioso, et timens à timido : iratus potest non esse iracundus ; iracundus potest aliquandò iratus non esse, SEN. *Il se met quelquefois pour* ira : Sic ad nos omnes ferè deferunt, nihil, cùm absit iracundia, te fieri posse jucundius, CIC. — EXCANDESCENTIA (d'ex, et de candere), *est proprement un feu qui s'allume subitement. Il ne se trouve qu'au figuré, et signifie emportement, colère subite :* Excandescentia est ira nascens et modò existens, CIC. — BILIS. *Au propre, bile, humeur bilieuse :* O ego lævus qui purgor bilem sub verni temporis horam, HOR. *Au figuré, colère, emportement :* Si, ut scribis, bilem id commovet, CIC. Bile tumet Nerio, jam septima conditur uxor, PERS.

1430. *Ire. Gradior. Grassari. Incedere. Vadere.*

IRE, *aller soit à pied, soit autrement :* Pedibus ire non queo, PLAUT. Ibam fortè viâ sacrâ, HOR. Navigio esse te iturum credere non possum, CIC. — GRADIOR, *l'infinitif* gradi *est peu usité :* Alia animalia gradiendo, alia serpendo ad pastum accedunt, CIC. — GRASSARI (*fréquentatif de* gradior), *marcher à grands pas, et avec ardeur. Il est plus usité au figuré :* Grassari in possessionem agri publici, LIV. Obsequio grassare, HOR., *insinuez-vous dans ses bonnes grâces par des complaisances excessives.* Consilio grassari, LIV., *recourir à l'adresse.* Ad gloriam grassari virtutis viâ, SALL. — INCEDERE (cedere in), *avancer :* Incedere ad urbem, LIV. *Il exprime bien une marche fière et majestueuse.* Ast ego quæ divûm incedo regina, VIRG. Incedunt per ora vestra magnifici, SALL. — VADERE, *marcher à grands pas, et avec fermeté :* Vadimus haud dubiam in mortem, VIRG. Vadere in prælium, LIV. *On dit bien* it tristis arator ; *on ne dirait pas* vadit tristis arator. Vadere *signifie aussi s'en aller :* Lentulus hodiè apud me ; cras manè vadit, CIC.

1431. *Irritatio. Irritamentum. Irritamen.*

IRRITATIO, *l'action d'exciter :* Irritatio animorum, LIV. Naturalis quædam irritatio commutandi sedes, SEN., *un désir naturel de changer de demeure.* — IRRITAMENTUM, *ce qui excite, l'aiguillon même :* Parvum fuit certaminum irritamentum, LIV. Opes irritamenta malorum, OVID. — IRRITAMEN *est le même ; il ne se dit qu'en poésie :* Opes animi irritamen avari, OVID.

1432. *Itaquè. Quarè.*

ITAQUE, *ainsi, ne renferme qu'un rapport de prémisses et de conséquence.* — QUARE, *c'est pourquoi, renferme dans sa signification particulière un rapport de cause et d'effet.* Itaquè *est plus propre à faire entendre la conclusion d'un raisonnement, et* quarè, *à marquer la suite d'un événement ou d'un fait :* Itaquè ergò ut magistratu abiêre, etc., LIV. Itaquè multa ab eo prudenter disputata memoriæ mandabam, *Cic.* Quarè sic tibi eum commendo, *Id.* Quarè agite, ô tectis, juvenes, succedite nostris, *Virg.*

1433. *Item. Itidem.*

Item, *aussi, de même :* Solis defectiones itemque lunæ prædicuntur, *Cic.* Pergratum mihi feceris, spero item Scævolæ, si, etc., *Id.*—Itidem (quasi alterum idem), *tout pareillement, tout semblablement :* Ut hoc tibi doleret itidem, ut mihi dolet, *Ter.* Itidem mulieres, ut sunt pueri, levi sententià, *Id.*

1434. *Iter. Via. Semita. Callis. Trames. Angiportus.*

Iter (ab eundo), *chemin, le terrain qu'on suit, et dans lequel on marche :* Patens iter, *Hor.* Tutum iter currit classis, *Virg. Il se prend pour la marche :* Convertere iter aliquò, *Cic.* — Via (quasi vehia, *de* vehere), *se dit d'un chemin large par où une voiture peut passer :* Ibam fortè viâ sacrâ, *Hor.* Trebonius itineribus deviis in viam proficiscitur, *Cic.* Longum sanè iter, et via inepta, *Id.* Iter devium, inaccessum, et à viâ remotum, *Id. Il se dit de la marche :* Video quot dierum via sit, *Cic.* Iter, *dit Modestinus*, quo quis pedes vel eques commeare potest; via est jus eundi. ambulandi, vehiculum trahendi; iter est hominis proprium; via, vehiculorum. — Semita (quasi semi-iter), *chemin étroit :* De viâ in semitam digredi, *Plaut.* Simul in silvam ventum est, ubi plures diversæ semitæ erant, et nox appropinquabat, cum perpaucis maximè fidis viâ divertit, *Liv.* Ego porrò illius semitâ feci viam, *Phæd.* — Callis (*de* callum), *sentier frayé, tels que sont les sentiers frayés par les bergers :* Pecorum modò per æstivos saltus, deviasque calles exercitum ducimus, *Liv. Les premières éditions de 1470 et 1480 portent* devios calles, *et Virgile dit, en parlant des fourmis :* Prædamque per herbas convectant calle angusto. *On ne risque donc rien en faisant* callis *masculin.* — Trames (trans meare), *un sentier détourné :* Egressus est non viis, sed tramitibus. *Cic.* — Angiportus *et* Angiportum (*d'*angere, *et de* porta), *petite rue étroite, passage étroit :* Id quidem angiportum non est pervium, *Ter.*

1435. *Iter facere. Viam facere. Viam munire.*

Iter facere, *marcher, voyager :* Cum Quinto fratre et liberis nostris iter in Apuliam facere cœpi, *Cic.* Unà iter faciebant vacca, lupus et agna, *Phæd.* — Viam facere, *faire un chemin, l'ouvrir :* Icta viam tellus in tartara fecit, *Ovid.* — Viam munire, *paver un chemin :* Objectum est etiam quæstum M. Fonteium ex viarum munitione fecisse, ut aut ne cogeret munire, aut id quod munitum esset, ne improbaret, *Cic. Au figuré :* Munire sibi viam in cœlum, *Cic.* Hæc omnia accusandi viam tibi muniebant, *Id.*

1436. *Iterùm. Rursùs. Rursùm.*

Iterum (*d'*iterare, *fréquentatif d'*ire, itare), *pour la seconde fois :* Primò quidem decipi incommodum est; iterùm stultum; tertiò turpe, *Cic.* Bis à me servatus est, separatìm semel, iterùm cum universis, *Id.*— Rursus *et* Rursum, *encore une fois, une autre fois :* Facis ut rursùs plebs in Aventinum sevocanda esse videatur, *Cic.* Bellum, pax rursùm, *Ter.* Rursum *et* Rursus *signifient aussi d'un autre côté, par opposition à ce qui a précédé :* Neque Clyti cædes mihi probari potest, neque rursùm cum omni culpâ libero, *Q. Curt.* Rem laudando augere, vituperando rursùs affligere, *Cic.* Rursùm *et* rursùs *signifient aussi en arrière :* Rursùm, prorsùm, *Ter., tantôt en reculant, tantôt en avançant.*

1437. *Itio. Itus.*

Itio, *l'action d'aller :* De obviàm itione, ita faciam ut suades, *pour ce qui est d'aller au-devant de lui, je suivrai votre conseil.* — Itus, *l'aller même :* Quis porrò noster itus, reditus, vultus, incessus inter istos? *Cic.*

# J.

1438. *Jacere. Jaculari. Collimare.*

Jacere, *jeter :* In quem scyphum de manu jacere conatus est, *Cic.* Jacere anchoras, *Liv.* Jacere fundamenta, *Cic. Au figuré :* Terrores jacere, *Cic.* Omnis in hâc certam regio jacit arte salutem, *Virg.* — Jaculari, *lancer, darder, jeter de force et de roideur avec la main :* Jaculando, equitando, omnia tolerando, *Cic. On dit* jaculari *pour frapper :* Et rubente dextrâ sacras jaculatus arces, *Hor. Au figuré :*

Quid brevi fortes jaculamur ævo multa? *Hor., pourquoi former tant de projets, la vie étant si courte?* — COLLIMARE (quasi limis oculis, *du coin de l'œil*), *viser juste, toucher au but:* Quis est qui totum diem jaculans, non aliquandò collimet? *Cic.*

### 1439. *Jactare. Jactitare.*

JACTARE (*fréquentatif de* jacio), *jeter çà et là:* Deucalion vacuum lapides jactavit in orbem, *Virg.* Jactare cæstus, *Cic.* Diù jactato brachio, *Cæs. Au figuré:* Jactare rem sermonibus, *Liv., parler d'une chose à tout propos.* Jactare probra in aliquem, *Id., invectiver contre quelqu'un.* Jactare minas, *Cic., faire beaucoup de menaces.* Jactatur nummus sic, ut nemo scire possit quid in bonis habeat, *Id., le prix des monnaies change si souvent, que nul ne peut savoir quelles sont ses richesses. Il signifie aussi vanter; de là notre mot jactance:* Genus et proavos jactare, *Ovid.* Jactare se de aliquâ re, *Cic.* — JACTITARE (*fréquentatif de* jactare) *n'est usité qu'au figuré; dire souvent, faire valoir:* Jactitare ridicula, *Liv.* Come officium jactitans, *Phæd.*

### 1440. *Jactatio. Jactantia. Fastus. Ostentatio.*

JACTATIO, *au propre, mouvement vif, agitation:* Jactatio maris, *Cic. Au figuré, l'action de se faire valoir, vanterie:* Jactatio est voluptas gestiens et sese efferens insolentiùs, *Cic.* Eruditionis jactatio, *Quint., parade de science.* — JACTANTIA *ne se dit qu'au figuré; il diffère de* jactatio, *en ce que celui-ci exprime l'action de se vanter, au lieu que* jactantia *en exprime l'habitude, le caractère:* Minuere jactantiam, *Quint.* — FASTUS, *faste, affectation de paraître avec éclat:* Fastus inest pulchris sequiturque superbia formam, *Ovid.* Tumidi fastus, *Id.* — OSTENTATIO (*d'o*stendere, ostentare), *ostentation, montre affectée de quelque qualité ou de quelque avantage dont on veut faire parade:* Ingenuo ostentationis vitanda est suspicio, *Cic.* Simulatio et inanis ostentatio, *Id.*

### 1441. *Jam. Jam jam. Jam nunc. Jam primùm. Jam tùm. Jam indè.*

JAM, *déjà, présentement:* Conveniam jam ipsum, *Ter.* Jam, *répété devant chaque membre, signifie tantôt:* Jam vino quærens, jam somno fallere curas, *Hor.* — JAM JAM *marque plus de célérité que* jam: Dies noctesque cogitandum jam jam esse moriendum, *Cic., il faut penser jour et nuit qu'il faut bientôt mourir.* — JAM NUNC *convient au temps présent:* Eamus nunc jam intrò, *Ter.* — JAM PRIMUM, *d'abord:* Jam primùm adolescens Catilina multa infanda fecerat, *Sall.* — JAM TUM, *dès lors:* Jam tùm florente republicâ, *Cic.* — JAM INDÈ, *dès ce temps-là:* Jàm indè ab Aristotele, *Cic., dès le temps d'Aristote.* Jam indè ab adolescentiâ, *Ter., dès sa jeunesse.* (V. jam dudùm, etc., n° 921.)

### 1442. *Janitor. Portitor.*

JANITOR (*de* janua), *portier, celui qui a soin d'ouvrir et de fermer la principale porte d'une maison:* Janitor carceris, *Cic. Il se prend pour garde:* Janitores ex equestri loco ducenti, stipatores corporis, *Cic.* — PORTITOR (*de* portare), *batelier, qui conduit dans un bateau:* Orci portitor, *Virg., Caron, batelier des enfers. C'est sans fondement que Donat prétend que dans cet endroit* portitor *doit s'entendre de celui qui garde l'entrée des enfers.* Portitor *se prend aussi pour celui qui reçoit le péage, qui exige le droit d'entrée:* Turpes sunt quæstus qui in odia hominum incurrunt, ut portitorum et fœneratorum, *Cic.*

### 1443. *Jocosus. Jocularis. Jocularius. Joculatorius. Ridiculus. Ludicrus.*

JOCOSUS, *badin, enjoué:* Furtum jocosum, *Hor.* Sermo modò tristis, modò jocosus, *Id.* — JOCULARIS *et* JOCULARIUS, *plaisant, risible:* Præterea ne sic, ut qui jocularia, ridens percurram, *Hor.* Joculare istud quidem est, et à multis sæpè derisum, *Cic.* — JOCULATORIUS, *de railleur, plein de raillerie:* Joculatoria disputatio, *Cic.* — RIDICULUS, *plaisant, qui fait rire, ridicule:* Multa Græcorum salsa et ridicula, *Cic.* Ridicula es me istuc admonere, *Ter.* — LUDICER *ou* LUDICRUS (*n'est point usité au nominatif singulier masculin*), *qui n'est pas sérieux, qui se fait par jeu:* Ars ludicra armorum et gladiatori et militi prodest, *Cic.* Clarorum virorum non ludicros sermones esse oportet, *Id., les discours des grands hommes ne doivent point être bouffons.*

### 1444. *Jocus. Ludus. Lusus. Lusio. Ludicrum.*

JOCUS, *jeu, badinage. Il est masculin et neutre au pluriel:* Historiæ turpes inseruisse jocos, *Ovid.* Joca tua plena facetiarum, *Cic.* Non ad ludum et jocum facti sumus, *Id.* — LUDUS, *le jeu, exercice, école:* Ludus pilæ, *Cic.* Tempestivum pueris concedere ludum, *Hor.* Ducens mecum Ciceronem meum in ludum discendi, non lusionis, *Cic. Il se prend aussi pour badinage:* Ut ludos facit! *Ter., comme il plaisante!* Ludos facere aliquem, *Plaut.*, *se jouer de quelqu'un. Il se prend encore au pluriel pour jeux publics:* Edere, facere ludos, *Cic.* Ludus *se dit mieux des jeux graves et honnêtes; et* Lusus, *des jeux enfantins :* Sic lusus animo debent aliquandò dari, *Phæd.* Anni lusibus apti, *Ovid.* — Lusio, *l'action de jouer :* Qui pilâ ludunt, non utuntur in ipsâ lusione artificio proprio palæstræ, *Cic.* Infantes lusionibus vel laboriosis delectantur, *Id.* — Ludicrum, *badinage, jeux publics :* Nunc itaque et versus et cætera ludicra pono, *Hor.* Celebrare ludicrum, *Liv.*

1445. *Juba. Crista.*

Juba, *crinière, crête :* Juba leonis, *Plin.* Equinæ jubæ, *Virg.* Jubæ gallinaceorum, *Plin.* Triplici jubâ crinita galea, *Virg.* — Crista *ne se dit que de la crête du coq, et de la huppe de certains oiseaux :* Et pupa cristâ visenda plicatili, *Plin.* Ales oris cristati, *Ovid.*, *parlant du coq. Il se prend figurément pour panache qu'on met sur le casque :* Galea decora cristis, *Virg.*

1446. *Judicare. Dijudicare.*

Judicare (jus dicere), *juger :* Ita perspicuum sit, ut oculis judicare possitis, *Cic.* Judicant homines odio aut amore, *Id.* — Dijudicare, *juger entre deux :* Dijudicare uter utri virtute anteferendus sit, *Cic.* Non facilè dijudicatur amor verus et fictus, *Id.* Judicat qui auditis utrinque argumentis, ex jure sententiam aperit; dijudicat qui res implicatas aut confusas expediens, verum detegit.

1447. *Judicatio. Jurisdictio.*

Judicatio, *l'action de juger :* Consilium est ratio quædam altè petita habensque in se et inventionem et judicationem, *Quint. Il se prend pour le point de l'affaire à juger :* Non licet tibi agere mecum; cognitor enim fieri non potuisti : judicatio est, an potuerit, *Quint.* — Jurisdictio, *l'administration de la justice :* Is venalem in Siciliâ jurisdictionem habuit, *Cic.* Æstivos menses rei militari dare, hybernos jurisdictioni, *Id.*

1448. *Judicatum. Judicatus. Judicium.*

Judicatum, *la chose jugée :* Judicatum est id de quo sententia lata est, *Cic.* Judicatum est res assensione, aut auctoritate, aut judicio alicujus aut aliquorum comprobata, *Id* — Judicatus, *la judicature, le pouvoir de juger :* Isti ordini judicatus etiam antè lege Juliâ patebat, *Cic.* — Judicium, 1° *jugement juridique, connaissance d'une affaire :* Omnia judicia aut distrahendarum controversiarum, aut puniendorum maleficiorum causâ reperta sunt, *Cic.* Vocare aliquem in judicium, *Id.* 2° *Plaidoyer :* Quid habet simile epistola aut judicio aut concioni? *Cic. Au figuré :* Judicium cibi et potionis narium est, *Cic.*, *c'est l'odorat qui fait le discernement des viandes et des liqueurs.* Animi quodam judicio abhorrere à re civili, *Id.*

1449. *Judicatum facere. Judicatum solvere.*

Judicatum facere, *exécuter la sentence, s'y conformer :* Cùm judicatum non faceret, addictus Hermippo, et ab eo ductus est, *Cic.*—Judicatum solvere, *payer ce qui est ordonné par la sentence :* Iste postulabat ut procurator judicatum solvi satisdaret, *Cic.*

1450. *Judicialis. Judiciarius.*

Judicialis, *Judiciaire, qui concerne la justice :* Judiciale genus dicendi, *Cic.*, *le genre judiciaire.* Judiciales causæ, *Id.* Judicialis molestia, *Id.*, *les peines, les embarras des procès.*—Judiciarius, *judiciaire, qui concerne les juges :* Ecquid vides, ecquid sentis, lege judiciariâ latâ, quos posthac judices simus habituri? *Cic.*

1451. *Judicium dare, exercere, facere.*

Judicium dare, *donner pouvoir de juger :* Omnes omnium pecuniæ positæ sunt in eorum potestate qui judicia dant, et eorum qui judicant : *Cic.* — Judicium exercere, *avoir la police d'un tribunal, faire instruire et juger les causes :* Prætor judicium exercens, *Cic.* — Judicium facere, *rendre un arrêt :* Multa et gravia judicia de conjuratorum scelere fecistis, *Cic.*

1452. *Jugalis. Jugosus.*

Jugalis (*de* jugum), *du joug, qui est sous le joug :* Absênti Æneæ currum, geminosque jugales duci jubet (equos), *Virg. Au figuré :* Jugale vinclum, *Virg.*, *le lien du mariage.*— Jugosus (*de* jugum), *montueux, inégal, où il y a des collines:* Quis probet in silvis Cererem regnare jugosis, *Ovid.*

1453. *Junctura. Junctio. Adjunctio.*

Junctura (*de* jungere) *le joint, l'endroit où deux parties se joignent :* Tignorum junctura, *Cæs.* Genuum junctura, *Ovid. Au figuré :* Junctura verborum, *Quint.*, *la liaison des mots.* — Junctio, *jonction, union, l'action de joindre :* Est interitus quasi discessus et secretio ac direptus earum partium, quæ antè interitum junctione aliquâ tenebantur, *Cic.* — ADJUNCTIO (jungere ad) *l'action de joindre une chose à une autre : il n'est usité qu'au figuré :* Tribus rebus maximè homines ad benevolentiam ducuntur, beneficio, spe, adjunctione animi, aut voluntatis, *Cic.*

1454. *Jurare. Adjurare. Dejerare. Conjurare.*

JURARE, *jurer, faire serment :* Magnâ voce juravi verissimum pulcherrimumque jusjurandum, quod populus idem magnâ voce me jurâsse juravit, *Cic.*— ADJURARE *dit plus ; c'est protester avec serment :* Per omnes tibi adjuro deos, *Cic.* Pompeius affirmat non esse periculum, adjurat, *Id.* — DEJERARE, *jurer par ce qu'il y a de plus sacré :* Bacchis dejerat persanctè, *Ter.* — CONJURARE *jurer ensemble :* Græcia conjurata tuas rumpere nuptias, *Hor.* Conjurare de aliquo interficiendo, *Cic.*

1455. *Jurisconsultus. Jurisperitus. Leguleius.*

JURISCONSULTUS *et* JURECONSULTUS, *celui qui est consulté sur le droit, qui donne des avis :* Jurisconsultus est, qui legum et consuetudinis ejus, quâ privati utuntur, et ad respondendum, et ad cavendum, et ad agendum peritus est, *Cic.* — JURISPERITUS *ne renferme que l'idée d'un homme versé dans le droit :* Quis Balbo jure peritior? *Cic.* Q. Scævola jurisperitorum eloquentissimus, eloquentium jurisperitissimus, *Id.* — LEGULEIUS (de lex), *un légiste, celui qui fait profession d'étudier, ou de savoir les lois. Il ne se prend point en bonne part; c'est un ergoteur :* Itâ et tibi jurisconsultus ipse per se nihil, nisi leguleius quidam cautus et acutus præco actionum, cantor formularum, auceps syllabarum, *Cic.*

1456. *Jus. Æquitas. Justitia.*

JUS, *le droit, l'objet de la justice : il est toujours de rigueur; au lieu que* ÆQUITAS *ou* ÆQUUM, *l'équité, est la justice exercée, non pas selon la rigueur de la loi, mais avec une modération et un adoucissement raisonnable :* Pro æquitate contra jus dicere, *Cic.* Æquitatis admirabili temperamento se inter misericordem patrem et justum legislatorem partitus est, *V. Max.*, *Les juges subalternes sont des juges de rigueur; et les juges supérieurs peuvent juger selon l'équité.* — JUSTITIA, *la justice, la conformité des actions avec le droit, vertu morale qui fait que l'on rend à chacun ce qui lui appartient :* Justitia in suum cuique tribuendo cernitur, *Cic.*

1457. *Jus. Lex.*

JUS, *synonyme de* lex, *se dit du droit écrit et non écrit.* Jus *est général :* Jus anceps novi; causas defendere possum, *Hor.* — LEX, *la loi, le droit écrit :* lex *est une espèce de* juris. Lex est quæ scripto sancit quod vult, aut jubendo aut vetando, *Cic.* Est lex nihil aliud, nisi recta et à numine deorum tracta ratio, imperans honesta, prohibens contraria, *Id.* Jura legesque dabat, *Virg.*

1458. *Jus gentium. Jus civile.*

JUS GENTIUM, *ce sont les lois établies par un consentement général et par un long usage entre les nations.* — JUS CIVILE *est le droit de chaque nation en particulier, le corps des lois positives, qui, dans chaque nation, doivent être observées par les particuliers :* Majores aliud jus civile esse voluerunt; quod enim civile, non idem continuò jus gentium; quod autem jus gentium, idem civile esse debet, *Cic.* Si minùs jure civili perscriptum est, lege tamen naturæ et communi jure gentium sancitum est, *Id.*

1459. *Jus. Fas.*

JUS, *synonyme de* fas, *regarde les lois humaines; et* FAS, *les lois divines.* Fas et jura sinunt, *Virg.* Clodium nihil delectat quod aut per naturam fas sit, aut per leges liceat, *Cic.*

1460. *Jus dicere, Jus* ou *de jure respondere. Legem dicere.*

JUS DICERE, *rendre la justice, comme fait le juge :* Isti pecuniam ad jus dicendum dedisse, *Cic.* Quare sit summa in jure dicendo severitas, dummodò non varietur gratiâ, sed conservetur æquabilis, *Id.* — JUS ou DE JURE RESPONDERE, *convient au jurisconsulte qui donne sa consultation :* At mehercùlè ego arbitrabar posse id populo nostro probari, si te ad jus respondendum dedisses, *Cic.* Magnum munus de jure respondendi sustinere, *Id.* — LEGEM DICERE, *prescrire, proposer une condition :* Prudens emisti; dicta tibi est lex, *Hor.*

1461. *Jus. Offa.*

JUS, *un potage, du jus, de la sauce, le suc des viandes cuites :* Tepidum ligurire jus, *Hor.* Jure illo nigro quod Lacedæmone cœnæ caput erat, *CIC.* — OFFA, *masse de viande, ou de pâte, ou d'autres choses qu'on pétrit ensemble:* Melle soporata et medicatis frugibus offa, *VIRG. Au figuré:* Carminis offa, *PERS., une rapsodie.*

1462. *Jusjurandum. Sacramentum. Juramentum.*

JUSJURANDUM *se dit ordinairement d'un serment fait pour cause publique: ou par autorité publique, pour confirmer la vérité d'un témoignage:* Jusjurandum est affirmatio religiosa: quod autem affirmatè, quasi Deo teste promiseris, id tenendum est, *CIC.* — SACRAMENTUM *est pour confirmer une promesse:* Perfidum sacramentum dicere, *HOR. Il se dit particulièrement du serment de fidélité que les soldats prêtaient lorsqu'ils étaient enrôlés:* Obligare aliquem militiæ sacramento, *CIC. On dit* sacramentum dicere *et* sacramento dicere: Milites Domitianos sacramentum apud se dicere jubet, *CÆS.* Consules creatis, quibus sacramento liberi nostri dicant, *LIV.* Sacramentum *signifie aussi l'argent consigné par les plaideurs entre les mains des pontifes:* Qui judicio vicerat, suum sacramentum à sacro referebat; victi, ad ærarium redibat, *VARR. C'est dans ce sens que Cicéron dit* contendere sacramento, *faire gageure, mettre de l'argent entre les mains de quelqu'un, comme l'on fait dans les gageures.* — JURAMENTUM, *jurement, serment, est peu usité; Senèque a dit:* Juramentum facere.

1463. *Juventus. Juventa. Juventas. Pubertas. Adolescentia.*

JUVENTUS (*de* juvare) *se dit de l'âge de la jeunesse, et de ceux qui sont dans l'âge de la jeunesse:* Ibi juventutem suam exercuit, *SALL.* Omnis juventus, omnes etiam gravioris ætatis convenerant, *CÆS. Il se prend pour la déesse de la jeunesse:* Juventutis ædes in circo maximo, *LIV.* — JUVENTA, *l'âge de la jeunesse:* Non ita se à juventà eum gessisse, *LIV. Il se dit de la déesse de la jeunesse:* Nectar et ambrosiam latices epulasque deorum det mihi formosâ gnava Juventa manu, *OVID.* — JUVENTAS *est la déesse de la jeunesse:* Et parùm comis sine te Juventas, *HOR. Les poëtes ont dit* juventas *pour l'âge même:* Alitem juventas et patrius vigor nido laborum propulit inscium, *HOR.* — PUBERTAS, *au propre, ce sont les premiers poils de la barbe qui croissent aux jeunes gens. Ce mot se prend pour l'âge de puberté:* Ut si quis dentes et pubertatem naturâ dicat existere, *CIC.* — ADOLESCENTIA *s'étend depuis l'âge de douze ans jusqu'à vingt-un, et comprend la puberté,* Juventus, *depuis vingt-un ans jusqu'à l'âge de maturité:* Adolescentia flos ætatis, *dit Cicéron.* Magis mea adolescentia indiget illorum bonâ existimatione, *Id.*

1464. *Juxtà. Instar.*

JUXTA (*adverbe*), *autant, également:* Juxtà mecum scitis omnes, *SALL., vous le savez comme moi.* Juxtà hyeme atque æstate, *LIV., l'hiver comme l'été.* Cives, hostes juxtà metuere, *SALL.* — INSTAR (*préposition qui veut le génitif*), *à la façon, à la manière:* Instar voluminis erat epistola, *CIC.* Quantum instar in ipso est, *VIRG., quelle ressemblance en lui!* Ad instar *est de la basse latinité.*

1465. *Juxta. Secundùm. Propter.*

JUXTA (*préposition*), *auprès:* Juxta genitorem adstat Lavinia virgo, *VIRG.* Sepultus est juxta viam Appiam, *CIC. Au figuré:* Gravitate annonæ juxta seditionem ventum est, *TAC.* — SECUNDUM, 1° *le long:* Secundùm mare, *CIC.*; 2° *selon:* Secundùm arbitrium tuum, *CIC.* Secundùm illos judicavit, *Id., il jugea en leur faveur:* 3° *après:* Secundùm deos homines hominibus maximè utiles esse possunt, *Id. Tacite a dit à peu près dans le même sens:* Juxta deos in manu tuâ positum est. Secundùm te ille mihi ita est, ut sit penè par, *CIC. L'idée prise de* secundùm *marque le rang; et* juxta, *la proximité immédiate.* — PROPTER, *synonyme des deux autres, signifie tout proche, tout contre:* Propter Lacedæmonem, *CIC.* Propter aquæ rivum, *VIRG.* Propter patrem cubans, *CIC.*

# L.

1466. *Labare. Labascere. Nutare.*

LABARE, *chanceler, être près de tomber:* Ædes labantes reficere, *HOR.* Labat ariete crebro janua, *VIRG. Au figuré:* Labant animi, *LIV., le cœur commence à faillir.* Labat ei memoria, *Id.* — LABASCERE (*fréquentatif de* labare), *être fort ébranlé, tout près de tomber; il est plus usité au figuré:* Labascit meo verbo victus, *TER.* — NUTARE (*de l'inusité* nuere), *remuer, être ébranlé:* Ornus concusso vertice nutat, *VIRG.* Nutant circumspectantibus galeæ, *LIV. Au figuré :* Galliæ nutant, *TAC.* Fortuna nutat, *LIV.* Nutare in aliquâ re, *CIC.*, *être irrésolu.*

1467. *Labefacere. Labefactare. Convellere. Quatere. Quassare.*

**LABEFACERE**, *ébranler :* Omnes dentes labefecit mihi, *TER. Au figuré :* Quem nulla vis, nullæ minæ, nulla invidia labefecit, *CIC.* — **LABEFACTARE** (*fréquentatif de* labefacere), *marque plus de violence, ébranler avec force :* Demoliri signum ac vectibus labefactare conantur, *CIC. Au figuré :* Leges ac jura labefactare, *CIC.* Fidem pretio labefactare, *Id., corrompre la fidélité à prix d'argent.* — **CONVELLERE**, *arracher, renverser :* Silvam ab humo convellere, *VIRG.* Turres et culmina domorum convellere, *Id. Au figuré :* Opinionem mentibus comprehensam convellere, *CIC.* Convellere gratiam alicujus, *CÆS.*, *ébranler le crédit de quelqu'un.* Cùm cuncta reipublicæ auxilia labefactari convellique videat, *CIC.* — **QUATERE**, *secouer, agiter :* Pennas quatere, *OVID.* Carthaginis mœnia nunc quatit ariete, *LIV. Au figuré :* Quati ægritudine quasi tempestate, *CIC.* Justum et tenacem propositi virum non civium ardor prava jubentium mente quatit solidâ, *HOR.* — **QUASSARE** (*son fréquentatif*), *marque plus de violence :* Quid quassas caput ? *PLAUT.* Quassatam ventis liceat subducere classem. *VIRG. Au figuré :* Quassata respublica, *CIC.*

1468. *Labes. Macula. Nota. Nævus.*

**LABES** (*de* labi), *chute, écroulement :* Multis locis labes facta est, *CIC. Au figuré, tache provenant de la chute de quelque liqueur, comme de l'huile, et par extension, souillure :* Inferre labem integris, *CIC.* Animi labes, *Id. Et dans un sens plus éloigné :* Hinc prima mali labes, *VIRG.* Labes provinciæ, *CIC.*, *la ruine d'une province.* — **MACULA**, *proprement, tache :* Insignis bos maculis, *VIRG.* Fullones maculas è vestibus tollunt, *PLIN. Au figuré :* Inurere æternas maculas alicui, quas reliqua vita eluere non possit, *CIC.* Est hujus sæculi labes quædam et macula invidere virtuti, *Id. Il se prend pour les mailles d'un réseau :* Reticulum ad nares sibi admovebat, tenuissimo lino, minutis maculis, plenum rosæ, *CIC.* — **NOTA**, *note, marque :* Apponere notam ad malum versum, *CIC.* Grandibus notis maculosus, *VIRG. Au figuré :* Turpitudinis notis insignis, *CIC.* Ille numantinâ traxit ab urbe notam, *OVID. Il se prend ordinairement en mauvaise part.* — **NÆVUS**, *tache naturelle, envie :* Nullus in egregio corpore nævus erit, *OVID.* Nævus *ne s'emploie qu'au propre.*

1469. *Labium. Labrum. Labellum.*

**LABIUM** *et* **LABIA**, *se dit de la totalité des lèvres :* Trementia labia. *SIL. ITAL.* Labiis demissis, *TER.* Labias sensim primores movens, *GELL.* — **LABRUM**, *le bord, l'extrémité des lèvres :* Tantalus à labris fugientia captat flumina, *HOR.* Degustare labris, *CIC. Au figuré :* Labris primoribus attingere aliquod vitæ genus, *CIC. Il se prend pour le bord d'un vase, et pour le vase même :* Spumat plenis vindemia labris, *VIRG.* — **LABELLUM** (*diminutif de* labium), *une petite lèvre :* Platoni parvulo dormienti apes in labellis consederant, *CIC. Il se prend pour un petit vase, un bassin :* Super terræ tumulum noluit quid statui nisi columellam aut labellum, *CIC.*

1470. *Labor. Opus. Opera.*

**LABOR**, *travail, fatigue d'esprit ou de corps :* Quid est, quòd tantis nos in laboribus exerceamus ? *CIC.* — **OPUS**, *ouvrage, ce qui est produit par l'ouvrier :* Habere magnum opus in manibus, *CIC.* Deum agnoscis ex operibus ejus, *Id. Les poëtes ont dit* opus *pour* labor : Sub te tolerare magistro militiam, et grave Martis opus, *VIRG.* — **OPERA**, *la façon, le travail que l'on emploie à faire quelque ouvrage. Térence a bien distingué* opus *et* opera : Quod in opere faciundo operæ consumis tuæ.

1471. *Labor. Dolor.*

Interest aliquid, *dit Cicéron*, inter laborem et dolorem : sunt finitima omninò, sed tamen differt aliquid : **LABOR** est functio quædam vel animi vel corporis et gravioris operis et muneris ; **DOLOR** autem motus asper in corpore à sensibus alienus.

1472. *Laborare. Elaborare. Allaborare. Lucubrare. Elucubrare.*

**LABORARE** (*verbe neutre actif*), *travailler, être en peine :* Laborare ad rem aliquam, *CIC.* Laborare morbo, *Id.* Laborare ex renibus, *Id.* Laboramus hostibus, *Id.* Laborare suâ magnitudine, *LIV.* Humiles laborant, *PHÆD.*, *les petits souffrent.* Nihil laboro, nisi ut salvus sis, *CIC.* Laboro, ut assentiar Epicuro, *Id.* — **ELABORARE**, *travailler avec soin, polir :* Orationem, versus elaborare, *CIC. Au figuré :* Non siculæ dapes dulcem elaborabunt saporem, *HOR.* — **ALLABORARE** (laborare ad), *travailler à, s'appliquer à quelque chose :* Operi allaborare, *CIC.* — **LUCUBRARE** (*de* lux), *travailler à la lumière :* Serâ nocte deditam lanæ inter lucubrantes ancillas Lucretiam in medio ædium sedentem inveniunt, *Liv.* Accipies hoc parvum opusculum lucubratum his jam contractioribus noctibus, *Cic.* — Elucubrare *marque plus de soin :* Orationes non minùs diligenter elaboratas etiam, quàm elucubratas afferebamus, *Cic.*

1473. *Labrusca. Labruscum.*

Labrusca (*féminin*), *vigne sauvage :* Adspice ut antrum silvestris raris sparsit labrusca racemis, *Virg.* — Labruscum, *fruit de la vigne sauvage :* Densaque virgultis avidè labrusca petuntur, *Id.*

1474. *Lacerare. Laniare.*

Lacerare, *déchirer :* Lacerare aliquem virgis, *Liv.*, unguibus, *Cic.* Atque ita correptum lacerat injustâ nece, *Phæd.* *Au figuré :* Famam alicujus lacerare, *Liv.* Lacerat me meus mœror, *Cic.*, *mon chagrin me dévore.*— Laniare (*de* lanius), *donne l'idée d'une plus grande cruauté, non-seulement déchirer, mais encore couper, mettre en morceaux comme font les bouchers :* Placari nequeunt, nisi hauriendum sanguinem laniandaque nostra viscera præbuerint, *Liv.* Laniare dentibus, *Id. Au figuré :* Mundum laniant venti, *Ovid.*

1475. *Lacertosus. Robustus. Nervosus.*

Lacertosus (*de* lacertus), *qui a les membres forts, pleins de muscles :* Lacertosus equus, *Var.* Coloni lacertosi, *Cic.* — Robustus (*de* robur, *espèce de chêne fort dur*) *proprement, de chêne :* Robustus carcer, *Plaut.*, *une prison fermée du chêne le plus dur. Au figuré, fort, robuste :* Homo exercitatione robustus, *Cic.* Animus robustus, *Id.*— Nervosus (*de* nervus), *plein de nerfs :* Nulla est ei caro; sed nervosa exilitas, *Plin. Au figuré :* Quis Aristotele nervosior? *Cic.*, *quel philosophe plus nerveux, plus fort en raisonnement qu'Aristote?*

1476. *Lacessere. Provocare. Irritare.*

Lacessere (*de l'inusité* lacere, in fraudem inducere), *défier :* Lacessere ad pugnam, *Liv.* Cùm me disputantem non lacessentem læsisset, *Cic.* — Provocare (porrò vocare), *proprement, appeler dehors :* Herus si domi est tuus, quin provocas? *Plaut. Il se met ordinairement pour appeler au combat :* Provocare ad certamen, *Liv. Il se dit plus ordinairement des paroles :* Maledictis me provocare ausus est, *Cic.* — Irritare (*fréquentatif de l'inusité* irare, *d'où vient* iratus), *animer, exciter la querelle :* Segniùs irritant animos (*frappent moins l'esprit*) demissa per aurem, quàm quæ sunt oculis subjecta fidelibus, *Hor.* Irritare ad discendum, *Quint.* Cupiditatem irritare, *Cic.* Proprias simultates sibi irritare, *Liv.*, *s'attirer des inimitiés personnelles.* Irritatque virum telis, et voce lacessit, *Virg.*

1477. *Lacrymæ. Fletus. Ploratus. Luctus.*

Lacrymæ, *les larmes qui coulent des yeux :* Exhaustis lacrymis, tamen infixus animo hæret dolor, *Cic.* — Fletus, *des larmes abondantes accompagnées de gémissements :* Fletus mœrens, *Cic.* Fletus mulierum, *Id.*— Ploratus, *pleurs accompagnés de sanglots :* Edere ploratum, *Cic.* Lacrymandum, non plorandum, *Sen.* — Luctus (*de* lugere), *deuil, affliction :* Exemploque carens et nulli cognitus ævo luctus erat, *Luc.* Luctus *indique une douleur profonde :* Luctus est ægritudo ex ejus qui carus fuit interitu acerbo, *Cic.*

1478. *Lacrymari. Flere. Lugere.*

Lacrymari *et* Lacrymare, *verser des larmes :* Ecquis fuit quin lacrymaretur? *Cic.* Decenter lacrymare, *Ovid.* — Flere, *pleurer, verser beaucoup de larmes :* Flebat uterque non de suo supplicio, sed pater de filii morte, de patris filius, *Cic.* — Lugere, *porter le deuil :* Matronæ Junium Brutum uno anno luxêre, *Liv. Il se dit aussi de la douleur intérieure, s'affliger :* Non putant lugendum viris, *Cic.* Hos pro me lugere, illos gemere videbam, *Id.*

1479. *Lacrymosus. Lacrymabilis. Lacrymans* et *Lacrymabundus.*

Lacrymosus, *qui fait pleurer :* Lacrymoso non sine fumo, *Hor.* Funera lacrymosa, *Ovid. Il se prend aussi pour celui qui pleure :* Lumina lacrymosa vino, *Ovid.*, *des yeux qui pleurent de trop boire.* — Lacrymabilis, *digne de larmes, déplorable :* Lacrymabile bellum, *Ovid.* Gemitus lacrymabilis, *Virg.* Lacrymosus *se prend aussi dans le même sens :* Scopulos lacrymosis vocibus implent, *Virg.*, *ils font retentir les rochers de leurs cris lamentables.* — Lacrymans, *qui pleure :* Video hunc oculis lacrymantibus me intuentem, *Cic.* —Lacrymabundus, *larmoyant, qui pleure sans cesse, dit plus que* lacrymans.

1480. *Lactans. Lactens.*

Lactans, *qui a du lait, plein de lait :* Lactantia ubera, *Lucret. Au figuré : qui allèche :* Lactans et falsâ spe producens, *Ter.*

— LACTENS, *qui tette :* Lactens puer in gremio matris sedet, *CIC.* Agna lactens, *VIRG. Au figuré, qui rend du lait, qui est en lait :* Lactens ficus, *OVID.* Frumenta lactentia, *VIRG.*, *des blés en lait.*

1481. *Lacteus. Lactarius.*

LACTEUS, *de lait, blanc comme du lait :* Liquor lacteus, *TIBUL.* Colla lactea, *VIRG.* Lacteus orbis, *CIC.*, *la voie lactée.* — LACTARIUS, *qui donne du lait :* Lactaria bos, *COL.*

1482. *Lacus. Palus, udis. Stagnum.*

LACUS, *un lac, grand amas, grande étendue d'eaux dormantes :* Cùm lacus Albanus præter modum excrevisset, *CIC.* *Il se prend pour un réservoir :* Gestict à furno redeuntes scire lacuque, *HOR.* — PALUS, *marais, terres abreuvées de beaucoup d'eaux qui n'ont point d'écoulement :* Paludes siccare, *CIC.* Cingunt paludes inexsuperabilis altitudinis æstate et hyeme, quas restagnantes faciunt lacus, *LIV.* — STAGNUM (*de* stare), *étang, grande étendue d'eau, soutenue par une chaussée :* Stagna virentia musco, *VIRG.*

1483. *Lædere. Sauciare. Vulnerare.*

LÆDERE, *endommager, blesser :* Lædere oculos, *HOR.* Ah! te ne frigora lædant, *VIRG.*, Herbas morsu læsêre juvencæ, *OVID. Au figuré :* Suspicionibus lædi famam suam noluit, *CIC.* Læsa dignitas, *Id.* — SAUCIARE *se dit d'une blessure ou contusion quelconque ;* — VULNERARE, *d'une ouverture faite dans quelque partie du corps avec violence :* Servi non multi vulnerantur ; ipse Rubrius in turbâ sauciatur, *CIC. Au figuré :* Sauciare famam alicujus, *PLAUT.* Vino sauciatus, *LIV.*

1484. *Lætus. Hilaris.*

LÆTUS, *joyeux, content, satisfait :* Lætus atque alacer, *CIC.* Imperio læti parent, *VIRG.* Lætus in præsens animus quod ultrà est oderit curare, *HOR. Au figuré :* Læta nunciare, *TAC.* Victoria læta, *HOR.* Læta indoles, *QUINT.*, *un heureux naturel.* Lætæ segetes, *VIRG.* Armenta læta, *Id.* — HILARIS *et* HILARUS (*d'*ἱλαρός, *gai*), *qui a l'humeur enjouée :* Hilari vultu atque læto, *CIC.*, *avec un visage gai et satisfait :* Hilara vita, *Id.* Te hilari animo et prompto ad jocandum esse valdè gaudeo, *Id.*

1485. *Lævus. Sinister.*

LÆVUS (*de* λαιός, *gauche*), *et* SINISTER, *sont les mêmes ; l'un est grec, et l'autre latin :* Lævum latus, *HOR.* Laterique sinistro affixus, *VIRG. Parlant des choses humaines, ils signifient contraire, fait à contre-temps, de travers, mal entendu :* Mens læva, *VIRG.* Sinistra liberalitas, *CAT.* Tempore lævo interpellare aliquem, *HOR.* Arboribus satisque Notus, pecorique sinister, *VIRG.* Sinistra instituta, *TAC. Parlant des choses divines, ils signifient souvent favorable ; parce que la gauche des dieux est à droite pour ceux qui les regardent :* Numina læva sinunt, auditque vocatus Apollo, *VIRG.* Quanquàm haud ignoro, quæ bona sint, sinistra nos dicere, etiamsi dextra sint, *CIC. Pour prendre les auspices, les Romains se tournaient ordinairement vers le midi, et alors les auspices du côté gauche,* læva, *venaient de l'orient et s'appelaient heureux. Les Grecs se tournaient vers le nord, et alors* læva *étaient les auspices malheureux, parce qu'ils venaient de l'occident qui était à gauche. Or, les Romains agissaient et parlaient souvent en cela comme les Grecs.*

1486. *Lambere. Lingere. Sugere. Ligurire.*

LAMBERE, *laper, comme font les chiens :* Canes quos meum tribunal lambere videtis, *CIC.* Piscesque impasti vulnera lambent, *VIRG. Au figuré :* Vel quæ loca lambit Hydaspes, *HOR.* Attollitque globos flammarum et sidera lambit, *VIRG.* — LINGERE (*de* lingua), *lécher, passer la langue sur quelque chose :* Mel mihi videor lingere, *PLAUT.* — SUGERE, *sucer :* Sugere ubera, *OVID. Au figuré :* Ut benè cum lacte nutricis errorem suxisse videamur, *CIC.* — LIGURIRE (*de* λιγυρός, suavis, *selon Donat*), *savourer quelque chose de friand, goûter avec plaisir :* Quæ cum amicis suis, cùm cœnant, liguriunt, *TER.* Jus tepidum ligurire, *HOR. Au figuré :* Ligurire lucra, *CIC. Nous disons de même savourer les plaisirs.*

1487. *Lampas. Lucerna. Lychnus. lychnuchus. Laterna.*

LAMPAS (*de* λάμπω, *luire*), *une lampe :* Vidi argenteum Cupidinem cum lampade *CIC. Il se prend pour torche, falot :* Invectus equis et lampada quassans, *VIRG.* Lampas *a une signification étendue, et comprend tout ce qui servait à éclairer.* Lampas *était pour le cortége des riches :* Comitum longissimus ordo, multùm præterea flammarum, et ahenea lampas, *JUV. On voit, dans les monuments, de ces lampes d'airain, faites à peu près comme les trompettes de la Renommée.* — LUCERNA (*de* lucere), *flambeau, lumière :* Facerem diutiùs, nisi me lucerna deficeret, *CIC.* In sole lucernam adhibere, *Id.* — LYCHNUS (*de λύχνος, mèche*), *est proprement la mèche :* Hanc scripsi ante lucem ad lychnum lineolum, *CIC. Il se prend pour la lampe même :* Lychni dependent laqueari-bus aureis, *VIRG.* — LYCHNUCHUS, *lustre, chandelier :* Lychnuchi pensiles, *CIC.* — LATERNA, *lanterne :* Dux laterna viæ clausis feror aurea flammis, *MART.*

1488. *Lanatus. Lanosus. Laneus.*

LANATUS, *couvert de laine :* Pelles lanatæ, *COL.* Lanatæ vites, *Id.*, *vigne où il paraît comme un coton.* — LANOSUS, *laineux, qui a beaucoup de laine :* Eliges ovem vasti corporis, lanosi et ampli uteri, *COL.* — LANEUS, *de laine, fait de laine :* Laneum pallium, *CIC.*

1489. *Lanifer. Laniger.*

LANIFER (lanam ferens), *qui produit la laine :* Laniferæ arbores, *PLIN.* — LANIGER, *qui porte de la laine :* Lanigeros agitare greges, *VIRG.* Laniger contrà timens, *PHÆD.*, *parlant de l'agneau. Il ne se dit que de l'animal qui produit la laine.*

1490. *Lanificus. Lanarius.*

LANIFICUS (lanam faciens), *qui travaille la laine :* Lanificæ sorores, *MART.* Ars lanifica, *OVID.* — LANARIUS, *lainier, qui fait commerce de laine :* Fullo, aurifex, lanarius, *PLAUT.*

1491. *Languere. Languescere. Marcere. Marcescere. Torpere. Torpescere.*

LANGUERE, *languir, être faible :* Cùm langueremus à viâ, *CIC.* — LANGUESCERE, *devenir languissant :* Flos succisus aratro languescit moriens, *VIRG. Au figuré :* Omnium rerum cupido languescit, *CIC.* — MARCERE, *être lâche :* Marcere luxuriâ et vino, *LIV.* — MARCESCERE, *devenir lâche :* Marcescere desidiâ et otio, *CIC.* — TORPERE, *être engourdi :* Cessatione torpere, *CIC. Au figuré :* Vox et spiritus torpet, *LIV.* Frigere et torpere consilia senis, *CIC.* — TORPESCERE, *devenir engourdi :* Membra torpescùnt gelu, *SEN. Au figuré :* Ingenium incultu et socordiâ torpescit, *SALL.*

1492. *Languor. Veternus. Torpor. Torpedo.*

LANGUOR, *langueur, abattement :* Hæc ambulatio me ad languorem dedit, *TER.* Nihil magis cavendum est senectuti, quàm ne languori se dedat, *CIC.* Aquosus languor, *HOR.*, *l'hydropisie.* — VETERNUS, *léthargie, assoupissement profond qui ôte l'usage de tous les sens, et qui est souvent mortel :* Nùm eum veternus aut aqua intercus tenet? *PLAUT.*, *est-il malade de léthargie ou d'hydropisie? Au figuré :* Veternus civitatem occupat, *CIC. Plaute a dit* veternum, *neutre.* — TORPOR, *engourdissement :* Tutantur se torpore torpedines, *CIC. Au figuré :* Pigro mentis torpore oppressus, *FIRM.* Torpor *est un engourdissement actuel, et* torpedo *est un état d'engourdissement habituel :* Tanta torpedo animos oppressit, *SALL.* — TORPEDO *est proprement un poisson, la torpille.*

1493. *Lapideus. Lapidosus.*

LAPIDEUS, *de pierre, fait de pierre :* Lapideus murus, *LIV.* Lapideo imbri pluit, *Id.* — LAPIDOSUS, *pierreux, plein de pierres :* Ager lapidosus, *OVID.* Lapidosa corna, *VIRG.*

1494. *Lapis. Saxum. Silex. Cautes. Calculus. Cos.*

LAPIS, *est le mot générique ; il se dit de toutes sortes de pierres :* Modici lapides qui fundâ mitti possunt, *LIV.* Ejicere aliquem lapidibus, *CIC.* — SAXUM *se dit en général des pierres dures :* Circumlita musco saxa, *VIRG. Quand on veut parler d'une grosse pierre, sans faire attention à sa dureté, on se servira plutôt de* saxum *que de* lapis : E speluncâ saxum in ejus crura incidit, *CIC. Au figuré, on dira d'un homme stupide*, lapis : Tu inquam, mulier, quæ me omninò lapidem, non hominem putas, *TER. On dira d'un cœur dur* saxum. — SILEX, *pierre de la nature du caillou :* Durus silex, *OVID. Virgile l'a fait féminin :* Stabat acuta silex præcisis undique saxis. — CAUTES, *pierre dure, rude et raboteuse :* Indè velut muro solidâve à caute repulsa est, *OVID.* Duris genuit te cautibus horrens Caucasus, *VIRG.* Saxum silex, *et* cautes *sont quelquefois pris, dans les poëtes, pour des rochers.* — CALCULUS, *petit caillou rond, gravier :* Quin etiam conjectis in os calculis, summâ voce, etc. *CIC.*, *parlant de Démosthène, qui s'exerçait à la déclamation. Au figuré :* Ad calculos reverti, *CIC.*, *revenir à son premier compte. On se servait, dans l'origine, de petits cailloux pour compter, pour jouer à un jeu qui avait de l'analogie avec nos jeux de dames et d'échecs. On y substitua ensuite des pièces en verre, en ivoire, etc.* Ad calculos vocare amicitiam, *CIC.*, *compter jusqu'au dernier service rendu à son ami. De* calculus *vient notre mot calcul.* — COS, *pierre à aiguiser :* Cos, acutum reddere quæ ferrum valet, exsors ipsa secandi, *HOR. Au figuré :* Cos fortitudinis iracundia, *Cic.*, *la colère augmente la force.*

**1495.** *Lar. Penates. Genius.*

*Les Lares, ou Pénates, étaient les protecteurs des empires, des villes, des maisons particulières, et même des chemins. Ainsi, outre les Lares domestiques, il y en avait de publics, dont les uns présidaient aux chemins et aux rues*, viales; *les autres, aux carrefours*, compitales; *d'autres à chaque ville*, urbani. Patrii Penates familiaresque, *Cic.* Ei manus allatæ sunt ante suos Lares familiares, *Id.* Dii Penates, sive à penu ducto nomine, sive quòd penitùs insident, *Id.* — LAR *est un mot étrusque. Il se prend pour la maison même :* Parvo sub Lare, *Hor.* Exterminare aliquem à suis diis Penatibus, *Cic. Le culte qu'on leur rendait consistait à avoir leurs petites figures dans le foyer, et dans le lieu le plus secret de la maison, nommé* Lararium.— GENIUS, *était regardé comme une espèce de dieu familier propre à chaque homme, et qui présidait à sa naissance :* Scit Genius natale comes qui temperat astrum, *Hor. C'était comme son esprit particulier qui avait ses inclinations, naissait et mourait avec lui. On lui en donnait même deux, un bon et un mauvais.* Naturæ deus humanæ mortalis in unum quodque caput. *Lucret.* Per Genium dextramque, deosque Penates obsecro, *Hor. C'est dans ce sens que Térence a dit :* Defraudare genium suum, *se refuser le nécessaire. Il y avait aussi le génie protecteur de chaque lieu :* Per genium loci precatur, *Virg.*

**1496.** *Largè. Largiter.*

*Quoique ces deux mots paraissent quelquefois employés indifféremment, on doit cependant les distinguer.* LARGÈ, *largement, abondamment :* Dat nemo largiùs, *Ter.* Vino largiùs epulas celebrare, *Liv.*— LARGITER, *beaucoup, amplement :* Largiter posse, *Cæs.*, *être fort puissant. On ne dirait pas si bien* largè; *il en est de même dans les exemples suivants :* Largiter peccàsti, *Plaut.*, *vous avez fait une grande faute.* Ut ego in concione meâ nihil ponam de rebus meis gestis, tamen in animis et memoriâ vestrâ largiter relinquam, *Cic.*

**1497.** *Largitio. Largitas.*

LARGITIO, *l'action de donner :* Nunquàm intermissa est à majoribus nostris largitio et communicatio civitatis, *Cic.* Liberalitatem ac benignitatem ab ambitu atque largitione sejungere, *Id.*— LARGITAS *marque l'inclination qu'on a à donner, générosité :* Vehemens in utramque partem es, aut largitate nimiâ, aut parcimoniâ, *Ter.* Ut augere etiam possimus largitatem tui muneris, *Cic.* Terra fruges maximâ largitate fundit, *Id.* Largitas humanitatis est; largitio, ambitionis.

**1498.** *Larva. Persona.*

LARVA, *comme nous le considérons ici, est un masque dont on se couvre le visage :* Nil illi larvâ, aut tragicis opus esse cothurnis, *Hor.* — PERSONA, *personnage, rôle :* Heroicæ personæ, Medea, et Atreus, *Cic.* Cretea persona, *Lucret.* Vehementem et acrem personam quam mihi tempus et respublica imposuit, jam voluntas et natura ipsa detraxit, *Cic.* Tueri personam magistratûs, *Id. Il se prend pour masque :* Personam tragicam fortè vulpes viderat : ô quanta species, inquit, cerebrum non habet, *Phæd.*

**1499.** *Lascivia. Petulantia.*

LASCIVIA, *action ou disposition lascive, tendant au libertinage, jeu folâtre :* More juvenum qui militiam in lasciviam vertunt, *Tac.* Dùm lasciviam nobilium quærit, *Ter.* Per lasciviam contumaces, *Justin.*, *qui se font un jeu de désobéir effrontément.* — PETULANTIA (*de* petere), *pétulance, emportement, insolence à attaquer tout le monde, soit de paroles, soit d'actions :* Itaquè nec actio rerum illarum apertâ petulantiâ vacat, *Cic.* Conjuges integras ab istius petulantiâ conservare non licitum est, *Id.* Hominis furorem et petulantiam fregi, *Id.*

**1500.** *Lascivus. Dissolutus.*

LASCIVUS, *lascif, folâtre :* Lasciva carmina, *Ovid.* Lascivi pueri, *Hor.* Lasciva capella, *Virg.* — DISSOLUTUS (diversim solvere), *proprement, délié, désassemblé de tous côtés :* Dissolutum offendi navigium, vel potiùs dissipatum, *Cic. Au figuré :* 1° *lâche.* Nec dissolutum à te quicquam homines exspectant, nec crudele, *Cic.* Dissolutum judicium, *Id.* 2° *Sans retenue :* Adolescens perditus et dissolutus, *Cic.* 3° *Purgé, dissipé :* Eâque urbanitate tota est invidia criminis dissoluta, *Quint.* Criminibus omnibus dissolutis, *Cic.*, *ayant dissipé toutes les accusations.*

**1501.** *Latens. Latebrosus.*

LATENS, *caché :* Saxa latentia, *Virg.* Rem latentem explicare, *Cic.*— LATEBROSUS, *plein de cachettes, propre à cacher :* Latebrosus locus ad tegendos equites, *Liv.* Viâ latebrosa, *Cic.* Latebrosa saxa, *Ovid.*

1502. *Later. Cœmentum.*

**Later**, *tuile, brique :* Urbs è latere confecta, *Cic.* — **Cœmentum**, *du moellon :* Nec erat difficile murum subruere, quod cœmenta non calce durata erant, sed interlita luto, structuræ antiquæ genere, *Liv.*

1503. *Latere. Delitescere.*

**Latere**, *être caché :* Latere in tenebris, *Cic.* Latet abditus agro, *Hor.* Latuit ad hanc ætatem, *Cic.*, *il a été inconnu jusqu'à ce temps.* — **Delitescere**, *se cacher :* Ut eò mitteremus amicos, qui delitescerent, *Cic. Au figuré :* Delitescere in auctoritate alicujus, *Cic.* Sub tribunitiâ umbrâ consularem virum delituisse, *Liv.*, *qu'un consulaire ait eu recours à la protection d'un tribun.*

1504. *Latibulum. Latebra.*

**Latibulum** *et* **Latebra** (*de* latere), *lieu caché, lieu propre à cacher, cachette :* Feræ latibulis se tegunt, *Cic.* Cervus nemorosis excitatus latibulis, *Phæd.* Ego autem volo aliquod emere latibulum, perfugium doloris mei, *Cic.* Necubi notis sibi latebris delitescerent latrones, *Liv.* Inter vepres in latebris ferarum noctem unam delituit, *Cic.* Latebra *se dit bien au figuré :* Latebras suspicionum peragrare, *Cic.* Latebram quærere perjurio, *Plaut.*

1505. *Latrare. Elatrare.*

**Latrare**, *aboyer, japper :* Canes qui et latrare et mordere possunt, *Cic. Au figuré :* Latrant enim jam quidem oratores, non loquuntur, *Cic.* — **Elatrare**, *aboyer avec force ; il ne se trouve qu'au figuré :* Scilicet, ut non sit mihi prima fides, et verè quod placet ut non acriter elatrem ? *Hor.*

1506. *Latus. Spatiosus. Laxus. Prolixus.*

**Latus**, *large, étendu, parlant d'un lieu :* Lata via, *Cic.* Latum mare, *Id.* — **Spatiosus**, *grand, gros, de longue durée, parlant du temps et des corps :* Nox spatiosa, *Ovid.* Parva necat morsu spatiosum vipera taurum, *Id.* — **Laxus**, *lâche, qui n'est pas serré, qui n'est pas étroit :* Laxus arcus, *Virg.* Laxa tunica, *Ovid.* Laxus malè calceus hæret, *Hor.* Laxæ et amplæ ædes, *Cic. Au figuré :* Dies satis laxa, *Cic.*, *un terme assez long.* — **Prolixus**, *prolixe, tróp long :* Prolixa barba, *Virg. Au figuré :* Natura prolixa et benefica, *Cic.* Prolixior in Pompeium, *Id.*, *trop attaché à Pompée.*

1507. *Lavare. Abluere.*

**Lavare** (*de* λούω, *laver*), *baigner, laver. On dit* lavas *et* lavis. Dùm lavamus, *Ter.*, *tandis que nous sommes au bain.* Qui Xantho lavis amne crines, *Hor. Au figuré :* Lavare peccatum suum precibus, *Ter.* — **Abluere**, *nettoyer, ôter la crasse :* Ulyssi pedes abluens, *Cic.* Ablutus est squalor, *Q. Curt. Au figuré :* Abluere perjurium, *Ovid.*, *effacer un parjure.* Membra lavamus, ut abluantur sordes.

1508. *Laudabilis. Laudandus. Laudativus.*

**Laudabilis**, *louable, estimable :* Laudabile carmen, *Hor.* Honestum quod verè dicimus, etiamsi à nullo laudetur, laudabile est suâ naturâ, *Cic.* Voluptas nec meliorem efficit, nec laudabiliorem virum, *Id.* — **Laudandus**, *qu'on doit louer, qu'il faut louer :* Philosophia est rerum laudandarum omnium procreatrix, *Cic.* — **Laudativus**, *qui concerne la louange :* Laudativum genus, *Quint.*, *le genre démonstratif.* Laudativa pars rhetorices, *Id.*

1509. *Laudabiliter. Laudatè.*

**Laudabiliter**, *d'une manière louable :* Laudabiliter vivere, *Cic.* — **Laudatè**, *avec éloge :* Laudatè vivere, *Cic.* Non obest mihi turpis et nocens, sed honestissimè et laudatissimè acta vita, *Id.* Ut laudatè vivamus, nulla certior via, quàm si laudabiliter vivamus.

1510. *Laudare. Dilaudare. Collaudare. Prædicare.*

**Laudare**, *louer, témoigner hautement son estime, approuver avec une sorte d'admiration :* Teque et istam rationem otii tui et laudo, et probo, *Cic.* Ah ! vereor coràm in os te laudare ampliùs, ne id assentandi causâ facere existimes, *Ter.* — **Dilaudare** (diversìm laudare), *louer de tous côtés :* Libri quos tu dilaudas, *Cic.* — **Collaudare** (laudare cum), *louer ensemble :* Ab omnibus collaudari, *Cic.* Eodem die Bruti factum collaudavistis, *Id.* — **Prædicare**, *publier, soit en bien, soit en mal, mais plutôt en bien :* De se ipso gloriosiùs prædicare turpe est, *Cic.* Quid ego ejus tibi faciem prædicem aut laudem ? *Ter.*

1511. *Laureus. Laureatus. Laurifer.*

**Laureus**, *de laurier :* Laurea corona, *Liv.* — **Laureatus**, *orné de laurier :* Laureati lictores, *Cic.* Laureatæ litteræ, *Cic.*, *lettres entourées de laurier, qu'un général d'armée envoyait au sénat, ou à l'empe-*

reur, *lorsqu'il avait remporté quelque victoire* — LAURIFER, *qui produit le laurier, couronné de laurier :* Laurifera tellus, LIV. Phœbus laurifer, OVID.

**1512.** *Laurus. Laurea.*

LAURUS, *le laurier, l'arbre même :* Inter odoratum lauri nemus, VIRG. *Il se prend pour une couronne de laurier :* Sed incurrit hæc nostra laurus in voculas malevolorum, CIC. — LAUREA *est proprement adjectif, on sous-entend* corona, frons : Coronam lauream decerni volebas, CIC. An laurea illa magnis periculis parta amittet longo intervallo viriditatem? *Id. C'est poétiquement qu'Horace a dit* laurea *pour le laurier même :* Tùm spissa ramis laurea fervidis.

**1513.** *Laxamentum. Laxitas.*

LAXAMENTUM, *au propre, espace, étendue :* Amplum laxamentum cellæ, VITRUV. *Il se dit plus au figuré, et signifie relâche, adoucissement :* Laxamentum et veniam non habent leges, LIV. Nactus pusillùm laxamenti, concinnavi tibi munusculum, CIC. — LAXITAS, *étendue, ne se dit guère qu'au propre :* Ut facilè omnium domos laxitate superet, CIC. In domo clari hominis, in quâ et hospites multi recipiendi sunt, adhibenda est cura laxitatis, *Id. Sénèque a dit* laxitas animi, *relâchement, abattement moral.*

**1514.** *Laxare. Liberare.*

LAXARE, *étendre, élargir, ouvrir :* Laxare manipulos, CÆS. Ut forum laxaremus, et usque ad atrium libertatis explicaremus, CIC. Laxat claustra Sinon, VIRG. *Au figuré :* Laxare animum à laboribus, LIV. Membra laxare quiete, VIRG. Laxare judicum animos, CIC., *adoucir l'esprit des juges.* Annona haud multùm laxaverat, LIV., *la cherté des vivres n'avait guère diminué.* — LIBERARE, *délivrer, mettre en liberté :* Caveâ liberati pulli, CIC. Liberari custodiis corporis, *Id. Au figuré :* Istâ teri curâ libero, CIC. Culpâ aliquem liberare, *Id.* Liberare fidem suam, *Id., remplir sa promesse.*

**1515.** *Lectus. Cubile. Thalamus. Stratum. Torus. Grabatus. Sponda.*

LECTUS, *lit, meuble dont on se sert pour y reposer, pour y coucher :* Lectus ad quietem datus, CIC. Tricliniorum lecti, *Id.* — CUBILE (*de* cubare), *se dit du lit et du lieu où l'on se retire pour passer la nuit :* Ut collocet in cubili, ut vulnus obliget, CIC. Terra cubile erat Anacharsi, *Id.* Nemo inventus est tam miser qui non cubile ac lectulum suum salvum esse velit, *Id.* Cubilia et nidi avium, *Id. Au figuré :* Ut omnes mortales hujus avaritiæ non solùm vestigia, sed etiam cubilia videre possint, CIC. — THALAMUS (θάλαμος), *a la même signification que* cubile : *il est plus noble, et ne se dit guère des animaux :* Marmoreus thalamus, VIRG. Consors thalami, OVID. *Virgile a cependant dit des abeilles :* Post ubi jam thalamis se composuêre, siletur. — STRATUM (*de* sternere), *tout ce qu'on étend à terre :* Dura strata, OVID. Strata viarum, VIRG., *le pavé des rues.* Reponere membra stratis, *Id.* — TORUS *est proprement une corde formée de lanières tordues ; on s'en servait pour tendre les lits ; de là vient qu'il se prend pour un lit :* Sternere torum, OVID. Plumeus torus, *Id. Il signifie aussi moulure arrondie, et par métaphore il s'applique aux muscles saillants, soit des hommes, soit des animaux :* Luxuriatque toris animosum pectus, VIRG., *parlant du cheval.* O pectora, ô lacertorum tori, CIC., *parlant d'Hercule furieux.* — GRABATUS, *petit lit de repos :* Deos immortales concursare omnium non modò lectos, verùm etiam grabatos, CIC. Sed si nec focus est, nudi nec sponda grabati, MART. — SPONDA. *C'est le bord d'un lit, le bois de lit ; il se prend pour le lit même :* Non tyrio subnixa toro spondâque nitenti. *Ce mot se prend aussi pour bière :* Orcinianâ qui feruntur spondâ, MART.

**1516.** *Legare. Allegare. Delegare.*

LEGARE, *députer, nommer lieutenant ; il se dit ordinairement des affaires publiques :* Legantur in Africâ majores natu, amplis honoribus usi, SALL. Cæsar Cassium sibi legavit, CIC. *Il se prend pour léguer, laisser par testament :* Inveniet nihil sibi legatum, præter plorare, HOR. *Il signifie aussi attribuer, imputer :* Adversa casibus incertis belli et fortunæ legare, LIV. — ALLEGARE (legare ad), *charger d'une commission particulière ; imposer quelqu'un dans une affaire :* Petit à me Rabonius, et amicos allegat, facilè impetrat, CIC. Alium isti rei allegabo, PLAUT. *Voici un exemple où cette différence est bien marquée :* Quantâ iste cupiditate, quibus allegationibus illam sibi legationem expugnavit? CIC. — DELEGARE, *déléguer, donner commission à quelqu'un :* Delegare provinciam alicui, CIC. Hunc laborem alteri delegavit, *Id. Il se prend pour envoyer en ambassade :* Decernunt, ut duodecim delegarentur, LIV. *Il signifie aussi attribuer :* Laus quam ad me delegare vis, CIC. *Confier, abandonner :* Fortunæ loci delegaverant spes suas, LIV.

**1517.** *Legatio libera. Legatio votiva.*

LEGATIO LIBERA, *ambassade libre ; c'était un titre de député, donné sans aucun objet d'utilité publique, une espèce de députation particulière ou privée. On appelait* legatio libera, *un plein pouvoir que le sénat donnait à un sénateur, pour aller où il jugeait à propos ; car il n'était pas permis à un sénateur de sortir de Rome sans une permission du sénat. Il était accompagné de deux licteurs avec les faisceaux ; il était reçu magnifiquement par les gouverneurs des provinces, qui lui fournissaient toutes les choses dont il avait besoin :* Negotiorum suorum causâ legatus est in Africam legatione liberâ, CIC. Habent liberæ legationes definitum tempus lege Juliâ, *Id. Ce temps était de cinq ans.* — LEGATIO VOTIVA *était celle qu'un sénateur faisait pour accomplir un vœu qu'il avait fait ; elle était libre aussi :* Legatio libera causâ voti, CIC.

**1518.** *Legem abrograre. Legi derogare. Legi obrogare. Legem antiquare.*

*Lorsque le peuple refusait son consentement à une loi,* illa lex abrogabatur ; *ce qui signifiait aussi abolir une loi.* — DEROGARE LEGI, *ou* DE LEGE, *retrancher une partie d'une loi :* Cùm duæ leges inter se discrepant, videndum est, nùm quæ abrogatio, aut derogatio sit, CIC. — LEGI OBROGARE, *porter une loi qui en casse une autre :* Huic legi nec obrogari fas est, neque derogare ex hâc aliquid licet, neque tota abrogari potest, CIC. Semper antiquæ legi obrogat nova. LIV. — ANTIQUARE LEGEM, *mettre une loi au nombre de celles qui ne sont plus en usage :* Itaque hanc legem primus antiquo, abrogoque, LIV., *j'annule cette loi le premier, et j'en demande la suppression. La dérogation ne donne atteinte à l'ancienne loi que d'une manière indirecte; la loi qui abroge est directement opposée à l'ancienne.*

**1519.** *Legem facere, condere, scribere, sciscere, sancire, rogare, ferre, perferre, incidere, figere, promulgare.*

LEGEM FACERE, *faire une loi :* Legem ante factam vidimus, quàm futuram quisquam est suspicatus, CIC. — LEGEM CONDERE, *composer une loi, la rédiger :* Leges ad civium salutem, civitatumque incolumitatem conditæ sunt, CIC. — LEGEM SCRIBERE, *écrire une loi, l'établir :* Instituere civitates, scribere leges, CIC. — LEGEM SCISCERE, *approuver une loi, l'agréer :* Primùm ostendit eam se sciscere legem, quam esse legem neget, CIC. — LEGEM SANCIRE (quasi sanctam reddere), *quand le peuple avait reçu une loi, on la portait dans le temple de Saturne, et alors elle était établie, et comme consacrée par la religion :* Leges quas senatus sancivit de ambitu, CIC. — LEGEM ROGARE, *demander au peuple d'agréer une loi :* Ut rogatâ lege legem ferret provinciæ commutandæ, CIC. — FERRE LEGEM, 1° *proposer une loi :* Lex ferri cœpta nunquàm posita est in senatu, CIC. ; 2° *la porter, l'établir :* Possum dicere M. Cottæ legem de judiciis privatis anno postquàm lata sit à fratre ejus abrogatam, CIC. — PERFERRE LEGEM, *faire passer une loi :* Est utique vetandi, cùm ea lex feratur, quamdiù non perfertur, CIC. — LEGEM INCIDERE, *graver une loi :* Legem in æs incidere, CIC. — LEGEM FIGERE, *afficher une loi ; on la gravait, et ensuite on l'affichait :* Antonius falsas leges in æs incidendas, et in Capitolio figendas curavit, CIC. — LEGEM PROMULGARE (quasi provulgare), *publier la loi, la faire connaître :* Cato legem promulgavit de imperio Lentuli abrogando, CIC. Illæ enim leges nullâ promulgatione latæ sunt antequàm scriptæ, *Id.*

**1520.** *Legem irrogare alicui. Legem imponere.*

LEGEM IRROGARE ALICUI, *proposer une loi contre quelqu'un :* Vetant duodecim tabulæ leges privatis hominibus irrogari, CIC. — LEGEM IMPONERE ALICUI, *imposer une loi à quelqu'un :* Is leges civitati per vim imposuit, CIC. Imponere nimis duras leges cuipiam, *Id.*

**1521.** *Legere. Recitare. Perlegere.*

LEGERE, *lire, parcourir des yeux :* Scripta legere secum, CIC. Omnium bonarum artium scriptores et doctores legendi et pervolvendi, *Id.* — RECITARE, *lire à haute et intelligible voix :* Litteras in senatu recitare, CIC. Edictum recitare, *Id.* Scripta recitant in medio foro, HOR. — PERLEGERE, *c'est lire avec attention, lire en entier :* Nec quos perlegat in scholâ magister, MART. Perlegi, inquit ille, tuum paulò antè tertium de naturâ deorum, CIC.

**1522.** *Legio. Cohors. Manipulus. Turma. Caterva. Phalanx. Militum manus.*

LEGIO, *légion. La légion romaine était un corps de trois mille fantassins, et de cent cavaliers, sous Romulus. Sous les consuls, elle était de quatre mille fantassins, et de deux cents cavaliers. Depuis elle fut de six mille hommes de pied, et de trois cents cavaliers :* Duas legiones esse, eas, repleri, ut sena millia peditum, et trecentos haberent equites, *Liv.* — COHORS, *la cohorte, répondait à notre régiment d'infanterie; elle a varié avec la légion, restant toujours la dixième partie de la légion :* Ut sæpè ingenti bello cùm longa cohortes explicuit legio, *Virg.* Ex quibus duabus legionibus non ampliùs quatuordecim cohortes contrahere potui, *Cic. Il se prend pour le train, la suite d'un grand :* Quæ cohors, qui comitatus fuerit meministis, *Cic. Au figuré :* Cohors febrium, *Hor.* — MANIPULUS *signifie proprement une gerbe:* Multà stipulà filicumque maniplis, *Virg. On a appelé* manipulus *une compagnie, parce que sous Romulus, le drapeau était une botte de foin au bout d'une pique :* Pertica suspensos portabat longa maniplos, *Ovid. Chaque cohorte était divisée en trois manipules de 200 hommes; mais dans l'origine, selon Végèce, ils étaient moins nombreux, et ils avaient été nommés* manipuli, *poignée d'hommes, parce que* conjunctis manibus dimicabant. — TURMA, *compagnie de cavalerie de trente hommes seulement :* Turma equestris, *Cic.* Nihil tibi ex istâ laude centurio, nihil præfectus, nihil cohors, nihil turma decerpit, *Id.* — CATERVA (*mot celte qui exprimait proprement les divisions des armées gauloises*), *troupes en général :* Fugiunt equitum turmæ, peditumque catervæ, *Hor. Il se prend pour cortége, une troupe quelconque :* Testium catervæ, *Cic.* Magnâ comitante catervà, *Virg.* — PHALANX, *la phalange, bataillon à la macédonienne, composé de seize mille hommes. Ce nombre a varié :* Phalangem vocant peditum stabile agmen; vir viro, armis arma conserta sunt : ad nutum monentis intenti : sequi signa, ordines servare didicerunt, *Q. Curt. César donne la phalange aux Gaulois et aux Germains :* Germani ex suâ consuetudine phalange factâ, sub primam nostram aciem successerunt. *Cæs.* — MILITUM MANUS *signifie une troupe d'hommes armés, une bande, sans désigner le nombre ni la qualité :* Juvenum manus emicat ardens, *Virg.* Quos impetus in totam illam manum feci? *Cic.*

### 1523. *Legitimus. Legalis.*

LEGITIMUS (de lex), *légitime, conforme aux lois :* Ætas legitima ad consulatum petendum, *Cic., l'âge prescrit par la loi pour demander le consulat.* Poema legitimum, *Hor., un poëme conforme aux lois, aux règles de la poésie.* Impedimentum legitimum, *Cic.* — LEGALIS, *de la loi, qui concerne les lois:* Legale genus quæstionum, *Quint.* Legales quæstiones, *Id.*

### 1524. *Legumen. Olus.*

LEGUMEN (*de legere*), *légume, comme pois, fèves, etc.:* Hoc enim legumen et cætera quæ velluntur è terrâ, neque subsecantur... quæ quòd ita leguntur, legumina dicta, *Col., parlant des pois chiches.* Undè priùs lætum siliquâ quassante legumen, *Virg., où l'on avait récolté auparavant des légumes renfermés dans leurs gousses.* — OLUS, *toutes sortes d'herbes potagères :* Emptum cœnat olus, *Hor.* Uncta satis pingui ponentur oluscula lardo, *Id.*

### 1525. *Lenire. Mitigare. Mulcere. Placare Sedare.*

LENIRE (de lenis), *se dit proprement du toucher; ôter ce qui est raboteux, rude. Il ne se trouve qu'au figuré :* Miseriam lenire, *Ter.* Lenitur ægritudo, *Cic.* Lenit albescens animos capillus, *Hor.* — MITIGARE (de mitis), *proprement, mûrir :* Maturitate mitigare, *Cic. Au figuré :* Mitigare cibum, *Cic., digérer les viandes.* Agrum silvestrem flammis et ferro mitigare, *Hor.* Dolores vetustate mitigantur, *Cic.* Usus flectet, dies leniet, ætas mitigabit, *Id.* Severitatem acerbam multis condimentis humanitatis mitigare, *Id.* Leniuntur aspera; acerba mitigantur. — MULCERE, *caresser, flatter :* Colla præbere manibus mulcenda, *Ovid. Au figuré :* mulcere iras, *Virg.* — PLACARE, *apaiser, adoucir :* Æquora tumida placat Jupiter, *Virg.* Iram Dei donis placare, *Cic.* Quæ prima iratum ventrem placaverit esca, *Hor.* — SEDARE (quasi sedi dare), *faire tomber ou cesser :* Sedare bellum, controversiam, *Cic.* Sedare motus animi, *Id.* Pavorem sedare, *Liv. On peut opposer* mulcere *à* efferare; placare *à* irritare; sedare *à* turbare.

### 1526. *Leno. Perductor et Productor.*

LENO *se prend, 1° pour corrupteur de la jeunesse :* Leno ego sum, fateor, pernicies communis adolescentium, *Ter. 2° Pour un marchand d'esclaves :* Leno avarus, *Ovid. 3° Pour héraut, député :* Missis lenonibus qui parendi legem dicerent, *Justin., leur ayant envoyé des hérauts les sommer de le reconnaître pour leur souverain.* — PERDUCTOR, *ou selon d'autres,* PRODUCTOR, *est celui qui, par autorité ou par persuasion, oblige une personne à s'abandonner à l'impudicité:* Lenones sunt scortorum; perductores verò etiam invitarum personarum, *Ascon.* Sileatur de nocturnis ejus bacchationibus, ac vigiliis : lenonum, aleatorum, perductorum nulla mentio fiat, *Cic.*

### 1527. *Lentus. Flexilis. Flexibilis.*

LENTUS, *souple, qui plie aisément sans rompre :* Lenta salix, *Virg. Au figuré, lent, sans action, nonchalant :* Lentis carbonibus uri, *Ovid.* Patiens et lentus judex, *Cic.* Nos patriam fugimus, tu, Tityre, lentus in umbrâ, *Virg.* — Flexilis *et* Flexibilis, *synonymes de* lentus, *flexible, qui se plie, qui se courbe:* Cornu flexile, *Ovid. Au figuré:* Flexibilis oratio, ut sequatur quòcumque torqueas, *Cic.* Flexibile vocis genus, *Id.*

1528. *Lepidus. Facetus.*

Lepidus (*de* lepos), *plein de gentillesse:* Lepidus ad omnes res, *Plaut.* O lepidum caput! *Phæd.* Dictum lepidum, *Cic.* Lepidi et delicati pueri, *Id.* — Facetus, *plein d'agrément et de fines railleries, enjoué:* Homo facetus inducit sermonem urbanum ac venustum, *Cic.* Homo facetus, et nullâ in re rudis, *Id.* Genus jocandi facetum, *Id.*

1529. *Lepos. Sal. Facetiæ.*

Lepos *ou* Lepor, *finesse, agrément:* Magnus in jocando lepos erat in homine, *Cic.* Sermonis lepor, *Id.* — Sal, *au propre, sel:* Sal, et alia gulæ irritamenta, *Sall. Au figuré, ce qu'il y a de piquant dans les plaisanteries:* Urbani sales, *Cic.* Salibus vehemens, *Juv.*, *fort en reparties ingénieuses.* Sale et facetiis Cæsar vicit omnes, *Cic.* — Facetiæ, *enjouement, soit dans les paroles, soit dans les actions:* Quod facetè dicitur, id aliàs in re, aliàs in verbo habere facetias, *Cic.* Sal dicendi et facetiæ, *Id.* Facetiarum lepos, *Cic.*, *plaisanteries fines et agréables.*

1530. *Lethum. Mors. Nex.*

Lethum (*de* λήθη, *oubli*), *mort:* Alii alio letho interière, *Liv. Il est plus usité en poésie:* Nobile lethum, *Hor.* Vive memor lethi, Pers. — Mors *signifie proprement la cessation de vivre, la séparation de l'âme d'avec le corps:* Discessum animi à corpore putant esse mortem, *Cic.* Dissolutione, id est, morte sensus omnis exstinguitur, *Id.* Mors est migratio in eas oras, quas qui è vitâ excesserunt, incolunt, *Id.* — Nex, *mort violente, un carnage:* Insidiatori verò et latroni quæ potest afferri injusta nex? *Cic.* Multorum civium neces tibi uni impunitæ sunt, *Id.*

1531. *Levare. Allevare. Elevare. Sublevare. Extollere. Erigere.*

Levare, *lever; on lève en dressant, ou en mettant debout:* Levare membra cubito, *Ovid.* De cespite virgo se levat, *Id. Au figuré, il se prend pour abaisser, diminuer, etc.:* Levare atrocitatem rei, *Cic.*, *diminuer l'atrocité d'une chose.* Levare amicitias usûs remissione, *Id.*, *se retirer peu à peu d'une amitié.* — Allevare (levare ad), *lever en haut:* Homini in aquam lapso, atque ut allevaretur oranti, *Quint. Au figuré, il se prend pour soulager, alléger en soulevant, en diminuant le poids qui affaissait:* Dictis ærumnam aliorum allevare, *Cic.* — Elevare, *lever de terre:* Cape dum hunc lapidem, atque eleva, *Plaut. Au figuré, rabaisser par une image empruntée de la balance, dont le bassin le plus léger s'élève:* Samnitum bella extollit, elevat Etruscos, *Liv.* Qui facere quæ non possunt, verbis elevant, *Phæd. Depuis Plaute, jamais les bons auteurs ne se servent d'*elevare *pour dire élever, mais toujours pour rabaisser, diminuer.* — Sublevare (levare sub), *soulever par-dessous; on soulève en faisant perdre terre:* Atque ab iis sublevatus in murum ascendit, *Cæs. Au figuré:* Vicinos facultatibus sublevare, *Cic.* — Extollere, *hausser en élevant:* Altè pugionem extollens, *Cic. Au figuré:* Meam fortunam deprimitis, vestram extollitis, *Cic.* — Erigere (regere è), *dresser, rendre droit:* Erigere scalas ad mœnia, *Liv.* Cùm cæteros animantes abjecisset ad pastum, solum hominem erexit, et ad cœli conspectum excitavit, *Cic.*

1532. *Levatio. Levamentum. Levamen.*

Levatio, *proprement, l'action d'élever; il ne se dit qu'au figuré; c'est l'action de soulager, le soulagement qu'on donne:* Quæ levationem habeant ægritudinum, *Cic.* — Levamentum *et* Levamen, *le soulagement qu'on reçoit:* Levamentum miseriarum, *Cic.* Curæ casûsque levamen, *Virg.* Quod si esset aliquod levamen, esset in te uno, *Cic.*

1533. *Lex. Conditio.*

Lex, *synonyme de* conditio, *signifie règle, clause:* Aliæ in historiâ leges observandæ, aliæ in poemate, *Cic.* Lege hâc tibi astringo meam fidem, *Ter.* — Conditio (*de* dare cum), *proprement, l'action de serrer ensemble:* Frugum conditiones, *Cic. Au figuré,* 1° *état, condition:* Communitas conditionis cum aliquo, *Cic.* Infimi generis hominum conditione atque fortunâ, *Id.* Æquâ conditione, *Id.* Victoriæ conditione, *Id.*, *par les droits de la victoire.* 2° *Clause:* Eâ conditione daturum se dixit, si, etc., *Cic.* 3° *Nature:* Agri conditio, *Cic.* Loci conditio, *Ovid.* 4° *Moyen, manière:* Adde quòd litteræ perferri nullâ conditione potuerunt, *Cic.* Omnem conditionem imperii tui demonstravit Statorius, *Id.*

1534. *Libare. Gustare. Delibare. Degustare.*

Libare (*de* λείβω, *verser goutte à goutte*), *proprement, verser une liqueur, faire des libations :* Duo ritè mero libans carchesia Baccho, *Virg.* Libare diis dapes, *Liv.* *Dans un autre sens, effleurer, goûter légèrement :* Purpureosque metunt flores, et flumina libant summa leves (apes), *Virg.* Primaque libato summo tenus attigit ore, *Id.* *Au figuré :* Libare aliquid ex omnibus discipulis, *Cic.* Oscula libavit natæ, *Virg.* — Gustare, *goûter :* Aquam gustare, *Cic.* Exta prægusto deùm, et matronarum casta delibo oscula, *Phæd.* *Au figuré :* Gustare aliquod vitæ genus, *Cic.* Non gustàrat illam tuam philosophiam, *Id.* *Il se prend pour manger :* Cretes quorum nemo gustavit unquàm cubans, *Cic.* — Delibare, *effleurer, toucher légèrement, essayer :* Delibare artes, *Ovid.* Delibàsse cibos contentus, *Claud.* Ut omnes undiquè flosculos carpam atque delibem, *Cic.* — Degustare, *goûter légèrement, ne faire que passer dans la bouche :* Celeri degustat singula sensu, *Claud.*

1535. *Libare. Litare. Sacrificare. Perlitare. Parentare.*

*Comme dans les sacrifices les prêtres goûtaient l'offrande,* libare *se prend pour sacrifier, faire des libations :* In mensâ laticum libavit honorem, *Virg.* Pateris altaria libant, *Id.* Nunc pateras libate Jovi, *Id.* — Litare, *faire un sacrifice parfait, où tous les signes concourent à faire juger qu'il est agréable aux dieux ; apaiser les dieux par des sacrifices, obtenir sa demande :* Pluribus hostiis cæsis, cùm litare non posset, introiit curiam, *Cic.* — Sacrificare, *demander pardon aux dieux par un sacrifice ; au lieu que* litare *est se les rendre propices :* Si herculè istud nunquàm factum est, tùm me Jupiter faciat, ut semper sacrificem, neque unquàm litem, *Plaut.* Cùm pluribus diis immolatur, qui evenit ut litetur aliis, aliis non litetur? *Cic., quand on fait des sacrifices à plusieurs dieux, comment arrive-t-il qu'on apaise les uns, et qu'on n'apaise point les autres?* — Perlitare *ajoute à l'idée du simple ; c'est faire un sacrifice heureux :* Primis hostiis perlitatum est, *Liv.* — Parentare (*de* parens), *proprement, rendre les derniers devoirs à ses parents ; il se dit de ceux qu'on regarde comme des pères ou des mères, un chef, la patrie, etc. :* Imperatoribus parentare, *Cic.* Parentemus Cethego, tanquàm patriæ parenti, *dit ironiquement Cicéron.*

1536. *Liber. Volumen. Libellus. Chartæ.*

Liber *est proprement l'écorce intérieure des arbres, pellicule dont on se servait au lieu de papier :* Cùm moriens altâ liber aret in ulmo, Virg. Liber, *pris pour un livre, s'entend d'un traité, d'un ouvrage :* Liber de contemnendâ morte, *Cic.* Mittam tibi librum de gloriâ, *Id.* *Cicéron appelle* libros *ses Verrines et ses Catilinaires.* Iisdem ex libris, *dit-il*, perspicies et quæ gesserim, et quæ dixerim. *Il se prend pour un ouvrage entier :* Dicæarchi librum accepi, *Cic.* *L'ouvrage de Dicéarque contenait trois livres sur l'âme.* — Volumen (*de* volvere), *se dit de tout ce qui se roule :* Versat sinuosa volumina serpens, *Virg.* *Les anciens roulaient leurs livres pour les porter plus commodément :* Referre epistolas in quinque volumina, *Cic.* Volumen *était ordinairement distingué par la grosseur, et* liber *par la matière :* Nunc quoniam satis hujus voluminis magnitudo crevit, commodius erit in altero libro de cæteris rebus deinceps exponere, *Cic.* Volumen *se prend aussi pour une partie d'un ouvrage, un livre. Ovide appelle* volumen *chaque livre de ses Métamorphoses :* Sunt mihi mutatæ ter quinque volumina formæ. — Libellus (*diminutif de* liber), *se dit d'un ouvrage peu considérable, comme une lettre, un mémoire, etc.* Phædri libellos legere si desideras, *Phæd.* Atticus libellum composuit, eum mihi dedit, ut darem Cæsari, *Cic.* — Chartæ, *pluriel de* Charta, *papiers écrits ou non écrits. Il se prend pour livre :* Chartæ quoque quæ illam pristinam severitatem continebant, obsoleverunt, *Cic.*

1537. *Liberè. Licenter.*

Liberè, *librement, en liberté, avec liberté :* Loqui liberè, *Cic.* Vivere liberè, *Id.* — Licenter, *licencieusement, avec trop de liberté et de licence :* Idem tam licenter facere Flacco indignum visum est, *Liv.* Solutum quiddam sit, nec vagum tamen, ut ingredi liberè, non ut licenter videantur errare, *Cic.*

1538. *Liberè. Liberaliter.*

Liberè, *synonyme de* liberaliter, *en homme libre, honnêtement :* Liberè educatus, *Ter., qui a reçu une belle éducation.* — Liberaliter, 1° *en homme libre :* Liberaliter educatus, *Cic.*, Liberaliter se oblectare, *Ter.* ; 2° *Libéralement, largement :* Liberaliter ex istis cibariis tractati, *Cic.* Cui tanta possessio sit, ut ad liberaliter vivendum facilè contentus sit, *Id.* Largè liberaliterque æstimare, *Id.*

### 1539. *Liberi. Filii.*

LIBERI *comprend les garçons et les filles, et ne se dit que des enfants libres :* Quid dulcius hominum generi à naturâ datum est, quàm sui cuique liberi, *CIC.* Liberi tres, duo mares, quos diligentissimè instituit, *PLIN.* — FILII *ne comprend que les garçons :* Filii familiàs parentes interfecerunt, *SALL. Les jurisconsultes paraissent confondre* liberi *et* filii.

### 1540. *Libertas. Licentia.*

LIBERTAS, *liberté de dire et de faire ce qu'on veut :* Quid est libertas? Potestas vivendi ut velis, *CIC.* Amo libertatem loquendi, *Id.* — LICENTIA, *liberté trop grande ; il se prend le plus souvent en mauvaise part :* Deteriores sumus omnes licentiâ, *TER.* Græcia hoc uno malo concidit, libertate immoderatâ, et licentiâ concionum, *CIC.* Omnium rerum libertatem, imò licentiam, si verè dicere volumus, desiderant, *LIV.* Est magna ista, et notabilis eloquentia, alumna licentiæ, quam stulti libertatem vocant, *TAC.* Athenæ cùm florerent æquis legibus, procax libertas civitatem miscuit, frænumque solvit pristinum licentia, *PHÆD.*

### 1541. *Libertus. Libertinus.*

LIBERTUS *était anciennement celui qui avait été affranchi ; et* LIBERTINUS, *le fils d'un affranchi :* Ignarus temporibus Appii, et deinceps aliquandiù libertinos dictos, non ipsos qui manu mitterentur, sed ingenuos ex iis procreatos, *SUET. Dans la suite ils ont signifié le même homme, qui était* libertus *par rapport à celui qui lui avait donné la liberté, et* libertinus, *relativement à l'état de servitude d'où il avait été tiré. Cicéron, parlant du même homme, a dit :* Trebonius fecit hæredem libertum suum, *et peu après,* equiti romano libertinus sit hæres. *Il l'appelle* libertum, *parce qu'il avait été esclave de Trébonius, et* libertinum, *pour signifier son état actuel.* Patre libertino natum, *HOR., le père d'Horace avait été affranchi.* Servos nostros libertos suos fecisset, *CIC. Ils différaient des gens libres, en ce qu'ils ne pouvaient entrer dans le sénat, ni parvenir à aucune grande magistrature. Aussi Claude dit dans Tacite,* libertinorum filiis magistratus mandari, non ut plerique falluntur, recens, sed priori populo factitatum. Libertus *cesse d'être* libertus *à la mort de son maître, de son patron, mais il est toujours* libertinus. Libertinus *est un adjectif, au lieu que* libertus *et* liberta *sont substantifs. On ne dit pas* libertinus alicujus, *pour dire affranchi de quelqu'un, c'est* libertus ; *mais quand on veut marquer la qualité, l'état d'affranchi, on dit* homo libertinus. Libertinus erat, qui circùm compita siccus... currebat, *HOR.*

### 1542. *Libido. Libidines.*

LIBIDO (*de* libet), *caprice, désir désordonné :* Agere aliquid cum libidine, non ratione, *CIC.* Quia apud indignos sæpè erant quasi per libidinem data, *Id.* Tarquinium mala libido Lucretiæ per vim stuprandæ cepit, *LIV.* — LIBIDINES *ne se dit que des passions honteuses :* Nunquàm ille à vestris conjugibus suas libidines cohibuisset, *CIC.* Lateant ejus libidines illæ tenebricosæ ; quas fronte et supercilio, non pudore et temperantiâ contegebat, *Id.*

### 1543. *Libra. Libramentum. Libramen. Statera. Trutina.*

LIBRA, *proprement, le poids d'une livre.* Una libra farris, *HOR. Il se prend pour la balance :* Justa pari premitur cum pondere libra, prona nec hâc plus parte sedet, nec surgit ab illâ, *OVID.* — LIBRAMENTUM *et* LIBRAMEN, *le contre-poids, ce qui balance :* Huic spiculo ad libramen parmæ tres, ut sagittis solent, circumdabantur, *LIV.* Libramenta plumbi, *COL., masse de plomb, le niveau des maçons.* Libramenta tormentorum, *TAC., les cordes pour tenir en balance les machines de guerre.* — STATERA (*de* stare), *une romaine, sorte de balance :* Quæ non artificis staterâ, sed quâdam populari trutinâ examinantur, *CIC.* — TRUTINA (*de* τρυτάνη) *était une balance dont la forme est peu connue :* Trutinâ pensantur eâdem, *HOR.*

### 1544. *Librarius. Scriba. Bibliopola.*

LIBRARIUS (*de* liber, *livre*), *un copiste. Avant l'imprimerie, on écrivait les livres à la main ; d'où manuscrit.* Peto à te ut mihi librarius mittatur maximè quidem græcus, qui mihi exscribat hypomnemata, *CIC. Il se prend pour secrétaire :* Legi litteras non tuas, sed librarii tui, *CIC. Il est pris dans Sénèque pour un libraire.* — SCRIBA, *greffier, secrétaire, celui qui tient un registre :* Possem de singulis ad te rebus scribere, si scriba meus adesset, *CIC.* Eum habuit ad manum scribæ loco, quod multò apud Graios honorificentius est, quàm apud Romanos. Nam apud nos reverâ, sicut sunt, mercenarii scribæ existimantur, et apud illos è contrario nemo ad id officium admittitur, nisi honesto loco, et fide et industriâ cognitâ, quod necesse est omnium consiliorum eum esse participem, *C. NEP.* — BIBLIOPOLA

(Βιβλιοπώλης, *de* Βιβλίον *et de* πωλεῖν), *est un mot grec qui signifie vendeur de livres, ce que nous appelons un libraire. Les auteurs du siècle d'Auguste ne se sont pas servis de ce mot, mais de* librarius. *De là notre mot libraire.*

1545. *Libum. Libamentum. Libamen. Libatio.*

LIBUM, *gâteaux de pur froment, dans lesquels il entrait du miel et de l'huile ; on en faisait usage dans les sacrifices :* Liba deo fiunt, quia dulcibus idem gaudet, et à Baccho mella reperta ferunt, *OVID.* Calenti libo infusa mella, *Id.* — LIBAMENTUM, *et* LIBAMEN *dans les poëtes, libations que l'on offre dans les sacrifices :* Ut sacrificiorum libamenta serventur, *OVID.* Ignibus imposuit sacris libamina prima, *Id.* — LIBATIO, *l'action de faire des libations :* Tui sacerdotii sunt tensæ, curricula, ludi, libationes, epulæque ludorum publicorum, *CIC. Ovide faisait venir ces mots de* Liber, *surnom de Bacchus :* Nomine ab auctoris ducunt libamina nomen.

1546. *Licere. Liceri. Licitari.*

LICERE, *être mis à prix ;* LICERI, *mettre à prix :* De Drusi hortis quanti licuisse tu scribis, id ego quoque audieram, *CIC.* Qui contra se liceatur emptor non apponit, *Id., mettre à l'enchère en levant le doigt.* — LICITARI (*fréquentatif de* liceri), *marque plus d'action :* Et cùm arma habeatis, licitamini hostium capita, *Q. CURT.*

1547. *Licet. Fas est.*

LICET *se dit proprement de ce qui est conforme aux lois ; et* FAS, *de ce qui est conforme à la nature :* Clodium nihil delectat, quod aut per naturam fas sit, aut per leges liceat, *CIC.* Licere id dicimus, quod legibus, quod more majorum institutisque conceditur, *Id.* Factus est filius contra fas, cujus per ætatem poteras esse pater, *Id.*

1548. *Licet. Libet.*

LICET, *synonyme de* libet, *il est permis :* Peccare nemini licet, *CIC.* Licebit tibi esse bono viro, *Id.* — LIBET, *il plaît :* Non libet mihi deplorare vitam, quod multi fecerunt, *CIC.* Cui facilè persuasi ne licere quidem, non modò non libere, *Id.* Quod libet, id licet his ; et quod licet, id satis audent, *OVID.*

1549. *Ligare. Vincire.*

LIGARE, *lier, serrer avec quelque chose que ce soit :* Crines ligare, *TIBUL.* Ligare vulnera, *OVID. Au figuré :* Ligare pacta, *PROPERT.* — VINCIRE, *enchaîner, mettre dans les liens :* Vincire catenis, *OVID. Au figuré :* Legibus vincire, *CIC.* Ligatur quidpiam, ut sit astrictius ; vincitur, ne defluat.

1550. *Linquere. Relinquere. Derelinquere. Deserere. Destituere.*

LINQUERE, *quitter :* Linquens terram eam, quam servaverat, *CIC.* — RELINQUERE (retrò linquere), *laisser derrière soi, après soi :* Mihi turpe relinqui est, *HOR.* Relinquere æs alienum. *CIC., laisser des dettes après sa mort.* — DERELINQUERE, *délaisser, abandonner :* Communem causam derelinquere, *CIC.* — DESERERE, *proprement, détacher de, rompre l'enchaînement :* Deserere vitam, *HOR.* Omnes noti me atque amici deserunt, *TER.* Deserere *dit moins que* derelinquere : Sitientem me virtutis tuæ deseruisti ac dereliquisti, *CIC.* Agros deserunt, totas arationes derelinquunt, *Id.* — DESTITUERE (statuere de), *abandonner :* Et freta destituent nudos in littore pisces, *VIRG.* Ne sorti quidem fortunas nostras destituit, *CIC. Il signifie aussi manquer, frustrer :* Non me destituit animus, sed vires, *PHÆD.* Laomedon destituit deos mercede pactà, *HOR.* Destituere spem alicujus, *LIV.*

1551. *Liquare. Liquefacere.*

LIQUARE *et* LIQUEFACERE, *fondre, rendre liquide :* Liquatæ solis ardore excidunt guttæ, *CIC.* Mella liquata expressis favis, *OVID.* Vina liques, *HOR.* Æra liquefacta, *CIC.* Glacies calore liquefacta, *Id. Il est bon d'observer que* liquefacere *se dit bien au figuré, au lieu que* liquare *ne s'y trouve point :* Quem nullæ lætitiæ exultantes languidis liquefaciunt voluptatibus, *CIC. On ne dirait pas* liquant.

1552. *Liquescere. Mollescere.*

LIQUESCERE, *se fondre, devenir liquide :* Cera liquescit igni, *VIRG. Au figuré :* Liquescere voluptate, *CIC.* Si mea perpetuis liquescant pectora curis, *OVID.* — MOLLESCERE (*de* mollis), *s'amollir, devenir mou :* Tentatum mollescit ebur, *OVID. Au figuré :* Artibus ingenuis pectora mollescunt, asperitasque fugit, *OVID.*

1553. *Liquet. Constat. Stat.*

LIQUET, *il est clair, il est évident :* Cùm id de quo Panætio non liquet, reliquis luce clarius esse videatur, *CIC.* Non liquet, *disaient les juges à Rome : le fait n'est pas clair ; qu'il en soit plus amplement in formé.* — Constat (stat cum), *il est constant ; c'est le résultat d'un concours de preuves ou de suffrages :* Perspicuum est, constatque inter omnes, *Cic.* Constat de facto, *Quint.*— Stat, *impersonnellement, il est arrêté, déterminé :* Stat casus renovare omnes, *Virg.* Nos in Asiam convertemus, neque adhuc stat quò potissimùm, sed scies, *Cic.*

1554. *Liquidus. Purus. Illimis. Limpidus.*

Liquidus, *liquide, qui a ses parties fluides :* Liquidum plumbum, *Hor.* Liquidi fontes, *Virg.* *Au figuré :* Liquida vox, *Hor., une voix claire.* Liquida voluptas, *Cic., un plaisir pur.* — Purus, *pur, net, qui n'est point souillé :* Aqua pura, *Hor.* Pura atque integra mens, *Cic.* Quidquid indè haurias, purum liquidumque sit, *Id.* Judicium purum postulare, *Id., demander que le magistrat juge purement et nettement.* Purus *signifie aussi sans mélange, sans addition d'autre chose :* Purâ juvenis qui nititur hastâ, *Virg., une haste sans fer.* Puro ut possent concurrere campo, *Id., plaine toute nue, sans arbres, sans buissons.* Toga pura, *Phæd., toge toute simple, sans ornement, opposé à* toga prætexta. — Illimis (sine limo), *sans boue :* Fons erat illimis nitidis argenteus undis, *Ovid.*— Limpidus, *clair, limpide, transparent :* Erumpit per agros vastis fons limpidus antris, *Ovid.* Limpidus *s'applique particulièrement aux rivières, fontaines et ruisseaux.*

1555. *Liquor. Latex. Succus.*

Liquor, *liqueur, substance liquide et fluide :* Fluidus liquor, *Virg.* Liquores perlucidi amnium, *Cic.* — Latex (*de* latere), *la liqueur qu'on exprime :* Palladios latices, *Ovid., l'huile.* Latex Lyæus, *Virg., le vin.*— Succus (quasi sugus, *de* sugere), *liqueur qui s'exprime de la viande, des plantes, des herbes, des légumes :* Et succus pecori, et lac subducitur agnis, *Virg.* Herbæ succus, *Ovid.* *Au figuré :* Succus orationis, *Cic.* Amisimus omnem succum et sanguinem civitatis, *Id., nous avons perdu la force et la vigueur de la république.*

1556. *Litem suam facere. Litem in suam rem vertere.*

Litem suam facere, *plaider sa propre cause aux dépens de celle qu'on a à plaider :* Quid si, cùm pro altero dicas, litem tuam facias, aut causam relinquas, nihilne noceas ? *Cic.*— Litem in suam rem vertere, *s'approprier la chose qui fait le sujet du procès :* Orare ne pessimum facinus pejore exemplo admitterent judices, litem in rem suam vertendo, *Liv.*

1557. *Litteræ. Humanitas.*

Litteræ, *synonyme de* humanitas, *est ce que nous appelons les lettres ; il s'entend de toutes les sciences et de toute doctrine :* Flaminius litteras nesciebat, *Cic.* — Humanitas, *les lettres humaines, la connaissance de la grammaire, de la poésie, de la rhétorique, de l'histoire, de l'antiquité, et des auteurs anciens qui en traitent :* Homini non hebeti, neque inexercitato, neque communium litterarum, et politioris humanitatis experti, *Cic.*

1558. *Litteratura. Eruditio.*

Litteratura. *La littérature regarde particulièrement les belles-lettres, et désigne simplement les connaissances qu'on acquiert par les études ordinaires :* Erat in Cæsare ingenium, litteratura, etc., *Cic.* — Eruditio, *érudition, grande étude de savoir ; l'érudition annonce des connaissances relevées :* Homo præclarâ eruditione, *Cic.* Nullam eruditionem esse duxit, nisi quæ beatæ vitæ disciplinam juvaret, *Id.*

1559. *Litteras dare alicui. Litteras dare ad aliquem.*

Litteras dare alicui, *donner une lettre à quelqu'un pour la porter :* Equidem neminem prætermisi, quem quidem ad te perventurum putarem, cui litteras non dederim, *Cic.*—Litteras dare ad aliquem, *donner une lettre pour quelqu'un :* Dederam triduò ante pueris C. Planci litteras ad te, *Cic.* Tabellario meo binas ad te litteras dedi, *Id.*

1560. *Litterarum multitudo. Litterarum crebritas.*

Litterarum multitudo, *se dit des lettres multipliées :* De me meisque rebus, ne vobis multitudine litterarum molestus essem, ad Lælium perscripsi, *Cic.* — Litterarum crebritas *se dit des lettres fréquentes :* Colloqui videbamur in Tusculano cùm essem, tanta erat crebritas litterarum, *Cic.*

1561. *Litterarum intermissio. Litterarum intervallum.*

Litterarum intermissio *se dit du commerce des lettres interrompu :* Et si justâ et idoneâ usus es excusatione intermissionis litterarum tuarum, tamen id ne sæpiùs facias rogo, *Cic.*—Litterarum intervallum, *espace de temps pendant lequel on n'a point écrit :* Tu si intervallum longius erat mearum litterarum, ne sis admiratus, *Cic.*

1562. *Littus. Ripa. Acta.*

Littus, *rivage :* Littus est quà fluctus alludit, *Cic.* — Ripa *est la pente du terrain vers le fleuve :* Omnium riparum vestitus viridissimi, *Cic.* Littus, *dit Basilius Faber, s'entend des terres baignées par l'eau ; et* ripa, *des terres qui sont plus élevées, et que l'eau ne couvre point. Des exemples justifient cette différence :* Oras ad Eurum sequentibus nihil memorabile occurrit ; vasta omnia, vastis præcisa montibus, ripæ potiùs sunt quàm littora, *Pomp. Mela.* Campoque receptæ liberioris aquæ pro ripis littora pulsant, *Ovid. Ils se disent l'un et l'autre de la mer et des fleuves :* Timebam littus insulæ, *Cic.* In littore fluminis Eurotæ, *Id.* Ad quamdam magni fluminis ripam, *Id.* Æquoris nigri fremitum, et trementes verbere ripas, *Hor. Les grammairiens observent que* ripa *se dit particulièrement des fleuves ; et* littus, *de la mer ; plusieurs écrivent* litus *par un seul* t. — Acta *et* Acte, es (*en grec* ἀκτή), littus maris. Acta *donne l'idée d'un rivage escarpé et parsemé de rochers.*

1563. *Lituus. Tuba. Cornu. Buccina. Classicum.*

Lituus, *un clairon, un cor, instrument recourbé :* Multos castra juvant, et lituo tubæ permixtus sonitus, *Hor.* — Tuba (*de* tubus), *la trompette proprement dite, instrument droit, d'airain ou de bois, ou de corne :* Clangorque tubarum, *Virg.* — Cornu, *espèce de trompette ainsi appelée, parce qu'elle était faite de corne ; dans la suite on les fit d'airain, mais elles conservèrent leur nom :* Rauco strepuerunt cornua cantu, *Virg.* — Buccina (*de* bucca), *instrument recourbé semblable à nos cors de chasse, mais plus petit :* Cava buccina sumitur illi tortilis in latum, quæ turbine crescit ab imo, *Ovid.* — Classicum (*de* classis), *est proprement le son de la trompette qui appelle les soldats :* Vocatis classico ad concionem militibus, *Liv.* Et ingenti spiritu classicum exorsus prætendit ad alteram ripam, *Cæs.*

1564. *Lituus. Sceptrum. Pedum.*

Lituus, *synonyme de* sceptrum, *est le bâton des augures :* Leviter inflexum à summo bacillum lituus erat, *Cic.* Ipse quirinali lituo, parvâque sedebat succinctus trabeâ, *Virg.* Quid lituus iste vester, quod clarissimum est insigne auguratûs ? — *Cic.* Sceptrum (σκῆπτρον, *de* σκήπτομαι, *je m'appuie*), *sceptre, bâton royal, marque de la royauté ou de la souveraineté :* sceptrum dictæi regis, *Virg.* Celsâ sedet Æolus arce sceptra tenens, *Id. Il se prend pour la royauté même :* Sic nos in sceptra reponis? *Virg.* — Pedum, *houlette de berger :* At tu sume pedum, *Virg. Il signifie aussi bâton pastoral. Les acteurs comiques le portaient, parce que Thalie, muse de la comédie, passait pour la muse de l'agriculture. Il était aussi la marque du pontificat, et dans ce sens il est synonyme de* lituus. *C'est actuellement la crosse des évêques, par la raison que les évêques sont des pasteurs.*

1565. *Locare. Conducere. Elocare. Locitare.*

Locare (*de* locus), *proprement, placer :* Fundamenta locant alii, *Virg. Au figuré :* Beneficium locare apud gratos, *Liv.* Locare filiam, *Ter., marier sa fille.* Locare *est aussi relatif à* conducere ; *alors il signifie donner à loyer, faire marché pour un ouvrage :* Xenonis Meneni, nobilissimi hominis, fundus erat colono locatus, *Cic.* Locârat opus faciendum maximâ pecuniâ, *Id.* — Conducere (ducere cum), *conduire dans un même lieu, ensemble :* Conducere cohortes dispersas in una castra, *Tac.* Conducere, *relatif à* locare, *signifie, prendre à loyer, faire prix pour un ouvrage :* Cœlius conduxit domum in palatio, *Cic.* Redemptor qui columnam illam conduxerat faciendam, *Id.* Possessor locat opus faciendum ; redemptor conducit. — Elocare, *selon deux phrases attribuées l'une à Plaute, l'autre à Cicéron, signifierait déplacer, jeter hors ; mais les interprètes ne sont pas d'accord. Il se prend généralement pour donner à loyer :* Elocare fundum, *Cic.* — Locitare (*fréquentatif de* locare), *louer, affermer :* Locitavit ipsi agros, *Ter.*

1566. *Loculi. Marsupium. Crumena. Pera.*

Loculi (*diminutif de* locus), *bourse, cassette, parce que dans les bourses et dans les coffres il y avait de petites séparations :* Demittere nummum in loculos, *Hor.* Loculis quæ custoditur eburnis gemma, *Juv.* — Marsupium, *bourse à mettre de l'argent :* Potiùs marsupium domini exinaniunt, quàm replent, *Varr.* Exenterare marsupium, *Plaut., proprement, arracher les entrailles de sa bourse, la vider.* — Crumena, *espèce de gibecière, un sac que l'on portait à son cou :* Hic istam colloca crumenam in collo, *Plaut. On y mettait son argent.* Et mundus victus, non deficiente crumenâ, *Hor.*—Pera (*en grec* πήρα), *sac, besace, havresac. On le portait sur le dos en voyage :* Dormiat et tetrico cum pane pera rogat, *Mart.*

1567. *Longè. Procul. Eminùs.*

Longè *marque un éloignement déterminé, soit de lieu, soit de temps :* Longè à mari rus abest, *Cic.* Longè servet vestigia conjux. Virg. *Ce qui ne doit pas s'entendre d'une grande distance, mais relativement aux circonstances.* Longè prospicere futuros casus reipublicæ, *Cic.* — Procul *signifie quelquefois loin :* Non procul, sed hìc sunt, *Cic. Quelquefois il est pour* præ, *ou* pro oculis; *alors il marque une situation opposée, une position vis-à-vis, sans égard à la distance grande ou petite :* Postero die Perseus regiam ingressus, perturbato vultu in conspectu patris procul astitit, *Liv. Il se dit pour au loin :* Et jam summa procul villarum culmina fumant, *Virg.* — Eminus (quasi è manu), *de loin, mais toujours à une certaine distance, comme à la portée du trait :* Nec eminùs hastis, aut cominùs gladiis uterentur, *Cic.* Sic quotidiè utrinque eminùs fundis, sagittis, reliquisque telis pugnabatur, *Cæs. On ne dirait pas* eminùs obviam progredi, *mais* longè obviam progredi.

1568. *Longitudo. Longinquitas.*

Longitudo, *longueur, parlant de l'étendue et de la durée :* Non longitudo itineris retardavit, *Cic.* Immensitas latitudinum, longitudinum, altitudinum, *Id.* Noctis longitudo, *Cic.* Longitudo orationis, *Id.* — Longinquitas, *éloignement, parlant des lieux ; longue durée, parlant du temps :* Quò propter longinquitatem tardissimè omnia perferuntur, *Cic.* Nihil est quod non longinquitas temporis efficere possit, *Id.* Nondùm ex longinquitate gravissimi morbi recreatus est, *Id.*

1569. *Longulus. Longiusculus.*

Longulus (*diminutif de* longus), *un peu long :* Longulum sanè iter et via incepta, *Cic.* — Longiusculus (*diminutif de* longior, *un peu trop long :* Quod epigramma fecisset tantummodò alternis versibus longiusculis, *Cic., pour avoir composé une épigramme en vers dont les uns étaient plus longs que ne veut la mesure.*

1570. *Longus. Longinquus.*

Longus, *long, se dit de la durée et de l'étendue :* Nox longa quibus somni est pars nulla, *Hor.* Breve tempus ætatis satis longum videtur ad benè beatèque vivendum, *Id.* Longæ naves, *Liv.* Epistola longissima, *Cic.* — Longinquus *marque ordinairement une situation éloignée :* Arva longinqua, *Virg. Parlant de la durée, il marque un temps plus long que* longus : Longinquus morbus, *Liv.* Longinqua oppugnatio, *Cæs.*

1571. *Loquax. Garrulus. Verbosus.*

Loquax, *grand parleur, qui aime à parler :* Loquax senectus, *Cic. Au figuré:* Loquaces lymphæ, *Ovid.* Ranæ loquaces, *Virg.* Loquax epistola, *Cic.* — Garrulus (*de* garrire), *qui gazouille, qui ramage:* Hirundo garrula, *Virg. Parlant des personnes, il signifie babillard :* Percontatorem fugito, nam garrulus idem est, *Hor. Au figuré :* Garrula infantiæ disciplina, *Cic., le babil des enfants :* Rivus garrulus, *Ovid., ruisseau qui coule avec un petit murmure.* — Verbosus, *verbeux, qui dit beaucoup de paroles :* Habes epistolam verbosiorem fortassè quàm voles, *Cic.* Verbosa simulatio prudentiæ, *Id.* Leges verbosæ, *Ovid.* Loquax loquaci obloqui solet; garrulus commissa tacere nequit; verbosus pauca multis verbis loquitur.

1572. *Loquela. Locutio. Loquacitas. Garrulitas.*

Loquela, *le langage, ce qu'on dit en parlant:* Fallax loquela, *Cic.* Fudit has ore loquelas, *Virg.* — Locutio, *le parler, l'action et la manière de parler :* Locutio emendata, *Cic.* Græca locutio, *Id.* — Loquacitas, *babil :* Loquacitati ignosces, *Cic.* Facit non loquacitas mea, sed benevolentia longiores epistolas, *Id.* — Garrulitas *est un gazouillement, un caquetage :* Raucaque garrulitas, studiumque immane loquendi, *Ovid.*

1573. *Loqui aliquid. Loqui de aliquâ re.*

Loqui aliquid, *dire quelque chose :* Haud ignota loquor, *Virg.* Sæpiùsque ista loquemur inter nos, *Cic.* — Loqui de aliqua re, *parler de quelque chose :* Nulla videbatur aptior persona, quæ de illâ ætate loqueretur, *Cic.*

1574. *Loqui aliquem. Loqui cum aliquo. Loqui alicui.*

Loqui aliquem, *nommer, citer quelqu'un :* Quas mulieres, quos tu parasitos loqueris? *Plaut.* — Loqui cum aliquo, *s'entretenir avec quelqu'un :* Cum Curione vehementer locutus est, *Cic.* — Loqui alicui, *parler pour ou contre quelqu'un :* Pergin' hero absenti malè loqui, impurissime? *Ter. Il signifie aussi dire quelque chose à quelqu'un :* Loquere mihi nomen tuum, *PLAUT*.

**1375.** *Loqui apud aliquem. Loqui ad aliquem.*

**LOQUI APUD ALIQUEM**, *parler devant quelqu'un :* Mene ergò et Triarium dignum existimas, apud quos turpiter loquare? *CIC*. — **LOQUI AD ALIQUEM**, *adresser la parole à quelqu'un :* Ad quem sic roseo Thaumantias ore locutus est, *VIRG*.

**1376.** *Lorica. Thorax.*

**LORICA** (*de* lorum), *cuirasse, armure de gens de guerre, qui couvre la poitrine :* Conserta hamis lorica, *VIRG*. Descendi in campum cum illâ latâ ingentique loricâ, non quæ me tegeret... Sciebam enim Catilinam non latus aut ventrem, sed caput et collum solere petere, *CIC*. *Il se prend pour un parapet, tout ce qui peut couvrir les assiégés :* Turres contabulantur, pinnæ loricæque ex cratibus attexuntur, *CÆS*. — **THORAX** (θώραξ), *signifie proprement la poitrine :* Thoracem purgare, *PLIN*. *Dans les poëtes, il est pris pour ce qui couvre la poitrine :* Thoraca simul cum pectore rupit, *VIRG*.

**1377.** *Lucrum. Quæstus. Compendium Emolumentum.*

**LUCRUM** *se dit ordinairement d'un gain auquel on ne s'attendait pas :* Quem sors dierum cumque dabit, lucro appone, *HOR*. Quidquid præter spem eveniet, omne id deputabo in lucro, *TER*. — **QUÆSTUS** (quasi quæsitus), *se dit d'un gain qu'on a recherché :* Illiberales et sordidi quæstus mercenariorum omnium, *CIC*. Alii emendi quæstu et lucro ducuntur, *Id*. — **COMPENDIUM** (pendere cum), *gain, profit qui vient de son épargne ; il est opposé à* dispendium : Duæ res sunt quæ possunt homines ad turpe compendium commovere, inopia et avaritia, *CIC*. Cives qui merces suppeditant cum quæstu compendioque, *Id*. Multi leve compendium fraude maximâ commutârunt, *Id*. Is omninò se negat facturum compendii sui causâ quod non liceat, *Id*. *Il se prend pour un abrégé :* Compendium editorum, *ULP*., *un abrégé des édits. Il se dit plus souvent d'un chemin abrégé :* Ductus compendio iter facit, *QUINT*. — **EMOLUMENTUM** (*de* mola), *est proprement le profit que l'on retire d'un moulin ; il se dit de toute sorte de profit :* Boni nullo emolumento impelluntur in fraudem, *CIC*.

**1378.** *Lucrosus. Lucrativus. Quæstuosus.*

**LUCROSUS** *et* **LUCRATIVUS** *se disent d'un gain, d'un profit qui se présente naturellement :* Lucrativa opera, *QUINT*. Lucrosa voluptas, *OVID*. Fraus lucrosa, *PLIN*. — **QUÆSTUOSUS** (*de* quærere) *se dit*, 1° *d'un homme avide de gain :* Venio jam ad sumptuosos, relinquo istum quæstuosum, *CIC*. 2° *D'une chose lucrative qui porte un grand gain :* Scientiam habere quæstuosam, *CIC*. Mercatura quæstuosa, *Id*. *En ce sens il se dit d'un gain qu'on cherche.*

**1379.** *Luctari. Contendere.*

**LUCTARI**, *lutter, s'exercer à la lutte :* Alii velocitate ad cursum, alii viribus ad luctandum valent, *CIC*. *Au figuré :* Non luctabor ampliùs, *CIC*., *je ne disputerai pas davantage*. — **CONTENDERE** (tendere cum), *synonyme de* luctari, *faire de grands efforts :* Qui stadium currit, niti et contendere debet ut vincat, *CIC*. *Il se prend pour combattre :* Equestri prælio contendere, *CÆS*. *Au figuré*, Contra vim morbi contendere, *CIC*. *Il se prend pour comparer :* Leges oportet contendere, considerando utra lex ad majores pertineat, *CIC*.

**1380.** *Luctatio. Luctamen.*

**LUCTATIO**, *l'action de lutter :* Cursus, pugillatio, luctatio, *CIC*. *Au figuré :* Causa, in quâ tibi cum Diodoro magna luctatio est, *CIC*. Tetra ibi luctatio erat, ut à lubricâ glacie non recipiente vestigium, *LIV*. — **LUCTAMEN** *est poétique, il ne se dit que figurément ; effort, résistance :* Remo ut luctamen abesset, *VIRG*., *afin que les rames n'éprouvassent aucune résistance.*

**1381.** *Luctuosus. Lugubris. Luctifer.*

**LUCTUOSUS** (*de* luctus), *triste, déplorable :* Victoria cruenta atque luctuosa, *CIC*. Luctuosum est tradi alteri cum bonis, luctuosius inimico, *Id*. — **LUGUBRIS**, *lugubre, qui marque de la douleur :* Cantus lugubres, *HOR*. Lugubris ornatus, *CIC*. Carmen et rebus et verbis et modis lugubre, *Id*. — **LUCTIFER** *et* **LUCTIFICUS**, *qui cause de la tristesse, affligeant. Ces deux mots ne s'emploient guère qu'en poésie :* Luctifer bubo gemit, *SEN. TRAG*. Luctifica Alecto, *VIRG*.

**1382.** *Ludere. Ludificari.*

**LUDERE**, *jouer :* Ludere par impar, *HOR*. Ludere tesseris, *CIC*. *Au figuré, moquer :* Vanâ spe lusit amantem, *VIRG*. Ludere dolis, *TER*. — **LUDIFICARE** *et* **LUDIFICARI** (ludum facere), *duper, tromper :*

Fessum Romanum impunè ludificabatur, *TAC*. Apertè aliquem ludificari, *CIC*. Pacis morâ consulem ludificabat, *SALL*. Ludificari locationem, *LIV*., *ne pas tenir le marché qu'on a fait.*

1583. *Ludibrium. Ludificatio.*

LUDIBRIUM (*de* ludere), *jouet, moquerie :* Ille hæc ludibria fortunæ ne sua quidem putavit, quæ nos appellamus etiam bona, *CIC*. Ludibrio habere, *TER*. — LUDIFICATIO (ludum facere), *l'action de duper, de tromper :* Ne nihil actum censeret, exactâ propè æstate per ludificationem hostis, *LIV*.

1584. *Lues. Sanies. Tabum. Tabes. Pus.*

LUES (*de* luere), *corruption :* Miserandaque venit arboribusque satisque lues, *VIRG*. Gravem populis luem sparsura pestis, *SEN. TRAG. Au figuré :* Ut eos ludos hæc lues impura pollueret, *CIC*.— SANIES, *sang décomposé, humeur sanguinolente.* — TABUM, *pus, humeur virulente :* Sanie taboque fluentes, *VIRG*. Stillantis tabi sanies, *LUCAN*. Turpi dilapsa cadavera tabo, *VIRG*.—TABES, *poison qui mine, consume, ou dissout :* Lentâ tabe liquitur, *OVID. Au figuré :* Tabes fori pecuniam advocatis fert, *TAC*., *le poison du barreau, la chicane enrichit les avocats.* Fluentem tabem liquescentis nivis ingrediebantur, *LIV*. Tabes, *dans cet exemple, est pris pour la chose même dissoute.* — SANIES, *dit Celse*, variè crassa et glutinosa et colorata, pus crassissimum. Sanies est inter utrumque tempus vulneris recentis, aut jam senescentis ; pus ex ulcere jam ad sanitatem spectante. Movere pus, *CELS. Faire suppurer.* — PUS, *dans Horace, est pris figurément pour le poison de la médisance :* Proscripti Regis Rupili pus atque venenum.

1585. *Lumbi. Renes.*

LUMBI, *lombes, partie inférieure du dos, composée de cinq vertèbres, et des chairs qui y sont attachées :* Lumborum tenùs, *CIC*. Lumbos infringere, *HOR*. — RENES, *reins, viscères dont le principal usage est de recevoir et de filtrer les sérosités du sang qui passent ensuite dans la vessie :* Humores qui ex renibus vesicâque profunduntur, *CIC*. *Il se prend pour le bas de l'épine du dos, et la région voisine :* Cùm latus aut renes morbo tentantur acuto, *HOR*.

1586. *Lumen. Lux. Jubar. Aurora.*

*Quoique* LUMEN *et* LUX *paraissent quelquefois être employés indifféremment, on peut dire en général que* lumen *est la cause, ce qui donne la lumière. Quand on dit en français, apportez-moi de la lumière, c'est une bougie ou une chandelle allumée*, lumen. *Phèdre, après avoir dit:* Dum quærunt lumen, *ajoute*, lucernâ allatâ simul aspexit filium. *De même Virgile:* Urit odoratam nocturna ad lumina cedrum, *on ne dirait pas bien* lucem. *Il en est de même au figuré :* Majorum nobilitas lumen est, quod virtutes et vitia illustrat, *SALL*. Lux *ne serait pas bon.* Vos in tantis tenebris erroris et inscientiæ clarissimum lumen prætulistis menti meæ, *CIC*. Ordo memoriæ lumen affert, *Id*. Lux lumenque vitæ ratio, *Id*., *la raison est l'ornement et le flambeau de la vie.* Sol et luna, duo lumina mundi, *Id*. Morientia lumina, *OVID*., *des yeux mourants.* — LUX, *clarté, jour :* Hæc scripsi ante lucem, *CIC*. Luce, non tenebris, *Id*. Lumen *et* lumine *ne seraient pas si bien.* Centesima lux est hæc ab interitu Clodii, et, opinor, altera, *CIC*. *Virgile dit à peu près dans le même sens:* Vix lumine quarto Italiam prospexi. *Et Cicéron :* Si te lumine secundo offendero. Luce *présenterait cependant une autre image.* Lux, *au figuré, signifie gloire, splendeur :* Tantam unius hominis incredibilis ac divina virtus tam brevi tempore lucem afferre reipublicæ potuit! *CIC*. Hæc urbs lux orbis terrarum, *Id*. Lumen *ferait un autre sens. Servius dit :* In lumine est splendor, sed cum fumo ; in luce solus splendor : *cette différence est sans fondement.* — JUBAR (*de* juba, *parce que* mane sol quasi radiorum jubâ cinctus est), *éclat, rayonnement :* It portis jubare exorto trojana juventus. *VIRG*. Ab æquoreis nitidum jubar exerit undis Lucifer, *OVID*. —AURORA, *synonyme de* jubar *seulement, désigne cette lumière qui précède le lever du soleil :* Humida non sese vestris aurora querelis, ociùs ostendit clari prænuntia solis, *CIC*.

1587. *Luminosus. Lucidus. Perlucidus. Luciferus.*

LUMINOSUS, *lumineux, qui jette de la lumière :* Tùm sunt maximè luminosæ et quasi actuosæ partes duæ orationis, *CIC*. *Ce qui est une métaphore tirée de la peinture, où* lumen *est opposé à* umbra. — LUCIDUS, *clair, brillant :* Domus lucidior, *OVID*., *maison bien éclairée.* Lucida sidera, *HOR. Au figuré :* Lucidus ordo, *HOR*. — PERLUCIDUS (lucidus per), *diaphane:* Membranæ oculorum perlucidæ, *CIC*. *Il se prend pour* valdè lucidus : Stella illustris et perlucida, *CIC*. *Au figuré :* Fides perlucidior vitro, *HOR*. — LUCIFERUS (lucem ferens), *qui porte la lumière :* Denaque luciferos luna monebat equos, *OVID*.

1588. *Lunaris. Lunatus.*

LUNARIS, *de la lune:* Lunaris cursus, CIC. Equi lunares, OVID., *les chevaux du char de la lune.* — LUNATUS, *courbé en forme de croissant:* Feminea exultant lunatis agmina peltis, VIRG. Juvenci nondùm lunatâ fronte, STAT., *de jeunes taureaux qui n'ont point encore de cornes.* Cauda lunata delphinorum, SEN.

1589. *Lupinus. Lupatus*

LUPINUS, *de loup, ou de louve:* Quem inauratum in Capitolio parvum atque lactentem, uberibus lupinis inhiantem fuisse meministis, CIC. — LUPATUS, *armé de dents de loup, en forme de dents de loup:* Gallica nec lupatis temperet ora frenis, HOR.

1590. *Luridus. Lividus. Pallidus.*

LURIDUS, *extraordinairement pâle:* Pallor luridus, OVID. Pelle luridâ amicta ossa, HOR.— LIVIDUS, *livide, noirâtre par les coups:* Ora livida facta digitis, OVID. Brachia livida armis, HOR. *Au figuré, envieux:* Lividus et mordax, HOR.— PALLIDUS, *pâle, blême:* Pallidior cerâ, OVID. Ora buxo pallidiora, *Id.* Aurora pallida, VIRG.

1591. *Lustralis. Lustricus.*

LUSTRALIS, (*de* lustrare), *qui sert aux purifications, expiatoire:* Aqua lustralis, OVID., *de l'eau lustrale dont les païens se servaient avant que d'entrer dans les temples, et qu'on jetait sur les assistants:* Sacrificium lustrale in diem posterum parat, LIV., *il prépare un sacrifice expiatoire pour le lendemain.* — LUSTRICUS, *de purification:* Lustricus dies, SUET., *le jour où les païens donnaient un nom à leurs enfants, et offraient des sacrifices pour les purifier.* Ejusdem futuræ infelicitatis signum evidens die lustrico apparuit, CIC. *Chez les chrétiens,* lustralis aqua *représente l'eau bénite; et* lustricus dies *le jour du baptême.*

1592. *Lustrum. Olympias.*

LUSTRUM, *le lustre était un espace de cinq ans* (*de* lustrare, *faire la revue*), *parce que tous les cinq ans les censeurs faisaient la revue de l'armée, et le dénombrement du peuple. C'était aussi une cérémonie d'expiation qui se faisait tous les cinq ans:* Ut qui prima novo signat quinquennia lustro, MART. Octavum lustrum, HOR., *quarante ans.* Omnes centuriæ, et equites in campum Martium convocati, sue, ove, tauro cæsis immolabant, quod lustrum est dictum: sicque à sacrificio illo census obtinuit nomen, LIV. — OLYMPIAS, *olympiade, l'espace de quatre ans entiers, qu'il y avait d'une célébration de jeux olympiques à une autre célébration. Comme le lustre chez les Romains était ce que l'olympiade était chez les Grecs, à une année près, on disait une olympiade pour un lustre, en ajoutant* quinquennis: In Scythiâ nobis quinquennis olympias acta est, OVID.

1593. *Lŭteus. Lutulentus. Cœnosus. Limosus.*

LUTEUS (lŭtum), *de terre grossière, de boue:* Vasa lutea, CIC. Hirundo luteum celsâ sub trabe fingit opus, OVID. *Au figuré:* Luteus honos, PLAUT. — LUTULENTUS, *bourbeux, rempli de boue:* Lutulentus sus, CIC. Amnis lutulentus, OVID. *Au figuré:* Pauci ista tua vitia lutulenta noveramus, CIC. — COENOSUS (*de* cœnum), *plein de boue, de fange:* Cœnosus gurges, JUV. *Il ne s'emploie point au figuré.* — LIMOSUS, *limoneux, bourbeux:* Limosaque flumina potat, VIRG. (Lūteus, *jaune.*)

1594. *Luxuria. Luxus.*

LUXURIA *et* luxuries, *trop grande abondance:* Luxuriam segetum tenerâ depascit in herbâ, VIRG. In ejus oratione, ut in herbis rustici solent dicere, inest luxuries quædam, quæ stylo depascenda est, CIC. *Il se prend pour somptuosité et magnificence:* Odit populus romanus privatam luxuriam, publicam magnificentiam diligit, LIV. *Il se dit aussi de la corruption des mœurs:* Turpe est diffluere luxuriâ, CIC. — LUXUS, *luxe dans les habits, les meubles, la table:* Domus regali splendida luxu, VIRG. Regifico luxu paratæ epulæ, *Id. Il se dit de la dissolution des mœurs:* Adolescens luxu perditus, TER.

1595. *Luxuriosus. Libidinosus.*

LUXURIOSUS, *au propre, qui pousse trop:* Seges luxuriosa, OVID. Frumenta luxuriosa, CIC. *Au figuré:* 1° *prodigue, qui répand trop:* Ut in suis rebus, ita in republicâ luxuriosus nepos, qui priùs silvas vendat, quàm vineas, CIC. 2° *Excessif:* Patribus nimis luxuriosa ea fuit lætitia, CIC. 3° *Déréglé dans les mœurs:* Luxuriosi reprehendendi sunt ob eam ipsam causam, quòd ita vivunt, ut persequantur cujusque modi voluptates, CIC.— LIBIDINOSUS (*de* libet), 1° *capricieux:* Libidinosæ sententiæ, CIC., *des avis fondés sur le caprice.* 2° *Déréglé, qui s'abandonne à ses passions:* Libidinosa et intemperans adolescentia effœtum corpus tradit senectuti, *Cic.* Nihil isto scitote esse luxuriosius, nihil libidinosius, *Id.*

1596. *Lycæus. Lupercal.*

LYCÆUS (*de* λύκος, *loup*), *montagne d'Arcadie consacrée au dieu Pan et au dieu Faune, et où il y avait beaucoup de loups :* Lycæi gelidi saxa, *Virg.* Pan lycæus, *Ovid.* Faunus lycæus, *Id. On appelait* Lycæa *les fêtes consacrées en l'honneur de ces deux divinités.* — LUPERCAL (quasi lupos arcens), *lieu au pied du mont Palatin, consacré au dieu Pan :* Locus ille Lupercal, magna dati nutrix præmia lactis habet, *Ovid. On appelait* Lupercalia *les fêtes célébrées en l'honneur du dieu Pan, parce que les bergers demandaient au dieu Pan qu'il garantît leurs troupeaux des loups.*

# M.

1597. *Macellum. Forum. Emporium. Velabrum.*

MACELLUM, *marché où l'on vend des provisions de bouche :* Ad macellum ubi advenimus, concurrunt læti mî obviam cupedinarii omnes, fartores, coqui, piscatores, aucupes, *Ter.* Annona in macello cara, *Cic.* — FORUM, *marché où l'on vend toutes sortes de marchandises :* Forum boarium, *Liv.* Vacca, in Africâ, forum rerum venalium totius regni maximè celebratum, *Sall.* — EMPORIUM (*d'*ἐμπορέω, *trafiquer*), *place de commerce, se dit surtout d'un port, d'une ville fréquentée par les commerçants :* Cùm per emporium Puteolanorum iter facerem, *Cic.* — VELABRUM. *Le Vélabre était un quartier bas de Rome, au pied du mont Aventin. Il était rempli de marchands d'essences et d'huiles :* Quasi in velabro olearii, *Plaut.* Macellum *le marché, le séparait en deux. Tarquin remédia aux inondations fréquentes de ce quartier par des conduits souterrains bien voûtés, et qui subsistent encore.*

1598. *Machina. Machinatio.*

MACHINA (*de* μηχανή, *machine*), *machine, instrument propre à faire mouvoir, à tirer, lever, traîner, lancer quelque chose :* Columnæ machinâ appositâ dejectæ, eisdem lapidibus repositæ sunt, *Cic.* Torquet nunc lapidem, nunc ingens machina tignum, *Hor.* Belli machina, *Virg. Au figuré :* Omnes adhibeo machinas ad tenendum adolescentem, *Cic.* — MACHINATIO, *l'action de dresser des machines, ressort, adresse :* Cùm machinationem quâdam aliquid moveri videamus, ut sphæram, horas, etc., *Cic.* Quibusdam bestiis etiam machinatio quædam atque solertia data est, ut in araneis, *Id.*

1599. *Mactare. Immolare.*

MACTARE (*de* magis auctare, *fréquentatif d'*augere), *proprement, augmenter :* Mactare aliquem honoribus, *Cic. Il se prend ordinairement pour sacrifier ; on mettait du vin et de l'encens sur la tête de la victime avant de l'égorger :* Mactant de more bidentes, *Virg.* Nonne hunc in vincula duci, non ad mortem rapi, non summo supplicio mactari imperabis ? *Cic.* Mactare Orco, *Liv.*, *faire un sacrifice à Pluton. Au figuré :* Mactare aliquem ultioni et gloriæ, *Tac.* — IMMOLARE (*de* mola), *ne signifie point tuer la victime, mais mettre sur sa tête un gâteau d'orge mêlé de sel, qui s'appelait* mola. *Comme on mettait cette orge sur la tête de la victime avant de l'égorger,* immolare *a été pris pour égorger :* Immolare hostias, *Cic.* Immolare *dans les bons auteurs n'est jamais pris au figuré ; ce serait un barbarisme, par exemple, de dire* immolare aliquem ultioni suæ, *comme nous disons immoler à sa vengeance.*

1600. *Macte. Euge.*

MACTE (quasi magis aucte), *courage : c'est un vocatif :* Macte, vir virtute esto, *Cic.* Macte animi, *Mart.* — EUGE (εὖγε), *fort bien, bon :* Euge, corpulentior viderè, atque agilior, *Plaut.* Euge, jam lepidus vocor, *Ter.*

1601. *Madere. Madescere. Madefieri.*

MADERE, *être trempé :* Vela madent, *Ovid.* Madebant parietes, *Cic. Au figuré :* Quanquam Socraticis madet sermonibus, *Hor.* — MADESCERE, *se mouiller, s'imbiber :* Tellus madescit nubibus, *Ovid.* Largis tùm imbribus ora madescunt, *Claud.* — MADEFIERI, *devenir mouillé, humecté :* Iterùm madefient cæde Philippi, *Ovid.*

1602. *Magis. Ampliùs. Plus.*

*Ces trois mots sont également comparatifs, et marquent tous trois la supériorité, avec cette différence que* MAGIS *a rapport à la qualité des choses :* Nihil videtur nec magis compositum quicquam nec magis elegans, *CIC. On ne dirait pas* amplius, *ni* plus elegans. Nihil huic addi potest, quo magis virtus sit, *Id.* — AMPLIUS, *se dit par rapport à la durée, l'étendue et la quantité :* Noctem non ampliùs unam falle dolo, *VIRG.* Ampliùs sunt sex menses, *CIC.* Millibus ampliùs quingentis in longum patet, *Id.* Facite quodlibet, daturus non sum ampliùs, *Id.* Magis *ne serait pas bon dans ces exemples.* — PLUS *a rapport au nombre :* Plus decem ancillas secum adduxit, *TER.* Nunquàm Romæ plus triduo fuit, *CIC. Dans ces exemples on dirait bien* ampliùs. Plus *se met aussi pour* magis *:* Sæpè virtus plus proficit quàm humilitas, *CIC.* Cave putes hoc tempore plus me quemquam cruciari, quòd, etc. *Id.*

1603. *Magnificentia. Pompa.*

MAGNIFICENTIA (*de* magnus *et de* facere), *magnificence, qualité de magnifique :* Magnificentia est rerum magnarum et excelsarum cum animi amplâ quâdam et splendidâ propositione agitatio atque administratio, *CIC.* Magnificentia ædium regiarum, *Id.* Magnificentia et sumptus epularum, *Id.* Magnificentia verborum, *Id.* — POMPA (*de* πομπὴ, *pompe*), *appareil magnifique ; il se dit proprement et spécialement de ce qui est en marche, de ce qui avance, comme un convoi funèbre, etc.;* Socrates, in pompâ cùm magna vis auri argentique ferretur: Quàm multa non desidero ! inquit, *CIC.* Spoliatum exequiis et pompâ cadaver, *Id.*

1604. *Magnitudo. Amplitudo. Majestas. Gravitas.*

MAGNITUDO *se dit de toute sorte de grandeur :* Magnitudo mundi, *CIC.* Magnitudo æris alieni, *Id.* Magnitudo fructuum, *Id.* Magnitudo animi, *Id.* Magnitudo tuorum erga me meritorum, *Id.* Odii magnitudo. *Id.* — AMPLITUDO *se dit particulièrement de l'étendue :* Amplitudo maris, *CIC. Au figuré :* Amplitudo est potentiæ aut majestatis aut aliquarum rerum abundantia, *CIC.* In quo summa auctoritas est atque amplitudo, *Id.* Nominis amplitudo, *Id.*, *l'éclat, la grandeur de son nom.* — MAJESTAS, *majesté, se dit de tout ce qui a quelque chose de grand, d'auguste :* Majestas loci, *LIV.* Majestas judicum, *CIC.* Majestas divinæ solertiæ, *Id.* Sed neque parvum carmen majestas recipit tua, *HOR.* Majestas, *dit Dolet*, vulgò est omnis amplitudo et dignitas vel principis vel imperatorum, vel populi, vel senatûs, transferturque nonnunquàm ad alia; nam et in oratione majestatem vocamus pro gravitate quâdam gestûs et oris constantiâ, ut apud Ciceronem : Quanta illi fuit gravitas, quanta in oratione majestas ! — GRAVITAS, *au propre, pesanteur, poids, charge :* Ignavâ nequeunt gravitate moveri, *OVID. Au figuré, gravité, importance, grandeur:* Vincit Cæcilius gravitate, Terentius arte, *HOR.* Multiplicat tamen hunc gravitas auctoris honorem, *OVID.*

1605. *Magnus. Ingens. Grandis. Amplus. Procerus. Vastus.*

MAGNUS *est le mot général qui exprime toute sorte de grandeur :* Magnus acervus, *CIC.* Magnum ingenium, *Id.* Magnum agmen, *VIRG.* Magnus amicus, *CIC.* — INGENS *dit plus, et exprime une grandeur extraordinaire :* Maxima quæ vidit quisque ingentia fingit, *OVID.* Magnas verò agere gratias mihi ? Ingentes ! *TER.* Satis erat, *dit Cicéron*, respondere magnas, ingentes inquit; semper auget assentatio id quod is cujus ad voluntatem dicitur vult esse magnum. Corpus ingens *dit plus que* magnum corpus. Ingens *regarde aussi les qualités de l'âme ; c'est dans ce sens qu'Horace dit* ingentem Anthiochum ; *et Ovide,* ingenti nupta marito, *parlant d'Auguste qui, comme le dit Suétone, était petit*, staturâ brevi. — GRANDIS, *se dit de la grandeur, tant au propre qu'au figuré :* Grandem pecuniam alicui credere, *CIC.* Patella grandis, *Id.* Grandis adolescens, *Id.* Grandis causidicus, *Id.* Grandia verba, *Id.* Grande ferunt cum damno dedecus, *HOR. C'est de* grandis *que vient notre mot* grand. — AMPLUS, *se dit de l'étendue :* Civitas ampla, *CIC.* Theatrum magnitudine amplissimum, *Id. Au figuré :* Homines ampli, *CIC.*, *des personnes considérables.* Ampla familia, *Id.*, *une maison illustre.* Amplis honoribus aucti, *HOR.* — PROCERUS, *fort haut, fort long :* Alni proceræ, *VIRG.* Procerissima populus, *CIC.* Carolus, cognomine Magnus, fuit reipsâ vir ingens animo et viribus ; grandis *ne serait pas bon.* Lacrymis humectat grandibus ora, *VIRG.*, *parlant d'un cheval de bataille qui suit le convoi de son maître.* Ingentia, ingentibus *seraient trop forts et peu convenables ;* magna, magnis *ne peindraient point.* — VASTUS, *vaste, qui est d'une fort grande étendue :* Bellua vasta et immanis, *CIC.* Hiatu vasto immanis specula, *VIRG.* Vastus homo, *CIC.*, *un colosse.* Vastus animus, *SALL.*, *un esprit vaste en ses desseins.*

1606. *Major. Major natu. Grandis natu.*

*Cicéron dit simplement* MAJOR, *pour l'aîné :* Quem ego ut fratrem majorem verebar. Balbus major, et Balbus minor, *Id.* — MAJOR NATU, *plus avancé en âge :* Aliquot annis major natu, *CIC.*, *plus vieux de quelques années.* Qui fuit major natu, quàm Plautus, *Id.* — GRANDIS NATU, *vieux :* Grandes natu matres occurrebant, *CIC.* Non admodùm grandis natu, sed tamen ætate provectior, *Id.*

1607. *Malignus. Malitiosus.*

MALIGNUS (quasi malè genitus), *malin :* Oculis malignis spectare, *OVID.* Maligna insontem deprimit suspicio, *PHÆD. Il signifie aussi chiche, épargnant. C'est dans ce sens que Virgile dit* colles maligni, *des collines peu fertiles ; et Martial,* tepet igne maligno hic locus. *Il est opposé à* benignus, *libéral, abondant. Tite-Live a dit de même :* In auro verò... quæ malignitas? *pourquoi leur refuser l'usage de l'or? Et Quintilien :* In laudandis discipulorum lectionibus nec malignus, nec effusus. — MALITIOSUS, *malicieux :* Malitia, versuta et fallax nocendi ratio, *CIC.* Malitia est mala calliditas, *Id.* Malitiosa juris interpretatio, *Id.* Nolim quicquam agere cum maligno, quòd iniquus, illiberalis et invidus sit ; cum malitioso, quòd fraudes et fallacias ad nocendum struat.

1608. *Malitia. Nequitia. Malevolentia. Improbitas.*

MALITIA, *malice, méchanceté ; c'est l'effet de la réflexion, du sang-froid :* Ad omnem malitiam mentem suam versare, *CIC.* Prudentiam malitia imitatur, *Id.* — NEQUITIA, *déréglement, dissolution :* Nequitia ab eo quod nequicquàm est in tali viro, ex quo idem nihili dicitur, *CIC.* Nequitia est quæ te non sinit esse senem, *OVID.*, *ce sont vos déréglements qui abrégent vos jours.* — MALEVOLENTIA (malè velle), *mauvaise volonté :* Ut malevolentia sit voluptas ex malo alterius sine emolumento, *CIC.* Nullà in cæteros malevolentià suffusus, *Id.* Longè abhorret à nequitià modestus et temperans; versuti et perfidi est malitia ; invidum arguit malevolentia. IMPROBITAS, *méchanceté, scélératesse :* Improbitas ipsos audet tentare parentes, *JUV.*

1609. *Malum. Miseria.*

MALUM, *mal, malheur, tourment :* Nullum est magnum malum præter culpam, *CIC.* Omne malum nascens facilè opprimitur, *Id.* Et quod malum est, quod in meà calamitate non sit, *Id.* Non potest sine malo fateri, video, *TER.*, *je vois bien qu'il n'avoue rien sans être battu.* — MISERIA, *misère, état malheureux :* In miserià esse, *CIC.*, *être dans la misère ; au lieu que* in malis esse, *CIC.*, *signifie être dans la peine, être en danger.* Ubi est virtus, ibi miseria esse non potest, *Id.* In meis miseriis aliquam ferte opem, *Id.* In malis *présenterait une autre idée.*

1610. *Manare. Labi. Fluere.*

MANARE *annonce un écoulement plus lent, moins abondant, une matière un peu moins fluide.* LABI, *un écoulement plus facile.* FLUERE, *un écoulement plus prompt :* Sudor ad imos manabat talos, *HOR.* Aer per maria manat, *CIC. Au figuré :* Manat rumor, *CIC.* Manabat illud malum, *Id. On ne dirait pas* fluit, fluebat. In proclive labi, *CIC. Au figuré :* Labuntur anni, *HOR.* Arma fluunt de manibus, *CIC. On ne dirait pas* manant, *parce que* manare, *entre autres choses, suppose continuité d'écoulement. On ne dirait pas* manare luxurià, *pour* fluere ; 1° *parce que* manare *se prend toujours en un sens absolu, et ne se dit que de la matière qui s'écoule ;* 2° *parce que* manare *exprime un écoulement trop lent pour bien convenir à* luxurià, *qui donne plutôt l'idée d'un torrent ; au lieu qu'on dit bien* fluere mollitià, luxu.

1611. *Mandare. Jubere. Imperare. Præcipere.*

MANDARE (quasi manu dare), *donner des ordres, une commission :* Nihil tibi mando nominatim, sed totum tuo amori fideique committo, *CIC.* Cuidam servulo mandaret, *PHÆD. Au figuré, confier, transmettre :* Mandare memoriæ, animis, immortalitati, *CIC.* — JUBERE, *marquer sa volonté, son désir :* Jubere dicere, *CIC.* Jubere legem, tributa, *Id.* (*On sous-entend* esse). Jubere *n'est pas seulement un terme d'autorité, il se prend pour conseiller, exhorter, souhaiter :* Salvum esse te jubeo, *CIC.* Tuæ litteræ rectè sperare jubent, *Id. On ne dit pas bien* jubere alicui. *Claudien a cependant dit :* Gallis Hispanisque jubet. — IMPERARE *exprime avec plus de force l'exercice de l'autorité, commander pour être obéi :* Qui benè imperat, paruerit aliquandò necesse est; et qui modestè paret, videtur qui aliquando imperet dignus esse, *CIC.* Imperavit frumentum, et alia quæ bello usui forent, *SALL.* Jubeo, cogo atque impero, *TER.* In hoc negotio nulla tua, nisi loquendi cura est, hoc est, imperandi et mandandi, *CIC. On se commande à soi-même :* Imperavi mihimet assentari omnia, *Ter.* — PRÆCIPERE (capere præ), *prendre d'avance :* Et spe jam præcipit hostem, *Virg. Il se prend pour enseigner comment on doit faire ; il a rapport à l'instruction que donne un supérieur :* Præcipe lugubres cantus, Melpomene, *Hor.* Illud potiùs præcipiendum fuit, ut diligentiam adhiberemus, *Cic.*

### 1612. *Manè. Diluculò.*

MANÈ (*de l'inusité* manus, *doux, clair*), *comprend toute la matinée, matin, le matin :* Benè manè heri scripsi, *Cic.* Manè totum stertis, *Hor.* Hodiè manè, *Cic.* — DILUCULO (*de* dilucere, *commencer à luire, à percer les ténèbres*), *ne se dit que du commencement du jour :* Cùm ante lucem surrexissem, veni diluculò ad pontem Tiretium, *Cic.*

### 1613. *Manere. Remanere. Commorari. Habitare.*

MANERE, *passer la nuit dans un endroit ; les Latins appelaient* mansiones *ce que nous appelons couchée :* In Mamurrharum urbe mansimus, *Horace n'y fit que coucher.* Multis in locis ne tectum quidem accipio, et in tabernaculo maneo plerùmque, *Cic. Au figuré :* Manere in officio, *Cic.* Hoc in causâ maneat, *Id., que ce point demeure stable. Il se prend activement, et signifie attendre :* Quem hîc manes ? *Ter.* — REMANERE (retrò manere), *rester derrière, après :* Ii qui per valetudinis causam remanserant, *Cæs. Au figuré :* Animi remanent post mortem, *Cic.* — COMMORARI (de mora), *séjourner, passer quelque temps dans un lieu.* — HABITARE, *y faire constamment sa demeure :* Ita discedo tanquàm ex hospitio, non tanquàm ex domo ; commorandi enim natura diversorium nobis, non habitandi dedit, *Cic. Au figuré :* Mea ratio hæc in dicendo esse solet, ut boni quod habet id amplectar, exornem, exaggerem, ibi commorer, ibi habitem, ibi hæream, *Cic.*

### 1614. *Mango. Venalitius.*

MANGO (*de* μάγγανον, præstigiæ), *marchand d'esclaves, qui les faisait paraître mieux faits pour les vendre plus cher :* Mangones sunt qui colorem fuco, et verum robur inani saginâ mentiuntur, *Quint.* Multa fidem promissa levant, ut pleniùs æquo laudat venales qui vult extrudere merces.... nemo hoc mangonum faceret tibi, *Hor.* — VENALITIUS (*de* venire, *être vendu*), *marchand d'esclaves, petit marchand :* Divitiæ quibus omnes Africanos multi venalitii, mercatoresque superârunt, *Cic.*

### 1615. *Manipularis. Manipularius.*

MANIPULARIS (*de* manipulus), *de la même troupe, de la même bande :* Addo etiam manipulares ex legione alaudarum, *Cic.* Manipulares tres suos nactus, *Cæs. Au figuré :* Manipulares judices, *Cic.* — MANIPULARIUS, *de soldat, propre au soldat, à la troupe :* Caligulæ cognomen ex caligis castrensi joco traxit, quia manipulario habitu inter milites educabatur, *Suet.*

### 1616. *Mantile. Mappa.*

MANTILE (*de* manus *et de* tela), *essuie-main, diffère de* mappa, *qui est une serviette :* Dant manibus famuli lymphas.... tonsisque ferunt mantilia villis, *Virg. Le maître de la maison fournissait* mantile, *et surtout le* mantile *dont il est parlé dans Martial :* Mantile è mensâ surripit Hermogenes. *Il paraît que* MAPPA *était la nappe :* Ne sordida mappa corruget nares, *Hor.* Risum compescere mappâ, *Id. Anciennement les convives apportaient leurs serviettes :* Attulerat mappam nemo, dùm furta timentur, *Mart.*

### 1617. *Manubiæ. Præda. Spolium. Exuviæ.*

MANUBIÆ (*de* manus), *se prend 1° pour les dépouilles :* Ex manubiarum venditione, *Cic.* ; 2° *Pour le prix, l'argent qui revient des dépouilles :* Manubiæ sunt non præda, sed pecunia per quæstorem populi romani ex prædâ venditâ contracta, *Gell.* Manubiæ, *pris pour dépouilles, diffère de* præda, *en ce que* manubiæ *se dit des effets enlevés à l'ennemi, au lieu que* PRÆDA *comprend généralement tout :* Dubitamus quid iste in hostium prædâ molitus sit, qui manubias tantas ex Metelli manubiis sibi fecerit ? *Cic.* Quæ ex prædâ aut manubiis est abs te donatio constituta, *Id.* Spe prædæ adduci, *Id.* — SPOLIUM, *dépouilles enlevées à l'ennemi ; il se dit proprement de l'armure :* Spoliorum causâ hominem occidere, *Cic.* Aut spoliis laudabor opimis, *Virg. Les dépouilles opimes étaient celles qu'un général romain avait enlevées au général ennemi qu'il avait tué dans le combat :* Spolia in æde Jovis Feretrii prope Romuli spolia, quæ prima appellata opima sola eâ tempestate erant, cum solemni dedicatione dono fixit, *Liv. Il se prend plus généralement :* Aliorum spoliis suas opes augere, *Cic.* — EXUVIÆ (*d'*exuere), *dépouilles :* Qui redit exuvias indutus Achillis, *Virg.* Exuviæ leonis, *Id.* Cùm hunc locum majores nostri exuviis nauticis, et classium spoliis ornatum reliquissent, *Cic.* Spolia *renferme* *l'idée accessoire de force, de violence ou de pillage, qu'*exuviæ *ne renferme pas.*

1618. *Manus. Palma. Pugnus.*

Manus, *la main :* Natura dedit homini manus aptas et multarum artium ministras, *Cic.* — Palma, *le creux, le dedans de la main :* Duabus palmis hausta aqua, *Ovid.* Is cùm palam annuli ad palmàm converterat, à nullo videbatur, *Cic.* *Il se prend pour palmier :* Agrestium palmarum multitudo in Siciliâ, *Cic.* *C'était le prix des vainqueurs :* Plurimarum palmarum homo, *Cic.*, *un homme qui a remporté plusieurs victoires.* — Pugnus, *la main fermée :* Comprimere digitos, pugnumque facere, *Cic.* Pugnos ferre, *Id.*, *recevoir des coups de poing.*

1619. *Mare. Æquor. Pontus. Pelagus. Fretum. Salum. Oceanus.*

Mare, *la mer, cette vaste étendue d'eau qui couvre une partie de la terre :* Terrâ marique aliquem conquirere, *Cic.* — Æquor (*d'*æquus) *une plaine, une surface unie :* Quid tam planum videtur, quàm mare? ex quo etiam æquor illud poetæ vocant, *Cic.* Æquore campi, *Virg.* Maris æquora, *Hor.* — Pontus, *dieu de la mer, plus ancien que Neptune. Pontus s'unit à la terre, sa mère, et devint père de Nérée. Il se prend pour la mer :* Gurges ponti, *Cic.* Hyems aspera ponti, *Virg.* *C'est proprement la partie qui s'étend des Palus Méotides jusqu'à Ténédos :* Euxinus pontus, *Cic.* — Pelagus, *une mer profonde, la pleine mer :* Prona petit maria, et pelago decurrit aperto, *Virg.* Ut pelagus tenuère rates, *Id.* — Fretum, *un détroit, où la mer est serrée entre deux terres :* Disjungi freto ab Italiâ, *Cic.* — Salum (*de* sal *ou de* σαλεύω, *agiter*) *est une mer agitée :* Nec tam ærumnoso navigàssem salo, *Cic.* Spumante salo fit sonitus, *Virg.* Salum *peut signifier simplement de l'eau salée.* — Oceanus, *l'Océan. Les anciens appelaient ainsi cette vaste étendue de mer qui entoure la terre :* Quid tantùm Oceano properent se tingere soles, *Virg.* *Les prosateurs se sont servis de ce mot dans le même sens, pour signifier la mer :* Oceani humoribus alitur sol igneus, *Cic.* Terra parva quædam insula est circumfusa illo mari quod Atlanticum, quod Magnum, quod Oceanum appellatis, *Id.* *Les autres noms donnés à la mer, comme* Téthys, Amphitrite, Nereus, etc., *ne sont guère en usage que chez les poëtes.*

1620. *Margo. Ora. Crepido.*

Margo, *bord, marge :* In margine ripæ, *Ovid.* — Ora, *côte, les rivages de la mer :* Urbes quæ in orâ Asiæ sitæ sunt, *Corn. Nep.* Infinitas regiones, quarum nulla esset ora, nulla extremitas, peragravit, *Cic.* Ora *marque plus d'étendue que* margo. *On dit* ora togæ, *et on ne dirait pas* margo togæ. *Au figuré :* Et mecum ingentes oras evolvite belli, *Virg.* (*c. à d.*) *les commencements et la fin de la guerre. C'est aussi l'amarre qui attache un navire au rivage :* Vixdùm omnes conscenderant, cùm alii resolutis oris in ancoras evehuntur; alii, ne quid teneat, ancoralia incidunt, *Liv.* — Crepido, *quai, parapet :* Crepido urbis, *Cic.* Fortè ratis, celsi conjuncta crepidine saxi, expositis stabat scalis, et ponte parato, *Virg.*

1621. *Marinus. Maritimus.*

Marinus (*de* mare), *de mer, marin :* Astra que marinis terrenisque humoribus aluntur, *Cic.* Conchæ marinæ, *Ovid.* Fremitus marinus, *Virg.* — Maritimus, *maritime :* Bellum maritimum, *Cic.* *Voisin de la mer :* Loci, homines maritimi, *Id.* Marini et maritimi æstus, *Cic.* Marinus est ex ipso mari; maritimus verò est proximus maris.

1622. *Masculus. Masculinus.*

Masculus (*de* mas), *mâle, courageux :* Proles mascula, *Hor.* Mascula Sappho, *Id.* — Masculinus, *masculin :* Masculinum genus, *Quint.* Rapum masculinum, et femininum, *Plin.*

1623. *Mater. Genitrix. Materfamiliàs.*

Mater, *mère, se dit de tout animal qui met au monde, et de celle qui nourrit :* Ita simili formâ, ut mater sua non internosse posset, quæ mammam dabat, neque adeò mater ipsa, quæ illos pepererat, *Plaut.* Carentes matre privigni, *Hor.* Prohibent à matribus hædos, *Virg.* *Au figuré :* Luxuries avaritiæ mater, *Cic.* Sapientia omnium bonarum rerum mater, *Id.* — Genitrix (*de* gignere), *ne se dit que de celle qui met au monde :* Namque ipsa decoram cæsariem nato genitrix lumenque juventæ purpureum, et lætos oculis afflàrat honores, *Virg.* *Au figuré :* Frugum genitrix (Ceres), *Ovid.* — Materfamilias, *mère de famille :* Matremfamiliàs, *dit Ulpien*, accipere debemus eam quæ non inhonestè vixit; matrem enim familiàs à cæteris feminis mores discernunt atque separant; proindè nihil intererit innupta sit, an vidua: ingenua sit, an libera... cùm audis matrem familiàs, accipe notæ auctoritatis feminam. Prudenter facimus, si matremfamiliàs secùs quàm matronarum sanctitas postulat, nominamus? *Cic.* Species et forma uxoris est materfamiliàs, *Id.*

1624. *Martius. Martialis.*

Martius, *de Mars :* Ager Tarquiniorum, qui inter urbem et Tiberim erat consecratus Marti, Martius deindè campus fuit, *Liv.* Quid legio Martia? quæ mihi videtur divinitùs ab eo deo traxisse nomen, à quo populum generatum accepimus, *Cic.* — Martialis, *du dieu Mars, qui appartient au dieu Mars :* Flamen Martialis, *Cic.*

1625. *Maturè. Maturatè.*

Maturè, *à temps, de bonne heure :* Redeat maturè, repetatque relicta, *Hor.* Maturè extollere aliquem ad summum imperium, *Cic.* Maturiùs paulò quàm tempus anni postulabat, *Cæs.* — Maturatè, *promptement, en diligence :* Jussis cæteris quantùm maximè possent maturatè sequi, *Liv.* Maturatè properare, *Plaut.*

1626. *Maturus. Tempestivus.*

Maturus *se dit proprement des fruits, des blés :* Uvæ maturæ, *Virg.* Matura poma, *Cic.* Albescit messis maturis aristis, *Ovid.* *Au figuré :* Maturus militiæ, *Liv.*, *qui est en âge de porter les armes :* Maturus animi, *Virg.*, *qui a un esprit fait.* Viro matura filia, *Id.*, *une fille nubile.* Funeri maturo proprior, *Hor.*, *un vieillard sur le bord du tombeau.* Maturus reditus, *Id.*, *un prompt retour.* — Tempestivus (*de* tempus) *qui est, qui se fait, ou arrive à temps :* Ludum tempestivum pueris concedere, *Cic.* Capere fructus tempestivos, *Id.* Nondùm tempestivo mari ad navigandum, *Id.*

1627. *Meare. Reciprocare.*

Meare, *passer, repasser :* Liberiùs meare spiritus cœperat, *Q. Curt.* Quàcumque meantes officimus, *Lucret.* — Reciprocare, *faire retourner une chose au lieu d'où elle était sortie, faire rebrousser :* Reciprocum dicitur, *dit Valla*, quod eò redit, undè prodiit. Spiritus reciprocatur, cùm rursùm resorbetur; et unda à littore excussa, rursùs littus alluens reciprocari dicitur. Et horæ reciprocantur, cùm expleto legitimo cursu, rursùs ad pristinum ordinem redeunt. Reciprocare animam, *Liv.*, *respirer.* *Au figuré :* Ista sic reciprocantur, ut, si divinatio sit, dii sint; et si dii sint, divinatio sit, *Cic.* Meare *est neutre, et* reciprocare *actif.*

1628. *Mederi. Medicare. Sanare.*

Mederi, *guérir, soulager, remédier à :* Cùm morbo mederi alicui vis, consuetudo valentis et natura corporis cognoscenda est, *Cic.* *Il se dit des maladies et des plaies* Medici qui morbis, qui vulneribus, qui oculis mederentur, *Cic.* *Au figuré :* Inopiæ mederi, *Cic.* Reipublicæ mederi, *Id.* — Medicare *et* Medicari, *proprement, mixtionner de quelque drogue :* Semina vidi equidem multos medicare serentes, *Virg.* Lana medicata fuco, *Id.* Medicare capillos, *Ovid.* *Il se prend pour appliquer le remède:* Medicando dolorem abstulit, *Tibul.* Sed non dardaniæ medicari cuspidis ictum evaluit, *Virg.* — Sanare, *guérir, parlant des plaies :* Citiùs repentinus tumor oculorum sanatur, quàm diuturna lippitudo depellitur, *Cic.* *Au figuré :* Sanare vulnera reipublicæ, *Cic.*

1629. *Medicina. Medicamen. Medicamentum. Remedium. Medela. Pharmacum.*

Medicina *se prend pour l'art même, et pour le remède :* An medicina ars non putanda est? *Cic.* Fortis ægroti est accipere medicinam, *Id.* *Au figuré :* Petere medicinam à litteris, *Cic.* Medicinam adhibere reipublicæ. — Medicamen, *mixtion quelconque :* Vis medicaminis, *Tac.*, *la force du poison.* Extemplò tristi medicamine tactæ defluxère comæ, *Ovid.* Vinolenta medicamina, *Cic.* — Medicamentum, *médicament :* Medicamentorum salutarium plenissimæ terræ, *Cic.* Si quis medicamentum cuipiam dederit ad aquam intercutem, *Id.* *Au figuré :* Medicamenta doloris, *Cic.* Medicamentum *ne se dit que de ce qui guérit les maladies du corps et de l'âme ; et* Remedium *se dit de tout ce qui a rapport à quelque soulagement :* Comparare remedium adversùs frigorum magnitudinem, *Cic.* *On ne dirait pas* medicamentum. In adversis fortunis sine ullo remedio atque allevamento permanere, *Id.* *On ne dirait pas* sine medicamento. Medicamentum *est le remède qu'on emploie; et* remedium, *le remède qui soulage. On dirait encore*, remedium submovet imminentia, medicamentum sanat non sana. — Medela *est synonyme de* remedium. *Il veut dire soulagement, et n'est guère employé dans les bons auteurs :* Addit adeps porcæ, miranda est forma medelæ, *Seren.* — Pharmacum (φάρμαχον, *poison, remède*) *s'emploie en latin dans le même sens :* Pharmaca non vendes, pharmacopola mihi.

1630. *Medietas. Dimidium. Medium.*

Medietas *et* Dimidium, *la moitié :* Ager ex medietate sublatus, *Eutrop.*, *on leur ôta la moitié de leurs terres. Cicéron n'ose employer le mot* medietas : Partes intervallis ita locabat, ut singulis essent bina media, vix enim audeo dicere medietates.

Dimidium *est proprement un adjectif :* Dimidius modius, *Liv.*, *un demi-boisseau. Il y a toujours un substantif sous-entendu :* redemptori tuo dimidium pecuniæ curavi, *Cic.*, *j'ai fait toucher à votre entrepreneur la moitié de la somme.* Dimidium facti, qui benè cœpit, habet, *Hor.* — Medium *est aussi un adjectif, le milieu :* Medio campi, *Liv.* E medio excedere, *Ter.*, *mourir.* Virtus est medium vitiorum, et utrinque reductum, *Hor.*

1631. *Mediocris. Modicus.*

Mediocris ( *de* medius, *qui tient le milieu entre le grand et le petit :* Ad me scribas de omnibus minimis, maximis, mediocribusque rebus, *Cic.* Ingenium mediocre, *Id.* — Modicus ( *de* modus), *modique, modéré :* Cantharis modicis potare, *Hor.* Exercitationibus modicis utendum, *Cic.* Mediocribus *présenterait une autre idée.* Pecunia mea est ad vulgi opinionem mediocris, ad meam modica, ad tuam nulla, *Id.* Modica statura *est une petite taille*; statura mediocris, *une taille ni trop grande, ni trop petite.*

1632. *Medius. Dimidiatus. Dividuus.*

Medius, *qui est au milieu, également éloigné de deux extrémités :* Medius dies, *Hor.*, *midi. Au figuré :* Medium erat ingenium in Anco, Numæ et Romuli memor, *Liv.*, *Ancus était d'un caractère qui tenait le milieu entre celui de Numa et celui de Romulus.* Medios esse jam non licebit, *Id.*, *nous ne pourrons rester neutres.* Idem pacis eras mediusque belli, *Hor.* — Dimidiatus, *divisé, partagé en deux :* Mensis dimidiatus, *Cic.* — Dividuus, *divisible :* Materia quæ dividua gignitur, *Cic.* Dissolubile et dividuum est omne animal mortale, *Id. Il se prend pour divisé :* Candida dividuâ colla tegente comâ, *Ovid.*

1633. *Melleus. Mellitus. Mellifer. Mellarius.*

Melleus, *de miel :* Melleus sapor, odor, *Plin.* — Mellitus, *emmiellé :* Pane egeo jam mellitis potiore placentis, *Hor. Au figuré :* Puer mellitus, *Cic.*, *un enfant doux, agréable.* — Mellifer (mel ferens), *qui produit le miel :* Melliferæ apes, *Ovid.* — Mellarius, *pour le miel, où l'on met le miel :* Mellaria cella, *Cic.* Vasa mellaria, *Plin.*

1634. *Membrum. Artus.*

Membrum, *membre, partie extérieure du corps, distinguée de toutes les autres par quelque fonction particulière, comme le pied, la main ; il ne se dit pas de la tête :* Jam membrorum, id est, partium corporis, alia videntur propter usus à naturâ esse donata, ut manus, crura, pedes... Alia autem quasi ad quemdam ornatum, ut cauda pavoni, *Cic. Cicéron a dit* membra *pour les parties d'une maison :* Adjuncta cubicula, et ejusmodi membra. *Au figuré :* Membra accusationis dividere, *Cic.* — Artus, *signifie proprement les jointures :* Octavius multis medicamentis propter dolorem artuum delibutus, *Cic. Il se prend plus généralement :* Et totâ mente, et omnibus artubus contremisco, *Cic.* Neque antè satiatus est, quàm membra et artus et viscera hominis tracta per vicos antè se congesta vidisset, *Suet. Au figuré :* Illud teneto nervos atque artus esse sapientiæ, non temerè credere, *Cic.*

1635. *Meminisse. Reminisci. Recordari.*

Meminisse, *se souvenir, n'avoir point oublié :* Memini enim, memini, nec unquàm obliviscar, *Cic.* Memini me facere, *Id.*, *il me souvient d'avoir fait.* — Reminisci (rursùs, *ou* retrò meminisse), *se ressouvenir d'une chose, réveiller ses idées anciennes :* Declarat se non tùm illa discere; sed reminiscendo recognoscere, *Cic.* — Recordari (rursùs cordi dare), *se rappeler une chose à l'esprit :* Magno argumento est homines scire pleraque antequàm nati sint, quòd jam pueri cùm artes difficiles discant, ità celeriter res innumerabiles arripiunt, ut eas non tùm primùm accipere videantur, sed reminisci et recordari, *Cic.* De hujus quæstoris officio cogitantem, etiam de aliis quibusdam quæstoribus reminiscentem recordari, *Id.*

1636. *Meminisse alicujus rei, de aliquâ re, aliquid.*

Meminisse alicujus rei, de aliquâ re, *signifie souvent faire mention d'une chose :* Neque omninò hujus rei meminit usquàm poeta, *Quint.* De quibus multi meminerunt, *Id.*, *dont plusieurs ont parlé.* Meminisse aliquid, *signifie toujours se souvenir :* Omnia alicujus facta et dicta meminisse, *Cic*

1637. *Memorabilis. Memorandus.*

Memorabilis, *mémorable, digne de mémoire :* Hoccine credibile est, aut memorabile? *Ter.* Gloriosa et memorabilis virtus, *Cic.* — Memorandus, *dont on doit faire mention :* Nec memoranda tamen vobis mea facta, Pelasgi, esse reor, *Ovid.*

### 1638. *Menda. Mendum.*

MENDA *se dit particulièrement des défauts du corps :* Eximere mendas de corpore, *OVID.* In toto nusquam corpore menda fuit, *Id.* Facies mendâ caret, *Id.*— MENDUM *se dit des fautes d'écriture ou d'impression :* Quod mendum ista litura correxit ? *CIC.* Menda librariorum tolluntur, *Id. Il se prend pour défaut, défectuosité :* Itaque me idus martiæ non tam consolantur, quàm anteà ; magnum enim mendum continent, *CIC.*

### 1639. *Mendacium. Falsitas.*

MENDACIUM, *mensonge, discours avancé contre la vérité avec dessein de tromper :* Improbi hominis est mendacio fallere, *CIC. Au figuré, déguisement :* Mendacia formæ, *OVID.* — FALSITAS, *fausseté, qualité qui rend une chose fausse :* Sicut aliis in locis parùm firmamenti, et parùm virium falsitas habet, sic in hoc loco falsa invidia imbecilla esse debet, *CIC.* Mendacium *suppose que l'on n'ignore pas la fausseté de ce que l'on avance ; au lieu que* falsitas *peut être l'effet de l'ignorance.*

### 1640. *Mendax. Mendosus. Perjurus.*

MENDAX, *menteur, qui est dans l'habitude de mentir :* Nihil interest inter perjurum et mendacem, *CIC.* Mendaci homini ne verum quidem dicenti credere solemus, *Id. Au figuré :* Mendax forma, *OVID., beauté trompeuse.* Fundus mendax, *HOR., un fonds qui ne rapporte pas tant qu'on l'espérait.*— MENDOSUS (*de* menda), *vicieux, défectueux :* Historia mendosior, *CIC., une histoire pleine de défauts.* Natura mendosa, *HOR., un naturel vicieux.* Mores mendosi, *OVID., des mœurs vicieuses, corrompues.* Mendosum est deesse aliquam partem, et superare, *CIC.* Mendax infamia terret quem, nisi mendosum et mendacem? *HOR.*— PERJURUS, *qui fait un faux serment, ou qui viole son serment:* Talibus insidiis, perjurique arte Sinonis, *VIRG. Cicéron a dit aussi :* Nihil interest inter perjurum et mendacem. *Le parjure est le dernier terme du mensonge et de la fausseté.*

### 1641. *Menstruus. Menstrualis.*

MENSTRUUS (*de* mensis), *d'un mois :* Menstrua cibaria, *CIC.* Menstruum lunæ spatium, *Id.* — MENSTRUALIS, *qui se fait tous les mois:* Menstruales epulæ, *PLAUT.*

### 1642. *Mensura. Modulus.*

MENSURA (*de* metiri), *se dit de l'étendue, et de l'instrument qui sert à mesurer :* Roboris mensura implebat ter quinque ulnas, *OVID.* Majori mensurâ reddere quæ acceperis utenda, *CIC.* — MODULUS (*diminutif de* modus), *l'instrument qui sert à mesurer les longueurs :* Metiri se quemque suo modulo ac pede verum est, *HOR.* Ab imo ad summum totus moduli bipedalis, *Id.* Modulus *est aussi un terme d'architecture et de musique :* Lydios modulos invenit Amphion, *PLIN. Au figuré :* Ponderibus modulisque suis ratio utitur, *HOR.*

### 1643. *Mentiri. Mendacium dicere.*

MENTIRI, *mentir, tromper les autres en disant une chose que l'on sait être fausse :* Qui mentitur, pejerare solet, *CIC.*— MENDACIUM DICERE, *dire une chose qui n'est pas vraie, la croyant ou ne la croyant pas vraie :* Extremum est ut irascatur is, cui mendacium dixeris, *CIC.* Vir bonus præstare debet ut non mentiatur; prudens, ne mendacium dicat.

### 1644. *Mentiri. Ementiri.*

MENTIRI, *synonyme d'*ementiri, *contrefaire, imiter :* Mentiri aliquem, *LIV.* Mentiri virum, *MART., se travestir en homme. Au figuré :* Nec varios discet mentiri lana colores, *VIRG.* — EMENTIRI, *controuver, affecter, supposer faussement :* Ementiti sunt in eos quos oderant, *CIC.* Ementiri genus suum, *Id., se faire une fausse généalogie.*

### 1645. *Meo nomine. Meis verbis.*

MEO NOMINE, *en mon nom, à cause de moi :* Dico odio esse civitati non tam tuo, quàm reipublicæ nomine, *CIC.* Bellum populo romano suo nomine indixit, *Id.* Boni viri et cives aliquid se meo nomine debere Planco dicebant, *Id.* — MEIS VERBIS, *de ma part :* Gratum mihi feceris, si uxori tuæ meis verbis eris gratulatus, *CIC.* Denunciârunt senatûs verbis, *LIV.* Abi, nuncia meis verbis bello absistat, *Id.*

### 1646. *Mercator. Negotiator.*

MERCATOR, *chez les Romains, était distingué de* NEGOTIATOR, *en ce que celui-ci avait établi le centre de son commerce dans les provinces, ne venant guère à Rome ; au lieu que* mercatores *avaient leur séjour habituel à Rome, et n'allaient dans les provinces que pour le peu de temps qu'exigeaient leurs affaires :* Sub lustrum censeri germani negotiatoris est, *CIC.* Qui plus existimet apud lectissimos senatores pecuniam, quàm apud tres negotiatores metum valere, Id. *Verrès était en Sicile. Les poëtes les confondent :* Impiger extremos currit mercator ad Indos, *HOR.*

1647. *Mercatura. Commercium.*

MERCATURA (*de* merx), *le trafic, négoce:* Mercaturam facere, *CIC.* Aversus mercaturis, *HOR. Au figuré:* Mercatura bonarum artium, *CIC.*—COMMERCIUM (*de* cum *et de* merx), *commerce; avec cette différence que* mercatura *est le trafic en général, la profession de marchand, au lieu que* commercium *est le commerce, société de marchandises :* Diversas gentes commercio miscuit, *PLIN. Au figuré :* Voluptas nullum habet cum virtute commercium, *CIC.* Inter eum Cæsaremque commercia litterarum fuerunt, *CÆS.*

1648. *Mercatus. Nundinæ. Nundinatio.*

MERCATUS (*de* merx), *marché, foire:* Frequens mercatus, *LIV.* In æde Veneris hodiè est mercatus, *PLAUT. Il se prend pour trafic :* Cùm domi tuæ turpissimo mercatu omnia essent venalia, *CIC.* — NUNDINÆ (*de* novem dies), *était un marché qui se tenait tous les neuf jours :* Ipso die nundinarum, *CIC.* — NUNDINATIO, *l'action de trafiquer ; il ne se trouve qu'au figuré :* Nundinatio juris et fortunarum, *CIC.*

1649. *Merces. Pretium.*

MERCES, *le payement du travail, ou du service rendu :* Diurnâ mercede conductus, *HOR.* Mercedem operis negat, *OVID.* Pactiones mercedum, *CIC.*—PRETIUM, *le prix d'une chose que l'on vend ou que l'on achète :* Hic ager omnis quoquo pretio coemptus erit, tamen ingenti pecuniâ vobis indicetur, *CIC.* Pretio et mercede duci, *Id. C'est dans ce sens qu'on dit au figuré :* Magni pretii homo.

1650. *Merere. Mereri. Commereri. Demereri. Promereri. Emereri.*

MERERE *et* MERERI *paraissent avoir été employés indifféremment :* Decus meruêre non minimum, *HOR.* Non minorem laudem exercitus, quàm ipse imperator, meritus esse videbatur, *CÆS. Ovide a dit :* meruisse necem, *et* exitium mereri. *On dit* merere, *et* mereri de aliquo *:* Cùm cogito me de republicâ meruisse optimè, *CIC.* Opto ut cuique ità eveniat, ut de republicâ quisque mereatur, *Id.* Merere *a cependant une signification particulière, gagner, procurer :* Hic meret æra liber Sosiis, *HOR., ce livre enrichit les Sosies. Peut-être ne dirait-on pas aussi bien* meretur; *du moins on n'en trouve point d'exemples. C'est par la même raison qu'on dit plutôt* merere stipendia *que* mereri : Meruisse stipendia in bello, *CIC.* Merere equo, pedibus, *LIV. servir dans la cavalerie, dans l'infanterie. Cicéron a dit une seule fois* mereri stipendia. *Peut-être ne dirait-on pas bien* mereri culpam; *au lieu que Térence a dit :* Non nego illum meruisse culpam, *j'avoue qu'il a fait une faute. Et Cicéron :* Quid de te tantùm meruisti ? *quelle faute avez-vous commise?* — COMMERERE *et* COMMERERI, *mériter, toujours en mauvaise part :* Quæ nunquam quicquam ergà me commerita est, quod nollem, et sæpè quod vellem meritam scio, *TER.* Quam quasi æstimationem commeruisse se maximè confiteretur, *CIC.*, *laquelle amende il convenait avoir méritée.* — DEMERERE *et* DEMERERI, *gagner par des bienfaits :* Demerere beneficiis civitatem, *LIV.* — PROMERERI, *mériter, soit en bien soit en mal :* Is suo beneficio promeritus est se ut ames, et sibi ut debeas, *CIC.* Leviùs punitus est, quàm sit promeritus, *Id.* — EMERERE *et* EMERERI, *finir son temps de service ; on sous-entend* stipendia *:* Publius emeruit, *PERS.* Emeritis stipendiis, *CIC. Au figuré :* Rusticus emeritum palo supendit aratrum, *OVID.* Emeriti boves, *VIRG.* Emerita stipendia libidinis, *CIC. Plaute l'a employé dans le sens de* mereri : Quid ego emerui adolescens mali ? *quel mal ai-je donc fait?*

1651. *Mergere. Demergere. Immergere. Submergere.*

MERGERE, *plonger, enfoncer dans l'eau:* Mergere se in mari, *CIC.* Bracchia mersit in aquâ, *OVID. Au figuré :* Mersus civilibus undis, *HOR.* Mersus rebus secundis, *LIV.* Funere mersit acerbo, *VIRG.* — DEMERGERE, *couler à fond :* Rex naves omnes demersit, *Q. CURT.* Equus, in quo vehebar, demersus unà mecum, rursùs apparuit, *CIC. Au figuré :* Demersus ære alieno, *LIV.* Patriam demersam extuli, *CIC.* Demersæ leges, *Id.* — IMMERGERE, *plonger, enfoncer dans, noyer, ne s'entend que de l'eau :* Spargite me in fluctus, vastoque immergite ponto, *VIRG.* — SUBMERGERE, *enfoncer sous, noyer :* Ipsos potuit submergere ponto, *VIRG.* Summersus equus voraginibus, *CIC.*

1652. *Meridies. Meridiatio.*

MERIDIES (quasi medius dies), *le midi, le milieu du jour* : Itaque hodiè Antii, cras antè meridiem domi, *CIC.*—MERIDIATIO, *la méridienne, sommeil vers l'heure de midi :* Nunc meridiationes addidi, quibus anteà non solebam, *CIC.*

1653. *Merum. Vinum. Temetum.*

MERUM *est proprement un adjectif; pur, sans mélange :* Merum vinum, *OVID.*

*Tout seul, il signifie du vin pur :* Curare genium mero, *HOR.* — VINUM (*en grec* οἶνος), *du vin :* Vinum ægrotis, quia prodest rarò, nocet sæpissimè, meliùs non adhibere omninò, *CIC.* — TEMETUM, vinum, quòd mentem tentet, *dit Nizolius. C'est ainsi qu'on appela d'abord le vin :* Cadum temeti, *HOR.* Careant temeto omnes mulieres, *CIC. Il paraît que* temetum *est un vin capiteux; d'où vient* temulentus.

**1654.** *Merx. Mercimonium.*

MERX, *marchandise que l'on vend ou que l'on achète :* Emendæ merces, *HOR.* Sordidæ mercis negociator, *QUINT.*—MERCIMONIUM *ne se trouve que dans Plaute :* Ut vos in vestris vultis mercimoniis emundis vendundisque me lucris lætum afficere.

**1655.** *Metiri. Metari.*

METIRI, *mesurer :* Mundi magnitudinem metiri, *CIC.* Frumentum metiri, *CÆS. Au figuré :* Officio metiri omnia, *CIC.* Auribus sonantia omnia metiri, *CIC.* Metiens aliorum in se odium suo in alios odio, *LIV. Il se prend passivement :* Æternitas nullà temporis circumscriptione metitur, *CIC., l'éternité n'a point de bornes.* — METARI (*de* meta), *mettre des bornes, prendre des alignements, des dimensions :* Castra propè Tiberim metatus est, *LIV. Il se prend passivement :* Metatus agellus, *HOR.*

**1656.** *Metuere. Timere. Vereri. Formidare. Tremere. Pavere.*

METUERE, *se dit d'une crainte éloignée :* Metuensque futuri, *HOR.* Metus plurimùm confert ad diligentiam, *CIC.* — TIMERE, *craindre un danger prochain :* Timor est metus mali appropinquantis, *CIC.* Ut jam planè inopia ac fames, non caritas timeretur, *Id. Cette différence est bien marquée dans Virgile :* Vota metu duplicant matres, propiùsque periclo it timor. — VERERI *se dit d'une crainte respectueuse :* Metuebant eum servi, verebantur liberi, *CIC.* Veremur quidem, Romani, et si ita vultis, etiam timemus, sed plus veremur et timemus deos immortales, *LIV.* — FORMIDARE *se dit d'une crainte continuelle :* Formidinem metum permanentem definiunt, *CIC.* Formidare malos fures, incendia, servos, *HOR. Ce qui convient bien à un avare qui craint jour et nuit pour son argent.* — TREMERE, *trembler de peur :* Totus tremo horreoque, *TER.* — PAVERE *se dit d'une frayeur qui trouble l'esprit :* Pavor est metus loco movens mentem, *CIC.* Animus pavet apud concilium illud pro reo dicere, *Id.* In quem autem metus, in eum formido, timiditas, pavor, ignominia incidet, *Id.*

**1657.** *Metuere aliquem. Metuere ab aliquo.*

METUERE ALIQUEM, *craindre quelqu'un :* Metuebant eum servi, *CIC.* — METUERE AB ALIQUO, *craindre de la part de quelqu'un :* Metuere insidias, periculum ab aliquo, *CIC.*

**1658.** *Miles. Commilito.*

MILES, *soldat :* Militem fieri, *CIC.* Miles tiro, veteranus, *Id.* — COMMILITO, *compagnon de guerre :* Hic verò adolescens, qui meus in Ciliciâ miles, in Græciâ commilito fuit, *CIC. Lorsqu'un général parlait à ses soldats, il les appelait* commilitones, *compagnons d'armes, pour les flatter :* Nec milites suos pro concione, sed blandiore nomine commilitones appellabat, tanquàm et ipse unus esset ex numero militum, *SUET.*

**1659.** *Minæ. Minatio.*

MINÆ, *menaces :* Minæ Clodii modicè me tangunt, *CIC.* Verba plena minarum, *HOR. Il se prend pour une partie saillante, et comme suspendue :* Pendent opera interrupta minæque murorum ingentes, *VIRG.* — MINATIO, *l'action de menacer :* Execrationes, admirationes, minationes, *CIC.*

**1660.** *Minari. Minitari.*

MINARI, *menacer :* Verbis vel denunciatione periculi terrere, *disent les grammairiens.* Me appellabat, mihi minabatur, *CIC.* Cùm mea domus ardore suo deflagrationem urbi minitaretur, *Id., Il se prend pour annoncer des choses extraordinaires :* Magna minaris, *PHÆD.,* Multa et præclara minantis, *HOR.* — MINITARI (*fréquentatif de* minari), *faire de fréquentes menaces :* Urbi flammam ferrumque minitatur, *CIC.*

**1661.** *Minax. Minitabundus.*

MINAX *se dit de l'habitude, porté à menacer :* Iste minax est, arrogans, *CIC.* Minatior quàm perniciosior, *LIV., plus rodomont que dangereux.* Reges minaces, *HOR.* — MINITABUNDUS *se dit de l'acte même :* Tùm quoque minitabundus petebat. *LIV.*

**1662.** *Minimùm. Minimè.*

MINIMUM, *très-peu :* Non præmiis, quæ apud me minimùm valent, compulsus, *CIC.* —MINIMÈ, *nullement, point du tout :* Minimè artes ex probandæ quæ ministræ sunt voluptatum, *Cic.* Minimè gratum spectaculum, *Liv.* — *Cornélius Nepos et César ont dit* minimè *pour* minimùm : Quàm minimè fit ignis in castris, *on allume des feux dans le camp le moins qu'il est possible.*

1663. *Ministrare. Præbere. Suggerere. Suppeditare.*

MINISTRARE, *servir, présenter* : Pocula ministrare, *Cic.* Furor arma ministrat, *Virg.* Ministrare velis, *Id.*, *gouverner les voiles.* Res omnes timidè gelidèque ministrat, *Hor.* — PRÆBERE (habere præ), *tenir prêt* : Præbere aures conviciis, *Id.* Præbere sagittis corpora, *Ovid.* Virum se præbere, *Cic.*, *se montrer homme.* — SUGGERERE (gerere sub), *suggérer, fournir* : Copiam argumentorum suggerere, *Cic.* Si memoria defuerit, tuum est ut suggeras, *Id.* Bruto statim Horatium suggerunt, *Id.*, *ils substituent aussitôt Horace à Brutus.* — SUPPEDITARE (sub pedes dare), *au propre, mettre sous les pieds. Il ne se trouve qu'au figuré, donner, fournir, être suffisant. Il est actif et neutre :* Rerum omnium copiam alicui suppeditare, *Cic.* Suppeditare testes, *Id.* Suppeditant hæc ad victum. *Id.* Si vita suppeditâsset, *Id.* Sic aliquid suppeditatur, ut satis sit, aut etiam abundè; aliquid ministratur, ut quis uti commodè possit; sic præbetur, ut opportunum sit, aut obnoxium teneatur; id suggeritur quod deesse ac requiri visum est.

1664. *Minuere. Tenuare. Rarefacere.*

MINUERE (*de* minùs), *diminuer, rendre plus petit :* Minuere audaciam hosti, *Liv.* Studio minuente laborem, *Ovid.* Capite minutus, *Liv.*, *cassé aux gages, dégradé, rayé des contrôles*, etc. Capitis diminutio *était de trois sortes*, 1° *en perdant la liberté ;* 2° *étant exilé ;* 3° *en changeant de famille.* Minuere *se dit au neutre :* Minuente æstu, *Cæs.* — TENUARE (*de* tenuis), *atténuer, amaigrir :* Macie tenuant armenta volentes, *Virg.* Vomer tenuatur ab usu, *Ovid.* *Au figuré :* Tenuare iram, *Ovid.* Magna modis tenuare parvis, *Hor.* — RAREFACERE (rarum facere), *raréfier, dilater, l'opposé de* condensare *:* Et rarefecit calido miscente vapore, *Lucr.*

1665. *Minutè. Minutatìm.*

*La différence de* minutè *et de* minutatìm, *n'est bien sensible qu'au figuré.* MINUTÈ, *d'une manière basse et petite :* Grandia minutè dicere, *Cic.* — MINUTATIM, *en détail :* Minutatìm interrogare, *Cic.*

1666. *Mirari. Admirari. Demirari. Stupere.*

MIRARI, *être dans l'étonnement, soit en bonne, soit en mauvaise part :* Mirari satis hominis negligentiam non queo, *Cic.* Non dubito quin mirêre, atque etiam stomachère, quod, etc. *Id.* — ADMIRARI *se met plus ordinairement en bonne part :* Eorum ingenia admiror sæpè, *Ter.* Mirari *et* admirari *signifient aussi désirer avec passion :* Mirari vasa cælata, *Sall.* Nil admirari propè res est una beatum solaque quæ possit facere, *Hor.* — DEMIRARI *marque un grand étonnement :* Me propter quem cæteri liberi sunt, tibi liberum non visum demiror, *Cic.* — STUPERE, *rester interdit, immobile :* Mater ad auditas stupuit ceu saxea voces, *Ovid.* Pavidâ puellâ stupente, *Liv.* Aspicere, admirari, stupere, *Cic.*

1667. *Mirus. Mirabilis. Mirandus. Mirificus.*

MIRUS, *surprenant, en bonne et en mauvaise part :* Mirus apud populum favor, *Tac.* Mira memoras, nimis formidolosum prædicas facinus, *Plaut.* — MIRABILIS, *admirable :* Mirabile exemplum, *Cic.* Opus mirabile magni mundi, *Tibul.* Mirabilem in modum, *Cic.*, *d'une manière admirable.* Mirum in modum, *Id.*, *d'une manière surprenante.* — MIRANDUS, *qu'on doit admirer :* Opus ingens in mirandam altitudinem depressum, *Cic.* Quæ mihi miranda acciderunt, *Id.* Mirandum in modum *dit plus que* mirabilem in modum ; *et* mirabilem in modum *ajoute à l'idée de* mirum in modum. — MIRIFICUS, *merveilleux :* Homo mirificus, *Cic.* Cæsaris verò pueri mirifica indoles virtutis, *Id.*

1668. *Miser. Miserabilis. Miserandus. Infelix.*

MISER, *qui est dans la peine, dans la misère :* Ego miseris et laborantibus nihil negare possum, *Cic.* Laboriosos, non miseros eos qui magnos dolores perferunt, solemus dicere, *Id.* — MISERABILIS, *pitoyable, déplorable, touchant, propre à faire verser des larmes :* Nihil est tam miserabile, quàm ex beato miser, *Cic.* Voces miserabiles exaudiebantur mulierum, *Liv.* Miserabile carmen, *Virg.* — MISERANDUS, *qu'il faut déplorer :* Hæc mihi videntur misera, atque miseranda, *Cic.* — INFELIX (non felix), *qui n'est pas heureux :* Infelix et ærumnosus, *Cic.* *Au figuré :* Tellus infelix frugibus, *Virg.* Infelix lolium et steriles dominantur avenæ, *Id.*

1669. *Miserè. Miserabiliter.*

Miserè, *misérablement :* Quæ nihil valerent ad beatè miserève vivendum, *Cic. Il signifie aussi éperdument, ardemment :* Eam miserè amat, *Ter.* Miserè discedere quærens, ire modò ociùs, *Hor.*— Miserabiliter, *d'une manière digne de compassion :* At ille etiam in foro combustus, laudatusque miserabiliter, *Cic., parlant du corps de César.* Miserabiliter emori, *Id.*

1670. *Misereri. Miserari. Miserescere.*

Misereri, *être touché de compassion à la vue de la misère des autres :* Misereri supplicum, *Cic.* Qui misereri mei debebent, non desinunt invidere, *Id.* — Miserari, *plaindre quelqu'un, marquer sa sensibilité :* Turni sortem miserantur iniquam, *Virg.* Miserabantur magnum periculum, *Cæs., ils se lamentaient, croyant être dans un grand péril.*— Miserescere (*inchoatif de* misereri), *marque plus d'action :* His lacrymis vitam damus, et miserescimus ultrò, *Virg. Il n'est usité qu'en poésie. Les poëtes ont quelquefois confondu* misereri *et* miserari.

1671. *Misericordia. Miseratio.*

Misericordia, *compassion, sentiment de l'âme qui compatit aux maux d'autrui :* Misericordia est ægritudo ex miseriâ alterius injuriâ laborantis, *Cic.* — Miseratio, *l'action d'avoir compassion, ou de plaindre quelqu'un :* Non sine dolore, non sine lacrymis miseratio, *Cic.* Misericordiâ commoveri, *avoir compassion ; au lieu que* miseratione commoveri *est être excité à la compassion.*

1672. *Missio. Exauctoratio.*

Missio (*de* mittere), *l'action d'envoyer :* Missio legatorum, *Liv.* Missio *était le congé que le soldat obtenait après vingt ans de service :* Missionem dari vicena stipendia emeritis, *Tac. On en distinguait de trois sortes :* Missionum generales causæ sunt tres : honesta, causaria, ignominiosa. Missio causaria, cùm quis vitio animi vel corporis minùs idoneus militiæ renuntiatur, *Ulp. On appelait* causarii *ceux qui avaient obtenu ce congé.* Missio honesta *était un congé honorable, c'était une récompense.* Ignominiosa missio *était un congé diffamant.* — Exauctoratio *était un congé qui ne dégageait point le soldat, jusqu'à ce qu'il fût devenu vétéran ; on l'appelait vexillaire, parce qu'il demeurait attaché au drapeau, et que, dans cet état, il attendait les récompenses militaires. Par le congé appelé* missio, *le soldat était renvoyé tout à fait ; au lieu que par le congé appelé* exauctoratio, *il ne l'était pas ; ce congé s'accordait après seize ans de service :* Exauctorari qui sena dena fecissent, ac retineri sub vexillo, *Tac. Quelquefois c'était un congé diffamant, et on appelait* exauctoratus *un soldat chassé de son corps, et déclaré incapable de servir.*

1673. *Moderari. Regere. Gubernare.*

Moderari (*de* modus), *modérer, prescrire des bornes :* Ut postmodùm gaudeant se iræ moderatos, *Liv.* Animo et orationi moderari, cùm sis iratus, non mediocris est ingenii, *Cic.* Maria moderatur Deus, *Id. Il se prend passivement :* Omnes virtutes mediocritate esse moderatas, *Cic.*— Regere, *proprement, rendre droit ; au figuré, conduire, régler. Il se dit bien d'un cocher, d'un cavalier :* Habenas regere, *Ovid.* Auriga Darii qui equos regebat, *Q. Curt. Il se prend plus généralement :* Si quidem Deus est qui viget, qui sentit... qui regit et moderatur id corpus cui præpositus est, *Cic.* Errantem regere, *Cæs.* Regere imperio populos, *Virg.* Animum regere, *Cic.* — Gubernare, *proprement, tenir le gouvernail ; il se prend plus généralement, gouverner, avoir le gouvernement :* Fortunæ motum ratione gubernare, *Cic.* Te hortor omnia gubernes et moderère prudentiâ tuâ, *Id.* Quæ verò (virtus) moderandis cupiditatibus regendisque animi motibus laudatur, *Id.* Tormenta gubernat dolor et moderatur natura cujusque, *Id., dans les tortures, c'est la douleur qui conduit la langue des malheureux ; leurs dépositions sont dictées par la faiblesse ou la fermeté de leur caractère.*

1674. *Modificari. Temperare.*

Modificari (modum facere), *compasser, mesurer, modifier :* Comprehensâ autem mensurâ herculani pedis naturalem membrorum omnium inter se competentiam modificatus est, *Gell.* Verba ab oratore modificata, *Cic., mots mis dans un sens figuré.* — Temperare, *tempérer, diminuer l'excès d'une qualité de quelque manière que ce soit :* Frigoris et caloris modum temperare, *Cic.* Temperare aquam ignibus, *Hor.* Scatebrisque arentia temperat arva (unda), *Virg. Au figuré :* Temperare rempublicam et institutis et legibus, *Cic. Et dans un autre sens :* A lacrymis temperare, *Virg.* Animis, cædibus, manibus temperare, *Liv.*

1675. *Modò. Nuper.*

Modò, *tout présentement, il y a un instant :* Modò advenit, *Ter.*—Nuper, *il n'y a pas longtemps:* Nuper, quid dico nuper? Imò verò modò, ac planè paulò antè vidimus, *CIC.*

1676. *Mœstus. Tristis. Mœrens. Dolens.*

MOESTUS, *triste, morne, qui a la douleur dans l'âme:* Mœstus ac sordidatus senex, *CIC.* — TRISTIS, *triste, qui a la douleur peinte sur le visage, et sur toute sa personne:* Tristis capite demisso terram intueri, *CÆS.* Videsne illum tristem, demissum? Jacet, diffidit, etc., *CIC.* Quid vos mœstas tamque tristes esse conspicor? *PLAUT.* Tristis, *parlant des choses, signifie fâcheux, funeste:* Tristes de Bruto nuncii afferebantur, *CIC.* Tuorum tristissimo meo tempore meritorum ergà me memoriam conservabo, *Id.* Adolescentes graviùs ægrotant, tristiùs curantur, *Id.* Mœstus animo angitur; tristis vultu demisso et severo ægritudinem prementem ostendit. — MOERENS, *profondément affligé:* P. Sulla mœrens, demissus, afflictus, *CIC.* Lugente senatu, mœrentibus omnibus bonis, *Id.* — DOLENS, *qui éprouve de la douleur, soit du corps, soit de l'âme:* Collectâ sorde dolentes auriculæ, *HOR.* *Qui s'afflige:* Damna dolens aliena, *STAT.*

1677. *Molimentum. Molitio.*

MOLIMENTUM, *et poétiquement* Molimen (*de* moliri), *est l'effort considéré en lui-même:* Non sine magno molimento, *CÆS.* Magno molimine, *HOR.*—MOLITIO *est l'action considérée comme partant actuellement de la personne:* Facilis molitio valli erat, *LIV.*, *il était facile de renverser le retranchement.* Inter molitionem pii pariter ac fortis propositi oppressus, *Id.*

1678. *Mollire. Effeminare.*

MOLLIRE (*de* mollis), *amollir, tant au propre qu'au figuré:* Lanam mollire trahendo, *OVID.* Ferrum mollit ignis, *HOR.* Dura verba usu mollienda, *CIC.* Poetæ molliunt animos nostros, *Id.* Annibalem juveniliter exultantem patientiâ suâ molliebat, *LIV.* — EFFEMINARE, *efféminer, rendre lâche, faible:* Fortitudinis quædam præcepta sunt, quæ effeminari virum vetant in dolore, *CIC.* Effeminata vox, *Id.* Quæ ad effeminandos homines pertinent, *CÆS.*

1679. *Mollis. Tener. Effeminatus.*

MOLLIS, *mou, qui cède facilement au toucher, qui n'est pas compacte:* Mollis caseus, *PLAUT.* Mollissima cera, *CIC.* *Au figuré:* Mollior in dolore, *CIC.* Ascensus mollior, *LIV.* Tempora fandi mollissima, *VIRG.*, *temps favorable pour parler à quelqu'un.* Mollis in obsequium, *OVID.* — TENER, *tendre, qui n'est pas dur, qui peut être aisément coupé:* Herba tenera, *VIRG.* *Au figuré:* Ætas tenera, *OVID.* Versus nimiùm teneri, *HOR.* Hic inflexit orationem, et eam mollem ac teneram reddidit, *CIC.* —EFFEMINATUS (*de* femina), *efféminé, qui s'est rendu semblable à une femme:* Ne quid effeminatum aut molle, aut ne quid durum, aut rusticum sit, *CIC.* Illa vox furialis nefariis stupris effeminata, *Id.*

1680. *Momentum. Punctum.*

MOMENTUM, *synonyme de* punctum, *se dit d'un temps moins déterminé, un moment, petite partie du temps:* Horæ momento cita mors venit, aut victoria læta, *HOR.* — PUNCTUM (*de* pungere), *point, ce qui est considéré comme n'ayant aucune étendue; il se dit du temps précis dans lequel on fait quelque chose:* Illo ipso die, die dico? Imò horâ atque puncto temporis, *CIC.* Omnibus minimis temporum punctis, *Id.* Momentis *marquerait un temps moins court et moins déterminé.*

1681. *Monere. Admonere. Commonere.*

MONERE, *avertir:* Monere aliquem, ut veniat ad cœnam, *TER.* Quòd prudenti vitam consilio monet, *PHÆD.*—ADMONERE, *avertir; avec cette différence que* monemus futura, admonemus præterita, *disent les grammairiens,* illo ut caveamus, et discamus; hoc, ut recordemur. Admonet sæpiùs usurpatæ Dionysii tyranni vocis, *LIV.* Admonet *se dit cependant aussi de l'avenir:* Et admonuit simul, ut insuetâ voce terreret feras, *PHÆD.* — COMMONERE (monere cum *ou* simul), *avertir en même temps, prévenir:* Attentum, commonent Græci, ut principio faciamus judicem, *CIC.* Te nuptiales tibiæ ejus matrimonii commonebant, *Id.*

1682. *Monitio. Objurgatio.*

MONITIO, *avis, remontrance sur une faute commise.* — OBJURGATIO, *reproche, réprimande. Ils diffèrent en ce que* monitio *est plus doux:* Habenda ratio est primùm ut monitio acerbitate, deindè ut objurgatio contumeliâ careat, *CIC.* Objurgatio *convient à un supérieur, et* monitio *à un égal, à un ami:* Objurgatio, si est auctoritas, *CIC.* Monitio in dando consilio familiaris, *Id.*

1683. *Montanus. Montosus.*

MONTANUS (*de* mons), *de montagne, qui est sur les montagnes:* Antra montana,

*Ovid.* Rapidus montano flumine torrens, *Virg.* Ligures montani, duri atque agrestes, *Cic.* — Montosus, *et* Montuosus, *rempli de montagnes :* Cùm locis ipsis montuosis delectemur, *Cic.* Et te montosæ misère in prælia Nursæ, *Virg.*

1684. *Monumentum. Sepulcrum. Tumulus. Cenotaphium.*

Monumentum (*de* monere), *monument, se dit de tout ce qui sert à faire souvenir, comme un édifice public, des vers, une histoire :* Sed ego quæ monumenti ratio sit nomine ipso admoneor; ad memoriam magis spectare debet, quàm ad præsentis temporis gratiam, *Cic. C'est dans le même sens qu'il se prend pour un monument, un tombeau élevé en l'honneur d'un mort.* (Monumentum, *dit Florent, savant jurisconsulte,* res memoriæ causà in posterum prodita; in quam si corpus vel reliquiæ inferantur, fiet sepulcrum). Placet mihi militibus qui pugnantes occiderunt, monumentum fieri quàm amplissimum, *Cic.* — Sepulcrum (*de* sepelire), *renferme les os, ou les cendres du mort :* Sepulcrum eorum qui conditi sunt, antè non est quàm justa facta, et corpus incensum est, *Cic.* Capua quidem sepulcrum ac monumentum campani populi, *Liv.* — Tumulus *est proprement de la terre amoncelée. Il se prend pour tombeau, parce qu'on élève de la terre sur le mort :* Cùm Alexander in Sygeo ad Achillis tumulum constitisset, *Cic. On les élevait quelquefois en pierre ou en marbre :* Marmoreus tumulus, *Ovid.* — Cenotaphium (κενός, *vide, et* τάφος, *tombeau*) *est un monument dressé en mémoire d'un mort :* Cenotaphium in Gallià, sepulcrum in Italià meruit Alexander Severus, *Lampr.*

1685. *Morari. Tardare.*

Morari (*de* mora) *arrêter, s'arrêter :* Belli celeritatem morari, *Cic.* Non circà vilem patulumve moraberis orbem, *Hor.* — Tardare, *retarder :* Impetum inimici tardare, *Cic.* Impedire profectionem meam videbatur, aut certè tardare, *Id.* Hæ res quæ remorari cæteros solent, non retardàrunt, *Id.* Moratur otiosus; tardatur impeditus.

1686. *Moratus. Morosus. Moralis.*

Moratus (*de* mores), *qui a des mœurs, soit bonnes, soit mauvaises :* Ità nunc sunt adolescentes morati, *Plaut.* Benè morata civitas, *Cic.* Morataque rectè fabula, *Hor.*, *une pièce de théâtre où les mœurs sont bien dépeintes :* — Morosus, *difficile à contenter, de mauvaise humeur :* Difficiles ac morosi senes, *Cic.* Morosa canities, *Hor.* — Moralis, *qui regarde les mœurs :* Philosophia moralis, *Cic. Ce mot a été fait par Cicéron :* Nos eam partem philosophiæ de moribus appellare solemus; sed decet augentem linguam latinam nominare moralem (*de Fato, n° 1*).

1687. *Mordax. Dentatus. Dentosus.*

Mordax, *porté à mordre :* Mordax canis, *Plin. Au figuré :* Mordax sollicitudo, *Hor.* Mordaciorem improbo dente appetere, *Phæd.* Plus vetustis nam favet invidia mordax, quàm præsentibus, *Id.* — Dentatus, *qui a des dents :* Malè dentata puella, *Ovid. Cicéron l'a employé dans un sens particulier :* Chartà etiam dentatà res agetur, *je me servirai de papier fin. On se servait d'une dent de sanglier, ou d'une coquille pour polir et satiner le papier. Il ne s'agit pas de satire dans cet endroit, comme le prétendent certains dictionnaires. Q. Cicéron s'était plaint à son frère qu'il avait eu bien de la peine à déchiffrer sa lettre; Marcus lui répond qu'il se servira dorénavant de bonne plume, de bonne encre et de bon papier lissé.* Calamo et atramento temperato, chartà etiam dentatà res agetur, *c'est-à-dire*) chartà dente apri levigatà, *et non pas* mordaci. — Dentosus, *rempli de dents :* Dentosa buxus, *Ovid., un peigne de buis.*

1688. *Mordere. Remordere.*

Mordere, *mordre :* Latrant et mordent canes, *Cic.* Frænum mordere, *Id. Au figuré :* Rura Liris quietà mordet aquà, *Hor.* Dente invido mordeor, *Id.* Morderi conscientià, *Cic.* Valdè me momorderunt epistolæ tuæ de Atticà nostrà, *Id.* Si paupertas momordit, si ignominia pupugit, *Id.* — Remordere (rursùs mordere), *mordre celui qui a mordu :* Remorsurum petere, *Hor. Il a aussi le sens de* Mordere, *et il exprime bien un souvenir poignant qui revient à l'esprit :* Libertatis studium remordet animos, *Liv.*

1689. *Mori. Oppetere. Perire. Deperire. Interire. Occidere. Obire. Occumbere.*

Mori, *s'éteindre, mourir d'une mort naturelle :* Moriendum certè est, et id incertum, an eo ipso die, *Cic.* Æquissimo animo moritur sapientissimus quisque; stultissimus, iniquissimo animo, *Id. Au figuré :* Nunquàm vestrorum in nos beneficiorum memoria morietur, *Cic.* — Oppetere (petere ob), *se dit d'une mort qu'on n'a pas évitée ; on sous-entend* mortem, pestem, etc.: Queis ante ora parentum contigit oppetere, *Virg.* *Cicéron a dit* mortem, pestem oppetere. — Perire (ire per), *périr, se perdre :* Meo vitio pereo, *Cic.* Cruciatu summo perire, *Id.* *Au figuré :* Metagenes certè periit, *Cic.*, *Métagène est un homme perdu (il a fait banqueroute.)* — Deperire, *plus fort que* perire, *dépérir, s'abîmer, se perdre entièrement :* Enitere ut ne qua scheda depereat, *Cic.* *Au figuré, mourir d'amour, de douleur, etc.* — Interire (ire inter), *se dissiper, se dissoudre:* Interire fame, *Cic.* Est interitus quasi discessus et secretio ac diremptus earum partium, quæ antè interitum junctione aliquâ tenebantur, *Id.* Cùm pecunia interiret largitione, *C. Nep.* Interire *est plus général, et plus fort que* perire: Vel te interiisse, vel periisse prædicent, *Plaut.* Perii, interii : cur mihi non dixti? *Ter.* — Occidere (cadere ob), *tomber :* Signa de cœlo occidunt, *Plin.* *C'est figurément qu'il est synonyme des autres :* Occidit una domus, *Ovid.* Occidit spes omnis, *Hor.* Exstincto calore occidimus ipsi, extinguimur, *Cic.* — Obire (ire ob), *faire le tour :* Obire pedibus regiones, *Cic.* *C'est dans ce sens qu'on dit :* diem supremum obire, *Plin.* Diem suum obire, *Cic.* Obire mortem, *Id.* *On ne cite point d'exemples d'*obire *seul, pour dire mourir.* — Occumbere (cubare ob), *proprement, se coucher ; ce n'est que figurément qu'il est pris pour mourir :* Ferro occumbere, *Ovid.* Certæ occumbere morti, *Virg.* Mortem occumbere, *Liv.* Morti occumbere, *Cic.* *Quelquefois on sous-entend* morti *ou* mortem *:* Antè annos suos occubuit, *Ovid.* Omnes lege communi morimur; casu aliquo aut insaniâ perimus miserè; quocunque malo aut languore deficientes interimus; in pugnâ aut conatu laudabili mortem oppetimus; exhaustis viribus, aut casu aliquo fractis, occidimus; stato ac præfinito tempore diem supremum obimus; vi aut saxo oppressi, morti occumbimus.

### 1690. *Mortalis. Lethalis.*

Mortalis, *des mortels, sujet à la mort :* Vultus mortalis, *Virg.* Nil mortale loquar, *Hor.* Fortuna nonnunquàm tanquam ipsa mortalis cum immortali naturâ pugnare videtur, *Cic.* Mortalin' decuit violari vulnere divum? *Virg.*, *par opposition entre le dieu qui est blessé, et le mortel qui blesse.* — Lethalis, *qui donne la mort :* Ensis lethalis, *Ovid.* Frigus lethale, *Id.* *Il ne se dit guère qu'en poésie ; Pline a cependant dit :* Lethalis inedia.

### 1691. *Mugire. Remugire. Boare.*

Mugire, *mugir, comme font les taureaux :* Indè cùm actæ boves quædam ad desiderium, ut fit, relictorum mugissent, *Liv.* *Au figuré :* Terram mugisse videbis, *Virg.* Malus mugit africis procellis, *Hor.* —Remugire, *répondre par des mugissements :* Ad mea verba remugis, *Ovid.* *Inachus parle à sa fille changée en génisse.* *Au figuré :* Insequitur clamor, cœlumque remugit, *Virg.* Nemus remugit ventis, *Hor.*—Boare (βοάω), *mugir à la manière des bœufs, terme grec dont peu d'auteurs se sont servis :* Toto voce boante foro, *Ovid.*

### 1692. *Mulcta. Mulctatio. Pœna.*

Mulcta, *amende, peine pécuniaire:* Centum millium mulcta irrogata erat, *Liv.* Mulctam committere, *Cic.*, *encourir une amende.* — Mulctatio, *condamnation à une amende :* Misera est ignominia judiciorum publicorum, misera mulctatio bonorum, *Cic.* — Poena (de ποινή, labor), *se dit de toute sorte de punition :* Octo pœnarum genera in legibus continentur: damnatio, vincula, verbera, talio, ignominia, exsilium, mors, servitus, *Cic.* Mulctare aliquem pœnâ et mulctâ, *Id.* Ne pœna capitis cum pecuniâ conjungeretur, *Id.*

### 1693. *Mulctra. Mulctrale.*

Mulctra *et* Mulctrum, *la traite, l'action de traire, et le vase même :* Bis venit ad mulctram, binos alit ubere fœtus, *Virg.* Illic injussæ veniunt ad mulctra capellæ, *Hor.* Sed mulctra cùm est repleta lacte, non sine tepore aliquo esse debet, *Colum.* — Mulctrale *est le vase dans lequel on trait le lait :* Nec tibi fœtæ more patrum implebunt mulctralia vaccæ; sed tota in dulces consument ubera natos, *Virg.*

### 1694. *Muliebris. Mulierosus. Femineus.*

Muliebris, *de femme :* Muliebris forma, *Cic.* Muliebri comitatu, *Id.* *Au figuré :* Enervata muliebrisque sententia, *Cic.* — Mulierosus, *adonné aux femmes :* Stilponem scribunt et ebriosum et mulierosum fuisse, *Cic.* — Femineus, *propre aux femmes, qui appartient aux femmes :* Femineus ululatus, *Virg.* Ars feminea, *Ovid.*

### 1695. *Mulsum. Mustum.*

Mulsum, *du vin miellé :* Lene mulsum, *Hor.* Miscere mulsum, *Cic.* — Mustum, *du vin doux, du vin nouveau :* Nova bibere musta, *Ovid.* Nudo sub pede musta fluunt, *Propert.*

1696. *Multiplex. Multus.*

MULTIPLEX (*de* multus, *et de* plicare), *proprement, qui a beaucoup de plis :* Multiplex nodus, *PLIN.* Vitis serpens multiplici lapsu et erratico, *CIC. Au figuré, de plusieurs sortes, de plusieurs façons :* Curas multiplices volvebat animo, *CATUL.* Quæ multiplices fœtus procreant, his mammarum data est multitudo, *CIC.* Ingenium multiplex et tortuosum, *Id.* — MULTUS, *beaucoup, en grand nombre :* Venæ crebræ, multæque toto corpore intextæ sunt, *CIC.* Multæ variæque rationes, *Id.* Multæ et magnæ res, *Id.*

1697. *Mulus. Hinnus.*

MULUS *et* HINNUS, *un mulet, avec cette différence que* mulus *est engendré d'un âne et d'une jument ; et* hinnus, *d'un cheval et d'une ânesse :* Equo et asinâ genitos mares, hinnulos antiqui vocabant, contraque mulos, quos asini et equæ generant, *PLIN.* Hinnus *est plus petit que* mulus.

1698. *Mundus. Lautus. Magnificus. Splendidus.*

MUNDUS, *propre, net :* Munda supellex, *HOR.* Mundus erit qui non offendet sordibus, atque in neutram cultûs partem miser, *Id.* — LAUTUS (*de* lavare), *proprement, lavé :* Lautum te voluit occidere, *CIC., il voulut vous tuer en sortant du bain. Au figuré, parlant des personnes, brave, bien mis, aimable :* Lautior servus, *CIC.* Jam lautus es, qui gravêre litteras ad me dare, *Id. Ce qui est dit ironiquement. Parlant des choses, exquis, somptueux :* Lauta culina, *HOR.* — MAGNIFICUS (magnum facere), *grand, magnifique :* Vidi forum adornatum magnifico ornatu, *CIC.* Magnificæ ædes, *OVID.* Cœna magnifica et lauta, *CIC.* Magnificus animus, *Id.* Magnificus et grandis orator, *Id.* — SPLENDIDUS, *brillant, éclatant :* At domus interior regali splendida luxu, *VIRG. Et en parlant d'un homme, c'est celui qui aime l'éclat dans le luxe, ou ce qu'il y a de brillant :* Reviviscat M. Curius, cujus in villâ ac domo nihil splendidum fuit, nihil ornatum præter ipsum, *CIC.*

1699. *Munerari. Remunerari. Retribuere.*

MUNERARI *et* MUNERARE (*de* munus), *faire un présent :* Me opiparè muneratus est, *CIC.* — REMUNERARI *et* REMUNERARE, *reconnaître un bienfait, récompenser :* Remunerare aliquem præmio, *CÆS.* Ut possim te remunerari quàm simillimo munere, *CIC.* Munerari beneficæ voluntatis est ; remunerari, grati et memoris animi. — RETRIBUERE (*de* re, *et de* tribuere), *donner une chose qui est due :* Fidei conducit in loco debitum retribuere, *CIC.* Fructum quem meruerunt, retribuerem, *Id.* Retribuere, æquitatis est. *Catulle a dit :* his te suppliciis remunerabor. *On récompense une belle action, on punit un crime. C'est dans ce sens que Corneille a dit :*

*.................... Ton insolence,*
*Téméraire vieillard, aura sa récompense !*

1700. *Municeps. Municipalis.*

MUNICEPS (munus capere), *bourgeois d'une ville municipale, qui avait droit de bourgeoisie romaine. Il y en avait de deux sortes. Les uns jouissaient de tous les priviléges et des droits de citoyens romains, et étaient soumis aux lois romaines ; les autres suivaient leurs lois particulières, et avaient un certain droit honorifique :* Ego et illi et omnibus municipibus duas esse censeo patrias, unam naturæ, alteram civitatis, *CIC.* Mei municipes Arpinates, *Id. Cicéron était d'Arpinum.* — MUNICIPALIS, *qui est d'une ville municipale, qui concerne les bourgeois des villes municipales :* Municipales homines, *CIC.* Est ipse à genere municipalis honestissimi ac nobilissimi generis, *Id.*

1701. *Munitio. Munimentum.*

MUNITIO (*de* munire), *l'action de fortifier :* Prohibere munitiones, *CÆS., empêcher le travail des fortifications.* Munitio viarum, *CIC.* — MUNIMENTUM *et* MUNIMEN *en poésie, le rempart même, la fortification :* Tenere se munimentis, *TAC. Au figuré :* Togæ munimenta, *JUV., manteaux par-dessus une robe.* Hoc effusos munimen ad imbres, *VIRG.*

1702. *Munus. Officium. Munia. Pensum. Ministerium.*

MUNUS, *synonyme des autres ; emploi, charge :* Munus ædilitium, munus consulare, *CIC.* Tuum est munus, tuæ partes, *Id.* — OFFICIUM, *devoir, obligation :* A religione officii declinare, *CIC.* Quod ratione actum est, id officium vocatur, *Id.* Munus officii exsequi, *Id.* Massinissa senex omnia regis officia et munera exsequitur, *Id.* Alicui muneri atque officio præesse, *Id.* — MUNIA, *fonction :* Obire regis munia, *LIV.* Belli pacisque munia, *HOR.* — PENSUM (*de* pendere), *proprement, un certain poids de laine ou de fil qu'on donnait à filer par jour aux esclaves :* Lumen ad exiguum famulæ data pensa trahebant, *OVID.* Mollia pensa devolvunt fusis, *VIRG. Il se prend plus généralement pour une tâche, un travail imposé :* Exigere pensum,

*Cic.* Nunc ad reliqua progrediar, meque ad meum munus pensumque revocabo, *Id.* — **Ministerium**, *ministère, service :* Meque ministerio scelerisque artisque removi, *Ovid.*

1703. *Murmurare. Mutire. Mussare. Mussitare. Susurrare.*

**Murmurare**, *faire un bruit sourd :* Fremitus murmurantis maris, *Cic.* Vidi hesterno die quemdam murmurantem, qui, etc., *Cic.* — **Mutire**, *se plaindre en murmurant :* Palàm mutire plebeio periculum est, *Phæd.* — **Mussare** (*fréquentatif de* mutire), *parler tout bas :* Id decretum decem legatorum clàm mussantes carpebant, *Liv.* — **Mussitare** (*fréquentatif de* mussare), *marmoter, marmonner :* Mussitantesque inter se rogitabant, num quem plebeii consulis pœniteret, *Liv.* — **Susurrare**, *dire en secret, tout bas :* Jam susurrari audio civem atticam esse hanc, *Ter.* In aurem susurrare, *Ovid.*

1704. *Mutare. Variare.*

**Mutare** (quasi motare), *changer, transmuer une chose en une autre :* Testamentum mutare, *Cic.* Muta jam mentem istam, *Id.* Statuit Metellus mancipia mutare cum mercatoribus vino adventitio et aliis talibus, *Sall.* Colores mutare, *Hor.* — **Variare**, *varier, diversifier :* Ille (sol) ubi nascentem maculis variaverit ortum, *Virg.* Discurrunt variantque vices, *Id.* Sententiam variavit timor, *Liv.*, *la crainte fit changer d'avis.* Variare voluptatem, *Cic.*, *diversifier ses plaisirs.* Variant multa de ejus morte auctores, *Liv.*, *les auteurs ne s'accordent pas sur les circonstances de sa mort.*

1705. *Mutuari. Mutuitare.*

**Mutuari**, *emprunter :* Cùm abundare debeam, cogor mutuari, *Cic.* *Au figuré :* A viris virtus nomen est mutuata, *Cic.* Ab amore temerarium atque imprudens mutuatur consilium, *Id.* — **Mutuitare** (*fréquentatif de* mutuari), *aimer à emprunter :* Credere mutuitanti, *Plaut.*

1706. *Mysterium. Arcanum.*

**Mysterium** (*de* μύω, *taire*), *mystère, ce qu'une religion a de plus caché :* Aliquid tacitum tanquam mysterium tenere, *Cic.* *Il se prend pour cérémonies de religion, fêtes :* Faciesque me in quem diem incidant mysteria certiorem, *Cic.* *Il se dit aussi d'un grand secret :* Epistolæ nostræ tantùm habent mysteriorum, ut eas ne librariis quidem ferè committamus, *Cic.* — **Arcanum** (*d'*arca), *un secret, une chose cachée, qu'il ne faut dire à personne :* Arcanorum celantissimi Persæ, *Q. Curt.* Omnium arcanorum regis arbiter, *Id.* Arcanum neque tu scrutaberis illius unquàm, commissumque teges, *Hor.*

# N.

1707. *Naiades. Nereides.*

**Naiades** (*de* ναίειν, fluere), *naïades, nymphes des fontaines :* Alios poscunt mea carmina cœtus, naiades undarum dominas, *Ovid.* — **Nereides**, *nymphes de la mer, néréides :* Æquoreæ nereides, *Catul.* Virides nereides, *Ovid.*

1708. *Nare. Natare. Navigare.*

**Nare** (*de* νέω, *nager*), *nager :* Nat lupus inter oves, *Ovid.* Nant anaticulæ, evolant merulæ, *Cic.* — **Natare** (*fréquentatif de* nare), *marque plus d'action :* Canis per flumen carnem dùm ferret natans, *Phæd.* Aquæ natantur multo pisce, *Ovid.* *Au figuré, flotter entre divers partis, divers desseins :* Pars hominum multa natat modò recta capessens, interdùm pravis obnoxia, *Hor.* In quo quidem magis tu mihi natare visus es quàm Neptunus, *Cic.* — **Navigare** (quasi navi ire), *aller, voyager dans un vaisseau :* Satis feliciter navigavit, *Cic.*

1709. *Narrare. Enarrare. Denarrare. Memorare. Commemorare.*

**Narrare**, *raconter, faire le récit :* Tempora narrando fallere, *Ovid.* Jucunda mihi ejus oratio fuit, cùm de animo tuo mihi quotidiè narraret, *Cic.* — **Enarrare**, *raconter par ordre, et en détail :* Sæpè satis est quod factum sit dicere, non ut enarres quemadmodùm sit factum, *Cic.* — **Denarrare**, *raconter au long avec toutes les circonstances :* Hæc adeò illi jam denarrabo, *Ter.* Matri denarrat ut ingens bellua cognatos eliserit, *Hor.* — **Memorare**, *rapporter, faire mention :* Verbum est verum quod memoratur, *Cic.* Herculem in ea loca, Geryone interempto, boves mirâ specie abegisse memorant, *Liv.* — **Commemorare** *marque plus d'ostentation :* Quæ est ista in commemorandâ pecuniâ tuâ tam insolens ostentatio? *CIC.* Caius Decianus, de quo tu sæpè commemoras, *Id.*

1710. *Nasci. Oriri.*

NASCI, *naître, venir au monde:* Nascendi incerta conditio; sine sensu nascimur, *CIC.* Omnes nati sumus ad societatem et communitatem generis humani, *Id. Au figuré:* Nulla tam detestabilis pestis, quæ non homini ab homine nascatur, *CIC.* Scribes ad me, ut mihi nascatur epistolæ argumentum, *Id.* — ORIRI, *tirer son origine:* Tu qui ab illo ortus es, *CIC. Au figuré:* Tibi à me nulla est orta injuria, *TER.* Ab his sermo oritur, *CIC., ils parlent les premiers.* Sed ipsum (amare) à se oritur, et suâ sponte nascitur, *Id.*

1711. *Nasus. Naris.*

NASUS, *le nez, l'éminence qui est au milieu du visage:* Nasus ita locatus, ut quasi murus oculis interjectus esse videatur, *CIC.* Pravo vivere naso, *Id.* — NARIS, *narines, les ouvertures du nez:* Cava naris, *OVID.* Geminæ nares, *VIRG.* Rectè sursùm sunt nares, quòd odor omnis ad supera fertur, *CIC.* Nasus *se dit quelquefois pour finesse, raillerie:* Tacito rides, Germanice, naso, *MART.* Ignotos naso suspendis adunco, *HOR., vous vous moquez des pauvres gens.*

1712. *Nativus. Naturalis. Natalis. Natalitius.*

NATIVUS (de nasci), *qui a une origine, qui est né en nous, ou avec nous:* Anaximandri opinio est nativos esse deos, *CIC.* Verba nativa, *Id., des mots primitifs, qui ne sont point dérivés.* Nativum malum sanare, *Id.* — NATURALIS, *de la nature, conforme à la nature:* Naturalis atque insita in animis nostris notio, *CIC.* Lex naturalis, *Id.* Naturalis et non fucatus nitor, *Id.* Pabulum naturale, *Id.* — NATALIS, *natal, de la naissance:* Natalis dies, *CIC.* Natale solum, *OVID.* — NATALITIUS, *qui regarde la naissance:* Notant natalitia sidera, *CIC.*

1713. *Navalis. Nauticus.*

NAVALIS, *naval, qui concerne les vaisseaux:* Navalis pugna, *CIC.* Navalis disciplina, *Id.* Materia navalis ad classem ædificandam, *LIV.* Gloria navalis, *CIC.* — NAUTICUS, *de matelot, de marinier:* Nauticus cantus, *CIC.* Nauticus exoritur vario certamine clamor, *VIRG.*

1714. *Navarchus. Gubernator.*

NAVARCHUS (*de* ναῦς, *navire, et d'*ἀρχή, *commandement*), *le capitaine, le maître du vaisseau:* Sumptum omnem in classem navarcho suo quæque civitas dabat, *CIC.* — GUBERNATOR (*de* κυβερνάω, *gouverner*), *est celui qui conduit le vaisseau, ou tient le gouvernail:* Gubernator clavum tenens sedet in puppi, *CIC. Il se prend plus généralement:* Custos, gubernatorque reipublicæ, *CIC.*

1715. *Nauci, Flocci facere, habere.*

NAUCI FACERE, HABERE, *ne faire pas plus de cas que du zeste de la noix:* Non habeo nauci Marsum augurem, *CIC.* — FLOCCI FACERE *ou* HABERE, *ne faire pas plus de cas que d'un flocon de laine que le vent emporte:* Tres areopagitæ totam rempublicam non flocci faciebant, *CIC.*

1716. *Navis. Navigium. Lembus. Cercurus. Celox. Ratis. Scapha. Lenunculus. Prosumia. Linter. Oria. Pontones. Hippagogæ. Catascopium. Phaselus. Myoparo. Cymba. Liburnus. Remulcus. Aphractum. Dicrotum. Actuarium. Actuariolum. Corbita. Biremis. Triremis.*

NAVIS, *nom général de tout navire; mais il se dit ordinairement d'un grand vaisseau, comme un vaisseau de guerre:* Navis annotina, *CÆS., vaisseau qui porte des vivres.* Navis oneraria, *Id., vaisseau de charge.* Navis longa, *Id. vaisseau de guerre.* — NAVIGIUM, *se dit d'un navire moins considérable:* Navigia minuta, *CIC.* In navigio latera, carinæ, prora, puppis, antennæ, vela, mali, *Id.* — LEMBUS, *felouque, petit bâtiment à voiles et à rames:* Ne navem ullam præter duos lembos, qui non plusquàm sexdexim remis agerentur, haberet, *LIV.* — CERCURUS, *petit navire dont se servaient les Cypriens:* Ipse cum classe centum tectarum navium, ad hæc levioribus navigiis, cercuris ac lembis ducentis proficiscitur, *LIV.* — CELOX, *brigantin, petit navire ainsi appelé à cause de sa légèreté:* Apparuit indè piraticas celoces et lembos esse, *LIV.* — RATIS, *radeau, n'est autre chose que des planches jointes ensemble; un navire fait à la hâte:* Navibus ab Annibale incensis, rates ad trajiciendum exercitum in magnâ inopiâ materiæ ægrè comparavit, *LIV. Les poëtes confondent souvent* navis *et* ratis. — SCAPHA (*de* σκάπτειν, *creuser*), *petite chaloupe, tronc d'arbre creusé:* Usquè adeo ut dominus navis in scapham confugerit, *CIC.* — LENUNCULUS, *chaloupe, bateau pêcheur:* Illorum fuga navium onerarium magistros incitabat, pauci lenunculi ad officium imperiumque conveniebant, *CÆS*. — PROSUMIA, *petit bateau léger pour aller à la découverte :* De nocte ad portam profectus sum prosumiâ, *PLAUT*. — LINTER, *canot, petit bateau qui n'a ni mâts, ni voiles ; nacelle plus petite que* scapha : Amnem lintre transvehi, *CIC*. Duas naves scaphis lintribusque deprehendunt, *CÆS*. — ORIA, *petit bateau pêcheur :* Malo hunc alligari ad oriam, ut semper piscetur, etsi sit tempestas maxima, *PLAUT*. — PONTONES (*de* pons), *bac qui sert au lieu de pont à passer les rivières, pont de bateaux :* Plerasque naves in Italiam emittit ad reliquos milites equitesque transportandos; pontones, quod est genus navium gallicarum, Lyssi reliquit, *CÆS*. — HIPPAGOGÆ (*d'*ἵππος *et d'*ἄγειν), *proprement, navires pour le transport des chevaux :* Fortè postero die quàm Sybota classis tenuit, quinque et triginta naves, quas hippagogas vocant, ab Eliâ profectæ cum equitibus gallis, equisque Phanas petebant, *LIV*. —CATASCOPIUM (*de* κατά, *et de* σκέπτομαι, *considérer*), *navire destiné à aller à la découverte :* Litteris celeriter in Siciliam ad Atticum conscriptis, et per catascopium missis, ut sine morâ exercitus sibi quàm celerrimè transportaretur, *CÆS*. — PHASELUS (*de* Phaselis, *petit port de la mer de Pamphylie, renommé par les pirateries de ses habitants*), *est un bateau long à l'usage des Campaniens :* Et fragilem mecum solvat phaselum, *HOR*.—MYOPARO (*de* μῦος, scelus, *et de* παρώνη, navigium), *brigantin, corsaire, navire à voiles et à rames pour aller en course :* In portu syracusano myoparo piraticus navigavit, *CIC*. — CYMBA, *barque, bateau de pêcheur :* Cymbarum antè oculos multitudo : pro se quisque, quod ceperat, afferebat, *CIC*. *Il est pris dans Virgile pour la barque de Caron :* Gemit sub pondere cymba sutilis. — LIBURNUS *ou* LIBURNA, *ainsi appelé des Liburniens, qui le mirent en usage ; vaisseau léger, plus propre pour la fuite que pour le combat :* Ibis liburnis inter alta navium, amice, propugnacula, *HOR*. — REMULCUS, *petit bateau qui sert à remorquer les grands navires :* Submersam navim remulco, multisque contendens funibus abduxit, *CÆS*. Adverso vento leniter flante, naves onerarias Cæsar remulco Alexandriam deduxit, *CÆS*. — APHRACTUM, *vaisseau à l'usage des Rhodiens :* Nosti aphracta Rhodiorum : nihil est quod minùs fluctum ferre possit, *Id*. — DICROTUM, *espèce de galère à deux rangs de rames à l'usage des Mityléniens :* Aphracta Rhodiorum, et dicrotum Mitylenorum, *CIC*. — ACTUARIUM *et* ACTUARIOLUM, *son diminutif, petit navire léger :* Actuaria minuta, *CIC*. Corbitâne Patras, an actuariolis ad Leucopetram? *Id*.—CORBITA (*de* corbis, *parce qu'il avait la forme d'une corbeille*), *navire marchand fort lourd :* Tardiores quàm corbitæ sunt in tranquillo mari, *PLAUT*. *Leur lenteur a passé en proverbe :* Obsecro, operam celocem hanc mihi, ne corbitam date, *PLAUT*. — BIREMIS. *Il y avait des navires à deux, trois, quatre et cinq rangs de rames. On peut les désigner par ces mots*, BIREMIS, TRIREMIS, etc. : Sic memorat geminasque legit de more biremes, *VIRG*. Nauseat ac locuples quem ducit priva triremis, *HOR*.

### 1717. *Nebulosus. Nimbosus. Nubilus.*

NEBULOSUS (*de* nebula) *nébuleux, couvert de brouillards :* Cœlum nebulosum, *CIC*. Aer nebulosus, *PLIN*. Littus nebulosum, *OVID*. — NIMBOSUS (*de* nimbus), *chargé de nuées, orageux, pluvieux :* Ventus nimbosus, *OVID*. Nimbosus Orion, *VIRG*. — NUBILUS (*de* nubes), *nébuleux, couvert de nuages :* Ut timeas quoties nubilus auster erit, *PROP*. Nubilus *semble dire moins que* nimbosus.

### 1718. *Necatus. Enectus.*

NECATUS, *tué, mis à mort :* In tormentis necatus, *CIC*. Necatus veneno, *Id*. Necatus fame, *QUINT*. — ENECTUS, *épuisé, presque mort ; il ne se dit jamais d'une mort par le fer :* Bos est enectus arando, *OVID*. Enecta fame et siti provincia, *CIC*. Frigore, illuvie, squalore enecti, contusi, ac debilitati, *LIV*. *Il est quelquefois opposé à* plenus, affluens : Eâ parte animi nec inopiâ enectâ, nec satietate affluenti, *CIC*. Pleni enective simus, *Id*.

### 1719. *Necessitas. Necessitudo.*

NECESSITAS (*de* nectere), *la nécessité :* Venia necessitati datur, *CIC*. Nullum est corpus quod effugiat ferendi patiendive necessitatem, *Id*. *Il se dit de la liaison du sang, ou autre :* Necessitatem familiaritatemque violare, *CIC*. *Ces exemples sont rares ; les bons auteurs disent* necessitudo: Conjungere necessitudinem cum aliquo, *CIC*. Familiaritatis necessitudinisque oblivisci, *Id*. *On trouve* necessitudo *dans le sens de* necessitas : Coactus rerum necessitudine, *COL*. Facere necessitudinem alicui, *TAC*., *forcer quelqu'un, le contraindre.*

### 1720. *Nectere. Nexare. Nodare.*

NECTERE, *lier en faisant un nœud, entrelacer :* Coronam nectere, *HOR*. Aranea nectit opus sub trabe, *OVID*. Brachia nectere, *Id*. *Au figuré :* Omnes virtutes inter se nexæ, et jugatæ sunt, *Cic.* Undiquè regi dolus nectitur, *Liv.* Causas nectis inanes, *Virg.*, *vous alléguez de vains prétextes.* — Nexare, *fréquentatif de* nectere, *marque plus d'action :* Nexantem nodis, seque in sua membra plicantem, *Virg.* — Nodare, *nouer :* Crines nodantur in aurum, *Virg.*, *une tresse d'or noue ses cheveux.*

1721. *Necubi. Necundè.*

Necubi, *de peur qu'en quelque lieu, pour la question* ubi : Necubi hosti æquo se committeret loco, *Liv.* — Necundè, *de peur que de quelqu'endroit, pour la question* undè : Circumspectabat, necundè impetus in frumentatores fieret, *Liv.* Necubi, et necundè, *sont pour* ne alicubi, ne alicundè.

1722. *Nefandus, Infandus.*

*S'accordent et ont du rapport, en ce qu'ils dérivent tous deux du verbe* fari ; *mais l'un est relatif à l'inconvenance, et l'autre à l'impossibilité de dire ce que quelqu'un pourrait tenter d'exprimer :* Abolere nefandi cuncta viri monumenta jubet, monstratque sacerdos, *Virg.* At sperate deos memores fandi atque nefandi, *Id. Dans ce dernier exemple il y a une distinction fortement marquée entre ce qui doit et ce qui ne doit pas être mentionné.* Nefandissima quæque tyrannicæ crudelitatis exercuit, *Justin.* Infandus *diffère de* nefandus, *en ce qu'il a rapport à l'impossibilité de dire sur un sujet ce qu'il serait nécessaire de dire pour l'expliquer:* Infandum, regina, jubes renovare dolorem, *Virg.* O sola infandos Trojæ miserata labores, *Id.*, *c'est-à-dire, des maux que la langue humaine ne peut décrire. La première syllabe de* nefandus *étant brève, convient souvent aux poëtes, lorsqu'ils ne peuvent faire entrer dans leurs vers le mot* infandus, *dont la première syllabe est longue ; licence poétique qu'il ne faut pas imiter en prose.*

1723. *Negligentia. Incuria.*

Negligentia, *négligence, indifférence :* In re familiari laboriosior est negligentia, quàm diligentia, *Cic.* Negligentia corrumpit animum, *Id.* — Incuria (non cura), *défaut de soin :* Non ego paucis offendar maculis, quas aut incuria fudit, aut humana parùm cavit natura, *Hor.* Vituperanda est rei maximè necessariæ tanta incuria, *Cic.* Negligentiâ, non attendimus; incuriâ, non curamus.

1724. *Negotiatio. Occupatio*

Negotiatio, *commerce, négoce :* Ut ad reliquias asiaticæ negotiationis proficiscaris, *Cic.* Negotiationes quoque vel privato pudendas propalàm exercuit, *Suet.* — Occupatio, *proprement, l'action de s'emparer :* Sunt autem privata naturâ nulla, sed aut vetere occupatione, ut qui quondam in vacua venerunt, *Cic. Il se prend pour occupation, l'action de s'occuper, l'affaire à laquelle on s'occupe :* Ipse eram maximis occupationibus impeditus, *Cic.*

1725. *Negotiosus. Negotialis.*

Negotiosus, *plein d'affaires :* Negotiosa provincia, *Cic.*, *charge ou fonction laborieuse.* — Negotialis, *qui concerne le négoce, les affaires :* Negotialis constitutio est quæ in ipso negotio juris civilis habet implicatam controversiam, *Cic.*

1726. *Negotium. Res.*

Negotium, 1° *peine, travail :* Ut in otio esset potiùs quàm in negotio, *Ter.* Negotium alicui exhibere, *Cic.* 2° *Affaire.* Aliena negotia curo, *Hor.* Est mihi negotium cum illo, *C. Nep.* — Res, *chose, se dit indifféremment de tout, comme en français notre mot chose ; sa signification se déterminant par le sujet dont on traite :* Facere rem divinam, *Cic.* Res tua agitur, *Id.* Rei militaris scientia. *Id.* Res secundæ, adversæ, *Hor.* Patriam rem perdere, *Id.* Res est admodùm fragilis humanum corpus, *Cic.* Non re ductus es, sed opinione, *Id.*

1727. *Negotium facessere, agere, gerere, conficere.*

Negotium facessere, *donner de la peine, de l'embarras :* Cùm est allatum ad nos de temeritate eorum qui tibi negotium facesserent, *Cic.* — Negotium agere, *conduire une affaire, s'en occuper :* Peregrini officium est nihil præter suum negotium agere, *Cic.* — Negotium gerere *dit plus, c'est la soutenir :* Tu tuum negotium gessisti benè, *Cic.* — Conficere negotium, *terminer une affaire*, Confecit negotium ex sententiâ, *Cic.*

1728. *Nemo. Nullus.*

Nemo *ne se dit que des personnes :* Nemo rex, nemo homo, *Cic.* Nemo omnium tam est immanis, *Id.* Nemo hostis, *Id.* — Nullus *se dit des choses et des personnes :* Senatorum nullos esse Romæ nos quoque audieramus, *Cic.* Elephanto belluarum nulla prudentior, *Id.* Argumentum id quidem nullum est, *Id.*, *cet argument ne vaut rien.* Arte nullâ, *Id.*, *sans art.* Nullus *se rend quelquefois par une négation:* Philotimus nullus venit, *CIC.*, *il n'est point venu de Philotime.* Si non quæret, nullus dixeris, *TER.*, *s'il ne me demande point, ne lui dis rien.* Nullus dubito, *Id.*

1729. *Nemo non. Non nemo.*

NEMO NON, *tous :* Apertè adulantem nemo non videt, nisi qui admodùm est excors, *CIC.*, *il n'y a personne qui ne voie.* — NON NEMO (*non personne*), *quelqu'un :* Quas leges ausus est non nemo improbus, potuit quidem nemo convellere, *CIC.* *Tel est le vrai sens de ces deux locutions.*

1730. *Nemoralis. Nemorosus.*

NEMORALIS, *de bois*, *de forêt :* Antrum nemorale, *OVID.* — NEMOROSUS, *couvert de forêts :* Montes nemorosi, *OVID.* Silvæ nemorosæ, *Id.*, *un bois très-épais.*

1731. *Nervus. Fibra.*

NERVUS (*de* νεῦρον, *nerf*) *petits filaments blanchâtres qu'on regarde comme les organes généraux des sensations :* Hùc adde nervos, à quibus artus continentur, eorumque implicationem toto corpore pertinentem, qui à corde tracti et profecti in corpus omne ducuntur, *CIC.* Nervis et ossibus Deus non continetur, *Id.* *Au figuré :* Nervi belli pecunia, *CIC.* — FIBRA, *fibre, filament délié qui se trouve dans toutes les parties charnues des corps et des plantes :* Pellucentes numerare in corpore fibras, *OVID.* Radicum fibras evellere, *CIC.*

1732. *Nescire. Ignorare.*

NESCIRE, *ne pas savoir ;* IGNORARE, *ne pas connaître.* Nescire *se dit proprement des choses*, *et* ignorare, *des personnes :* Nec me pudet fateri nescire quod nesciam, *CIC.* Nescire latinè, *Id.* Ignoras me, *TER.* Ignorat patrem suum, *Id.* Ignorare *se dit aussi des choses :* Ignorare legem, *CIC.* Nescire *est aussi ne pas savoir ce qu'on n'a pu apprendre, ou ne pas savoir du tout ;* ignorare, *ignorer ce qu'on doit savoir, ne pas savoir assez :* Impunitates, supplicia largitus est, et quidem nesciens plerùmque et ignarus, *SUET.* Ignorare imprudentis est, aut negligentis ; nescire, inscientis et imperiti.

1733. *Nexus. Nodus.*

NEXUS (*de* nectere), *enlacement fait de quelque chose de pliant :* Recurvo serpunt nexu hederæ, *OVID.* *Au figuré :* Legis nexus, *CIC.*—NODUS, *ce qui lie, ce qui attache :* Nodus crinium, *TER.* Solvere nodum, *CIC.* Dracones tantæ magnitudinis, ut et ipsos circumflexu facili ambiant nexuque nodi perstringant, *PLIN.* Nodus *se dit aussi de la bosse*, *de l'excroissance qui vient aux parties extérieures de l'arbre, des plantes*, *des légumes*, *etc.* Arboris imam partem, quam in terram demissurus es, acutissimâ falce juxtà nodum amputato, *COL.* *Il se dit encore de la jointure des membres :* Articulorum nodi, *PLIN.* Crura sine nodis, *CÆS.* *Au figuré :* Nodus amicitiæ, *CIC.* Maximus in republicâ nodus est, inopia rei frumentariæ, *Id.*, *la disette de blé est la plus grande difficulté dans un état.*

1734. *Nexus. Nexum. Mancipium.*

NEXUS ou NEXUM, *synonyme de* mancipium, *se prend*, 1° *pour une certaine forme d'aliéner une chose, qui se pratiquait avec la balance, l'argent à la main :* Nexum est quod per libram agitur, *CIC.* 2° *Pour une espèce d'obligation, par laquelle celui qui ne pouvait payer son créancier s'engageait à le servir :* Nam etsi unciario fœnore facto levata usura erat, sorte ipsâ obruebantur inopes, nexumque inibant : id est se et corpore et bonis obligabant, devinciebantque creditoribus, *LIV.*—MANCIPIUM, *synonyme de* nexus, *se prend* 1° *pour droit de propriété :* Cujus proprium te esse scribis mancipio et nexu, *CIC.*, *à qui vous me mandez que vous appartenez par un droit de propriété et d'engagement.* Fructus est tuus, mancipium illius, *Id.* 2° *Pour vente :* Ædes Sergio serviebant, sed Matius in mancipio non dixerat, *CIC.*, *Sergius avait un droit de servitude sur la maison*, *mais Matius n'en avait point averti dans le contrat de vente.* 3° *Pour garantie :* Mancipio dare, *PLAUT.*, *donner avec garantie.*

1735. *Nidor. Odor. Odores. Suffimen. Suffimentum.*

NIDOR, *odeur forte, comme de cuisine, et de quelque chose qu'on brûle :* Illi ingens barba reluxit, nidoremque ambusta dedit, *VIRG.* Ganearum nidor et fumus, *CIC.* — ODOR, *odeur, soit agréable, soit désagréable :* Unguentorum odor, *CIC.* Odor oris et corporis teterrimus, *Id.* *Au figuré :* Odor quidam suspicionis, *CIC.* Est nonnullus odor dictaturæ, *Id.*, *on a quelque pressentiment d'une dictature.*—ODORES, *au pluriel, se prend ordinairement pour de bonnes odeurs :* Suavitas odorum, *CIC.* Incendere odores, *Id.*— SUFFIMEN, *parfum :* Pete virgineâ suffimen ab arâ, *OVID.*—

SUFFIMENTUM, *odeur de parfums brûlés:* Nam etiam sine illius suffimentis expiati sumus, *CIC.*

### 1736. *Nihil. Nihilum.*

NIHIL, *et par contraction*, nil ( *de* non *et de* hilum, *la parcelle noire qui est à l'extrémité de la fève de marais*), *rien:* Nihil agebat, *CIC.* Prorsùs nihil abest, quin sim miserrimus, *Id.* — NIHILUM, *le néant:* Ex nihilo oriri, et in nihilum occidere, *CIC.* Ad nihilum recidunt omnia, *Id.*

### 1737. *Nihildùm. Nondùm. Nequedùm.*

NIHILDUM, *rien encore:* Brundusio nihildùm erat allatum, *CIC.* — NONDUM *et* NEQUEDUM, *point encore:* Nondùm satis constitui quid mihi faciendum sit, *CIC.* Sed ejus rei maturitas nequedùm venit, et tamen appropinquat, *Id.*

### 1738. *Nihilominùs. Tamen.*

NIHILOMINUS, *néanmoins, distingue deux choses qui paraissent opposées, et il en soutient une sans détruire l'autre:* Nihilominùs ut ego absim, hæc confici possunt, *CIC.* — TAMEN, *cependant, affirme contre les apparences contraires:* Quanquam abest à culpâ, suspicione tamen non caret, *CIC.*

### 1739. *Nimìs. Nimiùm.*

NIMIS *et* NIMIUM, *trop, avec excès, est toujours adverbe:* Nimìs magnum studium, *CIC.* Magna nimìs licentia, *Id.* — NIMIUM *se dit*, 1° *dans le sens de* nimìs, *trop:* Tempus nimiùm longum, *CIC.* 2° *Il signifie très, fort:* O fortunatos nimiùm, bona si sua norint, agricolas! *VIRG.*, *bien heureux! trop heureux les laboureurs si, etc.* 3° *Il est quelquefois substantif:* Nimium boni, *CIC.*, *une trop grande abondance. On ne dirait pas aussi bien* nimìs boni. *Cependant Cicéron a dit* nimìs insidiarum.

### 1740. *Nisus. Nixus.*

NISUS *et* NIXUS (*de* niti), *effort:* Insoliti nisus, *HOR.* Tertia sed postquàm majore hastilia nixu aggredior, *VIRG.* Nixus *est souvent pris pour les douleurs, le travail de l'enfantement et pour l'enfantement même:* Haud fœtus nixibus edunt, *VIRG.*, Maturis nixibus editus, *Id.*

### 1741. *Niveus. Nivalis. Nivosus.*

NIVEUS, *de neige, blanc comme la neige:* Sed jacet aggeribus niveis informis terra, *VIRG.* Niveos cycnos, *Id.* — NIVALIS, *neigeux:* Nivalis dies, *HOR.* Venti nivales, *VIRG.* *Il se prend aussi pour couleur de neige:* Nivali candore, *VIRG.* — NIVOSUS, *abondant en neige, plein de neige:* Nivosa Scythia, *OVID.* Nivosa hyems, *LIV.*

### 1742. *Nocturnus. Noctuabundus.*

NOCTURNUS, *de nuit:* Horæ nocturnæ, *CIC.* Labores diurni nocturnique, *Id.* — NOCTUABUNDUS, *qui va de nuit:* Cùm complicarem hanc epistolam, noctuabundus ad me venit cum epistolâ tuâ tabellarius, *Id.*

### 1743. *Nolle. Non velle.*

NOLLE, *ne pas vouloir, dit absolument:* Nolunt, ubi velis; ubi nolis, cupiunt ultrò, *TER.*—NON VELLE *dit moins; c'est, ne pas souhaiter:* Nulla sedes est, quò concurrant ii qui rempublicam defensam non velint, *CIC.*

### 1744. *Nomen. Prænomen. Cognomen. Agnomen.*

NOMEN *était le nom propre qui distinguait la race d'où l'on sortait, comme Pompée, Manlius, Cornélius:* Nomen est quod cuique personæ datur, quo suo quisque proprio et certo vocabulo appellatur, *CIC.* — PRÆNOMEN *était le premier nom ou prénom qui distinguait chaque personne, comme Marcus, Lucius, Publius.* — COGNOMEN *était le surnom qui marquait la famille dont l'on était, comme Scipion.* — AGNOMEN, *surnom spécial qui se donnait à cause de l'adoption, ou pour quelque grande action, ou pour quelque aventure; par exemple, Publius Cornélius Scipion l'Africain, Publius est* prænomen; *Cornélius*, nomen; *Scipion*, cognomen; *l'Africain*, agnomen. *Les auteurs confondent quelquefois* cognomen *avec* agnomen. *Cicéron parlant de l'autre Scipion, dit:* Ex Asiâ cognomen assumpsit.

### 1745. *Nomen. Vocabulum.*

NOMINA, *dit Varron*, differunt à vocabulis, ideò quòd sunt finita, ac significant res proprias, ut Remus, Romulus, cùm VOCABULA sint infinita, ut vir, mulier. Si res suum nomen et proprium vocabulum non habent, *CIC.* *Ovide a dit* vocabulum *pour* nomen: *c'est Bacchus qui adresse la parole à Ariadne:* Tu mihi juncta toro, mihi juncta vocabula sumes: nam tibi mutatæ Libera nomen erit. *Si je dis* urbs Roma, urbs *est* vocabulum, *et* Roma, nomen. Nomina *se prend aussi pour une obligation, un billet:* Nomina mea exsolvo, *CIC.*, *je paye mes dettes.* Pecuniam sibi esse in nominibus, numeratam in præsentiâ non habere, *Id.*

1746. *Non tantùm. Tantùm non. Tantùm quòd.*

NON TANTUM, *non-seulement :* Non tantùm parùm commodè, sed etiam turpiter, *CIC.* — TANTUM NON, *presque :* Tantùm non Sparta capta est, *LIV.* — TANTUM QUOD, *seulement :* tantùm quòd ex Arpinati veneram, cùm mihi à te litteræ redditæ sunt, *CIC.* Tantùm quòd aratoribus obsides non dedit, *Id.*

1747. *Notio. Notitia. Cognitio. Perceptio.*

NOTIO, *notion, idée que l'on a d'une chose :* Notio est conformatio quædam et impressa intelligentia, *CIC.* — NOTITIA, *connaissance :* Notitia antiquitatis, *CIC.* Propter notitiam intromissi. *C. NEP.*, *introduits comme personnes de connaissance. On ne dirait pas* notionem. Dei notitia *est la connaissance de Dieu ; et* Dei notio *est l'idée, la notion de Dieu.* Notio *se dit de toute idée qui est notre propre ouvrage.* — COGNITIO, *l'action de connaître, la connaissance :* Cognitio rerum occultarum, *CIC.* Fieri nullo modo potest ut à pueris tot rerum insitas in animis notiones haberemus, nisi animus, antequàm corpus intrâsset, in rerum cognitione viguisset, *Id.* — PERCEPTIO (capere per), *récolte, l'action de cueillir :* Frugum fructuumque perceptio et conservatio, *CIC. Au figuré, perception, l'impression qui se produit en nous à la présence des objets, l'action de concevoir une idée, une pensée :* Animi perceptio, *CIC.* Neque hoc quicquam esset turpius, quàm cognitioni et perceptioni assertionem approbationemque præcurrere, *Id.*

1748. *Novare. Innovare.*

NOVARE (*de* novus), *rendre neuf, faire nouveau :* Novare verba, *CIC.*, *faire de nouveaux mots.* Fortuna fidem mutata novavit, *VIRG.*, *la fortune, venant à changer, donna une nouvelle preuve de son inconstance.* Qui novari aliquid volebant, *CIC.*, *qui voulaient exciter des nouveautés.* — INNOVARE, *renouveler :* Cætera, visu quàm dictu fœdiora, terrorem innovârunt, *LIV.* Qui novat, nova facit; qui innovat, redintegrat. *Les bons auteurs n'ont jamais dit* innovare *pour innover.*

1749. *Novare agrum. Iterare agrum.*

NOVARE AGRUM, *donner un premier labour, lever les jachères.* — ITERARE AGRUM, *donner un second labour :* Ager non semel aratus, sed novatus et iteratus, quò meliores fœtus possit et grandiores edere, *CIC.*

1750. *Novellus. Novalis.*

NOVELLUS (*de* novus), *nouveau, jeune :* Novellæ arbores, *CIC.*, *jeunes arbres.* Novelli Aquileienses, *LIV.*, *la nouvelle colonie d'Aquilée.* — NOVALIS *ne se dit que de la terre :* Novalis ager, qui intermittitur, à novando dictus, *VARR. C'est une terre nouvellement défrichée. De* novalis *vient notre mot* novale, *qui s'étend même à des terres défrichées depuis dix ans.*

1751. *Novitius. Tiro.*

NOVITIUS (*de* novus), *nouveau, parlant des esclaves :* Novitii servi, *VARR.*, *esclaves nouveaux dans la maison.* Novitiæ puellæ, *TER.* — TIRO, *nouveau, parlant des soldats :* Veteribus militibus tirones immisceantur, *LIV.* Tiro exercitus, *Id. Il se dit de toute sorte d'apprentissage :* Homo non ætate, sed usu forensi tiro, *CIC.* Tiro ac rudis in aliquâ re, *Id.*

1752. *Novus. Recens. Nuperus.*

NOVUS, *nouveau :* Nihil erat novi in ejus epistolâ, *CIC.* Nova et inopinata hæc tibi sunt, *Id.* — RECENS, *frais, récent :* Litteræ recentissimæ, *CIC.* Cùm è provinciâ recens esset, *Id.* Homines recentes, *HOR.*, *les hommes qui venaient de naître.* Homines novi, *CIC.*, *des hommes, des gens dont les ancêtres n'ont point été connus.* Recens et nova lex, *CIC. une loi établie récemment, et qui est extraordinaire. Une lettre est* nova *par rapport à d'autres précédentes; et elle est, pour ainsi dire, toute fraîche,* recens, *si elle est écrite depuis très-peu de temps.* Novum quod primùm accidit; recens, quod nuper, ut lex nova, quæ primùm perfertur; eadem recens, quæ non diù antè fuit lata. — NUPERUS, *récent, tout nouveau, qui ne fait que d'arriver :* Captum hominem nuperum et novitium, *PLAUT.*

1753. *Noxa. Noxia.*

NOXA (*de* nocere), *se dit de tout ce qui nuit :* Nocte nocent potæ (Phenei aquæ), sine noxâ luce bibuntur, *OVID.* Maximè vellem prava incœpta consultoribus noxæ esse, *SALL. Il se prend pour faute :* Allia omnis penès milites noxa erat, *LIV. Pour punition :* Eximere noxæ, *LIV.* — NOXIA *ne se dit que de la faute :* Pœna noxiæ, *CIC.* Quamobrem eum ibi aut sarcire noxiam, aut noxam dedere oportere, *ULP.*

1754. *Noxius. Nocens.*

NOXIUS, *nuisible, qui peut nuire :* Noxia spicula, OVID. Noxius civis coerceatur, CIC.—NOCENS, *qui nuit actuellement :* Se avarissimi hominis cupiditati satisfacere posse, nocentissimæ victoriæ non posse, CIC. Tela nocentia, OVID. Nocens est, *dit Dolet*, vel qui damnum calamitatemque infert, vel qui turpiter aliquid agit, aut maleficium committit.

1755. *Nubere. Uxorem ducere.*

NUBERE (*de* nubes), *proprement, se voiler, parce que les femmes se voilaient le jour de leurs noces ; il ne se dit que de la femme :* Nupta est cum illo, CIC. Uxori nubere nolo meæ, PLAUT., *je ne veux pas être la femme de ma femme, c'est-à-dire, je ne veux pas qu'elle fasse le maître chez moi.* — UXOREM DUCERE *ne se dit que des hommes, parce que le mari emmenait la femme :* Duxit uxorem patre vivo, CIC.

1756. *Nubes. Nimbus. Nebula.*

*Ces mots désignent des vapeurs qui s'élèvent dans l'air, et qui ordinairement, après s'y être condensées, retombent en pluie, avec cette différence que* NUBES, *nuée, désigne mieux une grande quantité de vapeurs étendues dans l'air, menaçant de l'orage ;* NIMBUS, *nuage, caractérise un amas de vapeurs fort condensées ; et* NEBULA, *nue, marque plus particulièrement les vapeurs les plus élevées. L'idée de* nebula *fait penser à l'élévation ; celle de* nubes, *à la quantité et à l'orage ; celle de* nimbus, *à l'obscurité :* Cœlum, in quo nubes, imbres, venti coguntur, CIC. Aer concretus in nubem cogitur, *Id.* Subitò coorta tempestas cum magno fragore tam denso regem operuit nimbo, ut conspectum ejus concioni abstulerit, LIV. Resolvuntur nebulæ ventis ac sole, OVID. *Au figuré :* Objicere nubem fraudibus, HOR.

1757. *Nudare. Detegere. Exuere. Develare.*

NUDARE, *mettre nu :* Cùm repentè hominem in foro medio nudari, et virgas expediri jubet, CIC. Nudare gladios, LIV. Nudare urbem, *Id., démanteler une ville. Au figuré :* Nudare scelus aliquod, LIV. Nudare aliquem, HOR., *découvrir les finesses de quelqu'un.* — DETEGERE, *découvrir :* Ædes vetustate atque incuriâ detectæ, C. NEP. *Au figuré:* Detecta fraus, LIV. Detegere insidias, *Id.* — EXUERE (*d'*ἐξ, *et de* δύω, *vêtir*), *proprement, déshabiller :* Exuere tunicam, OVID. *Au figuré :* Humanitatem exuere, CIC. Antiquos mores exuere, LIV. Duæ civitates jugum exuerunt, *Id.* — DEVELARE (*de* velum) *ôter le voile :* Oraque develat miseræ pudibunda sororis, OVID. *Ce mot est peu usité.*

1758. *Nudus. Nudatus.*

NUDUS *marque l'état d'un homme nu :* Nuda pectora, OVID. Nudo cui vertice fulva cæsaries, nudique humeri, VIRG. *Au figuré, privé de quelque chose :* Nudus à propinquis, CIC. Agris paternis nudus, HOR. Nuda veritas, CIC.—NUDATUS, *qui a été dépouillé :* Cornicula furtivis nudata coloribus, HOR. *Au figuré :* Respublica interitu consulum nudata, CIC.

1759. *Nullo negotio. Nullo labore.*

NULLO NEGOTIO, *sans difficulté, sans embarras :* Cùm id nullo negotio facere possis, CIC. — NULLO LABORE, *sans fatigue, sans travail :* Nullo labore perfecit, CIC.

1760. *Numerare. Recensere.*

NUMERARE, *compter, calculer :* Numerare pecuniam, CIC. Donec eris felix, multos numerabis amicos ; tempora si fuerint nubila, solus eris. OVID. Per digitos numerare. — RECENSERE (rursùs censere), *faire la revue, le recensement :* Inter hæc recenset exercitum, LIV. Fortè recensebat numerum, carosque nepotes, VIRG.

1761. *Numeratò. Numerosè.*

NUMERATÒ, *en argent comptant :* Mihi et res et conditio placet, sed ita ut numeratò malim, quàm æstimatione, CIC. — NUMEROSÈ, *avec nombre et mesure :* Aptè et numerosè dicere, CIC.

1762. *Numerosus. Numerabilis.*

NUMEROSUS, *nombreux, en grand nombre :* Hoc opus numerosas poscit manus, PLIN. *Au figuré, qui a du nombre, de l'harmonie :* Numerosa oratio, CIC. Brachia numerosa ducere, OVID., *balancer ses bras en cadence.* — NUMERABILIS, *qu'on peut compter :* Populus sanè numerabilis, utpotè parvus, HOR.

1763. *Nummus. Denarius. Numisma. As. Sestertius.*

NUMMUS, *pièce de monnaie quelconque :* Nummus aureus, CIC. Nummus argenti, PLAUT. Nummus adulterinus, CIC. — DE-

NARIUS (*de* decem) *proprement, qui contient le nombre de dix, le denier romain valait dix as:* Emere denario quod sit mille denariûm, *CIC. On sous-entend* nummus. *Quelquefois on l'exprime :* Denarius nummus, *LIV.*—NUMISMA, *pièce de monnaie, même signification que* nummus : Rettulit acceptos regale numisma Philippos, *HOR.*— As *était l'unité de poids et de mesure chez les Romains, comme chez nous le gramme et le mètre. C'était la base. L'*As, *douzième partie de la livre romaine, pesait trente et un grammes de cuivre.*—SESTERTIUS, *sesterce, monnaie de compte (il n'y avait pas de pièces frappées à ce titre). On le divise en grand et en petit sesterce : le grand renferme mille petits sesterces, et il est toujours exprimé par* sestertia, sestertiorum, *ou mieux* sestertiûm. *Le petit était le quart du denier romain. Son poids était entre dix-sept et dix-huit grammes d'argent. Les divisions de l'*As *étaient l'once,* uncia, *ou la douzième partie;* sextans, *la sixième partie;* quadrans *le quart;* triens, *le tiers;* quincunx, *les cinq douzièmes, ou cinq onces;* semis, *la moitié;* septunx, *les sept douzièmes ou sept onces;* dodrans, *les neuf douzièmes, ou les trois quarts;* bessis, *les huit douzièmes, ou les deux tiers;* dextans, *les dix douzièmes, ou un* As *moins deux; et* dunx, *les onze douzièmes, ou l'*As *moins une partie. Le* Denarius *se partageait en deux : on appelait chaque partie Quinaire,* quinarius, *ou Victoriat,* Victoriatus, *parce qu'il représentait de petites victoires ailées, ou des quadriges, chars des triomphateurs.*

1764. *Nunciare. Indicere.*

NUNCIARE, *porter une nouvelle :* Non hæc tibi nunciat auctor ambiguus, *OVID.* Nunciatum est mihi vim parari, *CIC.*— INDICERE (dicere in), *fixer à jour marqué, indiquer, déclarer :* Concilium, ferias indicere, *LIV.* Templis indicit honorem, *VIRG.*, *elle ordonne qu'on offre des sacrifices aux dieux dans tous les temples.* Indicere bellum voluptatibus, *CIC.*

1765. *Nuncius. Tabellarius.*

NUNCIUS *est un messager qui apporte une nouvelle :* Mercurius, nuncius Jovis et deorum, *HOR.* Et nuncius ibis Pelidæ genitori, *VIRG. Au figuré :* Virtuti nuncium remittere, *CIC.*, *renoncer à la vertu.*— TABELLARIUS (*de* tabula), *est un commissionnaire qui apporte une lettre :* Respondebo epistolæ, quam attulerat tabellarius, *CIC.*

1766. *Nutrix. Nutricula.*

NUTRIX (*de* nutrire), *nourrice :* Nutrices et pædagogi jure vetustatis plurimùm benevolentiæ postulabant, *CIC.* Ut penè cum lacte nutricis errorem suxisse videamur, *Id. Au figuré :* Curarum nutrix nox, *OVID.* — NUTRICULA, *petite nourrice, tendre nourrice :* Quid voveat dulci nutricula majus alumno, *HOR. Au figuré, il se dit même des hommes :* Gellius nutricula seditiosorum omnium, *CIC. Quintilien a dit* casa nutricula *pour la cabane où l'on a été élevé.*

# O.

1767. *Obdurescere. Obcallescere.*

OBDURESCERE, *s'endurcir, devenir dur :* Sopater de statuâ, cùm jam penè obduruisset, vix vivus affertur, *CIC. Au figuré, s'endurcir contre, devenir insensible :* Obdurescunt magis quotidiè boni viri ad vocem tribuni plebis, *CIC.* — OBCALLESCERE (*de* callum, *durillon*), *se former un durillon, un calus :* Osque meum sensi pando obcallescere rostro, *OVID.* Latera quæ occaluêre plagis, *PLAUT. Au figuré, devenir insensible :* Angor equidem, sed jàm prorsùs occalui, *CIC.* Nescio quomodò usu obduruerat, et percalluerat civitatis incredibilis patientia, *Id.*

1768. *Obedire. Obtemperare. Obsequi. Parēre. Morem gerere. Morigerari.*

OBEDIRE, *obéir littéralement comme font les esclaves.* — OBTEMPERARE, *prendre l'esprit du commandement, comme un enfant obéit à son père :* Imperium domesticum nullum erit, si servulis hoc nostris concesserimus, ut ad verba nobis obediant, non ad id quod ex verbis intelligi possit obtemperent, *CIC.* Sic mihi semper obtemperavit tanquam filius patri, *Id.* — OBSEQUI (sequi ob), *se conformer à la volonté des autres, avoir de la déférence :* Nos quoque senes est æquum senibus obsequi, *TER.* Obsequar voluntati tuæ, *CIC.* — PARERE, *se soumettre :* Parēre legibus, *CIC.* Parēre gulæ, *HOR.* — MOREM GERERE, *avoir de la complaisance, de la condescendance :* Geram tibi morem, et ea quæ vis, ut potero, explicabo, *CIC.* — MORIGERARI, *se prêter à, s'accommoder à :* Meruisti, si nunc de tuo jure concessisses paululùm, atque adolescenti esses morigeratus, ne non tibi istùc fœneraret, *TER.* Voluptati aurium morigerari debet oratio,

CIC., *on doit chercher à flatter l'oreille dans un discours :* Jus et imperium habenti obedimus ; ad mentem imperantis obtemperamus ; majori aut sapientiori obsequimur ; fortiori aut potentiori paremus ; æquitatis, amicitiæ aut venerationis causâ morem gerimus ; aurium voluptati morigeratur orator.

1769. *Objicere. Objectare. Opponere.*

OBJICERE (jacere ob), *jeter devant, vis-à-vis :* Objicere fores portæ, *LIV.* Objicere corpus feris, *CIC. Au figuré :* Terrorem hosti objicere, *CIC.* Factum quod objicitur negare, *Id.* — OBJECTARE (*fréquentatif* d'objicere), *marque plus d'action :* Caput objectare periclis, *VIRG. Au figuré :* Objectare falsum crimen alicui, *CIC.*—OPPONERE (ponere ob), *mettre devant, opposer :* Opponere armatos ad introitus, *CIC.* Moles fluctibus opponere, *Id. Au figuré :* Opponere suam auctoritatem, *CIC.* His quatuor causis totidem medicinæ opponuntur, *Id.*

1770. *Obitus. Adventus.*

OBITUS (ire ob), *rencontre, quand on ne fait que passer.* — ADVENTUS (venire ad), *arrivée, quand on va exprès :* Ut voluptati obitus, sermo, adventus tuus, quòcunque adveneris, semper siet, *TER.*, *que vous portiez la joie partout où vous paraissez, soit que vous ne fassiez que passer, qu'on ne fasse que vous entendre, ou que vous arriviez exprès.*

1771. *Obitus. Occasus. Interitus.*

OBITUS, *synonyme des autres, proprement, cours, révolution :* Obitus stellarum, *CIC. C'est dans ce sens qu'il se prend pour mort, ruine :* Beatus antè obitum nemo dici debet, *OVID.* — OCCASUS (cadere ob), *chute, décadence :* Occasus imperii, *CIC.* Ortus et occasus solis, *Id.* Qui dies post obitum occasumque nostrum reipublicæ primus illuxit, *Id.* — INTERITUS, *dissolution :* Est interitus quasi discessus et secretio ac diremptus earum partium, quæ antè interitum junctione aliquà tenebantur, *CIC.* Interitum atque obitum omnium rerum conficit natura, *Id.* Obitus *est la révolution des choses ;* occasus, *la chute, la décadence ;* interitus, *la dissolution, la destruction. On dit bien* legum interitus, *mais on ne dirait pas* obitus, *ni* occasus legum.

1772. *Obligare. Obstringere. Devincire.*

OBLIGARE (ligare ob), *lier autour, bander :* Vulnus obligare, *CIC. Au figuré :* Gratos et bonos viros tibi obligabis, *CIC.* Caput votis obligare, *HOR.*, *engager sa vie par des vœux.* — OBSTRINGERE (stringere ob), *serrer autour :* Collum alicui obstringere, *PLAUT. Au figuré :* Obstringere se parricidio et scelere obligare, *CIC.* Te existimare volo, quibuscunque officiis Atticum tibi obstrinxeris, iisdem tibi obligatum fore, *Id.* — DEVINCIRE, *enchaîner :* Catenis devincire, *PLAUT. Au figuré :* Ubi animus se cupiditate devinxit malâ, *TER.* Quo se scelere devinxit ? *CIC.*, *de quel crime s'est-il souillé ?* Homines charitate devincire, *Id.*, *attacher les hommes par les liens de l'amitié. On peut observer qu'*obligare *marque un lieu quelconque ;* devincire, *un lien qu'on ne peut rompre ;* obstringere, *un lien qui serre étroitement.*

1773. *Oblivio. Oblivia.*

OBLIVIO, *oubli :* Dare oblivioni, *LIV.* Conterere oblivione injurias, *CIC.* Lividæ obliviones, *HOR.* — OBLIVIA *est le même ; il ne se dit qu'en poésie :* Longa oblivia potant, *VIRG.* Te cepêre oblivia nostri, *OVID.* Ducere sollicitæ jucunda oblivia vitæ, *HOR.* Oblivio *est l'action d'oublier ; et* oblivia, *l'oubli passivement.*

1774. *Obluctari. Obniti.*

OBLUCTARI, *lutter contre :* Genibusque adversæ obluctor arenæ, *VIRG.* Obluctari difficultatibus, *Q. CURT.* — OBNITI, *avancer en faisant des efforts :* Obnixus impetum hostium excepit, *LIV.* Stant obnixi omnia contra, *VIRG.* Obnixi cornua infigunt tauri, *Id.*

1775. *Obmutescere. Obtorpescere. Obstupescere.*

OBMUTESCERE (*de* mutus), *devenir muet, ne savoir que dire :* Ore presso obmutuit, *VIRG.* Aspectu obmutuit amens, *Id. Au figuré : qui n'est plus en usage :* Lydius lapis Sardibus emebatur, qui nunc obmutuit, *PLIN.* — OBTORPESCERE (*de* torpor), *devenir engourdi, comme perclus :* Miror ei non et linguam obmutuisse, et manum obtorpuisse, *CIC. Au figuré :* Sed jam subjectus miseriis obtorpui, *Id.* — OBSTUPESCERE (*de* stupor), *demeurer tout étonné, tout interdit :* Ejus aspectu cùm obstupuisset bubulcus, clamorem majorem cum admiratione edidit, *CIC.* Ob hæc beneficia quibus illi obstupescunt, nullos honores mihi decerni sino, *Id.*

1776. *Obruere. Subruere.*

OBRUERE (ruere ob), *couvrir en roulant dessus, autour :* Aliquem lapidibus obruere, *CIC.* Obruta Ægyptus Nilo, *Id.* Submersas obrue puppes, *VIRG. Au fi-*

*guré :* Testem obruere, *Cic.*, *confondre un témoin.* Obrui ære alieno, *Id.* — **Subruere** (ruere sub), *renverser par-dessous, saper par les fondements :* Subruta cuniculo mœnia, *Liv. Au figuré :* Muneribus subruit reges (auro proditoribus dato), *Hor.* Sic leve, sic parvum est animum quod laudis avarum subruit, aut reficit, *Id.*, *tant il est vrai qu'il faut peu de chose pour abattre ou relever un esprit avide de louanges.*

1777. *Obscœnitas. Turpitudo.*

**Obscoenitas** (*d'*ob *et de* cœnum), *obscénité dans les paroles et dans les actions :* In obscœnitate si quod sit flagitium, id aut in re esse, aut in verbo, *Cic.*—**Turpitudo**, *turpitude, déshonnêteté :* Notari turpitudine, *Cic.* Verborum turpitudinem, et rerum obscœnitatem vitare, *Id.* Verborum obscœnitas, si turpitudini rerum adhibeatur, ludus ne libero quidem homine dignus est, *Id.*

1778. *Observantia. Observatio.*

**Observantia** (*d'*ob *et de* servare), *égard, considération :* Observantiâ in regem cum omnibus, benignitate erga alios cum rege ipso certabat, *Liv.* Retinere observantiâ amicos, rem parcimoniâ, *Cic. Il est pris dans Suétone pour observance, usage, coutume :* Ex hâc observantiâ nonnunquàm vel antè initium, vel post dimissum convivium solus cœnitabat, cùm pleno convivio nihil tangeret.— **Observatio**, *observation, réflexion :* Summa erat observatio in bello movendo apud antiquos, *Cic.* Notitiâ sui corporis et observatione sustentatur valetudo, *Id. Il est pris dans Valère-Maxime pour observance :* Ut religionibus suus tenor suaque observatio redderetur.

1779. *Obsessio. Obsidio.*

**Obsidio**, *venant d'*obsideo, *est l'action d'assiéger; et* **Obsessio**, *venant d'*obsessus, *se prend passivement, l'action d'être assiégé :* Ubi id parùm processit obsidione, munitionibus cœpti premi hostes, *Liv.* Obsessio templorum, oppressio curiæ, *Cic.*

1780. *Obsidere. Oppugnare. Expugnare.*

**Obsidere** (sedere ob), *assiéger :* Aditus armati obsident, *Cic. On assiége une ville en coupant toute communication; au lieu que* **Oppugnare** (pugnare ob), *est l'attaquer :* Consiliis ab oppugnandâ urbe ad obsidendam versis, *Liv. Au figuré :* Oppugnare aliquem pecuniâ, *Cic.* Oppugnare verbis commoda patriæ, *Id.*—**Expugnare**, *est forcer une ville :* Me duce dardanius Spartam expugnavit adulter, *Virg. Au figuré :* Certâ aliquâ ratione expugnare, *Cic.* Id est, convincere.

1781. *Obsonare. Obsonare.*

**Obsonare** (*de* sonus, sonare ob), *proprement, sonner devant, autour. Il n'est usité qu'au figuré, faire du bruit, étourdir en parlant :* Malè morigeras, malè facis mihi cùm sermone huic obsonas, *Plaut.* — **Obsonare** *et* **Obsonari** (*d'*ὄψον, ὀψώνιον, *ce que l'on mange avec le pain*), *aller à la provision, acheter les viandes :* Tene marsupium, abi, atque obsona, propera, *Plaut.* Postquàm obsonavit herus, et conduxit coquos, *Id. Au figuré :* Ambulando famem obsonare, *Cic.*, *faire provision d'appétit en marchant.*

1782. *Obstare. Officere.*

**Obstare** (stare ob), *proprement, être devant, vis-à-vis :* Obstant oppido gemini colles, *Q. Curt. Au figuré, être un empêchement, s'opposer :* Conatibus alicujus obstare, *Ovid.* — **Officere** (facere ob), *être un obstacle :* Terræ umbra soli officit, *Cic. Au figuré :* Libertati officere, *Liv.* Officere, obstare commodis alicujus, *Cic.* Mentis tuæ quasi luminibus officit altitudo fortunæ meæ, *Id.* Qui officit, contrà facit; qui obstat, contrà stat. *Le premier nuit, le second arrête.*

1783. *Obtendere. Obtegere. Obducere.*

**Obtendere** (tendere ob), *présenter devant :* Proque viro nebulam et ventos obtendit inanes, *Virg. Au figuré :* Matris preces obtendebat, *Tac.*, *il s'excusait sur les prières de sa mère.* — **Obtegere** (tegere ob), *couvrir en face, par devant :* Seque servorum libertorumque suorum corporibus obtexit, *Cic.* Arboribus obtecta domus, *Virg. Au figuré :* Errata adolescentiæ suæ obtegere, *Cic.* Animus sui obtegens, *Tac.* — **Obducere** (ducere ob), *conduire, tirer devant, ou sur l'objet :* Obducere rebus tenebras, *Cic.*, *mener ou faire avancer les ténèbres sur les objets :* Cicatrix obducta, *Cic.*, *une plaie refermée. Au figuré :* Obducere alterum diem priori diei, *Cic.*, *joindre le jour suivant au précédent.*

1784. *Obtrectare. Detrectare.*

**Obtrectare**, *dire du mal de quelqu'un par jalousie :* Obtrectantis est angi alieno bono, quòd id etiam alius habeat, *Cic.* Obtrectare laudes *et* laudibus alterius, *Liv.* — **Detrectare**, *diminuer, rabaisser* le mérite de quelqu'un : Cæca invidia est, nec quicquam aliud scit, quàm detrectare virtutes, *Liv*. Ingenium magni livor detrectat Homeri, *Ovid*.

1785. *Obtutus. Aspectus.*

Obtutus (tueri ob) *regard fixe sur quelque objet :* Figere obtutum aliquò, *Cic* Obtutu hæret defixus in uno, *Virg*. — Aspectus, *regard, aspect :* Sub aspectum et tactum cadere, *Cic*. Carere aspectu civium, *Id*. Aspectum aliquò convertere, *Id*., *tourner sa vue, ses regards vers quelque objet ; au lieu que* obtutum aliquò figere *est, y fixer sa vue.*

1786. *Obvallare. Circumvallare.*

Obvallare (vallum ob), *mettre un rempart devant ; il ne se trouve qu'au figuré :* Me primum novum hominem consulem fecistis, et eum locum, quem nobilitas præsidiis firmatum atque omni ratione obvallatum tenebat, me duce, rescidistis, *Cic*.—Circumvallare, *mettre un rempart autour :* Non dubium est quin castra circumvallaturi sint, *Liv*. *Au figuré :* Tot res repentè circumvallant, undè emergi non potest, *Ter*.

1787. *Obviàm egredi. Obviàm ire. Occurrere.*

Obviam egredi, *sortir pour aller au-devant de quelqu'un :* Obviàm egressi sunt, ut potiùs acie decernerent, quàm inclusi tectis mœnibusque dimicarent, *Liv*. — Ire obviam, *aller au-devant, ne suppose pas qu'on sorte :* Postquàm in agrum romanum ventum est, obviàm hosti consules eunt, *Liv*. — Occurrere (currere ob), *marque plus de vitesse :* Tùm calones perterritos hostes conspicati, etiam inermes armatis occurrerunt, *Cæs*.

1788. *Obumbrare. Opacare. Obscurare.*

Obumbrare (umbra ob), *faire ombrage par devant, couvrir d'ombre autour :* Lucus obumbrat templum, *Ovid*. Oleaster obumbrat vestibulum, *Virg*. *Au figuré :* Et magnum reginæ nomen obumbrat, *Virg*., *le grand nom de la reine le met en sûreté.* — Opacare, *rendre opaque, touffu :* Platanus quæ ad opacandum hunc locum patulis est diffusa ramis, *Cic*. Rami opacant arborem, *Virg*. — Obscurare, *rendre obscur :* Tenebris obscurat omnia nox, *Cic*. *Au figuré :* Obscurat magnitudinem periculi lucrum, *Cic*., *le gain cache la grandeur du péril.*

1789. *Obvolvere. Circumvolvere.*

Obvolvere (volvere ob), *rouler devant, envelopper devant :* Capitibus obvolutis ad palum rapiebantur, *Cic*. *Au figuré :* Verbisque decoris obvolvas vitium, *Virg*., *cachez ce défaut sous de belles paroles.* — Circumvolvere, *rouler autour, entortiller :* Circumvolvere se spinis, *Plin*. Serpentes circumvolutæ sibi, *Plin*.

1790. *Occasio. Opportunitas.*

Occasio (*d'*ob *et de* cadere), *occasion, temps favorable pour agir :* Tempus actionis opportunum appellatur occasio, *Cic*. Tardidatem occasionis exspectare, *Id*. Occasio *ne se dit que du temps.* — Opportunitas (*d'*ob *et de* portus) *commodité du lieu, du temps, et de toute autre chose :* Fluminum opportunitas, *Cic*. Opportunitas temporis, *Id*. Utilitas et opportunitas membrorum, *Id*.

1791. *Occidens. Occiduus. Occidentalis.*

Occidens, *et dans les poëtes,* Occiduus, *qui se couche :* Occidente sole, *Cic*. *Au figuré :* Senectæ occiduæ declive iter, *Ovid*. — Occidentalis, *occidental, qui est à l'occident :* Occidentalis plaga, *Plin*. *Il en est de même d'*oriens *et d'*orientalis.

1792. *Occidere. Necare. Interficere. Interimere. Perimere. Trucidare. Jugulare. Obtruncare.*

Occidere (cædere ob), *tuer de quelque manière que ce soit :* Multos veneno occidit, *Cæs*. *Au figuré :* Occidisti me tuis fallaciis, *Ter*. — Necare (*de* nex), *faire mourir d'une mort violente :* Ferro necare, *Hor*. Armis obrutum necaverunt, *Liv*. — Interficere (facere inter), *proprement, séparer :* Jam mihi harumce ædium usus interfectus est, *Plaut*. *Il se prend ordinairement pour faire mourir :* Equitem romanum interficiunt, *Cæs*. Interficere messes, *Virg*.—Interimere (emere inter, *ôter entre, perdre :* Stirpem fratris virilem interemit, *Liv*. Si quæ interimant innumerabilia sunt, etiam ea quæ conservent, infinita esse debere, *Cic*. — Perimere (emere per) *ôter, ruiner, ôter la vie :* Indignâ morte peremptus, *Virg*. Perimere atque tollere ludos, *Cic*. *Quoique ces verbes aient tous la signification commune d'ôter la vie, on peut les distinguer ainsi à raison de leur étymologie : on dira au propre,* aliquem ferro occidi ; plagis interfici ; vi interiùs aut exteriùs admotâ necari ; fame, angoribus, ærumnis interimi ; peste quâlibet, exitioque perimi. — Trucidare (*de* trux) *maltraiter indignement, en per-*

*çant, mutilant, coupant :* Suppliciis cruciatos trucidando occidit, *Liv. Au figuré :* Fœnore trucidari, *Cic.* — JUGULARE (*de* jugulus), *couper la gorge :* Ut jugulent homines, surgunt de nocte latrones, *Hor. Au figuré :* His te litteris jugulatum esse non sentis? *Cic.*, *ne voyez-vous pas que ces lettres vous condamnent ?* Jugulare hominem suis verbis, suâ confessione, *Id.*, *condamner un homme par ses paroles et sur son propre aveu.*—OBTRUNCARE (*d'*ob *et de* truncus), *couper la tête :* Regem in prælio obtruncat, et spoliat, *Liv.*

1793. *Occupare. Invadere.*

OCCUPARE, *s'emparer, se rendre maître d'une chose, en devançant ceux qui peuvent y prétendre :* Occupare locum, *Cic.* Gracchus regnum occupare conatus est, *Id.* Occupant bellum facere, *Liv.* Occupat Tullus in agrum sabinum transire, *Id. Il signifie placer à usure:* Pecunias occupârat apud populos, et syngraphas fecerat, *Cic.* — INVADERE (vadere in), *se jeter dessus, envahir, prendre tout d'un coup et avec violence :* Invadunt urbem vino somnoque sepultam, *Virg.* Advenientem aliquem cum ferro invadere, *Cic. Au figuré :* Invasit hoc malum in rempublicam, *Liv.*

1794. *Occupatus. Distentus. Districtus.*

OCCUPATUS, *qui a des occupations, des affaires :* Quamvis occupatus sis, otii tamen plus habes, *Cic.* Quid dicam de occupatis meis temporibus, cùm fuerit negotium quidem nunquàm otiosum, *Id.* Occupati in otio, *Phæd.*, *occupés sans affaires.* — DISTENTUS (diversìm tendere), *tendu de différents côtés :* Distentæ lacte capellæ, *Virg. Au figuré, occupé de différentes choses :* Sylla tot tantisque negotiis distentus est, ut respirare liberè non possit, *Cic.*—DISTRICTUS (diversìm stringere), *tiré de différents côtés :* Districtos in rempublicam gladios retudimus, *Cic.* Districta toga, *Phæd.*, *robe retroussée. Au figuré, arrêté, empêché, embarrassé :* Sic enim habetote nunquàm me à causis et judiciis districtiorem fuisse, *Cic.* Ambitionis labore vita districta, *Id. Et dans un autre sens :* Districtus accusator, *Tac.*, *un accusateur redoutable.* Districta fœneratrix, *Val. Max.*, *usurière impitoyable.*

1795. *Odiosus. Invisus.*

ODIOSUS, *odieux :* Odiosum sanè genus hominum beneficia exprobrantium, *Cic.* Offensio omnis odiosa est in fragili corpore, *Id. Il se prend pour fatigant, ennuyeux :* Odiosus mihi es...; lege, vel tabulas redde, *Plaut.* Spernitur orator odiosus et loquax, *Cic.* — INVISUS (non visus), *proprement, qui n'a point été vu :* Non invisa solùm, sed etiam inaudita sacra, *Cic. Il se prend pour odieux, déplaisant, parce qu'on ne veut pas voir ce qui déplaît :* Ne invisa diis immortalibus nostra videatur oratio, *Cic.* Facere aliquem invisum, *Id.*

1796. *Odium. Simultas. Inimicitia.*

ODIUM, *haine, le ressentiment d'un cœur irrité :* Odium est ira inveterata, *Cic.* Odium diuturnùm quod in bonos jàm inveteratum habetis, saturare cupiebatis, *Id. Il se prend pour morgue, hauteur insurmontable :* Quod erat odium, dii immortales? Quæ superbia? *Cic. Pour importunité :* Odio me tuo enecas, *Ter.* Tundendo, atque odio denique effecit senex; despondit ei gnatam. *Il se prend encore pour ennui :* Cùm horas tres ferè dixisset, odio et strepitu senatûs conatus est aliquando perorare, *Cic.* — SIMULTAS (*de* simulare), *ressentiment, haine cachée, qui dissimule :* Simultatem humanissimè deponere, *Cic.* Habere simultatem cum aliquo, *Id.* — INIMICITIA, *inimitié, brouillerie qui survient entre les amis :* Inimicitia est ira, ulciscendi tempus observans, *Cic. Il est plus usité au pluriel :* Tacitæ magis et occultæ inimicitiæ timendæ sunt, quàm indictæ et apertæ, *Cic.* Inimicitias in viris fortibus non solùm exstinxit reipublicæ dignitas, sed etiam ad amicitiam consuetudinemque traduxit, *Id.* Simultas *dit Valla*, est mutuum odium; potest odium esse unius hominis.

1797. *Odorari. Olfacere. Suffire.*

ODORARI, *flairer, suivre l'odeur :* Canes venaticos diceres, ita odorabantur omnia, *Cic. Au figuré :* Sagacissimè odorari quid existiment judices, *Cic.* Quos odorari hunc decemviratum suspicamini, *Id.*— OLFACERE, *sentir une chose :* Cernere, audire, gustare, olfacere, tangere aliquid, *Cic. Au figuré :* Olfeci, *Ter.*, *je m'en suis douté.* Olfacere nummum, *Cic.*—SUFFIRE, *sentir, dans le sens de répandre une odeur :* Ignibus æthereis terras suffire feraces, *Lucr.*

1798. *Odoratus. Odorus. Odorifer.*

ODORATUS, *parfumé, imprégné d'odeur, soit naturellement, soit artificiellement :* Canos odorati capillos, *Hor.* Odoratum lauri nemus, *Virg.* — ODORUS, 1° *qui a de l'odeur :* Odorus flos, *Ovid.* Arbor odora, *Id.* 2° *Qui reçoit l'odeur :* Odora canum vis, *Hor.*, *les chiens sont de haut nez.* — ODORIFER (odorem ferens), *qui produit l'odeur :* Odoriferæ silvæ, *Plin.* Odorifera gens, *Ovid.*, *parlant des peuples de l'Arabie.*

1799. *Odoratus. Odoratio.*

ODORATUS, *substantif, l'odorat, le sens qui reçoit et qui discerne les odeurs. Il se prend toujours passivement :* Pomorum jucundus non gustatus solùm, sed odoratus etiam et aspectus, *CIC.*— ODORATIO, *l'action de flairer, de sentir :* Tactionum et odorationum voluptates. *CIC.*

1800. *Offendere. Violare.*

OFFENDERE (*de l'inusité* fendere, *éloigner, choquer, et d'*ob), *peut être synonyme de* violare. *Au figuré, il signifie choquer, offenser :* Contumeliâ aliquem offendere, *CIC.* Amicum in nugis offendam? *HOR.* Existimationem alicujus offendere, *CIC.* — VIOLARE (*de* vis), *faire violence :* Hospites violare, *CÆS.* Justitiæ partes sunt, non violare homines; verecundiæ, non offendere, *CIC. Au figuré :* Fœdus violare, *CIC.* Famam violare, *Id.*

1801. *Offendere. Deprehendere.*

OFFENDERE, *synonyme de* deprehendere, *diffère en ce qu'il signifie trouver contre l'attente, surprendre :* Imparatum te offendam, *CIC.* Pater hic me offendet miserum adveniens ebrium, *PLAUT.*— DEPREHENDERE, *découvrir par l'examen, par des recherches :* Ut tota res à nobis manifestè deprehenderetur, *CIC.* Sicæ quæ apud eum erant, deprehensæ, *Id.* Deprehensus est in manifesto scelere, *Id.* Inopinatos offendimus : rem quæ latebat deprehendimus inquirendo.

1802. *Offensa. Offensio.*

OFFENSA, *offense, relativement à celui qui l'a faite :* Periculosa potentium offensa, *QUINT.*, *il est dangereux d'offenser les grands.* Offensa est quod eorum qui audiunt voluntatem lædit, *Id.*— OFFENSIO *est l'offense relativement à celui qui la reçoit.* In odium et offensionem aliquorum incurrere, *CIC.* Offensio *signifie proprement l'action de heurter, de choquer :* Corporum offensiones sine culpâ accidere possunt; animorum non item, *CIC.*

1803. *Officia. Merita. Beneficia.*

OFFICIA, *bons offices; les bons offices expriment un acte relatif à l'utilité d'autrui :* Tua erga me officia plena tui suavissimi studii, *CIC.* — MERITA, *services qui méritent de la reconnaissance :* Pro tantis eorum in rempublicam meritis honores eis habeantur, gratiæque referantur, *CIC.* Magna Lamiæ in me non dico officia, sed merita potiùs, *Id.* — BENEFICIA, *bienfaits. Les bienfaits sont des actes libres de la part de leurs auteurs; nous recevons un bienfait de celui qui pouvait nous négliger sans être blâmé :* In collocandis beneficiis, mores hominum, non fortunam sequi convenit, *CIC.* Beneficia esse, quæ alienus det; alienus est qui potuit sine reprehensione cessare; officia esse filii, uxoris, et earum personarum, quas necessitudo suscitat, et ferre opem jubet, *SEN.*

1804. *Officium. Studium.*

OFFICIUM, *synonyme de* studium, *est l'effet, et* studium, *la cause.* — STUDIUM *signifie zèle, bonne volonté :* Silanum certò scio, quæ dixerit, studio reipublicæ dixisse, *CÆS.*, apud *SALL.* Tu velim tua in me studia et officia tecum recordere, *CIC.* Quanto semper tu et studio in rebus meis fuisti, *Id.* Est enim liberale officium serere beneficium, ut metere possis fructum, *Id.*

1805. *Olere. Fragrare.*

OLERE, *jeter de l'odeur, soit bonne, soit mauvaise :* Malè olet omne cœnum, *CIC.* Non benè olet, qui benè semper olet, *MART. Au figuré :* Olent illa supercilia malitiam, *CIC.*, *on lit sa malice sur son front.*—FRAGRARE, *jeter une odeur forte :* Redolentque thymo fragrantia mella, *VIRG.* Ne gravis hesterno fragres, Fescennia, vino, *MART.*

1806. *Olim. Quondam. Aliàs.*

OLIM *et* QUONDAM *se disent du passé et de l'avenir :* Loquebantur olim sic, *CIC.* Fuit quondam in hâc republicâ virtus, *Id.* Hæc olim meminisse juvabit, *VIRG.* Quondam tua dicere facta tempus erit, *Id. Il y a cependant cette différence qu'*olim, *en parlant du passé, marque toujours un temps éloigné; et que* quondam *ne marque pas toujours un temps si éloigné :* Is qui sibi nos quondam ad pedes stratos sublevabat, *CIC. Ils se disent bien l'un et l'autre du présent, et signifient quelquefois :* Ut pueris olim dant crustula blandi doctores, *HOR.* Quondam etiam victis redit in præcordia virtus, *VIRG.* — ALIAS, *une autre fois, dans un autre temps, soit pour le passé, soit pour l'avenir :* Quibus de rebus et aliàs sæpè nobis multa quæsita sunt, *CIC.* Sed hæc aliàs pluribus, nunc, etc., *Id.* Aliàs *répété signifie tantôt :* Sed aliàs ità loquar, ut concessum est; aliàs ut necesse est, *CIC.*

1807. *Oliva. Olea. Olivum. Oleum.*

OLIVA *et* OLEA *se disent de l'arbre et du fruit :* Paciferæque manu ramum prætendit olivæ, *Virg.* Olivæ constant nucleo, oleo, carne, *Plin.* Sempiternam oleam in arce tenere potuerunt Athenæ, *Cic.* Nil intra est oleâ, nil extra est in nuce duri, *Hor.*, *l'olive n'a point de noyau, la noix point de coquille.* (*C'est-à-dire : parler ainsi, c'est nier l'évidence.*) — Olivum *et* Oleum, *l'huile qu'on tire du fruit :* Oleum camino addere, *Hor.* Dulce olivum, *Id.*

1808. *Olympicus. Olympius.*

Olympicus (*d'*Olympia, *les jeux olympiques qui se célébraient près de la ville d'Olympie*), *qui concerne les jeux olympiques :* Sunt quos curriculo pulverem olympicum collegisse juvat, *Hor.* — Olympius (d'Olympus, *montagne que les poëtes ont appelée le Ciel à cause de sa hauteur*), *du mont Olympe :* Jupiter Olympius, *Cic.*

1809. *Omnis. Totus. Cunctus. Universus.*

Omnis *peut se dire en général de tous les individus, de toutes les espèces d'un genre, et de toutes les parties d'une chose, soit que l'on considère ces objets comme réunis ou comme dispersés :* Omnis exercitus, omnes milites, omnis clamor, omnes homines. — Totus *ne signifie qu'un tout par rapport à ses parties :* Totæ ædes, totus exercitus. *On ne dit pas* omnis orbis, *mais* totus orbis. — Cunctus *se dit de l'assemblage de tous les individus, ou de toutes les espèces considérées comme réunies :* Cuncta gens, cuncta civitas. Cuncti simul ore fremebant Dardanidæ, *Virg.* — Universus *ajoute quelque chose à l'idée de* cunctus; *il ne signifie pas seulement tous les objets réunis, mais tous à la fois, et tous sans exception :* Cuncti clamare cœperunt *signifie que tous ceux qui composaient, par exemple, une assemblée du peuple, crièrent :* Universi clamare cœperunt *ajoute à cette idée que tous sans exception s'écrièrent à la fois, que leurs cris ne furent qu'un seul cri. Phèdre, dans le petit conte de* Princeps tibicen, *dit :* Ut verò cuneis res patuit omnibus, *quand tous les quartiers de l'amphithéâtre, soit tous à la fois, soit les uns après les autres, eurent reconnu la sottise,* princeps ab universis capite est protrusus foràs, *tous à la fois s'écrièrent qu'on le chassât.* Omnis *est opposé à* nullus *ou à* pauci; totus *à* pars; cuncti *à* sejuncti; universi *à* singuli. *En plusieurs occasions, ces quatre mots peuvent se mettre indifféremment, lorsqu'il est question d'exprimer tout entier un tout par rapport à ses parties. A la vérité* totus *ne peut jamais avoir la signification étendue d'*omnis; *mais* omnis *a celle de* totus. *En ne faisant pas attention à la réunion ou dispersion des parties, on peut également dire,* obviàm se effudit omnis civitas, *dans le sens d'Horace :* Dicemus, io triumphe, civitas omnis. Tota civitas, cuncta civitas, universa civitas se obviàm Cæsari effudit. *Les poëtes confondent quelquefois ces mots :* Non omnis moriar, *Hor.*, *je ne mourrai pas tout entier.*

1810. *Oneratus. Onustus.*

Oneratus *renferme l'idée d'un poids qui accable, sous lequel on succombe; au lieu qu'*Onustus *renferme seulement l'idée de charge :* Onerata et prægravata corpora. *Liv.* Jumenta onerata plagis, *Hor. Au figuré :* Oneratus spe præmiorum, *Liv.* Onustæ frumento naves, *Cic. Au figuré :* Onustum pectus lætitiâ, *Plaut.*

1811. *Opacus. Umbrosus. Umbratilis.*

Opacus (*d'*operire), *épais, touffu :* Opaca arbor, *Virg.* Ripâ viridi et opacâ inambulare, *Cic.* — Umbrosus, *qui donne de l'ombre :* Collis umbrosus, *Ovid.* Arbor umbrosa, *Virg.* — Umbratilis, *qui est à l'ombre, qui aime l'ombre :* Umbratilis exercitatio, *Cic.* Vita umbratilis et delicata, *Id. Au figuré :* Oratio philosophorum mollis et umbratilis, *Cic.*

1812. *Opinio. Opinatio.*

Opinio, *opinion; il se prend activement et passivement :* Magna est hominum de te opinio, *Cic.* Homo magnæ opinionis, *Id.*, *un homme dont on a une haute opinion.* Habere opinionem pietatis, *Cic.*, *passer pour pieux.* — Opinatio, *consentement qu'on donne à une chose qui n'est pas évidente, à une opinion vraisemblable :* Opinationem volunt esse imbecillam assensionem, *Cic.* Opinatio est, judicare se scire quod nesciat, *Id.* Opinio *est la cause, et* opinatio, *l'effet.*

1813. *Opiniosus. Opinabilis.*

Opiniosus, *qui invente des opinions, et qui n'a point d'opinion fixe :* Antipater et Archidamus, vel duo principes dialecticorum, opiniosissimi homines, nonne multis in rebus dissentiunt? *Cic.* — Opinabilis, *qui consiste dans l'opinion :* Artes quæ conjecturâ continentur, et sunt opinabiles, *Cic.* Omnisque opinabilis divinatio; conjecturâ enim nititur, *Id.*

1814. *Oportet. Opus est. Necesse est.*

Oportet, *il faut, marque une obligation de devoir, de bienséance :* Oportere est consentaneum esse officio, *Cic.* Est aliquid quod non oporteat, etiamsi licet; quidquid verò non licet, certè non oportet,

*Id.* Oportet putare, et convenit arbitrari, *Id.* — OPUS EST *se rapporte aux besoins, aux circonstances :* Si loquor de republicâ quod oportet, insanus; si quod opus est, servus existimor, *CIC.* — NECESSE EST, *il est nécessaire, marque plus particulièrement une obligation indispensable :* Non oportet modò fieri, sed etiam necesse est, *QUINT.* Ferre legem consuli opus esse, sibi necesse non esse, *CIC.* Emas non quod opus est, sed quod est necesse, *SEN.* Corpus mortale aliquo tempore interire necesse est, *CIC. Les poëtes disent* necessum.

### 1815. *Optabilis. Optivus.*

OPTABILIS, *souhaitable, désirable :* Quæ vulgò expetenda et optabilia videntur, *CIC.* Mihi pax semper fuit optabilis, *Id.* — OPTIVUS, *qu'on a à choisir, de son choix :* Optivo cognomine crescit, *HOR.*, *il grandit par un surnom à choisir.*

### 1816. *Optabiliter. Optatò. Peroptatò.*

OPTABILITER, *avec désir, avec empressement :* Quàm optabiliter illud iter ineundum est, *CIC.* — OPTATÒ, *à souhait, selon son désir :* Optatò advenis, *CIC.* — PEROPTATÒ *ajoute à* optatò : Otium quod nunc peroptatò nobis datum est, *CIC.*

### 1817. *Optatum. Optio.*

OPTATUM *est proprement un adjectif; souhait, ce qu'on désire :* Meis optatis fortuna respondet, *CIC.* Hæc non cogitata sapientum, sed optata furiosorum videntur, *Id.* — OPTIO, *l'action d'opter, de choisir :* Utro frui malis, optio tua sit, *CIC.* Optio sit tua, elige ut voles, *Id.*

### 1818. *Orare. Rogare. Obsecrare. Obtestari. Supplicare. Precari.*

ORARE (*d'os*), *proprement, parler ; c'est de là que vient le mot d'orateur :* Talibus orabat Juno, *VIRG.*, *quoique son discours fût plein d'invectives. Il se prend plus souvent pour prier, demander avec prières :* Orat multis et supplicibus verbis ut sibi liceat, *CIC.* Te etiam atque etiam oro, ut me tuendum suscipias, *Id.* — ROGARE, *demander comme une grâce :* Modestum verbum est, et demisso vultu dicendum, rogo, *SEN.* Hoc te ita rogo, ut majore studio rogare non possim, *Id.* Pro amore nostro rogo atque oro, *Id.* — OBSECRARE (quasi per sacra rogare), *conjurer instamment :* Denique ipse ad extremum pro meâ vos salute non rogavit solùm, verùm etiam obsecravit, *CIC.* Orare atque obsecrare, ut sibi senatum adire ac deprecari liceret, *Id.* — OBTESTARI (*d'ob et de* testis), *conjurer quelqu'un par quelque chose qui lui est chère :* Oro obtestorque te pro vetere nostrâ conjunctione, *CIC.* Idemque ut facias te obtestor atque obsecro, *Id.* — SUPPLICARE (*de* supplex), *supplier à genoux :* Ipsum hunc orabo, supplicabo, *TER.* — PRECARI, *faire des prières pour obtenir ce qu'on désire :* Quos adorent, ad quos precentur et supplicent, superesse, *LIV.* Noctu venire domum ad eum, precari, denique supplicare, *CIC.* Candidatus rogat singulos, ut sibi faveant; orat, precatur homines gratiosos; reus supplicat judicibus, precatur illos, obsecrat, obtestatur.

### 1819. *Oratio. Sermo.*

ORATIO (*d'os*), *se dit d'un discours, d'une harangue :* Ornatus orationis, *CIC.* — SERMO (*de* serere), *discours familier* Sermo *convient à tout le monde :* Oratio *convient particulièrement à l'orateur.* Mollis est oratio philosophorum, et umbratilis, nihil iratum habet, nihil atrox, nihil mirabile, nihil astutum; itaque sermo potiùs quàm oratio dicitur, quanquam omnis locutio oratio est, tamen unius oratoris locutio hoc proprio signata nomine est, *CIC.* Sermo est oratio remissa, et finitima quotidianæ locutioni, *Id.* Sermo *se dit des bruits qui courent :* Et tuis litteris, et ex multorum sermonibus intelligo, *CIC.*

### 1820. *Orator. Rhetor.*

ORATOR *est celui qui parle, qui fait un discours :* Is orator erit meâ quidem sententiâ, hoc tam gravi dignus nomine, qui, quæcunque res inciderit, quæ sit dictione explicanda, prudenter, compositè, ornatè, et memoriter dicat, cum quâdam etiam actionis dignitate, *CIC.* Oratorem eum puto esse qui et verbis ad audiendum jucundis, et sententiis ad probandum accommodatis uti possit in causis forensibus atque communibus; eumque esse prætereà instructum voce, actione, et lepore quodam volo, *Id. Il se prend pour député, parce qu'il porte la parole :* Ad Pyrrhum de captivis redimendis missus orator, *CIC.* — RHETOR (*de* ῥέω, *parler*), *celui qui donne les préceptes :* Qui rhetores nominabantur, et qui dicendi præcepta tradunt, *CIC.* Rhetor magister declamandi, *Id.* Quasi rhetor ille disertum facere posset, *Id.*

### 1821. *Orbare. Privare. Viduare.*

ORBARE, *dépouiller d'une chose qui nous est chère, se dit de la privation des proches, et des facultés ou avantages naturels :* Filio orbata mater, *CIC.* Orbatus spe salutis, *Id.* Orbare se luce, *Id.* — PRIVARE *se dit de la privation des droits, des biens, de la vie même :* Fructu libertatis aliquem privare, *Cic*. Ægritudo me somno privat, *Id*. Patrem vitâ privare, *Id*. Privat approbatione omni, orbat sensibus. *Il se prend aussi pour exempter :* Cùm privamur dolore, ipsâ liberatione et vacuitate omnis molestiæ gaudemus, *Cic*. Privare exsilio, *Id*. — VIDUARE (*du mot étrusque* iduare, *partager*), *rendre veuf :* Agrippina viduata morte Domitii, *Suet*. *Au figuré :* Multis viduasset civibus urbes, *Virg*. Foliis viduantur orni, *Hor*.

1822. *Ordinatè. Ordinatìm.*

ORDINATÈ (*d'*ordo), *avec ordre, de bel ordre :* Distinctè et ordinatè disponere, *Cic*. — ORDINATIM, *suivant l'ordre, par ordre :* Petere ordinatìm honores, *Cic*. Ductor classis ordinatè naves disponit, tùm ordinatìm progreditur.

1823. *Oreades. Dryades. Hamadryades. Napææ.*

OREADES (*d'*ὄρος, mons), *oréades, nymphes des montagnes :* Exercet Diana choros, quam mille secutæ hinc atque hinc glomerantur oreades, *Virg*. — DRYADES (*de* δρῦς, *chêne*), *dryades, nymphes des forêts :* Intereà dryadum silvas saltusque sequamur, *Virg*.— HAMADRYADES (*d'*ἅμα, simul, *et de* δρῦς), *hamadryades, nymphes qui naissaient et mouraient avec les chênes :* Jam neque hamadryades rursùs, nec carmina nobis ipsa placent; ipsæ rursùm concedite silvæ, *Virg*. — NAPÆÆ (*de* νάπος, *forêt*), *divinités qui présidaient aux bois et aux montagnes :* Exultant hilares per frondea rura napææ, *Ovid*.

1824. *Ornare. Adornare. Exornare. Concinnare.*

ORNARE, *orner, parer :* Sepulcrum floribus ornare, *Cic*. Munus ornare verbis, *Ter*. Ornari dignitate, honore, eximiâ laude, *Cic*. Quem quidem exercitum quibuscunque potero rebus ornabo, *Id*. Ornare provinciam, *Id*., *est, dans un autre sens, assigner un département.* De prætoribus ornandis, *Id*., *touchant les provinces qu'on devait assigner aux préteurs. C'est dans le même sens que Térence a dit plaisamment*, ornare fugam, *se préparer à fuir*. — ADORNARE, *préparer :* Continuò hæc adornant, ut lavet, *Ter*. Adornare bellum, *Liv*. Petitionem consulatûs adornare, *Cic*. — EXORNARE, *orner avec soin :* Exornat amplè magnificèque convivium, *Cic*. *Au figuré :* Utrùm aliquem exornari oportuit, qui ista prohiberet? *Cic*., *fallait-il aposter quelqu'un pour empêcher ces choses?* — CONCINNARE (*de* cum, *et de* cinnus), *arranger, ajuster :* Concinnavi tibi munusculum, *Cic*. Concinnare vestem, *Plaut*. *Il se dit au neutre :* Vides ut hæc concinnant, *Cic*.

1825. *Orphanus. Pupillus. Orbus.*

ORPHANUS (*d'*ὀρφανός, *sans père, sans mère*), *orphelin*. Orphanus, *dit Valla*, qui caret patre, præsidioque paterno, et qui summoperè desiderat illius opem, cùm sine eo malè habeat. *On ne trouve point* orphanus *dans les auteurs anciens*. — PUPILLUS (*de* pupus, *petit enfant*), *pupille, mineur :* Iste infanti pupillo fortunas patrias ademit, *Cic*. Ut piger annus pupillis, quos dura premit custodia matrum, *Hor*. *On appelle en droit* pupillus *un enfant qui n'est plus sous la puissance paternelle, et qui n'a pas encore quatorze ans, ce qu'ils expriment par ces mots*, impubes sui juris. — ORBUS *s'applique généralement à quiconque est privé de ce qui lui est cher ou de ce qui lui est utile :* Parentibus orbus, fratre, patre aut matre. *On dit aussi* luminibus orbus. *Cependant Cicéron l'emploie dans un sens absolu :* Respublica orba consulis fidem tanquam legitimi tutoris imploravit.

1826. *Ortus. Oriundus.*

ORTUS, *né :* Ortus equestri loco, *Cic*. Ab his majoribus orti, *Hor*. — ORIUNDUS, *originaire :* Hippocrates et Epicydes nati Carthagine, sed oriundi ab Syracusis, *Liv*.

1827. *Ortus. Origo.*

ORTUS, *naissance :* Ortu Tusculanus, *Cic*., *de Tusculum par sa naissance*. Ortu materno, *Ovid*., *du côté de sa mère*. Ortûs nostri partem patria, partem parentes vindicant, *Cic*.—ORIGO, *origine, source, principe :* Modicus originis, *Tac*., *d'une origine peu illustre*. Origo summi boni, *Cic*. Fontium origines celat Nilus, *Hor*.

1828. *Oscines. Præpetes.*

*Les oiseaux par le chant desquels on prenait les augures, s'appelaient* OSCINES (quasi ore canentes) : Tùm à dextrâ, tùm à sinistrâ canunt oscines, *Cic*. *Ceux dont on examinait le vol se nommaient* PRÆPETES (*de* πρό *et de* πέτομαι, *voler devant*): Præpetis omina pennæ, *Virg*. Subitæ præpetes, *Ovid*.

1829. *Otiosus. Feriatus.*

OTIOSUS, *oisif, qui n'est point occupé d'affaires publiques :* Satius est esse otiosum, quàm nihil agere, *CIC.*, *il vaut mieux être oisif que de faire des riens.* Quid dicam de occupatis meis temporibus, cùm fuerit ne otium quidem otiosum? *CIC.* P. Scipionem dicere solitum scripsit Cato nunquàm se minùs otiosum esse, quàm cùm esset otiosus... magnifica verò vox, quæ declarat illum in otio de negotio cogitare, *Id. Il se prend pour tranquille, qui ne craint rien :* Animo jam nunc otioso esse impero, *TER.* Spectatorem otiosum se præbere alicujus calamitatis, *CIC.* — FERIATUS (*de* feria), *qui est en fête :* Malè feriatos Troas non falleret, *HOR.*, *il ne chercherait point à surprendre les Troyens au milieu de leurs fêtes. Au figuré, qui ne s'occupe point :* Ne putes in Asià feriatum illum à suis studiis, *CIC.*

# P.

### 1830. *Pacare. Pacificari.*

PACARE (*de* pax), *pacifier*, *apaiser :* Civitates pacaverat, *CÆS.* Omni Gallià pacatà, *Id. Au figuré :* Incultæ pacantur vomere silvæ, *HOR.* — PACIFICARI (pacem facere), *conclure, faire la paix :* Legati pacificatum venerunt, *LIV.* Dux pacificari cum altero statuit, *JUST.*

### 1831. *Pacatus. Placatus.*

PACATUS, *pacifié*, *paisible :* Civitates pacatæ, *CIC.* Provincia pacatissima, *Id. Au figuré :* Pacatum mare, *HOR.*, *mer qui n'est point agitée.* Arvum pacatius, *OVID.*, *champ mieux cultivé.* — PLACATUS, *apaisé, adouci :* Sæpè incensum irà, sæpè placatum, *CIC.* Deum placatum pietas efficit et sanctitas, *Id.* Placatæ res et minimè turbulentæ, *Id.* Maria placata, *VIRG.* Placatus *est opposé à* iratus; turbulentus *et* pacatus, *à* pugnax.

### 1832. *Pacificator. Pacator.*

PACIFICATOR (pacem faciens), *pacificateur, médiateur de paix :* Adhibitus ab Ætolis pacificator Amynander, *LIV.* — PACATOR, *qui met la paix*, *qui apaise les troubles :* Orbis pacator, *SEN.*

### 1833. *Pacificatorius. Pacalis. Pacificus.*

PACIFICATORIUS, *qui concerne la paix :* Posteaquàm nos pacificatorià legatione implicatos putant, *CIC.* — PACALIS, *de paix, pour la paix :* Oleæ pacales, *OVID.* Flammæ pacales, *Id.*, *feux au sujet de la paix.* — PACIFICUS, *pacifique*, *qui aime la paix :* Dux pacificus, *OVID.*

### 1834. *Pacisci. Depacisci.*

PACISCI (*de* pangere), *frapper*, *assembler, contracter, faire un pacte, un traité, une convention :* Præmium pro capite pacisci, *CIC.*, *offrir une récompense pour se délivrer de la mort.* Vitam pro laude pacisci, *VIRG.*, *sacrifier sa vie pour acquérir de la gloire.* Præmium proditionis cum Xerce filiam ejus paciscitur. *JUST.* — DEPACISCI, *consentir aux conditions*, *les accepter :* Neque antè dimissum, quàm ad conditiones ejus depactus est, *CIC.* Depacisci morte cupio, ut mihi liceat, etc. *TER. Je consens à donner ma vie pour qu'il me soit permis*, *etc.*

### 1835. *Pactum. Conventum. Stipulatio.*

PACTUM (*de* pangere), *traité revêtu de quelque sanction :* Pactum est id quod inter aliquos convenit, *CIC.* Manere in conditione et pacto, *Id.* — CONVENTUM (venire cum) *convention, accord sur quelque objet :* Conventorum constantia, *CIC.* Ex pacto et convento, *Id.* — STIPULATIO (*de* stipula), *tuyau de paille, parce que les premières stipulations se firent entre des bergers pour des terres ; celui qui stipulait tenait en sa main une paille qui représentait le fonds*). Stipulatio *est la forme et l'énonciation précise des articles auxquels on s'oblige :* Stipulationum et judiciorum formulas componam, *CIC.* Pacta, conventa, stipulationes, *Id.*

### 1836. *Pagus. Vicus.*

PAGUS, *un village, une bourgade :* Mandela rugosus frigore pagus, *HOR. Il est quelquefois pris dans un sens plus étendu, pour un canton :* Suevorum gens est longè maxima : ii centum pagos habere dicuntur, è quibus quotannis singula millia armatorum bellandi causà educunt, *CÆS. La Suisse était autrefois partagée en quatre cantons*, pagos, *qui avaient douze villes, et quatre cents bourgades*, vicos. — VICUS *est ce que nous appelons le quartier d'une ville :* Nullum in urbe vicum esse dicebant, in quo Miloni non esset conducta domus, *CIC. Il se dit aussi des bourgs et villages :* Eliguntur principes qui jura per pagos vicosque reddant, *TAC.*

1837. *Palàm. Publicè. Apertè. In publico.*

PALAM, *publiquement, en présence de tout le monde :* Mitto domestica; hæc commemoro quæ sunt palàm, CIC. Palàm *est opposé à* clàm; Palàm in eum tela jaciuntur, clàm subministrantur, CIC. — PUBLICÈ, *par l'autorité publique, au nom, aux dépens du public :* Qui navi ædificandæ publicè præfuit, CIC. Dicere publicè, *Id.* Locantur publicè cibaria anseribus, *Id. Il est opposé à* privatìm : Publicè privatìmque venerunt, CIC. — APERTÈ, *ouvertement, sans feinte, sans détours :* Tu modò quem poteras vel apertè tutus amare, OVID. Apertè palàmque dicere, CIC. — IN PUBLICO, *publiquement, en public.*

1838. *Palari. Errare. Vagari. Inerrare.*

PALARI *ne se dit que d'une troupe de gens qui s'écartent les uns des autres :* Jam obsidionis tædio victi abscedunt, vagique per agros palantur, LIV. Palantes milites in agris oppressit, *Id.* — ERRARE *et* VAGARI *se disent de plusieurs et d'un seul, avec cette différence qu'*errare *signifie aller au hasard, s'égarer, et* vagari, *courir de différents côtés :* Excutimur cursu, et cæcis erramùs in undis, VIRG. Stellæ sponte suà jussæne vagentur, et errent, HOR. Quo tempore homines fusi per agros ac diversi vagabantur, CIC. *Au figuré :* Cujusvis hominis est errare; nullius, nisi insipientis, perseverare in errore, CIC. Ne vagari et errare cogatur oratio, *Id.* Qui errat, per sola et ignota loca discurrit; qui vagatur, per diversa; errare erroris et imprudentiæ esse potest; vagari, interdùm consilii, cùm cursum nostrum de industrià dilatamus. — INERRARE, *même signification qu'*errare, *mais seulement au sens propre :* Ignis inerrat ædibus, STAT.

1839. *Palatìm. Passìm.*

PALATIM (*de* palari), *en désordre :* Tusculum palatìm fugerunt, LIV. — PASSIM, *çà et là :* Corpora passìm sternuntur, VIRG. Hùc et illùc passìm vagantes volucres natura efficit, CIC.

1840. *Palmaris. Palmarius. Palmatus.*

PALMARIS (*de* palma), *de la victoire, qui a remporté la palme :* Palmaris statua, CIC., *statue en l'honneur de celui qui a remporté une victoire.* Palmaris sententia, *Id., avis victorieux.* — PALMARIUS, *digne du prix, digne de la palme :* Id verò quod mihi puto palmarium, TER., *ce que j'estime de plus glorieux pour moi.* — PALMATUS, *brodé de palmes :* Palmata tunica, LIV. *Quintilien a dit* palmatus paries, *un mur où l'on voit la marque d'une main qu'on y a appliquée* (*de* palma, *paume de la main*).

1841. *Palmosus. Palmifer.*

PALMOSUS, *abondant en palmiers :* Teque datis linquo ventis, palmosa Selinus, VIRG. — PALMIFER, *qui produit des palmiers :* Pharos palmifera, OVID.

1842. *Palpare. Titillare. Fricare.*

PALPARE (*de* palpum), *flatter avec la main, comme on fait aux chevaux :* Pectora præbet palpanda manu, OVID. *Au figuré :* Quem munere palpat, JUV. — TITILLARE, *chatouiller ; il est plus usité au figuré :* Assentatores populi multitudinis levitatem voluptate quasi titillantes, CIC. Ne vos titillet gloria, HOR. — FRICARE, *frotter, faire une friction :* Et pede prosubigit terram, fricat arbore costas, VIRG., *le sanglier laboure des pieds sa bauge, se frotte les côtes contre le tronc d'un arbre* Caput unguento fricare, CIC.

1843. *Palumbes. Columba.*

PALUMBA *et* PALUMBES, *ramier, pigeon sauvage :* Aeriæ palumbes, VIRG. Fabulosæ palumbes, HOR. — COLUMBA, *colombe, pigeon de volière :* Aspicis ut veniant ad candida tecta columbæ, OVID. Plumæ versicolores columbis à naturà ad ornatum datæ, CIC.

1844. *Palpebra. Cilium. Supercilium. Pupilla.*

PALPEBRA, *paupière, la peau qui couvre l'œil, bordée de petits poils :* Munitæ sunt palpebræ tanquam vallo pilorum, CIC. — CILIUM, *cil, le poil des paupières :* Extremum ambitum genæ superioris antiqui cilium vocavère, undè et supercilia, PLIN. — SUPERCILIUM, *sourcil, le poil qui est au bas du front, au-dessus de l'œil :* Supercilium est ultima pars frontis, pilis vestita, quæ ciliis prominet, PLIN. *Au figuré :* Supercilium montis, LIV., *le sommet d'une montagne.* Severi supercilii matrona, OVID., *dame pleine de gravité.* — PUPILLA, *prunelle de l'œil, l'ouverture qui paraît noire dans le milieu de l'œil, et par laquelle les rayons passent pour peindre les objets sur la rétine :* Acies ipsa quà cernimus, quæ pupilla vocatur, ita parva est, ut ea quæ nocere possint facilè vitet, CIC. Palpebræ sunt mollissimæ tactu, ne læderent aciem; aptissimè factæ et ad claudendas pupillas, ne quid incideret, et ad aperiendas, *Id.*

1845. *Palus, i. Sudes. Stipes.*

**Palus** ( *génit.* **Pali** ), *un poteau, un échalas :* Hic docuit teneram palis adjungere vitem, *Tibul.* Damnati producuntur, et ad palum alligantur, *Cic.* — **Sudes**, *un bâton, une perche :* Perfodiunt alii portas, aut saxa sudesque subvectant, *Virg. Quelquefois il était armé de fer, quelquefois brûlé par le bout :* Non jam certamine agresti; stipitibus duris agitur, sudibusve præustis, *Virg.* Ferratasque sudes, et acutâ cuspide contos expediunt, *Id.* — **Stipes**, *un pieu, une souche, un tronc :* Quernus stipes, *Ovid.* Lares è stipite facti, *Tib. Au figuré, stupide :* Stipes, asinus, plumbeus, *Ter.*

1846. *Pampinus. Palmes.*

**Pampinus**, *pampre, feuille de la vigne :* Defendit pampinus uvas, *Virg.* Vestita pampinis uva nimios solis defendit ardores, *Cic.* — **Palmes**, *la pousse de la vigne :* Lætus agit se palmes ad auras, *Virg.* Palmites annui, *Plin.*

1847. *Pandere. Aperire. Reserare. Recludere. Patefacere.*

**Pandere**, *proprement, étendre :* Ulmus pandit brachia, *Cic.* Pandere vela, *Ovid. Virgile a dit,* panduntur portæ, *parce qu'une porte semble s'élargir quand elle s'ouvre. Au figuré :* Longè, latèque se pandunt divina bona, *Cic.* — **Aperire**, *ouvrir, découvrir :* Aperire ærarium, *Cæs.* Aperire caput, *Cic.* Involuta aperire, *Id. Au figuré :* Rem aperuit Annibali, *Liv., il découvrit le fait à Annibal.* — **Reserare** ( quasi detrahere seram ), *ôter ou ouvrir la serrure, ou plutôt la fermeture en général :* Reserata janua patet, *Ovid.* Reserare Italiam exteris gentibus, *Cic. Au figuré :* Nec ita claudenda est res familiaris, ut eam benignitas aperire non possit; nec ita reseranda, ut pateat omnibus, *Cic.* — **Recludere**, *montrer le dedans d'un local, ôter la clôture :* Portas recludere, *Ovid.* Infernas reserct sedes, et regna recludat pallida, *Virg. Au figuré :* Ebrietas operta recludit, *Hor.* Latiùs patet quod pandimus; nudum fit ac manifestum quod aperimus; intrandi facultatem præbet quod reseramus; virtus cœlum recludit. Recludere *se prend quelquefois pour enfermer :* In carcerem recludere, *Just.* — **Patefacere** (patens facere), *ouvrir, faire une ouverture :* Viam hostibus unâ portâ patefecerunt, *Liv. Au figuré :* Patefacere aures assentatoribus, *Cic.* Odium suum patefacere, *Id*

1848. *Pangere. Figere.*

**Pangere** (*de* πήγνυμι), *ficher, assembler :* Clavum pangere, *Liv. Au figuré :* Ego mira poemata pango, *Hor., assembler des vers, en composer un poëme, comme un menuisier assemble un parquet. De même* pangere societatem, inducias, *Liv.* — **Figere**, *enfoncer, ficher, attacher :* Feraces figat humo plantas, *Virg.* Figere arma, *Id*, Figere cervos, *Id. percer d'une flèche. Au figuré :* Ego omnia mea studia, omnem operam, industriam, mentem denique omnem in Milonis consulatu fixi, *Cic.*

1849. *Papyrus. Charta. Membrana.*

**Papyrus** *était l'arbrisseau d'Egypte dont on préparait l'écorce avec laquelle on faisait ce qui s'appelait* **Charta**; *dans la suite on les a confondus :* Crescit multa papyro pagina, *Juv.* — **Membrana** *était des peaux d'animaux préparées, comme notre parchemin, sur lesquelles on écrivait :* Membranis intùs positis delere licebit, *Hor.*

1850. *Parare. Apparare. Præparare.*

**Parare**, *apprêter, disposer :* Parare convivium, *Cic.* Animum æquum sibi parare, *Hor., disposer son âme à recevoir également tout ce qui arrive.* Fugam sociosque parabat, *Virg. Et dans un sens plus éloigné :* Pecuniam parare, *Cic., amasser de l'argent.* — **Apparare** (parare ad), *semble marquer plus de soin :* Apparavit bellum magnâ cum industriâ, *C. Nep.* Ludos apparat magnificentissimos, *Cic.* Crimina quæ apparabantur in Sextium, *Cic., les accusations que l'on machinait contre Sextius.* Parare convivium *est simplement apprêter un repas ; au lieu que* apparare convivium *est faire de grands préparatifs.* — **Præparare** ( parare præ), *apprêter, disposer d'avance :* Philosophia præparat animos ad satus accipiendos, *Cic.* Ad vitam agendam præparare res necessarias, *Id.* Diligens præparatio in omnibus negotiis priusquàm aggrediare, adhibenda est, *Id.*

1851. *Parcere. Ignoscere. Indulgere. Remittere.*

**Parcere**, *épargner, tant au physique qu'au moral :* Supplicibus parcere, *Hor.* Dolori et iracundiæ parcere, *Cic.* — **Ignoscere** (non nosse), *détourner son esprit de la faute d'autrui, pardonner :* Fasso ignoscere, *Ovid.* Ignoscere est sceleris pœnam prætermittere, *Cic.* — **Indulgere**, *avoir de l'indulgence, accorder par bonté, excuser les fautes :* Sibi indulgens, *Cic.*, *qui ne se refuse rien.* Indulgere peccatis, *Cic. On le trouve dans les anciens avec l'accusatif :* Te indulgebant, tibi dabant, *Ter.* Ignoscere *est l'effet de la clémence;* parcere *est l'effet de l'humanité ;* indulgere *est l'effet de la complaisance, et souvent de la faiblesse.* — REMITTERE (retrò mittere), 1° *renvoyer :* Mulieres Romam remittebam, *Cic.* Demetrii librum de concordiâ tibi remisi, *Id.* 2° *Relâcher, détendre :* Varius canendi sonus tum remittit animos, tum contrahit, *Cic.* 3° *S'adoucir :* Qui, cùm remiserant dolores pedum, non deerat in causis, *Cic.* 4° *Abandonner, quitter :* Provinciam remitto, exercitum depono, *Cic.* 5° *Enfin, pardonner, remettre une faute :* Aspera confesso verba remitte reo, *Ovid.*

### 1852. *Parcere alicui rei. Parcere ab aliquâ re.*

PARCERE ALICUI REI, *épargner, ménager :* Impensæ parcere. *Liv.* Parcere valetudini, *Id.* Petit ne cui rei parcam, *Id.* — PARCERE AB ALIQUA RE, *s'abstenir d'une chose :* Parcere à cædibus et incendiis, *Liv.* Parce metu, *Virg.*

### 1853. *Parcimonia. Parcitas.*

PARCIMONIA *ou* PARSIMONIA (*de* parcere), *épargne :* Magnum vectigal est parcimonia. Vehemens in utramque partem, Menedeme, es, aut largitate nimiâ, aut parcimoniâ, *Ter. Au figuré :* Oratoris parcimonia, *Cic., concision du style opposée à diffusion.* — PARCITAS, *modération :* Civitatis mores magis corrigit parcitas animadversionum, *Sen.*

### 1854. *Parcus. Tenax. Restrictus.*

PARCUS (*de* parcere) *qui épargne :* Veteris non parcus aceti, *Hor.* Parcus in ædificando, *Cic. Au figuré :* Merito parcior ira meo, *Ovid., sa colère n'est pas aussi grande que ma faute.*—TENAX (*de* tenere), *proprement, qui tient :* Tùm dente tenaci fundabat ancora naves, *Virg.* Ceræ tenaces, *Id. Au figuré :* Equus tenax, *Liv., cheval rétif.* Tenax propositi, *Hor.* Homo dives et nimiùm tenax, *Ter.* — RESTRICTUS (*de* retrò *et de* stringere), *au propre, serré par derrière, étroitement lié :* Qui lora restrictis lacertis sensit iners, timuitque mortem, *Hor. Au figuré, sévère, chiche :* Imperium non restrictum, non perseverum volunt, *Tac.* Ad largiendum ex alieno restrictior, *Cic.* Cur id tàm parcè, tàmque restrictè faciant non intelligo, *Id. Un homme* parcus *n'aime point à dépenser ;* restrictus *n'aime point à donner ;* tenax *ne donne rien.*

### 1855. *Parens. Pater. Genitor.*

PARENS *se dit du père et de la mère :* Quod tua cara parens domito te poscit Olympo, *Virg.* Carissimos parentes habere debemus, quòd ab iis nobis vita, patrimonium, libertas, civitas tradita est, *Cic. Au figuré :* Urbis parens Romulus, *Liv.* Patriæ parentem occidere, quàm suum, gravius est, *Cic.* — PATER, *père :* Ingenuo patre natus, *Hor. Au figuré :* Quem verè patrem patriæ, parentem, inquam, reipublicæ possumus dicere, *Cic. Les jeunes gens traitaient de pères ceux qui étaient plus avancés en âge :* Salveto, pater, *Ter.* — GENITOR (*de* gignere), *père par la naissance seulement :* Dubio genitore creatus, *Ovid.*

### 1856. *Pardus. Panthera.*

PARDUS, *léopard, quadrupède carnassier :* Magno sublimis pardus hiatu, *Juv.* — PANTHERA, *panthère :* Pictarum fera corpora pantherarum, *Cic. Aujourd'hui, ces deux animaux ne font qu'une espèce.*

### 1857. *Parere. Parturire.*

PARERE (pario), *enfanter :* Liberos ex se parit mulier, *Cic.* Ovum parit gallina, *Cic. Au figuré :* Salutem sibi pepererunt, *Cic.* Lethum sibi peperêre manu, *Virg.* — PARTURIRE, *être en travail d'enfant. Tous les verbes qui signifient avoir envie de faire quelque chose, se forment du supin en* u *du verbe primitif, en ajoutant* rire *:* Dormiturire, esurire. *Cicéron, accusant Pompée de vouloir jouer le rôle d'un Sylla et renouveler les proscriptions, forge les deux mots* syllaturit *et* proscripturit. *Ainsi* parturire *est avoir envie, être sur le point d'accoucher :* Mons parturibat gemitus immanes ciens... At ille murem peperit, *Phæd. Au figuré :* Utinam aliquandò dolor populi pariat quod tamdiù parturit ! *Cic.*

### 1858. *Paries. Murus. Mœnia.*

PARIES *se dit ordinairement du mur d'un temple, d'une maison :* Interiores templi parietes, *Cic.* Dicere intrà domesticos parietes, *Id.*—MURUS *est un mur qui entoure une ville, un camp, un jardin :* Amplectitur latior murus urbem, *Hor.* Non communione parietum, sed propriis quoque muris ambirentur, *Tac. Au figuré :* Graiûm murus Achilles, *Ovid.* — MŒNIA (*de* munire), *des remparts, des fortifications :* Cùm penè ædificata in muris ab exercitu nostro mœnia viderentur, *Cæs.* Mœnia dejicere, *Cic. Il se dit poétiquement des villes :* Cuncta malis habitantur mœnia Graiis, *Virg.*

1859. *Pars. Portio. Partitio.*

PARS, *part, partie, ce qu'on détache du tout :* Quis Antonio permisit, ut partes faceret, et utram vellet, prior ipse sumeret? CIC. *Au figuré :* In optimam partem aliquid accipere, CIC. Partes in comœdiâ primas agere, TER., *jouer le principal rôle dans une comédie.* — PORTIO, *portion, ce qui revient à chacun. Il se dit bien des parties séparées et distinctes :* Miseræ brevissima vitæ portio, JUV. Pro suâ quisque parte, CIC., *chacun selon son pouvoir.* Pro suâ quisque portione, *Id.*, *chacun selon sa part et portion.* — PARTITIO, *partage, l'action de partager :* Æquabilis prædæ partitio, CIC. *On dirait bien :* Pater moriens bona divisit in partes; liberis suam cuique portionem dedit equâ partitione.

1860. *Partitè. Partìm. Particulatìm.*

PARTITE (*de* pars), *en faisant une division, une distribution :* Partitè, definitè, distinctè dicere, CIC.—PARTIM, *en partie : c'est proprement un vieil accusatif :* Amici partìm deseruerunt me, partìm etiam prodiderunt, CIC. — PARTICULATIM, *par parties, par menu :* Si summatìm, non particulatìm narrabimus, CIC.

1861. *Parùm. Paulùm. Paululùm. Modicè.*

PARUM, *peu :* Parùm splendoris, HOR. Parùm castus, *Id.* Parùm multi, CIC., *peu nombreux.*—PAULUM, *un petit peu :* Paulùm oppidò inter se differunt, CIC., *ils sont fort peu différents.* Paulùm abesse ab aliquo loco, *Id.*—PAULULUM (*diminutif de* paulùm), *dit encore moins, un tant soit peu :* Nihil ferè aut admodùm paululùm, CIC. Huic paululùm ad beatam vitam deest, *Id.*—MODICE (*de* modus), *médiocrement, avec modération :* Modicè cæteris utile est, tibi necesse est, CIC. Dolorem modicè ferre, *Id.*

1862. *Parumper. Paulisper.*

PARUMPER, *un peu de temps :* Tu velim à me animum parumper avertas, CIC. Discedo parumper à somniis, atque mox revertar, *Id.*—PAULISPER, *un petit peu de temps :* Milo paulisper, dùm se uxor, ut fit, comparat, commoratus est, CIC. Paulisper mane, TER.

1863. *Pascere. Depascere.*

PASCERE, *paître, et faire paître :* Ovis pavit pratum, OVID. Bestias pascere, domare, tueri, CIC. *Il signifie aussi nourrir :* Major utrùm populum frumenti copia pascat, HOR. *Au figuré :* Animum picturâ pascit inani, VIRG. Barbam pascere, HOR. Nummos alienos pascere, *Id.*, *garder un argent emprunté, dont on tire l'intérêt.* —DEPASCERE, *paître entièrement :* Si hædi roscidas herbas depaverint, COL. Qui à pecore ejus depasci agros publicos dicerent, CIC. *Au figuré :* Stylo depascere luxuriam orationis, CIC. *On dit aussi* depasci *au déponent :* Artus depascitur arida febris, VIRG., *la fièvre brûlante dévore leurs membres.*

1864. *Pasci. Vesci. Pabulari.*

PASCI, *se repaître, convient proprement aux bêtes :* Sues glande pascuntur, CIC. Bestiæ, fame dominante, plerumque ad eum locum, ubi pastæ aliquandò sunt, revertuntur, *Id. Au figuré, il se dit bien des hommes :* Qui maleficio et scelere pascuntur, CIC.—VESCI, *se nourrir, convient aux hommes :* Omne quo vescuntur homines, CIC. Sus ad vescendum hominibus apta, *Id. Au figuré :* Vesci voluptatibus paratissimis, CIC. Pasci *est se repaître, au lieu que* vesci *est se nourrir.* — PABULARI (*de* pabulum), *aller au fourrage, paître.* Pabulari oleas fimo, *suivant Columelle, veut dire fumer les oliviers.*

1865. *Pascua. Pabulum.*

PASCUA, *les lieux où les animaux paissent, pâturages :* Herbosa pascua, OVID. —PABULUM, *fourrage, pâture :* Non insueta graves tentabunt pabula fœtas, VIRG. *Au figuré :* Dare pabula morbo, OVID. Habet senectus pabulum studii, CIC.

1866. *Pastio. Pastus.*

PASTIO *se prend pour la pâture, et l'action de paître :* Porculatoris et bubulci diversa professio, diversæ pastiones, COL. Asia magnitudine pastionis facilè omnibus terris antecellit, CIC. — PASTUS, *pâture :* Comparavit pastum animantibus largè et copiosè natura, CIC. *Au figuré :* Ad præsentem pastum mendicitatis suæ, CIC. Suavissimus pastus animorum, oblectatio solertiæ, *Id.*

1867. *Pastor. Bubulcus. Upilio. Armentarius.*

PASTOR (*de* pasci), *est le mot général :* Sacra pastorum, OVID. *Il se dit particulièrement de celui qui conduit un menu bétail.*—BUBULCUS (*de* bos), *bouvier, qui conduit des bœufs :* Pastoris duri est hic filius, ille bubulci, JUV. — UPILIO *et* OPILIO, *berger, qui conduit des brebis :* Post fœturam longinquæ regionis pascua petiturus upilio, *COL.* Venit et upilio, tardi venêre bubulci, *VIRG.* — ARMENTARIUS, *qui fait paître de grands troupeaux, tels que bœufs, chevaux, chameaux, etc.* Præterea jam pastor et armentarius omnis, *LUCRET.*

**1868.** *Pastoritius. Pastoralis. Pastorius.*

PASTORITIUS *se dit proprement de ce qui concerne la personne du berger :* Pastoritia et agrestis sodalitas, *CIC.*—PASTORALIS *et* PASTORIUS *se disent de ce qui a un rapport moins direct au berger :* Myrtus pastoralis, *VIRG.* Pellis pastoria, *OVID.*

**1869.** *Patens. Patulus. Propatulus.*

PATENS, *qui s'ouvre, qui s'étend :* Habere domum clausam pudori, patentem cupiditatibus, *CIC.* Patulam *ne ferait pas le même sens.* Patens et apertum ex omni parte cœlum, *Id.* Patens puteus, *HOR.*, *large puits.* — PATULUS, *large, étendu, parlant des petits objets, d'une étendue bornée :* Arbor patulis diffusa ramis, *CIC.* Nec retinent patulæ commissa fideliter aures, *HOR.*—PROPATULUS (porrò patulus), *découvert au loin :* Apertus ac propatulus locus, *CIC.*

**1870.** *Paternus. Patrius.*

PATERNUS, *du père, de père :* Animus paternus, *HOR.* Bonorum paternorum exhæres filius, *CIC.* — PATRIUS, *de père :* Animus patrius in liberos, *CIC. Tite-Live, dans la description du supplice des enfants de Brutus, dit :* Eminente animo patrio inter publicæ pœnæ ministerium, *la tendresse de père éclatait malgré lui.* — PATRIUS, *s'entend non-seulement du père, mais encore des pères, c'est-à-dire, du père, du grand-père, et peut-être en général des ascendants de la famille, même du côté maternel ; de sorte que* paternus, avitus *remontent droit en suivant la ligne masculine, et* patrius *est plus général.* Hic est mos patrius academiæ, *CIC. On ne dirait pas* paternus. Rebus maternis atque paternis absumptis, *HOR.* Patria bona *sont les biens de ses pères ; et* paterna bona, *les biens de son père.*

**1871.** *Patere. Patescere.*

PATERE, *être ouvert, être étendu :* Iis omnium domus patent, *CÆS.* Maximè patet Cappadocia, *Id. Au figuré :* Avaritia latissimè patet, *CIC.* — PATESCERE, *s'ouvrir, s'étendre :* Apparet domus intùs, et atria longa patescunt, *VIRG.* Portus patescit jam propior, *Id. Au figuré, se découvrir :* Danaûmque patescunt insidiæ, *VIRG.*

**1872.** *Pati. Tolerare. Perpeti.*

PATI, *souffrir, endurer : on souffre les choses lorsqu'on ne s'y oppose pas :* Æquo animo patitur belli injuriam, *CIC.* Patior non molestè eam vitam, *Id. Au figuré :* Graviùs me accusas, quàm patitur tua clementia, *CIC.* Dilationem res non patitur, *Id.* — TOLERARE, *tolérer, supporter, soutenir :* Nobis inter nos vitia nostra toleranda sunt, *CIC.* Tolerare vitam colo, *VIRG.* Suâ pecuniâ milites tolerare, *PLAUT. Au figuré :* Opulentia negligentiam tolerabat, *SALL.*, *la puissance de l'Etat rendait la négligence des particuliers supportable.* Quos corpora equorum toleraverant, *TAC.*, *ceux à qui les chevaux morts avaient servi de nourriture.* Cruciatus acerbissimos animus diutiùs patitur, quàm corpus tolerare potest. — PERPETI *dit plus que* pati *et que* tolerare. *Horace a dit :* Audax omnia perpeti.

**1873.** *Patiens. Patibilis.*

PATIENS, *qui souffre volontiers :* Meæ litteræ te patientiorem lenioremque fecerunt, *CIC.* Aures patientissimæ, *Id.* Patientissima justi imperii civitas, *Id. Au figuré :* Tellus patiens vomeris, *VIRG.* — PATIBILIS, 1° *sujet à souffrir :* Omne animal patibilem habet naturam, *CIC.* 2° *Qu'on peut supporter :* Negligenda mors est, patibiles et dolores, et labores putandi, *CIC.*

**1874.** *Patientia. Perpessio. Tolerantia. Toleratio.*

PATIENTIA, *patience, constance volontaire à souffrir l'adversité :* Patientiâ paupertatis ornatus, *CIC.* Bonorum in carendo patientiam, in utendo rationem expetendam putavi, *Id.* Levius fit patientiâ quidquid corrigere est nefas, *HOR.*—PERPESSIO, *souffrance, l'action de souffrir entièrement :* Patientia est, honestatis aut utilitatis causâ, rerum arduarum ac difficilium voluntaria ac diuturna perpessio, *CIC.*—TOLERANTIA *et* TOLERATIO, *l'action de supporter :* Tolerantia rerum humanarum, contemptio fortunæ, *CIC.* Patientia doloris *est la patience à supporter la douleur ;* tolerantia doloris *est l'action de la supporter ; et* perpessio, *l'action de la supporter entièrement.*

**1875.** *Patina. Lanx. Patella. Patera. Catinus. Scutula. Paropsis.*

PATINA (de patere), *vase creux, dont les anciens se servaient pour mettre, ou faire *cuire leurs ragoûts, le poisson, etc.* : Affertur squillas inter murænâ natantes in patinâ porrectâ, *Hor.* — Lanx *était plus large et moins profond que* patina ; *il ne servait guère que pour les viandes rôties et bouillies :* Lances detergam omnes, *Plaut.* Grandis lanx, *Ovid. Il se dit aussi du plateau d'une balance :* Necesse est lancem in librâ ponderibus impositis deprimi, *Cic.*—Patella, *espèce d'assiette :* In modicâ cœnare times olus omne patellâ, *Hor. Elle servait aux sacrifices :* Reperiemus asotos ita non religiosos, ut edant de patellâ, *Cic.* — Patera (*de patere*), *coupe dont on se servait dans les sacrifices :* Libamus pateris et auro, *Virg.* — Catinus, *vase en terre cuite, qui servait à renfermer les aliments :* Angusto pisces urgere catino, *Hor.* — Scutula (scutum), *écuelle ronde en forme de bouclier :* Et læves scutulas cavasque lances, *Mart.* — Paropsis (grec, παροψίς), *vase grand et plat dans lequel on servait les mets sur la table :* Quàm multâ magnâque paropside cœnat, *Juv.*

**1876.** *Patres. Majores.*

Patres *comprend* avus, proavus, abavus, atavus. — Majores *remonte encore plus loin :* Patres majoresque nostri, *Cic.* Majores imitandi, at non eorum vitia, *Id.* Patrum nostrorum ætas, *Id., le siècle de nos pères : il a touché au nôtre; nos aïeux,* majores, *les ont précédés.*

**1877.** *Patres conscripti. Senatores.*

Patres conscripti, *pères conscrits; on appelait ainsi les sénateurs qui furent agrégés dans le sénat :* Deindè quò plus virium in senatu frequentia etiam ordinis faceret, cædibus regis diminutum patrum numerum, primoribus equestris gradûs electis, ad trecentorum summam explevit : traditumque inde fertur, ut in senatum vocarentur qui patres, quique conscripti essent : conscriptos videlicet in novum senatum appellabant lectos, *Liv.* — Senatores (*de* senex), *sénateurs, parce que dans les premiers temps on les choisissait parmi les vieillards :* In agris tùm erant senatores, id est, senes, *Cic.* Senatores qui consilio et prudentiâ regere rempublicam possent, *Id.*

**1878.** *Patrocinium. Defensio.*

Patrocinium (*de* pater), *proprement, protection paternelle :* Patrocinia appellari cœpta, *dit Festus,* cùm plebs distributa est inter patres, ut eorum opibus tuta esset. *Il se prend plus généralement :* Arripere patrocinium *se dit ordinairement d'un supérieur; au lieu que* Defensio *se dit d'un égal comme d'un supérieur; proprement, l'action d'éloigner un danger, défense :* Criminis defensio, *Cic. On ne dirait pas* patrocinium.

**1879.** *Patronus. Advocatus.*

Patronus (*de* pater), *patron, protecteur :* Patroni omnium fortunarum, *Cic.* Qui civitates aut nationes in fidem cepissent, earum patroni erant more majorum, *Id.* Ille vir senatûs propugnator, ac penè patronus, *Id. Il se prend pour celui qui plaide la cause d'un autre :* Est patroni nonnunquàm verisimile, etiamsi minùs verum sit, defendere, *Cic.* — Advocatus (vocatus ad), *est celui qui assistait au jugement pour aider son ami de sa présence :* Qui defendit alterum in judicio, aut patronus dicitur, si orator est; aut advocatus, si aut jus suggerit, aut præsentiam suam commodat amico, *Ascon.* Milo adfuit, ei Pompeius advocatus venit, *Cic. Dans la suite on appela* advocatus *celui qui plaidait :* Horum temporum diserti, causidici et advocati et patroni, et quidvis potiùs quàm oratores vocabantur, *Tac.* Advocatos, *dit Ulpien,* accipere debemus omnes omninò qui causis agendis quoquo studio operantur. *Quintilien confond* Patronus *et* Advocatus.

**1880.** *Patruus. Avunculus.*

Patruus, *l'oncle paternel, le frère du père :* L. Cicero patruus M. Ciceronis, *Cic. Comme les oncles ne sont pas ordinairement aussi indulgents que les pères, leur sévérité a passé en proverbe, et on a dit* patruus *pour grondeur, censeur :* Ne sis patruus mihi, *Hor.* — Avunculus, *l'oncle maternel, le frère de la mère :* P. Tubero Africanum avunculum laudavit, *Cic.*

**1881.** *Paucus. Rarus.*

Paucus, *peu, en petit nombre : il n'est guère usité au singulier :* Ad paucos pœna, ad omnes metus pervenit, *Cic.* Paucis interpositis diebus, *Id.* — Rarus, *délié, clair-semé, qui vient, qui paraît de loin en loin :* Rari capilli, *Virg.* Apparent rari nantes in gurgite vasto, *Id.* Raras tuas quidem, sed suaves accipio epistolas, *Cic.* Pauci *est opposé à* multi; rarus, *à* densus.

**1882.** *Pauper. Indigens. Indigus. Egenus. Mendicus. Inops.*

Pauper *est celui qui n'est ni dans l'abondance, ni dans l'indigence, qui est dans une situation de fortune opposée à celle des richesses, et dans laquelle on est privé des commodités de la vie :* Manlius pauper fuit; habuit enim ædiculas in Carinis, et fundum in Labicano, *Cic.* Res urget me nulla; meo sum pauper in ære, *Hor*, *si j'ai peu de bien, du moins je n'en dois rien.* — Indigens, *et dans les poëtes* Indigus, *celui qui manque de quelque chose, qui est dans l'indigence.* Indigens *enchérit sur* pauper; *on manque des choses nécessaires :* Benignè facere indigentibus, *Cic.* Haud opis indiga nostræ, *Virg.* — Egenus *est celui qui est dans la disette, qui manque de tout, de vivres, etc.:* Omnium egenus, *Virg.* Non est quod paupertas nos à philosophià revocet, ne egestas quidem, *Sen.* — Mendicus (quasi manu indicans) *qui tend la main, réduit à la mendicité :* Sapientes, si mendicissimi sint, divites esse, *Cic.* — Inops (sine ope), *qui a besoin de secours, dépourvu.* Inops *a rapport aux secours qu'on attend :* Inops auxilii, *Liv.* Cùm premeretur inops multitudo ab iis qui majores opes habebant, *Cic.*

### 1883. *Paupertas. Inopia. Egestas.*

*S'accordent en ce qu'ils dénotent la pauvreté; mais ils diffèrent relativement aux degrés.* — Paupertas *suppose qu'on a le nécessaire :* Paupertas est non quæ pauca possidet, sed quæ multa non possidet, *Senec.* Non est paupertas, Nestor, habere nihil, *Mart.* — Inopia *diffère de* paupertas, *en signifiant* 1° *un manque du nécessaire ;* 2° *l'état d'un homme qui est délaissé et sans amis :* Non erat abundans, non inops tamen, *Cic.* Inops *signifie le manque, comme* abundans *signifie l'excès.* Nec in summâ inopiâ levis esse senectus potest ne sapienti quidem, nec insipienti in summâ copiâ non gravis, *Cic.* Vixit in summâ paupertate ac penè inopiâ, *Suet.* — Egestas *diffère d'*inopia, *en signifiant que le besoin se fait sentir de manière à être tourmentant.* Egestas *diffère de* paupertas, *en ce que* paupertas levior est, et honesta esse potest : egestas gravior et turpis, *Serv. Virgile peint l'*egestas *sous les traits les plus tristes :* Labor omnia vincit improbus, et duris urgens in rebus egestas.

### 1884. *Pavidus. Pavens. Pavitans.*

Pavidus *est celui qui tremble habituellement :* Aves pavidas terrere, *Ovid.* Pavidum captare leporem, *Hor.* Ranæ pavidum genus, *Phæd.* — Pavens, *celui qui tremble dans telle ou telle circonstance, actuellement :* Terrore paventes equi, *Ovid.* Rerum novitate pavens juvenis, *Id.* — Pavitans (*fréquentatif de* pavens), *annonce une plus grande frayeur :* Prosequitur pavitans, *Virg.* Pavitans fraternos palluit ictus, *Prop.*

### 1885. *Pax. Tranquillitas.*

Pax, *synonyme de* tranquillitas, *regarde la situation par rapport au dehors; et* Tranquillitas, *cette situation en elle-même exempte de trouble, indépendamment de toute relation :* Tibi data est summa pax, summa tranquillitas, *Cic.* Securitas est animi tanquam tranquillitas, *Id.* Ut tranquillitas animi adsit, *Id.* Pacem animis afferre, *Id.*

### 1886. *Pecua. Pecuaria.*

Pecua, *troupeaux, bétail :* Pecua captiva, præter equos, restituenda censuerunt dominis, *Liv.* — Pecuaria *se dit des troupeaux, et du lieu où ils paissent:* Arcadiæ pecuaria rudere dicas, *Pers.* Cùm canes fungantur officiis luporum, cuinam præsidio pecuaria credemus ? *Cic.* Pecuaria redimere, *Id.* Culta pecuaria, *Stat.*

### 1887. *Peculator. Depeculator.*

Peculator, *qui pille le peuple, le public :* Neque enim de sicariis, veneficis, testamentariis, furibus, peculatoribus hoc loco disserendum est, *Cic.* — Depeculator *ajoute à l'idée de* peculator : Depeculator ærarii, vexator Asiæ, *Cic.* Te unum solum suum depeculatorem, vexatorem, prædonem, hostem venisse senserunt, *Id.* Depeculator veientanæ prædæ Camillus, *Val. Max.*

### 1888. *Peculatus. Perduellio. Repetundæ.*

Peculatus (de pecus), *péculat. Les anciens appelaient péculat lorsque quelqu'un détournait ou volait l'amende à laquelle il avait été condamné, et qui consistait en troupeaux, la richesse de ce temps-là. Il s'entend de tout vol des deniers publics:* Cùm pecuniam publicam averterit, num fraude poterit carere peculatûs? *Cic.* — Perduellio, *crime de lèse-majesté, qui attaque la patrie, le prince, les magistrats :* Perduellionibus patriam venditare, *Cic.* Perduellio, *originairement n'était qu'un meurtre : le soldat Horace, dans Tite-Live,* perduellionis reus, *n'était coupable que de la mort de sa sœur Camille.* — Repetundæ, *sous-entendu* pecuniæ, *concussion, lorsqu'un magistrat abusait de son autorité pour lever des impôts :* Crimen repetundarum, *Tac.* *Souvent* pecuniæ *est exprimé :* Ab aliquo rationem repetere de pecuniis repetundis, *Cic.* Teneri lege repetundarum pecuniarum, *Id.* Repetundæ *n'est usité qu'au génitif et à l'ablatif pluriels.*

1889. *Peculiatus. Peculiosus. Pecuniosus. Pecuniarius.*

PECULIATUS *et* PECULIOSUS (*de* peculium (*est un homme qui s'est enrichi par ses épargnes et son économie :* Balbus planè benè peculiatus, *CIC.* — PECULIOSUS *se dit particulièrement d'un esclave qui met à part ses petits profits :* Peculiosus servus, *PLAUT.* — PECUNIOSUS, *proprement, riche en troupeaux :* A pecore pecuniosi appellati, *CIC. Les richesses de ce temps-là consistaient en terres et en troupeaux, et les pièces de monnaie portaient la représentation d'un bœuf, d'un mouton, etc., suivant leur valeur respective, d'où est venu le mot* Pecunia. Pecuniosus *est un homme qui a beaucoup d'argent.* — PECUNIARIUS, *qui concerne l'argent :* Inopia rei pecuniariæ, *CIC.* Lis pecuniaria, *QUINT.*

1890. *Pecunia. Peculium. Argentum. Æs. Moneta.*

PECUNIA (*de* pecus, *parce qu'on marquait la monnaie de la figure d'un animal, argent monnayé :* Annumerare pecuniam alicui, *CIC.* Exæquat omnium dignitatem pecunia, *Id.* PECULIUM, *pécule, argent qu'un particulier amasse par son économie, et qu'il met à part. Les maîtres abandonnaient un petit profit à leurs enfants et à leurs esclaves :* Qui cupiditate peculii nullam conditionem recusant durissimæ servitutis, *CIC.* Peculium castrense, *CÆS., l'argent qu'un soldat ménageait sur sa paye.* — ARGENTUM, *argent, métal :* Argenti minæ, *PLAUT.* Argenti pallet amore, *HOR.* — ÆS, *airain, cuivre, bronze :* Inclusasque auro vestes ephyreiaque æra, *VIRG. Il se prend aussi pour la monnaie :* Nunquam gravis ære domum mihi dextra redibat, *VIRG. Pour dette, en y joignant l'adjectif* alienum : O ridiculum hominem qui se exire ære alieno putavit, *CIC. Pour cuirasse ou casque, parce que les cuirasses et les casques étaient ordinairement de cuivre :* Cùm verò faciem dempto nudaverat ære, *OVID. Pour statue de bronze :* Excudent alii spirantia mollius æra, *VIRG.* — MONETA, *la monnaie. Ce mot est le terme consacré pour désigner l'or, l'argent, ou le cuivre, ayant cours dans le commerce, comme valeur représentative :* Et centum numeros novæ monetæ, *MART.*

1891. *Pedalis. Pedarius. Pedestris et Pedester.*

PEDALIS, *long d'un pied :* Pedalis trabs, *CÆS.*—*On appelait* PEDARIUS *un sénateur qui était de l'avis d'un autre, lorsque, sans rien dire, il passait du côté de celui dont il suivait l'avis :* Et raptìm in eam sententiam pedarii concurrerunt, *CIC.* — PEDESTRIS, *de pied :* Pedestres copiæ, *CIC. Au figuré :* Sermo pedestris, *HOR., discours en prose poétique.*

1892. *Pejerare. Perjurare. Falsum jurare.*

*Les interprètes ne sont point d'accord sur la vraie signification, ni même sur l'orthographe de ces deux premiers mots qui, suivant les bons commentateurs, n'en feraient qu'un seul. Le Cicéron de Lallemand, édition Barbou, n'admet que* PERJURARE. *Quant à* FALSUM JURARE, *ce n'est point un synonyme de* PEJERARE (*ou* PERJURARE), *c'est simplement affirmer, par serment, une chose que l'on sait être fausse. Voici des exemples de Cicéron qui lèveront la difficulté, et nous apprendront comment il comprenait la théorie du serment :* Non enim falsum jurare, pejerare (*ou* perjurare) est; sed quod ex animi tui sententià juraveris, sicut verbis concipitur jure nostro, id non facere, perjurium est, *CIC.* Quod ita juratum est, ut mens conciperet fieri oportere, id servandum est, *Id.* Nihil interest inter perjurum et mendacem; qui mentiri solet, pejerare (*ou* perjurare) consuevit, *Id.* Quem ego ut mentiatur inducere possum, ut pejeret (*ou* perjuret) exorare facilè potero, *Id. De là il semble qu'il n'y ait de différence entre* mentiri *et* perjurare *que celle qu'il y a entre dire sciemment un mensonge, et affirmer par serment un mensonge. C'est dans ce sens que Lucain dit :* Stygias qui pejerat undas; *et que Térence fait dire à un de ses personnages :* Pernegabo, perjurabo denique.

1893. *Pellere. Fugare. Eliminare.*

PELLERE, *pousser, chasser :* Pellere aciem atque in fugam convertere, *CÆS.* Pelli regno ac sedibus, *CIC. Au figuré :* Curas vino pellere, *HOR.* Species utilitatis animum pepulit ejus, *CIC.*— FUGARE, *mettre en fuite :* Hostes fugare, *CIC.* Qui armis fugatus pulsusque est, non est dejectus. *Au figuré :* Somnos classica pulsa fugant, *TIBULL.* — ELIMINARE (*de* limen), *chasser du logis :* Extrà ædes eliminare, *ENN. Au figuré :* Ne fidos inter amicos sit qui dicta foràs eliminet, *HOR.*

1894. *Pendĕre. Pensare. Pensitare.*

PENDERE, *peser, se prend au propre dans une signification neutre et active :* Cyathus pendit per se drachmas decem, *PLIN.* Pensas examinat herbas, *OVID. Au figuré; il est toujours dans une signification active :* Pendere tributum, *CÆS.*, *payer le tribut. On pesait le métal qui était la monnaie des anciens :* Pendere pœnas temeritatis, *Cic.* In philosophiâ res spectantur, non verba penduntur, *Id.* — PENSARE (*fréquentatif de* pendere), *peser exactement :* Mulier centurionem pensantem aurum occiderent imperavit, *Liv. Au figuré :* Pensare amicos factis, *Liv.* Veteribus benefactis nova pensantes maleficia, *Id., faisant une compensation de bonnes actions avec les mauvaises.* Romani pensantur eâdem scriptores trutinâ, *Hor.* — PENSITARE (*fréquentatif de* pensare), *peser scrupuleusement. Il n'est usité qu'au figuré :* Vitam æquâ lance pensitare, *Plin.* Immunia commodiore conditione sunt, quàm illa quæ pensitant, *Cic.*

1895. *Pendulus. Pensilis.*

PENDULUS *et* PENSILIS (*de* pendĕre), *qui pend, qui est pendu, avec cette différence, que* pendulus *n'exprime que la situation actuelle, et présente l'idée d'une figure plus longue que large dans la direction perpendiculaire :* Palearia pendula, *Ovid., fanons pendants.* Collum pendulum zonâ lædere, *Hor., se pendre avec sa ceinture. Au figuré :* Dubiæ spe pendulus horæ, *Hor.* Pensilis *marque la situation habituelle, et se dit de toutes sortes de figures :* Pensilis urbs, *Plin.* Pensiles horti, *Q. Curt.* Pensilia vehicula, *Plin., des chariots suspendus.* Pensilis uva, *Hor.*

1896. *Penetrabilis. Penetralis.*

PENETRABILIS, *qui pénètre, et qui est pénétré :* Penetrabile fulmen, *Ovid.* Corpus nullo penetrabile telo, *Id.*—PENETRALIS, *intérieur, qui pénètre :* Abditi ac penetrales foci, *Cic.* Multò penetralior ignis, *Lucret.* Frigus penetrale, *Id.*

1897. *Penetrare. Permanare. Pervadere.*

PENETRARE (penitùs intrare), *pénétrer, aller dedans :* Penetrare in urbem, *Cic.* Penetrare sub terras, *Id. Au figuré :* Penetrare in animos, *Cic.* — PERMANARE, *couler au travers, jusques, etc. :* Succus is quo alimur, permanat ad jecur, *Cic. Au figuré :* Permanavit in hanc civitatem doctrina Pythagoræ, *Cic.* — PERVADERE, *aller tout au travers, aller jusqu'à, etc. :* Ad castra consul pervadit, *Liv.* Ne quid in nares pervadere possit, *Cic. Au figuré :* Fama urbem pervasit, *Liv.* Per animos hominum pervadere, *Cic.* Permanare *renferme l'idée d'une liqueur qui se communique doucement ;* pervadere *marque plus d'impétuosité.*

1898. *Pensio. Stipendium.*

PENSIO (*de* pendĕre), *proprement, l'action de peser. Au figuré : l'action de payer, payement :* Ex pensione major est ei pars soluta, *Cic.* — STIPENDIUM (*de* stips, *petite pièce de monnaie, et de* pendere, *peser*), *paye :* Pollicebantur se stipendium, quod prioribus pensionibus in multos annos deberent, præsens omne daturos, *Cic.* Stipendium numerare militibus, *Id. Il se prend pour le service même :* Confectis stipendiis, *Cic.* Facere stipendia pedibus, equis, *Liv., servir dans l'infanterie, dans la cavalerie.*

1899. *Penula. Lacerna.*

PENULA ou PÆNULA, *un manteau de campagne pour le mauvais temps :* Galba roganti penulam respondit : si non pluit, non est opus tibi ; si pluit, ipse utar, *Quint. Tacite censure les orateurs de son temps, de ce qu'ils prenaient ce manteau lorsqu'ils parlaient en public :* Quantùm humilitatis putamus eloquentiæ attulisse penulas istas, quibus astricti et velut inclusi cum judicibus fabulamur ! LACERNA *était une grosse casaque, un surtout moins long que* penula : Pingues aliquandò lacernas, *Juv. C'était un manteau de ville :* Claudio spectaculis advenienti assurgere, et lacernas deponere solebat equester ordo, *Suet. Cicéron reproche à Antoine de se promener dans Rome* cum gallicis et lacernâ, *avec des galoches et une souquenille.*

1900. *Peragrare. Percurrere. Perlustrare.*

PERAGRARE (quasi per agros ire), *littéralement, aller à travers les champs ; il se prend pour parcourir :* Rura peragrantes, *Cic.* Provincias omnes peragrâsse gloriatur Asellus, *Id.*—PERCURRERE (currere per), *traverser en courant :* Percurrit omnem agrum Picenum, *Cic. Au figuré :* Hæc pluribus verbis dicerem quæ nunc paucis percurrit oratio mea, *Cic.* Peragrare silvam *signifie parcourir une forêt, et* percurrere silvam, *est la traverser en courant.*— PERLUSTRARE (*de* lustrum), *visiter, passer en revue :* Perlustrans oculis campos. *Au figuré :* Hujus igitur materiæ ad argumentum subjectæ, perlustrandæ animo partes erunt omnes, *Cic.*

1901. *Peragratio. Percursatio.*

PERAGRATIO, *proprement, l'action de parcourir la campagne : il se prend pour l'action de voyager, de parcourir :* Quæ fuit ejus peragratio itinerum ? *Cic.*— PERCURSATIO, *l'action de traverser en cou-*

*rant :* Italiæ rursùs percursatio, *Cic.* O claram illam percursationem ! *Id.*

1902. *Percontari. Interrogare. Sciscitari. Scitari.*

Percontari, *s'informer, s'enquérir :* Ille me de nostrâ republicâ percontatus est, *Cic.* Tu quod nihil refert percontari desinas, *Ter.* Percontari *a plus de rapport aux nouvelles publiques, aux bruits qui courent*— Interrogare (rogare inter), *interroger, a rapport au sentiment ou à l'opinion de celui qu'on interroge :* Ut interrogando urgeat, ut rursùs quasi ad interrogata sibi ipse respondeat, *Cic.* Sin me interrogas non tam intelligendi causâ, quàm refellendi, *Id.* — Sciscitari, *et dans les poëtes* Scitari (*de* scire), *tâcher de savoir, supposent quelque chose de positif, de certain qu'on veut savoir :* Non desino per litteras sciscitari, *Cic.* Epicuri ex Vellejo sciscitabar sententiam, *Id.* Suspensi Eurypylum scitatum oracula Phœbi mittimus, *Virg.*

1903. *Perculsus. Percussus.*

Perculsus (*de* percellere), *frappé, (abattu, en parlant de l'âme)* : Perculsus concidit ense, *A. Gell.* Perculsa timore civitas, *Cic.*—Percussus (*de* percutere), *frappé, parlant du corps :* Virgâ percussus, *Virg.* Ictu fulminis percussa, *Ovid.* Percussæ de cœlo turres, *Cic.* Percellere *se dit du corps ; ce n'est que figurément qu'il se dit de l'âme :* Magno laudum perculsus amore, *Virg.*

1904. *Percussor. Interfector. Sicarius.*

Percussor (*de* percutere), *celui qui frappe :* Deprehensus cum sicâ percussor Cæsaris, *Cic.*— Interfector, *meurtrier :* Ut non modò impunè, sed etiam cum summâ interfectoris gloriâ interfici possit, *Cic. Au figuré :* Hostes atque interfectores reipublicæ, *Cic.* — Sicarius (*de* sica), *proprement, qui est armé d'un poignard : il se prend pour assassin :* Non sicarium, sed crudelissimum carnificem in judicium adduximus, *Cic.*

1905. *Perditus. Profligatus.*

Perditus, *perdu, ruiné, désolé, désespéré :* Ære alieno perditus et egens, *Cic.* Perditus ac dissolutus adolescens, *Id.* Viridi procumbit in ulvâ perdita, *Virg.*, *parlant d'une génisse désolée d'avoir perdu son veau. Il se dit au moral :* Perditissimi mores, *Cic., des mœurs très-corrompues.* Perdita vita, *Id.*—Profligatus, *dont la ruine est déjà avancée, et presque consommée :* Profligatissimus, et perditissimus omnium, *Cic.* Omnia ad perniciem profligata et perdita, *Id. C'est dans ce sens qu'on dit* profligatum bellum conficere, *Liv., terminer une guerre déjà fort avancée.* Profligatus *dit moins que* perditus.

1906. *Peregrinatio. Peregrinitas.*

Peregrinatio, *l'action de voyager dans les pays éloignés :* Peregrinatio transmarina, *Quint.* Exilium quantùm demùm à perpetuâ peregrinatione differt? *Cic.* — Peregrinitas, *manières étrangères :* Infusa est in urbem nostram peregrinitas, *Cic.*

1907. *Perfectissimi. Clarissimi. Spectabiles. Illustres.*

*Sous les empereurs romains on distinguait quatre titres d'honneur différents, où l'on pouvait prétendre; le premier était celui des Parfaits,* Perfectissimi ; *le deuxième, celui des Clarissimes,* Clarissimi ; *le troisième, celui des Grands, des notables, appelé* Spectabiles ; *et le quatrième, le plus considérable de tous, était celui des illustres,* Illustres.

1908. *Perfectus. Elaboratus.*

Perfectus *se dit proprement de la beauté qui naît du dessin et de la construction de l'ouvrage.* —Elaboratus *regarde la beauté qui vient du travail, et de la main de l'ouvrier.* Perfectum *exclut tout défaut ;* elaboratum *montre un soin particulier, et une attention au plus petit détail. Ce qu'on peut mieux faire n'est pas* perfectum ; *ce qu'on peut encore travailler n'est pas* elaboratum : Illud cui nihil addi possit, quod ego summum et perfectissimum judico, *Cic.* Perfectum ingenio, elaboratum industriâ, *Id.*

1909. *Perfidia. Infidelitas.*

Perfidia, *consiste à violer une parole donnée :* Perfidia est fidei minimè observatæ vitium, iniquitas, perversitas, *Cic.* — Infidelitas, *infidélité :* Quantæ infidelitas in amicis ! *Cic.* Infidelitatem ejus sine ullâ perfidiâ judicavit comprimi posse, Infidelitas *est un manque de foi, un violement des promesses qu'on avait faites ;* perfidia *ajoute à cela le vernis imposteur d'une fidélité constante ; l'infidélité peut n'être qu'une faiblesse, la perfidie est un crime réfléchi.*

1910. *Perfidus. Perfidiosus. Infidus.*

Perfidus, *perfide, qui viole sa parole :* Amicus perfidus, *Cic.* Hostes perfidi, *Hor.*

Omnes aliud agentes, aliud simulantes, perfidi, improbi sunt, *Cic.* Perfidum sacramentum dicere, *Hor.* — PERFIDIOSUS *marque l'habitude :* Perfidiosus et insidiosus, *Cic.* — INFIDUS, *qui n'est pas fidèle, ni sûr, ni solide :* Infida regni societas, *Liv.* Infida pax, *Id.* Infidus amicus *Cic.* Perfidus est qui datam ultrò fidem malitiosè fallit; infidus, qui patronum, amicum, clientem, etc., non justâ de causâ deserit.

1911. *Pergama. Dardania. Teucria. Troja. Ilium.*

PERGAMA. *Pergame était proprement la forteresse de Troie :* Trojam incensam, et prolapsa videntem Pergama, *Virg.* *On donna le nom de Pergame à ses tours et à la ville même. Dardanus bâtit une ville sur les bords de l'Hellespont ; il l'appela de son nom* DARDANIA. *Il épousa la fille de Teucer, et ils jetèrent ensemble les fondements d'une ville qu'ils nommèrent* TEUCRIA. *Tros, qui régna ensuite, donna à la ville de Teucrie celui de* TROJA. *Ilus, fils de Tros, la rebâtit, et lui donna le nom d'*ILIUM. *Laomédon, fils d'Ilus, y fit une citadelle et des tours, qu'il nomma* PERGAMA. *De là viennent les différents noms que les poëtes donnent à cette ville et à ses habitants*, Dardanii, Teucri, Trojani, etc.

1912. *Pergere. Continuare.*

PERGERE, *marcher, aller toujours, continuer, poursuivre :* Perexi tamen, Romamque perveni, *Cic.* Eâdem viâ pergere quâ cæteri, *Id.* *Au figuré :* Perge ut agis, nomenque tuum commenda immortalitati, *Cic.*—CONTINUARE (tenere cum), *joindre, étendre ou prolonger une chose, en y ajoutant :* Ingens cupido agro continuandi, *Liv.* Continuare domos mœnibus, *Id.* Continuatque dapes, *Hor.* Continuare diem et noctem opus, *Cæs.*

1913. *Peripetasma. Peristroma. Stragulum. Aulæum. Tapes. Tapetum.*

PERIPETASMA (*de* περιπετάω, circumpando, explico), *tapisserie dont on couvre les murs :* Quid illa Attalica totâ Galliâ nominata ab eodem Heio peripetasmata emere oblitus es? *Cic.* — PERISTROMA (*de* περί *et de* στρῶμα, *coussin*), *tapis, couverture, ornement de lit :* Conchiliatis C. Pompei peristromatis servorum in cellis lectos stratos videres, *Cic.* — STRAGULUM *est le même :* Collocari jussit hominem in aureo lecto, strato pulcherrimo textili stragulo, magnificis operibus picto, *Cic.* Stragula vestis, *Id.*, *vêtement qui servait de couverture la nuit.* — AULÆUM (*d'*aula). *dais, espèce de rideau, tapis suspendu, et ce qu'on appelle la toile ou rideau au théâtre :* Intereà suspensa graves aulæa ruinas in patinam fecêre, *Hor.* Scabella concrepant, aulæum tollitur, *Cic.* — TAPES et TAPETUM (*de* τάπης, *tapisserie*), *tapis, tapisserie, couverture de lit, housse de cheval :* Qui fortè tapetibus altis exstructus toto proflabat pectore somnum, *Virg.* Pictis tapetis instrati alipedes, *Id.*

1914. *Permutare. Commutare.*

PERMUTARE, *dit Festus*, ex alio loco in alium transferre, *changer de place :* Lien cum jecinore locum aliquandò permutat, *Plin.* *Au figuré :* Permutare pecuniam, *Cic.*, *prendre une lettre de change.*—COMMUTARE, *dit le même auteur*, aliud pro alio substituere. Signa earum rerum, quas ceperunt, commutant fures, *Cic.* *Au figuré :* Hæc commutari ex veris in falsa non possunt, *Cic.* Commutare vitam cum morte, *Id.* *Ils se prennent souvent l'un pour l'autre. Cicéron a dit,* favorem odiis permutare, *et* commutare statum reipublicæ; *et Plaute*, permutant inter se nomina; vestem commutant inter se.

1915. *Perna. Petaso.*

PERNA (*de* πέρνα, *extrémité, talon*), *jambon, cuisse de porc :* Fumosa perna, *Hor.* — PETASO (*de* πετάζω, extendo), *comprend la cuisse et l'épaule :* Nam mihi cum vetulo sit petasone nihil, *Mart.* *Les anciens mangeaient le* petaso *tout frais; au lieu qu'ils salaient le* perna, *et le mettaient à la fumée.*

1916. *Pernicies. Exitium. Ruina.*

PERNICIES (*de* per *et de* nex), *perte entière :* Communis omnium pernicies, *Cic.* Labes atque pernicies provinciæ, *Id.* — EXITIUM (*d'*exire), *fin tragique :* Iræ Thyesten exitio gravi stravêre, *Hor.* De pernicie reipublicæ, et exitio urbis cogitare, *Cic.* Cum tuâ pernicie, cumque eorum exitio, *Id.*—RUINA (*de* ruere), *ruine, chute, écroulement :* Non levi ruinâ disjecta tecta, *Hor.* Ruinâ domûs oppressit cæteros, *Phæd.* *Au figuré :* Prætermitto ruinas fortunarum tuarum, *Cic.* Ille dies utramque ducet ruinam, *Hor.*, *le jour fatal qui éclairera votre pompe funèbre, éclairera aussi la mienne.*

1917. *Pernicitas. Velocitas.*

PERNICITAS (*de* niti), *se dit de la vitesse en effort :* Ademptâ equorum pernicitate, *Tac.* Electi milites ad pernicitatem, *Cæs.*, *on choisit les soldats les plus légers à la course.* — VELOCITAS (quasi volocitas, de volare), *agilité, vélocité, tant au physique qu'au moral* : Quos in expeditione velocitate corporum, ac levitate armorum aptissimos esse ratus est, *LIV*. Velocitas corporis, celeritas appellatur; quæ eadem ingenii etiam laus habetur, *CIC*. Adde etiam, si libet, pernicitatem et velocitatem, *Id*.

**1918.** ***Peroratio. Epilogus. Clausula.***

PERORATIO, *péroraison, la conclusion d'un discours oratoire :* Conclusio orationis, et quasi peroratio, *CIC*. — EPILOGUS (*d'*ἐπί *et de* λόγος), *épilogue, est le même que* peroratio : Exstat ejus peroratio, qui epilogus dicitur, *CIC*. Orator in epilogo misericordiam movet, *Id*. *Il se dit de la conclusion d'un ouvrage, d'une fable.* —CLAUSULA (de claudere), *fin, ce qui termine :* Utar eâ clausulâ, quâ soleo, *CIC*. *Il se prend pour clause, disposition particulière d'un traité, d'un testament :* Clausula edicti, testamenti, etc., *CIC*.

**1919.** ***Perpetuò. Perpetuùm. In perpetuum.***

PERPETUO *et* PERPETUUM, *perpétuellement, se disent du présent, du passé et de l'avenir :* Miserè nimis cupio, ut cœpi, perpetuùm in lætitiâ degere, *TER*. Virens perpetuò buxus, *OVID*. Perpetuò perii, *TER*., *je suis perdu pour toujours*. Facies perpetuò quæ fecisti, *CIC*. — IN PERPETUUM, *pour toujours, ne se dit que de l'avenir :* Statueram in perpetuum tacere, *CIC*. In perpetuum res suas alienare, *Id*.

**1920.** ***Perseverare. Persistere. Perstare.***

PERSEVERARE, *persévérer, continuer sans vouloir changer :* In errore perseverare, *CIC*. Ad ultimum perseverare, *LIV*. —PERSISTERE, *persister. On persévère par réflexion, on persiste par attachement ou par opiniâtreté :* In proposito persistere, *CIC*. In eâdem impudentiâ persistere, *LIV*.—PERSTARE, *demeurer ferme, tant au physique qu'au moral :* In limine perstat, *TER*. Perstare in sententiâ, *CIC*.

**1921.** ***Perspicere. Prospicere. Introspicere.***

PERSPICERE, *regarder entièrement, à fond:* Homo cùm se ipse perspexerit, totumque tentârit, intelliget, etc., *CIC*. Ex fronte, ut aiunt, meum erga te amorem perspicere potuisses, *Id*.—PROSPICERE, *regarder de loin ou devant :* Quæ futura sunt prospicere, *TER*. Ut spero, vel potiùs, ut prospicio, *CIC*. *Avec le datif il signifie pourvoir :* Consulite vobis, prospicite patriæ, *CIC*. — INTROSPICERE, *regarder en dedans, examiner à fond :* Ne quis introspicere tuam domum possit, *CIC*. Perspicite etiam atque etiam introspicite omnium mentes, *CIC*. (*Voyez n°* 1384.)

**1922.** ***Pertinere. Attinere.***

PERTINERE (tenere per), *s'étendre jusqu'à, toucher :* Venæ quæ pertinent ad jecur, eique adhærent, *CIC*. Planities ad illos montes pertinet, *PLIN*. *Au figuré :* Latè patet hæc ars, et ad multos pertinet, *CIC*. Ad quos pertineat facinus vestigia nulla exstant, *LIV*.—ATTINERE (tenere ad), *tenir à soi, détenir :* Ni proximi prehensum vi attinuissent, *TAC*. Attineri custodiâ, *Id*. *Au figuré :* Ob amissum Augustum discordiis attinemur, *TAC*. (*Voir n°* 1923.)

**1923.** ***Pertinet. Attinet.***

*Ces deux verbes peuvent encore être considérés comme unipersonnels:* ATTINET, *cela touche, concerne, regarde;* PERTINET *marque un plus grand rapport :* Ego quod ad me attinet, idcircò taceo, *CIC*. Pertinet *dirait plus. De même* summa illùc pertinet, ut sciatis, etc., *Id*. Attinet *ne dirait pas assez*.

**1924.** ***Perversus. Præposterus.***

PERVERSUS (vertere per), *proprement, renversé de travers, tourné en mauvais sens :* Perversi oculi, *CIC*. *Au figuré, pervers, méchant :* Mentes perversæ, *OVID*. More perverso, *CIC*. — PRÆPOSTERUS (de præ post), *dit ou fait à contre-temps, à rebours :* Præpostera gratulatio, *CIC*. Præposteris utimur consiliis, et acta agimus, *Id*. Quid tam perversum præposterumve excogitari potest? *Id*. Præposteros habes tabellarios, qui cùm à me discedunt, flagitant litteras; cùm ad me veniunt, nullas afferunt, *Id*. Perversus rerum ordinem et jura omnia susdeque habet; præposterus temporis rationem non servat.

**1925.** ***Pervertere. Subvertere.***

PERVERTERE (vertere per), *tourner, renverser :* Arbusta, virgulta, tecta pervertere, *TAC*. *Au figuré :* Jura omnia divina et humana pervertere, *TAC*. Volutare secum quomodò Germanici liberos perverteret, *CIC*.—SUBVERTERE (vertere sub), *renverser par-dessous :* Calceus, si pede major erit, subvertet; si minor, uret, *HOR*. *Au figuré :* Cùm omnis domus delatorum interpretationibus subverteretur, *TAC*.

**1926.** ***Pervigil. Pernox.***

PERVIGIL, *qui veille toujours :* Anguis pervigil, *OVID*. Canis pervigil, *SEN*. *Au figuré :* Ignis pervigil, *STAT.*, *feu qui ne s'éteint point.*—PERNOX, *qui est comme la nuit, qui dure toute la nuit :* Præliumque ante lucem, sed luna pernox erat, commissum est, *LIV.*

1927. *Pervigilare. Pernoctare.*

PERVIGILARE, *veiller beaucoup, sans cesse :* Nam vigilare leve est, pervigilare, grave, *MART.* Pervigilando in armis, *LIV.* —PERNOCTARE, *passer toute la nuit :* Pernoctare ad ostium carceris, *CIC.* *Au figuré :* Pernoctant nobiscum studia litterarum, *CIC.*

1928. *Pervolare. Circumvolare. Subvolare.*

PERVOLARE (volare per), *voler à travers:* Corvus pervolat varium iter, *OVID.* *Il se prend pour arriver, voler jusqu'au but. Au figuré :* Rumor pervolat, *OVID.* Animus velociùs in hanc sedem et domum suam pervolabit, *CIC.* — CIRCUMVOLARE, *voler autour :* Naves circumvolat halcyon, *PLIN.* *Au figuré :* Mors atris circumvolat alis, *HOR.* — SUBVOLARE, *voler un peu, commencer à voler :* Pulli faciliùs sub matribus pinguescunt, si priusquàm subvolent, paucas subtrahas pinnas, ut uno loco quiescant, *PLIN.* *Au figuré : voler en haut:* Sic hæc sursùm rectis lineis in cœlestem locum subvolent (partes igneæ), *CIC.*

1929. *Pestifer. Pestilens.*

PESTIFER (pestem ferens), *se dit des êtres animés, et de ceux auxquels on veut prêter une vie :* Pestiferi cives, *CIC.* Pestifer et funestus tribunatus, *Id.* Vitia pestifera, luxuria, avaritia, crudelitas, *Id.* Gaudium pestiferum, *Id.*—PESTILENS (*de* pestis), *se dit des lieux, de l'air, des exhalaisons ; pestilentiel, malsain :* Inter locorum naturas quantùm intersit, videmus alios esse salubres, alios pestilentes, *CIC.* Gravis et pestilens aspiratio cœli, *OVID.*

1930. *Pestis. Pestilentia.*

PESTIS *se dit de tout ce qui est pernicieux ; peste, fléau :* Hujus imperii pestes, *CIC.* Tàm detestabilis pestis nulla est quæ non homini ab homine nascatur, *Id.* Alii aliâ peste absumpti sunt, *LIV.* Ad pestem frugum tollendam, *Id.*, *parlant des sauterelles qui désolaient la Pouille.* Servatæ à peste carinæ, *VIRG.*, *vaisseaux garantis de l'incendie.* Pestis *ne se trouve guère dans les bons auteurs pour peste, maladie contagieuse. Quand Cicéron dit :* Ibes avertunt pestem ab Ægypto, *cela s'entend des serpents.*—PESTILENTIA, *la peste, maladie épidémique :* De loco nunc quidem abiit pestilentia, *CIC.* Vastus atque desertus ager propter pestilentiam, *Id.*

1931. *Petere. Postulare. Flagitare. Efflagitare. Poscere. Deposcere. Exposcere. Expostulare.*

PETERE, *demander :* Peto à te ; vel si pateris, oro, *CIC.* Omnibus precibus ab aliquo aliquid petere, *CÆS.*—POSTULARE, *demander comme un droit :* Postulabat magis, quàm petebat, *Q. CURT.* — EXPOSTULARE *ajoute à l'idée de* postulare : Vix à Balione, aut ab aliquo ejus simili hoc expostulare audeas, *CIC.* — FLAGITARE, *demander d'une manière pressante, comme une chose due; de là* flagitium *dans le sens de demande pressante :* Flagitio cum majore post reddes tamen, *PLAUT.* Non necesse habeo dicere ea quæ me dicere cupit : tametsi causa postulat; tamen, quia postulat, non flagitat, prætèribo, *CIC.* Pro quo cùm pactum flagitaret præmium : ingrata es, inquit, ore quæ nostro caput incolume abstuleris, et mercedem postulas! *PHÆD.* — EFFLAGITARE *ajoute à l'idée de* flagitare : Efflagitàsti quotidiano convicio, ut libros jam emittere inciperem , *CIC.* — POSCERE, *demander comme prix, ou comme salaire :* Parentes pretium pro sepulturà posceret, *CIC.* *Il porte aussi l'idée de demandes pressantes :* Incipiunt postulare ; poscere nimia, *CIC.* *Il se prend encore pour* quærere, *mais avec une idée de demandes plus pressantes :* Veniendi poscere causas, *VIRG.*—DEPOSCERE *se dit en particulier d'un transfuge, ou autre, que nous exigeons que l'ennemi nous rende :* Aliquem ad supplicium deposcere, *CIC.*—EXPOSCERE *ajoute plus d'instances au simple* poscere, *mais change un peu le sens, et signifie désirer avec ardeur:* Victoriam à diis exposcere, *CIC.* Finemque pesti exposcunt, *LIV.*

1932. *Phalera. Torques. Monile.*

PHALERA, *espèce de collier différent de celui qu'on appelait* TORQUES, *en ce que ce dernier était rond, et* phalera, *plat; que le premier tombait sur la poitrine et* torques *serrait le cou, et était d'or, au lieu que* phalera *était simplement garni de clous; c'était l'ornement des chevaliers romains :* Ut plerique nobilium aureos annulos, et phaleras deponerent, *CIC.* *Il se prend aussi pour les caparaçons et autres ornements des chevaux :* Primus equum phaleris insignem victor habeto, *VIRG.* Titus Manlius Galli torque detracto cognomen invenit, *CIC.*—MONILE, *collier qui ornait le cou des dames :* Dat digitis gemmas, dat longa monilia collo, *OVID.*

*Virgile le donne aux chevaux du roi Latinus :* Aurea pectoribus demissa monilia pendent.

1933. *Piare. Expiare. Procurare. Lustrare.*

PIARE ( *de* pius) *proprement, chérir :* Piare pietatem , *PLAUT.*, *honorer la piété.* Nemo est qui magis suos piet liberos, *NONN. Il se prend ordinairement pour expier :* Fulgura atque ostenta piare , *CIC.* Mors morte pianda est, *OVID.*— EXPIARE, *purifier ce qui est souillé :* Omnia quæ violata sunt, mari expiari putantur, *CIC.* Cereris numen istius supplicio expiari volebant, *ils voulaient apaiser la déesse Cérès par la mort de ce scélérat, lui sacrifier quelqu'un en expiation.* — PROCURARE, *proprement, soigner, veiller à :* Is procurat negotia Dionysii nostri, *CIC.* Corpora procurant, *VIRG.* Procurare *est consacré à la religion :* Procurare monstra et prodigia, *LIV.*, *avoir soin de faire toutes les cérémonies nécessaires pour détourner le mauvais effet d'un prodige.*—LUSTRARE, *purifier, faire des lustrations :* Lustrare exercitum, *CÆS.*, *faire le dénombrement d'une armée, parce qu'après le dénombrement on faisait la lustration.* Lustramurque Jovi, votisque incendimus aras, *VIRG. Au figuré : parcourir, considérer :* Pythagoras Ægyptum lustravit, *CIC.* Totum lustrabat lumine corpus, *VIRG.*

1934. *Piacularis. Piabilis.*

PIACULARIS ( *de* piare ), *expiatoire, qui expie :* Piaculare sacrum facere, *LIV.* Piacularis victima, *PLAUT.* — PIABILIS, *qu'on peut expier :* Piabile fulmen, *OVID.*

1935. *Piget. Pœnitet. Tædet. Pudet.*

PIGET, *avoir de la peine, de la répugnance, se porter difficilement à quelque chose :* Referre piget quid crediderint homines, *LIV.* Piget *et* Pigritia *ont la même origine.* — POENITET ( pœna tenet ), *se repentir :* Sapientis proprium est nihil facere quod pœnitere possit, *CIC. Il signifie aussi être fâché, être mécontent :* Efficiam ne quem pacis per me pactæ pœniteat, *LIV.* Plato magistrum habuit non pœnitendum, *CIC.* — TÆDET *est l'effet de l'ennui :* Prorsùs vitæ tædet, *CIC.* Tædet ipsum Pompeium, vehementerque pœnitet, *CIC.* — PUDET, *avoir honte :* Nimirùm id quod pudet faciliùs fertur, quam illud quod piget, *PLAUT.* Sunt homines, quos libidinis infamiæ suæ neque pudeat, neque tædeat, *CIC.* Non solùm piget hujus stultitiæ, sed etiam pudet, *Id.*

1936. *Pignerare. Pignerari. Oppignerare.*

PIGNERARE (*de* pignus), *donner en gage, engager :* Unionem pigneravit ad itineris impensas, *SUET.* — PIGNERARI, *prendre en gage :* Mars ipse ex acie fortissimum quemque pignerari solet, *CIC. Littéralement : Mars a coutume de prendre pour gage les plus braves, c'est-à-dire que les plus braves sont tués les premiers.* — OPPIGNERARE (pignerare ob), *est le même que* pignerare, *avec cette différence qu'il est actif et passif :* Nùm illa oppignerare filiam me invito potuit ? *TER.*, *a-t-elle pu engager ma fille malgré moi :* Libelli etiam pro vino sæpè oppignerabantur, *CIC. Il ne se trouve point au déponent.*

1937. *Pileus. Pileolus.*

PILEUS, *bonnet que l'on donnait aux esclaves en les mettant en liberté :* Postero die servi ad pileum vocati, et carcere vincti emissi, *LIV.*— PILEOLUS, *diminutif de* pileus, *petit bonnet :* Nec turpe putàris pileolum nitidis imposuisse comis, *OVID.*

1938. *Pingere. Adumbrare. Delineare.*

PINGERE, *peindre :* Pingere coloribus, *CIC.* Acu pingere, *OVID.*, *broder.*—ADUMBRARE, *proprement, donner de l'ombre :* Sub ortu caniculæ palmeis tegetibus vineas adumbrabat, *COL.*, *Au figuré : ébaucher :* Quis pictor omnia quæ in rerum naturâ sunt, adumbrare didicit ? *QUINT.* Dii adumbrati, *CIC.*, *faux dieux.* Adumbrata Dei intelligentia, *Id.*, *connaissance superficielle de Dieu.* — DELINEARE (*de* linea), *tracer des lignes, crayonner, dessiner :* Apelles arrepto carbone extincto è foculo, imaginem in pariete delineavit, *PLIN.*

1939. *Pinguis. Opimus. Obesus.*

PINGUIS, *gras :* Pingues agni, *VIRG.* Pingues horti, *Id. Au figuré :* Pingue ingenium, *HOR.*, *esprit lourd.* Agamus pingui Minervâ, *CIC.* — OPIMUS, *charnu, qui a de l'embonpoint :* Boum opimorum colla, *OVID.* Opimus corporis habitus, *CIC. Au figuré :* Opimus ager, *CIC.* Opimum dicendi genus, *Id.*, *genre de discours trop enflé, trop abondant.* Spolia opima, *VIRG. On appelait dépouilles opimes, celles qu'un général romain enlevait au général ennemi après l'avoir tué dans un combat :* Cossus spolia opima regis interfecti gerens, *LIV.* — OBESUS *donne l'idée de rondeur, de grosseur :* Obesa terga, *VIRG.* Obesus turdus, *HOR.* Venter obesus, *Id. Au figuré :*

Nec naris obesæ juvenis, *Hor.*, *jeune homme qui n'est pas stupide.*

1940. *Piscarius. Piscatorius. Piscosus.*

PISCARIUS (*de* piscis), *de poisson*, *qui concerne le poisson* : Copia piscaria, *Plaut.* Forum piscarium, *Ovid.* — PISCATORIUS, *de pêcheur, qui concerne la pêche* : Piscatoria navis, *Cæs.* Forum piscatorium, *Liv.*—PISCOSUS, *poissonneux.* Piscosus amnis, *Ovid.*

1941. *Placet. Libet. Juvat.*

PLACET, *on trouve bon*, *on juge à propos :* Placuit ut breviter sententias diceremus, *Cic.* Placitum est ut epistolæ nomine principis scriberentur, *Tac.*, *il fut arrêté qu'on écrirait des lettres au nom du prince.* — LIBET, *il plaît*, *on trouve du plaisir :* Non libet plura scribere, *Cic.* Id quod mihi maximè libet, *Id.* — JUVAT, *il est bon*, *il est avantageux, agréable :* Juvat indulgere labori, *Virg.* Juvat me hæc præclara nomina cecidisse, *Cic.* Te esse animo hilari, valdè me juvat, *Id.*

1942. *Plaga. Vulnus. Cicatrix. Ulcus. Vibex.*

PLAGA (*de* πλήσσω *frapper*), *coup de fouet ou de verge :* Dolor crepitusque plagarum, *Cic. Il se prend pour la plaie causée par le coup :* Vix habet in nobis jam nova plaga locum, *Ovid.* — VULNUS, *blessure occasionnée de quelque manière que ce soit :* Obligare vulnus, *Cic.* Ex vulneribus mori, *Id. Au figuré :* Vulnera conscientiæ, *Cic.* Juno æternum servans sub pectore vulnus, *Virg.* — CICATRIX, *cicatrice, trace d'une plaie fermée :* Luculentam ipse plagam accepit, ut docet cicatrix, *Cic. Au figuré :* Ne refricare obductam jam reipublicæ cicatricem viderer, *Cic.* — ULCUS, *ulcère, ouverture dans les chairs causée par la corrosion d'humeurs âcres et malignes :* Non tamen ulla magis præsens fortuna laborum est, quàm si quis ferro potuit rescindere summum ulceris os : alitur vitium, vivitque tegendo, *Virg.* Ulcera quæ cicatricem non trahunt, *Plin. Au figuré :* Ulcus tangere, *Ter.*, *réveiller le chat qui dort.* — VIBEX, *marque de coups de fouet, contusion :* Si puteal multâ cautus vibice flagellas, *Pers.*

1943. *Plagæ. Retia. Casses. Reticulum.*

PLAGÆ, *sortes de filets à prendre des bêtes sauvages : ils n'étaient point concaves comme les filets appelés* CASSES, *mais unis comme ceux appelés* RETIA, *et différents de ces derniers, parce qu'ils étaient beaucoup moins grands, et ne servaient que dans les endroits étroits :* Nexilibusque plagis silvas Erymanthidos ambit, *Ovid.* Retia rara, plagæ, lato venabula ferro, *Virg.*, *des filets, des toiles, des épieux armés d'un long fer :* Quæ minùs apparent retia vitat avis, *Ovid.* Decidit in casses præda petita meos, *Id.* — RETICULUM (*de* rete), *réseau, petit filet :* Reticulumque comis auratum ingentibus implet, *Juv. Il se prend pour sachet, petit sac :* Reticulum ad nares sibi apponebat tenuissimo lino, plenum rosæ, *Cic.*

1944. *Planè. Plenè.*

PLANÈ, *nettement :* Planè et apertè loqui, *Cic.* Explicari mihi tuum consilium planè volo, ut penitùs intelligam, *Id.* — PLENÈ, *entièrement, pleinement :* Perfecti homines plenèque sapientes, *Cic.* Plenissimè dicere, *Id.*, *ne rien omettre.* Planè dicere, *Id.*, *parler avec netteté et clarté.*

1945. *Plantæ. Plantarium.*

PLANTÆ, *plantes, rejetons arrachés d'une souche pour les planter :* Hic plantas tenero abscindens de corpore matrum deposuit sulcis, *Virg.* — PLANTARIA, *plants, arbrisseaux qu'on transplante, pépinière :* Quædam in plantario insita eodem die transferuntur, *Plin.*

1946. *Plebeius. Plebicola.*

PLEBEIUS (*de* plebs), *plébéien, du petit peuple :* Plebeius homo, *Cic.* Plebeius sermo, *Id.* Purpura plebeia ac penè fusca, *Id.* — PLEBICOLA (plebem colens), *populaire, qui fait sa cour au peuple :* Qui ut plebicola videretur, libertinam duxit uxorem, *Cic.*

1947. *Plumeus. Plumosus. Plumatus.*

PLUMEUS, *fait de plumes, de duvet :* Culcitra plumea, *Cic.* Torus plumeus, *Ovid.* — PLUMOSUS, *qui a beaucoup de plumes :* Plumosa avium pectora, *Ovid.* — PLUMATUS, *emplumé, revêtu de plumes :* Plumatum corpus, *Cic.* Plumatus auro, *Lucan.*, *tissu brodé d'or en forme de plumes.*

1948. *Poema. Poesis. Poetica.*

POEMA (*de* ποιέω, fingo), *est proprement une fiction, l'ouvrage du poëte :* Platonis locutio, etsi absit à versu, tamen quòd incitatiùs feratur, clarissimis verborum luminibus utatur, potiùs poema putandum, quàm comicorum poetarum, apud quos, nisi quod versiculi sunt, nihil est aliud quotidiani dissimile sermonis, *Cic.* — POESIS, *la poésie :* Ut pictura poesis erit, *Hor.* Virgilii poesis, *comprend tous les ouvrages de Virgile, au lieu que* poema *ne se dit que d'une partie : les Géorgiques sont* poema, *l'Enéide est* poema. — POETICA *et* POETICE, *la poétique, l'art, les préceptes de la poésie :* Seriùs nos poeticam accepimus, *Cic. On sous-entend* ars *dans* poetica.

**1949.** *Pœnas petere. Pœnas repetere.*

POENAS PETERE, *faire subir une pénitence, un châtiment :* Ut pœnas ab optimo quoque peteret, *Cic.* Contumeliarum pœnas petere, *Sall.* — POENAS REPETERE, *venger :* Hæ sunt impiis assiduæ domesticæque furiæ, quæ dies noctesque parentum pœnas à consceleratis filiis repetunt, *Cic.*

**1950.** *Poeta. Vates.*

POETA, *un poëte, qui fait des vers :* Græci poetæ, *Cic.* — VATES (quasi fates, de φημί), *est un homme qui annonce l'avenir :* Bonus vates esse poteras, cùm quæ sunt futura videas, *Plaut :* Vates Sibylla, *Virg. Comme les oracles se rendaient en vers, on a appelé les poëtes* vates : Sic honor et nomen divinis vatibus, *Hor.*

**1951.** *Polire. Limare. Dolare. Lævigare.*

POLIRE, *polir, rendre luisant :* Polire arma, *Stat. Au figuré :* Ignarus poliendæ orationis, *Cic.* Æsopus auctor quam materiam repperit, hanc ego polivi versibus senariis, *Phæd.* — LIMARE (*de* lima), *limer :* Cornua elephanti limare, *Plin. Au figuré :* Nostrorum hominum urbanitate limatus, *Cic.* Si mendacium subtiliter limâsset, *Phæd., s'il eût pénétré jusqu'au fond de ce mensonge.* Limare, *venant de* limus, *qui est de travers, a un autre sens :* Non istic obliquo oculo mea commoda quisquam limat, *Hor., personne ne regarde mes avantages d'un œil jaloux.* — DOLARE, *doler, unir avec la doloire, raboter :* Quid robur illud cecīdit, dolavit, inscripsit ? *Cic. Au figuré :* Cœlius historiam, sicut potuit, dolavit, *Cic.* Lumbos fuste dolat, *Hor.* — LÆVIGARE (*de* lævis *ou* lēvis, *doux, poli*), *polir, unir, rendre doux au toucher :* Lævigatur falce truncus, *Plin.* Lævigare autem in facie, *Id.*

**1952.** *Polliceri. Pollicitari. Promittere. Adpromittere. Spondere. Despondere.*

POLLICERI (*de* liceri, *offrir le prix*), *promettre, offrir :* Is ultrò nobis pollicitus est, et dabit, *Cic.* Græcia dextram tendit Italiæ, suumque ei præsidium pollicetur, *Id.* — POLLICITARI (*son fréquentatif*), *faire beaucoup d'offres et de promesses :* Sollicitando et pollicitando eorum animos lactas, *Ter.* — PROMITTERE (mittere pro), *envoyer, mettre en avant. C'est dans ce sens qu'on dit* Promittere capillum, barbam, *Virg., laisser croître ses cheveux, sa barbe. Il se prend plus ordinairement pour promettre, engager sa parole :* Ad cœnam mihi promisit, *Phæd.* Nihil tibi ego tùm de meis opibus pollicebar, sed horum erga me benevolentiam promittebam, *Cic.* — ADPROMITTERE, *promettre ce qui a déjà été promis :* Cùm id ita futurum T. Roscius Capito adpromitteret, crediderunt; priùs enim illud ipsum promissum erat à Chrysogono, *Cic.* — SPONDERE, *promettre avec gage et assurance :* Dependendum tibi est, quod mihi pro illo spopondisti, *Cic.* Futurum esse promittunt et spondent, *Id. Il se prend pour promettre en mariage :* Spondesne mihi hanc uxorem ? *Plaut.* — DESPONDERE, 1° *Promettre :* Desponsam homini Syriam ademi, *Cic., je lui ai enlevé le gouvernement de Syrie qui lui était promis.* 2° *Dédier :* Librum de finibus Bruto despondi, *Cic.* 3° *Accorder, fiancer :* Tulliolam Cneio Pisoni despondimus, *Cic.* Despondere *se prend encore dans un sens opposé,* non spondere : Despondent animos, *Liv., ils se livrent au découragement.*

**1953.** *Pomifer. Pomosus.*

POMIFER (poma ferens) *qui porte du fruit :* Montes pomiferi, *Ovid.* — POMOSUS, *abondant en fruits :* Pomosus hortus, *Tibul.*

**1954.** *Pomum. Malum. Pyrum. Nux. Bacca.*

POMUM *se dit de toutes sortes de fruits. Ovide, parlant des noix, dit :* Poma cadunt mensis non interdicta secundis. Pomum unedonis, *Plin., le fruit de l'arbousier.* Mitibus pomis caput decorum autumni, *Virg.* — MALUM *se dit des fruits tendres, comme la pêche, la pomme, etc. :* Aurea mala, *Virg., des oranges.* Persicum malum, *Cic., la pêche.* Malum punicum seu granatum, *Col. et Plin., la grenade.* Malum armeniacum, *l'abricot.* Malum citreum, *Plin. le citron,* — PYRUM *ne se dit que des poires :* Vesci pyris, *Hor.* — NUX *se dit proprement des fruits dont l'écorce est dure et le dedans bon à manger :* Castaneæ nuces, *Virg., des châtaignes.* — BACCA *se dit des fruits à noyau, des petits fruits, et du bouton de tous les fruits :* Agricola cùm florem oleæ videt, baccam quoque se videre putat, *CIC.* Lauri baccæ, *VIRG.* Baccas frondentis acanthi, *Id.*

**1955.** *Pondus. Pondo. Momentum. Onus.*

PONDUS, *poids, la mesure, ou le degré de charge :* Magnum auri pondus, *C. NEP.* In terram feruntur omnia nutu suo pondera, *CIC. Au figuré :* Cùm sententiæ nostræ magnum in senatu pondus haberent, *CIC.* — PONDO *est indéclinable, c'était le poids d'une livre romaine :* Auri pondo quinque abstulit, *CIC. Sous-entendu* librarum. — MOMENTUM, *poids d'une balance :* Omnia ex alterà parte collocata vix minimi momenti instar obtinent, *CIC. Au figuré :* Rem aliquam ponderare momento suo, *CIC., estimer une chose selon sa valeur.* — ONUS, *charge, ce que l'on doit porter, ou ce que l'on peut porter :* Abjicere onus, *CIC.* Cùm gravius dorso subiit onus, *HOR. Au figuré :* Deponere onus officii, *CIC.* Hoc nil ad te, nostrum est onus, *Id., cela ne vous regarde point, c'est notre affaire.*

**1956.** *Ponè. Post.*

PONE *et* POST, *après, derrière, par derrière, sont tantôt adverbes et tantôt prépositions.* Ponè *se dit toujours du lieu :* Ponè subit conjux, *VIRG.* Ponè castra, *LIV.* — POST *se dit du lieu et du temps :* Post mihi non simili pœnâ commissa luetis, *VIRG.* Post diem tertium, *CIC.* Post tergum, *CÆS.* Tu post carecta latebas, *VIRG.*

**1957.** *Ponere. Collocare.*

PONERE, *mettre, poser :* Mensam poni jubet, *HOR. Au figuré :* Curam in re aliquà ponere, *CIC.* Formidinem improbis ponere, *Id., inspirer la terreur aux méchants. Il se prend aussi pour mettre bas, quitter :* ponite corde metum, *VIRG.* — COLLOCARE (*de* locus), *mettre dans un lieu choisi, placer :* Suo quidque loco collocare, *CIC.* Ponere castra *est simplement camper ; au lieu que* collocare castra *est l'asseoir à dessein dans tel ou tel lieu. Au figuré :* Collocare in matrimonium filiam, *CIC.* Spem suam in aliquo collocare, *Id.* Ponere *serait moins positif.*

**1958.** *Pontifex. Sacerdos. Antistes. Præsul. Mysta. Episcopus. Presbyter. Diaconus.*

*Varron croit que le nom de* PONTIFEX *vient de ce que le soin de présider aux choses de la religion, la construction et l'entretien des ponts, furent confiés aux mêmes officiers, et que le peuple leur donna le nom de celle des deux fonctions qui lui parut la plus considérable.* Pontifex *était le titre d'une dignité particulière à la république romaine, et que le peuple conférait; au lieu que* SACERDOS *était le nom générique de tous ceux qui se dévouaient au service des autels.* Pontifex *n'a rapport qu'aux cérémonies religieuses autorisées par la république :* Præsunt sacris pontifices, *CIC. Les pontifes décidaient de cette matière en juges souverains.* Sacerdos (sacris deditus), *était un homme consacré au culte divin : tout* Pontifex *était* sacerdos; *mais tout* sacerdos *n'était pas* Pontifex. *Les aruspices, les augures, qui ne faisaient pas de sacrifices, étaient* sacerdotes, *et non pas* Pontifices. *La hiérarchie romaine ne connaissait point le titre d'*ANTISTES (ante stare). *Le souverain pontife se serait offensé si on l'eût confondu avec le chef de ces colléges de prêtres grecs, phrygiens, qui le portaient.* Potitii ab Evandro edocti antistites sacri ejus per multas ætates fuerunt, *LIV.* Antistes *était le premier prêtre d'un temple. Au figuré :* Antistes artis, *CIC.*—PRÆSUL (*de* præ *et de* salire), *était le premier des prêtres de Mars, qui ouvrait la danse, et qui conduisait les autres en dansant et en sautant :* Præsul enim erat primus saliorum, *LIV.*—MYSTA (*en grec* μύστης), *celui qui a été initié aux mystères sacrés. Il se prend aussi pour celui qui initie, prêtre :* Attici noctem celebrare mystæ, *SEN. Cette dignité était étrangère. Chez les premiers chrétiens les dignités sacerdotales étaient désignées par des noms grecs qu'elles ont conservés jusqu'à nos jours.* — EPISCOPUS (*en grec* ἐπίσκοπος), *surveillant, évêque. Cette dignité, sous les empereurs du moyen empire, était en même temps civile et ecclésiastique. Depuis, elle ne s'appliqua qu'aux ecclésiastiques :* Divini cui cura gregis commissa, sanctæ plebis episcopus, *dit Prudence.*— PRESBYTER (*en grec* πρέσβυς). *C'étaient les anciens, les prêtres, ceux qui aidaient l'évêque dans ses fonctions.* — DIACONUS (διάκονος), *ministre, servant. Dans l'église, les diacres étaient, après les prêtres, chargés de la distribution des aumônes et des autres fonctions inférieures. Leur caractère est sacré, et il engage. Dans le style relevé et dans la poésie, au lieu de ces mots, on emploie élégamment ceux-ci,* Pontifex, Præsul, Antistes, *pour* Episcopus; Sacerdos *ou* Minister, *pour* Presbyter *et* Diaconus. *Le mot* Papa *dont on se sert pour le chef de l'église catholique, est un mot grec* (πάππας, pater), *qui est appliqué à tous les prêtres dans l'Eglise d'Orient, et qui n'est applicable, dans l'Eglise romaine, qu'au pape seul.*

**1959.** *Pontificius. Pontificalis.*

PONTIFICIUS *se dit proprement de ce qui concerne la personne du pontife, ou sa dignité; et* PONTIFICALIS, *de ce qui a un rapport moins direct à l'un ou à l'autre.* Jus pontificium *est le droit attaché à la dignité de pontife;* Jus pontificale, *le droit qui découle de la dignité de pontife, ou que l'usage donne au pontife, quoiqu'il ne soit pas essentiel à sa dignité. De même* Pontificii libri, *les livres qui regardent la dignité, la personne du pontife.* Pontificales libri, *les livres qui traitent des cérémonies pontificales.*

**1960.** *Popina. Caupona. Taberna.*

POPINA, *gargote, cabaret, lieu où l'on donne à boire et à manger :* Uncta popina, *HOR.* Tu ex tenebricosâ popinâ consul extractus, *CIC.* — CAUPONA *est un lieu où l'on donne seulement à boire :* Vivere in cauponâ, *HOR.* Nonne tibi nox erat pro die? Non solitudo pro frequentiâ? Caupona pro oppido? *CIC.* — TABERNA, *synonyme des autres, est une auberge où l'on est reçu pour de l'argent :* Diversoria taberna, *CIC.* Divertere in tabernam, *Id.*

**1961.** *Populus. Plebs. Popellus. Vulgus.*

*Sous le nom de* POPULUS, *on entend cette multitude de citoyens qui composent un peuple entier, sans distinction de rang, ni de naissance :* Populus romanus, *CIC.* Hinc populum latè regem belloque superbum, *VIRG. Il se prenait pour la partie de la république composée des citoyens les plus distingués et les plus riches :* Populo plebique romanæ benè ac feliciter eveniret, *CIC. Tite-Live, parlant des tribuns du peuple, dit :* Non populi, sed plebis magistratum esse. — PLEBS, *le corps des plébéiens, qui n'étaient ni patriciens, ni nobles :* Si quadringentis sex septem millia desunt, est animus tibi, sunt mores, est lingua fidesque; plebs eris, *HOR.* — POPELLUS (*diminutif de* populus), *le petit peuple :* Vilia vendentem tunicato scruta popello, *HOR.* — VULGUS, *le vulgaire; il est ordinairement pris en mauvaise part :* Infidum vulgus, *HOR.* Odi profanum vulgus et arceo, *Id. On peut être du vulgaire, par son ignorance, sa crédulité, etc.*

**1962.** *Porta. Janua. Fores. Valvæ. Ostium. Limen. Postes.*

PORTA ( de portare ). *Anciennement quand on bâtissait une ville, on en traçait l'enceinte avec la charrue, et celui qui était chargé du plan portait cette charrue en la soulevant dans l'endroit où devait être l'entrée, la porte :* Aratrum sustollat, *dit Caton,* et portam vocet. Viam relinquebant in muro, quâ in oppidum portarent, *VARR.* Porta *est l'ouverture de la muraille :* Introire portâ, *CIC. Il se prend dans les poëtes pour la porte suspendue et portée sur des gonds :* Æratæ portæ, *OVID.* Objicere portas, *VIRG. Au figuré :* Utar eâ portâ quam primùm videro, *CIC.* — JANUA ( de Janus ), *l'entrée d'une maison, la porte d'entrée :* A januâ quærere aliquem, *CIC., demander quelqu'un à la porte. Au figuré :* Ingredi januâ aliquâ in causam, *CIC.* — FORES *se dit proprement de la porte suspendue et portée sur des gonds :* Fores portarum semiapertæ, *CIC. Au figuré :* Fores amicitiæ aperire, *CIC.* — VALVÆ (de volvere) *se dit ordinairement d'une porte à deux battants :* Valvæ bifores, *OVID.* — OSTIUM (*d'os*), *porte d'une chambre, d'un appartement :* Aperto ostio dormire, *CIC. Il se prend pour entrée, embouchure :* Ostium portûs, *CIC.* Ostium fluminis, *Id.* — LIMEN, *le seuil ou le linteau d'une porte :* Limen superum, inferumque, *PLAUT.* Ostium limenque carceris, *CIC. Il est souvent pris dans les poëtes pour la porte entière, et même pour toute la maison :* Penetrant aulas et limina regum, *VIRG. Au figuré :* Limen Musarum, *PHÆD.* — POSTES, *les poteaux ou les jambages de la porte, la porte même :* Barbarico postes auro spoliisque superbi, *VIRG.*

**1963.** *Posse. Quire. Pollere. Valere.*

*Il y a une différence délicate entre* POSSE *et* QUIRE, *qui paraîtra peut-être plus subtile et plus curieuse qu'utile dans la pratique.* Possum *exprime le pouvoir qui résulte de la force et du crédit, des places, de l'autorité, etc.* Queo *n'exprime que la simple possibilité dans les circonstances dont il s'agit.* Quire *est être dans la possibilité, dans la situation de, etc. Il est aisé de se convaincre de cette différence, par quelques exemples de Cicéron :* Posse plurimùm gratiâ apud aliquem, *CIC. On ne dirait pas bien* quire plurimùm. Quoad possum et mihi licet, *Id. On dirait mal* quoad queo. Non queo reliqua scribere, tanta vis lacrymarum est, *Id.* Qui ipse sibi sapienter prodesse non quit, nequicquam sapit, *Id.* — POLLERE, *avoir du pouvoir :* Pollere in republicâ, *CIC.* Plùs pollet meliorque est filius patre, *Id. On dit bien* possum errare, *mais on ne dira pas* polleo errare, *ou* valeo errare. — VALERE, *avoir de la santé, de la force :* Nos hîc valemus rectè, et quò meliùs valeamus, operam dabimus, *CIC.* Fiet autem quodcumque volent qui valebunt; valebunt autem arma, *Id.* Pollere *et* valere *se disent encore plus généralement des qualités avantageuses :* Pollere, valere ingenio, doctrinâ, etc. *CIC.*

### 1964. *Possidere. Tenere. Habere.*

**Possidere** (quasi in posse suo habere), *avoir la possession d'une chose, avoir la liberté actuelle d'en disposer ou d'en jouir:* Sua esse omnia, atque à se possideri sicut propria volunt philosophi, *Cic.* Hi sunt agri in Africâ qui ab Hiempsale possidentur, *Id.* — **Tenere**, *tenir, avoir dans ses mains :* Quæque procurator tenuerit, pro domino possederit, *Cic.* In manu poculum tenere, *Id.* *Au figuré :* Decus tenere, *Cic.* Tenere locum aliquem, *Liv.*, *habiter un lieu.* Ille tenet et scit, *Cic.* *On ne dit pas* teneri aliquid facere, *ni* ad aliquid faciendum, *phrase familière chez nos modernes latinistes, pour signifier être tenu de faire telle ou telle chose.* — **Habere**, *avoir. Il n'est pas nécessaire qu'une chose soit actuellement entre nos mains pour l'avoir ; il suffit qu'elle nous appartienne, soit par droit de possession, soit autrement :* Quod ille bello captum possideret haberetque, *Liv.* Possidere *ne convient qu'au propriétaire;* habere *et* tenere *conviennent aussi à celui qui n'est qu'usufruitier :* Habere et tenere potest etiam fur et nequam; possidet nemo, nisi qui rei relictæ, aut donatæ, aut emptæ dominus est, *disent les jurisconsultes.*

### 1965. *Posterus. Posterior.*

**Posterus** (*de* post), *d'après, qui vient après :* Id ei postero die venit in mentem, *Cic.* Posteri, *Cic.*, *la postérité.* — **Posterior**, *le dernier, quand on parle de deux:* Posteriores cogitationes, ut aiunt, sapientiores solent esse, *Cic.* *On sous-entend* prioribus. Posterus *n'exprime qu'une chose placée après les autres dans l'ordre des temps ; et* posterior *marque comparaison :* Suam salutem posteriorem communi salute ducere, *Cic.*, *placer son salut après le salut public.*

### 1966. *Postremùm. Postremò.*

**Postremum**, *en dernier lieu, pour la dernière fois :* Hodiè postremùm me vides, si hoc facis, *Ter.* — **Postremo**, *enfin :* Omnes urbes, agri, regna denique, postremò etiam vectigalia vestra venierint, *Cic.*

### 1967. *Postulatio. Postulatum.*

**Postulatio**, *demande, action de demander :* Æqua atque honesta postulatio, *Cic.* *Prière pour demander quelque grâce :* Eodem ostento Telluri postulatio debetur, *Cic.* Postulationes decretæ Jovi, *Id.* *Il signifie quelquefois plainte :* Neque lites ullæ inter eas, postulatio nunquàm, *Ter.* — **Postulatum**, *la chose demandée, la demande faite :* Legati ultrò ab illo ad nos intolerabilia postulata retulerunt, *Cic.* Ariovistus ad postulata Cæsaris pauca respondit, *Cæs.*

### 1968. *Potestas. Potentia.*

**Potestas** (*de* posse) *pouvoir :* Populus omnem potestatem suam de bonis tradidit nobis, *Cic.* *On appelait revêtu du pouvoir celui qui était nommé par le peuple pour présider à quelque affaire, et pour quelque département.* — **Potentia**, *puissance :* Potentia est ad sua conservanda, et alterius obtinenda, idonearum rerum facultas, *Cic.* Potentiam consequi, *Id.* Potentia *consiste en ce que nous pouvons ; et* potestas *en ce qui nous est permis.*

### 1969. *Potestas. Magistratus.*

**Potestas** *se dit d'un pouvoir quelconque :* Lex, quâ Pompeio potestas rei frumentariæ daretur, *Cic.* Permittere alicui potestatem faciendi aliquid, *Id.* — **Magistratus** *se dit du pouvoir qui donne juridiction, du pouvoir et de la personne de ceux qui en sont revêtus :* Est igitur proprium munus magistratûs, intelligere se gerere personam civitatis, debereque ejus dignitatem et decus sustinere, servare leges, jura describere, ea fidei suæ commissa meminisse, *Cic.* Legum ministri magistratus, *Id.* Creare et gerere magistratum, et gerere potestatem, *Id.* Magistratus est ille qui tria verba de jure dicundo effari potest, do, dico, addico, *Id.* Magistratus hæc est vis, ut præsit præscribatque recta et utilia, et conjuncta cum legibus : ut enim magistratibus leges, ita populo præsunt magistratus, verèque dici potest, magistratum legem esse loquentem, legem autem mutum magistratum, *Cic.*

### 1970. *Potestas. Imperium. Ditio.*

**Potestas**, *synonyme d'*imperium, *se dit des affaires civiles ; et* **Imperium**, *des affaires de la guerre :* Si hoc fieri possit ut quisquam nullis comitiis imperium aut potestatem assequi possit, *Cic.* Obstupescent posteri, imperia, provincias, triumphos audientes et legentes tuos, *Cic.* — **Ditio**, *puissance, juridiction :* In ditione alicujus esse, *Cic.* Nationes quæ in eorum regno ac ditione sunt, *Id.* Romani magistratûs potestatem verebantur; ducis imperio parebant; ditionem amplificabant.

### 1971. *Potiùs. Satiùs.*

**Potius** (*de* potis), *préférablement :* Depugna potiùs quàm servias, *Cic.* Oratio in quâ non vis potiùs, sed delectatio postulatur, *Id. Il se dit du temps :* quæ ejus festinatio, nisi ut ad urbem potiùs exercitum maximum adduceret? CIC.—SATIUS (*de* satis), *mieux :* Mori satiùs est, quàm turpiter vivere, CIC.

1972. *Potus. Potio. Potatio.*

POTUS, *le boire, la boisson :* Cùm ea pars animi sit immoderato obstupefacta potu atque pastu, CIC. — POTIO, *l'action de boire :* In mediâ potione exclamavit mulier, CIC. *Il se dit de toute boisson, même d'une boisson médicale :* Multo cibo et potione completi, CIC. Medicus primâ potione sustulit mulierem, *Id.*, *le médecin fit mourir cette femme à la première médecine qu'il lui donna.* — POTATIO (*fréquentatif de* potio), *l'action de boire à tire-larigot, ivrognerie :* Hesternâ potatione oscitans, CIC.

1973. *Præceptio. Præceptum.*

PRÆCEPTIO (*de* præ *et de* capere), *proprement, l'action de prendre auparavant, préciput :* Saturninus qui nos reliquit hæredes, quadrantem reipublicæ nostræ dedit; deindè pro quadrante præceptionem quadringentorum millium, PLIN. JUN., *Saturninus, qui nous a laissés héritiers, a donné la quatrième partie de sa succession à notre république, et ensuite au lieu de la quatrième partie, le droit de prélever une somme de quatre cent mille sesterces. Il se prend ordinairement pour l'action de donner des préceptes :* Propria est ea præceptio stoicorum.—PRÆCEPTUM, *le précepte même :* Dare præcepta de aliquâ re, CIC. Tenendum est hoc officii præceptum, ne quem unquam innocentem judicio capitis accersas, *Id. Il se prend pour commandement :* Haud mora : continuò matris præcepta facessit, VIRG.

1974. *Præcipuè. Præsertim. Apprimè. Imprimis. Cumprimis.*

PRÆCIPUE *et* PRÆSERTIM *ne doivent pas être confondus.* Præcipuè *est opposé à* universaliter, *et signifie spécialement, en particulier :* Neque ego nunc præcipuè de consularibus disputo; universi senatûs communis est ista laus, CIC. Labor in hoc defendendo præcipuè meus est, *Id.*— PRÆSERTIM, *surtout, principalement :* Non tam ista me sapientiæ fama delectat, falsa præsertim, CIC. *On ne dirait pas* præcipuè. — APPRIMÈ, *parfaitement, tout à fait :* Apprimè in vitâ est utile, ut ne quid nimis, TER. Id apprimè rectè dicitur, CIC. — IMPRIMIS *et* CUMPRIMIS, *avant tout, avant tous :* Imprimis venerare deos, VIRG. Omnes cupimus, ego imprimis, quàm primùm te videre, CIC.

1975. *Præcipuus. Principalis.*

PRÆCIPUUS (*de* præ *et de* capere), *particulier à quelqu'un :* Amorem quemdam præcipuum in eos qui procreati sunt, ingenerat natura, CIC. Ut cætera paria Tuberoni cum Varo fuissent; hoc certè præcipuum Tuberonis fuit, quòd, etc., *Id.* — PRINCIPALIS (primum caput), *premier, principal, primordial :* Principalis significatio verbi, QUINT., *la signification primitive d'un mot.* Causæ principales et perfectæ, CIC. *Il signifie aussi de prince, qui regarde le prince :* Paratus principalis, TAC., *équipage de prince.*

1976. *Præcurrere. Procurrere.*

PRÆCURRERE (currere præ), *courir devant :* Abi, præcurre, ut domi sint parata omnia, TER. *Au figuré, devancer, précéder :* Studio aliquem præcurrere, CIC. Horum uterque Isocratem ætate præcurrit, *Id.* — PROCURRERE (currere pro), *s'avancer :* Quoties quæque cohors procurreret, CÆS. Procurrere in publicum, LIV. *Au figuré :* In mare seu celsus procurrerit Apenninus, HOR.

1977. *Prædicere. Prodicere.*

PRÆDICERE, *dire avant, prédire :* Quo in bello nihil adversi accidit, non prædicente me, CIC. In multos annos solis defectiones prædicuntur, *Id.* — PRODICERE, *fixer à un autre temps :* Diem alicui prodicere, LIV.

1978. *Prædictio. Prædicta. Vaticinatio. Vaticinium. Divinatio. Oraculum.*

PRÆDICTIO (dicere præ), *prédiction, l'action de prédire :* Habet fidem nostra prædictio, CIC. Fatorum veteres prædictiones, *Id.* — PRÆDICTA, *les choses prédites :* Vatum prædicta interpretari, CIC. — VATICINATIO (quasi faticinatio, *de* fata canere), *l'action de prophétiser :* Sibyllinæ vaticinationes, CIC.— VATICINIUM *la prophétie même, la chose prophétisée :* Plena est vita his vaticiniis, sed non conferenda, cùm sæpè falsa sint, PLIN. — DIVINATIO, *l'art de prédire, de deviner :* Divinatio est earum rerum, quæ fortuitæ putantur, prædictio atque præsensio, CIC. Potest autem quis, cùm divinationem habeat, errare aliquandò, *Id.*—ORACULUM, *oracle, réponse des dieux :* Oracula ex eo appellata sunt, quòd inest his deorum oratio, CIC. Scitatum oracula Phœbi mittimus, VIRG.

1979. *Præditus. Instructus. Ornatus.*

PRÆDITUS (datus præ), *doué, pourvu de :* Judicio minùs firmo præditus, CIC.

Magistratu summo præditus, *Id*. Quid faceret illâ ætate præditus? *Id*. Amicitiâ et audaciâ præditus, *Id*. Vitio perspicuo et grandi præditum ponere exemplum, *Id*. Studio venandi præditus, *Id*. — INSTRUCTUS (*d'in et de* strues), *muni, fourni, garni, équipé :* Instructus telis exercitus, *CIC*. Omnibus rebus instructum et paratum convivium, *Id*. Instructus ad cædem, *LIV*. *Au figuré :* Instructior doctrinis, *CIC*. Instructior à philosophiâ, *Id*. — ORNATUS, *orné, paré:* Instructus et ornatus artibus, *CIC*. Ornata rebus omnibus domicilia, *Id*. Honoribus amplissimis, fortunisque maximis, conjuge, liberis, et affinibus ornatus imperator, *Id*. Navis inter alias ornatior, *Id*. Ornatus ex suis virtutibus, *TER*., *traité, équipé selon son mérite ; ce qui est dit dans le style plaisant.*

1980. *Prædo. Pirata. Direptor. Prædator. Grassator.*

PRÆDO (*de* præda), *se dit de celui qui pille, soit sur terre, soit sur mer :* Omnium templorum atque tectorum totiusque urbis prædo, *CIC*. Si cui naviganti, quem prædones insequantur, Deus dixerit, ejice te de navi, etc. *Id*. — PIRATA *se dit de celui qui court les mers, un pirate :* Istum clàm a piratis ob hunc archipiratam pecuniam accepisse, *CIC*. Quis unquam prædo fuit tam nefarius, quis pirata tam barbarus? *Id*. — DIREPTOR (diversìm rapiens), *qui pille, qui enlève de tous côtés :* Direptor et vexator urbis, *CIC*. — PRÆDATOR, *qui pille actuellement :* Quos in eodem genere prædatorum, direptorumque pono. Direptor *marque plus de violence.* — GRASSATOR (*de* Grassari), *voleur, brigand, qui se jette sur les passants ou sur la proie :* Subitus grassator agit rem, *JUV*.

1981. *Præesse. Præsidere.*

PRÆSSE (esse præ), *être à la tête, être chargé de la conduite :* Faciendæ alicui rei publicè præesse, *CIC*. Præesse navibus et classi, *Id*. Cùm huic quæstioni judex præesses, *Id*. — PRÆSIDERE (sedere præ), *présider, garder :* Vos etiam atque etiam imploro, sanctissimæ deæ, quæ cunctæ Siciliæ præsidetis, *CIC*. Præsidere rebus urbanis, *Id*. *On dirait :* Deus præsidet Galliæ; architectus ædificandæ domui præest.

1982. *Præfectus. Legatus.*

PRÆFECTUS (factus præ), *préposé à quelque chose :* Præfectus moribus, *CIC*. Præfectus castris, *Id*. Ærarii præfectus, *CIC*. Præfectus classis, *CIC*. — LEGATUS, *député, envoyé pour s'acquitter de quelque commission :* Missi legati de magnis rebus, *HOR*. Legati responsa ferunt, *VIRG*. *Il se dit d'un lieutenant, de celui qui exerce à la place d'un autre :* Pompeius Hispaniam provinciam per legatos administravit, *CIC*.

1983. *Præjudicium. Præjudicata opinio.*

PRÆJUDICIUM (dicere jus præ), *espèce de jugement préparatoire avant le jugement définitif :* De quo non præjudicium, sed planè judicium factum putatur, *CIC*. Præjudicium *se dit aussi d'un jugement porté auparavant dans un cas semblable ou approchant, un précédent :* Cùm Oppianicum jam perditum, et duobus jugulatum præjudiciis videret, *CIC*. *Scamander et Fabricius avaient été condamnés pour un crime de poison, dont Oppianicus était accusé.* Præjudicium *n'est jamais pris pour préjugé dans les bons auteurs; ils se servent de* PRÆJUDICATA OPINIO : Præjudicata opinio obruit judicium, *PHÆD*. Tantùm opinio præjudicata poterat, ut etiam sine ratione valeret auctoritas, *CIC*.

1984. *Prælium. Pugna. Certamen. Certatio. Dimicatio.*

PRÆLIUM, *bataille :* Prælio conserto, *LIV*. Non prælio modò, sed bello vinci, *Id*. — PUGNA (*de* pugnus, *poing*) *est toujours un combat de près, et semble être une action particulière, au lieu que* prælium *est une action plus générale :* Unguibus et pugnis, dein fustibus, atque ità porrò pugnabant armis quæ pòst fabricaverat usus, *HOR*. Nonnunquàm res ad manus atque pugnam veniebat, *CIC*. *Au figuré :* Quanta pugna est doctissimorum hominum! *CIC*. *Les actions qui se sont passées à Cannes entre les Carthaginois et les Romains, à Pharsale entre César et Pompée, sont* prælia; *mais l'action où les Horaces et les Curiaces décidèrent du sort de Rome et d'Albe, est* pugna. —CERTAMEN, *selon Donat, est la chose pour laquelle on combat :* Velocis jaculi certamina ponit in ulmo, *VIRG*. *Il se dit de toute querelle, où chacun tâche de l'emporter :* Gladiatorium vitæ certamen, quod ferro decernitur, *CIC*. In certamen cum aliquo venire, *Id*. Certamina divitiarum, *HOR*. — CERTATIO, *l'action de combattre, soit au physique, soit au moral :* Certatio corporum, *CIC*. Atque hæc inter eos sit honesta certatio, *Id*. Mulctæ certatio, *LIV*., *contestation au sujet d'une amende.* — DIMICATIO, *combat décisif :* Nos autem jam in aciem dimicationemque veniamus, *CIC*. In extremo discrimine ac dimicatione fortunæ, *Id*.

1985. *Prælium facere, committere.*

PRÆLIUM FACERE, *soutenir une bataille:* Is et prælia aliquot secunda fecit, *LIV.* — PRÆLIUM COMMITTERE, *engager la bataille:* Posteaquàm eò ventum est, undè à ferentariis prælium committi posset, maximo clamore infestis signis concurrunt, *SALL.*

1986. *Præloqui. Proloqui.*

PRÆLOQUI (loqui præ), *parler le premier, et dire par avance:* Vix hæc erat prælocutus, *CIC.* Fortè accidit, ut eo die manè in advocationem subitam rogarer: quod mihi causam præloquendi dedit, *PLIN.*—PROLOQUI (loqui pro), *s'expliquer, dire ce que l'on pense:* Prolocutum dicimus, cùm animo quod habuit extulit loquendo, *VARR.* Censen' ullum me verbum potuisse proloqui? *TER. C'est de là que vient le mot prologue (préface, avant-propos).*

1987. *Præmaturus. Præcox. Immaturus.*

PRÆMATURUS (maturus præ), *prématuré, se dit proprement des fruits qui mûrissent avant le temps:* Præmaturus fructus, *COL. Au figuré:* Præmatura mors, *PLIN.* Hiems præmatura, *TAC.*—PRÆCOX (coctus præ), *mûr avant la saison, précoce:* Solent crebræ pluviæ præcoces fructus facere, *COL. Au figuré:* Præcox ingenium, *QUINT. Précoce se dit des fruits qui viennent avant les autres de la même espèce: des cerises précoces.*—IMMATURUS (non maturus), *un fruit qui n'est pas mûr; et au figuré:* Filius immaturus obisset, *HOR. On dit aussi:* Immaturus interitus, immatura mors.

1988. *Præmunire. Permunire.*

PRÆMUNIRE (munire præ), *munir, fortifier par avance:* Isthmum præmunire instituit, *CÆS. Au figuré:* Hæc præmuniuntur omnia reliquo sermoni nostro, *CIC., toutes ces choses servent de préparation au reste de mon discours.* — PERMUNIRE, *fortifier entièrement:* Quæ munimenta inchoaverat permuniit, *LIV.*

1989. *Præparatio. Provisio.*

PRÆPARATIO (parare præ), *préparation, l'action d'apprêter avant:* Diligens præparatio in omnibus negotiis priusquàm aggrediare, adhibenda est, *CIC.*—PROVISIO (videre pro), *prévoyance, l'action de voir au loin, pour se ménager quelque chose d'avance:* Posteri temporis provisio, *CIC.* Provisio animi, et præparatio multùm prodest ad minuendum dolorem, *Id.*

1990. *Præponere. Præferre.*

PRÆPONERE (ponere præ), *mettre devant:* Ultima primis præponere, *CIC. Au figuré, préférer:* Salutem populi romani vitæ suæ præposuit, *CIC.* — PRÆFERRE (ferre præ), *au propre, porter devant:* Sinistrà retinebat arcum, dextrà ardentem facem præferebat, *CIC. Au figuré, montrer:* Præferre sensus apertè, *CIC. Avancer:* Prætulit triumphi diem, *LIV., il avança le jour de son triomphe; on ne dirait pas* præposuit. *Il signifie aussi préférer:* Salutem reipublicæ suis commodis præferre, *CIC.* Præponere *ferait le même sens, comme on vient de le voir.*

1991. *Præponere. Præficere.*

PRÆPONERE, *synonyme de* præficere, *exprime une autorité moins absolue:* Oraculo præposita sacerdos, *CIC.* Præpositus bello imperator, *Id.*—PRÆFICERE (facere præ), *commettre quelqu'un à quelque chose, donner le commandement:* Præficere magistratum procurationi, *CIC.*

1992. *Præruptus. Abruptus. Abscissus. Interruptus.*

PRÆRUPTUS (ruptus præ), *taillé à pic, escarpé:* Præruptior collis, *CIC.* Prærupta saxa, *Id.*—ABRUPTUS (ruptus ab), *rompu:* Ingeminant abruptis nubibus ignes, *VIRG.* Naturà locus jam antè præceps, recenti terræ lapsu in pedum mille admodùm altitudinem abruptus erat, *LIV. Au figuré:* Abruptus sermo, *CIC., style coupé, haché.* Initium abruptum, *QUINT., exorde sans préambule.* — ABSCISSUS (scindere ab), *coupé, séparé:* Rudibus abscissis, antennæ necessariò concidebant, *CÆS.* Nec ferè quicquam satis arduum aut abscissum erat, quod hosti aditum ascensumque difficilem præberet, *LIV., il n'y avait presque point d'endroit si élevé, et si escarpé, où l'ennemi ne montât. Au figuré:* Res erat abscissa, *LIV.* Abscissà omni spe, *Id., tout espoir étant perdu.*—INTERRUPTUS (ruptus inter), *rompu par la moitié, interrompu. Tite-Live a dit en parlant d'Horatius Coclès:* Conflixit solus cum acie donec pons à tergo interrumperetur. *On emploie ce mot plus volontiers au figuré:* Interpellatio familiaris mei, quà pauló antè interrupta est oratio mea, *CIC.* Sed multà varietate temporum interruptum officium cumulatè reddidi, *Id.*

1993. *Præscribere. Præfinire. Præstituere.*

PRÆSCRIBERE (scribere præ), *proprement, écrire devant, intituler:* Nec Phœbo gratior ulla est quàm sibi quæ Vari præscripsit pagina nomen, *VIRG. Au figuré, prescrire, ordonner :* Hoc natura præscribit, ut homo homini, quicumque sit, ob eam causam, quòd is homo sit, consultum velit, *CIC.* Jura civitatibus præscribere, *Id.* Quid faciam præscribe, *HOR.* — **PRÆFINIRE** (præ *et* finis), *déterminer, limiter d'avance :* Præfinire diem successori, *CIC.* Aliquantò post eam diem venerunt, quæ dies lege præfinita est, *Id.*—**PRÆSTITUERE** (statuere præ), *désigner, fixer par avance, décider :* Tempus quamdiù dicat, oratori præstituere, *CIC.* Diem præstituit operi faciendo calendas decembris, *Id. On dira bien,* herus servo quid faciat præscribit ; præfinit ne pluris emat; præstituit diem quo redeat.

1994. *Præsensio. Præsagitio. Præsagium. Omen.*

**PRÆSENSIO** (sentire præ), *pressentiment :* Præsensiones rerum futurarum, *CIC.* — **PRÆSAGITIO** (sagire præ), *l'action de pronostiquer :* Sagire sentire acutè est; is igitur qui antè sagit, quàm oblata res est, dicitur præsagire, *CIC.* Inest in animis præsagitio extrinsecùs injecta, et inclusa divinitùs, *Id.* — **PRÆSAGIUM**, *le pronostic même :* Irrita vatum præsagia, *OVID.*—**OMEN**, *présage de bon ou de mauvais augure :* Quod dii omen avertant! *CIC.* Cum bonis ominibus incipere, *LIV.*

1995. *Præsepe. Stabulum. Equile. Bubile. Hædile. Ovile. Suile* ou *Volutabrum.*

**PRÆSEPE** (*de* præ *et de* sepire), *est proprement un lieu clos, où se retirent les animaux :* Cùm primùm pasti repetent præsepia tauri, *VIRG.* Ignavum fucos pecus à præsepibus arcent, *Id. Il se prend pour le ratelier, ou pour la mangeoire :* Non altiùs edita esse præsepia convenit, quàm ut bos aut jumentum sine incommodo stans vesci possit, *COL. Il se prend encore pour un lieu de débauche :* Audis in præsepibus, audis in stupris, audis in cibo et vino, *CIC.* —**STABULUM** (de stare), *lieu où se retirent les animaux, qu'il soit fermé, ou qu'il ne le soit pas :* Ardua tecta petit stabuli, *VIRG.* In stabulis sint ampla præsepia, *COL. Il se dit des hommes :* Cibus erat caro ferina, atque humi stabulum. *SALL.* Exercere stabulum, *ULP.*, *tenir hôtellerie. Au figuré :* Stabulum flagitii, nequitiæ, *PLAUT. Le mot* Stabulum *prend différents noms, suivant les différentes espèces d'animaux qui y sont renfermées. Ainsi* **EQUILE** *est une écurie;* **BUBILE**, *une étable à bœufs;* **HÆDILE**, *où l'on renferme les boucs et les chèvres;* **OVILE**, *une bergerie.* Ovile *était aussi un endroit du champ de Mars qui avait la forme d'une bergerie, et où les citoyens se rassemblaient pour donner leurs suffrages.*—**SUILE** *ou* **VOLUTABRUM**, *toit à porcs, de* volvere, *parce que ces animaux se roulent dans la fange.* Volutabrum *s'applique plus particulièrement aux bourbiers dans lesquels se vautrent les sangliers.* Sæpè volutabris pulsos sylvestribus apros turbabis, *VIRG.*

1996. *Præses. Custos.*

**PRÆSES** (sedere præ), *qui préside, protecteur :* Urbi et reipublicæ præsides sunt penates patrii, *CIC.* Rerum præses Cæsar, *OVID.*—**CUSTOS**, *qui garde, qui veille à :* Custos ovium præclarus, lupus, *CIC.* Portæ custos, *VIRG.* Libertatis præses et custos tribunus plebis, *CIC.* Senatus reipublicæ custos, præses et propugnator, *Id.*

1997. *Præstringere. Perstringere.*

**PRÆSTRINGERE** (stringere præ), *serrer par devant :* Fauce præstrictà laqueo, *OVID. Au figuré, éblouir, amasser :* Præstringentibus fulgoribus aciem oculorum, *LIV.* Præstringere aciem ingenii, *CIC.* Præstringere præstigias, *Id. Rendre les prestiges inutiles.* — **PERSTRINGERE** (stringere per), *serrer étroitement :* Vitem ne nimiùm perstringas, *CAT. Au figuré, effleurer, resserrer, abréger :* Quem locum breviter perstrinxi, *CIC.* Perstringere cursum, *Id.* Rem perstringere, *étrangler une affaire, en décider sans examen, l'étouffer.* Perstringere oculos, *dit Dolet*, est intentam et infixam oculorum aciem impedire; *au lieu que* præstringere oculorum aciem *est* oculorum obtutum re quàdam objectà præoccupare.

1998. *Præter. Præterquàm.*

*Il y a cette différence entre* **PRÆTER** *et* **PRÆTERQUAM**, *que* præter *est une préposition qui gouverne l'accusatif, et* præterquàm, *une conjonction qui veut le même cas que devant. On dit :* Nullius rei avarus sum præter laudem, *ou* præterquàm laudis. Omnes præter eum, *CIC.* Nullius id interest præterquàm patris, *Id.* Præter *signifie aussi devant, le long :* Præter oculos, *CIC.* Præter mœnia, *LIV.*

1999. *Prætendere. Protendere.*

**PRÆTENDERE** (tendere præ), *tendre devant, au-devant :* Prætendere vestem, *OVID.* Prætendere cuspidem, *Id. Au figuré :* Verba culpæ prætendere, *OVID.* Ignorantia prætendi non potest, *QUINT.*, *on ne peut prétexter l'ignorance.* — **PROTENDERE** (tendere pro), *tendre en avan-*

*çant :* Nanti protendere manum, *Ovid.*, Brachia alterna protendere, *Virg. Au figuré, remettre, différer :* Protendere rem in mensem januarium, *Cic.*

2000. *Prœterire. Omittere. Prœtermittere. Supersedere.*

PRÆTERIRE (ire præter), *proprement, aller au delà :* Dùm hæc puto, prætèrii imprudens villam, *Ter. Au figuré*, 1° *surpasser :* Hos nobilitate Mago præterit, *Cic.* 2° *Passer par-dessus, ne pas nommer*, Omitto jurisdictionem in liberâ civitate contra leges ; libidines prætereo, *Cic.* — OMITTERE (mittere ob), *omettre, laisser entièrement :* Omitto quid ille tribunus fecerit, *Cic.* Pietatem et humanitatem omisit, *Id.* Omitte tristitiam tuam, *Ter.* — PRÆTERMITTERE, *laisser passer, ne point faire mention, négliger :* Occasionem prætermittere, *Liv.* Nihil quod ad rem pertinet prætermittere, *Cic.* Oblivione prætermittimus, omittimus de industriâ, *disent les grammairiens.* — SUPERSEDERE (sedere super), *surseoir :* Supersedeas hoc labore itineris, *Cic., ajournez ce voyage.*

2001. *Prœtextus. Obtentus.*

PRÆTEXTUS (texere præ), *ne se dit qu'au figuré, prétexte :* Omnium inimicitiæ hoc prætextu ad nos deferentur, *Suet.* Sub prætextu quæstionis, sanguinem petiisti, *Cic., sous prétexte d'informer juridiquement, vous avez cherché à faire périr. On dit* prætextum *dans le même sens :* Prætextum quidem illi civilium armorum hoc fuit, causas autem alias fuisse opinantur, *Suet.* — OBTENTUS (tendere ob), *proprement, l'action de tendre devant :* Exstructosque toros obtentu frondis inumbrant, *Virg. Au figuré, voile, ombre, palliatif :* Secundæ res mirè sunt vitiis obtentui, *Sall., la prospérité sert merveilleusement à couvrir les vices.* Bruti quoque non abnuit cognomen, ut sub ejus obtentu cognominis liberator ille populi romani animus latens aperiretur tempore suo, *Liv.*

2002. *Prœtor peregrinus. Prœtor urbanus.*

*La fonction du préteur était de rendre la justice dans Rome; on n'en créa d'abord qu'un ; mais la multitude des affaires en fit créer un second pour rendre la justice entre les citoyens et les étrangers ; on l'appela* PRÆTOR PEREGRINUS ; *celui qui ne jugeait que des procès entre citoyen et citoyen, était appelé* PRÆTOR URBANUS. *Dans la suite les conquêtes des Romains s'étant multipliées, on envoya des préteurs dans chaque province, pour y rendre la justice.*

2003. *Prœtorium. Prœtura.*

PRÆTORIUM, *la tente du préteur, le lieu où il rendait la justice :* Curritur ad prætorium, *Cic.* Quercus prætorio imminebat, *Liv. Il se dit de l'assemblée que tient le préteur :* Dimittere prætorium, *Liv.* — PRÆTURA, *la préture, la dignité de préteur :* Præturam gerere, *Cic.*

2004. *Prœtorius. Prœtorianus.*

PRÆTORIUS, *du préteur, qui appartient au préteur :* Jus prætorium, *Cic.* Cùm penès te prætorium imperium ac nomen esset, *Id.* Navis prætoria, *Liv.* Vir prætorius, *Cic., homme qui a été préteur.* — PRÆTORIANUS, *de préteur, qui concerne les préteurs :* Prætoriana comitia, *l'assemblée pour l'élection des préteurs.* Prætoria comitia, *l'assemblée du préteur. De même* Prætoriani milites, *Plin. sont les soldats de la garde prétorienne ; et* Prætorii milites, *les soldats du préteur.*

2005. *Prœvidere. Providere.*

PRÆVIDERE (videre præ), *voir avant, prévoir les choses avant qu'elles n'arrivent :* Augures prævident, *Cic.* Herus est, neque prævideram, *Ter.* — PROVIDERE *marque une prévoyance plus étendue :* Multùm in posterum providere, *Cic.* Rei frumentariæ providere, *Cæs.* Vir prudens futura prævidet, et ex aliorum rationibus, suis providet.

2006. *Prœvolare. Prœtervolare. Provolare.*

PRÆVOLARE (volare præ), *voler devant :* Grues in tergo prævolantium colla et capita reponunt, *Cic.* — PRÆTERVOLARE, *voler au delà, passer au delà en volant :* Quem rutilâ fulgens plumâ prætervolat ales, *Cic. Au figuré :* Sententiæ sæpè acutæ non acutorum hominum sensus prætervolant, *Cic.* — PROVOLARE, *voler loin, au devant :* Universæ provolant apes, si dies mitis futurus est, *Plin. Au figuré, s'avancer rapidement :* Ipse ad primores Romulus provolat, *Liv.* Relictis equis clamore ingenti provolant antè signa, *Id.*

2007. *Precari aliquem, ad aliquem, ab aliquo, alicui.*

PRECARI ALIQUEM, *prier quelqu'un, demander une grâce à quelqu'un :* Vos precor, et obtestor, ut, etc., *Cic.* — PRECARI AD ALIQUEM, *adresser sa prière à quelqu'un :* Quos adorent, ad quos precentur, superesse, *Liv.* — PRECARI AB ALIQUO, *prier pour obtenir de quelqu'un:* Stultitia est à quibus bona precamur, ab iis dantibus nolle sumere, *Cic.* — PRECARI ALICUI, *faire des prières pour quelqu'un, lui souhaiter du bien ou du mal:* Incolumitatem et reditum alicui precari, *Cic.* Precari alicui malam fortunam, *Id.*

2008. *Precis. Precatio.*

PRECIS, *génitif de l'inusité* prex, *dont on ne trouve que le génitif, le datif et l'ablatif au singulier; prière:* Nihil est preci loci relictum, *Ter.* Primùm prece numen adora, *Virg.* *Le pluriel est plus usité:* Placare precibus divinum numen scelere violatum, *Cic.*—PRECATIO, *l'action de prier:* Precatione transigere, *Liv.* Precatio *paraît consacré à la religion:* Solemnis comitiorum precatio, *Cic.* Res divina precatioque, *Liv.*

2009. *Prehendere. Prehensare* et *Prensare.*

PREHENDERE, *prendre la main, ou avec la main:* Dein ipsum manu prehendit, *Cic.* Manum alicujus prehendere, *Id.* Syrus est prehendendus atque adhortandus, *Ter.* *On prenait par la main ceux à qui l'on parlait.* — PREHENSARE *et* PRENSARE (*fréquentatifs de* prehendere), *prendre souvent, avec empressement:* Prensantem nequicquàm umbras, *Virg.*, *essayant inutilement d'embrasser son ombre. C'est de là qu'on disait* prensare cives, *demander les suffrages des citoyens, parce que, pour capter leur bienveillance, on les prenait avec empressement par la main.*

2010. *Premere. Deprimere.*

PREMERE, *presser, fouler:* Lævo pede pressit exanimum, *Virg.* *Au figuré:* Premi ære alieno, *Cic.* Propositum premere, *Ovid.*, *poursuivre son dessein.* Ea Zeno premebat quæ à nobis dilatantur, *Cic.* *Zénon serrait les choses que nous traitons avec plus d'étendue.* Facta premunt annos, *Virg.*, *vos actions sont au-dessus de votre âge.* — DEPRIMERE (premere de), *abaisser, enfoncer:* Lanx in librâ ponderibus impositis deprimitur, *Cic.* Classis naufragio depressa, *Id.* *Au figuré:* Sæpè multorum improbitate depressa veritas emergit, *Cic.* Etiamne vos meam fortunam deprimitis, vestram extollitis? *Id.*

2011. *Primævus. Primigenius. Primigenus.*

PRIMÆVUS (primum ævum), *plus avancé en âge, et du premier âge:* Vix unus Helenor et Lycus elapsi, quorum primævus Helenor, *Virg.* Primævo flore juventus, *Id.* — PRIMIGENIUS (primò genitus), *qui est produit le premier, primitif:* Semina primigenia, *Var.* Primigenia verba, *Quint.*, *mots primitifs qui sont racines eux-mêmes. Lucrèce a dit dans le même sens* PRIMIGENUS; *mais il usait de licence poétique.*

2012. *Primarius. Princeps. Primitius.*

PRIMARIUS (*de* primus), *qui est des plus considérables:* Senator vir primarius, *Cic.* Primario loco esse, *Id.*— PRINCEPS (quasi primum caput), *le premier:* Dearum princeps Juno, *Ovid.* Ad pericula princeps, *Cic.* Exordium princeps omnium rerum debet esse, *Id.* Princeps philosophorum, *Id.* Princeps latini nominis, *Liv.* Princeps sceleris et concitator belli, *Cæs.* Quales in republicâ principes essent, tales reliquos solere esse cives, *Cic.* Princeps *est toujours adjectif: on sous-entend* vir *lorsqu'il est pris pour prince.* — PRIMITIUS, *le premier, le principal en quelque genre que ce soit:* Rapit primitium torrem, *Ovid.*

2013. *Primas ferre. Primas deferre.*

PRIMAS FERRE (*on sous-entend* partes), *avoir le premier rang:* Ex iis Cotta et Sulpitius cùm meo judicio, tùm omnium, facilè primas tulerunt, *Cic.* — PRIMAS DEFERRE, *céder, accorder le premier rang:* Ad quem Epicurei primas ex nostris hominibus deferebant, *Cic.*

2014. *Primores. Proceres. Optimates. Magnates.*

PRIMORES (*de* primus), *les premiers, les plus distingués:* Populi primores, *Hor.* Quos omnis euntes primorum manus ad portas prosequitur, *Virg.* — PROCERES (*de* procerus), *les grands, ceux qui sont dans quelque degré d'élévation:* Proceres Latinorum, *Liv.* Populi proceres, *Virg.* — OPTIMATES (*d'*optimus), *ceux qui ont le premier rang dans un Etat:* Qui ità se gerebant, ut sua consilia optimo cuique probarentur, optimates habebantur, *Cic.* Optimates matronæ, *Id.* Usque eò orba fuit ab optimatibus illa concio, ut princeps principum esset Meandrus, *Id.* — MAGNATES (*de* magnus), *les grands d'un royaume, d'un empire:* Magnates dare parva pudet, *Mart.* *Ainsi* primores *et* proceres *pour une république même démocratique;* optimates *pour une république aristocratique, et* magnates *pour une monarchie.*

2015. *Primus. Prior. Superior.*

PRIMUS, *le premier, quand on parle de plus de deux:* Civitatis primus, *Cic.*

Annus primus ab honorum functione, *Id.* Primus *est le superlatif de* prior. — PRIOR, *le premier, quand il y a comparaison, ou qu'on parle de deux :* Vulpes ad cœnam dicitur prior invitâsse, *PHÆD.* Nos autem quæ priora duo sunt sumamus, *Id.* Extremi primorum, extremis usque priores, *HOR.* — SUPERIOR, *qui est plus élevé, ce qui précède :* Superior domus, *CIC.*, *haut de la maison :* Superior stabat lupus, longè inferior agnus, *PHÆD.* Quantò superiores sumus, tantò nos summissiùs geramus, *CIC.* Superior ætas, *Id.* Primus *est opposé à* ultimus ; prior, *à* posterior; superior, *à* inferior.

2016. *Priscus. Pristinus. Antiquus. Vetus. Vetustus.*

PRISCUS *se dit des choses et des siècles passés, et qui n'existent plus :* Prisca illa severitas, *CIC.* Gens prisca mortalium, *HOR.* Moneta prisca concessit novæ, *OVID.* — PRISTINUS (quod priùs stetit), *qui a été auparavant, se dit des choses qui ne sont pas susceptibles de vieillesse :* Dignitas pristina, *CIC.* Pristinum animum in aliquem conservare, *Id. On ne dirait pas* prisca dignitas, *ni* priscum animum. — ANTIQUUS, *ancien, antique :* Antiquissimi Macedonum reges, *Q. CURT. Comme ce qui est ancien est cher et respectable, on a dit* antiquus *pour* charus, *mais seulement au comparatif :* Nihil sibi antiquius amicitiâ nostrâ est, *CIC.* — VETUS, *vieux, opposé à* recens *: il ne marque pas une si grande antiquité qu'*antiquus. *La même chose peut être* antiqua *et* vetus *en même temps ;* antiqua, *parce que nos pères l'ont vue ; et* vetus, *parce que nos contemporains l'ont employée.* Scelus, inquam, factum est jam diù antiquum et vetus, *PLAUT.* Historiam veterem atque antiquam hæc mea senectus sustinet, *Id.* Vetus *se dit aussi d'une chose vieille, mais qui dure encore :* Veniebant ad Eumenem qui propter veterem amicitiam consolari cuperent, *C. NEP.* Si quis Falerno vino delectatur, nec ita novo... nec ita vetere ut, etc., *CIC.* — VETUSTUS (de vetus), *qui subsiste depuis longtemps, qui commence à s'user. Il est opposé à* novus ; *il se dit mieux des choses que des personnes :* Templum vetustum, *VIRG.* Ita veteris vetusti cupida sum, *PLAUT.*

2017. *Privatus. Peculiaris.*

PRIVATUS, *qui appartient à chaque individu :* Monitus privatas ut quærat opes, *HOR.* — Privatus illis census erat brevis, commune magnum, *Id.* — PECULIARIS (*de* peculium), *qui est à nous en particulier, spécial :* Hoc mihi peculiare fuerit, *CIC.* Peculiare edictum, *Id.* Privatus *est opposé à* communis ; peculiaris, *à* generalis.

2018. *Privilegium. Prærogativa.*

PRIVILEGIUM (privata lex), *loi qui ne regarde qu'un particulier, soit favorable, soit défavorable :* In privatos homines leges ferri noluerunt, id est enim privilegium, *CIC.* — PRÆROGATIVA (rogare præ), *droit de donner son suffrage avant les autres :* Sortitio prærogativæ, *CIC.* Custodem prærogativæ comitiis præficere, *Id. Il se prend pour marque, assurance, gage:* Si triumphi prærogativam putas esse supplicationem, *CIC.* Dedit prærogativam suæ voluntatis, *Id.* Prærogativa pretii, *Id., des arrhes. Ces deux mots, pris dans le sens français de privilége, prérogative, n'ont été employés qu'après le beau siècle de la langue latine. Pline le jeune a dit :* Responsum est mihi Apameos habuisse privilegium arbitrio suo rempublicam administrare.

2019. *Priùs. Citiùs. Ociùs.*

PRIUS, *avant, auparavant, plus tôt :* Disce priùs quid sit vivere, *CIC.* Priùs orto sole, *HOR., avant le lever du soleil.* Priùs tuâ opinione hìc adero, *PLAUT.* — CITIUS (*de* citò), *plus promptement :* Dicto citiùs, *VIRG.* — OCIUS (*d'*ὠκύς, *prompt*), *tôt, plus tôt :* Seriùs, ociùs, *HOR., tôt ou tard.* Deseremur ociùs à republicâ, quàm à re familiari, *CIC.* Discamus priùs quid sit vivere, quia dicto citiùs volat ætas, et in morbum ociùs incidimus.

2020. *Pro virili parte. Pro se quisque.*

PRO VIRILI PARTE, *de toutes ses forces :* Hæc qui pro virili parte defendunt, optimates sunt, *CIC. On sous-entend quelquefois* virili, *et quelquefois* parte. — PRO SE QUISQUE, *chacun de son côté, chacun de son mieux :* Pro se quisque faciebat, *TER.* Pro se quisque scelus regium ac vim queruntur, *LIV.* Pro se quisque armis abjectis diffugiunt, *Id.*

2021. *Probare. Approbare. Comprobare.*

PROBARE, 1° *prouver :* Probabo Verrem contra leges pecunias cepisse, *CIC.* 2° *Eprouver, examiner :* Censores villam publicam in campo Martio probaverunt, *LIV., les censeurs firent examiner la maison de plaisance qu'on avait bâtie dans le champ de Mars.* 3° *Approuver :* Video meliora proboque; deteriora sequor, *OVID.* Probare, *dans ce dernier sens, exprime le sentiment intérieur d'approba-*

*tion, différent en cela d'*APPROBARE, *qui se dit aussi du témoignage extérieur qu'on donne à une chose :* Unâ voce approbavit populus, *CIC.* Probare alicui et approbare alicui, *signifient aussi faire approuver, faire goûter :* Non vereor ne hoc judicium meum P. Servilio judici non approbetur, *CIC.* Probare se omnibus, *Id.*, *se rendre agréable à tout le monde.* — COMPROBARE *marque une approbation unanime donnée par tous ceux dont on parle, ou qui sont présents :* Idque à nostro concilio comprobatum est, *CIC. Il marque une approbation entière :* Hanc orationem meam C. Cæsar comprobavit.

2022. *Procax. Petulans. Protervus.*

PROCAX, *effronté, sans retenue, hardi à parler :* A procando, id est, poscendo, procacitas nominata, *CIC.* Procax musa, *HOR.* Procaces vernæ, *Id.* — PETULANS, *prêt à quereller ou à frapper :* A petendo petulantia nominata est, *CIC.* Ut sunt procacia urbanæ plebis ingenia, petulantibus jurgiis illuserunt, *TAC.* Petulanter in aliquem invehi, *CIC.* — PROTERVUS (*de* pro, *et de* terere), *qui renverse tout :* Protervi venti, *HOR.*, : *Au figuré, insolent, licencieux ; souvent il exprime des manières audacieuses et lascives :* Dictum protervum aut factum, *CIC.* Protervi juvenes, *HOR.* Facies proterva, *Id.*

2023. *Procedere. Progredi.*

PROCEDERE (cedere pro), *avancer :* Procedit in medium vini, somni plenus, *CIC. Au figuré :* Qui processit aliquantùm ad virtutis aditum, *CIC.* Procedere honoribus, *Id.* — PROGREDI (gradior pro), *marcher en avant :* Tridui viam progressi reverterunt, *CÆS.* Progredi obviam, *LIV. Au figuré :* Progredi in virtute, *CIC.* In adulationem progredi, *TAC.*

2024. *Proclivis. Propensus.*

PROCLIVIS (*de* πρό, *devant, et de* κλίνειν, *pencher*), *proprement, qui penche, qui va en pente :* Cum onere per proclivia non ægrè devolant apes, *COL. Au figuré :* Ingenium proclive ad libidinem, *TER.* Dictu est proclive, *CIC., cela est facile à dire.* — PROPENSUS (pendere pro), *penché en avant; au figuré, porté à, qui a du penchant pour quelque chose :* Homo ad lenitatem propensus, *CIC.* Propensior benignitas esse debebit in calamitosos, *Id.* Propenso animo aliquid facere, *Id.*

2025. *Prodesse. Proficere.*

PRODESSE, *être utile aux autres :* Prodesse plurimis, *CIC.* — PROFICERE, *être utile à soi-même, profiter :* Nihil profecisti; absolutæ jam sunt preces tuæ, *CIC.* Idem et docenti et discenti debet esse propositum, ut ille prodesse velit, hic proficere, *SEN. Ils paraissent avoir été quelquefois confondus, surtout étant déterminés par* mihi, tibi, etc. Metuo ne artificium tuum tibi parùm prosit, *CIC.* Et quisquam dubitabit quid virtute profecturus sit, qui tantùm nobis auctoritate profecerit, *Id.*

2026. *Prodigè. Prodigaliter.*

PRODIGE, *avec profusion et prodigalité :* Sed non possunt non prodigè vivere, qui nostra bona sperant, cùm effundunt sua, *CIC.* — PRODIGIALITER, *prodigieusement, d'une manière merveilleuse :* Qui variare cupit rem prodigialiter unam, delphinum silvis adpingit, fluctibus aprum, *HOR.*

2027. *Prodigiosus. Prodigialis.*

PRODIGIOSUS, *prodigieux, qui tient du prodige :* Prodigiosa corpora, *QUINT.* Prodigiosi solis defectus, *PLIN.* — PRODIGIALIS, *qui détourne, qui expie les prodiges :* Prodigiali Jovi molâ salsâ, aut thure, comprecari, *PLAUT.*

2028. *Prodigium. Portentum. Ostentum. Monstrum.*

PRODIGIUM *est le mot général, et se dit de tous les prodiges :* Multa sæpè prodigia vim numenque Cereris ostendunt, *CIC.* Prædictiones verò, et præsensiones rerum futurarum quid aliud declarant, nisi hominibus ea quæ sint, ostendi, monstrari, portendi, prædici; ex quo illa ostenta, monstra, portenta, prodigia dicuntur? *CIC.* — PORTENTUM *se dit particulièrement des prodiges qui non-seulement seraient contre les lois de la nature, mais encore contre celles du possible, comme une pluie de sang, des hommes ailés, etc ; mais une pluie de pierres n'est pas un* portentum, *car on en a vu, et Cicéron nous a dit :* Non, si id factum est quod fieri potest, portentum debet videri. — OSTENTUM *est une vision, une apparition :* Ostentis multa admonemur, *CIC.* — MONSTRUM *se dit de tout être qui a une conformation contre nature, comme un veau à deux têtes, un enfant sans bras, etc. :* Monstrum horrendum, immane, ingens, cui lumen ademptum, *VIRG. Polyphème n'avait qu'un œil, au milieu du front.* Monstrum, Portentum *et* Prodigium, *se disent au figuré :* Nulla jam pernicies à monstro illo atque prodigio mœnibus ipsis comparabitur, *CIC.* Clodius fatale portentum prodigiumque reipublicæ, *Id.*

2029. *Profari. Præfari.*

**Profari** (fari pro) *dire publiquement :* Demissa vultum Dido profatur, *Virg.* Magno clamore profatur, *Sil. Ital.*—**Præfari** (fari præ), *dire par avance :* Si de Aureliâ aliquid dicimus, aut Lolliâ, honos præfandus est, *Cic. C'est de* præfari *que vient le mot de préface.*

2030. *Profligare. Sternere. Prosternere.*

**Profligare** (*de* pro, *et de l'inusité* fligere), *proprement, coller contre terre; au figuré, malmener, avancer la défaite :* Profligare aciem hostium, *Cic.* Profligare rempublicam, *Id.* Profligatus juvenis, *Id., jeune homme perdu, ruiné.* Profligato bello ac penè sublato, *Id.* — **Sternere**, *étendre, joncher:* Sternere locum saxis, *Liv.* Lectum sterni jubet, *Cic.* Sternit agros, *Virg.*, *il renverse les blés dans la campagne. Au figuré :* Pavor humilis stravit mortalia corda, *Virg.* — **Prosternere** (sternere pro), *étendre par terre :* Prosternere humi corpora, *Liv.* Aciem prosternere, *Id., renverser l'armée ennemie; au lieu que* profligare *est la ruiner, la mettre hors d'état de combattre. Au figuré :* Malevolorum obtrectationes et invidias prosternere, *Cic.*

2031. *Profugere. Refugere.*

**Profugere** (porrò fugere), *fuir loin :* Patresfamiliâs extorres profugerunt, *Cic.* — **Refugere** (retrò fugere), *fuir, éviter en reculant :* Trepidusque repentè refugit, *Virg. Au figuré :* Refugere à dicendo, *Cic.*

2032. *Progenies. Proles. Soboles.*

**Progenies** (*de* pro, *et de* gignere), *progéniture, race :* Propiùs abesse ab ortu et progenie divinâ, *Cic.* — **Proles** *est proprement la pousse des nouvelles branches de l'olivier, ou des autres arbres à leur cime :* Prolem tardè crescentis olivæ, *Virg.* — **Soboles** *est le rejeton qui vient au pied du tronc de la souche :* Omnis deindè soboles, quæ ex uno stirpe nata est, quotannis extirpanda est, *Col. Ces deux mots sont appliqués aux hommes par une métaphore devenue si familière, qu'ils semblent être des mots propres :* Proles illa futurorum hominum, *Cic.* Favete nomini Scipionum, soboli imperatorum vestrorum, velut accisis recrescenti stirpibus, *Liv.*

2033. *Progressus. Profectus.*

**Progressus** (*de* pro, *et de* gradior), *avancement :* Arcere à progressu, et à reditu refrænare, *Cic. Au figuré :* Progressus ætatis, *Cic.* Facere progressus in studiis. — **Profectus** (*de* proficere) *progrès, succès en quelque chose :* Firmiores in litteris profectus alit æmulatio, *Quint.* Profectus, *substantif, ne se trouve ni dans Cicéron, ni dans les auteurs du siècle d'Auguste.*

2034. *Proindè. Ideò.*

**Proindè**, *ainsi, par conséquent, se met au second membre :* Audio te delectari studiis, proindè mihi charus es, *Cic.* — **Ideò**, *à cause de cela, se met au premier ou au second membre :* Ideò Clodius Pulcher retulit, ut Caius Verres auferre posset, *Cic.* Non si causa justa est oppugnandi, ideò quoque justum est vos, etc., *Id.*

2035. *Proindè ac. Proindè quasi.*

**Proinde ac**, *comme, de même que :* Proindè ad omnia paratus ero, ac res monebit, *Cic.*—**Proinde quasi**, *comme si :* Proindè quasi isti aliter sentiant, *Cic.*

2036. *Promissio. Promissum.*

**Promissio**, *l'action de promettre, la promesse que l'on fait :* Scelerum promissio et iis qui exspectant perniciosa est, et iis qui promittunt, *Cic.* Cum litteris, cum mandatis, cum promissione provinciæ, *Id.* — **Promissum**, *la chose promise. C'est proprement un adjectif :* Consequi promissa, *Cic.* Stare promissis, *Id.* Solvere militibus promissa, *Liv.*

2037. *Pronus. Supinus. Cernuus.*

**Pronus**, *qui penche en avant :* Aurigæ proni pendent in verbera, *Virg.* Pronaque cùm spectent animalia cætera terram, *Ovid. Au figuré :* Pronus in obsequium, *Hor.* Proni anni, *Id.* — **Supinus**, *renversé en arrière :* Cubat in faciem mox, deindè supinus, *Juv.*, *il se couche tantôt sur le ventre, tantôt sur le dos.* Motus corporis pronus, obliquus, supinus, *Cic. Au figuré :* Supina ignorantia, *Col.* Animus supinus, iners, *Catul.*, *parce que rester couché sur le dos annonce de la nonchalance, une indifférence complète :* Otiosi et supini, *Quint.* — **Cernuus** (*de* κέρας, *corne*), *courbé, prosterné :* Ejectoque incumbit cernuus armo, *Virg.* Pulverem ore pressit cernuo, *Prud.*

2038. *Propagare. Prolatare. Porrigere.*

**Propagare** (pro *ou* porrò pangere), *ficher au loin, étendre :* Urbis terminos propagare, *Tac*. *Au figuré :* Propagare religionem, *Cic*. Radices agere et propagare dicitur virtus, *Id*. Vitam sibi firmo victu propagabant, *Id*. — **Prolatare** (*de* pro, *et de* ferre, latum), *étendre plus loin, prolonger :* Agros prolatare, *Tac*. Comitia prolatare, *Cic*.—**Porrigere** (porrò regere), *étendre en allongeant :* Porrigere in longitudinem, *Liv*. Manum in mensam porrigere, *Cic*. *Au figuré :* Ne digitum quidem porrigere in rem aliquam, *Cic*., *ne pas se mêler le moins du monde d'une affaire.*

2039. *Propago. Propagatio.*

**Propago** (porrò pangere), *rejeton d'un cep de vigne provigné; on couche les branches, et on les couvre de terre :* Vites meliùs respondent propagine, *Virg*. *Au figuré, race, lignée :* Nimiùm vobis romana propago visa potens, superi, *Virg*. — **Propagatio**, *l'action de provigner :* Vitium propagatio, *Cic*. *Au figuré :* Nominis propagatio, *Cic*. In vitâ nihil est nisi propagatio miserrimi temporis, *Id*., *la vie n'est qu'une prolongation de misères.*

2040. *Propellere. Propulsare.*

**Propellere** (pellere pro), *pousser loin, devant :* Propellere navem remis, *Cic*. — **Propulsare** (*son fréquentatif*) *marque plus d'action et de force :* Periculum, quod in omnes intenditur, propulsate, *Cic*. Si quandò inimicorum impetum propulsare, et propellere cupistis, *Cic*.

2041. *Proprius. Suus.*

**Proprius** (*de* propè), *qu'on a en propre :* Est cujusque proprium, quo quisque fruitur, atque utitur, *Cic*. *Comme les choses dont on a la propriété sont plus sûres que celles dont on n'a que l'usufruit*, proprius *signifie aussi stable, naturel, ce qui appartient à quelque chose, et qui est fait pour elle :* Propria hæc si dona fuissent, *Virg*. Ergò utemur verbis quæ propria sunt, et certa quasi vocabula rerum, penè unà nata cum verbis ipsis, *Cic*. — **Suus**, *son, sien :* Sua cuique virtuti laus propria debetur, *Cic*. Suis eum certis propriisque criminibus accusabo, *Id*. Translata et aliena verba, quibus opponuntur propria et sua, *Id*. Crassus suâpte interfectus manu, *Id*., *tué de sa propre main. On ne dirait pas* propriâ, *comme on ne dit pas* litteræ propriâ manu scriptæ, *mais* suâ. Proprius *est opposé à* communis; suus, *à* alienus.

2042. *Propugnaculum. Propugnatio.*

**Propugnaculum** (pugnare pro), *boulevart, fortification avancée :* Propugnaculum contra hostium impetus, *Cic*. Propugnaculum barbaris oppositum, *C. Nep*. *Au figuré :* Lex Ælia et Fusia propugnacula, murique tranquillitatis, *Cic*. — **Propugnatio**, *l'action de défendre, de combattre pour; il ne se trouve qu'au figuré :* Suscepi mihi perpetuam propugnationem pro omnibus ornamentis tuis, *Cic*. Aggrediar ad dicendum, ne mea propugnatio ei potissimùm defuisse videatur, *Id*.

2043. *Propugnator. Defensor.*

**Propugnator**, *celui qui combat pour :* Classis infirma propter dimissionem propugnatorum, *Cic*. *Au figuré :* Propugnator senatûs, *Cic*.—**Defensor**, *défenseur :* Mutius paterni juris defensor, et quasi patrimonii propugnator sui, *Cic*. Alter fuit propugnator mearum fortunarum, et defensor assiduus, *Id*. P. Lentulus propugnator senatûs, defensor vestræ voluntatis, *Id*.

2044. *Prorogare. Producere. Protrahere.*

**Prorogare** (porrò rogare), *proroger, remettre, reculer :* Dies paucos propter inopiam ad solvendum alicui prorogare, *Cic*. Rectè vivendi qui prorogat horam, *Hor*. Prorogatur Sabino provincia, *Tac*. Prorogare bellum, *Cic*. — **Producere** (ducere pro), *proprement, conduire au dehors :* Nec tua funera mater produxi, *Virg*. Egomet hunc produxi, *Ter*., *c'est moi-même qui l'ai conduit aux champs. C'est dans ce sens qu'on dit* producere testes, *Cic*., *produire des témoins. Au figuré, prolonger :* Producere convivium ad multam noctem, *Cic*. Producere syllabam, *Quint*., *allonger une syllabe, la faire longue.*—**Protrahere** (trahere pro), *traîner en avant, entraîner, emmener de force :* Pedibusque informe cadaver protrahitur, *Virg*. Magno Calchanta tumultu protrahit in medios, *Virg*. *Au figuré, différer, prolonger :* Mors lenta protrahatur longâ fame, *Stat*.

2045. *Prorsùs. Omninò. Penitùs.*

**Prorsus** *et* **Prorsum** (quasi porrò versùm), *généralement :* Non solùm nobis, sed prorsùs omnibus, *Cic*. Ita prorsùm oblitus sum meî, *Ter*.—**Omnino** (omnis), *entièrement, totalement :* Omninò, aut magnâ ex parte liberatus, *Cic*. Omninò qui reipublicæ præfuturi sunt, duo Platonis præcepta teneant, *Cic*. — **Penitus** (penè intùs), *jusqu'au fond :* Intrare penitùs in familiaritatem alicujus, *Cic*. Penitùs perspectæ res, *Id*.

2046. *Prosequi. Persequi.*

PROSEQUI, *aller derrière, faire cortége:* Decedentem domum cum favore ac laudibus prosecuti sunt, *LIV. Il se prend ordinairement en bonne part. Au figuré:* Officiis omnibus aliquem prosequi, *CIC. Le même a cependant dit,* prosequi aliquem verbis vehementioribus. — PERSEQUI, *poursuivre, suivre jusqu'au bout:* Quoquò hinc asportabitur terrarum, certum est persequi, *TER.* Qui me in castra persequi non possent, *CIC., qui ne pouvaient me suivre jusqu'au camp. Au figuré:* Incœpta persequi, *CIC. Il se dit souvent en mauvaise part:* Aliquem judicio persequi, *CIC.*

2047. *Prostratus. Affusus. Provolutus.*

PROSTRATUS (*de* prosternere), *offre l'image d'un homme étendu par terre;* AFFUSUS, *celle d'un homme qui s'attache et se colle, pour ainsi dire, aux pieds et aux genoux de celui qu'il prie;* PROVOLUTUS *présente l'idée d'un suppliant qui s'avance courbé, roulant, pour ainsi dire, à terre, et dont la tête touche aux genoux:* Jacet ille prostratus, *CIC.* O potui.... amplectique pedes, affusaque poscere vitam, *OVID.* Ad pedes ejus provolutus, *CIC.*

2048. *Proturbare. Protrudere.*

PROTURBARE *et* PROTRUDERE, *pousser en avant, avec cette différence que* proturbare *donne l'idée de trouble, de désordre, et* protrudere, *l'idée de violence:* Missis saxis proturbare hostes, *LIV.* Qui protrudit cylindrum, dedit ei principium motionis, volubilitatem non dedit, *CIC.*

2049. *Proverbium. Axioma. Adagium.*

PROVERBIUM, *proverbe, espèce de maxime exprimée en peu de mots, et devenue commune et vulgaire:* Tritum sermone proverbium, *CIC.* Venit in consuetudinem proverbii, *Id., cela a passé en proverbe.*— AXIOMA (*d'*ἄξιος, *illustre*), *axiome, maxime générale reçue et établie dans une science:* Verum axioma, *CIC.* Falsum axioma, *Id.* — ADAGIUM, *adage, courte sentence, synonyme de* proverbium: Adagia prisca cuncta callet Nævius. *Ce mot n'est pas latin.*

2050. *Provocare. Appellare.*

PROVOCARE, *synonyme d'*appellare, *faire un défi, proposer le combat de preuves devant les juges;* APPELLARE, *réclamer des protecteurs, ou des juges supérieurs.* Provocare *paraît plus compter sur la justice et la force des raisons;* appellare *marque plus le besoin d'une protection légitime:* Cùm alter ad senatum provocàsset, alter verò ad tribunos, *CIC.* Tribunos plebis appello, et provoco ad populum, *LIV.* Cujus procurator à prætore tribunos appellare ausus sit, *CIC.*

2051. *Prudens. Sapiens. Cordatus. Circumspectus.*

PRUDENS (quasi providens), *prudent, qui prévoit, qui sait d'avance:* Gnarus et prudens impendentium malorum, *CIC.* Prudens administrandi, *Id.* Prudentia est rerum bonarum et malarum sapientia, et utrarumque scientia, *Id.*—SAPIENS, *qui a du goût, judicieux:* Sapientissimum esse dicunt eum, cui, quod opus sit, ipsi veniat in mentem, *CIC.* Fecundi leporis sapiens sectabitur armos, *HOR.* — CORDATUS (*de* cor), *bien sensé. Les anciens plaçaient la sagesse dans le cœur, et prenaient le cœur pour l'âme:* Egregiè cordatus homo, *CIC.* —CIRCUMSPECTUS, *réfléchi, examiné avec soin, en parlant des choses:* Verba movent iras non circumspecta deorum, *OVID. Suétone l'applique aux personnes:* Modò circumspectus et sagax, modò inconsultus erat Claudius.

2052. *Prudens feci. Prudenter feci. Sciens feci. Scienter feci.*

PRUDENS FECI, *je l'ai fait le sachant, avec réflexion:* Prudens et sciens ad interitum ruebam, *CIC., je voyais bien que je courais à ma ruine.*—PRUDENTER FECI, *j'ai fait prudemment:* Facit Lucius noster prudenter, qui audire de summo bono potissimùm velit, *CIC. On dira bien d'un homme qui a fait une action condamnable,* prudens fecit; *mais on ne dira pas* prudenter fecit: *il en est de même de* SCIENS FECI *et de* SCIENTER FECI, *avec cette différence que* prudens feci *veut dire qu'on a reconnu soi-même ce qui était bon ou mauvais à faire; et que* sciens feci *peut signifier qu'on en avait été averti par un autre:* Sciens et prudens feci, *CIC.* Utrùm inscientem vultis contra fœdera fecisse, an scientem? *Id.* Scienter feci, *j'ai fait savamment:* Scienter, ac peritè dicere, *CIC.*

2053. *Pruna. Carbo.*

PRUNA (*de* perurere), *charbon ardent:* Subjiciunt verubus prunas, et viscera torrent, *VIRG.*—CARBO, *charbon, soit éteint, soit allumé:* Tam excoctam reddam, atque atram, quàm carbo est, *TER.* Picta carbone prælia, *HOR.* Lentis urere carbonibus, *OVID.* Cultros metuens tonsorios, candente carbone sibi adurebat capillum Dionysius, *CIC.*

2054. *Pubescere. Adolescere.*

PUBESCERE (*de* pubes), *proprement, commencer à avoir de la barbe, entrer dans l'âge de puberté :* Hercules cùm primùm pubesceret, *CIC. Au figuré :* Vites pampinis pubescunt, *CIC.* Prata pubescunt flore, *OVID.* — ADOLESCERE (*d'*ad *et d'*olescere), *croître, se fortifier :* In eo qui natus sit, in eo qui adoleverit, *CIC.* Seges quæ nixa fibris stirpium sensìm adolescit, *Id. Au figuré :* Adolescit cupiditas, *CIC.* Adolescit ratio, *Id.*

2055. *Publicare. Vulgare. Divulgare. Pervulgare.*

PUBLICARE, *rendre public :* Librum publicare, *PHÆD.* Publicare fortunam suam, *LIV., partager sa fortune, la communiquer.* Publicare crimen, *Id., imputer un crime à toute une ville.* — VULGARE (*de* vulgus), *répandre, étendre à tous :* Vulgatur rumor, *LIV.* Rem non vulgabat Virginius, *Id.* Vulgare morbos, *Id.* Vulgari cum privatis, *Id., vivre de pair avec les particuliers.* Nec enim ea sunt commissa, quæ vulgata in omnem exercitum sine piaculis ingentibus expiari possint, *Id., il faudrait bien des victimes pour expier un pareil forfait, s'il était commun à toute l'armée.* — DIVULGARE (diversìm vulgare), *divulguer, répandre de différents côtés :* Non supprimenda res est, sed divulganda, *CIC.* — PERVULGARE, *répandre partout :* Res nota atque apud omnes pervulgata, *CIC.*

2056. *Publicare. Proscribere.*

PUBLICARE, *synonyme de* Proscribere, *signifie faire savoir qu'une chose est à vendre :* Publicare bona, agros civium, *CIC.* Lex est apud Rhodios, ut si qua rostrata navis in portu deprehensa sit, publicetur, *Id.*—PROSCRIBERE, *afficher pour faire savoir qu'une chose est à vendre :* Proscribere venale, *CIC.* Proscribere cives, *Id., proscrire les citoyens. On affichait au coin des rues les noms de ceux dont on voulait la mort.*

2057. *Publicus. Communis.*

PUBLICUS, *public, du public, se dit de ce qui a rapport aux droits, aux charges et au gouvernement d'un peuple :* Publica via, *CIC.* Publica privatis secernere, *HOR.* In publica commoda peccem, *Id.* Publica pecunia, *CIC.* Causam publicam dicere, *Id.* — COMMUNIS (*de* cum *et de* munus), *commun, se dit des choses dont l'usage appartient également à tous :* Et rapiet ad se quod erit commune omnium, *PHÆD.* Mare commune est omnibus, *CIC.* Judicium communi dividundo, *Id., jugement de partage qu'on a eu en commun, qui n'est pas une succession ; si c'était une succession, on dirait* actio erciscundæ familiæ, *CIC.*

2058. *Puerilis. Puellaris.*

PUERILIS, *d'enfant, puéril :* Ætas puerilis, *CIC.* Delectatio puerilis, *Id.* Acta illa res est animo virili, consilio puerili, *Id.*— PUELLARIS, *de jeune fille :* Alta puellares tardat arena pedes, *OVID.* Præda puellares animos oblectat inanis, *Id.*

2059. *Pueritia. Puerilitas. Infantia.*

PUERITIA, *l'âge puéril, le premier après l'enfance jusqu'à dix-sept ans, âge où l'on quittait la robe prétexte :* A pueritiâ legimus et discimus, *CIC.*— PUERILITAS, *puérilité, manières enfantines :* Adhùc non pueritia in nobis, sed quod gravius est, puerilitas remanet, *SEN.*—INFANTIA, *l'âge le plus tendre :* Ab infantiâ primâ, *TAC. Au figuré :* Madidi infantia nasi, *JUV., parlant d'un vieillard dont le nez coulait comme à un enfant.*

2060. *Pugnator. Pugnax.*

PUGNATOR, *qui combat, se dit de l'acte :* Occupatâ dexterâ tenendo caput fortissimus quisque pugnator esse desierat, *LIV.* — PUGNAX *se dit de l'habitude, porté à combattre, qui aime à combattre :* Centurio pugnax et lacertosus, *CIC. Au figuré, obstiné, animé :* Pugnax in vitiis, *CIC.* Vehemens et pugnax exordium dicendi, *Id.*

2061. *Pulcher. Formosus. Venustus. Speciosus. Bellus. Decorus.*

PULCHER, *beau, bien fait :* Pulchritudo corporis aptâ compositione membrorum movet oculos, *CIC.* Juvenum pulcherrimus, *OVID.* Pulcher *a une signification fort étendue :* Dies pulchra, *HOR.* Pulchra domus, *CIC.* Tibi pulcher videris, *HOR., vous êtes content de vous !* Satus Hercule pulchro, *VIRG., issu du courageux Hercule.* Mors pulchra, *Id., mort glorieuse.* Pulchrè negare, *PHÆD., nier fortement.* Pulchrè sobrius, *TER., fort sobre.* Rectè sapiens pulcher appellabitur ; animi enim lineamenta sunt pulchriora quàm corporis, *CAT.*—FORMOSUS (*de* forma) *comprend le visage et la personne; d'une belle figure, d'une belle apparence :* Mulier formosa supernè, *HOR.* Formosus an deformis, *CIC. Au figuré :* Formosissimus annus, *VIRG.* —VENUSTUS (*de* Venus), *gracieux, qui a de l'agrément :* Venustum est omne quidquid cum gratiâ quâdam et venere dicitur, *CIC.* Gestus corporis venustus, *Id.* Sententia dulcis et venusta, *Id.* — SPECIOSUS (*de* species), *apparent, spécieux :* Introrsùm turpis, speciosus pelle decorâ, *HOR.* *Au figuré :* Si vera, potiùs quàm dictu speciosa, dicenda sunt, *LIV.* — BELLUS (*diminutif de* benus, *pour* bonus), *gentil, joli :* Bella puella, bella epistola, bellum convivium, *CIC.* Declamas bellè, causas agis, Attale, bellè; historias bellas, carmina bella facis, *MART.* Bellissimè navigavimus, *CIC.* Bellus et humanus homo, *Id.* Aqua bellè fluens, *Id.* — DECORUS (*de* decor), *beau, bien fait, qui a de la grâce, de la décence :* In quâcumque voles veste, decorus ero, *PROP.* Nil nisi quod honestum decorumque sit expetendum est, *CIC.*

2062. *Pulmentum. Pulmentarium.*

PULMENTUM (*de* puls), *proprement, potage, hachis :* Cœnes ut pariter pulmenta laboribus empta, *HOR.* In singula quem (mullum) minuas pulmenta necesse est, *Id.*—PULMENTARIUM *était un composé de légumes à l'usage des anciens. Il se prend pour mets, nourriture en général :* Tu pulmentaria quære sudando, *HOR.* Condire pulmentaria, *JUV.*

2063. *Pulpa. Pulpamentum* et *Pulpamen.*

PULPA, *la partie la plus charnue des animaux ; la chair la plus propre à manger, la plus délicate :* Et pulpam dubio de petasone voras, *MART. Il se dit aussi du cœur d'un arbre, de la chair des fruits.* — PULPAMENTUM *et* PULPAMEN, *mets délicat, ragoût :* Mihi pulpamentum est fames : lacte, caseo, carne vescor, *CIC.* Mandere panem sine pulpamine, *LIV.*

2064. *Puls. Polenta.*

PULS, *potage épais fait avec du riz, des pois, etc. Espèce de bouillie dont les anciens Romains se nourrissaient :* Pulte autem, non pane vixisse Romanos manifestum est, *PLIN.* — POLENTA, *bouillie faite avec de la farine d'orge, en usage chez les Grecs :* Videtur tam puls ignota Græciæ, quàm Italiæ polenta, *PLIN.*

2065. *Pulvereus. Pulverulentus.*

PULVEREUS (*de* pulvis), *de poussière :* Pulverea nubes, *VIRG.*—PULVERULENTUS, *poudreux, rempli de poussière :* Æstas pulverulenta, *VIRG.* Agmina pulverulenta, *Id.* Solum pulvereum *est une terre réduite en poussière, au lieu que* solum pulverulentum *est une terre couverte de poussière.*

2066. *Punctìm. Cæsìm.*

PUNCTIM (*de* pungere), *avec la pointe;* CÆSIM (*de* cædere), *avec le tranchant :* Hispano punctìm magis, quàm cæsìm assueto hostem petere, *LIV.*

2067. *Purgatio. Purgamentum.*

PURGATIO, *purgation, l'action de purger :* Æsculapius primus alvi purgationem invenit, *CIC. Au figuré, justification :* Purgatio est, cùm factum conceditur, culpa removetur, *CIC.* — PURGAMENTUM, *les ordures, les immondices qu'on nettoie :* Cloacam maximam, receptaculum omnium purgamentorum urbis, sub terram agendam curavit, *LIV. Au figuré, la lie, le rebut :* Exules finibus ejiciunt, omnia potiùs toleraturi, quàm purgamenta urbis quondam suæ admitterent, *Q. CURT.*

2068. *Purpura. Murex. Ostrum. Coccus.*

PURPURA, *pourpre, sorte de poisson à coquille, dont on tire le suc pour la teinture de pourpre :* Purpura nobilem illum succum ad tingendas vestes in mediis faucibus habet, reliquo corpore ferè sterilis, *PLIN. Il se prend ordinairement pour la couleur même et l'étoffe teinte en pourpre :* Tyria purpura, *CIC.* Purpurâ fulgere, *Id.* — MUREX, *petit poisson à coquille, dont le sang servait pour faire la teinture de pourpre :* Afro murice tinctæ lanæ, *HOR.* Tyrioque ardebat murice lana, *VIRG. Il est pris dans Virgile pour le sommet aigu des rochers :* Concussæ cautes, et acuto in murice remi obnixi crepuêre. — OSTRUM ὄστρεον, *huître), la couleur de pourpre; parce qu'elle est faite avec une humeur colorée qui se prend dans certaines huîtres :* Vestes perfusæ ostro, *VIRG. Il se prend pour la pourpre même, l'étoffe :* Velare humeros ostro, *VIRG.* — COCCUS, *graine dont on teint en écarlate :* Cocco velata rubenti, *MART. Cette couleur servait à teindre la bordure des robes des sénateurs, des pontifes et des augures :* Cavet hunc quem coccina læna vitari jubet, et comitum longissimus ordo, *JUV.*

2069. *Putris. Putridus.*

PUTRIS, *dissous, amolli, réduit en poussière :* Zephyro putris se gleba resolvit, *VIRG. On ne dirait pas* putrida. Fungi putres, *Id., noirs champignons qui se forment à la mèche d'une lampe. Au figuré :* Putres oculi, *HOR., yeux humides et lascifs.* — PUTRIDUS, *gâté, pourri :* Dentes putridi, *CIC.*

2070. *Pyra. Rogus. Bustum.*

PYRA (*de* πῦρ, *feu*), *amas de bois pour brûler :* Innumeras struxêre pyras, *VIRG.*

—ROGUS, *le bûcher, lorsqu'il est en feu:* Cùm ascenderet in rogum ardentem, CIC. — BUSTUM (quasi benè ustum), *le lieu où le mort a été brûlé:* Mactatus essem in Catilinæ busto, CIC. *Virgile a bien marqué la différence de ces trois mots:* Construxère pyras, subjectisque ignibus atris, ter circùm accensos, cincti fulgentibus armis, decurrère rogos; *et ensuite*, semiustaque servant busta.

# Q.

### 2071. *Quadriga. Quadrijugus. Biga. Bijugis.*

QUADRIGA, *char tiré par quatre chevaux:* Quadrigis vehi, CIC. *Il se dit de l'attelage même:* Curru quadrigarum vehi, CIC. Quadrigæ albæ, PLAUT. — QUADRIJUGUS (*de* quatuor *et de* jugum), *qui est attelé de quatre chevaux de front:* Quadrijugo vehitur curru, VIRG. — BIGA, *char attelé de deux chevaux:* Et nox atra polum bigis subvecta tenebat, VIRG. — BIJUGIS *et* BIJUGUS, *deux chevaux attelés de front:* Martis equi bijuges et magni currus Achillis, VIRG.

### 2072. *Quadrupes. Quadrupedans.*

QUADRUPES (*de* quatuor *et de* pes), *qui a quatre pieds:* Nihil inter te atque inter quadrupedem interest, CIC. Efficimus domitu nostro quadrupedum vectiones, *Id.* — QUADRUPEDANS, *qui frappe des quatre pieds:* Quadrupedante putrem sonitu quatit ungula campum, VIRG.

### 2073. *Quadruplator. Sector.*

QUADRUPLATOR (*de* quatuor), *délateur des crimes publics, à qui on donnait la quatrième partie de la confiscation des biens de ceux qu'il avait déférés, après les avoir convaincus:* Homo omnium ex illo conventu quadruplatorum deterrimus, CIC. *Sénèque a dit* quadruplatores beneficiorum, *parlant de ceux qui rendent de petits services pour en recevoir de grands.* — SECTOR (*de* secare), *proprement, qui coupe:* Sector zonarum, PLAUT. *Il se prend ordinairement pour enchérisseur, celui qui achète les biens confisqués qu'on vend à l'encan. Ceux qui achetaient les biens des proscrits, formaient des compagnies qui divisaient les biens, et les partageaient ensemble:* Sector, hoc est, qui bonorum Sexti Roscii emptor atque possessor est, CIC. *Cicéron appelle Antoine* sector Pompeii, *parce qu'il avait acheté les biens de Pompée, vendus à l'encan.* Scimus per ista tempora eosdem ferè sectores fuisse collorum et bonorum, CIC. *Selon Valla,* sector *est un accusateur qui attend une moitié, ou une partie des biens de l'accusé.*

### 2074. *Quamquam. Etsi. Quamvis. Tametsi. Licèt.*

QUAMQUAM *et* ETSI *ont plus de majesté, et se mettent au commencement de la phrase:* Etsi vereor, judices, ne turpe sit, CIC. Quamquam te, Marce fili, abundare oportet, *Id.* Quamquam *sert quelquefois de correction, et alors il se met au milieu de la phrase:* Quamobrem hoc vos doceo... quamquam te quidem quid hoc doceam? CIC. Etsi, *quand il répond à quand même, veut généralement le subjonctif:* Etsi illis planè orbatus essem, tamen, etc., CIC. — QUAMVIS *se met au commencement et au milieu de la phrase, avec le subjonctif ou l'indicatif:* Quamvis menti delubra consecremus, CIC. Hùc accedit, quòd quamvis ille felix est, *Id.* — TAMETSI *et* LICET *se mettent rarement au commencement de la phrase; tametsi demande l'indicatif:* Non tantùm mihi derogo, tametsi nihil arrogo, ut, etc. CIC. Licèt *veut le subjonctif; c'est proprement un verbe: Horace a dit* licebit repotia celebret. *On sous-entend* ut. Fixerit æripedem cervam licèt, CIC.

### 2075. *Quandò. Cùm.*

QUANDO, *quand, paraît plus propre pour marquer la circonstance du temps:* Utinam tùm natus essem, quandò Romani, etc. non essem passus, etc., CIC. — CUM, *lorsque, semble mieux convenir pour marquer la circonstance de l'occasion:* Cùm hùc respicio ad virginem, TER. *On dira bien:* Labori incumbendum, quandò vires sinunt; dociles simus, cùm opportunè corripimur.

### 2076. *Quandò. Quandiù.*

QUANDÒ, *avec interrogation, quand? dans quel temps?* Quandò me ista curâsse aut cogitâsse arbitramini? CIC. — QUAMDIU, *avec interrogation, combien de temps?* Tanta si nactus esses in reo, quamdiù diceres? CIC.

### 2077. *Quandoque. Quandocumque.*

QUANDOQUÈ, *pour le temps. Il signifie plus ordinairement, quand, quelquefois:*

Indignor quandoque bonus dormitat Homerus, *Hor.* QUANDOCUMQUE, *toutes les fois que :* Quandocumque eàdem parte sol, eodem tempore iterum deficit.

2078. *Quaquaversùm. Quoquoversùm.*

QUAQUAVERSUM et QUOQUOVERSUM, *de tous les côtés ;* quaquaversùm, *pour la question* quà : Legatos quaquaversùm dimittit, *Cæs.* Quoquoversùm, *pour la question* quò : Ejus imperio classem quoquoversùm dimittunt, *Cæs.*

2079. *Quasi. Tanquam.*

QUASI et TANQUAM, *adverbes de comparaison :* Quasi *signifie presque, ainsi que, de même que, comme si :* Fuit olim, quasi ego sum, senex, et ei filiæ duæ erant, quasi nunc meæ sunt : eæ erant duobus nuptæ fratribus, quasi nunc sunt meæ vobis, *Plaut.* Sed priùs potestis totius eorum rationis quasi fundamenta cognoscere, *Cic.* Quasi talenta ad quindecim coegi, *Ter.*, *j'ai ramassé à peu près quinze talents.* Quasi ego excitare filium ejus ab inferis possem, *Cic.* — TANQUAM, *comme, autant que :* Gloria virtutem tanquam umbra sequitur, *Cic.* Apud eum sic fuit tanquam domi meæ, *Id.* Nosco eum tanquam te, *Id. Ils paraissent avoir été employés quelquefois indifféremment.*

2080. *Quatenùs. Quantùm.*

QUATENUS, *jusqu'où, jusqu'à quel point :* Videamus quatenùs amor progredi debeat, *Cic.* Irent quatenùs tutò possent, *Liv. Il signifie aussi puisque :* Jubeas miserum esse libenter, quatenùs id facit, *Hor. Turnèbe explique* quatenùs *en cet exemple dans le premier sens :* Ad quam usque miseriam studium lucri perducere solet. — QUANTUM, *autant que :* Quantùm in me est, *Cic.* Quantùm conjecturà auguramur, *Id.* Quantùm ex tuto poterat, rem romanam fovebat, *Liv.*

2081. *Quemadmodùm. Sicut.*

QUEMADMODUM, *de même que, marque proprement une comparaison qui tombe sur la manière dont est la chose. Si je dis : les Français pensent de même que les autres nations, c'est* quemadmodùm ; sicut *présenterait une autre idée :* Pergratum mihi feceris, si, quemadmodùm soles de cæteris rebus, sic de amicitià disputàris quid sentias, *Cic.* — SICUT, *comme, marque mieux une comparaison qui tombe sur la qualité de la chose. Quand je dis, hardi comme un lion, blanc comme la neige, c'est* sicut ; quemadmodùm *ne conviendrait pas :* Ejus causam defendi in senatu, sicut mea fides postulabat, *Cic.* Sicut alterum parentem amo, *Id.*

2082. *Quercus. Ilex. Esculus. Robur.*

QUERCUS *est le chêne proprement dit, dont les feuilles sont découpées à ondes assez profondes :* Quercus glandifera, *Cic.* — ILEX *est le chêne vert, dont les feuilles sont plus dentelées ; on le distingue de* quercus *par les feuilles, et parce qu'il les conserve toujours :* Viridis ilex, *Ovid.* Civica corona fit fronde quernâ, etiam ex ilice, quod genus superiori proximum est, *Gell.* — ESCULUS *est le chêne à feuilles larges :* Nemorumque Jovi quæ proxima frondet esculus, *Virg.* — ROBUR, *rouvre, espèce de chêne fort dur :* Nodosum robur : *Ovid.* Innata rupibus robora, *Id. Au figuré : force :* Incredibili quodam robore animi, *Cic.* Sumere robur corporibus, *Liv.* Tenere robur in virtute, *Cic.*, *être inébranlable dans la vertu.* Robur accusationis, *Id.*, *la force d'une accusation.*

2083. *Querela. Querimonia. Questus. Lamentatio. Lamentum. Plangor. Planctus. Gemitus.*

QUERELA et QUERIMONIA, *plainte, mécontentement, avec cette différence que* querela *est une plainte souvent déplacée, au lieu que* querimonia *est une plainte fondée.* Querela, *disent les grammairiens,* levitatis est ; querimonia, gravitatis. Assurgere haud justis querelis, *Virg.* Tolle querelas, *Hor.* Eo metu injecto repentè magnà querimonià omnium discessimus, *Cic.* Querela *se dit quelquefois d'une plainte bien fondée :* His de tot tantisque injuriis in socios consulum querela esse debuit, *Cic.* — QUESTUS, *plainte, expression de la peine ou de la douleur :* Et mœstis latè loca questibus implet, *Virg.* Effundere questus pectore, *Id.* — LAMENTATIO et LAMENTUM, *le ton plaintif d'un homme qui exprime la perte qu'il a faite, ou sa douleur ; avec cette différence que* lamentatio *exprime l'action :* Lamentatio est ægritudo cum ejulatu, *Cic.* Lugubris lamentatio, *Id.* Lamentum *exprime les regrets mêmes :* Dedere se lamentis muliebriter, *Cic. On peut encore dire que* lamentatio *est une plainte forte et continuée, accompagnée de gémissements, et que* querela *s'exprime par le discours.* — PLANGOR et PLANCTUS, *coups que se donne un homme dans la douleur :* Ingentes iteràsti pectore planctus, *Stat.* Sonus plangoris, *Ovid.* Plangore et lamentatione compleremus forum, *Cic.* — GEMITUS, *plainte douloureuse, cris qui partent d'un cœur serré de douleur :* Gemitus toto foro audiebatur, *Cic.* Fit fletus gemitusque totâ urbe, *Id.*

2084. *Querulus. Queribundus.*

Querulus *marque l'habitude, qui se plaint souvent :* Et cantu querulæ rumpunt arbusta cicadæ, *Virg.* Calamitas querula est, *Q. Curt.* — Queribundus, *qui se plaint actuellement :* De supplicio P. Lentuli, de carcere magnâ et queribundâ voce dicebat, *Cic.*

2085. *Quidam. Aliquis. Quisquam. Quispiam.*

Quidam, *un certain, quelqu'un déterminé :* Quidam de collegis, *Cic.* Certis quibusdam verbis, *Id.* — Aliquis, *quelqu'un indéterminé :* Atque is tamen aliquis Ligarius non fuit, *Cic.* Tres aliqui, aut quatuor, *Id.* Exoriare aliquis nostris ex ossibus ultor! *Virg.* — Quisquam *se met* 1° *lorsqu'on interroge :* Et quisquam numen Junonis adoret præterea? *Virg.* 2° *Lorsqu'il y a négation :* Nec quisquam est qui, etc., *Cic.* 3° *Pour* aliquis : Quod si non modò tu, sed quisquam alius fecisset, *Cic.* — Quispiam *est le même que* quisquam *dans ce dernier sens :* Ut si constitueris te cuipiam advocatum in rem præsentem esse venturum, *Cic.*

2086. *Quidem. Equidem.*

Quidem *se met avec toutes les personnes :* Id quidem ago, *Virg.* Collegam quidem de cœlo detraxisti, *Cic.* Ille quidem politè, ut solebat, dixit, *Id.* — Equidem (quasi ego quidem), *ne se met guère qu'avec la première personne :* Equidem non video, *Cic.* Adhùc equidem valdè me pœnitet, *Id.* Sic equidem sæpiùs ita loquamur inter nos, *Id.* *Il se trouve cependant avec la seconde et avec la troisième personne :* Non equidem hoc dubites, *Pers.* Per me equidem sint omnia protinùs alba, *Id.* *Ces exemples sont rares, et même ont peut dire qu'alors il se rapporte à la personne qui parle.* Quidem *ne doit pas être employé sans raison.* Quidem, *dit Valla,* capitur 1° pro conjunctione distinguente res varias: Ego quidem rhetoricâ magis delector, tu verò logicâ, hic autem grammaticâ. 2° Pro exceptione illius quod affirmas; ut : Si negligenter egeris, me quidem summo dolore afficies; sed te ipsum perpetuò perdideris. 3° Pro conjunctione encliticâ, id est, causâ ornatûs, aut pro certè : ut : Petre, quid istìc tibi negotii est? nihil quidem mihi hìc negotii. 4° Jungitur ne, sed interjectâ semper unâ dictione, et hoc cùm aliquid vehementer negare cupientes, id quod minùs quoque est, negamus ; ut : Tune hujus es flagitii auctor? ne conscius quidem fui. Non solùm homines non times, sed ne Deum quidem vereris.

2087. *Quies. Requies.*

Quies, *repos, exemption de travail :* Tradere se quieti, *Cic.* Nec eum labor ad quietem revocavit, *Id.* Quies *est le repos absolu.* — Requies, *le repos relativement au travail qui a précédé :* Qui nunc requiem quærit magnis occupationibus, *Cic.*

2088. *Quiescere. Requiescere. Otiari.*

Quiescere, *se reposer, dormir :* Circa casam eam, in quâ quiescebat, *Cic.* *Au figuré :* Dehinc ut quiescant porrò moneo, *Cic.* — Requiescere, *comme* requies, *suppose le travail qui a précédé :* Quæ mihi non modò ut requiescam permittit, sed reprehendit etiam, quia non semper quieverim, *Cic.* *Au figuré :* Sollicitudines et angores amicorum consilio et sermone requiescunt, *Cic.* In alicujus spe requiescere, *Id.* — Otiari, *être ou demeurer oisif, ne rien faire :* Domesticus otior, *Hor.* Cùm se Syracusas otiandi causâ, non negotiandi contulisset, *Cic.*

2089. *Quietus. Tranquillus.*

Quietus (*de* quies), *qui est en repos, paisible :* Æquor quietius, *Hor.* Honores quos, quietâ republicâ, desperant, turbatâ consequi se posse arbitrantur, *Cic.* Gentes agitare quietas, *Virg.* — Tranquillus, *calme, tranquille, se dit proprement de la mer :* Ut maris tranquillitas intelligitur, nullâ ne minimâ quidem aurâ fluctus commovente, sic animi quietus status cernitur, cùm perturbatio nulla est, quâ moveri queat, *Cic.* Ut mihi liceret ejus urbis, quam conservâssem, conspectu tranquillo animo et quieto frui, *Id.* Tranquilla, quieta, beata vita, *Id.* Quietus *se dit des choses et des personnes :* Hominum quietissimus, *Cic.* Tranquillus *ne se dit que des choses et de l'âme.*

2090. *Quilibet. Quivis. Quicunque. Quisquis.*

*Il y a une différence assez délicate entre* Quilibet, Quivis *et* Quicunque. 1° Quicunque *a plus de rapport à la nature, aux qualités de la personne, ou de la chose;* Quivis *et* Quilibet, *à la distinction numérique, ou de rang :* Quivis ex numero, quilibet è senatoribus; *au lieu qu'on dit* Quamcunque rem gesseris. Non quivis unus è populo, *Cic.* Quicunque is est, ei me profiteor inimicum, *Id.* Quilibet aliquis, *Id.* 2° *Il n'est peut-être pas indifférent de mettre* quicunque, *ni* quivis *et* quilibet *dans certaines phrases ; supposons celle-ci :* Mutius Porsenæ respondit se quodcunque, quodlibet, quodvis supplicium potiùs subiturum, quàm, etc. *Ici* quodvis *paraît impropre et louche, parce qu'il ne cadre point, par son origine, avec la troisième personne ;* quodlibet *est assez propre, mais il n'exprime que le choix entre les supplices connus ;* quodcunque *est aussi propre et plus fort : il exprime tout supplice quelconque.* — Quisquis, *qui que ce soit, diffère de* quicunque, *en ce qu'il demande toujours un verbe après lui :* Quisquis est ille, si modò est aliquis, *Cic. Au lieu que* quicunque *n'en demande pas toujours, et est souvent absolu :* Ut facias quocunque modo rem, *Hor.*

2091. *Quin. Quominùs. Quin etiam.*

Quin (*pour* qui ne, *pourquoi ne*) : Quin tu urges occasionem istam ? *Ter. On le trouve même quelquefois tout au long :* Effice quì mor detur tibi, ego efficiam mihi quì ne detur, *Ter. Il est quelquefois pour* ut non : Ut nullo modo introire possem, quin viderent me, *Ter. Quelquefois il sert à augmenter :* Quin etiam necesse erit, *Cic.*, *et qui plus est, il sera nécessaire.* — Quominus *est proprement deux mots,* quò *pour* ut, *et* minùs *pour* non : Illud non perficies quominùs tuà causâ velim, *Cic.* Nemini civi ulla, quominùs adesset, satis justa excusatio visa est, *Id.* — Quin etiam. *Ce mot* etiam *ajoute à la force de* quin ; *et même, de plus :* Quin etiam cœli regionem in cortice signant, *Virg.*

2092. *Quinquennis. Quinquennalis.*

Quinquennis ( quinque annus ), *de cinq ans, qui a cinq ans :* Vinum quinquenne, *Hor.* — Quinquennalis, *qui se fait de cinq ans en cinq ans :* Quinquennalis celebritas ludorum, *Cic.* Quinquennales magistratus, *Liv.*, *magistrats qu'on élit tous les cinq ans, ou qui exercent leur charge pendant cinq ans.*

2093. *Quippè. Utpotè. Quoniam.*

Quippe, *véritablement :* Sol Democrito magnus videtur, quippè homini erudito, *Cic.* Quippè, *suivi de* qui, quæ, quod, *signifie puisque :* Quippè qui jussit, *Cic.*, *puisqu'il l'a commandé.* — Utpote, *attendu que, vu que :* Me puerulo, utpotè novem annos nato, *C. Nep. On met souvent* qui, quæ, quod, *ou* cùm *après* utpotè : Ea nos, utpotè qui nihil contemnere solemus, non pertimescebamus, *Cic.* Incommoda valetudo, quâjam emerseram, utpotè cùm sine febri laborâssem, etc. *Id.* Utpotè *et* quippè *se mettent au second membre, au lieu que* quoniam *se met au premier et au second.* — Quoniam *signifie puisque, parce que :* Quoniam id fieri, quod vis, non potest, velis id quod possis, *Ter.* Tamen ei moriendum fuit, quoniam homo nata erat, *Cic.* Quippè, utpotè, quoniam, *dit Valla,* sic differunt : Quippè potest habere suum proprium verbum : Honestior est mors quàm vita sine amico ; quippè qui amicitiæ expers vivit, feræ propior est quàm homini. Sine proprio verbo : scio te omnia amicissimè curaturum, quippè cui amicorum negotia non aliter curæ esse solent, quàm propria. Utpotè non habet verbum, nisi intercedente qui, vel cùm ; aut certè jungitur adjectivis, sine verbo : Pueri nisi virgâ arceantur, ad omnes ineptias prolabuntur, utpotè quos natura ad vitia, quàm ad virtutes pronior impellit. Semper te mihi colendum statui, utpotè virum tum litteratum, tum probum. Quoniam potest causam præponere toti orationi. Quoniam unà esse, quoties libet, non licet, cura frequentiùs ad me scribas.

2094. *Quocircà. Idcircò.*

Quocirca, *voilà pourquoi, c'est pourquoi :* Quocircà benè apud majores nostros senatus decrevit, etc., *Cic.* — Idcircò, *pour cette raison, pour ce motif ; il est ordinairement suivi de* ut : Reperietis idcircò hæc in uno homine pecunioso tot constituta, ut cæteris formidines, etc., *Cic.*

2095. *Quòd. Quia.*

Quod *et* Quia, *parce que, sont les mêmes, avec cette différence qu'on met l'indicatif et le subjonctif avec* quòd, *au lieu qu'on met toujours l'indicatif après* quia : Urbs quæ, quòd in eà Fortunæ fanum fuit, Tyche nominata est, *Cic.* Facilè apparet, quòd me colat, *Id.* Urbs quæ, quia postrema ædificata est, Neapolis nominatur, *Id.*

2096. *Quot. Quotquot.*

Quot *demande un nombre déterminé :* Quot homines, tot sententiæ, *Ter.* — Quotquot *se dit d'un nombre indéterminé, autant qu'il y en a :* Quotquot eunt dies, *Hor.* Adeste omnes undiquè, quotquot estis omnes, *Catul.*

2097. *Quotidiè. In dies singulos. Singulis diebus.*

Quotidie, *tous les jours, se dit d'un temps non interrompu.* — In dies singulos, *de jour en jour :* Quotidiè vel potiùs in dies singulos breviores litteras ad te mitto, *Cic.* — Singulis diebus, *chaque jour, se dit d'un temps fini et déterminé, au lieu que* in singulos dies *marque progression :* Qui singulis diebus ediscendos fastos populo proposuit, *Cic. On dira bien:* Ludos publicos rex in singulos annos Lutetiæ instituit, qui singulis annis celebrantur.

2098. *Quotus. Quotus quisque.*

Quotus, *le quantième :* Hora quota est? *Hor.* Tu quotus esse velis rescribe, *Id.*—Quotus quisque, *combien peu :* Quotus quisque est qui teneat artem numerorum? *Cic.*

# R.

2099. *Rabidus. Rabiosus.*

Rabidus (*de* rabies), *qui est dans un accès de rage :* Tigres rabidæ, *Virg. Au figuré:* Mores rabidos compescere, *Ovid.* Aspectu rabido circumspectans hùc atque illùc, *Cic.*—Rabiosus *marque l'habitude:* Canis rabiosa, *Hor.* Signi rabiosi tempora, *Id., les jours caniculaires, pendant lesquels les chiens sont plus sujets à devenir enragés. Au figuré :* Vide ne fortitudo minimè sit rabiosa, sitque iracundia tolerabilis, *Cic.*

2100. *Racemus. Uva. Botrus* seu *Botryon.*

Racemus *est le grain du raisin, et* Uva *est la grappe :* Racemis tumet uva, *Ovid.* Uvæ racemiferæ, *Id.* Prima mihi variat liventibus uva racemis, *Propert.*—Botrus seu Botryon (βότρυς), *synonyme d'*uva, *est la grappe de raisin :* Nec dignum toto te botryone putat, *Mart.*

2101. *Radere. Eradere.*

Radere, *racler, ratisser :* Littera rasa in extremo margine, *Ovid. Au figuré :* Radere aures alicujus, *Quint., écorcher les oreilles de quelqu'un.* Proxima Circeæ raduntur littora terræ, *Virg.* — Eradere (radere è), *ôter en ratissant :* Merulam albo senatorio erasit, *Tac., il raya Mérula du tableau des sénateurs. Au figuré :* Eradenda pravi sunt elementa cupidinis, *Hor.*

2102. *Radix. Stirps.*

Radix, *racine, soit des arbres, soit des plantes :* Videmus ea quæ terra gignit, corticibus et radicibus validè sustentari, *Cic.* Nautæ fame coacti radices palmarum agrestium colligebant, *Id. Au figuré :* Virtus est una altissimis defixa radicibus, *Cic.* —Stirps, *souche et plante qui a racine :* Stirpes stabilitatem dant iis quæ sustinent, et ex terrâ succum trahunt, *Cic.* Cùm arborum et stirpium eadem penè natura sit, quæ animalium, *Id. Au figuré :* Firmatâ jam stirpe virtutis, *Cic.* Stirps *au propre est masculin, et féminin au figuré.*

2103. *Rameus. Ramosus.*

Rameus, *de branches, fait de branches :* Ramea fragmenta, *Virg.*—Ramosus, *qui a des branches :* Ramosa ilex, *Ovid.* Cornua ramosa cervi, *Phæd.*

2104. *Ramus. Ramale. Surculus. Termes.*

Ramus, *branche d'arbre :* Defringere ramum arboris, *Cic. Au figuré :* Amputare ramos miseriarum, *Cic.*—Ramale, *branche sèche et inutile :* Veteris ramalia fagi, *Pers.* Ramaliaque arida tecto detulit, *Ovid.* — Surculus (quasi surgulus, *de* surgere), *le rejeton d'un arbre :* Surculus *vient aux branches, et* ramus, *au tronc :* Surculum defringere, *Cic. Il se dit bien d'une greffe prise d'un arbre pour enter sur un autre :* Da mihi ex istâ arbore quos inseram surculos, *Cic.* — Termes, *branche d'arbre avec son fruit et ses feuilles :* Germinet et nunquàm fallentis termes olivæ, *Hor.* Spadica vocant avulsum è palmite termitem cum fructu, *Gell.*

2105. *Rapina. Præda. Raptum. Furtum. Latrocinium.*

Rapina, *rapine, pillage, l'action de ravir quelque chose par violence :* Nihil cogitans nisi cædes, incendia, rapinas, *Cic.* — Præda, *proie, butin, ce qu'on enlève aux ennemis :* Sic totam prædam sola improbitas abstulit, *Phæd.* Cæde omissâ prædam sectari, *Tac.* Spes prædæ ac rapinarum, *Cic.* Præda victoriâ gaudet; rapina, petulantiâ, *disent les grammairiens.* — Raptum *est proprement un adjectif, la chose enlevée :* Quos rapto vivere necessitas coegerat, *Liv.*—Furtum (*de* fur), *vol simple, non accompagné de violence :* Fures earum rerum quas ceperunt signa commutant, *Cic.* Quid domini facient, audent cùm talia fures? *Virg.*—Latrocinium, *au propre, une escorte militaire :* Sive latrocinii sub imagine calculus ibit, *Ovid. Et par extension, brigandage, vol accompagné de violence :* Tueri fines suos ab excursionibus hostium et latrociniis, *Cic.*

Cùm dicas esse pares res furta latrociniis, *Hor.*

2106. *Raptio. Raptus. Rapacitas.*

Raptio, *l'action d'enlever, de ravir :* Disperii : Ctesiphontem audivi filium unà fuisse in raptione cum Æschino, *Ter.* — Raptus, *rapt, enlèvement :* Ganymedis raptus, *Cic.* Raptio ad personam refertur; raptus, ad stuprum. — Rapacitas, *rapacité, avidité d'un homme qui enlève avec violence le bien d'autrui :* Quis in rapacitate avarior? *Cic.*

2107. *Raptor. Rapax.*

Raptor, *ravisseur, qui enlève actuellement :* Audax raptor, *Hor.* Consilium raptor vertit ad fallaciam, *Phæd.*—Rapax, *porté à enlever, marque l'habitude :* Olim furunculus, nunc rapax, *Cic. Au figuré:* Ignis rapax, *Ovid., feu dévorant.*

2108. *Rationalis. Rationabilis.*

Rationalis, *doué de raison, qui raisonne :* Rationale animal, *Quint.* Rationalis philosophia, *Cic., la logique, l'art de raisonner.*—Rationabilis, *conforme à la raison :* Sententia vera et rationabilis, *Ulp. Quintilien l'a employé dans le sens de* rationalis.

2109. *Rationem habere alicujus, cum aliquo.*

Rationem habere alicujus, *avoir égard à quelqu'un, ou à quelque chose:* Habe famæ tuæ rationem, *Cic.* Habere rationem non suam solùm, sed etiam aliorum, *Id.* Habere rationem dierum *est dans un autre sens, compter, supputer les jours. De même :* Hujus pecuniæ, quæ permagna est, non habui rationem, neque habere potui, *Cic.*—Habere rationem cum aliquo, *avoir commerce avec quelqu'un :* Cum omnibus musis rationem habere cogito, *Cic. On dit aussi* habere rationem cum aliquà re : Habent rationem cum terrâ, *Cic., ils s'occupent à labourer la terre.* Si habenda cum Antonii latrocinio pacis ratio fuit, *Id.*

2110. *Rationem inire, subducere, putare, edere, conficere.*

Rationem inire, *faire le calcul d'un compte;* Rationem subducere, *marquer au bas la somme totale :* Incundis subducendisque rationibus, *Cic. Au figuré:* Initâ subductâque ratione nefaria scelera meditari, *Cic.* Inire rationem *signifie aussi chercher, prendre le moyen de :* Ineas rationem quemadmodùm ea mulier Romam perducatur, *Cic.* — Rationem putare, *apurer un compte, lever les charges qui ont été mises sur un compte, lorsqu'il a été rendu :* Ut rationes cum publicanis putarent, *Cic. Au figuré :* Frustrà egomet mecum has rationes puto, *Ter., je compte sans mon hôte.*—Rationem edere, *donner un compte :* Sed ego mihi ab illo rationes non exspectabam, quas tibi edidit, *Cic.*—Rationem conficere, *parfaire un compte, le clore :* Rationes confectæ, me absente, sunt tecum, ad quas nihil adhibui, præter lectionem, *Cic.*

2111. *Rationem reddere, referre.*

Rationem reddere, *rendre compte, rendre raison, se dit au moral :* Semper ita vivamus, ut rationem nobis reddendam arbitremur, *Cic.* Nihil est quod minùs ferendum sit, quàm vitæ rationem ab altero reposcere eum, qui non possit suæ reddere, *Id.* — Rationem referre *se dit au physique, rendre son compte :* Scriba qui rationes ad ærarium retulit, *Cic.*

2112. *Receptus. Receptaculum.*

Receptus (retrò capere), *la retraite, l'action de se retirer :* Animadverti nullum alium receptum Antonium habere, nisi in his partibus, *Cic.* Receptui signum, aut revocationem à bello audire non possumus, *Id.*—Receptaculum, *réceptacle, ce qui reçoit :* Quasi receptaculum animi, corpus, *Cic.* Nisi illud receptaculum classibus nostris pateret, *Id.*

2113. *Recidivus. Redivivus.*

Recidivus (rursùs cadere), *destiné à périr une seconde fois :* Funestæque iterùm recidiva in Pergama tædæ, *Virg. C'est à tort que les dictionnaires lui donnent un sens contraire; à moins qu'il n'en soit de ce mot comme de* retectus, recinctus.— Redivivus (quasi redux ad vitam), *qui est comme ressuscité, qu'on emploie de nouveau :* Nummus redivivus, *Juv., argent qui renaît de nouveau dans le coffre épuisé.* Lapis redivivus, *Cic., pierres qu'on remet en œuvre.* Quasi quicquam redivivi ex illo opere tolleretur, ac non totum opus ex redivivis constitueretur, *Id.*

2114. *Recinere. Recantare.*

Recinere (rursùs canere), *rechanter, répéter :* Cujus recinet jocosa nomen imago, *Hor.* Hæc recinunt juvenes dictata senesque, *Id.* — Recantare (*fréquentatif de* recinere), *marque plus d'action :* Græcula quod recantat Echo, *Mart. Il signifie aussi chanter le contraire, et délivrer d'un enchantement :* Nunc ego mitibus mutare quæro tristia, dùm mihi fias recantatis amica opprobriis, *Hor.* Recantatæ curæ, *Ovid.*, *chagrins dissipés par des enchantements.*

2115. *Recipere. Suscipere.*

Recipere, *synonyme de* suscipere, *signifie se charger d'une chose, quand on en est prié, ou autrement :* Omnia ei petenti et recepi, et ultrò pollicitus sum, *Cic.*—Suscipere *est se charger de soi-même :* Ego in hoc judicio mihi Siculorum causam receptam, populi romani susceptam arbitror, *Cic.* In quo est illa quidem magna offensio, vel negligentia, susceptis rebus, vel perfidia, receptis, *Id.*

2116. *Recoctus. Retorridus.*

Recoctus (rursùs coctus), *recuit, cuit une seconde fois :* Ferrum recoctum, *Flor.* Recoctus *est un mot emprunté des teinturiers, qui appellent une chose* recocta, *quand elle a passé plusieurs fois à la teinture, et qu'elle a bien pris la couleur ; de là on a appelé* recoctus, *un homme qu'un long usage a rendu habile et rusé :* Scriba recoctus, *Hor.* Senex recoctus, *Catul.*, *un vieux routier.* — Retorridus (rursùs torrere), *rôti une seconde fois, vulgairement ratatiné :* Rami retorridi, *Sen.* *Au figuré :* Venit et retorridus qui sæpè laqueos et muscipula effugerat, *Phæd.*, *parlant d'un rat vieux et retors.*

2117. *Rectè. Benè. Ritè. Rectà.*

Recte (*de* regere, rectum), *proprement, en droite ligne :* Atomi, quæ rectè, quæ obliquè feruntur, *Cic.* *Au figuré :* Rectè atque ordine facere, *Cic.* Lex rectè lata, *Id.* Tuæ litteræ rectè sperare jubent, *Id.* — Bene, *bien, beaucoup :* Benè facis, quòd me adjuvas, *Cic.* Adolescens non minùs benè nummatus, quam benè capillatus, *Id.* Benè manè, *Id.*, *de grand matin.* Benè longa oratio, *Id.* — Rite *se dit des choses qui regardent la religion :* Deos ritè colere, *Cic.* Perpetrare ritè sacrificium, *Liv.* — Recta, *on sous-entend* vià, *tout droit :* E navi rectà ad me venit, *Cic.*

2118. *Rectio. Regimen.*

Rectio (*de* regere, rectum), *proprement, l'action de rendre droit ; il n'est usité qu'au figuré, l'action de régler, de gouverner :* Rerum publicarum rectio, *Cic.* — Regimen, *le gouvernement, l'autorité :* Regimen totius magistratûs penes Appium erat, favor plebis, *Liv.* Vobis arma et animus sit ; mihi consilium et virtutis vestræ regimen relinquite, *Tac.*

2119. *Rector. Moderator.*

Rector (*de* regere), *qui gouverne :* Juvenum rectores, *Virg.* Rector navis, *Id.* — Moderator (*de* modus), *modérateur, qui prescrit les bornes :* Inesse aliquem non solùm habitatorem in hâc cœlesti ac divinâ domo, sed etiam rectorem et moderatorem, *Cic.* Rector et moderator tanti operis, *Id.* Temperantia est moderatrix omnium commotionum, *Id.* Volucrum moderator equorum, *Ovid.*

2120. *Rectus. Directus.*

Rectus, *droit, qui n'est pas tortu :* Longà trabe rectior, *Ovid.* Recta via, *Cic.* *Au figuré :* Conscientia recta, *Cic.* More recto servat munia vitæ, *Id.* *Cicéron appelle* recti *les Commentaires de César, à cause de leur style simple et naturel.* — Directus, *aligné, direct :* Directa acies, *Cic.* Ductæ et directæ viæ, *Id.* *Au figuré :* Hæc directa percontatio, ac denunciatio belli magis ex dignitate populi romani visa est, *Cic.* Directus homo, *Id.*, *homme droit, qui ne plie point, inflexible.*

2121. *Reddere. Restituere. Reponere.*

Reddere (rursùs dare), *rendre ce que l'on a reçu, ou ce qui nous a été confié :* Mutuari aliquid ab aliquo, et ei vicissim reddere aliquid aliud, *Cic.* Depositum reddere, *Id.* *Au figuré :* Clamorem reddere, *Liv.* Se convivio reddere, *Id.* Me hebetem molestiæ reddiderunt, *Cic.* — Restituere (rursùs statuere, *proprement, rétablir :* Restituere ædes, *Cic.* In pristinam dignitatem restituere, *Id.* *Il signifie aussi rendre une chose perdue, aliénée, la remettre à son premier maître, dans son premier état :* Restituat uxorem, reddat misero patri filiam, *Cic.* Lucem salutemque redditam sibi ac restitutam accipere debuit, *Id.* — Reponere (rursùs ponere), *ordinairement, replacer, remettre, rendre :* Arisque reponimus ignem, *Virg.* Donata reponere, *Hor.* *Cicéron l'emploie dans le sens de placer, mettre sur, ou à la place :* Grues in tergo prævolantium capita reponunt, *Cic.* In vestrâ humanitate totam causam repono, *Id.* Homines mortuos reponere in deos, *Id.* *Juvénal s'est servi de ce mot pour exprimer l'action de répondre :* Nunquàmne reponam, vexatus toties ?

2122. *Redemptor. Publicanus. Manceps.*

Redemptor (*de* redimere), *l'entrepreneur d'un édifice :* Redemptor qui columnam illam conduxerat faciendam, *Cic. Il se prend dans Labéon pour celui qui afferme les revenus de la république.* — PUBLICANUS, *publicain, partisan, celui qui est préposé à la levée des impôts publics :* Reliquorum ordinum firmamentum, ordo publicanorum, *Cic.* — MANCEPS (quasi manu capiens), *est celui qui est intéressé dans les contributions publiques :* Mancipes à civitatibus pro frumento pecunias exegerunt, *Cic.*

2123. *Redigere. Reducere.*

REDIGERE (rursùs agere), *ramener, parlant des hommes et des animaux :* Filia parva duas redigebat monte capellas, *Ovid.* Manibus præcisis Capuam rediguntur, *Liv. Au figuré :* Bona vendidit, pecuniam redegit, *Cic.*, *il a vendu ses biens, il en a retiré de l'argent.* Quæstum totum ad se redigere, *Id.* Redigere sub imperium, *Cæs.*, *réduire sous son empire.* Redigere in memoriam, *Cic.*, *rappeler à la mémoire.* — REDUCERE, *ramener, reconduire, parlant des hommes :* Crassum consulem ex senatu domum reduxi, *Cic. Au figuré :* In spem reducere, *Hor.* Ad salutem aliquem reducere medicinâ, *Cic.* Reducere aliquid in memoriam, *Id.* Somnum reducere, *Hor.* Aurora reducit lucem, *Ovid.*

2124. *Reditus. Reversio. Reditio. Regressus. Recursus.*

REDITUS (*de* re *et d'*ire) *retour :* Profectio et reditus Syllæ, *Cic. Au figuré :* Gratiæ reditus ei patet, *Cic.* — REVERSIO (*de* re *et de* vertere), *l'action de revenir sur ses pas.* Reditus *est le retour d'un homme qui a été où il devait aller ; et* reversio, *est le retour d'un homme qui revient sur ses pas :* Dii immortales, quàm valdè ille reditu, vel potiùs reversione meâ effudit illa omnia quæ tenuerat ! *Cic.* — REDITIO, *l'action de revenir :* Ut domum reditionis spe sublatâ, paratiores ad omnia pericula subeunda essent, *Cæs.* Reditus *serait mal; d'ailleurs on ne dit pas* reditus domum. — REGRESSUS (*de* retrò gradi), *l'action de rétrograder. C'est l'opposé de* progressus *:* Progressus et regressus quinque errantium siderum, *Cic. Au figuré :* Funditùs occidimus, nec habet fortuna regressum, *Virg.* — RECURSUS (*de* retrò currere), *retour en courant, retour précipité :* Indè alios ineunt cursus aliosque recursus, *Virg.*

2125. *Reditus. Proventus.*

REDITUS (quia singulis annis venit), *synonyme de* proventus, *suppose quelque chose de périodique et de fixe :* At reditus jam quisque suos amat, *Ovid.* Nullius tutior est reditus, minorisve impendii, aut tempestatum securior, *Plin.*, *parlant du saule.* — PROVENTUS (*de* pro *et de* venire), *production.* Proventus *est plus variable pour la quantité et pour le temps :* Onerare sulcos proventu, *Virg.*, *couvrir la terre d'une riche moisson. Il se prend pour succès :* Multùm ad hanc rem adjuvat adolescentia, magnitudo animi, superioris temporis proventus, fiducia rei benè gerendæ, *Cæs. Il se dit du mal :* Calamitatum et miserarium tot proventus, *Plaut.*

2126. *Redux. Rediens.*

REDUX (*de* redire), *qui est de retour :* Qui me reducem esse voluistis, *Cic. Il se dit bien d'un homme qui a échappé à quelque danger :* Namque tibi reduces socios, classemque relatam nuntio, *Virg.* — REDIENS *qui revient :* Redeuntis cornua lunæ, *Ovid.* Annus rediens, *Hor.*

2127. *Referre aliquid alicui. Referre ad aliquem. Referre cum aliquo.*

REFERRE ALIQUID ALICUI, 1° *raconter :* Referam tibi eventum meum, *Cic.* 2° *apporter :* Retulit mihi tuas litteras, *Cic.* — REFERRE AD ALIQUEM DE ALIQUA RE, *s'en référer à quelqu'un sur quelque chose :* Populus de suis rebus ad eum refert, *Cic.*, *le peuple lui demande son avis, s'en rapporte à lui.* — REFERRE CUM ALIQUO, *conférer avec quelqu'un :* Introductus Vectius primò negabat se unquàm cum Curione retulisse, *Cic.*

2128. *Regalis. Regius.*

REGALIS, qui rege dignus est; REGIUS, qui regis est. *Quoique ces deux mots puissent se mettre quelquefois l'un pour l'autre,* Regius *se dit proprement de ce qui concerne la personne du roi, ou la royauté; et* Regalis, *de ce qui a un rapport moins direct à l'un ou à l'autre :* Regius pastor, *Cic.* Regia conditio, *Id.* Nihil ei tam regale videri, quàm studium agri colendi, *Id.* Animus regius, *le courage, ou les sentiments d'un roi ;* animus regalis, *des sentiments de roi, ou dignes d'un roi.* Regia jura, *les droits attachés à la royauté;* regalia jura, *les droits qui découlent de la royauté.*

2129. *Regaliter. Regiè. Regificè.*

REGALITER, *en prince, grandement, noblement :* Precibusque minas regaliter addit, *Ovid.* — REGIE, *en roi, en maître absolu :* Nam ut hoc tempore ea quæ regiè, seu potiùs tyrannicè statuit in aratores Apronius, prætermittam, *Cic.* —

—REGIFICE, *avec la pompe, la magnificence d'un roi :* Regificè exstructis celebrant convivia mensis, *SIL. ITAL.* Instructus regificè, *CIC.*

2130. *Regio. Provincia. Plaga. Tractus.*

REGIO, *région, grande étendue de terrain :* Per Cappadociæ regionem iter feci, *CIC.* Terræ maximas regiones inhabitabiles atque incultas videmus, *Id. Au figuré :* Regionibus officii se continere, *CIC.*, *se renfermer dans les bornes du devoir.* — PROVINCIA, *province; on appelait provinces les pays éloignés de l'Italie, soumis par les armes, ou autrement :* Sicilia prima omnium provincia appellata est, *CIC. Au figuré, charge, emploi :* Provinciam cepisti duram, *TER.* — PLAGA *se dit d'un certain espace, soit au ciel, soit sur la terre :* Quod est ante pedes, nemo spectat; cœli scrutantur plagas, *CIC.*—TRACTUS (*de* trahere), *une traînée :* Funem trahunt...... modicus est tractus, *PLIN. Au figuré :* Hæsitatio tractusque verborum, *CIC. C'est dans ce sens qu'il se dit d'une suite d'espaces, d'une contrée :* Alti nubium tractus, *HOR.* Terrasque, tractusque maris, *VIRG.*

2131. *Regionatim. È regione.*

REGIONATIM, *par cantons, par quartiers :* Ludos regionatìm totà urbe edidit, *SUET.* Regionatìm generibus hominum causisque et quæstibus tribus descripserunt, *LIV.* — E REGIONE, *vis-à-vis :* Luna, cùm est è regione solis, deficit, *CIC.*

2132. *Relaxatio. Remissio.*

RELAXATIO (*de* laxare) *se dit proprement de ce qui est trop serré :* Quidquid ego adstrinxi, relaxat, *CIC. Il ne se trouve qu'au figuré, relâchement, l'action de relâcher :* Animi relaxatio, *CIC.*—REMISSIO (remittere) *se dit de ce qui est trop tendu; il n'est usité qu'au figuré :* Contentio vocis et remissio, *CIC.*, *contention et abaissement de la voix.* Remissio pœnæ, *Id.* Remissio animorum, *découragement, ralentissement. Il se prend aussi pour récréation, délassement :* Ad omnem animi remissionem ludumque descendere, *CIC.*

2133. *Religio. Superstitio.*

RELIGIO (ex relegendo, *dit Cicéron,* ut elegantes ex eligendo), *religion.*—SUPERSTITIO (*de* super esse), *superstition. Cicéron nous apprend la différence qu'il y a entre ces deux mots.* Superstitio, in quà inest timor inanis deorum; religio, quæ deorum cultu pio continetur. *Et ailleurs :* Non enim philosophi tantùm, verùm etiam majores nostri superstitionem à religione separârunt. Nam qui totos dies precabantur, et immolabant, ut sibi sui liberi superstites essent, superstitiosi sunt appellati; quod nomen patuit posteà latiùs. Qui autem omnia quæ ad cultum deorum pertinerent, diligenter pertractarent, et tanquam relegerent, sunt dicti religiosi ex relegendo. Religio *se dit quelquefois pour scrupule de conscience :* Subit tacita religio animos, *PLIN.* Nec eam rem habuit religioni, *CIC.*, *il ne s'en fit pas scrupule. Les poëtes ont employé* Religio, *et surtout le pluriel* religiones, *pour superstition. Ce mot a beaucoup d'autres acceptions qu'il serait trop long de mentionner ici.* (*Voir les grands dictionnaires.*)

2134. *Reliquiæ. Reliqua.*

RELIQUIÆ (*de* relinquere), *le reste, le restant :* Jussit reliquias poni hordei, *PHÆD.* Colere reliquias suorum, *VIRG.*, *honorer les restes, les cendres des siens. Plaute et Phèdre ont dit* reliquia *au neutre :* Ut fruaris reliquiis, quæ sunt rosuri, *PHÆD.* At pedites tibi reliquia erant, *PLAUT.*—RELIQUA, *le reliquat, ce qui reste à payer :* Maximè me angit ratio reliquorum meorum, *CIC.*, *je suis inquiet du reliquat de ce qui m'est dû.*

2135. *Reluctari. Reniti.*

RELUCTARI, *proprement, lutter contre; il se prend plus généralement :* Ore reluctanti it equus, *OVID.* Multa reluctanti aures obstrue, *VIRG.* Reluctari precibus, *Q. CURT.*—RENITI, *opposer effort à effort :* Cùm illi renitentes pactos se dicerent, *LIV.*

2136. *Remigatio. Remigium.*

REMIGATIO (*de* remus *et d'*agere), *l'action de ramer :* Motus remigationis navem convertentis ad puppim, *CIC.*—REMIGIUM *se prend* 1° *pour les rames :* Lembum remigiis subigere, *VIRG.* 2° *pour la chiourme, les forçats qui tirent à la rame :* Remigium supplet; socios simul instruit armis, *VIRG.* 3° *pour le mouvement et l'agitation des rames :* Quæ pugna, quæ acies, quod remigium, qui motus hominum? *CIC. Au figuré :* Volat ille remigio alarum, *VIRG.*

2137. *Remus. Tonsæ. Remulcus. Contus.*

REMUS, *rame, aviron pour conduire un vaisseau, une barque :* Incumbere remis, *VIRG. Au figuré :* Remi alarum, *OVID.*, *les ailes des oiseaux, parce qu'ils s'en servent comme de rames. De même :* Remi corporis, *OVID.*, *les bras.* — TONSÆ (*de* tondere, *parce que c'étaient des branches d'arbres*), *est proprement un adjectif; il ne se dit qu'en poésie :* In lento luctantur marmore tonsæ, VIRG. — REMULCUS (de ῥυμουλκός), *corde à laquelle est attaché un vaisseau qu'on tire à la suite d'un autre :* Itaque Marcellus nocte navim onerariam remulco quadriremis trahi ad Achradinam jussit, LIV. *C'est ce qu'on appelle en terme de marine, remorquer un vaisseau :* Submersamque navim remulco, multis contendens funibus, reduxit, CÆS. *On ne trouve ce nom qu'à l'ablatif.* — CONTUS (de κοντός), *perche, croc, pour conduire un bateau :* Ratem conto subigit, VIRG.

2138. *Renasci. Reviviscere. Resurgere. Resuscitare.*

RENASCI (rursùs nasci), *renaître, se dit de ce qui renaît à la place de ce qui était mort.* — REVIVISCERE (rursùs vivere), *revivre, se dit d'un homme qui, étant mort, reviendrait à la vie :* Principium exstinctum nec ipsum ab alio renascetur, nec à se aliud creabit, CIC. Ut revixisse, aut renatum sibi quisque Scipionem imperatorem dicat, LIV. *Au figuré :* Renatum bellum, CIC. Adventu nostro reviviscunt justitia, abstinentia, clementia tui Ciceronis, *Id.*—RESURGERE (rursùs surgere), *se relever, se lever de nouveau :* Victa tamen vinces, eversaque Troja resurges, OVID. *Au figuré :* Resurgunt res romanæ contra spem, LIV.—RESUSCITARE (rursùs suscitare), *exciter de nouveau, a toujours une signification active :* Positamque resuscitat iram, OVID.

2139. *Reparare. Redimere. Recuperare.*

REPARARE (rursùs parare), *acquérir de nouveau, reconquérir :* Amissas res reparare, HOR. Reparare quod amiseris, PLAUT. — REDIMERE (rursùs emere), *racheter :* Redimere captivos, CIC. Voluntates militum redimere largitione, *Id.* — RECUPERARE (rursùs comparare), *se dit proprement du recouvrement de la chose même qu'on avait perdue, recouvrer :* Erepta recuperare, CIC. Recuperare imperium, *Id.*

2140. *Reparare. Reficere. Recreare. Relevare.*

REPARARE, *synonyme des autres, signifie rétablir, réparer, remettre en son premier état :* Reparare vires, TAC. Collisum vas crebris ictibus reparavit, SEN. — REFICERE (rursùs facere), *refaire, rebâtir :* Reficere rates, HOR., *radouber ses vaisseaux.* Templa ædesque labentes reficere, *Id. Au figuré :* Se ex caloribus reficere, CIC. Reficere vires, LIV. Reficere exercitum, CÆS., *rafraîchir une armée.* Reficere magistratus, CIC., *continuer les mêmes offices.* — RECREARE (rursùs creare), *proprement, créer de nouveau :* Recreare consules, CIC. *Au figuré, ranimer, rassurer :* Me reficit et recreat tuus in me amor, CIC. Afflictos bonorum animos recreare, *Id.* — RELEVARE (rursùs levare), *relever :* E terrâ corpus relevare, OVID. *Au figuré :* Casum communem relevare, CIC. Sitim relevare, OVID. Mens relevata curâ, *Id.*

2141. *Rependere. Compensare.*

REPENDERE (rursùs pendere), *proprement, rendre poids pour poids :* Aurum auro repensum, LIV. *Il se prend ordinairement pour payer, récompenser :* Grates rependere, VIRG. Ingenio formæ damna rependo meæ, OVID.—COMPENSARE (pensare cum), *proprement, peser avec :* Triticum cum hordeo compensat; constitit præponderare triticum, COL. *Au figuré, compenser, contrepeser :* Compensabatur cum summis doloribus lætitia, CIC.

2142. *Repens. Repentinus. Subitus.*

REPENS (de ἕρπω, vergo, inclino), *proprement, qui se traîne, qui rampe à terre :* Repens humi, PLIN. *Au figuré :* Sermones repentes per humum, HOR. *Considéré comme synonyme des autres, il signifie qui arrive sans être aperçu ni attendu :* Hostium repens adventus magis aliquandò conturbat, quàm exspectatus, CIC. Si quod repens bellum oriatur, LIV.—REPENTINUS *ne se dit qu'au figuré ; qui n'a point été prévu :* Leviora sunt ea quæ repentino aliquo motu accidunt, quàm ea quæ meditata et præparata inferuntur, CIC. — SUBITUS (de subire), *qui s'élève soudain :* Magis subita tempestas, quàm antè provisa, terret navigantes, CIC. Aspectu subito conterritus hæsit, VIRG. *On dira bien :* Casu tecti repentino obrutus est; subitum è terrâ monstrum erupit.

2143. *Repere. Reptare. Serpere.*

REPERE *se dit des animaux qui marchent sur le ventre, ramper :* Vulpecula per rimam repserat in cumeram, HOR. *Il exprime bien une marche lente :* Millia tùm pransi tria repsimus, HOR.—REPTARE *(son fréquentatif), marque encore plus de lenteur :* Et tacitum silvas inter reptare salubres, HOR. — SERPERE, *serpenter, se dit des animaux sans pieds :* Vipera serpit humi, OVID. Serpunt anguiculi. *Au figuré :* Serpit per omnium vitam amicitia, CIC. Simulatio serpebat in dies, *Id.* Flamma serpit, LIV. Repunt, *disent les grammai-*

*riens*, quæ parvos pedes habent; serpunt quæ pedibus carent.

2144. *Reprehensio. Criminatio. Vituperatio. Vituperium.*

REPREHENSIO (*de* retrò *et de* prehendere), *proprement, l'action de tirer en arrière; il ne se trouve qu'au figuré, l'action de reprendre quelqu'un en faute, répréhension :* Revereri reprehensionem doctorum atque prudentium, *CIC.* A reprehensione temeritatis abesse, *Id.*, *ne pouvoir être repris de témérité. Il se prend pour réfutation :* Reprehensio est per quam argumentando adversariorum confirmatio diluitur, aut infirmatur, *CIC.* — CRIMINATIO, *l'action d'accuser :* Falsa criminatio, *CIC.* Ab aliquo oblatas criminationes depellere, *Id.* — VITUPERATIO, *blâme, l'action de blâmer :* Culpæ reprehensio, et stultitiæ vituperatio, *CIC.* Cadere in aliquam vituperationem, *Id.* Vituperatio *dit moins que* reprehensio.—*Les bons auteurs n'ont point employé* VITUPERIUM; *c'est à tort que des dictionnaires le citent de Cicéron.*

2145. *Reprobare. Repudiare. Respuere. Rejicere.*

REPROBARE, *réprouver, désapprouver, condamner :* Qui cùm Zenonis fuisset auditor, reprobavit illa, quæ ille, etc., *CIC.* Quod ipsa natura adsciscat et reprobet, *Id.* — REPUDIARE, *répudier, renvoyer comme une chose honteuse :* Repudiare uxorem, *SUET.* Repudio consilium, quod primùm intenderam, *TER.* Non repudiabis in honore, quem in periculo recepisti, *CIC.* — RESPUERE (quasi cum sputo rejicere), *rejeter avec mépris :* Respuere aliquid et pro nihilo putare, *CIC.* Nemo bonus est qui vos non oculis fugiat, auribus respuat, animo aspernetur, *Id. Au figuré :* Humus respuit invisum cadaver, *OVID.* — REJICERE, *rejeter, repousser :* Telum in hostem rejicere, *CÆS. Au figuré :* Rejicere judices, *CIC.*, *récuser des juges.* Rejicere causam ad senatum, *Id.*, *renvoyer l'affaire au sénat.* Res tota in mensem januarium rejecta est, *Id.*

2146. *Repulsa. Repulsus.*

REPULSA (*de* re *et de* pellere), *refus :* Repulsam ferre, *CIC.* Sine repulsâ magistratum assequi, *Id.* — REPULSUS, *repoussement, réverbération :* Repulsus scopulorum, *CIC.* Umbonum repulsus, *CLAUD.*

2147. *Resideo. Resido.*

RESIDEO (rursùs sedēre), *se rasseoir:* Residere, deindè spatiari, *CIC. Au figuré :* In corpore mortui nullus residet sensus, *CIC.* Residet reliquis spes, *Id. Il se prend pour rester :* In oppido aliquo multùm resedisse, *CIC.*—RESIDO (*de* sidĕre, *s'affaisser*), *s'abaisser :* Si montes residissent, amnes exaruissent, *CIC. Au figuré :* Corda ex irâ residunt, *VIRG.*

2148. *Residuus. Reliquus. Superstes.*

RESIDUUS (*de* retrò sedere), *qui est demeuré de reste :* Omnibus residuis pecuniis exactis, tributo privatìm remisso, *LIV.* Residuus suæ pœnæ senex, *QUINT.*, *vieillard qui est resté pour souffrir.* Residua et vetus simultas, *LIV.*—RELIQUUS, *qui reste, qui a été laissé, qui est encore à faire, à voir, à venir, etc. :* Reliquum est ut officio certemus inter nos, *CIC.* In reliquum tempus, *Id.* Erant mihi oppida complura etiam reliqua, quæ adire vellem, *Id.* Qualis in reliquâ Græciâ nemo, *Id.* Residuas pecunias exigere *signifie exiger les vieilles dettes; au lieu que* reliquas pecunias exigere, *est exiger le reste de l'argent.*—SUPERSTES (stans super), *survivant, qui reste :* Contrà ego vivendo vici mea fata superstes, *VIRG.* Utinam te non solùm vitæ, sed etiam dignitatis meæ superstitem reliquissem, *CIC.*

2149. *Respicere. Suspicere.*

RESPICERE, *regarder derrière soi :* Æneas mœnia respiciens, *VIRG. Au figuré, regarder favorablement, en pitié :* Nisi quis nos deus respexerit, *CIC.* — SUSPICERE, *regarder en haut :* Suspicere in cœlum, *CIC.* Astra suspicere, *Id. Au figuré, regarder avec admiration :* Honores et præmia suspicere, *CIC.*

2150. *Respirare. Exspirare.*

RESPIRARE (*de* re *et de* spirare), *respirer, aspirer l'air dans sa poitrine, et l'en repousser :* Excipiat animam eam, quæ ducta sit spiritu, eamdemque à pulmonibus respiret ac reddat, *CIC.* Respirare in aquâ, *Id. Au figuré, se remettre, être soulagé :* Respiravi, liberatus sum, *CIC.* A metu respirare, *Id.* — EXSPIRARE (spirare è), *souffler dehors, jeter des exhalaisons :* Exspirantem transfixo pectore flammas, *VIRG.* Inter primam curationem exspiravit, *LIV.*, *il expira au premier pansement. On sous-entend* animam.

2151. *Respondere. Responsare.*

RESPONDERE, *répondre :* Ad ea quæ quæsita sunt, respondere, *CIC. Au figuré :* Ut omnia omnibus, paribus paria respondeant, *CIC.* Laudibus respondere Græcorum, *Id.*, *égaler la gloire des Grecs.*

*Grecs.*—RESPONSARE (*son fréquentatif*), *marque plus d'action:* Responsa aut loquere, PLAUT. *Au figuré, résister, combattre contre:* Fortunæ responsare superbæ, HOR. Suis responsare cupidinibus, *Id.*

2152. *Responsio. Responsum.*

RESPONSIO, *l'action de répondre:* In quo erat accusatoris interpretatio indigna responsione, CIC. — RESPONSUM, *la réponse même, est un adjectif:* Responsa atque decreta jurisconsultorum, CIC. A me quoque id responsum tulisti, *Id. On ne dirait pas* responsionem.

2153. *Restare. Superesse.*

RESTARE (retrò stare), *rester derrière, s'arrêter:* Qui Romæ restiterunt, CIC. Ad fontem cervus cùm bibisset, restitit, PHÆD. *Au figuré:* Longa sunt quæ restant, CIC. Restare *se dit de ce qui reste au tas où l'on a pris;* SUPERESSE, *de ce qu'il y a de plus ou de trop, quand la mesure est pleine, être de reste:* Cui tanta erat res, et supererat, TER. Sed vereor ne jam superesse mihi verba putes, quæ dixeram defutura, CIC. *Il se prend aussi dans le sens de* restare: Duæ partes quæ mihi supersunt illustrandæ, CIC.

2154. *Restis. Funis. Rudens.*

RESTIS, *petite corde, une ficelle:* Per manus reste ductâ, virgines sonum vocis pulsu pedum modulantes incesserunt, LIV., *les vierges, ayant une corde à la main, marchèrent en chantant et en dansant.* Tu inter eas restim ductans saltabis, TER. — FUNIS, *une grosse corde:* Laxi funes, VIRG., *parlant des cordages d'un vaisseau.* Tortos incidere funes, *Id.* — RUDENS (de rudere, *à cause du bruit que font les cordages d'un vaisseau quand le vent les agite*): Insequitur clamorque virûm, stridorque rudentum, VIRG.

2155. *Retentio. Retinaculum.*

RETENTIO, *l'action de retenir:* Retentio aurigæ, CIC. *Au figuré:* Assentionum retentio, CIC., *action de suspendre son jugement.* — RETINACULUM, *ce qui retient:* Retinacula solvit, VIRG. Frustrà retinacula tendens fertur equis auriga, *Id.*

2156. *Retrahere. Revocare.*

RETRAHERE (retrò trahere), *tirer en arrière:* Quò quidem me proficiscentem haud sanè quis facilè retraxerit, CIC. *Au figuré:* Quò fata trahunt, retrahuntque, sequamur, VIRG. — REVOCARE (retrò, ou rursùs vocare), *rappeler:* Vos qui me repetîstis atque revocâstis, CIC. *Au figuré:* Ad scientiam omnia revocent, CIC. Ad potentiam suam revocare omnia, *Id.*, *rattacher tout à son pouvoir.* Robora quamvis flexa ad rectum revocabis, SEN., *vous redresserez le bois tortu.*

2157. *Revelare. Retegere.*

REVELARE, *ôter le voile:* Os revelatum, OVID. — RETEGERE, *découvrir:* Orbem retexit Titan radiis, VIRG. Vultus retegit scisso velamine, LUCAN. *Au figuré:* Tu sapientium curas, et arcanum jocoso consilium retegis Lyæo, HOR.

2158. *Reum facere. Reum peragere.*

REUM FACERE, *accuser quelqu'un:* Facere aliquem reum de ambitu, CIC. Curis abs te reus non factus est? *Id.* — REUM PERAGERE, *poursuivre quelqu'un jusqu'à ce qu'il soit condamné:* Vos, si reum perago, quid acturi estis? LIV.

2159. *Reus. Nocens. Sons.*

REUS *s'étendait généralement à tous ceux qui avaient quelque contestation, soit en matière criminelle, soit en matière civile:* Reos appello non eos modò qui arguuntur, sed omnes quorum de re disceptatur, CIC. Alienæ culpæ reus, *Id.* Milo reus est præclari facti, *Id. Il ne se prend jamais pour coupable dans les bons auteurs, mais seulement pour accusé, comme le prouve cet exemple:* Si haberes nocentem reum, CIC. *Il se prend pour lié, engagé:* Reus suæ stationis tutandæ, LIV., *chargé du soin de garder un poste à ses risques et périls.*—NOCENS, *synonyme des autres, se prend pour coupable:* Innocens, si accusatus sit, absolvi potest; nocens, nisi accusatus fuerit, condemnari non potest, CIC. Nocentes et pecuniosi rei, *Id.*—SONS (de σίνω, noceo), *un coupable, un criminel:* Punire sontes, CIC. Protegere sontes, *Id.*

2160. *Reus. Sons.*

*S'accordent en ce qu'ils dénotent l'imputation d'une faute; mais ils diffèrent, en ce que par* SONS *on entend que l'imputation est réellement fondée, et que par* REUS *on la regarde seulement comme un sujet à prouver.* Reus *s'applique également à tout homme à qui on intente un procès, soit civil, soit criminel. On verra, par le passage suivant, que le* reus *peut être coupable ou innocent:* Reis tam innoxiis quàm nocentibus absolutiones venditare, SUET. *C'est celui qu'en fran-*

*çais on appelle un prévenu, un accusé.* Sons *est coupable, quand même la preuve légale n'existerait pas.*

2161. *Rex. Tyrannus.*

**Rex** (*de* regere), *roi :* Magni reges, *Hor.* Imminent duo reges toti Italiæ, *Cic. Il se prend plus généralement :* Memor actæ non alio rege puertiæ (*pour* pueritiæ), *Hor.* Rex sacrorum, *Cic.*, *celui qui présidait aux sacrifices, qui n'était pas le même que le grand pontife.* Rex ærarii, *dans Cicéron, est dit satiriquement. Il se prend en général pour un grand seigneur :* Sive reges, sive inopes erimus coloni, *Hor. Au figuré :* Rex fluviorum Eridanus, *Virg.*, *l'Eridan, le roi, le plus considérable des fleuves.* — **Tyrannus** (*de* τύραννος), *dans son origine, était un maître, un souverain :* Reges qui et tyranni ob fortitudinem vocabantur, *Trog.* Pars mihi pacis erit dextram tetigisse tyranni, *Virg.*, *parlant d'Enée.* Tyrannusque fuerat appellatus, sed justus..... Omnes enim habentur et dicuntur tyranni, qui potestate sunt perpetuâ in eâ civitate quæ libertate usa est, *Corn. Nep.* Tyrannus *désignait seulement celui qui exerçait une autorité non légitime ; ce n'est que dans la suite qu'on y a attaché une idée odieuse :* Non legatum populi romani, sed tyrannum libidinosum crudelemque, *Cic.*

2162. *Ridere. Arridere. Irridere Deridere. Subridere. Cachinnari.*

**Ridere**, *rire :* Crassus semel in vitâ risit, *Cic. Au figuré :* Ridet argento domus. *Hor.* Ridere aliquem *signifie se moquer de quelqu'un :* Ita factum est, ut dederis nobis quem semper ridere possemus, *Cic.* — **Arridere** (ridere ad), *rire à quelqu'un :* Ridentibus arrident, *Hor. Au figuré :* Illud quod valdè arriserat, vehementer displicet, *Cic.* — **Irridere**, *rire de quelqu'un, de quelque chose, s'en moquer :* Etiam per jocum deos irridens, *Cic.* Qui modò securus nostra irridebas mala, *Phæd. Il se prend pour* ridere : Multùm irridentibus qui ipsi viderant, *Tac.* Cæsar mihi irridere visus est, *Cic.*, *César m'a paru plaisanter.* — **Deridere**, *faire son jouet de quelqu'un, dit plus qu'*irridere *:* Omnes istos deridete atque contemnite, *Cic.* Hæ nugæ seria ducent in mala derisum semel, exceptumque sinistrè, *Hor.* — **Subridere**, *sourire, rire un peu, rire sous cape :* Olli subridens hominum sator atque deorum, *Virg.* Subrisit Saturius veterator, *Cic.* — **Cachinnari**, *rire avec éclat :* Ridere convivæ, cachinnari ipse Apronius, *Cic.*

2163. *Rima. Hiatus. Rictus. Foramen.*

**Rima**, *fente :* Rimisque fatiscunt (naves), *Virg.* Rimas explere, *Cic. Au figuré :* Plenus rimarum sum, hàc illàc perfluo, *Ter.*, *je ne puis garder un secret, je suis un panier percé qui perd l'eau de tous les côtés.* — **Hiatus** (*de* hiscere), *ouverture :* Hiatus terræ, *Cic.* Quædam animalia oris hiatu et dentibus ipsis cibum capessunt, *Id. Au figuré :* Hiatus ex concursu vocalium, *Cic.* — **Rictus** (de ringere), *ne se dit que de l'ouverture de la bouche et de la bouche même :* Risu diducere rictum, *Hor.* Rictus ad aures dehiscens, *Plin.* — **Foramen**, *trou, ouverture ordinairement ronde :* Quanquam foramina illa, quæ patent ad animum à corpore, callidissimo artificio natura fabricata est, *Cic.* Idem ego cùm subii convexa foramina terræ, *Ovid.*

2164. *Risum compescere. Risum tenere.*

**Risum compescere**, *étouffer son ris ; ce qui suppose qu'on riait auparavant :* Risum compescere mappâ, *Hor.* — **Risum tenere**, *s'empêcher de rire, ne suppose pas qu'on riait auparavant :* Equidem in quibusdam vix risum tenebam, *Cic.*

2165. *Risum movere, facere, captare.*

**Risum movere**, *faire rire :* Illa quamvis ridicula essent, mihi tamen risum non moverunt, *Cic.* — **Risum facere**, *rire et faire rire* : Risus populi atque admurmuratio omnium facta est, *Cic.* Post repulsam risus facit, civem bonum ludit, *Id.* — **Risum captare**, *chercher à faire rire :* Solutos qui captat risus hominum, famamque dicacis, *Hor.*

2166. *Rogare. Petere. Postulare. Poscere. Flagitare.*

*Ces cinq verbes concourent à exprimer le désir d'obtenir une chose que l'on ne possède pas ; mais ils diffèrent par rapport à l'urgence avec laquelle ce désir est énoncé. Ils diffèrent aussi de* cupere *et de* optare, *en ce que ceux-ci marquent le simple désir, mais non son expression. Ainsi* **Rogare** *est la simple expression du désir :* Molestum est et onerosum, et demisso vultu dicendum, rogo, *Sen.* Malo emere quàm rogare, *Cic.* — **Petere** *suppose une certaine difficulté pour parvenir à l'objet désiré :* Ad te confugimus, à te opera petimus, *Cic.* — **Postulare** *diffère du précédent, en ce qu'il n'indique ni vivacité dans la demande, ni difficulté dans l'acquisition du sujet :* Geometræ solent non omnia docere, sed postulare ut quædam sibi concedantur, quò faciliùs quæ velint explicent, CIC. Postulabat autem magis quàm petebat, QUINT. CURT. — POSCERE, *demander ce qui est dû* : Magistrum sicyonium nummos poposcit, CIC. — FLAGITARE *diffère de postulare, et s'accorde avec poscere, en ce qu'il suppose la justice du privilége invoqué par le demandant; il marque plus de vivacité dans la demande* : Metuo ne te fortè flagitent; ego autem mandavi ut rogarent, CIC. Tametsi causa postulat; tamen, quia postulat, non flagitat, ego prætcribo, *Id.*

2167. *Rogatio. Rogatus. Rogatum.*

ROGATIO, *prière, l'action de demander* : Ego Curtium rogatione tuâ diligo, CIC. *Il se prend pour requête, projet de loi, parce qu'on demandait au peuple son consentement* : Facere rogationem ad populum, *proposer une loi au peuple.* Accipere rogationem, *Id.*, *recevoir ou vérifier une loi.* — ROGATUS, *sollicitation; il ne se trouve qu'à l'ablatif* : Rogatu meo impetravit, CIC. — ROGATUM *est proprement un adjectif, la chose même qu'on demande* : Is nunquàm mihi ad rogatum respondet, et accusatori plusquàm ad rogatum respondet, CIC.

2168. *Roralis. Roscidus. Roratus.*

RORALIS, *de rosée, en rosée* : Virgaque rorales laurea misit aquas, OVID. — ROSCIDUS, *couvert de rosée* : Vidi te roscida mala legentem, VIRG. — RORATUS, *mouillé par la rosée* : Roratæ rosæ, OVID. Mollis erat tellus, rorataque manè pruinâ, *Id.*

2169. *Rorare. Stillare.*

RORARE, *répandre, verser comme de la rosée* : Sparsi rorabant sanguine vepres, VIRG. Rorantia vidimus astra, *Id.* — STILLARE, *couler goutte à goutte, et faire couler* : Pugio stillans sanguine, CIC. Stillabant ilice mella, OVID. Stillabit amicis ex oculis rorem, HOR.

2170. *Rorarii. Ferentarii.*

RORARII, *soldats armés à la légère, qui escarmouchaient avant que le combat fût engagé; métaphore prise de la rosée qui précède ordinairement une grande pluie* : Rorarii milites, LIV. Rorarii dicti à rore, qui bellum committebant, ideò quòd ante rorat quàm pluit, VAR. — FERENTARII (de ferre), *des frondeurs* : Posteaquàm eò ventùm est, undè à ferentariis prælium committi posset, SALL.

2171. *Rostrum. Rostra.*

ROSTRUM *se dit du bec des oiseaux, et du mufle des animaux* : Obuncum vulturis rostrum, CIC. Rostrum suis, *Id. Au pluriel il se prend ordinairement pour la tribune aux harangues, ornée des éperons ou becs des navires pris sur les Antiates par les Romains* : Rostra dictum est templum, seu forum antè curiam Hostiliam, in quo erat pulpitum ornatum ex rostris navium Antiatum, ex quo loco concionari solebant, LIV. Ascendere in rostra, *Id. La tribune aux harangues était au milieu de la place romaine, où se trouvaient ordinairement quantité de gens oisifs, et de faiseurs de nouvelles.*

2172. *Rotare. Rotundare. Tornare. Gyrare.*

ROTARE (de rota), *faire pirouetter* : Aper rotat canes, OVID. More fundæ aliquem rotare, *Id.* Sordidum flammæ trepidant rotantes vertice fumum, HOR. — ROTUNDARE (quasi rotam dare), *donner une forme ronde* : Mundum ad volubilitatem rotundavit Deus, CIC. *Au figuré* : Mille talenta rotundentur, totidem altera, porrò tertia succedant, HOR. *Nous disons de même, faire un compte rond.* — TORNARE (de tornus), *tourner, faire un ouvrage au tour* : Mundum ita tornavit, ut nihil effici posset rotundius, CIC. *Au figuré* : Et malè tornatos incudi reddere versus, HOR. — GYRARE (de γῦρος), *tourner, pirouetter, arrondir, et, au figuré, faire le tour* : Gyra omnes greges tuos, BIBL., *visitez vos troupeaux, faites-en le tour.*

2173. *Rotundus. Teres.*

ROTUNDUS, *rond, d'une forme ronde* : Mutat quadrata rotundis, HOR. *Au figuré* : Rotundus orator, CIC., *orateur accompli.* — TERES, *rond en longueur* : Incumbens tereti Damon sic cœpit olivæ, VIRG. *Au figuré* : Aures teretes, CIC., *oreilles fines et délicates.* Oratio teres, *Id.*, *discours coulant et arrondi.* In se totus teres atque rotundus, HOR., *qui n'a ni haut ni bas, accompli en tout point, qui est parfait.*

2174. *Ruber. Rubicundus. Purpureus.*

RUBER, *d'un rouge vermeil, comme celui de l'aurore* : Aurora rubra, PROP. — RUBICUNDUS, *d'un rouge vif* : Rubicunda cornua lunæ, HOR. — PURPUREUS, *de couleur de pourpre* : Pallium purpureum, CIC. *Il se prend en poésie pour une couleur éclatante, jusque-là qu'il exprime quelquefois une grande blancheur* : Brachia purpureâ candidiora nive, OVID.

2175. *Ructare. Eructare.*

RUCTARE *et* RUCTARI, *roter :* Cui ructare turpe esset, is vomuit, *CIC.* Ructari aves, *VARR.*, *avoir des rapports des oiseaux qu'on a mangés. Au figuré :* Hic dùm sublimes versus ructatur, *HOR.* — ERUCTARE (ructare è), *jeter en rotant :* Saniem eructans, ac frusta cruento per somnum commixta mero, *VIRG. Au figuré :* Accubantes in conviviis eructant sermonibus cædem bonorum, *CIC.* Vastaque voragine gurges æstuat, atque omnem Cocyto eructat arenam, *VIRG.*

2176. *Rudus. Cadaver. Funus.*

RUDUS, *décombre de maisons :* Æris inter rudera inventi, *LIV.* — CADAVER (*de* cadere), *se dit ordinairement d'un cadavre, d'un corps privé de vie :* Aqua turbida et cadaveribus inquinata, *CIC.* Dilapsa cadavera tabo, *VIRG.*, *parlant des taureaux. Cicéron a dit* cadavera, *parlant d'une ville :* Cùm uno loco tot oppidorum cadavera projecta jaceant.—FUNUS, *comme nous le considérons ici, se dit bien d'un corps qui a été inhumé.* Omnia Deiphobo solvisti et funeris umbris, *VIRG.* Quæ nunc artus, avulsaque membra, et funus lacerum tellus habet, *Id.*

2177. *Rupes. Scopulus. Petra.*

RUPES *se dit d'une grande masse de pierres qui tiennent à la terre, ou qui sont au fond de la mer :* Ex magnis rupibus nactus planitiem, *CÆS.*—SCOPULUS *se dit particulièrement des rochers qu'on voit dans la mer, ou sur le rivage :* Hinc atque hinc vastæ rupes geminique minantur in cœlum scopuli, *VIRG.* Ad eosdem scopulos appellere, *CIC. On dit d'un homme dur,* gestat scopulos in corde, *OVID. On dit aussi d'un homme inébranlable,* rupes immota.—PETRA, *pierre, roche, rocher :* Fretus amore petræ, castis et pervigil armis, *PRUD. Ce mot est synonyme de* rupes *et de* saxum. *Peu d'auteurs s'en sont servis.* (*V.* n° 1494.)

2178. *Rusticitas. Rusticatio. Rusticatus.*

RUSTICITAS, *rusticité, grossièreté :* Urbanitati contraria est rusticitas, *QUINT.*— RUSTICATIO, *l'action d'administrer un bien de campagne :* In rusticatione antiquissima est ratio pascendi, *COL. Il se prend pour les voyages que l'on fait à la campagne :* Neque solùm militia, sed etiam peregrinationes rusticationesque communes, *CIC.*—RUSTICATUS, *le séjour que l'on fait à la campagne :* Quod quidem ipsum scribe, quæso, ad me, ut dùm consisto in Tusculano, sciam quid garriat in rusticatu, *CIC.*

2179. *Rusticus. Rusticanus. Agrestis. Agrarius. Vicanus.*

RUSTICUS, *de la campagne, des champs :* Homo imperitus morum, et rusticus, *CIC.* Mores rustici, *Id.* Prædia rustica, *Id.*— RUSTICANUS, *campagnard, concentré à la campagne :* Marius rusticanus vir, sed planè vir, *CIC.* Quod ita fuit illustre notumque omnibus, ut nemo tam rusticanus homo Romam venerit, quin, etc., *Id.* Rusticana vita, *vie concentrée à la campagne :* Rustica vita, *vie rustique, la vie champêtre.* — AGRESTIS (d'ager), *agreste, qui croît à la campagne :* Arbor agrestis, *CIC.* Auxilium vocat et duros conclamat agrestes, *VIRG. Au figuré, sauvage, grossier :* Rustica vox et agrestis, *CIC.* A principio clamare, agreste quiddam est, *Id.*—AGRARIUS, *qui concerne les terres :* Agrariam rem tentare, *CIC.*, *tenter le partage des terres.* Agrarii homines, *Id.*, *partisans de la loi agraire, ou qui possèdent beaucoup de terres.* — VICANUS (de vicus), *un villageois, qui est d'un village, ou d'un petit bourg :* Vicani, quique ibi exsules habitabant, *LIV.* Timolites ille vicanus homo, *CIC.*

# S.

2180. *Sacer. Sacratus. Sanctus. Sacrosanctus. Religiosus.*

SACER, *sacré :* Ædes sacra, *CIC.* Miscere sacra profanis, *HOR. Il se prend souvent en mauvaise part ; cette signification vient de ce qu'on consacrait les méchants aux dieux infernaux :* Sacrabantur, devovebantur diis inferis, *et alors il était permis de les tuer; c'était un sacrifice, c'étaient des victimes :* Intestabilis sacer et esto, *HOR.* Ego sum malus, ego sum sacer, *TER.* —SACRATUS, *consacré, sacré :* Opus alicui sacratum, *OVID.* Vittasque resolvit sacrati capitis, *VIRG.*—SANCTUS (quasi sancitus), *saint, inviolable :* Quod sanctione antiquâ, et præcepto firmatum, *disent les grammairiens,* et ab injuriâ hominum munitum, etsi non sit Deo consecratum : sancti legati, quibus noceri non debet; sanctæ leges, quæ certam pœnam constituunt in eos, qui legibus non obtemperaverint. Virgines sanctæ, *Hor.*, *les vestales, à cause de leur vœu et de leur chasteté.* Sanctus judex, *Cic.*, *juge intègre.* — Sacrosanctus (sacro sancitus), *ajoute à l'idée de* sanctus : Sacrosancta potestas tribunorum, *Liv.* Sacrosanctum nil esse potest, nisi quod populus plebsve sanxisset, *Cic.*—Religiosus, *parlant des choses consacrées par la religion :* Quod à communi hominum usu semotum, *dit Popma*, et sanctitate quâdam venerandum est. Signa sacra et religiosa, *Cic.* Religiosi dies, *Id.* *Parlant des personnes, religieux :* Vir naturâ sanctus et religiosus, *Cic.* Religiosus testis, *Id.*, *témoin consciencieux. Au figuré :* Atticorum aures religiosæ, *Cic.*, *les oreilles délicates des Athéniens.* Religiosus *est opposé à* impius; *et* sacer, *à* profanus.

2181. *Sacrificus. Sacrificalis.*

Sacrificus (sacra facere), *de sacrifice :* Dies sacrifici, *Ovid.*—Sacrificalis, *qui concerne les sacrifices :* Apparatus sacrificalis, *Tac.*

2182. *Sacrifer. Sacricola.*

Sacrifer (sacra ferens), *qui porte les choses sacrées :* Est dea sacriferas penè secuta rates, *Ovid.* — Sacricola (sacra colens), *sacrificateur :* Domitianus lineo amictu turbæ sacricolarum immixtus, juxta Velabrum delituit, *Tac.*

2183. *Sacrum. Sacrificium.*

Sacrum, *chose sacrée, se dit de tout culte religieux* : Ne quid de sacrorum religione mutetur, *Cic.* Sacra legationis rupistis, *Tac.* Jugalia sacra, *Ovid.*, *liens sacrés du mariage.* Sacrum facere, *Liv.* —Sacrificium *ne se dit que du sacrifice :* Anniversaria sacrificia, *Cic.* Sacrificium lustrale in diem posterum parat, *Id.*

2184. *Sæpè. Frequenter. Crebrò.*

Sæpe *est pour la répétition des mêmes actes; et* Frequenter, *pour la pluralité des objets :* Quod anteà tibi sæpè significavi, *Cic.* Sæpè et multùm hoc mecum cogitavi, *Id.* Frequenter et assiduè aliquid consequi studio et exercitatione, *Id. Ainsi, si je dis, on déguise souvent ses pensées, c'est* sæpè; *au lieu que quand je dis, on rencontre souvent des menteurs, c'est* frequenter. — Crebro *semble dire plus que* sæpè *et* frequenter : Tu ad me velim litteras crebriùs mittas, *Cic.* Crebrò insistens, interdùm acquiescens, *Id.*

2185. *Sæpissimè. Persæpè.*

Sæpissime *dit plus que* Persæpe : Frons, oculi, vultus persæpè mentiuntur; oratio verò sæpissimè, *Cic. Il en est de même de tous les superlatifs et des adjectifs composés de* per.

2186. *Sævire. Desævire. Exsævire.*

Sævire (*de* σείω, σεύω, furere), *sévir, exercer sa cruauté contre quelqu'un :* Sævite in tergum, in cervices nostras, *Liv. Au figuré :* Resurgens sævit amor, *Virg.* Latratus canum sævit in auras, *Id.* — Desævire, *selon quelques grammairiens, signifie s'apaiser : ils apportent pour exemple ce passage de Lucain :* Nec dùm desæviat ira, exspectat. *Selon d'autres,* desævire *est* valdè sævire. *Deux passages de Virgile semblent décider la question en leur faveur :* Dùm pelago desævit hyems, et aquosus Orion; quassatæque rates, et non tractabile cœlum. *Et ailleurs :* Sic toto Æneas desævit in æquore victor, ut semel intepuit mucro. — Exsævire, *se calmer :* Dùm reliquum tempestatis exsæviret, *Liv.*

2187. *Sagittarius. Sagittifer. Funditor.*

Sagittarius (*de* sagitta), *archer, qui lance des flèches :* Ususque multis tormentis, multis sagittariis rem confeci, *Cic.* —Sagittifer (sagittas ferens), *qui porte des flèches, armé de flèches :* Geloni sagittiferi, *Virg.* — Funditor, *frondeur, qui lance des pierres avec la fronde :* Cretas sagittarios, et funditores Baleares subsidio oppidanis misit, *Cæs.*

2188. *Salarius. Salitor.*

Salarius (*substantif*), *marchand de sel, ou de poisson salé :* Viles pueri salariorum, *Mart.* — Salitor, *celui qui lève l'impôt sur le sel :* Imperata pecunia data à salitoribus Britanniæ, *Cic.*

2189. *Salina. Salinum.*

Salina, *saline, lieu où l'on fait le sel ;* Salis magna vis jam ex proximis erat salinis eò congesta, *Cæs. Au figuré, fonds de plaisanteries :* Possessio salinarum mearum, *Cic.*—Salinum, *une salière :* Cui paternum splendet in mensâ tenui salinum, *Hor.* Salina, *dans Valère-Maxime, est pris dans le même sens :* Uterque patellam, deorum causâ, et salinam habuit.

2190. *Salire. Saltare. Tripudiare.*

Salire, *sauter, bondir :* Salire de muro, *Liv.* Grando salit in tectis, *Virg. Au fi-*

*guré :* Salit mihi cor, *PLAUT.*, *le cœur me bat.* — SALTARE (*fréquentatif de* salire), *danser, cabrioler :* Nemo saltat sobrius, *CIC. Il se prend pour représenter en dansant :* Saltare pastorem, *HOR. Virgile a dit poétiquement* salire *pour* saltare *:* Mollibus in pratis unctos salière per utres. Salire alacritatis est; saltare elegantiæ. — TRIPUDIARE (*de* tres *et de* pes), *danser en trépignant des pieds; c'est ce qu'Horace exprime par une périphrase :* Gaudet invisam pepulisse fossor ter pede terram. In funeribus reipublicæ exultantem et tripudiantem legum laqueis constringere, *CIC.* Per urbem ire cantantes carmina cum tripudiis solemnique saltatu jussit, *LIV.*

2191. *Salsus. Facetus. Dicax.*

SALSUS (*de* sal), *au propre, salé :* Æquora salsa, *HOR. Au figuré, plein de sel, d'esprit :* Salsus homo, *CIC.* Dictum salsum, *QUINT.*—FACETUS, *plaisant, enjoué :* Erat salsus et facetus, *CIC.* Sermo facetus, *Id.* — DICAX (*de* dicere), *faiseur de plaisanteries piquantes :* Dicacitas peracutum et breve facetiarum genus, *CIC.* In conviviis facèti et dicaces, *Id.* Hominibus facetis et dicacibus difficile est habere hominum rationem, et ea quæ occurrant, cùm salsissimè dici possint, tacere, *Id.* Demosthenes non tam dicax fuit, quàm facetus; est autem illud acrioris ingenii, hoc majoris artis, *Id.*

2192. *Saltus. Saltatio.*

SALTUS, *saut, bond :* Tùm demùm saltu præceps sese omnibus armis in fluvium dedit, *VIRG.* Viam superare saltu, *Id.* — SALTATIO, *l'action de danser, la danse :* Intempestivi convivii, amœni loci, multarumque deliciarum comes est extrema saltatio, *CIC.*

2193. *Saltus. Silva. Nemus. Lucus.*

SALTUS, *synonyme des autres, est proprement un défilé, un lieu d'où il faut sauter pour s'en tirer :* Celeriter Pyrenæos saltus occupari jubet, *CÆS. Il se prend pour un lieu où il y a des forêts, des pâturages :* Saltibus in vacuis pascant, et plena secundùm flumina, *VIRG.* De saltu agroque communi detrudi, *CIC. Au figuré :* Saltus damni, *PLAUT.*, *forêt de maux.* Saltus, *dit Valla,* est silva invia, in quâ pecudes æstivare solent.—SILVA *est le mot général, un bois :* Genus humanum in montibus ac silvis dissipatum, *CIC.* Silvæque recentes, saltusque reconditi, *CATUL. Au figuré, il se dit d'une abondance quelconque :* Silva rerum ac sententiarum comparanda, *CIC.* Virtutum et vitiorum silva, *Id.* — NEMUS, *un bois de haute futaie, un bois pour l'agrément :* Nemus quod nulla ceciderat ætas, *OVID. Un parc bien planté est* nemus.—LUCUS, *un bois sombre et noir, consacré à quelque divinité :* Pios errare per lucos, *HOR.* Lucus ibi frequenti silvà, et proceris abietis arboribus septus, *LIV.*

2194. *Salubris. Salutaris.*

SALUBRIS (*de* salus) *qui contribue à la santé, et qui est en santé :* Aquæ salubres, *HOR.* Defuncta morbis corpora salubriora esse cœpère, *LIV.* Salubris *ne se dit que des choses. Au figuré :* Salubre consilium, *CIC.* — SALUTARIS, *salutaire, qui a rapport à la santé, à la conservation de la dignité, de l'état, de la fortune et de la vie :* Cultura agrorum generi humano salutaris, *CIC.* Nihil reipublicæ salutarius, *Id.* Civis beneficus et salutaris, *Id.* Salutaris severitas vincit inanem speciem clementiæ, *Id.*

2195. *Salus. Valetudo. Sanitas. Sanatio. Salubritas.*

SALUS, *santé, salut :* Qui medicis suis non ad salutem, sed ad necem utitur, *CIC.* Salus reipublicæ, *Id.* Salutem dicere foro et curiæ, *dire adieu au barreau.* — VALETUDO, *santé, soit bonne, soit mauvaise :* Bona, adversa valetudo, *CIC.* Valetudine oculorum impediebatur, *Id. Au figuré :* Valetudo animi, *CIC.* — SANITAS, *bonne santé :* Qui incorruptâ sanitate sunt, *CIC. Au figuré :* Animi sanitas, *CIC.* — SANATIO, *guérison, l'action de guérir :* Eorum malorum in unâ virtute posita sanatio est, *CIC.* — SALUBRITAS, *bonté de l'air, des exercices, des aliments :* Loci salubritas, *CIC.* Cœli salubritas et temperies, *PLIN.* Salubritatis et pestilentiæ signa, *CIC. Au figuré :* Dictionis salubritas, *CIC.*, *le bon goût, par opposition à* corrupta lenociniis elocutio.

2196. *Salutare. Persalutare. Consalutare. Resalutare. Salvere*

SALUTARE, *saluer :* Domus te nostra salutat, *CIC.* Cùm deos salutatum venerint, *Id.*— PERSALUTARE, *saluer souvent, saluer tout le monde :* Qui ita sit ambitiosus ut omnes nos vosque quotidiè persalutet, *CIC.* Donec à toto exercitu ad ultimum persalutatus est, *Q. CURT.* — CONSALUTARE, *saluer ensemble, saluer mutuellement :* Qui cùm inter se, ut ipsorum usus ferebat, amicissimè consalutâssent, *CIC.* — RESALUTARE, *rendre le salut :* Securus nullum resalutas, despicis omnes, *MART.* — SALVERE, *proprement, se bien porter; il se prend souvent pour recevoir le salut :* Salvebis à meo Cicerone, *CIC.*, *recevez le salut de la part de mon cher Cicéron.* Dionysium velim salvere jubeas, *Id.*

2197. *Sancire. Sciscere.*

SANCIRE, *ordonner, arrêter :* Leges sancire, CIC. *Etablir et sanctionner des lois :* Lege sancitum est, *Id.* Sancire capite, *Id., ordonner sous peine de la vie.* Sancire aliquem augurem, *Id., établir un augure.* Sanxerunt inter se jurejurando, ne quis enunciaret, CÆS., *ils s'engagèrent par serment de ne révéler ce qui avait été résolu à qui que ce fût.* Sanguine Annibalis sanciam romanum fœdus, LIV. Sancire *a rapport à la religion, et* SCISCERE *se dit du sacré et du profane; publier et ordonner :* Primus legem scivit de publicanis, CIC. Duriùs Athenienses sciverunt, ut Æginetis, qui classe valebant, pollices præciderentur, *Id.*

2198. *Sanctitas. Sanctimonia.*

SANCTITAS (*de* sancire), *dit Cicéron*, est scientia colendorum deorum. *C'est la vertu de sainteté.* Tueri se sanctitate suâ, CIC. — SANCTIMONIA, *la sainteté, ce qui rend saint :* Habere domum clausam pudori, et sanctimoniæ, CIC. Sanctimonia nuptiarum, *Id.*

2199. *Sanguineus. Sanguinarius. Sanguinolentus. Cruentus.*

SANGUINEUS, *de sang, de couleur de sang :* Sanguineus imber, CIC. Mora sanguinea, VIRG., *mûres de couleur de sang. Au figuré, sanglant, meurtrier :* Rixæ sanguineæ, HOR. Cædes sanguinea, OVID. — SANGUINARIUS, *sanguinaire, qui aime à répandre le sang :* Sanguinaria juventus, CIC. *Au figuré, cruel :* Gravem illam et sanguinariam vocem audivimus, CIC. — SANGUINOLENTUS, *couvert de sang, ensanglanté :* Sanguinolenta palma, CIC. Pectora sanguinolenta, OVID. *Le même a dit :* sanguinolentus color, *poétiquement, pour* sanguineus. — CRUENTUS, *sanglant souillé de sang :* Antonius cruentus sanguine civium romanorum, CIC. Cruentum cadaver, *Id.* Cruenta victoria, SALL., *victoire qui a coûté beaucoup de sang.* Cruentus *donne l'idée de cruauté, que* sanguinolentus *ne donne pas.*

2200. *Satagere. Curare.*

SATAGERE, *se donner beaucoup de mouvement :* Is rerum suarum satagit, TER. Afer venustè Manlium multùm in agendo discurrentem... non agere dixit, sed satagere, QUINT. — CURARE, *soigner, avoir soin, veiller à quelque chose :* Animi conscientiam non curat improbus, CIC. Ire domum, atque pelliculam curare jube, HOR.

2201. *Satelles. Stipator. Apparitor. Lictor. Accensus.*

SATELLES *est proprement le garde d'un prince :* Regii satellites, LIV. Tyranni satellites, CIC. *Au figuré :* Audaciæ satelles, CIC. Satellites voluptatum, *Id.* — STIPATOR (*de* stipare, *serrer, presser*), *qui accompagne de près :* Stipatores corporis constituit eosdem ministros et satellites potestatis, CIC. — APPARITOR (parere ad), *appariteur, huissier. Outre qu'il était pour l'ornement, il avait aussi ses fonctions ; c'était un officier aux ordres du prince ou du magistrat :* Apparitores regii, LIV. Apparitores à prætore assignatos habere, CIC. — LICTOR (de ligare), *parce qu'ils portaient des verges liées autour d'une hache, et qu'ils liaient les pieds et les mains des criminels ; ils étaient aux ordres des premiers magistrats :* I, lictor, colliga manus liberatoris patriæ, LIV. Missique lictores ad sumendum supplicium, nudatos virgis cædunt, CIC. Sit lictor non suæ, sed tuæ lenitatis apparitor, *Id.* — ACCENSUS (census ad), *l'officier d'un seigneur, d'un magistrat :* Accensus sit eo etiam numero, quo eum majores nostri esse voluerunt : qui hoc non in beneficii loco, sed in laboris ac muneris non temerè, nisi libertis suis deferebant, CIC. *Il est pris pour soldat de recrue :* Accensos à novissimâ acie antè signa procedere jubet, CÆS.

2202. *Satiare. Saturare.*

SATIARE (*de* satis), *rassasier :* Cibus, quem occupant, satiat, Q. CURT. *Au figuré :* Satiare odium, CIC. — SATURARE (*fréquentatif de* satiare), *dit plus que* satiare, *soûler, assouvir :* Nec cytiso saturantur apes, nec fronde capellæ, VIRG. *Au figuré :* Mens saturata bonorum cogitationum epulis, CIC. Saturare odium, *Id. est plus fort que* satiare odium.

2203. *Satietas. Saturitas. Fastidium. Nausea.*

SATIETAS *et* SATIAS, *satiété, se dit de tous les sens :* Omnibus in rebus similitudo est satietatis mater, CIC. Ad satietatem trucidare, LIV. Satias eum cepit amoris in uxore, *Id.* Defatigari satietate, CIC. — SATURITAS *ne se dit guère que de ce qui a rapport au corps, réplétion ; il n'exprime pas le dégoût :* Saturitas copiaque rerum omnium, quæ ad victum hominum, et ad cultum etiam deorum pertinent, *Cic.* *On dit bien* satietas vitæ, provinciæ, aurium; *mais on ne dirait pas* saturitas. — FASTIDIUM (*de* fastus), *dégoût :* Cibi satietas et fastidium *Cic.* Variâ fastidia vincere cœnâ, *Hor.* Fastidium audiendi, *Cic.* Fastidium stomachi, *Id.* Omnibus in rebus, voluptatibus maximis fastidium finitimum est, *Id.*—NAUSEA, *nausée, envie de vomir, principalement sur mer :* Nec semel est stomacho nausea facta meo, *Ovid.* *Il se prend au figuré pour un dégoût extrême.*

2204. *Satio. Consitio. Insitio.*

SATIO (*de* serere, satum), *l'action de planter ou de semer, les semailles :* Vere fabis satio, *Virg.* Optima vinetis satio, *Id.* — CONSITIO, *l'action de planter ensemble :* Non consitiones modò delectant, sed etiam insitiones, quibus nihil invenit agricola solertius, *Cic.* — INSITIO *l'action de greffer :* Venerit insitio, fac ramum ramus adoptet, *Ovid.*

2205. *Satisdare. Satisfacere. Præstare.*

SATISDARE, *donner caution, ou répondant :* Judicatum solvi satisdare, *Cic.*, *donner caution de payer l'amende.* — SATISFACERE, *contenter quelqu'un, lui faire raison d'une chose, satisfaire :* Pueri tui modò me pulsaverunt, satisfacias oportet, *Cic.* Satisfacere naturæ et legibus, *Id.* — PRÆSTARE (*pris activement*), *représenter, répondre, exécuter :* Præstare se propugnatorem acerrimum, *Cic.* Sententiam suam senatui præstare, *Id.* Istam culpam, quam vereris, præstabo, *Id.*, *je prendrai la faute sur moi.* Præstare sumptum, periculum, *Id.*, *prendre sur soi la dépense, le danger.* Quandò præstitimus quod debuimus, moderatè quod evenit, feramus, *Id.*

2206. *Satishabere. Satisaccipere.*

SATISHABERE, *être satisfait, n'avoir plus rien à demander :* Satishabeas nihil me etiam tecum de tui fratris injuriâ conqueri, *Cic.*, *tenez-vous pour content que je ne me plaigne pas, etc.* Hæc omnia vobis sunt expedienda, nec hoc cogitandum satis jam habere rempublicam à vobis, *Id.* SATISACCIPERE, *recevoir une caution :* Abs te satisaccipiam; ego autem tibi non satisdabo, *Cic.*

2207. *Saxeus. Saxosus.*

SAXEUS, *fait de pierres ou en pierre :* Moles saxea, *Ovid.* Saxea effigies, *Catul.* — SAXOSUS, *pierreux, plein de rochers :* Montes saxosi, *Virg.* Flumina saxosa, *Id.*

2208. *Scaber. Scabiosus.*

SCABER (*de* scabies), *rude au toucher, raboteux :* Molæ scabræ, *Ovid.* Exesa invenias scabrâ rubigine pila, *Virg.* *Il se prend pour crasseux, malpropre :* Pectus illuvie scabrum, *Cic.* Intonsus et scaber, *Hor.* Digiti pingues et scaber unguis, *Ovid.* Scaber *se dit de l'état actuel, et* SCABIOSUS, *de l'état habituel :* Namque et scabiosus et acri bile tumet, *Pers.*

2209. *Scamnum. Scabellum. Sedile. Sella. Subsellium.*

SCAMNUM (*de* scandere), *marchepied, banc :* Et cava sub tenerum scamna dedisse pedem, *Ovid.* — SCABELLUM *diminutif de* scamnum), *petit banc, petit marchepied :* Scabella concrepant, aulæum tollitur, *Cic.* Scamnum in cubiculo unum, scabella tria, sellas quatuor, *Cat.* — SEDILE (*de* sedere), *siége quelconque :* Vivoque sedilia saxo, *Virg.* Membra sedili relevare, *Ovid.* — SELLA (quasi seda, *de* sedere) *chaise :* Sella curulis, *Cic.* Sella aurea, *Id.*— SUBSELLIUM (quasi sub sella), tribunorum, triumvirorum, quæstorum, et hujusmodi minora exercentium, qui in subselliis sedebant, *dit Asconius. C'était aussi le banc des juges et des avocats:* Bis ad judicis subsellia attractus, *Cic.* Quorum alterum sedere in accusatorum subselliis video, *Id.*

2210. *Scatere. Scaturire. Emanare.*

SCATERE, *sourdre, abonder en, etc.* Pontus scatens belluis, *Hor.* *Au figuré:* Scatere verbis, *Gell.*, *parler à tort et à travers, à tout propos :* Scatet amore tuus animus, *Plaut.* —SCATURIRE, *être sur le point de sourdre :* Solum hoc fontibus scaturit, *Col.*, *cette terre fourmille de sources prêtes à jaillir. Au figuré :* Totus, ut nunc est, hoc scaturit, *Cic.* — EMANARE (manare è), *sortir en s'écoulant :* Emanârit uti fumus diffusa animæ vis. *Lucr.* *Il s'emploie au figuré :* Ex fonte præceptores emanaverunt, *Cic.*

2211. *Scelerare. Temerare.*

SCELERARE, *souiller par un crime :* Parce pias scelerare manus, *Virg.*—TEMERARE, *profaner les choses saintes :* Sacra hospitis temerata, *Ovid.* Sepulchra majorum temerata ac violata, *Liv.* *Au figuré :* Fluvios temerare venenis, *Ovid.*

2212. *Sceleratus. Scelerosus. Scelestus.*

SCELERATUS, *qui médite, qui exécute des crimes :* Ego illum malesanum semper reputavi, nunc etiam impurum et sceleratum puto, *CIC. Au figuré :* Scelerata hasta, *CIC., proscription des biens contre tout droit.* Sceleratus campus. *LIV., champ où l'on a commis un crime.* Amor sceleratus habendi, *OVID., la passion criminelle des richesses.* Sceleratum exquirere frigus difficile est, *VIRG., le froid meurtrier.* — SCELEROSUS, *souillé de crimes :* Ubi ego illum scelerosum atque impium inveniam? *TER.* — SCELESTUS, *qui a commis quelque crime :* Quò, scelesti, ruitis? *HOR.* Civis scelestus, *Id. Au figuré :* Facinus scelestum ac nefarium, *CIC.*

2213. *Scena. Theatrum.*

SCENA (*de* σκηνή, *tente*), *proprement, un lieu entouré de branches d'arbres, d'où vient cette expression de Virgile :* Tùm silvis scena coruscis desuper, etc. *Anciennement on représentait les pièces de théâtre à l'ombre des arbres ; c'est de là qu'il se prend pour la scène du théâtre :* Scenis agitatus Orestes, *VIRG., Oreste dont les fureurs sont si souvent mises sur la scène. Au figuré :* Scena totius rei hæc est, *CIC., c'est là le principal de l'affaire.* Tibi nunc populo et scenæ, ut dicitur, serviendum est; omnium in te conjecti sunt oculi, *CIC., maintenant vous appartenez au public, et, comme on dit, à la scène ; tous les regards sont fixés sur vous.* — THEATRUM (*de* θεᾶσθαι, *voir*), *théâtre, lieu propre à donner des spectacles :* Spissa theatra viris, *HOR. Il se dit des spectateurs :* Theatra tota reclamant, *CIC. Au figuré :* Theatrum ingenii, *CIC.* Nullum theatrum virtuti conscientià majus est, *Id.*

2214. *Scenalis. Scenicus. Theatralis.*

SCENALIS, *de la scène, qui concerne la scène :* Scenalis species, *LUCR., décoration de théâtre.* — SCENICUS *a plus de rapport à l'acteur;* Scenicus artifex, *CIC., comédien, acteur.* Scenicum est manus complodere, *QUINT.* — THEATRALIS, *de théâtre, qui concerne le théâtre :* Jura theatralis dum siluêre loci, *MART.* Theatrales consessus, *assemblées publiques.*

2215. *Scholaris. Scholasticus. Discipulus.*

SCHOLARIS, *ne se trouve point dans les auteurs de la bonne latinité. S. Jérome a dit* scholaris declamatio, *déclamation à l'usage des écoles ; et dans la basse latinité on trouve* scholaris *pour dire écolier. Sous Constantin, les* scholares *étaient des gardes du palais.* — SCHOLASTICUS, *celui qui s'exerce à composer des discours sur des sujets feints :* Scholasticus tantùm est, qui in scholis et in privatâ umbrâ fictas causas agit declamando; quo hominum genere nihil sincerius; nos verò qui in foro verisque litibus terimur, multùm malitiæ addiscimus, *PLIN. JUN.* — DISCIPULUS, *disciple, qui prend les leçons d'un maître :* Auditor et discipulus Platonis, *CIC.* Discipuli coquorum, *PLAUT., valets de cuisine, marmitons.* Discipulus crucis, *Id., apprenti de gibet.* Discipuli, *dans Térence, sont les acteurs : le poëte s'appelle* magister.

2216. *Sciens. Scitus. Scitulus.*

SCIENS, *qui sait :* Quis hoc homine scientior? *CIC.* Sciens pugnæ, *HOR.* — SCITUS, *habile :* Scitus lyræ, *HOR.* Scitus sycophanta, *PLAUT., maître fourbe.* Scitus homo *est un homme adroit, habile ; et* sciens homo *est un homme savant.* Scitus *signifie aussi joli, aimable :* Scita facies, *TER.* Scitus puer natus est Pamphilo, *Id.* Interrogationes scitæ, *QUINT., interrogations judicieuses.* — SCITULUS (*diminutif de* scitus), *joli, mignon :* Ambæ formâ scitulâ, atque ætatulâ, *PLAUT.*

2217. *Scintillare. Fulgurare.*

SCINTILLARE, *jeter des étincelles :* Cùm testâ ardente viderent scintillare oleum, *VIRG. Au figuré :* Ut oculi scintillant vide, *PLAUT.* — FULGURARE, *jeter des éclairs :* Cùm ex omnibus quatuor cœli partibus fulgurabit, *PLIN. Au figuré :* Ut non loqui et orare, sed fulgurare ac tonare videaris, *QUINT.*

2218. *Scire. Rescire.*

SCIRE, *savoir, être instruit :* Scire latinè, *CIC.* Nam quod scio, omne ex hoc scio, *TER.* — RESCIRE, *découvrir, être informé :* Quærit etiam, si sapiens adulterinos nummos acceperit imprudens pro bonis, cùm id rescierit, soluturus sit eos, si cui debeat, pro bonis : Diogenes ait; Antipater negat; cui potius assentior, *CIC.*

2219. *Scriptura. Scriptio. Scriptum.*

SCRIPTURA, *composition :* Postquàm poeta sensit scripturam suam ab iniquis observari, *TER.* — SCRIPTIO, *l'action d'écrire, de composer :* Oratio digna scriptione, *CIC.* Nulla res tantùm ad dicendum proficit, quantùm scriptio, *Id.* — SCRIPTUM, *écrit, ouvrage :* Optima scripta Græcorum, *CIC.*

2220. *Scriptura. Portorium. Decumæ.*

SCRIPTURA (*synonyme des autres*), *le droit que l'on payait pour les pâturages publics. On écrivait sur des registres la quantité de bétail que les particuliers y envoyaient :* Portum et scripturas eadem societas habebat, *CIC.* Scriptura Siciliæ, *Id.*, *la ferme des pâturages de Sicile.* — PORTORIUM (*de* portus), *la douane, droits qui se paient au bureau de la douane :* Portorium vini instituere, *CIC.*—DECUMÆ, *les dîmes, la dixième partie du froment que l'on recueillait des terres allouées par la république :* Itaque neque ex portu, neque ex decumis, neque ex scripturâ vectigal conservari potest, *CIC.*

2221. *Scrupeus. Scrupulosus.*

SCRUPEUS, *de pierres :* Spelunca alta fuit, vastoque immanis hiatu, scrupea, *VIRG.* — SCRUPULOSUS, *plein de petites pierres :* Scrupulosa via, *PLAUT. Au figuré :* Scrupulosa disputatio, *QUINT.*, *dispute trop vétilleuse.*

2222. *Scyphus. Calix. Crater.*

SCYPHUS (σκύφος), *était un grand vase de bois, enduit de poix, pour empêcher la pourriture :* Fraxineus scyphus, *CATUL. On s'en servait dans les sacrifices :* Sacer scyphus, *VIRG.* — CALIX (κύλιξ, *coupe ronde*), *coupe, tasse de verre, de terre ou de métal :* Calix vitreus, *MART.* Auratus calix, *PROPERT. De là notre mot calice. C'était aussi un vase dans lequel on faisait cuire des légumes :* Stant calices : minor indè fabas, olus alter habebat, *OVID.* — CRATER (κρατήρ, *vase à boire*), *coupe moins creuse que le calice :* Indulgent vino et vertunt crateras ahenos.

2223. *Secessus. Recessus. Secretum. Solitudo.*

SECESSUS (seorsìm cedere), *se dit d'un lieu à l'écart et paisible :* Carmina secessum scribentis et otia quærunt, *OVID.* Amœni secessus, *TAC.* — RECESSUS (retrò cedere), *semble être un lieu plus retiré :* Mihi solitudo et recessus provincia est, *CIC. Au figuré :* Cùm in animis hominum tantæ latebræ sint, tanti recessus, *CIC.* — SECRETUM (seorsìm cernere), *retraite plus solitaire, plus à l'abri des importuns et des curieux :* Horrendæque procul secreta sibyllæ, antrum immane petit, *VIRG.* Venire in secreta, *OVID. C'est proprement un adjectif : on sous-entend* loca.— SOLITUDO (solus), *solitude, lieu désert :* Discederem in aliquas solitudines, *CIC. Au figuré, délaissement, abandon :* Quòd si judex nullo præsidio fuisse videbere contrà vim et gratiam solitudini atque inopiæ, *CIC.*

2224. *Secretus. Sejunctus. Seclusus.*

SECRETUS (seorsìm cernere), *retiré, écarté :* Secretæ valles, *TAC.* Secretus à voluptate, *CIC.* Secreta loca petere, *HOR.* — SEJUNCTUS (seorsìm jungere), *divisé, séparé :* Sejunctus ab Antonio, *CIC.* Ab honestate sejunctus, *Id.* Secretum ac sejunctum à corpore, *LUCRET. Au figuré :* Pars animi, quæ sensum habeat, ab actione sejuncta, *CIC.*—SECLUSUS (seorsìm clausus), *fermé séparément :* Seclusum in valle reductà, *VIRG.* A communi luce seclusus, *LIV.*

2225. *Sectari. Sequi.*

SECTARI (*fréquentatif de* sequi), *suivre avec affectation, suivre avec empressement :* Qui illic ejusmodi est, ut cum pueri sectentur, *CIC.* Is prætorem circùm omnia fora sectabatur, *Id. Au figuré :* Fecundæ leporis sapiens sectabitur armos, *HOR.* — SEQUI, *suivre, aller derrière :* A tergo sequi, *VIRG.* Sequiturque patrem non passibus æquis, *Id. Au figuré :* Sequi militiam, *CIC.*, *suivre la profession des armes.* Sequi amicitiam alicujus, *Id.*, *rechercher l'amitié de quelqu'un.* Neque enim attinet quicquam sequi, quod assequi nequeas, *Id.*

2226. *Sectio. Auctio. Licitatio.*

SECTIO (*de* secare), *proprement, l'action de couper, division, séparation ; il se prend pour confiscation, l'encan des biens confisqués, parce qu'on donnait la moitié, ou une partie des biens confisqués au délateur :* Exspectantibus omnibus quisnam esset tam impius qui ad illud scelus sectionis auderet accedere, inventus est nemo præter Antonium, præsertìm cùm tot essent circa hastam illam qui omnia auderent, *CIC.* — AUCTIO (*d'*augere, auctum), *proprement, augmentation. Il se prend aussi pour enchère, vente faite au plus offrant :* Bona alicujus constitutà auctione vendere, *CIC.* Mulier auctionem provinciarum faciebat, *Id.*—LICITATIO, *l'action de mettre à l'enchère, à prix :* Licitationem facere, *CIC.* Auctionem facere, *Id.*, *mettre à l'enchère.*

2227. *Secundus. Secundanus. Secundarius.*

SECUNDUS, *le second, celui qui suit le premier, soit par ordre, soit dans le nombre :* Quoniam id secundum erat de tribus, *CIC.* Secundus à rege, *LIV.*, *le premier après le roi.* Panis secundus, *HOR.*, *du gros pain. Chez les Romains, lorsqu'un premier présage était favorable, on en demandait un second pour le confirmer; de là ces expressions si fréquentes :* Avibus secundis, *LIV.* Auspicia secunda, *HOR.* Fortuna secunda, *CIC.* Fama secunda, *LIV.* — SECUNDANUS, *soldat de la seconde légion :* Dùm repetunt enixè signum, priores secundani se portà ejecère, *LIV.*—SECUNDARIUS, *du second ordre, du second rang :* Q. Arrius, qui fuit M. Crassi quasi secundarius, *CIC.* Panis secundarius, *SUET.*

2228. *Securis. Bipennis.*

SECURIS (*de* secare), *hache :* Securi cervices subjecère, *CIC. Au figuré :* Graviorem securim reipublicæ infligere, *CIC.* — BIPENNIS (*de* bis *et de* pinna, *pointe, aile, nageoire de poisson*), *hache à deux tranchants :* Perrumpit limina bipenni, *VIRG.*

2229. *Seditiosus. Turbulentus. Turbidus. Tumultuosus. Tumultuarius.*

SEDITIOSUS, *séditieux, qui excite des séditions :* Dissensio civium, quòd seorsìm alii ab aliis eunt, seditio dicitur, *CIC.* Malus civis, improbus consul, seditiosus homo, *Id.*—TURBULENTUS (*de* turba), *qui excite des troubles, rempli de troubles :* Seditiosus et turbulentus civis, *CIC.* Conciones turbulentæ, *Id.* Annus turbulentior, *Id.* — TURBIDUS, *troublé, qui n'est pas clair; il se dit mieux des choses :* Aqua turbida, *CIC. Au figuré :* Esse in turbidis rebus, *CIC.* Mores turbidi, *PLAUT., naturel brouillon.* Animi turbidus, *TAC., qui a l'esprit troublé.* Si turbidissima sapienter ferebas, tranquilliora lætè feras, *CIC.* — TUMULTUOSUS, *tumultueux, confus, alarmant :* Tumultuosum genus pugnæ, *LIV.* Seditiosa et tumultuosa vita, *CIC.* In otio tumultuosi, in bello segnes, *LIV.* Ex Syriâ nobis tumultuosa quædam nunciata sunt, *CIC.* — TUMULTUARIUS, *fait en tumulte, à la hâte, en désordre :* Tumultuaria pugna, *LIV.* Delectus tumultuarius, *Id., levée de troupes faite à la hâte et en désordre.*

2230. *Seducere. Sevocare.*

SEDUCERE (seorsìm ducere), *conduire à l'écart :* Blandâ manu seduxit eum, *CIC. Au figuré :* Cùm mors animâ seduxerit artus, *VIRG., lorsque la mort aura séparé l'âme du corps.*—SEVOCARE (seorsìm vocare), *appeler à l'écart :* Sevocat hunc genitor, *OVID. Au figuré :* Sevocare animum ab omni negotio, *CIC.*

2231. *Seducere. Subornare. Apponere.*

SEDUCERE, *au figuré, peut être comparé avec* subornare, apponere ; *il signifie séduire, tromper :* Etiam nunc me seducere istis dictis postulas, *TER.* — SUBORNARE *ne rend pas exactement notre mot suborner, qui signifie séduire un témoin, une fille, etc., mais il en approche.* Subornare testes *est fournir secrètement à des témoins ce qu'ils doivent dire :* Confessus es à te accusatores esse instructos et subornatos, *CIC. Il signifie aussi, orner un peu :* Tu, quod adhùc fecisti, idem præsta, ut nos subornes, *CIC.* — APPONERE (ponere ad), *apposer, placer auprès, devant :* Apponere signum epistolæ, *CIC.* Apponere mensam alicui, *Id. Synonyme des deux autres, il signifie aposter :* Accusator apponitur civis romanus, *CIC.*

2232. *Seges. Messis.*

SEGES *est proprement le blé en herbe ou sur pied :* Luxuries segetum, *CIC.* Segetes fecundæ herbas effundunt inimicissimas frugibus, *Id. Il se prend aussi pour la terre préparée à recevoir la semence :* Illa seges votis demùm respondet avari agricolæ, bis quæ solem, bis frigora sensit, *VIRG. Au figuré :* Seges et materia gloriæ, *CIC.* Seges ferrea telorum, *VIRG.* — MESSIS (*de* metere), *le blé moissonné, ou près d'être moissonné :* Ruperunt horrea messes, *VIRG.* Gravidis onerati messibus agri, *Id. Au figuré :* Malorum messem metere, *CIC.*

2233. *Segregare. Seponere. Semovere. Removere. Sejungere.*

SEGREGARE (seorsìm à grege), *séparer, parlant d'un troupeau :* Ovesque segregatas ostendit procul, *PHÆD. Au figuré :* Virtutem segregare à summo bono, *CIC.*— SEPONERE (seorsìm ponere), *mettre à part, en réserve :* Captivam pecuniam in ædificationem ejus templi seposuit, *LIV. Au figuré :* Seponere sibi tempus ad rem aliquam, *CIC.* — SEMOVERE (seorsìm movere), *séparer, éloigner en remuant :* Qui anteà voce præconis à liberis semovebantur, *CIC.* — REMOVERE (retrò movere), *éloigner en arrière :* Mensæque remotæ, *VIRG. Au figuré :* Supplicium à se removere, *CIC.* Se à publicis negotiis removere, *Id.* Tempore semotum fuerit, longèque remotum, *LUCRET.*—SEJUNGERE (seorsìm jungere), *séparer ce qui est joint :* Sejungere tabulas, *COL. Au figuré :* Dummodò tua calamitas à reipublicæ periculo sejungatur, *CIC.*

2234. *Semen. Sementis. Seminarium.*

SEMEN, *semence, graine :* Committere semina sulcis, *VIRG.* Pars autem posito surgunt de semine, ut altæ castaneæ, *Id. Au figuré :* Semen urbanitatis, *CIC.* Semina virtutum, *Id.* Flammæ semina, *VIRG.* —

Sementis, *la semaille :* Ut sementem feceris, ita et metes, *Cic. Au figuré :* Malorum facere sementem, *Cic.* — Seminarium, *pépinière :* Qui vineam vel arbustum constituere volet, seminaria priùs facere debebit, *Col. Au figuré :* Principium urbis, et quasi seminarium reipublicæ, *Cic.* Ex illo fonte et seminario triumphorum, *Id.*

2235. *Semianimis. Seminex. Semivivus.*

Semianimis, *à demi mort, presque sans souffle, et sans connaissance :* Narratur semanimis (*poétiquement pour* semianimis) mediâ procubuisse domo, *Ovid.* Semianimes volvuntur equi, *Virg.* — Seminex, *à demi mort de ses blessures :* Seminecem eum ad Cannas in acervo cæsorum corporum inventum Annibal domum remiserat, *Liv.*—Semivivus, *qui n'a que la moitié de la vigueur qu'il lui faudrait :* Semivivum illum reliquit, *Cic. Au figuré :* Semivivis mercatorum vocibus reclamatum est, *Cic.* Semineces et semianimes vix agere et moveri possunt; semivivus agit, ambulat, loquitur, sed timidè et imbecilliter.

2236. *Semihomo. Semivir.*

Semihomo, *demi-homme, qui n'a qu'à peine la figure d'homme :* Semihomo Cacus, *Virg.* —Semivir, *efféminé :* Errare qui tam atrocem cædem pertinere ad illos semiviros crederent, *Liv.* Et nunc ille Paris cum semiviro comitatu, *Virg.*

2237. *Senectus. Senecta. Senium.*

Senectus, *la vieillesse :* Senectus est vitæ occasus, *Cic. Au figuré :* Plena litteratæ senectutis oratio, *Cic., discours plein de maturité et de littérature.* — Senecta *est proprement un adjectif :* Senectum corpus, *Sall.* Senecta ætas, *Plaut.* Senectam diem obiit in patriâ, *Plin.*, *il mourut de vieillesse dans sa patrie. Il se met ordinairement comme substantif :* In senectâ hoc reputo miserrimum, sentire eâ ætate esse odiosum alteri, *Cic.* — Senium *se dit des années de la vieillesse, de l'accablement, de l'épuisement :* Curvata senio membra, *Tac.* Mens senio fluxa, *Id. Térence a dit* senium *pour* senem *:* Ut illum dii deæque senium perdant, qui me hodiè remoratus est. *Au figuré :* Tota civitas senio confecta est, *Cic.* Surge, et inhumanæ senium depone camœnæ, *Hor.*

2238. *Senes. Veteres. Antiqui.*

Senes, *les vieillards, qui ont beaucoup d'années :* Longævosque senes, ac fessas æquore matres, *Virg.* — Veteres, *ceux du temps passé, ceux qui étaient avant nous, quand même ils ne seraient pas arrivés à la vieillesse :* Si credendum est veteribus, ut aiunt, viris, *Cic.* Veteres auctores, *Id.*, *les auteurs qui étaient avant nous.* — Antiqui *se dit des uns et des autres, les anciens :* Plus apud me auctoritas antiquorum valet, *Cic.* Majores nostri, veteres illi admodùm antiqui, *Id.* Senes vocantur quantùm ad privatam ipsorum vitam, quòd usque ad senilem ætatem vixerunt; veteres quantùm ad publicum tempus, quòd aliâ ætate vixerunt, etiamsi ad senium non pervenerint; antiqui utrique dicuntur, sed magis veteres quàm senes. Senibus et antiquis habendus honos, non item veteribus; nam quidam juniores sæpè sunt seniores veteribus.

2239. *Senex. Annosus. Longævus. Vetulus.*

Senex, *vieillard, qui a passé soixante ans :* Quique senex ferulâ titubantes sustinet artus, *Virg.* Tristis ac decrepitus senex, *Cic.* Senex stultus, credulus, obliviosus, *Id.* — Annosus, *chargé d'ans. Les trois mots suivants sont des adjectifs, mais ils peuvent s'employer comme substantifs, en sous-entendant les mots* senex, vir *ou* homo, *ou tout autre mot :* Pontificum libros, annosa volumina vatum, *Hor.* Annosus *suppose une vieillesse plus avancée que* Senex. — Longævus *comme* grandævus (longi ævi, grandis ævi), *suppose une longue suite d'années, un grand âge, passé quatre-vingts ans :* Fit Beroe Ismarii conjux longæva Dorycli, *Virg.*— Vetulus (*diminutif de* vetus), *vieillard; ordinairement, vieux et petit; ce mot s'emploie souvent par mépris. Cicéron dit* mulier vetula, *une petite vieille.* Si vetulo juvenis non assurrexerit, *Juv.*

2240. *Sensìm. Pedetentìm. Paulatìm.*

Sensim, *doucement, insensiblement :* Magis decere censent sapientes sensìm amicitiam dissuere, quàm repentè præcidere, *Cic.* — Pedetentim (*de* pes, *et de* tendere), *pas à pas, à petits pas :* Quærendis pedetentìm vadibus, *Liv. Au figuré :* Sensìm et pedetentìm progrediens extenuatur dolor, *Cic.*—Paulatim, *peu à peu :* Paulatìm adnabam terræ, *Virg.* Cujus amicitia me paulatìm in hanc perditam caussam imposuit, *Cic.*

2241. *Sensus. Sensum.*

Sensus, *le sens, le sentiment, ce qui sent, et ce qui est senti :* Sensus audiendi, *Cic.*, *sens de l'ouïe, l'ouïe.* Omnis sensus hominum multò antecellit sensibus bestiarum, *Id.* Affici sensu doloris, *Id.* Carere sensu communi, *HOR.* *Il se prend aussi pour pensée :* Speculari abditos sensus, *LIV.* *Au figuré :* Sensus verbi, *OVID.*, *sens d'un mot.* — SENSUM *est proprement un adjectif, ce qui est senti :* Quod erat sensu comprehensum, id sensum appellant, *CIC.* Exprimere dicendo sensa, *Id.*, *exprimer sa pensée par la parole.*

2242. *Sententiam dicere, ferre, pronunciare.*

SENTENTIAM DICERE, *donner son avis, soit en particulier, soit juridiquement :* In libris sententiam dicebamus, *CIC.* Sententiam loco prætoris dicere, *Id.* — SENTENTIAM FERRE *se dit toujours du juge :* Judices cùm de te sententiam ferrent, *CIC.* SENTENTIAM PRONUNCIARE *ne convient qu'au premier magistral qui prononce la sentence d'après les avis :* Sententiam de tribunali pronunciat, *CIC.* *Au figuré :* Æquam sententiam pronunciabit ratio, *CIC.* *Un ami, un juge,* sententiam dicunt; *un juge,* sententiam fert; *le président,* pronunciat.

2243. *Separatìm. Seorsùm.*

SEPARATIM (*de* separare), *séparément, en particulier :* Separatìm singularum civitatum copias collocaverat, *CÆS.* Nihil accidit ei separatìm à cæteris civibus, *CIC.* — SEORSUM, *à part, dans un lieu séparé :* Seorsùm arma ac tela seponebantur, *CIC.* Seorsùm à collegâ puto mihi omnia paranda, *Id.* Separatìm *est opposé à* conjunctìm ; *et* seorsùm, *à* unà. *Ils se mettent bien l'un pour l'autre.*

2244. *Septiès. Septimùm.*

SEPTIES, *sept fois :* Septiès milliès sestertiûm, *CIC.* — SEPTIMUM, *pour la septième fois* : Cur Marius tam feliciter septimùm consul domo suâ senex est mortuus ? *CIC.*

2245. *Septimus. Septenus. Septenarius.*

SEPTIMUS, *septième :* Septima æstas, *VIRG.* — SEPTENUS *de sept :* Septenus numerus, *CIC.* — SEPTENARIUS, *qui a sept, qui contient sept :* Septenarius versus, *CIC.*, *vers de sept pieds.*

2246. *Serenare. Tranquillare.*

SERENARE, *rendre serein :* Vultu quo cœlum tempestatesque serenat, *VIRG.* *Au figuré :* Consilium vultu tegit, ac spem fronte serenat, *VIRG.* — TRANQUILLARE, *tranquilliser, calmer :* Mare tranquillare, *PLIN.* *Au figuré :* Quid purè tranquillet, honos, an dulce lucellum, *HOR.* Justitia semper alit aliquid quod tranquillet animos, *CIC.* *On peut opposer* serenare *à* obscurare ; *et* tranquillare *à* perturbare. Tranquillum mare ; serenum cœlum.

2247. *Serere. Seminare. Plantare. Spargere.*

SERERE, *semer, planter, se dit du blé et des plantes :* Serite hordea campis, *VIRG.* Serit arbores, quæ alteri sæculo prosint, *CIC.* *Au figuré :* Civiles discordias serere, *LIV.* — SEMINARE, *semer et ensemencer :* Seminare hordeum, *COL.* Seminare agrum, *Id.* — PLANTARE, *planter :* Plantantur punicæ, *PLIN.*, *on plante les grenadiers.* — SPARGERE (*de* σπείρω, ἔσπαρκα), *répandre :* Semen spargere, *CIC.* Arenam spargere pedibus, *VIRG.* *Au figuré :* Voces ambiguas spargere in vulgus, *VIRG.* Litteræ sparsæ humanitatis sale, *CIC.*

2248. *Sermocinari. Colloqui.*

SERMOCINARI (*de* sermo), *discourir :* In consuetudine scribendi aut sermocinandi, *CIC.* — COLLOQUI (loqui cum), *parler avec quelqu'un, parler ensemble :* Colloqui cum aliquo per litteras, *CIC.* Hoc uno præstamus vel maximè feris, quòd colloquimur inter nos, et quòd exprimere dicendo sensa possumus, *Id.*

2249. *Serò. Lentè. Tardè.*

SERO, *tard :* Eloquentia serò prodiit in lucem, *CIC.* Demùm serò veneram, *Id.* — LENTÈ, *nonchalamment :* Lentè agere, *LIV.* Lentè ferre injurias, *Id.*, *supporter patiemment les injustices.* — TARDE, *lentement :* Citò ægrotamus, tardè convalescimus, *CIC.* Tardè percipere, *Id.* Serò opem ferimus ægro, cùm nulla spes superest ; tardè convalescit qui diù ægrotavit ; lentè agere, aut prudentiæ aut ignaviæ indicium est.

2250. *Servare. Asservare. Conservare. Custodire. Salvare.*

SERVARE, *conserver, sauver :* Me quidem certò servavit suis consiliis, *CIC.* Fidem servare, *CÆS.* Animi rectum servare, *HOR.* Servare ordinem, *LIV.* — ASSERVARE (servare ad), *veiller à, garder :* Asservabo hìc quid rerum agat, *PLAUT.*, *j'observerai d'ici ce qu'il fera.* Asservari eos jubet privatis custodiis, *CIC.* Cùm Appii tabulæ negligentiùs asservatæ dicerentur, *Id.* — CONSERVARE (servare cum), *conserver avec, ensemble, préserver :* Si aliquis in mundo est, qui regat, qui gubernet, qui conservet omnia, *Cic.* Illius conservavit pecuniam et patrimonium, *Id.* Conservare aliquem ab omni periculo. *Id.* — CUSTODIRE, *veiller, observer, garder, défendre :* Multorum te oculi auresque speculabuntur atque custodient, *Cic.* Juventus tuum corpus domumque custodit, *Id.* Custodiebatur ut parricida, *Id.* Custodire memoriâ, *Id.* Custodire aliquem *est garder quelqu'un, de peur qu'il n'échappe, ou pour le défendre ; au lieu que* servare aliquem *signifie sauver, conserver quelqu'un.* — SALVARE *et* SALVATOR *ne sont point de la bonne latinité.*

2251. *Servator. Conservator. Liberator. Soter.*

SERVATOR, *sauveur, celui qui sauve :* Cicero servator urbis, *Cic.* — CONSERVATOR, *conservateur, protecteur :* Custos et conservator imperii, *Cic.* — LIBERATOR, *qui rend la liberté, libérateur :* Servatorem liberatoremque acclamantibus, *Liv.*, *l'appelant hautement leur sauveur et leur libérateur.* — SOTER (σωτήρ), *dit Cicéron*, is est nimirùm qui salutem dedit. *Les grammairiens opposent* Perditor *à* Servator; *et* Desertor *à* Conservator.

2252. *Servilis. Famularis.*

SERVILIS, *d'esclave, qui appartient à l'état d'esclave :* Indoles servilis, *Liv.* Supplicio servili animadvertere, *Id.* Bellum servile, *Cic.*—FAMULARIS, *de domestique :* Se in medios immisit hostes famulari veste, *Cic.* Famularis illum retinet manus, *Ovid.* Turba famularis mensas instruit, *Stat.*

2253. *Serus. Tardus. Serotinus.*

SERUS, *tardif, qui vient tard :* Sera gratulatio reprehendi non solet, præsertìm si nullâ negligentiâ prætermissa est, *Cic.* Quid tam sera advenis? *Ter.* Seri nepotes, *Virg.*, *nos derniers neveux.* — TARDUS, *lent, paresseux à faire quelque chose :* Tardior ad discendum, *Cic.*, *qui fait peu de progrès dans l'étude.* Seri studiorum, *Hor.*, *hommes qui étudient tard.* Tardus in cogitando, *Cic.* Res tardior spe, *Liv.* *On peut opposer* Tardus *à* Velox; *et* Serus *à* Tempestivus.—SEROTINUS, *de l'arrière-saison, du soir, tardif :* Pira serotina, *Plin.* Serotinæ hiemes, *Id.*

2254. *Servum esse. Servire. Deservire. Inservire.*

SERVUM ESSE, *être de condition servile :* Non enim ita dicunt eos esse servos, sicut mancipia, quæ sunt dominorum facta nexu, *Cic.*—SERVIRE, *servir, être dépendant :* Uni domino servire, *Catul.* *Celui qui sert n'est pas toujours d'une condition servile. Au figuré :* Servire existimationi, *Cic.*, *travailler à acquérir de l'estime.* Matrimonio puellæ servire, *Id.*, *pourvoir à l'établissement de sa fille.* Tempori servire, *Id.*, *s'accommoder au temps.* — DESERVIRE *ajoute à l'idée de* servire ; *servir constamment :* Itemque alii qui quidvis perpetiantur, cuivis deserviant, dùm, quod velint, consequantur, *Cic.* *De même au figuré :* Officia mea, operæ, vigiliæ deserviunt amicis, et præstò sunt omnibus, *Cic.* Indulge valetudini tuæ, cui quidem tu adhùc, dùm mihi deservis, servìsti non satis, *Id.* — INSERVIRE, *être utile, travailler à :* A quo enim plurimùm sperant, ei potissimùm inserviunt, *Cic.* Inservire communi commodo, *Id.* Famulus domino servit; avarus cuivis deservit, dùm ditescat; amicus amico inservit.

2255. *Servus à manu, ad manum.*

SERVUS A MANU, *un secrétaire :* Thallo à manu, quod pro epistolâ proditâ denarios quingentos accepisset, crura effregit, *Suet.* — SERVUS AD MANUM *peut s'entendre d'un secrétaire, ou d'un esclave qui est là pour exécuter les ordres de son maître :* Quem servum sibi ille habuit ad manum, *Cic.*

2256. *Servus à pedibus, ad pedes.*

SERVUS A PEDIBUS, *un courrier, celui qui fait les commissions de son maître :* Pollucem servum à pedibus meum Romam misi, *Cic.* — SERVUS AD PEDES, *était celui qui servait son maître à table :* Servus qui cœnanti ad pedes steterat, *Sen.*

2257. *Sestertius. Sestertium.*

SESTERTIUS *était le petit sesterce, la quatrième partie du denier romain. Il a haussé et baissé.* — SESTERTIUM *était le grand sesterce ; il valait mille petits sesterces. Quand la quantité des sesterces est exprimée par le simple nom numéral, il s'agit du grand sesterce, et on sous-entend toujours* mille, *ainsi* mille sestertia, *c'est mille fois mille, ou un million de petits sesterces. De même* decies sestertiùm, *c'est* decies centena millia, *dix fois cent mille, ou un million.* Pro frumento in modios singulos duodenos sestertios exegit, *Cic.* Capit ille ex suis prædiis sexcenta sestertia, ego centena ex meis, *Id.* (Voyez le n° 1763.)

2258. *Seta. Pilus. Villus. Lana. Lanugo.*

SETA, *poil dur et long, comme le crin des chevaux ou la soie des porcs :* Seta equina, *CIC.* Setæ leonis, *Id.* — PILUS, *le poil; c'est le mot général :* Vellere pilos caudæ equinæ, *HOR.* Munitæ sunt palpebræ tanquam vallo pilorum, *CIC.* — VILLUS, *le poil de bêtes :* Animantium aliæ villis vestitæ, aliæ coriis tutæ sunt: aliæ spinis hirsutæ, *CIC.* Ovium villis confectis atque contextis homines vestiuntur, *Id.* — LANA, *c'est le poil des brebis, la laine, la toison :* Ante pedes calathi lanaque mollis erant, *OVID. Il signifie aussi coton :* Quid nemora Æthiopum molli canentia lanâ commemorem? *VIRG.* — LANUGO, *poil follet, duvet; c'est ordinairement le premier poil qui vient aux animaux, et qui tombe pour faire place à un poil plus fourni et plus épais. Il s'applique aussi à la première barbe dans l'homme :* Dùm nullâ teneræ sordent lanugine malæ, *MART.*

2259. *Sibilare. Exsibilare.*

SIBILARE (*de* sibilus), *siffler :* Serpens sibilat ore, *VIRG. Au figuré :* Populus me sibilat, at mihi plaudo ipse domi, *HOR.* — EXSIBILARE, *chasser en sifflant :* Histrio si paulùm se movit extra modum, exsibilatur, exploditur, *CIC.*

2260. *Siccus. Sobrius.*

SICCUS, *au propre, sec :* Siccâque in rupe resedit, *VIRG.* Siccus *se dit d'un homme qui ne boit point de vin :* Vinolentorum visa imbecilliora esse dicebas, quàm siccorum, *CIC.* — SOBRIUS (sine ebrietate), *sobre, qui n'est pas ivre :* Multò fortius est, ebrio et vomitante populo, siccum et sobrium esse; temperatius, non excerpere se, nec misceri omnibus, *SEN. Il se prend pour sage, modéré :* Homines satis planè frugi ac sobrii, *CIC. Stace a dit :* Sobriæ terræ, *des terres où il ne croît pas de vignes; et Claudien :* Sobria paupertas, *la pauvreté qui rend sobre.* Siccus *est opposé à* madidus, *et* sobrius *à* ebrius.

2261. *Signare. Notare. Designare. Observare.*

SIGNARE (*de* signum), *marquer, imprimer, graver :* Cera signatur figuris, *OVID.* Signare argentum, *CIC.*, *marquer de la monnaie d'argent, la frapper d'un coin.* Accepi à te signatum libellum, *Id.*, *billet sur lequel vous aviez apposé votre cachet. Au figuré :* Signare in animis, *CIC.* — NOTARE, *faire une note :* Digitis charta notata meis, *OVID. Au figuré :* Notandam putavi nimiam libidinem, *CIC.* — DESIGNARE, *désigner :* Designare notâ infamiæ, *LIV.* Notat et designat oculis ad cædem unumquemquem nostrûm, *CIC.* — OBSERVARE, *synonyme des autres, observer :* Quomodò hæc infinita observando notare possumus? *CIC.* Notamus rem, ut memoriæ hæreat; observamus, ut judicium feramus.

2262. *Signatus. Sigillatus.*

SIGNATUS, *marqué, empreint, imprimé :* Signata saxo nomina, *OVID.* Cicatrix signata in stirpe, *VIRG. Au figuré :* An putamus memoriam esse signatarum in mente rerum vestigia? *CIC.* — SIGILLATUS, *ciselé, orné de figures en relief :* Jubet me scyphos sigillatos ad prætorem statim afferre, *CIC.*

2263. *Significare. Declarare. Monstrare. Indicare.*

SIGNIFICARE (signum facere), *faire connaître par des signes :* Hoc mihi significâsse atque annuisse visus est, *CIC.* — DECLARARE (*de* clarus), *déclarer, faire voir clairement :* Hoc sæpiùs dicendum, tibique non significandum solùm, sed etiam declarandum arbitror, *CIC.* Luculentam plagam accepit, ut declarat cicatrix, *Id.* — MONSTRARE, *montrer, faire voir :* Digito indice monstrat, *HOR.* — INDICARE (*d'*index), *indiquer :* Rem omnem indicavit puer, *CIC.* Vultus indicat mores, *Id.*

2264. *Significatio. Indicium. Vestigium.*

SIGNIFICATIO (signum facere), *manière de faire entendre ou connaître :* Ignibus significationem facere, *CÆS.* Uno nuncio, unâ litterarum significatione, *CIC.* — INDICIUM, *indice :* Monumentum positum, ut esset indicium oppressi senatûs, *CIC.* Doloris præsentis indicium, *Id.* — VESTIGIUM *est proprement la trace des pas :* Vestigium imprimere, *CIC. Il se prend pour la partie du pied qui imprime la trace :* Vestigia primi alba pedis, *VIRG. Au figuré :* Indicia et vestigia veneni, *CIC.*

2265. *Signum. Sigillum.*

SIGNUM (*synonyme de* sigillum), *est une figure de relief :* Aspera signis pocula, *VIRG. Il se dit d'une statue :* Factum de marmore signum. — SIGILLUM (*diminutif de* signum), *petite figure de relief :* Apposuit patellam, in quâ sigilla erant egregia, *CIC. C'est dans ce sens qu'il se prend pour cachet, à cause de la gravure :* Sigilla annulo impressa, *CIC.* Signum *se prend de même pour cachet:* Non utar meo chirographo, neque signo, *CIC.*

2266. *Signum. Insigne. Specimen.*

SIGNUM (*synonyme des autres*), *signe, marque:* Ejus color pudoris signum indicat, *TER.* Morborum causæ et signa, *VIRG.* Signa doloris vultu ostendere, *CIC.* — INSIGNE (*d'in et de* signum), *marque distinctive :* Insignia virtutis multi etiam sine virtute assecuti sunt, *CIC.* Sedebat cum purpurâ et sceptro, et insignibus illis regiis, *Id. C'est d'*insigne *que vient notre mot enseigne.* — SPECIMEN (*de* species), *montre, preuve, échantillon:* Prudentiæ specimen Scævola, *CIC.* Popularis judicii specimen, *Id.* Unicum antiquitatis specimen, *TAC.*, *l'unique image des anciennes vertus* (*la veuve de Germanicus*).

2267. *Signum. Vexillum. Aquila. Labarum.*

SIGNUM, *pris pour enseigne militaire, était une longue pique au haut de laquelle était attaché, en forme de croix, un petit tableau sur lequel était le nom de la cohorte qui suivait:* Cohortis primæ convenire ad signa jubentur, *CÆS.* Militare sub signis, *LIV.* Inferre signa, *Id.*—VEXILLUM (*diminutif de* velum), *étendard, drapeau, était une petite bannière où était représentée, en or ou en argent, l'image des Césars, avec leur nom:* Nomenque ejus vexillis omnibus sine morâ inscripserunt, *SUET.* Convellere vexilla, *TAC.* Vexillum proponendum, quòd erat insigne, cùm ad arma concurri oporteret, *CÆS.* — AQUILA, *aigle romaine, enseigne militaire. Elle était de métal, et attachée au haut d'une pique :* Romanæ accedunt aquilæ, pugnamque minantur, *LUC.* — LABARUM, *espèce d'étendard qui ne fut guère en usage que sous le Bas-Empire. C'était une bannière flottante, avec le portrait des empereurs. Constantin en termina la hampe en forme de croix, et fit broder le monogramme du Christ sur l'étoffe, en mémoire de sa vision:* Christus purpureum gemmanti textus in auro signabat labarum, *PRUD.*

2268. *Silentium. Taciturnitas.*

SILENTIUM (*de* silere), *silence, discrétion :* Alti atque egregii silentii homo, *HOR.* Silentio prætermittere, *CIC. Au figuré:* Per amica silentia lunæ, *VIRG.* — TACITURNITAS (*de* tacere), *penchant ou obstination à se taire :* Nôsti hominis tarditatem et taciturnitatem, *CIC.* Suspicionem mihi majorem tua taciturnitas attulerat, *Id.*

2269. *Silvestris. Silvosus.*

SILVESTRIS, *de bois, couvert de bois, de broussailles, qui est dans les bois, champêtre, sauvage, qui est dans les forêts, ou qui en est tiré :* Agrum silvestrem mitigat flammis, *HOR.* Homines silvestres, *Id.* Materia silvestris, *CIC.* Tecta silvestria, *Id.* Tumulus silvestris, *Id.* — SILVOSUS, *abondant en bois :* Saltus duo alti silvosique sunt, montibus circà se perpetuis juncti, *LIV.*

2270. *Similis alicujus. Similis alicui.*

SIMILIS (*avec le génitif*), *se dit plus ordinairement au moral :* Spes tamen una est, aliquandò populum romanum majorum similem fore, *CIC.* Vitâ iste omnium perditorum ita similis, ut esset facilè deterrimus, *Id. Avec le datif, il se dit mieux au physique:* Os humerosque deo similis, *VIRG.* Puroque simillimus amni, *HOR. Cicéron a dit* veri similia; *et Quintilien,* vero similia.

2271. *Simplicitas. Candor. Sinceritas.*

SIMPLICITAS (quasi sine plicis), *se dit d'une chose qui n'est point composée, ingénuité, simplicité:* Nuda simplicitas, *OVID.* Fabularum convivialium simplicitas, *TAC.* — CANDOR, *proprement, blancheur :* Candor niveus, *VIRG. Au figuré, candeur :* Candor animi, *CIC.* Si vestrum merui candore favorem, *OVID.*—SINCERITAS, *au propre, c'est la pureté, et dans ce sens, il est synonyme de* candor. *Au figuré:* Vitæ summa sinceritas, *VAL. MAX.*

2272. *Simùl. Unà.*

SIMUL, *en même temps :* Duas res simul agere mihi decretum est, *CIC. Il signifie aussi après que, aussitôt que :* At simul inflavit tibicen, à perito carmen agnoscitur, *CIC.* — UNA, *ensemble, de compagnie :* Philosophari unà cum aliquo, *CIC. On dirait bien :* Ambos unà necavit, non tamen simul exspirârunt. *Les auteurs les ont quelquefois confondus.*

2273. *Simulachrum. Effigies. Imago. Statua.*

SIMULACHRUM (*de* similis), *portrait. Le portrait est uniquement pour la ressemblance:* Statuæ et imagines non animorum simulachra, sed corporum, *CIC.* Simulachra libertatis, *TAC.*, *fantômes de liberté.* —EFFIGIES (*d'*effingere), *effigie. L'effigie tient la place de la chose même :* Effigies simulachrumque Mithridatis, *CIC. Il ne se dit point de la peinture :* Effigies Neronis ad informe æs liquefacta, *Tac. Au figuré:* Ad effigiem justi imperii, *Cic.*, *pour donner l'idée d'un juste gouvernement.* Effigies humanitatis et probitatis patris, filius, *Id.* — **Imago,** *image, représente simplement l'idée d'une chose; il se dit de la peinture et de la sculpture :* Agesilaus neque pictam neque fictam imaginem passus est, *Cic.* En vobis, inquit juvenem filium tenens, effigiem atque imaginem ejus, *Liv. Au figuré :* Imagine pacis deceptus, *Tac.*, *abusé sous l'apparence d'une paix sincère.* Imaginem reipublicæ nullam relinquunt, *Cic.* — **Statua** (*de* stare), *statue, est une figure de relief, qui représente la figure et le corps :* Statua equestris, *Cic. On ne dirait pas* imago equestris.

### 2274. *Simulare. Dissimulare.*

**Simulare,** *faire semblant qu'une chose est, quoiqu'elle ne soit point :* Simulare ægrum, *Cic.*, *faire le malade.* Spem vultu simulat, *Virg.*, *il affecte un air de confiance.* — **Dissimulare**, *dissimuler, cacher ce qui est :* Dissimulat metum, *Hor.*, *il déguise sa crainte.* Nec quidquam simulabit, aut dissimulabit vir bonus, *Cic.* Catilina cujuslibet rei simulator ac dissimulator, *Sall.*, *Catilina*, *capable de tout feindre et de tout dissimuler.*

### 2275. *Singulatìm. Singillatìm. Sigillatìm. Singulariter.*

**Singulatim, Singillatim, Sigillatim** (*de* singulus), *en détail, en particulier :* Quid ego de cæteris civium romanorum suppliciis sigillatìm potiùs quàm generatìm atque universè loquar? *Cic.* Singulatìm unicuique respondendum, *Id.* Quid ego nunc commemorem singillatìm qualis in istum fuerim? *Id.* — **Singulariter**, *d'une façon particulière, singulièrement :* Quem ego in præturâ meâ singulariter dilexissem, *Cic.*

### 2276. *Singuli. Universi.*

**Singuli**, *un à un, l'un après l'autre.* — **Universi**, *tous en général :* Dùm singuli pugnant, universi vincuntur, *Tac.*, *ne combattant que l'un après l'autre, tous à la fin se trouvent vaincus.* Quæ si singula vos fortè non movent, universa certè tamen inter se conjuncta atque connexa movere debebunt, *Cic.* Deus separatìm ab universis singulos diligit, *Id.*

### 2277. *Singultus. Suspirium.*

**Singultus,** *sanglot, soupir redoublé, poussé avec une voix entrecoupée :* Flens cum singultu, *Cic.* Singultu medios præpediente sonos, *Ovid.*—**Suspirium,** *soupir, respiration plus longue qu'à l'ordinaire, causée souvent par quelque passion, comme la tristesse, etc. :* Ducere suspiria ab imo pectore, *Ovid.* Quem nemo aspicere sine suspirio posset, *Cic.*

### 2278. *Sinistrè. Sinistrorsùm.*

**Sinistre**, *proprement, à gauche. Il ne se trouve qu'au figuré; mal, en mauvaise part :* Exceptus sinistrè, *Hor.* Cædes sinistrè accepta, *Tac.* — **Sinistrorsum,** *du côté gauche, ne se dit qu'au propre :* Ille sinistrorsùm, hic dextrorsùm abit, *Hor.* Hinc se flectit sinistrorsùm, *Cæs.*

### 2279. *Sinus. Gremium.*

**Sinus,** *le sein, la partie du corps humain qui est depuis le bas du cou jusqu'au creux de l'estomac :* Fovere dextram sinu, *Ovid. Au figuré :* In sinu gaudere, *Cic.* Calumniatores de sinu suo apposuit, *Id. Il se dit de ce qui forme les plis des vêtements :* Cùm sinu effuso bellum se dare dixisset, *Liv.* Pandentemque sinus et totâ veste vocantem cæruleum in gremium, *Virg. Il se prend pour golfe :* Ater sinus Adriæ, *Hor.*—**Gremium** (quasi geremium, *de* gerere), *giron, cet espace qui est depuis la ceinture jusqu'aux genoux, dans une personne assise :* Qui se in suo gremio positurum puerum dicebat, *Ter. Au figuré :* È sinu gremioque patriæ abstrahi, *Cic.* Thessalonicenses positi in gremio imperii nostri, *Id.*

### 2280. *Sitire aliquid. Ardere aliquâ re, aliquid.*

**Sitire** *et* **Ardere**, *pris figurément, présentent deux idées différentes :* Sitire, *être avide d'une chose :* Honores, voluptates sitire, *Cic.* Sitientem me tuæ virtutis deseruisti, *Id.* Sitientes aures, *Id.* — **Ardere,** *être enflammé :* Ardere studio historiæ, *Cic.* Ardent patres invidiâ, *Liv.*, *les sénateurs devenus objet de haine.* Ardens irâ, *Cic.*, *enflammé de colère.* Sitiens *ne conviendrait pas. Les poëtes mettent aussi l'accusatif, mais cela n'est point à imiter.*

### 2281. *Situla. Sitella. Cista. Urna.*

**Situla**, *et* Sitella, *son diminutif, un seau pour puiser de l'eau :* Situlam hùc tecum afferto cum aquâ, *Plaut.*—**Sitella** *se prend souvent pour le vase qui servait à tirer au sort les noms des tribus et des centuries, et à leur assigner leur rang de suffrage :* Sitella allata est, ut sortirentur ubi Latini suffragia ferrent, *Liv.*—**Cista,** *corbeille d'osier, petit coffre fait de plan-*

*ches :* Cista viminea, *PLIN.* Cistam effractam plorat, *HOR. Il se prend pour le vase dans lequel on mettait les suffrages, lorsqu'on élisait les magistrats :* Cistæ suffragiorum, *PLIN.*—URNA, *urne, vase à mettre de l'eau :* Aquæ urna, *HOR.* Urna *servait à mettre les cendres des morts :* Ossa tamen facito parvâ referantur in urnâ, *OVID. C'était aussi le vase où l'on mettait les bulletins, lorsque les juges donnaient leurs avis par scrutin :* Senatorum urna copiosè absolvit, *CIC.*

2282. *Situs. Positus.*

SITUS, *situation, assiette :* Cognoscere situm castrorum, *CÆS.* Regalis situs pyramidum, *HOR.* — POSITUS (*de ponere*), *position :* Locorum positus, *TAC.* Positu variare capillos, *OVID.*

2283. *Situs. Squalor. Sordes. Pædor. Illuvies.*

SITUS, *synonyme des autres, moisissure, ce qui arrive aux choses qui restent longtemps dans un lieu humide :* Situ corrumpi, *PLAUT.* Per loca senta situ, *VIRG.* — SQUALOR, *malpropreté, crasse :* Obsita squalore vestis, *LIV.* — SORDES, *ordure :* Collectâ sorde dolentes auriculæ, *HOR. Au figuré, crasse, vilenie :* Commissum arbitrio sepulchrum sine sordibus exstrue, *HOR.* Sordes *et* squalor *se disent aussi de l'extérieur que prenaient les accusés, et ceux qui étaient dans la peine :* Mater squalore filii Cluentii et sordibus lætatur, *CIC.* Aspicite, judices, squalorem sordesque sociorum, *Id.*—PÆDOR (*de* παῖς, *enfant*), *se dit proprement de la malpropreté des enfants; il se prend plus généralement:* Barba pædore horrida, *CIC.* Obsitus pædore, *SEN.* — ILLUVIES (*de* non lavare); *il est opposé à* cultus : Cultus ex illuvie corpora variè movebat, *LIV.* Ablue corpus illuvie æternisque sordibus squalidum, *Q. CURT.*

2284. *Soccus. Cothurnus.*

SOCCUS *était la chaussure des femmes, plus basse que celle des hommes :* Muliebris soccus, *SUET. Cicéron reproche à un consulaire de porter cette chaussure :* Consularis homo soccos habuit.—COTHURNUS (κόθυρνος), *espèce de bottine montée sur du liége et dont se servaient les chasseurs :* Si cothurni laus illa esset ad pedem aptè convenire, *CIC.* Soccus *était la chaussure de la comédie; et* cothurnus, *celle de la tragédie :* Nec comœdia in cothurnos assurgit, nec contra tragœdia socco ingreditur, *QUINT.*

2285. *Societas. Sodalitas. Sodalitium.*

SOCIETAS, *société :* Coire in societatem salutis et periculi, *CIC.* Tu dissipatos homines in societatem vitæ convocâsti, *Id.* —SODALITAS, *coterie, troupe d'amis qui mangent ensemble, confrérie :* Pastoritia et agrestis sodalitas, *CIC.* Me quæstore sodalitates constitutæ sunt, sacris idæis magnæ matris acceptis, *Id.*—SODALITIUM, *l'assemblée même :* Venit in ædes quasdam, in quibus sodalitium erat eo die futurum, *CIC.*

2286. *Socius. Socialis. Sociabilis.*

SOCIUS (*adjectif*), *allié, associé :* Urbe sociâ frui, *VIRG.* Socia agmina, *Id. Au figuré :* Nocte sociâ, adhortante libidine, *CIC.* — SOCIALIS, *d'alliés, d'associés :* Sociale bellum, *LIV.* Socialis equitatus, *LIV.*, *cavalerie des alliés.* Beneficium dare, socialis res est; sibi benefacere, socialis res non est, *SEN.* Sociales anni, *OVID.*, *les années du mariage.* — SOCIABILIS, *sociable :* Sociabilis consortio, *LIV.*, *la bonne intelligence.* Gens indomita, et insociabilis, *Id.*

2287. *Sol. Titan. Phœbus. Hyperion. Apollo.*

SOL. Sol dictus est, vel quia solus ex omnibus sideribus tantus est; vel quia, cùm exortus est, obscuratis cæteris sideribus, solus apparet, *CIC.* Sol qui astrorum obtinet principatum, *Id.* — TITAN, *fils du ciel et de la terre, et frère aîné de Saturne. Les poëtes ont pris* Titan *pour le soleil même, parce que Hypérion, l'un des Titans, fut père du soleil :* Quem nunc purpureo vestivit lumine Titan, *OVID.* — PHOEBUS (φοῖβος, *qui éclaire tout, de* φῶς), *soleil, lumière. Il ne se prend pour le soleil qu'en poésie :* Radians fugat astra Phœbus, *HOR.* — HYPERION (ὑπερίων), *le père du soleil :* Placat equo Persis radiis Hyperiona cinctum, *OVID.* — APOLLO *se prend pour synonyme de* Sol : Quamvis Apollo ad fabulas referatur, sol ad naturam, hoc tamen sæpè nomine pro illo utimur, *CIC.*

2288. *Solere. Suescere. Assuescere. Consuescere. Insuescere.*

SOLERE, *avoir coutume, être dans l'usage :* Ne faceres quod vulgus servorum solet, *TER.*—SUESCERE, *contracter l'habitude, s'accoutumer :* Suetus latrociniis, *SALL.* — ASSUESCERE (suescere ad), *s'accoutumer à :* Ego servo, et servabo, sic enim assuevi, Platonis verecundiam, *CIC.* —CONSUESCERE (suescere cum), *s'accou-*

*tumer avec :* Qui mentiri solet, pejerare consuevit, *Cic.* Consuescamus mori, *Id.* —INSUESCERE (suescere in), *s'accoutumer dans :* Insuescere frui partâ victoriâ, *Liv. Il se prend activement :* Insuevit pater optimus hoc me, ut fugerem, *Hor.* Insuetus *se prend presque toujours pour* non suetus : Insuetum iter, *Virg.* Insuetus laboris, *Cæs.* Insuetus vera audire, *Liv.*

2289. *Solere. Assuescere.*

*Ces verbes expriment la répétition de quelque action, mais* SOLERE *exprime la répétition seulement, tandis qu'*ASSUESCERE *exprime que cette répétition engendre des habitudes :* Id quod optimo cuique Athenis accidere solitum est, in exsilium pulsus est, *Cic.* Nugas garris. Soleo; nam propter eas vivo faciliùs, *Plaut.*—ASSUESCERE *diffère de* solere, *en signifiant que la répétition engendre l'habitude :* Puer assuescat à tenero non reformidare homines, *Quint.* In hoc assuescat, hujus rei sibi naturam faciat, *Id. L'habitude est une seconde nature. Cicéron, dans la phrase suivante, montre la vraie signification de ces deux verbes :* Ad fluctum aiunt declamare solitum Demosthenem, ut fremitum assuesceret voce vincere, *Cic.*

2290. *Solitarius. Solivagus.*

SOLITARIUS (*de* solus), *solitaire, isolé :* Solitario homini, atque in agro vitam agenti, *Cic.* Natura solitarium nihil amat, semperque ad aliquid, tanquam adminiculum, annititur, *Id.* — SOLIVAGUS (solus vagari), *qui va seul :* Inter bestias, alias nantes aquarum incolas esse voluit Deus; alias volucres cœlo frui libero; serpentes quasdam, quasdam esse gradientes; partim solivagas, partim congregatas, *Cic. Au figuré :* Solivaga cognitio, *Cic.*, *connaissance incertaine.*

2291. *Solium. Tribunal. Thronus.*

SOLIUM (*de* sŏlum), *soutien ferme et solide, siége élevé :* Sublime solium, *Virg.* Regale solium, *Id. C'était aussi une sorte de baignoire :* Lavanti regi dicitur nunciatum hostes adesse; quo nuncio cùm pavidus exsiluisset è solio, *Liv.*—TRIBUNAL, *tribunal, le lieu où était assis celui qui rendait la justice :* Prætor de sellâ et tribunali pronunciat, *Cic.*—THRONUS *est de la basse latinité. Les bons auteurs ne se servent que de* solium, *ou de* tribunal regium *pour désigner un trône.*

2292. *Sollicitare. Inquietare.*

SOLLICITARE, *troubler, remuer, solliciter, tant au propre qu'au figuré :* Arcu sollicitare feras, *Ovid.* Humum ferro sollicitare, *Tibul.* Sollicitare pretio animos, *Cic.* Sollicitare pacem, *Liv.*, *solliciter la paix, la presser.* Qui sollicitare solent illas ætates, *Quint.*, *qui prennent ordinairement soin de cet âge.* Mala copia ægrum sollicitat stomachum, *Hor.*, *une trop grande abondance de viandes soulève le cœur.* — INQUIETARE (non quies), *troubler le repos :* Umbris inquietari, *Suet.* Victoriam inquietare, *Tac.*

2293. *Solvere. Persolvere. Luere. Perluere.*

SOLVERE, *proprement, délier, détacher :* Omne colligatum solvi potest, *Cic. Au figuré :* Solvere aliquem legibus, *Cic.* Frænum pristinum solvit licentia, *Phæd. Comme les dettes sont un lien, on dit* solvere *pour payer :* Solvere pecuniam, *Liv.* Paterno funeri justa solvere, *Cic.* —PERSOLVERE, *payer entièrement :* Stipendium militibus persolutum, *Cic.*Persolvi gratia non potest nec malo patri, *Quint.*, *on ne saurait assez reconnaître les obligations que l'on a à un père, quand même il serait un mauvais père.* Persolvere quæstionem, *Cic.*, (*dans un autre sens*) *résoudre une question.*— LUERE (*de* λούω), *laver :* Luere maculas sanguine, *Cic. Au figuré :* Coacti luere peccata sua, *Liv.* Æs alienum luere, *Q. Curt. Les dettes sont une tache.*— PERLUERE *ajoute à l'idée de* luere. *Il ne se dit qu'au propre :* Artus perluit fonte, *Ovid.* Undâ gelidâ perluor, *Hor.*

2294. *Solus. Unus. Unicus.*

SOLUS, *seul, tout seul, solitaire :* T. Gracchus solus ex illo collegio, *Cic.* Solus errabat in littore Pompeius, *Id. On ne dirait pas* unus, *car il n'était pas le seul qui se promenât; mais il n'était accompagné de personne.* — UNUS, *un, un seul :* Efficere penè unum ex duobus, *Cic.* Unâ voce, *Id.* Ex tot bellatoribus unus fuit, qui rem aggrederetur, *Id.* — UNICUS, *unique :* Unicum solatium in malis, *Cic.* Quæ tanta vitia fuerint ex unico filio, *Id.* Solus, sine comite; unus, initium multorum. *Une chose est unique, quand il n'y en a point d'autres de la même espèce; elle est seule, lorsqu'elle n'est point accompagnée.*

2295. *Somniculosus. Somniosus. Sopitus.*

SOMNICULOSUS (*de* somnus), *sujet au sommeil, qui ne fait que dormir :* Quæ vitia sunt non senectutis, sed somniculosæ senectutis, *Cic.* — SOMNIOSUS, *sujet aux songes, aux rêves :* Somniosos fieri lepore sumpto in cibis, *Plin.*—SOPITUS, *assoupi, endormi :* Sopitos vigiles in cubiculis suis obtruncat, *Liv.* *Au figuré :* Subito ictu sopitus, *Liv.* Sopitos suscitat ignes, *Virg.* Sopitæ manus, *Ovid.*, *mains engourdies.*

2296. *Somnus. Sopor. Somnium. Insomnium.*

Somnus, *le sommeil :* Perfugium omnium laborum et sollicitudinum somnus, *Cic.* Mortis imago et simulacrum, somnus, *Id.* — Sopor, *assoupissement, profond sommeil, comme est celui d'un homme ivre ou fatigué :* Gravitate soporis pressus, *Ovid.* Euripices semine somnum allici, sed modum servandum, ne sopor fiat, *Plin.* *Au figuré :* Noli nobis languorem et soporem exprobrare, *Cic.* — Somnium *et* Insomnium (quasi in somno), *songe, rêve :* Falsa somnia, *Virg.* Hæc metuo equidem ne sint insomnia, *Cic.*

2297. *Sonorus. Sonabilis. Resonus. Canorus. Stridens. Stridulus.*

Sonorus (*de* sonus), *sonore, qui rend un son éclatant :* Flumina sonora, *Virg.* Ære sonoro, *Id.* — Sonabilis, *propre à rendre des sons :* Sonabile sistrum, *Ovid.* — Resonus (*de* rursùs sonare), *qui résonne, qui retentit. Il marque la répétition des mêmes sons :* Dixerat : hæc resonis iterabat vocibus, eheu! *Ovid.*—Canorus (*de* canere), *harmonieux, mélodieux ; ce mot convient particulièrement aux oiseaux :* Avia tum resonant avibus virgulta canoris, *Virg.*—Stridens *et* Stridulus, *qui rend un son aigre et perçant :* Stridula sauromates plaustra bubulcus agit, *Ovid.*

2298. *Sonus. Sonor. Sonitus. Fragor.*

Sonus *se dit proprement du son de la voix, et des instruments :* Sonus vocis, *Cic.* Elicere sonum nervorum, *Id.* *Il se dit bien du son en général :* Aures cùm sonum recipere debeant, qui naturà in sublime fertur, *Cic.* — Sonor *est le même; il ne se dit qu'en poésie :* Sonorem dant silvæ, *Virg.*—Sonitus, *un son, un grand bruit :* Dùm flammas Jovis, et sonitus imitatur Olympi, *Virg.* Fracti sonitus tubarum, *Id.* Clarescit sonitus, *Id.* Sonus *dirait moins.* —Fragor (*de* frangere), *proprement, le bruit que fait une chose en rompant :* Dat fragorem propulsa silva, *Ovid.* *Il se prend plus généralement, fracas :* Cœlum tonat omne fragore, *Virg.* Ingens fragor intonat, *Id.* Pelagi cecidit fragor, *Id.* Civitatis fragor auditus est, *Cic.*

2299. *Sordidus. Sordidatus.*

Sordidus (*de* sordes), *sale, malpropre à l'extérieur :* Sæpè sub palliolo sordido sapientia, *Cic.* Villula sordida, et valdè pusilla, *Id.* *Au figuré :* Sordidus quæstus, *Cic.* Sordido loco natus, *Id.*, *de basse extraction. Il se dit bien d'un avare, et d'un homme méprisable :* Quis non oderit sordidos, varios, leves, futiles? *Cic.*—Sordidatus, *rendu sale et malpropre, dans un état propre à exciter la compassion, comme ceux qui étaient obligés de paraître en justice :* Heraclius et Epicrates sorditati maximà barbà et capillo, *Cic.* Nec minùs lætabor, cùm te semper sordidum, quàm si paulisper sordidatum viderem, *Id.* Sordidatum *est ici comparé à un accusé.*

2300. *Sors. Sortes. Sortitio.*

*Il y a cette différence entre* Sors *et* Sortes, *que* sortes *étaient les billets, les bulletins qu'on jetait dans un vase pour tirer au sort :* In hydriam sortes conjiciuntur, *Cic.* Sors *était le sort même :* Renunciari extra sortem, *Cic.*, *être élu magistrat sans tirer au sort.* Et sortes ipsas, et cætera quæ ad sortem erant parata, disturbavit, *Id.* — Sortitio, *l'action de tirer au sort :* Sortitio provinciarum, *Cic.* Sortitio judicum, *Id.*

2301. *Sortiri. Subsortiri.*

Sortiri (*de* sors) *jeter, tirer au sort, obtenir par le sort :* Sic fata deûm rex sortitur, *Virg.* Sortiri judices, *Cic.* Sortiri provinciam, *Id.* — Subsortiri, *élire par le sort à la place d'un autre :* Quos in horum locum subsortitus es, *Cic.*

2302. *Speciatìm. Nominatìm.*

Spectatim (*de* species), *spécialement :* Messenius legem speciatìm de salute meâ promulgavit, *Cic.* — Nominatim (*de* nomen), *nommément, par nom, expressément :* Possum multos nominatìm proferre, *Cic.* Duo sunt quæ te nominatìm rogo, *Id.* Senatus edixit, ut me excipiat nominatìm, *Id.*

2303. *Species. Pulchritudo. Venustas. Formositas.*

Species (*de l'inusité* spicere), *est ce qui paraît au dehors :* Oris species, *Liv.* Ferre præ se speciem viri boni, *Cic.*—Pulchritudo, *beauté, se dit proprement de ce qui frappe la vue :* Eximia pulchritudinis species, *Cic.* Pulchritudinis duo genera sunt, quorum in altero venustas, in altero dignitas : venustatem muliebrem ducere debemus, dignitatem virilem, *Id.* Pulchritudo corporis aptâ compositione membrorum movet oculos, *Id.* *Au figuré :* Pulchritudo virtutis, *Cic.* — Venustas, *bonne grâce :* Ex Venere venustas dicta est, *Cic.* Venustas et pulchritudo corporis secerni non potest à valetudine, *Id. Au figuré :* Venustas dicendi, CIC. — FORMOSITAS (*de forma*), *beauté, bonne mine pour ce qui regarde la taille et la personne :* Decorum positum est in tribus rebus, formositate, ordine, ornatu ad actionem apto, CIC.

**2304.** *Spectaculum. Spectatio.*

SPECTACULUM (*de l'inusité* spicere), *spectacle :* Circuitus solis et lunæ hominibus præbent spectaculum, CIC. Rerum cœlestium spectaculum ad hominem solum pertinet, *Id. Il se prend pour les jeux publics, et même pour les loges du théâtre, ou de l'amphithéâtre :* Spectacula data sunt, CIC. Ludis et spectaculis teneri, *Id.* Excitatus est plausus ex omnibus spectaculis, *Id.* Loca divisa patribus, equitibusque, ubi spectacula sibi quisque facerent, fori appellati, LIV. — SPECTATIO, *l'action de voir, d'examiner :* Spectatio pecuniæ, CIC., *examen de la bonté de l'argent.*

**2305.** *Spectare. Speculari. Contemplari. Considerare.*

SPECTARE (*fréquentatif de l'inusité* spicere), *regarder, considérer pendant quelque temps, de suite :* Spectatum veniunt, spectentur ut ipsæ, OVID., *elles viennent aux spectacles pour se mettre elles-mêmes en spectacle ; voir pour se montrer. Au figuré :* In judice spectari et fortuna debet et dignitas, CIC. Hoc spectant leges, hoc volunt, incolumen civium conjunctionem, *Id.* Ad gloriam suam spectare, *Id.* — SPECULARI (*de* specula, *guérite pour apercevoir au loin*), *observer :* Signorum obitus speculatur et ortus, VIRG. *Au figuré :* Acriter speculari offensas principum, TAC. — CONTEMPLARI (*de* templum, *l'étendue du ciel que les augures déterminaient avec leur bâton augural*), *regarder fixement l'objet :* Oculis contemplari cœli pulchritudinem, CIC. Animo contemplare quod oculis non potes, *Id.* — CONSIDERARE (*de* sidus), *proprement, considérer les astres :* Ille ait considerare se velle, CIC. *Il signifie regarder avec réflexion :* Coràm considerare aliquid, CIC. Considerare quid agendum sit, *Id.* Est animorum ingeniorumque quoddam quasi pabulum, consideratio contemplatioque naturæ, *Id.* — Spectare *est regarder où l'on jette le coup d'œil.* CONSIDERARE *exprime cette action de l'esprit qui envisage un objet sous ses différentes formes.*

**2306.** *Spectatus. Spectabilis. Spectativus.*

SPECTATUS, *regardé, éprouvé :* Spectatus et cognitus in rebus judicandis, CIC. Fortes et spectati viri, *Id.* Medicus ignobilis, sed spectatus, *Id.* Virtus belli spectata domique, *Id.* — SPECTABILIS, *qu'on peut voir, qu'on peut regarder :* Campus spectabilis undiquè, CIC. *Au figuré :* Victoria pulchra et spectabilis, CIC., *victoire éclatante.* — SPECTATIVUS, *contemplatif, spéculatif :* Ut illa sit spectativæ partis, hæc activæ, QUINT.

**2307.** *Specula. Speculum. Specularium.*

SPECULA (*de l'inusité* spicere), *lieu élevé d'où l'on découvre au loin :* Ex speculâ prospectare tempestatem futuram, CIC. Ignis è speculâ sublatus, LIV. — SPECULUM, *un miroir :* Consulere speculum, OVID. Lympharum in speculo, PHÆD. Inspicere tanquam in speculum vitas hominum jubeo, TER. — SPECULARIA, *un transparent :* Quædam nostrâ demùm memoriâ prodiisse scimus, ut speculariorum usum, permittente testâ clarum transmittentium lumen, SEN.

**2308.** *Sperare. Confidere.*

SPERARE (*de* spes), *espérer :* Grata superveniet, quæ non sperabitur, hora, HOR. — CONFIDERE (*de* cùm, *et de* fides), *espérer avec confiance :* Ego et sperâram prudentiâ tuâ fretus ; et ut confiderem fecerunt tuæ gratissimæ mihi litteræ, CIC.

**2309.** *Spes. Exspectatio.*

SPES, *attente incertaine du bien ou du mal, mais plus souvent du bien :* Si spes est exspectatio boni, mali exspectationem esse metum necesse est, CIC. Pertenuis spes ostenditur, *Id.* A spe malorum ad mearum rerum laudem convertissem, *Id.* — EXSPECTATIO, *attente plus assurée, soit du bien, soit du mal :* Exspectatio boni, CIC. Exspectatio mali, *Id.* Præteritorum recordatio est acerba, et acerbior exspectatio futurorum, *Id.* Exspectatio, *disent les grammairiens,* est rerum propinquarum ; spes, incertarum et longinquarum.

**2310.** *Spina. Spinus.*

SPINA, *une pointe, un piquant :* Consertum tegmen spinis, VIRG. Animantes aliæ villis vestitæ, aliæ spinis hirsutæ, CIC. *Il se prend pour l'épine du dos :* Lentæ spinæ curvamen, OVID. *Au figuré :* Disserendi spinæ, CIC. Quid te exempta juvat spinis de pluribus una ? HOR., *de tant d'épines, que te sert-il d'en avoir arraché une ?* — SPINUS, *prunier sauvage :* Eduramque pirum, et spinos jam pruna ferentes, VIRG.

2311. *Spineus. Spinosus.*

SPINEUS, *d'épine :* Tæda spinea, *CATUL.* Baculumque capit, quem spinea tortum vincula cingebant, *OVID.* Spinosus, *rempli d'épines :* Jugum spinosum, *PROPERT.* *Au figuré :* Spinosa oratio, *CIC.*, *discours rude et mal poli.*

2312. *Spirabilis. Flabilis.*

SPIRABILIS (*de* spirare), *qu'on respire, qu'on peut respirer :* Per superos atque hoc cœli spirabile lumen, *VIRG.* Hæc animalis spirabilisque natura, cui nomen est aer, *CIC.* — FLABILIS (*de* flare), *qui peut être soufflé, aérien :* Nihil in animis est ne humidum quidem, aut flabile, aut igneum, *CIC.*

2313. *Sponsio. Pactio. Fœdus.*

Sponsio, Pactio, Fœdus, *étaient les trois manières dont les peuples étrangers contractaient avec les Romains.* SPONSIO *n'exigeait le consentement ni du sénat ni du peuple ; le consentement des généraux et des parties contractantes suffisait. C'est ainsi que fut conclue la paix des Fourches Caudines.* Ita, non, ut vulgò credunt, fœdere pax caudina, sed sponsione facta est, *LIV. Aussi cette paix fut regardée comme nulle, le sénat ayant abusé de l'ignorance des Samnites, qui ne connaissaient pas les subtiles distinctions des synonymes latins.* Sponsio *signifie aussi gageure :* Sponsione lacessere, *CIC.*, *défier en pariant.* — PACTIO *était une convention solennelle ;* FOEDUS *était un traité public :* Consules profecti ad Pontium in colloquium, cùm de fœdere victor agitaret, negârunt injussu populi fœdus fieri posse, *LIV.* Fœdus jussu populi, atque senatûs auctoritate per fecialem sacerdotem solemni ritu feriebatur; pactio, conventio pasciscendæ amicitiæ et societatis causâ, certis conditionibus firmata; sponsio à magistratibus, et imperatoribus injussu populi fiebat, atque deditione eorum per quos facta esset.

2314. *Stamen. Subtemen.*

STAMEN (*de* stare), *fil qui sert de chaîne au tisserand.* — SUBTEMEN (quasi sub stamen), *la trame du tisserand :* Tela jugo juncta est, stamen secernit arundo ; inseritur medium radiis subtemen acutis, quod digiti expediunt, atque inter stamina ductum percusso feriunt inserti pectine dentes, *OVID.* Subtemen stamini insertum, *SEN.* Stamina *se dit aussi des cordes d'un instrument de musique :* Sollicitat stamina docto pollice, *OVID.*

2315. *Statarius. Stativus.*

STATARIUS (*de* stare), *qui reste en place :* Statarius miles *est un soldat qui combat de pied ferme, qui soutient l'attaque des ennemis sans troubler les rangs :* Statarius uterque miles ordines servans, *LIV.* Statarius orator, *CIC.*, *un orateur qui ne s'agite pas beaucoup.* Volo enim, ut in scenâ, sic etiam in foro, non modò laudari eos qui celeri motu et difficili utantur, sed eos etiam, quos statarios appellant, quorum sit simplex in agendo veritas, non molesta, *CIC.* Statariæ fabulæ, *TER.*, *pièces de théâtre qui manquent d'action.* — STATIVUS, *fixe, stable :* Stativæ aquæ, *VARR.*, *eaux dormantes.* Stativa castra, *CIC.* Hæc mea custodia est, hoc præsidium stativum, *Id.*

2316. *Statio. Vigilia. Excubiæ.*

STATIO (*de* stare), *poste, corps de garde, sentinelle :* Disponere stationes, *CÆS.* Communi portam statione tenebant, *VIRG.* — VIGILIA, *veille de la nuit. Les Romains partageaient la nuit en quatre veilles, et chaque veille comprenait trois heures. La première depuis six heures jusqu'à neuf ; la seconde depuis neuf jusqu'à douze ; la troisième, depuis douze jusqu'à trois ; et la quatrième depuis trois jusqu'à six. De là vient qu'on trouve souvent dans les auteurs* prima, secunda, tertia, quarta vigilia. Vigilia, *surtout au pluriel, se prend pour le guet, les sentinelles de la nuit, comme* statio *s'entend des sentinelles du jour :* Minùs intentæ in custodiam urbis diurnæ stationes, ac nocturnæ vigiliæ, *LIV.* — EXCUBIÆ (cubare ex), *se dit proprement de la garde qu'on fait pendant la nuit ; il se prend plus généralement :* Vigilum excubiæ, *VIRG.* Non modò excubias et custodias, sed etiam laterum nostrorum oppositus et corporum pollicemur, *CIC. Il se dit des sentinelles mêmes :* Madentes vino excubiæ, *CLAUD.*

2317. *Statio. Portus. Navale.*

STATIO, *synonyme des autres, rade, certaine étendue de mer proche des côtes, qui n'est point fermée, qui est à l'abri de certains vents, et où les vaisseaux peuvent jeter l'ancre :* Statio malefida carinis, *VIRG.* — PORTUS, *un port, lieu propre à recevoir les vaisseaux, et à les tenir à couvert des tempêtes :* Plenissimus navium portus, *CIC. Au figuré, il se dit de tout lieu de repos :* Portus otii, *CIC.* In philosophiæ portum se conjicere, *Id.* — NAVALE (*de* navis), *havre, arsenal de vaisseaux, lieu où l'on construit et radoube les vaisseaux :* Diripere rates navalibus, *VIRG.* De opere navalium dicere, *CIC.*

2318. *Stator. Viator.*

STATOR (*de* stare), *proprement, un homme qui est là pour exécuter les ordres de son maître, un courrier, un commissionnaire :* Litteras à te mihi stator tuus reddidit, CIC. — VIATOR (*de* via), *est proprement un voyageur :* Non semper viator a latrone occiditur, CIC. *Il se prend pour courrier :* A villà in senatum accersebantur et Curius et cæteri senes; ex quo qui eos accersebant, viatores nominati sunt, CIC.

2319. *Status. Statura.*

STATUS (*de* stare), *posture, l'état d'un homme qui est debout :* Status erectus, et celsus, CIC. Status, incessus, sessio, accubatio, vultus, oculi, manuum motus teneant illud decorum, *Id. Au figuré :* Status reipublicæ, CIC. Vitæ status, *Id.* Ego me non putem tueri meum statum sic posse, ut, etc., *Id.* — STATURA, *la stature, la hauteur du corps :* Velim mihi dicas quà facie fuerit, quà staturà, CIC. Noscere figuram et staturam alicujus, *Id.* Statura arboris, COL.

2320. *Stercus. Fimus.*

STERCUS *se dit de la fiente et du fumier :* Canino stercore fœda atria, JUV. Interfectus in plaustrum à caupone est conjectus, et suprà stercus est injectum, CIC. *Au figuré :* Nolo stercus curiæ dici Glauciam, *je ne veux point qu'on appelle fumier, ordure, la loi Glaucia*, CIC., *parlant du bon choix des mots.* — FIMUS *et* FIMUM, *de la fiente, de la boue :* Fimum caballinum, PLIN. Pronus in ipso concidit immundoque fimo, sacroque cruore, VIRG. Faciem ostentabat et udo turpia membra fimo; *Id.* Columbinus fimus, COL.

2321. *Sterilis. Infecundus.*

STERILIS (*de* στεῖρος, *stérile*), *qui ne produit rien :* Vacca sterilis, VIRG. Rubigo sterilis. HOR. Pecunia sterilis, CIC. Sæculum virtutum sterile, TAC. — INFECUNDUS, *qui n'a pas le germe, le principe de beaucoup de productions, parlant des animaux, de la terre, des esprits, et non des arbres :* Infecunda femina, VIRG. Fons infecundus, OVID. Terrarum infecunditas, TAC. Sterilem campum frustrà colueris, nihil prorsùs elicies; ager infecundus parcè et malignè laboris emolumentum rependet.

2322. *Stipulari. Restipulari.*

STIPULARI (*de* stipula, *chaume, tuyau de blé*), *les premières stipulations se firent entre les bergers; celui qui stipulait, tenait en sa main une paille qui représentait le fonds qu'il redemandait, ou qu'il voulait engager.* Stipulari *signifie stipuler, faire promettre à quelqu'un en contractant :* Stipulatus est, ubi? quo die, quo tempore? quo præsente? quis spopondisse me dicit? nemo! CIC. — RESTIPULARI, *stipuler réciproquement :* Valerius sponsione Luctatium provocavit..... nec dubitavit restipulari Luctatius, LIV.

2323. *Stomachari. Irasci. Succensere. Indignari.*

STOMACHARI (*de* stomachus), *entrer dans une grande colère, suppose un mécontentement, une colère, qui s'exhale par des paroles :* Amariorem me senectus facit, stomachor omnia, CIC. Et pravè sectum stomacheris ob unguem, HOR. — IRASCI, *se mettre en colère :* Si irascamur intempestivè adeuntibus, CIC. Sæpiùs videbam cùm irridentem, tùm irascentem, etiam stomachantem Philippum, *Id.* Nostram vicem ne irascaris, LIV., *ne plaignez point notre sort.* — SUCCENSERE (censere sub), *dit moins ; c'est être mécontent, savoir mauvais gré :* Dii hominibus irasci, et succensere consueverunt, CIC. Succensere *convient bien à un ami qui se croit offensé :* Nec tamen irascor, quis enim succenset amanti? OVID. — INDIGNARI, *s'indigner par un motif légitime, ou que l'on croit tel :* Et casum insontis mecum indignabar amici, VIRG. *La colère éclate ; l'indignation reste au fond du cœur.* Indignari *veut dire aussi dédaigner, rejeter :* Hi proprium decus et partum indignantur honorem, VIRG.

2324. *Stomachosus. Iracundus.*

STOMACHOSUS, *qui se fâche aisément :* Quò tendis, stomachosus dicet eques? HOR., *où vas-tu, lui dira tout en colère le cavalier. Il signifie aussi, dit, fait en colère :* Stomachosiores litteræ, CIC. Stomachosa, et quasi submorosa ridicula, *Id.* — IRACUNDUS, *homme colère, enclin à la colère :* Morosi, anxii, iracundi senes, CIC. Quomodò, si naturalis esset ira, alius alio magis iracundus esset, CIC. *Id.* Iracundi leones, OVID. *Au figuré :* Iracunda fulmina, HOR.

2325. *Stramentum. Palea.*

STRAMENTUM (*de* sternere, stravi, stratum), *paille du blé :* Desectam cum stramento segetem fudère in Tiberim, LIV. Stramentis incubat, HOR. — Stramen *est le même ; mais il ne se dit guère qu'en poésie :* Contexta stramine casa, OVID. Hic juvenem agresti sublimem in stramine ponunt, VIRG. — PALEA, *la paille qui sort du van :* Surgentem ad zephyrum paleæ jactentur inanes, *VIRG.* Auri navem evertat gubernator, an paleæ, in gubernatoris inscitiâ nihil interest, *CIC.*

2326. *Strictìm. Strictè.*

STRICTIM (*de* stringere (*en effleurant :* Quem tu librum strictìm attigisti, *CIC.* Quæ copiosissimè dici possunt, breviter à me strictìm dicuntur, *Id.* — STRICTE, *strictement, exactement :* Ditior mihi et affluentior videtur esse vera amicitia, nec observare strictè, ne plus reddat quàm acceperit, *CIC.*

2327. *Stringere. Adstringere. Constringere. Obstringere.*

STRINGERE, *serrer en tirant, et tirer en serrant :* Stricta ex arboribus folia, *CÆS.* Cultrum stringere, *LIV. Au figuré :* Atque animum patriæ strinxit pietatis imago, *VIRG.*, *cette image d'une piété filiale fit une vive impression sur l'esprit du jeune Iule.* Nullum vinculum ad stringendam fidem jurejurando majores arctius esse voluerunt, *CIC. Il signifie aussi effleurer, toucher légèrement :* Metas stringere rotâ, *OVID.* Æquor stringitur aurâ, *Id.* — ADSTRINGERE (stringere ad), *serrer auprès :* Quis est hic qui ad statuam adstrictus est? *CIC. Au figuré :* Tibi meam adstringo fidem, *TER.* Adstringere beneficiis aliquem, *CIC.* — CONSTRINGERE (stringere cum), *serrer avec, enchaîner, lier de tous côtés :* Hostibus dedi constrictum, *CIC.* Constringere catenis, *Id. Au figuré :* Constringendum se tradere libidinibus, *CIC.*, *se rendre esclave des passions.* Constringi necessitate, *Id.* — OBSTRINGERE (stringere ob), *serrer autour :* Collum obstringere alicui, *PLAUT. Au figuré :* Obstringere sibi aliquem beneficiis, *CIC.* Adstringere *dirait moins. Il en est de même d'*obstringi *et de* constringi legibus.

2328. *Studere. Discere.*

STUDERE, *proprement, avoir du goût pour une chose ; considéré comme synonyme de* discere, *il signifie uniquement travailler à devenir savant :* Si optimis à pueritiâ disciplinis atque artibus studuisses, *CIC.* — DISCERE, *apprendre, travailler avec succès à devenir savant :* Crassus quod disci potuit de jure, didicit, *CIC.* Multa discere, atque dediscere, *Id.*

2329. *Studere alicui rei. Studere aliquam rem.*

STUDERE, *avec le datif, signifie avoir du goût, de l'inclination pour quelqu'un ou pour quelque chose, s'y attacher :* Studuit Catilinæ, cùm jam aliquot annos esset in foro Cælius, *CIC.* Studere rebus novis, *Id.* Studere artibus et litteris, *Id. Avec l'accusatif, il signifie rechercher une chose avec empressement, la désirer :* Hoc studet unum, *HOR.* Unum omnes sentitis, unum omnes studetis, *CIC.* Litteras studere, *Id.*, *être passionné pour les lettres, les aimer ; au lieu que* litteris studere *est s'y appliquer, les étudier.*

2330. *Studium. Propensio.*

STUDIUM *inclination, goût pour quelque chose :* Studium est animi assidua et vehemens ad aliquam rem applicata magnâ cum voluptate occupatio, ut philosophiæ, geometriæ, litterarum, *CIC.* Molliter austerum studio fallente laborem, *HOR.* — PROPENSIO, *penchant :* Propensio *dit quelque chose de plus fort que* studium; studium *nous porte vers un objet, et* propensio *nous y entraîne. On donne ordinairement à* studium *un objet honnête, au lieu que* propensio *se dit du bien et du mal:* Qui nullâ in re, nisi in virtute aut vitio, propensionem ne minimi quidem momenti ad summum bonum adipiscendum esse dicunt, *CIC.*

2331. *Stupor. Stupiditas.*

STUPOR (*de* stupere) *est un état d'insensibilité qui peut être accidentel et passager ; au lieu que* STUPIDITAS *est un état habituel :* Ad stuporem hominis, vel dicam, pecudis attendite, *CIC.* Incredibilem stupiditatem hominis cognoscite, *Id. Il faut encore observer que* stupor *se dit au propre :* Stupor corporis, *CIC. Au lieu que* stupiditas *ne se dit qu'au moral.*

2332. *Subscribere causæ. Subscribere causam.*

SUBSCRIBERE CAUSÆ, *c'était joindre sa signature à celle d'un accusateur, appuyer l'accusation en second, et se rendre responsable, sous peine du talion. C'est ce qui paraît par quantité d'exemples :* Accusabat M. Aquileium, subscriptore C. Rutilo Rufo, *CIC.* Omninò nihil accusatore Lentulo, subscriptoribusque ejus infantius, *Id.* — SUBSCRIBERE CAUSAM *est souscrire la condamnation ou l'acquittement de l'accusé. C'était l'office des magistrats.*

2333. *Subscriptor. Ascriptor.*

SUBSCRIPTOR, *celui qui aidait l'accusateur :* At venit paratus cum subscriptoribus, *CIC.*—ASCRIPTOR, *celui qui aidait l'accusé :* Cùm eum in me restituendo auctorem fuisse, ascriptoremque videatis, *CIC.*

2334. *Subducere. Subtrahere.*

**SUBDUCERE** (ducere sub, *ou* super), *retirer de dessous, conduire dessus :* Colla oneri subducere, *OVID.* Aurum terræ subducere, *Id.* Subduxit copias in collem satis arduum, *LIV. C'est dans ce sens qu'on dit* subducere naves, classem, *parce que la terre est plus élevée. Au figuré, soustraire, calculer, tromper :* Subducere se de aliquâ societate, *CIC.* Quid fortes viri? Voluptatumne calculis subductis prælium ineunt? *Id.* Me subducere istis verbis postulas? *TER.*—**SUBTRAHERE** (trahere sub), *détourner, soustraire :* Te aspectu ne subtrahe nostro, *VIRG.* Impedimenta fugâ subtrahere, *CÆS.* Colla jugo subtrahere *marque plus de violence que* subducere colla jugo. Subtrahere aliquem judicio, *LIV. Au figuré :* Vires subtrahit ipse timor, *OVID.*

2335. *Subesse. Inesse.*

**SUBESSE**, *être dessous :* Nigra subest udo lingua palato, *VIRG.* Si quid intra cutem subest vulneris, *CIC.* *Au figuré:* Subest cura tacita, *LIV.* Subest suspicio, *CIC.* — **INESSE**, *être dedans :* Thesaurum ego hic inesse reor, *PLAUT.* Inest in verbis fides, *TER.* Digni sunt amicitiâ, quibus in ipsis inest causa cur diligantur, *CIC.* Tristis severitas inest in vultu, *TER.* Inest nobis spes, *PLAUT.*, *nous avons quelque espérance fondée; au lieu que* subest spes *signifie qu'il y a quelque espérance cachée.*

2336. *Subjicere. Subdere.*

**SUBJICERE** (jacere sub, *ou* super), *jeter, mettre dessous*, ou *dessus :* Subjicere cervices securi, *CIC.* Regem in equum subjicit, *LIV. Au figuré :* Subjicere testamentum, *CIC.*, *supposer un testament.* Omnibus legibus subjecti esse debemus, *Id.* Subjicere aliquid voci præconis, *Id.*, *faire faire les criées d'un bien.* Cupio mihi ab illo subjici, si quid prætereo, *Id.* — **SUBDERE** (dare sub), *mettre dessous :* Neque fundamenta per solidum subdidit, *TAC.*, *il ne fit pas les fondements assez profonds.* Subdere boves jugo, *PLIN. Au figuré :* Subdere spiritus, *LIV.*, *élever l'âme.* Subdere stimulos, *Id.*, *animer, exciter.* Majestatis crimina subdebantur, *TAC.*, *on leur imputait des crimes de lèse-majesté.*

2337. *Subindè. Interdùm. Identidem.*

**SUBINDE**, *aussitôt après, tout de suite :* Uno atque altero subindè ictu ventrem atque inguina hausit, *LIV.* Primùm gaudere, subindè præceptum auriculis hoc instillare memento, *HOR.* — **INTERDUM**, *quelquefois, de temps en temps :* Interdùm fio Jupiter, quandò lubet, *PLAUT.*—**IDENTIDEM**, *souvent, assez souvent :* Revolvor identidem in tusculanum, *CIC.*

2338. *Subire. Succedere.*

**SUBIRE** (ire sub *ou* super), *aller dessous* ou *dessus :* Subire aquam, *Q. CURT.* Tecta subire, *HOR.* Cùm gravius dorso subit onus, *HOR.*—**SUCCEDERE** (cedere sub), *se retirer dessous, dedans :* Tectum, quo imbris vitandi causâ succederet, nullum habebat, *CIC.* Nostris succede penatibus hospes, *VIRG. La différence est bien marquée au figuré :* Minùs sermonis subiissem, *CIC.*, *je n'aurais pas tant fait parler de moi.* Conditionem pacis subire, *CÆS.*, *accepter, subir les conditions de paix.* Tædia subeunt animo, *OVID.* Ei succedo orationi, *CIC.*, *je parle après lui.* Succedere in paternas opes, *LIV.* Omnia ex sententiâ succedunt, *CIC.*, *tout réussit à souhait. On ne dirait pas* subeunt.

2339. *Subnectere. Subligare.*

**SUBNECTERE** (nectere sub), *nouer pardessous, attacher par-dessous avec un nœud :* Aurea subnectens exsertæ cingula mammæ, *VIRG.* Subnectit fibula vestem, *Id. Au figuré :* His adjecerunt quidam sextam partem, ita ut inventioni judicium subnecterent, *QUINT.*—**SUBLIGARE** (ligare sub), *lier par-dessus :* Subligare ensem lateri, *VIRG.*

2340. *Subsideo. Subsido.*

**SUBSIDEO** (sedere sub), *s'arrêter, demeurer en un lieu :* Circà silvas subsident, *LIV.* — **SUBSIDO**, *s'affaisser, s'abaisser :* Jussit subsidere valles, *OVID. Il se prend aussi pour s'arrêter :* Quî sim tibi auctor, in Siciliâne subsidas, an proficiscare? *CIC. Au figuré :* Impetus dicendi subsidit, *QUINT.*

2341. *Substituere. Supponere. Subrogare.*

**SUBSTITUERE** (statuere sub), *substituer, mettre à la place :* Substituere aliquem pro altero, *CIC.* — **SUPPONERE** (ponere sub), *mettre dessous :* Ova gallinis supponere, *COL. Il signifie aussi mettre après, ensuite:* In eorum locum quos domum suam de piratis adduxerat, substituere et supponere cœpit cives romanos quos in carcerem anteà conjecerat, *CIC. Au figuré, soumettre, supposer :* Formam arbitrio Paridis supposuêre deæ, *OVID.* Supponere testamentum, *Cic.*, *supposer un testament.* —SUBROGARE, *subroger :* Subrogare consulem in demortui locum, *Liv.*

2342. *Subter. Sub. Infra.*

SUBTER, *sous, plus bas :* Cupiditatem subter præcordia locavit, *Cic.* Subter earum radices, *Virg.* Subter *est quelquefois adverbe :* Quæ suprà et subter sunt, *Cic.* —SUB, *dessous :* Arma sub adversâ posuit radiantia quercu, *Virg.* Postesque sub ipsos nituntur gradibus, *Virg. Il prend en cet endroit l'accusatif, parce qu'il y a changement de lieu. Au figuré :* Sub sacramento militare, *Liv.* Sub umbrâ fœderis, *Id.* Sub *se met pour* circà, post; *et alors il veut l'accusatif :* Sub vesperum, *Cæs.*, *sur le soir.* Sub eas litteras statim recitatæ sunt tuæ, *Cic.*, *après qu'on eut lu cette lettre, on lut la vôtre. Virgile a dit :* Sub leges pacis tradere se. — INFRA, *au-dessous :* Infra Saturnum Jovis stella fertur, *Cic. Au figuré :* Infra ingenium alicujus, *Hor.* Me infra ætatem filii sui posuit, *Liv.* Infrà *est quelquefois adverbe :* Earum litterarum exemplum infrà scripsi, *Cic.*

2343. *Suburbium. Suburbanum.*

SUBURBIUM, *les faubourgs d'une ville :* Hisce ego me viis committam, qui nuper in suburbium, ut eodem die reverterer, ire non ausus sim? *Cic.* — SUBURBANUM *est proprement un adjectif : on sous-entend* rus, *maison ou terre aux faubourgs :* Suburbanum emere, *Cic.* Deportare aliquid in suburbana amicorum, *Id.*

2344. *Successor. Vicarius.*

SUCCESSOR (sub cedere), *est celui qui fait à la place d'un autre une fonction que l'autre n'a plus :* Successor aliquid immutat de institutis priorum, *Cic.*—VICARIUS (vices gerens), *celui qui exerce à la place d'un autre une fonction que cet autre conserve encore :* Vicarium tibi expediam, cui tu arma equumque trades, *Liv.* Vicarius alieni juris, *Cic.*, *qui est aux droits d'un autre.* Vicarias tibi manus polliceor, *Quint.*, *je vous promets de faire votre besogne.*

2345. *Successus. Successio.*

SUCCESSUS (cedere sub), *proprement, approche :* Successus hostium, *Cæs. Il se prend ordinairement pour succès :* Successus ad perniciem multos devocat, *Phæd.* Successus prosperos dare, *Liv.* — SUCCESSIO, *l'action de succéder :* In omni re doloris amotio successionem efficit voluptatis, *Cic.* Quid hoc mihi prodest, si merces Antonii oppressi poscitur in Antonii locum successio? *Brut.* Nihil retulit de successione provinciarum, *Id.*

2346. *Sudare. Exsudare. Desudare.*

SUDARE, *suer :* Tu pulmentaria quære sudando, *Hor.* Sudare sanguine, *Liv. Au figuré :* Sudabis pro communibus commodis, *Cic.*—EXSUDARE, *rejeter par la sueur :* Cùm oliva quidquid habuit amurcæ exsudavit, *Col. Il se dit au neutre :* Sive illis omne per ignem excoquitur vitium, atque exsudat inutilis humor, *Virg. Au figuré, faire avec peine :* Exsudare causas, *Hor.* Relinquendane hæc censetis, ut ad æstatem de integro his instituendis exsudetur labor? *Liv.*—DESUDARE, *se donner beaucoup de peines :* In his desudans atque elaborans, *Cic. Dans un temple humide,* sudant parietes; *lorsqu'on presse le marc,* exsudat vinum; *un homme qui travaille à ses pièces,* desudat.

2347. *Suere. Insuere. Assuere.*

SUERE (*de* κασσύω), *coudre :* Tegumenta corporum vel texta, vel suta, *Cic. Au figuré :* Metuo lenonem, ne quid suo suat capiti, *Ter.*, *je crains que ce marchand ne s'attire quelque disgrâce.* — INSUERE (suere in), *coudre dedans :* Insutus in culeum, *Cic. Au figuré :* Privatam publicæ rei impensam insuerat, *Liv.* — ASSUERE (suere ad), *coudre par-dessus, avec :* Purpureus assuitur pannus, *Hor.*

2348. *Sufficere. Suppetere.*

SUFFICERE (facere sub), 1° *fournir :* Sufficit hic mons alimentis hominum, *Liv.* Sufficere paucorum cupiditati, *Cic.* 2° *Mettre à la place :* In locum suffectus sum, *Cic.* 3° *Suffire :* Quanquàm nec scribæ sufficere, nec tabulæ nomina illorum capere potuerunt, *Cic.*—SUPPETERE, *être suffisant :* Ut sumptibus copiæ suppetant, *Cic.* Non suppetebat lingua libertati, *Liv.* Pauper enim non est cui rerum suppetit usus, *Hor.* Ut suppetas doloribus, *Id.*, *pour que vous ayez la force de supporter vos douleurs.* Non suppetit consilium, *Virg.*, *je ne sais ce que je dois faire.*

2349. *Suffragatio. Suffragium.*

SUFFRAGATIO, *l'action de donner son suffrage :* In consule declarando multùm auctoritatis habet suffragatio militaris, *Cic.* — SUFFRAGIUM, *le suffrage même :* Privare populum suffragiis, *Cic.*

2350. *Suffragia eblandita. Suffragia enucleata.*

SUFFRAGIA EBLANDITA, *suffrages obtenus par des flatteries, par des caresses.*— SUFFRAGIA ENUCLEATA, *des suffrages pesés :* Alterum (enucleatum), summo jure, pro personæ virtute et dignitate fertur; alterum (eblanditum) vel gratiâ vel munere eblandimur.

2351. *Suffragia ferre. Suffragium ferre.*

SUFFRAGIA FERRE, *avoir, emporter les suffrages :* Tu ne gratuita quidem eorum suffragia tulisti, *CIC.* — SUFFRAGIUM FERRE, *porter, donner son suffrage :* Ferre suffragium de salute alicujus, *CIC.* Qui suffragii ferendi causâ conveniunt, *Id. Si plusieurs donnent leurs suffrages, on dit bien* suffragia ferre *dans le sens de* suffragium ferre : Suffragia in magistratu mandando palàm ferre meliùs esset, *CIC.*

2352. *Suffrago. Poples.*

SUFFRAGO (quòd subter frangatur), *le jarret de derrière des quadrupèdes :* Nullo suffraginum flexu, *PLIN.* Quadrupedes suffragines in posteriora curvant, *Id.* — POPLES (de plicare), *le jarret, parlant des hommes :* Incidit ictus ingens ad terram duplicato poplite Turnus, *VIRG.* Poplite Palmum succiso volvi segnem sinit, *Id.*

2353. *Suggestum. Pulpitum.*

SUGGESTUM *et* Suggestus (*de* gerere sub, *parce qu'on élevait une charpente*), *lieu élevé d'où l'on haranguait le peuple :* Idemque, cùm in communibus suggestis consistere non auderet, concionari ex turri altâ solebat, *CIC.* Reus per tribunos in suggestu ostendebatur, *TAC.*—PULPITUM, *la partie du théâtre où les acteurs représentaient :* Ludibria scenâ et pulpito digna, *PLIN. Il se prend plus généralement :* Remoto pulpito declamare solitum, *SUET.*

2354. *Sumere sibi. Arrogare sibi.*

SUMERE SIBI, *s'attribuer, se charger :* Sumere sibi imperatoris partes, *CÆS.* Non mihi sumo, ut te doceam, *CIC.* Hoc mihi sumpsi, ut à te peterem, *Id.* Non mihi tantùm sumo, ut credam, *Id., je ne suis pas assez vain pour croire.* — ARROGARE SIBI, *s'arroger, s'en faire accroire :* Mihi non sumo tantùm, neque arrogo, ut C. Plancium suis ergà me meritis impunitatem consecuturum existimem, *CIC., je ne m'attribue pas tant, je n'ai pas assez de présomption pour croire qu'on doive absoudre C. Plancius à cause des services qu'il m'a rendus.* Non tantùm mihi derogo, tametsi nihil arrogo, ut te copiosiùs quàm me posse putem dicere, *Id., je n'ai pas si basse opinion de moi, sans cependant trop me prévaloir, que de penser que vous puissiez parler plus éloquemment que moi.*

2355. *Sumere supplicium. Sumere pœnas. Dare supplicium. Dare pœnas.*

SUMERE SUPPLICIUM, *faire subir un supplice;* SUMERE POENAS, *infliger une peine :* Esse indignum, eum, qui ne de damnatâ quidem pœnas sumere potuisset, de eâ supplicium sumpsisse, quæ ne adducta quidem sit in judicium, *CIC.* — SUPPLICIUM DARE, *subir le supplice :* De eo conqueştio qui supplicium dederit; in ejus autem, qui sumpserit, audaciam et crudelitatem indignatio.—DARE POENAS, *en porter la peine :* Dedi satis superque pœnarum tibi, *HOR.*

2356. *Summùm. Summatìm.*

SUMMUM, *pour le plus, tout au plus :* Duo millia nummûm aut summùm tria dedisset, *CIC.* — SUMMATIM, *sommairement :* A me pauca cognosces, et summatìm, *CIC.*

2357. *Sumptus. Impensa. Impendium.*

SUMPTUS (de sumere), *dépense en général :* Minuere sumptum, *CIC.* Nulla luxuries reperitur, nullus sumptus, nullum æs alienum, *Id.* — IMPENSA (pendere in) *est une dépense pour une chose utile :* Cœnarum impensis venari suffragia, *CIC.* Major impensa in patriam officii facta est, *Id.* Impensa funeris, *PHÆD.* — IMPENDIUM, *frais, ce que l'on paye :* Is quæstum sibi instituit sine impendio, *CIC.* Cogito fœnus et impendium recusare, *Id.* Impendiis augere largitatem muneris, *Id., payer avec usure un présent fait avec magnificence.* Rationem impendiorum reposcere, *QUINT., demander compte de ce qu'on a payé.*

2358. *Sumptum insumere. Sumptum exercere.*

SUMPTUM INSUMERE, *faire de la dépense :* Quæritur in hominem, quibus rationibus vixerit, quid sumptûs in eam rem, aut laboris insumpserit, *CIC.* — SUMPTUM EXERCERE, *gagner sa dépense :* Corrasi omnia, ancillas, servos, nisi eos qui opere rustico faciendo sumptum exerceant suum, *TER., excepté ceux qui gagnent bien leur dépense aux travaux de la campagne.*

2359. *Sumptuosus. Sumptuarius.*

**Sumptuosus** (*de* sumere), 1° *qui fait bien de la dépense :* Magnificus et sumptuosus homo, *Cic.* 2° *Qui coûte beaucoup :* Hostia sumptuosa, *Hor.* Ludi sumptuosiores, *Cic.*— **Sumptuarius**, *qui concerne la dépense :* Lex sumptuaria, *Cic.* Rationes sumptuariæ, *Id.*

2360. *Superfluere. Diffluere.*

**Superfluere**, *couler par-dessus, regorger :* Apolloniæ fons æstate tantùm superfluit, *Plin.*—**Diffluere**, *couler de différents côtés :* In plures partes amnis diffluit, *Cæs.* *Au figuré :* Is dedit operam ut nimis redundantes nos et superfluentes juvenili quâdam dicendi impunitate et licentiâ reprimeret, et quasi diffluentes coerceret, *Cic.* Turpe est luxuriâ diffluere, *Id.*

2361. *Supervacuus. Supervacaneus.*

*Quoique ces deux mots paraissent employés indifféremment, on doit cependant les distinguer.* **Supervacuus** *signifie superflu, redondant :* Omne supervacuum pleno de pectore manat, *Hor.* Descriptio omnium corporis partium, in quâ nihil inane, nihil sine causâ, nihil supervacuum est, *Cic.* — **Supervacaneus**, *inutile, déplacé :* Quidquid usum non habet, supervacaneum est, *Cic.* Supervacaneum est illis pugnare pro, etc., *Sall.* Quod supervacaneum sit, aut usum non habeat, *Id.*

2362. *Superus. Supernus.*

**Superus** (*de* super), *qui est au haut ou d'en haut :* Mare superum, *Hor.*, *la mer Adriatique, par opposition à la mer Tyrrhénienne, qui est la mer inférieure.* Regnis superis detrudere Jovem, *Virg.* Homo spectator superarum rerum atque cœlestium, *Cic.* — **Supernus**, *d'en haut :* Superna regio, *Plin.* Numen supernum, *Ovid.* Superus *est opposé à* inferus; *et* supernus, *à* infernus.

2363. *Supplicatio. Obsecratio.*

**Supplicatio** (*de* supplex, sub plicare), *prières publiques, processions :* Supplicatio diis immortalibus pro singulari eorum merito meo nomine decreta est, *Cic.* — **Obsecratio**, *prières pour demander aux dieux de détourner quelque malheur :* Atque ob dira aut in urbe, aut in Capitolio visa, obsecratio haberetur, *Suet.* In quo constituendæ nobis quidem sunt procurationes et obsecrationes, *Cic.* Supplicatio circa omnia pulvinaria, et obsecratio in unum diem indicta, *Liv.*

2364. *Supra. Super.*

**Supra**, *au-dessus :* Mare quod supra terram est, *Cic.* Super *signifierait qui est répandue sur la terre.* Tùm mihi cæruleus supra caput adstitit imber, *Virg.* *Au figuré :* Supra fidem, *Q. Curt.*, *plus qu'on ne saurait croire.* Supra tres cyathos, *Hor.*, *plus de trois verres.* Supra ætatem, *Cic.*, *au-dessus de son âge.* Supra modum, *Id.*, *avec excès.* Suprà *est quelquefois adverbe :* Quæ suprà scripsi, *Cic.*, *ce que j'ai écrit ci-dessus.* — **Super**, *dessus :* Fronde super viridi, *Virg.* Demetrius super terræ tumulum noluit quid statui nisi columellam, *Cic.* Super Garamantas et Indos proferet imperium, *Virg.* Super ripas fluminis effusus, *Liv.* *On met l'accusatif lorsqu'il y a changement de lieu. Il se prend quelquefois pour* inter : Super vinum et epulas, *Q. Curt.* *Quelquefois pour* præter : Super bellum annonâ premente, *Liv.*, *outre la guerre, pressés par la famine. Quelquefois pour* de : Hâc super re scribam ad te, *Cic.* *Pour* supra : Nomentanus erat super ipsum, Porcius infrà, *Hor.* Animadvertit super gratiam atque pecuniam suam invidiam facti esse, *Sall.* *Il vit que l'odieux de son crime était au-dessus de son crédit et de son argent.*

2365. *Supremus. Summus.*

**Supremus** (*de* suprà, superior), *le plus élevé, le dernier de la file en haut :* Supremi montes, *Virg.*, *les plus hautes montagnes.* *Au figuré :* Supremi honores, *Ovid.* Supremo vitæ die, *Cic.* — **Summus**, *le plus élevé, le plus grand :* Summum, quo nihil sit superius, *Cic.* Summoque ulularunt vertice nymphæ, *Virg.* *Il est opposé à* infimus : Facere paria omnia, infima summis, *Cic.* *Au figuré :* Vixit ad summam senectutem valetudine optimâ, *Cic.* Amicus summus meus et popularis, *Ter.* Appensa laqueari catena, supremum annulum si fregeris, tota concidet. Summo nihil est superius.

2366. *Surdus. Surdaster.*

**Surdus**, *sourd, qui n'entend pas :* Aures surdæ, *Ovid.* Vocum varietates aut modos noscere non potest surdus, *Cic.* *Au figuré :* Surda sit oranti tua janua, laxa ferenti, *Ovid.* Non erit officii gratia surda tui, *Id.*, *c'est-à-dire, je publierai partout votre bienfait.* Surdus judex, *Cic.*— **Surdaster**, *un peu sourd :* In surditate verò quidnam est mali ? erat surdaster M. Crassus; sed aliud molestius, quòd malè audiebat, ut mihi videbatur, injuriâ, *Cic. Crassus était un peu sourd ; mais un plus grand mal que celui de ne pas bien entendre parler, c'était d'entendre mal parler de lui, quoique à tort, selon moi.*

2367. *Surgere. Assurgere. Consurgere. Insurgere.*

SURGERE *se dit proprement d'un homme qui était assis, ou couché :* E lecto surgere, *Ter.* E mensâ surgere, *Id. Au figuré :* Quæ nunc animo sententia surgit? *Virg.* Queis sine nec potuêre seri, nec surgere messes, *Id.* Prosequitur surgens à puppi ventus euntes, *Id.* — ASSURGERE (surgere ad), *se lever pour quelqu'un par honneur :* Nemo tibi in curiam venienti assurrexit, *Cic.* Hæc ipsa sunt honorabilia, salutari, appeti, decedi, assurgi, deduci, consuli, reduci, *Id. Au figuré :* Assurgere ex morbo, *Liv.* Tùm verò assurgunt iræ, *Virg.* — CONSURGERE (surgere cum), *se lever ensemble :* Consurrexit senatus cum clamore, *Cic. Au figuré :* Hispania ad bellum consurrexit, *Liv., l'Espagne s'est levée en masse.* — INSURGERE, *se lever sur ou contre :* Nunc insurgite remis, *Virg. Au figuré :* Regnis alicujus insurgere, *Ovid., armer contre quelqu'un.* Prospiciunt Teucri tenebras insurgere campis, *Virg.*

2368. *Sus. Porcus. Porca.*

SUS *comprend le mâle et la femelle, et se dit du porc et du sanglier :* Amica luto sus, *Hor.* Immundi sues, *Virg.* Sus nemorum cultrix, *Phæd.* — PORCUS *ne se dit que du mâle, et non du sanglier :* Bimestris porcus, *Hor. Au figuré :* Epicuri de grege porcus, *Id.* — PORCA *est la femelle du porc :* Cæsâ jungebant fœdera porcâ, *Virg.*

2369. *Suspectus. Suspicax. Suspiciosus.*

SUSPECTUS, *suspect :* Criminum capitalium suspectus, *Tac.* Cum filius patri suspectus esset, *Cic.* — SUSPICAX, *prêt ou prompt à soupçonner :* Animus suspicax, *Tac.* — SUSPICIOSUS, 1° *soupçonneux :* Omnes quibus res minùs secundæ, magis sunt, nescio quomodò, suspiciosi, *Ter.* Civitas maledica et suspiciosa, *Cic.* 2° *Suspect :* Quòd à vobis hoc pugnari video, suspiciosum est, *Cic.* Suspiciosissimum tempus, *Id., temps critique, très-inquiétant.*

2370. *Suspicio. Conjectura. Conjectio.*

SUSPICIO, *soupçon, croyance accompagnée de doute :* Plerumquè improborum facta primò suspicio insequitur, deindè sermo atque fama, *Cic.* — CONJECTURA, *conjecture, opinion que l'on fonde sur quelques apparences, jugement probable.* Conjectura *a quelque chose de plus positif que* suspicio : Conjecturâ assequi, *Cic.* Quò me conjectura ducat, habeo ; sed exspecto tamen, *Id.* Hæc à me suspicionibus et conjecturâ coarguuntur, *Id.* — CONJECTIO, *proprement, l'action de lancer :* Conjectio telorum, *Cic. Il se prend pour interprétation conjecturale :* Conjectio somniorum, *Cic.*

2371. *Sutorius. Sutilis.*

SUTORIUS (*de* suere), *de cordonnier :* Sutorium atramentum, *Cic., vitriol dont se servent les cordonniers.* — SUTILIS, *cousu, attaché :* Sutilis balteus, *Virg.* Cymba sutilis, *Id., barque faite de pièces de rapport.*

2372. *Synonyma. Homonyma.*

SYNONYMA (*de* σύν, *et de* ὄνομα, *éoliquement*, ὄνυμα, *nom*), *synonymes, mots qui ont à peu près la même signification comme* prosternere, affligere ; amare, diligere. — HOMONYMA (*d'*ὁμός, *pareil, et* ὄνομα, *ou* ὄνυμα, *nom*), *homonymes, mots pareils qui expriment des choses différentes ; comme* Malus, *pommier ;* Malus, *mât de vaisseau ;* Malus, *méchant, etc.*

2373. *Syrtis. Brevia. Vadum.*

SYRTIS (*de* σύρειν, *traîner, attirer*), *syrtes. Les syrtes proprement dites étaient deux bancs de sable fort dangereux dans la mer de Libye. Prises plus généralement, ce sont des sables mouvants, tantôt amoncelés, tantôt dissipés. Le nom de syrtes se donnait aussi à ces campagnes arides de Libye, où l'on ne peut voyager sans danger d'être enseveli sous les sables. On place dans les syrtes le temple de Jupiter Ammon, qui était fort éloigné de la mer.* Inhospita syrtis, *Virg.* Æstuosæ syrtes, *Hor. Au figuré :* Syrtis patrimonii, *Cic.* — BREVIA (quòd ibi brevis sit aqua), *bas-fond où il y a peu d'eau, et où l'on peut échouer :* In brevia et syrtes urget, *Virg.* — VADUM, *gué, endroit où l'eau est si basse, et le fond si ferme, qu'on y peut passer sans nager et sans s'embourber :* Pontem, quia vado nusquàm transitus erat, facere instituit, *Cæs. Au figuré :* Omnis res in vado est, *Ter. Il n'y a plus de danger ; l'affaire ira toute seule.*

# T.

### 2374. *Tabula. Pictura. Tabella.*

TABULA, *proprement, une planche, un ais :* Et laceras nuper tabulas in littore vidi, *OVID. Il se dit des tableaux en peinture :* Pictæ tabulæ, *CIC.* — PICTURA *se dit de la peinture et de l'art de peindre :* Nego ullam picturam neque in tabulis, neque textilem fuisse, quin quæsierit, *CIC.* Ut pictura poesis erit, *HOR.* — TABELLA, *diminutif de* Tabula, *signifie plus généralement des tablettes enduites de cire, dont les anciens se servaient pour écrire leurs lettres, leurs votes, etc.* Tu quidem in tabellis obsignatis agis mecum et testificaris quid dixerim aliquandò, aut scripserim, *CIC. Ce mot signifie aussi tableau, vraisemblablement plus petit que* Tabula *:* Suspendit pictâ vultum mentemque tabellâ, *HOR.*

### 2375. *Tabula. Tabularium.*

TABULA, *synonyme de* tabularium, *tablettes, registres :* Tabulæ accepti et expensi, *CIC.* — TABULARIUM, *archives, lieu où l'on garde les registres publics :* Signatis tabulis publicis, clausoque tabulario, *LIV.*

### 2376. *Tabulatum. Tabulatio. Contignatio.*

TABULATUM (*de* tabula), *un plancher :* Turris tabulatorum quatuor, *CÆS. C'est poétiquement que Virgile a dit, en parlant de la vigne :* Summasque sequi tabulata per ulmos. — TABULATIO, *la charpente du plancher :* Centonesque insuper injecerunt, ne tela tormentis missa tabulationem perfringerent, *CIC.* — CONTIGNATIO (*de* cum *et de* tignum), *l'arrangement de la charpente, soit des planchers, soit de la couverture :* Quibus suspenderent eam contignationem, quæ turri tegumento esset futura, *CIC.* Facere contignationem.

### 2377. *Tacitus. Taciturnus.*

TACITUS, *proprement, dont on ne parle point :* Quis te tacitum, Cosse, relinquat ? *VIRG. Plus ordinairement, qui se tait :* Tu abi tacitus viam tuam, *PLAUT., passe ton chemin sans dire mot.* Pro sollicitis non tacitus reis, *HOR.*, *il n'est pas muet pour la défense des accusés. Au figuré :* Occulta et tacita assensio, *CIC.* Mœstitia tacita, *LIV.* Tacitis senescimus annis, *OVID.* — TACITURNUS, *taciturne, silencieux :* Taciturnior statuâ, *HOR. Au figuré :* Taciturnum ostium, *PLAUT.* Ripa taciturna, *HOR.*, *rivage calme, à l'abri.*

### 2378. *Tactio. Tactus.*

TACTIO (*de* tangere), *l'action de toucher :* Voluptates oculorum, tactionum, odorationum, *CIC.* — TACTUS, *le tact même, le toucher, celui des cinq sens par lequel on connaît ce qui est chaud ou froid, dur ou mou, uni ou raboteux. C'est le moins subtil de tous :* Qui non odore ullo, non tactu, non sapore capiatur, *CIC.* Tactus toto corpore æquabiliter fusus est, ut omnes ictus, omnesque nimios et frigoris et caloris appulsus sentire possimus, *Id.*

### 2379. *Talaris. Talarius.*

TALARIS (*de* talus, *talon*), *qui concerne le talon :* Vestis talaris, *CIC.*, *robe qui descend jusqu'aux talons.* — TALARIUS (*de* talus, *dé, osselet*), *des osselets :* Talarius ludus, *CIC.* Talaria lex, *Id.*

### 2380. *Talentum. Talentum magnum.*

TALENTUM, *le petit talent : il contenait soixante livres, ou vingt-quatre mille petits sesterces :* Argenti aurique talenta, *VIRG.* — MAGNUM TALENTUM : *le grand talent contenait quatre-vingts livres, ou trente-deux mille petits sesterces.* Auri duo magna talenta, *VIRG.*

### 2381. *Talus. Calx.*

TALUS *est proprement l'os du derrière du talon :* Purpurea usque ad talos demissa, *CIC.* — CALX, *masculin, est le dessous du talon :* Ibi cùm pugnis et calcibus concisus esset, *CIC.* CALX, *féminin, signifie de la chaux.* Calx viva, *PLIN. Dans les cirques, le point de départ des chars était une barrière nommée* carcer ; *le point d'arrivée se marquait par une ligne tracée avec de la chaux. De là le proverbe :* à calce ad carceres, *c'est-à-dire revenir de la fin au commencement, d'un bout à l'autre.*

### 2382. *Talus. Tessera. Alea. Scrupus.*

TALUS, *synonyme des autres, était l'osselet : petit os avec lequel les enfants* jouent; les tabletiers en font d'ivoire. — TESSERA, un dé, morceau d'os ou d'ivoire, de figure cubique, ou à six faces, dont chacune est marquée d'un différent nombre de points, depuis un jusqu'à six, et qui sert à jouer : Conferre se ad talos, aut tesseras, CIC. Tessera, dans Tite-Live, est pris pour le mot du guet, le mot d'ordre : il était tracé sur du métal, du bois : on appelait tesserarii milites ceux qui portaient le mot du guet. — ALEA se dit de tout jeu de hasard : Vetita legibus alea, HOR. Au figuré : Ire in dubiam servitii imperiique aleam, LIV. Periculosæ plenum opus aleæ, HOR. — SCRUPUS, petite pierre ou caillou qui entre dans les chaussures ; il se prend ordinairement pour dames à jouer : Scruporum lusus, QUINT. Pilà benè et duodecim scrupis ludere, CIC. De là vient scrupulus, scrupule : Injeci scrupulum, TER.

2383. *Tangere. Tractare.*

TANGERE, *toucher :* Tangere aras, VIRG. Baculo tetigit juvenem, OVID. *Au figuré :* Hæc modicè me tangunt, CIC. Non omnia dicere, et leviter unumquodque tangere, *Id.* — TRACTARE (*fréquentatif de* trahere), *manier :* Tractare calicem manibus unctis, HOR. *Au figuré :* Aliquem minùs asperè tractare, CIC. Aliquam artem tractare, TER., *exercer un art.* Aliquid animo tractare, CIC., *méditer une chose.* In munere aliquo rectè se tractare, *Id.*, *se conduire sagement dans un emploi.* Gubernacula reipublicæ tractare, *Id.*, *tenir le gouvernail de l'Etat.*

2384. *Tangit. Spectat. Pertinet.*

*On dit assez indifféremment :* illud me tangit, *cela me touche ;* illud me spectat, *cela me regarde ;* illud ad me pertinet, *cela me concerne ; il y a cependant entre ces expressions une différence délicate. Quoique nous ne prenions qu'une légère part à la chose, nous pouvons dire qu'elle nous regarde,* spectat ; *mais il en faut prendre davantage pour dire qu'elle nous concerne,* pertinet ; *et lorsqu'elle nous est plus sensible et personnelle, nous disons qu'elle nous touche,* tangit. Beneficia quæ ad singulos spectant, et quæ ad universos pertinent, CIC. Vestrî cura nulla vos tangit, LIV.

2385. *Tantidèm. Tantisper.*

TANTIDEM, *autant, tout autant, en parlant de la quantité :* Emere aliquid tantidèm, CIC. Ab aliquo tantidèm accipere, *Id.* — TANTISPER *ne se dit que du temps, un peu, pendant un peu de temps :* Cogitare tantisper de aliquo reo, CIC. Totos dies scribo, non quò proficiam, sed tantisper impedior, *Id.*

2386. *Tantulus. Tantillus.*

TANTULUS (*diminutif de* tantus), *si petit :* Ex tantulo fici grano, CIC. Statura tantula, CÆS. — TANTILLUS (*diminutif de* tantulus) *exprime un objet encore plus petit :* Quem ego modò puerum tantillum in manibus gestavi meis, TER.

2387. *Taurus. Juvencus.*

TAURUS, *un taureau, un bœuf qui n'a point été coupé : il est pris par les poëtes pour un bœuf vigoureux :* Pingue solum fortes invertant tauri, VIRG. — JUVENCUS, *un jeune bœuf, un bouvillon :* Rudes operum juvenci, OVID.

2388. *Tegere. Operire. Cooperire.*

TEGERE, *couvrir, mettre à l'abri :* Fronde teguntur aves, OVID. Tegunt se latebris feræ, CIC. *Au figuré :* Innocentià tectus, CIC. Triumphi nomine tegere et velare cupiditatem suam, *Id.* — OPERIRE, *entourer, fermer :* Pellis operit latos humeros, VIRG. Operire ostium, TER., *fermer la porte. Au figuré :* Opertus dedecore et infamià, CIC. *On ne dirait pas :* tectus dedecore. — COOPERIRE (operire cum), *entourer de tous côtés :* Cooperire aliquem lapidibus, LIV. *Au figuré :* Coopertus sceleribus, CIC. Coopertus miseriis, SALL. Coopertus famosis versibus, HOR., *déshonoré par des vers satiriques.* Opertus *dirait moins.*

2389. *Tegula. Imbrex.*

TEGULA (*de* tegere), *une tuile :* Strataque erat tepido tegula quassa solo, OVID. Promitto tibi, si valebit, tegulam illum in Italià nullam relicturum, CIC. — IMBREX (*d'*imber), *tuile creuse, faîture :* Quòd meas confregisti imbrices et tegulas, PLAUT. Imbrex porci, MART., *une oreille de cochon, à cause de la ressemblance.*

2390. *Tegumentum. Operculum. Tectorium.*

TEGUMENTUM, Tegumen *et* Tegmen *par syncope, ce qui couvre :* Tegumenta corporis vel texta, vel suta, CIC. Tegmen cœli, *Id.* Est super tunicam æneum pectori tegumen, LIV. *Au figuré :* Quærere flagitiorum tegumenta, CIC. — OPERCULUM, *couvercle :* Aspera arteria tegitur quasi quodam operculo, CIC. — TECTORIUM (*de* tegere) *se dit de tout enduit :* Tectorium vetus delere, et novum inducere, *Cic. Au figuré :* Pictæ tectoria linguæ, *Pers.*, *langage fardé, hypocrite.*

2391. *Tela. Arma.*

Tela (*peut-être de* τῆλε, *loin*), *traits, armes offensives :* Tela conjicere, *Cic. Au figuré :* Tela linguæ, *Ovid.*—Arma *se dit des armes offensives et défensives :* Arma alia ad tegendum, alia ad nocendum, *Cic.* Arma telaque parant, *Liv. Il se prend pour outils, agrès de vaisseau :* Cerealiaque arma expediunt, *Virg.* Armis spoliata navis, *Id. Au figuré :* Arma prudentiæ, *Cic.* Arma senectutis, artes exercitationesque virtutum, *Id.*

2392. *Telum. Hasta. Hastile. Gæsum. Sarissa. Sparus. Lancea. Pilum. Spiculum. Sagitta. Jaculum. Falarica.*

Telum *est le mot générique ; il se dit de toute arme offensive :* Versari incolumem inter hostium tela, *Cic. Au figuré :* Nec verò negligenda est fama ; nec mediocre telum ad res gerendas existimare oportet benevolentiam civium, *Cic.* — Hasta, *pique :* Eminùs hastâ, cominùs gladio uti, *Cic. Au figuré :* Hastam abjicere, *Cic.*, *perdre toute espérance.*—Hastile, *le bois de la pique, la hampe :* Debilis et hastili nixus, *Cic.* — Gæsum, *dards des anciens Gaulois ; les Romains les adoptèrent :* Falcibus, gæsisque binis armati, *Liv.* — Sarissa, *pique à l'usage des Macédoniens :* Impeditus intercursu suorum usus prælongarum hastarum, sarissas Macedones vocant ; intulère signa romanæ legiones, *Liv.* — Sparus, *espèce de dard à l'usage des gens de la campagne :* Agrestisque manus armat sparus, *Virg.*—Lancea (*de* λόγχη), *lance, espèce de trait fort long :* Disjectam fluitantemque testudinem lanceis contisque tutantur, *Tac.* — Pilum, *le javelot des Romains, dont la hampe était longue, et le fer d'une forme triangulaire :* Agmina horrentia pilis, *Hor.* Cervicibus caput abscidit, idque fixum gestari jussit in pilo, *Cic.* — Spiculum (*de* spica, *épi*), *dard :* Lenta spicula contorquent lacertis, *Virg.* Hastarum spicula, *Ovid.* Spiculum *était d'une forme triangulaire. Il se prend pour le fer de la pique ou de la flèche :* Alexander sagittâ ictus est, quæ in medio crure reliquerat spiculum, *Q. Curt.* — Sagitta, *flèche, trait d'arbalète :* Aptare nervo sagittas, *Virg.*—Jaculum (*de* jacere), *trait, javelot :* Missa jaculorum turba, *Ovid.* Solem, præ jaculorum multitudine, et sagittarum umbrâ, non videbitis, *Cic.* — Falarica, *trait long et fort lourd, qu'on lançait à l'aide d'une machine :* Falarica erat Saguntinis missile telum, hastili oblongo, et cætera tereti, præterquàm ad extremum, undè ferrum exstabat, *Liv.*

2393. *Temerè. Fortuitò.*

Temere, *inconsidérément, sans raison :* Temerè et nullo consilio, *Cic.* Audacter hoc dico, non temerè confirmo, *Id.* Non hàc temerè transiri potest, *Plaut. Il signifie aussi sans peine :* Illud ingeniorum velut præcox genus haud temerè unquàm pervenit ad frugem, *Quint.* — Fortuito, *par un effet du hasard :* Incidere fortuitò in aliquem sermonem, *Cic.* Non temerè nec fortuitò sati et creati sumus, *Id.*

2394. *Temeritas. Inconsiderantia.*

Temeritas, *témérité, défaut de sagesse :* Multi faciunt multa temeritate quâdam, sine judicio vel modo, *Cic.* Temeritas est florentis ætatis ; sapientia, senectutis, *Id.* Inconsiderantia (non considerare), *imprudence, manque de réflexion :* Cujus in hoc uno inconsiderantiam ego sustinebo, ut potero, *Cic.*

2395. *Temperamentum. Temperantia.*

Temperamentum (*de* temperare), *tempérament, ce qui tempère, modération :* Inventum est temperamentum, quo tenuiores cum principibus æquari se putarent, *Cic.* Linguæ temperamentum, *Liv.* — Temperantia, *tempérance, vertu morale qui règle, qui modère les passions :* Temperantia est rationis in libidinem atque in alios non rectos impetus animi firma et moderata dominatio, *Cic.*

2396. *Temperatio. Temperies.*

Temperatio, *l'action de tempérer :* Temperatio caloris, *Cic.* Æris temperatio, *Id.*, *trempe de l'airain.* Corporis temperatio, cùm ea congruunt inter se è quibus constamus, *Id.* Temperatio reipublicæ, *Id.*, *gouvernement, administration de l'État.*—Temperies, *température :* Cœli temperies, *Ovid.* Temperie blandarum captus aquarum, *Id.* Temperatio est rerum ; temperies, aeris, ventorum, aquarum.

2397. *Tempestas. Procella. Hiems.*

Tempestas, *tempête, ouragan sur terre ou sur mer :* Fœda tempestas cum grandine ac tonitribus cœlo dejecta, *Liv. Au figuré :* Maximæ et turbulentissimæ molestiarum tempestates, *Cic.* Tempestas invidiæ, *Id.*, *persécution qu'excite l'envie.* Tempestates alicujus subire, *Id.*, *partager les malheurs d'autrui.* — Procella (*de pro et de l'inusité* cellere, *émouvoir*), *est un vent impé-*

*tueux sur mer :* Imbres, nimbi, procellæ, turbines, reliquæque tempestates, *Cic.* Inæquales procellæ vexant mare, *Hor. Au figuré :* Tu procella patriæ, turbo ac tempestas pacis atque otii, *Cic.* — HIEMS *signifie l'hiver :* Et glacialis hiems aquilonibus asperat undas, *Virg. On le prend aussi pour tempête, en style poétique :* Emissamque hiemem sensit Neptunus, *Virg.*

2398. *Tempestas. Tempestivitas.*

TEMPESTAS (*synonyme de* tempestivitas), *le temps, la saison :* Tempestatum moderatio, *Cic.* Idonea tempestas, *Id.* Quâ tempestate Pœnus in Italiam venit, *Id.* — TEMPESTIVITAS, *le temps propre pour quelque chose :* Sua cuique parti ætatis tempestivitas est data ; ut enim infirmitas est puerorum, et ferocitas juvenum, et gravitas jam constantis ætatis, sic senectutis maturitas naturale quiddam habet, quod suo tempore percipi debeat, *Cic.*

2399. *Tenacitas. Tenor.*

TENACITAS (*de* tenere), *ténacité, force à retenir :* Unguium tenacitas, *Cic. Au figuré, avarice, mesquinerie :* Injusta quidem, sed aliqua tamen causa tenacitatis, *Liv.*—TENOR, *teneur, action ou conduite soutenue :* Pugnæ tenor, *Liv.* Tenore uno rem peragere, *Id.* Hasta fugit servatque cruenta tenorem, *Ovid.*

2400. *Tentatio. Tentamentum.*

TENTATIO (*de* tentare), *attaque :* Valetudinem tuam jam confirmatam esse et à vetere morbo, et à novis tentationibus, gaudeo, *Cic. Il se prend pour épreuve, l'action d'éprouver :* Ægrè Hortensius pati, tentationem eam credens esse perseverantiæ suæ, *Liv.*— TENTAMENTUM, *l'expérience même, l'épreuve faite :* Nec prima per artem tentamenta tuî pepigi, *Virg., je n'ai point employé l'art pour sonder vos dispositions.* Tentamen *est le même ; il n'est usité qu'en poésie :* Prima fide (fidei) vocisque ratæ tentamina sumpsit, *Ovid.*

2401. *Tentorium. Tabernaculum. Conopeum.*

TENTORIUM (*de* tendere), *tente, pavillon de toiles tendues :* Niveis tentoria velis, *Virg.* Ponere tentoria, *Id.*—TABERNACULUM (*de* taberna), *petit logement, tente, pavillon de guerre :* Militare tabernaculum, *Cic.* Collocare tabernaculum in aliquo loco, *Id.*—CONOPEUM, *voile, pavillon, tente :* Ut testudineo tibi, Lentule, conopeo, *Juv.* Fœdaque Tarpeio conopea tendere saxo, *Prop.* Interque signa, turpe ! militaria, sol aspicit conopeum, *Hor. Il dit* turpe ! *parce que ce pavillon était étranger. L'usage existe encore, en Egypte, d'avoir de ces sortes de tentes pour se garantir des moucherons.*

2402. *Tepidus. Calidus.*

TEPIDUS, *tiède, qui a une chaleur modérée :* Lac tepidum, *Virg. Au figuré, qui a perdu son feu, modéré :* Hic homo factus est tepidior, *Plaut.* — CALIDUS, *chaud, ardent :* Frigida pugnabant calidis, *Ovid.* Sol calidus *est un soleil ardent ;* sol tepidus, *un soleil modéré. Au figuré :* Calida consilia, *Cic.* Lenit albescens animos capillus ; non ego hoc ferrem calidus juventâ, *Hor.*

2403. *Ter. Tertiò. Tertiùm.*

TER, *trois fois :* Mutianus ter consul, *Plin.*, *trois fois consul.* — TERTIO, *troisièmement, en troisième lieu ; on sous-entend* loco, tempore. — TERTIUM, *pour la troisième fois :* Tertiùm consul factus est, *Id.*, *il a été nommé consul pour la troisième fois. Pline le jeune a confondu* tertiò *avec* tertiùm : Tertiò consule Trajano. *Cicéron a pris* tertiò *dans le même sens :* Ille iterùm, ille tertiò, cautionibus factis, pecuniam dedit.

2404. *Tergere. Verrere.*

TERGERE, *nettoyer, essuyer :* Vasa aspera tergeat alter, *Juv.* — VERRERE, *balayer :* Verrere pavimentum, *Juv.* In familiâ qui tergunt, qui ungunt, qui verrunt, *Cic. Au figuré :* Certatim feriunt mare, et æquora verrunt, *Virg.*

2405. *Tenebrosus. Tenebricosus.*

TENEBROSUS, *ténébreux, obscur, sombre :* Sedes tenebrosa, *Ovid.* — TENEBRICOSUS, *qui aime les ténèbres :* Tu ex popinâ tenebricosâ extractus, *Cic. Au figuré :* Lateant libidines ejus illæ tenebricosæ, *Cic.*

2406. *Tergum. Tergus. Dorsum.*

TERGUM, *le dos, le derrière :* Boum terga non sunt ad accipiendum onus figurata, *Cic.* Manus post terga revinctus, *Virg. Au figuré :* Tergum collis, *Liv.*, *le revers de la colline.* — TERGUS, *le cuir, la peau du dos :* Tergora diripiunt costis, et viscera nudant, *Virg.* Durissimum dorso tergus, ventri molle, *Plin.*—DORSUM *est le rond du dos :* Auxilium petiit hominis (equus) quem dorso levans, *PHÆD. Au figuré :* Montis prærupti dorsum, *HOR., croupe d'une montagne.* Dorsum immane mari summo, *VIRG., banc de sable.* Dorsum *est opposé à* venter, *surtout dans les animaux; et* tergum, *à* frons. A tergo, à fronte, à lateribus teneri, *CIC.*

2407. *Ternus. Trinus. Tertius. Triplex. Tripartitus.*

TERNUS, *trois à trois :* Velut acies terni juvenes, *LIV., parlant des trois Horaces et des trois Curiaces. Il se prend pour trois :* Immane est vitium dare millia terna macello, *HOR.*—TRINUS, *trois :* Trinis hibernis hiemare, *CÆS., prendre son quartier d'hiver en trois endroits.*—TERTIUS, *le troisième :* Tertio quoque die, *CIC.* — TRIPLEX (*de* tres *et de* plicare), *triple :* Illi robur et æs triplex circa pectus erat, *HOR.* Triumphus triplex, *VIRG.*—TRIPARTITUS (*de* tres *et de* partiri), *partagé, divisé en trois :* Tripartita bonorum ratio, *CIC.* Tripartita oratio, *Id.*

2408. *Terrere. Conterrere. Exterrere. Perterrere. Tremefacere.*

TERRERE (terrorem afferre), *effrayer, épouvanter :* Qui omnia cæde incendiisque terret, *CIC.*—CONTERRERE (terrere cum), *épouvanter :* Aspectu conterritus hæsit, *VIRG.* M. Scaurus hùc veniat, et hanc loquacitatem nostram vultu ipso aspectuque conterreat, *CIC.*—EXTERRERE, *même signification que* terrere : Taurus mugitu nemora exterret, *SIL.*—PERTERRERE (terrere per); *la préposition* per *ajoute à la force de la signification :* Ferro, inquit, te rejeci atque perterrui, *CIC.* — TREMEFACERE (trementem facere), *plus fort encore que* terrere, *en ce que non-seulement il marque l'effroi, mais encore l'ébranlement, et presque la chute :* Annuit, et totum nutu tremefecit Olympum, *VIRG.*

2409. *Terrestris. Terrenus. Terreus.*

*Quoique* Terrestris *et* Terrenus *puissent quelquefois être employés l'un pour l'autre, il faut savoir que* TERRESTRIS *se dit des choses qui ont un rapport plus éloigné à la terre :* Præsidium terrestre, *CIC.* Archipirata terrestris, *Id.* — TERRENUS *se dit des choses qui ont un rapport plus proche à la terre :* Humor terrenus, *CIC* Contagio terrena, *Id.*—TERREUS, *de terre, qui est fait de terre :* Tumulus terreus, *CÆS., un tertre, une éminence de terre :* Vas terreum, *COL.*

2410. *Testari. Testificari.*

TESTARI, 1° *prendre à témoin :* Testor omnes deos me hâc unâ voce à morte esse revocatum, *CIC.* 2° *Faire voir, prouver :* Venæ, et arteriæ crebræ multæque, toto corpore diffusæ, vim quamdam incredibilem artificiosi operis divinique testantur, *CIC.* 3° *Tester, faire un testament :* Possitne quisquam de filii pupilli re testari, *CIC.* — TESTIFICARI (testem facere), *certifier, prendre à témoin :* Testificor me belli expertem fuisse, *CIC.* Deos, homines amicitiamque nostram testificor, *Id.*

2411. *Testimonium. Testificatio.*

TESTIMONIUM, *preuve, témoignage, déposition de témoins :* Sunt in eam rem testimonia, *CIC.* Elevare testimonia, *Id., affaiblir les dépositions.*—TESTIFICATIO, *certificat, déclaration :* Si ejus rei testificatio tolleretur, *CIC.* Cum summâ testificatione suorum in me officiorum, *Id.* Ut contra hoc crimen, si quandò opus esset, hâc videlicet testificatione uteretur, *Id.*

2412. *Testimonium dicere, dare. Pro testimonio dicere.*

TESTIMONIUM DICERE, *déposer, porter un témoignage juridique :* Testimonium secundùm fidem et religionem gravissimè dixit, *CIC.* Testimonium dicere de conjuratione, *Id.*—TESTIMONIUM DARE, *donner un témoignage, une preuve :* Senatus mihi testimonium hujus urbis conservatæ dedit, *CIC.* Dabit nobis jam tacitè vita acta in alterutram partem firmum et grave testimonium, *Id.* — PRO TESTIMONIO DICERE, *déclarer en témoignage :* Neque dixi quicquam pro testimonio, nisi quod erat notum atque testatum, *CIC.* Posteaquàm Cordius pro testimonio dixit te sibi reddidisse, finem reddendi fecisti, *Id.*

2413. *Texere. Intexere.*

TEXERE, *faire un tissu, convient proprement au tisserand :* Texentem telam studiosè ipsam offendimus, *TER. Au figuré, il se dit d'une maison, d'un vaisseau, et des ouvrages de l'esprit :* Basilicam texere, *CIC.* Carina texitur suis costis, *OVID.* Epistolas quotidianis verbis texere solemus, *CIC.* — INTEXERE, *entrelacer, faire un tissu dedans :* Purpureasque notas filis intexuit albis, *OVID. Au figuré :* Læta tristibus, incredibilia probabilibus inteximus, *CIC.*

2414. *Theca. Vagina.*

THECA (*de* θήκη *ou* θηκίον, *armoire*), *se dit de tout ce qui sert à serrer quelque chose :* Theca nummaria, *CIC.* Theca vasorum, *Id.*—VAGINA, *étui, fourreau :* Gladius in vaginâ reconditus, *CIC.*

2415. *Tibia. Sura.*

TIBIA, *l'os antérieur de la jambe :* Alterum (os) à priore parte positum, cui tibiæ nomen est, PLIN.—SURA, *la partie postérieure, le gras de la jambe:* Suram ubi aspicias, scias eum posse gerere crassas compedes, PLAUT. Tumentes suræ, HOR. *Il se prend dans les poëtes pour toute la jambe :* Purpureoque altè suras vincire cothurno, VIRG.

2416. *Tibia. Fistula. Calamus. Arundo. Buxus.*

TIBIA, *synonyme de* fistula, *flûte, était un instrument de musique fait avec du roseau, des os ou du métal, et percé de distance en distance; on l'avait appelé* tibia, *dit-on, à cause de sa ressemblance avec un des os de la jambe de l'homme ; d'autres disent de la grue:* Tibias inflare, CIC. — FISTULA, *proprement, un canal pour conduire les eaux :* Vitiato fistula plumbo scinditur, OVID. *Il se prend pour un instrument de musique, composé de sept tuyaux d'une grandeur inégale pour la diversité des sons ; c'était la flûte du dieu Pan :* Est mihi disparibus septem compacta cicutis fistula, VIRG. Dispar septenis fistula cannis, OVID. — CALAMUS, *canne, roseau :* Corpore pro nymphæ calamos tenuisse palustres, OVID. *Flûte et flageolet, parce qu'on faisait cet instrument avec le roseau:* Pan primus calamos cerà conjungere plures instituit, VIRG. — ARUNDO, *roseau, a les mêmes significations que* CALAMUS: Ludere par impar et equitare in arundine longâ, HOR. Pastor inæquali modulatur arundine carmen, VIRG. *Il signifie aussi flèche :* Distrinxit arundine pectus, OVID. — BUXUS *ou* BUXUM, *buis :* Fluctuat hic denso crispata cacumine buxus, CLAUD. *Il se prend aussi pour une flûte ou une sorte de trompette, parce qu'on en faisait de ce bois :* Buxus signa dedit, STAT.

2417. *Tignum. Trabs.*

TIGNUM, *solive, tréteau, pilotis :* Sordida terga suis nigro pendentia tigno, OVID. Modicis instravit pulpita tignis, HOR. Tigna bina sesquipedalia ab imo præacuta, dimensa ad altitudinem fluminis, CÆS. — TRABS, *poutre, grosse pièce de bois :* Nexæ trabes ære, VIRG. Trabes abiegnæ, CIC. *Les poëtes ont dit* trabs *pour un vaisseau :* Ut trabe cypriâ myrtoum pavidus nauta secet mare, HOR. Trabs, *selon Festus, est composé de deux pièces de bois jointes ensemble ; et* tignum *est une seule pièce.*

2418. *Timiditas. Timor.*

TIMIDITAS *est une disposition habituelle à la crainte :* Timiditas est angustus et parvus animus, CIC. Tu pudore aliquo à dicendo, et timiditate ingenuâ quâdam refugisti, *Id.* — TIMOR *est une crainte actuelle :* Timor est metus mali appropinquantis, CIC. Degeneres animos timor arguit, VIRG.

2419. *Timidus. Timens.*

TIMIDUS *se dit de celui qui est naturellement peureux :* Timidum atque ignavum judicari, CIC. Nimiùm me timidum, nullius animi fuisse confiteor, *Id.* — TIMENS *est celui qui craint dans telle occasion :* Mortem timens, OVID. Comiti timens, VIRG. Timidus semper timet ; timens, ex causâ.

2420. *Tirocinium. Rudimentum. Elementum.*

TIROCINIUM (*de* tiro), *apprentissage, noviciat :* Ponere tirocinium, LIV., *faire son apprentissage. Au figuré:* Tirocinio ætatis lapsus, CIC., *tombé faute d'expérience.* — RUDIMENTUM (*de* rudis), *les commencements :* Rudimentum puerilis regni, LIV. Rudimenta tirocinii, JUSTIN. Rudimenta et incunabula virtutis, CIC. — ELEMENTUM (*d'*alere), *élément, premiers principes:* Ab elementis res omnes sumunt incrementum, et in ea resolvuntur, PLIN. Elementa puerorum, CIC. Elementa velint ut discere prima (pueri), HOR.

2421. *Titulus. Index.*

TITULUS, *titre, inscription:* Titulus libelli, OVID. Legum latarum tituli, TAC. Titulo signatur imago, OVID. *Au figuré:* Sustinere titulum consulatûs, CIC. Navalis victoriæ varium titulum appetivère, LIV. Titulum prætendere, *Id.*, *apporter un prétexte.* — INDEX, *qui indique :* Hujus rei neque index, neque vestigium est, CIC. Imago animi vultus est, indices oculi, *Id.* Index libri, *Id.*, *la table d'un livre.* Index digitus, HOR., *l'index, le doigt le plus proche du pouce, dont on se sert pour montrer quelque chose.*

2422. *Toga. Stola. Peplum. Palla. Trabea. Pallium. Sagum. Paludamentum. Chlamys. Carbasus,* et *Carbasa, orum.*

TOGA, (*de* tegere), *toge ; c'était la robe des Romains en temps de paix, un grand manteau qui se mettait par-dessus la tunique :* Toga pacis, et insigne otii, CIC. *C'était aussi la robe des femmes lors-*

*qu'elles paraissaient en public. Les femmes de qualité prirent dans la suite la robe appelée* stola, *et abandonnèrent la toge aux servantes et aux courtisanes.* Quid interest in matronâ, ancillâ, peccesve togatâ? *Hor.* — Stola *était l'habit ordinaire des femmes mariées, des femmes de condition : Cicéron le donne à Diane :* Dianæ erat admodùm amplum signum cum stolâ. — Peplum (*de* πέπλος, *voile d'une fine étoffe*), *espèce de robe à l'usage des dames : on en ornait les statues des dieux. Servius dit qu'elle était particulièrement consacrée à Minerve :* Crinibus Iliades passis, peplumque ferebant, *Virg.* — Palla, *robe longue que les femmes mettaient par-dessus leurs jupes :* Verrit humum tyrio saturatâ murice pallâ, *Ovid. C'était aussi l'habillement des hommes chez les Gaulois :* Ille cum pallâ et cothurnis nummos populo de rostris spargere solebat, *Cic.* — Trabea (*de* trabs, *à cause des bandes de diverses couleurs*), *la trabée, vêtement des rois de Rome :* Decorus trabeâ Romulus, *Ovid. Et après leur expulsion, celui des consuls, des augures et des chevaliers romains :* Ipse quirinali trabeâ consul, *Cic.* Trabeati equites, *Tac. C'était une robe courte à pans de diverses couleurs.* — Pallium, *robe longue, ou manteau à l'usage des Grecs, et surtout des philosophes :* Sæpè etiam sub sordido pallio sapientia, *Cic.* — Sagum, *espèce de saie rouge que l'on mettait sur la tunique, et qui était attachée avec une boucle ; c'était l'habit de guerre.* Cùm est in sagis civitas, *Cic.* Ad saga ire, *Id., prendre l'habit de guerre.* — Paludamentum, *cotte d'armes, casaque qui se mettait par-dessus la cuirasse ; c'était un habit militaire, et particulièrement celui des commandants :* Imperatoria paludamenta, *Plin. Tite-Live le donne aux Curiaces :* Cognitoque super humeros fratris paludamento sponsi, quod ipsa confecerat. — Chlamys (χλαμύς), *tunique de guerre :* Ipse agmine Pallas in medio chlamyde et pictis conspectus in armis, *Virg. C'était aussi la robe que portaient les enfants :* Et phrygiam Ascanio chlamydem fert, *Virg. C'est de là, dit-on, que vient notre mot chemise.* — Carbasus, *fém. au sing.*, et Carbasa, *neutr. au plur., voile de lin très-fin :* Fluxa coloratis astringunt carbasa gemmis, *Luc. Voile de navire :* Tumidoque inflatur carbasus Austro, *Virg.*

### 2423. *Toga prætexta. Toga virilis. Toga pura. Toga candida.*

Toga prætexta, *la robe prétexte, ainsi appelée parce qu'elle était bordée de pourpre par le bas. Les enfants des citoyens la portaient jusqu'à l'âge de dix-sept ans. Les prêtres, les magistrats et les sénateurs la portaient ; elle était aussi pour les dames de condition :* Eripies igitur pupillæ togam prætextam; detrahes ornamenta non solùm fortunæ, sed etiam ingenuitatis! *Cic.* Ædilis cum togâ prætextâ. — Toga virilis, *la robe virile qu'on prenait à dix-sept ans :* Ego autem à patre ita eram deductus ad Scævolam, sumptâ virili togâ, ut quoad possem et liceret, à senis latere nunquàm discederem, *Cic.* — Toga pura, *robe sans ornements : c'est la même que* toga virilis*:* Habemus concionem Antonii in quâ erat accusatio Pompeii, usque à togâ purâ, *Cic.* — Toga candida, *la robe blanche que portaient ceux qui briguaient les charges ; de là* Canditatus, *en français candidat :* Cicero in candidâ togâ orationem habuit in Catilinam et Antonium competitores, *Plin.*

### 2424. *Toga pulla. Toga sordida.*

Toga pulla *était la robe de deuil, qu'on interprète ordinairement par couleur noire ; mais Vossius croit qu'elle était de gris de fer :* In funere familiari cœnare cum togâ pullâ, *Cic.* — Toga sordida, *robe des accusés ; c'était une robe sale, usée, qu'ils portaient afin d'exciter la compassion. On les appelait* sordidati*:* Diodorus Romæ sordidatus circum patronos atque hospites cursare, *Cic.*

### 2425. *Togatus. Palliatus.*

Togatus, *revêtu d'une toge à la romaine :* Romanos rerum dominos, gentemque togatam, *Virg. On appelait* togatæ comœdiæ, *les pièces dont les sujets étaient pris des Romains :* Togatis excelluit Afranius, *Quint.* — Palliatus, *qui porte un manteau long à la grecque :* Græculus judex modò palliatus, modò togatus, *Cic. On appelait* palliatæ comœdiæ *les pièces dont les sujets étaient tirés des Grecs.*

### 2426. *Torquere. Angere. Cruciare.*

Torquere, *proprement, tordre, tourner :* Capillos torquere ferro, *Ovid.* Os torquere, *Cic. Au figuré, tourmenter, donner la torture :* Qui in dolore est, torquetur, *Cic.* Metu doloris torqueri, *Id. Il se prend aussi pour lancer, à cause du mouvement des bras :* Hastas torquere, *Cic.* — Angere (*d'*ἄγχω, *serrer*), *gêner en serrant, serrer :* Et angit inhærens elisos oculos, et siccum sanguine guttur, *Virg. Au figuré, affliger, chagriner :* Angi animo, *Cic.* Angebatur regis animus ad impensas, *Liv.* — Cruciare (*de* crux), *proprement, mettre en croix. Au figuré,* *tourmenter cruellement :* Cruciari dolore, fame, vigiliis, *Cic.* Scelerum suorum conscientiâ cruciari, *Id.* Torquere *se dit d'une douleur qui déchire ;* angere, *d'une douleur qui serre ;* cruciare, *d'une douleur cuisante.*

2427. *Tortilis. Tortuosus. Tortus. Sinuosus. Revolutus.*

Tortilis (*de* torquere, tortum), *tortillé, qui va en tournant, en spirale :* Buccina tortilis in latum, quæ turbine crescit ab imo, *Ovid.* Tortilis piscis, *Id.* Tortilis à digitis decidit ansa meis, *Id.*—Tortuosus, *tortueux :* Tortuosi amnis sinus flexusque, *Liv.* Soni ex tortuosis locis et inclusis referuntur ampliores, *Cic. Au figuré :* Ingenium multiplex et tortuosum, *Cic., esprit double et tortueux, plein de détours.* Tortuosum disputandi genus, *Id., manière de discuter entortillée.* — Tortus, *tors, tordu :* Capillus tortus, *Ovid.* Funes torti, *Virg. Au figuré :* Tortæ conditiones, *Plaut., conditions plus ou moins injustes.* — Sinuosus (*de* sinus) *qui forme des plis ou des cavités :* Flexu sinuoso elabitur anguis, *Virg.* Vestis sinuosa, *Ovid. Au figuré :* Sinuosa oratio, *Quint., discours embarrassé.* — Revolutus, *roulé :* Spissâ jacuit revolutus arenâ, *Virg. Tourné d'un autre sens, changé :* In veterem fato revoluta figuram, *Virg.*

2428. *Tractatus. Tractatio.*

Tractatus, *le toucher, le maniement. Il n'est usité qu'à l'ablatif :* Aspera tractatu, *Plin. Au figuré :* Artium tractatu delectati, *Cic.* Consilia calida et audacia, primâ specie læta, tractatu dura, eventu tristia, *Liv.* — Tractatio, *l'action de toucher, de manier :* Armorum tractatio, *Cic.* Belluarum tractatio, *Id. Au figuré :* Ipsa mihi tractatio litterarum salutaris fuit, *Cic.*

2429. *Tragicus. Tragœdus.*

Tragicus (*de* τράγος, *bouc, parce qu'un bouc était le prix du chant*) *se dit de l'auteur qui compose une tragédie :* Tragici poetæ, *Cic. Il se dit aussi du style :* Carmine qui tragico vilem certavit ob hircum, *Hor.* — Tragoedus (*de* τράγος, *et de* ᾠδή) *est l'acteur :* Vox tragœdorum, *Cic.*

2430. *Trahere. Raptare.*

Trahere, *entraîner, tirer :* De medio trahere, *Liv.* Magnes ferrum ad se allicit et trahit, *Cic. Au figuré :* In eamdem calamitatem trahere alterum, *Cic.* In diversum trahunt auctores, *Liv., les auteurs sont d'avis partagés.* — Raptare (*fréquentatif de* rapere), *traîner violemment, brutalement :* Ter circum iliacos raptaverat Hectora muros, *Virg.*

2431. *Transenna. Fenestra. Cancelli.*

Transenna (*de* transire), *jalousie, treillis de bois au travers duquel on voit sans être vu :* Quasi per transennam prætereuntes strictim aspeximus, *Cic. On ne peut pas dire* quasi per transennam aliquid dicere, *dire en passant ; cela ne peut signifier que parler par la jalousie ; mais* per transennam aspicere *se dit au figuré pour signifier voir superficiellement, ne point approfondir.* Transenna *est encore une sorte de filet :* In transennam pisces inducere. — Fenestra (*de* φαίνειν, lucere), *fenêtre, ouverture :* Ingentem lato dedit ore fenestram, *Virg. Au figuré :* Partes quæ quasi fenestræ sunt animi, *Cic.* Quantam fenestram ad nequitiam patefeceris ! *Ter.* — Cancelli, *cancel ou chancel, balustrade :* Tantus ex fori cancellis plausus excitatus est, *Cic. Au figuré :* Scientia cancellis circumscripta, *Cic., science bornée, limitée. C'est de* cancelli *que vient le mot chancelier, parce qu'autrefois les chanceliers étaient séparés de la foule du peuple par une balustrade.*

2432. *Transfuga. Perfuga.*

Transfuga, *transfuge, qui passe de chez les siens chez l'ennemi :* Deindè metuens ne, si consulum injussu, et ignaris omnibus iret, deprehensus fortè à custodibus romanis retraheretur ut transfuga, senatum adiit, *Liv. Au figuré,* Transfuga divitum partes linquere gestio, *Hor.* — Perfuga, *qui passe de l'ennemi chez nous :* Cùmque de imperio certamen esset cum rege generoso ac potente, perfuga ab eo venit in castra Fabricii, *Cic. Les auteurs les confondent quelquefois :* De perfugis nostris copias comparant contra nos, *Cic.* Transfuga, *dit Popma,* suos relinquit et ad alios vadit ; perfuga supplex est ; ergò transfuga, ut adjuvetur fit perfuga. *Et Festus :* Perfuga qui ob spem commodorum ad quempiam perfugit.

2433. *Transgredi. Transire. Trajicere. Prætergredi.*

Transgredi, *proprement, passer outre, franchir en marchant :* Taurum montem transgressus est, *Cic. Il se dit cependant aussi d'un fleuve :* Equites nostri cum funditoribus flumen Sabin transgressi, *Cæs. Au figuré :* Transgredi aliquem, *Plin., surpasser quelqu'un.* Fama transgressa est, *Tac.* — Transire, *dépasser, aller au delà :* Cursu transire equum, *Virg.* Flumen, montem transire, *Cic. Au figuré :* Aliquid silentio transire, *Cic.* Transire mala, *Id., supporter aisément les maux.* Transire modum, *Id., passer les bornes.* — **Trajicere** (trans jacere), 1° *jeter au delà, traverser :* Pugnanti latus dexterum lanceâ trajicitur, *Liv.* 2° *Faire passer.* Trajicere exercitum ex Italiâ, *Cic. Passer :* Trajicere flumen vado, *Liv.* Trajicere Alpes, *Cic. Au figuré :* Trajicere culpam in alium, *Cic., rejeter la faute sur un autre.* Arbitrium litis trajecit ad omnes, *Ovid.*, *il a remis le jugement de l'affaire à l'assemblée.* — **Prætergredi**, *côtoyer, passer outre en côtoyant :* Prætergredi promontorium, *Cæs.*, *doubler un cap.* Mihi nunciavit te jam castra prætergressum esse, *Cic.*

2434. *Transitus. Trajectus. Transitio. Trajectio.*

**Transitus**, *un passage, lieu par où l'on passe :* Fossæ transitum ponticulo ligneo conjunxit, *Cic.* Adimere transitum, *Id.* — **Trajectus**, *trajet :* Trajectus Albulæ amnis, *Liv.* Brevissimus indè in Britanniam trajectus, *Cæs.* — **Transitio**, *l'action de passer d'un lieu à un autre.* Transitio ad hostes, *Liv. Au figuré :* Transitionibus nullis utimur, *Cic.* — **Trajectio**, *l'action de faire un trajet :* Trajectio Acherontis, *Cic.* Trajectus *ferait un autre sens.* Trajectio stellarum, *Id.*, *passage des planètes d'un lieu à un autre. Au figuré :* Verborum trajectio, *Cic.*, *transposition de mots.*

2435. *Transmittere. Traducere.*

**Transmittere**, *faire passer, mettre au delà :* Transmittere exercitum, *Liv.* In Africam velis transmisit, *Id. On sous-entend* naves. *Il se prend pour traverser :* Tot maria transmisit, *Cic. Au figuré:* Transmittere bellum alicui, *Cic.*, *transmettre à quelqu'un le soin d'une guerre.* Transmittere vitam per obscurum, *Tac.*, *traverser la vie sans réputation, sans gloire.* — **Traducere**, *et souvent* **Transducere**, *conduire au delà, faire passer :* Traducere copias flumen, *Cæs.* Traduc et matrem, et familiam omnem ad nos, *Ter. Au figuré :* Traducere alicujus animum à metu ad spem, *Cic.* Traducere vitam otiosam, *Id.* Traducere aliquem ad plebem, *Id.*, *dégrader, réduire au rang de plébéien.* Traducere aliquem per ora hominum, *Liv.*, *décrier quelqu'un.*

2436. *Transvehere. Transferre. Prætervehere.*

**Transvehere**, *porter au delà :* Navibus transvecti in Africam proximos nostro mari locos occupavêre, *Sall.* Trabeatos equites idibus Julii Q. Fabius transvehi instituit, *Liv.* *Q. Fabius établit que les chevaliers romains feraient une cavalcade aux ides de juillet. Au figuré :* Abiit jam et transvectum est tempus, *Tac.*, *le temps est passé et expiré.* — **Transferre**, *porter d'un lieu en un autre :* Ultra eum locum castra transtulit, *Cæs. Au figuré :* Amorem suum in alterum transferre, *ou* alteri, *Ter.* Animum ad aliquid transferre, *Cic.* Transferre judicia, *Id.*, *se décharger de juger, en charger un autre.* Transferre verbum aliquod, *Id.*, *donner à un mot une signification métaphorique.* — **Prætervehere**, *porter le long, porter en côtoyant :* Sirenes varietate cantandi revocare eos solitæ qui prætervehebantur, *Cic.* Insulam totam prætervectus est, *Id. Au figuré :* Prætervecta est oratio mea vestras aures, *Cic.* Scopulos prætervecta est oratio mea, *Id.*, *mon discours a franchi les écueils, échappé aux périls.*

2437. *Transversus. Obliquus.*

**Transversus**, *mis en travers, qui traverse :* Transversa itinera, *Liv.* Incomptis allinet atrum transverso calamo signum versibus, *Hor.* Aciem transversam invadunt, *Liv. Au figuré :* Transversa incurrit misera fortuna reipublicæ, *Cic.* — **Obliquus**, *qui est de côté, qui va en biaisant, oblique :* Dente obliquo timendus aper, *Ovid.* Sectus in obliquum limes, *Id.* Obliquo itinere, *Cæs.* Obliquo oculo limare commoda alicujus, *Hor.*, *d'un œil envieux.*

2438. *Trepidatio. Terror.*

**Trepidatio**, *mouvement rapide, agitation :* Cùm victi mures fugerent, et arctos circa trepidarent cavos, *Phæd.* Nec opinata res plus trepidationis fecit, *Liv.* Trepidatio nervorum, *Sen.* — **Terror**, *terreur, consternation :* Terror, metus est concutiens, *Cic.* Terrorem pallor et tremor et dentium crepitus consequitur, *Cic.*

2439. *Tributarius. Stipendiarius. Vectigalis.*

**Tributarius**, *tributaire, qui paye le tribut :* Tributarium solum, *Plin.* Civitates quæ Medorum tributariæ fuerunt, *Justin. Il signifie aussi qui concerne le tribut :* Res tributaria, *Cic.*—**Stipendiarius**, *qui paye un impôt déterminé, une somme fixe :* Inter Siciliam cæterasque provincias in agrorum vectigalium rationibus hoc interest, quòd cæteris aut impositum est vectigal certum, quod stipendiarium dicitur, ut Hispanis, etc., *Cic.*— **Vectigalis**, *qui paye l'impôt pour les* *marchandises qui entrent ou qui sortent; droits de douane :* Naves ex vectigali pecuniâ fecerat, *Cic. Il se prend plus généralement :* Vectigales multos ac stipendiarios liberavit, *Cic.* Agri vectigales, *Id.* Tradidit illi equos vectigales, *Id., il lui donna des chevaux pour lesquels on paye quelque tribut, comme les chevaux de poste. Généralement* tributariæ civitates *sont des villes tributaires;* stipendiariæ, *celles qui payent un impôt déterminé et fixe;* vectigales, *qui payent pour l'entrée et les sorties, pour les transports et les passages :* Tributarius (*de* tribus), *parce qu'on payait les impôts par tribu.* Stipendiarus (*de* stips, *pièce de monnaie*). Vectigalis (*de* vehere).

2440. *Tributum. Vectigal. Census. Exactio.*

TRIBUTUM (*de* tribus, *parce qu'on levait les impôts par tribu*), *était l'argent que payait chaque citoyen à raison de ses facultés :* Unius imperatoris præda finem attulit tributis, *Cic. Il y en avait de deux sortes : l'un se payait par tête, et l'autre suivant les revenus de chacun. Lorsque ce tribut était extraordinaire, on le nommait* temerarium tributum. — VECTIGAL (*de* vehere), *comprenait les droits de douanes que l'on payait pour les marchandises qui entraient ou qui sortaient :* Mensa publica numerat aut ex vectigali, aut ex tributo, *Cic.* Itaque neque ex portu, neque ex decumis, neque ex scripturâ vectigal conservari potest, *Id. Il se dit de toute sorte d'impôt :* Cæteris provinciis impositum est vectigal certum, *Cic.* Vectigalia populi romani sunt diminuta, *Id.* — CENSUS, 1° *le revenu de chaque particulier :* Siculi ex censu quotannis tributa conferunt, *Cic.* 2° *Le dénombrement des biens et des familles :* Germanicus agendo Galliarum censui intentus, *Tac.* Census qui isto prætore sunt habiti, *Cic.* — EXACTIO, *la levée des impôts :* Acerbissima exactio capitum, atque ostiorum, *Cic., cette cruelle levée qu'on faisait par tête et par feu.* Exactio nominum, *Id., recouvrement des dettes.* Magno pondere coacto de publicis exactionibus, *Id.*

2441. *Tribulis. Tribuarius.*

TRIBULIS (*de* tribus), *tribulaire, qui est d'une tribu :* Qui apud tribules suos plurimâ gratiâ possunt, *Cic.* — TRIBUARIUS, *qui concerne une tribu :* Tribuarium crimen, *Cic.* Res tribuaria, *Id.*

2442. *Triumphare. Ovare.*

TRIUMPHARE (*de* τρίαμβος, *triomphe*), *triompher, faire une entrée solennelle après quelque grande victoire; vaincre par la voie des armes :* Sedere in equis triumphantium prætextati potissimùm solent, *Cic.* Curius cùm de Samnitibus triumphâsset, *Id. Au figuré :* Meum factum probari abs te gaudeo et triumpho, *Cæs.* — OVARE, *recevoir les honneurs du petit triomphe :* Heri me ovantem et propè triumphantem populus romanus in Capitolium domo tulit; domum indè reduxit, *Cic. Au figuré :* Cædis successu ovans, *Ovid.* Romani ovantes et gratulantes Horatium accipiunt eò majori cum gaudio, quòd prope metum res fuerat, *Liv.*

2443. *Triumphus. Ovatio. Trophæum.*

TRIUMPHUS, *triomphe, cérémonie pompeuse et solennelle qu'on faisait chez les Romains à l'entrée d'un général d'armée dans Rome, lorsqu'il avait remporté une grande victoire :* Disseris de triumpho; quid habet iste currus? Quid vincti ante currum duces? Quid legati in equis, et tribuni? Quid clamor militum? Quid tota illa pompa? Quid vehi per urbem? Inania hæc sunt, mihi crede, oblectamenta puerorum! *Cic.* — OVATIO (*d'*ovis), *espèce de triomphe parmi les Romains, où le triomphateur entrait dans la ville à pied ou à cheval, et sacrifiait une brebis; à la différence du grand triomphe, où le triomphateur était sur un char, et sacrifiait un taureau :* Ascendit ovans in Capitolium M. Aquilius, *Cic.* — TROPHÆUM *et* Tropæum (*de* τρέπω, converto), *trophée, la dépouille d'un ennemi vaincu. Celui qui avait mis un ennemi en fuite élevait un trophée, que l'on mettait ordinairement sur un tronc d'arbre dont on avait coupé les branches :* Mezenti ducis exuvias tibi, magne, trophæum, bellipotens, aptat, *Virg. Il se dit aussi d'un assemblage d'armes élevées et disposées avec art, pour servir de monument d'une victoire :* Hic in Macedoniâ trophæa posuit, eaque quæ bellicæ laudis victoriæque omnes gentes insignia et monumenta esse voluerunt, *Cic.* Urbs trophæis ornata, triumphis ditata, *Id.*

2444. *Trudere. Detrudere. Extrudere. Abstrudere.*

TRUDERE, *pousser avec violence :* Trudi ad mortem, *Cic.* Trudi foràs, *Phæd. Au figuré :* Truditur dies die, *Hor., un jour est chassé par un autre jour.* — DETRUDERE (trudere de), *pousser de haut en bas, débusquer :* Superisque Jovem detrudere regnis, *Virg.* Ex arce me nives, frigora, imbres detruserunt, *Cic. Au figuré :* Detrudere aliquem de sententiâ, *Cic.* — EXTRUDERE, *pousser dehors :* Me miserum extrudit ædibus, *PLAUT*. Extrudere domo suâ aliquem, *CIC*. Extrudere aliquem in viam, *CIC*., *contraindre quelqu'un de se mettre en chemin. Au figuré :* Extrudere merces, *HOR*., *parlant d'un marchand qui vante sa marchandise pour s'en défaire.* — ABSTRUDERE, *pousser loin de la vue :* Cùmque manè me in sylvam abstrusi densam et asperam, *CIC*. *Au figuré :* Penitùs abstrusus animi dolor, *CIC*. Natura veritatem in profundo penitùs abstrusit, *Id.*

2445. *Tueri. Intueri. Aspicere.*

TUERI, *voir ;* INTUERI, *regarder, voir de près, envisager :* Rectores navium profectione læti, piscium lasciviam intuebantur, nec tuendi satietas capere poterat, *CIC*. Intueri solem nequimus adversum, *Id.* Aliquid intueri, in eoque defixum esse, *Id.* — ASPICERE (*de l'inusité* spicere, *et d'*ad), *jeter ses regards sur un objet :* Atque etiam aspicis me, et quidem iratus, *CIC*.

2446. *Tueri. Tutari. Propugnare. Protegere. Defendere.*

TUERI (*synonyme des autres*), *mettre en sûreté :* Ædem Castoris P. Junius habuit tuendam, *CIC*. Non legum præsidio, sed parietum, vitam suam tueri, *Id.* Concordiam tueri, *Id.* Tueri suam dignitatem, *Id.*, *soutenir sa dignité.* — TUTARI, *son fréquentatif, marque plus d'action :* Ut potui accuratissimè te tuamque causam tutatus sum, *CIC*. Alacrior ad tutandam rempublicam, *Id.*—PROPUGNARE (pugnare pro), *combattre pour la défense :* Propugnare pro æquitate, *CIC*. Propugnare *avec l'accusatif, cité dans Suétone, Pline, Stace, etc., n'est point de la bonne latinité; Cicéron dit toujours :* Pugnare, propugnare pro patriâ, etc. — PROTEGERE (tegere pro), *mettre à couvert :* Africanus in acie M. Halienum scuto protexit, *CIC*. A vento naves protegere, *CÆS*. *Au figuré :* Ego jacentem et spoliatum defendo et protego, *CIC*. — DEFENDERE (*de* de *et de l'inusité* fendere, *choquer, éloigner*), *proprement, éloigner :* Defendebat hostes ab oppido, *GELL*. Æstatem capellis defendere, *HOR*. Hunc, oro, defende furorem, *VIRG*. Defendere pericula civium, *CIC*. A quo periculo defendite civem fortem, atque innocentem, *Id.* *C'est dans ce sens qu'il signifie défendre :* Fugæ præsidio vitam defendere, *CIC*.

2447. *Tumere. Tumescere. Turgere. Turgescere.*

TUMERE, *être enflé, bouffi :* Corpus tumet omne veneno, *OVID*. *Au figuré :* Laudis amore tumes, *HOR*. Galliæ tument, *TAC*., *les Gaules sont prêtes à se révolter.* Tument negotia, *CIC*., *les affaires sont prêtes à éclater.* —TUMESCERE (*inchoatif de* tumere), *devenir enflé, bouffi :* Inflata colla tumescunt, *OVID*. Maria alta tumescunt, *VIRG*. *Au figuré :* Bella operta tumescunt, *VIRG*. Altè tumescunt serviles animi, *CLAUD*.—TURGERE, *être gonflé :* Jam læto turgent in palmite gemmæ, *VIRG*. Frumenta in viridi stipulâ lactentia turgent, *Id.* *On ne dirait pas si bien* tument. *Au figuré :* Oratio quæ turget, *CIC*. — TURGESCERE (*inchoatif de* turgere), *se gonfler :* Semen turgescit in agris, *OVID*. Turgescit in arbore ramus, *Id.* *Au figuré :* Sapientis animus nunquàm turgescit, nunquàm tumet, *CIC*. *Le sage ne s'enfle jamais, n'est jamais gonflé d'orgueil.* Turgere *et* turgescere *donnent l'idée d'une chose prête à éclore :* Membrum tumidum ac turgidum vitiosè se habet, *CIC*. *On dit bien* frons turget cornibus ; *on ne dirait pas si bien* tumet cornibus.

2448. *Tumor. Tuber.*

TUMOR, *tumeur, enflure :* Repentinus oculorum tumor, *CIC*. Crurum levis tumor, *PLIN*. *Au figuré :* Cùm tumor animi resedisset, *CIC*. Intempestivos compescere tumores, *OVID*., *rabattre cet orgueil déplacé.* — TUBER, *proprement, truffe :* Post huic raduntur tubera, si ver erit, *JUV*. *Il se prend pour toute sorte de bosse, tumeur ou grosseur :* Colaphis tuber est totum caput, *TER*. Immodico prodibant tubere tali, *OVID*. *Au figuré :* Qui ne tuberibus propriis offendat amicum postulat, ignoscat verrucis illius, *HOR*., *veux-tu que ton ami ne s'offense point de tes loupes, pardonne-lui ses verrues* (*ses défauts, moins grands que les tiens*).

2449. *Tunc. Nunc. Mox.*

TUNC, *alors, se dit de tout temps :* Tunc ad eam accede, cùm potes, *PLAUT*. Tunc decuit, cùm sceptra dabas, *VIRG*. Ego tunc adero, cùm tuî videndi mihi copia erit, *PLAUT*.—NUNC, *maintenant, ne se dit que du présent :* Sed erat tunc excusatio oppressis, misera illa quidem, sed tamen ista ; nunc nulla est, *CIC*. Nunc nunc insurgite remis, *VIRG*.—MOX, *bientôt, se dit de l'avenir :* De summo bono mox, nunc de ipsâ exercitatione quid sentias quærimus, *Id.*

2450. *Tundere. Contundere Obtundere. Obterere.*

TUNDERE, *frapper avec un instrument contondant, comme un marteau, un pilon, une massue :* Tundere in mortario, *Plin.* Jacenti latera tundere, *Ter. Au figuré :* Tundere aures alicujus, *Cic.*, *rompre les oreilles de quelqu'un.* Assiduis hinc atque hinc vocibus heros tunditur, *Virg.* — Contundere (tundere cum), *écraser ensemble :* Manus contudit, digitos confregit, *Cic. Au figuré :* Contudi et fregi exultantis latronis audaciam, *Cic.* Contudi animum, et fortasse vici, *Id.* — Obtundere (tundere ob), *frapper contre, autour, émousser, reboucher :* Durum procudit arator vomeris obtusi dentem, *Virg. Au figuré :* Obtundere ægritudinem, *Cic.*, *assoupir la douleur.* Obtundere aures, *Id.*, *fatiguer les oreilles jusqu'à rendre sourd.* — Obterere, *fouler de tous côtés, broyer :* Nos proculcatas obteret duro pede, *Phæd.* — *Au figuré :* Prosternere et obterere obtrectationes malevolorum, *Cic.* Calumniam stultitiamque obterere et contundere, *Id.*

2451. *Tunica. Subucula.*

Tunica *était la tunique extérieure; celle de dessous s'appelait* Subucula : Subucula pexæ trita subest tunicæ, *Hor. C'était un habit long et sans manches.* Demissis tunicis ambulare, *Hor.*

2452. *Tunica recta, clavata, laticlavia, angusticlavia.*

*On distinguait deux sortes de tuniques; la première était toute unie et sans bandes de pourpre, et s'appelait* Tunica recta. *C'était celle du peuple. La seconde était une espèce de veste ornée de deux bandes de pourpre, appliquées sur le devant dans toute sa longueur, et taillées en forme de clous; quand cette veste était fermée, les deux bandes se joignaient : elle s'appelait* Tunica clavata. *Si les bandes et les têtes de clous étaient larges, elle s'appelait* Laticlavia (latus clavus), *et c'était le laticlave, propre aux sénateurs et aux patriciens. Si les bandes et les têtes de clous étaient étroites, elle se nommait* Angusticlavia (angustus clavus) *et c'était l'angusticlave, propre aux chevaliers et aux magistrats inférieurs.*

2453. *Turba. Tumultus.*

Turba, *trouble, confusion :* Quid intùs turbæ audio ? *Ter.* Turbam facere, *Id.* — Tumultus, *tumulte :* Quid est tumultus, nisi perturbatio tanta, ut major tumor oriatur ? undè etiam nomen ductum est tumultus, *Cic. Plusieurs bonnes éditions portent* ut major timor oriatur, *et cette leçon est justifiée par le* tanta perturbatio *qui précède. Dans le même endroit* (Phil. 8, c. 1). *Cicéron dit :* Bellum sine tumultu esse potest; tumultus sine bello esse non potest. Tumultus *dit plus que* turba : Qui turbæ ac tumultùs concitatores fuerunt, *Liv.*

2454. *Turba. Multitudo.*

Turba *se prend aussi pour foule, multitude en désordre, à cause du trouble qui en est inséparable :* Turba prædonum, *Hor.* Stultorum turba, *Cic.*, *la tourbe des sots.* — Multitudo (*de* multus), *la multitude, le grand nombre :* Alii multitudinis judicio feruntur, quæque majori parti pulcherrima videntur, ea maximè exoptant, *Cic.* Multitudo hominum, *Id.*

2455. *Turbulentè. Turbulenter. Turbidè.*

Turbulente *et* Turbulenter *peuvent quelquefois être mis indifféremment. On dit* turbulenter et turbulentè aliquid facere, *Cic. Il est cependant bon d'observer que* turbulentè *se prend mieux passivement, et que* turbulenter *ne se prend qu'activement :* Eorum gravitatem constantiamque laudamus, qui non turbulentè humana patiantur, *Cic.* — Turbide *a rapport aux choses :* Jactantibus se opinionibus inconstanter et turbidè, *Cic.*

2456. *Turpis. Deformis. Fœdus. Turpiculus. Turpificatus.*

Turpis, *laid, honteux, déshonoré, se dit du corps et de l'âme :* Turpe caput sine crine, *Ovid.* Fuga turpis, *Cic.* Quocum inire convivium nemo unquàm, nisi turpis impurusque voluisset, *Id.* Non turpis ad te, sed miser confugit, *Id.* — Deformis (*de* de, *et de* forma), *difforme, défiguré :* Ut eum pœniteat deformem esse natum, *Cic.* Deformis ager, *Id.* Partes corporis quæ aspectum essent deformem habituræ, atque turpem, eas abdidit natura, *Id. Au figuré :* Deforme est de se ipso prædicare, *Cic.* — Fœdus, *hideux :* Caput fœdum impexâ porrigine, *Hor.* Fœda cicatrix, *Hor.* Fœdum in modum laceratus verberibus, *Liv. Au figuré :* Fœdum consilium, *Liv.* Fœdum bellum, *Ter.* Fœda tempestas, *Virg.*, *horrible tempête.* Carmine fœdo splendida facta linunt, *Hor.*, *les poëtes salissent les plus belles actions par des vers sales.* — Turpiculus, *un peu honteux :* Jocus in turpiculis et quasi deformibus rebus ponitur, *Cic.* — Turpificatus, *rendu laid, déshonoré :* Depravatio et fœditas turpificati animi, *Cic.*

2457. *Tutus. Securus.*

Tutus (*de* tueri), *qui est sans danger, qui n'a rien à craindre :* Ad omnes ictus tutus, *Liv.* Qui locus tam firmum habuit præsidium, ut tutus esset, *Cic.* — Securus (sine curâ), *qui est sans crainte, qui se croit en sûreté :* Qui modò securus nostra irridebas mala, *Phæd.* Tuta scelera esse possunt, secura non possunt, *Sen.*

# U.

2458. *Ubiquè. Ubivis. Ubi ubi. Ubicunquè.*

Ubique, *partout :* Grates persolvere dignas non opis est nostræ, Dido, nec quidquid ubiquè est gentis dardaniæ, *Virg.* — Ubivis, *partout où vous voudrez, partout ailleurs :* Nemo est quin ubivis, quàm ubi est, esse malit, *Cic.* — Ubi ubi *et* ubicunque, *partout où, en quelque lieu que ce soit :* Ubi ubi erit inventa, mater redimet, *Plaut.* Nihil est virtute amabilius; quam qui adeptus erit, ubicunquè sit gentium, à nobis diligetur, *Cic.*

2459. *Ultimùm. Ultimò.*

Ultimum, *pour la dernière fois :* Errabundi domos suas ultimùm illas visuri pervagantur, *Liv.* — Ultimo, *enfin, en dernier lieu :* Ultimò templis compluribus dona detraxit, *Suet.* *On sous-entend* loco, tempore.

2460. *Ultrò. Sponte.*

Ultro *et* Sponte, *de soi-même, sans qu'on le demande, avec cette différence que* ultrò *ne se dit que des choses animées, et toujours d'une chose ou d'une action qui passe l'attente où l'on était, ou qui se fait contre l'attente ; au lieu que* sponte *se dit aussi des choses inanimées :* Beneficiis provocatus ultrò in contumelias erupit, *Cic.* Omnia ei ultrò pollicitus sum, *Id.* Nec mihi quicquam tali tempore in mentem venit optare, quod non ultrò mihi Cæsar detulerit, *Id.* Ignis consumptus suâ sponte extinguitur, *Cic.* Dulcemque sponte præstat benevolentiam capella, *Phæd.* Sponte *est proprement l'ablatif de l'inusité* spons, *de* spondere : Nec sponte Antonii properatum, *Tac.*

2461. *Umbra. Umbraculum.*

Umbra, *ombre, obscurité :* Sublustri noctis in umbrâ, *Virg.* Apta umbra pastoribus, *Ovid.* *Au figuré :* Umbras falsæ gloriæ sectari, *Cic.* Sub umbrâ tribunitiâ delitescere, *Id.* — Umbraculum, *lieu ombragé, feuillée :* Lentæ texunt umbracula vites, *Virg.* *Ovide a dit :* umbraculum *pour un parasol:* Aurea pellebant rapidos umbracula soles. *Au figuré :* Doctrinam ex umbraculis eruditorum otioque non modò in solem, sed in ipsum discrimen aciemque producere, *Cic.*

2462. *Umbræ. Manes. Lemures. Larvæ. Spectrum. Simulacra.*

Umbræ, *ombres, chez les païens, âmes revêtues d'un corps aérien, ressemblant parfaitement à la personne, lorsqu'elle vivait, portant ses cicatrices, etc. Enée voit dans les champs Elysées les ombres assises sur l'herbe, mangeant et chantant. Anchise reconnaît Enée, lui tend les bras, verse des larmes, et lui parle. Ces âmes habitaient aussi dans les tombeaux ; on ne peut pas trop dire comment il arrivait qu'elles fussent en deux endroits en même temps ; mais la superstition n'y regarde pas de si près :* At cantu commotæ Erebi de sedibus imis umbræ ibant tenues..... defunctaque corpora vitâ, *Virg.* — Manes (*du vieux mot* manus, *bon*), *est proprement un adjectif :* Animæ manes, *Hor.* *Les mânes sont tantôt les dieux des enfers :* Puerorum extis deos manes mactare, *Cic.*, *tantôt les âmes mêmes et les ombres des morts, qui passaient pour avoir quelque chose de divin :* Manes Acheronte remissos, *Virg.* — Lemures (quasi Remures, *de* Remus, *parce que, dit Ovide, l'ombre de Rémus apparaissait à Romulus pour le tourmenter pendant la nuit*) ; *c'étaient des esprits follets qui venaient troubler le sommeil des humains :* Nocturni lemures, *Hor.* — Larvæ (quasi lar vagans), *des ombres errantes, des fantômes vengeurs envoyés des enfers :* Larvæ hunc agitant senem, *Plaut.* — Spectrum (*du vieux verbe* spicere), *spectre, fantôme effrayant :* Spectris oculi feriuntur, *Cic.* — Simulacra (*de* similis), *simulacre, représentation, ressemblance :* Falsaque sævarum ululare simulacra ferarum, *Ovid.*

2463. *Uncus. Aduncus. Reduncus. Curvus. Incurvus. Recurvus. Pandus.*

Uncus (*de* uncus, *crochet*), *courbé en crochet par le bout :* Unco non alligat ancora morsu, *Virg.* — Aduncus (quasi uncus ad nos, versùs nos) *proprement, courbé en crochet comme le bec de l'aigle, la pointe en dessous ; il se prend plus gén-*

*ralement :* Baculum sine nodo aduncum tenens, quem lituum appellaverunt, *Liv.* Nasus aduncus, *Hor.* — Reduncus (retrò uncus) *courbé la pointe en dessus, retroussé :* Aliis adunca, aliis redunca, *Plin.* Curvus, *courbé en rond, en forme de roue :* Curvæ falces, *Virg.* Curva littora, *Id. Un vieillard est* curvus, *mais il n'est pas* uncus. — Incurvus, *proprement, courbé en dedans ; il se prend plus généralement :* Incurvus, tremulus, labiis demissis, *Ter.* Incurvum et leniter à summo inflexum bacillum, *Cic.* — Recurvus, *proprement, recourbé dans le sens opposé :* Cornu recurvum, *Ovid.* Pedes recurvi, *Id.* — Pandus (de pandere), *courbé, ouvert en courbure, creux :* Juga panda boum, *Ovid.* Pandus asellus, *Id. âne dont le dos plie sous le fardeau.* Pandæ carinæ, *Virg.* Lancibus et pandis fumantia reddimus exta, *Id. Un nez de perroquet est* nasus aduncus ; *au lieu qu'un nez camus est* nasus reduncus ; *mais les poëtes les confondent, quand la mesure du vers l'exige, parce que tout ce qui est courbé en crochet a deux sens, suivant qu'on le tourne en dessus ou en dessous.*

**2464. *Undans. Abundans. Exundans. Redundans.***

Undans (*voy.* Unda, 231), *ondoyer, faire des ondes, couler à flots :* Vidimus undantem ruptis fornacibus Ætnam, *Virg. Ici le volcan est comparé à un fleuve.* — Abundans, *au propre, s'applique à un fleuve qui est bien plein, et dont les eaux s'élèvent au-dessus de son lit :* Summis Amasenus abundans spumabat ripis, *Virg.* — Exundans, *plus fort que* Abundans, *lorsque le fleuve s'élance hors de ses rives ; et* Redundans *lorsque le fleuve, arrêté par un obstacle,* retrò undat, *fait un reflux, et se déborde avec fureur :* Reprimere lacum redundantem, *Cic.*

**2465. *Undiquè. Undecumquè.***

Undique, *de toutes parts, de tous côtés :* Concurritur undiquè ad istum Syracusas, *Cic.* Locus septus undiquè, *Id.* — Undecumque *dit plus, de quelque lieu que ce soit :* Bellum undecumquè cum Annibale consulibus mandatum est, *Liv.*

**2466. *Ungere. Linere. Linire.***

Ungere, *frotter de quelque liqueur :* Ungi olivo, *Hor.* Unctus est, et accubuit, *Cic.* — Linere *et* Linire, *frotter de quelque matière grasse et épaisse :* Linibant pice, *Liv.* Linit ora luto, *Ovid.* Cerâ spiramenta linunt (apes), *Virg.*

**2467. *Unguentum. Nardus.***

Unguentum (*d'*ungere), *essence, parfum liquide :* Perfricare caput suum unguento, *Cic.* Nitere unguentis, *Id.* Funde capacibus unguenta de conchis, *Hor.* — Nardus, *le nard, arbrisseau :* Casias et nardi lenis aristas, *Ovid. Il se prend souvent pour le parfum fait avec le nard :* Assyrioque nardo potamus uncti, *Hor.*

**2468. *Unguis. Ungula.***

Unguis, *ongle, se dit des hommes et des animaux dont les doigts sont séparés :* Purgare ungues cultello, *Hor.* Prædamque unguibus ales projecit, *Ovid. Au figuré :* De tenero ungui, *Hor., dès la plus tendre jeunesse.* Carmen castigat ad unguem, *Id. Il corrige ses vers avec toute l'exactitude possible : métaphore prise de ceux qui travaillent le marbre, et qui passent l'ongle sur leur ouvrage pour voir s'il est bien poli.* — Ungula *se dit des animaux solipèdes et de ceux qui ont les pieds fourchés :* Solido graviter sonat ungula cornu, *Virg. Plaute a cependant dit :* An tu invenire postulas quemquam coquum, nisi sit milvinis aut aquilinis ungulis? *Au figuré :* Toto corpore, atque omnibus ungulis, ut dicitur, contentioni vocis asserviunt, *Cic.*

**2469. *Uspiam. Usquam.***

*Ces deux mots signifient également quelque part ; mais* Uspiam *s'emploie toujours seul :* Si aliquis nos deus in solitudine uspiam collocaret, *Cic. Au lieu que* Usquam *s'emploie le plus souvent avec une négation, et alors il signifie nulle part :* Nullus usquam delectus noster, dux nusquam est, *Cic.*

**2470. *Usque. Tenus.***

Usque, *préposition, signifie jusqu'à, et se met avant ou après l'accusatif :* Usque Romam, *Cic.* Romam usque, *Id. Il se met bien avec une autre préposition ; il paraît même que cette dernière est sous-entendue.* Ab ovo usque ad mala, *Hor.* Usque ab ultimo principio, *Cic.* — Tenus, *jusqu'à, jusqu'au, se met toujours après l'ablatif ou le génitif :* Lateri capulo tenus abdidit ensem, *Virg.* Tauro tenus, *Cic., jusqu'au mont Taurus.* Pectoribus tenus, *Ovid.* Cumarum tenus, *Cic.* Lumborum tenus, *Id. Les grammairiens observent qu'avec une chose double, comme les yeux, les oreilles, etc., on met le génitif :* Aurium tenus, *Quint.* Crurum tenus, *Id.* Tenus *marque une proximité, un contact plus immédiat que* usque. *Il faut encore obser-*

*ver que* tenus *ne se dit point du temps ; on ne dirait pas* hieme tenus.

2471. *Usquè. Semper.*

USQUE, *adverbe, toujours, jusqu'à cette heure, jusqu'à la fin :* Mihi quidem usquè curæ erit, quid agas, *CIC.* Naturam expelles furcâ, tamen usquè recurret, *HOR.* Usquè opperior, *PLAUT.*, *j'attends encore.* — SEMPER, *toujours, en tout temps, en toute occasion :* Rectè ego semper fugi has ineptias, *TER.* Quod semper movetur, id æternum est, *CIC. Si je dis : il faut toujours préférer son devoir à son plaisir, c'est* semper; *mais si je dis : je vous suivrai, partez toujours, c'est* usquè.

2472. *Usucapio. Ususfructus. Possessio.*

USUCAPIO (*d'*usus *et de* capere), *droit de propriété qu'on acquiert par une possession paisible durant un temps prescrit par les lois :* Usucapio fundi, hoc est, finis sollicitudinis ac periculi litium, non à patre relinquitur, sed à legibus, *CIC.* — USUSFRUCTUS (*de* uti *et de* fructus), *l'usage d'une chose sans en avoir la propriété :* Ususfructus jus est alienis rebus utendi, fruendique, salvâ rerum substantiâ, *ULP.* Usumfructum omnium bonorum suorum Cæsenniæ legat, *CIC.*—POSSESSIO *est le mot général, possession, jouissance :* Antiquiorem Dejotaro fuisse laudem et gloriam, quàm regnum et possessiones suas, *CIC.* Hodiè in libertatis possessionem pedem ponimus, *Id.* Possessio fiduciaria, *Id.*, *jouissance d'une chose qui n'est pas assurée, récréance. Il ne faut pas confondre la possession avec la propriété; on peut avoir l'un sans l'autre, et réciproquement.*

2473. *Usurpare. Nuncupare.*

USURPARE (quasi in usum capere), *faire usage, employer :* Ut Solonis dictum usurpem, *CIC.* Pœnam aliquam usurpare in improbos, *Id.* — NUNCUPARE (nomen capere), *déclarer, employer les mots consacrés ou par l'usage, ou par les rites :* Quem Julia gens auctorem sui nominis nuncupat, *LIV.* Illud quod erat à deo natum, nomine ipsius dei nuncupabant, ut cùm fruges Cererem appellamus, *CIC.*

2474. *Usurpare. Usucapere.*

USURPARE, *synonyme de* usucapere, *signifie se mettre en possession, s'emparer :* Non ut aliquid ex hujus bonis usurparet, sed ut, etc., *CIC.* — USUCAPERE, *devenir propriétaire par l'usage et la paisible possession :* Nihil mortales à diis immortalibus usucapere possunt, *CIC.*, *les hommes ne peuvent acquérir aucun droit de propriété par la voie de paisible possession sur ce qui a été consacré aux dieux.*

2475. *Uterus. Vulva.*

UTERUS, *le ventre d'une femme enceinte :* Gravidum uterum intuens, *TAC.*, *considérant qu'elle était enceinte.* Gravitas mihi tendebat uterum, *dit Alcmène dans Ovide. Il se dit de la cavité du ventre :* Uterumque armato milite complent, *VIRG.*, *parlant du cheval de Troie.*—VULVA, *la matrice, viscère où se forme et se nourrit le fœtus :* Vulvam ex porcâ in deliciis habuêre Romani, *PLIN.*

2476. *Uti. Abuti. Frui. Potiri.*

UTI, *user, se dit du bien et du mal :* Commoda quibus utimur, *CIC.* Valetudine uti minùs commodâ, *Id.*—ABUTI, *employer à un autre usage, abuser :* In prologis scribendis operam abutitur, *TER.* Ut ignoratione tuâ ad hominis miseri salutem abuterer, *Id. Il se dit aussi en bonne part :* Nos elephantorum acutissimis sensibus, nos sagacitate canum ad utilitatem nostram abutimur, *CIC.* — FRUI *se dit d'une jouissance agréable et entière :* Frui beneficiis atque honoribus, *CIC.* Laboro nihil, atque optimis rebus fruor, *PHÆD.* Id cujusque est proprium, quo quisque fruitur atque utitur, *CIC.* Sapiens jocis et lusu utitur; stultus, fruitur : ille jocatur, ut non deficiat à labore ; hic tantùm, ut delectetur.—POTIRI (*de* potis), *avoir en son pouvoir, devenir maître :* Si etiam non abundè potitur, non omninò caret, *CIC.* Omni Macedonum gazâ potitus est Paulus, *Id.* Utimur ad commoditatem ; fruimur ad delectationem ; usui est ager, domus; abusui vinum.

2477. *Utrobiquè. Utrinquè. Utroquè.*

UTROBIQUE, *dans les deux côtés, lorsqu'il n'y a point de mouvement :* Cùm non liceret mihi nullius partis esse, quia utrobiquè magnos inimicos habebam, *CIC.* Eadem veritas utrobiquè est, *Id.*—UTRINQUE, *des deux côtés pour la question* undè: Virtus est medium vitiorum, et utrinquè reductum, *HOR.*—UTROQUE, *vers les deux côtés, pour la question* quò : Hinc Syriam, indè Delum : utroquè citiùs, quàm vellemus, cursum confecimus, *CIC.*

# V.

**2478.** *Vacatio. Vacuitas. Immunitas.*

VACATIO (*de* vacare), *dispense, exemption:* Vacatio ætatis, *CIC.*, *dispense que donne l'âge.* Delectum habere sublatis militiæ vacationibus, *Id.* Vacatio affectuum, *Id.* — VACUITAS, *le vide, espace vide:* Propter vacuitatem loci, *VITRUV. Au figuré:* Vacuitas ab angoribus, *CIC.* Dolorum omnium vacuitas, *Id.* — IMMUNITAS (sine munere), *exemption de toutes charges, immunité, privilége:* Immunitas et libertas provinciæ, *CIC.* Dare immunitatem, *Id.*

**2479.** *Vacca. Juvenca. Forda.*

VACCA, *une vache:* Fœta vacca, *VIRG.* Ubera vaccæ distentant, *Id.* — JUVENCA, *une génisse, une jeune vache:* Formosa juvenca, *VIRG.*—FORDA, *une vache pleine, CIC.* Forda ferens bos est, fecundaque dicta ferendo, *OVID.*

**2480.** *Vadimonium deserere. Vadimonium missum facere.*

VADIMONIUM DESERERE, *ne point comparaître:* Decoctores qui vadimonia deserere, quàm illum exercitum maluerunt, *CIC.* Ad vadimonium non venerat, et vadimonium sibi ait esse desertum, *Id., il n'avait point comparu en jugement, et il dit que les autres n'avaient point comparu.* — VADIMONIUM MISSUM FACERE, *dispenser de l'obligation de comparaître en jugement:* Qui quo tempore primùm agere cœpit, in vadimoniis differendis tempus omne consumpsit, qui posteà vadimonium missum fecerit, *CIC.*

**2481.** *Vadimonium obire, facere. Vadari.*

VADIMONIUM OBIRE, *comparaître en jugement, satisfaire à l'assignation:* Vadimonium mihi non obiit quidam socius et affinis, *CIC.* — VADIMONIUM FACERE, *ajourner quelqu'un pour l'obliger à comparaître devant le juge, l'assigner:* Quo die vadimonium istud factum esse dicis? *CIC. C'était au demandeur à donner cette assignation. Plaute a dit* vadimonium facere *dans un autre sens:* Vadimonium ultrò mihi hic facit, *il demande à comparaître le premier devant le juge.* — VADARI, 1° *donner caution de comparaître en jugement:* Debere tibi dicis Quintium; procurator negat; vadari vis; promittit, *CIC.* 2° *Obliger de donner caution de comparaître:* Tot vadibus accusator vadatus est reum, *CIC., l'accusateur lui a demandé tant de cautions.*

**2482.** *Valens. Validus. Vegetus. Vigens.*

VALENS (*de* valere), *qui se porte bien:* Medicus planè confirmat propè diem te valentem fore, *CIC. Il signifie aussi vigoureux:* Lictores valentissimi, *CIC. Au figuré:* Sensus sani et valentes, *CIC.* — VALIDUS, *fort, robuste:* In brevem impetum validus, *TAC., qui n'a qu'un premier feu.* Mente minùs validus quàm corpore toto, *HOR.* Ex morbo validus, *LIV., parfaitement rétabli.* Valens *dirait moins.* —VEGETUS (*de* vigere), *qui a toute sa force et sa santé; il se dit du corps et de l'âme:* Ubi curata sopori membra dedit, vegetus præscripta ad munia surgit, *HOR.* Vegeta mens, *CIC.* Vegetum ingenium, *LIV.* — VIGENS, *plein de vigueur, se dit du corps et de l'âme:* Corpore vegeto et vigenti, *GELL.* Mens acris et vigens, *CIC. On peut opposer* valens *à* ægrotus; validus, *à* infirmus; vigens, *à* languidus; vegetus, *à* defessus.

**2483.** *Valgus. Varus. Scaurus.*

VALGUS *est un homme dont les pieds se touchent et dont les jambes forment un cercle au milieu.* — VARUS *est celui dont les jambes se touchent par le milieu en dedans, de sorte que les pieds s'éloignent:* Aut varum, aut valgum, *PLAUT.* — SCAURUS, *qui a de gros talons:* Hunc varum distortis cruribus, illum balbutit scaurum pravis fultum malè talis, *HOR.*

**2484.** *Vallare. Sepire.*

VALLARE (*de* vallus, *pieu*), *faire une palissade, entourer d'un rempart:* Castra punica vallata, *LIV. Au figuré:* Catilina stipatus choro juventutis, vallatus sicariis, *CIC.* — SEPIRE (*de* sepes), *proprement, entourer d'une haie. Il se prend plus généralement:* Sepire muris urbem, *C. NEP.* Natura oculos membranis tenuissimis vestivit, et sepsit, *CIC. Au figuré:* Animus comitatu virtutis septus, *CIC.* Præsidiis philosophorum septus, *Id.*

**2485.** *Vallis. Convallis.*

VALLIS, *vallée, le bas d'une montagne:* Cava vallis, *VIRG.* Supina vallis, *LIV.* —

CONVALLIS, *l'enfoncement au milieu de deux ou de plusieurs montagnes :* Interjectæ collibus convalles, *LIV*. In mediâ convalle duorum montium, *Id. Les auteurs les confondent quelquefois :* Vicus positus in valle altissimis montibus undiquè continetur, *CIC.*

2486. *Vallus. Vallum.*

VALLUS, *pieu dont on fait des palissades, échalas :* Fert vallum et arma miles, *HOR*. Exacuunt alii vallos furcasque bicornes, *VIRG.*—VALLUM, *la palissade même, rangée de pieux :* Cingere oppidum vallo, *CIC*. Ferro quis scindere vallum apparat, *VIRG.*

2487. *Vanum. Falsum. Fictum.*

VANUM, *vaine apparence sans fondement solide :* Vana quædam miser tibi pollicebar, *CIC*. Ut vidit fulgentem armis, ac vana tumentem, *VIRG.* — FALSUM, *faux, contraire à la vérité :* Veris addere falsa, *OVID*. Nisi falsum, et imitatione simulatum, nihil est in eo, *CIC.*—FICTUM, *feint, imaginé à plaisir :* Tam ficti pravique tenax, quàm nuncia veri (fama), *VIRG*. Quæ vera audivi teneo, et contineo optimè ; sin falsum, aut vanum, aut fictum est, continuò palàm est, *TER*. Falsis decipimur; fictis delectamur; vana contemnimus. Falsum loqui, mendacis est; fictum, callidi; vanum, stulti. *Ce sont proprement trois adjectifs.*

2488. *Vapor. Exhalatio. Fumus. Fuligo.*

VAPOR, *la vapeur, espèce de fumée qui s'élève des choses humides par l'effet de la chaleur :* Terra semen tepefactum vapore et complexu suo diffundit, *CIC.*—EXHALATIO (halare ex), *exhalaison, sorte de fumée plus ou moins visible, qui s'exhale des corps par évaporation :* Terræ exhalationes, *CIC*. Vapor *exprime quelque chose de plus vif et de plus fumeux qu'*exhalatio, *et ne se dit proprement que des particules humides dilatées ;* exhalatio *s'entend des émanations subtiles de toute espèce.* — FUMUS, *fumée, est aussi une vapeur épaisse qui s'exhale de toute matière en combustion ; il ne faut pas confondre ce mot avec* vapor : Saxa vides mixtoque undantem turbine fumum, *VIRG.*—FULIGO, *c'est la suie, le sédiment que dépose la fumée :* Semper et assiduâ postes fuligine nigri, *VIRG.*

2489. *Vappa. Nebulo. Verbero.*

VAPPA *se dit proprement d'un vin passé, ou de mauvaise qualité :* Multâ prolutus vappâ nauta atque viator, *HOR. Au figuré, un homme débauché, un homme perdu :* Vinum musto quibusdam in locis iterùm sponte fervere : quâ calamitate deperit sapor, vappæque accipit nomen, probrosum etiam homini, cùm degeneraverit animus, *PLIN.* — NEBULO (*de* nebula, *parce que les nuées n'ont ni consistance ni clarté*), *un étourdi, un écervelé, un brouillon :* Fufidius vappæ famam timet ac nebulonis, *HOR*. Hærebat nebulo; quò se verteret non habebat, *CIC.*—VERBERO (verbere dignus), *qui mérite d'être fouetté, un grenier à coups de fouet :* Tun', verbero, audes herum ludificare? *PLAUT. Le même a dit* Verbereum caput *dans le même sens.*

2490. *Variatio. Varietas.*

VARIATIO, *variation, changement :* Cæteræ centuriæ sine variatione ullâ consules eosdem dixerunt, *LIV.* — VARIETAS, *variété, diversité :* Varietas latinum verbum est, idque propriè in disparibus coloribus dicitur, sed transfertur in multa disparia, *CIC*. In tantâ animalium varietate, *Id.* Florum omnium varietas, *Id.* Surdus varietates vocum noscere non potest, *Id.*

2491. *Vas. Præs. Sponsor. Obses.*

VAS, vadis, *caution qui répond, qui s'oblige pour un autre, et qui s'oblige de le faire comparaître à certain jour, parlant d'une affaire criminelle :* Vas factus est alter ejus sistendi, ut si ille non revertisset ad diem, moriendum esset sibi ipsi, *CIC.* — PRÆS *est une caution dans une affaire civile, qui engage nonseulement sa parole, mais encore une partie de son bien* : Si aut prædes dedisset Gabinius, aut tantùm ex ejus bonis, quantùm litium summa fuisset, populus recepisset, *CIC*. Quis subit in pœnam capitalis judicii ? vas. Quis, cùm lis fuerit nummaria, quis dabitur ? Præs. AUSON. *Au figuré :* Præsertìm cùm sex libris tanquam prædibus me obstrinxerim, *CIC. Il se prend au pluriel pour les biens des répondants, les biens engagés :* Ne Lucius Plancus prædes tuos venderet, *CIC.* —SPONSOR (de spondere), *garant, qui répond du fait d'autrui, ou de son propre fait :* Sponsor promissorum, *CIC*. Pompeius idem mihi testis de voluntate Cæsaris, et sponsor omnium rerum, *C. NEP.* — OBSES (d'obsidere, sedere ob), *otage : la personne qu'un général, un prince, etc., remet à ceux avec qui il traite, pour la sûreté et l'exécution du traité :* Obsides nobilissimi cujusque liberos poscere, *CÆS. Au figuré :* Sui animi obsidem vestram libertatem reliquit, *CIC.*

2492. *Vas. Vasarium.*

VAS, vasis, *vase*, *ustensile qui est fait pour contenir quelque liqueur :* Vas vinarium, *CIC.* Vasa argentea, *HOR.* — VASARIUM, *vaisselle, les ustensiles qu'on donnait aux magistrats qui allaient dans les provinces :* Nonne sestertiûm centies et octogies, quod quasi vasarii nomine, in venditione mei capitis adscripseras, ex ærario tibi attributum Romæ in quæstu reliquisti ? *CIC.*

2493. *Vastatio. Vastitas.*

VASTATIO, *dévastation, l'action de ravager :* Defendere urbem à vastatione, *CIC.* Accessit ad eam cladem et vastatio romani agri, *LIV.* — VASTITAS, 1° *grosseur, étendue :* Vastitas trunci, *COL.* 2° *Ravage, ruine entière d'un pays qu'on rend désert :* Italiam totam ad exitium et vastitatem vocas, *CIC.* Audîstis quæ solitudo esset in agris, quæ vastitas, quæ fuga aratorum, etc., *Id. Au figuré :* Deflere judiciorum vastitatem, *CIC. Pline a dit :* Odoris vastitas, *l'odeur forte et abondante des eaux minérales.*

2494. *Vastus. Desertus.*

VASTUS (quasi vastatus), *synonyme de* desertus, *signifie vide, isolé :* Mons vastus à naturâ et humano cultu, *SALL.* Solitudo vasta, *CIC. Au figuré, qui a des formes et des manières grossières:* Ità vultu motuque corporis vasti atque agrestes, ut etiamsi ingeniis atque arte valeant, tamen in oratorum numerum venire non possint, *CIC.* — DESERTUS (deserere), *désert, abandonné :* Desertæ solitudines, *CIC.* — Domus deserta, *OVID.* Loci celebres et deserti, *CIC.* Via deserta et inculta, *Id.*

2495. *Vector. Vehens.*

VECTOR (*de* vehere), *se dit de celui qui porte, et de celui qui est porté :* Sileni vector asellus, *OVID.* Summi gubernatores in magnis tempestatibus à vectoribus admoneri solent, *CIC., dans une tempête, les meilleurs pilotes reçoivent de bons avis des passagers.* — VEHENS, *adjectif, se prend passivement :* Triton natantibus invehens belluis, *CIC.* Cùm prætervehens equo, sedentem in saxo cruore oppletum consulem vidisset, *LIV.*

2496. *Vehiculum. Vectura. Vectio.*

VEHICULUM (*de* vehere), *la charrette, le chariot :* Comparare furtorum vehiculum, *CIC.* Vehiculum triumphale, *Id.* — VECTURA, *le transport, le charroi :* Misimus qui pro vecturâ solveret, *CIC.* — VECTIO, *l'action de voiturer :* Efficimus domitu nostro quadrupedum vectiones, *CIC.*

2497. *Vel. Ve. Aut.*

VEL, *ou, ou bien, même :* Vel adest, vel non, *PLAUT.* Multorum vel honori, vel periculo servire, *CIC.* Hæc sunt omnia ingenii vel mediocris, *Id.* Vel *se met bien avec le superlatif :* Vel maximè, vel minimùm, *CIC.* — VE, *ou, ou bien, ne se met qu'après un mot :* Bis, terve, *CIC.* Cùm eam ætas, tempestasve consumpserit, *Id.* — AUT, *ou, conjonction disjonctive :* Res ipsa aut reipublicæ tempus, aut meipsum, quod nolim, aut alium quemquam aut invitabit, aut dehortabitur, *CIC.* Aut *est quelquefois pour interroger :* Aut ego nesciebam quorsùm tu ires ? *TER.*

2498. *Velare. Amicire. Obnubere.*

VELARE (*de* velum), *couvrir d'un voile, étendre dessus :* Caput velare, *CIC.* Fronde velamus templa deûm, *VIRG.* Croceo velantur amictu, *OVID. Au figuré :* Scelus scelere velare, *SEN., couvrir un crime par un autre crime.* — AMICIRE, *couvrir, envelopper :* Velis amicti, non togis, *CIC.* Amicta ossa luridâ pelle, *HOR. Au figuré :* Amicitur vitibus ulmus, *OVID.* — OBNUBERE (*d'*ob, *et de* nubes) *proprement, couvrir d'un nuage :* Mare obnubit terras, et nubes cœlum, *VARR. Il est ordinairement pris pour couvrir d'un voile :* Caput obnube liberatoris patriæ, *LIV.*

2499. *Vellere. Pervellere.*

VELLERE, *tirer, arracher :* Barbam tibi vellunt lascivi pueri, *HOR.* Ex patellis vellere emblemata, *CIC.* Pisces vellere ex æquore, *HOR.* — PERVELLERE, *ajoute au simple ; tirer avec force, tirer entièrement :* Pervellere aurem porcello, *PHÆD. Au figuré :* Pervellere jus civile, *décrier le droit civil.* Qualia lassum pervellunt stomachum, *HOR., capables de réveiller l'appétit.* Si te dolor aliquis pervellerit, *CIC.* Fortuna te pervellere potuit, *Id.*

2500. *Velum. Dolon. Carbasus.*

VELUM, *pris pour voile de navire, était la grande voile ; et* DOLON (*quelques-uns veulent qu'on lise* dolo, dolonis), *la petite :* Posteaquàm prætoriam navem relictis sociis vela dantem vidêre, sublatis raptìm dolonibus capessunt fugam, *LIV.* — CARBASUS. (Vid. supr. 2422.)

2501. *Velum. Velamentum. Velamen.*

VELUM, *voile, pièce d'étoffe ou de toile destinée à cacher quelque chose :* Velis amicti, non togis, *Cic. Au figuré :* Obtendere velis rem aliquam, *Cic., couvrir, déguiser une chose.* — VELAMENTUM, *et* VELAMEN *en poésie, est le voile considéré par rapport à l'objet déterminé qu'il couvre ou doit couvrir :* Velamenta et infulæ, *Tac.* Ramos oleæ ac velamenta alia supplicum porrigentes, orare, ut reciperent sese, *Liv.* Circumtextum croceo velamen acantho, *Virg.*

2502. *Velut. Sicut.*

VELUT, *comme, ne marque pas toujours comparaison :* Bestiæ quæ gignuntur in terrâ, velut crocodili, *Cic.* — SICUT *marque toujours comparaison :* Si me, sicut soles, amas, *Cic.* Me sicut alterum parentem observat, *Id.*

2503. *Venalis. Vendibilis.*

VENALIS, *qui est en vente :* Venales horti, *Cic.* Venales merces, *Hor.* — VENDIBILIS, *qui est de vente, qu'on vend fort bien :* Vino vendibili suspensâ hederâ nihil opus est, *Col., à bon vin point d'enseigne ! Cic.* Orator vendibilis, *un avocat passable, dont on peut se contenter.* Via vendibilis, *Cic., un assez beau chemin.*

2504. *Veneficus. Venenatus.*

VENEFICUS (venenum faciens), *empoisonneur :* Veneficum audes appellare eum virum qui tuis veneficiis remedia inveniat? *Cic.* — VENENATUS, *venimeux, envenimé :* Vipera venenata, *Cic.* Telum venenatum, *Id. Au figuré :* Munera venenata, *Cic.*

2505. *Venenum. Virus. Veneficium. Toxicum. Aconitum.*

VENENUM *se dit de toute drogue :* Alba nec assyrio fucatur lana veneno, *Virg. Il se prend ordinairement en mauvaise part :* Tollere aliquem veneno, *Cic. Il se prend pour magie, enchantement, parce qu'alors, comme encore à présent, les soi-disant sorciers brûlaient ou faisaient bouillir des plantes vénéneuses.* Cùm sibi venenis ereptam memoriam diceret, *Cic.* Tincta libido ferventi veneno, *Pers.* — VIRUS, *drogue qui a quelque force, ou qualité particulière : il se dit surtout des fluides venimeux, et toujours en mauvaise part :* Ille malum virus serpentibus addidit atris, *Virg.* Virus edax superabat opem, *Ovid. Il se prend pour corruption, odeur puante et saveur amère :* Virus alarum, *Plin.* Virus paludis, *Col. Au figuré :* Acerbitatis virus in aliquem evomere, *Cic.* — VENEFICIUM, *empoisonnement :* Damnatus veneficii, *Tac.* — TOXICUM (τοξικὸν à τοξικός, sagittarius, venenum dicitur quoddam ex eo quòd sagittæ barbarorum illinerentur. Diosc.). *Ce mot grec, rendu latin, s'applique à tout poison, principalement au poison acide :* Aspicis et mitti sub adunco toxica ferro, *Ovid.* — ACONITUM (ἀκόνιτον, herba venenata. Diosc.), *autre mot grec qui désigne un poison très-violent. L'aconit est une herbe très-vénéneuse, qui, suivant les poëtes, fut empoisonnée par l'écume de Cerbère, lorqu'il fut tiré des enfers par Hercule :* Attulerat secum scythicis aconiton ab oris, *Ovid.*

2506. *Venerabilis. Venerabundus. Venerandus.*

VENERABILIS, *digne de vénération :* Vir ætate venerabilis, *Liv.* — VENERABUNDUS, *plein de vénération, qui a un air, une attitude respectueuse :* Delecti juvenes purè lautis corporibus, candidâ veste, quibus deportanda Romam regina Juno assignata erat, venerabundi templum inière, *Liv.* — VENERANDUS, *respectable, qui doit être respecté. Se dit principalement des dieux, des rois et de tout ce que l'on est obligé de respecter :* Indè sacro veneranda petes palatia clivo, *Mart.*

2507. *Venia. Impunitas.*

VENIA, *une grâce, quand on est coupable ou qu'on s'avoue coupable :* Orantes veniam, *Virg.* Hoc argumentum veniam magè dari docet, qui casu peccat, quàm qui consilio est nocens, *Phæd. Il se prend pour permission :* Venia proficiscendi, *Cic.* — IMPUNITAS (non pœna), *impunité; on peut exempter de la punition sans pardonner :* Spes impunitatis maxima est illecebra peccandi, *Cic.*

2508. *Venire. Ventitare.*

VENIRE, *venir, aller dans quelque endroit :* Supplex ad te venio, *Cic.* Omnes qui istinc veniunt, *Id.* Utile est me illùc venire, *Id.* — VENTITARE (*fréquentatif de* venire), *venir, aller souvent dans quelque endroit :* Dies ferè nullus est quin hic Satrius domum meam ventitet, *Cic.* Cùm ad Scævolam ventitarem, *Id.*

2509. *Venire. Venum ire.*

VENIRE, *être vendu :* Venit vilissima rerum hìc, aqua, *Hor.* — VENUM IRE (quasi ad venum ire), *être mis en vente. Tout ce qui est mis en vente n'est pas vendu :*

Familia ad ædem Veneris venum iret, *Liv.*

**2510. *Venter. Ventriculus. Alvus. Abdomen.***

VENTER, *le ventre, la cavité du corps où sont enfermés les intestins :* Fabâ venter inflatur, *Cic.* Bellum ventri indicere, *Hor.* —VENTRICULUS, *le ventricule du cœur :* Pars animæ quæ spiritu in pulmones ducitur, concipitur cordis parte quâdam, quam ventriculum cordis appellant, *Cic.* Ventriculus in quem sanguis à jecore per venam illam cavam influit, *Id.* — ALVUS, *le canal, ou la cavité intérieure du ventre :* Purgatio alvi, *Cic.* — ABDOMEN, *la partie extérieure du bas ventre :* Montani quoque venter adest abdomine tardus, *Juv.*

**2511. *Verber. Scutica. Flagrum. Flagellum. Virga. Ferula. Fustis. Lorum.***

VERBER, *inusité au nominatif singulier, fouet, instrument long et mince : c'est le mot général :* Ictu verberis increpuit *Ovid.* *Il se prend pour les coups mêmes :* Necare aliquem verberibus, *Cic.* *Au figuré :* Patruæ verbera linguæ, *Hor.*, *les réprimandes d'un oncle.* — SCUTICA (*de* σκύτος, *cuir*), *fouet de lanières de cuir dont les maîtres d'école se servaient. Il se prend pour une légère punition :* Ne scuticâ dignum horribili sectere flagello, *Hor.* —FLAGRUM *et* FLAGELLUM, *son diminutif, fouet dont on se servait pour punir les esclaves et les criminels :* Flagris cædere, *Liv.* Cæsus flagellis ad mortem, *Cic.* — VIRGA, *houssine, baguette. Il était moins honteux d'être battu de cet instrument, que d'être flagellé :* Porcia lex virgas ab omnium civium romanorum corpore amovit; hic misericors flagella retulit, *Cic.* *Ici* misericors *est ironique.*—FERULA, *espèce de plante ; la tige servait d'instrument pour châtier les enfants :* Ferulæ tristes, sceptra pædagogorum, *Juv.* *Les vieillards s'en servaient comme de canne :* Ferulâ titubantes sustinet artus, *Ovid.*—FUSTIS, *un bâton pour frapper :* Caput lumbosque saligno fuste dolat, *Hor.*—LORUM, *courroie :* Cædere loris, *Cic.*

**2512. *Verbum. Vox.***

VERBUM, *mot, parole :* Verbum non ampliùs addam, *Hor.* Verba voluptatis dignitatem non habent, *Cic.*—VOX, *voix, son qui sort de la bouche :* Fractasque ad littora voces, *Virg.* Ad vocis sonitum vestigia torsit, *Id.* Sunt verba et voces, quibus hunc lenire dolorem possis, *Hor.* *Il se prend pour la parole, le mot :* Addere voces lacrymis, *Ovid.* Atque hæc una vox omnium est, *Cic.* *Il se prend aussi pour une voyelle :* Crebra vocum concursio, *Cic.*, *concours fréquent des voyelles.* Verbum *appartient à l'homme;* Vox *aux animaux.*

**2513. *Verè. Verò. Verùm.***

VERE, *véritablement :* Honestum quod propriè verèque dicitur, in sapientibus est solis, *Cic.* *Justement, avec justesse :* Pompeius verè judicat, *Cic.* Si verè cogitare volumus, *Id.* — VERO *se prend quelquefois pour véritablement :* Non verò tam isti mortui sunt, quàm tu nugator, *Cic.* *Quelquefois il signifie mais :* Quod reprehendendum fortassè minùs, quærendum verò magis etiam videtur, *Cic.* — VERUM, *mais :* Verùm hoc, ut dixi, nihil ad me, *Cic.* Fortassè non rectè, verùm præterita omittamus, *Id.* *Il faut observer qu'avant* verò, *signifiant mais, on met quelque mot. On ne dirait pas* fortassè non rectè, verò præterita omittamus; *mais* præterita verò omittamus.

**2514. *Vernaculus. Domesticus.***

VERNACULUS (*de* verna), *qui est du pays, qui est propre au pays :* Res quotidianæ et vernaculæ, *Cic.* Vernaculi artifices, *Liv.* Vernacula festivitas, *Cic.*, *gaîté propre à notre pays.* Vernacula lingua, *Id.* — DOMESTICUS (*de* domus), *domestique, de la maison :* Externa libentiùs in tali re, quàm domestica recordor, *Cic.* Tabellarii domestici, *Id.* Crimen domesticum et vernaculum, *Id.*

**2515. *Versuram facere. Versurâ solvere.***

VERSURA (*de* vertere), *proprement, l'endroit du sillon où les bœufs tournent :* Versura summa, *Col.*, *bout du sillon. Il est plus usité au figuré :* Versuram facere, *Cic.*, *en finances, faire retour, c'est-à-dire emprunter pour payer ses dettes.* — VERSURA SOLVERE, *payer en changeant de créanciers; ce qui est la même pensée rendue différemment :* In eodem luto hæsitas, versurâ solvis, *Ter.*, *tu es toujours dans le même bourbier; tu fais un trou pour en boucher un autre.*

**2516. *Vertere. Versare.***

VERTERE, *tourner :* Vertere terga, *Liv.* Terram vertere ferro, *Virg.* *Au figuré :* Jam verterat fortuna, *Liv.* Crimini vertitur quod gloriæ esse debet, *Cic.* In voluntate tuâ totum id vertitur, *Id.*, *tout cela dépend de vous.*—VERSARE (*fréquentatif de* vertere), *tourner souvent :* Cylindrum volvi, et turbinem versari putes, *Cic.* *Au figuré :* Animum versat cupido regni, vel pavor, *Liv.* Ad omnem fraudem et malitiam versare mentem suam, *Cic.* Hunc versat amentia, *Hor.*, *il est agité de folie.*

2517. *Veru. Verutum.*

**Veru**, *une broche, un long dard :* Prunas subjiciunt verubus, *Virg.* Et tereti pugnant mucrone, veruque sabello, *Id.* — **Verutum**, *dard court et aigu :* Verutum in balteo defigitur, *Liv.*

2518. *Verus. Verax. Veridicus.*

**Verus**, *vrai :* Ridendo dicere verum quid vetat ? *Hor.* Inter hunc et illum verum et germanum Metellum multùm interest, *Cic. Juste :* Metiri se quemque suo modulo ac pede verum est, *Hor.* — **Verax**, *qui aime la vérité, habitué à la dire :* Vates verax, *Ovid.* — **Veridicus** (verum dicens), *qui dit vrai actuellement :* Veridicæ voces ex occulto missæ, *Cic. Il se prend pour* verus : Veridicas adjungis causas inimicitiarum, *Cic.*

2519. *Vetare. Impedire.*

**Vetare**, *défendre, faire défense :* Lex peregrinum vetat in murum ascendere, *Cic.* — **Impedire** (*synonyme de* vetare), *mettre obstacle, empêcher :* Quòd si corporis gravioribus morbis vitæ jucunditas impeditur, quantò magis animi morbis impediri necesse est ? *Cic.*

2520. *Veteranus. Emeritus.*

**Veteranus**, *vétéran, qui exerce un métier, une profession depuis longtemps :* Veteranus hostis, *Liv.* Veteranus latro, *Prop.* — Veteranus miles, *Cic.*, *soldat vétéran qui avait servi vingt ans dans l'infanterie, ou dix dans la cavalerie; qui était exempt d'aller à la guerre, mais qui pouvait s'enrôler de nouveau.* — **Emeritus**, *émérite, qui a fait son temps :* Miles emeritus, *Lucan.* Emeriti boves, *Virg.*

2521. *Vexare. Fatigare.*

**Vexare**, *fréquentatif de* vehere, *vexer, tourmenter :* Qui fertur et rapitur, atque hùc atque illùc distrahitur, is vexari propriè dicitur, *Gell.* Vexare provinciam, *Cic.* Sollicitudo vexat impios, *Id.* Vexare pecuniam, *Sen.* — **Fatigare** (fatim agitare), *fatiguer, harceler, harasser :* Fatigari æstu, *Cæs.* Qui non verbis sunt, sed carceribus fatigandi, *Cic.* Quæ mare nunc, terrasque metu, cœlumque fatigat, *Virg.*

2522. *Viarius. Viaticus. Viatorius.*

**Viarius** (*de* via), *de chemin, qui concerne les chemins, les rues :* Viaria lex, *Cic.* — **Viaticus**, *de voyage, qui concerne le voyageur :* Viatica cœna, *Plaut.*, *repas d'adieu, ou de bien-venue.* — **Viatorius**, *de voyageur :* Cubilia viatoria, *Plin.*

2523. *Vicinia. Vicinitas. Confinium. Proximitas.*

**Vicinia**, *voisinage, parlant des lieux, ou des choses :* Notitiam vicinia fecit, *Ovid. Au figuré :* Diversarum rerum quasi vicinia, *Cic.* — **Vicinitas** *est le rapport, la liaison qu'il y a entre les voisins :* Cum eo mihi vicinitas et magnus usus est, *Cic. Il se prend pour* vicinia : Cantu nervorum vicinitas tota personat, *Cic. Au figuré :* Artium studiorumque quasi finitima vicinitas, *Cic.* — **Confinium** (*de* cum *et de* finis), *confins, ce qui confine :* In omni re contrahendâ, in confiniis æquum et facilem esse convenit, *Cic. Au figuré :* Patuit confinium artis et falsi, *Tac. Ce qui confine n'est séparé que par une ligne.* — **Proximitas**, *la proximité, le voisinage. Ce mot dit plus que* vicinitas : Et lateat vitium proximitate boni, *Ovid.*

2524. *Vicis. Vicissitudo.*

**Vicis** (*usité au génitif, à l'accusatif et à l'ablatif du singulier seulement; mais qui a ses cas au pluriel, moins le génitif*), *est un mot très-général. Tour, fonction, place, état, sort :* Ita duo deinceps reges, alius aliâ vice, ille bello, hic pace civitatem auxerunt, *Liv.* Per speciem fungendæ alienæ vicis, *Id.* Spatium diei excipiunt noctis vices, *Phæd.* Plus simplici vice, *Id.*, *plus d'une fois.* Fungar vice cotis, *Id.*, *je ferai la fonction de la pierre à aiguiser.* Dolere vicem reipublicæ, *Cic.* — **Vicissitudo** (*de* vicis), *alternative, succession mutuelle, vicissitude, révolution :* Dierum ac noctium vicissitudo, *Cic.* Tædium aufert vicissitudo, *Id.* Omnium rerum vicissitudo est, *Ter.*, *tout change dans ce monde.*

2525. *Vicissìm. Invicem. Mutuò.*

**Vicissim**, *à son tour, de son côté, pareillement :* Exspecto quid ille tecum, quid tu vicissìm, *Cic.* Mutuari ab aliquo, et ei vicissìm reddere aliud quidpiam, *Cic.* — **Invicem** (quasi in vicem), *tour à tour, réciproquement :* Salutantes dein invicem, *Phæd. Deux amis se rencontrent,* invicem salutant; *un ami rend le salut à son ami,* vicissìm salutant. — **Mutuo**, *mutuellement l'un l'autre :* Amamus mutuò, *Cic.*, *vous m'aimez, je vous aime. Il se prend pour* vicissìm : Fac me mutuò diligas, *Cic.*

2526. *Videlicet. Scilicet. Nimirùm. Nempè.*

**Videlicet** (videre licet), *on peut voir :* Videlicet illum fuisse nequam adolescentem, *Plaut*. *Sans doute, c'est-à-dire :* Hæc cùm loqueris, nos barones stupemus; tu videlicet tecum ipse rides, *Cic*. Castè jubet lex adire Deum, animo videlicet, in quo sunt omnia, nec tollit castimoniam corporis, *Id*. *Il sert à marquer une ironie :* Tuus videlicet salutaris consulatus, perniciosus meus ! *Cic*. Scilicet (scire licet), *à savoir, justement, certes :* Quid tu in eo potes ? Nihil scilicet, *Cic*. Scilicet facturum esse me, *Cic*., *il s'entend que je le ferai*. *Il sert à marquer une ironie :* Id populus curat scilicet ! *Ter*. *On ne dirait pas bien :* quatuor sunt vitutes, scilicet, *ou* videlicet Prudentia, Justitia, Fortitudo, Temperantia, *il faudrait* hæ sunt *ou* quæ sunt. — Nimirum (non mirum), *sans doute, certainement :* Uter melior dicitur orator? Nimirùm qui homo quoque melior, *Quint*. *Il se prend pour* scilicet : Hoc nimirùm est illud quod de Socrate accepimus, *Cic*. — Nempe, *c'est-à-dire, assurément :* Nempè de tuo, *Plaut*., *c'est-à-dire du tien, à tes dépens*. Nempè studium meum non defuit, *Cic*.

2527. *Videre. Cernere.*

Videre, *voir :* Aut videt, aut vidisse putat per nubila lumen, *Ovid*. — Cernere, *séparer, voir nettement, distinguer les objets :* Quæ in diuturnâ obscuritate latuerunt sic aperiam, ut ea cernere oculis videamini, *Cic*. Nos enim ne nunc quidem cernimus ea quæ videmus, *Id*.

2528. *Videre. Visere. Invisere. Revisere. Intervisere. Visitare.*

Videre, *synonyme des autres, se rapporte aux yeux ; et* Visere, *à la politesse ou à la curiosité :* Constitui ad te venire, ut et viderem te, et viserem, et cœnarem etiam, *Cic*. Undiquè visendi studio trojana juventus circumfusa ruit, *Virg*. — Invisere, *faire visite, visiter :* Ut invisas nos non solùm rogo, sed etiam suadeo, *Cic*. — Revisere, *retourner voir :* Velim jam desinas nostris litteris uti, et nos aliquandò revisas, *Cic*. — Intervisere, *faire quelques visites :* Quòd nos minùs intervisis, hoc fero animo æquiore, *Cic*. — Visitare (*fréquentatif de* visere), *visiter souvent :* Cùm visitâsset hominem Carneades, *Cic*.

2529. *Vietus. Decrepitus.*

Vietus (*de* viere, *courber*), *cassé, flétri, sans force :* Hic est vetus, vietus, veternosus senex, *Ter*. Vietum et caducum, *Cic*. Bovis cor vietum fuit, *Id*., *le cœur de ce bœuf était flétri et gâté*. Vieta membra, *Hor*. — Decrepitus, *décrépit, cassé par les années :* Decrepitus senex, *Cic*. Ætas decrepita, *Id*. Anus decrepita, *Ter*.

2530. *Vigere. Vigescere.*

Vigere (quasi vim agere), *être en vigueur, tant au physique qu'au moral :* Vigere corporibus, *Liv*. Vigere animo, *Cic*. Leges vigent, *Id*. Apud eos venandi et equitandi laus viget, *Id*. — Vigescere, *prendre vigueur, entrer en vigueur :* Jam læti studio pedes vigescunt, *Catul*.

2531. *Vigilantia. Diligentia. Sedulitas.*

Vigilantia, *vigilance. La vigilance fait qu'on ne néglige rien :* Ut vos tutam tranquillamque fortunam traheretis, meâ perfeci vigilantiâ, *Cic*. — Diligentia, est in deligendo singula, et discernendo. *Il signifie diligence, exactitude qui empêche qu'on n'omette la moindre chose. Ce mot renferme beaucoup de choses, comme nous l'apprend ce passage de Cicéron :* Ars demonstrat, ubi quæras, atque ubi sit illud quod studeas invenire : reliqua sunt in curâ attentione animi, cogitatione, vigilantiâ, assiduitate, labore; complectar uno verbo, quo sæpè jam usi sumus, diligentiâ, quâ unâ virtute omnes virtutes reliquæ continentur, *Cic*. — Sedulitas, *marque un soin extrême, une diligence même affectée :* Cornelii operam et sedulitatem laudare possum, *Cic*. Nimiùm arguta sedulitas, *Id*.

2532. *Vigilare. Excubare.*

Vigilare, *veiller, ne point dormir :* Vigilare ad multam noctem, *Cic*. *Au figuré :* Vigilare pro re alterius, *Cic*. — Excubare, *n'être point couché, faire sentinelle :* Excubare pro portis, *Cic*. *Au figuré :* Ex quo intelligi potest curam reipublicæ summè defendendæ jampridèm apud nos excubare, *Cic*. In lecto vigilare possumus, non excubare.

2533. *Vincere. Debellare.*

*S'accordent en ce qu'ils signifient avoir le dessus à la guerre ; mais ils diffèrent en ce que la défaite est plus ou moins complète.* Vincere *exprime toute victoire, et il peut s'appliquer à celle que le vainqueur remporte sur lui-même :* Malo me cum Pompeio vinci, quàm cum istis vincere, *Cic*. — Debellare *diffère de* vincere, *en ce qu'il n'est applicable qu'aux défaites à la guerre.* Vincere *est appliqué à l'issue heureuse d'un seul combat, tandis que* Debellare *exprime que le vaincu ne peut plus continuer de combattre :* Parcere subjectis, et debellare superbos, *Virg*.

2534. *Vindicare. Asserere.*

Vindicare, *assurer les droits, garantir :* Ita vindicatur Virginia spondentibus.

propinquis, *Liv*. Vindicare se existimationi hominum, *Cic.*, *s'assurer l'estime des hommes*. In servitutem vindicari, *Id*. Vindicari in posterum diem, *Liv.*, *avoir la récréance jusqu'au lendemain*. — ASSERERE, *comme nous le considérons ici, signifie assurer un état:* Asserere se, *Ovid.*, *se mettre en liberté*. Asserere aliquem manu, *Ter.*, *mettre quelqu'un en liberté*. Claudio clienti negotium dedit ut virginem in servitutem assereret, *Liv.*, *il chargea Claudius, son client, de déclarer Virginie son esclave.*

2535. *Vindicare. Ulcisci.*

VINDICARE *signifie aussi venger, parce que, pour assurer les droits, il faut quelquefois punir :* Vindicare *convient particulièrement aux lois, aux magistrats :* Dolus malus legibus erat vindicatus, *Cic.* Te valdè vindicavi, *Id.*, *j'ai bien vengé l'outrage qu'on vous a fait.* — ULCISCI, *venger, punir, se dit de toutes sortes de personnes :* Ultus est crudelitatem hujus victoriæ Sylla, *Cic.* Odi hominem et odero; utinam ulcisci possem ! *Id.* Ulcisci aliquem *se prend aussi pour venger quelqu'un:* Fratres cæsos ulcisci, *Ovid.* Ulcisci aliquem *peut signifier venger quelqu'un, et se venger de quelqu'un.*

2536. *Vindicta. Vindicatio. Vindiciæ.*

VINDICTA (*de* Vindicius, *ou plutôt* Vindex, *esclave de Vitellius, à qui l'on donna publiquement la liberté, pour avoir découvert la conspiration qui se tramait contre la liberté du peuple romain en faveur de Tarquin, le dernier roi de Rome*), *est proprement la verge ou la baguette avec laquelle on mettait les esclaves en liberté :* Ille primùm dicitur vindictà liberatus. Quidam vindictæ quoque nomen tractum ab illo putant : Vindicio vel Vindici ipsi nomen fuisse. Post illum observatum, ut qui ita liberati essent, in civitatem accepti viderentur, *Liv. Tite-Live ne prend pas cette étymologie sur son compte. Le magistrat frappait doucement d'une verge appelée* vindicta *celui qu'on mettait en liberté :* Neque censu, neque vindictà, neque testamento liber factus est, *Cic. Il se prend pour vengeance :* Suscipere vindictam legis, *Cic.* — VINDICATIO, *vengeance, l'action de venger :* Vindicatio est per quam vis et injuria, et omninò quod obfuturum est, defendendo, aut ulciscendo propulsatur, et per quam peccata punimus, *Cic.* — VINDICIÆ *se dit de toutes les choses dont on conteste la propriété ou la possession, main-levée :* Abjudicare vindicias, *Liv.*, *débouter de la récréance.* Vindicias postulare, *Id.*, *demander la possession d'une chose litigieuse.* Vindicias secundùm libertatem dare, *Id.*, *adjuger la liberté par provision.*

2537. *Vinea. Vitis. Viticula. Vinetum.*

VINEA *se dit de la vigne et du vignoble :* Vulpes altà in vineà uvam appetebat, *Phæd.* Pratis et vineis res rusticæ lætæ sunt, *Hor.* — VITIS, *vigne, un cep de vigne :* Propagatio vitium, *Cic.* Amicta vitibus ulmus, *Hor.* — VITICULA, *un petit vignoble :* At enim minora dii negligunt, neque agellos singulorum, neque viticulas persequuntur, *Cic.* — VINETUM, *terroir rempli de vignes :* Vineta et oliveta, *Cic.* Vinetum *est un pays planté de vignes ; au lieu que* vinea *est le vignoble d'un particulier.*

2538. *Vineæ. Pluteus. Crates. Testudo.*

VINEÆ, *dit Tite-Live*, instrumentum bellicum, lignis compactum, latum pedibus octo, altum septem, longum sexdecim, tectum duplici ligno, cratibusque contexitur ; latera quoque vimine sepiuntur, ne saxorum ac telorum impetu perfringantur ; extrinsecùs ne crementur, crudis ac recentibus coriis integuntur. Cùm plures fuerint, junguntur ordine, sub quibus oppugnantes tutiùs ad muros subruendos pugnant. Vineæ, machinæ lignis et cratibus contextæ, ac terrà adopertæ, quæ subjectis rotis impellebantur. Harum tecto muniti obsidentes, murorum fundamenta subruebant. Conductæ vineæ sunt, pugnatur acerrimè, *Cic.* — PLUTEUS, *machine de guerre, faite d'osier, et couverte de peaux de bœufs mouillées :* Semper hostibus spes victoriæ redintegrabatur, eò magis quòd deustos pluteos turrium videbant, nec facilè adire opertos ad auxiliandum animadvertebant, *Cæs.* — CRATES, *claies, treillis d'osier que l'on couvrait de terre, et qui mettait à couvert les soldats à l'escalade :* Pluteos, cratesque et vineas suffodiendis muris expedire, *Tac.* — TESTUDO, *tortue :* Scutis, *dit Tite-Live,* super capita densatis, stantibus primis, secundis summissioribus, tertiis magis et quartis, postremis etiam genu nixis, fastigiatam, sicut tecta ædificiorum sunt, testudinem faciebant. *Et dans un endroit*, sublatis super capita scutis, continuatisque inter se testudine factà subibant. *C'était aussi une machine de bois pour mettre à couvert, comme la tortue l'est sous sa carapace.*

2539. *Vinosus. Vinolentus. Vinarius. Potus. Temulentus.*

VINOSUS, *adonné au vin, qui aime le vin :* Vini vinosus laudes cantabat Homerus, *Hor.* Convivia vinosa, *Ovid.*, *repas où l'on boit beaucoup de vin.*—Vinolentus, *rempli de vin, qui sent le vin :* Inter sobrios bacchari vinolentus videtur, *Cic.* Medicamina vinolenta, *Id.*, *médicaments où il entre du vin.*—Vinarius, *qui concerne le vin :* Vas vinarium, *Cic.*—Potus, *comme nous le considérons ici, homme qui a bu largement :* Domum benè potus redierat, *Cic.* Adde inscitiam pransi, poti, oscitantis ducis, *Id.* — Temulentus (*de* temetum), *ivre :* Temulenta es, *Ter.* *Au figuré :* Gravibus oculis..... pressâ voce et temulentâ, *Cic.*

2540. *Vinum fugiens. Vinum evanescens.*

Vinum fugiens, *du vin qui n'est point de garde :* Qui vinum fugiens vendat sciens, debeatne dicere, *Cic.* — Vinum evanescens, *du vin qui a perdu sa force :* De vino aut salsamento putes loqui, quæ evanescunt vetustate, *Cic.*

2541. *Violentus. Vehemens.*

Violentus (*de* vis), *violent, porté à la violence :* Quamvis sis violentus et furens, *Cic.* Aper violentus, *Ovid.* Opes violentæ, *Cic.*, *puissance acquise par la violence.* Tempestas violentissima, *Id.*—Vehemens (quasi vis mentis, *disent les grammairiens*), *se prend en bonne ou mauvaise part; vif, qui se porte avec ardeur à tout ce qu'il fait, impétueux, emporté, véhément :* Exordium dicendi vehemens, *Cic.* Homo vehemens et violentus, *Id.* Lupus vehemens, *Hor.* Vehemens in utramque partem es nimis, *Ter.*, *vous outrez tout, vous passez d'une extrémité à l'autre.* Violentus *va jusqu'à l'action ;* vehemens *n'y va pas toujours.*

2542. *Virere. Virescere. Viridari. Vernare. Revirescere.*

Virere, *être verd :* Stagna virentia musco, *Virg.* Pectora felle virent, *Ovid.* Perpetuòque virens buxus, *Id.* *Au figuré :* Genua virent, *Hor.*, *genoux vigoureux.* —Virescere (*inchoatif de* virere), *devenir verd :* Injussa virescunt gramina, *Virg.* *Au figuré :* Virescit animi virtus, *Gell.* —Viridari, *prendre une couleur verte :* Nunc vada subnatis imo viridentur ab herbis, *Ovid.* Viridante toro consederat herbæ, *Virg.* — Vernare, *pousser, ressentir le printemps :* Vernat humus, *Ovid.* Indocilique loquax gutture vernat avis, *Id.* Cùm tibi vernarent dubiâ lapugine malæ, *Mart.* Bis floribus vernat Campania, *Hor.* — Revirescere (rursùm virescere), *reverdir :* Silvæ læsæ revirescunt, *Ovid.* *Au figuré :* Res efferent sese, et ad renovandum bellum revirescent, *Cic.*, *les choses éclateront un jour, et renaîtront pour recommencer la guerre.*

2543. *Virgineus. Virginalis.*

Virgineus *se dit particulièrement de ce qui concerne la personne des vierges, ou la virginité :* Chorus virgineus, *Ovid.* Rubor virgineus, *Virg.*—Virginalis *se dit de ce qui a un rapport moins direct à l'un ou à l'autre :* Virginalis modestia, *Cic.* Virginalis habitus atque vestitus, *Id.*

2544. *Virgo. Puella. Virguncula.*

Virgo *est une fille honnête :* Ego mihi sororem virginem ascisco, *Cic.*, *je prétends que ma sœur est vierge. Les poëtes ont dit* virgo, *parlant d'une jeune femme mariée :* Ah! virgo infelix, tu nunc in montibus erras, *Virg.* — Puella *a rapport à l'âge; une jeune fille :* Verba puellarum foliis leviora caducis, *Ovid.* Certè ego quæ fueram, te discedente, puella, protinùs ut redeas, facta videbor anus, *Id.* *Il se dit dans les poëtes d'une jeune femme mariée :* Experta virum puella, *Hor.* — Virguncula; *Juvénal s'est servi de ce diminutif de* virgo, *en parlant de Junon qui n'était pas encore mariée, ni en âge de l'être :* Tunc cùm virguncula Juno.

2545. *Viriliter. Viritìm.*

Viriliter (*de* vir), *en homme de cœur :* Fortuna ferenda viriliter, *Ovid.* Quod viriliter animoque magno fit, id dignum viro et decorum videtur, *Cic.*—Viritim, *par tête, d'homme à homme :* Legem de agro gallico et piceno viritìm dividendo tulit, *Cic.* Si quis viritìm dimicare vellet, provocavit ad pugnam, *Q. Curt.* Rumor viritìm percrebuit, *Id.*

2546. *Virtus. Fortitudo.*

Virtus *est le mot général qui exprime la force de l'âme pour tout bien, soit qu'il faille entreprendre, soit qu'il faille souffrir :* Appellata est ex viro virtus, *Cic.* Virtus est affectio animi constans, laudabiles efficiens eos in quibus est, *Id.* Virtus in tempestate quieta est, et lucet in tenebris, et pulsa loco manet tamen, atque hæret in patriâ, splendetque per sese semper, nec alienis unquam sordibus obsolescit, *Id.* — Fortitudo *est la force de l'âme spécialement pour supporter ou souffrir les peines, les travaux :* Fortitudo est considerata periculorum susceptio, et laborum perpessio, *Cic.*

2547. *Vis. Vires.*

Vis *se dit de la force en général :* Nostra omnis vis in animo et corpore sita est,

*SALL.* Ingenii vis, *Id.* Defendere vim vi, *Id. Il se prend pour abondance :* Maxima vis auri et argenti, *CIC.* Vis *exprime souvent, dans les bons auteurs, ce que les philosophes modernes expriment par le mot barbare* essentia, *l'essence de quelque chose, ce qui la caractérise :* Vis rerum, *CIC.* Materia habet vim et naturam suam, *Id.*—VIRES *ne se dit guère que des forces du corps :* Cùm me deficere vires cœpissent, *CIC.* Vir maximis viribus, *Id.*

2548. *Viscera. Intestina. Ilia. Exta. Præcordia.*

VISCERA, *les entrailles en général, tous les viscères ou parties intérieures du tronc :* Heu! quantum scelus est in viscera viscera condi, congestoque avidum pinguescere corpore corpus! *OVID. Au figuré :* Ærarii viscera, *CIC.* Ex ipsis causæ visceribus, *Id.* Viscera montis, *VIRG.*—INTESTINA (*d'*intus), *intestins, boyaux :* Reliquiæ cibi depelluntur tùm astringentibus se intestinis, tùm relaxantibus, *CIC.* — ILIA *sont proprement les flancs, la partie qui est depuis le défaut des côtes jusqu'aux hanches :* Ima ilia longo singultu tendunt, *VIRG.* Ilia ducere, *HOR., battre des flancs, être poussif.* — EXTA, *le cœur, les poumons, le principal organe de la respiration :* Puerorum extis deos manes mactare, *CIC.* Pecudum extis moveri, *Id.*—PRÆCORDIA (*de* præ *et de* cor), *les membranes qui séparent le cœur et les poumons, du foie et de la rate :* Exta homini ab inferiore viscerum parte separantur membranis, quæ præcordia appellant, quia cordi prætenduntur, *PLIN. Il se dit des affections du cœur :* Si fortè preces præcordia ferrea tangunt, *OVID.*

2549. *Visio. Visus. Visum.*

VISIO, *l'action de voir :* Falsâ visione ac specie moveri, *CIC.* Cui est visio falsi verique communis, *Id.*—VISUS, *la vue :* Effugere visus alicujus, *OVID.* Multa probabilia visum quemdam habent insignem et illustrem, *CIC. Il se prend pour vision :* Nocturnus visus, *TAC.*—VISUM *est proprement un adjectif, vision, ce qu'on a vu :* Visa somniantium, *CIC.* Visum imprimit et quasi signat in animo suam speciem, *Id.*

2550. *Vita. Victus.*

VITA, *la vie :* Vita brevis est, *CIC.* Vita corpore et spiritu continetur, *Id.* Vitæ, *dans Virgile, est pris pour des âmes :* Et ni docta comes tenues sine corpore vitas admoneat volitare cavâ sub imagine formæ, *VIRG.* — VICTUS, *le vivre :* Victum intelligimus consuetam degendi et vescendi rationem, *CIC.* Nunc planè nec victum, nec vitam ullam colere possum, *Id.* Victus tenuis, *Id., médiocre dépense pour la vie, une vie frugale :* Hominum vita multùm distat à cultu et victu bestiarum, *Id.*

2551. *Vitium. Vitiositas.*

VITIUM, *action blâmable, procédant d'une corruption intérieure :* Quod per se ipsum vituperabile est, id eo ipso vitium nominatum puto, *CIC.* Vitium *est opposé à* virtus : Præmia proposita sunt virtutibus, et supplicia vitiis, *CIC. Au figuré :* Vitium in oratione, *CIC.* — VITIOSITAS *marque une habitude, vice, défectuosité :* Vitiositas est habitus, aut affectio in totâ inconstans, et à se ipsâ dissentiens, *CIC.* Malitia certi cujusdam vitii nomen est, vitiositas omnium, *Id.*

2552. *Vitricus. Socer.*

VITRICUS, *beau-père, nom d'alliance qui se donne par des enfants au second mari de leur mère :* Ad sepulturam corpus vitrici sui negat à me datum, *CIC.*—SOCER, *beau-père, nom d'alliance qui se donne par un mari au père de sa femme, ou par une femme au père de son mari :* Ademit Albino soceri nomen mors filiæ, *CIC.*

2553. *Vivere. Vitam degere.*

VIVERE, *vivre, être en vie :* Nemo est tam senex qui se annum non putet posse vivere, *CIC.* Ita vivere, ut non sit vivendum miserrimum est, *Id.* Non spiritu, sed virtutis laude vivimus, *Id.* Vitem et arborem etiam dicimus vivere, *Id.* — VITAM DEGERE *se dit du cours de la vie, passer la vie :* Quod reliquum est vitæ, in otio Rhodi degam, *CIC.* In egestate degere vitam, *Id.* Non verè vivit nisi qui cum virtute vitam degit.

2554. *Vivus. Vivax. Vividus. Vitalis.*

VIVUS, *vivant, qui est en vie :* Exturbari ex numero vivorum, *CIC. Il se dit bien des choses inanimées :* Vivoque sedilia saxo, *VIRG.* Flumen vivum, *LIV.* Dat de lucro, nihil detrahit de vivis, *CIC., il donne de son gain, et ne touche point à son fond.* —VIVAX, *qui vit longtemps, qui perd la vie difficilement :* Silva vivacis olivæ, *VIRG.* Vivax cervus, *Id.* — VIVIDUS, *vif, vigoureux :* Bello vivida virtus, *VIRG.* Vividum ingenium, *LIV., esprit mâle.* — VITALIS, *de la vie, qui entretient la vie :* Ros vitalis, *CIC., parlant du lait de la nourrice.* Viæ vitales, *OVID., conduits par où nous respirons.* Aura vitalis, *VIRG., l'air qui nous fait vivre. Il se dit aussi d'un homme qui prolonge sa vie :* Ut sis vitalis metuo, *HOR., je crains que vous ne viviez pas longtemps*. Tam immaturè magnum ingenium non est vitale, *SEN*.

2555. *Vix. Vixdum. Ægrè.*

VIX, *à peine* : Ea lex vix, aut omninò non potest abrogari, *CIC*. — VIXDUM, *à peine, parlant du temps* : Hæc omnia, vixdùm jam cœtu nostro dimisso, comperi, *CIC*. — ÆGRE (d'æger), *avec peine, difficilement, désagréablement* : Ut si quis ægrè ferat se pauperem esse, *CIC*. Ægrè rastris terram rimantur, *VIRG*. Inveterata vitia ægriùs depelluntur, *CIC*.

2556. *Vocare. Appellare. Nominare. Citare. Compellare.*

VOCARE (*de* vox), *appeler pour faire venir* : Vocare ad arma, *CIC*. Vocare ad cœnam, *Id*. Vocare in judicium, *Id*. *Il signifie aussi appeler en nommant* : Qui sapientes et haberentur et vocarentur, *CIC*. — APPELLARE, *nommer* : Appellare unamquamque rem suo nomine, *CIC*. *Il se prend aussi pour adresser la parole* : Comiter unumquemque appellare, *CIC*. Quid agendum? Quis deus appellandus est? *Id*. — NOMINARE, *nommer, dire le nom pour distinguer* : Suo certo ac proprio vocabulo rem aliquam nominare, *CIC*. — CITARE, *faire venir, citer* : Testem in aliquà re citare, *CIC*. Auctores citare, *LIV*., *citer les auteurs*. Citavère leges nefas; sed abstulit virtus parricidam, et facinus intrà gloriam stetit, *FLOR*., *les lois appelaient en justice Horace, meurtrier de sa sœur; mais sa vertu le sauva, et son parricide fut enseveli sous la gloire de son nom*. — COMPELLARE, *adresser la parole à quelqu'un* : Ultrò verbis compellat amicis, *VIRG*.

2557. *Volare. Volitare. Convolare.*

VOLARE *se dit proprement de ce qui a des ailes* : Sine pennis volare haud facile est, *PLAUT*. Volat ille per aera magnum remigio alarum, *VIRG*. *Au figuré* : Volat ætas, *CIC*. — VOLITARE (*fréquentatif de* volare), *voltiger* : Aves passìm ac liberè volitant, *CIC*. *Au figuré* : Volitare per ora virûm, *VIRG*., *être en grande réputation*. Animus vacuus curà atque labore volitat, *CIC*. — CONVOLARE (volare cum), *voler ensemble* : Convolant grues, *COL*. *Au figuré* : Convolârunt ex cunctà Italià ad me revocandum, *CIC*.

2558. *Volens. Voluntarius. Ultroneus. Spontaneus.*

VOLENS, *qui veut, favorable* : Volenti animo aliquid agere, *SALL*. Pacem precibus exposcunt, uti volens, propitius suam semper sospitet progeniem, *LIV*. — VOLUNTARIUS, *de soi-même, qui n'est pas forcé* : Multi ad te eunt voluntarii, *CIC*. Illa fuit oratio necessaria, hæc erit voluntaria, *Id*. — ULTRONEUS, *qui dit ou fait quelque chose de son plein gré* : Suadetur deliberantibus; at ultronei admonentur, *SEN*. Quid interest ad mortem jussi eamus, an ultronei? *Id*. — SPONTANEUS *ne se trouve point dans les bons auteurs*.

2559. *Volucris. Ales. Avis.*

VOLUCRIS (*de* volare), *se dit de tout ce qui vole; c'est proprement un adjectif* : *on sous-entend* avis *ou* bestia : Obscœnæ volucres, *VIRG*., *les Harpies*. Volucres videmus procreationis atque utilitatis suæ causâ fingere et construere nidos, *CIC*. — ALES (*d'*ala), *qui a des ailes* : Equus ales, *OVID*. Ales avis, *CIC*. *Il se dit des gros oiseaux* : Canorus ales, *HOR*., *le cygne*. Jovis ales, *VIRG*., *l'aigle*. *Au figuré* : Mæonii carminis ales, *HOR*., *Homère*. — AVIS, *selon Varron, se dit des oiseaux qui chantent, comme le merle, le rossignol, etc. De là ces expressions*, malâ avi, *HOR*., *sous de mauvais augures*. Secundis avibus, *LIV*. *Pline appelle la chauve-souris* avis. *Il aurait dû l'appeler* ales, *car elle a des ailes; mais elle ne pond pas*.

2560. *Volvere. Volutare. Pervolvere.*

VOLVERE, *rouler* : Saxum ingens volvunt alii, *VIRG*. *Au figuré* : Cogitationes volvere, *LIV*. Complexio verborum quæ uno spiritu volvi potest, *CIC*., *qu'on peut prononcer d'une haleine*. — VOLUTARE (*fréquentatif de* volvere) *rouler souvent, rouler avec action* : Volutari in luto, *CIC*. *Au figuré* : In omni dedecore volutari, *CIC*. In veteribus scriptis studiosè volutatus, *Id*., *fort versé dans les anciens auteurs*. — PERVOLVERE, *rouler sans fin* : Jam ego hunc in mediam viam provolvam; teque ibidem pervolvam in luto, *TER*. *Au figuré* : In his pervolvatur animus, *CIC*., *que l'esprit s'exerce sans cesse sur ces choses*. Pervolvere auctores, *Id*., *lire sans fin les auteurs*.

2561. *Vomere. Evomere. Nauseare.*

VOMERE, *vomir* : Tantùm vini exhauseras, ut tibi necesse esset vomere postridiè, *CIC*. *Au figuré* : Purpuream vomit ille animam, *VIRG*. — EVOMERE (vomere è), *se débarrasser en vomissant* : Platalea avis scribitur conchis se solere implere, easque, cùm stomachi calore concoxerit, evomere, *CIC*. *Au figuré* : Apud quem evomat virus acerbitatis suæ, *CIC*. — NAUSEARE (*de* ναῦς, navis), *avoir envie de vomir, ce qu'éprouvent ceux qui ne sont point accoutumés aux mouvements d'un vaisseau* :

Pauper conducto navigio æquè nauseat, ac locuples, *Cic. Au figuré :* Nauseare aliquem, *Cic., voir quelqu'un avec dégoût.*

2362. *Vorare. Devorare.*

VORARE, *proprement, avaler sans mâcher :* Animalia alia sugunt, alia vorant, alia mandunt, *Cic. Au figuré :* Nos hìc voramus litteras cum homine mirifico, *Cic.* — DEVORARE *ajoute à l'idée de* vorare, *dévorer :* Os devoratum fauce cùm hæreret lupi, *Phæd. Au figuré :* Devorare omnem pecuniam non dubitavit, *Cic.* Libros devorare, *Id.* Paucorum dierum molestiam devorare, *Id.* Devorare stultitias hominum, *Id., supporter patiemment les sottises des gens.*

2363. *Vortex. Turbo.*

VORTEX (*de* vertere), *tourbillon d'eau, ou de vent :* Rapidus vorat æquore vortex, *Virg.* Unda æstuat vorticibus, *Id.* — TURBO, *tourbillon, vent impétueux, et qui va en tournoyant :* Quà data porta ruunt, et terras turbine perflant (venti), *Virg.* Gubernare navem in magnis turbinibus, *Cic. Il se prend pour ce qui tourne, un rond, un roulement :* Turbinem versare, *Cic.* Quo turbine torqueat hastam, *Virg. Au figuré :* Duo reipublicæ turbines, *Cic.* Mentis turbo, *Id., trouble d'esprit.* Martis turbine agi, *Ovid., être emporté par une fureur guerrière.* Turbo *signifie aussi un sabot, espèce de toupie que les enfants font pirouetter à coups de fouet :* Ceu quondam torto volitans sub verbere turbo, *Virg.*

2364. *Vota facere, suscipere, nuncupare.*

VOTA FACERE, *faire des vœux pour qu'une chose arrive :* Vos et omnes boni vota faciebatis, ut Miloni uti virtute suâ liceret, *Cic.* — VOTA SUSCIPERE, *se lier par des vœux :* Deos deasque precabantur, ut illis faustum iter, felixque pugna, matura ex hostibus victoria esset, et damnarentur ipsi votorum, quæ pro eis suscepissent, *Liv.* — NUNCUPARE VOTA, *employer les mots consacrés. On appelait* vota nuncupata *ceux que les préteurs, les consuls et les généraux prononçaient lorsqu'ils partaient pour leur département :* Cùm paludatus exîsset, votaque pro imperio suo nuncupâsset, *Cic. On les écrivait* præsentibus multis.

2365. *Vulgaris. Vilis. Solitus.*

VULGARIS (*de* vulgus), *vulgaire :* Vulgare amici nomen, *Phæd.* Sermone vulgari disputare, *Cic.* Commendatio non vulgaris, *Id.* — VILIS, *vil, qu'on peut se procurer à peu de frais :* Vilia poma, *Hor.* Vilis annona, *Cic. Au figuré, méprisable :* Vilis vobis honor meus, *Cic.* — SOLITUS, *ordinaire :* Labori solito finem imponere, *Ovid. On peut opposer* vulgaris *à* excellens; vilis, *à* pretiosus; solitus, *à* rarus.

2366. *Vulgò. Vulgariter.*

VULGO, 1° *en tout lieu, communément :* Assyrium vulgò nascetur amomum, *Virg.* Ejusmodi tempus erat, ut homines vulgò interficerentur, *Cic.*; 2° *indistinctement, tout le monde :* Ad prandium vocare nùm crimen est ? minimè ; sed vulgò, passìm : quid est vulgò ? universos, *Cic.*; 3° *publiquement :* Vulgò ostendere ac proferre aliquid, *Cic.* 4° *vulgairement, ordinairement :* Vulgò homines illud inquirunt, *Cic.* Vulgò an rarò evenire soleat, *Id.* — VULGARITER, *du commun, comme le commun :* Hæc ad te eò pluribus scripsi, ut intelligeres me non vulgariter, nec ambitiosè, sed ut pro homine mihi pernecessario scribere, *Cic. Cicéron a dit* vulgò *dans le même sens :* Attalus homo pecuniosus, nec vulgò.

FINIS.

www.ingramcontent.com/pod-product-compliance
Ingram Content Group UK Ltd.
Pitfield, Milton Keynes, MK11 3LW, UK
UKHW020154250726
13967UKWH00003B/1049

9 782012 931176